世界時刻表カラー・ギャラリー

●欧亜連絡とロシア

19 世紀以降、ロシアはシベリア鉄道とその連絡線である東清鉄道を着々と建設し、東方進出の野望を実現した。飛行機がまだ一般的ではない時代、それらは船便とともにヨーロッパとアジアを結ぶ大動脈として活躍したのである。

「ヨーロッパ・極東連絡時刻表」【1910 年夏　ワゴン・リ】 P.38

（左）
「モスクワ－北京間急行列車時刻表」
【1957 年 10 月　ソ連運輸省旅客総局】
P.63

（右）
「欧州航路・世界一周航路貨物船予定表」
【1956 年 7 月　日本郵船】
P.45

●ヨーロッパ

日帰り出張も可能な高速列車網、そして長大な内河航路が、戦争の暗い時代を越えてヨーロッパ各国の一体的な結びつきを押し進めた。

（上）「ハンブルクおよびリューベク発急行列車時刻表」
【1936 年 10 月　ドイツ帝国鉄道】 P.77

（中）「ＴＥＥ時刻表」
【1961 年 10 月　西ドイツ国鉄】 P.90

（下）「ウィーンーヤルタ航路予定表」
【1967 年　ソビエト・ドナウ汽船会社】 P.94

●中近東とアフリカ

パレスチナ問題や植民地の独立運動、人種間の争いなど、戦後この地域は地球的にみても激動の歴史を辿っている。

一方、宗主国だったイギリスなどの影響で交通網の整備がつねに推進されてきた背景も。世界初のジェット旅客機が目指したのは南アフリカだった。

（上）ジェット機就航翌年の「BOAC 時刻表」
【1953 年 11 月　英国海外航空】 P.150

（下）「夏季時刻表」
【1972 年 6 月　イスラエル国鉄】 P.140

●新大陸へ

豪華客船・飛行船・ジェット旅客機－大西洋の両岸を結ぶルートは、常に時代の先端をいく世界のメインストリートだ。

（上）北大西洋線開設の年の「運航予定表」【1936年６月　ツェッペリン飛行船会社】P.163
（中）大戦前最後の「大西洋航路運航予定・運賃表」【1939年８月　キュナード】P.160
（下）ボーイング707ジェット機初就航時の時刻表　【1958年10月　パンアメリカン航空】P.189

戦争で大きなダメージを負った日本の商船隊は、戦後ふたたび北米や南米へ路線を伸ばし、双方の経済成長に大きく貢献した。南米へは移住者も多数渡った。

(左)「ニューヨーク急航線運航予定表」
【1958年4月　大阪商船】

(中)「南アフリカおよび南米線運航予定表」
(右)「パナマ経由南米線運航予定表」
【いずれも1955年4月　大阪商船】 P.209

●太平洋

現在は10時間で往来できるアジアと北米の間も、かつては2週間の船旅が一般的だった。大戦直前に飛行艇が就航したが、それでも1週間の長旅には変わりなかった。

（右）
飛行艇空路の時刻表
【1941年３月　パンアメリカン航空】
P.242

（上）
浅間丸就航時の運航予定表
【1928年12月　日本郵船】
P.234

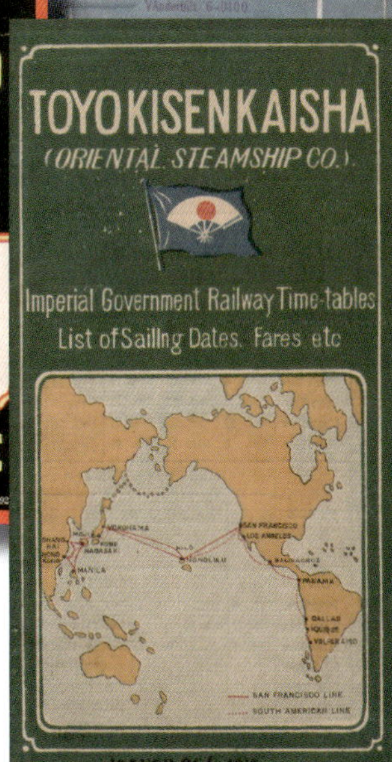

（左）
東洋汽船の運航予定表
【1916年10月】
P.233

●東南アジアとその周辺

イギリス・フランス・オランダなどの植民地がひしめいていたこの地域へは、早い時期にヨーロッパからの航空路線が伸びていた歴史がある。

また、宗主国の威信をかけて域内の交通が整備された。

（上）「マラヤ州連合鉄道時刻表」
【1939 年 10 月】 P.279

（中）「アムステルダム～バタビア線冬季時刻表」
【1937 年 10 月　KLM オランダ航空】 P.286

（下）フランス領インドシナのバス時刻表
【1936 年 12 月　インドシナ交通会社】 P.300

●中国と台湾

清朝の終焉－軍閥の抗争－日本による侵攻－国共内戦－中華人民共和国の成立という、流転の 20 世紀を辿った中国。「時刻表」はその時々の体制を反映する鏡だ。

（右）戦時中の中国大陸の鉄道時刻表
【1942 年 6 月　東亜旅行社華北出張所】
P.230

（中）共産党政権時代の鉄道時刻表第一号
【1949 年 5 月　人民革命軍事委員会】
P.359

（下）文化大革命期の鉄道時刻表
【1968 年 11 月　済南鉄路局革命委員会】
P.370

中国民航の時刻表
（上）【1960 年 1 月】
（右）【1971 年 10 月】
P.365

戒厳令下の台湾では、アメリカや日本など西側諸国との強い結びつきのもと、1950 年代から 70 年代にかけて交通インフラが飛躍的な発達を遂げた。

（左）「台湾鉄路旅客列車時刻表」
【1961 年 6 月　台湾鉄路管理局】 P.318

●朝鮮半島

日露戦争を機に日本主導で鉄道建設が急速に進み、その線路上を大戦終結まで大陸内部への連絡列車が数多く往来した。

（上）「京釜鉄道線路案内」【1905 年】
P.380

（中）「汽車汽船満韓旅行案内」
【1910 年 5 月　満韓旅行案内社】

（下）「朝鮮鉄道時間表」
【1944 年 6 月　朝鮮総督府交通局】
P.382

大戦後、今度は南北分断・東西対立の時代が始まった。しかし、朝鮮戦争の痛手から驚異的な復興を遂げたのはご存知のとおり。

（右）「旅行案内」
【1956 年 10 月　大韓旅行社】 P.391

（上）「列車時刻表」
【1969 年 7 月　交通教養助成会】

（下）「貨物便時刻表」
【1971 年 11 月　大韓航空】 P.397

●満州の時代

日露戦争の勝利を足がかりに、日本は中国東北部を勢力圏に収めていった。“王道楽土”満洲国が建国され、満鉄の特急「あじあ」号などがその先進イメージを内外に訴える広告塔となったのである。

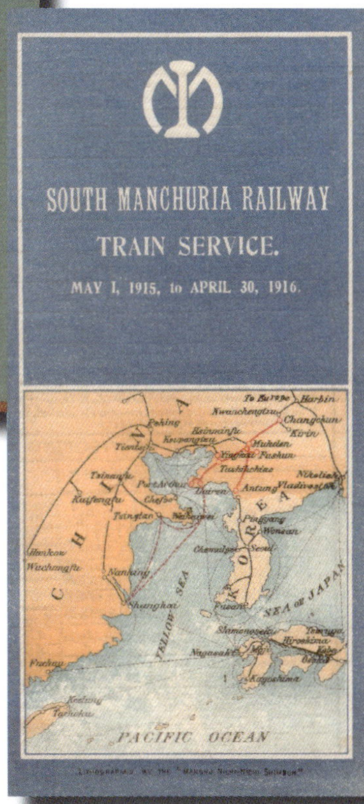

（上）SL パシナが表紙を飾る満洲国最晩年の時刻表
【1945 年 4 月　東亜交通公社満洲支社】

（右）南満洲鉄道（満鉄）時刻表【1915 年 5 月】

（右）「大連青島上海航路　定期運航表」
【1938 年 12 月　大連汽船】

（下）「旅客航空輸送案内　東京－大連線
【1929 年　日本航空輸送】
P.409

（右）新潟－羅津航路の案内
【1936 年 10 月　日本海汽船】
P.413

松花江・黒龍江の定期客船案内【1938 年 4 月　哈爾濱航業連合局】P.417

●日本

第二次大戦の戦禍を克服し、世界トップクラスの経済大国にまで登りつめた日本。その戦後のあゆみは、連合軍による占領と、モノ不足による社会の混乱からスタートした。

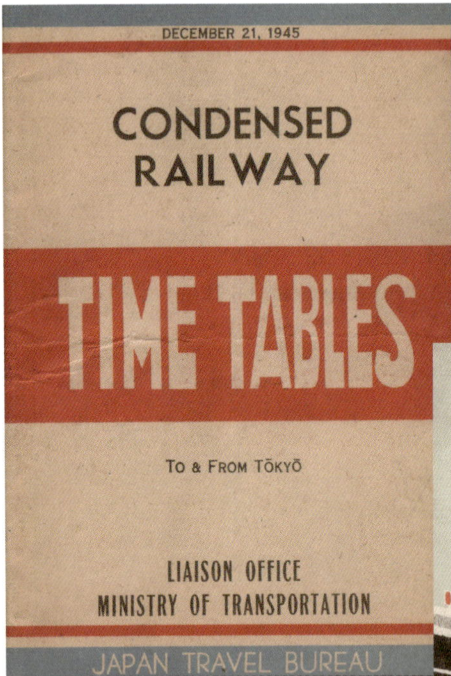

（上）
進駐軍の命で作成された最初期の英文鉄道時刻表
【1945 年 12 月　運輸省渉外部】 P.473

（右）
阪神ー小樽航路／東京ー釧路航路の案内
【1951 年頃　日本郵船】 P.481

Reading World History from Transportation Timetables

時刻表世界史

時代を読み解く陸海空143路線

Yoshiki Soga

曽我誉旨生

JS
JIKOKUHYO SEKAISHI

社会評論社

はじめに

毎月毎月、日本の書店の店頭には、色とりどり・大小さまざまな「時刻表」が所狭しと並びます。それらを見て、出張に帰省に旅行にと旅のプランを考えたり、時にはそれ自体をカバンに入れて人々は旅立っていくわけですが、しばしば言われるのは、これほどまでに時刻表が市民権を得ている国は世界的にみて日本くらいであるということです。紙媒体の雑誌である時刻表とは正反対の、インターネットという新たな文明の利器が台頭した現在でも、かつて「隠れたベストセラー」とさえ呼ばれたその浸透度は、表面上はまだ変わっていないようにも見えます。

そうした背景とも関連しているかもしれませんが、皆さんは「時刻表」という言葉からどういったイメージをお持ちでしょうか？ 「世界に類を見ない複雑な日本の鉄道の時刻が載っている」「見ると頭が痛くなるほどの情報量」「国内旅行に欠かせないもの」「ダイヤ改正になったら使えない、実用本位の“消耗品”」等々。これは一般の人だけではなく、鉄道ファンに聞いてみたとしてもやはり似たような答えが返ってくると思います。もっとも、「実用本位の“消耗品”」というところはちょっと違って、中には「鉄道史を探るための基本史料」と考える方もいらっしゃいます。でも、そこでイメージされる鉄道史とは、多くの場合、日本の鉄道史であり、もっと言うなれば第二次大戦後の歴史がメインかもしれません。こんな風に、「時刻表」という言葉からは「日本の」「戦後の」「鉄道の」という形容詞が切ってもきれない縁として存在しているのではないでしょうか？

でもちょっと考えてみてください。時刻表はなにも日本だけのものではありません。アメリカにもヨーロッパにも、もちろん発展途上のアジアにもアフリカにも、およそ「交通機関のあるところに時刻表あり」といっても良いのが実態です。それに、意外かもしれませんが、時刻表はとても古い歴史を持った書物です。たとえば、近代的な公共交通機関としての体裁を整えたものとしては世界初の鉄道が1830年に開通したイギリスでは、1839年にはすでに『ブラッドショー・鉄道時刻表』が発刊されていました。日本においてはどうかというと、1872年の鉄道開業と同時に時刻表が登場しているほか、（当たり前か……）、今日書店に並ぶような月刊の時刻表の始祖といわれている『汽車汽船旅行案内』（庚寅新誌社）の刊行開始が1894年。つまり、時刻表は内外問わず100年以上の年輪を重ねているのです。

ちなみに、こうした歴史は鉄道に限るものではありません。汽船が大洋の両岸を結び、それまでの帆船による風まかせの旅から解放されたのもやはり19世紀のことでした。20世紀に入ると、1903年のライト兄弟による初の動力飛行が航空機という新たな交通機関を生み出し、世界の距離をグッと縮めました。また、陸上では乗合バスがそれまでの馬車や人力交通機関にかわって都市交通の主役になります。そして鉄道と同じく、これらの新しい交通機関についてもやはり運輸事業者や出版社によって時刻表が発行され、人々の旅の計画を支えてきました。

ところで、時刻表は陸海空のいろいろな路線の運航スケジュールを表記したものですから、その中には路線の改廃の歴史が反映されています。ではそうした改廃の理由は？と言えば、もちろん経営上の判断ということもありますが、中には戦乱や国家の分離／統合など、もはや運輸事業者のレベルではどうしようもないことまで様々です。国家の興亡は時として運輸事業者そのものの消長にさえ影響を与えます。したがって、過去の時刻表を時間軸に沿って紐解いてみると、そうした歴史がつぶさに見えてくるわけです。そればかりではありません。時刻表は一般人が手に取る身近な実用品であるが故に、そのデザインやそこに書かれた宣伝にも時代折々の特徴が見え隠れしています。

そうです！——時刻表は歴史書と言っても良いのです。その紙面には近代交通機関のあゆみのみならず、人類の歴史が凝縮されているといっても過言ではありません。本書は古今東西の陸海空あらゆる運輸事業者が発行した「時刻表」の中に、世界が辿ってきたこの100数十年間の歴史を探ってみようという試みです。旅はまず、ユーラシア大陸を振り出しに、ヨーロッパそしてアメリカを巡り、太平洋を渡ってアジアへと戻ります。皆さんは居ながらにして、西回り世界一周“時空旅行”を楽しめることでしょう。

さあ、それでは出発です。——*Bon Voyage!*

（おことわり）

・本書に掲載した時刻表その他の資料は、特記以外は筆者の所蔵です。また、すべて有効期間が終了したものであり、現在の旅行に使うことはできません。
・現在に関する記述についても、季節によるスケジュールの変動や予期せぬ情勢の変化があり得ますので、あくまでも参考情報とお考え下さい。
・本書に記載の地名は可能な限り『最新基本地図 ―世界・日本― 32訂版』（帝国書院 2007）に拠りました。一般的になじみ深い表記とは異なっている場合もあります。
・挿入されている地図上に示した路線は概略的なルートです。特に航空関係については必ずしも実際の飛行経路を忠実に反映したものではありません。
・引用箇所以外においては読みやすさを考え、旧仮名づかい・旧字体や海外の文字表記は適宜、現代の日本語表記に修正しています。
・本書は国際的な歴史分野を扱う性格上、現在では使われていない、または現時点で論争が進行中の話題に関する表現や名称が登場する場合がありますが、それらの背景にある思想や体制に対する筆者の賛否を表す意図は一切ありません。

目次

第二章　ヨーロッパ

破壊の暗闇から"対立と絆の時代"の夜明けへ

第三章　中近東・アフリカ

民族の闘いに翻弄され続けた現代のキャラバン

第四章　新大陸へ

地球を小さくする者が世界を征する

第五章　太平洋

希望と涙が渡った遥かなる架け橋

第六章 東南アジアとその周辺

植民地からの脱出は勝利なき戦いの幕開けだった

第七章　中国と台湾

流転する四千年の空と大地をゆく

第八章 朝鮮半島

三千里(サムチョルリ)を駆ける鉄馬の誕生と飛翔

第九章　満州の時代

プロパガンダと緊張の狭間に咲いた幻の名優たち

第十章　日本

都市と地方・なつかしき「昨日」

第一章　欧亜連絡とロシア

旅は極寒の凍土を越えて

JIKOKUHYO SEKAISHI

東京～敦賀港

（1915 年）

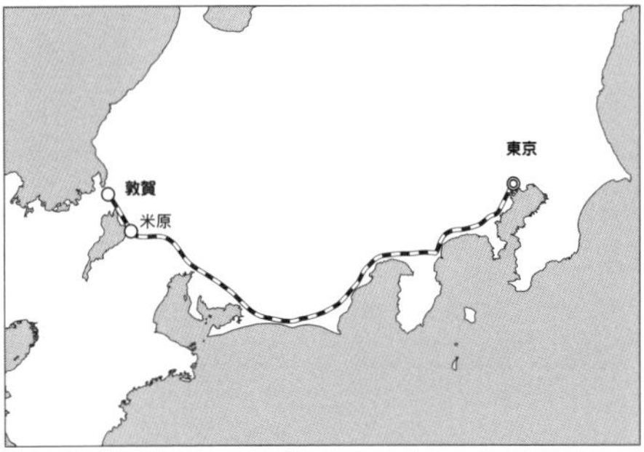

国際港へのアクセスは今の欧州行き所要時間なみ

「洋行」――もう死語になってしまったのだろうか？　その昔、海外へ行くということは、西洋へ行くことであり、そこへたどり着くためには大洋を行かなければならなかった。今、ヨーロッパへ向かうにはジェット機でひとっ飛び・12 時間の旅でしかない。しかし、あなたがもしも今から 100 年前にタイムスリップしたとしたら、その旅路は短くても 2 週間はかかったことだろう。シベリア鉄道経由ならば……。

そんな時代のヨーロッパへの旅は、まず東京駅から始まる。あなたが手にしている切符は「東京発敦賀・浦塩斯徳・ハバロフスク経由モスクワ行き」。つまり、東京から敦賀まで鉄道で行き、敦賀港からウラジオストクまでは日本海を船で渡る。ロシア極東に上陸すると、そこからはシベリア鉄道の客となってひたすらタイガが車窓に広がるシベリアの大地を汽車で横断するのだ。なお、シベリア鉄道に合流するまではこれ以外の方法もあった。

（1）敦賀から船でウラジオストクへ渡り、
　　A．ウラジオストクからシベリア鉄道に乗車するルート（上述）
　　B．ウラジオストクから東清鉄道に乗り継ぎ、ハルビン～満洲里経由でシベリア鉄道に合流するルート

（2）下関から釜山に関釜連絡船で渡り、
　　C．朝鮮半島の鉄道と南満洲鉄道（満鉄）を経由してハルビンで「B」に合流するルート

（3）神戸から大連へ大阪商船で渡り、
　　D．満鉄を経由して奉天（瀋陽）で上記「C」に合流するルート

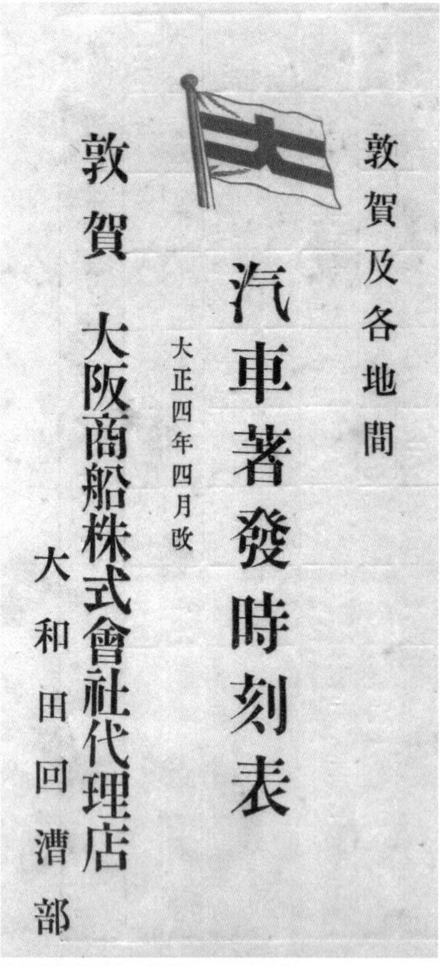

敦賀港発着列車が掲載された時刻表
【1915 年 4 月　大和田回漕部】

この中で、国境越えが1回（日本→ロシア）で済み､列車の乗換えが最も少ないのが「Ａ」のルートだった。そして、このルートの前奏曲ともいるのが、東京〜敦賀港間の欧亜連絡国際列車である。

『東京駅午後八、二五分発神戸行き二、三等急行列車は浦汐行き連絡船の敦賀出帆前夜に限り一等寝台列車を連結し米原駅に翌朝八、二二分着八、三五分同駅発一〇年に満洲国が建国さ、三八分敦賀駅着一〇、四四分同駅発金ヶ崎駅に一〇、五〇分着、連絡船に接続す』

敦賀〜ウラジオストク航路を運航していた大阪商船の敦賀代理店（注）が発行した時刻表には、東京〜敦賀港間の欧亜連絡国際列車がこんな風に紹介されていた。金ヶ崎というのは港を見下ろす小高い山の名称であり､敦賀港駅の旧名｡遥かヨーロッパを目指す旅行客がターゲットだっただけに、寝台車も最上級の一等車だったことがわかる。

この、敦賀港行き列車は、日露戦争から5年後の1910年とその翌年に日本とロシアの鉄道（東清鉄道およびロシア国有鉄道）との間に相次いで連絡運輸の協定が締結されたことを受け、1912年に運転が開始された。しかし、その前途には早速、波乱が待ち受けていた。1914年には第一次大戦が勃発。その3年後にはロシア革命が起こり、ロシアはソビエト連邦へと姿を変える。その過程では、シベリア出兵として知られる諸外国によるロシア革命への軍事干渉も発生した。こうした激動の時代、シベリア鉄道経由での欧亜連絡は途絶状態になり、華やかな国際連絡列車もこの一時期には消滅を余儀なくされたのである。

列車を降りれば向かいが桟橋

しかし、やがて混乱の時代は去り、1925年に日本とソ連は国交を樹立。これを契機に再びシベリア鉄道経由の欧亜連絡が復活し、東京発敦賀港行き列車もカムバックする。なお、復活から間もない1929年には、北満州における鉄道の利権問題を発端にソ連と中華民国の間で発生した紛争の影響で、前述のハルビン・満洲里経由ルートが一時途絶したこともあり､欧亜連絡は必然的に「Ａ」のルートによる往来が急増するという現象もあった。また、1932年には満洲国が建国されたことで、日本海航路は一躍脚光を浴びることとなる。以降、この列車は日本が太平洋戦争に突入して海外との連絡が閉ざされるまで活躍を続けるのであるが、その生涯は常に歴史の荒波に翻弄されたものであったことがわかるだろう。

欧亜連絡国際列車の終着駅である敦賀港駅は、まさにウラジオストク行き連絡船の発着する桟橋にあった三角屋根の瀟洒な駅だった。この時刻表が発行された当時は、毎週土曜日午後4時にウラジオストク行き大阪商船「鳳山丸」が出港するというスケジュール。国際連絡列車で10時50分に到着した旅客は、税関検査や出国手続きを済ませると隣の桟橋に横付けされている船にすぐ乗り継ぐことが出来たのである。その手軽さは今で言う

東京ヨリ敦賀方面へ

東京發	列車別	平沼發	静岡發	名古屋發	米原着	米原發	敦賀着	敦賀發	福井發	金澤發	富山發	直江津着
前六、〇〇	下ノ關行普通	七、〇六	一二、四八	六、〇四	八、二六	一、〇五	二、五六	三、〇三	五、二五	七、四八	九、四三	一、四八
ク八、〇〇	特別急行	八、四一	一二、三七	四、一四	五、五五	七、三〇	一〇、二〇止					
ク九、三五	直江津直行普通	一〇、四三	四、三七	一〇、一〇	一二、四〇	一、〇五	二、五六	三、〇三	五、一五	七、四八	九、四三	一、四八
ク一一、一〇	岡山行キ普通	一二、一〇	六、〇三	一一、一四	一、四七							
后三、一五	各等急行	四、一三	九、〇〇	一、一五	三、三一	五、四五	七、三七	七、四四	一〇、〇三	一二、四五	二、五四	五、三〇 糸魚川着
ク六、二五	一、二等急行	七、〇九	一一、三三	三、三四	五、二六							
△ク六、五五	仝	七、三九	一二、〇五	四、〇四	五、五六	八、〇五	九、五七	一〇、〇四	一二、一三	三、〇〇	四、四八	八、三〇
ク七、二〇	三等急行	八、一七	一二、五八	五、一八	七、一五							
ク八、二五	二、三等急行	九、一三	二、〇五	六、二六	八、三三	一一、一〇	三、五七	一、〇四	三、三三	五、五六	八、〇〇	一一、五〇
ク一〇、三五	各等急行	一一、四三	四、三五	一〇、〇〇	一二、二〇	一二、四〇	二、三四	二、四一	五、〇九	七、四二止		

備考　東京驛午后八、二五分發神戸行キ二、三等急行列車ハ浦汐行キ連絡船ノ敦賀出帆前夜ニ限リ一等寢臺列車ヲ連結シ米原驛ニ翌朝八、二二分着八、三五分仝驛發一〇、三八分敦賀驛着一〇、四四分仝驛發金ヶ崎驛ニ一〇、五〇分着、連絡船ニ接續ス

△印不定期列車ナリ

前ページ時刻表の内部。
漢数字表記は、当時の時刻表では一般的

とさしずめ、成田空港や関西空港における鉄道と飛行機の乗り継ぎのようなものか……。

なお、この列車には逆方向も存在した。ウラジオストクからの船が敦賀港に入港する日に金ヶ崎から米原行きが運転され、米原からは東京行き特急に接続するダイヤだった（金ヶ崎8時52分発・東京21時5分着）。

遥か遠いヨーロッパへの旅のロマンをかきたてる欧亜連絡国際列車がこの世から消えてすでに久しいが、ひとつ言えることは、かつて東京駅から敦賀港まで汽車が走るのにかかった時間があれば、いまや成田からロンドンまで飛んでしまえる時代になったということである。

（注）この時刻表を発行した大和田回漕部という会社であるが、戦時中の企業統合により1943年に敦賀にあったいくつかの同業者と合併し、敦賀海陸運輸株式会社として今日も存続している。

1920年頃の敦賀港の様子（絵葉書より）
手前に鉄道の敦賀港駅と汽船が見える

ウラジオストク〜ハルビン〜満洲里
（1907 年）

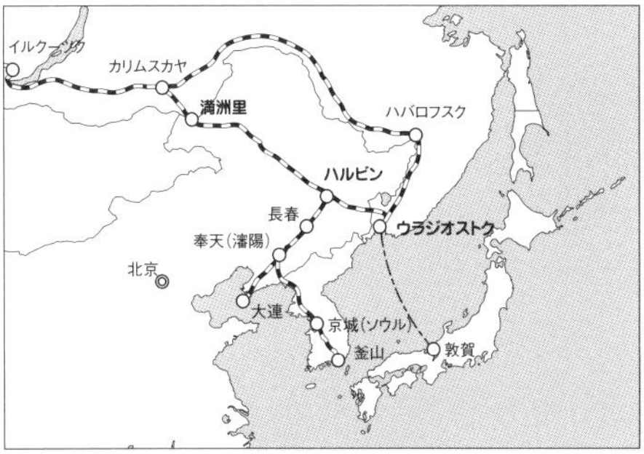

100 年前にも存在した九州新幹線！？

2004 年 3 月に開業した九州新幹線。現時点では計画区間の南半分にあたる新八代〜鹿児島中央間が部分開業している状態で、博多から新八代までは在来線の特急「リレーつばめ」が運転されているが、新八代駅ではこの「リレーつばめ」と新幹線の間でちょっと変わった乗り換え方法が取られている。それは、一本のホームを挟んで相互に乗り継ぎが可能ということ。つまり、他の駅での新幹線と在来線の乗り継ぎのようにわざわざ階段を上り降りしなくても良いし、きっぷも 1 枚に在来線と新幹線の両方の座席が指定されているため、あらためて新幹線の改札を通る必要も無い。

そもそも、新幹線と在来線が通常は別個のものとして扱われているのは、線路の幅（ゲージ）が異なるからである。在来線は 1067 ミリ幅の「狭軌」と呼ばれる線路幅であるのに対し、新幹線はより幅の広い 1435 ミリ幅の「標準軌」を採用することで高速化と大型車体による大量輸送を実現している。従って、新八代駅の新幹線ホームは暫定的に片方が在来線用・もう片方が新幹線用として幅の異なる線路が敷設されているという変わった構造になっているのだ。

しかし、新八代駅と同じようなことが 100 年前の中国でも行われていたといわれても、すぐにはピンとこないのではないだろうか？　この、線路の幅が異なる鉄道同士が同じホームを挟んで相互に乗り継ぎが可能だったのは中国東北部の長春駅。しかしこれは、単に利用者の利便性向上という平和的な背景だけに基づくものではなく、極東の覇権をめぐる日本とロシアの真っ向勝負の産物だったのである。

次項でも触れるように、ロシアは 19 世紀末から極東への勢力拡大を目指してシベリア鉄道の建設に取り組む。モスクワなどロシア中枢からウラジオストクへの鉄道連絡というのがその目標であったが、清国とロシアが 1858 年の璦琿（あいぐん）条約で国境を策定したアムール川沿いの区間、具体的にはイルクーツクの先・カリムスカヤ（カルイムスコエ）からハバロフスクに至る約 2000 キロは、工事の難しさから早期開通は期待できなった。しかし、当時の極東情勢の中ではロシアも決して安穏としてはいられなかったのである。清国には 19 世紀半ば以降、イギリスなどの欧米列強がす

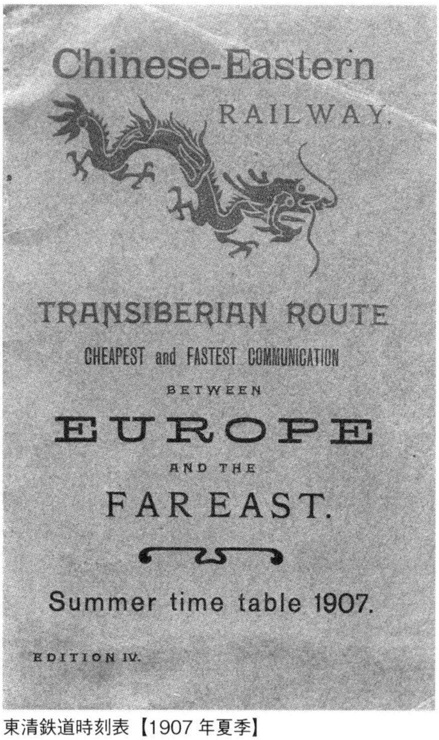

東清鉄道時刻表【1907 年夏季】

でにわんさと群がっていたし、1895年には日清戦争の勝利で日本がグッと台頭してきていた。ここで積極的に介入しなければ、他国勢力の拡大を許してしまうことになる！　そこでロシアが考えたのは、シベリア鉄道から枝分かれし、清国の東北部を一直線に横断してウラジオストクへ最短経路で到達する鉄道を優先して敷設することだった。このために、ロシアは清国と合弁で東清鉄道会社（Chinese - Eastern Railway）を立ち上げ、この路線の建設を急ぐことにしたのである。

満鉄の基礎となった南満支線

東清鉄道は、西は満洲里・東はグロデコヴォでロシアの鉄道と接続する路線がメインだが、ロシアはこの本線にとどまらず、本線途中のハルビンから南下し、長春・奉天（瀋陽）を経由して大連へと至る南満支線の建設も進めた。本線と南満支線は奇しくも日露戦争前年の1903年に駆け込みで完成し、ここにロシアは、1898年に租借に成功した遼東半島への鉄道アクセスも確保できたのである。遼東半島先端には、極東に睨みを利かせる上で有利な大連（当時は「ダルニー」という名前）と旅順という2大港湾があった。

東清鉄道の開通により、清国東北部にはロシアによってT字型の鉄道網という「クサビ」が打ち込まれた形になったわけであるが、ロシアは単に鉄道路線という線的な支配にとどまらず、鉄道を中心として附属地の獲得にも努め、面的な浸透についても抜かりなかった。しかし東清鉄道について見逃せないことは、こうした「攻め」の側面だけではなく、ロシア自身の安全保障や権益確保のための「防壁」のような役目を担っていたということである。それは、ロシアの鉄道の線路幅（ゲージ）に秘密がある。現在でもそうであるが、ロシアのゲージは「広軌」と呼ばれる1524ミリであり、日本の狭軌はおろかヨーロッパや中国・朝鮮

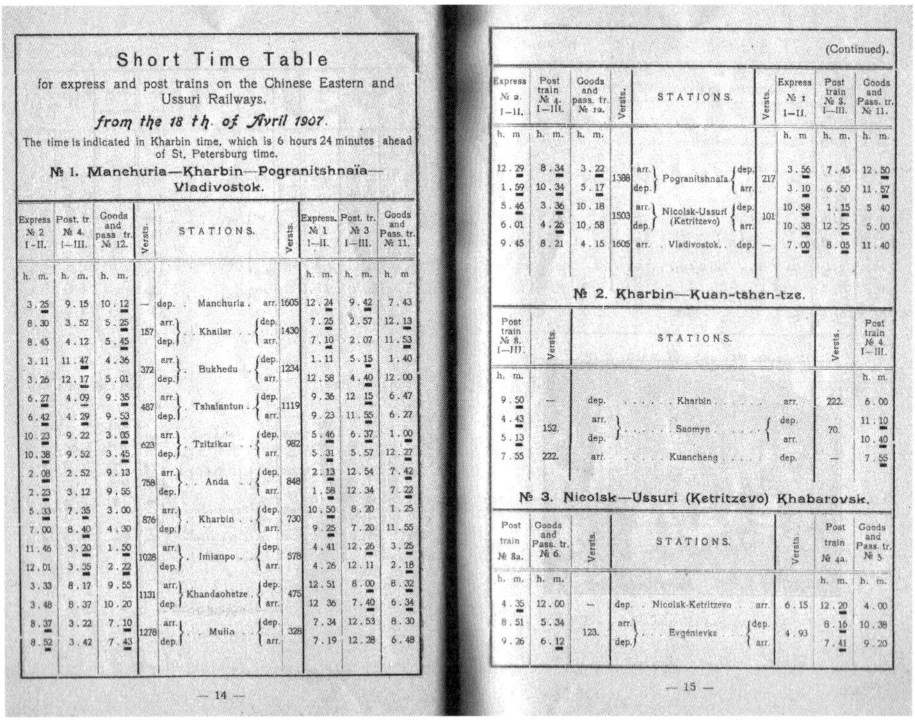

Short Time Table

for express and post trains on the Chinese Eastern and Ussuri Railways.

from the 18 th. of Avril 1907.

The time is indicated in Kharbin time, which is 6 hours 24 minutes ahead of St. Petersburg time.

№ 1. Manchuria—Kharbin—Pogranitshnaïa—Vladivostok.

Express № 2 I–II.	Post. tr. № 4. I–III.	Goods and pass. tr. № 12.	Versts.		STATIONS.		Versts.	Express. № 1 I–II.	Post. tr. № 3 I–III.	Goods and Pass. tr. № 11.
h. m.	h. m.	h. m.						h. m.	h. m.	h. m
3.25	9.15	10.12	—	dep.	Manchuria	arr.	1605	12.24	9.42	7.43
8.30	3.52	5.25	157	arr.	Khailar	dep.	1430	7.25	2.57	12.13
8.45	4.12	5.45		dep.		arr.		7.10	2.07	11.53
3.11	11.47	4.36	372	arr.	Bukhedu	dep.	1234	1.11	5.15	1.40
3.26	12.17	5.01		dep.		arr.		12.58	4.40	12.00
6.27	4.09	9.35	487	arr.	Tshaiantun	dep.	1119	9.36	12 15	6.47
6.42	4.29	9.53		dep.		arr.		9.23	11.55	6.27
10.23	9.22	3.05	623	arr.	Tzitzikar	dep.	982	5.46	6.37	1.00
10.38	9.52	3.45		dep.		arr.		5.31	5.57	12.27
2.08	2.52	9.13	758	arr.	Anda	dep.	848	2.13	12.54	7.42
2.23	3.12	9.55		dep.		arr.		1.58	12.34	7.22
5.33	7.35	3.00	876	arr.	Kharbin	dep.	730	10.50	8.20	1.25
7.00	8.40	4.30		dep.		arr.		9.25	7.20	11.55
11.46	3.20	1.50	1028	arr.	Imianpo	dep.	578	4.41	12.26	3.25
12.01	3.35	2.22		dep.		arr.		4.26	12.11	2.18
3.33	8.17	9.55	1131	arr.	Khandaohetze	dep.	475	12.51	8.00	8.32
3.48	8.37	10.20		dep.		arr.		12 36	7.40	6.34
8.37	3.22	7.10	1278	arr.	Mulin	dep.	328	7.34	12.53	8.30
8.52	3.42	7.43		dep.		arr.		7.19	12.28	6.48

— 14 —

(Continued).

Express № 2. I–II.	Post train № 4. I–III.	Goods and pass. tr. № 12.	Versts.		STATIONS.		Versts.	Express № 1 I–II.	Post train № 3. I–III.	Goods and Pass. tr. № 11.
h. m	h. m.	h. m.						h. m	h. m.	h. m.
12.29	8.34	3.22	1388	arr.	Pogranitshnaïa	dep.	217	3.56	7.45	12.50
1.59	10.34	5.17		dep.		arr.		3.10	6.50	11.57
5.46	3.36	10.18	1503	arr.	Nicolsk-Ussuri (Ketritzevo)	dep.	101	10.58	1.15	5 40
6.01	4.26	10.58		dep.		arr.		10.38	12.25	5.00
9.45	8.21	4.15	1605	arr.	Vladivostok	dep.	—	7.00	8.05	11.40

№ 2. Kharbin—Kuan-tshen-tze.

Post train № 8. I–III.	Versts.		STATIONS.		Versts.	Post train № 4. I–III.
h. m.						h. m.
9.50	—	dep.	Kharbin	arr.	222.	6.00
4.43	152.	arr.	Saomyn	dep.	70.	11.10
5.13		dep.		arr.		10.40
7.55	222.	arr.	Kuancheng	dep.	—	7.55

№ 3. Nicolsk—Ussuri (Ketritzevo) Khabarovsk.

Post train № 8a.	Goods and Pass. tr. № 6.	Versts.		STATIONS.		Versts.	Post train № 4a.	Goods and Pass. tr. № 5.
h. m.	h. m.						h. m.	h. m.
4.35	12.00	—	dep.	Nicolsk-Ketritzevo	arr.	6.15	12.20	4.00
8.51	5.34	123.	arr.	Evgénievka	dep.	4.93	8.16	10.38
9.26	6.12		dep.		arr.		7.41	9.20

— 15 —

前ページの時刻表の内部（分の下線は午後6時～午前5時59分の夜間を示す）
満洲里～ウラジオストク間と、南満支線およびハバロフスク方面の時刻

半島の標準軌と比較してもなお幅が広い。東清鉄道は全線が広軌で敷設されたが、このことは、当時清国で建設が進んでいた他の路線の車両が東清鉄道にはそのまま乗り入れできないことを意味する。まさにベータ対VHSのビデオ戦争や、次世代DVDの規格争いの世界。あえて妥協せず障壁を作ることで自己のポジションを確立する戦略だ。

こんなことから、万が一、極東で戦乱が発生しても、ロシア以外の国がこの鉄道を利用して逆にロシアへ兵を送り込むというようなことは容易には出来ないということが想像できるだろう。『鉄道なんて真っ先に空襲でやられるんじゃないの？』とお考えのアナタ、たしかに第二次大戦以降の現代の戦争ならば、航空戦力を投入して交戦相手国の鉄道を破壊し無力化するところであるが、まだ当時はそういう役割に使える航空機はなかった。なにせ1903年といえば、ライト兄弟が人類初の動力飛行に成功したまさにその年。鉄道に対する攻撃といえば、せいぜい線路や橋を爆破するとか線路脇から列車を狙い撃ちすることくらいしかなかった。キッチリと沿線の防御ができていれば鉄道ほど有効な兵站輸送機関はないはず……であった。

しかし、ロシアが敷設した鉄道も、ひとたび沿線を敵に確保されると安泰ではない。1904年に始まった日露戦争では満州地域の南半分で日本とロシアが戦闘を繰り広げたが、占領地域を広げていった日本は、東清鉄道南満支線を兵站輸送に活用したのである。ロシアが残した車両を使ったのであろうか？　いや、それではまったく車両が足りなかったこともあり、日本から輸送した車両が使われたのである。しかしネックとなったのは日本のゲージよりもずっと広いロシアのゲージだった。そのままでは日本の車両を走らせることはできない。考えられる方法は、日本の車両をロシアのゲージに改造するか、いっそのことロシアのゲージを日本の狭軌にまで狭めてしまうかのどちらかである。結局、後者の方法が取られ、日本から乗り込んだ野戦鉄道提理部は1904年7月から軌間改修に着手。東清鉄道南満支線の日本の支配地域について、狭軌化を順次実施した。これにより日本から持ち込んだ車両をそのまま使って北へ南へと兵力の円滑な移動が可能となり、日本の勝利にもつながったのである。

日本に押し戻されるロシアのゲージ

日露戦争後、ポーツマス条約によって東清鉄道南満支線の南半分は日本へと譲渡された。日本に譲渡された区間は、1907年4月に南満洲鉄道（満鉄）が営業開始したことに伴い、満鉄による管理となる。これより北の区間は東清鉄道が引き続き経営したが、ここで問題となったのが満鉄と東清鉄道の連絡ということだった。しかし、それよりも先に重要なことがあった。日本は日露戦争を遂行するためにロシアの広軌を急ぎ狭軌に改めたものの、それでは朝鮮半島を縦断して建設されていた標準軌の鉄道とは連結ができないため、今度は狭軌から標準軌への改軌工事が行われたのである。1908年5月には満鉄本線が標準軌化されたが、当然、ロシアの広軌と直通できないことは変わりがなかった。

ところで、満鉄発足時の1907年4月に発行された東清鉄道の時刻表によると、南満支線の終点は“Kuan-tshen-tze”と書かれている。なじみのない地名であるが、これは長春郊外の寛城子という場所のこと。一方、満鉄については連絡路線の時刻表を見ても全く触れられていない。それもそのはず。このときに満鉄は寛城子より南の孟家屯というところにまでしか達していなかったのである。つまり両者は完全に分断され、当初はまったく連絡していなかった。懸案だった満鉄と東清鉄道の接続方法が日露間で取り決められ、満鉄が寛城子まで路線を伸ばすのはその年の夏のこと。しかしこの時も、線路がつなげられないのはともかく駅自体も別々だったため、連絡といっても不完全なものであった。これでは不便なのには変わらない。そこで1909年12月に現在の場所に長春駅が新規オープンし、両者はここに一緒に乗り入れることとなった。これは、満鉄～東清鉄道～シベリア鉄道という欧亜連絡ルートがまさに誕生した瞬間ともいえるだろう。

1910年発行の時刻表を見ると、こうした経緯の結果、長春に乗り入れる満鉄の時刻も掲載されるようになっている。この頃、長春駅では大連方面から走ってきた標準軌の列車と、ここから接続する広軌の東清鉄道のハルビン方面への列車が同じホームの両側に着発し、利用者の利便を図っていた。ちなみに、開設当時の長春駅は行き止まりの構造。したがって、長春は大連とハルビンの中間に位置するものの、大連から走ってきた列車が長春駅に入線して来る方向と、東清鉄道の列車が発車していく方向は逆だった。1918年8月に満鉄が発行した案内書には、長春駅構内の写真が挿入されており、こうした連絡の様子がよくわかる。

話を少し戻すが、シベリア鉄道がまだ開通していなかった1907年の時刻表で東清鉄道は、ヨーロッパとの最短経路として宣伝されていた。巻頭に掲げられた地図では、東清鉄道経由でウラジオストクとヨーロッパを結ぶ鉄道路線が見事に一直線で引かれ、ロンドンから極東各地へは『海路の34日に比べて所要18日、金額も約半分の438ルーブル』と謳われている。当時、東清鉄道は、モスクワからウラジオストクまで直通する急行列車（1・2等）と郵便列車（1～3等）、満洲里～ウラジオストク間を走る荷物・旅客列車の計3往復が走っていた。一方、南満支線はハルビン～寛城子間に郵便列車が1往復あり、所要時間は10時間5分だった。また、ウラジオストクからはロシア東アジア汽船（Russian East-Asiatic Steamship Company）のウラジオストク～敦賀線のほか、ウラジオストク～長崎～上海線の汽船が週1往復運航されており、朝鮮半島や中国の鉄道が未完成な時代の東アジア交通網の一端がうかがえて興味深い。

東清鉄道のターミナルであるハルビンは、日本・ロシア・中国の思惑の渦巻く国際都市。各国の文化や商業・政治の中心地として独特の雰囲気を持ち、「東洋のモスコー（モスクワ）」とも呼ばれた。東清鉄道はハルビンなどに鉄道従業員の慰安施設である「東清鉄道倶楽部」を建設したが、そこでは音楽やダンスなどが演じられ、アジアにおける西欧的文化の移入に一役買っていた。

東清鉄道をはじめとする中国東北部の鉄道は、1916年にシベリア鉄道の残りの部分が全通したほかは、しばらく前述のような枠組みが続く。しかし、東清鉄道を取り巻く政治的環境はめまぐるしく変遷し、その反映として東清鉄道はその名をコロコロと変えた。まず、1912年に清朝の滅亡・中華民国樹立に伴って「東支鉄道」と呼ばれることとなる。ちなみに、「中東鉄道」と呼ばれることもあったが、これはアラビアの中東とは何ら関係なく、“Chinese-Eastern Railway”の直訳「中国東方鉄道」の略である。そして、1929年には張学良がこの地域のソ連の鉄道利権を回収しようとして中ソ対立が発生。欧亜連絡の主要ルートだった北満州は紛争地域として敬遠されることになる。そ

Train Connection at S.M.R. Changchun Station. The Trains at the left hand of Platform are S.M.R. Trains (Japanese) and the Train at the right hand is C.E.R. Train (Russian)

長春駅での満鉄（左）と東支鉄道（右）の接続の様子
（1918年発行の満鉄案内より）

んな時代を経験し、1931年に満州事変が発生して中国東北部に満洲国が建国されると東支鉄道はソ連と満洲国の合弁経営になり、「北満鉄路」という名称で呼ばれるようになった。ハルビンには日本人が大挙して押し寄せ、ロシアそしてソ連が幅を利かせていた頃と比べるとガラリと様相が変わった。

そんな時代を象徴する出来事が北満鉄路に起こる。先述のようにシベリア鉄道はすでに全通しており、ソ連領だけの通過でウラジオストクに達することが出来た。北満鉄路の周りには満洲国有の鉄道が次々と建設されて経営が苦しくなってきたこともあり、ソ連が満洲国に北満鉄路の売却を打診したのだ。しかしその当初提示金額は6億円以上。いくら戦略的に重要な鉄道といえ、ソ連の言い値で買うわけにはいかなかった。ここで交渉の場に登場したのが、のちにリトアニア駐在時代に「命のビザ」で有名になる杉原千畝だった。彼は外務省きってのソ連通としても知られ、交渉を有利に導くことに尽力した。その結果、売却価格は当初の3分の1の2億円未満で妥結。1935年3月、北満鉄路全線は満洲国に売却されて満洲国有鉄道となった。こうなると新京（もと長春）で乗換えを強いる理由もなく、こんどは旧北満鉄路の軌間変更（広軌→標準軌）が行われたほか、ここで進行方向が逆向きにならなくても良いようにハルビン方面へ抜ける新たな線路が敷設され、早くも8月からは満鉄の誇る特急「あじあ」号が大連から新京経由ハルビンまで直通運転を始めた。東清鉄道時代は「支線」だったこの区間は一躍満州を代表する「大幹線」に立場を逆転させたのである。

一方、東清鉄道時代の本線である満洲里～綏芬河間は、改軌によって両端でソ連国鉄との乗換えが必ず発生することになり、ウラジオストクからのシベリア鉄道短絡ルートとしての役割は事実上失われた。それまでの伝統的な見方に倣うのならば、日本にとって安全保障上これほど有利な環境はない。ところが、結果は違ったものとなる。戦車や自動車が大量投入され、空からの攻撃が登場した近代戦の時代には、北満州地域の局地的な鉄道網は日本（満州）とソ連とのパワーバランスを拮抗させるだけの戦略的影響力はもはや持ち合わせていなかった。1939年のノモンハン事件における日本側の敗北や1945年8月のソ連参戦がその事実の証明である。

第二次大戦が終わるとこの地域から日本の勢力は駆逐され、満鉄や満洲国有鉄道は過去のものとなった。しかし、元・東清鉄道の路線は引き続きソ連と中国の間の重要路線として激動の歴史を辿ることになる。

東支鉄道時間賃金表
【1927年7月　ハルビン・北満ホテル】

満洲里〜モスクワ〜ベルリン

（1910 年 /35 年）

『必要品——まず何よりもさきに勇気、決断、機敏、沈着。（中略）忘れてならない物品を列挙すれば、第一に決死の覚悟と大国民の襟度。つぎに優に十日間は支へるに足る食糧。すなはち、ありとあらゆる缶詰、野菜、ぱんの類、および台所道具一切。』

これは、1927 年に当時の人気作家・谷譲次が中央公論社による特派で約 1 年に及ぶヨーロッパ

№ 7. С.-Петербургъ—Челябинскъ.

Почт. № 4. ч. м.	Скор. № 2. ч. м.	Дни слѣдо. ванія скор. п.	Версты.	НАЗВАНІЕ СТАНЦІЙ.	Версты.	Дни слѣдо-ванія скор. п.	Скор. № 1. ч. м.	Почт. № 3. ч. м.
8.10	11.00	Суббот.	—	отх. С.-Петербургъ пр	2305	Понед.	6.45	8.40
1.03	11.54		559	пр. . . Вологда . . отх.	1746		5.50	3.33
3.36	12.25	Воскр.		отх. пр.		Понед	5.28	12.50
9.10	2.15		1156	пр. . . Вятка . . отх.	1149		3.30	7.00
10.25	3.05			отх. пр.			2.53	6.40
4.28	7.08	Понед.	1615	пр. . . Пермь . . отх.	696		11.11	2.15
4.53	7.24			отх. пр.			10.13	11.12
4.40	5.27		1949	гр. Нижній Тагилъ отх.	362		12.08	10.49
5.00	5.42			отх. пр.			11.43	10.34
8.50	9.16		2081	пр. Екатеринбургъ отх.	230		8.11	6.3?
10.48	10.00			отх. пр.			7.49	5.58
7.04	6.03	Вторн.	2311	пр. Челябинскъ. отх.	—	Пятн.	11.40	9.25

№ 8. Челябинскъ—Маньчжурія.

Почт. № 4.	Скор. № 2.	Дни слѣдо-ванія скор. п.	Версты.	НАЗВАНІЕ СТАНЦІЙ.	Версты.	Дни слѣдо-ванія скор. п.	Скор. № 1.	Почт. № 3.
	изъ СПБ. 7.05 изъ Моск.						на СПБ 10.45 на Моск.	
9.00	7.40	Втор. ¹) Четв. ²)		отх. . Челябинскъ . пр.	4472	Воск. ²) Втор. ³)	10.10	6.15
4.44	1.45	Субб. ³)	241	пр. . Курганъ . . отх.	4232	Пятн. ¹)	4.02	9.44
5.04	2.00			отх. пр.			3.47	9.26
1.11	7.38		490	пр. . Петропавл. . отх	2983		10.10	1.41
1.27	7.53			отх. пр.			9.55	1.15

¹) Экспрессъ изъ или на С.-Петербургъ.
²) Экспрессъ изъ или на Москву.
³) Экспрессъ Межд. О-ва Сп. Вагоновъ.

— 8 —

(Продолженіе).

Почт. № 4. ч. м.	Скор. № 2. ч. м.	Дни слѣдо-ванія скор. п.	Версты.	НАЗВАНІЕ СТАНЦІЙ.	Версты.	Дни слѣдо-ванія скор. п.	Скор. № 1.	Почт. № 3.
9.14	1.52	Среда. Пятн. Воскр.	745	пр. . . Омскъ . . отх,	3727	Пятн. Воскр. Среда.	3.52	4.56
10.14	2.12			отх. пр.			3.32	3.56
8.00	9.32		1049	пр . . Каинскъ . отх.	3424		8.20	6.37
8.17	9.47			отх. пр.			8.05	6.17
6.25	5.00		1332	пр. Ново-Никол. отх.	3141		12.4?	8.45
7.50	5.15			отх. пр.			12.33	7.00
3.57	11.09		1546	пр. . . . Тайга . . отх.	2926		6.43	11.32
4.57	11.24			отх. пр.			6.28	10.27
5.10	12.10		—	пр. . . Тайга . . отх.	82		6 20	10.05
8.15	4.20		82	отх. . Томскъ II-й . пр.	—		3.20	6.55
5.23	8.36		1873	пр. . . Ачинскъ . отх.	2600		9.05	10.00
5.43	8.45			отх. пр			8.57	9.45
1.28	2.17		2039	пр. Красноярскъ. отх.	2433		3.18	1.33
3.06	2.32			отх. пр.			3.03	12.33
12.44	9.54		2265	пр. . . Канскъ . . отх.	2206		7.37	2.40
12.59	10.01			отх. пр.			7.27	2.28
2.54	8.45		2572	пр. Нижнеудинскъ. отх.	1900		8.51	12.27
3.07	8.59			отх. пр.			8.36	11.55
1.00	1.05	Субб. Понед. Среда.	3047	пр. . Иркутскъ . отх.	1424	Четв. Субб. Вторн.	5.25	2.15
3.39	2.29			отх. пр.			3.49	10.44
5.20	3.50		3110	пр. . . Байкалъ . . отх.	1363		2.23	9.07
5.29	3.57			отх. пр.			2.15	8.59
11.17	8.21		3300	пр. . . Танхой . . отх.	1174		9.43	3.11
11.28	8.29			отх. пр.			9.10	1.26
5.34	12.59		3488	пр. Верхнеудинскъ отх.	966		4.52	7.18
5.56	1.16			отх. пр.			4.37	6.58
11.41	2.52		4024	пр. . . Чита . . отх.	447		3.13	12.33
11.58	3.06			отх. пр.			3.00	12.18
4.01	5.44		4120	пр. . Карымская . отх.	353		12.28	8.27
4.47	5.47			отх. пр.			12.25	7.47
5.49	2.34	Воскр.¹) Вторн.²) Четв. ³)	4472	пр. . Маньчжурія . отх.	—	Вторн.³) Четв. ³) Воскр.¹)	3.29	7.59
7.35	3.35			отх. пр.			1.35	6.05

¹) ²) ³) См. прим. на стр. 8.

— 9 —

1910 年夏季のシベリア横断時刻表（カラーページ掲載）の内部
サンクトペテルブルク〜チェリャビンスク〜満洲里間の時刻が掲載されている。

漫遊に向かう際、その旅のルポルタージュ作品『踊る地平線』の中でシベリア鉄道の旅に必要なものを述べている一文である。昔のシベリア鉄道はこうもサバイバルな旅だったのだ！

まずシベリア鉄道のプロフィールをおさらいしておこう。シベリア鉄道は、帝政ロシアによる極東への勢力拡大という戦略的な使命を帯びて建設されたことはよく知られている。1891年の着工から10年以上の歳月をかけ、1904年にモスクワから極東に至る鉄道が完成。しかし厳密にはこの当時はまだハバロフスクに至るロシア極東の一部区間は未開通であり、シベリア鉄道本線のカリムスカヤ（カルイムスコエ）から分岐するザバイカル鉄道が建設され、満洲里とハルビンを経由してウラジオストクに至る東清鉄道を通過する形での完成だった。なお、建設費の節約と工期短縮のため、できるだけトンネルを掘らずに済むルートが選定されたことから、シベリア鉄道は意外にもモスクワから東へ5000キロ以上にわたってトンネルが無いのが特徴だ。

バイカル湖畔をゆく区間の開通によってシベリア鉄道が全通した1904年といえば日露戦争の年。シベリア鉄道は早速、軍事輸送にも使われたがロシアの形勢を逆転するまでの切り札にはならなかった。これは当時まだ単線で輸送力が充分ではなかったことが一因だった。しかし、このときの反省から1930年代に複線化工事が行われ、第二次大戦の際には1945年5月に対ドイツ戦が一段落したあと、対日参戦のために兵器や軍隊をスムーズに極東へシフトさせることに役立ったという。

さて、先に述べた未開通区間は日露戦争後の1916年に開通し、ここにすべてロシア国内を通過する形でモスクワ〜ウラジオストク間が結ばれ、シベリア鉄道はめでたく全通した。この当時を含む戦前のシベリア鉄道は、オリエント急行のような豪華な車両で運行されていた。なぜならば、シベリア横断急行が走り始めた当時、オリエント急行などを運行する国際寝台車会社「ワゴン・リ」がその運行に携わったからである。もっとも、1917年にロシア革命が起きてソビエト連邦が成立すると、ワゴン・リの寝台車はソ連に収用されてしまった。しかしソ連はそのままそれをシベリア横断急行に使い続けたため、以降もワゴン・リ時代の豪華な旅が楽しめた。少なくとも車両というハード面でのことではあるが。

ワゴン・リとシベリア鉄道には面白いエピソードがある。1900年にパリ万博が開催されたとき、ワゴン・リはあるパビリオンを出展してシベリア横断急行を宣伝した。それは「シベリア横断鉄道パノラマ館」。入場者は食事をとりながら列車の車窓を移動していく「沿線風景が描かれた絵」を観てモスクワ〜北京間の旅を約45分で追体験できるという、今日のシミュレーションの先駆けともいえる出し物だった。車窓の手前・その先・遠景と、風景をいくつかに分割し、それぞれ移動速度を変えることでよりリアリティを出すという凝った造りだったという。

2週間「生活」する汽車旅

さすがに45分というのは到底無理としても、航空便が存在しなかった戦前、シベリア鉄道は極東とヨーロッパを結ぶ最も速くて安い重要ルートとして、関係各国の政府や旅行あっせん機関が集まった連絡運輸の取り決めの下で運営されていた。谷譲次も1927年8月から復活した欧亜連絡運輸を利用し、「東京〜モスクワ」という現在では信じられない発着区間の切符で旅立ったのだった。船便ならばアジアとヨーロッパは40日掛かったが、シベリア鉄道を使用すれば約2週間。しかも、運賃は約半分だった。

すでに述べたようにシベリア鉄道へのアプローチルートにはいくつかの経路があり、どのルートを選ぶかで所要時間や経費が異なったが、所要時間でハバロフスク回りよりも有利だったのが中ソ国境の満洲里を経由するルートだった。この場合、満洲里からモスクワまでのシベリア鉄道中枢ともいえる区間の旅は約1週間である。では、この1週間あまりを生活する列車について、1935年当時の編成例が残っているので紹介してみよう。

月曜日満州里発列車の編成例		
号車	車両種別	設備内容
	機関車	
	郵便車	
	手荷物車	
1号車	第一カテゴリー／第二カテゴリー混成車	寝台各8個
2号車	第一カテゴリー車	寝台16個
3号車	食堂車	
4号車	軟床車	寝台24個
5号車	軟床車	寝台24個
6号車	硬床車	寝台28個

シベリア横断急行の案内パンフレット
【1935年　インツーリスト】

第一カテゴリーと第二カテゴリーは、元ワゴン・リの寝台車。基本は2人用個室で、第一カテゴリーは各室に専用化粧室が備えられた豪華車両だ。軟床車と硬床車はそれぞれ二等車と三等車に相当し、軟床車は4人用個室寝台。また、食堂車が連結されているので食事は必ずしも困らない環境にはあるが、雪で立ち往生など、何が起こるかわからないのがシベリア鉄道の旅。乗車前にある程度食糧を調達して乗り込むのが確実でかつ安く済む方法だったようである。

1931年にジャパン・ツーリスト・ビューロー（現：JTB）が発行した『西伯利経由欧州旅行案内』という冊子によると、満洲里～モスクワ間には週3往復が運行され、この列車には満洲里からラトビアの首都・リガやソ連とポーランドの国境駅であるストルプツエ（1920年のポーランド・ソ連戦争の結果、ポーランドがソ連から得た領土の東端に位置する街。第二次大戦後にこの領土はソ連へ復帰することとなり、現在はベラルーシ領ストウプツイである）まで直通する寝台車も連結されていた。旅客はこれらの終着駅で乗り換えて中央ヨーロッパの中心都市であるベルリンへと向かったのである。リガからの連絡では、ワゴン・リの誇る豪華列車「ノルド・エクスプレス」（北急行）に乗ればベルリンの先、パリや英仏海峡の連絡船発着地であるベルギーのオーステンデへも直通できた。

もっとも、満洲里経由のシベリア鉄道接続は所要時間では有利だったが、必ずしも常に安泰なルートというわけではなかった。1928年にはソ連と中華民国の間で発生した国境紛争の影響でこのルートは途絶。この間はウラジオストクからハバロフスクを経由してひたすらソ連領を行くルートだけが生きていたことになる。

トップアスリート達がホームでトレーニング！？

ただ、そうした紛争云々以前にそもそも戦前もソ連の入国管理は厳しく、誰もが世界最長の汽車旅を気軽に楽しめたという訳ではなかったようだ。『踊る地平線』によると、ソ連のビザ申請は『何のために西比利亜を通過するか、宗教は——if any 何を信ずるか、たべ物はなにが好きか、朝は大体何時に起きるか、習慣としてお茶をのむか飲まないか、もし喫めば食前か食後か等々すべての個人的告白を強要される。この1001の試問と難関をぱすした英雄にのみ西伯利亜経由の特権が付与されるのだ。』とのこと。こんなに根掘り葉掘り訊かれれば普通はイヤになるに違いない。たしかに谷の場合、ソ連に入国して滞在したためこれだけ厳しい審査があったわけで、滞在せずに通過するだけならばビザ取得はまだ容易だったようであるが、時代が下ると日本人とイタリア人については通過だけでもビザ取得は厳しくなった。戦前のシベリア横断ルートのおもな利用者は外交官や重要な使命を帯びた特権階層が主体だったというのもうなずける話である。

そんな“英雄”的なシベリア鉄道の旅人と言えば、作家では谷譲次のほか林芙美子が1931年にこの路線を旅して『三等旅行記』という作品を残し、庶民生活に溢れる硬床車をお勧めしているほか、その5年後の1936年7月にはベルリン・オリンピックへ参加する陸上の日本選手団の姿もあった。陸上の選手だけに日々のトレーニングは欠かせない。「暁の超特急」こと吉岡隆徳などのトップランナーが、列車の停車時間にホームでランニングをしていたそうだ。時には勢い余ってホームを超え、駅の構内に飛び出していく人もいたとか。飛行機の中でいかに休息して時差の影響を少なくするかということに気が向く現代人とは違い、のどかで自然な旅路の様子がうかがえる。

しかし平時の旅もベルリン・オリンピックまで。その後戦争に急傾斜する暗い時代の中、シベリア鉄道はもっとも歴史に翻弄された旅人を迎えることとなった。ナチス・ドイツの迫害から逃れようとしたユダヤ人難民である。これは1940年の夏、リトアニアの日本領事館で「命のビザ」を発給した杉原千畝のエピソードとして日本でもよく知られている。ナチス・ドイツの侵攻によってポーランドから脱出したユダヤ人に対して杉原は日本政府の指示に反してビザを発給。こうして日本へ上陸する権利を得たユダヤ人たちは、シベリア鉄道経由で極東へ向かったのだった。彼が救ったユダヤ人は6000人ともいわれている。

こうして欧亜を結ぶ移動手段として一般的だったシベリア鉄道だが、戦後になるとアジアとヨーロッパは飛行機を使えば丸1日から2日で往来できるようになり、シベリア経由の旅は所要時間の点でまったくナンセンスなものとなってしまった。西側の人間でわざわざ鉄のカーテンを越えてシベリア横断の旅を楽しむのは観光客か鉄道ファンに限られたが、それも中国が長年にわたって対外的に門戸を閉ざしていたため、かつては繁盛した満洲里からシベリア鉄道に乗り入れるルートはなおさら縁遠いものとなった。冷戦時代の中ソを結ぶ動脈としてのシベリア鉄道については、項をあらためて記すこととしたい。

FROM JAPAN

Via Manchoule Local time

Tokyo	dep.	~~Wed.~~ Thu.	~~Sat.~~ Sun.	15.00
Yokohama	„	„	„	15.28
Kobe (San)	„	„	„	23.54
Shimonoseki	arr.	Thurs.	Sun.	9.30
„ (steamer)	dep.	„	„	10.30
Fusan Pier	arr.	„	„	18.00
„ (train)	dep.	„	„	19.20
Keijo	dep.	Fri.	Mon.	3.15
Mukden	arr.	„	„	16.20
Hsinking	arr.	„	„	21.00
„	dep.	„	„	23.00
Harbin	arr.	Sat.	Tues.	6.20

Or, break journey at Mukden and go forward to Harbin by either of services shown under "From Shanghai."

Via Vladivostock Local time

5th, 15th, 25th		10.00 P.M.	Lv.	Tokyo Express No. 19 (2nd & 3rd class only)
6th, 16th, 26th		9.11 A.M.	Ar.	Tsuruga-Minato
6th, 16th, 26th		2.00 P.M.	Lv.	Tsuruga S.S.Siberia-maru
9th, 19th, 29th		8.00 A.M. (about)	Ar.	Vladivostock
Mon.,	Thu.	8.00 A.M.	Lv.	Vladivostock
—	—	1.46 A.M.	Lv.	Habarovsk
Sat.	Tues.	1.28 A.M.	Lv.	Novosibirsk
Thu.,	Fri.	3.30 P.M.	Ar.	Moscow

Moscow—Berlin daily train

HARBIN—MANCHOULI—MOSCOW—BERLIN

HARBIN	dep.	SUN.	WED.	8.20
Manchouli	arr.	Mon.	Thur.	12.00
†MANCHOULI	dep.	MON.	THUR.	*14.20
Irkutsk	„	Wed.	Sat.	6.14
Omsk	„	Fri.	Mon.	9.44
Sverdlovsk	„	Sat.	Tues.	4.30
Kirov		Sun.	Wed.	00.10
MOSCOW	arr.	Sun.	Wed.	15.30
MOSCOW	dep.	Sun.	Wed.	23.30
Niegoreloye	arr.	Mon.	Thur.	12.37
Stolpce	„	Mon.	Thur.	⁑12.42
Stolpce	dep.	Mon.	Thur.	13.25
Warsaw	arr.	Mon.	Thur.	21.53
Warsaw	dep.	Mon.	Thur.	22.13
Berlin Schles	arr.	Tues.	Fri.	7.43
BERLIN Fried	„	TUES.	FRI.	8.02

There is also a Service from Moscow to Berlin via Bigosovo.

† Moscow time. * Local time from Manchouli 19.20.
⁑ European time.

前ページのパンフレットの内部
東京からヨーロッパまでの連絡時刻

初の日英航空定期便は占領下の
「ヨコハマ」に舞い降りた

横浜〜ロンドン
（1939/49 年）

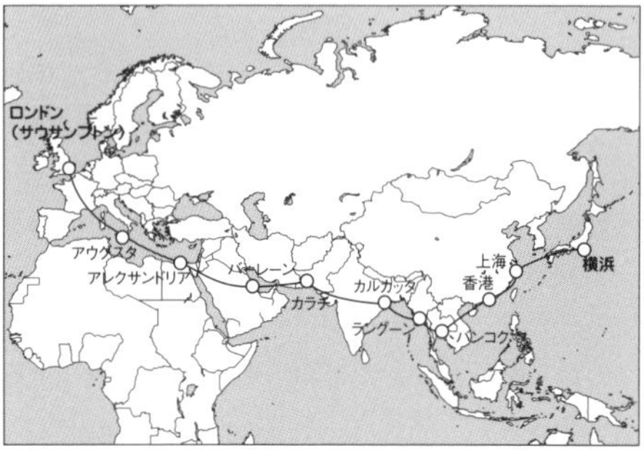

BOAC 飛行艇のルート

船便のルート

ロンドン〜極東 1 週間の空の旅

1949 年夏、横浜はイギリスへ向かう旅の出発点だった。――こう書くと普通はインド洋とスエズ運河を経由して船便でヨーロッパへ向かうものとお思いだろう。しかし、わずかな期間であるがそうではない方法があった。それは、BOAC（英国海外航空）の飛行艇。戦後数年が経過して飛行機は陸上の空港に発着するのが当たり前の時代となっていたが、古き良き時代の豪華な空の旅の最後を飾る路線が、実は日本に乗り入れていたことを知る人は少ない。

世界中のイギリス植民地に翼を広げていたインペリアル航空の流れを汲むBOACは、第二次大戦が終結すると戦前のルートを復旧すべく路線網を広げた。イギリスの海外拠点があった関係でアジアにはロンドン〜香港線やロンドン〜シンガポール線が伸びていたが、香港線が延長されて日本に達したのは1948 年 3 月のこと。広島県・岩国への乗り入れだった。岩国とはまた奇異な場所

横浜発着の飛行艇が掲載された時刻表
【1949 年 6 月　BOAC】

であるが、中国・四国地方には終戦翌年からイギリス連邦軍（BCOF）が駐留していたと聞けば納得できるだろう。ちなみに、同じイギリス連邦系のオーストラリアのカンタス航空も岩国へ乗り入れていた実績がある。

BOACのロンドン〜岩国線は同年11月に早くも日本の中枢にまで延長された。ただし、飛行艇が使われていた関係から羽田空港へ乗り入れるわけにもいかず、発着地は横浜となり、ここにロンドン〜東京（横浜）線が完成したのであった。ちなみに横浜といえば、戦前に大日本航空が南洋へ向かう飛行艇の基地を根岸に置いていた事実もあり、飛行艇には縁のある土地である。古めかしい飛行艇を使いながらも日本の首都への路線が開設されたのは、アメリカと並んで日本占領の一端を担っていたイギリスのプライドのあらわれであろうか？

BOACが1949年6月に発行した時刻表によると、ロンドン〜東京（横浜）線は、アウグスタ（シチリア島）・アレクサンドリア・バーレーン・カラチ・カルカッタ（コルカタ）・ラングーン（ヤンゴン）・バンコク・香港・上海の9箇所に寄航する8日間の遥かな旅。ほとんどの寄港地が夜間はホテルに宿泊（ナイト・ストップ）となっていた。シベリア鉄道が戦後は外国人に対して閉鎖された代わりに空路が新たな主役に躍り出たとは言うものの、まだまだ今日の水準からするととてつもない大旅行だったことがわかる。BOACのロンドン〜東京（横浜）線は日本とイギリスを結ぶ航空路線として最速のものではなかったが、日本を経由して世界一周線の運航を開始していたパンアメリカン航空を使っても当時この区間は6日もかかり、しかもカルカッタで乗換えが必要だった。それでも船の場合、ロンドン〜横浜間は早くても40日程度かかったから雲泥の差と言える。

この路線はプリマス飛行艇（ショートS.25サンドリンガムV型）を使って週1往復の運航で、横浜着は土曜日・発は日曜日だった。ちなみに、イギリス側で実際に飛行機が飛び立つのは大西洋航路の出港地として名高いサウサンプトン港の一角であり、ロンドン市内のエアウェイズ・ターミナルからサウサンプトンまでは送迎サービスが連絡していた。当時、中国大陸では内戦が続いていたため、時刻表の欄外には『上海への寄航とナイト・ストップを避けるため、香港／東京／香港間は一時的に直航とします。表示よりも東京到着は1日早く、出発は1日遅くなります。』と、緊迫した情勢を感じさせる注記もみられる。

BRITAIN — EGYPT — PAKISTAN — INDIA — CHINA — JAPAN

TABLE No. 23

PLYMOUTH BO 902 Days	PLYMOUTH BO 902 L.T.	PLYMOUTH BO 900 Days	PLYMOUTH BO 900 L.T.				PLYMOUTH BO 901 L.T.	PLYMOUTH BO 901 Days	PLYMOUTH BO 903 L.T.	PLYMOUTH BO 903 Days
④	07.00	⑥	07.00	dep.	AIRWAYS TERMINAL	arr.	19.30		19.30	
	11.00		11.00	dep.	SOUTHAMPTON	arr.	15.30		15.30	
Ⓝ	19.00	Ⓝ	19.00	arr.	AUGUSTA	dep.	07.15	⑥	07.15	②
⑤	09.00	⑦	09.00	dep.	AUGUSTA	arr.	15.30	Ⓝ	15.30	Ⓝ
Ⓝ	15.15	Ⓝ	15.15	arr.	ALEXANDRIA	dep.	10.15	⑤	10.15	①
⑥	07.00	①	07.00	dep.	ALEXANDRIA	arr.	18.30	Ⓝ	18.30	Ⓝ
	17.00		17.00	arr.	BAHRAIN	dep.	11.30		11.30	
	18.00		18.00	dep.	BAHRAIN	arr.	10.30		10.30	
⑦	01.45	②	01.45	arr.	KARACHI	dep.	05.30	④	05.30	⑦
	08.00		08.00	dep.	KARACHI	arr.	19.30	Ⓝ	19.30	Ⓝ
Ⓝ	16.00	Ⓝ	16.00	arr.	CALCUTTA	dep.	11.15		11.15	
①	06.00	③	06.00	dep.	CALCUTTA	arr.	10.00		10.00	
	11.00		11.00	arr.	RANGOON	dep.	06.30	③	06.30	⑥
	12.00		12.00	dep.	RANGOON	arr.	15.00	Ⓝ	15.00	Ⓝ
Ⓝ	15.00		15.00	arr.	BANGKOK	dep.	13.00		13.00	
②	08.00	④	08.00	dep.	BANGKOK	arr.	12.00		12.00	
Ⓝ	16.45	Ⓝ	16.45	arr.	HONG KONG	dep.	07.00	②	07.00	⑤
③	10.00	⑤	10.00	dep.	HONG KONG	arr.	16.00	Ⓝ	16.00	Ⓝ
	15.00	Ⓝ	15.00	arr.	SHANGHAI	dep.	11.00	①	11.00	④
		⑥	08.00	dep.	SHANGHAI	arr.	16.00	Ⓝ		
			16.30	arr.	TOKYO (Yokohama)	dep.	08.30	⑦		

前ページの時刻表の内部
欄外には上海寄港に関する注意が記載されている

さて、せっかく日本の首都近傍にまで乗り入れたBOACの極東線であるが、時代を考えれば誰でも乗れたというものではなかった。BOACの代理店となっていた近畿日本鉄道（近鉄）が当時発行したパンフレットによると、『現在旅客は連合国人に限られておりますが日本人でもGHQの旅行許可があれば利用できる訳であります』となっている。もっとも、許可があれば利用できるといっても、その許可が下されるのは国家的な使命を負っているとか極めて限られた特殊なケースだったに違いない。したがって、当時の乗客はほぼ100%が欧米の用務客だったということになる。

ここまで、戦後の一時期にだけ運航された飛行艇という特殊な交通機関を紹介してきたが、横浜〜ロンドン間といえばやはり伝統的には船便での往来が主流であった。そんな欧州航路の歴史について触れてみたい。

2〜3日おきに出帆していた戦前の欧州航路

日本を代表する船会社・日本郵船が欧州航路を開設したのは1896年3月のこと。イギリスから購入した中古客船「土佐丸」が67日かけて日英間を結んだ。その後、日本郵船は1920年代までにのべ30隻近い船をロンドン線のために建造し、2週に1便の割で日英双方を定期的に出航させていたから、同社のこの航路に対する力の入れ具合がわかるというもの。1930年には「照国丸」「靖国丸」の姉妹船が投入され、これが戦前の同社の欧州航路では最高水準をゆく客船となった。この頃には横浜〜ロンドン間の所要日数は約1ヶ月半にまで短縮されている。

日本とヨーロッパの間に就航していたのは日本郵船だけではない。イギリスのP&O、ドイツの北ドイツロイトやハンブルク・アメリカ、フランスのM.M.（フランス郵船）、アメリカのダラー汽船など、欧米の名だたる船会社がこの航路を運航しており、1937年4月にジャパン・ツーリスト・ビューロー（現：JTB）が発行した日本発着の汽船出航スケジュール表を見ると、2〜3日に1便の割で日本から欧州航路の客船が出帆していた。船便が国際交通の主役だった時代の華やかさが偲ばれるとともに、競争の激しさもうかがえる。

欧州航路には客船のほか、1936年からは日本郵船と国際汽船が共同で新造貨物船「赤城丸」や「衣笠丸」を1ヶ月に1便就航させていた。ロンドンまでの所要日数は照国丸などの客船とほぼ同じだったが、貨物船の場合はロンドンからさらにドイツのハンブルクまで足を延ばしている。当時は戦争や不況に社会情勢が翻弄される中、続々と建造される貨物船が造船界を支えるとともに国際貿易の振興に大きな役割を果たしていた。なお、欧州航路とは正反対の横浜〜ニューヨーク航路もこうした隠れた名優の檜舞台であり、1930年に就航した大阪商船の「畿内丸」を嚆矢として各社が優秀なディーゼル貨物船を競って新造投入していた。

欧州航路はとにかく寄港地が多いことが特徴である。1936年に日本郵船が発行したスケジュールによると、

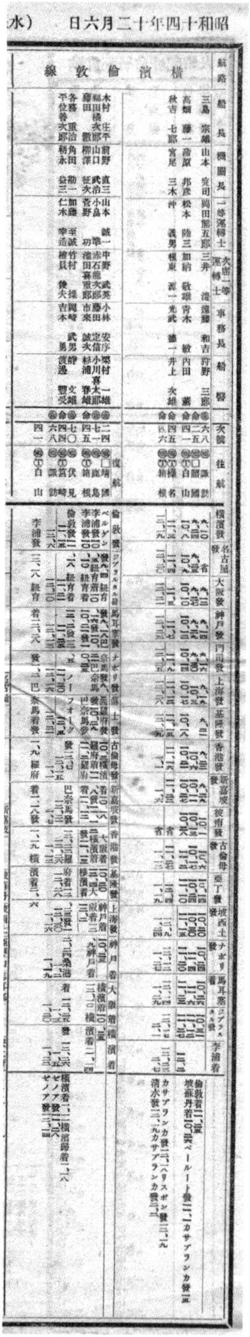

照国丸遭難直後の配船表
【1939年12月　日本郵船】

上海・香港・シンガポール・ペナン・コロンボ・アデン・スエズ・ポートサイド・ナポリ・マルセイユ・ジブラルタルに寄港してロンドンへ向かっていた。1928年に同社の航海課が乗務員のために刊行した『欧州航路事務案内』という本がある。各港の入出港要領や検疫・税関手続・荷役方法その他注意点などをまとめた400ページ近くある分厚い参考書であるが、そこに書かれている港ごとに異なる膨大な扱いをすべて漏れなく実施しなければならないというのはさぞ大変なことだっただろうと思われる。

第二次大戦の犠牲を乗り越えて再び世界へ

1939年9月に第二次大戦が始まると、欧州航路は必然的に大きな影響を受けた。同年12月6日に日本郵船が発行した配船表（各船の運航日程や乗組員名を記載した広報紙）には、戦雲たなびくヨーロッパで起きたある事故の形見が残っている。第二次大戦勃発から1ヶ月が経とうとしていた9月24日、照国丸は横浜からロンドンへ向けて第25次航海に旅立った。標準の寄港地のほか、ポートスーダン（ブールスーダン）・ベイルート・カサブランカに寄港したため通常よりも長い航海を続け、いよいよ終着のロンドンが目前という11月21日、イギリスのハリッジ沖を航行中に機雷の爆発に襲われたのである。照国丸は浸水して徐々に傾きながら水中にその姿を没していった。幸いなことに犠牲者は皆無だったが、これは第二次大戦における日本商船初の喪失となる。配船表には乗組員欄が空白となったスケジュールが、照国丸最後の航跡として残った。

さらに、欧州航路のルートについても非常時故の大きな変化が見られた。日本からの往航はインド洋回りの通常ルートながら、日本へ戻る復航については大西洋を横断し、ニューヨークとパナマ運河を経由して太平洋まわりで日本に戻る変則ルートを取るようになっていたのである。図らずも世界一周航路のような状態になったこれらの便には、ヨーロッパから戦火を避けて帰国する日本人が多数乗り込んだ。大戦勃発後もしばらく運航が続いた欧州航路であるが、さすがに戦局が厳しくなると1940年7月横浜発・翌1月早々帰国の伏見丸でピリオドを打つこととなる。それまで就航していた船舶は軍に徴用され、その多くが敵の攻撃に沈んだ。

大戦の影響で途絶えていた日本船の外国航路が続々と復活を遂げたのは1951年以降のこと。その主役は戦後に新造された貨物船だった。戦時中にほとんどの外航船舶を失った日本は、戦後続々と大型船を建造して世界中の航路に就航させ、造船王国の名をとどろかせたのである。そして、これらの貨物船によって各国との間には貿易が促進され、高度経済成長の原動力となった。日本郵船の欧州航路は1952年6月に再開され、その後、太平洋線とも連結されて世界一周線へと発展する。西回り世界一周航路が開設された1956年8月から有効の日本郵船の運航予定表では、「相模丸」や「佐渡丸」など、“S”から始まる船名の“S型貨物船”が1ヶ月に1便就航することになっており、世界一周一航海の所要日数はなんと3ヶ月と10日あまり！

この頃の貨物船はいわゆる「ばら積み貨物船」で、シルク・ルーム（絹製品の船倉）や冷凍庫を備えるものもあった。また、10数名の船客も乗せることができ、海外旅行が一般的でなかった時代の安い渡航手段として活躍した。1956年当時、神戸～ロンドン間の船客運賃は480ドルとある（日本円換算で17万2800円）。しかし、航空機が一般的になったこともあり、1961年に日本郵船の定期航路は旅客扱いを全廃した。本業の貨物分野では以降、積荷の専門化が進むとともに、制御の自動化によって少ない乗員で運航が可能な効率的な船へと進化していった。

短命に終わった世界初のジェット機も就航

ここで“時代の主役”となった航空機に話を戻そう。BOACの日本路線その後であるが、同社は日本乗り入れ翌年の1949年には極東方面への飛行艇の運航をやめ、8月から“アーゴノート”機（アメリカ製のDC-4型プロペラ機がベースとなったエンジン換装型）が羽田空港に発着するようになった。アーゴノートは多くても50名程度しか乗れなかったから、今日からみれば小型の機体。途中寄港地はやはり10箇所もあり、夜間飛行が普通に行われるようになったとはいえ、それでも80時間以上を要する長旅だった。

ところが、こうしていまひとつパッとしなかったBOACのロンドン～東京線は、世界初のジェット機であるデ・ハビランド“コメット”が就航したことで、1953年4月に一躍時代の先端をいく路線となる。ロンドン～東京間は35時間にまで短縮。もっともジェット機になっても相変わらず寄港地は8箇所もあり、同じ時代にエールフランスがベイルート・カラチ・サイゴン（ホーチミン）の3箇所だけの寄航でパリ～東京間を飛んでいたのと比べればいささかスマートさに欠けるものだったが……。ところが、コメットは1954年に金属疲労による連続事故で飛行禁止となってしまう。ロンドン～東京線もプロペラ機による運航に逆戻りし、再びジェット機が就航するのはその5年後を待たなければならなかった。

TO EUROPE

VESSEL	Line	DUE TO LEAVE Yokohama	Kobe	Shanghai
Victoria	L. T.	—	—	Apr. 2
Patroclus	B. F.	Mar. 26	Mar. 30	Apr. 4
Jean Laborde	M. M.	—	Mar. 30	Apr. 3
Yasukuni Maru	N.Y.K.	Mar. 28	Apr. 2	Apr. 6
Pres. Harrison	D. L.	—	Apr. 3	Apr. 7
Cathay	P. & O.	Apr. 6	Apr. 9	Apr. 13
Conte Rosso	L. T.	—	—	Apr. 14
Athos II	M. M.	—	Apr. 13	Apr. 17
Hakone Maru	N.Y.K.	Apr. 11	Apr. 15	Apr. 20
Pres. Polk	D. L.	—	Apr. 17	Apr. 21
Potsdam	N.D.L.	Apr. 16	Apr. 19	Apr. 23
Kinugasa Maru	K. L.	Apr. 18	Apr. 23	Apr. 27
Rajputana	P. & O.	Apr. 20	Apr. 23	Apr. 27
Antenor	B. F.	Apr. 23	Apr. 27	May 2
Leverkusen	H.A.L.	Apr. 24	Apr. 27	May 1
Chenonceaux	M. M.	—	Apr. 28	May 1
Suwa Maru	N.Y.K.	Apr. 25	Apr. 29	May 4
Pres. Pierce	D. L.	—	May 1	May 5
Ranpura	P. & O.	May 4	May 7	May 11
Conte Biancamano	L. T.	—	—	May 14
André Lebon	M. M.	—	May 12	May 15
Fushimi Maru	N.Y.K.	May 9	May 13	May 18
Pres. Van Buren	D. L.	—	May 15	May 19
Kagu Maru	K. L.	May 16	May 21	May 25
Sauerland	H.A.L.	May 17	May 21	May 25
Rawalpindi	P. & O.	May 18	May 21	May 25
Gneisenau	N.D.L.	May 21	May 24	May 28
Aramis	M. M.	—	May 25	May 29
Hector	B. F.	May 21	May 25	May 30
Hakozaki Maru	N.Y.K.	May 23	May 27	June 1
Pres. Garfield	D. L.	—	May 29	June 2
Victoria	L. T.	—	—	June 4

戦前の欧州航路の出港スケジュール
（1937年4月にJTBが発行した予定表より）

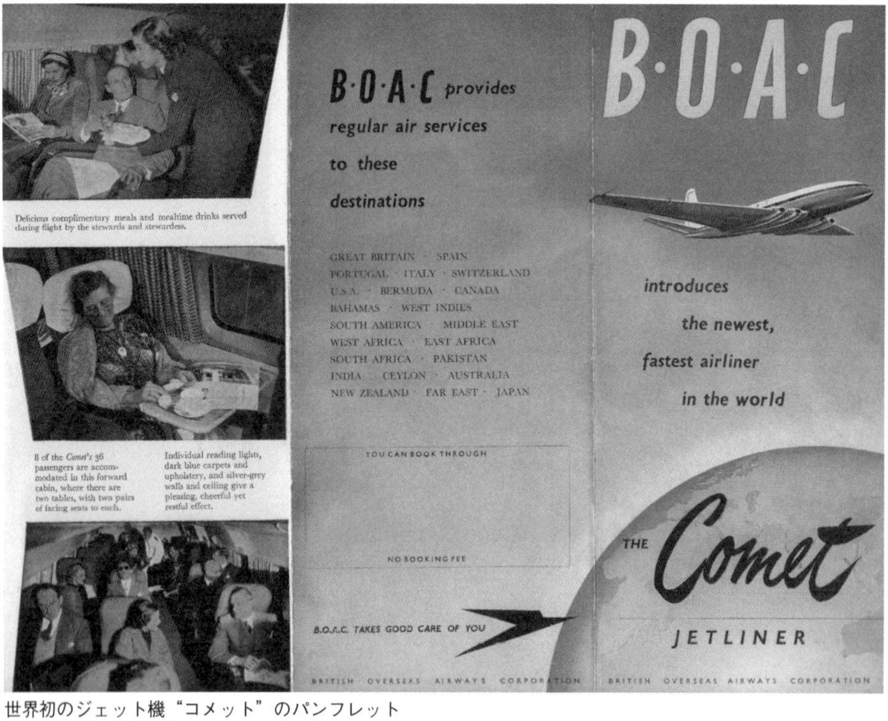

世界初のジェット機“コメット”のパンフレット
【1952年頃　BOAC】

シロクマに襲われたかもしれない？

北極まわり航空路

コペンハーゲン～アンカレジ～東京

（1957年）

氷雪の大地上空への挑戦

1969年4月にJALが発行した『EMERGENCY HANDBOOK DC-8』という冊子がある。これは乗務員向けに作られたもので、ジャンボジェット以前の国際線の花形機種であるダグラスDC-8型ジェット機の各タイプについて、機内に搭載されている非常用装備の格納場所やその使用法を解説した資料である。救命いかだから脱出用スライド・酸素ボンベ・非常用無線機等、その種類は多岐にわたるが、その中に「ポーラーキット」というものがある。「ポーラー」とはアルファベットで綴ると“POLAR”となり、「北極の」という意味。文字通り北極圏に不時着した際に使うための非常装備セットだ。

ポーラーキットの中身は、南極観測隊員が着るような全身防寒衣料・スノーブーツ・ゴーグル・シャベルから、なんと組み立て式ライフルまである。獰猛なホッキョクグマから身を守るための備えだ。実際、北極空路（ポーラー・ルート）の乗員は射撃訓練まで行ったという。そこまでの準備をして臨まなければならない厳しい自然の中を飛ぶルート。しかし、その開拓が戦後の国際交通網を大きく変えたのであった。

北極空路開設の歴史は1952年に遡る。この年の11月、スカンジナビア航空（SAS）は新鋭機・ダグラスDC-6Bをロサンゼルスにあるダグラス社の工場で受け取り、それまでにない高緯度を経由してコペンハーゲンへの回送に成功した。これを受けて2年後の1954年11月、グリーンランド経由コペンハーゲン～ロサンゼルス線が開設される。

以降、SASは高緯度地方にある航空会社としての使命という思いでさらなる北極空路の開拓に挑んだ。北欧～アメリカ西海岸のルートは、航路の途中で北極圏にわずかに触れるという程度の飛行であったが、今度は正真正銘・北極点を通過して北欧と極東を結ぼうという計画だった。こうしたルートが求められたのには当時の世界情勢が大いに関係している。西側の航空会社は共産圏であるソ連の上空を飛ぶわけにいかなかった。従って、ヨーロッパと極東を往来するには、中東やインドを経由する南回り路線しか選択肢の無い状態だったのである。南回り路線は50時間もの所要時間を要し、寒冷地から熱帯まで幅広い気候帯を通らなければならない。沿線には数多くの国があり、政情の影響を受けやすかった。また、交替

北極空路開設直後の時刻表
【1957年10月　スカンジナビア航空】

乗員をどこに住まわせるかなど、人事にも工夫が必要だった。北極空路が開拓されれば所要時間が半減されるのみならず、南回りの抱えるさまざまな問題が解消し、より効率的なルートが実現するのだ。しかし、何も懸案が無かったのかといえば、それは違う。

「北極点に立ったとき、日本はどちらの方角でしょう？」——こんなクイズを聞いたことはないだろうか？　答えは「南」。北極点に立てば、四方八方どちらを向いても「南」なのである（もっとも、方位磁針が指し示す磁極と北極点／南極点は一致しないので、あくまでも一般論として）。つまり、極点に近づくと地球の経緯線を基準とするコンパスは役に立たない。しかも無線標識も存在しないため、他者に頼らず自機で位置を確定しなければならない。ここに極地航法の難しさがある。

SASはこの問題をクリアするために新たな航法を考え出した。それは「グリッド航法」。わかりやすく言うと、地球の経線や緯線とは全く違う網目を北極圏に仮想的に定義し、これを元にして飛行方位を確立するという工夫である。これは後年、コンピューター仕掛けの航法装置が装備されるようになるまで、北極空路の飛行には欠かせない手法だった。

そんな技術を満載したSASの北極経由極東航路の第一便・ダグラスDC-7Cは、1957年2月24日にコペンハーゲンと東京の双方を出発。アラスカのアンカレジに立ち寄った後、出発から30時間で目的地へ安着した。SASは南回り路線も運航していたから、当時の時刻表を見ると、北極回りと南回りを接続して「真の世界一周線の完成」と“自称”している。なお、北極空路開拓の意義が評価され、1962年には交通通信分野の国際賞である「コロンブス賞」がSASに贈られている。

アンカレジ経由＝ヨーロッパ旅行の代名詞に

北極空路（北回り路線）はたちまち、ヨーロッパとアジアを結ぶ大動脈となった。翌1958年4月にエールフランスがパリ～アンカレジ～東京線を運航開始。同年11月にはKLMがアムステルダム～アンカレジ～東京線でこれに続いた。北回り路線の威力は絶大なもので、1958年4月のエールフランスの時刻表を見ると、東京発アンカレジ経由パリ行き271便は南回りパリ行きである193便の丸1日後に出発するのにもかかわらず、パリ到着はたった4時間差にまで縮まるのであった。そんなメリットに旅人は飛びついた。1959年には日本～ヨーロッパ間の旅客のうち、実に5分の4が北回り路線での往来だったのである（なお当時、極東～ヨーロッパ間の旅客自体が前年比50%以上という高率で伸びていたが、南回り路線は頭打ちであり、その増分のほぼすべてが北回り路線であった）。

北回り路線には、当時世界の長距離路線を二分する人気機種であった、ダグラスDC-7Cとロッキード L1649A“スーパー・スターライナー”の、いずれも4発プロペラ機が使われた。プロペラ機

California via Polar Route

SK 931	SK 931	ROYAL VIKING & GLOBETROTTER Lounge & Sleepers on First Class	SK 932	SK 932
DC-7C	DC-7C		DC-7C	DC-7C
④	①③⑤⑦		④⑥⑦①	③
F T	F T		F T	F T
20 00	19 40b	d Stockholm .... a	8 35	8 35
	21 10b	a Copenhagen .... d	7 05	7 05
19 00	19 00	d Oslo .... a	10 20	10 20
22 05	22 05	d Copenhagen .... a	6 25	6 25
⑤			③⑤⑥⑦	②
2 20	§	a S. Stromfjord .... d	§	19 15
3 20	§	d S. Stromfjord .... a	§	18 20
	②④⑥①			
7 30	7 30	a Winnipeg* .... d	8 40	8 40
8 15	8 15	d Winnipeg* .... a	7 40	7 40
12 00	12 00	a Los Angeles .... d	0 05	0 05

* Fuelling stop only.
b STO-CPH operated on ① ⑤ only.
§ Optional landing.

Tokyo via North Pole
(Tokyo via Middle East see page 4.)

Unt. *18/1*	From *21/1*	ROYAL VIKING & GLOBETROTTER Sleepers & Dormettes on First Class	Unt. *21/1*	From *23/1*
SK 987	SK 987		SK 988	SK 988
DC-7C	DC-7C		DC-7C	DC-7C
②⑥	②⑤		③⑥	⑤⑦
F T	F T		F T	F T
19 50	19 50	d Stockholm .... a	10 15b	10 15e
21 20	21 20	a Copenhagen .... d	8 45b	8 45e
19 00	19 00	d Oslo .... a	12 30	12 30
22 10	22 10	d Copenhagen .... a	8 05	8 05
③⑦	③⑥			
4 10	4 10	a Anchorage§ .... d	4 25	4 25
5 10	5 10	d Anchorage§ .... a	3 25	3 25
④①	④⑦		②⑤	④⑥
13 40	13 40	a Tokyo .... d	10 00	10 00

§ Fuelling stop only.
b CPH-STO operated on ⑥ only.
e CPH-STO operated on ⑤ only.

3

前ページの時刻表の内部に掲載された北極空路の時刻
米西海岸線（左）・極東線（右）

は飛行高度が低かったため、北極圏の氷の大地が手に取るように良く見えたという。速度はジェット機に到底かなわなかったが、そんな楽しみがあったのだ。

さて、極東の航空会社としてJALも北回り路線を無視するわけにはいかなかった。ただし、まだ機材が揃っていなかったこともあり、1960年4月からとりあえずエールフランスとの共同運航という形で参入。そして1961年6月からいよいよ、自前のDC-8型ジェット機で東京～アンカレジ～コペンハーゲン～ロンドン～パリ線を開設した。これにより、プロペラ機時代と比べてさらに10時間程度短縮され、16時間で日本とヨーロッパの往来が可能となった。

しかし意外なことであるが、当時のジェット機というものは、前述のプロペラ機よりも航続距離が劣っており、アンカレジ～コペンハーゲン間7000キロを飛ぶのにはギリギリの性能だったのである。飛行計画を提出するときは、燃料搭載量などを勘案して確実にたどりつける場所を目的地としなければならない。そのために、ちょっとしたトリックが用意された。アンカレジから北極に向けて飛び立つ際、とりあえずノルウェー西岸のボーデーという街を目的地として申請するのである。そして、燃料をできるだけ節約しながら北極を飛び越え、充分に余裕が生み出せたところで飛行計画を変更し、本来の目的地であるコペンハーゲンに向かうというものだった。これは「リクリアランス」と呼ばれ、航続性能が改善された機体が1964年に登場するまで行われたという。

1970年代に入ると、ヨーロッパやアジアの航空会社が続々と北回り路線に就航し、アンカレジ空港はさらににぎやかな様相を呈することとなる。そんなアンカレジ空港の名物だったのがターミナルにあった「うどん」の店。東京から飛んできた日本人にとっては日本食の食べ納めであり、ヨーロッパから飛んでくる人々にとっては、久しぶりの日本の味だった。

しかし、北回り路線にはさらに強力なライバルが登場する。それは「モスクワ経由ルート」（別項参照）だった。ユーラシア大陸をまっすぐ突っ切るモスクワ経由に所要時間でかなうものはない。1991年にソ連（ロシア）がシベリア上空の空路を全面開放すると、各社が運航する北回り路線は終焉のときを迎える。JALでは同年10月30日、最後の北回りヨーロッパ線が成田から飛び立った。ここに、ビジネスマンやジャルパックの観光客ばかりではなく、1966年6月のビートルズ来日や1971年9月～10月にかけての昭和天皇ご訪欧など、名だたるVIPも飛んだ名門ルートは歴史の1ページとなったのである。

しかし何よりも幸いだったことは、厳しい条件のルートでありながら、その30年の歴史の中で「ポーラーキット」を実際に使うような事態は皆無だったということ。ホッキョクグマも、突然空から降りてきた人間どもに撃たれなくてホッとしたことであろう……。

DC-7Cの内部
（1957年頃のSASパンフレットより）

シベリア鉄道完全踏破が禁じられていた時代の
外国人ご用達航路

ナホトカ〜横浜

（1966年）

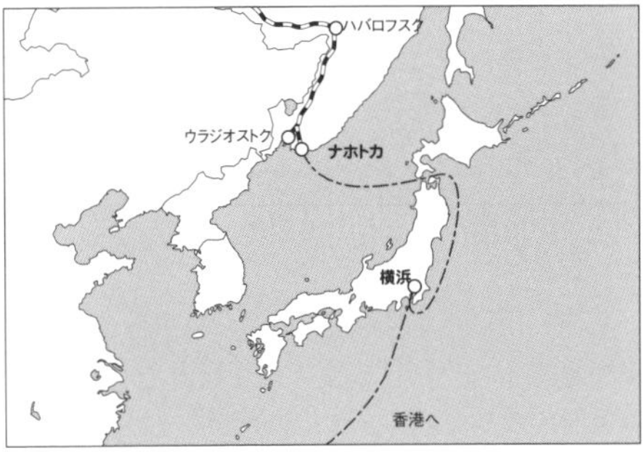

ロシアなのに『アメリカ』？

鉄道ファンの中には、路線の乗りつぶしという分野がある。そういえば昔、国鉄でも「チャレンジ20,000キロ」という国鉄全線を踏破しましょうというキャンペーンをやっていたものだ。もちろん、こうしたチャレンジでは、ある線区の起点から終点までを乗り通すことで「一線区踏破」ということになるのだが、冷戦時代のソ連にはそんなチャレンジャーなら切歯扼腕するような「規定」があった。

『Passengers travelling to Japan must change at Khabarovsk （staying overnight westbound） and continue by fast train 3/4』

この文章は、『日本への旅行客はハバロフスクで急行3/4列車に乗り継がなければならない』ということになる。これは世界一長い鉄道旅行と言われるシベリア鉄道の看板列車「ロシア」号（モスクワ〜ウラジオストク間）に乗車する外国人観光客に向けた注意書き。つまり、外国人はロシア号の終点のウラジオストクまで乗り通すことは出来ず、必ずソ連極東の中心都市・ハバロフスクで別の列車に乗り換えて、ウラジオストクではなくその隣のナホトカに向かわなければならなかったのである。逆も然りだ。

これは、ウラジオストクが軍事的に極めて重要であるため、外国人には開放されない「閉鎖都市」に指定されていたことによる。ウラジオストクはソ連海軍の太平洋方面の根拠地。巡洋艦や原子力潜水艦やらがひしめいており、冷戦時代はとても西側の人間に見せられるようなところではなかった。そういえば日本でもかつてここを母港として

ナホトカ〜横浜〜香港航路運航予定表
【1966年10月　ソ連極東船舶公社】

いたソ連空母「ミンスク」というのが話題になった。1978年就役のミンスクは、配備された当時は極東の軍事バランスの上できわめて大きな影響を持つ艦船といわれ、日本近海にその姿を見せると西側諸国に恐れを抱かせるまでの不気味さを漂わせていた。

さて、モスクワ～ウラジオストク間は距離にして9297キロ。ハバロフスクから第4列車に乗り継いだ旅客は、この先も大部分はウラジオストク行きロシア号と同じルートを通るのだが、ナホトカへ向かう線路は、モスクワから9185キロのウスリースク付近で東へ分岐。シベリア鉄道の最後のわずか100キロの部分だけが乗れない！　これは乗りつぶし派にとっては非常に悔しいところであろう。ただ、ナホトカまで乗るとモスクワから9446キロなので、ウラジオストクまでよりも長い距離を乗ることになる。

ナホトカは日本海にのぞむ「アメリカ湾」奥にある港町である。ロシアにあってアメリカ湾とは意外であるが、1875年に暴風雨で漂流中にこの湾を発見したロシア軍艦「アメリカ」号の名に由来するとのこと。ちなみに、ナホトカの駅は「ナホトカ・太平洋駅」いうものの、ナホトカは太平洋に直接は面していない。日本海の存在を無視していきなり太平洋とつけてしまうところが、広大なシベリアを横断して太平洋に至るという、日本海など取るに足らないいかにスケールの大きな思いをロシア／ソ連が抱いていたかということがうかがえる。ナホトカ港は、拡張工事が1946年に完成したのを受けて商業港として本格的に活躍を始めた新しい港で、この地域の漁業基地でもある。ハバロフスクで列車を乗り換えてここナホトカに着いた旅行者は、そこから横浜行き定期客船に乗り継いで今度は船旅を続けなければならなかった。

戦後の日本にとって希少な外航客船航路

戦前、日本とソ連を結ぶ航路は、ヨーロッパを目指す旅人が通った日本海横断の敦賀～ウラジオストク航路があったが、これは大戦とともに途絶えてしまう。やがて1956年の日ソ国交回復を受けて日ソ航路が復活することとなったが、ウラジオストクが閉鎖都市に指定されていたため、新たなソ連側の港となったのがナホトカだった。1958年には敦賀港などとの間にまず貨物船が就航したが、日ソ間に客船航路が開設されたのはその3年後のこと。客船航路の日本側の港は利便性その他を考えて戦後は横浜港となったものの、ナホトカ～横浜航路は1961年の開設以来、冷戦時代という厳しい情勢でありながら約30年にわたって政治的・経済的な人の往来で重要な役割を果たした。また、1970年代に太平洋横断の定期客船航路が無くなったあとも日本発着のほぼ唯一の外航定期客船航路として残り、発着地の変遷はあるものの、今日に至るまでずっと運航が続いているという点

SAILING SCHEDULE NAKHODKA/YOKOHAMA/HONGKONG 1967

"BAIKAL," "KHABAROVSK" "TURKMENIA"

Ports		Time	NOV. 1966		DEC. 1966		JAN. 1967	FEB		MAR	APRIL						MAY			
			T	B	B	B	B	B	B	B	K	T	T	T	B	K	K	K	B	K
Nakhodka	(Dep.)	12:00	31/10	11	1	21	10	30/1	19	11	1	4	11	18	22	25	2	9	13	16
Yokohama	(Arr.)	16:00	2	13	3	23	12	1	21	13	3	6	13	20	24	27	4	11	15	18
	(Dep.)	11:00	4	14	4	24	13	2	22	14	4	7	14	21	25	28	5	12	16	19
Hongkong	(Arr.)	18:00	—	18	8	28	17	6	26	18	8	—	—	—	29	—	—	—	20	—
	(Dep.)	11:00	—	21	11	31	20	9	1	21	11	—	—	—	2/5	—	—	—	23	—
Yokohama	(Arr.)	16:00	—	25	15	4/1	24	13	5/3	25	15	—	—	—	6/5	—	—	—	27	—
	(Dep.)	11:00	—	26	16	5/1	25	14	6/3	26	16	—	—	—	7/5	—	—	—	28	—
Nakhodka	(Arr.)	16:00	6	28	18	7/1	27	16	8/3	28	18	9	16	23	9/5	30	7	14	30	21

前ページの運航予定表の内部
「T」「B」「K」は使用船名の頭文字を表す

でも稀有な存在の航路である。

ナホトカ～横浜航路は、ソ連極東船舶公社（Far Eastern Steamship Company）による運航。ソ連の航空会社といえば国営のアエロフロートがその代名詞であったように、ソ連の海運もやはり国営だった。当時のソ連国内には、「バルト海」「黒海」「ドナウ川」「カスピ海」など、地域別に15の海運会社があり、「極東」もそのうちのひとつである。なお、これら15の地域別海運会社を束ねる存在として、1960年代に設立されたモールフロートという組織があった。これはアルファベットで綴ると“MORFLOT”となり、ロシア語の“Ministerstvo Morskoi Flot”の略。日本語にすると「海運省」とでもいうべきか。貴重な記録と思うので、1972年のMORFLOTの航路で外国人も乗船可能な路線を以下に挙げてみよう。

●大西洋横断航路
レニングラード～モントリオール

●バルト海航路
レニングラード～ストックホルム
レニングラード～ロンドン

●黒海航路
オデッサ～ベイルート
オデッサ～アレクサンドリア～ベイルート
オデッサ～マルセイユ
オデッサ～ベニス

●ドナウ川航路
パッソウ～ウィーン～ブダペスト～イズマイル

●カスピ海航路
バクー～パーレビ（イラン）

●その他
タリン～ヘルシンキ

国内旅行をするくらいなら日本のお隣の海外へ！

1966年にソ連極東船舶公社（FESCO）が発行したナホトカ航路の案内書によると、当時は「バイカル」「ハバロフスク」「トルクメニア」という3隻の客船により、夏季は週1便以上、冬季は月1·2便のペースで運航されていた。正午にナホトカを出航した船は日本海を東進して津軽海峡を横断。太平洋側へ出てからは三陸沖を南下し、横浜到着は2日後の16時。ナホトカ～横浜間の所要時間は52時間だった。

運賃は一番安い船室で58ドル。当時は1ドル＝360円の時代だから、約2万円ということになり、これは当時の東京～札幌間の往復航空運賃と大体同じであった。その後、1980年代に入ると38,000円になるが、これは東京～沖縄の片道航空運賃とほぼ同じ水準。同じ金額を払って共産圏・ソ連に上陸という体験ができるのであるから、長期休暇中は学生客などで賑わったものである。

なお、ナホトカ～横浜航路は年間を通じて月に1回程度、横浜から先、香港まで延航されることがあった。香港までは、横浜からさらに5日間の船旅である。

「バイカル」などの客船は、「ミハイル・カリーニン」型と呼ばれる、1950年代から60年代にかけて東ドイツで建造されたソ連客船の標準ともいうべきタイプである。当時のパンフレットには船内写真が載っているが、戦後に出来た船にしては、やはりソ連という土地柄のせいか内装に木（あるいは木目柄？）が多く使われ、良く言えば素朴な感じである。しかし、決して華美ではない。食堂やラウンジもいまひとつで全体的には一昔前のビジネスホテルといった感じがする。

航路開設から10年後の1971年6月には、JALの東京～ハバロフスク線（2年後から新潟発着に変更）が就航したが、それまでは横浜～ナホトカ航路がロシア極東へのほぼ唯一の足だった。しかし、航空便開設以降も縁の下の力持ちとして着実に存在し続けていたナホトカ航路にも、冷戦崩壊に伴ってガラリと変化が訪れる。かつてウラジオストクを母港に極東に緊張をもたらした最新鋭ソ連空母・ミンスクが、中国の深圳に繋留されてアミューズメント施設になってしまったくらい時代はひっくり返ったのである。

1992年にウラジオストクは閉鎖都市の指定を解除されて外国人の訪問が可能となった。戦後

50年を経て再び、モスクワ〜ウラジオストク間のシベリア鉄道全線を乗り通すことが可能な時代が到来したのである。ナホトカ〜横浜航路は、ウラジオストク〜横浜航路へと変化。しかし間もなく横浜発着はなくなり、新潟への移転を経て現在はウラジオストク〜伏木航路に「ルーシー」号が週1回ペースで就航し、かつての日本海横断航路を髣髴させる活躍を続けている。

ソ連客船の運航予定および運賃表
【1972年　ソ連海運省】

第一便にはザ・ピーナッツも搭乗
――鉄のカーテンを開いた日ソ空路

東京〜モスクワ
（1967年）

巨大プロペラ機・Tu-114

モスクワの東・約900キロ、ヴォルガ川沿いにウリヤノフスクという街がある。ここにある「民間航空博物館」にはソ連国営航空・アエロフロートで活躍した歴代の機種がズラリと保存され、知る人ぞ知るソ連航空史の殿堂となっている。ここの展示は、ヘリコプターからソ連版超音速旅客機として知られるツポレフTu-144まで、よくぞここまで一堂に！というソ連民間機マニア垂涎の大コレクションなのだが、その中でもひときわ巨大で目を惹く機体がある。見上げんばかりの長い脚・4枚羽が重ねて取り付けられた「二重反転プロペラ」・機首に設けられたガラス張りの航法士席――とにかく重厚長大、「これぞソ連機」という姿をしたその機体は、当時の西側ジェット機以上の性能といわれたツポレフTu-114。屋外展示のため、塗装は褪色しつつあるが、登録記号ははっきりと読むことができる。「CCCP-76490」――この機体こそ、1960年代後半にアエロフロートとJALの共同運航による東京〜モスクワ線に就航していた2機のうちの1機という、記念すべき機体なのだ。

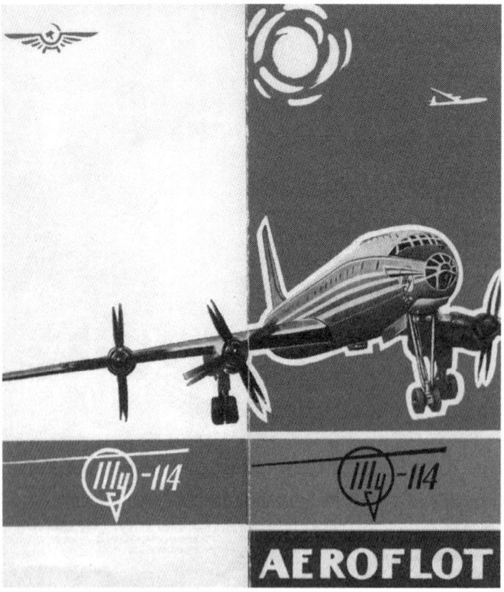

ツポレフTu-114のパンフレット
【1960年代　アエロフロート】

東京〜モスクワ線、言い換えればシベリア空路は、今日では極東とヨーロッパを往来する各国の航空便が一日に何本も飛び交う空の幹線である（実際にモスクワに立ち寄る便は少ないが）。しかし、1960年代に開設された当時は型破りの路線だった。考えてみてほしい。米ソはキューバ危機で核戦争の一歩手前まで行ったし、東南アジアでは南北ベトナムによって代理戦争を繰り広げているような時代である。ソ連がよくもまあそんな時代にシベリアの領空を西側陣営の国へ開放したという政治的な意義。そして、この路線が開拓されたことで、南回り・北回りに続く、極東とヨーロッパを結ぶ第3のルートが可能となった経済的な意義。さらに、この路線は当初アエロフロートとJALが共同運航を行ったことから、ソ連製航空機を西側航空会社がリースしたという稀有な例である。

日ソ間の航空路開設については、1958年に最初の話し合いが持たれたという。この時は、ハバロフスク〜東京間の運航についての提案がソ連側からあったが、日本側はあくまでも両国の首都・すなわち東京とモスクワを結ぶ路線の開設に固執し、物別れに終わる。シベリアは一見、未開の地のようで、ソ連にとっては極東の自由主義国やアメリカを牽制するための重要な軍事的意義を秘めた土地。日本の提案は問題外だったのだろう。しかしその後も日ソ間の航空路開設は折に触れて双方が検討を重ね、ついに1966年1月に交渉が妥結。ソ連はシベリア上空の開放に同意し、東京とモスクワを結ぶ航空路が実現する運びとなったのだった。もちろんこれは西側航空会社としては初の快挙であり、これ以降、後述する中央アジア上空の開放にもつながっていく。

しかしながら、この時点では厳密にはシベリア上空が完全開放されたわけではなかった。『できるだけ早期に開放するが、それまでの間はソ連機をソ連の乗員つきでチャーターして運航すべし』

という条件つきの開放だった。交渉で目標とされた2年後の開放を信じて日本はとりあえず妥協したわけであるが、そのため東京〜モスクワ線は、JALとアエロフロートの共同運航という形態でスタートすることになったのである。

冷戦時代にソ連機をチャーターしたJAL

日ソ航空交渉調印から半年後の1966年8月、羽田空港に巨大なTu-114が降り立った。東京オリンピックのソ連選手団を乗せて飛来してから2年ぶりのこと。このときは開設予定の定期路線のテストを目的としたフライトだったため、はじめてモスクワ〜東京間をノンストップで飛ぶソ連のクルーにとって、羽田はなかなかの難物だったようだ。とにかく広大な森が広がるソ連とは違って羽田の周りは大都会。それに、滑走路の先は海である。モスクワまでの長距離飛行のため、燃料を満載した重い機体を安全に離陸させ、決められたコースで上昇させるのは至難の業であったという。

この東京〜モスクワ線は、前述のようにアエロフロートの機体を乗員つきでチャーターする形で開設されたが、将来に備えて運航乗務員には日本側のパイロットが1名乗り込んだほか、キャビンアテンダントも日ソ双方から3人ずつが乗務するなど、条件としては双方の立場を尊重したものであった。また、こうしたソフト面にとどまらず、ハード面でも特別だった。Tu-114は、こうした長距離のノンストップ・フライトのために、定員を限定して航続距離を伸ばしたバージョンが新たに開発され、2機がこの路線専用機として指定されたのである。

しかし、Tu-114はソ連機だけあって、ちょっと垢抜けないところがある。機内の写真を見ると、荷物棚は電車の網棚のよう。向かい合わせの座席で機内食が振舞われるが、そのテーブルに電気スタンドが立っていたのはご愛嬌。また、あまりにも脚が長すぎたため乗降には特別なタラップを必要とし、特別なタラップがないところでは、普通の高さのタラップに継ぎ足し用タラップを載せて使うことになっていた。それでも、200人の乗客を乗せて8000キロを飛べる性能は、当時の西側旅客機のどれもが及ばない異例のものであった。

そして迎えた1967年4月18日、冬の渡り鳥・ナベヅルはすでにふるさとシベリアへ旅立った後であったが、入れ替わりにシベリアから羽田に飛来したのは、鶴を図案化したJALマークが胴体に描かれた、モスクワからの第一便だった。東京〜モスクワ線専用機に指定された2機の胴体には、JALの鶴丸マークとロゴが書き入れられていたのである。西側航空会社のマークがソ連機の胴体に描かれるなどというの史上初のことであり、全世界から注目を浴びた。中1日おいた4月20日、今度は東京発モスクワ行きの初便が羽田を出発。第一便には、なんと人気姉妹デュオ「ザ・ピーナッツ」の姿もあったという。なぜ「ザ・ピーナッツ」がソ連に行くのかすぐにはピンとこないが、ヒット曲『恋のバカンス』が当時ソ連で別の歌手によってカバーされ、大ヒットしていたという事情があったのだ。

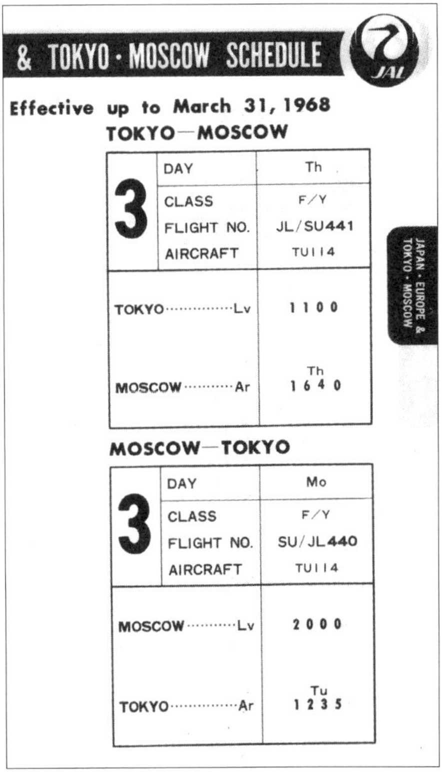
& TOKYO・MOSCOW SCHEDULE

JAL

Effective up to March 31, 1968

TOKYO—MOSCOW

3		
	DAY	Th
	CLASS	F/Y
	FLIGHT NO.	JL/SU441
	AIRCRAFT	TU114
TOKYO……Lv		1100
MOSCOW……Ar		Th 1640

MOSCOW—TOKYO

3		
	DAY	Mo
	CLASS	F/Y
	FLIGHT NO.	SU/JL440
	AIRCRAFT	TU114
MOSCOW……Lv		2000
TOKYO……Ar		Tu 1235

JAPAN・EUROPE & TOKYO・MOSCOW

モスクワ線の時刻表
(1967年12月のJAL時刻表より)

航空路開放をビジネスにつなげたソ連

もっとも、東京〜モスクワ線の開設は序章に過ぎなかった。シベリア空路はモスクワを越えてさらにヨーロッパへと伸びることが最終目標。モスクワ経由でヨーロッパに向かうと、それまでの北極経由と比べて2時間の時間短縮が見込まれた。この事実が商業的にみて大きな可能性を秘めていることは想像に難くない（ちなみに運賃については、ヨーロッパ各都市までは、北回りでも南回りでもモスクワ経由でも同一だった。意外！）。

モスクワ経由ヨーロッパ線という目標の実現には、予定通り2年の歳月がかかった。新たな日ソ航空交渉がまとまったのを受け、1970年3月28日にJALは東京〜モスクワ〜パリ線を開設。アエロフロートのチャーターを卒業し、自前のDC-8型ジェット機＋日本人クルーでの運航を開始したのである。『ジャパン・エア421、コースを10キロはずれています。』第一便の機長はソ連管制官との交信でいきなりこう指摘されて驚いたという。脇道へ逸れてソ連にとって見られたくないものを見られてしまうことが無いように、シベリア空路は高性能なレーダーによってキッチリと監視されていた。6月には東京〜モスクワ〜ロンドン線も開設され、ヨーロッパはまた一層近くなった。

JALが先鞭をつけたシベリア横断ルートはその後、BOAC（英国海外航空）・エールフランス・ルフトハンザなどが次々と追随。当初はアエロフロートの権益保護という点もあって便数や機材に様々な制約が課せられていたが、ソ連崩壊の年・1991年に全面開放が実現すると、日本とヨーロッパ間の大幹線にのし上がる。こうなるとウハウハなのはロシア。というのは、シベリア上空を通る航空会社は、高額な上空通過料を払わなければならいのである。しかし、それもようやく見直されることとなった。2007年6月、日本とロシアは2013年までに上空通過料の段階的撤廃で合意。現在、日本の航空会社がロシアに支払っている上空通過料は50億円ともいわれるが、これが近い将来に無くなるわけだ。日ソ空路開通からちょうど40年後の明るいニュース。シベリア上空が今以上に賑わう日がまもなく訪れるのかもしれない。

This wide scope of range, payload and speed is combined with the greatest reliability.

Powerful turboprop engines, most up-to-date radio navigation equipment, the plane's magnificent performance together with the high flying skill of the crew ensure complete safety of flight on board the TU-114.

Passengers on board the plane are provided with all the possible comforts.

When building the comfortable seats with removable tables and the cosy sleeping berths all the requirements for relaxation and sleep, as well as for undisturbed work were taken into consideration.

Spacious cabins with high ceilings and wide aisles are continuously supplied with conditioned fresh air, a usual room temperature and normal air pressure being maintained while flying at any height.

Owing to excellent sound insulation the noise of the engines does not disturb the passengers. It is not necessary to raise the voice when talking.

The quiet golden hues of the panelling and upholstery in the cabins and the soft dispersed light of the ceiling fittings create an atmosphere of rest and comfort.

Every passenger on board the plane can find the most pleasant occupation for himself. Fresh newspapers, magazines, dominoes and a chessboard are at the passengers' disposal.

At the time of lunch, dinner and supper tasty and nourishing hot and cold dishes as well as cold drinks and fruit will be served free of charge.

Throughout the trip the passengers will be attended by the amiable hostesses of the passenger cabins – the hospitable foreign language speaking stewardesses, who will do their best to make the air travel on board the TU-114 a pleasant remembrance.

The TU-114 will soon appear on the air routes of Aeroflot.

FLY BY AEROFLOT!

The Soviet airliner TU-114 is the largest passenger plane in the world!

The simplest screw in it and the most complicated equipment have been made by the Soviet people and of Soviet materials. The TU-114 has no equals in size, turboprop engine power, payload and flight range, and it is an important contribution to world aircraft construction.

Tu-114の機内
54ページのパンフレットより

コラム①
ジェット機全盛時代の絶滅危惧種　日本発着のプロペラ国際線

東京～モスクワ線に1970年まで就航したTu-114は、羽田空港に発着した国際定期便の中では、プロペラ機で運航された最後の例となった。1950年代までは国際線といえば一部の例を除いてプロペラ機が当たり前であったが、1959年にパンアメリカン航空のボーイング707やBOAC（英国海外航空）の“コメット4”ジェット機が羽田へ乗り入れて以来、ジェット化の波はまたたく間に欧米への長距離路線のみならずアジア諸国向けの近距離国際線にまで及んだのである。ちなみに当時、プロペラ機による最後の日本発着の国際定期便となったのは、1973年3月までYS-11が使われた大韓航空の大阪～済州線だった。

これで日本発着の国際線はすべてジェット機となったわけであるが、それから20年後に驚くべき展開が待っていた。1994年4月、ロシアのサハリン航空が函館～ユジノサハリンスク線をアントノフAn-24型機で運航開始し、プロペラ機による日本発着国際線の就航記録が更新されるという奇跡が起きたのである。しかし、アントノフは残念ながら2006年一杯で見納めとなってしまった。

2008年4月現在、同社のボーイング737ジェット機が函館または新千歳とユジノサハリンスクを結んでいる。ただ、2007年にはアントノフに代わるプロペラ機として導入されたボンバルディアDHC-8がこれらの路線に使われた実績もあり、今後もその姿を目にすることができるかもしれない。いずれにしてもプロペラ機による国際線には、羽田空港発着最後のものも日本発着最後のものも、奇しくもソ連（ロシア）の航空会社が関係しているのが興味深いところである。

モスクワ線開設の年の時刻表
【1967年12月　JAL】

ソ連迂回の北極経由を拓いたSASが
お次はソ連領空に真っ向勝負！

コペンハーゲン〜タシケント〜バンコク
(1970年)

所要時間は従来の南回りから4割カット

時刻表を眺めていると、歌の一節や音楽が頭の中に満ちてくることがある。たとえば、19世紀のロシアの作曲家であるアレクサンドル・ボロディンが書いた交響詩『中央アジアの草原にて』。黒海とカスピ海に挟まれたカフカス地方を舞台に、ロシアの旋律と東洋の旋律が交錯することで民族の交流を描いた音楽である。

そんなイメージが浮かぶのが、北欧と東南アジアをダイレクトに結ぶ定期便「トランス・アジアン・エクスプレス」(Trans-Asian Express) だ。これは、北欧からソ連中央部上空を突っ切り、ウズベク共和国（現：ウズベキスタン共和国）の首都・タシケントに給油着陸（乗客の乗降は出来ない）ののち、バンコクに至る路線で、北欧3国共同経営のスカンジナビア航空（SAS）によって拓かれた。このコペンハーゲン〜タシケント〜バンコク線が就航したのは1967年11月のこと。SASは、世界で初めてアンカレジ経由の北極空路（ポーラー・ルート）を開設するなど、意欲的な路線開設で知られているが、トランスアジアルートはまさにポーラー・ルートに次ぐ新境地ともいえるだろう。

1970年夏季のSAS時刻表を見ると、北欧とアジアを結ぶ航空路は、オーソドックスなインド経由の南回り空路（東京行）が週2往復、アンカレジ経由東京行のポーラー・ルートが週3往復、そしてタシケント経由東南アジア行のトランスアジアルートが週4往復も運航されていた。トランスアジアルートは南回りでバンコクへ向かうよりも約2000キロの短縮となる上、寄港が少ないために、所要時間も南回りが約20時間半なのに対し、12時間半と8時間も節約。なお、コペンハーゲンからタシケントまでは直線距離で約4300キロあるが、当時最新鋭で最も航続距離が長い機種のひとつであるDC-8の-62型が使用されている。なお、トランスアジアルートの便はバンコクから先、クアラルンプール／シンガポール／ジャカルタへも足を伸ばしていた。

風光明媚ながらデリケートなソ連最深部の空

もっとも、ソ連から東南アジア方面へ抜ける航

トランス・アジアルート開業から間もない時刻表
【1970年4月　スカンジナビア航空】

空路自体はSASが史上初めて飛んだわけではない。ソ連国営航空・アエロフロートは、1958年8月から、モスクワ～タシケント～デリー線という南アジアへの航空路を開設した。さらに1962年1月からは、ビルマのラングーン（ミャンマーのヤンゴン）、そしてインドネシアのジャカルタへと路線を延長。すなわち、ソ連と東南アジアを結ぶ航空路は、ソ連の手によってすでに運航されていたわけだが、西側の航空会社にオープンされるまでには長い時間を要したと言える。

たしかにこの周辺の空域は、1967年にJALが開設した東京～モスクワ線と同様、ソ連の最深部ということできわめてデリケートな意味を持っていた。1960年5月1日には、パキスタンとアフガニスタンの国境近くにある基地を飛び立ったアメリカのU-2偵察機がソ連領空へ侵入して偵察を敢行。迎撃を振り切ってそのまま北上を続けたものの、ウラル山脈東側のスベルドロフスク（エカテリンブルク）の上空で地対空ミサイルに撃ち落されるという事件が発生している。

しかし、時代は変わった。航空路線というのは好き勝手に開設できるものではなく、関係する国同士の間のギブ・アンド・テイクで成立するものである（中には不平等な取り決めが交わされるケースも無いわけではないが）。効率的な路線展開を目指す思いは共産圏も自由主義陣営も変わるものではない。他の西欧諸国よりも緯度が高い北欧地域から東南アジアへ向かうためには、従来の南回りルートを飛ぶ限り、SASは他の西欧諸国の航空会社よりも若干長い距離を飛ばなければならず、他社に比べて不利なのは容易にお分かりだろう。そこで北欧各国とソ連の間で航空交渉が進められ、トランスアジアルートが実現。一方、アエロフロート機の北欧上空通過も認められ、モスクワからキューバの首都・ハバナへの航空路も、わざわざスカンジナビア半島を迂回しなくても直行が可能となったのである。

地図を見ると、このトランスアジアルートは随分と風光明媚なルートだと感じられる。カザフのステップ、湖、川、そしてヒマラヤ山脈を機窓に望む。南回りルートも、アルプスや地中海や中東の砂漠が眼下に広がるわけであるが、やはりスケール感が違う。そして冷戦時代のソ連という閉ざされた世界へ足を踏み入れるという高揚感。そういったものをトランスアジアルート開設当初の旅人は感じたことであろう。

他会社も追随

SASによって拓かれたトランスアジアルートであるが、その後、東南アジアの航空会社、具体

トランス・アジアルート第一便で運ばれた記念郵便物
(1967年11月4日　コペンハーゲン→バンコク)

的にはタイ国際航空も1972年6月からこのルートでバンコク〜コペンハーゲン線を開設（ただし、当初の経由地はモスクワであり、のちにタシケント経由が登場）し、同社初の長距離国際線として、ヨーロッパ乗り入れを達成した。ヨーロッパへの初乗り入れがいきなりコペンハーゲンというのもちょっと奇異であるが、1960年代から70年代にかけて、SASとタイ国際航空は資本提携関係にあったというと、それもうなずける話だろう。この資本提携関係はタイという国の周辺事情とも関連がある。

タイの周囲には、イギリス連邦に由来するビルマやマレー半島、フランス植民地だったインドシナ半島のベトナムやカンボジア、オランダ植民地だったインドネシアのように、ヨーロッパの国々の影響を強く受けた国々が多数存在する。ヨーロッパの老舗航空会社は、戦前からこうした植民地への連絡手段としての航空路線を維持し続けていたし、これら植民地の独立後に地元に出来た航空会社は、旧宗主国の航空会社の支援の下で安定した経営が可能だったのである。

これに対し、北欧諸国はアジアにおける拠点は全くといっていいほど存在しない上、SASは戦後間もない1946年に設立された新興の航空会社である。そこで、アジアを含む世界の市場への浸透を模索していた。一方、タイには当時、タイ・エアウェイズという会社が存在したが、この会社も路線展開や整備技術などの面で、欧米の大手航空会社と手を組むことで体制強化を望んでいた。そこで、この両者が合意して1959年12月に新会社であるタイ国際航空が設立されたのである。

そんな背景から、タイ国際航空が使った機種はSASと同じであったし、塗装もSASの機体と色使いやデザインが全くといって良いほど同じであった。違いといえば、機首に描かれた竜の頭が、SASはバイキング船の船首像を模し、タイ国際航空は金色のヒゲを持ったオリエンタルなタッチだったというくらいである。同社はSASと同じ機種を使っていたものだから、本来はヨーロッパ域

9 Europe–Far East
Trans-Asian Express

GMT:			SK975	SK971	SK973	SK977	SU 0175[3]	SU073
			DC-8	DC-8	DC-8	DC-8	IL-62	IL-62
			F Y	F Y	F Y	F Y	F Y	F Y
			Monday	Wednes-day	Friday	Satur-day	Tuesday	Satur-day
−2	Helsinki-Helsingfors	d	12 05	12 05	12 05	12 05	....	....
−1	Stockholm Arlanda	d	12 35	12 35	12 35	12 35	10 00	10 00
−1	Oslo Fornebu	d	13 00	13 00	13 00	13 00	11 25	11 25
−1	London Heathrow	d	12 15	12 15	12 15	12 15	....	....
−1	Hamburg	d	13 15	13 15	13 15	13 15	....	....
−1	Frankfurt	d	12 50	12 50	12 50	12 50	....	....
−1	Brussels	d	12 10	12 10	12 10	12 10	....	....
−1	Paris Le Bourget	d	8 30[4]	8 30[4]	12 15	12 15	....	....
−1	Copenhagen	d	15 00	15 00	15 00	15 00	13 45[3]	13 45[3]
−3	Moscow Sheremetyevo	a	....	....	....	....	18 15[3]	18 15[3]
		d	....	....	....	....	19 35	19 35
			Tu	Th	Sa	Su	We	
−6	Tashkent	a	1 45[1]	1 45[1]	1 45[1]	1 45[1]	2 30	....
		d	2 30[1]	2 30[1]	2 30[1]	2 30[1]	3 35	....
−5	Karachi	a	....	....	....	....	5 45	....
		d	....	....	....	....	6 45	Su
$-5^1/_2$	Delhi	a	14 15	....	....	14 15		4 15
		d	....	....	....	....		5 20
−7	Bangkok	a	9 30	9 30	9 30	9 30	....	....
		d	10 20	10 20	10 20	10 20	....	....
$-6^1/_2$	Rangoon	a	....	11 10	....	....	....	
−9	Hong Kong	a	15 10	15 10	15 10	15 10	....	....
−8	Manila	a	17 15	14 45	16 30	14 15	....	....
−8	Taipei	a	16 20	16 20	16 20	16 20	....	....
−9	Osaka	a	20 25	20 25	20 25	20 25	....	....
−9	Tokyo	a	22 00	22 00	22 00	22 00	....	....
$-7^1/_2$	Penang	a	13 55	20 45	13 55	13 55	....	....
$-7^1/_2$	Kuala Lumpur	a	21 15	21 55	12 40	21 15	....	....
		d	....	....	13 10	....	....	....
$-7^1/_2$	Singapore	a	12 55	12 55	14 00	15 30	16 10	13 00
		d	13 25	....	....	....	....	....
−7	Djakarta	a	14 25	17 00	....	17 00	17 00	17 00
−10	Sydney	a	6 25[2]	6 25[2]	8 35[2]	6 20[2]	....	....

[1] At Tashkent, technical landing only. [2] Arrival following day. [3] Copenhagen–Moscow route No. SU 0174. [4] Departure from Orly airport.

トランス・アジアルートの時刻表
（1970年4月　スカンジナビア航空）

内の国際線をターゲットに開発された、双発の“カラベル”中距離ジェット機を、広大な南シナ海や東シナ海を飛び越えるバンコク～香港～台北～大阪～東京線にまで導入していた。洋上を長時間飛行する路線に双発機を使うということは、今では一定の要件の下で当たり前に行われていることであるが、1960年代当時には機体の性能や信頼性を考えればきわめて珍しいことであり、先見の明があったと言うべきか、向こう見ずな挑戦だったというべきか？

さて、トランスアジアルートに話を戻そう。SASの1974年の時刻表を見ると、Trans-Asian Expressという名称は、アエロフロートのモスクワ・デリー（又はカラチ）経由コペンハーゲン～東南アジア線のみに付けられており、本家本元・SASのタシケント経由便の愛称は、東行き便が“Straight East Express”、西行き便が“Daylight Express”に変わっている。商標に何か問題でも発生したのだろうか？　真相はわからない。その後、やはり北欧の航空会社であるフィンエアーが、1976年11月からヘルシンキ～タシケント～バンコク線を開設（ただし、冬季のみの運航。1981年には経由地がタシケントからモスクワに変更されたが、翌年に路線自体が廃止された）。しかし、古き良きトランスアジアルートはこの時代くらいまでだろう。1970年代後半から80年代を迎えると航空機の性能も向上し、DC-8による運航の時代は必要だった途中給油も要らなくなった。旅行者は、始発地を離陸すればあとは目的地まで機窓に広がる大地を眼にするだけとなり、途中着陸することで得られるエキゾチシズムを感じる機会も薄れた。

Trans-Asian Expressという愛称ももはや人々は意識することなく、今日も中央アジアの空を飛んでいるに違いない。しかしそれは、民間航空の歴史に新たな1ページを書き加えた栄光の時代を背負ったルートなのである。

鉄のカーテンの向こうで繰り広げられた
中ソ「鉄道外交」

モスクワ〜北京

(1957 年)

失われた権益よ再び！　中国東北部へ介入したソ連

『100 人の一般客を運ぶより、一人の外交官、一人の政府代表を運ぶことの方が重要なのです』とは、ソ連鉄道省国際局長の弁（NHK 取材班編『シベリア横断鉄道　「赤い流星」ロシア号の旅』より）。ロシアそしてソ連の東方進出の先鋒として建設され、航空機の無い時代にヨーロッパとアジアを結ぶ最も早いルートとして多くの旅行者が行き交ったシベリア鉄道であるが、戦後に中国や北朝鮮が共産主義国家としてソ連と同盟関係で結ばれると、単なる交通機関としての役割を越えて、きわめて外交的な使命を担うこととなる。

1945 年 8 月 9 日、ソ連は日本に宣戦し、ソ連軍が国境を越えて満州へなだれ込んだ。満蒙開拓団として辺境に入植した日本人が逃げ惑い残留孤児の悲劇が生まれる中、ソ連軍はどんどん南下したが、一週間も経たないうちに日本は降伏し、第二次大戦は終了。満州地域は日本の勢力圏を離れ、再び中国の人々の手中に戻った。

ソ連は 1945 年 8 月 14 日に蒋介石率いる国民党政権と締結した「中ソ友好同盟条約」に基づき、今後 30 年間にわたる旅順港の租借と、シベリア鉄道に接続する満洲里〜ハルビン〜綏芬河間およびハルビンから南下するハルビン〜大連間の鉄道の中ソ共同管理を得た。この区間はまさに日露戦争以前にロシアが清国と合弁で建設・運営していた東清鉄道と重なる。先に述べたように、東清鉄道はロシアの東方進出の野望を秘めて建設された鉄道であるが、日露戦争とその後の満洲国成立により、日本の勢力に押されてロシア／ソ連の権利が駆逐されてしまったという、ソ連にとって屈辱的な歴史を秘めた路線である。大戦という歴史の大転換を機に、ソ連は早速失われた権益の回復に成功したのである。この路線を管理するために「中長鉄路管理局」が長春に置かれた。長春は、満洲国の首都が置かれた新京のこと。満州駐留ソ連軍が鉄道の管理にあたった。

自らの思いのままに兵士や兵器の往来に使える鉄道が中国内に存在することは、ソ連の極東支配の上で有利だった。戦前の満州では重工業が開発されたが、そうして満州に蓄積されたインフラも戦後の国内再建むけの資材としてソ連によって運び出された。満洲里〜綏芬河間の線路は、中国のゲージ(1435 ミリ)からソ連のゲージ(1524 ミリ)に拡幅され、そうした資材はハルビンで積み替えが行われてシベリア方面へと向かっていった。

当時の中国国内では､国民党と共産党の戦い｢国共内戦」が再燃。すでに終戦とともに共産党軍は東北部へ進出し、ソ連ともひそかに連携を保っていたが､まだ中国の大部分は｢中ソ友好同盟条約」を締結した相手である国民党政権が代表していた。しかし、ソ連にとっては満州から日本の勢力を追い出して過去の権益を復活すれば、あとはそこに蓄積されていたインフラを搾り取るだけという思いだったのである。1946 年春、ひとしきり満州から取るべきものを取り、戦後の処理に目処をつけると、ソ連は満州地域から撤退。このとき線路や車両など中国国内の鉄道資材さえも一緒に持ち去っていったという。これにより、ソ連との戦争を見越して日本が終戦までに撤去した路線とあわせ、中国東北部の 2000 キロ以上の鉄道が歯抜けとなってしまった。共産党がまもなく東北地域を確保することになるものの、国共内戦による施設の破壊もあわせれば、鉄道の復旧という課題が次の支配者に大きくのしかかることになった。

東西対立の最前線・朝鮮半島への後方支援

それから 3 年後の 1949 年、事態は大きく動く。中国大陸を共産党政権が確保し、中華人民共和国が成立。その前年、1948 年 9 月には朝鮮半島の北半分には朝鮮民主主義人民共和国（北朝鮮）が成立していた。東アジアの大部分は社会主義国が占めることとなり、ソ連を中心とする東側陣営とアメリカ中心の西側陣営が 38 度線を挟んで対峙する構図となっていたのである。こうなると、大戦直後とは逆に、モノはソ連から中国へと動く。この動きを円滑に進めるため、撤去と内戦で歯抜けになっていた中国領内の鉄道復旧を目的に、1949年にはソ連から中国へ500キロ分のレールが援助された。沿線の農民も駆り出されて人海戦術で次々と路線が再開されていった。

1950年2月、中長鉄路は中華人民共和国とソ連の間に締結された「中ソ友好同盟相互援助条約」によって、中ソ合弁企業である「中長鉄路公司」による管理となった。しかし、元々30年だった大連地域の租借期間は短縮され、中長鉄路とともども3年間で中国に返還されることで合意された。ところで当時、中国にはソ連人の専門家や労働者約1300名が派遣されていたが、この時に導入されたソ連式の運営管理手法は中長鉄路の返還後も中国鉄道に引き継がれた。ソ連の影響は物質的な側面にとどまらなかったのである。

さて、復旧整備の進んだ中国領内の鉄道を使い、シベリア鉄道からは中国へ兵器が続々と流れ込んでいった。満洲里には1940年代末に、軌間の異なる中国とソ連の鉄道を連絡するための大操車場が設けられた。そこは中国とソ連の線路が10本ずつ、計20本が隣り合って設置された大規模なもので、隣の線路に停まっている車両に簡単に積み替えることが可能。そうして流入した兵器は中国を通過し、北朝鮮へと向っていった。対する韓国はアメリカをバックにしており、その兵站基地は日本であったが、海に囲まれた日本や韓国にモノを届けるには船か飛行機しか方法は無い。これは、スピードや輸送力の点で鉄道に劣るものであった。

1950年6月、遂に38度線を越えて北朝鮮軍が韓国へ侵攻、アメリカ中心の国連軍を朝鮮半島の片隅へと追い詰めることに成功する。3年間の戦闘ののち、結局は両者ほぼ元の位置に落ち着くわけであるが、緒戦の北朝鮮の勢いは、シベリア鉄道によって輸送された圧倒的な軍事力によるところが大きいと言ってもよい。

П. № 2 курьер. 第二次快車 приб. 到達	отпр. 開車	КРУПНЫЕ СТАНЦИИ 大站	П. № 1 курьер. 第一次快車 приб. 到達	отпр. 開車
		(Время московское) (莫斯科時間)		
—	9.30	**МОСКВА** 莫斯科	**10.30**	—
14.42	14.57	Всполье 伏斯波里也	4.56	5.13
16.22	16.30	Данилов 達尼洛夫	3.22	3.32
18.04	**18.19**	**БУЙ** 布依	**1.17**	**1.39**
20.31	20.43	Николо-Полома 尼科洛—波洛馬	22.55	23.08
23.00	23.14	Шарья 沙里雅	20.07	20.27
1.18	1.30	Свеча 斯維査	17.47	18.02
3.56	**4.21**	**КИРОВ** 基洛夫	**14.58**	**15.22**
6.21	6.39	Зуевка 祖耶夫卡	12.32	12.50
9.01	9.16	Балезино 巴列金諾	9.50	10.05
11.34	11.49	Верещагино 維列沙京諾	7.09	7.22
14.05	**14.25**	**ПЕРМЬ II** 別爾米 II	**4.12**	**4.31**
16.16	16.31	Кунгур 昆古爾	2.09	2.24
19.19	19.31	Шаля 沙里亞	23.12	23.28
22.24	**22.44**	**СВЕРДЛОВСК** 斯維爾德洛夫斯克	**19.42**	**20.06**
1.19	1.34	Камышлов 卡麥什洛夫	16.41	16.56
4.44	5.04	Тюмень 秋明	13.04	13.25
7.25	**7.40**	**ВАГАЙ** 瓦蓋	**10.29**	**10.44**
10.40	10.55	Ишим 伊希姆	7.08	7.25
13.35	13.56	Называевская 那玆瓦也夫斯卡亞	4.16	4.31
16.41	**17.06**	**ОМСК** 鄂木斯克	**1.07**	**1.32**
19.43	19.46	Татарская 韃靼尓斯卡亞	22.32	22.35
21.52	**22.08**	**БАРАБИНСК** 巴拉賓斯克	**20.09**	**20.24**
0.45	0.48	Чулымская 楚雷姆斯卡亞	17.35	17.38

П. № 2 курьер. 第二次快車 приб. 到達	отпр. 開車	КРУПНЫЕ СТАНЦИИ 大站	П. № 1 курьер. 第一次快車 приб. 到達	отпр. 開車
3.00	**3.31**	**НОВОСИБИРСК** 諾沃西比尓克	**15.00**	**15.20**
5.55	6.00	Болотная 波洛特那亞	12.41	12.44
8.01	8.21	Тайга 泰加	10.28	10.44
11.08	**11.28**	**МАРИИНСК** 馬林馬克	**7.25**	**7.40**
14.00	14.15	Боготол 博戈托尓	4.46	5.03
17.45	17.57	Зеледеево 澤列結也沃	—	—
19.20	**19.40**	**КРАСНОЯРСК** 克拉斯諾雅爾斯克	**23.27**	**23.47**
22.00	22.12	Клюквенная 克留克文那亞	20.55	21.05
0.46	1.01	Иланская 依蘭斯卡亞	17.57	18.12
3.54	4.04	Тайшет 泰謝特	15.03	15.13
7.30	**7.45**	**НИЖНЕУДИНСК** 尼什涅烏丁斯克	**11.27**	**11.41**
12.53	13.13	Зима 齊馬	6.05	6.25
15.42	15.45	Черемхово 撤列莫好沃	3.21	3.31
18.35	**18.55**	**ИРКУТСК I** 依爾庫茨克 I	**23.51**	**0.13**
21.42	22.03	Слюдянка 馬柳甸卡	20.42	21.00
1.10	1.16	Мысовая 美索瓦亞	17.35	17.40
2.41	2.51	Селенга 色楞格	16.00	16.10
4.12	**4.32**	**УЛАН-УДЭ** 烏蘭烏德	**14.20**	**14.41**
7.33	7.53	Петровский Завод 彼特羅夫斯基工廠	11.06	11.26
10.40	10.46	Хилок 希洛克	8.04	8.12
16.28	**16.48**	**ЧИТА II** 赤塔 II	**1.54**	**2.16**
18.35	18.55	Карымская 卡雷姆斯卡亞	23.46	0.01

П. № 2 курьер. 第二次快車 приб. 到達	отпр. 開車	КРУПНЫЕ СТАНЦИИ 大站	П. № 1 курьер. 第一次快車 приб. 到達	отпр. 開車
19.25	19.33	Андриановка 安德里安諾夫卡	—	—
—	—	Бурятская 布里亞特斯卡亞	22.09	22.26
22.46	**23.01**	**ОЛОВЯННАЯ** 奧洛維揚納雅	**19.44**	**20.04**
0.20	0.30	Хадабулак 哈達布拉克	—	—
1.10	1.29	Борзя 波爾扎	17.24	17.34
2.29	2.39	Харанор 哈拉諾爾	16.18	16.30
4.15	**7.25**	**ОТПОР** 奧特波爾	**11.45**	**14.45**
7.50	—	Маньчжурия 滿洲里	—	11.20
		(Время пекинское) (北京時間)		
12.50	14.20	Маньчжурия 滿洲里	14.50	16.20
17.53	18.03	Хайлар 海拉爾	11.16	11.26
22.36	22.51	Бухэду 博克圖	6.35	6.50
0.55	1.05	Чжаланьтунь 扎蘭屯	3.52	4.02
3.54	4.14	Ананси 昂昂溪	0.46	1.06
6.29	6.39	Аньда 安達	22.22	22.33
8.51	**9.11**	**ХАРБИН** 哈爾濱	**19.55**	**20.15**
13.24	13.44	Чанчунь 長春	15.25	15.45
12.27	12.36	Сыпин 四平	13.28	13.38
18.30	**19.00**	**ШЭНЬЯН** 瀋陽	**9.51**	**10.21**
22.55	23.11	Цзиньчжоу 錦州	5.39	5.54
2.30	2.48	Шаньхайгуань 山海關	2.03	2.18
—	—	Таншань 唐山	—	—
7.11	7.27	Тяньцзинь 天津	21.21	21.37
9.35	—	**ПЕКИН** 北京	—	**19.15**

モスクワ〜北京間直通列車の時刻表（表紙はカラーページ参照）
【1957年冬季　ソ連運輸省旅客総局】

中ソ直通列車遂に誕生

朝鮮戦争という危機は東アジアに火種をともし続ける結果となってしまったが、中ソの絆は一層深まった。いわゆる中ソ蜜月時代の到来である。すでに中ソの鉄道は1950年から満洲里乗り換えでの接続は図られていたが、1954年1月31には乗り換えが不要なモスクワ～満洲里～北京間直通の一番列車が出発した。満洲里の隣、ソ連領のオトポール（ザバイカリスク）には台車交換場が造られ、ソ連製客車6両で編成された列車に対して約40分かけて中国用台車とソ連用台車の交換が行われるようになったのである。

こうした列車に乗って、中国にはソ連人技術者がさらに数多く流れ込み、その逆にソ連の技術を学ぶために中国から留学生が送り出された。中ソ両国人の往来が盛んな時代だけに、ソ連の国鉄を管理する運輸省からは、中国語とロシア語が併記されたモスクワ～北京線の長距離列車時刻表が発行されている。1957年～58年冬季のものを見ると、列車番号は北京発モスクワ行きが第1列車・モスクワ発北京行きが第2列車。1番と2番というエースナンバーが付けられ、ソ連国鉄を代表する列車と位置づけられていたことが窺える。この時刻表には運転曜日の記載はないが、当時のトーマス・クック時刻表によると、モスクワ発は毎週月・木・土曜、北京発は毎週火・木・日曜の3往復だったようだ。モスクワを9時30分に出た列車の北京到着は9日目の9時35分という、200時間近い長大な旅である（今日では同じ区間は約1週間）。

空の連絡、そしてモンゴル経由も

モスクワと北京の連絡は鉄道だけではなかった。ソ連国営航空・アエロフロートも、1955年1月からモスクワ～北京線を運航開始している。現在は日本とヨーロッパ間の大動脈として、大型ジェット機がノンストップで一日に何便も飛び交う空路であるが、当時は　30人乗り双発プロペラ機が途中7箇所に立ち寄り、約30時間かけて連絡するという途方も無い空路だった。もちろん、VIPしか乗れなかったことであろう。しかし、開設翌年の1956年12月には当時のソ連の誇る最新鋭ジェット機であるツポレフTu-104がいち早く就航し、所要12時間に大幅短縮されている。しかも、当時Tu-104は世界で唯一、定期路線に就航していたジェット旅客機であったが、そのプラハ線に次ぐ2番目の国際線就航だった。

中ソの連絡は満洲里乗り換えだけでは無く、モンゴル経由も計画された。1954年12月、ソ連によってシベリア鉄道のウランウデから分岐し、モンゴルの首都・ウランバートルを経由して中国領内の平地泉までの中蒙ソ連絡鉄道が完成。北京～モスクワ間は、満洲里経由では9000キロであるが、ウランバートル経由ではそれより1割以上少ない7800キロである。このモスクワ～ウランバートル～北京間にも、1959年6月から週1往復ながら中ソ連絡旅客列車が登場した。

こうして密接な関係を保ってきた中ソ関係はやがて大転回を迎える。社会主義路線の違いから発生した中ソ対立である。ソ連のフルシチョフ首相は平和共存路線を説き、1959年にアメリカを訪問するが、中国とはそうした考えが相容れなかった。翌年、ソ連は中国に派遣していた様々な分野の専門家を本国へ呼び戻し、対中援助は打ち切られた。こうして中国は、東側諸国の一員ながらもソ連の言いなりではなく自立的存在を目指そうとし、またそうせざるを得ない状況に追い込まれていった。

1960年代半ばになると北京～モスクワ連絡列車の列車番号は1/2番ではなくなり、1/2番はソ連国内のモスクワ～ウラジオストク間の列車に割り当てられた。もはや中ソ連絡列車は、ソ連国鉄を代表する華やかな国際列車という座から降りざるを得なくなったのである。1969年には珍宝島（ダマンスキー島）でソ連軍と中国人民解放軍の軍事衝突も発生。中ソ間で鉄道連絡について協議する「中ソ国境鉄路連合委員会」会合も途絶えた。しかし、そうした不穏な両国関係の下でも、ソ連と北京を結ぶ交通の運行は続いた。中国の先には北朝鮮や北ベトナムがおり、そうした国々との連絡の一翼を担うこともこの路線の使命だった。東西冷戦時代の交通機関に求められた旅情とか採算とかを超えたきわめて国家的な性格、それは冒頭に掲げた一言に見事に集約されているのである。

國際航綫班期時刻表

（北京時間）

北　京—烏蘭巴托—伊爾庫次克—莫斯科

АФЛ 128 每日 (甲) 伊爾-12型	АФЛ 128 每日 (乙) 伊爾-14型	МХД 128 每日 伊爾-14型	АФЛ 136 每日 (甲) 伊爾-12型	АФЛ 136 每日 (乙) 伊爾-14型	1	АФЛ 135 每日 (甲) 伊爾-12型	АФЛ 135 每日 (乙) 伊爾-14型	МХД 127 每日 伊爾-14型	АФЛ 127 每日 (甲) 伊爾-12型	АФЛ 127 每日 (乙) 伊爾-14型
↓	↓	8:40	8:10	8:10 开	北京	到 14:40	14:40	15:00	↑	↑
		12:40	11:55	11:55 到	烏蘭巴托	开 11:10	11:10	11:30		
		13:20	12:45	12:45 开		到 10:25	10:25	10:45		
↓	↓	15:10*	14:35*	14:35* 到	伊尔库次克	开 8:45	8:45	9:05	←	
20:40	23:20		22:30	22:25 开		到 1:40*	0:40*		22:15*	23:05*
23:55	2:25		1:45	1:30 到	克拉斯諾雅尔斯克	开 22:45	21:55		19:20	20:20
0:55	3:05		2:45	2:15 开		到 21:55	21:10		18:20	19:35
3:20	5:25		5:10	4:35 到	新西伯利亞	开 19:45	19:05		16:10	17:30
4:40	6:25		6:30	5:35 开		到 18:25	18:05		14:50	16:30
6:55	8:35		8:45	7:45 到	鄂木斯克	开 16:25	16:10		12:50	14:35
7:40	9:15		9:25	8:25 开		到 15:45	15:30		12:10	13:50
10:50	12:15		12:35	11:25 到	斯維尔德洛夫斯克	开 12:55	12:45		9:20	11:05
12:00	13:15		13:45	12:25 开		到 11:55	11:45		8:10	10:05
14:40	15:45		16:25	14:55 到	喀山	开 9:35	9:30		5:50	7:50
15:25	16:30		17:05	15:30 开		到 8:55	8:50		5:05	7:10
18:05	19:05		19:45	18:05 到	莫斯科	开 6:30	6:30		2:40	4:50

莫斯科當地时間＝北京时間減五小时

註：*休息

（甲）1956年十月一日至十一月十日實行

（乙）1956年十一月十日起實行

— 6 —

アエロフロート（АФЛ）と中国民航（МХД）が飛ぶプロペラ機時代のモスクワ～北京線の時刻表
（1956年10月発行の中国民航時刻表より）

ベルリン／モスクワ〜タリン
（1939/62 年）

体制を反映する航空路網

1980 年代末期の東欧革命をきっかけに東側諸国が次々と変革を遂げていく中、そうした潮流を象徴する出来事のひとつが「バルト３国のソ連からの正式独立」だった。バルト３国はその名のとおりバルト海に面したエストニア・ラトビア・リトアニアの３つの小さな国であるが、1940 年 6 月にソ連がこれらを併合してから 1991 年 9 月に独立が承認されるまでの約半世紀の間、ソ連の一員という立場に置かれていたのであった。

この地域には元々、独自の部族が住んでいたが、中世以降は周辺各国の思惑から様々な侵略を受けることとなる。3 国の中では最も北に位置すると同時に最も小さいエストニアを例にとると、その土地の支配者はドイツ騎士団→ポーランド→スウェーデン→ロシアというめまぐるしい変転を辿った。しかし、20 世紀に入るとロシア革命を機に独立を達成。そして、それまでの支配者であるロシア改めソ連への反発から、親ドイツ政権が誕生する。エストニアの南隣にあるラトビアも当時はドイツとは不可侵条約を結んでおり、この地域はドイツとは縁が深かったのである。

そんな背景もあって、ドイツの航空会社であるルフトハンザは、1930 年代にベルリン〜ヘルシンキ線の途中寄港地として、バルト３国を経由

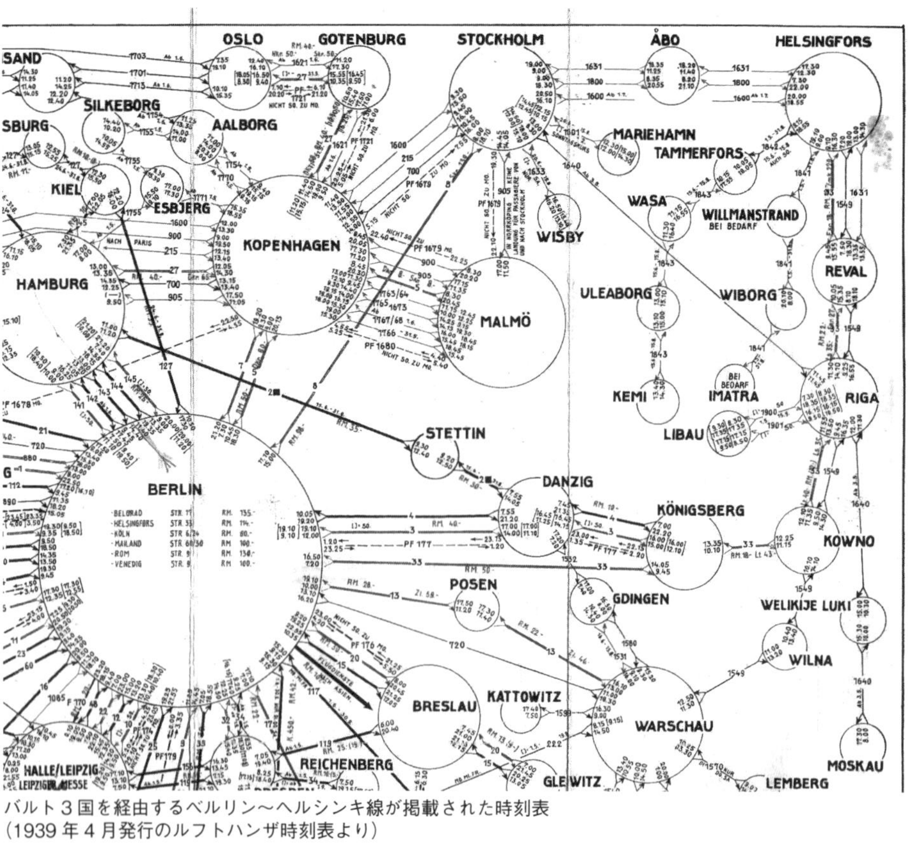

バルト３国を経由するベルリン〜ヘルシンキ線が掲載された時刻表
（1939 年 4 月発行のルフトハンザ時刻表より）

していた。まさに第二次大戦勃発直前、1939年4月から有効の同社の時刻表によると、ベルリンを7時20分に出発する33便は、ケーニヒスベルク（現在のカリーニングラード。当時は東プロイセンの都市）・カウナス（リトアニアの都市）を経由して13時50分にリガに到着。20分後に離陸し、15時35分にレバル着。レバル（Reval）とはタリンのドイツ語での呼称である。レバルの次が終点・ヘルシンキで、16時30分の到着だった。

画像をご覧いただくとお分かりと思うが、当時のルフトハンザの時刻表は「路線図タイプ」とでも言ったらよいのか、都市を示す○と○が矢印で結ばれてその両端に時刻が記載されているというものだった。ちなみに戦前の日本の航空時刻表は路線図タイプが多く、これはドイツの表示方を参考に取り入れたのではないだろうか？　同じ時代のアメリカなどは、鉄道の時刻表と同様に縦に都市名が並んでその脇に発着時刻が書いてある形態が主流だった。

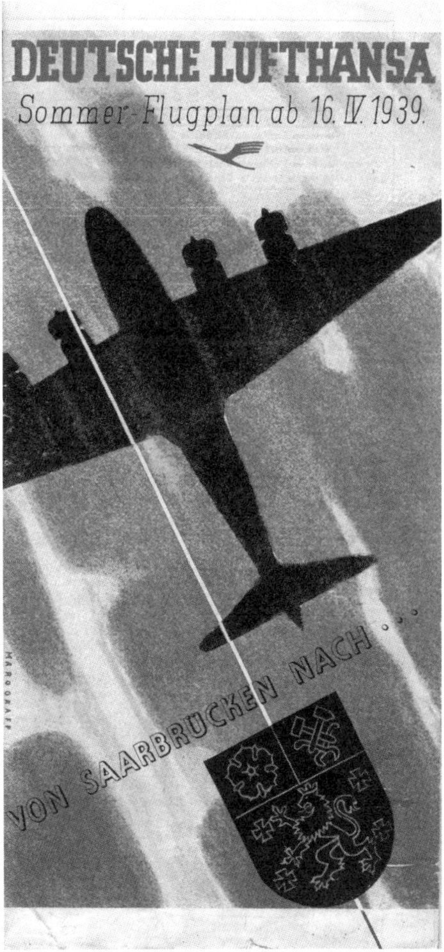

第二次大戦直前の時刻表
【1939年4月　ルフトハンザ】

さて、最初にも書いたように、バルト3国は第二次大戦中にソ連へ強制併合させられる運命にあった。併合から4ヵ月後・1940年10月に発行されたルフトハンザの時刻表（というか、大戦中ということもあって時刻は記載されずに路線網だけが表示されている）によると、ルフトハンザによるバルト3国への路線は姿を消し、この地域にはわずかにモスクワ～リガ～ストックホルム間にABA（スウェーデン航空）の路線があるに過ぎない。一方、ナチス・ドイツは1939年8月にソ連と不可侵条約を締結していたため、1939年4月の時刻表にはみられないベルリン～モスクワ線が運航されており、こうした様々な事実からこの地域の激動の歴史が読み取れる。このベルリン～モスクワ線は、ダンツィヒ（グダンスク）・ケーニヒスベルク・ベロストク（ポーランドのビャウィストク）・ミンスクを経由して運航されていたが、1941年6月にナチス・ドイツがソ連へ侵攻すると必然的に消滅した。

独自文化 vs 躍進する巨大連邦

さて、このナチスのソ連侵攻を受け、ソ連に併合されたバルト3国は一旦、ドイツ領となる。何度も蹂躙されるのは国民にとってたまったものではないと思うが、ソ連による支配に拒否反応の強かったこの地域では、ナチス・ドイツに対して好意的な反応も少なくなかったという。しかし1944年、ソ連が押し返してバルト3国は再びソ連に復帰。戦後は鉄のカーテンの向こうに存在する閉ざされた地域となる。当時は、ソ連がいくつもの共和国の集合体であるということは知っていても、では具体的に共和国の名前を挙げてみよと言わるとロシアとウクライナとカザフくらいしか思いつかず、エストニアとかラトビアとかリトアニアというのは日本からはまったく縁遠い存在だった。

ソ連の一員となったバルト3国へは、当然のことながらソ連国営航空・アエロフロートの路線が伸びていた。アエロフロートはかつて「世界一規模の大きい航空会社」といわれており、さすがに一般向けに全路線・全便を網羅した時刻表は発行されていない。しかし、地域によってはそのエリアに関係する路線だけを集めた時刻表が発行されたこともあり、エストニア版が存在していた。この1962年発行のエストニア版時刻表を見ると、表紙をはじめ旅客案内などの一部内容が二ヵ国語表記であることに気づく。これはエストニア語とロシア語が併記されているもので、この国が元々は独自の文化を持っている地域にあるということを象徴しているようだ。

当時は双発プロペラ機のイリューシンIl-14がモスクワ〜タリン線（所要時間3時間30分）に就航していたほか、第2の都市・タルトなど12都市間で国内線が多数運航されていた。小さな国なのに国内線が充実とはちょっと信じられないが、エストニアの広さ（4万5000平方キロ）は九州（3万9000平方キロ）よりもひとまわり大きく、九州島内にも航空路線が少なからず存在していることを考えれば納得できるだろう。こうした国内線には、ソ連で大量生産されていた「見かけは古臭いが丈夫で万能・いかにも社会主義国の作品」という感じの複葉の小型機・アントノフAn-2なども飛んでいた。

その後、独立運動の高まりとともにエストニアなどバルト3国は1991年9月にソ連から離脱し、これは後の連邦解体の端緒を象徴する出来事とし

アエロフロートのエストニア版時刻表
【1962年　同社発行】

て記憶にまだ新しいところである。再び完全な独立国としての立場を獲得した各国では、アエロフロートによる航空路線の運営から解放され、エストニアン・エア／エア・バルティック（ラトビア）／リトアニア航空（現在は“flyLAL”と称している）といった航空会社がそれぞれ誕生。近隣諸国を結ぶ重要な足として活躍している。

ТАЛЛИН–КИНГИСЕПП–ТАЛЛИН

Движение пассажирское, ежедневное

ЛИ-2

Рейс Э-2I			Аэропорты	Рейс Э-22		
Приб.	Стоянка	Отпр.		Приб.	Стоянка	Отпр.
-	-	I2.20	Таллин	I4.30	-	-
I3.20	-	-	Кингисепп	-	-	I3.40

ТАРТУ–КИНГИСЕПП–ТАРТУ

Движение пассажирское, ежедневное, по 30 сентября

АН-2

Рейс Э-23			Аэропорты	Рейс Э-24		
Приб.	Стоянка	Отпр.		Приб.	Стоянка	Отпр.
-	-	I4.55	*Тарту	I8.55	-	-
I5.20	I0	I5.30	Вильянди	I8.20	I0	I8.30
I5.55	I0	I6.05	*Пярну	I7.45	I0	I7.55
I6.50	-	-	Кингисепп	-	-	I7.00

ТАРТУ–ЙЫХВИ–ТАРТУ

Движение пассажирское, ежедневное, с I-го июня

АН-2

Рейс Э-25			Аэропорты	Рейс Э-26		
Приб.	Стоянка	Отпр.		Приб.	Стоянка	Отпр.
-	-	II.30	*Тарту	I3.25	-	-
I2.20	-	-	Йыхви	-	-	I2.35

9

エストニア版時刻表の内部
（1962年のアエロフロート時刻表より）

モスクワ〜ペチェンガ
（1960 年）

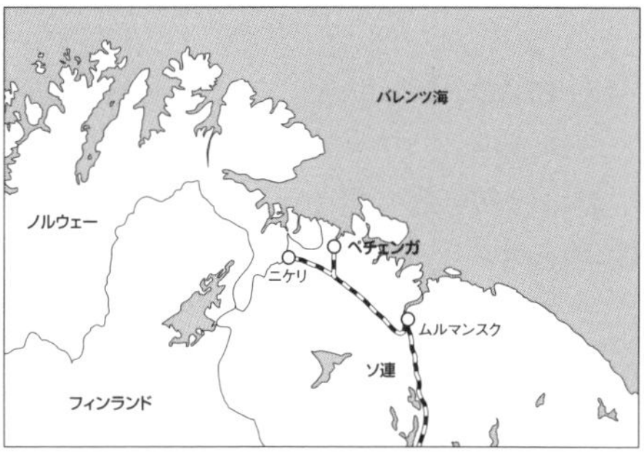

ノルウェー国境・北緯 69 度へ

『十二月の二十六日に夜八時ベーリング行の列車に乗ってイーハトヴを発った人たちが、どんな眼にあったかきっとどなたも知りたいでしょう。これはそのおはなしです。』

こんな書き出しから始まる宮沢賢治の童話『氷河鼠の毛皮』。文章はこう続く。

『そんなひどい吹雪でも夜の八時になって停車場に行ってみますと、暖炉の火は愉快に赤く燃えあがり、ベーリング行の最大急行に乗る人たちはもうその前にまっ黒に立っていました。何せ北極のじき近くまで行くのですからみんなはすっかり用意していました。着物はまるで厚い壁のくらい着込み、馬油を塗った長靴をはきトランクにまで寒さでひびが入らないように馬油を塗ってみんなほうほうしていました。』

もちろん、これは賢治の幻想の世界である。いつの時代も北へ向かう旅路というのは人々の憧憬を誘ってやまないが、実際にベーリング海近辺まで走って行く列車などというものは過去も今も存在しない。でも、北緯 66 度 33 分を越えて北極圏へ向かう列車はある。後述するノルウェーのナルヴィク行きや、ナルヴィクよりもさらに高緯度にあるロシアのムルマンスクへ向かう列車がそれだ。

では、ムルマンスクが世界最北の駅であり、また鉄道で行ける最も北の地点なのであろうか？
それなりの本数の列車が発着し、比較的手軽に訪問することが可能なターミナル駅に限定すれば

旅客列車時刻表
【1960 年夏季　ソ連運輸省】

確かにそうなのであるが、そこが絶対的に最北の駅なのかといえばそうではない。もっとも、単に鉄道というだけであれば、かつてノルウェーのスヴァールバル諸島やスカンジナビア半島北端のキルケネス近辺には鉱山の鉄道が存在していたという。しかしこれらはその国の鉄道網から隔絶され、しかも貨物輸送用という特殊な例だ。

1960年に発行されたソ連の鉄道時刻表がある。さすが広大なソ連だけあって784ページという分厚さで、また社会主義国らしくきっちりとした装丁の本なのだが、ここにはムルマンスクからさらに先へ向かう列車が掲載されていた。モスクワ～ムルマンスク～ペチェンガ間。これが当時世界で最も北の果てに達する定期旅客列車だった。モスクワを20時45分に発った第48列車は、約2000キロを走破して、出発の翌々日18時18分にムルマンスクへと滑り込む。しかし旅はここで終わらない。その晩20時47分に再び走り出し、翌朝7時10分に終着駅ペチェンガへと到着する。実に3晩を車中で過ごす旅。ロシアの鉄道旅行の例えとして、乗客は列車に乗って移動するというよりも、列車の中で「生活する」と表現した方が適当だなどといわれることがあるが、まさにここもそんな感じであったのではないか。

ペチェンガは北緯69度33分。バレンツ海に面した入り江の奥に存在するノルウェーとの国境に近い小さな街である。グーグルアースで見てみると、入り江に注ぐ川沿いに、工場か鉱山と思しき建物がまばらに立ち並んでいる様子が見えるだけで、繁華な町並みは見当たらない。鉄道路線は判別できたものの、駅がどこかまでは判らなかった。ところで、この鉄道は並行する道路に沿ってさらに北へ続いているのであるが、数キロほど進んで湖の岸に行き当たったところでプツリと切れていた。そこは北緯69度36分。これが現在、鉄道の達している世界最北地点であろう。

しかしなぜこんな辺境に鉄道が延び、モスクワからの旅客列車が走っていたのか？　その理由として考えられるひとつが、軍事基地への連絡という役割だ。この辺りは西側諸国であるノルウェーと国境を接する微妙な地域である。しかもムルマンスク軍港をはじめ、軍事施設が数多く存在する。海軍基地だけではなく、ムルマンスクからペチェンガへ向かう途中のルオスタリには空軍基地もある。ちなみにこのルオスタリの空軍基地であるが、世界最初の宇宙飛行士であるユーリー・ガガーリンが、1957年に飛行学校を卒業後、最初に赴任した地でもある。ひょっとすると彼も1961年に

554. Мурманск — Кола — Печенга и обратно

Пасс. № 48/47 и № 47/48 Москва—Печенга: приб. в Печенгу Чет.; отпр. из Печенги Неч.

		48/47			Км		Октябрьская ж. д.		Км			47/48		
		От из Моск.										Пр в Моск.		
		20.45			0	От	Ленинград...	Пр	1450			5.10		
		14.54			123	↓	Волховстрой..	↑	1327			9.40		
		2.04			407		Петрозаводск.	Табл. 4	1043			22.54		
		10.30			837		Кемь		613			15.39		
		18.04			1172		Кандалакша..		278			9.41		
		18.18			1439	↓	Кола	↑	11			9.22		
					1450	Пр	Мурманск ...	От	0					
...	...	20.47	...	...	0	От	**Мурманск**	Пр	155	...	...	8.23	...	...
...	...	21.13	...	...	11	↓	Кола..............	↑	144	..	...	8.09	...	...
...	...	22.43	...	...	—		Мурмаши		—	...	...	7.14	...	...
...	...	0.05	...	...	—		Пяйве		—	...	...	5.41	...	...
...	...	1.35	...	...	—		Нял...............		—	...	...	4.30	...	..
...	...	3.17	...	...	—		Моккет............		—	...	...	2.52	...	...
...	...	5.10	...	...	—		Титовка		—	...	...	1.27	...	...
...	...	6.31	...	..	—	↓	Луостари	↑	—	...	...	0.04	...	...
...	..	7.10	...	...	155	Пр	**Печенга**.........	От	0	...	...	23.25	...	...

前ページの時刻表の内部より
ムルマンスク～ペチェンガ間の時刻が掲載されている。

遥か宇宙へと旅立つよりも前、モスクワからここまで、旅客列車に揺られて鉄道で行ける地球上の最果てへの旅をしたことがあったのかもしれない。

残念ながら今はもう乗れず

それでは、今でもペチェンガ行き世界最北への旅客列車に乗ることが出来るのか？　答えは「NO」である。時刻表を調べた限り、近年、モスクワからの直通はおろか、ペチェンガへ向かう定期旅客列車自体がない。いつからペチェンガへの列車が無くなったのかははっきりしないが、グーグルアースではペチェンガの南方に貨物列車らしき姿が見えることから、線路自体は生きていて、貨物列車は走ることがあるのではないだろうか。そう考えると、ペチェンガ駅自体も廃止されずに登録上はまだ生きている可能性はある。

しかしながら現在、世界最北へ向かう旅客列車はといえば、ルオスタリから西方のニケリという街へ向かうもの。このニケリは北緯69度24分であるから、わずかにペチェンガには及ばない。ムルマンスク～ニケリ間の列車は、午後にムルマンスクを発って夜にニケリに到着し、すぐ折り返して翌朝ムルマンスクに戻る一往復が走っているようである。このニケリという駅、ウェブサイトに掲載されている写真を見ると、日本で言えば地方のローカル線の小さな駅のようにこじんまりして可愛らしい駅舎である。

しかし、ソ連時代に外国人に開放されていなかった都市が次々と開放される中、残念ながらこの地域は未だに閉鎖地域に指定されているようで、我々が好きなように訪問するというわけにはいかなさそうだ。

『間もなくパリパリ呼子が鳴り気缶車は一つポーとほえて、汽車は一目散に飛び出しました。（中略）見る間にそのおしまいの二つの赤い火が灰いろの夜のふぶきの中に消えてしまいました』

賢治が夢想したような北列車は実在し、今晩もまたロシアの片隅・北極圏の駅をひっそり旅立っていくことであろう。

コラム②

超音速旅客機が飛んだ世界で最も速い国内線

『狭い日本、そんなに急いでどこへ行く。』という標語があるが、いくら国土が狭くても時は金なり。つい急ぎたくなるのが人情であるし、交通機関もそうした欲求に応えるためにスピードアップには積極的である。航空の分野では、昔はプロペラ機が当たり前だったのに、現在では日本のほとんどの空港にはジェット機が就航する時代となった。では世界中の国内線で、一体どの路線がスピード・チャンピオンかということを考えてみたことはあるだろうか？　そんなこと分かるはずがない！　——もっともなことだ。商業ジェット機は時速800キロから900キロ程度が相場であり、これは機種によってそれほど差異があるものではないから、どの路線がスピード的に最速なのかということを云々するのはナンセンスだろう。しかし今から30年ほど前、明らかにこの路線が「世界最速の国内線」と特定できた時代があった。なぜならば、超音速旅客機が国内線に就航していたからである。

ここで、オヤッと思われる方もいらっしゃるかもしれない。超音速旅客機として有名なコンコルドは欧米間などを結ぶ国際線に就航していたのでは？　だったら国内線最速のタイトルが与えられるはずはないのではないか？　しかし、超音速旅客機はコンコルドだけではない。もうひとつの超音速旅客機、それは旧ソ連が開発したツポレフTu-144。これらふたつの超音速旅客機の開発ストーリーはすでに多くの資料が出ているのでここでは触れないが、細い胴体に三角翼というスタイルや、下に折れ曲がる機首などあまりにもコンコルドに似ていることから、Tu-144はロシア人の名前風に「コンコルドスキー」などと揶揄されていたことは有名である。Tu-144が実際に稼動していたのは3年にも満たないほんのわずかな期間であったが、大陸間国際線に羽ばたいたコンコルドとは対照的にソ連国内がその活躍の舞台であった。

Tu-144が就航したのは、モスクワ～アルマアタ（アルマティ）間。アルマアタは当時、カザフ共和国の首都であり（注）、アエロフロートの国内線の中では幹線に位置づけられる路線である。ただし、Tu-144は最初から旅客便として登場したわけではなく、最初は郵便貨物機としてのデビューだった。就航開始日の1975年12月26日は、ライバルのコンコルドが就航を開始するわずか1ヶ月前のこと。国内線で超音速旅客機を使うとは、さすがは国土が広いソ連ならではの思想だ。

1976年1月21日、英仏共同開発のコンコルドはパリ～ダカール～リオデジャネイロ線とロンドン～バーレーン線で活躍を始める。それに触発されたのか、Tu-144も1977年11月1日から遂にアルマアタ線で旅客輸送を開始。当時の時刻表によると、Tu-144（時刻表では「TUS」と表記）によるSU499便はモスクワ8時30分発・アルマアタ10時50分着・所要2時間20分というスケジュールだった。同じ区間には普通のジェット機（イリューシン Il-62）で運航される便もあり、こちらは所要4時間5分だったから、超音速旅客機はダントツ速い。

しかし、Tu-144の便は残念ながらわずかに週

MOSCOW — ALMA ATA, FRUNZE, URGENCH, TASHKENT, SAMARKAND, BUKHARA & ASHKHABAD

SU ✈ All times Moscow Local Time

	499 TUS ②	501 IL6	613 IL6	693 IL8 ③⑤⑦	653 IL6	659 IL6	685 IL8	687 IL8 (A)	701 TUS
dep MOSCOW, Domodedovo	08 30	23 50	09 35	13 20	00 45	10 25	21 35	11 15	……
dep MOSCOW, Vnukovo									09 40
arr ALMA ATA	10 50	03*55							
arr FRUNZE	……	……	13 35						
arr URGENCH	……	……	……	17 25					
arr TASHKENT	……	……	……	……	04 25	14 05			
arr SAMARKAND	……	……	……	……	……	……	02*25	16 05	
dep SAMARKAND	……	……	……	……	……	……	……	16 50	
arr BUKHARA	……	……	……	……	……	……	……	17 45	
arr ASHKHABAD	……	……	……	……	……	……	……	……	13 15

✈ SU

	702 TU5	688 IL8 (A)	686 IL8	660 IL6	654 IL6	694 IL8 ③⑤⑦	614 IL6	502 IL6	500 TU5 ②	506 IL6
arr MOSCOW, Domodedovo	……	22 35	09 00	08 20	22 40	11 30	20 10	09 45	15 50	22 20
arr MOSCOW, Vnukovo	08 25									
dep ALMA ATA								05 10	13 20	17 45
dep FRUNZE							15 40	……	……	……
dep URGENCH						07 00	……	……	……	……
dep TASHKENT				04 10	08 30	……	……	……	……	……
dep SAMARKAND		17 15	03 40	……	……	……	……	……	……	……
arr SAMARKAND		15 55	……	……	……	……	……	……	……	……
dep BUKHARA		15 05	……	……	……	……	……	……	……	……
dep ASHKHABAD	04 30	……	……	……	……	……	……	……	……	……

A-SKD-BHK-SKD with AN4.

Tu-144（TUSと表記）が就航していた時代の時刻表
（ABC世界航空時刻表　1978年6月号より）

1回の運航であり、まだまだ本格稼動とは言いがたい状況だった。Tu-144は他路線への就航も検討されたものの、搭乗率が良くない上に安全性にも問題を抱えていたようで、旅客輸送開始からわずか半年後の1978年6月にアルマアタ線から退いた後は再び旅客定期便に復帰することは無かった。それでも、音速を超えて定期運航されていた国内線はこれが史上唯一であり、「世界最速の国内線」には違いなかった。

もっとも、国内線に就航した超音速旅客機はTu-144だけだったのかというとそうではない。実はコンコルドも1979年1月から翌年5月まで、アメリカ国内線のダラス～ワシントン間に就航していたのである。もっともこれは、先進的な試みの数々で伝説的に有名なブラニフ航空がエールフランスと英国航空の協力のもと、これら2社のワシントン～パリ／ロンドン間の大西洋線を延長する形で運航開始したものだった。ではここで「世界最速の国内線」が復活か？と思いきや……合衆国当局から国内における超音速飛行が禁じられていたため、せっかくの超音速機なのにその性能を生かすことができず、普通のジェット機と同じ速度で飛ばなければならなかったのである。しかもそうした不合理な実態にもかかわらず、運賃は普通のファーストクラス運賃（Fクラス）よりも高い特別運賃（Rクラス）が適用されていた。そんな調子だから、やっぱりこの試みも長続きせずに終わってしまった。

コンコルドもTu-144も今では完全に引退し、各地で博物館の展示物となって余生を送っている。

（注）カザフスタン共和国の首都は1998年に遷都され、現在はアスタナという都市である。

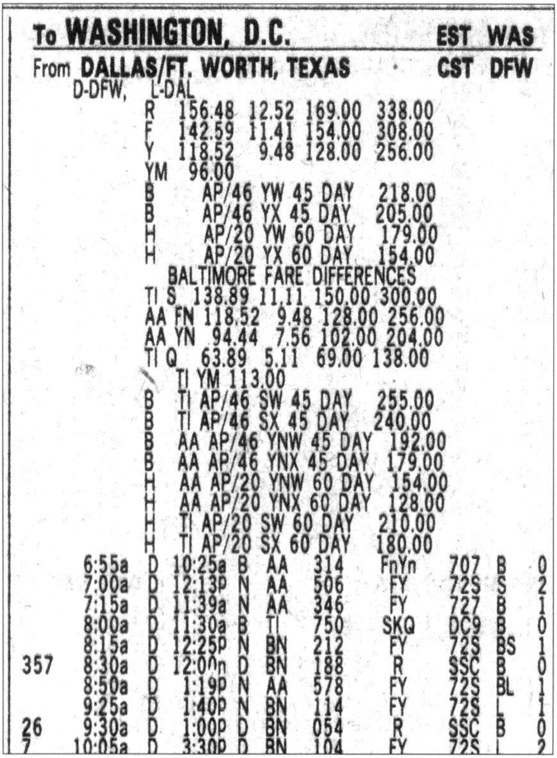

To WASHINGTON, D.C. EST WAS
From DALLAS/FT. WORTH, TEXAS • CST DFW
D-DFW, L-DAL
R 156.48 12.52 169.00 338.00
F 142.59 11.41 154.00 308.00
Y 118.52 9.48 128.00 256.00
YM 96.00
B AP/46 YW 45 DAY 218.00
B AP/46 YX 45 DAY 205.00
H AP/20 YW 60 DAY 179.00
H AP/20 YX 60 DAY 154.00
BALTIMORE FARE DIFFERENCES
TI S 138.89 11.11 150.00 300.00
AA FN 118.52 9.48 128.00 256.00
AA YN 94.44 7.56 102.00 204.00
TI Q 63.89 5.11 69.00 138.00
TI YM 113.00
B TI AP/46 SW 45 DAY 255.00
B TI AP/46 SX 45 DAY 240.00
B AA AP/46 YNW 45 DAY 192.00
B AA AP/46 YNX 45 DAY 179.00
H AA AP/20 YNW 60 DAY 154.00
H AA AP/20 YNX 60 DAY 128.00
H TI AP/20 SW 60 DAY 210.00
H TI AP/20 SX 60 DAY 180.00

	6:55a	D	10:25a	B	AA	314	FnYn	707	B	0
	7:00a	D	12:13P	N	AA	506	FY	72S	S	2
	7:15a	D	11:39a	N	AA	346	FY	727	B	1
	8:00a	D	11:30a	B	TI	750	SKQ	DC9	B	0
	8:15a	D	12:25P	N	BN	212	FY	72S	BS	1
357	8:30a	D	12:00n	D	BN	188	R	SSC	B	0
	8:50a	D	1:19P	N	AA	578	FY	72S	BL	1
	9:25a	D	1:40P	N	BN	114	FY	72S	L	1
26	9:30a	D	1:00P	D	BN	054	R	SSC	B	0
7	10:05a	D	3:30P	D	BN	104	FY	72S	L	2

コンコルド（SSC）が飛ぶダラス～ワシントン間時刻表
（1979年4月のOAG北米版より）

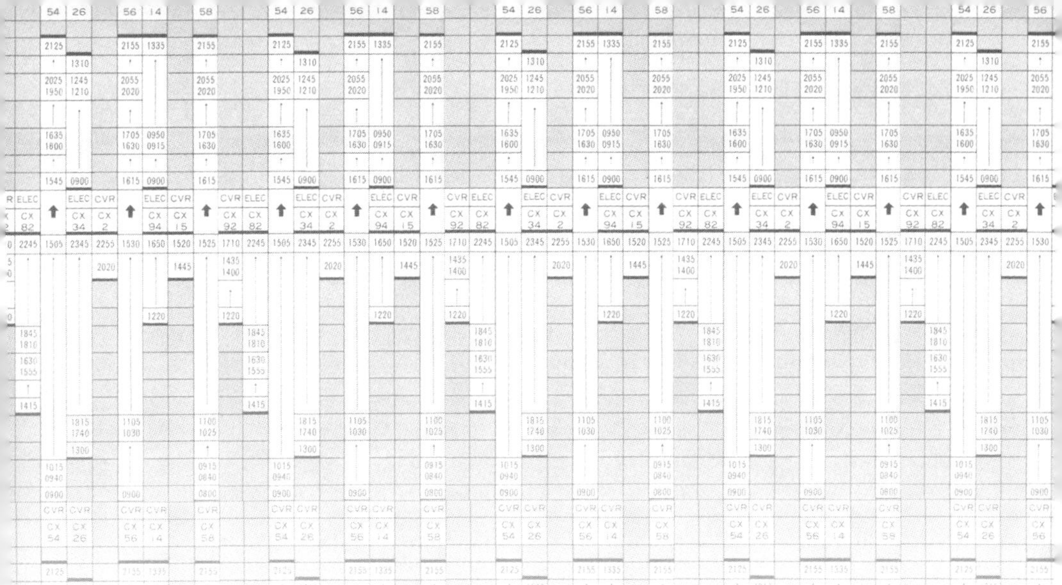

第二章　ヨーロッパ

破壊の暗闇から
“対立と絆の時代”の夜明けへ

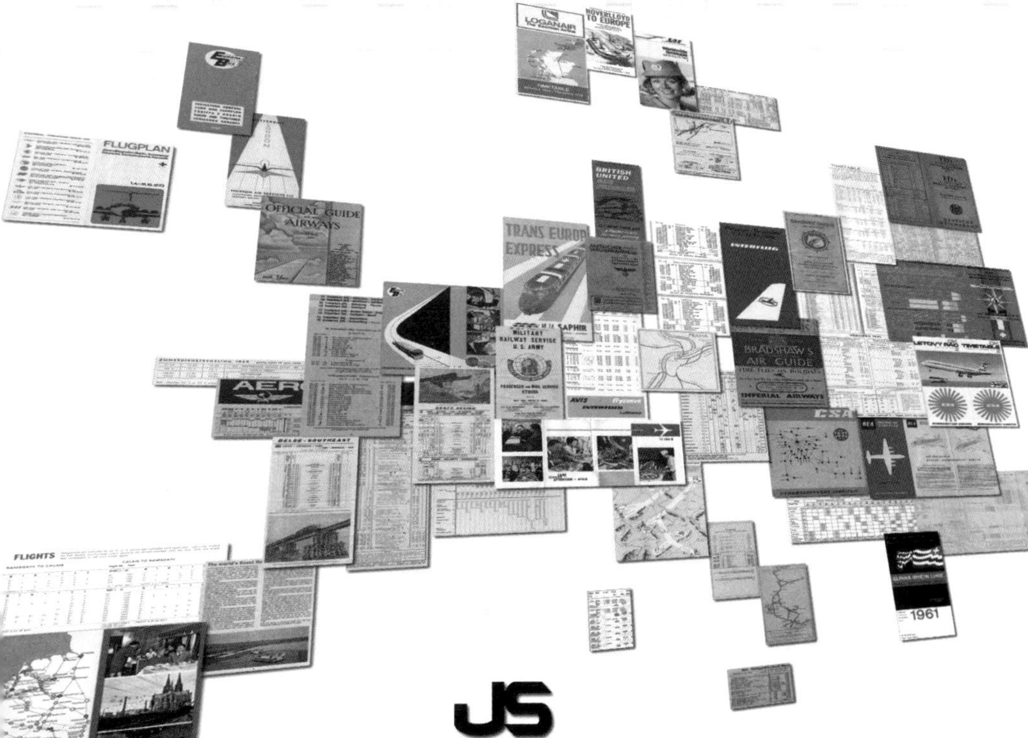

JS
JIKOKUHYO SEKAISHI

ドイツの鉄道技術は蒸気機関車全盛時代に
時速160キロをマーク

ハンブルク〜ベルリン
(1936年)

第一号は「空飛ぶハンブルク人」?

日本は戦前から鉄道が非常に発達した国であったが、欧米と比べてある決定的な違いがあり、これが長らく鉄道の発展の上で制約となってきた。その違いとは、レールとレールの間隔、つまり「軌間」(ゲージ) である。欧米の鉄道は、ほとんどが「標準軌」と呼ばれる1435ミリ幅のゲージを採用しており、これは日本の新幹線と同じである。しかし、日本の在来線は、これよりもさらに狭い1067ミリ幅の「狭軌」が採用され、今に至っている。

日本で狭軌が採用された経緯には様々な見方があるが、狭い上に地形が複雑な島国には、スペースをより節約できる上、軽量のレールを使える狭軌が丁度良いと判断されたということが理解しやすい説である。そうしたメリットの一方で、標準軌に比べて狭軌は小振りな造りであるが故に、車両のサイズやスピードにはおのずと制約が生じる。

こうした制約を打ち破るために、日本では戦前に狭軌を標準軌に広げる「改軌」が何度も議論されてきたが、その都度、予算などの理由から見送られてきた。そこで、「スピードアップ」に関しては、戦後になって新幹線が登場するまでは、日本よりも海外の方が華々しい成果を上げていたのだった。

スピードアップのためには何をすれば良いか? 図体の大きい蒸気機関車で重い客車を何両も牽くような列車が不利なことは想像に難くない。ではそれと対極にある列車とは? その答えを出したのはナチス時代のドイツだった。動力にはより小型で高出力を出せるディーゼル機関を使用。車両の形状はなめらかな流線型。編成は短くして重量を抑える。当時のドイツ国鉄は、こんな高速ディーゼル車両による特急列車の運行に力を入れ、都市間輸送の質の改善を図ったのである。

1933年5月から、ハンブルク〜ベルリン間にディーゼル特急が登場。この列車は途中ノンストップの2時間18分で、ドイツの政治の中心地と北海に近い商業都市を結び、"Fliegender Hamburger"――「フリーゲンダー・ハンブルガー」という愛称で呼ばれた。(“Der fliegende Holländer”というと、ワーグナーの有名なオペラの題名『さまよえるオランダ人』となるが、さすがに「さまよう」というのはこの場合適切ではないだろう。「飛んでいくもの」「急性の」ということから、「ハンブルク超特急」とでも意訳するのが適当か)

フリーゲンダー・ハンブルガーは、濃淡の茶色で塗り分けられた、2両一組の流線型の小振りな車両。設備は2等車と荷物スペースだけで構成されており、決して豪華ではないのだが、時速160キロという最高速度は今までにない性能だった。所要時間と距離から計算すると、ベルリン〜ハンブルク間の平均時速は約125キロとなる。ちなみに、JR在来線特急の速いものでも平均時速100キロ程度であるから、平均時速125キロというのは今日からみても相当なものだ。

ちなみに、こうしたディーゼル特急は、のちに列車番号に「FDt」という記号が付けられた。「FD」はドイツ語で長距離急行列車(Fernschnellzug)を表す記号。「t」は、動力車

FD 2
verkehrt nur an Werktagen
(Schnelltriebwagen)
Berlin - Hamburg - Altona
2. Klasse
beschränkte Personenzahl und beschränkte Gepäckbeförderung, Wirtschaftsbetrieb

km			FD 2	
	Insterburg	ab	21.38	
	Königsberg (Pr.) Hbf.	„	22.46	
	Berlin Schles. Bf.	an	7.40	
	Warschau	ab	22.50	
	Posen	„	3.51	
	Frankfurt (Oder)	„	8.10	
	Berlin Schles. Bf.	an	9.23	
	Beuthen (Oberschl.) Hbf.	ab	21.00	
	Gleiwitz	„	21.34	
	Oppeln	„	22.46	
	Breslau Hbf.	„	0.10	
	Berlin Friedrichstr.	an	7.10	
	Dresden Hbf.	ab	7.00	
	Berlin Anh. Bf.	an	9.38	
0,0	Berlin Lehrt. Bf.	ab	11.00	
286,8	Hamburg Hbf.	an	13.18	★
288,2	Hamburg Dammtor	„	13.26	
293,2	Altona Hbf.	„	13.37	
	Hamburg Hbf.	ab	14.49	13.46
	Bremen Hbf.	an	16.12	15.34
	Hamburg Hbf.	ab	15.42	
	Lübeck	an	16.48	
	Hamburg Hbf.	ab	14.44	
	Kiel Hbf.	an	15.27	
	Flensburg	an	16.00	
	Hamburg Hbf.	ab	15.05	
	Itzehoe	an	16.47	
	Westerland (Sylt)	an	21.30	

★ Falls an Stelle des Schnelltriebwagens ein Dampfzug verkehrt, Ankunft Hamburg Hbf 13.29, Hamburg Dammtor 13.37, Altona Hbf 13.48

4

FD1
(Schnelltriebwagen)
ALTONA-HAMBURG-BERLIN
(Seite 2)
★
FD2
(Schnelltriebwagen)
BERLIN-HAMBURG-ALTONA
(Seite 4)
WINTER 1933/34
8. Oktober 1933 bis 14. Mai 1934
DEUTSCHE REICHSBAHN

“フリーゲンダー・ハンブルガー”登場直後の時刻表
【1933年 ドイツ帝国鉄道】

を意味する“triebwagen”の頭文字である。

日本の高速列車の源流

以降、ドイツでは同様のディーゼル列車が増備され、ハンブルク～ベルリン間のほか、フランクフルト～ベルリン／ケルン～ベルリン／ミュンヘン～ベルリンといった高速都市間連絡特急網が広がった。当時、ドイツ国鉄中央観光局が発行した主要列車時刻表の表紙や各種宣伝パンフレットには疾走するディーゼル特急が描かれ、同じ頃に整備が進められていた高速自動車道路網である「アウトバーン」とともに、ドイツの技術的先進性と時代の先端を走る交通網整備の象徴として広く宣伝された。

このシリーズの列車は、第二次大戦が始まると残念ながら運行が中止されてしまった。しかし、その技術自体は、戦後の 1957 年の夏ダイヤから欧州各地を結んで活躍したディーゼル特急・TEE（Trans Europ Express）の基礎にもなったのである。なお、戦前の高速ディーゼル列車が残したもうひとつの遺産――それは、ビジネスを意識したダイヤ編成というコンセプトである。例えば 1936 年の時刻表によると、ケルンを朝 7 時に出発し、昼前の 11 時 49 分ハンブルク着。帰りは、19 時 36 分にハンブルクを出てケルンには日付が替わった 0 時 23 分着というダイヤだった。これも TEE に受け継がれた思想のひとつである。

スピードアップとは長らく縁の薄かった日本の鉄道であるが、欧米の高速列車の成功を間近に見た関係者の手により、1950 年代からようやく本格的に高速化への成果が見え始める。ビジネス特急「こだま」号や全国に広がるディーゼル急行網が実現。そして遂には新幹線として世界の頂点にまで到達したのである。以降は新幹線に刺激されて、逆に海外の各国が高速列車の導入に躍起になるのだが、その源流を探ると実は戦前のヨーロッパに行き着くということを、今日も出張で・旅行で当たり前のように新幹線を使っているアナタはご存知でしたか？

IV. Lübeck / Hamburg — Westphalia — Rhineland

						FDt ▬							FDt								
21.10	5.06	...	w12.09	w 8.29	12.31	w15.25	18.15	18.15	20.43	dep.	Flensburg	arr.	w17.00	11.26	w18.17	w18.17	20.39	0.16	7.30	w 9.42	w9.42
22.45	6.00	...	w13.16	w 9.36	14.27	17.03	19.34	19.34	21.49	dep.	Kiel	arr.	15.09	10.24	w17.07	w17.07	19.31	23.25	2.00	8.39	8.39
...	5.50	w7.00	13.35	w10.35	w15.25	18.50	20.20	21.36	22.50	dep.	Lübeck	arr.	13.44	9.46	w14.58	16.51	19.06	22.08	0.35	7.18	7.54
1.2.3	1.2.3	1.2.3	1.2.3	1.2.3	1.2.3	2	1.2.3	1.2.3	1.2.3		class	class	2	1.2.3	1.2.3	1.2.3	1.2.3	1.2.3	1.2.3	1.2.3	1.2.3
✕	✕		✕	✕	✕	🍷 ▬	🍷 🛏	🍷 🛏	🍷 🛏				🍷 ▬	🍷 🛏	✕	✕	✕	✕	✕	🍷 🛏	🍷 🛏
5.50	7.48		14.52	11.28	16.23	19.36	21.08	22.38	23.35	dep.	Altona Hbf.	arr.	11.49	8.32	14.28	15.26	17.59	21.31	23.30	6.16	7.00
6.09	8.07	←	15.12	11.51	16.45	19.51	21.31	23.00	23.58	dep.	Hamburg Hbf.	arr.	11.35	8.11	14.06	15.07	17.37	21.09	23.08	5.44	6.37
7.34	9.36	...	16.32	13.20	18.15	20.49	via Hannover	0.42	1.36	arr.	Bremen Hbf.	dep.	10.36	via Hannover	12.37	13.51	16.10	19.41	21.46	4.04	5.07
8.57	11.11	...	17.50	14.57	19.47	21.53		2.37	3.27	arr.	Osnabrück Hbf.	dep.	9.33		11.05	12.30	14.39	18.07	20.23	2.10	3.28
10.05	11.40	...	19.34	15.45	22.40	22.40		4.59	4.59	dep.	Osnabrück Hbf.	arr.	9.16		9.16	11.44	14.34	16.39	19.44	23.38	23.38
11.11	13.24	...	20.50	16.35	23.57	23.57		6.15	6.15	arr.	Bad Oeynhausen	dep.	7.57		7.57	10.28	12.33	15.20	18.45	22.27	22.27
9.36	11.53	...	18.27	15.38	20.31	22.21		3.37	4.17	arr.	Münster (Westf.)	dep.	9.04		10.23	11.23	13.56	17.24	19.41	1.00	2.39
10.20	12.24	↓	19.14	16.21	21.10	22.43	2.06	4.18	w5.35	arr.	Hamm (Westf.)	dep.	8.42	3.29	9.32	→	13.25	16.35	c18.55	0.24	1.21
11.03		13.01		16.50	22.03	23.02	...	4.56	w6.27	arr.	Dortmund Hbf.	dep.	8.23	2.48	9.16	12.52	↑	w 15.41	c18.14	23.42	0.44
10.16				16.32	21.18	▬	●		5.13	arr.	Recklinghausen Hbf.	dep.	▬	●	9.31	↑		16.29	18.57	↑	1.46
10.40		↓		17.01	...	...		↓	5.48	arr.	Essen-Altenessen	dep.			↑			16.00	18.30		1.12
b11.27		13.22		b17.25	...	b 23.32	...	5.22	gw6.57	arr.	Bochum	dep.		...	b 8.44	12.32		b14.50	gc17.57	23.22	g 0.20
a11.01		13.34		b17.42	21.51	23.25	...	5.40	↓	arr.	Essen Hbf.	dep.	8.00	...	8.58	12.18		...	gc17.44	23.09	...
11.00	↓	13.54	↓	17.23	22.16	23.42	...	6.08	6.12	arr.	Duisburg Hbf.	dep.	7.45	...	8.31	11.51		15.39	18.11	22.46	0.48
g11.02	13.09		20.00	g17.19	g22.01	g23.15	2.48	5.15	wg7.13	arr.	Hagen (Westf.)	dep.	g8.09	2.48	g 8.38	↑	12.35	g15.38	gc18.04	23.28	g 0.09
g11.37	13.42	↓	20.36	g18.00	g22.39	g23.34	3.18	5.54	wg7.53	arr.	Wuppertal-Elberfeld	dep.	g7.51	2.24	g 7.56		12.04	g15.00	gc17.41	22.54	g23.37
11.20		14.25		17.46	22.39	23.57	...	↓	6.34	arr.	Düsseldorf Hbf.	dep.	7.26	...	8.11	11.19	...	15.18	17.52	22.20	0.25
d12.30		d14.37		d18.37	23.14	d 0.50	...	d 7.04	d 7.04	arr.	M. Gladbach	dep.	d 6.55	...	d 7.41	d 11.08	↑	d 14.50	dc16.49	d 21.57	d23.26
d14.18	↓	d15.41	↓	20.22	0.15	...	...	d 8.06	d 8.06	arr.	Aachen Hbf.	dep.	...	...	6.31	d10.08		d 13.53	dc16.03	d 20.51	21.53
11.54	14.22		21.30	18.24	23.24	0.23	3.57	6.42	7.15	arr.	Köln Hbf.	dep.	7.00	1.45	7.26	→	11.20	14.42	17.17	22.08	23.45
12.34	15.00	↓	22.40	19.13	23.45	1.02	4.01	8.08	8.08	dep.	Köln Hbf.	arr.	6.00	1.43	6.00		9.28	13.58	k17.04	c21.33	23.33
13.40	15.55		23.47	20.16	1.12	2.04	4.55	9.03	9.03	arr.	Aachen Hbf.	dep.	5.02	0.52	5.02		8.18	13.04	k16.07	c20.42	22.06
12.18	15.07	21.56	h21.40	19.03	23.40	1.25	5.30	6.53	8.32	dep.	Köln Hbf.	arr.	6.24	0.56	7.12	11.00	10.35	13.36	16.53	21.25	23.28
13.26	15.51	23.05		19.49		2.41	6.49	7.37	9.17	arr.	Remagen	dep.		23.44	5.58	↑	9.22	12.47	16.07	20.22	22.41
14.25	16.30	23.26	↓	20.52	↓	...	7.22	8.11	9.44	arr.	Bad Neuenahr	dep.	..	22.11	...		8.59	12.20	15.18	19.48	22.11
c13.22	16.21	...	h22.52	20.24	0.51	3.35	7.44	8.10	9.51	arr.	Koblenz	dep.	5.08	22.50	5.12	9.40	...	12.16	15.57	20.25	22.08
14.52	16.37	...	23.58	20.33	4.38	4.38	8.33	8.33	10.47	dep.	Koblenz	arr.	...	21.32	5.08	8.54	...	11.38	15.31	19.32	21.32
15.20	17.05	...	0.29	20.59	5.11	5.11	9.02	9.02	11.12	arr.	Bad Ems	dep.	...	21.05	4.30	8.23	...	11.10	15.01	19.03	21.05

a via Gelsenkirchen. b via Dortmund Hbf. c 1st and 2nd class only. d via Duisburg. g via Hamm. h 18./19. XII. 36, to 10./11. I. 37 only. k till 3. IV. 37 only. ● Nord-Express. ▬ Long-distance express rail-motor coaches with limited accommodation for passengers and luggage.

ハンブルク～ケルン間のディーゼル特急が掲載された時刻表（表紙はカラーページ参照）
【1936 年冬季　ドイツ帝国鉄道】

美しき「モルダウ駅」に秘められた
哀しみのストーリー

ベルリン〜プラハ

(1943年)

プラハに存在した幻の駅

合唱曲として有名な『モルダウの流れ』。これはもともと、チェコの作曲家・スメタナによる連作交響詩『わが祖国』の第2曲のメロディーであることを音楽の授業で習った方も多いのではないだろうか？　『わが祖国』というだけに、チェコの自然や歴史を壮大に謳いあげた6曲から成る作品集なのであるが、この第2曲は、モルダウ川の上流で水がチョロチョロと流れ始める場面に始まり、やがて川幅を広げて村々をうるおしながら中流へ、そして渦が逆巻く急流を通ってプラハの市街に至り、壮麗な古城の城壁を川面に映しながら彼方のエルベ川に向かって堂々と流れていく様を描写した音楽である。

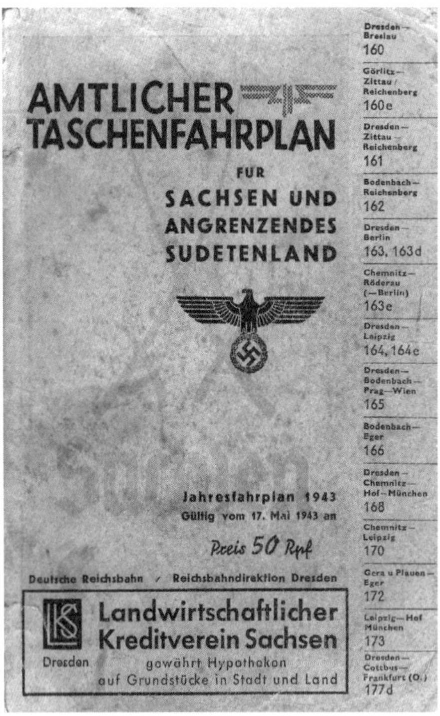

ザクセン地方を中心とした公式小型時刻表
【1943年5月　ドイツ帝国鉄道】

しかし､ちょっと注意が必要だ。「モルダウ川」とはドイツ語での呼称。もしもいま､チェコに行ったのならば「ヴルタヴァ川」と呼ぶべき。なぜ音楽で「モルダウ」がまかり通ることになったのか？　チェコは1918年まで、ドイツ語を公用語とするオーストリア・ハンガリー帝国の領土だったという背景、そしてまた、クラシック音楽は一般にドイツ語が幅を利かせている分野であることが影響し、今ほどは現地語尊重の風潮が無かった時代に「モルダウ」で根付いてしまったのではないだろうか。

ヴルタヴァ川が貫流するプラハの中心部には、その名も「プラハ・ヴルタヴァ駅」がかつて存在した。現在では既に消滅してしまった駅のため、日本ではほとんど知られていないだろう。所在地はその名のとおり、旧市街に近いプラハ中心部のヴルタヴァ川沿いで、今日も現役の「プラハ・マサリク駅」の北方ほど近い場所。しかし、ヴルタヴァ駅の存在が幻なのは廃駅だからというだけではなく、その名称が過去の歴史の中のわずかな期間しか使われていなかったということも一因である。

戦前最後のオリンピック・1936年のベルリン大会が終わると、ヒトラー率いるナチス・ドイツは欧州の覇権に向けて急速に勢力を拡大する。1938年3月、オーストリアを併合。引き続いて10月には、ドイツとチェコスロバキア国境地帯の「ズデーテン地方」を併合したのを契機に、翌年3月にはプラハへと進撃した。チェコのボヘミア地方とモラビア地方はナチス・ドイツの保護領となり、スロバキアは独立。ここにチェコスロバキア共和国は消滅の憂き目をみる。ヴルタヴァ駅という名称は、ナチス・ドイツがこの地域を支配していた大戦中の6年間にのみ使われていたのである。

支配体制とともに変化した流転の駅名たち

ここに、ヴルタヴァ駅が現役時代の時刻表がある。発行されたのは1943年5月。当時のプラハはチェコスロバキア共和国の首都ではなく、ドイツの保護領であるボヘミア地方の中心都市という位置づけだった。ナチス・ドイツの保護領になった地域の鉄道時刻は、ドイツ国鉄ドレスデン鉄道管理局の管轄地域（ドイツ東部のザクセン州およびズデーテン地方）の路線が掲載された時刻表の巻末にも掲載されることとなった。それは、戦前から戦中にかけて日本で発行された時刻表に、朝鮮や台湾・満州の時刻が載っていたのと同じような理屈である。ナチスの鉤十字が表紙を飾るこの時刻表は、保護領内の鉄道については読者の便宜を図り、駅名はドイツ語とチェコ語の両方で記載されていた。したがって、ヴルタヴァ駅については「モルダウ駅」との名称も併記されている。駅名は美しいが、その改称の背景となった歴史はなんとも悲しいことか……。

ヴルタヴァ駅は、1875年にオーストリア北西鉄道の駅として開業した。チェコスロバキアの独立後はフランスの歴史家である“Ernest Denis”にちなんで「デニス駅」と呼ばれた時代もあったが、ナチス時代を経て1950年代以降、チェコスロバキアが共産党政権による一党支配の時代になると所在地の地名である「テシュノウ駅」と改称され、1972年に廃止された。しかしその生涯は地味なもので、長距離の国際急行が発着するような華やかな駅ではなく、ローカル列車の発着が主体だった。プラハの駅の中で、時代を通じて国際優等列車で賑わっているのは、アール・ヌーヴォー様式の特異な外観をもつプラハ本駅。マサリク駅はどちらかというと近距離の列車が発着するが、出来た当時はベルリンやドレスデンからの鉄道路線の発着する幹線の駅であった。

なお、ヴルタヴァ駅に限らず、これらプラハの他の駅もめまぐるしく名称が変遷している。それは、オーストリア・ハンガリー帝国に始まり、チェコスロバキアとしての独立→ナチスによる支配と解放→共産党一党独裁時代→東欧革命を経た今日というように、プラハが近現代にいかに多くの支配体制を経てきたかの証でもある。

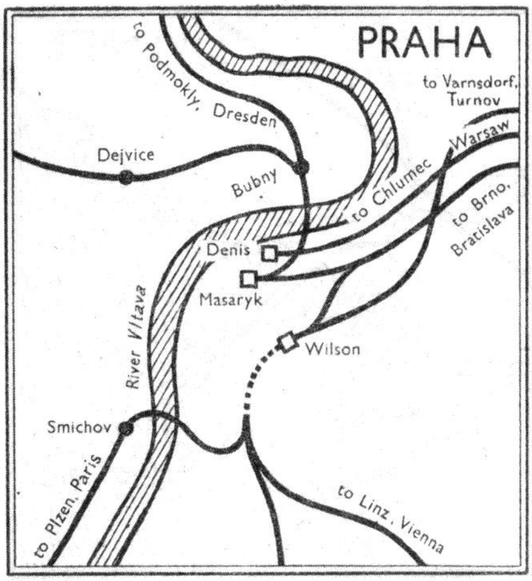

大戦終結直後のプラハの駅
（トーマス・クック時刻表1949年3月号より）

プラハの駅名の変遷			
独立前	フランツ・ヨーゼフ駅	プラハ駅→国立駅	北西駅
独立後	ウィルソン駅	マサリク駅	デニス駅
ナチス時代	中央駅	ヒベルニィ駅	ヴルタヴァ駅
解放後	ウィルソン駅	マサリク駅	デニス駅
共産党時代	プラハ本駅	中央駅	テシュノウ駅
現在	プラハ本駅	マサリク駅	（廃止）

プラハ本駅の“ウィルソン”とはアメリカ大統領のこと。ちょっと意外な由来だ。また、「本駅」と「中央駅」はどう違うのだろうか？　日本語にすると紛らわしいが、当時のトーマス・クックの時刻表では、それぞれ「Main」「Centre」と訳されている。

時刻表には随所に戦争の影響が

では、ナチス時代の時刻表の内部に目を移してみよう。誌面からは、戦前の一時期を彩った長距離ディーゼル特急などの姿は消え、戦時中故の特殊な記述が随所にある。例えば、『Erst siegen - dann reisen !』（まず勝利――旅はそれから）という標語や、巻末には空襲警報発令時の対応方の告知が掲載され、厳しさを増す戦時生活がうかがえる。ちなみに、プラハはドイツ本来の領土ではなかったため、ドイツの諸都市が受けたほどの激しい爆撃は行われなかった。しかしそれとは対照的に、この時刻表の発行元の鉄道管理局のあるドレスデンは、大戦終了間近の1945年2月に連合軍の無差別爆撃を受け、今に至るまで語り継がれる壊滅的な被害を蒙ったのである。

そして、なんといっても戦時中の特殊な事情を物語るのが、列車番号に付与された「mW」という記号（mit Wehrmachtzugtell - ドイツ国防軍用車両連結）など。プラハに発着する列車の中にも、ベルリン～ドレスデン～プラハ間の急行、DmW64列車がある。この区間は幹線であり、他にもベルリン～ドレスデン～プラハ～ウィーン間に昼行・夜行それぞれ一往復の急行や、ベルリン～ドレスデン～プラハ～ブダペスト間に夜行急行が一往復走っていた。ちなみに、プラハでこれらの列車が発着するのはヒベルニィ駅で、ベルリン～プラハの所要時間は大体7～8時間だった。

なお、前述のような保護領を通過する列車については特別な取扱があった。時刻表の注意書きによると以下のようなものである。

『ボヘミア・モラヴィア保護領に発着する旅行の際の越境は、必要な越境書類（証明写真付きのパスポートまたは通過許可証）か、規定の越境証の形式に沿った特別な許可証を所持する者のみにしか許されません。ボヘミア・モラヴィア保護領を「通過」するトランジットのために、列車によっては「通過許可証不携帯旅行者」のための専用車両が導入されており、それらの列車は時刻表内に記載されています。』

実際、ベルリン発ウィーン行きの列車には、こうした車両が連結されていることが記号（■）で示されている。当時のオーストリアはドイツ領だったから、この列車は一部区間だけ保護領を通るものの、実質は国内列車と言ってもよかった。今日でもヨーロッパには、国内列車なのに一部の区間だけ他の国を走るという特殊な列車があり、「回廊列車」と呼ばれているが、その戦時中版というべき列車である。

その後のチェコは、ナチス・ドイツの保護領だった領土が1945年5月に解放され、ボヘミア・モラビアとスロバキアが統合してチェコスロバキア共和国が成立。鉄道も再び独立国の立場を取り戻した。戦後のチェコスロバキアは、東西対立という構図の中に位置しながらも、東側諸国の中では1・2位を争う工業国として鉄道も繁栄する。ベルリン～ドレスデン～プラハ～ウィーン間には、東欧のTEEともいうべき国際ディーゼル特急「ヴィンドボナ」号が走り、6時間でベルリン～プラハを結んでいた。

そうした先進性は2005年以降、“ペンドリーノ”（振り子）高速電車「スーパーシティ」がチェコ国内や近隣国際線へ導入されたことに表れているように、今日も健在のようだ。ちなみに、プラハ～ウィーン間を走る「スーパーシティ」の一本には、連作交響詩『わが祖国』の作曲家・スメタナの名が冠されている。ヴルタヴァ駅は苦難の時代の産物であったが、その清らかな流れを音に紡いだ作曲家の名前は、チェコの看板列車の愛称として末永く記念されることであろう。

502 Königgrätz–Groß Woss

km	ED Königgrätz, Prag	Zug Nr / Klasse	802 2. 3.	814 2. 3.	26 2. 3.	804 2. 3.	
0,0	**Königgrätz** Hradec Králové 503. 503 e	ab	2.03	4.55	**6.35**	6.50	..
1,6	Kuklen Kukleny					6.55	..
7,1	Reisig Praskačka		2.13	5.04		7.04	..
10,1	Lhota (Libtschan) Lhota p Libčany			5.09		7.10	..
13,0	Dobschenitz Dobřenice		2.22	5.17		7.20	..
—	Kratenau Kratonohy					7.26	..
19,8	Karanitz Káranice	↓	2.36	5.25		7.32	..
27,9	**Chlumetz** (Zidlina) Chlumec n Cidl	an	2.45	5.34	**7.00**	7.41	..
	503 b. 503 k	ab	2.50	5.57	**7.02**	7.45	..
32,5	Schischelitz Žiželice		2.59	6.05		7.53	..
44,0	Libniewes Libněves		3.14	6.19		8.06	..
45,9	Saan Sány	↓		6.25		8.11	..
50,8	**Groß Wossek** Velký Osek 515. 515 a	an	3.26	6.35		8.21	..
		ab	3.35	...		8.30	..
58,8	Podiebrad Bad Poděbrady lázně	↓	3.50	...	**7.40**	8.44	..
66,3	Neuenburg (Elbe) Nymburk	an	4.02	...	**7.48**	8.53	..
81,2	**Lissa** (Elbe) Lysá nad Labem	an	4.33	...	**8.11**	9.20	..
110,3	**Prag-Wissotschan** Prahá-Vysočany	an	5.29	...		10.17	..
115,6	**Prag** Moldau Bf Praha Vlt n	an	5.44	...		10.33	..
115,6	**Prag** Hbf Praha hl n	an	...	...	**9.02**	...	..

nur am ersten W der Woche

下から2行目にプラハ・モルダウ駅（ヴルタヴァ駅）が掲載された時刻表
（1943年の公式小型時刻表より）

ストックホルム〜スコットランド
（1944 年）

時刻表から多くの路線が消えたヨーロッパの空

OAG の航空時刻表というものがある。全世界の航空便の時刻が掲載された冊子であるが、電話帳くらいの分量があり、通常は旅行会社の関係者くらいしか使わない。しかしこの OAG、1929 年創刊の 80 年近い歴史を誇る老舗の航空時刻表であることをご存知であろうか？ OAG とは“Official Airline Guide”の略で、先に述べた航空時刻表の元々の題名に由来している（現在、この航空時刻表は“Flight Guide”という表題で刊行されており、OAG は刊行元の社名として残っている）。

戦前からの歴史ある時刻表だけに、そのバックナンバーをめくると過去のある時代の世界の航空界の様子が手に取るように分かる。元々はアメリカの会社が“Official Aviation Guide of the Airways”という表題で発行していたものだけに、アメリカの航空会社の時刻が中心であるが、双発プロペラ機で丸々 1 日かけてアメリカ大陸横断をしていた戦前から、ジェット機で太平洋を無着陸で横断する現代まで、民間航空の変遷を辿ることができる貴重な資料だ。もちろん、80 年の歴史の中には戦争という暗い時代も経験している。手元に 1944 年 4 月に発行された同誌（表題は“Official Guide of the Airways”に改題）があるので、それを紐解いてみよう。

1944 年 4 月号は全部で 128 ページ。現在の同誌が電話帳くらいの厚さであることを考えると隔世の感だ。このうちのほとんどは北アメリカ地域の 20 あまりの航空会社の社別時刻表で、その中にはアメリカンやユナイテッドなど、現在もアメリカの巨大航空会社として残っている会社もあれば、ブラニフやウェスタンのようにのちに倒産したり吸収合併によってその名が消えてしまった会社もある。当時、この地域の航空輸送規模（旅客マイル）は全世界のなんと 7 割を占めていた。民間航空の新鋭機やパイロットが軍事輸送に徴用されていた戦時中であるが、そうであることを感じさせるような記述は意外にもほとんど見当たらず、あたかも平時と変わらない運航を行っていたように見える。

さて、北アメリカ地域の会社の次にはラテンアメリカや欧州の各社が並んでいるが、欧州の会社は KLM と ABA（スウェーデン航空）の 2 社しか掲載されていない。しかも、KLM はオランダ領のあるカリブ海地域の路線であり、本家本元のヨーロッパ地域は全く触れられていない。第二次大戦開戦直前の 1939 年 8 月号では、エールフランスやインペリアル航空など 11 社におよぶヨーロッパの主要な航空会社が掲載されていたが、それらはことごとく誌面から姿を消していた。そりゃそうだ。当時はナチス・ドイツが欧州の多くの地域を支配しており、オランダも 1940 年 5 月にナチスに攻め込まれ、ロンドンに亡命政府があるような状態だった。ヨーロッパ各国の航空会社は運航を停止せざるを得なかったか、または限られたルートで戦略的に重要な輸送だけを担っていたため、時刻表を一般に発表する意義が薄れたのであろう（アメリカの出版社が原稿を集めることも困難だったという理由もあるだろう）。

当時の運航例をいくつか挙げよう。KLM の場合、オランダ領東インド（現在のインドネシア）が存在したため、第二次大戦開戦から日本による植民地占領まで、アムステルダム〜バタビア（ジャカルタ）線は、ヨーロッパ域内は運休となったものの、パレスチナのリッダとバタビア間で運航を続けた。イギリスのインペリアル航空は、イギリス本国から地中海を経由する区間が飛行できなくなったため、なんと、南アフリカ東岸のダーバンから、中東を経由してオーストラリアへ至る“horseshoe”（馬蹄）ルートを運航し、英連邦の連絡を保ったのである。

戦乱の空を飛んだ撃墜覚悟の定期便

スウェーデン航空が、当時のヨーロッパの主要航空会社としては事実上一社だけ誌面に残ったのは、スウェーデンがヨーロッパで貴重な中立を

A.B. AEROTRANSPORT
ABA-SWEDISH AIR LINES

ABA

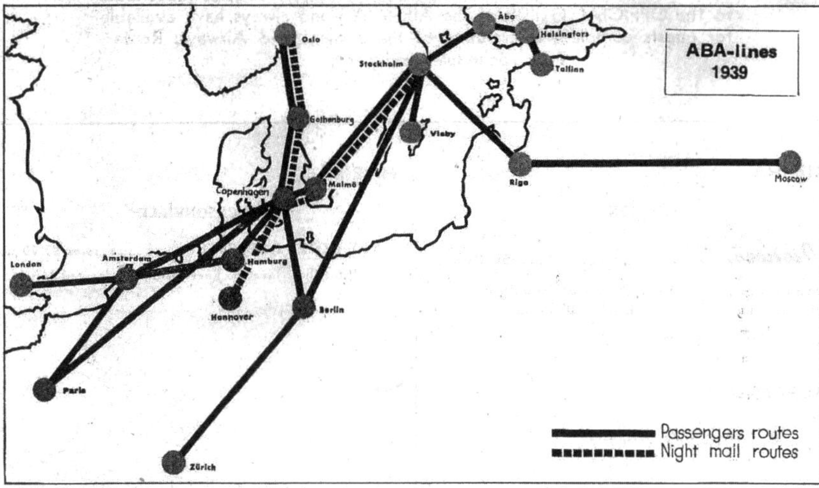

HEAD OFFICE: A/B AEROTRANSPORT, Kungsholmstorg 1, Stockholm
CABLE ADDRESS: Namrolf, Stockholm
LONDON OFFICE: A/B Aerotransport, 63 New Cavendish Street, W. I.
NEW YORK OFFICE: A/B Aerotransport, 630 Fifth Avenue

AGENTS IN UNITED STATES

American Airlines, Inc.
Transcontinental & Western Air, Inc.
United Air Lines.

Pan American Airways.
Swedish Travel Information Bureau, 630 Fifth Avenue, New York.

Sweden-United Kingdom

Service operating on confidential schedules.

Fares: Passengers £35.0.0., excess baggage and freight 10/– pro kilo.

MOSCOW AIR EXPRESS
Stockholm-Riga-Velikije Luki-Moscow

	401	
Services Suspended	Lv STOCKHOLM..............Ar	Services Suspended
	Ar RIGA..............Lv	
	Lv RIGA..............Ar	
	Ar VELIKIJE LUKI..............Lv	
	Lv VELIKIJE LUKI..............Ar	
	Ar MOSCOW..............Lv	

Stockholm-Malmo-Copenhagen-Amsterdam-Brussels-Paris

	402	
Services Suspended	Lv STOCKHOLM..............Ar	Services Suspended
	Ar MALMO..............Lv	
	Lv MALMO..............Ar	
	Ar COPENHAGEN..............Lv	
	Lv COPENHAGEN..............Ar	
	Ar AMSTERDAM..............Lv	
	Lv AMSTERDAM..............Ar	
	Ar BRUSSELS..............Lv	
	Lv BRUSSELS..............Ar	
	Ar PARIS..............Lv	

GENERAL INFORMATION

EQUIPMENT—Douglas DC-3 with stewards
Junkers Ju 52

BAGGAGE—33 lbs. of baggage free. Excess baggage will be charged at a rate of ca ¾ %pr kg. of passenger fare.

CHILDREN—Children under 3 years of age 10% of standard adult tariff. Children 3 years of age or over, but under 7 years 50% of standard adult tariff. Children 7 years of age or over standard adult tariff.

MEMBERS OF INTERNATIONAL AIR TRAFFIC ASSOCIATION

OFFICIAL GUIDE OF THE AIRWAYS 97

第二次大戦中のスウェーデン航空の時刻表
（オフィシャル・ガイド・オブ・ジ・エアウェイズ　1944 年 4 月号より）

保っていたからにほかならない。周辺のデンマークもノルウェーもナチス・ドイツに占領されたし、フィンランドはソ連に支配されていた。戦時中に中立国の果たす役割は大きい。戦争当事者同士が接触する場でもあり、また、何らかの理由で交戦当事国同士の間で捕虜や外交官といった人員や物資の往来を行わなければならない場合の経由地という役割もある。そうした中立国との航空路線(船もそうだが)は、交戦当事国にとって外界との貴重な窓ともいえる。

ではそうした路線はどのような運航実態であったのか？　しかし時刻表にその答えを求めても、同社の時刻表は空欄だらけだ。ストックホルム～モスクワ線は「運休中」。ストックホルム～パリ線も「運休中」。そして唯一、スウェーデン～イギリス線のみが、『機密スケジュールにて運航』と書かれ、具体的な時刻の記載はない。

このように、戦争中に運航時刻が伏せられる例は往々にして存在する。日本でも太平洋戦争中は、青函連絡船（青森～函館）や関釜連絡船（下関～釜山）といった戦略上重要な鉄道連絡船の時刻が、『連絡船時刻ハ省略』として時刻表上から消えた時期があった。これは、敵に運航時刻を知られて待ち伏せ攻撃されることを避けるためで、航空路線についても同じことが言える。航空路線については他に、戦況や利用者（戦時中に国家間を往来するのは当然その多くがVIPだ）の事情によっては必ずしも時刻どおりの運航が出来ないという不確実性も、時刻を伏せた一因だろう。

なお、この時刻表からは読み取れないことであるが、この当時、スウェーデンとイギリスを結ぶ路線の発着地は実はロンドンではなく、スコットランドのルーカス（Leuchars）だった。ルーカスはイギリス空軍の代表的な基地のひとつとして今日でも名を知られている。

時刻を伏せ、しかも中立国の航空機による運航。これほど安心なものはない。しかも当時、スウェーデンの航空機は良く識別できるよう、胴体と翼にデカデカと「SWEDEN」と表記し、尾翼にも大きくスウェーデン国旗を描き入れていた。しかし、いくら万全の対策をとっていてもアクシデントは起きるものである。1943年8月27日、スコットランドからスウェーデンへ向っていた同社のダグラスDC-3“Gladan”号は、北海でドイツ軍戦闘機に撃墜され、搭乗者7名全員が命を落とした。大戦中のヨーロッパの危険な空では、いくら頑張って努力してもそれが無に帰する時もあったのである。同社はこのほか、10月22日にもやはりDC-3と搭乗者13名を撃墜で失っている。

ちなみに、民間機撃墜はヨーロッパだけではなく、交戦域ではどこでも起こり得たことだった。太平洋戦争開戦直前の1940年頃、中国では日本軍の戦闘機によって中国航空公司や欧亜航空公司、はてはエールフランスの香港行き国際線が撃墜されたこともある(その一方、日本のエースパイロットとして名高い坂井三郎は、1942年に日本軍の侵攻が迫るオランダ領東インドから脱出する多数の避難民を乗せたオランダの輸送機を、武士の情で撃墜せずに見逃したというエピソードを語っている)。

ところで、戦時中に中立国・スウェーデンとイギリスを結ぶ航空路はスウェーデン航空だけが運航していたわけではない。1943年、イギリスのBOAC（英国海外航空）も危険を冒してスウェーデンとの空路を開設。これに使われた機体がまた傑作だった。イギリス軍は“モスキート”という双発の高速爆撃機を持っていたが、その爆弾倉部分を改造して1名の乗客と貨物を搭載できるようにしたのである。仮に戦闘機に狙われてもその高速性を生かして逃げ切れるという想定だったが、やはりドイツ軍機による撃墜も発生しており、狭い機内に押し込められた乗客は飛行中に生きた心地がしなかったことだろう。この便は乗客のほか、新聞・雑誌などの反ナチス宣伝物を積んでストックホルムに向かい、復路はスウェーデンの良質なボールベアリングをイギリスへ持ち帰る重要な役割を果たした。

爆撃機が平和の翼に

1944年6月のノルマンディー上陸作戦以降、大陸へ反攻した連合軍は、ナチス・ドイツを追い詰め、翌年5月にヨーロッパ戦線は終結した。空には再び平和が戻り、もはや撃墜の危険にさらされることの無い安全な旅が可能となったが、その空にまず羽ばたいていたのは連合軍の爆撃機を改造した旅客機だった。ここにも中立国・スウェーデンにまつわるエピソードがある。大戦中、イギリスを基地に米軍やイギリス軍の爆撃機が連日ドイツ本土の爆撃に向ったが、故障を起こしたりドイツ軍の攻撃で損傷し、イギリスまで戻れないものがスウェーデンに不時着することがしばしばあった。スウェーデンは中立国だから、搭乗員が捕虜になることはない。スウェーデンは搭乗員を送還する一方、不時着した機体はそのまま接収したが、こうした機体が旅客機に改造の上、使用されたのである。戦時中に軍で使っていた輸送機が戦争終結を受けて民間航空機市場に大量に放出されたものの、航空需要も爆発的に復活したため、各航空会社とも機体の確保は大変であった。そんな折、とりあえずの対応ではあったが、爆撃機改造の旅客機でも機体を容易に確保できたスウェーデン航空は幸いだったと言えるだろう。

中立国と交戦当事国を結ぶ生命線だったスウェーデン～イギリス線。今日ではストックホルム～ロンドン間にエアバスが一日約15往復するビジネス路線として繁盛している。なお、スウェーデン航空はノルウェーおよびデンマークの航空会社と共同で、1946年にスカンジナビア航空を設立した。同社は世界初の北極空路を開拓するなど、先進的な試みで世界的に知られることとなった。

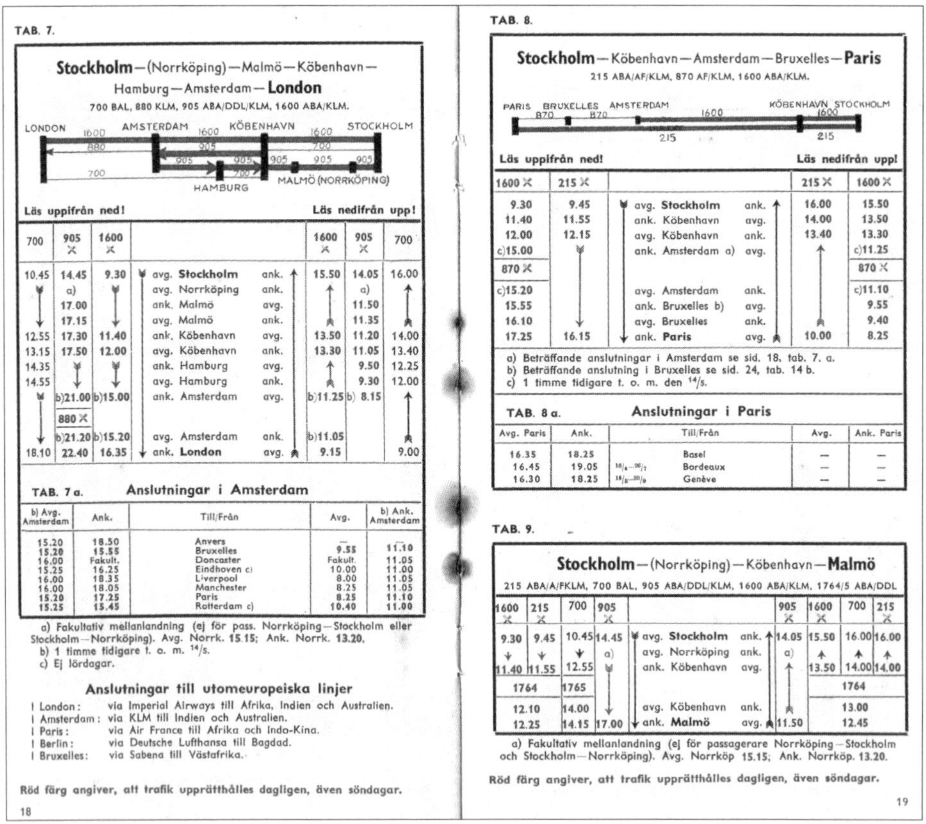
TAB. 7.

Stockholm—(Norrköping)—Malmö—København—Hamburg—Amsterdam—**London**

700 BAL, 880 KLM, 905 ABA/DDL/KLM, 1600 ABA/KLM.

Läs uppifrån ned! Läs nedifrån upp!

700	905 ✕	1600 ✕		1600 ✕	905 ✕	700
10.45	14.45	9.30	avg. **Stockholm** ank.	15.50	14.05	16.00
↓	a)	↓	avg. Norrköping ank.	↑	a)	↑
	17.00		ank. Malmö avg.		11.50	
	17.15		avg. Malmö ank.		11.35	
12.55	17.30	11.40	ank. København avg.	13.50	11.20	14.00
13.15	17.50	12.00	avg. København ank.	13.30	11.05	13.40
14.35	↓	↓	ank. Hamburg avg.	↑	9.50	12.25
14.55			avg. Hamburg ank.		9.30	12.00
↓	b)21.00	b)15.00	ank. Amsterdam avg.	b)11.25	b) 8.15	↑
	880 ✕					
	b)21.20	b)15.20	avg. Amsterdam ank.	b)11.05		
18.10	22.40	16.35	ank. **London** avg.	9.15		9.00

TAB. 7 a. **Anslutningar i Amsterdam**

b) Avg. Amsterdam	Ank.	Till/Från	Avg.	b) Ank. Amsterdam
15.20	18.50	Anvers	—	—
15.20	15.55	Bruxelles	9.55	11.10
16.00	Fakult.	Doncaster	Fakult.	11.05
15.25	16.25	Eindhoven c)	10.00	11.00
16.00	18.35	Liverpool	8.00	11.05
16.00	18.05	Manchester	8.25	11.05
15.20	17.25	Paris	8.25	11.10
15.25	15.45	Rotterdam c)	10.40	11.00

a) Fakultativ mellanlandning (ej för pass. Norrköping—Stockholm eller Stockholm—Norrköping). Avg. Norrk. 15.15; Ank. Norrk. 13.20.
b) 1 timme tidigare t. o. m. 14/s.
c) Ej lördagar.

Anslutningar till utomeuropeiska linjer

I London: via Imperial Airways till Afrika, Indien och Australien.
I Amsterdam: via KLM till Indien och Australien.
I Paris: via Air France till Afrika och Indo-Kina.
I Berlin: via Deutsche Lufthansa till Bagdad.
I Bruxelles: via Sabena till Västafrika.

Röd färg angiver, att trafik upprätthålles dagligen, även söndagar.

18

TAB. 8.

Stockholm—København—Amsterdam—Bruxelles—**Paris**

215 ABA/AF/KLM, 870 AF/KLM, 1600 ABA/KLM.

Läs uppifrån ned! Läs nedifrån upp!

1600 ✕	215 ✕		215 ✕	1600 ✕
9.30	9.45	avg. **Stockholm** ank.	16.00	15.50
11.40	11.55	ank. København avg.	14.00	13.50
12.00	12.15	avg. København ank.	13.40	13.30
c)15.00	↓	ank. Amsterdam a) avg.	↑	c)11.25
870 ✕				870 ✕
c)15.20		avg. Amsterdam ank.		c)11.10
15.55		ank. Bruxelles b) avg.		9.55
16.10		avg. Bruxelles ank.		9.40
17.25	16.15	ank. **Paris** avg.	10.00	8.25

a) Beträffande anslutningar i Amsterdam se sid. 18, tab. 7. a.
b) Beträffande anslutning i Bruxelles se sid. 24, tab. 14 b.
c) 1 timme tidigare t. o. m. den 14/s.

TAB. 8 a. **Anslutningar i Paris**

Avg. Paris	Ank.		Till/Från	Avg.	Ank. Paris
16.35	18.25		Basel	—	—
16.45	19.05	16/6—20/7	Bordeaux	—	—
16.30	18.25	15/6—30/9	Genève	—	—

TAB. 9.

Stockholm—(Norrköping)—København—**Malmö**

215 ABA/A/FKLM, 700 BAL, 905 ABA/DDL/KLM, 1600 ABA/KLM, 1764/5 ABA/DDL

1600 ✕	215 ✕	700	905 ✕		905 ✕	1600 ✕	700	215 ✕
9.30	9.45	10.45	14.45	avg. **Stockholm** ank.	14.05	15.50	16.00	16.00
↓	↓	↓	a)	avg. Norrköping ank.	a)	↑	↑	↑
11.40	11.55	12.55	↓	ank. København avg.	↑	13.50	14.00	14.00
1764		1765				1764		
12.10		14.00		avg. København ank.		13.00		
12.25		14.15	17.00	ank. **Malmö** avg.	11.50	12.45		

a) Fakultativ mellanlandning (ej för passagerare Norrköping—Stockholm och Stockholm—Norrköping). Avg. Norrköp 15.15; Ank. Norrköp. 13.20.

Röd färg angiver, att trafik upprätthålles dagligen, även söndagar.

19

大戦前・平和な時代最後のスウェーデン航空ストックホルム～ロンドン線時刻表
【1939年4月　同社発行】

アメリカ鉄道部隊 in 欧州大陸の初仕事は 自軍の爆撃の後始末から

アーヘン~ニース

(1945 年)

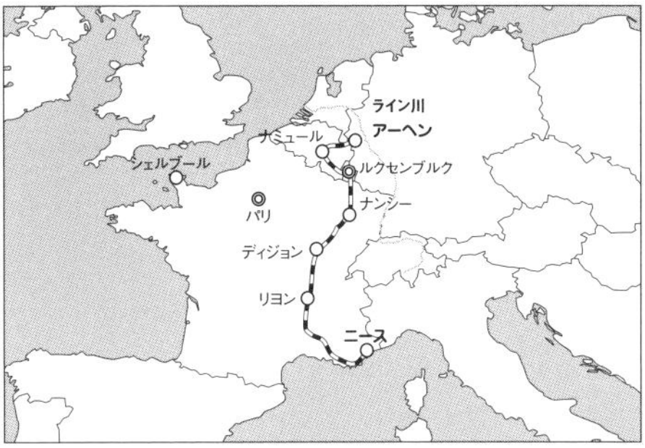

いざ、ベルリンへ!

ノルマンディー上陸作戦 ——1944 年 6 月 6 日に行われ、第二次大戦の流れを完全に連合軍に引き寄せた史上名高い作戦であるが、このプロジェクトの背後ではある部隊が大陸反攻後の活動準備に余念がなかった。それは、解放後のヨーロッパ大陸における輸送網を確保し、ベルリンに向かって引き続き進軍を続ける前線の兵士に物資を補給するための鉄道輸送を専門とする部隊だった。“Military Railway Service”(略称:MRS)と称されるこの鉄道部隊は、ノルマンディー上陸作戦が行われるよりも前からイギリスに車両や人員を大量に集積し、連合軍がヨーロッパ大陸に上陸後はただちにそれらを大陸へ持ち込んで鉄道輸送網の確立を行うこととなっていた。

いよいよ D-day(上陸作戦決行日)となりドイツ軍との間で激戦が展開。まずはノルマンディー半島(コタンタン半島)にあり、大西洋航路の寄港地としても名高かった港町・シェルブールから内陸への輸送路を整備することが最大の目標であった。ここはなかなか難攻不落で制圧に成功したのが作戦開始から 20 日後だったが、それからほどなく MRS はシェルブールの操車場の運用を開始し、大陸における鉄道輸送網確保の第一歩を印したのである。

MRS が大陸でまず目にしたものは、アメリカ軍やイギリス軍によって爆撃され、廃墟と化した駅や操車場の姿であった。車庫は崩れかけ、機関車は機銃掃射で穴だらけ。操車場には破壊され脱線した車両が溢れており、これらを撤去することから始めなければならなかった。それでも連合軍は鉄道を復旧させながら内陸へと進軍。現地にあった車両で破壊されていなかったものはその

軍用列車時刻表
【1945 年 6 月　アメリカ陸軍】

ETOUSA : Headquarters European Theater of Operations U.S. Army (米陸軍欧州作戦地域本部)

まま使い、足りない分は本国から補充した。また、線路などハードウェアの復旧のみならず、現地と協力して列車の運転や運行管理も行った。こうして8月25日には遂にパリが解放され、ここを中心として輸送網が構築されるのである。最終目標はベルリンへの進軍だ。

ところで、フランスを支配下に収め、ナチス・ドイツ本国へと駒を進めた連合軍が次に直面した課題は、ライン川をいかに渡るかということであった。当然、鉄道も通さなければならないが、戦略的に重要なライン川の橋はことごとく破壊されていてそのままでは使い物にならなかったのである。どこに橋を架けようか思案していたところ、実はまだ残っていた橋があった。それが映画『レマゲン鉄橋』で有名な「ルーデンドルフ橋」。1945年3月に連合軍はこの橋の確保に成功し、ここを整備して使おうとした。ところが喜びも束の間、ドイツ軍が爆破に失敗して傷んでいた橋はなんと自然崩落。連合軍のプランはあえなく水泡に帰したのである。

BELGE - SOUTHEAST

14 AACHEN — LUXEMBOURG — NANCY
→ LYON — MARSEILLE — NICE

(LEAVE TRAIN - TRI-WEEKLY)

READ DOWN							READ UP		
		MILITARY LEAVE Mon. Wed. Fri.	MILES				MILITARY LEAVE Mon. Wed. Fri.		
...	...	14 36	0	Lv.	AACHEN	Ar.	15 50	...	...
...	...	16 55	34	Lv.	LIÉGE-Kinkempois	Ar.	13 28	...	...
...	...	18 21	72	Ar.	NAMUR	Lv.	11 58	...	...
...	...	18 41		Lv.		Ar.	10 28	...	...
...	...	22 42	157	Ar.	ARLON	Lv.	6 50	...	...
...	...	22 57		Lv.		Ar.	6 35	...	...
...	...	23 40	174	Ar.	LUXEMBOURG	Lv.	5 50	...	...
...	...	1 10		Lv.		Ar.	4 20	...	...
...	...	1 43	196	Ar.	THIONVILLE	Lv.	3 8	...	...
...	...	1 49		Lv.		Ar.	3 2	...	...
...	...	2 50	214	Ar.	METZ	Lv.	2 5	...	...
...	...	3 »		Lv.		Ar.	0 53	...	...
...	...	4 15	252	Ar.	NANCY	Lv.	23 40	...	...
...	...	4 30		Lv.		Ar.	23 25	...	...
...	...	5 »	268	Ar.	BLAINVILLE	Lv.	22 55	...	...
...	...	5 19		Lv.		Ar.	22 35	...	...
...	...	10 38	290	Ar.	MERREY	Lv.	17 30	...	...
...	...	12 8		Lv.		Ar.	16 »	...	...
...	...	12 59	374	Ar.	CHALINDREY	Lv.	15 6	...	...
...	...	13 14		Lv.		Ar.	14 51	...	...
...	...	14 6	402	Lv.	IS-SUR-TILLE	Lv.	13 56	...	...
...	...	15 »	423	Ar.	DIJON	Lv.	12 50	...	...
...	...	15 20		Lv.		Ar.	12 30	...	...
...	...	18 50	546	Ar.	LYON-Perrache	Lv.	8 30	...	...
...	...	19 5		Lv.		Ar.	8 20	...	...
...	...	21 »	611	Ar.	VALENCE	Lv.	6 22	...	...
...	...	21 5		Lv.		Ar.	6 17	...	...
...	...	21 45	623	Ar.	LIVRON	Lv.	5 55	...	...
...	...	23 15		Lv.		Ar.	4 25	...	...
...	...	1 10	689	Ar.	AVIGNON	Lv.	2 30	...	...
...	...	1 23		Lv.		Ar.	2 18	...	...
...	...	3 40	765	Ar.	MARSEILLE	Lv.	0 5	...	...
...	...	4 »		Lv.		Ar.	23 45	...	...
...	...	5 22	807	Ar.	TOULON	Lv.	22 25	...	...
...	...	5 32		Lv.		Ar.	22 14	...	...
...	...	7 42	886	Ar.	CANNES	Lv.	20 3	...	...
...	...	7 43		Lv.		Ar.	20 2	...	...
...	...	8 30	906	Ar.	NICE	Lv.	19 20	...	...

Military Leave — 800 seats available.

First train moves across the Rhine river bridge at Wesel, Germany.

- 8 -

前ページの時刻表の内部より
アーヘン～ニース間の時刻とヴェーゼルの仮橋

ヨーロッパ戦線終結直後にMRSが発行した旅客列車および郵便列車の時刻表があるのだが、その内部にはいくつかの写真が挿入されている。写真のキャプション曰く、「(攻撃で) 吹き飛んだ立体交差を渡る米軍の機関車」「ライン川の橋を渡る最初の列車」など。この後者の写真がルーデンドルフ橋の代わりに急遽仮設された橋で、1945年4月にデュースブルクに近いヴェーゼルという街に竣工したもの。鉄骨で組み上げた橋脚に単線の橋桁を乗せた、いかにも急造といった風情であったが、ライン川を越えて列車がフランスからドイツに直接乗り入れできるということは、兵站輸送の面で大きな意味を持つものであった。

女性専用席？もあった軍用列車

ヨーロッパ戦線は1945年5月8日、ドイツの降伏によって終結。これによりMRSは前線への兵站輸送路の確保という使命からは開放されたが、大陸から去る兵士と逆に大陸に来る兵士の往来、また西ヨーロッパに駐留しているアメリカ軍の人と物資の輸送という役割がしばらくは続くこととなる。先述の時刻表には、MRSが運行していた列車の時刻が掲載されており、それらの陣容はパリ～カレー／パリ～リール／パリ～ストラスブール／パリ～ニースといったフランス国内線から、パリ～ブリュッセル／パリ～ルクセンブルク／パリ～ヴュルツブルクなど近隣諸国向けの路線まで様々である。なお第二次大戦終結時、MRSはパリを中心としてフランスの北部と東部・ベルギーとルクセンブルク・ドイツ西部の鉄道を管轄しており、これが西ヨーロッパにおけるMRSの最盛期であった。

この時刻表の内容には、戦後すぐの時期だけにいろいろと興味深い注記が多い。まず、列車種別。「急行」がほとんどであるが、中には“MILITARY”という軍専用列車があった。さらに軍専用列車には“MILITARY LEAVE”と明記された列車がある。“LEAVE”とは、軍隊で「休暇」のこと。軍人が休暇を楽しむための足ということであろう。例えば、アーヘン～ルクセンブルク～リヨン～マルセイユ～ニース間の軍用休暇列車は、アーヘンを毎週月・水・金曜の14時36分に出発し、途中2晩をかけてフランスを縦断し、出発翌々日の朝8時30分に地中海のリゾート地・ニースに着くという長旅だった。他にこうした休暇列車はパリ～ヴェルヴィエ（ベルギー）間や、リヨン～ストラスブール間などにも走っていた。中には1時間ほどの停車時間に“meal stop”と書かれているものもあり、おそらくは長い停車時間を利用して食事休憩が取られたのであろう。食堂車が備えられておらず、食糧事情が万全でなかった時代ならではの取り扱いだ。

そしてもうひとつは、ほとんどの列車に定員が明記されていること。それによると専用列車や休暇列車の定員はかなり多く、数百席単位である。リヨン～ストラスブール間の休暇列車は変わっていて、350席がアメリカ人向けで350席がフランス人向けとなっていた。また、軍用列車の中には『92席が将校／士官向け・8席がWAC（婦人部隊）と看護婦向け・100席が下士官向け』という区分がされているものもあり、婦人部隊と看護婦向けが他とは別枠になっているあたり、今日の女性専用席（女性専用車両）のようで面白い。そのほかの一般列車については大抵、数十席程度の定員しかなかった。おそらくは車両不足の折、数少ない客車やディーゼルカーで運行され、その中の一部が軍用に割り当てられていたのであろう。

MRSによって運行されていた鉄道は早くも終戦の年の秋以降、次第に各国の手に委ねられていった。しかし西ヨーロッパの鉄道の戦災の傷跡は深く、特にドイツには爆撃で屋根が抜け落ちた駅や破壊された橋がまだあちらこちらに残っている有様で、これらが完全に復興するのにはまだまだ長い時間が必要だったのである。

U. S. A. locomotives edge their woy cautiously across a blasted overhead crossing.

NORTH REGION

5 PARIS — SOISSONS — LAON — ST-QUENTIN — AULNOYE CHARLEROI -- NAMUR -- KINKEMPOIS -- PEPINSTER

READ DOWN 215 EXPRESS	243 EXPRESS	MILITARY LEAVE	MILES		READ UP MILITARY LEAVE	214 EXPRESS	244 EXPRESS
7 30	11 10	21 »	0	Lv. PARIS-Nord Ar.	12 50	15 »	19 5[illegible]
9 1	12 57	0 7		Ar. SOISSONS Lv.	9 44	13 9	18 1
			66	SOISSONS	meal stop		
9 3	12 59	0 12		Lv. SOISSONS Ar.	8 41	13 7	18 1[illegible]
9 40	13 40	1 15	88	Ar. LAON Lv.	7 41	12 25	17 34
↓	14 48	↓	0	Lv. LAON Ar.	↑	12 10	↑
	15 16		31	Ar. ST-QUENTIN Lv.		10 50	
9 43	14 5	1 37	88	Lv. LAON Ar.	7 30	12 2	17 19
10 50	15 50	3 44		Ar. HIRSON Lv.	5 32	10 30	16 16
10 53	15 55	3 55	123	Lv. HIRSON Ar.	5 27	10 26	16 13
11 45	17 1		149	Ar. AULNOYE Lv.		9 20	15 18
12 16		6 15		Ar. JEUMONT Lv.	2 55		14 50
		6 35	163	Lv. JEUMONT Ar.	...		...
...		7 31		Ar. CHARLEROI Lv.	2 11		...
...		7 51	183	Lv. CHARLEROI Ar.	1 51		...
...		8 48	206	Ar. NAMUR Lv.	0 33		...
		meal stop		NAMUR	0 13		
					22 25		
...		9 48		Lv. NAMUR Ar.			...
...		11 20		Ar. KINKEMPOIS (LEIGE) Lv.			...
...		11 55	243	Lv. KINKEMPOIS (LEIGE) Ar.	21 34		...
...		13 »	259	Ar. VERVIERS Lv.	21 »		...
...	17 24		0	Lv. AULNOYE Ar.	...	9 2	...
...	18 13	...	21	Ar. VALENCIENNE Lv.	...	8 6	...
...	18 16	...		Lv. VALENCIENNE Ar.	...	8 »	...
...	19 25	...	51	Ar. LILLE Lv.	...	7 »	...

Nos. 215 and 244 — 25 seats allocated in each direction.
Nos. 243 and 214 — 60 seats allocated in each direction.
Military Leave — 1000 seats allocated in each direction.

6 PARIS — AULNOYE — BRUXELLES

READ DOWN	107 EXPRESS	109 BELGE EXPRESS	MILES		READ UP 112 BELGE EXPRESS	124 EXPRESS	
	7 50	...	0	Lv. PARIS-Nord Ar.	...	20 »	...
...	9 26	...		Ar. CREIL Lv.	...	18 17	...
...	9 29	...	32	Lv. CREIL Ar.	...	18 14	...
...	11 56	...		Ar. ST-QUENTIN Lv.	...	15 50	...
...	12 1	...	96	Lv. ST-QUENTIN Ar.	...	15 45	...
...	13 25		136	Ar. AULNOYE Ar.		14 25	...
...	...	14 10		Lv. AULNOYE Ar.	13 45	...	...
...	...	16 52	195	Ar. BRUXELLES Lv.	10 46	...	...

Nos 107-124 and 109-112 — 30 seats allocated in each direction.

- 5 -

同じく時刻表の内部より
仮復旧された橋を渡る列車

コラム③
世界最短の鉄道

世界最長のシベリア鉄道に触れた以上は世界最短の鉄道にも触れなければならないだろう。世界最短の鉄道を探す手っ取り早い方法は、世界で最も小さい国を探すこと。世界最小の国といえば、イタリアはローマにある「バチカン市国」。こんなところに鉄道があるわけないだろうと思いきや、戦前からバチカンには独自の鉄道が存在し駅もある。といっても、0.45 平方キロメートルしかない国内の移動手段というわけではなく、イタリア国鉄の線路から分岐する 800 メートルほどの引込み線のような路線。これがバチカン所有の鉄道である。しかし、実際にバチカン国内に含まれるのはたった 200 メートルで、その他の区間はイタリア領内を走っており、運転など鉄道の運用はすべてイタリア国鉄に委託されている。

こんな珍しい路線があるのならば乗ってみたいと思われる方もいらっしゃると思うが、ほぼ無理な話。というのも、この路線に定期列車は運行されていないし、臨時列車といってもバチカンを訪れる特別な団体輸送かローマ法王の旅行の時くらいしか走らない。というわけで時刻表も存在しない。

では世界で 2 番目に短い鉄道ならば乗れるのだろうか？　そこで世界で 2 番目に小さな国を探すと、それは「モナコ」。モナコはフランス南部・地中海に面した一角にあるカジノや F1 グランプリで有名なミニ国家。延長 1.7 キロの鉄道が国内を貫き、「モナコ・モンテカルロ駅」がある。モナコを通過するのは日本で言えば通勤電車で 1 駅乗るくらいの感覚に過ぎないわけであるが、もちろん一般旅行者も簡単に乗車が可能だ。ただしこの路線は「モナコ国鉄」ではなく「フランス国鉄」という扱いである。

モナコの鉄道で驚きなのは、モンテカルロ駅を含めてほとんど地中を走っているということ。地中海の美しい景色をさぞや楽しめるだろうと思っておられる方にとっては残念であるが、山がちの地形では土地は貴重。昔は地上を走っていたのだが、建物を建てるための土地を少しでも捻出するために 1950 年代から地下化工事が行われ、今日のような姿になったという。ちなみにモナコには、1960 年代まで「モナコ駅」と「モンテカルロ駅」の 2 駅があった。これらが統合されて「モナコ・モンテカルロ駅」となったのである。

509 | MÉDITERRANÉE | 　　(L'ITALIE) V…

652	ROME … D	...	...	...	...	...	...	...	...	...		16 45
397	FLORENCE … D	...	...	...	...	...	...	...	...	17 30	1re cl.	
298	MILAN … D	...	...	...	...	...	...	...	...		22 7	
151	GÊNES … D	...	...	...	...	...	...	...	...		21 30	
16	SAN REMO … D	...	...	...	...	...	...	...	...		6 14	
»	VINTIMILLE … A	...	...	...	...	...	...	...	...	...	6 35	...
km	STATIONS		3962 1re 2e cl.						3904 1re 2e cl.	3906 1re 2e cl.	52 RAPIDE 1re 2e cl.	3910 1re 2e cl.
			T a								◆	O
»	VINTIMILLE … D	...	0 10	...	...	...	...	...	5 55	...	7 »	7 24
1	MENTON-GARAVAN …	...	|	...	...	...	...	...	6 4	...	|	7 33
4	MENTON …	.....	0 23	.....	.....	.....	.....	.....	6 10	6 48	7 14	7 38
5	CARNOLÈS …	...	0 ⊙ 26	...	...	...	...	...	6 13	6 51	|	7 41
7	CAP-MARTIN-ROQUEBRUNE …	...	0 ⊙ 30	...	...	...	...	...	6 17	6 55	|	7 45
10	MONTE-CARLO …	...	0 36	...	...	...	...	...	6 23	7 1	7 25	7 51
11	MONACO …	...	0 40	...	...	...	...	...	6 27	7 5	7 31	7 55
14	CAP-D'AIL …	...	0 ⊙ 44	...	...	...	...	...	6 31	7 9	|	7 59
17	ÈZE …	...	0 48	...	...	...	...	...	6 35	7 13	|	8 3
20	BEAULIEU-SUR-MER …	...	0 53	...	...	...	...	...	6 40	7 18	7 41	8 8
22	VILLEFRANCHE-SUR-MER.	...	0 ⊙ 56	...	...	...	...	...	6 43	7 21	|	8 11
24	NICE-RIQUIER …	...	1 »	...	...	...	130 EXPRESS 1re 2e cl.	...	6 47	7 25	|	8 15
	A	...	1 5	...	...	...		3902 1re 2e cl.	6 52	7 30	7 49	8 20
27	NICE-Ville …						◆					

モナコに 2 駅があった時代の時刻表
（フランス国鉄公式時刻表　1956 年 7 月号より）

線路は続くよ統合へ――
戦後ヨーロッパを結んだビジネス特急「TEE」

パリ〜ドルトムント
（1957/61年）

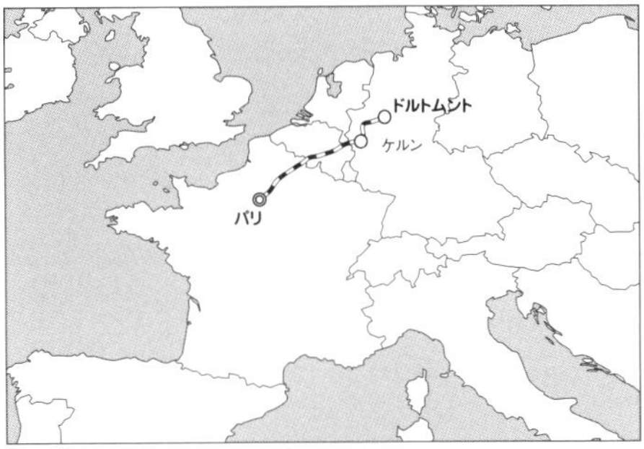

日帰り出張はおまかせの高速豪華列車

クルマに名車があるのと同じく、鉄道車両にも歴史的に有名なものが存在する。そのトップレベルにランクされるだろうと思われる一両が、ドイツ国鉄のディーゼル特急車両である「VT11.5」だ。昔の「世界の乗り物」系の図鑑には必ず載っていたと思う。靴の先端のようにゆるやかな丸みを帯びた鼻先のデザインは一度見たら忘れられない印象。そして、その先端に取り付けられた銀色のエンブレム――そこには「TEE」という文字が燦然と輝いている。

TEE（Trans Europ Express）――ヨーロッパ横断急行は、当時飛躍的に発展しつつあった航空網に対抗し、オランダ国鉄の総裁であるデン・ホランダーの提唱で、西欧各国の鉄道当局が連合して登場させた豪華ビジネス特急群だ。戦後間もないヨーロッパは、1958年に現在のEUの源流であるEEC（欧州経済共同体）が結成されたことからも分かるように、ヨーロッパ各国が連合し、国境の垣根を低くすることで経済的メリットを創出しようという機運が高まっていた。TEEの登場は、まさにこの潮流を交通の面で実践する試みであると同時に、当時急速に発展中だった航空機や高速道路に対抗しようという狙いがあったのである。

TEEには参加各国が自慢の専用車両を用意したが、そのコンセプトは、一等車のみの編成かつディーゼル動車の投入によるスピードアップといったことを共通点としていた。戦後10年を経過し、各国の鉄道施設は復旧を遂げていたが、新しく誕生したTEEは、戦争による荒廃から立ち直った欧州鉄道の象徴であり、世界の旅行者の憧れとなった。

運行開始当初のTEEは、以下のような12路線だった（一部遅れて運行開始したものもある）。

TEE運行開始時の「サファイア」号列車時刻表
【1957年6月　ベルギー国鉄？】

● Edelweiss

アムステルダム 11:10 → 21:25 チューリヒ

チューリヒ 11:45 → 21:48 アムステルダム

● Paris-Ruhr

ドルトムント 5:29 → 12:30 パリ

パリ 17:42 → 0:31 ドルトムント

TEE 78		HELVETIA		TEE 77
12.49	ab	Hamburg-Altona	an	17.58
12.56	ab	Hamburg Dammtor	an	17.49
12.59/13.03		Hamburg Hbf		17.42/17.45
14.41/14.43		Hannover Hbf		15.59/16.03
15.45/15.46		Göttingen		14.57/14 57
18.28/18.32		Frankfurt (M) Hbf		12.11/12.15
19.19/19.22		Mannheim Hbf		11.19/11.22
19.55/19.56		Karlsruhe Hbf		10.42/10.43
20.13/20.14		Baden-Oos		10.24/10.25
21.04/21.05		Freiburg (Brsg) Hbf		9.31/ 9.32
21.42/21.49		Basel Bad Bf		8.52/ 8.55
21.55/21.59		Basel SBB		8.43/ 8.47
22.15	*ab*	*Basel SBB*	*an*	*8.37*
22.48/22.53		*Olten*		*7.54/8.07*
23.41/23.44		*Bern HB*		*6.24/6.54*
1.41	*an*	*Genève Cornavin*	*ab*	*4.25*
23.01	an	Zürich HB	ab	7.41

Garnitur der Deutschen Bundesbahn

TEE 168		RUHR-PARIS/PARIS-RUHR		TEE 185
5.48	ab	Dortmund Hbf	an	0.23
5.59/ 6.00		Bochum Hbf		0.10/ 0.11
6.10/ 6.11		Essen Hbf		23.58/23.59
6.24/ 6.25		Duisburg Hbf		23.44/23.45
6.41/ 6.42		Düsseldorf Hbf		23.28/23.29
7.09/ 7.17		Köln Hbf		22.56/23.02
7.57/ 7.59		Aachen Hbf		22.15/22.17
– / –		Verviers C		21.46/21.47
8.54/ 8.59		Liège Guillemins		21.14/21.19
9.00	*ab*	*Liège Guillemins*	*an*	*21.10*
10.14	*an*	*Bruxelles Nord*	*ab*	*19.50*
10.26	*an*	*Bruxelles Midi*	*ab*	*19.38*
9.36/ 9.37		Namur		20.36/20.37
10.02/10.03		Charleroi Sud		20.11/20.12
10.35/10.36		Maubeuge		19.38/19.39
12.34	an	Paris-Nord	ab	17.42

Garnitur der französischen Staatsbahnen

TEE 190		PARSIFAL		TEE 155
13.37	ab	Hamburg-Altona	an	17.18
13.45	ab	Hamburg Dammtor	an	17.09
13.49/13.56		Hamburg Hbf		17.01/17.05
15.03/15.04		Bremen Hbf		15.52/15.53
16.27/16.28		Münster (Westf) Hbf		14.24/14.25
17.19/17.20		Essen Hbf		13.32/13.33
17.48/17.49		Düsseldorf Hbf		13.03/13.04
18.14/18.17		Köln Hbf		12.37/12.39
18.55/18.57		Aachen Hbf		11.58/12.00
19.30/19.30		Verviers C		11.31/11.31
19.52/19.57		Liège Guillemins		10.58/11.04
20.02	*ab*	*Liège Guillemins*	*an*	*10.59*
21.17	*an*	*Bruxelles Nord*	*ab*	*9.50*
21.28	*an*	*Bruxelles Midi*	*ab*	*9.40*
20.34/20.35		Namur		10.20/10.21
21.01/21.02		Charleroi Sud		9.55/ 9.56
21.38/21.39		Maubeuge		9.21/ 9.22
23.37	an	Paris-Nord	ab	7.24

Garnitur der Deutschen Bundesbahn

1961 年の TEE 案内・時刻表パンフレットより
(表紙はカラーページ参照)

● Rhein-Main

フランクフルト 7:00 → 12:53 アムステルダム

アムステルダム 17:00 → 22:59 フランクフルト

● Helvetia

チューリヒ 7:39 → 18:33 ハンブルク

ハンブルク 12:18 → 23:14 チューリヒ

● Saphire

ドルトムント 8:15 → 13:59 オーステンデ

オーステンデ 16:10 → 21:52 ドルトムント

● Ile de France

パリ 7:38 → 13:12 アムステルダム

アムステルダム 18:04 → 23:40 パリ

● Étoile du Nord

パリ 17:45 → 23:18 アムステルダム

アムステルダム 13:27 → 19:01 パリ

● Oiseau Bleu

ブリュッセル 7:45 → 10:33 パリ

パリ 20:48 → 23:33 ブリュッセル

● Le Mont-Cenis

ミラノ 7:25 → 12:49 リヨン

リヨン 18:00 → 23:27 ミラノ

● l' Arbalète

チューリヒ 6:44 → 12:55 パリ

パリ 18:20 → 0:24 チューリヒ

● Ligure

ミラノ 6:25 → 13:30 マルセイユ

マルセイユ 16:45 → 0:05 ミラノ

● Mediolanum

ミラノ 6:00 → 13:36 ミュンヘン

ミュンヘン 15:45 → 23:05 ミラノ

多くの列車が、用務客の出張を意識したような発着時刻だったことがわかる。朝の列車で出かけて、昼間に仕事を済ませ、夜また戻ってくるというスケジュールだ。TEEのひとつ、パリ～ドルトムント間の「パリ―ルール」号の場合、その名の通りパリとドイツの大工業地帯・ルール地方を結んでいるが、早朝5時29分ドルトムント発で12時30分に花の都・パリの北駅へ到着。ちょっと慌しいが午後は丸々仕事に使えて、帰りの列車はパリ17時42分発。終着駅・ドルトムントへは日付が替わった深夜0時31分の到着だ。いやはや、出張お疲れ様でしたという感じ。それでも、同じ区間を走る夜行客車列車は12時間近くかかっているから、それに比べると5時間も短い。

日本の鉄道にも多大な影響

TEEには、ドイツ国鉄の他にもオランダやスイス・フランス・イタリアといった国々が新型車両を造って投入した。そのデザインは、いずれも従来にはない独特のもの。ドイツのVT11.5もかなりインパクトある面構えをしているが、スイスとオランダの車両の先頭は、ちょうど人間がホッペタを手でギュッと押しつぶしたときのような、おチョボ口にも見える格好。鉄道好きのエッセイスト・酒井順子氏は、『女子と鉄道』というエッセイ集で、日本の新幹線の顔立ちを分析して擬人的に批評しているが、TEE車両をご覧になったらどのように思われるであろうか？

ところで、TEEは1950年代から60年代にかけてのわが国の鉄道にも大きな影響を与えている。ひとつは、鼻先の飛び出した大胆なデザイン。もうひとつは赤を基調とした目立つ塗装。そして、機関車＋客車ではなく動力車を使った高速運転。最後に、日帰り出張を可能とするダイヤ設定のコンセプト。これらは1958年に登場したビジネス特急「こだま」号にほぼそのまま受け継がれているほか、他の車両やその後のダイヤ改正における特急列車網の構築にも大きく生かされている。

TEEは登場以降、路線を次々と拡大していった。はじめはディーゼル特急車両による運行だったが、ドイツ国鉄の看板列車であるアムステルダム～ジュネーブ間の「ラインゴルト」のように、機関車牽引の客車による運転も行われた。「ラインゴルト」にはガラス張り・2階建ての「ドームカー」が連結され、「オリエント急行」などと並んで欧州では五本の指に入る豪華列車といっても良い存在だった（このラインゴルトのドームカーはドイツでの現役を退き、なんとスウェーデンへ再就職。一時期、ストックホルム～ナルヴィク間の「ノルドピレン」に投入された）。TEEの全盛は1970年頃。このとき、一日に28系統・上下56本がヨーロッパの鉄路を日々走り抜けていた。中には国内区間で完結する列車もあり、初期の頃のコンセプトから変質してきた部分もあったが……。

しかし、鉄道は航空網に負けてどんどん斜陽化していく。TEEが登場した当時は数十人しか乗れないプロペラ機が空の旅の主役だったが、やがて100人以上乗れるジェット機が続々と就航。しかもヨーロッパの航空機産業は、各国が協力してエアバスA300を開発し、1974年にはエールフランスで運航が始まった。200人乗りのエアバスがヨーロッパの主要都市を結ぶ路線に就航すると、鉄道は太刀打ちできるものではない。鉄道の分野でも、日本の新幹線の成功を受けて本格的な高速化の試みが行われ、1981年9月にはTGVが登場した。そんな状況の中で、在来線にビジネス客向けの全車1等の豪華特急を走らせても、もはや客が乗らないのは明らかである。かつての花形列車達は1980年代になると、2等車が連結されてより敷居の低くなったインターシティ列車やユーロシティ列車に次々と再編され、最後まで残っていたTEEも1989年に廃止されてしまった。ここでTEEは歴史の中の一ページとなったが、それは同時に、ヨーロッパから遥か遠い日本の鉄道にまでインパクトを与えた「伝説の列車」の終焉ともいえた。

平和の到来が可能にした
ライン川国際クルーズとバス旅行

バーゼル〜ロッテルダム
（1954/61 年）

四通八達の国際バス路線網

TEE が戦後のヨーロッパ各国を結ぶ特急列車網として登場したのは 1957 年夏のこと。しかしこれに先立つ 6 年前の 1951 年、ヨーロッパ各国を連絡する統合的な交通手段がすでに登場していた。欧州鉄道道路輸送同盟（URF）が経営する「ヨーロッパバス」(EUROPABUS) である。ヨーロッパ各国の鉄道事業者やバス事業者がそのブランドの下に参集し、スカンジナビアからポルトガルまでのヨーロッパ一円に国際バス路線網を広げ、戦後のヨーロッパ域内の交流を交通の面で支える先陣を切ったのであった。

1954 年にドイツで発行されたヨーロッパバスの時刻表には、アムステルダム〜フランクフルト線といった長距離国際路線が多数見られる。一本の長距離路線にこだわらず、例えばアムステルダム〜フランクフルト線とフランクフルト〜バーゼル線を乗り継げは、オランダからドイツを経由してスイスまでバスで行くことも可能だ。この場合、アムステルダムを朝 8 時に出発し、フランクフルトにはその晩の 20 時 45 分に到着。翌朝 7 時 30 分に再び車上の人となると、終点のバーゼルに 20 時 50 分到着に到着という 2 日間の旅である。同区間は当時の飛行機でも 2 時間少々だし、鉄道であればロッテルダムから国際特急「ラインゴルト」を使えば約 10 時間で行けたから、もちろん所要時間ではバスは他の交通手段にかなわない。

しかしバスには、鉄道の駅から離れた場所を直

西ドイツを中心としたヨーロッパバス時刻表
【1959 年　ヨーロッパバス】

17 Frankfurt (M) - München - Innsbruck
16 Frankfurt (M) - München - Salzburg - (Wien)
15 Frankfurt (M) - Nürnberg - Passau
14 Frankfurt (M) - Konstanz
13 Frankfurt (M) - Baden-Baden - Basel
12 Frankfurt (M) - Stuttgart - Basel
11 Frankfurt (M) - Amsterdam
10 Frankfurt (M) - Luxemburg - (Paris)

10 Frankfurt (M) - Luxemburg - (Paris)

ganzjährig

werktäglich				werktäglich
07.30	ab	Frankfurt/M. Hbf Südseite	an	17.40
08.25	↓	Wiesbaden Hbf	↑	16.40
08.50	↓	Mainz Hbf	↑	16.15
09.35	↓	Bingen Bf	↑	15.30
10.40	↓	Simmern Bf	↑	14.20
11.45	↓	Bernkastel Bf	↑	13.20
12.55	an	Trier Hbf	ab	12.15
13.35	ab	Trier Hbf	an	11.30
13.38	|	Trier Porta Nigra	|	11.27
15.00	an	Luxemburg Hbf	ab	10.00

Zuganschluß

15.27	ab	Luxemburg Bf	an	0.27
21.47	an	Paris, Gare de l'Est	ab	18.20

Keine Teilstreckenbedienung von Frankfurt/M. nach Wiesbaden und von Wiesbaden nach Mainz.
(Ausgenommen Anschlußreisende)

11 Frankfurt (M) - Amsterdam

14. 5. — 2. 10. 1954

Mo, Di, Fr, Sa				Mo, Di, Fr, Sa
08.00	ab	Frankfurt/M. Hbf Südseite	an	20.45
09.20	↓	Limburg/Lahn Bf	↑	19.25
10.55	↓	Bad Honnef Marktplatz	↑	17.50
11.05	an	Königswinter, Hotel Loreley	ab	17.40
11.30	ab	Königswinter, Hotel Loreley	an	17.15
12.00	|	Bonn Hbf	|	16.45
12.35	an	Köln Hbf ZOB	ab	16.10
13.35	ab	Köln Hbf ZOB	an	15.55
14.35	an	Düsseldorf Hbf	ab	14.55
14.40	ab	Düsseldorf Hbf	an	14.50
15.20	an	Duisburg Hbf	ab	14.10
15.25	ab	Duisburg Hbf	an	13.20
15.55	↓	Dinslaken Bf	↑	12.50
16.20	↓	Wesel Bf	↑	12.25
17.20	↓	Emmerich Bf	↑	11.25
17.30	an	Elten Grenze	ab	11.15
18.15	ab	Elten Grenze	an	10.30
18.50	↓	Arnhem Nieuwe Plein	↑	09.55
19.50	↓	Amersfoort Station	↑	08.55
20.45	an	Amsterdam-Amstelstation	ab	08.00

Keine Teilstreckenbedienung zwischen Bad Honnef und Emmerich.
(Ausgenommen Anschlußreisende)

25

左の時刻表の内部

接結ぶことも可能といったメリットがある上、鉄道にはない運行経路の実現が容易なため、ひとつの都市を基点に周遊する観光コースも多数設定された。別の時刻表では、スイスやイタリアのアルプス周辺やイギリス国内の周遊バスが紹介されている。中でもドイツ南部の“ロマンティック街道”といえば現在でもドイツ観光の目玉で、今日でもヨーロッパバスが主要交通手段として走っている。

ヨーロッパ全域をカバーする国際バス路線網は、今日でも「ユーロラインズ」(Eurolines) のブランド名で活躍し、少しでも安くゆったりと旅をしたい旅行者にとって欠かせない足となっている。

国際リバー・クルーズのあけぼの

ヨーロッパの国境を越える交通としてバスとともに戦後脚光を浴びたのが、ライン川を上下する国際客船航路である。ドイツにはケルン－デュッセルドルフ・ライン汽船 (KD) という、ライン川中流域のマインツ〜ケルン間に定期観光船を運航する老舗会社があるが、同社は1960年からバーゼル〜ロッテルダム間の国際遊覧航路の運航を開始した。長年にわたりこの流域は周辺の国々の事情を反映する微妙な緊張地帯であったが、ドイツを含む各国の船舶が自由に航行する国際河川としてライン川が復活したのは、第二次大戦の終結によって平和な時代が到来したことの象徴といえるだろう。

1961年に同社が発行した案内には、新鋭「オイローパ」号の白亜の船影と、通過するオランダ・西ドイツ・フランス・スイスの国旗が描かれ、この路線が国際航路であることを物語っている。航路は月6回、5日おきにバーゼル／ロッテルダム双方を出航し、夜間は港に停泊しながら途中約10箇所に寄航する下り4日間／上り6日間の旅だった。ちなみに、夜間停泊する都市はスケジュールの都合で上りと下りはほぼ異なる。ただ、現在のリバー・クルーズのように街の観光とセットになったプログラムが組まれているわけではなさそ

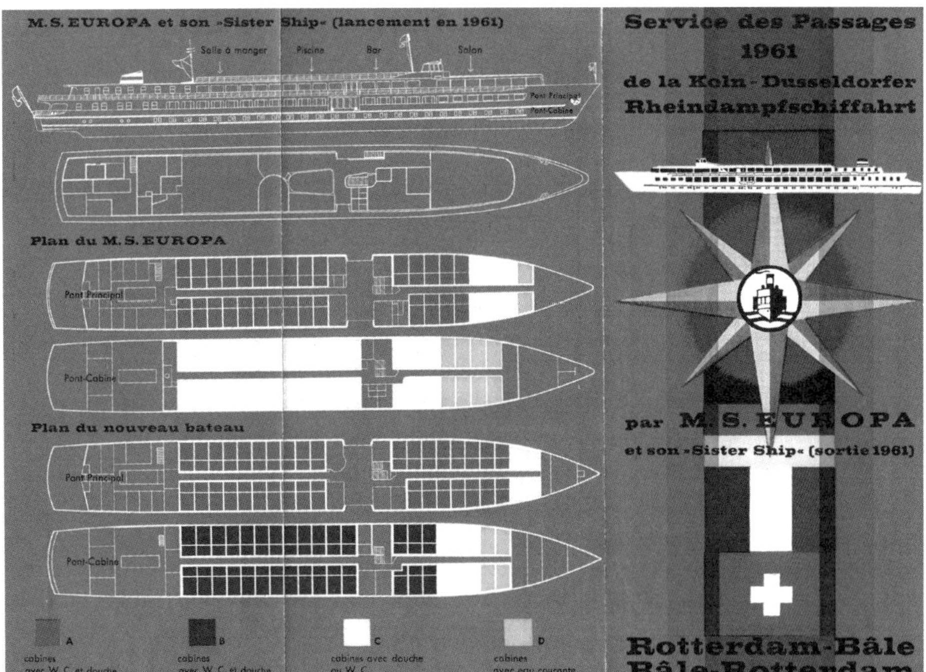

ロッテルダムーバーゼル間運航予定表
【1961年　ケルン-デュッセルドルフ・ライン汽船】

うで、どちらかと言うと実用的な移動手段という感じだ。

なお、バーゼル～ロッテルダム間には、KDが参入する前からスイスのアルピナ船舶が定期航路を運航していたが、同社が使っていた船は55人乗りの「バジリア」号とたった16人しか乗れない「バスコ」号だった。それに対し、「オイローパ」号は2人用個室がすらりと並ぶ200人乗りでそれまでのライン川航路にはないキャパシティを誇った。1961年には姉妹船「ヘルベチア」号も就航しており、この航路の高い人気を物語っている。なお今日では、ライン川の長距離クルーズの運航はKDからクルーズ大手のヴァイキング・リバー・クルーズに移管されている。

ロッテルダムーバーゼル間運航予定表
【1961年　アルピナ船舶】

ヨーロッパを代表するもうひとつの国際河川といえばドナウ川。ドイツからオーストリアや東欧各国を貫流して黒海に注ぐ全長2800キロの川であるが、ここにはソ連のソビエト・ドナウ汽船の定期航路が運航されていた（カラーページ参照）。ウィーン～イズマイルを5泊6日で往来する旅で、「アムール」号などの汽船が9日おきに就航。また、イズマイルから先は、連合国の首脳によって第二次大戦の戦後処理が話し合われた歴史的保養地・ヤルタへと足を伸ばす便や、オデッサを経由した後にボスポラス海峡とダーダネルス海峡を通過してエーゲ海へ抜け、なんとベニスまで至る便もあった。

ちなみに、1992年にはドナウ川とマイン川～ライン川を結ぶ「ライン・マイン・ドナウ運河」が開通。これによりヨーロッパを縦断する背骨のような水上交通路が完成し、現在ではドナウ川とマイン川・ライン川相互を結合したクルーズも行われている。

驚異的な長距離内河航路が運航されたソ連

河川交通の話が出たついでに余談を。国際河川ではないが、ロシア（旧ソ連）にはヴォルガ川をはじめとする長大河川が多く、やはり河川交通が発達していた。ソ連時代の1971年に現地で刊行された『旅客案内』（又は『旅客便覧』）という本には、河川や湖沼に運航されていた定期客船のスケジュールが多数掲載されている。中でも、モスクワ～カザニ～ヴォルゴグラード～ロストフ間の客船はモスクワ出航後55箇所に寄航し、全行程3176キロを10日間かけて運航。航路の途中で1952年に開通した「ヴォルガ・ドン運河」を通過するが、この完成によりウクライナ地方の水運が飛躍的に便利になり、その副産物としてこれほどまでに長い航路が実現したのであった。しかも一日おきという高頻度の運航だったから、単に距離や所要日数でみればおそらくはアマゾン川の航路がいくらか上回っているものの、質的には世界の内河航路の頂点に位置する路線と言ってもいいくらいだったのではないだろうか？

この『旅客案内』を見ると、モスクワ～ゴーリキー（ニジニーノヴゴロド）～モスクワ間をヴォルガ川とオカ川を使って環状に結ぶ航路など、面白い路線も見つかる。もちろんオビ川やエニセイ川、ドニエプル川などにも航路があり、全行程に数日かかる路線は当たり前。ロシアはシベリア鉄道の一週間の旅といい、とにかくスケールが違う。これだけ長距離の路線だと運賃体系も鉄道と同じ考え方で、『○○キロから△△キロまでが××ルーブル』という風に距離に比例する運賃表で算定された。なお、等級は１等から５等までの五段階だった。

222 Речной транспорт

Продолжение

Км	Категория линии, порт, пристань и остановочный пункт	Время отправления, ч, мин		Продолжительность стоянки, ч, мин	
		вниз	вверх	вниз	вверх
	Скорая линия Москва—Ростов-на-Дону				
	Отправление: через день				
	Канал им. Москвы				
0	Москва 9.30* (Северный речной вокзал)	21.00	—	11.30	—
121	Большая Волга	9.15	21.05	0.10	0.05
	Река Волга				
145	Кимры	11.25	19.05	0.10	0.10
266	Углич	19.00	12.15	0.55	1.10
379	Переборы	1.15	—	0.10	—
389	Рыбинск	2.40	3.50	0.20	0.20
438	Тутаев	5.25	0.50	0.25	0.10
475	Ярославль	11.00	22.20	3.30	1.00
556	Кострома	17.20	16.50	2.00	0.30
615	Плёс	20.45	13.00	0.20	0.40
638	Семигорье	22.20	11.00	0.20	0.10
650	Наволоки	23.20	10.10	0.20	0.10
664	Кинешма	0.40	9.20	0.30	0.30
731	Юрьевец	4.15	5.25	0.10	0.15
771	Пучеж	6.30	3.10	0.10	0.25
812	Городец	9.25	23.45	0.25	0.10
867	Горький	18.30	19.00	5.00	3.00
928	Работки	22.00	11.50	0.25	0.10
957	Лысково	23.30	9.45	0.10	0.10
982	Великовское	0.55	8.05	0.10	0.05
995	Вармино	2.15	6.55	0.30	0.10
1 013	Сомовка	3.30	5.05	0.10	0.05
1 037	Васильсурск	5.10	3.10	0.20	0.10
1 062	Юрино	6.40	1.20	0.15	0.10
1 082	Козьмодемьянск	8.00	23.50	0.15	0.10
1 112	Ильинка	9.40	21.50	0.10	0.10
1 141	Чебоксары	13.00	20.00	1.40	0.20
1 172	Мариинский Посад	14.50	17.55	0.10	0.15
1 210	Звенигово	17.10	15.30	0.20	0.10
1 233	Козловка	18.50	13.50	0.15	0.10
1 246	Волжск	20.00	12.55	0.10	0.10
1 281	Казань	2.00	10.00	2.45	3.00
1 419	Тетюши	8.55	0.30	0.30	0.10
1 519	Ульяновск	17.00	19.30	3.20	3.30
1 570	Сенгилей	20.15	12.10	0.10	0.15
1 618	Новодевичье	22.55	9.20	0.10	0.10
1 671	Тольятти	1.55	6.30	0.10	0.20
1 743	Куйбышев	10.00	1.00	3.30	3.00
1 868	Сызрань	17.25	14.20	0.20	0.10
1 903	Приволжье	19.25	11.50	0.15	0.15
1 956	Хвалынск	22.40	8.10	0.15	0.15
2 020	Балаково	2.10	4.15	0.15	0.20
2 051	Вольск	4.50	1.20	0.10	0.30
2 091	Воскресенск	7.00	22.40	0.10	0.10
2 182	Саратов	15.30	17.30	4.00	2.30
2 245	Ахмат	18.35	11.10	0.10	0.20

* Время прибытия в начальный и конечный порты.

Речной транспорт 223

Продолжение

Км	Категория линии, порт, пристань и остановочный пункт	Время отправления, ч, мин		Продолжительность стоянки, ч, мин	
		вниз	вверх	вниз	вверх
2 284	Ровное	—	8.40	—	0.15
2 407	Камышин	2.20	1.40	0.15	0.40
2 478	Балыклей	5.50	20.45	0.10	0.20
2 516	Приморск	7.40	18.10	0.10	0.15
2 571	Волжский	12.10	14.45	0.20	0.15
2 592	Волгоград	21.00	12.00	6.25	6.00
	Волго-Донской канал им. В. И. Ленина				
2 716	Ильевка	9.55	14.00	0.15	3.00
	Цимлянское водохранилище				
2 909	Волгодонск	21.05	23.30	0.40	0.50
	Река Дон				
2 924	Романовская	—	20.25	—	0.25
3 016	Константиновская	4.10	12.40	0.10	0.45
3 176	Ростов-на-Дону 14.30*	—	23.00	—	32.30

Продолжительность рейса:

Москва — Ростов-на-Дону 10 сут. 2 ч;
Ростов-на-Дону — Москва 10 сут. 11 ч.

Км	Категория линии, порт, пристань и остановочный пункт	вниз	вверх	вниз	вверх
	Скорая линия Ярославль — Астрахань				
	Отправление: через день				
	Река Волга				
0	Ярославль 7.00*	11.00	—	28.00	—
50	Красный Профинтерн	13.40	3.30	0.10	0.25
81	Кострома	17.20	1.30	2.00	2.40
140	Плёс	20.45	19.40	0.20	0.55
163	Семигорье	22.20	17.20	0.20	0.30
175	Наволоки	23.20	16.10	0.20	0.30
189	Кинешма	0.40	15.00	0.30	3.00
256	Юрьевец	4.15	8.40	0.10	0.10
296	Пучеж	6.30	6.15	0.10	0.10
337	Городец	9.25	3.00	0.25	1.15
392	Горький	18.30	21.00	5.00	4.30
453	Работки	22.00	11.50	0.25	0.10
482	Лысково	23.30	9.45	0.10	0.10
607	Великовское	0.55	8.05	0.10	0.05
520	Вармино	2.15	6.55	0.30	0.10
527	Каменка	2.50	6.05	0.10	0.05
538	Сомовка	3.30	5.05	0.10	0.05
548	Разнежье	4.10	4.10	0.15	0.10
564	Васильсурск	5.10	3.10	0.20	0.10
589	Юрино	6.40	1.20	0.15	0.10
609	Козьмодемьянск	8.00	23.50	0.15	0.10
639	Ильинка	9.40	21.50	0.10	0.10

* Время прибытия в начальный и конечный порты.

ヴォルガ川航路（モスクワ～ロストフ間）の運航時刻表
（モスクワ・交通出版社　旅客案内　1971 年より）

ルフトハンザは蚊帳の外！

冷戦時代のベルリンへの航空便

フランクフルト～ベルリン

(1951/59年)

空中版「ベルリンの壁」

かつての西ベルリンの玄関口・テーゲル空港に着陸する直前、1960年代のルフトハンザの塗装をまとったボーイング707が森をバックにひっそりとたたずんでいるのを、飛行機の窓からチラリとご覧になった方もいらっしゃるかもしれない。そこでハテ？と思われた方はなかなか鋭い見識をお持ちだ。なぜならば、1960年代当時にルフトハンザの飛行機はベルリンに飛ぶことは出来なかったはず。なぜこんなところにそんな古い機体があるのだろうか？　種明かしをするとなんてことはない。空港のモニュメントにするため、1980年代に古くなったボーイング707を持ってきて、昔のルフトハンザの塗装を施して展示しているのである。

先述のとおり、西ドイツの航空機は長らくベルリンへ飛ぶことは出来なかった。そりゃ分裂ドイツの片割れの東ドイツが、西ドイツ機の領空通過を許すはずはない。西側陣営の航空機でベルリン（西ベルリン）への乗り入れが可能だったのは、ベルリンを分割統治していた当事者であるアメリカ・イギリス・フランスの3カ国の航空会社のみだったのである。しかも、共産圏である東ドイツの上空を通らなければならないことから、この3国の航空機には厳しい制約が課せられた。それは、西ドイツから西ベルリンへは、東ドイツ上空に3本だけ設定された空中回廊（コリドー）を通らなければならないということだった。

もっとも、回廊が設定されたのは空だけではなく、陸上交通の分野でも、西ドイツから西ベルリンに向かう鉄道や道路について、通れるルートが

ベルリン線が掲載された西ドイツ版時刻表
【1959年4月　BEA】

やはり決まっていた。もちろん、こうした回廊が設定されたのは、終戦直後にこの地域を管轄していたソ連や、その後1949年に成立した東ドイツの防諜上の理由からである。

こうして東西ドイツの統一まではベルリンへ飛ぶことができなかったルフトハンザであるが、自社の保有するボーイング707にドイツの都市名を愛称としてつけていた1960年代、その一機を「ベルリン」と命名している。今日、テーゲル空港に展示（というか放置？）されている機体はルフトハンザに在籍した実績はないが、塗装はこの「ベルリン」号を模したもの。東西冷戦時代にベルリンへの乗り入れができなかった分、その思いをこのモニュメントに託したのであろうか（余談であるが、この展示されているボーイング707は元々、イスラエルのエル・アル航空所属の機体である。イスラエルとドイツ――第二次大戦の時の因縁を考えると奇妙な取り合わせだ）。

さて、かつて西ベルリンへの乗り入れが可能だった3カ国の航空会社とは、具体的には以下のとおりだった。

アメリカ：パンアメリカン航空
イギリス：BEA（英国欧州航空）
フランス：エールフランス

なお、アメリカに関しては、アメリカン・オーバーシーズ航空という会社が当初は就航していたが、1950年に同社がパンアメリカン航空に吸収されたことで、ベルリン線もパンナムによる運航となった。

これらの航空会社に特徴的だったのは、それぞれの本国とベルリンを結ぶ便に限らず、西ドイツ内の都市と西ベルリンの間で完結する便も運航していたことである。ここに、西ドイツの一部のようで実は西ドイツではなかった西ベルリンの特殊性が表れている。ベルリンの発着空港は、はじめはテンペルホーフ空港が使われ、ジェット時代

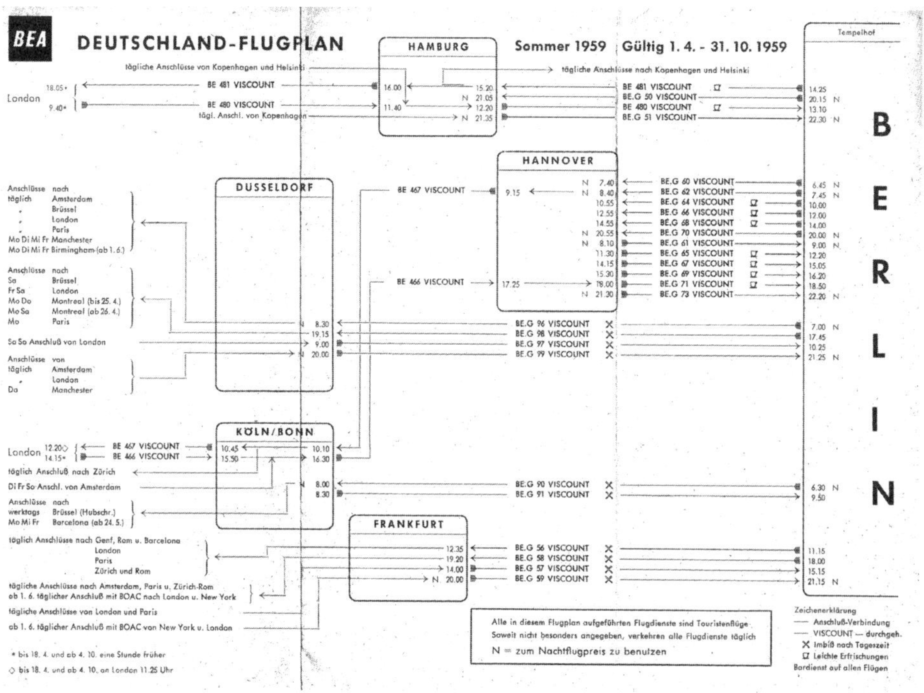

左の時刻表の内部
パンアメリカン航空も当時これと似た時刻表を発行していた

になってからしばらくしてテーゲル空港へ移った。テンペルホーフ空港は、戦前に開かれた由緒ある飛行場で、1948年のベルリン封鎖の際は西ベルリン市民を救うため、生活必需品等を搭載した西側軍用機が続々と発着した歴史を持つ。

1953年8月にパンアメリカン航空が発行した、ドイツ・オーストリア版時刻表を見ると、ベルリン行き路線は以下のような陣容だった。

フランクフルト～ベルリン線	5往復／日
ハンブルク～ベルリン線	3往復／日
ハノーファー～ベルリン線	6往復／日

運航本数は幹線並みに頻発していたことがわかる。パンアメリカン航空は、のちにミュンヘン～ベルリン／ニュルンベルク～ベルリン／シュトゥットガルト～ベルリンの各路線も運航した。なおBEAのベルリン線については1959年の時刻表によると、ハンブルク2往復／ハノーファー6往復／デュッセルドルフ2往復／ケルン・ボン1往復／フランクフルト2往復が1日に就航している。

ところで、ベルリンへ飛んでいた西側航空会社は、必ずしも3社だけではなかったことをご存知だろうか？　1970年代初頭、オランダのKLMや北欧のスカンジナビア航空もアムステルダム～ベルリン線やコペンハーゲン～ベルリン線を運航していたのである。分割統治という難しい背景があるとはいえ、ベルリンは大都会。それなりの需要は期待できる。英仏以外の西欧の航空会社が関心を示すのも当然だろう。しかし、西ベルリンへの路線は先に挙げた3国の航空会社がガッチリと守っている上、経済的観点からの東ドイツ当局の誘いもあって、これらの航空会社は東ベルリンにあるシェーネフェルト空港に発着していた。

余談であるが、東西分断時代のシェーネフェルト空港は、東ドイツのフラッグキャリアだったインターフルークの本拠地。このインターフルーク、共産圏の国営航空会社とはいうもののビジネスにはそこそこ関心があったようで、西ベルリンの居住者が壁を越えて東ベルリンへ行き、シェーネフェルトからインターフルーク便を利用すれば大幅な割引を適用するということもやっていた。しかも西側航空会社ならば乗継でなければ行けないような中東などの都市に対してベルリンから直行便を飛ばしていたのである。

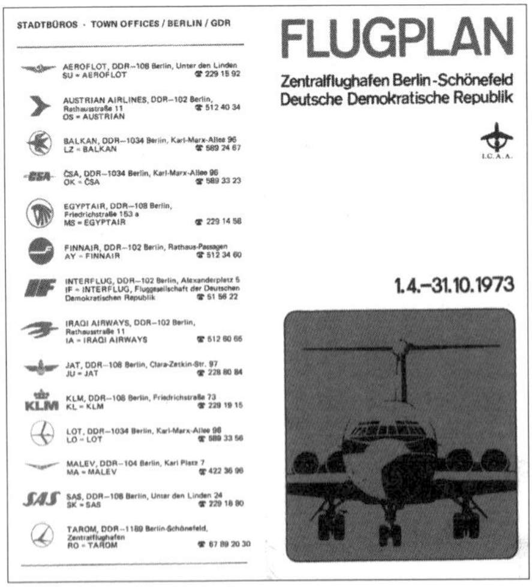

東ベルリン・シェーネフェルト空港発着時刻表
【1973年4月】

GIたちの眠りを覚ます国境警備隊

ベルリンは4カ国による分割統治であったことから、面白いことに民間人のみならずアメリカ／イギリス／フランスの軍関係者も、東ドイツを通らなければ西ベルリンとの往来が出来なかった。つまり、冷戦時代なのにもかかわらず、西側軍事筋の人間が社会主義国家の領域を通らなければならなかったのである。しかも、そうした軍関係者だけが乗ることが出来る特別な夜行列車が存在した。

米軍関係の西ベルリン行き軍用列車は、政治経済の中心地・フランクフルト～ベルリン線と、北海に面した港町・ブレーメルハーフェン～ベルリン線の2系統が運行されていた。これら2系統とも、深夜に東西ドイツの国境で共産側による厳格な乗客（＝米軍兵士）チェックを受けながら運行されていたという。フランクフルト～ベルリン線を例にとると、郵便車2両・荷物車2両・1等車1両・食堂車1両・寝台車6両（うち2両は曜日を限って連結）で編成されていた。

ところで、こうした軍専用列車（US-Duty Train）の編成が分かるのも、軍専用列車や軍関係者用車両を連結した一般列車の時刻を掲載した時刻表が存在したからである。その内部は以下のような章で構成されていた。

1. 米軍専用列車時刻表・編成表
2. 軍人専用車両や個室を連結した一般列車の時刻表
3. 一般の国際連絡列車の時刻表
4. 西ドイツの国内を運行される、イギリス軍・フランス軍の専用列車時刻表・編成表

この時刻表に掲載されている米軍専用列車の運行区間図を見ると、ベルリンへの路線のみならず、西ドイツ一円にこうした列車が運行されていたことがわかる。アメリカの占領下にあった戦後間もない時代の日本と比べても、軍用列車の本数の多さが目立つ。陸続きの欧州では、島国の日本とは違って陸軍力が幅をきかせていたからではないだろうか？（軍用鉄道輸送は一般に陸軍の管轄だ）アメリカ軍向け以外に、イギリス軍やフランス軍の専用列車もやはり同じような区間を運行していた。

1990年の東西ドイツ統一は、交通体系にも大きな変化を与えた。冷戦下のベルリンで警戒にあたる数多くの兵士を運んだ西ベルリン行き軍用列車はその役目を終えて消滅。ベルリンへの往来は

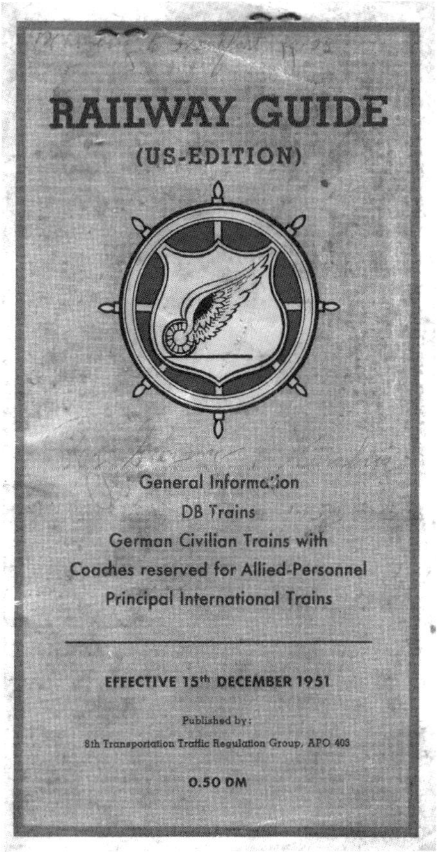

西ドイツ国内の軍用列車時刻表
【1951年12月　アメリカ陸軍】

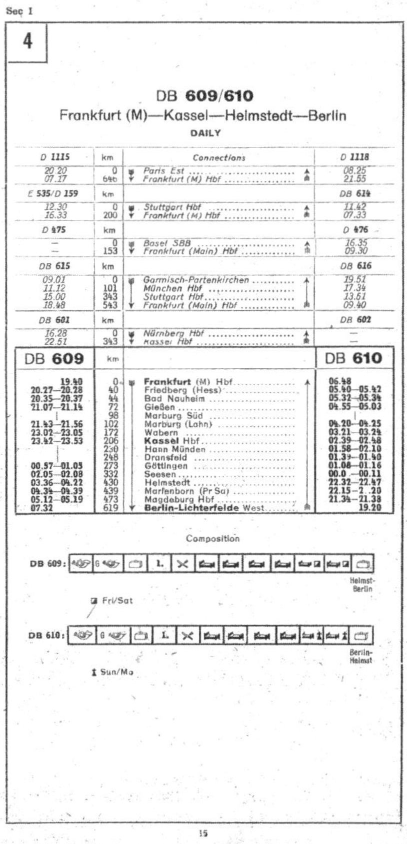

Sec I

4

DB 609/610
Frankfurt (M)—Kassel—Helmstedt—Berlin
DAILY

D 1115	km	Connections	D 1118
20.20	0	Paris Est	08.25
07.17	646	Frankfurt (M) Hbf	21.55
E 535/D 159	km		DB 614
12.30	0	Stuttgart Hbf	11.42
16.33	200	Frankfurt (M) Hbf	07.33
D 475	km		D 476
—	0	Basel SBB	16.35
—	153	Frankfurt (Main) Hbf	09.30
DB 615	km		DB 616
09.01	0	Garmisch-Partenkirchen	19.51
11.12	101	München Hbf	17.34
15.00	343	Stuttgart Hbf	13.51
18.48	543	Frankfurt (Main) Hbf	09.40
DB 601	km		DB 602
16.28	0	Nürnberg Hbf	—
22.51	343	Kassel Hbf	—

DB 609	km		DB 610
19.40	0	**Frankfurt** (M) Hbf	06.48
20.27—20.28	40	Friedberg (Hess)	05.40—05.42
20.35—20.37	44	Bad Nauheim	05.32—05.34
21.07—21.14	72	Gießen	04.55—05.03
|	98	Marburg Süd	|
21.43—21.56	102	Marburg (Lahn)	04.20—04.25
23.02—23.05	172	Wabern	03.21—03.24
23.42—23.53	206	**Kassel** Hbf	02.39—02.48
|	230	Hann Münden	01.58—02.10
|	248	Dransfeld	01.39—01.40
00.57—01.05	273	Göttingen	01.08—01.16
02.05—02.08	332	Seesen	00.0 —00.11
03.36—04.22	430	Helmstedt	22.32—22.47
04.34—04.39	439	Marienborn (Pr Sa)	22.15—2 .20
05.12—05.19	473	Magdeburg Hbf	21.34—21.38
07.32	619	**Berlin-Lichterfelde** West	19.20

Composition

DB 609: G 1. Helmst-Berlin
Fri/Sat
DB 610: G 1. Berlin-Helmst
Sun/Mo

15

左の時刻表の内部
フランクフルト～ベルリン線の時刻と編成

空も陸も回廊を通る必要は無くなった。ルフトハンザは、ようやくベルリンをはじめ旧東ドイツ地域への路線開設が可能となり、逆にアメリカ・イギリス・フランスの航空会社はあくまでも国際線の目的地のひとつとしてベルリンに乗り入れる立場になった。

変化はまだ現在進行形だ。かつては東側諸国の航空会社で賑わったシェーネフェルト空港の隣では空港拡張工事が進み、2011年に「ベルリン・ブランデンブルク国際空港」としてリニューアルオープンの予定である。完成の暁にはテーゲル空港は閉鎖の予定で、シェーネフェルト空港の名も消えることになる。それに先立ち、ベルリン空輸の一大拠点だったテンペルホーフ空港も2008年に閉鎖。まもなく、ベルリンにとって冷戦時代は完全に過去のものとなることだろう。

東西ドイツ統一直前の時刻表
【1990年7月　インターフルーク】

NACH • TO

Gültig Valid	Tag Day	(dep.)	(arr.)	Flug Flight	Flugzeug Aircraft	Klasse Class
DRESDEN von • from						
AMSTERDAM						
4. 7.–26.10.	– – 3 – 5 – –	17.25	18.55	KL 291	733	CM
BOURGAS						
3. 9.– 4. 9.	1 2 – – – – –	07.40	08.50	LZ 625	TU5	Y
3. 7.– 2.10.	– 2 – – – – –	08.10	09.20	LZ 629	TU3	Y
4. 7.– 3.10.	– – 3 – – – –	13.10	14.20	LZ 629	TU5	Y
4. 9.– 4. 9.	– 2 – – – – –	14.50	16.00	LZ 627	TU5	Y
BUDAPEST-Ferihegy 1 / ■ Ferihegy 2						
1. 7.–27.10.	– 2 3 – – – 7	10.25	11.40	IF 321	TU3	Y
2. 7.–26.10.	1 – – – 5 – –	14.45■	16.00	MA 880	TU5	CM
5. 7.–27. 9.	– – – 4 – – –	14.45■	16.05	MA 880	TU3	CM
4.10.–25.10.	– – – 4 – – –	14.45■	16.05	MA 880	TU5	CM
7. 7.–27.10.	– – – – – 6 –	14.45■	16.05	MA 880	TU3	CM
COLOGNE						
1. 7.–27.10.	1 2 3 4 5 6 7	10.50	12.00	IF 635	TU3	Y
DORTMUND						
7. 8.–25.10.	– 2 – 4 – – –	07.05	08.55	VG164	SWM	Y
FRANKFURT/M.						
3. 9.–22.10.	1 – – – – – –	07.00	08.00	LH 6040	737	FC
8. 7.–26. 8.	– – – – – – 7	08.45	09.55	LH 6040	737	FC
2. 9.–25.10.	– 2 – 4 – – 7	08.55	10.05	LH 6040	737	FC
1. 9.–27.10.	– – 3 – 5 6 –	12.25	13.30	LH 6042	737	FC
7. 7.–25. 8.	– – – – – 6 –	12.40	13.50	LH 6042	733	FC
5. 7.–30. 8.	– – – 4 – – –	12.40	13.50	LH 6046	737	FC
HAMBURG						
7. 7.–27.10.	– – – – – 6 –	15.15	16.35	IF 631	TU3	Y
1. 7.–26.10.	1 2 3 4 5 – 7	17.15	18.35	IF 631	TU3	Y
KIEV-Borispol						
3. 7.–27.10.	– 2 – – – 6 –	12.25	12.40	SU 667	TU5	Y
1. 7.–23. 9.	– – – – – – 7	12.25	12.40	SU 667	TU5	Y
6. 9.– 6. 9.	– – – 4 – – –	12.45	13.00	SU 663	TU5	Y
MIN VODY						
7. 7.–27.10.	– – – – – 6 –	11.40	13.40	SU 845	TU5	Y
MOSCOW-Sheremetyevo 2						
1. 7.–27.10.	1 2 3 4 5 6 7	10.20	10.55	SU 119	TU5	Y

33

左の時刻表よりドレスデン発の部分
ルフトハンザ（LH）もフランクフルトから乗り入れ

さらば、大英帝国の空の玄関

ロンドン（クロイドン）～アムステルダム

（1959 年）

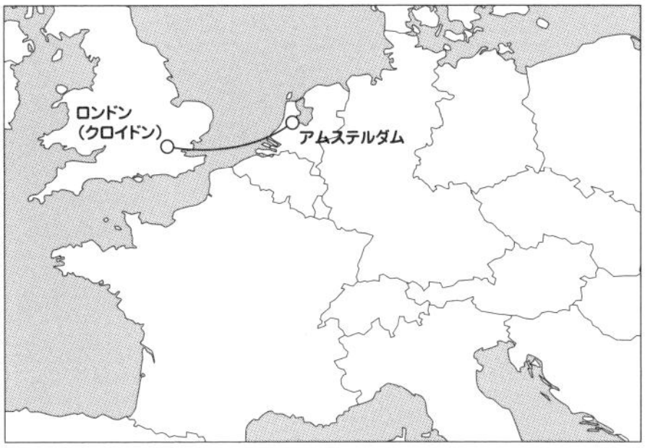

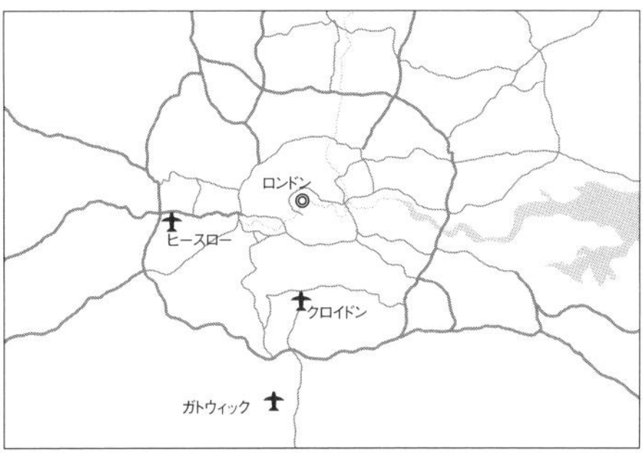

小説の舞台としても登場

1959 年 9 月 30 日 18 時 30 分、ロンドン南郊の小さな飛行場からイギリスの中小航空会社であるモートン航空のデ・ハビランド・ヘロン旅客機が飛び立った。その機長は「ラスト」（Last）氏。まさにその名前通り、このロンドン～アムステルダム間のモートン航空第 5 便はその飛行場を出発した最後の定期便となったのである。

飛行場の名前は「クロイドン飛行場」。ここは、第一次大戦当時に軍用飛行場として開設され、戦前はイギリスの空の玄関口として、アジアやアフリカに向けてインペリアル航空の長距離便が発着していた由緒ある土地だ。推理小説作品『クロイドン発 12 時 30 分』や、アガサ・クリスティの『雲をつかむ死』といったタイトルを出すと、ははぁ、と思われる方もいらっしゃるのではないだろうか。

クロイドン飛行場は、イギリスのみならず日本にとってもたいへん縁の深い土地である。1937 年 4 月、朝日新聞のイベントとして東京～ロンドン間連絡飛行に挑んだ三菱式雁型通信機「神風」号は、見事に同区間の所要時間新記録を樹立。東京・立川飛行場から 94 時間 17 分 56 秒の長旅を終えてここに降り立ち、操縦士の飯沼正明と機関士の塚越賢爾は大歓迎を受けた。

しかし、クロイドン飛行場の黄金時代は長くは続かなかった。戦後になって、イギリスの新しい空の玄関・ヒースロー空港が開発され、大陸間を飛ぶ大型機がヒースローに発着するようになると、クロイドンはかつてのような表舞台からは退き、国内線や近距離の国際線だけが発着する小さな飛行場になってしまった。そして、ヒースローに次ぐ第二の主要空港としてガトウィックが整備された翌年、1959 年には遂にその半世紀近くの生涯を終えたのである。

クロイドン飛行場の跡地は現在では工業団地として開発され、大きく姿を変えた。しかし、その重厚なターミナルビルは世界を結んだ大英帝国の航空網の遺跡として今も大切に保存されている。また、このターミナルビルの前には、モートン航空の塗装を施したヘロン機が飛行場の最期を今に伝えるモニュメントとして飾られているのだ

ZOMERDIENSTREGELING 1959 geldig vanaf 19 april 1959 PLAATSELIJKE TIJDEN

07.40	10.40	16.40	v.	ROTTERDAM, Centraal Station	a.	11.05	16.05	20.35
MT 2	MT 4	MT 6		D.H. DOVE of HERON		MT 1	MT 3	MT 5
08.30	11.30	17.30	v.	ROTTERDAM	a.	10.30	15.30	20.00
10.00	13.00	19.00	a.	LONDEN, Croydon Airport	v.	09.00	14.00	18.30

N.B. Diensten MT 3 en MT 4 zullen ***niet*** vóór 11 mei 1959 worden uitgevoerd.

次ページの時刻表の内部

が、モートン航空自体もブリティッシュ・ユナイテッド航空に吸収され、やはり過去のものとなった（なお、ブリティッシュ・ユナイテッド航空は、のちにカレドニアン航空との合併を経て英国航空に吸収された）。

クロイドン飛行場閉港前最後の時刻表
【1959年4月　モートン航空】

サウスエンド～ストラスブール
（1963年）

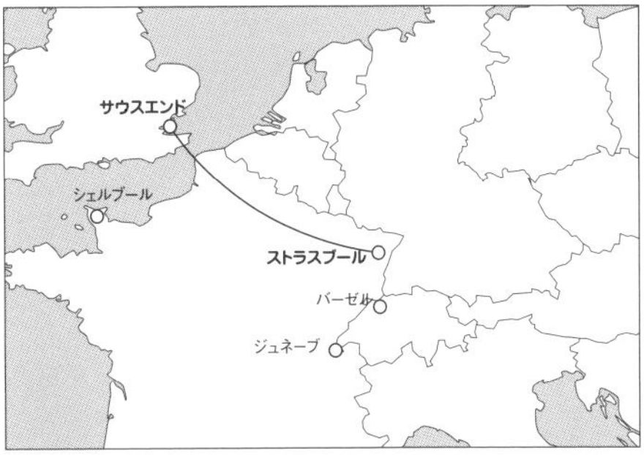

ヨーロッパのレジャーを支えた珍フライト

機首を大きく開けた飛行機に車が積み込まれる――こんな図柄が表紙に描かれた時刻表を見て、「ジャンボジェットの貨物機に、輸出される車が積まれているのだな」と思われる方もいらっしゃるかもしれないが、よく見ると左の方にはプロペラが見え、これはジャンボジェット機ではない。ではその正体は？

1950年代から60年代にかけて、イギリスとヨーロッパ大陸の間には、大陸を自分の車で走りたい観光客やビジネスマンのために、車とドライバーを一緒に飛行機に積み込んで運んでしまうという航空便が多数就航していた。この風変わりな航空便は「カーフェリー・サービス」と呼ばれ、今ではもはや歴史のひとコマとなってしまったものの、戦後イギリスの民間航空史に欠かせない、郷愁を誘うエピソードなのである。

航空カーフェリーに使用された代表的な航空機が、この表紙に描かれた“カーベア”（Carvair）だ。これは、アメリカ・ダグラス社のベストセラー旅客機であるDC-4（軍用タイプはC-54という）を、アヴィエーション・トレーダーという会社が改造して1961年に誕生したもので（Carvairとは、"Car via Air"を合成した造語とのこと）、操縦席が機首部の2階にあるという、はからずも今日のジャンボジェット機を先取りしたような形状が特徴だった。時刻表にはカーベアの機内の略図が載っているのだが、全長のほとんどは5台の車を搭載するためのスペースであり、最後部が運転者と同乗者のための小さな客室になっていた。カーベアは1961年から68年にかけて、全部で21機が改造されたという。

「カーベア」が表紙のカーフェリー航空便時刻表
【1963年1月　ブリティッシュ・エア・フェリー】

航空カーフェリーはシルバー・シティ／チャンネル・エア・ブリッジといった会社が主な運航会社であったが、これらが統合されて出来たのが、ここに時刻表を紹介したブリティッシュ・ユナイテッド・エア・フェリーである。航空カーフェリーの路線は、はじめは英仏海峡近辺に限られていたが、車を航空機で一緒に運んでしまうことの便利さが受けて、この頃には同社の路線は、イギリスに近いところでは英仏海峡の対岸であるシェルブールから、もっとも遠いところではヨーロッパ内陸のジュネーブまで達していた。それらの中でも、バーゼル／ジュネーブ／ストラスブール行きの各路線がカーベアによる運航である。

なお、時刻表には冬季の時刻（赤文字）と夏季の時刻（黒文字）が一緒に書かれており、これによると夏季は大増便されたことがわかる。このことからも、航空カーフェリーはどちらかというとビジネスよりも観光志向の路線だったことがうかがえる。航空カーフェリーならば、慣れない外国の道で迷って目的地への到着前に疲れてしまったり、長旅に飽きて助手席で寝てヒンシュクを買うこともない。楽しいドライブが出来たことだろう。ちなみに今日では、1994年に開通した英仏海峡トンネルに車を列車に載せて運ぶカートレインが運行され、イギリスと大陸を結んでいる。

さて、珍機・カーベアはイギリスの航空会社だけではなく、アイルランドのエア・リンガスやオーストラリアのアンセット航空などでも使用されたが、船のフェリーよりも搭載力が少なく、あらゆる面で特殊な取扱を要することからも航空カーフェリーとしての活躍は1970年代になると終わりを迎え、最後は普通の貨物機として使われることが多かった。中にはその搭載力を買われてアフリカや東南アジアへ売却されたものもあったようだが、ほとんどが既に現役を引退し、かつての日本産のトキよろしく、全滅は秒読みという絶滅危惧種となっている。一部はアメリカに渡って最後の活躍をしているのだが、近年、ある変わった役割に使われたこともある。それはなんとスカイダイビングのための母機！　約80人のジャンパーがカーベアに乗り込み、後部扉からスカイダイビングを楽しんだという。ドライブからスカイダイビングへ――まったく分野は違えど、やはりレジャーのために活躍するというあたり、そういう運命の下に生まれた機種なのだろうか？

TIMETABLE

Winter Timetable. All times in red indicate winter timetable operating from January 1st to March 30th and from October 27th to Decemt er 31st.
Summer Timetable. All times in black indicate summer timetable operating from March 31st to October 26th.

Cherbourg

	X	②④	①③⑤	⑥⑦	• X	Oct. 1st to 26th ①②③④⑤⑦		X
Dep. Hurn ...	09.15	11.25	11.25	11.25	07.50	—	—	08.55
Arr. Cherbourg ...	10.50	13.00	13.00	13.00	08.25	—	—	09.30
Dep. Cherbourg ...	11.20	13.30	13.30	—	08.45	—	09.15	09.50
Arr. Guernsey ...	Y	12.55	Y	—	Y	—	09.35	Y
Dep. Guernsey ...	Y	13.25	Y	—	Y	08.30	10.50	Y
Arr. Jersey ...	Y	Y	12.55	—	Y	Y	Y	Y
Dep. Jersey ...	Y	Y	13.25	—	Y	Y	Y	Y
Arr. Cherbourg ...	Y	14.50	14.50	—	Y	08.50	Y	Y
Dep. Cherbourg ...	Y	15.20	15.20	15.20	Y	—	Y	Y
Arr. Hurn ...	10.55	14.55	14.55	14.55	09.20	—	11.40	10.25

Basle

	②④	May 1st to May 31st ③⑤⑥⑦	June 1st to Sept. 29th X	X
Dep. Southend ...	09.30	08.30	08.30	15.30
Arr. Basle	13.00	11.05	11.05	18.05
Dep. Basle	14.30	12.00	12.00	19.00
Arr. Southend ...	16.00	14.35	14.35	21.35

Geneva

	③⑤⑦	X	May 1st to May 31st ③⑤⑥⑦	June 1st to Sept. 29th X
Dep. Southend ...	09.30	09.00	16.00	16.00
Arr. Geneva	13.00	11.35	18.35	18.35
Dep. Geneva	14.30	12.30	19.30	19.30
Arr. Southend ...	16.00	15.05	22.05	22.05

Strasbourg

	①⑥	April 1st to May 2nd ⑤⑥⑦	May 3rd to Sept. 29th X	Sept. 30th to Oct. 26th ①④⑦
Dep. Southend ...	09.30	09.30	09.30	09.30
Arr. Strasbourg ...	13.00	11.50	11.50	11.50
Dep. Strasbourg ...	14.30	12.35	12.35	12.35
Arr. Southend ...	16.00	14.55	14.55	14.55

Calais X

Dep. Southend	08.45	—	11.00	14.00	—	16.20
Dep. Lydd	Y	10.00	Y	Y	14.50	Y
Arr. Calais	10.15	11.20	12.30	15.30	16.10	'17.50
Dep. Calais	10.45	11.50	13.30	16.00	16.40	18.10
Arr. Lydd	Y	11.10	Y	Y	16.00	Y
Arr. Southend	10.15	—	13.00	15 30	Y	17.40

Le Touquet X

												E
Dep. Lydd	—	09.00	09.45	10.30	11.15	12.00	12.45	13 30	14.15	15.00	15.55	—
Arr. Le Touquet	—	10.20	11.05	11.50	12.35	13.20	14.05	14.50	15.35	16.20	17.15	—
Dep. Le Touquet	10.00	10.45	11.30	12.15	13.00	13.45	14.30	15.15	16.00	16.45	—	08.00
Arr. Lydd	09.20	10.05	10.50	12.35	12.20	13.05	13.50	14.35	15.30	16.05	—	08.20

E operating April 6th to 15th and

海峡対岸のシェルブールやカレーへも就航
（前ページの時刻表より）

イギリスの航空機産業が生み出した
海の怪物・巨大ホバークラフト

ラムズゲイト～カレー
（1969 年）

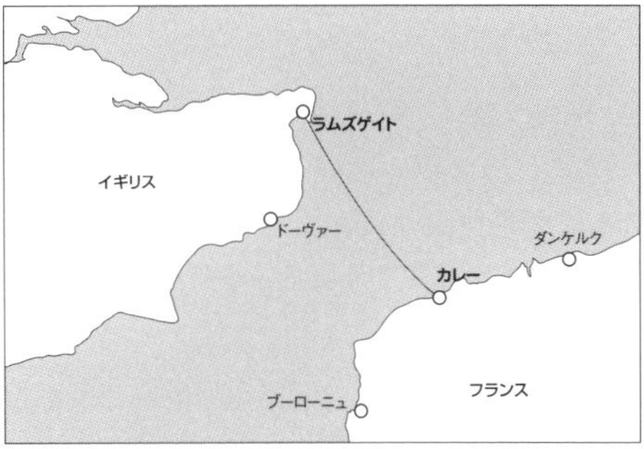

エアバス 1 機分以上のキャパシティ

世界を見渡してみると、「その国ならではの名物交通機関」というものが存在する。例えば日本では、「新幹線」や戦後唯一の国産旅客機「YS-11」が挙げられるだろう。では、イギリスの名物交通機関というのは何だろうか？　「二階建てバス」「コンコルド」……もうひとつ挙げるならば、それは「ホバークラフト」かもしれない。

ホバークラフトというと、大分市内～大分空港間を結ぶ路線に今日でも就航しているほか、かつては国鉄の宇高連絡船の急行便として宇野～高松間で使われていたため、日本でもまったくなじみがないというわけではないが、イギリスのそれはスケールが違った。イギリスで就航していたSR.N4“マウントバッテン”型ホバークラフトは、全長 40 メートル・幅 24 メートルの巨体を 4 個のプロペラで駆動し、250 人の乗客と 30 台の乗用車を乗せて時速 120 キロで航行するというもの。現在、大分で使われているものは全長 23 メートル・幅 11 メートルであり、それを横にして 4 隻並べるとイギリスのものと同じサイズということになるから、いかにイギリスの SR.N4 型が巨大だったかということが分かるだろう。乗客 250 名というと、今日のエアバス 1 機分とほぼ同じ。しかし、SR.N4 型がデビューした 1960 年代後半には、それと同程度の旅客機はようやく登場したくらいの時代であり、まだ一般的なものではなかった。なお、SR.N4 の中には 1970 年代後半に船体を延長して 400 人以上の旅客を乗せられるように改造されたものもあり、ここまでくるともうジャンボ機の域だ。

大型ホバークラフトによる英仏間路線は、イギリスの 2 社によって運航された。ひとつはイギリス国鉄系列のシースピード（Seaspeed）社、もうひとつはスウェーデンの海運会社系のホバーロ

SR.N4 就航時のラムズゲイト～カレー線時刻表
【1969 年 4 月　ホバーロイド】

イド（Hoverlloyd）社である。シースピードもホバーロイドも1960年代半ばに出来た会社で、前者はポーツマスやサウサンプトンからワイト島のカウズへ、後者は英仏海峡横断路線を、より小型のSR.N6型ホバークラフトで運航することから始まった。

そもそも、ホバークラフトというのは航空機の親戚といってもいい。水面から浮き上がるというところからして地に足の着いた乗り物ではないし、推進方法はまさにプロペラ機と同じ。イギリスは航空機産業が盛んな土地柄であるが、1950年代以降、ホバークラフトを本格的に開発したのも航空機メーカーだった。ホバークラフトの開発に携わった航空機メーカーは、ブリティッシュ・ホバークラフト・コーポレーション（BHC）というホバークラフト製造会社を立ち上げ、ここがSR.N6型やSR.N4型といった主要なタイプを世に送り出した。

さて、巨大なSR.N4型が英仏海峡にデビューしたのは1968年8月のこと。初就航は、シースピードのドーヴァー～カレー線およびドーヴァー～ブーローニュ線だった。英仏海峡にまだトンネルが無い時代、イギリスとフランス／ベルギー／オランダの間には多数のカーフェリー航路が存在していたが、それらよりも格段に速いホバークラフトにフェリーと同じくクルマが搭載できるということは画期的なことである。シースピードに1年近く遅れ、1969年4月からはホバーロイドがラムズゲイト～カレー線にSR.N4型「スウィフト」（Swift）号と「シュア」（Sure）号を就航させた。

The world's finest Hoverports

Hoverlloyd built the world's first international hoverport on the sands at Pegwell Bay, Ramsgate, Kent, with two targets—to make it the smoothest, quickest possible passenger handling Port, and to give passengers a comfortable and enjoyable time. The result is a streamlined Hoverport which equals the standards of any international airport—with a little more besides.

Pegwell Bay is noted for its natural wild bird reserve and the migration of these wild birds, butterflies and dragonflies can be observed from armchair comfort, together with the panoramic views of Pegwell Bay and the surrounding countryside.

The Hoverport cost £1,500,000 to build and can handle 1,000,000 passengers each year; it has the fastest and most direct route of any Channel port to London via the M.2 Motorway.

The long, low, handsome design of its all-in-one building fits snugly into the sheltered bay. Inside there is a shopping centre with an Exchange Bureau, a Bank and an automatic photographic machine for day passport photos.

Around the well of the Customs Hall runs a balcony where passengers and friends can eat quite cheaply at a large Cafeteria; there is also a first-class Cocktail Bar and Restaurant where diners can watch the spectacular sight of hovercraft approaching in a storm of spray to berth on the landing platform right outside the windows. It is fascinating to see 177 tons of hovercraft sit down as gently as a feather.

Passengers who have passed through Customs and Immigration controls have a comfortable departure lounge, with a licensed Snack Bar, and a Duty Free Shop for the purchase of cigarettes, spirits and perfume.

To speed incoming passengers through the Customs, the Hoverport has been designed for cars and foot passengers to split into a red and green stream, for rapid examination. Green is for passengers bringing in only the amount of Duty Free goods allowed by Customs. Red is for those who wish to bring in more than the set concession.

The Hoverport beats traffic jams and travel delays so common to many Ports by having the advantage of an arterial road (A.299) and a motorway (M.2) direct to London.

Express coach services from London connect up with hovercraft departures and buses connect the Hoverport with Ramsgate railway station and fast, frequent trains to London.

The Hoverport across the Channel at Calais, is also built on the sands outside the town and has similar good main roads leading to motorways to fan out holidaymakers to Paris, Belgium, Holland or the south of France. A local bus connects each hovercraft with Calais Town Station and frequent express trains to Paris. There are also Hoverlloyd express coaches to Ostend and Paris for passengers holding through tickets for the scheduled hovercraft-coach service.

Both Ports are so modern that they could, easily, at the moment, handle one quarter of all the cars and passengers crossing the Channel from its various Ports.

With the swing to hovercraft travel, they may find themselves doing just that before very long.

5

ラムズゲイトのホバー・ポートの紹介
（1970年頃のホバーロイド船内誌より）

英仏海峡航路全盛時代に就航

ラムズゲイトは、ドーヴァーの20キロほど北にある街。英仏海峡の玄関といえばドーヴァーという印象が強いので日本ではあまり知られていない場所であるが、ホバーロイドはここを根拠地に英仏海峡横断線を運航した。同社はラムズゲイトに「世界初の国際ホバーポート」との触れ込みで150万ポンド（10億円以上に相当）をかけてターミナルを建設。2階建ての空港ターミナルのような外見をしており、国際航路だけに税関はもちろんのこと、パスポート用の自動証明写真撮影機が設置され、免税店やレストラン、スナックバーなどが完備していたという。

ホバーロイドにSR.N4型が就航した1969年4月から有効のスケジュールによると、7月から9月の最繁忙期には朝8時から夜21時まで1時間間隔でラムズゲイト～カレー間に就航していた。片道の所要時間は40分。ちなみに、同社は便のことを「フライト」と称しており、そういったことからもホバークラフトがいかに飛行機に近い乗り物であるかがうかがえる。運賃には「A」運賃と、それもよりも安い「B」運賃とがあり、週末の便や平日の時間の良い便は「A」運賃が適用され、それ以外の閑散便には「B」運賃が適用されるなど、当時の日本には無かったような柔軟な価格戦略が行われていた。また、英仏海峡横断路線はロンドンとパリやベルギーのオーステンデを短時間で結ぶという使命も持っていたため、時刻表にはこれらの都市間の連絡スケジュールや通しでの運賃も掲載されている。通し券を購入して専用バスを利用した場合、ロンドンを朝8時に出るとパリに到着するのは16時半のことだった。

英仏海峡のホバークラフトは長らくシースピードとホバーロイドの2社がしのぎを削ってきたが、両社は1981年に合併し、ホバースピード（Hoverspeed）という社名で新たなスタートを切る。その頃、英仏海峡横断のホバークラフトのターミナルはドーヴァーに集約され、ホバーロイドの本拠地だったラムズゲイトのターミナルは閉鎖された。しかし、両社のSR.N4型合わせて6隻がドーヴァー〜カレー間に就航したこの頃が、英仏海峡横断の大型ホバークラフトの全盛期だったといっても良いだろう。

しかし技術の進歩によって、やがてホバークラフト以外の高速船が幅を利かせ始める。特に、双胴型高速フェリーが登場するとホバークラフトは前時代的な乗り物になっていった。たしかに、空中でプロペラがブルブル回っているというのは今日からみればあまりに無骨なスタイルであるし、船体下面がゴムで出来たクッションというのも特殊すぎる構造だ。1994年には英仏海峡にトンネルが開通し、鉄道による高速で確実な輸送が実現。遂に2000年10月、英仏海峡を横断する大型ホバークラフトは惜しまれながら幕を閉じ、水煙を上げて海峡を往来するSR.N4型の姿は過去のものとなったのであった。

かつて使用されていたホバークラフトは、イギリスの「ホバークラフト博物館」で保存されており、現在でもその雄姿を見ることができる。そういえばイギリスにはヘリコプターに限ったものとしては世界最大級の「ヘリコプター博物館」という施設も存在するのであるが、イギリスというのは、先進的な技術を追求するが故に「異形の乗り物」が生まれやすいお国柄だったのであろうか？

FLIGHTS

Departures are indicated by an 'A' or 'B' which also indicates tariff applicable – see under 'FARES' for full details. Connecting coach services are shown overleaf. Also see East Kent and British Rail timetables or ask your travel agent.

RAMSGATE TO CALAIS

Flight No.	Time	M	T	W	T	F	S	S
APRIL 2 – 30								
306	0900	B*	–	–	–	A*	B	–
314	1100	B†	B	B	B	B†	A	A
326	1400	A*	–	–	A*	A*	A	–
342	1800	B	B	B	B†	A	B	B

*3-7 APRIL ONLY †TARIFF A 3-7 APRIL

Flight No.	Time	M	T	W	T	F	S	S
MAY 1 – 31								
306	0900	B*	–	–	–	–	B	B‡
310	1000	A*	–	–	–	–	A‡	A*
314	1100	B†	B	B	B	B	A	A
318	1200	A*	–	–	–	–	A‡	A*
322	1300	B*	–	–	–	–	B‡	B*
326	1400	B*	–	–	–	B‡	A	A‡
330	1500	B*	–	–	–	–	A‡	B*
334	1600	B‡	B‡	B‡	B‡	B‡	A‡	B‡
338	1700	B*	–	–	–	–	B‡	B*
342	1800	B	B	B	B†	A	B	B
346	1900	B*	–	–	–	–	B‡	B*
350	2000	B*	–	–	B*	A‡	B‡	B*

*22-26 MAY ONLY †TARIFF A 22-26 MAY
‡FROM 23 MAY

CALAIS TO RAMSGATE

Flight No.	Time	M	T	W	T	F	S	S
APRIL 2 – 30								
307	1000	B*	–	–	–	B*	B	–
315	1200	B	B	B	B	B	B	B
327	1500	A*	–	–	B*	B*	B	–
343	1900	B†	B	B	B†	B†	A	B†

*3-7 APRIL ONLY †TARIFF A 3-7 APRIL

Flight No.	Time	M	T	W	T	F	S	S
MAY 1 – 31								
307	1000	B*	–	–	–	–	B	B‡
311	1100	A*	–	–	–	–	A‡	A*
315	1200	B†	B	B	B	B	A	A
319	1300	B*	–	–	–	–	B‡	B*
323	1400	B*	–	–	–	–	B‡	B*
327	1500	B*	–	–	–	B‡	B	B‡
331	1600	B*	–	–	–	–	B‡	B*
335	1700	A‡	B‡	B‡	B‡	B‡	A‡	A‡
339	1800	A*	–	–	–	–	A‡	A*
343	1900	B†	B	B	B	B	A	B†
347	2000	A*	–	–	–	–	A‡	A*
351	2100	B*	–	–	B*	B‡	B‡	B*

*22-26 MAY ONLY †TARIFF A 25-26 MAY
‡FROM 23 MAY

105ページの時刻表の内部
「A」運賃と「B」運賃の適用日が明示されている。

カップラーメンより短時間で飛ぶ！
スコットランドの世界最短航空路

ウェストレー～パパウェストレー
（1978 年）

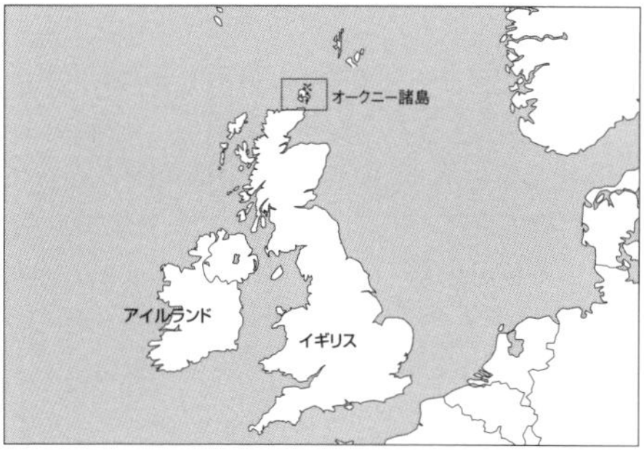

目的地はすぐ向かいの島

世界で一番短い航空路線はどこか？――こんな問いにあなたならどう答えるだろうか。一口に世界最短といっても、ふたつの空港間の直線距離であったり、実際の飛行距離であったり、時刻表に載っている所要時間であったりいろいろな条件が考えられる。また、定期路線か不定期路線か、その便の始発地から終着地までが対象か、はたまた途中寄航する一部区間だけでも良いのかなど、条件を挙げればキリがない。しかし、とりあえずそういった細かい条件は抜きにして、『ここが世界最短の定期航空路線だよ』と言われれば誰もが納得して感嘆の声を上げるだろうという路線が、日本の反対側・イギリスはスコットランドの離島に存在する。オークニー諸島にある二つの島を結ぶウェストレー～パパウェストレー間。時刻表に掲載された所要時間はわずか２分！　後述する、戦前のサンフランシスコ湾横断航空路（6 分）も真っ青の短さだ。

オークニー諸島は、おそらく、日本人でご存知の方はほとんどいらっしゃらないのではないだろうか。イギリス本土のすぐ北に位置し、約 70 の島々で構成されている。北緯 59 度付近に位置するから、北海道でさえ及びもつかぬ高緯度。農業と漁業で成り立っているスコットランドの片田舎の島々という感じで、北海油田からのパイプラインも延びている。そんなオークニー諸島の中でも北の方にウェストレー島が位置している。そして同島からわずか２キロ程度の海を隔てて浮かぶのが「パパウェストレー島」。「パパ」というくらいだから「父島」なのであろうか？　しかし、ウェストレー島の方が大きい。そんな、世界地図の中では針の穴ほどの極小な場所が、世界最短の定期航空路線の舞台だ。

ではこの路線の旅とはどんなものなのであろう

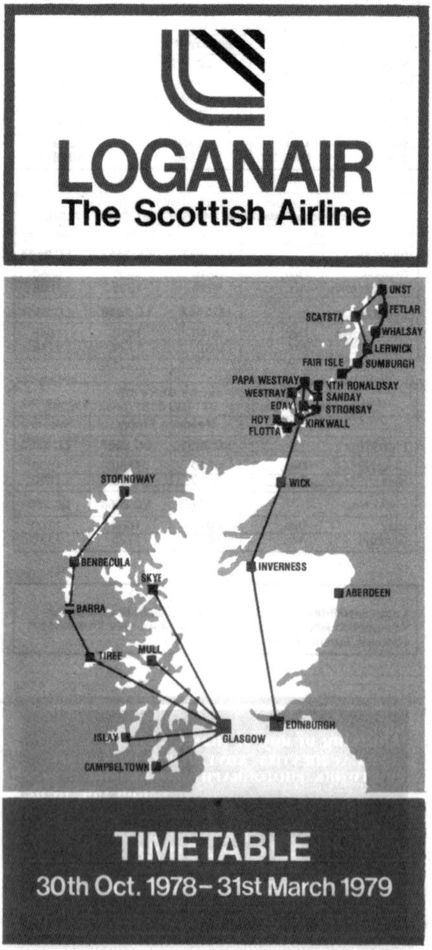

世界最短航空路線が掲載された時刻表
【1978 年 10 月　ローガンエア】

か？　所要時間がたった2分という世界的に珍しい路線だから、当然のごとく？インターネットの動画サイトにはこの路線の飛行の一部始終が映像としてアップされており、日本にいる我々でも様子を知ることができる。それによると、両島とも人家も稀な島の隅の草原に短い滑走路があり（さすがに舗装はされている）、そこに発着しているようだ。その運航はまさにバスではないかと思うほど。おもむろに滑走路から離陸して島の海岸をグッと旋回しながら掠めると、あとは対岸に向って一直線。上がったと思ったら次はもう滑走路に降りているという感じで、もちろん機内サービスなどという気のきいたものはない。所要時間2分といっても、地上滑走の時間もあるから、実際に空を飛んでいるのはその半分程度だ。この路線には、知る人ぞ知る調布から伊豆諸島への路線や新潟～佐渡間でも使われている、ブリテン・ノーマン“アイランダー”という10人乗り小型機が飛んでいる。コックピットに仕切りはなく、乗客のすぐ目の前でパイロットが操縦しているのは、まさに車と変わらない。

この、“ローカル線の中のローカル線”を運航しているのは、スコットランドの地方路線を中心に運航しているローガンエアという会社。もちろん“老眼”とは無関係だ。ローガン建設という地元の建設業者によって1962年に設立された、新しくもなければそれほど古くもない会社であるが、現在はブリティッシュ・エアウェイズと提携関係にあり、一部の便はコードシェアで運航されている。オークニー諸島の路線は、同社設立からわずか2年後の1964年から開設され、かれこれ40年にわたって地元の人々や観光客の足として親しまれてきた。

ところで、ウェストレーとパパウェストレーを結ぶ路線は、それだけで完結した単独の便ではない。1978年10月の同社の時刻表を見ると、オークニー諸島の中心都市であるカークウォールから出発してオークニー諸島の何島かに立ち寄ったのち、再びカークウォールに戻る周遊コースの中の一区間が、ウェストレー～パパウェストレーなのである。どこの島に立ち寄るかは曜日や便によって異なり、ウェストレー～パパウェストレー間はほぼ隔日就航。しかもパパの方はこの区間が運航される時以外は発着が無かった。必ずウェストレーからパパウェストレーへの一方通行で、明らかにこの2島間の往来を意図したものではなさそうだ。しかしこのオークニー諸島線はすごい。時刻表を眺めると、所要時間が短いのはウェストレー～パパウェストレー間だけではなく、10分を切る超短距離区間があちらこちらにある。

ちなみに、前述の事情は現在ではいくらか変化があり、カークウォール発着の周遊コースであることは同様だが、ウェストレーよりもパパの方に先に立ち寄ったり、パパにはウェストレー以外の

ORKNEY ISLAND SERVICE
Reservations: Telephone: Kirkwall 3025 Telex: 75121

Days		Monday, Wednesday and Friday								Tuesday and Thursday						Saturday				
Flight No.		LC 301	LC 401	LC 101	LC 691	LC 303	LC 403	LC 103	LC 693	LC 501	LC 201	LC 695	LC 503	LC 203	LC 697	LC 205	LC 405	LC 699	LC 305	LC 407
Kirkwall	Dep.	0825	0840	0925	1015	1330	1345	1430	1515	0825	0840	0920	1335	1425	1515	0840	0855	1300	1345	1455
Flotta	Arr.				1021				1521			0926			1521			1306		
	Dep.				1028				1528			0933			1528			1313		
Hoy	Arr.				1030				1530			0935			1530			1315		
	Dep.				1037				1537			0942			1537			1322		
Westray	Arr.		0852				1357			0837			1347				0907			1507
	Dep.		0859				1404			0844			1354				0914			1514
Papa Westray	Arr.									0846			1356				0916			1516
	Dep.									0853			1403				0923			1523
Stronsay	Arr.			0933				1438			0848			1433		0848			1353	
	Dep.			0940				1445			0855			1440		0855			1400	
Eday	Arr.			0944				1449									0928			1528
	Dep.			0951				1456									0935			1535
Sanday	Arr.	0836				1341					0859			1444		0859			1404	
	Dep.	0843				1348					0906			1451		0906			1411	
North Ronaldsay	Arr.	0848				1353													1416	
	Dep.	0855				1400													1423	
Kirkwall	Arr.	0909	0911	0959	1045	1414	1416	1504	1545	0905	0917	0950	1415	1502	1545	0917	0943	1330	1437	1543

前ページの時刻表の内部
飛行時間数分の路線があちらこちらに……

島との路線もあることから毎日必ずどこかの島との便の発着がある。なお、同区間の現在の運賃は大人片道14ポンドで、日本円に換算すると3000円強といったところ。なお『同区間の』運賃と先ほど書いたが、実際にはオークニー諸島内の路線は都市内のバスのように均一運賃で、どこを乗っても14ポンドだ。

なおオークニー諸島の中心都市であるカークウォールからウェストレーへの航空路線は戦前にも存在した。1939年6月に発行された『ブラッドショー・国際航空時刻表』を見ると、当時多数存在したイギリスの中小航空会社のひとつであるスコットランド航空がこの路線を運航していたことがわかる。今と同じくカークウォール発着の周遊コースながら、時刻は始発地のカークウォールの発時刻（正午）しか掲載されていないため、寄

パパウェストレー（手前）～ウェストレー（奥）間の飛行経路
（Alan Moar 氏提供）

航順序や各区間の所要時間は残念ながら分からない。ただ、パパウェストレーは寄港地に書かれていないから、おそらく立ち寄らなかったのだろう。

風変わり路線はこれだけではない

ちなみにこのローガンエア、他にもなかなか変わった路線が存在する。オークニー諸島とはイギリス本土を挟んで反対側のヘブリディーズ諸島にあるバラ（Barra）への路線だ。このグラスゴー〜バラ線は､所要時間は1時間10分と特段変わったものではない。しかしこのバラの飛行場は、なんと波打ち際の砂浜が滑走路になっている。それでもれっきとした飛行場で、波打ち際にはラインこそ引かれていないが仮想的な滑走路がきちんと設定されている上、小さいながらもターミナルビルもある。潮の状態によっては、発着する飛行機が水しぶきを上げて滑走するという、なかなかワイルドな風景が楽しめる。

まだまだ世界には我々の知らない路線がいろいろあるのだな、と思っているアナタ。日本で一番短い航空路線はどこかご存知だろうか？それは、琉球エアーコミューターの、南大東島〜北大東島線で、所要時間はわずか10分（2007年12月号の時刻表による）だ。ちなみに、北大東から南大東へは15分となっているので、あくまでも南から北への便に限定と思っていただきたい。なお、ここはローガンエアと違い、この区間のみで「835便」という単独の便名が付けられている。もっとも飛行機自体は、那覇→南大東→北大東→那覇と、周遊ルートのような運用で飛ぶ。

ところで、日本の短距離路線で所要時間10分というのはきわめて例外であり、次点の宮古〜多良間線のように、どんなに短くても20分以上を要する路線が一般的だ。かつては、奄美大島〜喜界島線が所要時間15分で長らく日本の短距離路線のトップだった（現在は20分）が、この路線には60人乗りの国産旅客機・YS-11が就航していたため、機体の大きさと所要時間とのバランスで言ってもこれほど珍妙なものはなかった。

他にもっと短い例は？と調べたところ、1964年の一時期、関西汽船系の関汽エアーラインズという会社が大分〜別府〜阿蘇〜熊本線を運航していた。この路線の大分〜別府間が現在までの最短記録である7分。また、1989年の横浜博覧会を機にシティエアリンクが運航した羽田〜横浜線が10分。しかしこれらはいずれもヘリコプターによる運航、しかも一時的なものだったこともあり、最短記録として認定するのはいかがなものか？

“日本は狭い”とよく言われるが、航空路線に関して言えば、日本列島は結構広いものなのである。

オークニー諸島線が載っている戦前の時刻表
（ブラッドショー国際航空時刻表　1939年6月）

滑走路はジャンプ台？
アルプス山中のアブナイ飛行場

パリ～クールシュベール
(1975 年)

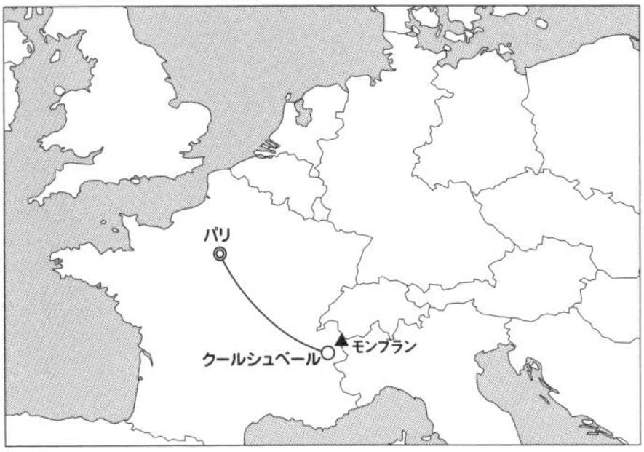

飛行機を降りるとそこは一面のゲレンデ

世界を見渡すとなんと、飛行機で乗り付けることができるスキー場が存在する。フランス南部、イタリアおよびスイスとの国境に近い、アルプス山中のクールシュベール（Courchevel）というところがそれ。ここは“トロワバレー”（3つの谷）と呼ばれるだだっ広いスキー場地帯の一角で、この近辺ではもっとも高級なリゾート地としても知られている。

ところがこのクールシュベールの空港、フツーではない。さすがにアルプスの山の中だから滑走路は長くなく、たった530メートルなのだが、これがなんとスキーのジャンプ台よろしく山の傾斜そのままに傾いて設置されているのである。この空港の敷地はもっとも低いところで標高1941メートル、もっとも高いところが2006メートルとのことで、実に60メートルの高低差があることになる。なお、かつて日本の鉄道でもっとも急な勾配があったことで有名な碓氷峠は、おおまかに言って、500メートル進むと20～30メートル登るという傾斜だから、この2倍の傾きと言える（滑走路でもっとも急な部分の傾斜は18.5度）。

こんな調子だから、この空港の写真を見ると、我々の常識を超えた映像を目にすることができる。撮影アングルにもよるのだが、発進位置についた

Sports d'Hiver **AIR ALPES**

Paris Air

1 Nov 74 — 6 Avr 75		⚒	⚒	⚒	6	1 2 3 4 5	1 2 3 4 5	1 2 3 4 5	1 2 3 4 5	1 2 3 4 5 7	1 2 3 4 5	※	※ 21-12 06-04	※ 21-12 06-04	※ 21-12 06-04	※ 21-12 06-04	1 2 3 4 5	1 5 23-12 04-04	6 21-12 05-04	1 2 3 4 5	6 21-12 05-04
		LP 350 TO Y	**LP 102** CR Y	**LP 202** BE Y	**LP 202** BE Y	**LP 152** BE Y	**LP 204** BE Y	**LP 106** CR Y	**LP 108** PC Y	**LP 208** BE Y	**LP 158** BE Y	**LP 110** CR Y	**LP 920** TO Y	**LP 924** TO Y	**LP 900** TO Y	**LP 904** TO Y	**LP 350** TO Y	**LP 961** PC Y	**LP 350** TO Y	**LP 354** TO Y	**LP 354** TO Y
Paris (M) Le Bourget	dp	0700	0820	0915	0915	0925	1430	1530	1830	2040	2115	2130	0800	1345	0745	1330	0700		0700	1400	1400
Dole/ Besançon	ar				Via Annecy	1025					2215										
	dp					1035					2225										
Chambéry/ Aix-les-Bains	ar	0845	0920		1105	1110		1630	1930		2300	2230					0845		0845		
	dp																0910		0910		
Annecy	ar			1045			1600			2210											
	dp																				
Megève	ar												0945	1530							
Courchevel	dp														0930	1515					
Gap	ar																0955 ↳		0955	1615	1615
	dp																	1010			1625 LP 995 Pilatus
Serre-Chevalier	ar																				1655
Barcelonnette	ar																	1030			

クールシュベールに乗り入れていたエア・アルプスの時刻表
(エールフランス時刻表　1974 年 11 月より)

飛行機は、あたかも断崖のてっぺんから転落しそうな様にも見えるし、着陸する飛行機は、撮影者の手前の斜面に頭から突っ込むのではないかという風に見える。

ここは滑走路も風変わりであるが、なにせアルプスの山の中。霧や気流の関係で予定通りの運航ができないこともあるだろう。きっとここに発着するパイロットは、気象状況に気をもみながら空港にアプローチし、最後は急傾斜滑走路への着陸という、気の休まる暇のないフライトなのではないか？　かつて香港にあった啓徳空港は、着陸のときに空港手前の山を掠めながら九龍市街上空で「香港カーブ」と称された急なUターンをしなければならない“世界でもっとも難しい空港”といわれたものであるが、アルプスの山中のクールシュベールも、やっぱり世界でもっともスリリングな空港のひとつといってもいい。

さて、クールシュベールの空港は今では自家用機やチャーター機の発着だけに使われているようである。しかしかつては、フランスのエア・アルプス（他社に吸収されて現存しない）やオーストリアのチロリアン航空（現：オーストリアン・アローズ）といった航空会社が、冬季臨時便を飛ばしていた。1975年冬季のエールフランス時刻表には「ウィンター・スポーツ」というページがあり、エア・アルプスによるアルプスのスキーリゾートへの路線の時刻が掲載されている。これによると、パリ〜クールシュベール線は12月21日から4月6日限定で1日2往復の運航。パリのル・ブルージェ空港から、DHC-6“ツインオター”機が1時間45分で飛んでいた。ここはバスで行くとすると、ジュネーブから3時間かかるところであるから、それよりも短い時間でパリから飛行機で直接乗りつけられたのは便利であった。

なお、エア・アルプスが使っていた“ツインオター”も、チロリアン航空が使っていた“ダッシュ7”という機種も、短距離離着陸（STOL）性能に特に優れた機種であり、この地への乗り入れがいかに特殊なものであったかを物語っている。

クールシュベール空港の滑走路
（Craig McCorriston 氏提供）

万事OK！
チェコスロバキアのノッてたエアライン

プラハ～ジャカルタ
（1966 年）

ソ連機に書かれた「OK」

航空会社の業務は、国際間での連携が重要である。したがって、IATA（国際航空運送協会）という組織があり、国際的なとりきめを行っている。その中のひとつに、航空会社に付与される略号というものがある。いわゆる2レターコードと呼ばれるもので、アルファベットや数字の2文字の組み合わせで会社を表す。例えばJALは「JL」、ANAは「NH」というコードが定められており、国際空港の発着案内表示で「JL001」とか「NH009」のように便名と組み合わせて表示されているのをご覧になった方もいらっしゃるであろう。世界のメジャーなエアラインの場合、このコードは社名の英文に由来するものが多い。ところで、JALの「JL」は略称からからすぐにイメージできるが、ANAに割り当てられている「NH」の由来をご存知の方は相当な通だ。ANAは、その前身の「日本ヘリコプター輸送」という会社が1953年に設立されたところからスタートしたが、この社名「日本」の頭文字「N」と「ヘリコプター」の頭文字「H」を組み合わせて「NH」となったというエピソードがある。

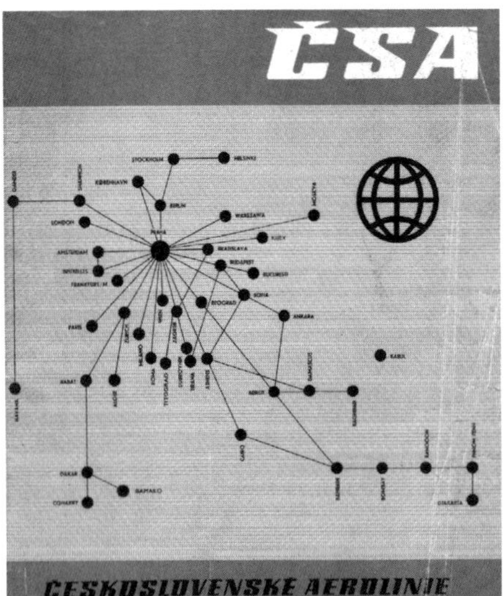

広大な路線網を表紙に描いたチェコスロバキア航空時刻表【1966 年 5 月　同社発行】

さて、このIATAの航空会社コードが「OK」という会社がある。「オーケー」とはなかなか景気の良い響きだ。さぞやノリの良いアメリカの会社かと思いきや、これは実は東欧・チェコ航空のコードである。チェコ航空は元々、チェコスロバキアの国営航空であったのだが、1989年11月のビロード革命を契機に、その後チェコとスロバキアが分離して以降、チェコ共和国のフラッグキャリアとして今に至っている。ちなみに「OK」というコードは本来、チェコスロバキアで登録されている航空機の機体番号の頭に付与される記号だ（飛行機の胴体や翼を見ると目に入るが、日本で登録されている機体には必ず「JA ○○○○」という登録記号が付けられている。この「JA」に相当する）。語呂が良いので、チェコスロバキア航空はIATA加盟時にそれをそのまま航空会社コードとして申請したのであろう。

なお、機体登録記号としての「OK」にはさらに由来があり、これは国際電気通信連合（ITU）が世界各国に割り振っている無線のコールサインの国識別記号である。NHK東京第一放送を示す「JOAK」の「JO」もそのひとつで、日本には「JA」から「JS」が割り当てられている。チェコは「OK」から「OL」だ。航空機には地上との連絡のための無線通信手段の装備が必要だが、そうした事情に由来しているのであろう。この国識別記号は、例えばイギリスの「G」やフランスの「F」のように、いわゆる大国は国名に由来する一文字だけが振られているが、他は国名とは関係の薄い2文字が一般的だ。チェコスロバキアにはたまたまオツなコードが割り当てられたというわけで、なにも最初からチェコスロバキア航空の商売ために語呂のよさを狙ったわけではない。

1960年代後半に入ると、この「OK」という航空会社コードを、チェコスロバキア航空は商業的に活用する。当時同社の発行したパンフレットには『OK（チェコスロバキア航空）に任せておけば、いつでも万事ＯＫ！』という駄洒落のきいた景気の良い宣伝文句が踊っていたが、さらに驚くべきことに、同社のジェット機の尾翼には赤地に白抜きで“OK － Jet”という文字がデカデカと記されていた。しかもそれが書かれているのはイリューシンやツポレフといった、旧ソ連のジェット機というのがまた傑作。同社はソ連が開発した長距離ジェット機・イリューシン Il-62 を、1969 年にソ連以外の航空会社としては初めて受領し、翌年から同機を使ってプラハ～ニューヨーク線を開設している。東側諸国の航空会社の中でニューヨークへの定期乗り入れは、1968 年のアエロフロートに続いて２番目のことであった（その後、ポーランド航空が 1973 年に乗り入れ。ルーマニア航空は 1974 年から定期路線としての運航を開始）。

積極的かつ独自の路線展開

さて、後述するユーゴスラビア航空の項でも書いたが、1980 年代末の東欧革命以前の東欧諸国の航空会社の中にもいろいろなスタイルがあり、ユーゴスラビア航空のようにほとんどソ連製の機体を使わなかった航空会社もあれば、逆にソ連製の機体で固めた会社もある。チェコスロバキア航空は後者の代表格だ。しかも、他に似たような性質の会社としてブルガリア航空やハンガリー航空がある中で、チェコスロバキア航空はちょっと特別だった。

その１　英・仏・ソ連に続いて４番目にジェット旅客機の独自運航を開始したという先進性
その２　国際線における、ソ連並かそれ以上の積極的な路線展開。
その３　国内に航空機産業を有し、自国生産の機材を使用したこと。

世界で初めてジェット旅客機を就航させたのは、イギリスの BOAC（1952 年５月）である。しかし、連続事故の発生で 1954 年には運航中止され、世界の空からはジェット旅客機の姿が一旦消えてしまう。このスキにジェット旅客機を就航させたのがソ連だった。1956 年９月にアエロフロートのツポレフ Tu-104 が、モスクワ～イルクーツク線に就航。そしてそれに続いたのがチェコスロバキアだったのである。チェコスロバキア航空は 1957 年にソ連から Tu-104 を輸入し、プラハ～モスクワ線に就航させた。これにより当時のチェコスロバキアは、ソ連以外にジェット旅客機を飛ばす唯一の国となったのである。

その後、1958 年 10 月に西側諸国は再びジェット機時代に突入する。BOAC がコメットの改良型を、次いでパンアメリカン航空がボーイング

ш = Trident　★ = TU-104　■ = IL-18　● = B-

ČTI DOLŮ = READ DOWN LINIE — SERVICE LETADLO — AIRCRAFT TŘIDA — CLASS		LT = GMT ±	ČTV ④ THU IA 038 ш F/Y	ÚTE ② TUE OK 518 ■ F/Y	STŘ ③ WED OK 516 ★ F/Y	PÁT ⑤ FRI AI 108 ● F/Y
PRAHA	d	+1	1210	2340	0815	1225 ROM
SOFIA	a d	+2		③		
BEOGRAD	a d	+1			0945 1035	
ATHENS	a d	+2		0400 0445		
ANKARA	a d	+2				
ISTANBUL	a d	+2	1540 1625			
BEIRUT	a d	+2		0700 0750		1905 1945
DAMASCUS	a d	+3 D		0935 D ③		
CAIRO	a d	+3 D		....	1525 1615 D	
BAGHDAD	a	+3	1935	....		⑥
TEHERAN	a d	+3,5		....		
BAHRAIN	a d	+4		....		0010 0100
KABUL	a	+4,5		....		
DOHA §	a d	+4		....	2015 2100 §	
KARACHI	a d	+5		....	④	
BOMBAY	a d	+5,5		....	0155 0325	0545 ⑥
CALCUTTA	a d	+5,5	....	....		
RANGOON	a d	+6,5	....	....	0810 0900	
PHNOM PENH	a d	+7	....	....	1125 1215	
DJAKARTA	a	+7	....	....	1520 ④	

前ページの時刻表の内部
プラハ～ジャカルタ便（OK516）の時刻が見える

707を大西洋線に投入。以降、ジェット路線は世界を一周するまでに急成長するが、その裏でチェコスロバキア航空も西側のジェット時代に伍して着々とジェット路線を伸ばしていった。1958年8月にはエジプトのカイロへ。1959年にはインドのボンベイ（ムンバイ）へ。そしてその路線は1960年8月にインドネシアのジャカルタへと達し、プラハ～ジャカルタ線が完成する。

東南アジアの共産勢力の拠点だったインドネシア

ジャカルタという目的地は、その近傍のシンガポールやバンコクに比べると、いささか地味な気もする。しかし1965年まで、インドネシアはスカルノ大統領の下で共産党が一定の基盤を持っていたという事情がある。当時のインドネシアというと、オランダによる植民地支配の反動もあって、西側にも東側にも属さない非同盟中立路線を目指していたというイメージが一般的。しかし、その裏には、多様な民族や宗教で構成され容易に分裂の恐れを抱えているインドネシアで、大統領が確固たる指導力を発揮して国を掌握するために、スカルノ自らが国軍と共産党の勢力争いに乗じていたという実態があった。ただし、どちらかというと国軍が優位であったため、共産党に肩入れすることで両者のバランスを保っていたのである。

そのような背景があるから、共産圏の航空会社が東南アジア路線の最終目的地としてジャカルタを選択したことも非常にうなずける。ところで、アエロフロートがモスクワ～ジャカルタ線を開設したのは1962年1月31日のこと。チェコスロバキア航空はソ連よりも実に2年も早くにインドネシアへの空路を開設したことになる。このあたり、東欧諸国の中ではソ連に近い立場を取りながらも、“歩くのは自分の足で”というチェコスロバキアのバランス感覚やしたたかさが表れているように思える。

なお、インドネシアにおける共産党勢力は、1965年9月の国軍によるクーデター未遂事件を境に一転、非合法なものとなる。ここでスカルノ大統領は辞任を余儀なくされ、1967年からはスハルト政権がスタートした。しかし、一旦開始された路線の権益は容易に消せなかったのか、チェコスロバキア航空の東南アジア路線は、機種をより大型のIl-62に変えながら存続した。

チェコスロバキア航空の積極的な路線展開は、カリブ海にも達した。1962年にはキューバの首都・ハバナへの路線を開設。このプラハ～ハバナ線だけは例外的にイギリス製“ブリタニア”ターボプロップ旅客機が使われた。当時同社が保有していた航空機には、大西洋を横断できるだけの性

ツポレフTu-104の機内の様子
（1960年頃のチェコスロバキア航空発行のパンフレットより）

能をもった機材が無かったため、革命前にキューバ航空が購入していた機体をリースして使ったからである。

他にも、1960年にはアフリカのコナクリ・ラバト・ダカールといった都市への路線も開設しており、1966年5月の時刻表の表紙にはジャカルタからハバナまで同社が誇る、東欧の航空会社としては随一のネットワークが掲載されている。

東欧トップクラスの工業国

さて、チェコスロバキア航空の3番目の特徴は、イリューシンIl-14といったソ連製旅客機を自国内でライセンス生産するばかりではなく、アビア社やレット社といった自国の航空機メーカーで独自に開発・製造した機体も使用したという経歴だ。L-200という軽飛行機やL-410という小型旅客機がその代表格。L-200は軽飛行機ながらチェコスロバキア航空に所属し、定期路線のほか「エア・タクシー」にも使われた。これは、乗客の求めに応じて国内のお好みの場所（もちろん、着陸できる場所があることが必要だが）に飛んでいくというものである。

航空機産業の発展は、チェコスロバキアが戦前からこの地域で特に工業化が進んでいたことと無縁ではない。もっとも、隣国・東ドイツもIl-14のライセンス生産を行ったばかりではなく、1950年代にバーデ・タイプ152と称する独自の大型ジェット旅客機まで試作するほど航空機産業が盛んであった。しかし、政治的な理由から1961年に航空機の開発がストップしてしまったのに対し、チェコスロバキアはL-410小型旅客機を1969年に完成させ、1000機以上も生産するという繁栄ぶりだった。

チェコスロバキア航空は長年にわたって東欧の航空会社の中心的存在として君臨してきたが、その母体である国が1993年にチェコ共和国とスロバキア共和国に分離するとさすがにそのままの名前を名乗り続けることはできず、1995年からはチェコ航空として今に至っている。なお、分離したもうひとつの国であるスロバキアには、首都・ブラチスラバを中心としてエア・スロバキアという航空会社（1993年設立）が存在している。もうひとつ、スロバキア航空という航空会社も存在したが、こちらは2007年に運航中止・倒産してしまった。

創業55周年のチェコスロバキア航空時刻表
【1978年6月　同社発行】

ノルウェー発スウェーデン経由
ノルウェー行き夜行列車

オスロ～（スウェーデン領）～ナルヴィク
（1957年）

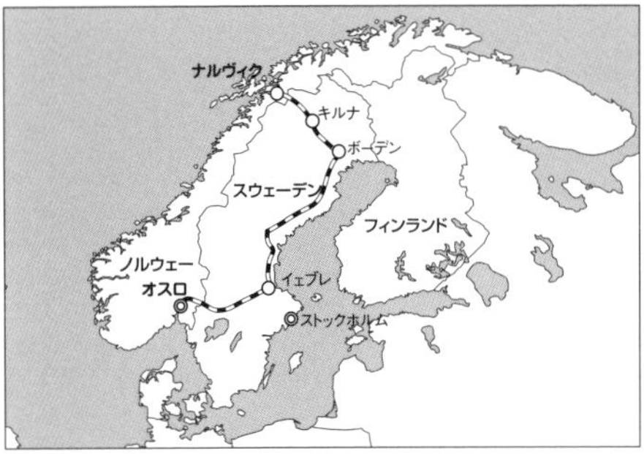

夏の間に運行された車中2泊の旅

ロシアを除くヨーロッパ最北の駅・ノルウェーのナルヴィク。ここは北緯68度25分の北極圏に位置し、フィヨルドの湾奥にある都市であるが、ノルウェーにありながら首都・オスロからの鉄道が通じていないという隔絶された土地でもある。オスロからの鉄道は、ナルヴィクの南西180キロに位置するボーデーまでしか通じておらず、ここからナルヴィクまではバスとフェリーで連絡している。

ではナルヴィクは鉄道からまったく外れた街なのかといえばそうではない。なんと隣国のスウェーデンからスカンジナビアの脊梁山脈を越えて鉄道が延びている。スウェーデンの首都・ストックホルム～ナルヴィク間に夜行列車「ノルドピレン」（北の矢）号が走っており、旅行シーズには大変賑わうようである。ストックホルムを夜に出発し、ナルヴィクには翌日の昼に到着する20時間の旅だ。

なぜ首都からは鉄道が通じていないのに隣国からだけ鉄道が通じているということになったのかと言えば、このスウェーデンの鉄道沿線の産業と密接な関係がある。学生のころ、社会科で世界の主な鉱山を暗記させられた方もいらっしゃるのではないだろうか？　このときに必ずと言って良いほど取り上げられるのが、スウェーデン最北部にあるキルナという街である。ここには世界屈指の鉄鉱石鉱山がある。このキルナの南にあるイェリヴァレも同様に鉄鉱石鉱山として有名だ。これら

Table 532　STOCKHOLM - GÄVLE - SUNDSVALL - LÅNGSELE

			72 Exp	414	418	58 Exp		64 Exp						471	55 Exp		413		57 Exp		71 Exp
1 2	1 2	1 2	1 2	1 2	1 2	1 2	1 2	1 2		Mls.				1 2	1 2	1 2	1 2		1 2	1 2	1 2
		E	B	E		CD	t	A						⊠	F		DE		C		B
..	..	4 25	7 12	8 30	1230	1525	17 0	2115	..	0	dep.	**Stockholm** Cent.	arr.	11 3	1210	1417	1846	..	20 0	2321	2220
..	..	5 36	8 15	9 40	1351	1624	1755	2225	..	41	dep.	Uppsala	arr.	9 53	1112	1313	1742	..	19 3	2215	2120
..	..	7 54	9 58	1144	16 4	1757	1927	0 8	..	118	arr.	Gävle **527**	dep.	8 0	9 32	11 3	1527	..	17 6	20 0	1945
..	..	8 15	1010	12 0	..	18 4	1940	0 28	..		dep.		arr.	..	9 29	9 11	1510	..	1655	—	1938
..	..	10 1	1120	1328	..	1914	2114	1 38	..	165	arr.	Söderhamn	dep.	..	8 20	7 39	1339	..	1545	..	1821
..	..	1014	1123	1340	..	1919	2122	1 58	..		dep.		arr.	..	8 19	7 33	1321	..	1541	..	1818
..	6 55	1128	1222	15 5	..	2019	2221	3 14	..	203	dep.	Hudiksvall	dep.	..	7 28	6 25	1220	..	1445	..	1722
..	8 40	13 7	1344	1657	..	2141	arr.	4 36	..	258	arr.	Sundsvall	dep.	..	6 7	..	1016	..	1310	..	1555
..	1130	│	1819	2127	..	│	..	7 46	..	318	arr.	*Ånge* **536**	dep.	..	..	..	7 50	..	11 0	..	14 0
5 39	7 50	11 0	11 0	1525	..	│	..	│			dep.		arr.	..	..	..	1130	..	15 1	1819	1819
2	2																	1 2		2	
7 48	9 55	14 8	1350	1731	..	2154	..	4 56	..	258	dep.	Sundsvall	arr.	..	..	..	9 44	..	1248	1518	1545
9 25	1124	1540	1456	1854	..	23 5	..	6 5	..	301	arr.	**Härnösand**	dep.	..	..	..	8 14	..	1135	1354	1432
..	1140	1555	1510	1910	..	2320	..	6 30	..		dep.		arr.	..	..	..	7 59	1024	⌣	1340	1419
..	1446	1818	1716	2151	..	1 30	..	9 24	..	362	arr.	Sollefteå	dep.	..	..	..	5 0	7 29	..	1045	12 6
..	15 6	1839	1737	2211	..	1 50	..	9 46	..	370	arr.	**Långsele 356**	dep.	..	..	..	4 38	7 7	..	1025	1151

A— 1, 2 cl. Stockholm–Sundsvall and v.v.; 1, 2 cl. Stockholm–Härnösand and v.v.; (1 2) Stockholm–Långsele and v.v.

B— Runs June 2–Aug. 31: 1, 2 cl. and (1 2) Stockholm–Narvik and v.v.; 1, 2 cl. Oslo–Kil–Gävle–Narvik and v.v.; ✕ Stockholm–Långsele and v.v. Also runs Sept. 1–June 1 between Stockholm and Sundsvall only.

C— (1 2) Stockholm–Långsele and Härnösand–Su… Stockholm–Sundsvall and v.v.

D— 1, 2 cl. Sundsvall–Luleå and v.v.

E— (1 2) Stockholm–Långsele and v.v.

F— (1 2) and ✕ Sundsvall–Stockholm.

a— Arrive Stockholm 8.45 on Suns.

c— Passengers may join from 21.15.

t— Change at Gävle.

脚注「B」にオスロ発ナルヴィク行きの案内が見える
（トーマス・クック時刻表　1957年6月号より）

の鉱山に産する鉄鉱石を港まで運ぶという役割がナルヴィクに至る鉄道の本来の目的だった。

さて、先ほど、ストックホルムからの直通列車を取り上げたが、過去には驚くべきことにオスロ〜ナルヴィク間列車が存在した。国内列車？　しかしボーデーからナルヴィクは鉄道が通じていないはずだが？　答えはこうだ。オスロを出発した列車は、国境を越えてスウェーデンへ入る。そしてスウェーデンを一路北上し、最後は再びノルウェー領に入ってナルヴィクに至るのだ。ただし厳密には、「列車」というよりは「列車の中の一部車両」がこのような経路で直通運転されるといった方が適当である。

「回廊列車」という言葉をご存知だろうか？　これは、何らかの理由で他国の領土を途中で経由する国内列車のことである。例えばオーストリアには、東部のウィーンから西部のインスブルックへ走るのに、途中でドイツ領を経由する列車がある。これは、ひたすら国内を走るよりもドイツ経由の方が距離は短く、また、勾配がゆるいためにスピードが出せるという事情による。他には、その国の飛び地へ向かって走るためにどうしても他国を経由せざるを得ない場合や、鉄道が出来てから国境線が変わったために途中区間が外国になってしまったというケースが挙げられる。

オスロ発ナルヴィク行きも、経由地から判断すると回廊列車の一種と言える。この場合、どのケースかを特定するのは難しいが、「国境線が変わった」というケースもまったくの外れではない。ノルウェーは1905年に独立するまで、スウェーデンの一部だったのである。キルナを経由してナルヴィクへ通じる鉄道は1902年に開通しているから、ノルウェー独立前までは国内路線だったと言ってもいい。ではこの列車の旅路を、1957年6月のトーマス・クック時刻表からひもといてみよう。

急行第31列車は、22時5分にオスロを出発。この列車は実はスウェーデンのストックホルム行きがメインで、ストックホルムまで直通する1・2等寝台車と1・2等座席車が主体だが、夏の旅行シーズンである6月2日から8月31日まで、ナルヴィク行き1・2等寝台車も併結されていた。ナルヴィク行き車両は国境を越え、深夜1時51分にスウェーデンのキル駅に到着する。ここで切り離され、今度は第104列車へと付け替えられる。この列車はイェーテボリを前夜22時30分に発った列車で、ストックホルムの北・イェブレという街へ行く列車だ。イェブレ駅には朝9時25分に到着。ナルヴィク行き車両はここで急行第72列車に連結され、9時59分にイェブレを発つ。あとはナルヴィクまで一直線。しかしここからが長い。一晩を車中で過ごし、スウェーデンとノルウェーの国境に翌朝8時過ぎに到着する。ここからは再びノルウェー領へ。ノルウェー領を1時間ほど走って9時1分、遂に終着駅・ナルヴィクに滑り込む。丸々1日半の行程だった。

なお、ここまでの行程はすべて、時刻表では「スウェーデン」の項に掲載されており、「ノルウェー」の項はまったく見なくても良かった。ノルウェーの国内連絡と言った方がよい列車でもあるのに不思議なことだ。

さて、このオスロ発ナルヴィク行き、1961年夏の時刻表では姿を消していた。オスロを午後に出てボーデー手前のフェウスケ（Fauske）まで鉄道で行き、そこからバスに乗り継げばナルヴィクにはオスロ出発翌日の夕方から晩には到着できるわけで、いくら直通とは言え、わざわざ車中でふた晩を過ごす人は少なかったということであろうか。

スヴァールバル諸島～オスロ
（1980 年）

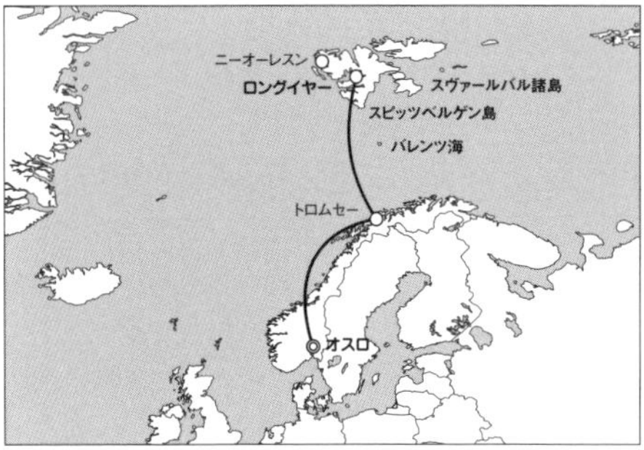

北海道など甘い甘い——目指すは北緯 80 度

世界地図を眺めていると、『こんなところにどうやって行くのだろうか？』という疑問が湧くような土地にしばしば行き当たる。人家も何も無いただの辺鄙な土地であるとか海の真ん中の無人島というのならばそもそもそんなところへ行く必要自体がないが、集落があって人が住んでいる場合、そこに至るための交通手段というのは興味あるところだ。そんな場所のひとつが、スカンジナビア半島のさらに北にある北極圏の島・スヴァールバル諸島である。

スヴァールバル諸島は、ノルウェー沿岸から北へ約 800 キロのバレンツ海に浮かぶノルウェー領の島々で、スピッツベルゲン島を中心に 4 つの主要な島で構成されている。緯度でいうと北緯 80 度付近。南緯 80 度は南極大陸の雪原だから、まさに極地そのものといっても良い位置である。4 月から 8 月までの夏場は一日中太陽が沈まず、逆に 11 月から 1 月の冬場は一日中太陽が昇らない。しかしここは一般人が定住して生活を営んでいる場所としては世界最北。ということは……世界で最も北に位置する空港はここにある。スピッツベルゲン島の中心都市・ロングイヤーにある空港が、定期便が就航する世界最北の空港である。なおスヴァールバル諸島は、かつてもうひとつ交通分野の世界最北記録を持っていた。ニーオーレスンという炭鉱町に石炭運搬用の鉄道があり、これが世界最北の鉄道だったのである。現在では炭鉱は閉山し鉄道も廃止されている。

世界最北の空港への航空路線は、とりもなおさず世界でもっとも北へ飛ぶ定期便ということになる。現在、この世界の果てへの定期便を運航しているのは、おもにスカンジナビア航空（SAS）だ。2008 年 3 月時点で同社はトロムセー～ロングイヤー間にほぼ週 6 日就航しており、一部の便はトロムセー経由でオスロから直通している。基本

スカンジナビア航空時刻表
【1980 年 4 月　同社発行】

的に土曜日のフライトはないが、それ以外でフライトが無い日もある。トロムセー～ロングイヤー間の所要時間は約1時間40分だから、東京～福岡間と同じくらい。最近はSASの他にも、ノルウェーの格安航空会社であるノルウィージャン・エア・シャトルがチャーター扱いで、オスロ～ロングイヤー間に週2往復就航している。これらの中には、ロングイヤーに日付が変わった深夜に着き、未明に折り返し出発するといった便もあるのが特徴的だ。白夜や極夜という環境にあり、いわゆる「日中」という概念が希薄なせいであろうか？

ロングイヤー空港が整備され、正式に開港したのは1975年9月のこと。しかしそれまでスヴァールバル諸島への航空便が全く無かったわけではなく、とりあえず飛行機が着陸できる滑走路はあったので、ノルウェーの航空会社であるブローテン航空がしばしば本国から飛んでいた。

条約や協定では特別扱い

さて、一般人の定住地として最北というだけでも話題性のある土地であるが、スヴァールバル諸島のさらに面白いところはその政治経済的位置づけである。ここはノルウェー領であるが、普通の領土のようにノルウェーが100%専管的に支配しているのかというと必ずしもそうではない。「スヴァールバル条約」により、条約締結国には経済活動の機会が平等に認められているという特殊な地域なのである。

そういった事情の背景にはこの島の歴史が関係している。今日では極北の生々しい自然を感じることができる観光地として人気があるスヴァールバル諸島であるが、長らくその地理的位置が災いしてほとんど手付かずのまま残ってきた。土地は狭いしこれといって資源も無さそうで、しかも大陸から離れ過ぎていて戦略的な利用価値も少ない。「オレだけのものだ！」と強気に主張し、他国をして「ああ、コイツが言うならそれは然り」と心底納得させるだけの領有意欲を持った国がなかなか現れなかったのである。とはいっても時代が下り、ノルウェーの他にもヨーロッパの北の方の国、例えばスウェーデンやイギリス・ドイツ・ロシア（ソ連）などが入り乱れて石炭採掘や狩猟・水産業など好き勝手に活動を始めるようになると様々な摩擦が生じるというもの。結局、第一次大戦後の1920年に利害関係国＋αが玉虫色の決着を目指して締結したのが、スヴァールバル条約だったのである。スヴァールバル条約は現在、世界約40カ国が締結しており、意外にもその中には日本が含まれている。なお、条約によって各国に平等な権利が規定されている土地には南極があるが、南極は特定の国の領土ではない点がスヴァールバル諸島と異なる。

しかし、こうした条約にも関わらず、現在に至るまで一貫してスヴァールバル諸島に根を下ろして本格的に産業活動を行っている国は、ここを領有しているノルウェーとソ連時代から炭鉱を経営しているロシアが主体なのが実情である。

こんな背景もあって、ロングイヤー空港の正式

Flight / City	Days	Cl.	A/C	Period	Arr.	Dep.	Note / Meal
374	DX6	Y	D9S	15JUN -6JUL			
	7	Y	D9S	20JUL -27JUL			
	DX6	Y	D9S	28JUL -17AUG			
OSLO	OSL				—	2040	
TROMSO					2230	—	
375	DX7	Y	D9S	16JUN -7JUL			
	1	Y	D9S	21JUL -28JUL			
	DX7	Y	D9S	29JUL -18AUG			
TROMSO					—	0730	
EVENES					0800	0820	R
OSLO	OSL				0955	—	
377	7	Y	DC9	8JUN -24AUG			
BODO					—	2135	
OSLO	OSL				2300	—	
380	25	Y	D9S				
TROMSO					—	0050	R
SVALBARD					0230	—	
381	25	Y	D9S				
SVALBARD					—	0350	R
TROMSO					0520	—	
382	3	Y	D9S				
TROMSO					—	1415	R
SVALBARD					1555	—	
383	3	Y	D9S				
SVALBARD					—	1720	R
TROMSO					1850	—	

トロムセー～スヴァールバル（380～383便）の時刻
（前ページの時刻表より）

開港を機にスヴァールバル諸島へ定期便を飛ばすようになったのは、SASはもちろんのこと、ソ連国営航空・アエロフロートも同様だった。1978年6月の時刻表によると、モスクワ～ムルマンスク～ロングイヤー間にツポレフTu-154ジェット機を使って「1ヶ月に」1往復が就航していた。近年はアエロフロートの一部門を引き継いで分社化されたヴヌコヴォ航空がチャーター便を飛ばしているようだ。

なお、ヴヌコヴォ航空になってからは、旧ソ連の航空会社にしばしばつきまとう事故の影と無縁ではなく、1996年8月29日にはロングイヤー着陸を目前にして山に衝突し、搭乗者141名全員死亡というノルウェーの航空史上最悪の事故も起こしている。このときの犠牲者の多くは、スヴァールバルの炭鉱で働く労働者やその家族だった。

最後に、世界最北の定期便に関する話題をもうひとつ。ロングイヤー～トロムセー／オスロ線は、ノルウェー本土とノルウェー領の島を結んでいるのだから国内線である。しかしノルウェー国民ではない我々にとっては完璧に国内線とは言い切れないのだ。スヴァールバル観光局のウェブサイトによると、『スヴァールバル諸島からノルウェー本土に到着時、外国人はパスポートを提示しなければならない』とのこと。実際に行った人の旅行記を読むと何の手続きも無かったという記述も見られるが、本来こんなプロセスが必要なのは、ヨーロッパ各国間で出入国手続きを共通化・簡略化して人の自由な移動を可能にする「シェンゲン協定」の適用地域からスヴァールバル諸島が外れているため、外国人はあたかも国際線（シェンゲン協定締結国外からの国際線）で海外からノルウェーに到着したのと同じような位置づけになってしまうからである。いやはや、出入国管理制度とは奥が深いものである。

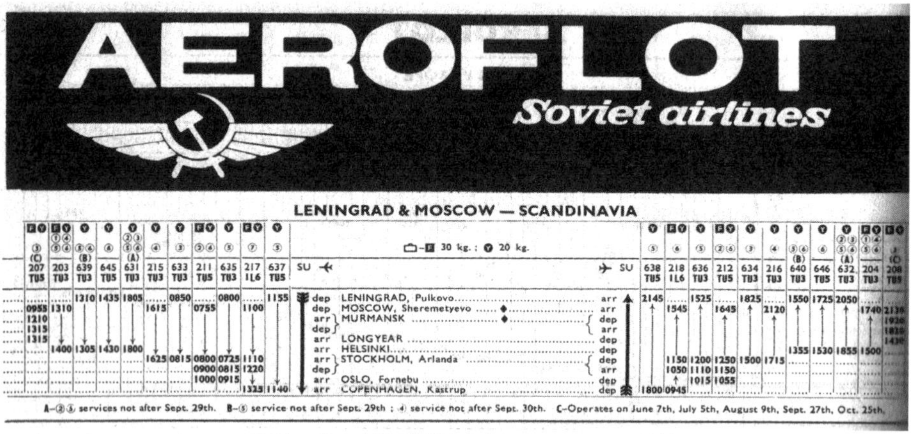

LENINGRAD & MOSCOW — SCANDINAVIA

⌂–F 30 kg. ; Y 20 kg.

	F Y	F Y	Y	Y	Y	Y	Y	F Y	Y	F Y	Y
	③ (C)	①④⑤⑥	⑤⑥ (B)	⑥	②③⑤⑥ (A)	④	③	②⑥	⑤	⑦	⑤
SU	207 TU5	203 TU3	639 TU3	645 TU5	631 TU3	215 TU3	633 TU3	211 TU5	635 TU3	217 IL6	637 TU5
dep LENINGRAD, Pulkovo			1310	1435	1805		0850		0800		1155
dep MOSCOW, Sheremetyevo ◆	0955	1310				1615		0755		1100	
arr MURMANSK ◆	1210										
dep MURMANSK	1315										
arr LONGYEAR	1315										
arr HELSINKI		1400	1305	1430	1800						
arr STOCKHOLM, Arlanda						1625	0815	0800	0725	1110	
dep STOCKHOLM, Arlanda								0900	0815	1220	
arr OSLO, Fornebu								1000	0915		
arr COPENHAGEN, Kastrup										1325	1140

	Y	F Y	Y	F Y	Y	Y	Y	Y	Y	F Y	F Y
	⑤	⑥	⑤	②⑥	③	④	⑤⑥ (B)	⑥	②③⑤⑥ (A)	①④⑤⑥	③ (C)
SU	638 TU5	218 IL6	636 TU3	212 TU5	634 TU3	216 TU3	640 TU3	646 TU5	632 TU3	204 TU3	208 TU5
LENINGRAD, Pulkovo arr	2145		1525		1825		1550	1725	2050		
MOSCOW, Sheremetyevo arr		1545		1645		2120				1740	2130
MURMANSK dep											1920
MURMANSK arr											1820
LONGYEAR dep											1430
HELSINKI dep							1355	1530	1855	1500	
STOCKHOLM, Arlanda dep		1150	1200	1250	1500	1715					
STOCKHOLM, Arlanda arr		1050	1110	1150							
OSLO, Fornebu dep			1015	1055							
COPENHAGEN, Kastrup dep	1800	0945									

A–②③ services not after Sept. 29th. B–⑤ service not after Sept. 29th ; ④ service not after Sept. 30th. C–Operates on June 7th, July 5th, August 9th, Sept. 27th, Oct. 25th.

モスクワ～ムルマンスク～ロングイヤー線の時刻が掲載されたアエロフロート時刻表
（ABC世界航空時刻表　1978年6月号より）

コラム④
変転激しい世界最短クラスの国際線たち

世界最短の航空路線はイギリスのオークニー諸島内を結ぶ所要時間2分の路線であるのが定説だが、では世界最短の国際線はどこだろうか？　国際線は出入国手続きを要するため、その手続き時間よりも飛んでいる時間が短い路線というのはあまり成立しそうになく、もともと比較的長い時間のフライトとなる。特に、大型機を使う場合は航空管制の都合から実際の直線距離よりも回り道をする場合が多く、2地点間の距離と所要時間の関係は必ずしもわれわれのイメージと一致しない。また、短距離路線は航空会社の採算性や代替交通機関の整備といった理由でわりと改廃があるようだ。以上のような理由から「最短国際線」は諸説入り乱れ、過去も今後もゆるぎない絶対的な回答を探すのは至難の業。ここでは「所要時間」という観点からいくつかの例を紹介しよう。

広州～香港／マカオ～深圳

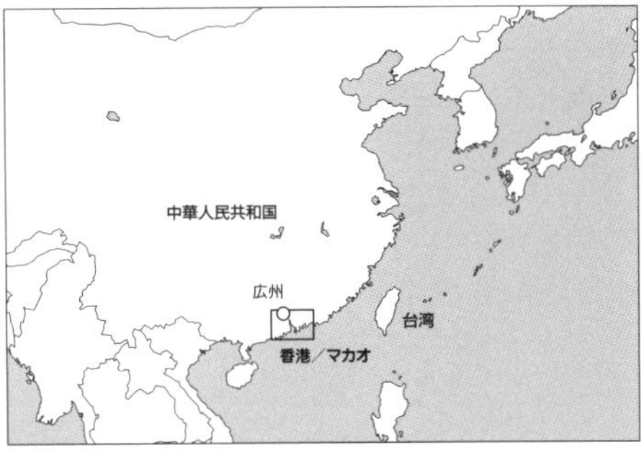

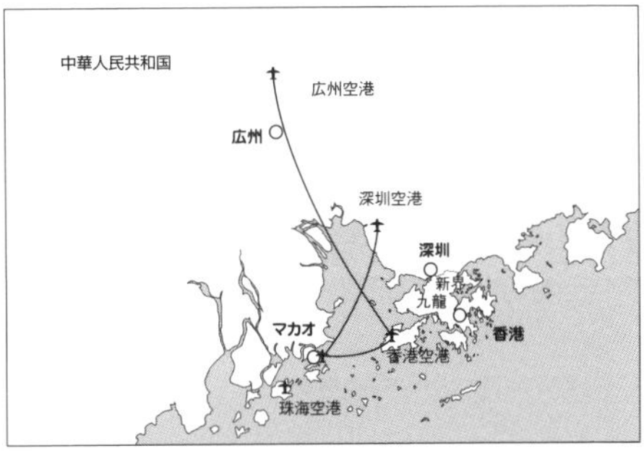

2008年4月現在、前者は中国南方航空、後者はエア・マカオが所要35分で定期便を運航。変わったところではマカオ～深圳／マカオ～香港をそれぞれ所要約15分で結ぶヘリコプターもある。ただし、いずれも特別行政区の関係する路線とはいえ、中華人民共和国内の路線であり、純然たる国際線かというと疑問も。

ちなみに、地図をご覧いただくとお分かりいただけるかと思うが､この地域は「深圳」「香港」「マカオ」「珠海」の4空港がひしめく空港密集地帯である。

バッファロー（アメリカ合衆国）～トロント（カナダ）

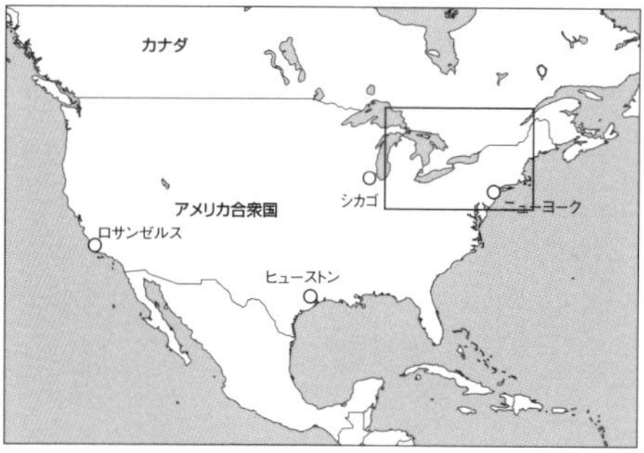

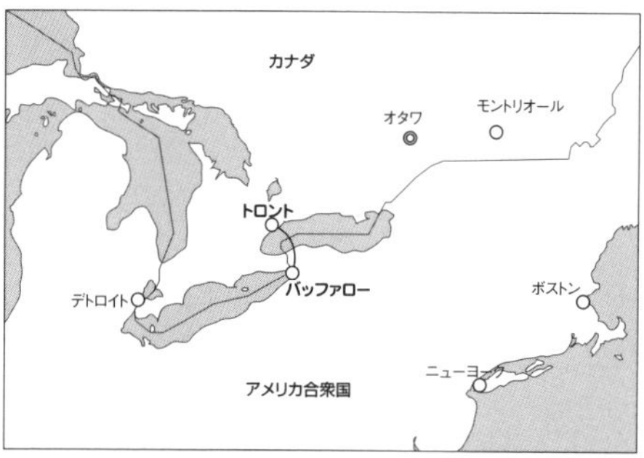

ナイアガラ観光の要衝。かつてはイースタン航空（すでに倒産）やアレゲニー航空（現：USエアウェイズ）が所要約30分で頻繁に往来していたが、不思議なことに現在ではゼロ。

TORONTO, ONT. EST YYZ

From
BUFFALO, N.Y.-CONT.

	6:25p	6:56p	EA	336	F/Y	D9S	0
	7:30p	7:57p	AL	418	S	BAC	0
	8:25p	8:55p	EA	326	F/Y	D9S	0
	8:54p	9:21p	AL	597	S	BAC	0
	10:10p	10:40p	EA	700	F/Y	727	0
67	11:05p	11:33p	EA	932	F/Y	727	0
	11:14p	11:41p	AL	451	S	BAC	0

CALGARY, ALTA. MST YYC

バッファロー～トロント間の時刻表
（1973年3月のOAG北米版より）

コペンハーゲン（デンマーク）～マルメ（スウェーデン）

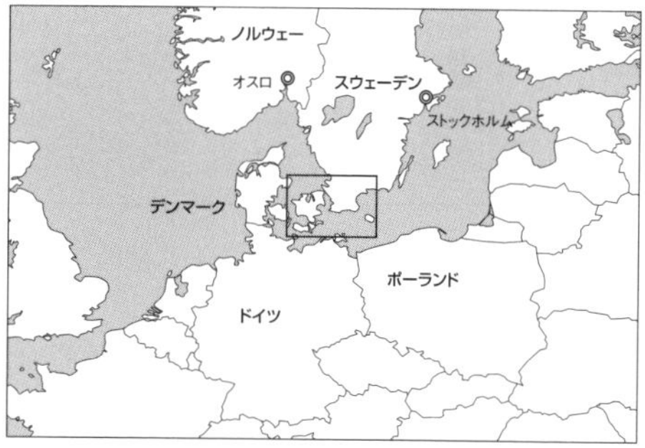

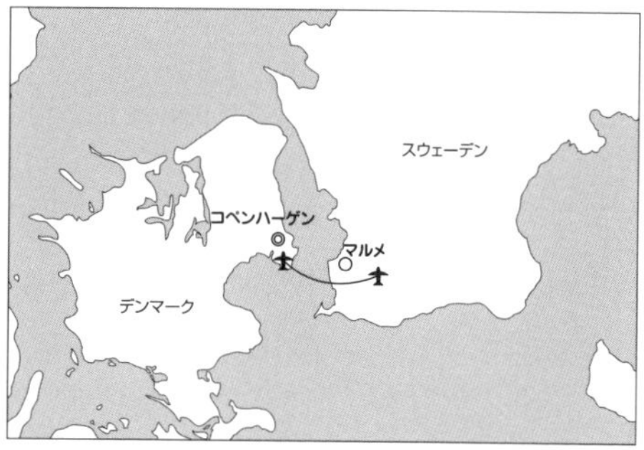

スカンジナビア航空がコンベア440“メトロポリタン”、次いでツインオター機を使って所要25分で運航していたが今は廃止。2000年に海底トンネルと橋（オーレスン海峡大橋）が完成し、今では鉄道を使って30分程度で簡単に往来できる。

From	Days	Air-port	Dep.	Arr.	Flight	Cl.	A/C	Transfer: At	Dep.	Flight	Cl.	A/C	Note
COPENHAGEN								TEL. 01-595522					
MALMO													
	D		09 40	10 05	SK 420	Y	C4						
	D		12 35	13 00	SK 422	Y	C4						
	D		15 00	15 25	SK 424	Y	C4						
	D		20 25	20 50	SK 426	Y	C4						
	D		22 05	22 30	SK 428	Y	C4						

コペンハーゲン～マルメ間の時刻表
（1974年11月のSAS時刻表より）

ジブラルタル（イギリス領）～タンジール（モロッコ）

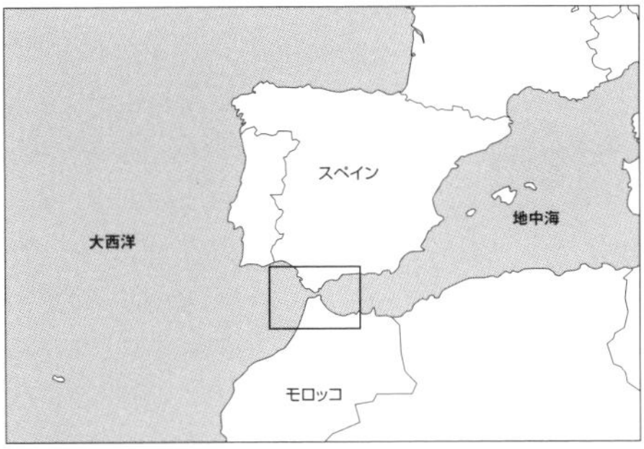

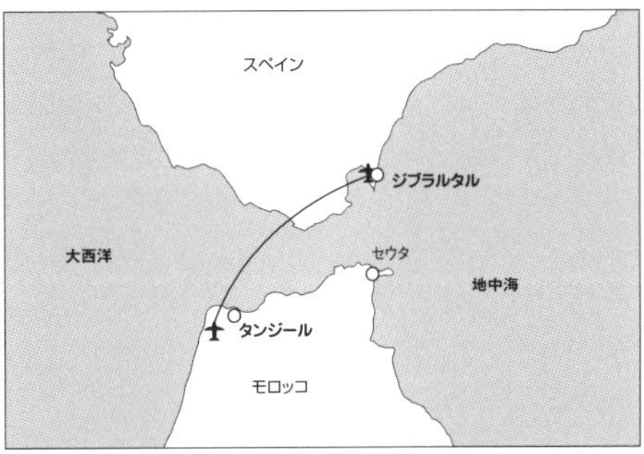

言わずと知れた、ヨーロッパ大陸とアフリカ大陸を隔てる海峡を挟んだ区間。1970年代にはジブラルタル・エア（のち、GBエアに改称）という航空会社が所要20分で飛んでいたが、現在運航中の会社は存在しない。

GIBRALTAR—TANGIER

DEPART Gibraltar, North Front Airport (Minimum check-in time 15 mins)
No special coach. For details of public transport, apply locally
ARRIVE Tangier Airport
No special coach. For details of public transport, apply locally

Frequency	Coach Dep	Aircraft Dep	Aircraft Arr	Via	Transfer Times	Flight	Air-craft	Class & Catering
Daily ex Sa to 27 Oct	—	0930	0850	non-stop		GT204	Visc	Y
Daily ex Sa to 27 Oct	—	1815	1735	non-stop		GT206	Visc	Y

ジブラルタル～タンジール間の定期便
（1973年4月のBEA時刻表より）

サンディエゴ（アメリカ合衆国）～ティファナ（メキシコ）

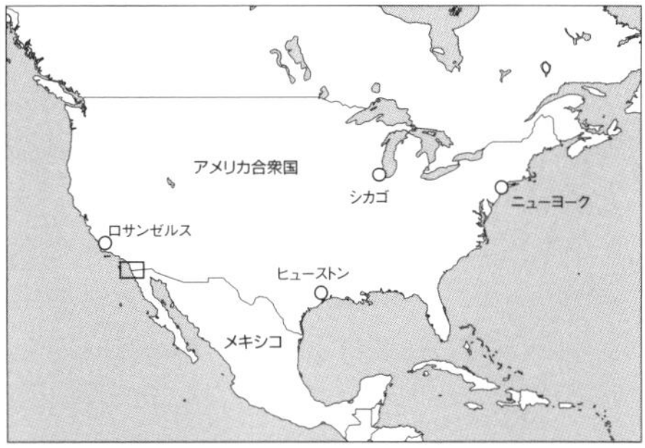

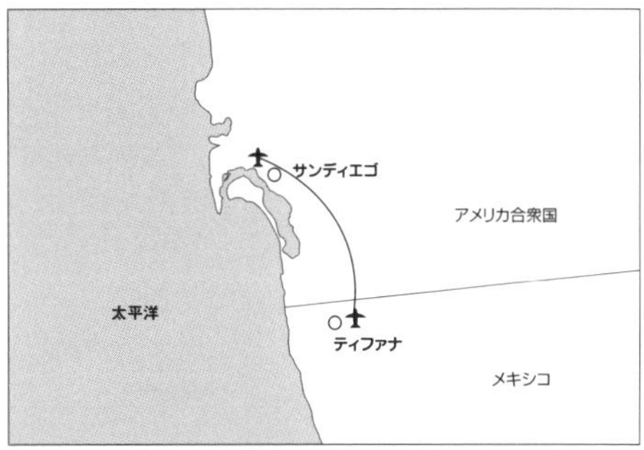

カリフォルニア観光のついでに手軽にラテンの雰囲気が味わえるとして人気の国境都市・ティファナ。1970年代にはこの区間にカタリナ・ベガス航空が軽飛行機で所要15分の便を1日1往復運航していたことがある。

TIJUANA, MEXICO **PST TIJ**
5.0 MI NE 15 MIN L $1.00 R
MINIMUM CONNECTING TIME :20

From
SAN DIEGO, CALIF. **PST SAN**

	CT	A	9.26	.74	10.00	20.00		
MEP	CT	A	116	9	125	251		

COMMUTER AIR CARRIER

24	11:00a	11:15a	CT	103	A	PZ	0
135	11:30a	11:45a	CT	101	A	PZ	0

サンディエゴ～ティファナ間の時刻表
（1973年3月のOAG北米版より）

アンティグア島（アンティグア・バーブーダ）～セントキッツ・ネービス

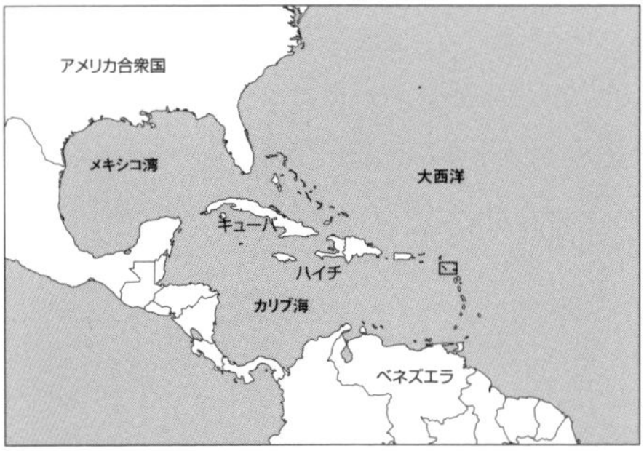

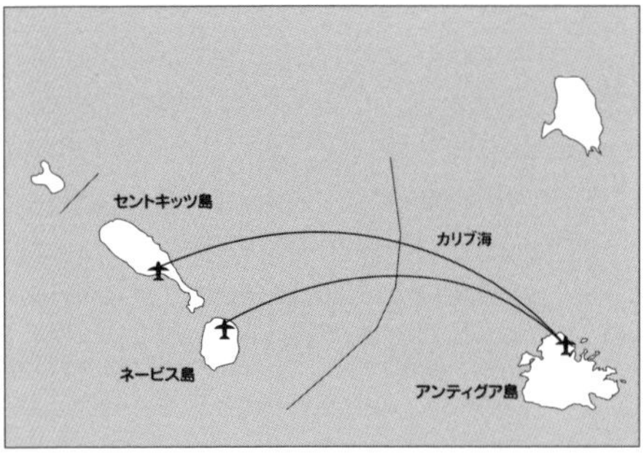

そんな国聞いたことないよと思われるかもしれないが、いずれもカリブ海の東部にあるイギリス連邦の小さな独立国。後者はセントキッツ島とネービス島から成り、それぞれの島へアンティグア島のセントジョンズから所要30分のプロペラ機による定期便がある。運航はセントジョンズを拠点としてカリブ海一帯に路線を広げるLIAT航空。

サンマルタン島（オランダ・フランス領）～アンギラ島（イギリス領）

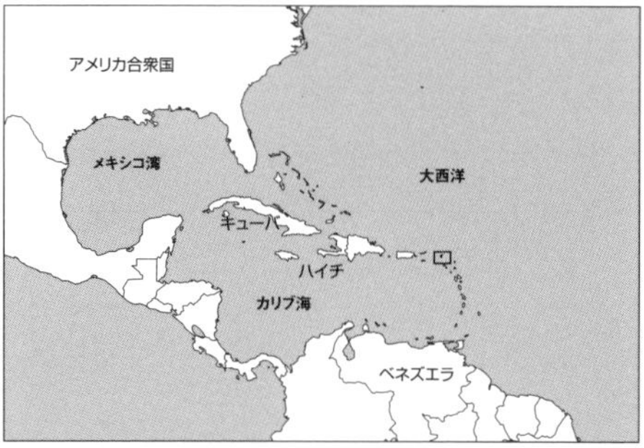

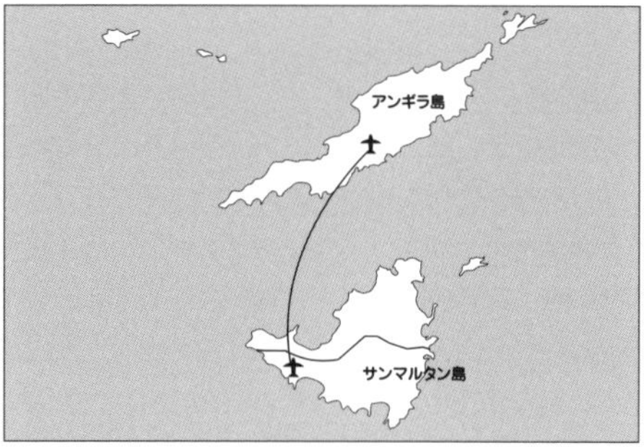

ひとつの島がオランダ領とフランス領に分かれていることで世界的に有名なサンマルタン島と、そのすぐ北側にあるイギリス領アンギラ島を結ぶ路線。ウィンドワード航空が所要15分で運航。

ブラザビル（コンゴ共和国）
～キンシャサ（コンゴ民主共和国）

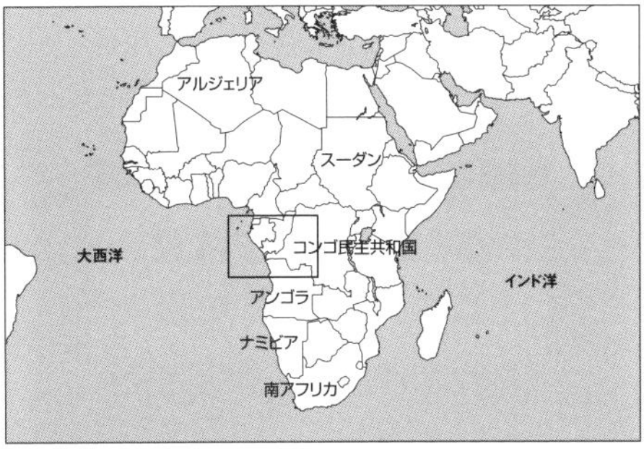

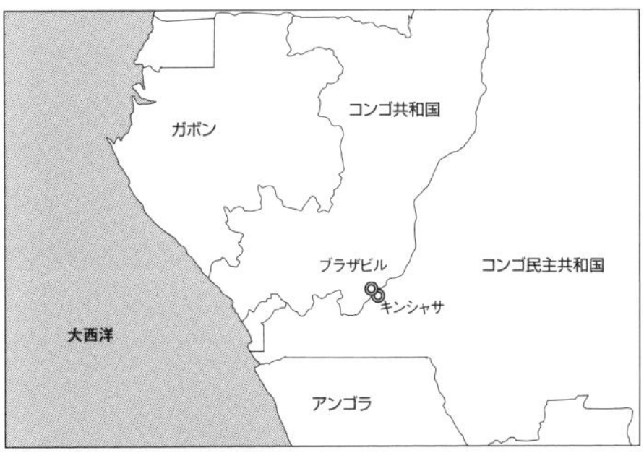

川幅約２キロのコンゴ川を挟んで隣国の首都同士が相対する特異な場所。両都市間の交通手段には船もあるが、コンゴ民主共和国のヘワ・ボラ航空（Hewa Bora Airways）などが20分で飛ぶ。キンシャサ空港は市外から離れているため、空港間の直線距離は約25キロ。ブラザビルには第二次大戦中に自由フランス軍の拠点が置かれた歴史も。コンゴ民主共和国は元ベルギー領で、独立後はザイールとして知られていた。近年では内戦や伝染病に苦しんでいるほか、2008年に入ってからも旅客機が墜落するなど、重大な航空事故が相次いで起きている。

ルクセンブルク～
ザールブリュッケン（ドイツ）

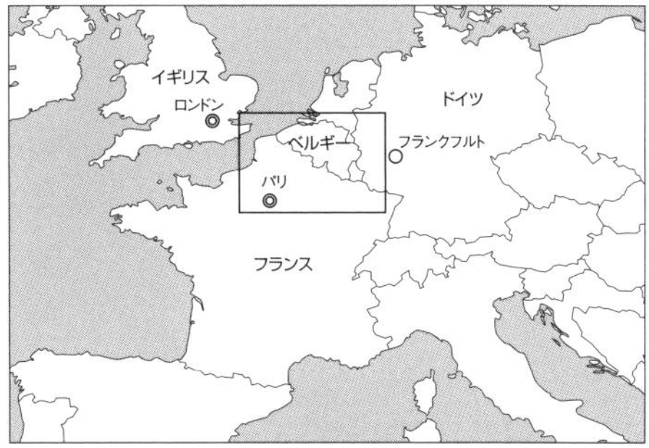

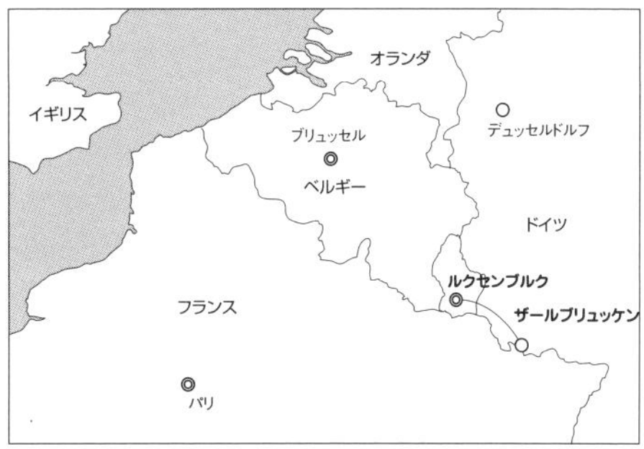

ザールブリュッケンのある地域は鉱産資源が豊富だったこともあり、フランスとドイツの間で帰属が揺れ動いた歴史を持つ。かつては製鉄が盛んな工業都市だったが、今日では衰退。この両都市間は鉄道やバスを使っても簡単に移動できるが、ルクセンブルクのルクスエアが所要25分で飛んでいる。ドイツでも端の方にあるため、国際線に乗り継ぐのならばフランクフルトやケルンまで出るよりも早くて手軽な手段ということか。

ニース（フランス）〜モナコ

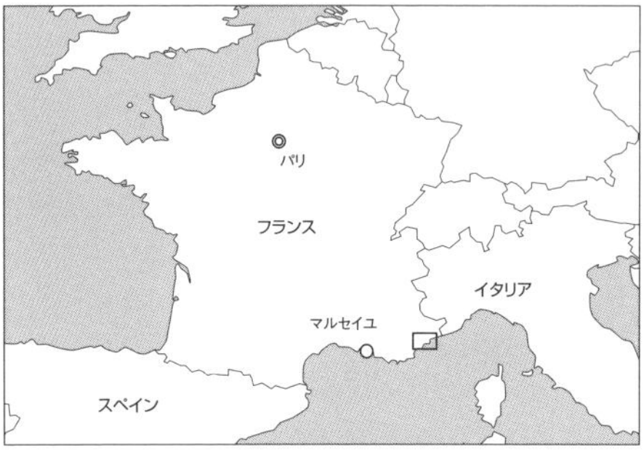

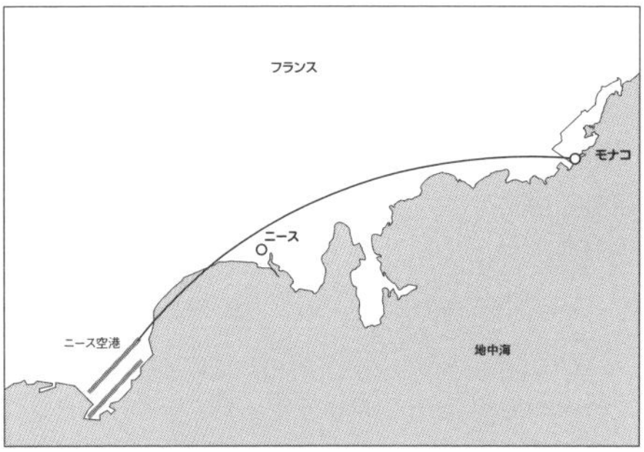

ヘリ・エア・モナコという会社が朝から晩まで所要7分で頻発。両都市間は約20キロなので、鉄道や車でも簡単に移動できるが、さすが富豪の集まる場所は交通機関も一味違う？

念のため申し添えておくが、これらの記録は諸事情により常に変動する要素があるのでご注意を。

ジブラルタル・エアの時刻表
【1958年11月　同社発行】

第三章　中近東・アフリカ

民族の闘いに翻弄され続けた現代のキャラバン

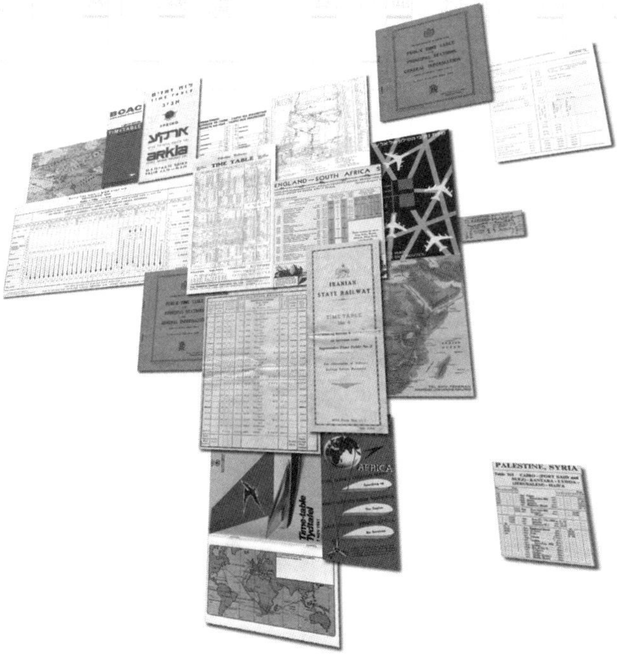

JIKOKUHYO SEKAISHI

3国間を結ぶのに4回も国境を越えた
中東行き国際急行列車

イスタンブール〜バグダッド
(1956年)

真のオリエント急行ここにあり

時は月曜日の朝8時半過ぎ。一週間のはじまりの喧騒の中、トルコ・イスタンブールの駅に横付けされている列車には“アレッポ経由バグダッド行き”の札が掲げられていた。イスタンブールはボスポラス海峡で東西に隔てられた街、まさに西洋と東洋の接点。ここはイスタンブールであるものの、正確には海峡の東側・ハイダルパシャ駅である。パリからイスタンブールに至る「オリエント・エクスプレス」が、あくまでも“オリエントへ向かう”列車であるとすれば、バグダッド行きはまさに“オリエントを走る”列車だった。

8時40分、汽車は一路“オリエント”——東方へと走り出す。この列車はハイダルパシャ〜アレッポ(ハラブ)〜バグダッド間の「タウルス・エクスプレス」。「タウルス」とは、まさにこれからこの汽車が辿ろうとする旅路にそびえる、トルコ領内にある山脈の名前だ。タウルス・エクスプレスは丸一日をかけて、トルコ中央部のアナトリア高原を横断し、翌火曜日の朝にタウルス山脈の深い渓谷を越えて地中海沿岸へと下っていく。そしてメイダンエクベズでトルコとシリアの国境を通過し、22時37分にシリア北部のアレッポ駅に滑り込む。『どうせ見るものなんかありゃしない。アラビア語ではげしく罵りあう大声がどこからか聞こえる、ながい、薄暗いプラットフォームがあるだけだ。』(中村能三訳　早川書房)と、かつてアガサ・クリスティが代表作『オリエント急行の殺人』の冒頭で描写した駅である。

アレッポにはたっぷり53分も停車する。でも『見るものなんかありゃしない』のだから、旅客は列車が出るのをじっと待つしかなかっただろう。23時30分に汽車は再び動き出す。手元にあるイラク国鉄の時刻表には、アレッポの次はもうイラクとシリア国境のテル・コチェク(現在のEl Yaroubieh)の着時刻「15時19分・水曜日」が記されているが、ここまでの間にちょっと面白いことが起きる。汽車は北東に向かって走り出し、チョバンキョイというところで国境を越えて、もう一度トルコ領に戻るのである。そして、シリアとトルコの国境沿いを東進すること8時間、ヌサイビンで汽車は再びシリア領に入る。このトルコ領内の路線は1960年に他のトルコ国鉄の線路とつながるまでは、トルコ領内の他の鉄道から隔絶された、飛び地のような路線だった。もとはこの一帯をオスマン帝国が支配していたのだが、第一次大戦でオスマン帝国が敗れてシリアがフランスの委任統治領となったため、その国境の線引きがこのような結果を生んだのである。

さて、再びシリア領に戻ってわずか2時間ほど走ったところで、前述のテル・コチェク駅に到着する。ここからはいよいよイラクへと足を踏み入れる。17時30分、第106列車(＝タウルス・エクスプレス)はテル・コチェクを出発。モスル、サーマッラーを経て木曜日の朝8時20分、遂にバグ

ANKARA — HAYDAR PASHA (ISTANBUL).
Gauge). **DOWN.**

Principal Stations.		Taurus Express	
TURKISH RAILWAYS			Connection from London and Paris by Simplon-Orient Express, see page 24.
ISTANBUL			(Local Time).
(HAYDAR PASA)	dep.	0840	Mons & Thurs.
ANKARA	arr.	2150	
	dep.	2205	
SYRIAN RAILWAYS			
ALEPPO	arr.	2237	Tus. & Fris.
	dep.	2330	
TEL-KOTCHEK	arr.	1519	Weds. & Sats.

		106 Down Taurus Express Weds. & Sats.	104 Dn. Passenger Daily.	102 Dn. Passenger Daily.
TEL-KOTCHEK	dep.	1730	...	...
MOSUL	arr.	2125	...	...
	dep.	2230	2015	...
HAMMAM EL-ALIL	dep.	...	2056	...
EL-QAYARAH	dep.	0021	2209	...
BAIJI	dep.	0310	0113	...
SAMARRAH	dep.	0525	0337	1400
BALAD	dep.	0624	0445	1512
AL-KADHIMAIN	dep.	0758	0630	1732
BAGHDAD WEST.	arr.	0820	0655	1800

「タウルス・エクスプレス」の時刻
(イラク国鉄時刻表　1956年6月より)

ダッド西駅へ到着する。イスタンブールから丸々3日間の汽車旅。しかしその間に、トルコ→シリア→トルコ→シリア→イラクと国境を4回も越えたわけだ。

ドイツの野望が中東への鉄道を拓いた

タウルス・エクスプレスは1930年2月に運行が始まった。アガサ・クリスティが『オリエント急行の殺人』を書いたのは1930年代前半だから、まさに運行開始直後の頃だった。当時はヨーロッパにまだ戦雲が立ち込める前の国際列車華やかなりし時代。タウルス・エクスプレスは国際寝台車会社「ワゴン・リ」のネットワークを構成する列車のひとつとして、パリ発イスタンブール行きオリエント・エクスプレスの接続列車として設定されたのである。

ところで、このタウルス・エクスプレスが走る路線であるが、ここには列強に対抗して東方への進出を夢見たドイツの野望が秘められている。19世紀末、ヴィルヘルム2世の時代のこと。ベルリンとビザンティウム(イスタンブール)とバグダッドを鉄道で結ぶというわゆる「3B政策」実現のためにドイツはオスマン帝国と手を組み、トルコからイラクへの鉄道敷設権を得た。「バグダッド鉄道」として知られるこの鉄道は、20世紀に入るとトルコ領内とイラク領内が少しずつ開業して路線を延ばしていったのだが、第一次大戦の影響で、ドイツ企業であるバグダッド鉄道会社の手では完成しないまま、後継者の手に委ねられた。1918年にはトルコ領内が全通ののち、シリア北東部とイラク領内一部が未開通という時代にタウルス・エクスプレスは走り始めた。

第二次大戦が始まる直前・1939年のトーマス・クック時刻表によるとタウルス・エクスプレスには1・2等寝台車と食堂車が連結され、シリアのアレッポで分割してイラク領内モスルとシリア領トリポリ(現在はレバノンのタラブルス)まで直通していた。『オリエント急行の殺人』では、アレッポ駅の描写の前にこんな一文がある。『メアリー・デブナムは木曜日にバグダッドをたって以来、あまり眠っていなかった。キルクークの汽車のなかでも、モースルの宿屋でも、この汽車で過ごした昨夜も、ちゃんと睡眠はとっていなかった。』と。汽車がバグダッドから直通していなかった当時の乗り継ぎが偲ばれる描写は、旅行好きのクリスティならではのものではないだろうか。

彼女が記したように、モスルから先はバスでキルクークまで行き、そこから鉄道でバグダッドへ。また、キルクークから鉄道とバスを乗り継ぐことでイランのテヘランへも行くことが出来た。一方、シリアのトリポリから先はパレスチナ北部のハイファ(ヘーファ)までバスが通じており、そこから再び鉄道に乗り換えるとエジプトのカイロにまで至る雄大な連絡網を持った列車だった。ちなみにイスタンブールを月曜日の朝9時に出発するタウルス・エクスプレスに乗ると、バグダッドには金曜日の朝6時50分、テヘランには土曜日の19時、カイロには木曜日の22時35分に到着する連絡スケジュールだった。

バグダッド鉄道の最後の区間、モスルとサーマッラーの間が完成したのは戦争中の1940年7月のこと。ここにドイツの夢であったベルリンからバグダッドまでを鉄道で連結するというプロジェクトはようやく完成をみた。もはや発案者で

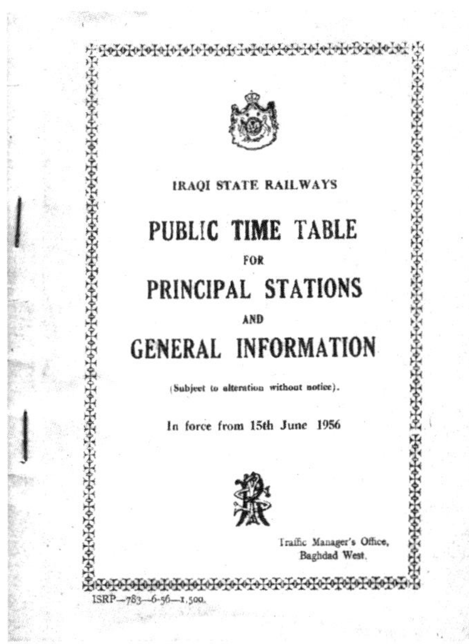
IRAQI STATE RAILWAYS
PUBLIC TIME TABLE
FOR
PRINCIPAL STATIONS
AND
GENERAL INFORMATION
(Subject to alteration without notice).
In force from 15th June 1956
Traffic Manager's Office,
Baghdad West.
ISRP—783—6-56—1.500.

前ページの時刻表の表紙
国際連絡のほかイラク国内の鉄道時刻を掲載

あるドイツにとっては何のメリットもなかったが……。

余談であるが、バグダッドから先はペルシャ湾岸のバスラまでイラク国鉄の路線が続いているが、初めはバグダッドを境にして北方の鉄道と南方の鉄道で線路の幅（ゲージ）は違った。北方の鉄道は標準軌である1435ミリ幅だったが、第一次大戦中のイギリスの軍用鉄道を始祖とする南方の鉄道は1メートル幅の狭軌だったのである。ゲージが異なることは輸送上の非効率を招く。そこで、バグダッドからバスラに至る南方路線に並行して新たな標準軌の線路が建設されて1964年から使用を開始。ここに、正真正銘イラクを縦貫する鉄道が完成したのである。しかし、この区間にタウルス・エクスプレスが直通することはなかった。

激動の中東情勢に飲み込まれた晩年

イスタンブールとバグダッドが連結されたことに伴い、戦後のタウルス・エクスプレスはバス連絡を挟まない完全な直通列車となった。走行ルートは、トルコ領内の飛び地的路線がトルコの他の鉄道と連結された後も伝統的なアレッポ経由のままずっと残っていたが、1970年代半ばにバグダッド直通列車はアレッポを経由せず、トルコ中部のガジアンテップを通る短絡経路に変更された（別にシリア方面への直通車両も残された）。この頃、曜日によってはイスタンブール〜ガジアンテップ間のトルコ国内区間のみの運転になる日も設定され、列車名も現地読みの「トロス・エクスプレス」となる（「タウルス」はラテン語）。国際連絡はすでに飛行機が主流になっていたし、栄光の国際寝台車会社ワゴン・リも1971年に寝台車の運行をやめた。イラクの政治体制も王政から共和制へ、そしてバース党による支配へと大きく変転したが、伝統の国際急行列車は運行を続けた。しかし大きな試練が襲うこととなる。

1980年、イラン・イラク戦争が勃発。前年にイランで発生したイスラム革命は、革命の影響が波及することを恐れるアラブ世界だけではなく、それまでイランを支持していたアメリカなど西側諸国に大きな衝撃を与えた。この戦争はそれまでの東西対立ともパレスチナ問題とも違った新たな構図を持っていた。アラブ側につくかペルシャ側につくか？　ここで、イラクの隣国であるシリアがアラブ諸国としては唯一、イランを支持したのである。イラクの背後にはイランとの関係が険悪になったアメリカがいた。アメリカはイスラエルのバックにもついていた。アラブの一国として、宿敵イスラエルに塩を送る国と同じ穴のムジナになるわけにはいかなかった。

こうなるとシリアとイラクの間の連絡も絶たれる。1982年にはイラクの原油をシリアの地中海岸の港へ輸送するパイプラインが停められた。トロス・エクスプレスはシリア領を通らなければトルコとイラクを結ぶことが出来ないのに、シリアとイラクの関係が悪化したらどうなるか？　イラン・イラク戦争の中で、イスタンブール発バグダッド行き直通急行は、半世紀の生涯を終えた。その後、湾岸戦争を経て両国関係が回復をみた一時期、ガジアンテップとバグダッドを結ぶ週1往復の国際列車が運転されていたが、2003年3月にイラク戦争開戦に伴い運休となった。イラク戦争後、シリアとイラクの間の鉄道連絡自体は復活しているが、おそらく、かつてのような雄大な国際急行はもう復活することはないだろう。

トロス・エクスプレスは、イスタンブールとガジアンテップを結ぶトルコの国内列車として今も走っている。バグダッドへの直通はなくなったが、この列車には週1往復だけシリアのダマスカスへの直通寝台車が連結され、かつての国際列車時代をわずかに今に伝えている。

バンダルシャープール〜バンダルシャー

(1944 年)

ソ連を助けろ！　じゃないと自身が危ない

核開発問題をめぐって緊張が高まる現在のイランとアメリカの関係からはにわかには信じ難いことであるが、20 世紀のごくわずかな期間、イラン国内の鉄道輸送をアメリカが管理していた時代があった。もっとも、1979 年にイスラム革命が起きる前のパフラヴィー朝の時代には、両国は友好的な関係にあったということをご存知の方も多いと思う。しかし、これからご紹介するのはそんな時代からずっと前、第二次大戦中の話である。

イランの鉄道輸送をアメリカが管理することになった発端、それはソ連に対する援助ルートが必要になったことだった。ソ連は第二次大戦勃発直前の 1939 年 8 月にナチス・ドイツと不可侵条約を締結していたものの、それはいとも簡単に葬り去られる。1941 年 6 月、ドイツ軍は「バルバロッサ作戦」としてソ連へ侵攻。意表を突かれたソ連はなすすべもなく、ナチス・ドイツは破竹の勢いで進撃し、モスクワまでわずかな距離にまで迫ったほか、南方ではヴォルガ川沿いのスターリングラード（ヴォルゴグラード）にまで達した。

こうなるとイギリスとアメリカは黙って見ているわけにはいかない。すでにフランスがナチス・ドイツにやられただけに、この先ソ連までが早々にナチスに屈してしまったら次のメイン・ター

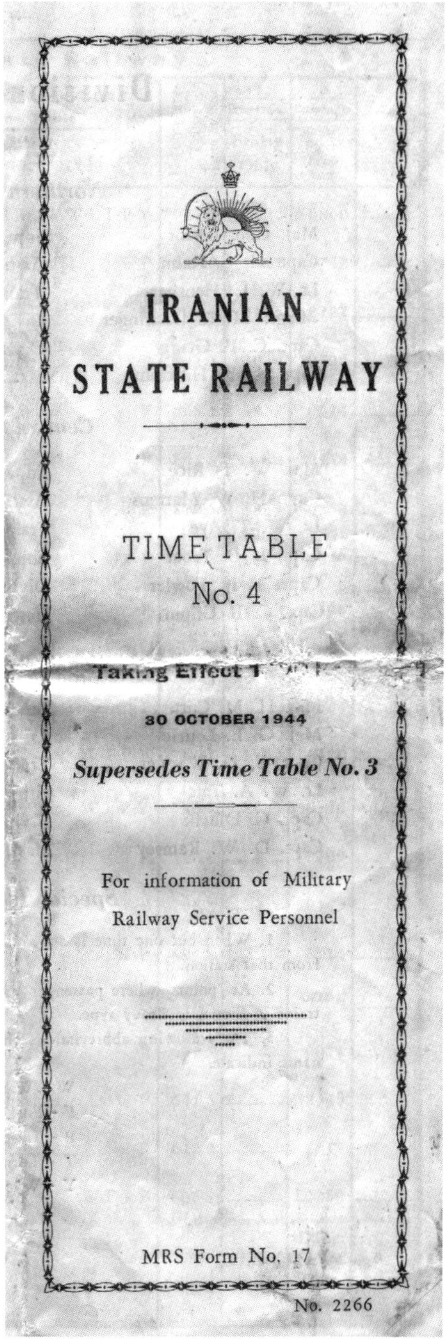

IRANIAN STATE RAILWAY

TIME TABLE
No. 4

Taking Effect 1

30 OCTOBER 1944

Supersedes Time Table No. 3

For information of Military
Railway Service Personnel

MRS Form No. 17

No. 2266

イラン鉄道時刻表
【1944 年 10 月　アメリカ陸軍？】

ゲットはどうなる ――『エッ、自分？』 それが両国の抱いていた危機感だった。当時アメリカはまだ中立状態であったものの、世界が戦争で盛り上がっている時に傍観に終始することは自国にかえって不利な結果を招くかもしれないという考えもあって、1941年早々に「武器貸与法」を成立させ、戦闘には直接参加しないまでも連合国側参戦国に対して武器の供与を始めていた。そうした背景もあって、両国はソ連にとにかく踏ん張ってもらうために対ソ援助に乗り出したのである。

問題は、点滴のように絶え間なく大量に援助物資、特に戦車などの兵器を輸送するためのルートの確保。ヨーロッパの東部はドイツ軍とソ連軍が真っ向から衝突している最前線なので、そこをかいくぐるのは無理。極東からシベリア鉄道で送り込むルートもあったが、もっとも即効性がありそうなのは、イランを南北に縦断する鉄道を使ってペルシャ湾からカスピ海方面へと輸送することだった。こうすればまさにドイツ軍が迫っているヴォルガ川近辺のエリアに最短距離で送り届けることができ、ドイツ軍に打撃を与えるに充分である。

このためにはイランの協力が不可欠だが、大きな問題があった。当時のイランは中立を標榜しながらも、実態は親ナチス・ドイツだったのである。そんな状態で連合国の要請を受け入れるはずはない。そこで1941年8月にイギリス軍とソ連軍はイランへ侵攻し、占領してしまう。中立なのに侵攻されるとはたまったものではないが、悲しいことにイランにとっ

Iranian State Railway

4 Passenger Daily Except Tue. & Thur.	2 Passenger Friday Only	Station Track Capacity in Equiv. Cars Tracks 1	2	3	Kilometers From Teheran	NORTHERN DIVISION Time Table No. 4 30 October 1944			Kilometers From Bandar Shahpur	1 Passenger Friday Only	3 Passenger Daily Except Fri. & Sun.
L1700	L0800	Yard			0	TRN	TEHERAN	W-F-T-P-Y	927.1	A2135	A0800
							10.1				
1716	0817	44	46	46	10.1	TSD	Tappeh-Sefid	P	917.0	2121	0742
							10.4				
1732	0835	44	44	—	20.5	ARI	Aprine	P	906.6	2103	0727
							15.5				
1759	0902	46	46	—	36.0	SRR	Shahriar	W-P	891.1	2039	0704
							23-0				
1834	0938	45	45	—	59.0	RSR	Rode-Shoor	P	868.1	1957	0624
							23-3				
1925	1029	45	45	—	82.3	PRK	Parandak	P	844 8	**1925**	0544
							16-3				
1954	1108	45	45	37	98.6	NHI	Nahid	P	828.5	1839	0508
							17.7				
2030	1141	45	45	—	116.3	KPG	Kouh-pang	W-P	810.8	1813	0440
							16.7				
2055	1205	45	47	47	133.0	AVD	Andjilavand	P	794.1	1739	0408
							14.8				
2124	1236	44	44	—	147.8	NWJ	Nowdej	P	779.3	1708	0347
							16.6				
2150	1302	45	47	47	164.4	POL	Pell	P	762.7	1619	0324
							16.0				
A2217	A1322	Yard			180.4	QUM	QUM	W-F-P-Y	746.7	L1555	L0300
L2237	――	Yard			180.4	QUM	QUM	W-F-P-Y	746.7	――	A0240
							19.9				
2311	――	44	47	47	200.3	SAI	Zageh	P	726.8	――	0209
							20.0				
2347	――	45	45	—	220.3	BGK	Baghyek	W-P	706.8	――	0143
							14.0				
0017	――	45	45	38	234.3	SAN	Savarian	W-P	692.8	――	0124
							13.4				
0055	――	44	44	—	247.7	RGR	Rahgerd	P	679.4	――	**0055**
							17.7				
0138	――	45	47	47	265.4	NGR	Nanegerd	P	661.7	――	0011
							20.2				
0214	――	46	46	—	285.6	MHD	Meshkabad	W-P	641.5	――	2343
							18.7				
0249	――	46	46	46	304.3	MKD	Malekabad	P	622.8	――	2317
							16.0				
A0315	――	Yard			320.3	ARK	ARAK	W-F-T-P	606.8	――	L2250
Daily Except Wed. and Fri.	Friday Only									Friday Only	Daily Except Thur. and Sat.

前ページの時刻表の内部
各駅の線路の長さについても記載がある

てこうした事態は第一次大戦に続く二度目の経験だった。19世紀以降のイランは、南下政策を進めていたロシアとインドへの道を確保したいイギリスの利害が常にぶつかる場所だったからである。これら両国に蹂躙されることに辟易したイランは、第二次大戦前にアンチソ連&イギリスという姿勢から、ナチス・ドイツを中心とする枢軸側への接近を強めていた。当時の日本もイランへ関心を示しており、1939年4月にはイラン皇太子の成婚を祝すという名目で、東京からテヘランへの親善飛行が行われている。計画中だったドイツやイタリアと日本を結ぶ航空路線が開設される暁にはテヘランが経由地となるであろうことを見越して、絆を深めておこうというのが双方の魂胆だった。

イランの鉄道をアメリカの車両が走っていた

さて、イギリスによって管理されることとなったイランの鉄道を通じ、ソ連には兵器や生活必需品など対ソ援助物資が続々と送り込まれた。標高4000メートル級のザグロス山脈とエルブールズ山脈を越えるイラン縦貫鉄道は10年にわたる難工事の末、第二次大戦直前に完成したものだったが、かつて15世紀にオスマン軍が山越えで船を運んでコンスタンティノープルを陥落させた故事の再来よろしく、これらの山脈を越えて対ソ援助の兵器が続々とソ連の兵站基地に運び込まれ、ドイツ軍との戦いに投入されていった。これが功を奏し、ソ連軍は伸びきった補給ルートと寒さに耐えられずに弱体化していたドイツ軍に猛攻を加えて退却させ、戦線を西方へと押し戻すことに成功したのである。1943年1月に終結したスターリングラードの攻防は独ソ戦の天王山だったが、援助物資量が増大したことを受けて、ちょうどこのときを境にイランの鉄道輸送はイギリスからアメリカの手に引き継がれている。

イランの鉄道輸送を引き継いだのは、本書でも随所で触れている"Military Railway Service"（略称：MRS）と称するアメリカ陸軍の鉄道輸送部隊だった。アメリカの鉄道部隊は手慣れたもので、有事に備えて準備されていた新型のディーゼル機関車や貨車を持ち込み、異国の地でさらなる輸送手段増強を図る。イラン縦貫鉄道は首都・テヘランを中心に、ペルシャ湾に面した港湾都市であるバンダルシャープール（バンダルホメイニ）へ至る南方への路線と、カスピ海沿岸に位置するバンダルシャー（バンダルトルキャマン）へ至る北方への路線から構成されており、対ソ援助の貨物はバンダルシャープール〜バンダルシャー間を通して輸送されていた。なお、南方への途中駅であるアフワーズからはイラク国境のシャトルアラブ川沿岸への支線も出ていた。

こうした後方輸送の整備も手伝って1944年7月、ソ連は遂に自国領土を完全に奪回することに成功。その勢いでソ連軍はナチス・ドイツを東方から追い詰め、1945年4月25日には西方から侵攻していたアメリカ軍とエルベ川で出会うのであった。それから数日後、ヨーロッパ戦線は集結する。

1944年10月にMRSが発行した時刻表がある。ソ連が自国領を回復してすでにしばらく経った時期であるが、テヘラン〜アフワーズ間に旅客列車が運転されていたことがわかる。テヘランから週5日運転されていたアフワーズ行きは、約800キロある同区間を25時間かけて走っていた。なおこの時刻表には、各々の駅の各番線に何両の20トン貨車を停めることができるかという数字やヤード（操車場）のある駅が示されており、物資輸送という本来業務の一端もうかがえる。

戦後イランは占領状態から解放されて独立を回復。鉄道もアメリカ軍は撤退し、イラン国鉄による管理に戻った。鉄道自体が戦争で破壊されることはなかったものの、酷使された設備の修復と改善が課題となり、諸外国からの援助で近代化が進められていった。その一環でアメリカからディーゼル機関車が大量に輸入されたりもしたという。

ヨーロッパからアフリカへ――
壮大な交通網を担ったパレスチナの鉄道

ハイファ～カイロ
（1934/49 年）

シリアからエジプトまで２日間

鉄道は街と街をつなぎ、人とモノの交流を支える。そして、島国の日本ではピンと来ないことであるが、鉄道による連絡は国境を越えて国と国をも結びつける。ヨーロッパなどはその最たるものであろう。しかし、陸続きの国境を持ち、しかもそれなりの鉄道網がありながら、何らかの理由で国境を接する国々との鉄道連絡が閉ざされている例もある。大河や山脈などに阻まれるという地理的条件もその理由のひとつ。しかし、国家間の政治的な対立も往々にしてその原因だ。

こうした例ですぐに思いつくのは韓国と北朝鮮。2007年12月から貨物列車の運行が再び始まったが、南北のレールが繋がるまでは、韓国の鉄道は国内だけで独立していた。ただ、三方を海に囲まれた韓国の地形上、それは仕方がないことと言えるかもしれない。逆に、三方を陸続きで隣国と接しながら、今日でも政治的理由から周辺から隔絶した鉄道網をもつ国がある。それはイスラエル。しかし、イスラエルの鉄道ははじめから周囲と隔絶していたわけではない。それどころか第二次大戦後にイスラエルが建国されるまでは、パレスチナの鉄道はトルコからイラク方面へのバグダッド鉄道とともに、ヨーロッパからエジプトへ地中海沿いに抜けるルートの一部として、中近東地域の壮大な鉄道連絡網を構成していた。

1934年10月に発行された、パレスチナ地域の鉄道・バス時刻表がある。地元の保険会社がスポンサーになって発行されたと思われる１枚ものの時刻表であるが、そこには現在のイスラエルの鉄道地図にはない路線が数多く見受けられる。レバノンとの国境に近い北部の港町・ハイファ（ヘーファ）を中心に、南方と東方へ路線が伸びていた。南方へ向かう路線はリッダやガザを経由し、遥かスエズ運河の岸辺・カンタラへ至り、東方へ向かう路線はヨルダン（当時はトランスヨルダン王国）との国境・サマハ（Samakh）でヨルダンの鉄道に連絡。これらを乗り継げは、ダマスカス～ハイファ～カイロ間を鉄道で行くことが出来た。実際、この時刻表にはそのルートでの乗り継ぎ時刻も掲載されており、このような行程であった。

ダマスカス～カイロ間の行程		
第 26 列車	ダマスカス	8 時 13 分発（火曜・木曜・土曜）
	ハイファ	18 時 30 分着
第 1 列車	ハイファ	8 時 30 分発
	カンタラ（東）	17 時 30 分着
【スエズ運河を船で渡る。所要 20 分】		
	カンタラ（西）	19 時 21 分発
	カイロ	22 時 30 分着

なお、ダマスカスよりも先は、シリアのアレッポ（ハラブ）への鉄道も通じていたから、パリから「オリエント・エクスプレス」でイスタンブールへ向かい、イスタンブールで先述の「タウルス・エクスプレス」に乗り継いでアレッポへ降り立てば、そこからさらに鉄道だけでエジプトまで到達できたことになる。なお、カンタラからはエジプトの鉄道網に接続するため、カイロだけではなくポートサイドやスエズそしてアレクサンドリアへも足を伸ばすことが可能であった。西欧からアフリカへ、今では信じられないようなスケールの鉄道旅行だ。当時、ヨーロッパの鉄道では国際寝台車会社「ワゴン・リ」がオリエント・エクスプレスに代表される豪華寝台車・食堂車サービスを提供していたが、1939年に同社が発行したパンフレットを見ると、『ワゴン・リの列車サービスはエルサレム～カイロ間、カイロからナイル川上流のルクソルとアスワン、フランス領モロッコ・アルジェリア・チュニジアで運行されています』と書かれていた。パレスチナからシナイ半島を抜けてエジプトへも、西欧の列車旅行の風が浸透していたわけだ。

束の間の全盛期から破壊の時代へ

ところで、ダマスカスからハイファの途中にはダラアという街を通るのだが、ここからはヨルダンの首都・アンマンや、その先のマアーン方

Palestine Railways

from the 15th October 1934

TIME TABLE

from the 15th October 1934

Haifa — El Kantara East

Stations	No. 17 *	No. 1 †	No. 3 *	No. 5 †	No. 7 *	No. 9
	DAILY SERVICE					
Haifa . . . dep		0830	1135	1430		1850
Karmel . . . "		0837	1141	1436		1857
Atlit . . . . "		0859	1207	1458		1922
Zikhron Ya'aqov "		0913	1229	1513		1936
Binyamina . . "		0923	1239	1523		1946
Hadera . . . . "		0935	1251	1534		1957
Tulkarm . . . "		0955	1314	1553		2016
Qalqilya . . . "		1008	1328	1605		2028
Ras El Ein . . "		1023	1345	1619		2041
Lydda Jct. . . arr		1047	1410	1643		2105
Lydda dep		1102		1705		
Jaffa arr		1135		1735		
Lydda dep		1101		1656		
Jerusalem arr		1300		1855		
Lydda dep				1702		
Khan Yunis arr				1925		
Lydda Jct. . . dep		1105			1702	
Beer Ya'aqov "		1114			1713	
Rehovot . . . "		1121			1721	
Yibna Station "		1128			1731	
Yibna Village "					1735	
Isdud Station "		1145			1751	
Isdud Village "					1756	
El Majdal . . "		1201			1809	
Deir Suneid . "		1217			1828	
Gaza Station . "	0720	1240			1850	
Gaza Town . . "	0727				1857	
Deir el Balah "	0746	1259			1916	
Khan Yunis arr	0755				1925	
Khan Yunis dep		1308			Stop	
Rafa . . . . "		1327				
El Arish . . "		1419				
Mazar . . . "		1516				
Missfak . . . "		1540				
Bir El Abd . "		1600				
Romana . . . "		1642				
El Kantara E arr		1730				

* Rail Car 2nd & 3rd Class only. Limited Accommodation
† Restaurant Car and Sleeping Car daily from Haifa

El Kantara East — Haifa

Stations	No. 2 †	No. 4 *	No. 6 *	No. 8	No. 10 †	No. 18
	DAILY SERVICE					
El Kantara E . . dep	2335					
Romana . . . "	0024					
Bir El Abd . . "	0106					
Missfak . . . "	0124					
Mazar . . . . "	0200					
El Arish . . . "	0252					
Rafa . . . . . "	0344					1930
Khan Yunis . . "	0404		0800			1941
Deir El Balah . "	0415		0811			2000
Gaza Town . . "			0830			2006
Gaza Station . arr / dep	0443		0841			
Deir Suneid . . "	0500		0859			
El Majdal . . . "	0519		0918			
Isdud Village . "			0933			
Isdud Station . "	0538		0942			
Yibna Village . "			0959			
Yibna Station . "	0556		1005			
Rehovot . . . "	0605		1015			
Beer Ya'aqov . "	0612		1024			
Lydda Jct. . . arr	0620		1036			
Lydda dep	0650		1102			
Jaffa arr	0730		1135			
Lydda dep	0646		1101			
Jerusalem arr	0845		1300			
Lydda dep			1100			
Haifa arr			1310			
Lydda Jct. . . dep	0645	0500		1100	1710	
Ras El Ein . . "	0710	0530		1123	1734	
Qalqilya . . . "	0725	0544		1138	1749	
Tulkarm . . . "	0737	0558		1150	1801	
Hadera . . . . "	0755	0621		1208	1819	
Binyamina . . "	0806	0633		1219	1830	
Zikhron Ya'aqov "	0815	0647		1228	1840	
Atlit . . . . "	0829	0705		1242	1854	
Karmel . . . arr	0854	0730		1303	1915	
Haifa . . . . "	0900	0740		1310	1925	

* Rail Car 2nd & 3rd Class only. Limited Accommodation
† Restaurand Car and Sleeping Car daily to Haifa

Connecting Services, Syria, Trans-Jordan, Palestine, Egypt & Vice-Versa.

	Ex Maan Friday, Ex Amman Tues. Thur & Sat / Ex Damascus Tues, Thurs & Sat
Damascus . dep	0813
Maan . . . "	0800
Amman . . "	0715
Samakh . . "	1547
	Daily
Haifa . . dep	0830
Jerusalem . "	0900
Jaffa . . . "	1020
El Kantara E. arr	1730
El Kantara W dep	1843
Port Said . arr	1950
El Kantara W dep	1921
Cairo . . . arr	2230
Suez . . . "	2250
Alexandria . "	0530

	Daily	
Alexandria . dep	1500	
Suez . . . "	1730	
Cairo . . . "	1800	
Port Said . "		2005
El Kantara W arr	2114	2115
El Kantara E dep	2335	
Jaffa . . . arr	0730	
Jerusalem . "	0845	
Haifa . . . "	0900	
Haifa . . dep	1000	Daily exc Sunday
Samakh . . arr	1240	Daily exc Sunday
Amman . . "	1945	Tues Thurs & Sat.
Maan . . . "	1600	Wednes
Damascus . . "	2002	Tues. Thurs. & Sat.

Amman — Deraa

Stations	Tues. Thurs. & Saturday No. 54
Amman . . dep	0715
Rusaifa . . "	0736
Zarka . . . "	0752
Samra . . . "	0824
Mafrak . . "	0936
Nassib . . "	1020
Kum Gharz "	1039
Deraa . . . arr	1050

Change for Haifa & Damascus

Deraa dep	1245
Haifa arr	1830
Deraa dep	1815—1605
Damascus arr	1634—2002

Deraa — Amman

Station	Tues Thurs & Saturday No. 53
Damascus dep	0813
Haifa "	1000
Samakh "	1300
Deraa . . dep	1630
Kum Gharz "	1641
Nassib . . "	1657
Mafrak . . "	1744
Samra . . . "	1824
Zarka . . . "	1908
Rusaifa . . "	1925
Amman . . arr	1945

Jaffa — Jerusalem

Stations	No. 11	No. 13	No. 15
	DAILY SERVICE		
Jaffa . . . . . dep	0605	1020	1615
Tel Aviv . . . "	0612	1027	1622
Es Safiriya . . "	0626	1041	1636
Lydda Jct. arr	0636	1051	1646
Lydda Jct. dep	0646	1101	1656
Er Ramle . . . "	0652	1107	1702
Niana . . . . "	0701	1116	1711
Wadi Es Sarar . "	0714	1129	1724
Artuf . . . . "	0733	1148	1743
Deir Esh Sheikh "	0757	1212	1807
Battir . . . . "	0825	1240	1835
Jerusalem . . arr	0845	1300	1855

Jerusalem - Jaffa

Station	No 12.	No. 14	No. 16
	DAILY SERVICE		
Jerusalem . . . dep		0900	1510
Battir . . . . "		0920	1531
Deir Esh Sheikh "		0946	1552
Artuf . . . . "		1007	1613
Wadi Es Sarar . "		1022	1628
Niana . . . . "		1035	1641
Er Ramle . . . "		1044	1650
Lydda Jct. arr		1049	1655
Lydda Jct. dep	0650	1102	1705
Es Safiriya . .	0702	1113	1716
Tel Aviv . . . "	0719	1126	1729
Jaffa . . . . arr	0730	1135	1735

Haifa — Samakh — Deraa — Damascus and Vice Versa.

Stations	Tues. Thurs. & Saturday No. 23
El Kantara E dep	2335
Jaffa . . . "	0605
Haifa . . . "	1000
Samakh arr	1240
Samakh dep	1300
El Hamme . "	1316
Wadi Khaled "	1339
Shajara . . "	1403
Makaren . . "	1415
Zeizoun . . "	1449
Mzerib . . "	1522
Deraa . . . arr	1543
Change at Deraa for Amman and Maan	
Deraa dep	1630
Amman arr	1945*
Maan "	1600**
Deraa . . . dep	1605
Ghazale . . "	1636
Ezra . . . "	1708
Mehadje . . "	1731
Khabab . . "	1747
Jebab . . . "	1759
Mismie . . "	1822
Deir Ali . . "	1858
Kiswi . . . "	1916
Kadam . . . "	1953
Damascus . arr	2002

Stations	Tues. Thurs & Saturday No. 26
Damascus . dep	0813
Kadam . . "	0825
Kiswi . . . "	0906
Deir Ali . . "	0924
[illegible]smie . . "	1004
Jebab . . . "	1024
Khabab . . "	1038
Mehadje . . "	1054
Ezra . . . "	1120
Ghazale . . "	1150
Deraa . . . arr	1220
Change at Deraa for Amman and Maan	
Deraa dep	1630
Amman arr	1945*
Maan "	1600**
Deraa . . . dep	1245
Mzerib . . "	1306
Zeizoun . . "	1341
Makaren . . "	1414
Shajara . . "	1424
Wadi Khaled "	1448
El Hamme . "	1512
Samakh arr	1529
Samakh dep	1547
Haifa . . . arr	1830
Daily	
Haifa dep	0830
Jaffa arr	1135
Gaza "	1230
Jerusalem "	1300
El Kantara E "	1730

* Tuesday, Thursday and Saturday
** Wednesday.

Haifa — Acre

Station	No. 27 *	No. 29	No. 31 *	No. 33 *	No. 35	No. 37 *	No. 39	No. 41 *	No. 43	No. 45	No. 47 *	No. 49 *	No. 50
	DAILY SERVICE												
Haifa . . . . dep	0505	0650	0700	0930	1230	1320	1430	1540	1620	1720	1820	2000	2145
Qishon . . . . "	0516	0703	0711	0944	1244	1331	1444	1553	1633	1731	1834	2011	2159
Kyryat Haim arr	0520		0715			1335			1637	1735		2015	
Kyryat Haim dep		0719		0949	1249		1449	1559			1839		2204
El Ghawarina . "		0730		1000	1300		1500	1610			1850		2215
Acre . . . . . arr		0740		1010	1310		1510	1620			1900		2225

Acre — Haifa

Station	No. 28 *	No. 30	No. 32 *	No. 34	No. 36 *	No. 38 *	No. 40	No. 42	No. 44	No. 46	No. 48 *	No. 50	No. 52 *
	DAILY SERVICE												
Acre . . . . . dep		0550		0820	1120		1335	1535			1730	1915	
El Ghawarina . "		0601		0831	1131		1346	1546			1741	1926	
Kiryat Haim . "	0525	0612	0720	0842	1142	[illegible]	1357	1558	1653	1740	1752	1937	2020
Qishon . . . . "	0530	0617	0725	0847	1147	1345	1403	1603	1658	1745	1758	1943	2025
Haifa . . . . arr	0540	0630	0735	0900	1200	1355	1415	1615	1710	1755	1810	1955	2035

Haifa — Samakh

Stations	No. 19 Daily Exc. Sat. *	No. 21 Daily *	No. 23 Daily Exc. Sund	No. 25 Daily
Haifa . . . . dep	0545	0750	1000	1630
K 4½ . . . . "	0555			1640
Nesher . . . "	0601			
Meshek Yagour arr	0605			
Meshek Yagour dep		0807	1017	1651
Kfar Yehoshua . "		0827	1038	1708
Kfar Baroukh . "		0835	1046	1716
Affula . . . . "		0853	1104	1734
Ein Harod . . "		0908	1119	1749
Tel Yosef . . . "		0913	1124	1754
Shatta . . . . "		0919	1130	1800
Beisan . . . . "		0937	1147	1817
Jisr El Majami . "		1008	1218	1848
Naharayim . . "		1015	1225	1855
Samakh . . . arr		1030	1240	1910

* Rail Car 2nd and 3rd Class only Limited Accommodation.

Samakh — Haifa

Stations	No. 20 Daily	No. 22 Daily Exc. Sat. *	No. 24 Daily *	No. 26 Daily Exc. Sund.
Samakh . . . . dep	0445		1050	1547
Naharayim . . . "	0456		1101	1558
Jisr El Majami . "	0508		1108	1605
Beisan . . . . "	0543		1148	1646
Shatt . . . . . "	0558		1203	1701
Tel Josef . . . "	0605		1210	1707
Ein Harod . . . "	0612		1217	1713
Affula . . . . "	0634		1236	1735
Kfar Baroukh . "	0649		1254	1750
Kfar Yehoshua . "	0700		1305	1758
Meshek Yagour . "	0713	0613	1318	1811
Nesher . . . . "		0619		
K. 4½ . . . . "		0625		
Haifa . . . . arr	0730	0634	1335	1830

Change at Haifa for Jaffa, Jerusalem, Gaza, Khan Yunis & El Kantara E :-

Daily		
Haifa dep	0830	1430
Jaffa arr	1135	1735
Gaza "	1230	1850
Khan Yunis "	1307	1925
Jerusalem "	1300	1956
El Kantara E. "	1730	—

Amman — Maan

Stations	Wednes No. 55
Amman . . dep	0800
Kassir . . "	0831
Jiza . . . "	0925
Khan Zibib . "	1030
Katrani . . "	1130
Menzil . . "	1210
El Hassa . "	1305
Jerouf . . "	1345
Aneiza . . "	1430
Maan . . . arr	1600

Maan — Amman

Stations	Friday No. 56
Maan . . . dep	0800
Aneiza . . "	0902
Jerouf . . "	0947
El Hassa . "	1026
Menzil . . "	1120
Katrani . . "	1205
Khan Zibib "	1300
Jiza . . . "	1410
Kassir . . "	1506
Amman . . arr	1600

PALESTINE RAILWAYS CONNECTING BUS-SERVICES.

Jaffa — Tel Aviv (Hahaschmal Str., Corner Allenby Rd.) **Ras el Ein and vice versa**

625	1020	1645	dep.	Jaffa	arr	↑	1055	1415	1700	2120
630	1025	1650	"	Tel Aviv	"		1050	1410	1655	2115
650	1045	1710	"	Petah Tiqvah	"		1035	1400	1640	2100
705	1100	1725	↓ arr.	Ras el Ein St.	dep.		1025	1350	1630	2050

Lydda Junction — Jerusalem (Ben Yehuda St. beside Sansour Building) **and vice versa**

700	1100	1700	2115	dep.	Lydda Junction	arr	↑	630	1035	1645
815	1215	1815	2225	↓ arr.	Jerusalem	dep		525	930	1540

パレスチナ鉄道時刻表
【1934年10月　パレスチナ総合保険】

面への鉄道が連絡している。こう書くとヨルダン方面への路線が本線から分岐する支線だと思われるかもしれないが、実はダマスカスからヨルダン方面へとつながるこの路線こそが、『アラビアのロレンス』でも有名な「ヒジャーズ鉄道」の本線だ。ヒジャーズ鉄道は、聖地・メッカへの巡礼客を運ぶことを目的に、晩年のオスマン帝国によって1908年に完成した鉄道である。落ち目だったオスマン帝国はこの巡礼鉄道の建設でアラブ人の支持を得ようとしたのである。第一次大戦という激動の時代、この地域の支配を目論むイギリスは情報将校だったロレンスを使ってアラブ人の蜂起

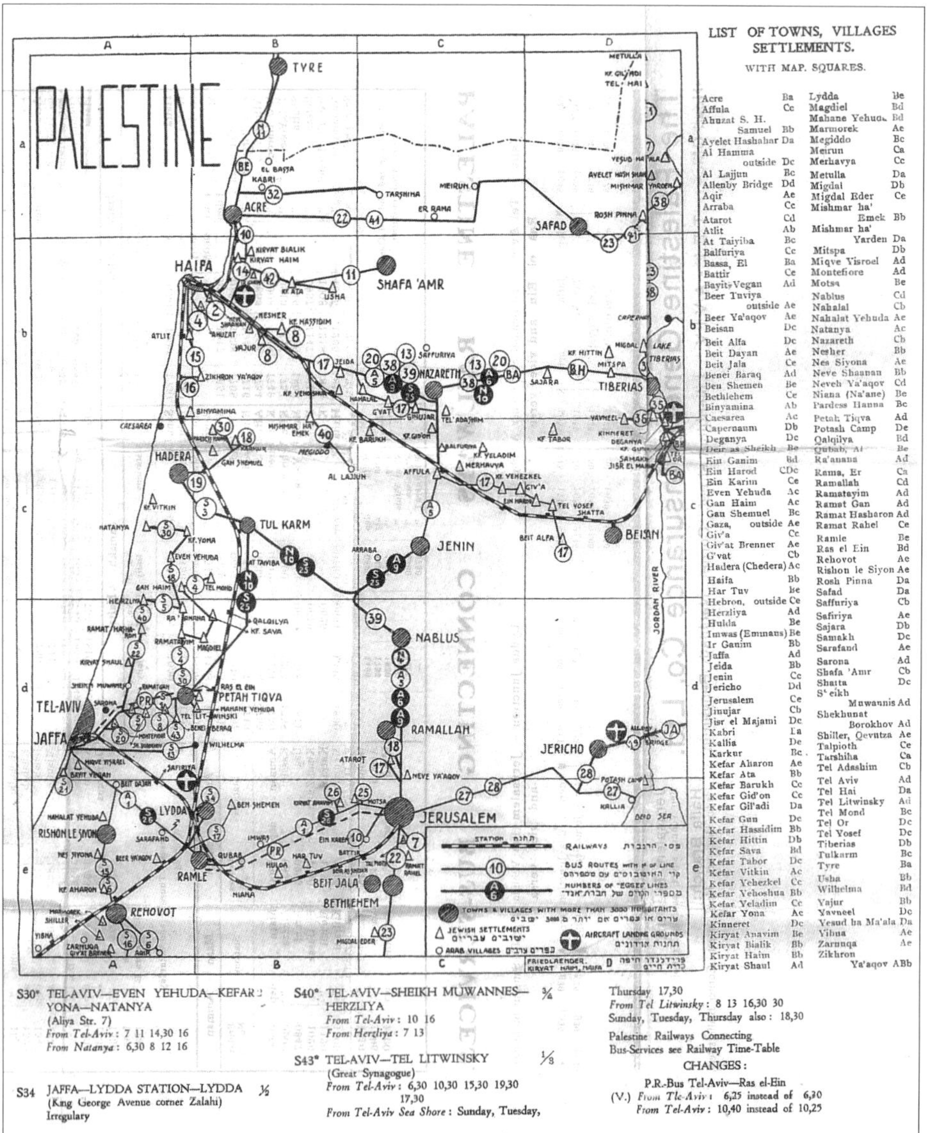

前ページの時刻表裏面よりパレスチナ地域の地図
△がユダヤ人入植地・○がアラブ人の集落を示す。ハイファから東へ今は無い路線が見える

を起こしたが、このときヒジャーズ鉄道はあえなく破壊の憂き目を見る。なお、先に触れたダラアからハイファに至る線は、このヒジャーズ鉄道の支線だったのである。

ヒジャーズ鉄道の破壊区間は別として、中東の鉄道が最も路線網を充実させたのは、第二次大戦中の1942年12月のことである。このときイギリス軍の手によって、レバノンのトリポリ（タラブルス）からベイルートを経てパレスチナとの境界に近いナコウラ（ラクーナ）までの路線が開通し、地中海沿岸を経由してヨーロッパからトルコ経由エジプトまでの鉄道連絡が完成したのである。

しかし、古くはヒジャーズ鉄道の破壊、最近ではイラク戦争に見られるように、中東の鉄道は戦乱と常に隣り合わせであった。第二次大戦後間もない1947年、国連でのパレスチナ分割決議を受けて翌年5月にイスラエル建国。それに続く第一次中東戦争でイスラエルは領土を拡大し、ほぼ現在の国土の領域を支配することになる。アラブの中に突如として誕生したユダヤ人国家は当然のことながら周囲との鉄道連絡が断たれ、イスラエル領内の鉄道は完全に国内の都市間連絡という役割に変わった。もちろん、戦後になって飛行機が主流となった時代、ヨーロッパからアフリカへ鉄道で直通しようという人はいなかったであろうが、古き良き鉄道旅行黄金時代の面影はここに消滅したのである。

都市間連絡の役割を担うイスラエルの鉄道は戦前から大きく変わった。ハイファからヨルダンへ通じていた路線は廃止。シリアとの国境地帯・ゴラン高原には、当時の鉄橋などこの路線の廃線跡が今でも残っているとのことである。また、ハイファからリッダへ内陸を通っていた鉄道路線は、より地中海沿岸部を通るように付け替えられた。これはなぜか？　そのヒントになりそうなのが。1934年の時刻表の裏に掲載された当時のパレスチナの地図だ。その中にはユダヤ人入植地が「△」マークで示されているのだが、地中海沿岸部に集中していることがわかる。住民の利便性を考慮した路線変更だと考えられる。

パレスチナ鉄道・ハイファーカンタラ間の切符
（1943年11月）

中東戦争に蹂躙されたシナイ半島の鉄路

さて、テルアヴィブから南方はどうなったのであろうか？　イスラエルとエジプトの国境地帯・ガザ地区からシナイ半島にかけては第二次以降の中東戦争の主戦場となり、イスラエルとエジプトが押しつ押されつの攻防を繰り広げた土地である。トーマス・クックの時刻表を参照すると、1949年4月にはカンタラからエジプト占領中のガザ南方のラーファまでの列車がみられるが、第二次中東戦争直後の1957年の時点ではこの地域の鉄道路線は掲載されておらず、おそらく運休だったものと考えられる。その後、1960年の時刻表では

PALESTINE, SYRIA

Table 961　CAIRO - (PORT SAID and SUEZ) - KANTARA - LYDDA - (JERUSALEM) - HAIFA

Exp 23	123	123	Exp 123		123	123	123	Exp 123
130	..	..	..	dep. **Cairo** .... arr.	..	..	..	2255
45	..	..	..	dep. Alexandria **951** .. arr.	..	..	..	5 20
212	..	..	..	dep. Benha .... arr.	..	..	..	2215
351	..	..	..	dep. Ismailia .... arr.	..	..	..	2034
420	..	..	..	arr. **Kantara (East)** ..dep.	..	..	..	20 1
..	..	..	1315	dep. Port Said **952** .. arr.	..	..	1650	..
..	..	..	1358	arr. Kantara (West) ......dep.	..	..	1556	..
..	..	1015	..	dep. Suez (Pt. Tfk.) **952** ar.	0 10	..	..	..
..	..	1245	..	arr. Ismailia ...... arr.	19 3	..	..	..
..	..	1420	..	arr. Kantara (W.) ..dep.	1818	..	..	..
..	16 0	..	..	dep. **Kantara (East)** .. arr.	..	1435	..	..
..	1950	..	..	dep. El Arish ....dep.	..	1052	..	..
..	2045	..	..	dep. Rafa............dep.	..	9 50	..	..
..	arr.	..	..	arr. **Gaza** .... dep.	..	..	..	..
..	..	..	..	dep. **Gaza** .... arr.	..	..	..	..
..	..	..	..	arr. **Lydda** ....dep.	..	..	..	..
..	..	..	..	arr. Jerusalem **962**..dep.	..	..	..	..
..	..	..	..	dep. **Lydda** .... arr.	..	..	..	..
..	..	..	..	dep. Ras el Ein ¶......dep.	..	..	..	..
..	..	..	..	arr. Tulkarm ....dep.	..	..	..	..
..	..	..	..	arr. Hadera ....dep.	..	..	..	..
..	..	..	..	arr. **Haifa (Cent.)** ....dep.	..	..	..	..
..	..	..	..	arr. **Haifa (East)** ....dep.	..	..	..	..

第一次中東戦争直後の時刻表
（トーマス・クック時刻表　1949年4月号より）

カイロからガザまで直通する急行列車が一往復運転されている。カイロ9時30分発の第753列車は、ガザ着が19時10分。これは大戦前よりもむしろ遅くなっていたが、それでも鉄道が復活したことはエジプトの人々にとっては希望を与えるものであったに違いない。しかし、この地域に平和は長く続かなかった。1967年の第三次中東戦争ではイスラエルがシナイ半島を占領。当然のことながら、エジプトからガザへの鉄道路線は運休の憂き目にあった。スエズ運河には旋回橋（普段は運河の右岸と左岸にそれぞれ平行に開いており、列車が通るときのみそれぞれ水平方向に90度回転させて連結する仕組み）が架けられていたが、第二次中東戦争に続いて再び破壊された。

第三次中東戦争を契機に、ガザ地区を含むシナイ半島一帯はイスラエルが占領する。テルアヴィブから南方へは、ガザまでの鉄道路線がトーマス・クックの時刻表の路線図に掲載されていたが、実際の時刻の記載は無い。また、1972年に発行されたイスラエル国鉄の時刻表でも、表紙にはそれらしい路線が描かれているが時刻は載っておらず、この路線が本当に運行されていたのかは不明である。

シナイ半島はエジプトとイスラエルの和平合意を受け、1980年代に入ってエジプトへ返還された。エジプトとイスラエルの間にはバス路線も開業した。それから10年を経て、ガザ地区は依然としてイスラエルの占領状態ながらもパレスチナ自治政府が統治するようになったが、武力衝突は後を絶たず平和への道は険しい。その一方で、エジプトはパレスチナとの境までの鉄道工事を進めているという。第三次中東戦争で破壊されたスエズ運河の鉄道橋は、その計画の一環として2001年に復旧された。かつてヨーロッパからエジプトへと通じていた黄金時代の再現は無理としても、この地域の鉄道が平和の象徴として再び繋がる日は訪れるのであろうか？

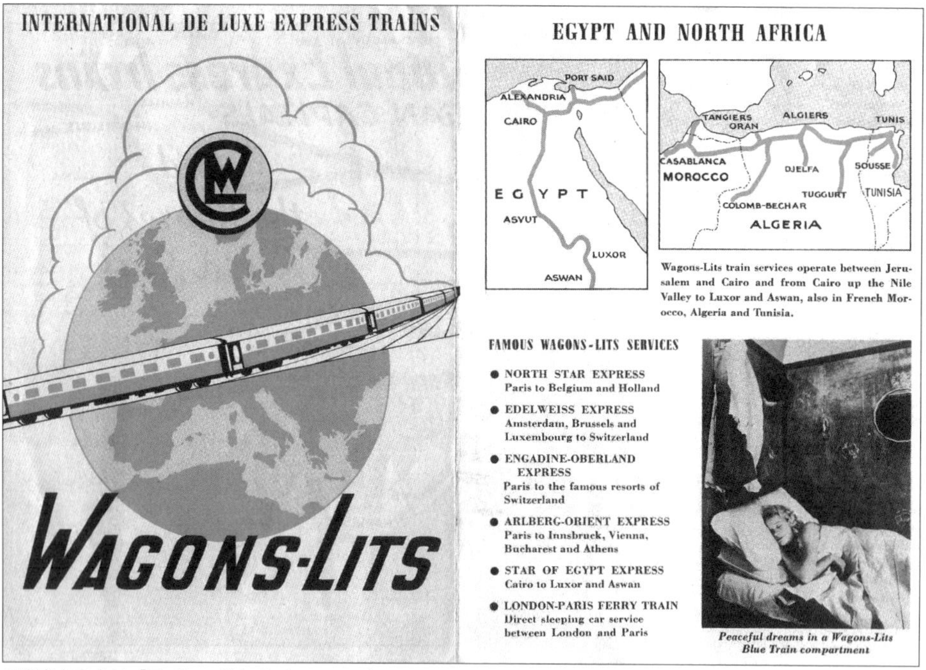

国際寝台車会社「ワゴン・リ」のパンフレット
【1939年　同社発行】

テルアヴィブ〜シャルムアルシェイク
（1972年）

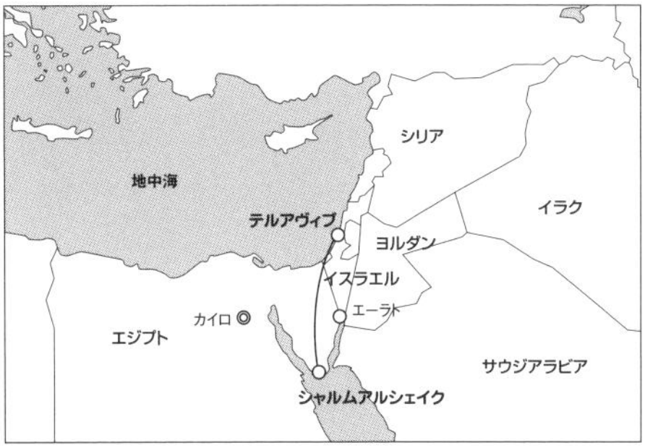

聖書に着想を得て名付けられたエアライン

「海割れ」といえば何年か前に日本でも演歌で有名になった韓国南部・珍島で１年に一回発生する自然現象であるが、西洋では旧約聖書のエピソード以外の何ものでもないだろう。紀元前13世紀頃、エジプトで奴隷として使役されていたユダヤ人は、モーゼに率いられてエジプトを脱出する。やがて紅海を目の前にした一行の背後にエジプト軍の追手が迫った。もはやこれまでかという時、紅海が割れて海に道が現れるという奇跡が起き、ユダヤ人一行は海の道を渡って対岸へと逃れることに成功。追手のエジプト軍は元に戻る海に呑まれて全滅し、一行は旅を続けることができたという物語である。海が割れて海底が露出するという現象は、極めて特殊な気象条件のもとでは当時実際に発生し得たという研究もあるそうだが、事の真偽は別として海を越えた一行が渡った先はシナイ半島といわれている。

シナイ半島はエジプト東部、スエズ湾の東岸一帯に広がる逆三角形をした半島である。ここに辿り着いたユダヤ人一行は、モーゼを通じて神と「契約」をする。昔のハリウッド映画では、レーザーの如くビビッと石に戒律の文字が刻まれていくなどというシーンもあったが、これが「モーゼの十戒」だ。ちなみに「旧約聖書」の「旧約」とは、神と人間の間の「契約」の「旧い方」という意味である。

ここまで延々と書いてきた通り、シナイ半島はユダヤ人、言い換えればユダヤ教徒や、その後に発生したキリスト教にとってのかけがえのない聖地なのである。こういった由来を持つ土地であるから、イスラエルも大変こだわりを持っている。今日、シナイ半島はエジプトの領土であるが、イスラエルは戦争によって過去２回この半島に兵を進め、そのうち１回は戦後10年以上にわたって丸々占領したという実績を持っている。

もちろん、合意の上であれ侵略によるものであれ、領土が拡大するとそこには交通網が築かれるわけで、イスラエルの国内航空会社には自国領土

イスラエルによるシナイ半島占領期の時刻表
【1972年３月　アルキア航空】

の拡大・縮小とともに変遷を辿った路線網という興味深い歴史が存在する。その航空会社とはアルキア航空。日本には乗り入れていないため、イスラエル旅行が好きな人くらいしか知らない会社かもしれない。かつては国内線と近距離チャーター便が専門だったが、最近ではヨーロッパ各都市への国際定期便も運航している。なお､「アルキア」とはヘブライ語で『ラキアへ上がる』との意味。「ラキア」は聖書の言葉で「空」「天」を指すので、さしずめ『空へ』とか『天へ』ということになる。ちなみに、イスラエルを代表する国際航空会社であるエル・アル航空の「エル・アル」もほぼ似たような意味で、いずれも当時のイスラエル交通相が聖書にインスピレーションを得て名付けたものといわれる。

別項でも述べたとおり、ユダヤ人入植者とパレスチナ人入植者が共存して暮らしていたパレスチナ地域にユダヤ人国家“イスラエル”が建国されたのは1948年5月のこと。その版図の一部は建国前のイギリス委任統治領時代の領域を踏襲しており、紅海への出口であるアカバ湾奥のエーラトもイスラエルの版図に入っていた。エーラトは海岸沿いのリゾート地であるが、中東の暖かい海だけに珊瑚礁も発達しており、今日ではダイビングスポットとしても知られている。1949年に誕生したアルキア航空最初の路線は、イスラエルの中心都市・テルアヴィブとこのエーラトを結ぶ路線であった。テルアヴィブ～エーラト線は今日に至るまでずっと運航されている同社の屋台骨ともいえるルートだが、鉄道が通じておらず、しかもネゲヴの砂漠を越えなければ行けないエーラトへの重要な足である。地図で見ると西からはエジプト・東からはヨルダンの国境が南へ行けば行く程両側から迫るという、圧迫感が感じられる飛行ルートであるが、さすがに上空からそうした国境は見えず、機窓にはエジプトの大地・シナイ半島が広がる。おそらく、最初にこのルートを飛んだイスラエルの人々は、飛行機の窓から聖なるシナイ半島に思いを馳せたに違いない。

ついに十戒の地に降り立ったイスラエル人

さて、イスラエル建国直後の1948年から翌年にかけて発生した第一次中東戦争から10年も経たない1956年11月、今度はエジプトのスエズ運河国有化宣言に端を発した第二次中東戦争が起こる。この戦争、実はイギリス・フランス・イスラエルの間で事前のシナリオが出来ていた。イスラエル軍の侵攻を受けて、英仏がマアマアとばかりに間に入り、スエズ運河をエジプトの手からちゃっかり取り上げて確保しようという魂胆だった。ところが、英仏が割って入ったところでエジプトが更なる実力行使に出たものだから、引くに引けない英・仏・イスラエル軍は本気でシナイ半島を制圧してしまったのである。喜びに満ちたアルキア航空は開戦からわずか半月後にシナイ半島上空を周遊飛行し、半島南端のシャルムアルシェイクやトゥールへも立ち寄る。遂にイスラエルの旗をつけた飛行機が、モーゼゆかりの地に降り立ったのである。

しかし、この戦争はさらに当初の筋書きから

シナイ半島周遊飛行に搭載された記念郵便物
(1956年11月15日)

大きく狂い始めた。米・ソが英・仏・イスラエルを非難し、これら3国はシナイ半島から撤退せざるを得なくなったのである。イスラエルの領土拡大は一時の夢と終わった。戦後、アルキア航空は観光客の増え始めたエーラト線の運航にいそしむ他、ヨーロッパへの近距離チャーター便の運航にも乗り出し、航空会社として充実した成長を遂げていった。

しかし、1960年代にアラブとパレスチナの対立問題は深刻かつ暴力的な様相を見せてきた。お互いが相手の思惑を邪推し、相手にやられぬ様に備えを固めて小競り合いを演じている内はまだしも、遂にイスラエルが『やられる前に徹底的にやってやれ』と戦端を開いてしまったのが第三次中東戦争だった。1967年6月5日の開戦から10日の停戦まで、わずか6日間の戦いであったことから、「6日間戦争」とも呼ばれるが、この6日間でイスラエルはシナイ半島やそれまでヨルダンが支配していた東エルサレムの制圧に成功したのである。

と、ここで再び登場するのがアルキア航空。同社は物資補給や人員輸送で戦争に協力したばかりでなく、戦争が終わると占領地に定期路線を開設したのである。シナイ半島では南部のシャルムアルシェイク、そして聖なるシナイ山のふもとにあり、古い修道院で知られるサンタカタリナ（セントカトリーナ）などへの路線が開設された。もちろん、イスラエルの人々はこぞってこうした場所へ旅行に出掛けたが、アルキア航空は当時、『あなたはアルキア航空でシナイの砂漠を飛んで、モーゼが十戒を授かったシナイ山に着陸し、聖カトリーナ修道院を訪問したことを証明します』と書いた搭乗証明書まで発行して、観光客の思い出づくりに一役買った。同社は観光客の増加に合わせるように、他の航空会社から中古の“バイカウント”4発プロペラ機を購入。“バイカウント”の窓は大型の楕円形をしていることから見晴らしの良さが有名で、この大きな窓を通して見下ろすシナイ半島の茶色い大地と紅海の青さのコントラストは絶景であっただろう。

和平合意で路線は廃止に

1972年の時刻表を見ると、同社はシナイ半島に週21往復を飛ばしている。ちなみに、なぜ「1日何便」ではなく「週」21往復なのか？　それは曜日によって運航区間が異なる複雑なダイヤ編成だったということもあるが、そうでなくても同社の便で「毎日運航」という便はあり得なかった。なぜなら、土曜日はユダヤ教では「安息日」とし

Spring Time Table — לוח זמנים אביב
Valid 6.3.72—31.5.72 בתוקף
Sunday — Friday ימי א — ו

Line קו: אבו רודס — אופיר (שארם א שייח) — שדה הר סיני (סנטה קטרינה) — אילת — מצדה — ראש פינה — תל־אביב — לוד.
ABU RODES — OPHIR (SHARM E SHEIKH) — MOUNT SINAI AIRPORT (SANTA KATARINA) — EILAT — MASSADA — ROSH PINA — TEL-AVIV — LOD.

Flight No. טיסה מס.		802	804	806	808	808	808	808	810	810	810	812	812	812	814	814	814	816	902	904	182	182	182	184	184	282	282	502	702	
Days ימים		Sun-Fri.	Sun-Fri.	Sun-Fri.	Sun.	Mon. Tue. Thu.	Wed.	Fri.	Sun.	Mon-Thu.	Fri.	Sun. Mon. Tue. Thu.	Wed.	Fri.	Sun.	Mon.	Tue. Wed. Thu.	Sun-Thu.	Sun-Fri.	Sun-Fri.	Sun. Mon. Wed. Thu.	Tue.	Fri.	Sun. Mon. Wed. Thu.	Tue. Fri.	Mon.	Wed.	Mon-Thu.	Tue. Wed. Thu.	
ABU RODES	D																									1400	1430			אבו רודס
OPHIR	A																													אופיר
	D																				1110	1110	1110	1700	1700			1630		
MOUNT SINAI AIRPORT	A																													שדה הר סיני
	D																													
EILAT	A																						1150	1740	1740					אילת
	D	0720	0915	0950	1130	1130	1015	1310	1330	1310	1530	1615	1615	1730	1700	1715	1735	1900					1210	1800	1800					
MASSADA	A																													מצדה
	D																												0800	
ROSH PINA	A																													ראש פינה
	D																		0710	1600										
JERUSALEM *	A																													ירושלים *
	D																													
HAIFA *	A																													חיפה *
	D																													
LOD	A	0815																			1225			1900						לוד
	D																													
TEL-AVIV	A		1025	1100	1240	1240	1125	1420	1440	1420	1640	1725	1725	1840	1810	1825	1845	2010	0745	1635		1300	1320		1910	1530	1600	1815	0845	תל־אביב

ניתן לשינוי ללא הודעה מוקדמת.
SUBJECT TO CHANGE WITHOUT PRIOR NOTICE.

* שדות התעופה ירושלים וחיפה סגורים לרגל שיפוצים עד להודעה חדשה.
* DUE TO REPAIRS THE JERUSALEM & HAIFA AIRPORTS ARE CLOSED UNTIL FURTHER NOTICE.

A. ARRIVAL נ. נחיתה
D. DEPARTURE ה. המראה

141ページの時刻表の内部。シャルムアルシェイクが“OPHIR”と表記されている

て働いてはいけない曜日。土曜日に同社は全便運休だったのだ。今ではちゃんと土曜日にも同社の便は飛んでいる。

時刻表を見てもうひとつ気づくのは、「シャルムアルシェイク」という地名が見当たらないこと。よく見ると、見出し部分に「オフィル（シャルムアルシェイク）」と書かれており、当時シャルムアルシェイクがオフィルと呼ばれていたことがわかる。「オフィル」とは、ソロモン王の時代に金の産地として有名だったとされる、旧約聖書にも出てくる土地。しかし、その場所は邪馬台国よろしく明確にココと判明している訳ではないという伝説の街である。占領地の街にそういった神がかり的な名前を付けるあたり、イスラエルの並々ならぬ思いがうかがえる。聖書ゆかりの地という意味では、同社はシナイ半島だけではなく、東西に分割統治されていたエルサレムの元々はヨルダン領であった東エルサレム・カランディア空港にも定期便を飛ばしていた。この頃がアルキア航空の国内線にとって最も充実した日々と言えよう。

しかし今度は、『目には目を』という聖書の教えを、イスラエル自身が身をもって経験することとなる。1973年10月、第四次（第五次とも）中東戦争が勃発。第三次で破竹の勝利を収めたイスラエルは、今回は緒戦でエジプトに叩きのめされる。しかしエジプトの真意はイスラエルを叩きつぶすことではなく、シナイ半島の奪還を達成してイスラエルと和平を結び、自国の安定成長へつなげること。いわばエジプトにとってこれは最後の戦いであり、アラブの大義のアピールというポーズでもあった。戦後、事態はエジプトの思った方向に流れ出す。1978年にはアメリカの仲介でエジプトとイスラエルの和平合意が実現。もちろん、エジプトはアラブ諸国から大ブーイングを浴び、これを実現したエジプト大統領・サダトは1981年に暗殺されてしまう。しかし、彼の残した道筋どおりシナイ半島は1982年に返還が達成され、一方、アルキア航空はシナイ半島への路線を必然的に失うこととなった。

今日、シャルムアルシェイクは、観光地としてだけではなく国際会議の舞台としても知られるようになり、空港にはヨーロッパ中から定期便やチャーター便が多数出入りしている。セントカトリーナの修道院は世界文化遺産に指定された。かつてイスラエルとエジプトの両軍が何度も進退を繰り返した激動の半島は、融和の象徴として穏やかで賑わいのある日々を取り戻している。

聖カトリーナ修道院が描かれた搭乗記念証
1970年代にアルキア航空が配布した

航空機の飛行経路にも影響した
アラブとイスラエルの確執

ベイルート経由 vs テルアヴィブ経由
（1966 年）

どちらの都市に寄港するかで 1 時間の差が

民間航空の歴史には、国際関係が原因である国の上空通過が認められず、大きな迂回ルートを強いられざるを得なかったというケースがいくつか存在する。特に、今日と違って無着陸直行便が少なく、始発から終着まで何度も寄港しなければならなかった時代には、初めから最適なコースを選択できる余地が限られていたからなおさらである。後述する日中国交回復後の一時期の日台空路もそうであるが、パレスチナ問題を抱える中東にもこうした例が存在する。

BOAC（英国海外航空）が発行した 1966 年 1 ～ 3 月有効の時刻表。ロンドンから中近東を経由してアジアへ向う南回り便の時刻表を見ると、当時の BOAC 南回り便には、レバノンの首都・ベイルートに寄港する便とイスラエルの代表的都市・テルアヴィブに寄航する便があった。例えばロンドン発月曜日に運航される東京行き BA912 便の場合、ベイルートを 20 時 40 分に出発して次の寄港地であるボンベイ（ムンバイ）に 5 時 5 分に到着する。一方、ロンドン発水曜日に運航されるオークランド行き BA716 便の場合、テルアヴィブを 0 時 20 分に出発し、ボンベイ到着は 9 時 55 時。中東とインドには 3 時間半の時差があるから、前者の飛行時間は 4 時間 55 分、後者は 6 時間 5 分となる。1 時間以上の差だ。

ところで各都市の直線距離を比べると、ベイルート～ボンベイ間もテルアヴィブ～ボンベイ間も約 4200 キロで大差はない。使っている機種も同じボーイング 707 なので、普通はこれほど所要時間に差が生じることは考えられないのだ。

種明かしをすると、これには「イスラエルの領域を通った航空機は、アラブ諸国上空を飛べない」という事情が絡んでいる。つまり、ベイルートに寄航した便はベイルート離陸後すぐ東南方向へ針路を向け、アラブ諸国であるヨルダンやサウジアラビアの上空を経由してボンベイへ直行することが出来たが、テルアヴィブへの寄航便はイスラエルの東隣のヨルダンやサウジアラビア上空を飛べなかったため、もと来た地中海方向へ向かった後に北上し、トルコまで達してからようやく

南回り路線全盛時代の BOAC 時刻表
【1966 年 1 月　同社発行】

東へ変針する。そしてイラン上空を経てボンベイへ向うしか無かったのである。当時、BOACが乗客に配布していたルートマップを見ると、このルートの違いが一目瞭然。この大回りの迂回が、ベイルート寄港便とテルアヴィブ寄港便の1時間の所要時間差に結びついていたのだ。

この制約は当然、イスラエルの国際航空会社であるエル・アル航空にも適用される。同社はテルアヴィブ〜ヨハネスブルグ間の南アフリカ線を運航しているが、かつてこの路線のコースも曲者だった。1950年代は他の航空会社からリースしたプロペラ機（エル・アル航空のマークはついていない）を使い、かろうじてまだ直行に近いコースを飛べたのだが、1962年に自社所有のジェット機での運航を始めるとそうはいかなかった。エジプトをはじめアラブ諸国の上空は絶対に飛行することが出来ず、テヘランとナイロビ経由で全行程16時間かけてヨハネスブルグに向かっていた。つまり、アラビア半島外周をぐるりと回り込んでアフリカ大陸へ入るコースを飛んでいたのだ！

話が横道にそれるが、イスラエルとケニアといえば1976年6月に発生したパレスチナゲリラによるエールフランス機乗っ取り事件における、エンテベ空港奇襲作戦が思い起こされる。ハイジャックという緊急事態とはいえ、他国の空港にいきなり軍を突入させるというのはアウトローなやり方であるが、特殊部隊を乗せたイスラエル軍のC-130輸送機はエチオピアとケニア領空を通過してウガンダのエンテベ空港を強襲し、人質救出に成功。もちろん、ケニアの協力があってこそ可能となった作戦だった。

1967年の第三次中東戦争ではイスラエルがシナイ半島を占領したが、これによりイスラエルから直接、紅海への出口が確保できたことで、テル

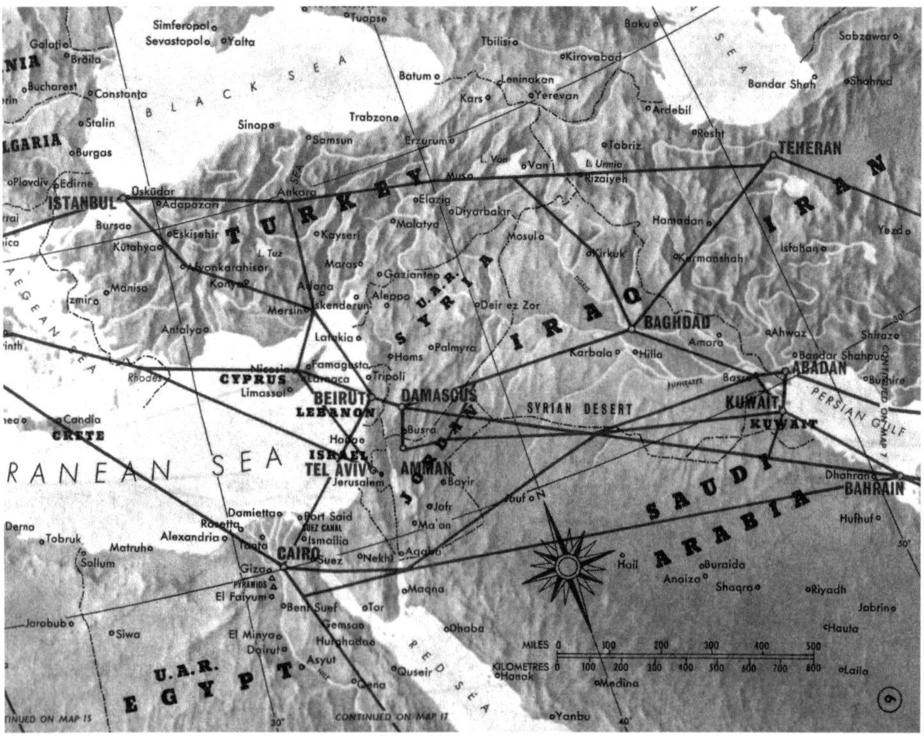

中東地域の航空路
（1962年のBOACルートマップより）

アヴィブ〜ヨハネスブルグ線のこうした大回りは解消された。その後エル・アル航空は、イスラエルとエジプトの和平を受けて1980年にカイロへの路線も開設。上空通過の制約はいくらか緩和されたものの、今日でも完全に無くなったわけではない。

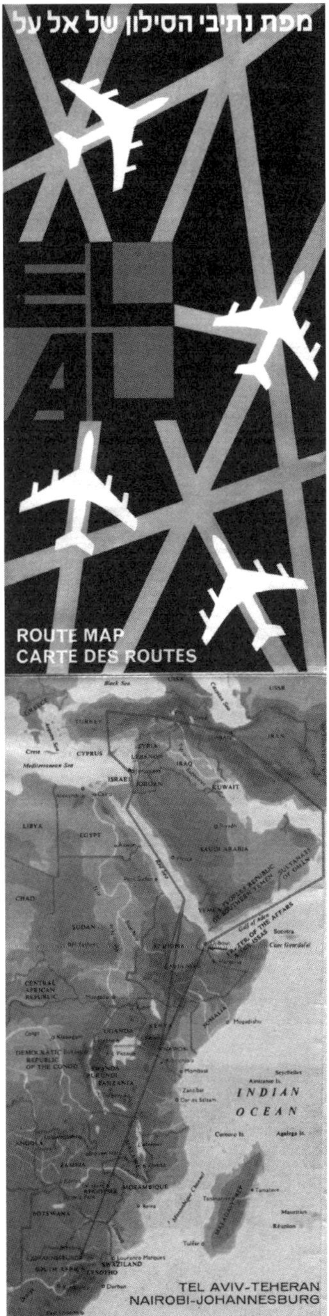

アラビア半島を迂回するアフリカ方面航空路
(1970年頃のエルアル航空ルートマップより)

ナイル川やビクトリア湖が“滑走路”
──イギリスの「エンパイア・ルート」

ロンドン〜ダーバン

ロンドン〜ヨハネスブルグ
（1938/53 年）

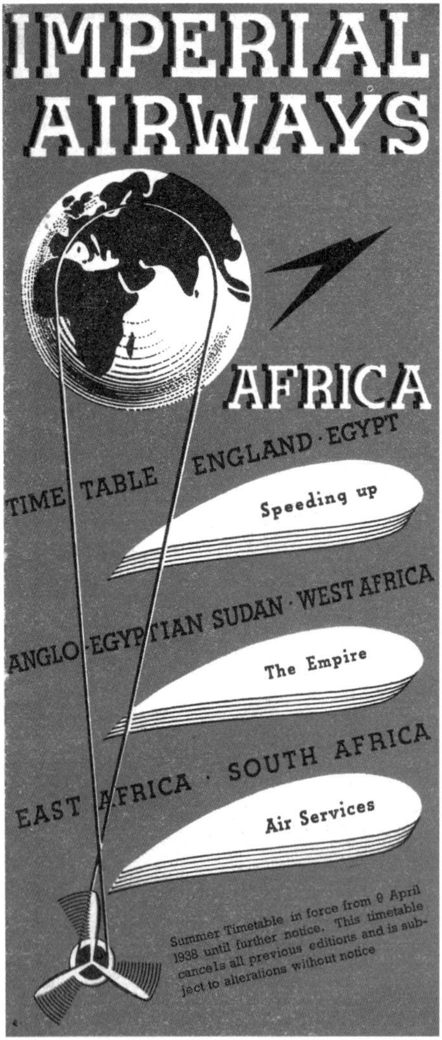

インペリアル航空・南アフリカ線時刻表
【1938 年 4 月　同社発行】

昼に飛び夜は熱帯の宿に夢を結んで

サウサンプトン──映画『タイタニック』にも出てくるこの港町は、大西洋航路の拠点として世界に有名である。しかし、サウサンプトン港はイギリスの海の玄関口としてだけではなく、空の玄関口でもあった事実はあまり知られていない。第二次大戦を挟んだ前後の時代のサウサンプトン港には大規模な客船桟橋があり、大西洋航路の豪華客船が日夜出入りしていたが、その片隅には飛行艇のための発着所があった。ここからアフリカやアジアの大英帝国領土に向けて航空便が飛び立っていったのである。

ここにそうした路線のひとつ、イギリスから南アフリカへ向かう路線の時刻表がある。運航していたのはインペリアル航空。サウサンプトンから終着のダーバンまでは、4 泊 5 日の旅である。南アフリカといえば中心的な都市はヨハネスブルグではないかと思われるだろうが、飛行艇ということで水面にしか発着できない。そういうわけで、アフリカ東海岸の港町であるダーバンが終着であり、ヨハネスブルグへは南アフリカ航空の便が接続していた。

では、この壮大なサウサンプトン〜ダーバン線の行程を記してみよう。時は第二次大戦開戦前年の 1938 年。当時の運航の技術的な都合から、昼間のみ飛行して夜は寄港地のホテルで宿泊するというパターンである。

1 日目　サウサンプトン 5 時 45 分発
→　夕刻アテネ着
（出発が早いため、ロンドンからの乗客はサウサンプトンのホテルで前泊する）
2 日目　アテネ 5 時発
→　午後ワディハルファー着
3 日目　ワディハルファー 4 時半発
→　夕刻キスム着
4 日目　キスム 6 時半発
→　午後モザンビーク着
5 日目　モザンビーク 5 時半発
→　午後ダーバン着

地名だけ並べてもどこがどこだか判らないと思われるので、アフリカ大陸に入ってからをもう少し補足する。

アテネ出発後、次に寄航するのはエジプトのアレクサンドリアである。エジプトはイギリスの保護国であった過去を持つが、1922年に独立している。そしてカイロとルクソルを経て、次に足を踏み入れるのはイギリスとエジプトの共同統治だったスーダン。スーダンは19世紀にエジプトが攻め入って我が物とした土地なのだが、エジプト自体がイギリスの保護下に置かれた経緯から、共同統治という形態になっていた。その日の宿泊地であるワディハルファーは、エジプトとスーダンの境に位置するナイル川沿いの町だ。

3日目はナイル川をさらに遡り、まずハルツームへ寄航。ここはまだスーダンであるが、当時イギリス領であったナイジェリアのラゴスへの航空路の接続地でもある。そしてさらにアフリカの奥地へ翼は進み、ビクトリア湖に達する。この北岸の町・カンパラはイギリス領ウガンダ。その日の宿泊地であるキスムはビクトリア湖東岸に位置し、イギリス領ケニアだ。キスムからはナイロビ方面への航空便が接続している。そして、この辺りが赤道直下。北緯50度のイギリスから南下する旅はいよいよ南半球へと進む。

4日目、飛行艇はアフリカ東岸へと出る。イギリス領タンザニアのダルエスサラームが最初の寄港地。なお、タンザニアは元々ドイツ領だったものが、第一次大戦後にイギリスの保護領となった土地である。同じくタンザニアのリンディを経て、宿泊地モザンビークへ。モザンビークは当時ポルトガル領東アフリカであり、アフリカ大陸に入ってから初めてイギリスとは関係のない場所に降りるわけだ。

最終日は同じく東アフリカのベイラ、そしてロレンソマルケス（マプト）を経てダーバンへとたどり着く。ベイラは現在のザンビアやジンバブエの位置を占めていたローデシアへの玄関口。やはりローデシアも当時はイギリス領だった。ちなみロレンソマルケスであるが、ポルトガルは第二次大戦中に中立国であったため、連合国と日本の間で外交官やその関係者を本国へ帰国させるための戦時交換船の発着地として使われた歴史もある。

こうしてみると、当時のイギリスがいかに多くの海外領土を持っていたかがわかるだろう。また、それが帯状に連なることで、まさに人体の末端まで血液が行き渡るような統治が可能であったことが偲ばれる。その自信は、この時刻表の表紙に描

ENGLAND—SOUTH AFRICA S

ENGLAND (Southampton)—EGYPT—ANGLO-EGYPTIAN SUDAN—BRITISH AND F
AFRICA—UNION OF SOUTH AFRICA (Durban) *Operated throughout by*

SOUTH-BOUND

MILES from Southampton	PORTS OF CALL Junctions shown in CAPITALS *See notes at foot*	Local Standard Time	Day of Services Beginning Tuesday 12 April 1938			Local Standard Time	Day of Services Beginning Saturday 9 April 1938			
			Every	*Every*	*Every*		*Every*	*Every*	*Every*	*Every*
	LONDON (*Waterloo*) dep.	19 30	Tues.	Thur.	Fri.	19 30	Tues.	Wed.	Thur.	Sat.
	Southampton *England* arr.	21 28	"	"	"	21 28	"	"	"	"
	SOUTHAMPTON dep.	05 45	Wed.	Fri.	Sat.	05 15	Wed.	Thur.	Fri.	Sun.
422	Macon *France* dep.	09 10	"	"	"	Morn.	"	"	"	"
619	Marseilles *France* dep.	11 00	"	"	"	10 30	"	"	"	"
989	Rome *Italy* dep.	14 05	"	"	"	13 35	"	"	"	"
1303	Brindisi *Italy* dep.	16 45	"	"	"	16 15	"	"	"	"
1672	Athens *Greece* arr.	Even.	"	"	"	Even.	"	"	"	"
	Athens dep.	05 00	Thur.	Sat.	Sun.	06 00	Thur.	Fri.	Sat.	Mon.
2259	ALEXANDRIA *Egypt* dep.	10 40	"	"	"	Morn.	arr.	"	"	"
2375	Cairo *Egypt* dep.	12 00	"	"	"					
2693	Luxor *Egypt* dep.	14 35	"	"	"					
2971	Wadi Halfa *Anglo-Egyptian Sudan* arr.	Aftn.	"	"	"					
	Wadi Halfa dep.	04 30	Fri.	Sun.	Mon.					
3415	KHARTOUM *Anglo-Egyptian Sudan* dep.	08 25	"	"	"					
3840	Malakal *Anglo-Egyptian Sudan* dep.	11 55	"	"	"					
4498	Port Bell (*Kampala*) *Uganda* dep.	18 20	"	"	"					
4644	KISUMU *Kenya Colony* arr.	Even.	"	"	"					
	Kisumu dep.	06 30	Sat.		Tues.					
5080	Mombasa *Kenya Colony* dep.	10 35	"		"					
5273	Dar-es-Salaam *Tanganyika Territory* dep.	12 25	"		"					
5494	Lindi *Tanganyika Territory* dep.	14 25	"		"					
5844	Mozambique *Port. E. Africa* arr.	Aftn.	"		"					
	Mozambique dep.	05 30	Sun.		Wed.					
6359	BEIRA *Port. E. Africa* dep.	10 00	"		"					
6874	Lourenco Marques *Port. E. Africa* dep.	14 50	"		"					
7161	DURBAN *Natal* arr.	Aftn.	"		"					

These services go on to 'Iraq, India, Burma, Malaya, Hong Kong and Australia

前ページの時刻表の内部
アレクサンドリアまではオーストラリア線も就航

かれた、地球がプロペラを回しているのか、プロペラが地球を回しているのか、とにかく気宇壮大な図柄にも表れている。

航空旅行の新境地を拓いたジェット旅客機も就航

インペリアル航空の路線は非常に長距離な上に沿線の気候差が激しいこともあり、区間毎に最適な機体が用意されたこともある。内装も非常に豪華で、戦前の国際航空の中では孤高と言ってもいい独特の存在感があった。このアフリカ線に就航していたのは、その名も“エンパイア”(帝国)飛行艇だった。

このように、大英帝国の隅々までをいかに速く連絡するかという命題から航空機に対して非常にこだわりを持っていたイギリスは、航空界に究極のテクノロジーの進歩をもたらした。ジェット旅客機の実現である。

この計画は戦時中にまで遡る。1942年12月、政府の命でひとつの委員会が発足した。これは、大戦後に大発展が予想される民間航空界においてどのような航空機が必要であるかを研究するもので、その座長の名前から「ブラバゾン委員会」とも呼ばれた。委員会は用途別にいくつかのタイプの機体を提言したが、そのひとつが『大西洋を横断し、高速で郵便と数名のVIPを輸送するジェット機』というものであった。この計画はイギリスの著名な航空機メーカーであるデ・ハビランド社社によって検討され、1949年7月、当初イメージからはかなり拡大された、本格的な旅客機として完成をみた。この旅客機は“コメット”と名付けられ、試験飛行を重ねたのち、1952年5月2日にBOAC(英国海外航空)のロンドン〜ヨハネスブルグ線に世界初のジェット旅客機として就航した(BOACは、戦前のインペリアル航空の末裔であるといってもいい)。

コメットの就航によって、南アフリカへはほぼ一昼夜で到達することが出来るようになった。寄港地はローマ・カイロ・ハルツーム・エンテベ・リヴィングストンに絞られ、4泊5日の飛行艇時代からは想像も出来ない高速化が図られたわけである。当時の時刻表は地球の上をコメットが飛ぶという、これまた自信に満ちた図柄で飾られ、裏表紙では『快適で振動が無く、旅の疲れはほとんど感じさせない』と謳っていた(カラーページ参照)。コメットの就航路線は東へも伸び、8月にロンドン〜コロンボ線、10月にロンドン〜シンガポール線、そして翌1953年4月3日には遂にロンドン〜東京線へ乗り入れる。しかしながら、大洋を越える路線にコメットは使用されなかった。当時のジェット機は大西洋を飛び越すだけの性能が無かったのである。

パイオニアとしての苦難

一見順調に活躍を続けているように見えるコメットであったが、従来のプロペラ機には無い速度の領域へ踏み込んだため、いくつかの事故が発生した。それでも離陸失敗程度で済んでいる内はまだしも、やがて致命的な結末を迎える。就航から2年が経とうとしていた1954年、1月と4月にコメット2機がいずれもイタリアで空中分解するという連続事故が発生したのである。2度目の事故は、南アフリカ航空の便として運航されていたロンドン発ヨハネスブルグ行きであった。

これらの事故でコメットは飛行停止となり、イギリスは国の威信を賭けて原因の究明を行った。調査の結果考えられた原因は金属疲労による胴体の破断。そこで、飛行停止になって地上で遊んでいる実物のコメットを使って荷重を掛ける実験まで行われ、高空を与圧状態で飛行する機体に繰り返しかかるストレスが原因で金属疲労が発生したことが証明されたのである。

この教訓を元にコメットには改良が加えられ、1958年10月に“コメット4”型として再び世界の航空界に復帰。しかし皮肉なことに、アメリカは乗客数でもコメットに勝る本格的なジェット機・ボーイング707をそのわずか2週間後に就航させたのだった。すでに航空機産業のリーダーは、大量生産・大量消費社会であるアメリカに移っていた。おりしもアフリカやアジアのイギリス領は続々と独立を果たし、かつての大英帝国の栄華はあたかも彗星(コメット)が飛び去るが如く、過去のものとなったのである。

アフリカとアジアの肩身の狭くなった
もの同士の絆が生んだ薄幸の定期便

ヨハネスブルグ〜台北
(1981年)

アパルトヘイトの裏で日本人も多数利用

国際社会を巻き込む大問題で、まだ「テロリズム」がトップとなるよりも前、すなわち20世紀の後期にクローズアップされていたのが人権問題だった。人権問題といっても、民主化運動の弾圧や国民の自由の制約など、いろいろな形態があるわけだが、特に大きく取り上げられていた問題のひとつが、南アフリカの「アパルトヘイト」といえるだろう。社会的利権を確保することで一定の生活水準を維持していたいと考えた白人による、黒人（有色人種）差別であるアパルトヘイトは、よく知られているように、街中における黒人用と白人用エリアの区分の法制化のほか、黒人を国内の狭いエリアに押し込めて南アフリカ社会から排除しようとした人種隔離政策である。

そんな南アフリカであるが、金やダイヤモンドなどに代表される資源産出国であることや、イギリスを後ろ盾にアフリカ諸国の中では工業化が進んでいたこともあり、同じく東洋で経済成長の道を歩んでいた日本とのつながりは実は深いものがある。アパルトヘイトは黒人のみならず有色人種に対する差別政策であったが、日本人は1962年に「名誉白人」という称号まで与えられ、白人と同等の待遇を得ていた。

そして、日本と南アフリカのつながりの中でちょっと意外なのが、日本の遠洋漁業が南アフリカを基地としているということである。ケープタウンの港から出漁し、数ヶ月間インド洋などでマグロを獲る。こうした形態は半世紀くらいの歴史があるそうだが、日本から地球の反対側に近いケープタウンを基地として出漁する漁船は、そうそう頻繁に日本には戻れない。そこで、乗組員だけが日本から出張して現地で交代するという運用がなされる。こうした事情もあって、日本と南アフリカの間の移動には一定の需要があるわけだ。

1987年11月27日、台湾の台北を飛び立った南アフリカ航空295便・台北〜ヨハネスブルグ線のボーイング747にも、そんな日本人漁船員の姿が多数あった。295便は暗夜のインド洋を一路西へ順調に飛行したが、日付が変わった28日早暁、途中経由地のモーリシャス着陸前に消息を絶つ。間もなく、墜落により搭乗者全員が死亡と確認された。日本人がなぜ台北発の便に乗る必要があったのか？　それは当時、日本と南アフリカを結ぶ直行便が無かったからである。東京から台北まで3時間、そして台北から南アフリカ航空に乗り換えてヨハネスブルグまで16時間のフライトで南アフリカへ向かう。それが一番早い方法だった。

しかし、直行便がはじめから無かったわけではない。80年代に入るまで、英国航空が東京〜ヨハネスブルグ線を運航していた。1977年の時刻表では、羽田を16時に出発し、香港・コロンボそしてセーシェルを経由して南アフリカに翌6時30分到着の、BA965便という便が存在する。南アフリカと日本の時差は7時間であるから、所要時間は21時間30分という長旅だった。セーシェルはアフリカ大陸の東・マダガスカルの北東に位置し、多数の島から成る元イギリス領の国である。コロンボのあるスリランカも香港もイギリス植民地という歴史を経験しており、イギリスゆかりの国々を点々と結ぶことで形成された、英国航空ならではの路線とも言えよう。

大迂回コースを飛行した苦難のエアライン

ところで、南アフリカが元々は英連邦に所属という背景もあって英国航空によるヨハネスブルグ便が日本に乗り入れていたとは言え、まさにアパルトヘイトの当事者である南アフリカの航空会社も日本に乗り入れが許されるかどうかは別問題である。こうした、南アフリカ航空の苦難の道は、極東へ向かう路線に関してだけではなく、航空会社にとって稼ぎ頭であるヨーロッパへの路線でも例外ではなかった。

1981年発行の南アフリカ航空の時刻表の裏表紙には同社の路線図が掲載されているが、これを見ると奇異な感を受ける。南アフリカからヨーロッパに向かうには、普通に考えればアフリカ大

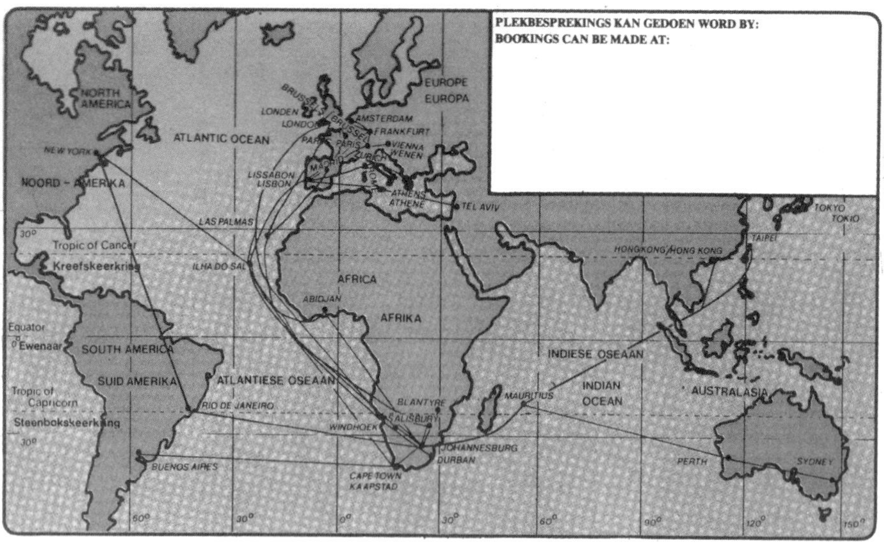

アフリカ大陸迂回ルートが一目瞭然の時刻表
【1981 年 11 月　南アフリカ航空】

陸を南北に突っ切るのが最短距離なはずである。ところが、同社の路線はアフリカ大陸上空を飛ぶことなく、アフリカ大陸西岸をぐるりと迂回してヨーロッパに向かっているのだ。これは、先述したアラブとイスラエルの例のように、アパルトヘイト政策によって南アフリカが他の多くのアフリカ諸国（もちろん、黒人が多数を占めているわけだが）に総スカンを食らってしまった結果、途中経由はおろか上空通過も許されないという状況を招いてしまったことを物語っている。

もっとも、南アフリカの人種隔離政策は20世紀初頭に端を発しているものの、こうした航空路線に関する影響は決して古い話ではない。南アフリカ航空がヨーロッパとの路線を開設したのは、第二次大戦後間もない1945年11月のこと。同社はこのルートを「スプリングボック・サービス」と名付けて宣伝した。スプリングボックとは、アフリカに生息するレイヨウの一種で、その驚くべき跳躍力が特徴である。南アフリカ航空も跳躍するスプリングボックの姿に羽を描き足して同社のマークに採用したが、まさに空を飛ぶもの同士の親近感から当を得たデザインだろう。

この、ヨハネスブルグ～ロンドン線は、1953年の時刻表によると、ケニアのナイロビとスーダンのハルツーム、ローマを経由し30時間の旅だった。スプリングボック・サービスの開始当時、途中経由地のケニアやスーダンはイギリス領である。南アフリカは独立国ながら、英連邦の一員だった。そんなこともあって、南アフリカ航空自身は、BOAC（英国海外航空。のちの英国航空）の兄弟会社として、時刻表では“The AIRLINES of The British Commonwealth”として、他の英連邦関係の航空会社と一緒のページに掲載されていた。

その後、アフリカの植民地は爆発的な独立ラッシュを迎える。植民地支配に抵抗する地元勢力の闘いにより、スーダンは1956年、ケニアは1963年に独立。南アフリカはというと人種差別についてのイギリスからの批判に辟易して1961年に英連邦を離脱した。こうして黒人主導国家が多数独立し、反アパルトヘイトが確固たるものになると、かつての英連邦同士のよしみなどという甘えは通用しない。南アフリカ航空は、アフリカ大陸を南北に縦断するルートを飛べなくなってしまった。

INTERNATIONAL
SERVICES TO/FROM - TAIPEI VIA MAURITIUS
DIENSTE NA/VAN - TAIPEI OOR MAURITIUS

HRS ± GMT URE ± MGT	EASTBOUND OOSWAARTS		Tue Di 74L SA 294 F Y/M
+2	JOHANNESBURG	D/V	1115
+4	MAURITIUS	A D/V	1700 1800
			Wed Wo
+8	TAIPEI	A	0840

HRS ± GMT URE ± MGT	WESTBOUND WESWAARTS		Wed Wo 74L SA 295 F Y/M
+8	TAIPEI	D/V	2300
			Thu Do
+4	MAURITIUS	A D/V	0610 0710
+2	JOHANNESBURG	A	0920

前ページの時刻表の内部からヨハネスブルグ～台北線の時刻
「74L」とは、ジャンボ機の超長距離飛行可能タイプ（747SP）を指す略語である

こうなると代替ルートを何としても探さなくてはならない。当時使用していたボーイング707型ジェット機の航続距離は約7000キロであり、南アフリカからヨーロッパへ飛ぶには給油が必要だった。そこで1963年にアフリカ西岸のルアンダとサル島を経由する、アフリカ西岸迂回ルートが開拓されたのである。ルアンダ（アフリカ中部にル「ワ」ンダという国があるが混同しないよう）は現在のアンゴラの首都、サル島は現在のカーボベルデであるが、いずれも1975年まではポルトガル領だった。ちなみに、アンゴラの南隣は現在のナミビアであるが、ここは長年、南アフリカが不法占拠していた土地であり、当時南アフリカとアンゴラは、いわばお隣さん同士の関係であった（アンゴラ独立戦争の際には、南アフリカもアメリカとともに一方の勢力を支援した）。こうして、以後30年の間、南アフリカ航空は他のアフリカ諸国のバッシングの中、ヨーロッパへの道を確保出来たのである。なお、イギリスのBOACは、こうしたアフリカ諸国独立の動きとは無縁に、スーダンやケニア経由のヨハネスブルグ線を維持し続けた。

香港に次ぐアジアで2番目の定期路線

さて、1960年代以降、南アフリカとは違った意味で国際的孤立を深めていたのが台湾である。1964年のフランスに始まり、1970年代に入ってアメリカや日本といった西側の主要国が次々と中華人民共和国と国交を結んでいったが、それは同時に台湾との断交を意味した。そんな中で台湾と正式に外交関係があり、しかも国際的影響力の大きい国のひとつが南アフリカだったのである。台湾と南アフリカという、肩身の狭くなった者同士の結びつきが堅くなっていったのも無理はないだろう。南アフリカ航空は1980年11月にヨハネスブルグ～台北線を開設。同社はすでに香港に乗り入れていたので、台北はアジア地域では2番目の乗り入れ都市であった。当然、台湾の中華航空も台北～ヨハネスブルグ線の運航を開始している。1980年代、国際社会は反アパルトヘイトへの動きを加速し、経済制裁による締め付けも強化された。日本と南アフリカの直行便は無くなり、1987年11月には日本人多数が巻き込まれたあの295便の悲劇が起きた。

1991年、時代は突然転換する。当時のデクラーク大統領は遂にアパルトヘイトの廃止を宣言。その後1994年には、黒人運動指導者であったマンデラ大統領による政権が誕生し、南アフリカは新たな道を歩み始めた。南アフリカ航空にも、他の航空会社と同じく自由に羽が伸ばせる日々が訪れたのである。

ところが、台湾との関係で新たな問題が発生する。南アフリカは英連邦の関係もあり、香港に領事館を置いていたのだが、1998年の香港返還を控え、返還後も領事館を存続するためには中華人民共和国を承認することが必要になったのである。南アフリカは1997年を以って台湾と断交、中華人民共和国承認という道を選んだ。ヨハネスブルグ～台北線は必然的に消滅した。

乗客乗員159名が犠牲となった295便事故の原因は、搭載貨物の火災が原因とされている。アパルトヘイトも過去のものとなり、南アフリカの外交関係も変わってしまったが、台北の国際空港近くの海岸には、南アフリカという国が辿った過去の時代の忘れ形見のように、この事故の慰霊碑がひっそりと立っている。

コラム⑤
世界最長の国内線を探せ！

世界最短の国際線と同じく、やはり答えが定まらないのが世界最長の国内線。これも「国内」の定義や直行便か経由便かによって答えが変わるが、ここでは所要時間に着目して3つほど例を挙げたい。

ひとつは「国内」という定義を、本国に準じた政治経済体制をもつ海外領土にまで拡大した場合で、フランスでいうと「海外県」がこれに該当する。カリブ海にはグアドループやマルティニークといった海外県があり、エールフランスはパリからノンストップの定期便を飛ばしている。所要時間はおよそ8時間くらいであるが、これで驚くなかれ。エールフランスにはこれを上回る路線が存在している。それはパリ～レユニオン線。

レユニオンとはマダガスカルの東、モーリシャス近傍のインド洋に浮かぶフランス領で、直径50キロくらいの円形の島である。ここの中心都市であるサン＝ドニ（Saint-Denis）とパリの間に直行便が飛んでおり、レユニオンからパリへ向かうAF689便を例にとると所要11時間25分。日本からヨーロッパへ飛ぶのにも匹敵する時間である。なお、逆方向も11時間近くかかる。

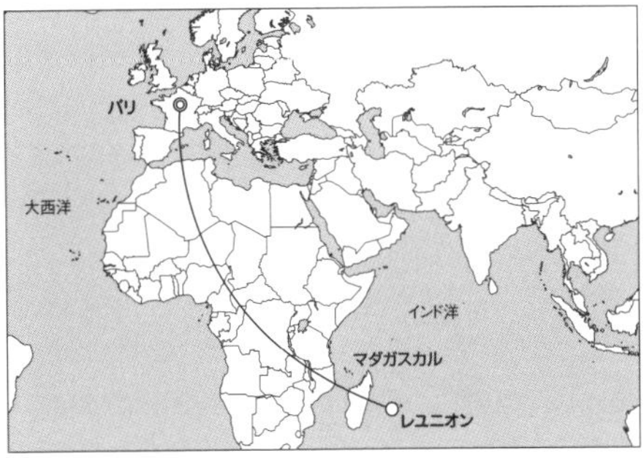

しかし当然のことであるが、パリ～レユニオン間9000キロはどうみてもいくつもの国の領空を通過しなければ往来できない。国内線というとおもに自国の上空を通過するというのが一般的なイメージではないか？　第2の例として挙げたいのは、こうした条件に近い最長の国内線。そうした観点では、コンチネンタル航空のニューアーク～ホノルル線が所要11時間で最長（これは冬季の西行きの所要時間で夏季はやや短い）と言える。しかし、自国の「陸上」ばかりを通るわけではない点がちょっと物足りない。

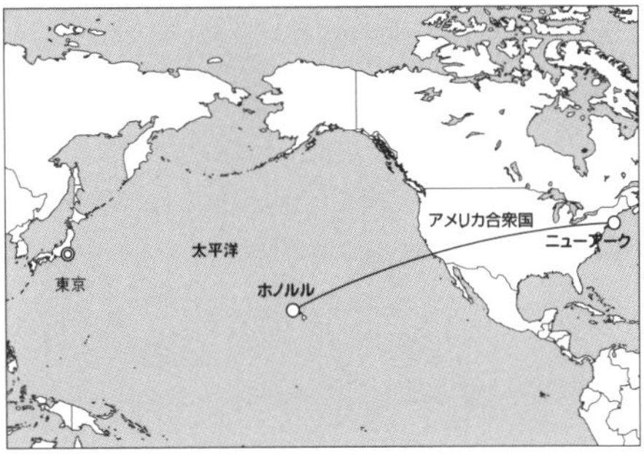

こう考えると、広大な国土を誇るロシアが出てこないのが気になる。そこで第3の例としてロシアにスポットライトを当ててみよう。1991年のソ連崩壊以降、それまでは国営のアエロフロートとして一枚岩だったロシアの民間航空にもさまざまな民間企業が登場したが、モスクワのドモジェドヴォ空港を拠点にかつてのアエロフロートの長距離路線、特にモスクワから極東向けを中心に運航するドモジェドヴォ航空という会社がある。同社の直行便には所要時間だけみれば国際線並みに立派なものがいくつもあり、2007～8年にかけての冬季スケジュールからおもなものを拾ってみると以下のとおりである。

路線	東行き	西行き
モスクワ～ウラジオストク	8時間35分	9時間20分
モスクワ～ユジノサハリンスク	8時間35分	9時間15分
モスクワ～ペトロパヴロフスク＝カムチャッキー	8時間35分	9時間15分
モスクワ～アナドゥイリ	8時間20分	8時間35分

なお、ウラジオストクやユジノサハリンスクはアエロフロートも上記とほぼ同じ所要時間でモス

クワとの間を結んでいるほか、ウラジオストク・エアがウラジオストク～サンクトペテルブルク間に所要9時間45分の直行便を飛ばしている。今から50年ほど前、ジェット機が初めて登場した頃のシベリア空路は、オムスク・イルクーツク・ハバロフスクといったシベリアの各都市に寄港しながら8000キロに及ぶ旅であったが、現在では大圏コースをノンストップで飛べるのでモスクワ～ロシア極東間の飛行距離は6500キロ程度に短くなった。なお、ロシアにおける（というか世界的にみても）すべて一国の領域で完結する国内線の最長は、ロシア航空（旧：プルコヴォ航空）によるペトロパヴロフスク＝カムチャツキー～サンクトペテルブルク間で、ハバロフスクとノヴォシビルスクを経由する全行程8500キロ・所要14時間40分！

ところで、表の一番下に入れたモスクワ～アナドゥイリ線。これは他の3つよりも所要時間は短いが、ちょっと惹かれる路線だ。アナドゥイリといっても日本ではほとんど知られていないが、カムチャッカ半島よりもさらに東の東経177度、あともう少し行けばベーリング海峡に達するというユーラシア大陸の果てというような場所にあり、チュコト自治管区の中心的都市である。つまり、直行便としては発着地の経度差がおそらく世界一の国内線。それでもアナドゥイリはウラジオストクなど他の都市に比べて緯度が高いので意外にモスクワとの直線距離が近く、所要時間はそれほどでもない。

ちなみにアナドゥイリが必ずしもユーラシア大陸の航空路網の終点という訳ではない。ここを拠点にチュコタビア（Chukotavia）という航空会社がさらに東へと向かう路線を運航している。チュコタビアはその名のとおり、ベーリング海峡に突き出たチュコト半島を中心に運航を行っているローカル航空会社で、その目的地のひとつであるラブレンツィヤ（Lavrentiya）は「西経」170度に位置し、これが定期運航中の路線で行けるユーラシア大陸最東端の飛行場。ただし定期便といっても、アナドゥイリ～ラブレンツィヤ線は極地向けに赤いアエロフロート塗装（普通のアエロフロート塗装は青い）をまとった古いアントノフAn-24型機が週に一往復するだけの運航である。

ところでもうひとつ耳寄りな話を。ここまで来たならいっそのことアメリカまで渡ってしまいたい！と思われたアナタ。今日ではロシア極東の各都市とアンカレジを結ぶ国際線も定期運航されているが、残念ながらこんな辺鄙な場所からアメリカへの定期便は飛んでいない。しかし、アメリカのベーリング・エアという会社がベーリング海峡を横断するチャーター・フライトを受け付けている。ラブレンツィヤよりも少し西にあるプロヴィデニヤ～ノーム（アラスカ）間は軽飛行機で約1時間とのこと（プロヴィデニヤへはアナドゥイリからやはりチュコタビアが週1便飛んでいる）。ロシアとアメリカを1時間で往来するなんて、冷戦時代のミサイルでもなければ不可能な話。個人で簡単にアレンジできるものではないかも知れないが、「世界最長クラスの国内線の旅」「ユーラシア大陸最東端の定期便」と合わせて頑張ってみてはいかがだろうか？

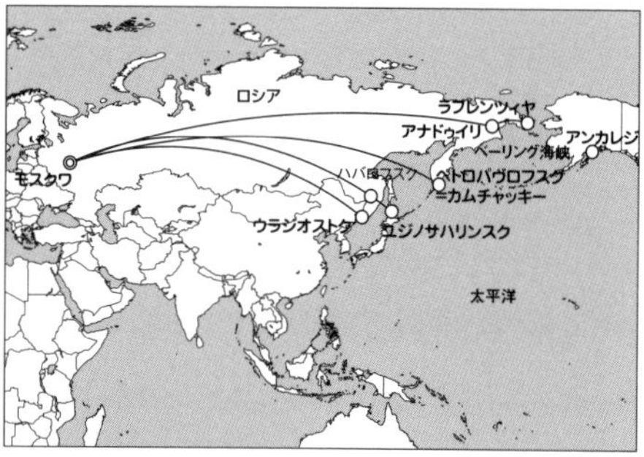

モスクワ発着の極東線

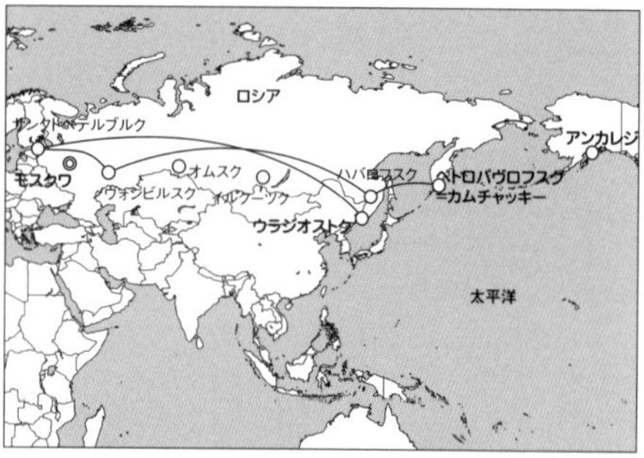

サンクトペテルブルク発着の極東線

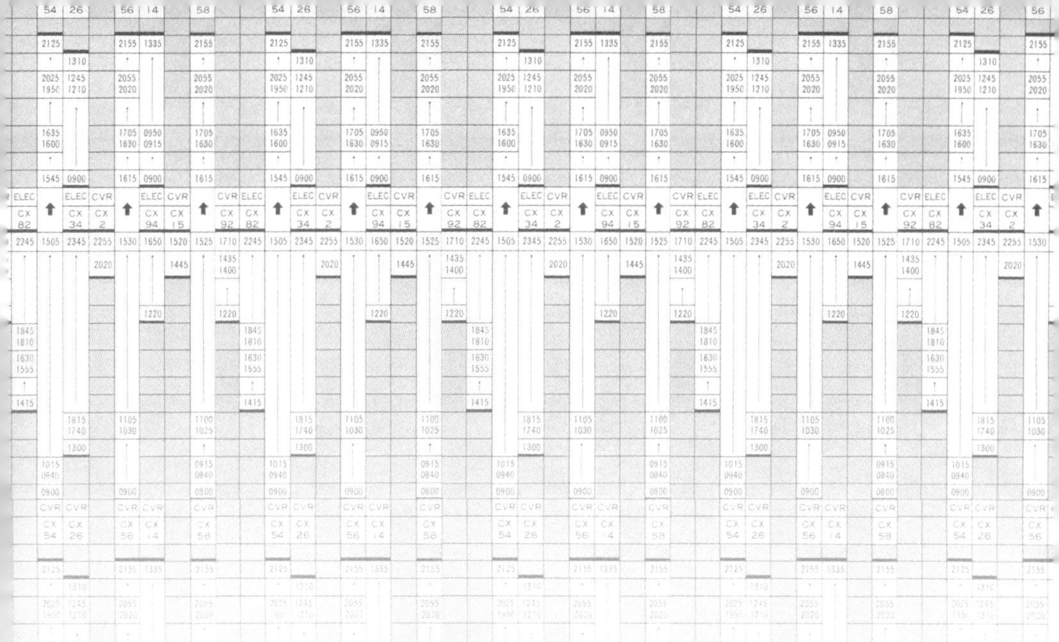

第四章　新大陸へ

地球を小さくする者が世界を征する

JIKOKUHYO SEKAISHI

英・仏がプライドを賭けた海上交通の大幹線

ルアーヴル／サウサンプトン ～ニューヨーク

(1937/47 年)

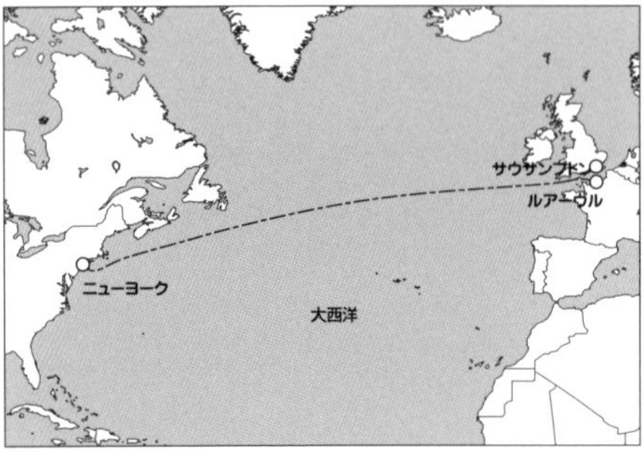

ブルーリボン争奪戦

世の中には、交通機関（乗り物）を対象とした賞というものが存在する。最近話題になったものでは、史上初の民間宇宙飛行成功に対して贈られた「X - プライズ」。アメリカのスケールド・コンポジッツ社が製作した「スペースシップ・ワン」が 2004 年 10 月 4 日に達成し、見事に賞金 1000 万ドルを獲得した。このスケールド・コンポジッツ社の技術を導入して宇宙飛行ビジネスを行おうとしているのが、イギリスの実業家であるリチャード・ブランソン氏の率いるヴァージン・グループだ。そのためにヴァージン・ギャラクティックという会社が設立され、宇宙旅行客を募っている。

このヴァージン・グループ会長のリチャード・ブランソン氏であるが、旺盛な冒険欲を持っていて、空や海でいろいろな記録へのチャレンジを行ってきたことでも知られている。そんな彼が挑んだ冒険のひとつが「大西洋最速横断記録」。モーターボート「ヴァージン・アトランティック・チャレンジャー」は 1986 年 6 月 29 日、見事にその記録を達成し、大きな話題となった。これが大きく取り上げられた理由のひとつは、過去の最速横断記録を実に 34 年ぶりに塗り替えたということ。34 年前の記録とは、1952 年 7 月にアメリカの客船ユナイテッド・ステーツが達成したものであった。

そもそも、大西洋横断航海の速度記録が、現在に至るまで人々の話題に上るのは、「ブルーリボン」という賞によるところが大きい。最も速く大西洋を横断した船に与えられる栄誉であり、その歴史は 19 世紀中頃にまで遡る。当時は、外洋航海がそれまでの帆船から蒸気船へと進化を遂げた時代だった。帆船時代は風向きや風速などの気象条件によって、航海は大きな影響を受けるものであったが、蒸気機関というテクノロジーの進歩によって人間が制御できるようになったのである。当然のことながら、より速く大西洋の両岸を結ぶことが船会社にとっての目標となった。ちなみにブルーリボンは、所要日数ではなく、速度に対して与えられるものである。

19 世紀半ばに幕が上がったブルーリボン競争であるが、新しい船が出るたびに記録が更新されていった。すなわち数年おき、場合によっては 1 年・2 年という短期間でチャンピオンが変わるという目まぐるしさであった。それでも一貫して強かったのは、キュナードに代表されるイギリスの船会社であった。20 世紀に入ると、ドイツやフランスの会社がしばしばブルーリボンをイギリスから奪取したが、やはりイギリスが取り返していった。20 世紀前半には「モレタニア」（イギリス）、「ブレーメン」（ドイツ）、「ノルマンディー」（フランス）、「クイーン・メリー」（イギリス）といった、錚々たる華客船がその主役となった。19 世紀は大西洋横断に一週間以上かかり、速度も 10 ノットあまりだったのが、第二次大戦直前には所要日数は 4 日を切り、速度も 30 ノットを超えるまでに速くなった。つまり、一世紀で 3 倍の進歩と言えよう。

そんな豪華客船の中には伝説的な船が数多く存在したが、その筆頭は 1935 年に登場したフレンチ・ライン所属「ノルマンディー」だろう。ルアーヴル～ニューヨーク間に就航したノルマンディーは、流麗な外見やフランス的センスの豪華な設備で今日もなお多くのファンがいる。そしてそのライバルが、大西洋横断航路の老舗・イギリスの威信を背負って 1936 年にサウサンプトン～ニューヨーク間に就航した「クイーン・メリー」。1935年から38年にかけては、ノルマンディーが獲得したブルーリボンをクイーン・メリーが奪い、それをノルマンディーが取り戻すとクイーン・メリーがさらに上回る記録を出すという風に、8万トン級の巨船が大西洋横断のデッドヒートを繰り広げたのである。

しかし、こうした競争は大戦前の豪華客船全盛

「ノルマンディー」の空撮が表紙を飾る運航予定表
【1937年3月　フレンチ・ライン】

期の最後の輝きだった。1939年に第二次大戦が勃発すると大西洋の海上交通は途絶することとなる。英仏がドイツに宣戦布告した9月3日、クイーン・メリーはあと1日でニューヨークに着くところであった。ノルマンディーはニューヨークに停泊中。両船は開戦を受けて軍隊輸送船に改装されることとなった。

苦難を乗り越えての再興とクルーズへのシフト

ところが、宿命のライバルの命運は対象的に分かれる。ノルマンディーはニューヨークで改装中に火災が発生して転覆大破し、スクラップとなってしまった。一方、クイーン・メリーは大戦を生き抜いて北大西洋にカムバックを果たしたのである。引揚輸送を終えてクイーン・メリーが航路に復帰した1947年の運航予定表には、『華々しい戦歴を経た偉大な船の復帰は、かつてクイーン・メリーで航海を楽しんだ多くの旅行者にとって朗報です。』と謳われていた。なお、この予定表の表紙を飾っているのは、戦後になってクイーン・メリーの僚船として加わった「クイーン・エリザベス」である。

「クイーン・メリー」復帰時の運航予定表
【1947年6月　キュナード・ホワイトスター】

ノルマンディーを失ったフランスは元ドイツ客船「オイローパ」を戦時賠償として得、その名も「リベルテ」(自由)として改装。リベルテは、「フランドル」「イル・ド・フランス」という僚船とともに3隻体制で大西洋航路に就航したが、もはやブルーリボン競争との縁はなくなった。

ところで、1956年7月25日ニューヨーク発のイル・ド・フランスの航海は伝説的だ。ニューヨーク出港後、イタリアの大型客船「アンドレア・ドリア」とスウェーデンの客船「ストックホルム」との衝突事故に遭遇。アンドレア・ドリアの700名あまりを救助してニューヨークに引き返すという献身的な行動で話題となったのである。アンドレア・ドリアはジェノヴァ～ニューヨーク間に就航していた新鋭船だったが、わずか3年の活躍でその巨体を大西洋に没したのだった。

最後の大西洋定期客船とも称される、その名も「フランス」(フレンチ・ライン)が就航するなど、1950年代から60年代にかけて北大西洋航路は最後の光芒を放つが、戦後の航路再開から20年あまりが経過した1968年から翌年にかけて大きな変化が起こる。伝統を誇るキュナード社の定期航路が事実上の終焉を迎えたのだった。乗客より乗組員の方が多いのではないかという状態ではそうした結末も仕方がなかっただろう。すでに1958年にはパリ／ロンドン～ニューヨーク間にジェット機が就航していたし、キュナード撤退直後の1970年1月には、パンアメリカン航空がやはりニューヨーク～ロンドン間にボーイング747(ジャンボジェット)を世界で初めて就航させ、国際間の大量高速輸送時代の幕がいよいよ上がった。

さて、クイーン・メリーとエリザベスの姉妹の引退後、入れ替わりに登場したのが「クイーン・エリザベス2」(QE2) である。QE2はホテルを思わせる豪華さと、エンターテイメント重視の洗練された造りでクルーズ客船としての名声をたちまち世界中に響かせた。しかし、春から秋にかけては伝統のサウサンプトン〜ニューヨーク間を2週に一回の割で往復する定期にも就航している。そんなQE2も2009年の引退が決まったが、これにより北大西洋定期客船航路の時代はまた一層、過去のものとなるに違いない。

ところで最初に触れたリチャード・ブランソンの大西洋横断記録であるが、結局、ブルーリボン獲得はできなかったというオチがある。途中で給油を行ったのと、商業輸送を目的とした船ではなかったからである。正式にユナイテッド・ステーツの記録が破られたのはそれから4年後の1990年のこと。イギリスの「ホバースピード・グレートブリテン」という新型双胴船による記録だった。その後もこれを上回る記録が出ているが、いずれも定期的に大西洋に就航している船ではないのが残念なところ。そういう意味で、やっぱりユナイテッド・ステーツこそが「最新にして最後のブルーリボン・ホルダー」と言って良いのかもしれない。

沈没した「アンドレア・ドリア」が表紙の運航予定表
【1954年10月　イタリアン・ライン】

運賃はフォルクスワーゲン１台分？
――悲劇の飛行船「ヒンデンブルク」

フリードリヒスハーフェン〜リオデジャネイロ

フランクフルト〜ニューヨーク
（1935/36 年）

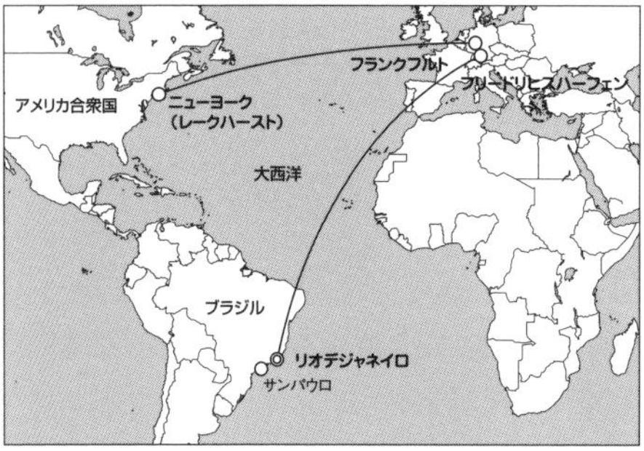

日本人も乗った世界一周飛行船旅行

街を歩いていてふと空を見上げた時、ぽっかりと飛行船が浮かんでいるとなんとなく嬉しい気分になるものだ。青い空をのんびりと進む様子からは、忙しい日常とは無縁のゆったりとした時間が感じられる。現在、日本の空を飛ぶ主力飛行船は、2005 年にドイツから輸入され、日本飛行船株式会社が運航するツェッペリン NT だ。“ツェッペリン”――それは今を遡ること 70 年前、人々の憧憬を集めた空の豪華客船の代名詞だった。そのサイズは、現在飛行しているツェッペリン NT の実に約 3 倍。そんな空飛ぶ巨鯨が銀色の機体を輝かせて大西洋を横断していた時代があったのだ。

ドイツで飛行船がはじめて建造されたのは 1900 年のこと。それ以降、飛行船は続々と建造され、1928 年 7 月には当時最大級の、LZ127「グラーフ・ツェッペリン」が完成する。グラーフ・ツェッペリンは 1929 年 8 月に世界一周飛行を成し遂げ、大陸間を結ぶ実用交通機関としての役割が期待された。

この世界一周飛行ではシベリア大陸横断ののち、日本にも立ち寄っている。東京上空を飛行したグラーフ・ツェッペリンは霞ヶ浦の海軍飛行場に巨体を休めた。このときヨーロッパから日本まで報道目的で搭乗した大阪毎日新聞記者が記した『空の驚異ツェッペリン』という単行本があるのだが、その口絵には飛行中の写真がふんだんに盛り込まれ、旅の様子がうかがい知れる。手を伸ばせば届きそうな家並の写真からも、その飛行高度は随分低かったようだ。『愈々イエニセイ河の上に来た。たちまちポーンポーンと音がする。（中略）そこへ出てきたスチュワートに聞いたら『あれは音響で飛行船の高さを計るんです』と答へた。』といった面白い記述もある。

グラーフ・ツェッペリンは世界一周飛行のあと、1932 年からドイツ〜南米間の定期航路に就航した。まず紹介するのは、1935 年に発行されたグラーフ・ツェッペリンによる運航スケジュール表。リオデジャネイロの特徴的な岩山であるポンデアスーカレを後に大西洋に乗り出す同機が表紙に描かれている。ドイツ側の起点はツェッペリン飛行船会社の本拠地であるフリードリヒスハーフェンで、ブラジルの終着地はリオデジャネイロであったが、サンパウロまでは同じくドイツ系のコンドル航空の飛行機で連絡されていた。フリードリヒスハーフェン〜リオデジャネイロ線の所要日数は 5 日。このパンフレットには機内での豪華な食事の様子の写真も載っている。

戦前最後の五輪に華を添えたヒンデンブルク

翌年の 1936 年にはドイツの首都ベルリンで第 11 回オリンピックが開催された。日本人にとっては『前畑ガンバレ！』の水泳の実況中継で有名な大会である。当時はすでにナチスが国政を掌握していたが、そんな中での五輪開催はスポーツを通じて平和を維持したいという国際社会の思いの反面、ナチスにとっては「クリーン」で「先進的」なイメージを主張する格好の宣伝イベントでもあった。交通の分野もお祭りムードに花を添え、ルフトハンザは五輪マークを描き入れた特別塗装の Ju52 旅客機を飛ばしたり、時刻表表紙にも五輪マークを描いている。時刻表の中のベルリン発着の部分には『オリンピック大会　8 月 1 日から 16 日』との宣伝文句が踊っていた。

ツェッペリン飛行船会社ではオリンピックを契機とした旅客の増大を見越し、5月から新鋭LZ129「ヒンデンブルク」によるフランクフルト〜ニューヨーク線を開始。北大西洋横断の所要時間は約2日半で、今日の7時間から比べればゆったりしたものであるが、欧米間の定期客船が4日かかっていたことを考えると速いものだった。運賃は当時の時刻表に1000マルクと記載されている。ちなみに、ドイツの国民車であるフォルクスワーゲンが1934年に企画されたとき、その要件のひとつが1000マルクを切る価格ということであった（実際には実現しなかったが)。これと比較すると、意外にも飛行船の運賃はべらぼうに高いというものでもなかったのではないだろうか。

ドイツ側発着地のフランクフルトには今日のフランクフルト国際空港が新たに完成。なおニューヨークについては、ニューヨークの隣・ニュージャージー州にあるレークハースト海軍基地が使用された。レークハーストというのは今日ではあまりなじみの無い地名であるが、1921年に海軍基地が置かれて以来、アメリカ海軍の東海岸における飛行船基地として「アクロン」号等が活躍した由緒ある土地である。ちなみにアクロンは1933年4月、嵐の大西洋で遭難して死者73名を出す大事故によって失われている。なお、ニューヨークから離れたレークハーストとの連絡のため、アメリカン航空はヒンデンブルクの乗客向けに、ニューヨークとの間に連絡航空便を運航した。

ヒンデンブルクはやはり機体に五輪マークを描いていた。しかし機体に描かれていたのは五輪マークだけではない。当時のパンフレット表紙（カラーページ参照）からも分かるとおり、尾翼にはナチスの鉤十字がみられる。ルフトハンザ航空機もやはり鉤十字を尾翼に描いていたが、アメリカ大陸まで飛んでいく飛行船に描かれれば、宣伝効果も抜群というものだろう。1940年に開催が予定されて結局中止となった東京オリンピックには、5隻ものツェッペリン飛行船を送り込む構

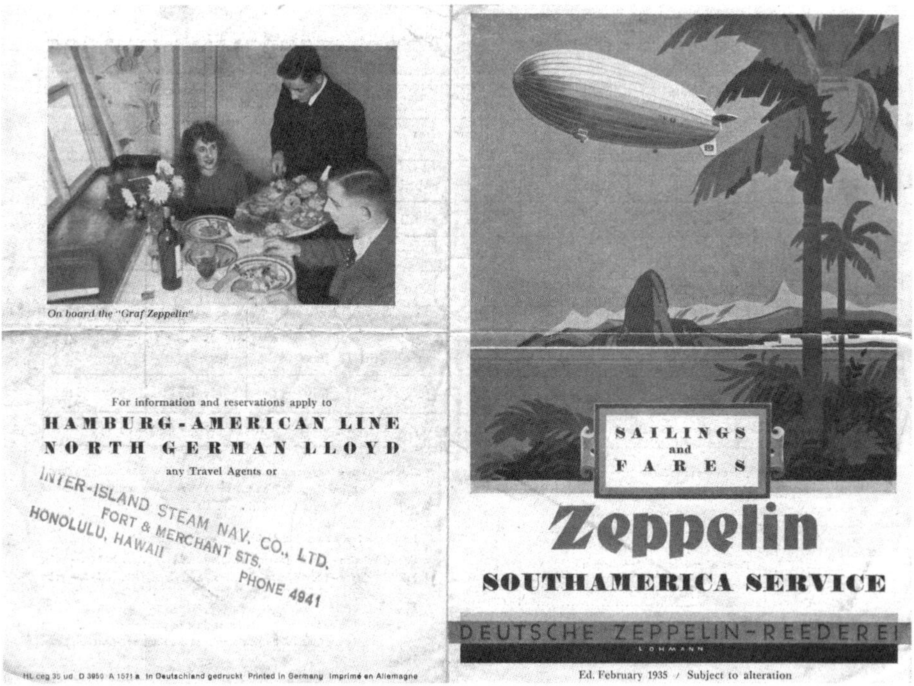

「グラーフ・ツェッペリン」の南アメリカ航路予定表
【1935年2月　ツェッペリン飛行船会社】

想もあったという。もっとも、こうしたことは所詮ナチスのプロパガンダとして、冷ややかに受けとめられたに違いない（皮肉なことに、ヒトラー自身はそれほど飛行船には入れ込んでいなかったという話もある。たしかに、図体がデカいだけで、独裁者が関心を示すだけの新奇性のある存在とはいえない）。

ヘリウムさえあれば！

1936年はヒンデンブルクが44回、グラーフ・ツェッペリンが22回大西洋を横断した。その年は大過なく終わり、北大西洋が荒れる冬季の間、飛行船航路は暫くの運休に入った。年が改まり1937年5月3日、ヒンデンブルクはその年最初の大西洋横断にフランクフルトを出発した。このとき、それがヒンデンブルクの帰らぬ旅路になるとは誰一人として予想していなかっただろう。

5月6日19時25分（現地時間）、悪天候のために遅れてレークハーストに到着したヒンデンブルクは繋留直前に爆発。機体後部から崩れ落ちるように炎上しながら地上に落下した。搭乗者96名の中で命を落としたのは34名であったが、炎上の瞬間をとらえたニュース映像は世界中の人々を震撼させ、1500名の犠牲者を出したタイタニック沈没の惨事にも匹敵する大事故として後世にも語り継がれる。

ヒンデンブルクの事故は水素を使用したことが危険性を増したと言われ、商業飛行船空路生みの親・エッケナーはヘリウムの調達に奔走する。しかしすでに対外関係が悪化していたドイツに救いの手は無かった。飛行船の運航に携わった人々は、最後まで純粋に交通機関としての飛行船に希望と誇りをもっていたが、戦争に向けて突き進む時代は、平和的な交通手段として飛行船を甦らせるだけの必要性を欲していなかった。かくして実用交通機関としての飛行船時代は幕を閉じたのである。グラーフ・ツェッペリンも建造中であった新飛行船も、戦時中の金属供出のために姿を消した。

今日、ツェッペリン飛行船のふるさとと言えるフリードリヒスハーフェンにはツェッペリンミュージアムが開設され、当時の資料や再現模型が人々の目を引いている。また、ヒンデンブルクのドイツ側発着地となったフランクフルト空港の近くには飛行船運航に携わる人々の居住地として計画された「ツェッペリンハイム」と呼ばれる地域がある。飛行船の運航には乗組員のほか、着陸時に繋留作業を行うために多数の地上支援要員が必要だ。そうした人々の居住区として建設が始まったツェッペリンハイムが完成したのは1938年のこと。皮肉なことに大西洋横断飛行船の時代はすでに過ぎ去っていたことになる。やはりここにも小さな博物館が設置され、飛行船ゆかりの品々の展示が往時の栄光を今に伝えている。

ベルリン・オリンピックの時のルフトハンザ時刻表
【1936年4月　同社発行】

マナオス～イキトス
（1974 年）

4 割が海外へ輸出された栄光の日本製旅客機

いきなり昔のスペシャル番組の副題みたいなフレーズをタイトルにしたが、『平家の落人か、はたまた源義経が実は生きていてアマゾンに逃げのびた』などという話ではない。このストーリーの主役は、戦後日本の誇る国産旅客機·YS-11 である。

YS-11 のプロフィールを簡単におさらいすると、戦前は世界に誇るレベルだった日本の航空技術よ再び！ — という思いで日本を代表する航空機設計者が集まった「輸送機設計研究協会」によって基本構想がまとめられ、その後に発足した新会社「日本航空機製造」が国内重工メーカー各社をマネージメントして作り上げた戦後初の国産旅客機である。試作機は 1962 年 8 月 30 日に名古屋で試験飛行に成功し、1965 年 4 月 1 日から日本国内航空（JDA）の東京～徳島～高知線でデビューを飾っている。その後 ANA など、日本の航空会社に次々と就航し、まだ今日のようにジェット化が進んでいなかった時代の地方路線の近代化に貢献した。

このように、かつては日本の航空シーンに欠かせない機体だったのにもかかわらず、2006 年 9 月 30 日に運航された沖永良部～鹿児島線をもって、惜しまれながら旅客定期便としては日本の空から姿を消した YS-11 であるが、海外でも意外に幅広く活躍していたことはあまり知られていない。アジア地域では日本のお隣の大韓航空や中華航空が 1970 年代に飛ばしていたほか、フィリピンやインドネシアでも発展途上だった現地航空会社の成長の礎となった。欧米に目を移すと、アメリカのピードモント航空やギリシャのオリンピック航空がまとまった数を運航した主なエアラインである。そんな中に、YS-11 が独特の親近感を持って迎えられた地域がある。それは南米だ。

海外オペレーターによる YS-11 の就航路線例	
韓国 【大韓航空】	釜山～福岡／大阪 ソウル～釜山／大邱／済州／江陵　等
台湾 【中華航空】	台北～台中／高雄／花蓮
インドネシア 【メルパティ航空】	ジャカルタ～スラバヤ／ポンティアナック スラバヤ～バリクパパン等
ギリシャ 【オリンピック航空】	アテネ～ラルナカ／アレクサンドロポリス／ヒオス／サモス／ケファリニア　等
アメリカ 【ピードモント航空】	コロンバス～アトランタ（4 箇所寄航） シンシナチ～ワシントン（6 箇所寄航）等

南米といえば、特にブラジルやアルゼンチンは戦前から日本人の海外移住者が数多く居住する地域である。日系人にとって、地球の反対側にある我らがルーツの国が総力を挙げて開発した旅客機が地元の空を飛ぶというは感慨深いものであっただろう。

YS-11 就航当時のクルゼイロ航空時刻表
【1974 年 1 月　同社発行】

さて、冒頭で「サムライ」と表現したが、これはなにも筆者が勝手に考えたものではない。なんと当時ブラジルではYS-11に「サムライ」という愛称が付けられていたのである。YS-11を「サムライ」と称したのは正確にいうと、ブラジルでは二番手の航空会社であるVASP(ヴァスプ)だった。VASPは1968年から計8機のYS-11を導入し、リオデジャネイロ～サンパウロ間などブラジル一円で使用。1969年2月に発行されたOAGの全世界版航空時刻表を見ると、たしかに「◆」マークで示される機種が"SAMURAI"となっており、これがVASPのYS-11である。"SAMURAI"の名は単なる愛称としてだけではなく、垂直尾翼にもわざわざ大きく書き込まれ、はるばる日本からやって来た若侍の存在をブラジル人にアピールしていた。

アマゾン奥地の地味ながら変わった路線に就航

ところで、ブラジルでYS-11を使用したのはVASPだけではなく、ライバル会社であるクルゼイロ航空もそのユーザーであった。クルゼイロ航空はYS-11を1967年からのべ12機導入。国内線のみならず近隣諸国や、ポートオブスペインなどカリブ海方面への近距離国際線にも投入され、大活躍したのである。中でも、ブラジルのアマゾン流域の最大都市・マナオスからさらにアマゾン川を遡ってペルーのイキトスを結ぶ国際線は異色だった。

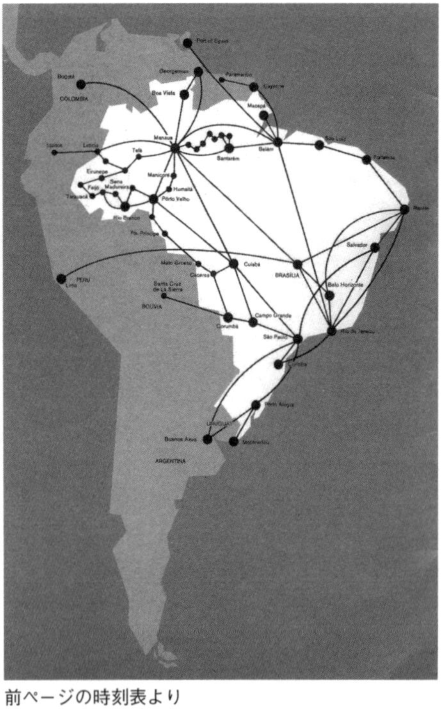

前ページの時刻表より
1974年時点のクルゼイロ航空の就航路線図

マナオスはアマゾン川河口から1600キロも遡った内陸で、イキトスはそこからさらに2000キロ以上も上流であるが、一面を熱帯雨林に囲まれたこの地域には鉄道はおろか高規格の道路も通じておらず、そこに達する交通手段はアマゾン川を往来する船か飛行機以外にないという隔絶された地域。しかしアマゾン川を船で行くと一週間以上はかかるわけで、YS-11ならばそれを4時間半で結んでいた。

しかし、このマナオス～イキトス線は、ブラジルとペルーの間をノンストップで結んでいたのではなく、途中でレティシアという小さな都市に寄っていた。このレティシアという街、ブラジルでもペルーでもなく、実はコロンビアに属している。それもコロンビアの隅も隅、南東に少し突き出した格好になっている部分の突端にある。ちょうど、東北本線で東京から仙台方面へ向かうと、埼玉県から栃木県に入る間にほんの一瞬だけ茨城県を通るのに似ている。この茨城県内の区間には「古河」という駅がひとつだけあるが、コロンビアのレティシアもそんなイメージ。なぜこんな奇妙な場所があるのかといえば、アマゾン川への出口を求めるコロンビアとペルーとの間でかつて発生した国境紛争が原因とのこと。今ではブラジル／コロンビア／ペルーの3ヵ国が国境を接するという面白い地域で、アマゾン観光の拠点でもある。ただ、コロンビアといえば麻薬取引で有名。こんな奥地を飛んだYS-11の積荷の中にもひょっとすれば……。

YS-11はもともと近距離路線向けに開発された旅客機だけに国際線での活躍自体が限られており、あったとしても日韓間などせいぜい2国間の国際線という場合がほとんどだったが、そんなわけでマナオス～イキトス線はちょっとトリッキーではあるけれども、YS-11にしては珍しい3国間にまたがる国際線だったというわけだ。

なお、YS-11がこれほど世界中で活躍できたのにはいろいろな理由があるが、やはり何といっても仕様面で他の機種に比べて有利だったのが大きい。短距離での離着陸性能に優れていたということや、ローカル線をターゲットとした飛行機にしてはキャパシティが大きかったのがその一例である。また、機体の造りも頑丈であり、事故にあったYS-11の中には全損を免れて大修理の末、再び路線に復帰したものも少なからず存在した。

尾翼に“クルゼイロ・ド・スル”（南十字星）を描いたクルゼイロ航空のYS-11は1970年代半ばまで南米で活躍し、その後は第二の人生を歩むこととなる。その多くは東亜国内航空（のちの日本エアシステム。今日のJAL）や南西航空（現：日本トランスオーシャン航空）に転売され、生まれ故郷である日本で1980年代の地方航空路線を支える重要な役割を果たした。そんな活躍を偲んでか、その中の一機（登録記号JA8809）は現役引退後に青森の「みちのく北方漁船博物館」で保存され、今も雄姿を目にすることができる。北国の空の下にたたずむその様子からは、かつてクルゼイロ航空機として赤道直下の熱帯雨林を飛び回っていた機体であることは想像もできないが、おそらくはマナオス～レティシア～イキトス線にも飛んでいたはずである。

YS-11はあまりにも国家的なプロジェクトという見地で扱われ過ぎたため、その高い性能とは裏腹に商売としての成功を収めることはできなかった。その生産終了から35年もの歳月が流れたいま、新たな国産旅客機として三菱重工が中心となって開発中の「MRJ」が誕生しようとしている。近い将来、世界に羽ばたこうとしている新しい日本のサムライたちは、いったいどんな活躍を見せてくれるのだろうか？

VÔO CRUZEIRO

BRASIL - COLÔMBIA - PERU

RIO — BRASÍLIA — MANAUS — BOGOTÁ
MANAUS — LETÍCIA — IQUITOS
RIO — SÃO PAULO — BRASÍLIA — LIMA *

9

CÓD.	SC 418/421	SC 406/416	SC 231	VÔO/FLIGHT	SC 230	SC 417/407	SC 420/419	CÓD.
	5.a D.o	3.a 6.a	4.a D.o	DIAS	4.a D.o	3.a 6.a	5.a D.o	
	Th Su	Tu Fr	We Su	DAYS	We Su	Tu Fr	Th Su	
	727	727	Y11	EQUIP.	Y11	727	727	
	SC-418	SC-406				SC-407	SC-419	
RIO	08 00	07 30	....	RIO DE JANEIRO	....	23 00	23 00	RIO
SAO	08 50		....	SÃO PAULO	....		22 15	SAO
SAO	09 20		....	SÃO PAULO	....		21 45	SAO
BSB	10 35	08 45	....	BRASÍLIA	....	21 45	20 30	BSB
	SC-421						SC-419	
BSB	11 05	09 15	....	BRASÍLIA	....	21 15	20 00	BSB
MAO		10 45	....	MANAUS	....	17 45		MAO
		SC-416				SC-407		
MAO		11 15	06 15	MANAUS	15 55	16 50		MAO
LET			08 10	LETÍCIA	11 45			LET
LET			08 30	LETÍCIA	11 25			LET
IQT			09 40	IQUITOS	10 15			IQT
BOG		12 30	....	BOGOTÁ	....	13 30		BOG
LIM	13 05	....	....	LIMA	....	....	14 00	LIM
	SC-421	SC-416	SC-231		SC-230	SC-417	SC-420	

2ª — SEGUNDA
3ª — TÊRÇA
4ª — QUARTA
5ª — QUINTA
6ª — SEXTA
Sº — SÁBADO
Dº — DOMINGO

727 — JATO/JET BOEING 727
CVL — JATO/JET CARAVELLE 6R
DC3 — DOUGLAS DC3
Y11 — TURBO-PROP YS-11A
FH — FAIRCHILD 227B

MONDAY — Mo
TUESDAY — Tu
WEDNESDAY — We
THURSDAY — Th
FRIDAY — Fr
SATURDAY — Sa
SUNDAY — Su

165ページの時刻表の内部より
YS-11によるマナオス～レティシア～イキトス線が見える

海上支援基地まで導入して運航された
南米行き郵便飛行機

ベルリン～ブエノスアイレス

(1935 年)

船の５分の１の早さで連絡

――全力で回る２つのプロペラの咆哮が、全長18フィートの機体を震わせている。機長がスイッチを入れると、カタパルト操作員の前に「離陸準備よし」のランプがともった。彼が「了解」と応じると、操縦席に「あと数秒でカタパルト射出」のランプが点灯する。(中略)射出レバーが引かれ、発進路の最初の部分での加速度が機体を駆け抜けた。機体の下にある、160気圧の圧縮空気で駆動される橇は、発進路を31.6メートル突進すると急停止し、機体を支持している支えが外れる。機体は時速150キロで洋上に放り出され、すぐに速度を増すと、巡航速度の時速180キロに達した。「ヴェストファーレン」上の張り詰めた緊張は解け、またいつもの海の上の日々に戻るのである。

(“The Lufthansa Story” – Lufthansa,1980 年刊より)

この一文は、1930 年代に大西洋上で行われていた、船上からのドイツ飛行艇のカタパルト射出の様子を描いたものである。船の上から飛行艇をカタパルトで射出とは一体何のために？　その答えは以下のようなものである。

ドイツは、本国と南米を結ぶ航空郵便路線に熱心で、1933 年にはアフリカ西岸と南米東岸の間を飛行艇で連絡する、ベルリン～ブエノスアイレス間定期航空郵便路線の開設に成功した。これは、パンアメリカン航空による太平洋横断線の開設に先立つ２年前のことであり、長距離洋上飛行をする定期航空路線の先駆とも言える画期的な出来事

ドイツ～南アメリカ間航空郵便時刻表
【1935 年７月　ルフトハンザ】

だった。

ところで、ドイツと南米といえば、戦後になって南米に逃れていたナチスの残党が逮捕されたりしたため、何かナチスの闇組織があって……などという話がささやかれることもあり、そうした暗い関係くらいしか思い浮かばないかもしれない。しかし、19世紀前半以降、ドイツから南米には多くの移住者が渡っており、それ以来の緊密な関係があったのだ。中にはベネズエラにある「コロニア・トバール」のような変わった集落もある。

そこは19世紀半ばにドイツから入植した人々が暮らす山村で、三角屋根の建物が点在する街並みはヨーロッパと見まがうばかり。しかも、厳格なゲルマン民族の血がそうさせたのか、1960年代になるまで周囲との接触を持たず、言葉から衣食住まで自分たちの古い文化に基づいた暮らしを続けていたというから驚きである。話が脱線したが、航空郵便路線が開設されたのも、移住者という下地があったからこそのことである。

大西洋横断航空郵便路線に使われたのは飛行艇だから、万が一の時も海上に着陸すれば良いわけで、とりあえず即墜落という事故にはならない。しかし当時の飛行機はそれほど航続距離が長いものではなく、それは飛行艇とて同じ。大西洋を横断するには、途中で燃料補給が必要だった。ではそれをどのようにして実現するのか？　そのために考え出されたのが、カタパルトを備えた補給船というアイディアだったのである。アフリカや南米の沿岸から飛んできた飛行艇は、この補給船の隣に着水すると、クレーンで吊り上げられ船上へ。そこで整備と燃料補給を受け、カタパルトから再び空へ飛び立つという寸法だ。

そのようにして運航されていたヨーロッパ～南米間航空郵便路線の時刻表によると、郵便機は毎週水曜日23時30分にベルリンを出発し（郵便局における締め切りは21時）、アフリカ西岸でドルニエ“ワール”飛行艇にリレーのち、土曜日にリオデジャネイロ、日曜日にブエノスアイレスに到着というスケジュールだった。すなわち、ドイツ本国から南米へは約3日間の行程で、これはハンブルク～ブエノスアイレス間をハンブルク・南アメリカ汽船の船で輸送した場合は半月程度掛かったことを考えると、ズバ抜けて速いものだった。なお、同区間にはツェッペリン飛行船による定期便も運航されていた。ちなみに「ワール」とはドイツ語で「鯨」のこと。空飛ぶ白鯨が大西洋の飛脚便だったわけである。

この大西洋横断郵便路線を運航していたのは、ドイツの航空輸送を一手に担っていたルフトハンザだった。同社は、補給船による大西洋横断航空郵便路線実施の前にも、当時最新鋭の北大西洋横断客船「ブレーメン」などに取り付けられたカタパルトから着地入港前に郵便機を飛ばし、船の到着よりもいくらか早く郵便を目的地に届けるという試みも行っていた。

大西洋横断郵便機を収容する補給船は、冒頭の一文に登場する「ヴェストファーレン」など最終的に4隻が造られ、一部はのちに北米向け郵便路線用としても使われた。また、使用される航空機も、ドルニエ“ワール”からより大型で高速な、ドルニエDo18やブローム・ウント・フォスHa139といった機種（いずれも飛行艇）にグレードアップされ、第二次大戦が勃発するまで、運航が続けられたのである。

Flugdienst Deutsche Lufthansa–Syndicato Condor

Neuer Flugplan ab 4. Juli 1935:

3 1/2 TAGE

Mittwoch 23.30 Uhr	ab	BERLIN	an	Montag
Donnerstag 6.30 Uhr	ab	STUTTGART	an	Montag
Donnerstag	ab	MARSEILLE	an	Montag
Donnerstag	ab	BARCELONA	nicht angeflogen	
Donnerstag abends	ab	SEVILLA	an	Sonntag
Freitag	an	LAS PALMAS	ab	Sonntag
Freitag	an	BATHURST	ab	Sonnabend
Sonnabend	an	NATAL	ab	Freitag
Sonnabend früh	an	RIO DE JANEIRO	ab	Donnerstag
Sonntag	an	MONTEVIDEO	ab	Donnerstag
Sonntag	an	BUENOS AIRES	ab	Mittwoch abends

3 1/2 TAGE

前ページの時刻表の内部より
ベルリン～ブエノスアイレス間は３日半だった

瀬戸大橋も脱帽！
フロリダの海上列車に乗ってハバナで乾杯！

マイアミ〜ハバナ
（1932/57年）

フロリダ・イースト・コースト鉄道時刻表
【1932年12月　同社発行】

「鉄道王」最後の夢

　発展するアメリカのエネルギーが垂直方向へのベクトルとして現れたものが「ニューヨークの摩天楼」だとすると、水平方向へのベクトルとして現れたものは「海をゆく鉄道」かもしれない。ふたつの大戦間の時代、マイアミからキーウェストまでの156マイル（250キロメートル）を島伝いにゆく究極の鉄道路線が存在した。当時、それを使えばアメリカ本土とキューバの間は鉄道と船の乗り継ぎで簡単に往来できたのである。

　こんな奇想天外な路線を運行したのは、ジャクソンヴィル〜マイアミ〜キーウェスト間のフロリダ半島東岸に路線を伸ばしていた、その名もそのままフロリダ・イースト・コースト鉄道（Florida East Coast Railway）である。同社は、アメリカの実業家であるヘンリー・フラグラー（Henry Flagler）がフロリダ半島開発の一環として敷設し、経営していた鉄道である。フラグラーはパナマ運河が建設されることを知り、運河の完成によって交流が生まれるとカリブ海に浮かぶキューバやキーウェストが人やモノの流れの拠点になるだろうと考え、フロリダ半島南端に達していた自身の鉄道をさらにキーウェストへ延長することを思いついたのである。地図を見ていただければお分かりと思うが、マイアミからキーウェストの間にはいくつも島があるものの、基本的には海が広がっている。当然、路線のほとんどは長大な橋や築堤を新たに建設しなければならず、普通の地面にレールを敷設するのとは訳が違う。いくら資産のある実業家がブチ上げた計画とは言え、当然のことながら初めはとてもマトモな話ではないと思われていた。

　それでも1905年には工事が始まった（パナマ運河の建設が議会で決定したのは1902年）。カリブ海といえばハリケーンの本場。工事中何度も嵐に見舞われる難工事であったが、足掛け7年、遂に1912年にキーウェストまでの延長線は完成。一時は4000人の労働者が建設に従事し、総工費は少なく見ても2000万ドルかかったという。フラグラーはすでに80歳を越えていたが、もちろん社長専用車に乗って渡り初めをした。老境にあって男の夢を実現させた彼は、翌年にこの世を去っている。

当時の同社の時刻表は、表紙中央にこの海上線路のイラストが描かれ、内部にも1ページを割いてその広告が掲載されている。遮るものは何もない大海原の彼方に向ってアーチが連なり、その上を蒸気機関車に牽引された列車が走る構図は世界のどこを探しても無いものであった。最後尾の展望車のデッキには多数の乗客が群がり、この“世界第8番目の不思議”とも言われた景観を楽しんだ。

1932年当時のダイヤによると、マイアミからキーウェストまでの区間は一日1往復のみの運転。マイアミを6時半に出発した列車はキーウェストまでを5時間45分かけて走った。なお、この列車はジャクソンヴィルからの直通であり、「ハバナ・スペシャル」という愛称がついていた。途中には25の駅が設置されていたが、ほとんどは乗降が無ければ通過する駅（flag stop）である。私鉄は沿線の観光開発も忘れていない。途中の島には釣りを楽しむ人々のための施設も開設された。

さて、鉄道はキーウェストが終点だったが、フラグラーの思いのとおり、その先は船でキューバのハバナへの連絡が確保されていた。キューバは農産物や鉱物資源に富んだ土地であり、アメリカ企業の進出が盛んであったが、1920年のアメリカの禁酒法施行後は金持ちが羽を伸ばすリゾート地として名を馳せていた（禁酒法は、この時刻表が発行された翌年の1933年に廃止された）。鉄道でキーウェストに昼前に到着すると、隣の桟橋にはハバナ行きの船が待つ。これに乗り換えて6時間の航海で、午後6時15分にハバナに到着。キーウェストとハバナの間には、1927年から創業間もないパンアメリカン航空の便も飛んでいたが、やはり敷居の低さという意味では鉄道＋船であっただろう。

なお、このキーウェスト行きの列車には、接続する他の鉄道会社の路線から車両が乗り入れて連結されており、寝台車やラウンジカーがニューヨーク〜キーウェスト間を直通していた。裏表紙に掲載された広告によると「ハバナ・スペシャル」連絡の場合、ニューヨークを午後10時5分に出発し、マイアミまでは32時間半、ハバナまで44時間とある。ニューヨークでは1930年にクライスラービル、翌年にはエンパイアステートビルが完成する等（ちなみに、目もくらむような高さの鉄骨の上に労働者たちが命綱も無く腰掛けている有名な写真は、1932年にロックフェラーセンターのビル工事現場で撮影されたもの）、世界のビジネスセンターとしてインフラ的にも経済的にも成功が顕著であったが、それこそ、『平日はバリバリ働いて、週末に鉄道で南の島へ行って羽を伸ばす』などという、今の日本人だってうらやましくなるようなモダンで都会的なライフスタイルが可能だったわけだ。

しかし、いつの時代もそうであるが、人類の英知も自然の猛威の前に屈する日が訪れる。開通から23年後の1935年9月、この地域を超巨大ハリケーンが襲ったのである。風浪で橋は破壊され列車も転覆。鉄道会社の資力では復旧困難であった。しかし、このときに放棄された鉄道橋は手直しの上で道路橋として再生され、1980年に新たな橋が架けられるまで半世紀近く使い続けられた。鉄道は姿を消したが雄大な景観は今も健在で、CMや映画で目にする機会も多いだろう。映画『トゥルーライズ』では、アーノルド・シュワルツェネッガー演じるスパイが、逃走するテロリストと

前ページの時刻表の内部より
海上線路やキューバ行汽船との乗継ぎの宣伝

車 vs ヘリのチェイスをここで演じている。

普通に飛んでいたアメリカ〜キューバ直航便

話をキューバに戻そう。キューバは、1902 年にそれまでのスペインによる支配から独立したが、それを契機に豊かな資源に目をつけたアメリカ資本が続々と乗り込んで来た。それだけではなく、一部はアメリカの租借地として、アメリカ軍の基地が置かれた（今日、テロリストが多数収容されていることで有名なグアンタナモ基地）。そうしたアメリカの勢力の拡大への反感、また、1933 年に発足した親米的なバティスタ政権の独裁政治が元で、国民の間には抑圧感が広がっていったのである。

キューバ航空（クバーナ）は 1929 年に設立されたキューバを代表する航空会社である。キュー

FLORIDA EAST COAST RAILWAY

FLAGLER SYSTEM

CONDENSED SCHEDULE

Effective December 16, 1932

INCLUDING COMPLETE WINTER SERVICE

SOUTHBOUND — COACHES ON ALL TRAINS

NORTHBOUND — COACHES ON ALL TRAINS

35 Royal Poinciana	75 Havana Special	45 Hastings-Bunnell Local	87 Florida Special	29 Daylight Express	71 The Miamian	Miles	Southbound trains WILL STOP at stations opposite which no time is shown ONLY to allow through passengers holding tickets issued at Jacksonville, and points north thereof to detrain, PROVIDED the desired stop is the destination of the ticket held. This rule does not apply to trains Nos. 71 and 87, which stop only at the stations opposite which time is now shown.	72 The Miamian	30 Daylight Express	88 Florida Special	46 Hastings-Bunnell Local	76 Havana Special	36 Royal Poinciana
PM	PM	PM	AM	AM	AM			PM	PM	AM	AM	AM	AM
11.00	9.30	12.20	11.45	9.45	8.30	0	Lv Jacksonville Ar	6.15	6.00	10.30	11.25	7.15	7.45
11.55	10.20	1.15	12.34	10.38	9.23	37	Ar St. Augustine Lv	5.25	5.05	9.38	10.20	6.20	6.50
First	......	1.50	First	......	......	54	Ar Hastings Lv	......	......	First	9.25	......	First
Trip	......	2.04	Trip	......	......	61	Ar East Palatka Lv	......	......	Trip	9.05	......	Trip
Jan. 4	......	2.25	Jan. 4	......	......	64	Ar Palatka Lv	......	......	Jan. 6	8.20	......	Jan. 5
......	10.59	4.05	......	11.20	......	87	Ar Bunnell Lv	......	4.19	......	6.10	5.32	......
f12.54	f11.21	PM	f 1.35	11.43	f10.20	104	Ar Ormond Lv	f 4.16	3.55	f 8.19	AM	h 5.04	f 5.41
1.10	11.39	......	1.48	12.05	10.32	110	Ar Daytona Beach Lv	4.09	3.46	8.12	......	4.56	5.33
......	......	......	......	f12.15	......	115	Ar Port Orange Lv	......	f 3.34	......	......	......	......
1.45	12.05	......	2.10	12.30	10.55	125	Ar New Smyrna Lv	3.47	3.20	7.45	......	4.30	5.10
1.55	12.15	......	2.15	12.37	11.00	125	Lv New Smyrna Ar	3.40	3.15	7.35	......	4.20	5.00
2.37	......	......	▲ 2.51	1.24	▲11.36	154	Ar Titusville Lv	■ 2.56	2.14	f 6.42	......	3.31	■ 4.03
3.04	f 1.20	......	▲ 3.12	1.49	▲11.57	174	Ar Cocoa-Rockledge Lv	■ 2.33	1.46	f 6.11	......	3.01	■ 3.32
f 3.23	......	......		2.09	......	190	Ar Eau Gallie Lv	......	f 1.24	......	......	......	f 3.15
3.36	f 1.51	......	▲ 3.37	2.24	▲12.22	194	Ar Melbourne Lv	■ 2.09	1.15	f 5.40	......	2.32	■ 3.05
......	......	......	......	2.55	......	215	Ar Sebastian Lv	......	12.45	......	......	......	......
4.32	......	......	▲ 4.18	3.26	▲ 1.05	228	Ar Vero Beach Lv	■ 1.34	12.23	■ 4.52	......	1.47	■ 2.16
5.10	3.05	......	4.43	3.55	1.28	242	Ar Fort Pierce Lv	1.15	12.01	4.30	......	1.25	1.55
5.15	3.10	......	4.43	4.00	1.28	242	Lv Fort Pierce Ar	1.10	11.45	4.25	......	1.20	1.50
......	......	......	......	f 4.21	......	257	Ar Jensen Lv	......	f11.16	......	......	......	......
5.51	......	......	▲ 5.11	4.32	▲ 1.57	261	Ar Stuart Lv	■12.38	11.03	■ 3.51	......	12.47	f 1.16
......	......	......	▲ 5.26	f 4.52	▲ 2.12	275	Ar Hobe Sound Lv	■12.20	f10.39	■ 3.31	......	■12.26	■12.55
......	......	......	......	f 5.02	......	283	Ar Jupiter Lv	......	10.28	......	......	......	f12.46
7.00	a 4.30	......	6.03	5.27	2.48	299	Ar West Palm Beach Lv	11.50	10.05	3.00	......	c11.55	12.25
d	d	......	d	d	d	300	Ar Palm Beach Lv	d	d	d	......	d	d
7.05	4.40	......	6.03	5.37	2.48	299	Lv West Palm Beach Ar	11.50	9.55	2.50	......	11.45	12.15
f 7.16	......	......	▲ 6.13	5.51	▲ 2.58	306	Ar Lake Worth Lv	■11.33	9.43	f 2.36	......	■11.30	f12.00
......	......	......	......	f 6.01	......	312	Ar Boynton Lv	......	9.32	......	......	......	f11.48
f 7.30	......	......	▲ 6.26	6.08	▲ 3.11	317	Ar Delray Beach Lv	■11.20	9.24	......	......	■11.13	f11.42
7.42	5.20	......	▲ 6.35	f 6.20	▲ 3.20	325	Ar Boca Raton Lv	■11.10	f 9.10	■ 2.02	......	11.01	11.30
f 7.45	......	......	......	f 6.23	......	327	Ar Deerfield Lv	......	f 9.05	......	......	......	f11.26
f 7.53	......	......	......	f 6.33	......	333	Ar Pompano Lv	■11.00	8.56	......	......	......	f11.18
8.03	5.43	......	6.57	6.45	3.42	341	Ar Fort Lauderdale Lv	10.51	8.45	1.40	......	10.39	11.08
......	......	......	......	f 6.56	......	346	Ar Dania Lv	......	8.34	......	......	......	f11.00
8.16	5.58	......	7.09	7.01	3.54	348	Ar Hollywood Lv	10.40	8.29	1.28	......	10.27	10.57
......	......	......	......	f 7.06	......	351	Ar Hallandale Lv	......	f 8.24	......	......	......	......
8.50	6.30	......	7.45	7.40	4.30	366	Ar Miami Lv	10.15	8.00	b 1.00	......	10.00	b10.30
AM	7.15	......	PM	PM	PM	366	Lv Miami Ar	AM	AM	AM	......	9.30	PM
First	8.18	......	First	......	......	394	Ar Homestead Lv	......	......	First	......	8.20	First
Trip	f 9.57	......	Trip	......	......	457	Ar Long Key Fishing Camp Lv	......	......	Trip	......	f 6.34	Trip
Jan. 4	f11.10	......	Jan. 4	......	......	503	Ar Pirates Cove Fishing Camp Lv	......	......	Jan. 6	......	f 5.25	Jan. 5
......	11.45	......	......	......	......	522	Ar Key West Lv	......	......	......	......	5.00	......
......	e 12.15	......	......	Peninsular & Occidental S.S. Co.		522	Lv Key West Ar	Peninsular & Occidental S.S. Co.		......	......	g 3.45	......
......	e 6.15 PM	......	......			612	Ar Havana Lv			......	......	g 9.45 AM	......
......	8.00	......	......	Pan American Airways		0	Lv Miami Ar	Pan American Airways		......	......	5.00	......
......	10.15 AM	......	......			251	Ar Havana Lv			......	......	2.45 PM	......

▲ Stops to discharge passengers from Jacksonville and points north or west thereof. ■ Stops to receive passengers for Jacksonville and points north or west thereof. (a) Sleepers may be occupied until 7:30 a.m. (b) Train placed for occupancy at 10:00 p.m. (c) Sleepers placed for occupancy at 9:00 p.m. (d) Poinciana Transfer Company automobiles meet all trains at West Palm Beach to transfer passengers and baggage to and from Palm Beach (Breakers Hotel). (e) Daily except Sunday and Wednesday. (g) Daily except Sunday and Thursday. (h) Flag stop until the inauguration of train No. 88, Jan. 6th.

3 4

170 ページの時刻表の内部

キーウェスト行きは列車番号 75 の「ハバナ・スペシャル」号

バとアメリカが親密だった時代には、ハバナ〜ニューヨーク線やハバナ〜マイアミ線が運航されていた。キューバはアメリカ以外の西側諸国とも良好な関係であり、戦後のハバナ〜マイアミ線には、当時の世界の短・中距離路線に広く使われていたイギリス製“バイカウント”ターボプロップ機を飛ばしていた。戦前、パンアメリカン航空が2時間かかっていたハバナ〜マイアミ間は、新鋭バイカウント機ではわずか55分に短縮されている。ちなみに同社は、革命前にやはりイギリス製の“ブリタニア”大型プロペラ機を発注しており、こちらはなんと共産化した後も1984年までそのまま使い続けられた。

キューバ航空の1957年12月の時刻表には、スーツ姿のビジネスマンのオヤジが、スーパーマンの変身よろしくスーツを脱ぎ捨ててラテン風の格好に着替えるという、『マンハッタンやマイアミから、ラテンアメリカへ』というコミカルなイラストが描かれている。アメリカから見ればキューバはビジネスやリゾートの対象であったが、ナショナリズムが高まるキューバではそんなお気楽な道楽はアメリカ批判の炎に油を注ぐようなものだった。

この時刻表が発行された翌年、外国資本の排除と独裁政治の打倒を目指した反政府闘争が開始される。カストロやゲバラによる革命は1959年1月のハバナ制圧で成就し、それまでキューバを支配していたバティスタ政権は崩壊。当初、カストロによる革命政権は必ずしもアメリカとのつながりを完全に絶つつもりはなかったといい、キューバ航空も革命後しばらくはアメリカとの路線を維持し続けた。しかし、アメリカ企業を国営化するなどのキューバの方針にアメリカは猛反発。アメリカに頼れなくなったキューバはソ連に接近し、共産化の道に傾斜していったものだから、冷戦真っ只中のアメリカは遂に断交。昨日まで仲良くやっていた隣人同士が、逆に最も敵対する関係になってしまった。当然のことながらアメリカとの間の航空路線も断絶となり、アメリカとキューバの間の空は、キューバ爆撃に向う爆撃機やはたまたスパイ機・U-2が飛ぶ物騒な空間となる（U-2が発見した中距離ミサイルが1962年のキューバ危機の発端だった）。ハバナへははるばるソ連のモスクワから航空路線が開設されるのだが、このストーリーは次項を参照されたい。

キューバ航空時刻表
【1957年9月　同社発行】

モスクワ～ハバナ
（1968 年）

極北の要地「ムルマンスク」

1978 年 4 月 20 日、パリ発アンカレジ経由ソウル行きの大韓航空 902 便の乗客は、窓の外の薄明るい空に意外なものを見た。自分たちの乗るボーイング 707 型ジェット機に並行して、赤い星の描かれた戦闘機が飛んでいたのである。

「ソ連戦闘機だ。」
いろめき立つ乗客。北極近くを飛んでいるはずなのに、なぜ？

事態は急転する。ソ連機は大韓航空機に対して空対空ミサイルを発射。これにより左翼端が吹き飛んで破片が胴体を突き破り、二人の乗客が死亡した。このまま逃げ切ることは出来ないと悟った操縦士はソ連戦闘機の誘導により、眼下に広がる雪原の大地への不時着に成功する。雪原と思われた不時着場所は、ソ連北西部コラ半島のムルマンスク南方約 300 キロの凍結した湖だった。

アエロフロート国際線時刻表
【1968 年 4 月　同社発行】

『大韓航空機がソ連領内に強制着陸させられたらしい。』との報に西側諸国は愕然とする。ムルマンスクはソ連北方艦隊の基地であり、極東のウラジオストクと並んで冷戦時代のソ連にとっては軍事上最も重要な拠点である。この上空を西側の航空機が飛ぶことはソ連にとっては全く許しがたい行為であった。ムルマンスクは北極に近いのにもかかわらず不凍港であり、また、西方をNATO 諸国で固められていたソ連にとって、大西洋方面への唯一の出入口という重要な役割を担っていた。この「大西洋方面への出入口」という役割は、海上交通上の意味合いが大きいが、かつて、航空交通上も重要な意味を持っていたことがあった。それがこれから紹介するソ連～キューバ間の航空交通である。

米ソ冷戦最盛期の産物

キューバで革命が起こったのは 1959 年。カストロは当初、アメリカとの連携も考えていたようだが、アメリカがこれを拒否。こうなるとキューバはソ連を頼るしかなくなる。ソ連もキューバの社会主義体制確立を、アメリカ大陸方面へ共産主義陣営を拡大する重要な礎と考えて技術協力、そして軍事力を注ぎ込んだ。キューバの地理的位置はアメリカを牽制する絶好の位置にある。

さて、モスクワとキューバの間は直線距離で 9500 キロ。1950 年代後半、これだけの長距離を難なく飛べる機体はソ連を含め一般的に存在しなかった。もちろん、燃料補給をすれば航続距離の短い機体でも飛べなくはない。しかし、米ソ対立の最前線として世界に波紋を起しているキューバである。ソ連機がおいそれと何度もどこかに着陸して燃料補給というわけにはいかない。そこでとにかく長距離を飛べる機体が必要になる。

ソ連にはそれを実現する可能性のある機体があった。ツポレフ Tu-114――戦略爆撃機のツポレフ Tu-95“ベア”を元に再設計されて誕生した旅客機である。ソ連の代表的な航空機設計組織のひとつであるツポレフ設計局は、Tu-114 の燃料搭載量を増加した超長距離型 Tu-114D を生みだした。これならば 9000 キロ近い航続距離が実現できる。まず 1962 年 7 月、モスクワからアフリカを経由してハバナへの航空便が飛んだ。アフリカ経由というと意外に思われるかもしれないが、当時、西欧の植民地から独立を果たしていたアフリカ諸国の中には、ガーナやコンゴなど親ソ政権を持つ国が存在していたのである。このときアエロフロート機が経由したのは、アフリカ西岸にあるギニア共和国の首都・コナクリ。ギニアは元々フランス領であったが、1958年に独立して以来、セク・トゥーレ大統領による親ソ政権が支配していたのだった。モスクワを離陸したアエロフロート機は、東欧を経由してアフリカへ入る。これならば西欧諸国とは無関係にキューバへ到達することができるわけだ。

しかし、キューバにはアメリカの目が光っていた。アフリカにある親ソ政権もさすがにそろそろヤバいと思ったのか、ギニアはソ連機の寄航を断ってしまう。そんな不安を裏付ける大事件が起きた。1962年10月、キューバへのミサイル配備が発端となって米ソが核戦争一歩手前まで達したキューバ危機である。ソ連は次の対策を考えざるを得なかった。

ちなみに当時、キューバと欧州間の定期航空路としては、スペインのイベリア航空がマドリード～ハバナ線を運航していた。キューバは大航海時代にスペインの植民地であり、スペイン語圏であることを考えれば、こうした路線が運航されることも納得できるだろう。しかも当時スペインはNATO非加盟。ではマドリードを経由すればとも思えるが、1936年に始まったスペイン内戦でソ連が支持した共和国軍がフランコ将軍率いる反乱軍に負けて以降、ソ連とスペインは不仲な関係が続いていた（両国に国交が回復したのは実にフランコ将軍が死去した1975年になってから）ことを考えるとまず無理であった。

もうひとつ、チェコスロバキア航空がキューバ航空と共同で、プラハ～ハバナ線を運航していた。共産圏のプラハ経由というのは現実的な選択肢である。しかし、最終的にアエロフロートが出した結論は、Tu-114の長距離性能を最大限活用することで、他国の世話にはならないというものだった。それは、ソ連領の北端から大西洋を一路南下するモスクワ～ムルマンスク～ハバナというダイ

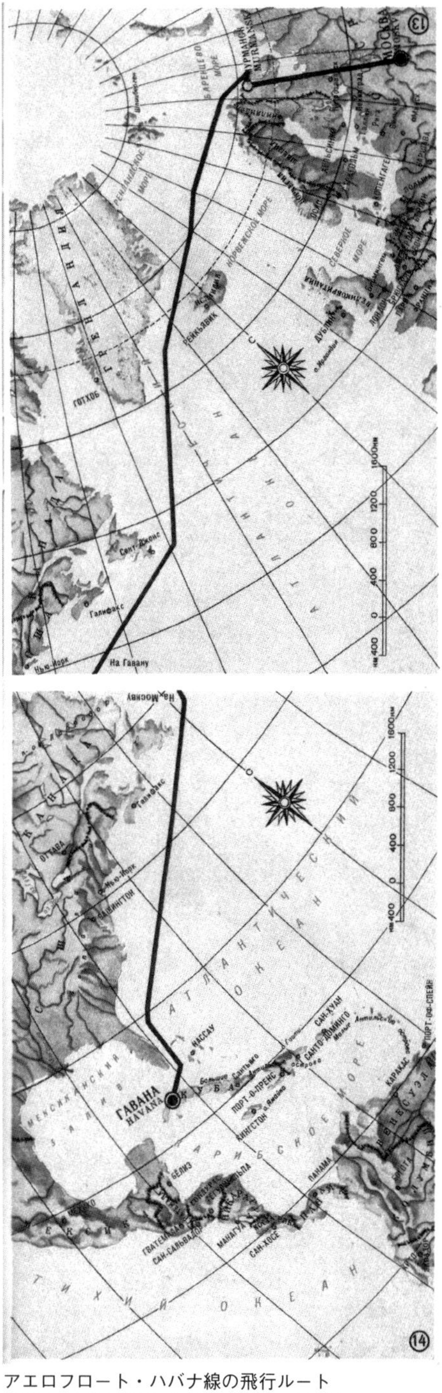

アエロフロート・ハバナ線の飛行ルート
（1960年代中頃の同社ルートマップより）

ナミックなルートである。

NATOの防空識別圏に阻まれての苦肉の策

モスクワから北へ向けて飛び立ったTu-114はムルマンスクに着陸して燃料補給ののち再び離陸、ノルウェー北端を回りこんでからアイスランドとグリーンランドの間を抜け、フロリダ半島の付け根まで一直線に大西洋を南下する。そしてフロリダ半島沖をかすめてハバナに着陸する。これはかなり怪しさの漂う航路だ。かつてソ連や東側諸国の民間機は「道に迷った」フリをして意図的に航路を外れ、西側各国の軍事基地近傍を「スパイ飛行」することがあったというが、このハバナ線もおそらくはフロリダ半島・ケープカナヴェラルの大陸間弾道ミサイル（および宇宙ロケット）打ち上げ基地を何らかの形で偵察したこともあったのではなかろうか？　なお、ムルマンスク～ハバナは約8500キロ・所要時間12時間以上に及ぶ。北極圏から赤道近くまで南下する大旅行だ。

ノルウェーは当時のNATO諸国の中では唯一、ソ連と国境を接する国であり、また、ソ連の大西洋方面への出入口に位置していた地理的位置から、NATOにとっては対ソ連の動向を把握するいわばセンサーのような役割を果たしていた。そんな微妙な場所であったから、その上空をまともに通過することは出来ず、どうしても北欧を避けて大西洋に乗り出さざるを得なかった。しかし、この航空路が開拓されたことでソ連は再びモスクワとハバナの間の確実な交通手段を手にしたのである。

キューバ危機のほとぼりが冷めた後、アフリカ諸国はソ連との関係を再開し、アエロフロートはバマコ（マリ）／コナクリ（ギニア）／アクラ（ガーナ）などへの路線を開設した。アフリカ路線はハバナへのルートとしても活用され、モスクワ～ハバナ間にはムルマンスク経由とアフリカ経由の2ルートが運航されることとなった。

そんなキューバ空路も、1968年には北欧諸国とソ連との航空協議がまとまって、スカンジナビア半島上空通過が可能となり、かつてのようなムルマンスク経由という迂回を強いられることは無くなった。航空機もジェット機の時代に入り、アエロフロートもモスクワ～ロンドン～ハバナ線の運航を開始した。核戦争の危機さえ現実ものとなった冷戦が最も緊張した時代の産物、キューバ空路は今日では随分と開放的なものとなった。現在では、英国航空やエールフランスもハバナへ直行便を飛ばしており、ヘミングウェイの『老人と海』に代表される、古きよき南国ムードを求める観光客を惹きつけている。しかしソ連が消滅して東西対立が解消した今も、冷戦の一方の当事者であるアメリカは、キューバと未だ根深い対立関係にあり、アメリカとキューバの間の航空路は閉ざされたままである。冷戦時代の亡霊を一番引きずっているのは実はアメリカなのかもしれない。

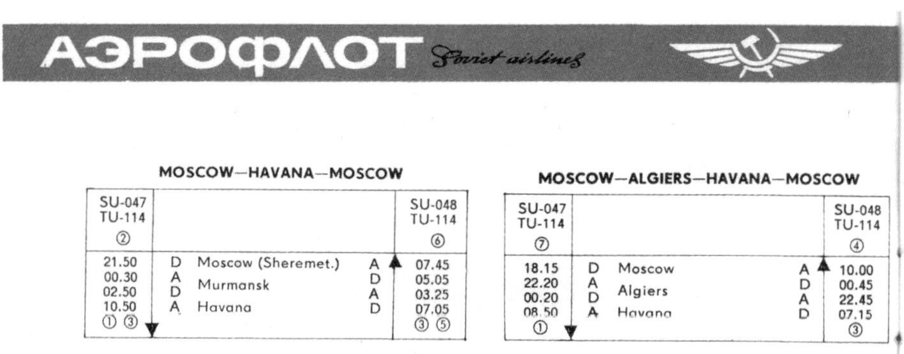
АЭРОФЛОТ Soviet airlines

MOSCOW—HAVANA—MOSCOW

SU-047 TU-114 ②				SU-048 TU-114 ⑥
21.50	D	Moscow (Sheremet.)	A	07.45
00.30	A	Murmansk	D	05.05
02.50	D		A	03.25
10.50	A	Havana	D	07.05
① ③				③ ⑤

MOSCOW—ALGIERS—HAVANA—MOSCOW

SU-047 TU-114 ⑦				SU-048 TU-114 ④
18.15	D	Moscow	A	10.00
22.20	A	Algiers	D	00.45
00.20	D		A	22.45
08.50	A	Havana	D	07.15
①				③

1968年4月の時刻表より、モスクワ～ハバナ線の時刻
（左）ムルマンスク経由　（右）アルジェ経由

サンフランシスコ湾横断には
ベイブリッジよりもまず飛行機が登場

サンフランシスコ〜オークランド
（1930年）

通勤電車並みに頻発していた渡し舟空路

民間航空興隆期には、今では考えられないような短距離に航空路線が開設されていたことがあった。アメリカ西海岸の代表都市・サンフランシスコもそんな場所のひとつである。サンフランシスコは、有名な「ゴールデンゲートブリッジ」をくぐった内側の湾沿いに位置する街である。そして、サンフランシスコと湾を挟んで対岸に位置するのがオークランドで、ここはアメリカ大陸横断鉄道の西のターミナルとして栄えた街である。

さて、サンフランシスコとオークランドの間にはサンフランシスコ湾が広がっているが、この湾は南北方向に極端に長いため、ちょっとした湖か川といってもよい地形である。したがって、この二つの街を陸路で行き来しようとすると湾を何十キロも迂回する必要がある。今でこそサンフランシスコとオークランドの間には全長13.5キロのベイブリッジが架けられているが、これが無い時代には渡し舟に頼らざるを得なかった。

そこに文明の利器・飛行機が登場する。1930年代前半、サンフランシスコ〜オークランド間をわずか「6分」で結ぶ航空路線が存在した。これを運航していたのはその名もズバリ、エア・フェリーという会社。当時、小型飛行艇を多数製作していたローニング社の“エア・ヨット”という水陸両用機を使って運航されていた。エア・ヨットは、ずんぐりした複葉機の頭にむき出し状態でエンジンがつき、胴体下面には天狗の鼻よろしく、水上着陸用のフロートが前にグッと突き出しているといった、その優雅な名前とは裏腹にお世辞にも格好の良い姿とは言えない飛行機である。しかし、車輪とフロートの両方が付いた水陸両用機であるから、サンフランシスコは桟橋に隣接した海上に、オークランドはアラメダ島の陸上での発着という、一風変わった運航形態をとっていた。ちなみに、サンフランシスコ〜オークランド間の運賃は片道1.5ドル。丁度、1930年に雑誌『フォーチュン』が創刊されており、その値段が1冊1ドルだったことと比べると、フォーチュンが少々格調の高い雑誌であったことを考え合わせたとしても、いかにお手頃な運賃だったかがわかるだろう。

この航空路は一日に30往復も運航され、当時これだけ頻繁に飛んでいる区間は世界のどこを探しても無かったことから、“世界で最も忙しい航空路線”とまで言われた。現在、そのタイトルを

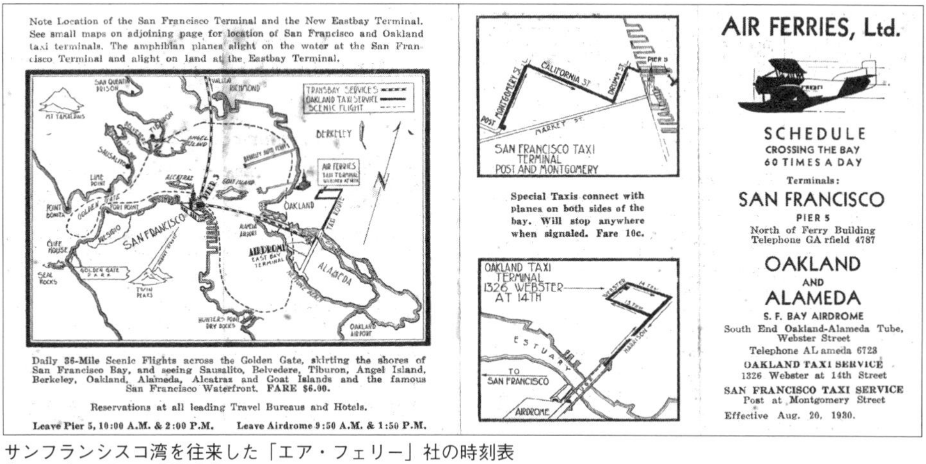

サンフランシスコ湾を往来した「エア・フェリー」社の時刻表
【1930年8月　同社発行】

保持する航空路線のひとつといわれるのが、日本の東京〜札幌線である。この区間には１日に大体、40往復程度が飛んでいるが、そのほとんどがジャンボなど300人以上乗れる機体で運航されており、これは世界に類を見ないことである。これと比べると、エア・ヨットはわずかに７人乗り。エア・フェリーは1930年の１年間で約６万人の旅客を運んだといわれるが、東京〜札幌線ならばたった2、3日もあれば達成できるボリュームだ。半世紀以上の間の民間航空輸送の爆発的な発展ぶりがうかがえる。

仕掛け人はUSウェストコースト航空界の祖父

エア・フェリーの重役のひとりで、“仕掛け人”というべき人物が、ヴァーン・ゴーストである。彼は合衆国太平洋岸地域でバス会社を設立するなど、地域に密着した交通系の実業家であったが、1926年にはパシフィック·エア·トランスポート社を設立し、シアトルとロサンゼルスを結ぶ航空路線を開設する。その後1929年には、シアトルでピュージェット湾を10分で横切る渡し舟的な航空路線も開発し、これがサンフランシスコ〜オークランド間のエア・フェリーの原型となった。これに先立つ1927年にはリンドバーグによる大西洋無着陸横断という偉業の達成というニュース

EAST BOUND				EAST BAY SERVICE*	WEST BOUND			
Taxis Leave Post and Montgmy Streets San Francisco	Planes Leave Pier 5 San Francisco	Planes Arrive Airdrome Alameda	Taxis Arrive 14th and Webster Oakland	AIR FERRY CROSSING TIME 6 MINUTES FARE $1.50	Taxis Leave 14th and Webster Oakland	Planes Leave Airdrome Alameda **	Planes Arrive Pier 5 San Francisco	Taxis Arrive Post and Montgmy Streets San Francisco
A.M.	A.M.	A.M.	A.M.		A.M.	A.M.	A.M.	A.M.
8 20	¶ 8 30	8 36	8 45	———		8 20	8 25	8 32
8 40	8 50	8 56	9 05		8 30	8 40	8 45	8 52
9 00	9 10	9 16	9 25	SPECIAL	8 50	9 00	9 05	9 12
9 20	9 30	9 36	9 45	AIR FERRIES	9 10	9 20	9 25	9 32
9 40	9 50	9 56	10 05		9 30	9 40	9 45	9 52
10 00	10 10	10 16	10 25	TAXIS	9 50	10 00	10 05	10 12
10 20	10 30	10 36	10 45	CONNECT WITH	10 10	10 20	10 25	10 32
10 40	10 50	10 56	11 05	PLANES	10 30	10 40	10 45	10 52
11 00	11 10	11 16	11 25		10 50	11 00	11 05	11 12
11 20	11 30	11 36	11 45	———	11 10	11 20	11 25	11 32
11 40	11 50	11 56	P.M.		11 30	11 40	11 45	11 52
P.M.	P.M.	P.M.	12 05	TAXI FARE	11 50	12 00	P.M.	P.M.
12 00	12 10	12 16	12 25		P.M.	P. M.	12 05	12 12
12 20	12 30	12 36	12 45	10 CENTS	12 10	12 20	12 25	12 32
12 40	12 50	12 56	1 05	BETWEEN	12 30	12 40	12 45	12 52
1 00	1 10	1 16	1 25	14th and	12 50	1 00	1 05	1 12
1 20	1 30	1 36	1 45	WEBSTER	1 10	1 20	1 25	1 32
1 40	1 50	1 56	2 05		1 30	1 40	1 45	1 52
2 00	2 10	2 16	2 25	AND	1 50	2 00	2 05	2 12
2 20	2 30	2 36	2 45	AIRDROME	2 10	2 20	2 25	2 32
2 40	2 50	2 56	3 05		2 30	2 40	2 45	2 52
3 00	3 10	3 16	3 25	———	2 50	3 00	3 05	3 12
3 20	3 30	3 36	3 45		3 10	3 20	3 25	3 32
3 40	3 50	3 56	4 05	TAXI FARE	3 30	3 40	3 45	3 52
4 00	4 10	4 16	4 25		3 50	4 00	4 05	4 12
4 20	¶ 4 30	4 36	4 45	10 CENTS	4 10	4 20	4 25	4 32
4 40	4 50	4 56	5 05	BETWEEN	4 30	4 40	4 45	4 52
5 00	5 10	5 16	5 25	MONTGOMERY	4 50	5 00	5 05	5 12
5 20	5 30	5 36	5 45	STREET	5 10	5 20	5 25	5 32
5 40	5 50	5 56	6 05		5 30	5 40	5 45	5 52
6 00	6 10	6 16	6 25	AND PIER 5	5 50	6 00	6 05	6 12

¶ Connects with Western Air Express to Los Angeles. * Subject to Weather Conditions and to Change Without Notice. Additional service when traffic requires. ** Alameda passengers use Key System Webster St. Bus.

前ページの時刻表の内部
20分おきに頻発していたことがわかる

もあり、航空分野の将来性が期待されていた時代、まさに時流に乗ったビジネス展開と言える。パシフィック・エア・トランスポートはその後の合併で、最終的には現在のユナイテッド航空に受け継がれている。ゴーストはアメリカ西海岸の航空ビジネスにとって、いわば祖父のような存在と言っても良いだろう。

エア・フェリーは朝8時から夕方6時までのサンフランシスコ～オークランド間の定期飛行の他、サンフランシスコ湾を一周してゴールデンゲートへ足を伸ばす観光飛行も行っていた。しかし、同社はもともと期間限定的なビジネスとも言えた。なぜなら、西海岸の巨大都市・サンフランシスコと大陸横断の終点・オークランドの間には橋を架けるだけの需要があり、それが実現されればわざわざ飛行機に乗るまでも無かったからである。1936年、「サンフランシスコ～オークランド・ベイブリッジ」が開通。必然的にエア・フェリーの活躍の場は無くなり、この“世界で最も忙しい航空路線”はあえなく幕を閉じた。

ところで、エア・フェリーが発着したアラメダ島であるが、1936年10月からはパンアメリカン航空の飛行艇による太平洋横断便の発着地として使われ、1939年にトレジャー島へ移転するまでの間、アメリカ西海岸の空の玄関口としてその名を知られた。

なお、サンフランシスコとオークランドを結ぶ路線は、大陸横断航空路線の末端区間として、また1961年に開設されたサンフランシスコ周辺のヘリコプターによるコミューター路線として戦後も運航されたが、この目的は空港間あるいはダウンタウンと空港を結ぶ交通機関ということであり、まさに「橋」として2都市を結ぶエア・フェリーとは性格が異なるだろう。

サンフランシスコ・ヘリコプター航空の時刻表
【1966年　同社発行】

インパクトと実用性の共存を求めて——
インダストリアル・デザインの時代

ワシントン〜ニューヨーク
(1939年)

タバコの箱も手がけた世界的デザイナーの傑作

アメリカの鉄道は日本と違い、私企業が経営する路線の集合体だ。それだけに、各社ともいかに旅客の目を惹くかということには様々な工夫を凝らしてきた。特に、大都市間を結ぶ路線で、複数の会社が競合しているような場合などはなおさらだ。その工夫の中には、運賃や割引といったソフト的な話もあれば、車両の設備の豪華さというハード的なものもあるわけであるが、それらの前提として「企業イメージ」ということがある。古臭いことをやっている会社よりも、時代を先取りしているようなイメージを持つ会社の方が、消費者の心をより捉えやすいのは今も昔も変わらない。

さて、鉄道会社で時代の先取りといえば……やはり未来的な外見をした車両ということになるだろう。戦前、そんな特異な形状の機関車を運行していた会社のひとつが、ニューヨーク〜ワシントン間という、日本で例えれば東京〜大阪間とでも言うべき幹線中の幹線を持っていたペンシルヴェニア鉄道だ。同社はこの区間の電化にあわせて、のっぺりとした鼻が突き出した風変わりな形の電気機関車「GG1型」を登場させた。

さて、このGG1型がなぜこのような変わった形状になったのかといえば、それはある専門家のアドバイスが具現化された「作品」だからである。その専門家とは、有名なインダストリアル・デザイナーであるレイモンド・ローウィ（1893〜1986）。『口紅から機関車まで』という彼の著書タイトルのまさに「機関車」のひとつはこの、GG1型のことだ

「インダストリアル・デザイン」とは、わかりやすく言えば、デザインを通じて工業製品の利便性や商品価値を高めるということ。こうして創造される「良い物」は、もちろん、使い勝手の良さといった実用上のメリットが満たされることが大前提ではあるが、企業イメージの向上という無形の価値にも大いに関連があり、そういう意味では奥の深い言葉と言えるだろう。ここに紹介するように、ペンシルヴェニア鉄道も時刻表などにこうした機関車の姿を登場させ、先進性をアピールしていた。

レイモンド・ローウィは元々、ペンシルヴェニア鉄道の様々なデザインに関わっていたのだが、GG1型電気機関車に対しては外見のみならず、『外板をリベット接合ではなく溶接結合する』ことや、視認性を考慮した『濃緑色に5本の金色ストライ

GG1型機関車が表紙の幹線時刻表
【1939年9月　ペンシルヴェニア鉄道】

プが走る外部塗装』を手がけた。当時、世界的に「流線型」が先進的なデザインとして流行っており、GG1 型はまさにそれを実践した例であるが、これらのアドバイスにより、車体の流線型がより実効的なものに高まった。

他には、1939 年に登場した S1 型蒸気機関車もローウィの作。流線型を極めた弾丸のような形は、戦前のアメリカの華やかなりし時代を物語るモチーフとして象徴的に扱われることがよくあるので、おそらく目にされた方もいらっしゃるのではないだろうか？

ところで、彼は日本に関連するデザインも手掛けている。それはタバコ「ピース」の箱のデザイン。図案化された鳩と「Peace」の文字で構成されるそのデザインは 1952 年に発表された。他に、交通分野ではアメリカの TWA（トランスワールド航空）が 1959 年に導入したジェット機（ボーイング 707）の外部塗装が代表作だろう。それまで、航空機の塗装は会社のコーポレートカラーに基づくラインが窓回りをまっすぐ貫くだけのものが多かったが、赤い矢形を大胆に胴体に書き入れたその塗装はスピード感あふれるもので、『飛行機が地上にいる時でも時速 600 マイル（約 965 キロ）で飛んでいるようだ』とも評された。他にも、企業ロゴから宇宙船の内部に至るまで、見る者の印象に残り、使う人間の快適性を考慮したデザインを多数考案し、インダストリアル・デザインの父と言われている。

GG1 型電気機関車は、1934 年から 1943 年にかけて 139 両が量産され、ニューヨークとワシントンを結ぶ幹線を主体に活躍した。全機引退した今日でも、何両かが保存されるなど、世界の鉄道愛好家に根強い人気を保っている。

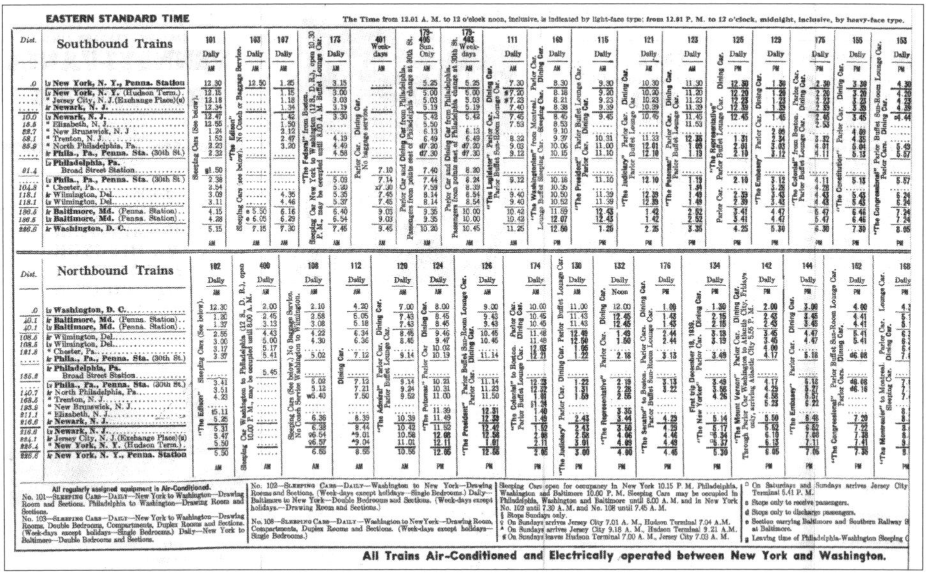

EASTERN STANDARD TIME

The Time from 12.01 A. M. to 12 o'clock noon, inclusive, is indicated by light-face type; from 12.01 P. M. to 12 o'clock, midnight, inclusive, by heavy-face type.

Dist.	Southbound Trains	101	103	107	173	401	179-406	179-403	111	169	115	121	123	125	129	175	155	153
		Daily	Daily	Daily	Daily	Week-days	Sun. Only	Week-days	Daily	Daily	Daily	Daily	Daily	Daily	Daily	Daily	Daily	Daily
		AM	AM	AM	AM	AM	AM	AM	AM	AM	AM	AM	AM	PM	PM	PM	PM	PM
.0	lv New York, N. Y., Penna. Station	12.30	12.50	1.25	3.15	......	5.25	5.25	7.30	8.30	9.30	10.30	11.30	12.30	1.30	2.30	3.30	4.30
.....	lv New York, N. Y. (Hudson Term.)	12.15	......	1.15	3.00	......	5.00	5.00	*7.20	8.18	9.20	10.20	11.20	12.20	1.20	2.20	3.20	4.20
.....	" Jersey City, N. J. (Exchange Place)(s)	12.18	......	1.18	3.03	......	5.03	5.03	*7.23	8.21	9.23	10.23	11.23	12.23	1.23	2.23	3.23	4.23
.....	ar Newark, N. J.	12.34	......	1.34	3.19	......	5.19	5.19	7.40	8.38	9.39	10.39	11.39	12.39	1.39	2.39	3.39	4.39
10.0	lv Newark, N. J.	12.47	......	1.42	3.30	......	5.42	5.42	7.45	8.45	9.45	10.45	11.45	12.45	1.45	2.45	3.45	4.44
15.5	" Elizabeth, N. J.	12.55	......	1.50	......	......	5.50	......	7.53	8.53	......	......	11.53	......	......	[illegible]	......	......
32.7	" New Brunswick, N. J	1.24	......	2.12	......	......	6.13	6.13	......	9.10	......	......	......	......	2.05	......	4.09	......
58.1	" Trenton, N. J.	1.52	......	2.47	4.19	......	6.49	6.49	8.32	9.37	10.31	11.33	12.35	1.31	2.34	3.32	4.35	
85.9	" North Philadelphia, Pa.	2.23	......	3.20	4.40	......	d7.20	d7.20	9.03	10.06	11.00	12.01	1.05	2.01	3.03	4.01	5.04	5.49
.....	ar Phila., Pa., Penna. Sta. (30th St.)	2.32	......	......	4.58	......	d7.30	d7.30	9.12	10.15	11.10	12.10	1.15	2.10	3.12	4.11	5.13	5.57
91.4	lv Philadelphia, Pa. Broad Street Station	g1.50	......	......	......	7.10	7.40	8.20	......	......	......	......	......	......	......	......	......	......
.....	lv Phila., Pa., Penna. Sta. (30th St.)	2.38	......	......	5.03	7.14	7.44	8.24	9.12	10.18	11.10	12.10	1.19	2.10	3.12	4.11	5.13	5.57
104.8	" Chester, Pa.	2.54	......	......	5.20	x7.30	7.59	8.39	......	10.35	......	......	1.34	......	3.28	4.28	......	......
118.1	ar Wilmington, Del.	3.09	......	4.35	5.35	7.45	8.14	8.54	9.40	10.50	11.39	12.39	1.49	2.39	3.43	4.43	5.43	6.24
118.1	lv Wilmington, Del.	3.11	......	4.46	5.37	7.45	8.14	8.54	9.40	10.52	11.39	12.39	1.49	2.39	3.43	4.43	5.43	6.24
186.5	ar Baltimore, Md. (Penna. Station)	4.15	e 5.50	6.16	6.40	9.03	9.35	10.00	10.42	11.59	12.43	1.42	2.52	3.41	4.47	5.47	6.46	7.24
186.5	lv Baltimore, Md. (Penna. Station)	4.28	e 6.05	6.29	6.54	9.03	9.35	10.00	10.42	12.07	12.43	1.42	2.52	3.41	4.47	5.47	6.46	7.24
226.6	ar Washington, D. C.	5.15	7.15	7.30	7.45	9.45	10.20	10.45	11.25	12.50	1.26	2.25	3.35	4.25	5.30	6.30	7.30	8.05
		AM	AM	AM	AM	AM	AM	AM	AM	PM	PM	PM	PM	PM	PM	PM	PM	PM
		Sleeping Cars (See below).	"The Edison" Sleeping Cars (see below). No Coach or Baggage Service.		"The Federal" from Boston. Sleeping Car New York to Washington (12 S., D. R.), open 10.30 P. M., may be occupied until 8.00 A. M. Buffet Lounge Car.	Parlor Car. Dining Car. No baggage service.	Parlor Car and Dining Car from Philadelphia. Passengers from points east of Philadelphia change at 30th St.	Parlor Car and Dining Car from Philadelphia. Passengers from points east of Philadelphia change at 30th St.	"The Legislator" Parlor Car. Dining Car. Parlor Buffet Sun-Room Lounge Car.	"The Washingtonian" from Montreal. Parlor Car. Dining Car. Lounge Buffet Sleeping Car. Sleeping Car.	"The President" Parlor Buffet Lounge Car. Parlor Car. Dining Car.	"The Judiciary" Parlor Car. Dining Car. Parlor Buffet Lounge Car.	"The Potomac" Parlor Car. Dining Car. Parlor Buffet Lounge Car.	"The Representative" Parlor Car. Parlor Buffet Lounge Car. Dining Car.	"The Embassy" Parlor Car. Dining Car.	"The Colonial" from Boston. Parlor Car. Dining Car. Parlor Buffet Lounge Car.	"The Constitution" Parlor Car. Dining Car.	"The Congressional" Parlor Buffet Sun-Room Lounge Car. Parlor Cars. Dining Car.

Dist.	Northbound Trains	102	400	108	112	120	124	126	174	130	132	176	134	142	144	162	168
		Daily	Daily	Daily	Daily	Daily	Daily	Daily	Daily	Daily	Daily	Daily	Daily	Daily	Daily	Daily	Daily
		AM	AM	AM	AM	AM	AM	AM	AM	AM	Noon	PM	PM	PM	PM	PM	PM
.0	lv Washington, D. C.	12.30	2.00	2.10	4.20	7.00	8.00	9.00	10.00	11.00	12.00	1.00	1.30	2.00	3.00	4.00	[illegible]
40.1	ar Baltimore, Md. (Penna. Station)	1.30	2.45	2.58	5.05	7.43	8.45	9.43	10.45	11.43	12.45	1.43	2.15	2.43	3.45	4.41	[illegible]
40.1	lv Baltimore, Md. (Penna. Station)	1.37	3.13	3.08	5.18	7.43	8.46	9.43	10.46	11.43	12.45	1.43	2.15	2.43	3.45	4.41	[illegible]
108.6	ar Wilmington, Del.	2.55	4.43	4.22	6.34	8.45	9.46	10.45	11.48	12.49	1.49	2.44	3.18	3.45	4.47	5.41	[illegible]
108.6	lv Wilmington, Del.	3.00	5.00	4.30	6.36	8.45	9.47	10.46	11.48	12.50	1.50	2.44	3.19	3.45	4.47	5.41	[illegible]
121.8	" Chester, Pa.	3.17	5.17	......	......	......	10.02	......	12.03	1.05	......	......	......	4.00	......	......	[illegible]
.....	ar Phila., Pa., Penna. Sta. (30th St.)	3.37	5.41	5.02	7.12	9.14	10.19	11.14	12.21	1.22	2.18	3.13	3.49	4.17	5.18	d6.08	[illegible]
135.8	ar Philadelphia, Pa. Broad Street Station	......	5.45	......	......	......		......			......	......	......	......	......	......	......
.....	lv Phila., Pa., Penna. Sta. (30th St.)	3.41	......	5.02	7.12	9.14	10.21	11.14	12.23	1.22	2.19	3.13	3.49	4.17	5.18	d6.08	[illegible]
140.7	ar North Philadelphia, Pa.	3.51	......	5.12	7.21	9.24	10.31	11.23	[illegible]	1.31	2.28	3.22	[illegible]	4.29	5.27	d6.16	[illegible]
168.5	" Trenton, N. J.	4.23	......	w5.40	7.50	9.52	11.00	11.50	[illegible]	1.59	2.55	......	4.26	4.58	5.57	......	[illegible]
193.9	" New Brunswick, N. J.	......	......	......	......	......	......	......	§1.24	......	......	......	......	5.23	6.22	......	[illegible]
211.1	" Elizabeth, N. J.	§5.11	......	......	......	......	11.39	12.31	1.40	......	3.35	......	......	......	......	......	[illegible]
216.6	ar Newark, N. J.	5.25	......	6.36	8.39	10.39	11.49	12.39	1.49	2.43	3.44	4.23	5.14	5.50	6.48	7.20	[illegible]
216.6	lv Newark, N. J.	5.31	......	6.38	8.44	10.42	11.52	12.42	1.52	2.43	3.50	4.25	5.17	5.52	6.52	7.22	[illegible]
224.1	ar Jersey City, N. J. (Exchange Place)(s)	5.47	......	♀6.54	^9.01	10.58	12.08	12.58	2.08	2.58	4.06	4.46	5.34	6.10	7.08	7.38	[illegible]
225.4	" New York, N. Y. (Hudson Term.)	5.50	......	♀6.57	^9.04	11.01	12.11	1.01	2.11	3.01	4.09	4.49	5.37	6.13	7.11	7.41	[illegible]
226.6	ar New York, N. Y., Penna. Station	5.50	......	6.55	8.55	10.55	12.05	12.55	2.05	3.00	4.00	4.45	5.30	6.05	7.05	7.35	[illegible]
		AM	AM	AM	AM	AM	PM	PM	PM	PM	PM	PM	PM	PM	PM	PM	PM
		"The Edison" Sleeping Cars (See below).	Sleeping Car Washington to Philadelphia (12 S., D. R.), open 10.00 P. M., may be occupied until 8.00 A. M.	Sleeping Cars (See below.) No Baggage Service. No Coach Service Washington to Wilmington.	Dining Car.	"The Admiral" Parlor Car. Dining Car. Parlor Buffet Lounge Car.	"The Potomac" Parlor Car. Dining Car.	"The President" Parlor Buffet Sun-Room Lounge Car. Parlor Car. Dining Car.	"The Colonial" to Boston. Parlor Car. Dining Car. Parlor Buffet Lounge Car.	"The Judiciary" Parlor Car. Dining Car. Parlor Buffet Lounge Car.	"The Representative" Parlor Car. Dining Car.	"The Senator" to Boston. Parlor Cars. Dining Car. Parlor Buffet Sun-Room Lounge Car.	First trip December 18, 1939. "The New Yorker" Parlor Car. Dining Car.	"The Mount Vernon" Parlor Car. Dining Car. Through Parlor Car Washington to Atlantic City, Fridays only, arriving Atlantic City 5.55 P. M.	"The Embassy" Parlor Car. Dining Car.	"The Congressional" Parlor Buffet Sun-Room Lounge Car. Parlor Cars. Dining Car.	"The Montrealer" to Montreal. Parlor Car. Lounge Car. Sleeping Car. Dining Car.

All regularly assigned equipment is Air-Conditioned.
No. 101—SLEEPING CARS—DAILY—New York to Washington—Drawing Room and Sections. Philadelphia to Washington—Drawing Room and Sections.
No. 103—SLEEPING CARS—DAILY—New York to Washington—Drawing Rooms, Double Bedrooms, Compartments, Duplex Rooms and Sections. (Week-days except holidays—Single Bedrooms.) Daily—New York to Baltimore—Double Bedrooms and Sections.

No. 102—SLEEPING CARS—DAILY—Washington to New York—Drawing Rooms and Sections. (Week-days except holidays—Single Bedrooms.) Daily—Baltimore to New York—Double Bedrooms and Sections. (Week-days except holidays.—Drawing Room and Sections.)
No. 108—SLEEPING CARS—DAILY—Washington to New York—Drawing Room, Compartments, Duplex Rooms and Sections. (Week-days except holidays—Single Bedrooms.)

Sleeping Cars open for occupancy in New York 10.15 P. M. Philadelphia, Washington and Baltimore 10.00 P. M. Sleeping Cars may be occupied in Philadelphia, Washington and Baltimore until 8.00 A. M. and in New York No. 102 until 7.30 A. M. and No. 108 until 7.45 A. M.
§ Stops Sundays only.
♀ On Sundays arrives Jersey City 7.01 A. M., Hudson Terminal 7.04 A.M.
^ On Sundays arrives Jersey City 9.18 A. M., Hudson Terminal 9.21 A.M.
¢ On Sundays leaves Hudson Terminal 7.00 A. M., Jersey City 7.03 A. M.

□ On Saturdays and Sundays arrives Jersey City Terminal 5.41 P. M.
s Stops only to receive passengers.
d Stops only to discharge passengers.
e Section carrying Baltimore and Southern Railway S
at Baltimore.
g Leaving time of Philadelphia-Washington Sleeping C

All Trains Air-Conditioned and Electrically operated between New York and Washington.

前ページの時刻表の内部
アメリカを代表する幹線ひとつ・ニューヨーク〜ワシントン間の時刻を掲載

日本を焼き尽くした“超・空の要塞”の
ルーツは大陸横断線の花形機だった

ロサンゼルス〜ニューヨーク
(1941 年)

天候に影響されない快適な空の旅をめざして

2007 年 11 月 1 日、アメリカでひとりの元パイロットが亡くなった。その名はポール・ティベッツ。機長として原爆投下機「エノラ・ゲイ」を指揮し、1945 年 8 月 6 日の朝に広島上空にいたその人である。原爆投下に携わった側の証言者がまたひとり、この世を去ったわけであるが、彼が搭乗して広島往復の爆撃行に赴いたのが、B-29 爆撃機・別名“超・空の要塞”であった。

日本人ならばおそらく知らない人はなく、時として憎き仇とさえ称されるこの爆撃機は、テクノロジーとしては当時の最新技術の塊であった。その中でも最も特徴的なもののひとつが「与圧装置」だ。地上から離れて高空へ昇るほど、気圧は低くなり、人間の体には様々な生理的影響が及ぶ。高い山に登ると頭痛がする「高山病」。これも、低い気圧のもとで空気中の酸素量が減少することでもたらされる影響のひとつだ。高空においても地上と同じように人間が快適に活動するために、現代の飛行機では密閉された機内に加圧することで、実際の飛行高度よりもずっと低い高度と同じ環境を人工的に作り出している。これを与圧といい、1942 年に初飛行が行われた B-29 は、爆撃機としては与圧装置が装備された最初の例だった。

ではそれまではどうだったのか？　与圧が無いので、一般乗客を乗せるような航空機は飛行できる高度に限界があった。せいぜい雲の下や雲の中を飛ぶのが精一杯。晴れているときは良いが気流の悪いときにはとにかく揺られて大変だった。軍用機はもっと高高度を飛ぶことができたものの、乗員は酸素マスクを着用し、寒さに耐えるための電熱服を着用することが必要だった。第二次大戦中にヨーロッパ戦線で活躍し、映画『頭上の敵機』や『メンフィス・ベル』で有名な、B-17 爆撃機には与圧装置が無かったから、機銃士などは真冬のヨーロッパでも外気に吹きっさらし状態で何時間にもわたるミッションをこなさなければならなかったのである。しかし、B-29 には与圧装置がついていたため、乗員も軽装で搭乗でき、迎撃に上がって来る日本軍の戦闘機や高射砲が届かない上空を悠々と飛ぶことが可能だった。

ところで、与圧装置が装備された航空機は必ずしも B-29 が最初ではない。軍用機よりも前に旅客機に採用されている。B-29 を製造したボーイング社が 1938 年に初飛行させたボーイング 307

ストラトライナーが全盛の時代の時刻表
【1941 年夏季　TWA】

“ストラトライナー”がそれ。「ストラト」とは、成層圏を意味する英単語「ストラトスフィア」の略だが、地上10キロ程度よりも上空を成層圏というのに対し、ストラトライナーは地上6000メートルくらいを飛行したから、かなりオーバーなネーミングである。しかし、その心は“above the weather”と当時宣伝されたとおり、地上近くの雲や悪天候を避けて快適に飛べるということが売りであった。ちなみに、現在の国際線旅客機の巡航高度は地上10キロ前後であり、成層圏の入り口あたりを飛行していることになる。高度6000メートルの飛行というのは、2006年9月に惜しくも引退した国産旅客機・YS-11の巡航高度くらいと思っていただければよい。

ストラトライナーはわずか10機が生産され、パンアメリカン航空とTWA（トランスコンチネンタル・アンド・ウェスタン航空）の定期航路に投入された。そのもっとも華々しい活躍の舞台は、1940年7月から就航したTWAのロサンゼルス～ニューヨーク間大陸横断線。当時の時刻表を見ると、ストラトライナーで運航されたこの便は、途中でアルバカーキ・カンサスシティ・シカゴの3箇所に立ち寄って13時間40分の行程だった。今のジェット機ならば5時間程度で飛んでしまうので、もちろん比べるべくもないが、ストラトライナー就航前はDC-3型機で17時間も掛かっていたのを大幅に短縮する快挙であった。昼間便は33名の座席・夜行便は16人分の寝台と9名分の座席で運航され、真円形の断面のゆったりとした機内は、当時の世界各国の国内線の中ではもっとも豪華といっても良いものであった。当時、TWAは各便に愛称をつけていたが、この第8便は、「スーパー・スカイチーフ」と名付けられている。「チーフ」はネイティブアメリカンの首長を指す言葉で、TWAはその看板ともいうべき大陸横断直行便を「スカイチーフ」と称していたが、そのさらに上をいったというわけだ。

2 大航空機メーカーの競争が生んだ最新技術

こういった画期的な航空機が登場した背景には、アメリカの航空機メーカーであるボーイングとダグラス（現在はボーイング社に吸収）の熾烈な旅客機開発競争がある。1933年、ボーイング社はそれまでの旅客機とは一線を画す近代的な旅客機・ボーイング247を登場させた。全金属製で単葉（翼が1枚ということ。2枚以上あるのが複葉機）、そして飛行中は脚が引き込むという、今日の旅客機の基本ともいえる仕様を実現した記念すべき機種である。しかしその翌年以降、ライバルのダグラス社は、これに類似したDC-2やDC-3といった旅客機を続々と発表。後発組はいつの時代も有利で、ボーイング247よりも多くの乗客を乗せることができるこれらの機種はベストセラーに。当然、ダグラス機は大陸横断線の花形機種となり、かつてはボーイング247を真っ先に導入したユナイテッド航空でさえ、DCシリーズに乗り換えてしまった。1940年にはアメリカの航空会社が使っている機種の8割がDC-3だったという驚くべき統計も残っている。『これではボーイング社の名がすたる』というわけで、当時新鋭機として売り出し中だったB-17爆撃機の翼に、新開発の与圧つき胴体を組み合わせて誕生したのが、起死回生の一打・ストラトライナーだった。

しかしながら、ストラトライナーが航空会社にとって、一体どれほどの利益をもたらしたかは微妙なところだ。なぜなら、就航を開始したのはすでに第二次大戦の開戦後のこと。翌年には旅客路線から引き揚げられ、軍事輸送に転用されたからである。しかも、少しでも搭載量を増やすために自慢の与圧装置も撤去されてしまった。

戦後、ストラトライナーは再び旅客機として大陸横断路線に返り咲く。しかし、もはや“最新の”機種ではなかった。大戦中に新しく開発された、ロッキード“コンステレーション”といった新顔が続々と就航し、所要時間を塗り替えていった。1950年、TWAのストラトライナーは海外に売却されて表舞台から姿を消した。アメリカ大陸横断路線から引退したストラトライナーの中には、東南アジアの戦乱地域の航空会社で使用されるという、過去の栄光とは無縁な地味で泥臭い第二の人生を歩むものもあった。

それから半世紀を経た現在、航空史におけるその意義から、ストラトライナーの最後の生き残りは、ワシントン・ダレス国際空港に併設されたスミソニアン航空宇宙博物館の分館に復元展示されている。その近くには、ストラトライナーの技術を受け継ぎ、日本を焦土と化したB-29の一機、広島に原爆を投下したまさにその機体である「エノラ・ゲイ」が賛否の中で展示されている。もしも時代が平和なままであったならば、ロサンゼルスからニューヨークまで、アメリカ大陸横断飛行を快適なものとした技術は、日本を焼け野原にすることには転用されなかったのではないだろうか？

TABLE 1

Super Sky Chief Flt. 7 (Daily)	Sky Meteor Flt. 61 (Daily)	Boulder Dam Flt. 25 (Daily)	Grand Canyon Flt. 3 (Daily)	Star Duster Flt. 45 (Daily)	Effec. April 27, 1941 STANDARD TIME	Mls.
5:00P	*5:00P*		*8:00P*	*8:00P*	Lv *Montreal*..(CAN)	
c*6:20P*	c*6:20P*		*9:00P*	c*10:30P*	Lv *Boston* (AA).(ET)	
§8:30P	§9:00P		§11:30P	%§12:30	Lv **NEW YORK**..(ET)	0
				1:11A	Ar **PHILADELPHIA**..	105
				1:26A	Lv **PHILADELPHIA**..	
					Ar **Harrisburg**........	195
					Lv **Harrisburg**........	
	11:14P		1:44A	3:09A	Ar **PITTSBURGH**....	362
			10:55P	*10:55P*	Lv *Washington*‖....	
NON STOP	11:24P		1:59A	3:24A	Lv **PITTSBURGH**....	
	12:32A		3:07A		Ar **Columbus**..........	521
	12:42A		3:22A		Lv **Columbus**..........	
					Lv **Detroit**▲..........	0
	1:18A		3:58A		Ar **Dayton**............	592
	1:28A		4:13A		Lv **Dayton**............	
	1:56A				Ar **Cincinnati**▲........	648
					Lv **Cincinnati**▲....(ET)	
					Ar **Ft. Wayne**....(CT)	692
					Lv **Ft. Wayne**........	
11:40P				4:55A	Ar **CHICAGO**........	750
11:55P				§5:10A	Lv **CHICAGO**........	
			4:02A		Ar **Indianapolis**.......	702
			4:17A		Lv **Indianapolis**.......	
			5:50A		Ar **St. Louis**..........	933
			§6:05A		Lv **St. Louis**..........	
2:15A			7:37A	7:30A	Ar **KANSAS CITY**....	1161
§2:35A			*8:00A ←		Lv **KANSAS CITY**....	
			9:17A		Ar **Wichita**...........	1340
			9:27A		Lv **Wichita**...........	
			11:23A		Ar **Amarillo**..........	1637
			11:33A		Lv **Amarillo**......(CT)	
5:46A			12:23P		Ar **Albuquerque**..(MT)	1915
*6:01A			*12:33P		Lv **Albuquerque**.......	
			2:03P		Ar **Winslow**..........	2149
			2:13P		Lv **Winslow**..........	
		2:00P	Via Grand Canyon		Lv **PHOENIX**...(MT)	0
		2:39P	⟺2:55P		Ar **Boulder City**...(PT)	2410
		§3:15P	3:10P		Lv **Boulder City**.......	
		↓	■5:47P		Ar **PHOENIX**...(MT)	267
		3:38P			Lv **Las Vegas**.....(PT)	2432
		5:36P			Ar **Fresno**...........	2762
		*5:46P			Lv **Fresno**...........	
8:38A		↓	4:48P		Ar **LOS ANGELES**....	2613
†*12:16P*		6:51P			Ar **Oakland**..........	2911
†*11:52A*		7:09P			Ar **San Francisco**.(PT)	2923
10:01A			*7:00P*		Ar *San Diego* (†)(PT)	

STRATO-LINER — THROUGH COAST-TO-COAST STRATOLINER — THROUGH COAST-TO-COAST SKYCLUB — STRATOSLEEPER

182 ページの時刻表の内部
ニューヨーク発ロサンゼルス行き 7 便とカンサスシティ行き 45 便が“ストラトライナー”

アメ車の技術が導入された失敗作“未来の列車”

クリーブランド～シンシナティ

（1956 年）

飛行機に対抗せよ！

流線型ブーム――車体を流線型にして空気抵抗を減らすことは試みた。ではその次に来るものは？　ということで、鉄道車両のスピードアップ追求は第二次大戦後に新たな段階を模索することになる。その中で考えられたのが、「車体を軽くする」ことと「カーブを安定してしなやかに曲がれる」ことだった。というわけで 1950 年代中頃、アメリカでは「画期的な次世代の車両」という触れ込みでいくつかの実験的な列車が登場する。

しかし当時、アメリカの鉄道はすでに斜陽化の途上にあった。第二次大戦が終わって軍から大量放出された旅客機が続々と路線に就航し、航空交通が都市間の旅客輸送の主役に踊り出たのである。当時、鉄道の営業収入における旅客輸送の割合は約 1 割。また、営業輸送機関（つまり自家用車以外）による都市間輸送において鉄道の占める割合は航空機とほぼ同じか航空機が逆転しつつある状況だった。それでも、『大陸横断の長距離はともかく、3 ～ 400 キロの中距離ならば、鉄道をスピードアップすることで航空機に対抗できるはず』だと鉄道会社は考えた。3 ～ 400 キロというと東京から名古屋や仙台あたりと同じ距離。当時は今のようにジェット機ではなくプロペラ機ばかりが飛んでいた時代であるから、そのプランはかなり現実的な話といえるかもしれない。それまではいかに豪華な設備を車両に盛り込むかに関心が向いていたアメリカの鉄道会社は、生き残りをかけてスピードアップに取り組もうとしたのであった。

そこでアメリカの名だたる車両メーカーがそれに応える列車を競作した。その代表的なものが、アメリカの鉄道会社の中でも中心的存在であったニューヨーク・セントラル鉄道の時刻表の表紙に描かれた二本の列車。左が「エアロトレイン」、右が「エクスプローラ」という。エアロトレイン――無理に訳せば“飛行列車”。しかし、あくまでも地上を這うことには変わりない。でも先頭の機関車はキャディラックか？　1950 年代アメリカの夢を感じるデザインだ。人類の未来はバラ色ですよ～といった感じの……。それもそのはず、エアロトレインはゼネラルモーターズの作である。エクスプローラも英字の綴りは“XPLORER”という造語で、『遊星よりの物体 X』を思わせる SF チックな響きだ。

エアロトレインは自動車会社の作った列車だけに客車の構造にはクルマの技術が取り入れられており、まさにバスの車体を連結したものと言っても良かった。なんと車体の下には大型荷物のためのトランクさえ付いていたのである（アメリカの

ニューヨーク・セントラル鉄道時刻表
【1956 年 7 月　同社発行】

鉄道のホームは日本と違ってほとんど線路の位置と同じくらいに低い。だから床下トランクに荷物を積むなどということが出来る)。客車の長さは従来の約半分。また、車体も小振りで重心が低いのが特徴であった。これは曲線通過性能を向上させ、スピードアップに役立った。

一方のエクスプローラは、アメリカの著名な鉄道車両メーカーであるプルマン・スタンダード社が製造。基本的なコンセプトはエアロトレインとほとんど同じであったが、それまでの列車と一線を画すのは台車の取り付け方である。四輪の台車が一両の両端に付くのが一般的な客車であるとすると、エクスプローラは3両に四軸の台車が付くという変わった構造をしていた。つまり、一軸し

33

Cincinnati to Dayton, Columbus and Cleveland

Table No. 23

Miles		444	402	312	♦422	424	16	442	302
		Daily	Daily Note	Daily	Daily Note	Daily	Daily	Daily	Daily
		CAPITAL CITY SPECIAL	THE CINCINNATI MERCURY—Will operate until Sept. 29, incl., unless sooner changed or extended	THE QUEEN CITY	OHIO —Xplorer Will operate until Sept. 29, incl., unless sooner changed or extended	CLEVELAND SPECIAL	OHIO STATE LIMITED Through Train To New York	NIGHT SPECIAL	MICHIGAN SPECIAL
		AM	AM	AM	PM	PM	PM	PM	PM
0.0	Lv **Cincinnati** (E.T.) (Union Terminal)		8 45	9 00	1 45	3 30	4 20	11 00	11 30
4.7	Lv Winton Place		8 56	9 11	L 1 56	3 41	4 31	11 11	11 41
31.5	Lv **Middletown**		9 32	9 45	2 29	4 14	5 01	11 49	12 17
42.3	Lv Miamisburg		......		......	......	......	......	......
52.3	Lv **Dayton**		10 05	10 15	2 57	4 42	5 26	12 28	12 50
63.6	Lv Fairborn		......		......	......	......	......	......
77.4	Ar **Springfield**		10 45	11 00	3 35	5 20	6 05	1 13	1 35
77.4	Lv **Springfield**		10 45	......	3 35	5 20	6 05	1 13	......
96.9	Lv London		♦11 09	......	......	......	......	......	......
122.4	Ar **Columbus**	......	11 38	......	4 22	6 07	6 57	2 05	
122.4	Lv **Columbus**	8 10	11 50	......	4 30	6 20	7 07	2 35	
146.5	Lv Delaware	8 46	12 26	......	......	......	......	......	
163.1	Lv Cardington	♦9 03	......		......	......	......	......	
167.7	Lv Edison (Mt. Gilead)	♦9 08	†12 48		......	......	......	......	
180.6	Lv Galion	9 30	1 15		5 31	7 21	g8 07	3 55	
184.8	Lv Crestline	9 40	1 31		5 40	7 30		4 17	
193.3	Lv Shelby	9 52	1 50		b 5 51	b 7 41			......
205.5	Lv Greenwich	......	......		......	......			......
215.0	Lv New London	10 13	♦2 13		......	......			......
224.0	Lv Wellington	10 31	2 30		G 6 20	♦8 10			......
235.1	Lv Grafton	♦10 45	......		......	......			......
253.8	Lv Linndale	11 05	3 05	......	G 7 00	8 45		5 30	......
260.0	Ar **Cleveland** (Union Terminal)	11 20	3 20	......	7 15	9 00		5 45	......
		AM	PM	AM	PM	PM	PM	AM	AM

Cleveland to Columbus, Dayton and Cincinnati

	309	15	♦421	303	433	401	446	417
	Daily	Daily	Daily Note	Daily	Daily	Daily Note	Daily	Daily
	OHIO SPECIAL	OHIO STATE LIMITED	OHIO —Xplorer Will operate until Sept. 29, incl., unless sooner changed or extended	THE QUEEN CITY	CLEVELAND CINCINNATI SPECIAL	THE CINCINNATI MERCURY—Will operate until Sept. 29, incl., unless sooner changed or extended	CAPITAL CITY SPECIAL	MIDNIGHT SPECIAL
	AM	AM	AM	PM	PM	PM	PM	PM
Lv **Cleveland** (E.T.) (Union Ter.)	......	......	6 45	......	12 05	5 00	7 00	11 45
Lv Linndale	......		L6 55	......	12 15	L 5 10	7 10	11 55
Lv Grafton	......		......	......	......	......	7 39	......
Lv Wellington	......		L7 30	......	12 52	L 5 47	7 52	......
Lv New London	......		......	......	......	......	ss 8 06	......
Lv Greenwich	......		......	......	......	......	......	......
Lv Shelby			7 58		1 25	6 18	8 28	# 1 00
Lv Crestline		......	......		1 40	......	8 44	1 24
Lv Galion		4 07	8 15		1 55	6 35	9 01	1 47
Lv Edison (Mt. Gilead)		......	......		......	......	9 21	......
Lv Cardington		......	......		......	......	......	......
Lv Delaware		......	......		2 35	......	9 48	......
Ar **Columbus**		5 11	9 17		3 12	7 38	10 25	2 51
Lv **Columbus**	......	5 21	9 23	......	3 30	7 48		3 20
Lv London	......	......	......	......	......	......		......
Ar **Springfield**	......	6 20	10 18	......	4 35	8 43		[illegible]
Lv **Springfield**	4 32	6 20	10 18	4 05	4 35	8 43		4 37
Lv Fairborn	......	......	......	......	......	......		......
Lv **Dayton**	5 20	7 01	10 59	4 46	5 16	9 24		5 34
Lv Miamisburg	A 5 33	......	......	......	......	......		......
Lv **Middletown**	5 55	7 25	11 25	5 12	5 43	9 50		6 10
Lv Winton Place	6 36	8 04	G12 05	5 53	6 24	G10 29		6 51
Ar **Cincinnati** (Union Ter.)	6 45	8 15	12 15	6 05	6 35	10 40		7 00
	AM	AM	PM	PM	PM	PM	PM	AM

Cincinnati—Dayton—Toledo—Detroit

Table No. 24

Miles		312	302
		Daily	Daily
		THE QUEEN CITY	MICHIGAN SPECIAL
		AM	PM
0.0	Lv **Cincinnati** (E.T.) (Union Terminal)	9 00	11 30
4.7	Lv Winton Place	9 11	11 41
31.5	Lv **Middletown**	9 45	12 17
42.3	Lv Miamisburg	......	......
52.3	Lv **Dayton**	10 15	12 50
77.4	Ar **Springfield**	11 00	1 35
77.4	Lv **Springfield**	11 00	1 35
92.1	Lv Urbana	11 17	1 53
110.0	Ar **Bellefontaine**	11 40	2 19
110.0	Lv **Bellefontaine**	11 49	2 29
134.1	Lv Kenton	12 23	xx3 00
146.1	Lv Forest	......	......
158.5	Lv Carey	12 55	3 30
177.2	Lv Fostoria	1 25	♦ 4 00
212.7	Ar **Toledo**	2 25	4 58
212.7	Lv **Toledo**	2 45	5 20
236.3	Lv Monroe	3 17	5 55
260.0	Lv Wyandotte	3 43	6 25
270.3	Ar **Detroit**	4 05	6 50
		PM	AM

	303	309
	Daily	Daily
	THE QUEEN CITY	OHIO SPECIAL
	AM	PM
Lv **Detroit** (E.T.)	11 00	11 35
Lv Wyandotte	11 20	11 56
Lv Monroe	11 47	12 25
Ar **Toledo**	12 25	1 05
Lv **Toledo**	12 35	1 20
Lv Fostoria	1 24	♦ 2 11
Lv Carey	1 55	2 35
Lv Forest	......	......
Lv Kenton	2 26	♦ 3 03
Ar **Bellefontaine**	2 56	3 33
Lv **Bellefontaine**	3 08	3 43
Lv Urbana	3 31	4 05
Ar **Springfield**	4 05	4 32
Lv **Springfield**	4 05	4 32
Lv **Dayton**	4 46	5 20
Lv Miamisburg	......	A5 33
Lv **Middletown**	5 12	5 55
Lv Winton Place	5 53	6 36
Ar **Cincinnati** (Union Terminal)	6 05	6 45
	PM	AM

For explanation of Reference Marks, see Page 5

For Pullman, Coach and Dining Car Service, see Pages 6 to 13

前ページの時刻表の内部
新列車「エクスプローラ」の広告が目をひく

か車輪が付いておらず、隣の車両に支えてもらって立っている車両もあるということ。この特殊な構造をした車両は「タルゴ」（芋虫）と言い、まさにその言葉通り、一両ごとの車体長が短い編成が芋虫の如くしなやかにカーブを曲がることが出来た。タルゴは他にもアメリカン・カー・ファウンダリー（ACF）という会社が製造を行い、スペインに輸出されている。ちなみに軽量化の効果であるが、エクスプローラの場合、単位長さあたりの重量は従来車両の約3分の1だったというから驚きである。

奇抜さが裏目に出て起死回生の一打にはならず

ニューヨーク・セントラル鉄道は、1956年春からエクスプローラをクリーブランド～シンシナチ間420キロ、エアロトレインをクリーブランド～シカゴ間550キロに投入して試用を開始。時刻表に書かれた謳い文句は“Tomorrow's All Coach Travel – Today”－『明日の全普通席の（＝経済的な）旅を、いま！』。どこぞのテーマパークにでも掛かっていそうなキャッチフレーズである。

なお、こうした先進的な列車はニユーヨーク・セントラルだけではなく、他の会社でも1956年から57年にかけて以下のような路線に続々と登場した。

●ペンシルヴェニア鉄道
エアロトレイン＝ニューヨーク～ピッツバーグ／ピッツバーグ～フィラデルフィア

●ユニオンパシフィック鉄道
エアロトレイン＝ロサンゼルス～ラスベガス

●ニューヘブン鉄道
エクスプローラ＝ニューヨーク～ボストン
タルゴ＝ニューヨーク～ボストン

●ロックアイランド鉄道
タルゴ＝シカゴ～ペオリア

ではこれらの列車の効果はどうだったのか？クリーブランド～シンシナティ間を例に取ると、当時、飛行機はアメリカン航空の直行便が1時間20分程度で両都市を結んでいた。片やエクスプローラは5時間半。これはちょっと勝負になりそうにない。しかも、エクスプローラのダイヤはそれまでの列車と比べてそれほど速いわけでもなかった。エアロトレインのシカゴ～クリーブランドも然りだ。というわけで、結果は「完敗」だったのである。ニューヨーク・セントラル鉄道では、鳴り物入りの登場の割には1年にも満たない活躍に終わってしまった。会社や車種によってはある程度運用が続いたものの、こうした列車は特殊な構造が災いし、故障の際の対応や日常の整備にかえって手数が掛かることが敬遠されてやはり長続きはしなかった。

なお、車両の軽量化はアメリカよりもヨーロッパで先に取り組みが始まり、その後日本でも試みられたものであるが、構造的にあまり奇をてらわなかったことや、鉄道旅客輸送が元々一定の地位を占めていたこともあって、これらの国ではアメリカと比べて着実な成果が上がったのである。

航空機との競争に完全に敗れたアメリカの鉄道界は厳しさを増すばかりであった。旅客サービスの縮小による合理化や運賃値下げによる呼び込みは根本的な問題解決にはならず、鉄道経営の枠組みに国家が手を入れなければならない段階にまで至ってしまった。旅客輸送再生の切り札として1970年10月に「鉄道旅客サービス法」が成立。不採算事業とされた各鉄道会社の旅客輸送サービスの一部が統合・国営化されることとなり、アムトラック（全米旅客鉄道公社）が設立された。貨物鉄道会社が所有する線路を借りて旅客列車が走るという、日本とは逆の構図が出現したのである。アムトラック発足により、各鉄道会社が工夫を凝らした列車が鉄路を彩った時代は終わりを告げた。

恒星がその生涯を終えるときに明るさを増すように、奇抜な“未来の列車”は鉄道黄金時代の最後の輝きだったのである。

冷戦がアメリカを本気にさせた！
世界最速の定期客船（ライナー）が就航

ニューヨーク〜ブレーメルハーフェン
（1960年）

「ユナイテッド・ステーツ」の運航予定表
【1960年1月　ユナイテッド・ステーツ・ラインズ】

設計情報はトップシークレット

大西洋の西岸にありながら、アメリカは長らく大西洋横断スピード競争（ブルーリボン）ではパッとしなかった。もちろん、大西洋航路に就航した客船が無かったわけではない。しかし、そもそも競争とは無縁のように見える。たしかに、この競争に勝ったからビジネス面が成功するということでもない。アメリカ流の合理的思考で、そんなことにパワーを使うのは無駄と考えたのだろうか？

しかし、そんな状況は戦後になって覆る。時代は冷戦に突入。有事の際に兵員を大量かつ高速に輸送するための船が必要と考えたアメリカは、今までにない最強の客船を造ろうとした。それが、「ユナイテッド・ステーツ」である。定期客船ではあるが兵員輸送も大きな目的であるだけに、アメリカ海軍の肝いりで建造され、その要目は秘密に包まれていた。高速を出せるよう、大出力の機関を搭載し、船の構造は軽量化に重点が置かれた。

こうして完成したユナイテッド・ステーツは、1952年7月に大西洋横断の最速記録を樹立し、アメリカに長らく縁遠かったブルーリボンをもたらしたのである。この時、ユナイテッド・ステーツは3日と10時間台・時速35ノット（時速60キロ超）という速度で、東航・西航とも大西洋の航海の最速横断記録を塗り替えた。以来、その出帆予定表には『世界で最も速い船』という謳い文句が誇らしげに踊っていた。

同船は、ニューヨーク〜ルアーヴル〜サウサンプトン線という大西洋横断航路の大幹線部分だけでなく、その先、北海に臨む北ドイツの港町まで足を伸ばし、ニューヨーク〜ブレーメルハーフェン線として運航されていた。これは、ドイツ駐留のアメリカ軍関係者の利用を考えてのことであろう。実際、ブレーメルハーフェンからは、アメリカ軍の専用列車がドイツ国内や当時は東西分断されていたベルリンへ向けて走っていた。

しかし、これだけの性能を誇る豪華客船とはいえ、1950年代になってからの登場はいささか時代錯誤的。大西洋はすでに飛行機で往来する人がどんどん増えていた。1960年代になると飛行機の利用が大半になり、大西洋横断定期客船はコストだけが掛かってビジネス的にはお荷物以外の何者でもなかったのである。皮肉なことに、大西洋横断路線に初めて本格的なジェット機を飛ばした国のひとつがアメリカだった。1958年10月、パンアメリカン航空のニューヨーク〜パリ〜ローマ線にボーイング707が就航。7時間で大西洋横断が可能な時代が幕を開けた。ちなみにこれに先立つことわずか2週間前には、イギリスのBOAC(英国海外航空）がコメット4型ジェット機をロンドン〜ニューヨーク線に就航させていたが、100名以上の乗客を乗せ、また各国の航空会社にこの後広く使われる「本格的な」ジェット機の登場という点ではアメリカのボーイング707に軍配が上がったといっても良いだろう。これは兵員輸送の分野でも同じで、この頃には空軍の飛行機によって機動的な輸送が可能になっていた。

ユナイテッド・ステーツは幸いなことに？兵員輸送にも使われる機会もなく、他の国の定期客船とほぼ時を同じくして1969年に一旦その活躍を終えた。それ以来、長らく係船されている同船は現在、ノルウェージャン・クルーズ・ラインの所有にあるが、再度の活躍の目処が立たないまま今に至っている。それでも、その端正な姿と比類ない速度は定期客船時代の最後を飾るのにふさわしい名船。保存運動もありアメリカの近代遺産として、おそらく末永く残されるのではないだろうか。

S.S. UNITED STATES
World's Fastest Ship
Length — 990 Feet Breadth — 101 Feet 6 Inches Gross Tonnage — 53,330

1960 — SA
Subject to change, individual c
The dates of arrival shown, whi

THE UNITED STATES AND THE AMERICA SAIL FR
NEW YORK — Pier 86, West 46th Street
HAVRE — Quai Johannes Couvert
DIRECT TRANSFER FROM SHIP TO TRAIN — FROM TRAIN T

EASTBOUND from New York

VESSEL	LEAVE NEW YORK NEW YORK TIME Date	Day	Hour	DUE COBH A.M.	DUE HAVRE A.M.	DUE SOUTHAMPTON P.M.	DUE BREMERHAVEN P.M. DEBARKATION ON ARRIVAL OR FOLLOWING MORNING
UNITED STATES	Jan. 12	Tues.	NOON	—	Jan. 17	Jan. 17	†Jan. 18
AMERICA	Jan. 15	Fri.	4 P.M.	Jan. 21	Jan. 22	Jan. 22	Jan. 23
UNITED STATES	Jan. 27	Wed.	NOON	—	Feb. 1	Feb. 1	†Feb. 2
AMERICA	Feb. 5	Fri.	4 P.M.	Feb. 11	Feb. 12	Feb. 12	Feb. 13
UNITED STATES	Feb. 11	Thurs.	NOON	—	Feb. 16	Feb. 16	†Feb. 17
UNITED STATES	Feb. 26	Fri.	NOON	—	Mar. 2	Mar. 2	†Mar. 3
AMERICA	Feb. 27	Sat.	NOON	Mar. 4	Mar. 5	Mar. 5	Mar. 6
UNITED STATES	Mar. 12	Sat.	NOON	—	Mar. 17	Mar. 17	†Mar. 18
AMERICA	Mar. 18	Fri.	4 P.M.	Mar. 24	Mar. 25	Mar. 25	Mar. 26
UNITED STATES	Mar. 29	Tues.	NOON	—	Apr. 3	Apr. 3	†Apr. 4
AMERICA	Apr. 8	Fri.	4 P.M.	Apr. 14	Apr. 15	Apr. 15	Apr. 16
UNITED STATES	Apr. 14	Thurs.	NOON	—	Apr. 19	Apr. 19	—

前ページの運航予定表の内部
「世界でもっとも速い船」という宣伝文句に注目

ニューヨーク〜レイキャビク

レイキャビク〜ルクセンブルク
（1962 年）

国際商業航空第 6 の自由

「氷の島」という透き通った名前を持ちながらも、地殻の境目の地溝帯に大地の深い裂け目（その名も“ギャオ”）が走るという、地勢的には激しい表情をみせ、多数の火山を抱える「火の島」。そして世界最北の首都を持つ独立国——それはアイスランドだ。北米大陸とヨーロッパの中間という位置は、政治的にもアイスランドに独特のポジションを与えてきた。その際たるものは、1986年10月11日〜12日にかけての米ソ首脳会談の開催。前年11月のジュネーブでの会談に続き、当時のアメリカ大統領・レーガンとソ連共産党書記長・ゴルバチョフによる2日間の会談は、その場は成果こそ出ずに決裂したものの、両者が軍縮議論を真っ向から闘わせた、冷戦終結へ向かう過程を象徴する出来事のひとつとして歴史に残っている。

一方、アイスランドはあまりにも北にあるが故に、世界の交通網からいささか隔絶されている感があるのだが、北大西洋の中間地点というその位置はやはり独特の利点を生み出したのである。それは「格安航空運賃」。ヨーロッパと北米を最も安く飛行機で往来する手段として長らく有名であったのが、アイスランド航空を使ってレイキャビクを経由するルートだった。

このルートがなぜ格安に出来たのか？　これを解説する前にまず押さえておきたいのが「国際商業航空の○つの自由」である。これは、国際間の商業的な航空輸送を行うにあたって、各国が尊重すべき権利をまとめたものである。もちろん、国際航空輸送は政治的・経済的な側面とは無縁ではないから、実際には完全な自由放任はあり得ず、国家同士で航空交渉を持って条件を定めるわけであるが、その際にこれらの自由を当事者間で相互に保証しあうことを前提に交渉するのが基本なのである。なぜ「○つ」という伏せ字にしたかといえば、これは立場や主張によって数が変動するからであるが、基本的なものはおおよそ下記の5つである。

第 1 の自由——領空通過の自由
第 2 の自由——技術的着陸の自由
第 3 の自由——自国から外国への輸送の自由
第 4 の自由——他国から自国への輸送の自由
第 5 の自由——他国から第三国への輸送の自由

ちなみに、この第5の自由というものが、よく話題となる「以遠権」と呼ばれるものだ。日本にとって身近な例で言うと、アメリカの航空会社が日本を経由して中国や韓国への便を飛ばす場合がこれに当る。もっと極端な例だと、アメリカから日本を経由してオーストラリアへの便を飛ばすことも出来るわけだ。ただ、経由される国の商業的な権利を考えると、始発地から終着地までの輸送を第一に考えるべきという主張もあり、かつて実際にノースウェスト航空が太平洋線を延長してアメリカ発日本経由シドニー行きを運航した時には、さすがに日本政府は反発した。

さて先程、立場や主張によって数が変動すると書いたが、そのひとつが『他国から自国を経由してさらに第三国への輸送の自由』で、俗に「第6の自由」と言われている。お気づきだろうか？北米とヨーロッパの中間に位置するアイスランドは、まさにこの「第6の自由」を享受できる絶妙な位置にあるのだ。すなわち、アイスランド〜北米間の路線とアイスランド〜ヨーロッパ間の路線を開設し、これらを第6の自由に則って運用すれば、大西洋横断路線が実現するのである。

アイスランド航空（Loftleidir – Icelandic Airlines）は1944年に設立され、はじめはアイスランド島内路線の運航からスタートしたものの、第二次大戦後に国際線運航に乗り出して飛躍のチャンスをつかむ。しかし、国際線に活路を見出さざるを得なかったといった方がより実態に近い。なぜなら、アイスランドにはもうひとつ、1937年創立のFlugfélag Íslandsという先達が存在し、後発のアイスランド航空は島国の限りある国内マーケットに深く食い込めなかったからである。1947年6月、同社はレイキャビク～コペンハーゲン線を開設し、翌年にはレイキャビク～ニューヨーク線の就航よって北米への乗り入れを果たした。ニューヨーク線はなぜか一旦運休するものの1952年に復活し、ここに今日に至る北米～アイスランド～ヨーロッパというルートが確立した。

しかし、単に路線があるだけでは同社の成功はなかっただろう。なぜならば、北米～ヨーロッパ間にはパンアメリカン航空やBOAC（英国海外航空）など、並み居る"列強"航空会社がひしめいていた。これらの航空会社は当然のことながら、アイスランドのような横道にはそれずに最短距離で大西洋の両岸を結んでいたし、機材もボーイング377"ストラトクルーザー"のように、当時としては新しくかつ豪華なものを使っていた。一方のアイスランド航空は、古い上にこれといって豪華ではないDC-4型機を使い、その上大幅な回り道となる路線構成であった。どうみてもサービスだけで見れば見劣りがするのは当然だった。

地理的ハンデを逆手に取った販売戦略

しかし、いつの時代・どの場所にも、速さや豪華さよりも、「いかに安いか」ということを重視する人々がいるものだ。アイスランド航空は世界の航空会社の連合組織であるIATA（国際航空運送協会）にあえて加盟しないことで、他の航空会社よりも安い運賃設定を実現し、大西洋路線に就航する欧米列強会社の向こうを張って確固たる地位を築くことに成功したのである。IATAは加盟航空会社の共存共栄という大義名分のもと、加盟航空会社間で横並びの、しかも高い運賃設定を容認する温床といわれてきた。

1962年で比較すると、パンナムやBOACのニューヨーク～ロンドン間のツーリストクラス通常期ジェット片道運賃は270ドルだったが、アイスランド航空を使うと231ドルで済んだ。しかし、同社の取り柄はただ安いということだけではなく運航頻度もそれなりの水準を維持していたのである。1962年4月から有効の同社の時刻表を見ると、ニューヨーク～レイキャビクには毎日就航し、レイキャビクからヨーロッパ各都市へは日替わりで目的地が違うものの、やはり毎日運航されていた。レイキャビクではニューヨーク線とヨーロッパ線が待ち時間90分で乗り継ぎ可能。ニューヨーク～ロンドン間を通して乗ると21時間掛かった。当時、パンナムにもニューヨークからアイスランドのキェプラヴィーク（首都・レイキャビクから50キロ離れた町で、現在も国際空港があるアイスランドの玄関口）を経由するロンドン行きの

アイスランド航空時刻表
【1962年4月　同社発行】

便があったが、週1回・火曜日のみの運航であり、ライバルにはならなかった。

なお、同社のヨーロッパ内の乗り入れ先で一番多かったのはルクセンブルクだった。そりゃロンドンやパリといった大都市への乗り入れが、BOACやエールフランス、またパンナムやTWAといった大手航空会社から歓迎されるはずもない。ルクセンブルクもアイスランドもこじんまりとした国だけに、相通じるものがあったのであろう。

もちろん、アイスランド航空は新鋭機を使いたかったであろうが、それはコストを押し上げることにもなるし、新鋭機を中心に運航するIATA加盟航空会社の反発を生むことになる。そのため、同社は機材の面では主要航空会社から常に一歩送れた歩みをたどってきた。大西洋線がすでにほとんどジェット化された1964年、同社がDC-6B型機の代替として新たに導入を決めた機種は、まだプロペラ機のカナディアCL-44だった。しかし、格安運賃では多く乗せなければペイしない。そこで同社はメーカーに注文を出し、CL-44の中でも胴体を延長してより多くの乗客が乗れるようにした特別なタイプを導入した。この機体の乗客数は189人。当時大西洋線で主流だったボーイング707やDC-8といった第一世代のジェット機は150人も乗れなかったから、1機あたりの乗客数では主要航空会社の水準を超える大量輸送を実現していた。

格安国際航空路線の先鞭をつけたアイスランド航空であるが、かつて国内線のシェアを争ったFlugfélag Íslandsと1973年に合併。ここでアイスランドのフラッグキャリアはひとつに統一され、同社は今もアイスランドを代表する航空会社として存続している。もちろん、レイキャビク（但し、発着空港はキェプラヴィーク）経由大西洋横断便も健在だ。

SUMMER SCHEDULE — VALID FROM 1st APRIL 1962 UNTIL OCTOBER 31st 1962

WESTBOUND / EUROPE - ICELAND			LL607 DC6B MON	LL617 DC6B MON	LL615 DC6B TUE	LL623 DC6B WED	LL609 DC6B WED	LL615 DC6B THU	LL605 DC6B FRI	LL619 DC6B FRI	LL603 DC6B SAT	LL615 DC6B SAT	LL615 DC6B SUN
London	(2)	dep		1700						*			
Amsterdam		dep								1700			
Glasgow	(2)	arr		1900						1905			
Glasgow		dep		2000						2000			
Stavanger	(1)	dep				1530			1800				
Hamburg		dep	1345								1345		
Luxembourg		dep			1900			1700				1900	1700
Copenhagen		arr	1445			1615					1445		
Copenhagen		dep	1530			1700					1530		
Gothenburg		arr				1800					1630		
Gothenburg		dep				1900					1730		
Helsinki		dep					1730						
Oslo	(1)	arr	1800				2000		1900				
Oslo	(1)	dep	1900				2100		2000				
Reykjavik	(3)	arr	2200	2300	2400	2300	2400	2200	2300	2300	2200	2400	2200

ICELAND - U.S.A.			LL601 DC6B MON	LL611 DC6B TUE	LL601 DC6B WED	LL611 DC6B THU	LL621 DC6B THU	LL601 DC6B THU	LL611 DC6B SAT	LL621 DC6B SAT	LL601 DC6B SAT	LL611 DC6B SUN	LL601 DC6B SUN
Reykjavik	(3)	dep	2330	0030	0130	0030	0130	2330	0030	0030	2330	0130	2330
			TUE					FRI			SUN		MON
New York	(4)	arr	0700	0800	0900	0800	0900	0700	0800	0800	0700	0900	0700

EASTBOUND / U.S.A. - ICELAND			LL600 DC6B MON	LL600 DC6B TUE	LL610 DC6B TUE	LL600 DC6B WED	LL600 DC6B THU	LL610 DC6B THU	LL600 DC6B FRI	LL600 DC6B SAT	LL610 DC6B SAT	LL600 DC6B SUN	LL D S
New York	(4)	dep	1600	1200	1300	1300	1330	1800	1600	1300	1800	1300	1
			TUE	WED	WED	THU	FRI	FRI	SAT	SUN	SUN	MON	M
Reykjavik	(3)	arr	0900	0500	0600	0600	0600	1100	0900	0600	1100	0600	0

ICELAND - EUROPE			LL614 DC6B TUE	LL608 DC6B WED	LL622 DC6B WED	LL614 DC6B THU	LL618 DC6B FRI	LL606 DC6B FRI	LL614 DC6B SAT	LL614 DC6B SUN	LL602 DC6B SUN	LL616 DC6B MON	LL D M
Reykjavik	(3)	dep	1030	0630	0730	0730	0730	1230	1030	0730	1230	0730	0
Oslo	(1)	arr		1300				1900					1
Oslo	(1)	dep		1330				1930					1
Helsinki		dep		1600									
Gothenburg		arr			1335						1835		
Gothenburg		dep			1400						1900		
Copenhagen		arr			1500			2000			2000		
Copenhagen		dep			1530			2030			2030		
Stavanger	(1)	dep			1810								1
Luxembourg		arr	1730			1430			1730	1430			
Hamburg		arr						2130			2130		
Glasgow	(2)	arr					1215					1215	
Glasgow		dep					1300					1300	
Amsterdam		arr					1505						
London	(2)	arr					*					1500	

SPECIAL NOTES
(1) One hour earlier on and after September 16th.
(2) One hour earlier until April 15th and on and after October 7th.
(3) One hour earlier on and after October 21st.
(4) From April 29th until October 28th D.S.T. operates and is one hour later (+1)
(*) Connecting flights to and from London.
N.B. All times shown are local except New York where Eastern Standard time applies.

FLIGHT SECTOR (Thrift Fares)	ALL YEAR-ONE WAY £ s.	U.S. $	ROUND TRIP-HIGH SEASON £ s.	U.S. $	ROUND TRIP-LOW SEASON £ s.	U.S. $	EXCESS BAGGAGE PER KILO s. d.	$ c.
Aberdeen/Reykjavik/New York	77 11	217.30	139 13	391.00	129 10	362.60	18 0	2.51
Belfast/Reykjavik/New York	79 1	221.40	142 8	398.60	132 5	370.20	18 6	2.58
Birmingham/Reykjavik/New York	80 5	224.70	144 10	404.50	134 7	376.10	18 9	2.61
Glasgow/Reykjavik	25 0	70.00	45 0	126.00	45 0	126.00	6 3	0.88
Glasgow/Reykjavik/New York	76 1	213.00	136 19	383.40	126 16	355.00	17 9	2.48
Glasgow/Amsterdam	14 8	40.40	25 19	72.80	25 19	72.80	3 9	0.54
London/Reykjavik	31 11	88.40	56 17	159.20	56 17	159.20	7 11	1.11
London/Reykjavik/New York	82 13	231.40	148 16	416.60	138 13	388.20	19 5	2.71
Manchester/Reykjavik/New York	78 16	220.70	141 18	397.30	131 15	368.90	18 7	2.59

SPECIAL RATES

17-DAY EXCURSION FARES
(available OCTOBER 1st - MARCH 31st)
TO NEW YORK (via Reykjavik) RETURN
from LONDON ... ... £104 17s.
from GLASGOW ... ... £93 0s.
from BIRMINGHAM ... £100 10s.
from MANCHESTER ... £97 19s.
from BELFAST ... ... £98 8s.

30-DAY EXCURSION FARES
(available APRIL 1st - SEPTEMBER 30th)
TO REYKJAVIK RETURN
from LONDON ... ... £42 12s.
from GLASGOW ... ... £33 13s.

前ページの時刻表の内部
左半分がヨーロッパ→アメリカ間の時刻、右半分がアメリカ→ヨーロッパ間の時刻。

月着陸成功を支えたNASA専用航空便

ランググレー研究センター～パトリック空軍基地

(1961年)

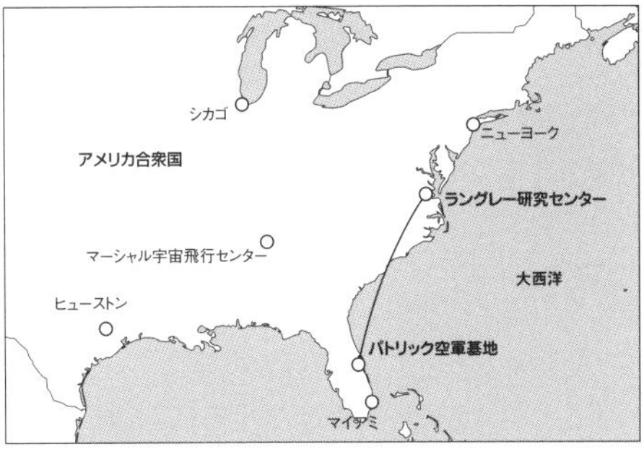

ソ連に追いつけ、追い越せ！

第二次大戦中、ドイツは弾道ミサイル兵器「V2」を開発し、イギリスなどへ向けて発射した。戦果自体はそれほど大きいものではなかったが、この新時代の兵器を目の当りにした連合国は、大戦終結後、軍によるミサイル開発に取り組む。しかし、これは軍事的意義だけに留まるものではなかった。ミサイル開発と表裏一体のものとして、人類は科学的見地から宇宙空間への挑戦を始めたのである。

しかし、時は冷戦時代。宇宙空間へ、月へ、そして惑星への一番乗り争いは、やはり米ソの熾烈な争いで進行していった。宇宙へ乗り出すレースは、1957年10月にソ連が世界初の人工衛星「スプートニク1号」を打ち上げて本格的に開幕。これに危機感を抱いたアメリカでは、国家プロジェクトとして宇宙開発を推進するために、NASA（アメリカ航空宇宙局）を発足させた。1958年10月

NASA AIRLIFT SCHEDULE--EFFECTIVE OCTOBER 30, 1961
STANDARD TIME USED

TIDEWATER ROUTE

Read Down MON Through FRI AM		WASHINGTON, D.C., LANGLEY RESEARCH CENTER, WALLOPS STATION		Read Up MON Through FRI PM
7:00 EST	Leave	Butler Terminal (National Airport)	Arrive	7:07 EST
8:00 EST	Arrive	Langley Air Force Base (Operations)	Leave	6:07 EST
8:15 EST	Leave	Langley Air Force Base (Operations)*	Arrive	*5:52 EST
8:52 EST	Arrive	Wallops Station	Leave	5:15 EST
9:07 EST	Leave	Wallops Station	Arrive	5:00 EST
10:07 EST	Arrive	Butler Terminal (National Airport)	Leave	4:00 EST

*Makes connection with MERCURY Route Flight (Southbound) on Mondays, Wednesdays and Thursdays. MERCURY Flights depart at 6:15 PM EST.

MERCURY ROUTE

Southbound (Read Down)				LANGLEY RESEARCH CENTER--PATRICK AIR FORCE BASE		Northbound (Read Up)		
MON	WED	THURS				TUE	THURS	FRI
PM	PM	PM				PM		PM
6:15	6:15	6:15	Leave	Langley Air Force Base	Arrive	9:15	12:30 PM	9:15
9:45	9:45	9:45	Arrive	Patrick Air Force Base	Leave	5:45	9:00 AM	5:45

REDSTONE ROUTE

Read Down MON WED FRI AM		MARSHALL SPACE FLIGHT CENTER PATRICK AIR FORCE BASE		Read Up MON WED FRI PM
7:00 CST	Leave	Redstone Army Airfield	Arrive	6:00 CST
11:00 EST	Arrive	Patrick Air Force Base	Leave	4:00 EST

NASA関係者用航空便時刻表
【1961年10月　アメリカ航空宇宙局】

のことである。

さて、NASAは政府・軍・民間の各機関の寄せ集めという成り立ち上、様々な場所に施設が分散しているのだが、これらの施設間を結ぶために関係者用の航空便が運航された。1961年10月現在の時刻表からは、次に挙げる3つのルートがあったことがわかる。

第1の路線は、NASA本部のあるワシントン～ラングレー研究センター～ワロップス島間を結ぶもの。ラングレーはヴァージニア州ハンプトンにある航空工学の研究所で、ワロップスはロケット打ち上げ施設のある島だ。

第2の路線は、ラングレー研究センター～パトリック空軍基地間を結んでいた。パトリック空軍基地はフロリダ州にあり、ミサイルやロケットの打ち上げ支援を主な業務とする、いわば宇宙への最前線といってもいい。フロリダ半島東岸・ケープカナヴェラルに林立するロケット発射台はこの基地が管轄しており、その一角がスペースシャトルの発射で有名なケネディ宇宙センターである。

第3の路線は、マーシャル宇宙飛行センター～パトリック空軍基地間。

3つの路線にはそれぞれ「タイドウォーター」「マーキュリー」「レッドストーン」の愛称がついていた。このうち、「マーキュリー」は、当時アメリカが推進していた有人宇宙飛行計画である「マーキュリー計画」で使用される宇宙船の名前から採られたもの。また、「レッドストーン」はマーキュリー宇宙船の打ち上げロケットの名前で、このロケット（＝ミサイル）を開発した陸軍の兵器廠の名前がこの由来である。このレッドストーン兵器廠にあり、ロケット開発を担っていたのが、「マーシャル宇宙飛行センター」だ。

アラバマ州ハンツヴィル郊外のマーシャル宇宙飛行センターでは、フォン・ブラウンに代表される大戦中のドイツ人技術者達が日夜ロケット開発に携わっていた。彼等は大戦終結とともにアメリカ又はソ連に投降し、V2の技術を両国に提供。そしてさらに新しいロケットの開発を続けていた。おそらくはフォン・ブラウンも、この関係者用航空便で各地の施設を往来する忙しい日々を送っていたに違いない。彼等の開発は、のちにアポロ宇宙船を月に送り込んだ「サターンV」型ロケットを生み出すことになる。

なお、この時刻表が発行された年・1961年の4月にはガガーリンによる初の有人宇宙飛行が成功し、人工衛星に続いてまたしてもアメリカはソ連に出し抜かれる格好となってしまった。アメリカが有人宇宙飛行に成功したのはガガーリンが宇宙へ飛び出した翌月のこと。しかしそれは、地上から打ち上げられてまた地上に自由落下してくる「弾道飛行」であり、地球を周回する軌道飛行は翌年2月まで待たなければならなかった。ちなみに、このときアメリカ最初の地球周回飛行に成功したのがジョン・グレン氏であり、彼はこの36年後の1998年、なんと77歳の高齢でスペースシャトルに搭乗したことは記憶に新しい。

ここで紹介した時刻表はたった1枚の紙っぺらである。しかしそこからは、宇宙飛行士をはじめ、ロケットの開発や製造、宇宙船の追跡など、宇宙開発に携わったあらゆる人々の熱い息吹が伝わってくるような気がしないだろうか？　こうした初期の宇宙開発史については、ジョン・グレンをはじめとする宇宙飛行士の群像を中心に、「マーキュリー計画」当時の事情を描いた映画『ライトスタッフ』（同名のドキュメンタリー・ノベルからの映画化）という大作があるので、関心のある方は一度ご覧になることをおすすめしたい。

ところで、現代のスペースシャトルに至るまで、NASAが宇宙飛行を行う際には打ち上げから帰還までの活動を時系列で記載した“ミッション・スケジュール”という広報資料が発行される。右ページに紹介したのはフォン・ブラウンたちが実現させた月着陸プロジェクトの最終便となったアポロ17号のもの。いわば「月旅行の時刻表」といえるだろう。

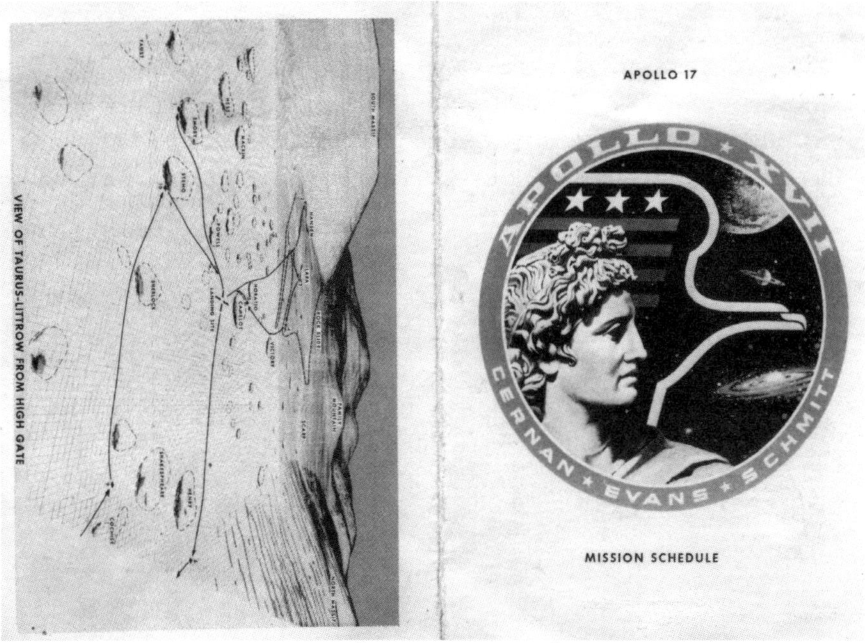

アポロ 17 号のミッション・スケジュール【1972 年 10 月　NASA】
左は月面の着陸予定地「タウルス - リトロウ」の地形の俯瞰図

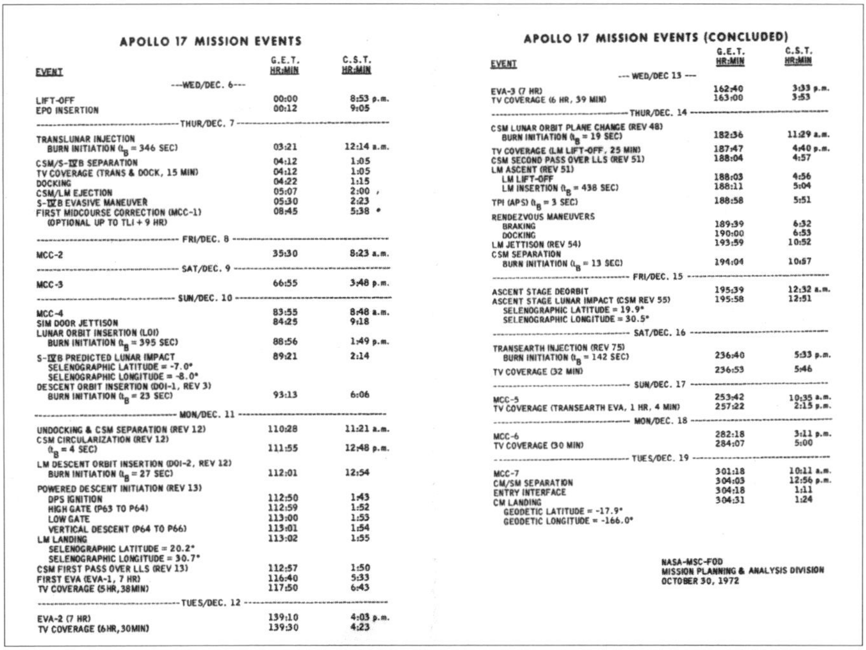

APOLLO 17 MISSION EVENTS

EVENT	G.E.T. HR:MIN	C.S.T. HR:MIN
---WED/DEC. 6---		
LIFT-OFF	00:00	8:53 p.m.
EPO INSERTION	00:12	9:05
---THUR/DEC. 7---		
TRANSLUNAR INJECTION		
BURN INITIATION (t_B = 346 SEC)	03:21	12:14 a.m.
CSM/S-IVB SEPARATION	04:12	1:05
TV COVERAGE (TRANS & DOCK, 15 MIN)	04:12	1:05
DOCKING	04:22	1:15
CSM/LM EJECTION	05:07	2:00
S-IVB EVASIVE MANEUVER	05:30	2:23
FIRST MIDCOURSE CORRECTION (MCC-1)	08:45	5:38
(OPTIONAL UP TO TLI + 9 HR)		
---FRI/DEC. 8---		
MCC-2	35:30	8:23 a.m.
---SAT/DEC. 9---		
MCC-3	66:55	3:48 p.m.
---SUN/DEC. 10---		
MCC-4	83:55	8:48 a.m.
SIM DOOR JETTISON	84:25	9:18
LUNAR ORBIT INSERTION (LOI)		
BURN INITIATION (t_B = 395 SEC)	88:56	1:49 p.m.
S-IVB PREDICTED LUNAR IMPACT	89:21	2:14
SELENOGRAPHIC LATITUDE = -7.0°		
SELENOGRAPHIC LONGITUDE = -8.0°		
DESCENT ORBIT INSERTION (DOI-1, REV 3)		
BURN INITIATION (t_B = 23 SEC)	93:13	6:06
---MON/DEC. 11---		
UNDOCKING & CSM SEPARATION (REV 12)	110:28	11:21 a.m.
CSM CIRCULARIZATION (REV 12)		
(t_B = 4 SEC)	111:55	12:48 p.m.
LM DESCENT ORBIT INSERTION (DOI-2, REV 12)		
BURN INITIATION (t_B = 27 SEC)	112:01	12:54
POWERED DESCENT INITIATION (REV 13)		
DPS IGNITION	112:50	1:43
HIGH GATE (P63 TO P64)	112:59	1:52
LOW GATE	113:00	1:53
VERTICAL DESCENT (P64 TO P66)	113:01	1:54
LM LANDING	113:02	1:55
SELENOGRAPHIC LATITUDE = 20.2°		
SELENOGRAPHIC LONGITUDE = 30.7°		
CSM FIRST PASS OVER LLS (REV 13)	112:57	1:50
FIRST EVA (EVA-1, 7 HR)	116:40	5:33
TV COVERAGE (5HR, 38MIN)	117:50	6:43
---TUES/DEC. 12---		
EVA-2 (7 HR)	139:10	4:03 p.m.
TV COVERAGE (6HR, 30MIN)	139:30	4:23

APOLLO 17 MISSION EVENTS (CONCLUDED)

EVENT	G.E.T. HR:MIN	C.S.T. HR:MIN
---WED/DEC 13---		
EVA-3 (7 HR)	162:40	3:33 p.m.
TV COVERAGE (6 HR, 39 MIN)	163:00	3:53
---THUR/DEC. 14---		
CSM LUNAR ORBIT PLANE CHANGE (REV 48)		
BURN INITIATION (t_B = 19 SEC)	182:36	11:29 a.m.
TV COVERAGE (LM LIFT-OFF, 25 MIN)	187:47	4:40 p.m.
CSM SECOND PASS OVER LLS (REV 51)	188:04	4:57
LM ASCENT (REV 51)		
LM LIFT-OFF	188:03	4:56
LM INSERTION (t_B = 438 SEC)	188:11	5:04
TPI (APS) (t_B = 3 SEC)	188:58	5:51
RENDEZVOUS MANEUVERS		
BRAKING	189:39	6:32
DOCKING	190:00	6:53
LM JETTISON (REV 54)	193:59	10:52
CSM SEPARATION		
BURN INITIATION (t_B = 13 SEC)	194:04	10:57
---FRI/DEC. 15---		
ASCENT STAGE DEORBIT	195:39	12:32 a.m.
ASCENT STAGE LUNAR IMPACT (CSM REV 55)	195:58	12:51
SELENOGRAPHIC LATITUDE = 19.9°		
SELENOGRAPHIC LONGITUDE = 30.5°		
---SAT/DEC. 16---		
TRANSEARTH INJECTION (REV 75)		
BURN INITIATION (t_B = 142 SEC)	236:40	5:33 p.m.
TV COVERAGE (32 MIN)	236:53	5:46
---SUN/DEC. 17---		
MCC-5	253:42	10:35 a.m.
TV COVERAGE (TRANSEARTH EVA, 1 HR, 4 MIN)	257:22	2:15 p.m.
---MON/DEC. 18---		
MCC-6	282:18	3:11 p.m.
TV COVERAGE (30 MIN)	284:07	5:00
---TUES/DEC. 19---		
MCC-7	301:18	10:11 a.m.
CM/SM SEPARATION	304:03	12:56 p.m.
ENTRY INTERFACE	304:18	1:11
CM LANDING	304:31	1:24
GEODETIC LATITUDE = -17.9°		
GEODETIC LONGITUDE = -166.0°		

NASA-MSC-FOD
MISSION PLANNING & ANALYSIS DIVISION
OCTOBER 30, 1972

アポロ１７号ミッション・スケジュールの内部
各イベントのタイミングを打ち上げからの通算時間（G.E.T.）と米中部標準時（C.S.T.）で表記している

ワシントン〜セントピーターズバーグ
(1961 年)

庶民の交通機関が社会を変えた

一面の畑の中を走る一本の道。ポツンと道端に立つバス停にたたずむ主人公。しかし次の瞬間、間違って命を狙われている彼は空から飛行機で襲われる。――ヒッチコック監督の傑作サスペンス『北北西に進路を取れ』(1959 年) の名シーンだ。広大なアメリカでは、鉄道や飛行機が通じていないような片田舎にも血管のようにバスが通じていることを象徴するカット。シカゴ〜ロサンゼルス間でいくつもの州を貫いて走り、1970 年代まで大陸横断道路の象徴だった“ルート 66”に代表されるように、アメリカにとって道路は歴史と文化の象徴ともいえるが、そんな道路網に沿って全米をネットするのが『北北西に〜』にも登場したグレイハウンド社などの長距離バスである。

グレイハウンドは 1914 年にミネソタ州で創業したバス事業をルーツとする。最初はたった 4 マイル (= 6.4 キロ) の路線から始まったが、他のバス会社と合併するなどしてたちまち大陸横断が可能なまでの路線網を広げていき、1933 年の路線距離はすでに 4 万マイルにまで達していたという。戦前、日本には都市間長距離バスなどは存在しなかったことと比較すると、まさにアメリカという広大な土地だからこそ発展した交通機関といえるだろう。戦後になると自動車の性能も向上し、銀色のステンレス車体を輝かせたバスが各地を走り出す。1954 年に登場した、前輪タイヤ以降の客室部分が一段高くなっている“シーニクルーザー”型バスは、その先進的で一度見たら忘れられない特異なデザインで、戦後の古きよき時代のアメリカのワンシーンには必ず登場する名物だ(車内にトイレが装備されたのも画期的だった)。

余談であるが、グレイハウンドは 1970 年代初

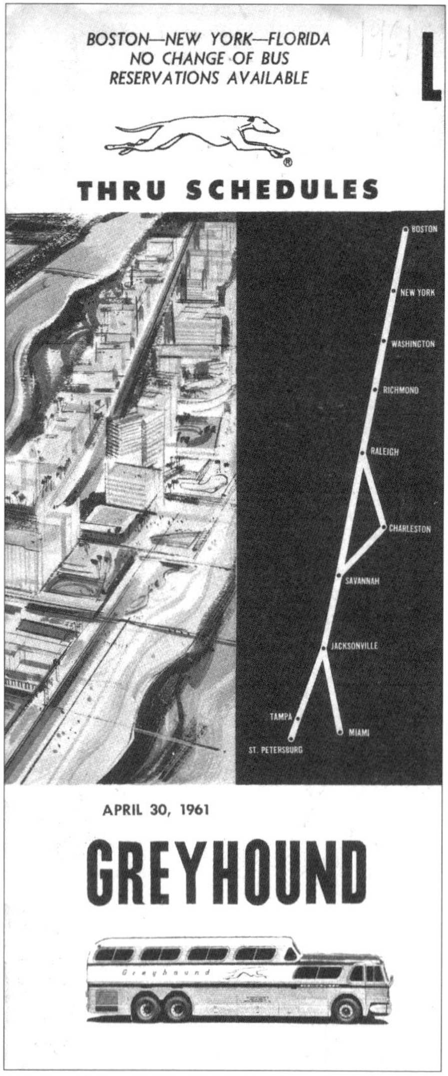

フロリダ方面時刻表
【1961 年 4 月　グレイハウンド】

期、高速道路の整備が進んで高速バスが走り始めた韓国の市場にも参入している。アメリカから中古のバスが輸出され、ソウル〜釜山、ソウル〜大邱などを1時間おきに走っていた。

バスでの旅行は時間がかかるが、その一方で安いというのがメリット。どこの国でも庶民の交通機関というイメージがある。一見、ハイウェイ時代の先端をゆく時代の寵児だったアメリカの長距離バスは、庶民の交通機関であるが故の歴史の荒波に洗われたことがある。それは古い体制と新しい時代の接点で起きたムーブメント「公民権運動」との関係だった。公民権運動といえば、"I have a dream"という名演説で有名なマーティン・ルーサー・キングJr.の名が真っ先に浮かぶが、ひとことで言えばアメリカにおいて黒人差別・人種隔離を撤廃し、黒人が白人と法の下に平等な地位の獲得を目指す運動である。

さて、黒人といえば奴隷という言葉を思い浮かべることも少なくない。南北戦争とその後リンカーンによる奴隷解放宣言を契機に、19世紀にはアメリカにおける黒人奴隷は法的に姿を消したが、それは黒人と白人の平等な暮らしをただちに意味するものではなく、アメリカ南部の各州では黒人差別を定めた法律が20世紀になってもまかり通っていた。差別の象徴とされるエピソードでよく引き合いに出されるのが、参政権の制限やレストランや交通機関など公共の場における黒人／白人のエリア分け。1955年には、アラバマ州モントゴメリで、地元の路線バスに設定されていた白人席に座っていた黒人女性が、運転手の指示に従わず席を空けなかったことが原因で逮捕されるという事件をきっかけにこの問題が一躍注目を浴びる。この事件では、逮捕の根拠となった条例を連邦最高裁判所が違憲と結論づけたことから、一気に公民権運動は盛り上がりを見せたのであった。

非暴力。されど行動しなければ何も変わらない

そんな時代にある企画が実行された。名付けて「フリーダム・ライド」。黒人と白人がグレイハウンドなどの長距離バスに乗って、まだ黒人差別が多く残る南部へ向かう道すがら、各地で人種隔離の実態を観察するとともに、この企画が広く取り上げられることで公民権運動の推進に一役買おうという目的で行われたデモンストレーションだ。

しかし、1961年5月4日にアメリカの政治の中枢・ワシントンD.C.という象徴的な都市をニューオーリンズに向けて出発した13人のライダー達には、想像を絶する破壊行為が待ち受けていた。アラバマ州のアニストンまで達した時、反対派の白人達によってバスは焼き討ちに遭い、危うく脱出したライダー達も暴行を受けたのである。たまたまライダーの乗ったバスのハンドルを握っていた運転手はたまったものではない。それでも彼等は不屈の闘志で旅を続け、その後に別方面から合流した同志たちとともに、ミシシッピ州のジャクソンで逮捕されるまで旅を続けた。この旅はガンディー流の非暴力主義に基づき、計画を世間に公表の上で実行したという背景があったが、それが反対派と当局の容赦ない妨害を呼び込むこととなってしまった。残念ながら参加者は目的地のニューオーリンズへは辿り着くことができなったわけであるが、かえってそのことは黒人差別問題の深刻さを印象付ける上では大きな効果を挙げたのである。

その後も毎月のようにライダー達はまた新たなルートで南を目指したが、6月に行われた旅はワシントンD.C.から大西洋岸を通ってフロリダ州を目指すものだった。当時ライダーが乗ったであろう、1961年4月30日から有効のグレイハウンド・フロリダ線の時刻表がある。フロリダへ向かう路線は、ボストン・ニューヨーク・ワシントンといった東部の大都市から南下し、フロリダ州に入ったところの都市・ジャクソンヴィルで二股に分かれ、マイアミへ向かう便とセントピーターズバーグ（注）へ向かう便の2系統があり、あわせて1日に11往復が運行されていた。一番長いものはカナダのモントリオール〜マイアミ間の直通便で、40時間以上を要する長距離路線。なお、ニューヨーク〜マイアミ間だけだと速いもので大体30時間、多く停車する遅いもので40時間近くがかかった。ライダー達は途中で下車しながらバスターミナルの実態なども観察したに違いないが、何十時間にも渡る道中、いつ起こるとも知れぬ様々なアクシデントへの覚悟を秘めた旅の胸

中はいかがなものであっただろうか？　実際、フリーダム・ライドでは毎度のように逮捕者が出たが、この時もフロリダ州オカラやタラハッシーで計13人が拘留されている。

しかし、ライダーたちの体を張ったアピールは世論に訴えかけるには充分だった。ときの大統領であるケネディや、その弟のロバート・ケネディ司法長官はこうした差別撤廃運動への理解者であり、政権当事者として先頭をきってこの問題に取り組んだ。1963年、キングがワシントンで“I have a dream”と叫んだ3ヵ月後にケネディ大統領はダラスで凶弾に倒れる。しかし、その後を継いだジョンソン大統領によって1964年7月に「公民権法」が制定され、ようやくアメリカで黒人と白人の法の下の平等が実現されたのであった。

公民権運動高まりのきっかけは路線バスの白人席。その運動を勢いづかせたのは長距離バスでのデモンストレーション。1950年代から60年代にかけて、アメリカの歴史に新たな扉を開いたのは、奇しくもふたつのバスだったのである。

（注）セントピーターズバーグは交通関係のある事跡で歴史に名を残している。それは世界で初めての旅客定期航空路線が開設されたということ。1914年1月に、ここタンパを結ぶ路線が運航を開始。タンパ湾を横断する30分の飛行だった。

NEW YORK—JACKSONVILLE—MIAMI—ST. PETERSBURG

18 SCHEDULE Nos. 4-30-61 — SOUTHBOUND—READ DOWN

Station		NJS 9	BJS 11	MnM 13	NJM 15	NJM 17	NJM 23	BJS 19	NJM 1	BJM 3	BJM 5	NJM 7
Montreal, Que. (93)	Lv	*12 15*	*3 30*	φ 8 15	*8 15*	------	------	------	6 15	6 15	8 30	8 30
New York, N.Y.	Ar	*11 50*	2 50	⊙5 30	5 30	------	------	------	*4 35*	*4 35*	*8 35*	*8 35*
Boston, Mass. (62) (**EGL**)	Lv	*7 00*	12 01	↓	2 45	2 45	7 00	φ10 00	*12 01*	12 45	φ 5 30	*4 00*
Worcester, Mass.	Lv	↓	1 00	↓	↓	↓	8 15	↓	↓	*2 00*	6 45	*5 00*
Hartford, Conn.	Lv	*8 48*	↓	↓	4 45	4 45	↓	↓	↓	*3 23*	*6 23*	*6 23*
New Haven, Conn.	Lv	*10 02*	↓	↓	6 11	6 11	↓	↓	↓	*4 37*	*8 07*	*8 07*
New York, N.Y., W. 34th St.	Ar	*11 45*	⊙5 00	↓	8 20	8 20	*12 30*	⊙2 40	*4 45*	⊙6 30	⊙1045	⊙*9 15*
New York, N.Y. (EDT) (65) (**EGL**)												
▲Grey. Term., W. 50th St.	Lv	φ 2 00	φ 5 15	φ 5 55	φ 9 45	φ10 25	φ12 30	φ 3 00	φ 6 00	φ 7 00	φ11 30	φ10 25
▲**Grey. Term., W. 34th St.**	Lv	φ 2 15	φ 5 30	φ 6 10	φ10 00	φ10 40	φ12 45	φ 3 15	φ 6 15	φ 7 15	φ11 45	φ10 40
▲Jersey City, N.J.	Lv	↓	↓	┃	↓	11 00	┃	↓	↓	↓	┃	↓
▲Newark	Lv	↓	↓	┃	10 25	↓	┃	3 40	↓	7 40	┃	11 05
▲**Philadelphia, Pa.**	Lv	↓	↓	φ 8 45	┃	φ 1 25	┃	↓	↓	↓	┃	φ 1 20
▲State Road, Del. (Clemente's Rest)	Ar	f----	7‖55	┃	┃	- - -	┃	5#55	- - -	- - -	┃	- - -
▲State Road, Del. (Clemente's Rest)	Lv	f----	8 20	┃	┃	- - -	┃	6 05	- - -	- - -	┃	- - -
▲Perryville, Md.	Lv	5 20	8 54	- - -	┃	- - -	┃	- - -	- - -	- - -	┃	- - -
▲Aberdeen	Lv	5 30	9 04	- - -	┃	- - -	┃	- - -	- - -	- - -	┃	- - -
▲**Baltimore, Md.**	Lv	φ 6 15	φ 9 55	✠	┃	✠	┃	✠	✠	✠	┃	4 05
▲**Washington, D.C.**	Ar	7‖15	10#55	12‖05	┃	4#45	┃	8#10	10#45	↓	┃	5‖05
▲**Washington, D.C.**	Lv	φ 7 45	11 15	φ12 45	┃	φ 5 00	┃	8 30	11 15	↓	┃	φ 5 35
▲**Richmond, Va.** (68) (**EGL**)	Ar	10#00	1‖30	3#00	5‖20	7‖30	7‖30	10#45	1#30	2#20	6‖40	7‖50
▲**Richmond, Va.** (EDT) (300) (**SGL**)	Lv	φ10 30	2 00	φ 3 30	φ 6 00	φ 8 00	φ 8 00	11 15	φ 2 10	φ 3 00	φ 7 15	φ 8 40
▲Petersburg (EST)	Lv	10 01	1 31	3 00	┃	7 31	┃	10 46	1 41	2 31	┃	8 11
▲South Hill	Ar	11 16	2 46	4 11	6 40	8 46	┃	12 01	2 56	3 46	┃	9 26
▲South Hill, Va.	Lv	11 16	2 46	4 11	6 40	8 51	┃	12 01	2 56	3 46	┃	9 26
▲Henderson, N.C.	Lv	12 03	3 38	5 03	┃	9 43	┃	12 45	- - -	4 38	┃	10 18
▲**Raleigh**	Ar	1‖00	4‖45	6‖00	8#20	10#48	10#20	1#45	4#40	5#35	9#30	11‖15
▲**Raleigh**	Lv	1 45	φ 5 30	φ 6 30	φ 8 30	φ11 00	φ10 30	φ 2 00	φ 5 00	φ 6 15	φ 9 50	φ11 45
▲Fayetteville	Lv	3 09	6 54	┃	┃	12 20	┃	3 20	6 20	7 39	┃	1 09
▲Raeford	Lv	3 40	7 25	┃	┃	12 50	┃	3 50	7 20	8 10	┃	1 40
▲Bennettsville, S.C.	Lv	4 35	8 20	┃	┃	1 42	┃	4 42	8 15	9 05	12 27	2 35
▲**Columbia, S.C.**	Ar	↓	↓	11#15	┃	↓	┃	↓	↓	↓	┃	↓
▲**Columbia, S.C.**	Lv	↓	↓	φ11 30	┃	↓	┃	↓	↓	↓	┃	↓
▲Florence	Ar	5‖29	9#14	┃	┃	2#34	┃	5‖34	9 09	9#59	┃	3#29
▲Florence	Lv	6 05	9 30	┃	┃	3 00	┃	6 05	9 15	10 15	┃	3 45
▲Kingstree	Lv	6 55	10 18	┃	┃	3 48	┃	6 55	10 05	11 05	┃	4 35
▲**Charleston**	Ar	8#42	12#10	┃	┃	5‖35	┃	8#50	11#59	12‖52	┃	6‖35
▲**Charleston**	Lv	φ 9 00	φ12 30	┃	┃	φ 6 15	┃	φ 9 20	φ12 25	φ 1 20	┃	φ 7 15
▲Sumter	Lv	↓	↓	┃	12 28	↓	2 30	↓	↓	↓	2 32	↓
▲Walterboro	Ar	↓	↓	┃	2#05	7 30	4#07	↓	↓	↓	4#17	↓
▲Walterboro	Lv	↓	↓	┃	2 15	7 30	4 20	↓	↓	↓	4 30	↓
▲Beaufort, S.C.	Lv	↓	2 09	┃	┃	↓	┃	10 59	↓	2 58	┃	8 54
▲**Savannah, Ga.**	Ar	11#19	3#10	2#15	3#45	9#05	5‖50	11‖59	2‖49	4#00	6 00	9#55
▲**Savannah, Ga.**	Lv	φ11 35	φ 3 25	φ 2 30	φ 4 00	φ 9 20	φ 6 20	φ12 35	φ 3 00	φ 4 15	φ 6 30	φ10 15
▲Brunswick	Ar	↓	5 10	┃	┃	11 10	┃	↓	4 50	6‖05	┃	12 05
▲Brunswick, Ga.	Lv	↓	5 10	┃	┃	11 10	┃	↓	4 50	6 35	┃	12 05
▲**Jacksonville, Fla.**	Ar	3#15	7‖00	5‖40	7‖25	12‖35	10#00	4‖35	6‖40	8#25	9#55	1#55
▲**Jacksonville, Fla.** (416) (**SGL**)	Lv	*5⊕30*	φ *7⊕15*	φ 6 15	φ 8 15	φ 1 30	φ10 15	*5⊕15*	φ 7 30	φ 8 45	φ10 15	φ 2 15
▲St. Augustine	Ar	6 21	8 09	D	9 10	D	┃	↓	8 21	D	11 06	3 06
▲**Daytona Beach**	Ar	*7#35*	*9#25*	8#22	10#25	3#35	12‖10	*7#20*	↓	10#49	12#19	↓
▲**Daytona Beach**	Lv	*7 52*	*9 40*	8 37	10 40	3 50	12 40	*7 35*	↓	11 04	12 34	↓
▲Orlando	Ar	↓	↓	↓	↓	↓	┃	↓	10 50	↓	↓	5 35
▲Cocoa	Ar	*9 41*	*11 29*	10 11	12 10	5 24	┃	*9 10*	12 40	12 32	2 02	*6 05*
▲Melbourne	Ar	*10 16*	*12 04*	10 44	12 43	5 57	┃	*9 43*	1 12	1 04	2 34	*6 37*
▲Ft. Pierce	Ar	*11‖27*	*1‖15*	11‖51	1‖50	7‖04	3#40	*10#50*	2#16	2#08	3‖38	7‖43
▲Ft. Pierce	Lv	*11 57*	*1 45*	12 21	2 20	7 35	3 55	*11 05*	2 30	2 23	3 55	*8 13*
▲**West Palm Beach**	Ar	*1 27*	*3 15*	┃	┃	┃	┃	┃	3 45	3 43	┃	10#18
▲**West Palm Beach**	Lv	*1 32*	*3 20*	△	△	△	△	┃	3 50	3 43	△	10 33
▲Ft. Lauderdale	Ar	*3 03*	*4 51*	┃	┃	┃	┃	┃	5 00	4 56	┃	11 56
▲Hollywood	Ar	*3 27*	*5 15*	┃	┃	┃	┃	┃	5 20	5 19	┃	12 18
▲**Miami Beach**	Ar	↓	↓	↓	↓	↓	↓	↓	↓	5 54	↓	↓
▲**Miami, Fla.**	Ar	*4 15*	*6 00*	3 00	5 00	10 05	6 35	*1 35*	5 55	6 15	6 25	1 00
▲**Jacksonville, Fla.** (417) (**SGL**)	Lv	3 35	7 30	6 00	*9 00*	*1⊕15*	------	5 30	------	*9⊕30*	*12⊕15*	*2 30*
▲Gainesville	Ar	↓	↓	7 51	*10 51*	↓	------	7 20	------	*11 19*	↓	*4 13*
▲Ocala	Ar	↓	↓	9#01	*11‖50*	*4 00*	------	8#20	------	*12#16*	↓	*5#10*
▲Ocala	Lv	↓	↓	9 15	*12 20*	*4 20*	------	8 45	------	*12 31*	↓	*5 25*
▲Dade City	Ar	↓	↓	10 47	*1 52*	↓	------	↓	------	*2 01*	↓	*6 55*
▲Palatka	Lv	4 53	9 05	↓	↓	*3 04*	------	*7 05*	------	↓	*1 37*	↓
▲Deland	Ar	6 10	10 44	↓	*12 25*	*4 39*	------	*8 41*	------	↓	*3 07*	↓
▲Sanford	Ar	6 35	11 10	↓	*12 57*	*5 10*	------	*9 09*	------	↓	*3 35*	↓
▲**Orlando**	Ar	7 20	11 59	↓	*1 40*	*5‖50*	------	*9 50*	------	↓	*4 15*	↓
▲Lakeland	Ar	10 18	3 02	↓	*4 18*	*8 33*	------	11 26	------	↓	*6 33*	↓
▲**Tampa**	Ar	11 28	4 12	11 52	*2 57*	*6 40*	------	12 25	------	*3 01*	*7 40*	*8 20*
▲**St. Petersburg, Fla.** (EST) (**SGL**)	Ar	12 20	5 10	12 45	*3 55*	*7 40*	------	1 10	------	*3 50*	*8 35*	*9 20*

196ページの時刻表の内部

マンハッタン中心街・ヘリが誘う
未来都市の夢はクラッシュに散った

J.F. ケネディ国際空港〜パンナムビル
（1965/77 年）

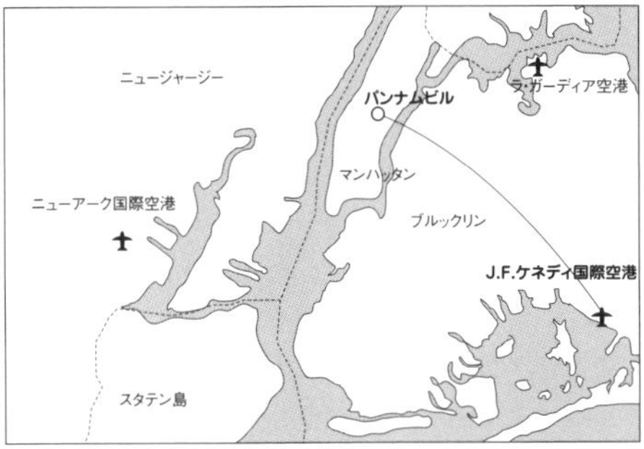

渋滞におさらば！

ニューヨークを訪れる観光客の憧れのひとつが、ヘリコプターによるマンハッタン遊覧飛行だろう。空から自由の女神にご挨拶というのは一興だ。しかし、ヘリコプターは遊覧のみならず旅客輸送にも使われている。特にアメリカでは、1950年代からニューヨークをはじめ、サンフランシスコ・ロサンゼルス・シカゴで、ヘリコプターによる旅客輸送が行われた。ここに紹介するのは、ニューヨークの3つの空港（J.F. ケネディ／ニューアーク／ラ・ガーディア）や郊外を結んで活躍したニューヨーク・エアウェイズ（NYA）に関する物語だ。

ヘリコプターは、第二次大戦後に急速に発展した新しい乗り物である。ヘリコプターの利点は何といっても、場所をとらずに離着陸できるという特徴だろう。朝鮮戦争ではその機動力を生かして、墜落した乗員の救難活動に目覚しい成果をあげ、そうした実績がその後の急速な発展を後押しした。そして、ビルがひしめく狭隘な都市における交通機関としての活用が考えられた。

ニューヨーク・エアウェイズは、1952年に運航を開始。小型のヘリコプターを使った郵便輸送をまず手がけたが、1953年からは旅客輸送もスタートする。そして、運航開始わずか5年後の1958年には機体も大型化し、ローター（回転翼）が前後についたタイプのものに変わった。その「く」の字型のボディをしたバートル44型は、特徴ある形から“フライング・バナナ”のニックネームで親しまれた。1962年7月、機体はさらに洗練された形態のバートル107型へ。当時の時刻表に掲載された機内の写真を見ると、スチュワーデスも乗り込んでサービスしていたことがわかる。

マンハッタンの摩天楼を背景に飛ぶNYAの大型ヘリは、1960年代から70年代のニューヨークの象徴だった。同社は、世界的金融街・ウォールストリートとマンハッタン周辺の3つの国際空港を結ぶ路線を中心に運航していたが、ほかにも、マンハッタンの中心部・44丁目にあるパンナムビルとニューヨークの各空港を結ぶ路線を一時期運航していたことは語り草だ。

グランド・セントラル駅の隣接地に、パンアメリカン航空本社としてパンナムビルが竣工したのは1963年のこと。『世界で最も経験ある航空会社』をキャッチフレーズに、世界中に路線を広げていた同社だけに、当時世界トップクラスのオフィスビルといわれた。パンナムビルの屋上には航空会社らしく、ヘリポートが併設された。渋滞する空港からの道路をバスやタクシーに乗るのを

マンハッタン上空を飛ぶ“フライング・バナナ”
（1960 年頃に NYA が発行した絵葉書より）

避け、いきなりマンハッタンの中心にヘリコプターで降り立つのは、時代の最先端を行くエリートビジネスマンの、スマートな仕事のスタイルだった。

もちろん、そんな場所にヘリコプターが発着することに反対の声が無かったわけではない。いくら騒々しい大都会とは言え、10分おきにヘリコプターが発着すれば、その爆音は相当耳障りだ。そして何よりも、事故が発生した場合、その被害は一般市民も巻き込んで甚大になる可能性があった。しかし、紆余曲折を経て1965年からNYAは、ケネディ国際空港のパンナム専用ターミナルとパンナムビル屋上を結ぶ路線を開設。パンナムビル～ケネディ国際空港間は所要10分で、朝から夜まで一日25本が発着していた。しかし、パンナムビル屋上への発着は、連絡サービスを行っていたパンナムやTWAとの契約切れにより、1968年に一旦中止となる。

危険な賭け

ところが、それから10年近くが経過した1977年2月、パンナムビル屋上への発着は再開されることとなった。

運航は同じくNYAながら、機材はバートル107から、シコルスキーS-61に変更。当時、同社が発行した時刻表は、表紙にパンナムビルのシルエットが浮かび、内部には屋上に発着するヘリコプターの写真があしらわれ、この特異なサービスを前面にアピールしていた。また、パンナムは前年の1976年からボーイング747SPを太平洋線に導入し、ニューヨーク～東京間ノンストップ便の運航を開始していたが、同社の日本版の時刻表でも『マンハッタン・エキスプレスと呼ばれる747SP超特急800便にヘリコプターがナイスコネクション』として、この便とヘリの接続が宣伝されている。

パンナムビルからのヘリコプター便の復活は、

NYAが最初にパンナムビルへ就航していた頃の時刻表
【1966年7月　ニューヨーク・エアウェイズ】

未来都市が現実になったかのような夢を与えたに違いない。しかし、未来はそんなに甘いものでは無かった。不幸にも、ずっと危惧されたことが現実になってしまったのである。

1977年5月16日夕刻、パンナムビル屋上に着陸した971便は、972便として折り返し運航するために乗客が乗降中、脚が折れて機体が転倒。ヘリポートの表面に接触してバラバラになった回転翼の破片が飛散し、地上の通行人を含む5人が死亡する事故が発生した。原因は脚の金属疲労とされ、この事故を契機にパンナムビル屋上に発着する定期便は復活からわずか3ヶ月で消滅し、NYAも1979年に運航を停止して倒産。ヘリコプター華やかなりし時代は幕を閉じた。

それでも、マンハッタンとケネディ国際空港間のヘリコプター・サービスは、地上の渋滞とは無縁で魅力的なものとみえ、パンナムも1980年代には小型ヘリによるマンハッタンと空港間の連絡サービスを再び行っていた。これは、ファーストクラスおよびクリッパークラス（いわゆるビジネスクラス）の乗客へのサービスで、オムニフライト社へ運航が委託され、6人乗りヘリを使用して所要8分だった。しかし、このサービスはもはやパンナムビルに発着することはなく、60丁目ヘリポートが使用された。マンハッタンとニューヨークの空港を結ぶヘリコプター連絡は今日でも健在で、USヘリコプター社によって運航されている。

パンアメリカン航空は1991年に倒産し、すでにこの世に無いが、登場時には景観を損ねるとして非難も受けたパンナムビルは、現在ではメットライフビルと名を変え、1960年代ニューヨークを偲ぶランドマークとなった感がある。しかし、なにせ普通のオフィスビルであり、屋上ヘリポー

Service from Pan Am Building

New York Airways 30 passenger helicopter landing atop the 59 story Pan Am building heliport in midtown Manhattan.

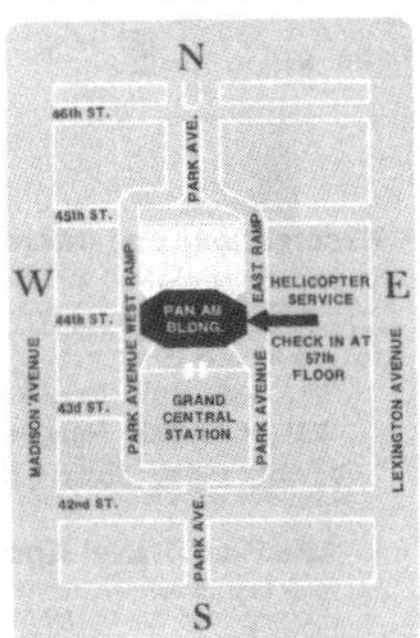

Passengers check in at the 57th floor.

Pan Am Check-In Service is available on the 57th floor of the Pan Am heliport.

TO KENNEDY INTERNATIONAL

LEAVE Pan Am	ARRIVE JFK	FLIGHT No.	LEAVE Pan Am	ARRIVE JFK	FLIGHT No.
8:30	8:46	910*	3:20	3:36	954
9:00	9:10	900*	3:30	3:40 AA	956*
9:20	9:36	912*	4:00	4:10	960
9:30	9:40	918*	4:20	4:36	962
10:00	10:16	920*	4:30	4:40	964*
10:20	10:36	922*	5:00	5:10	968
10:30	10:40	924*	5:20	5:36	970
11:00	11:10	901*	5:30	5:40	972*
11:20	11:36 AA	926*	6:00	6:10	976
11:30	11:40	930*	6:20	6:36	978
12:00	12:10 AA	932*	6:30	6:40	980*
12:20	12:36	934	7:00	7:10	984
12:30	12:40	936*	7:20	7:36	986
1:00	1:10	938	7:30	7:40	988*
1:20	1:36	940*	8:00	8:10 AA †	992
1:30	1:40	942*	8:20	8:36 AA	994*
2:00	2:10	944	8:30	8:40	996*
2:20	2:36	946			
2:30	2:40	948*			
3:00	3:10 AA	952			

* Except Saturday and Sunday
† Saturday and Sunday only

AA DENOTES FLIGHT STOPS AT THE AMERICAN AIRLINES TERMINAL.

TO LA GUARDIA

LEAVE Pan Am	ARRIVE LaGuardia	FLIGHT No.
8:30	8:36	910*
9:20	9:26	912*
10:00	10:06	920*
10:20	10:26	922*
11:20	11:26	926*
12:20	12:26	934
1:20	1:26	940
2:20	2:26	946
3:20	3:26	954
4:20	4:26	962
5:20	5:26	970
6:20	6:26	978
7:20	7:26	986
8:20	8:26	994

TO NEWARK

LEAVE Pan Am	ARRIVE Newark	FLIGHT No.
8:50	8:57	911*
9:50	9:57	919*
10:50	10:57	925*
11:50	11:57	931*
12:50	12:57	937
1:50	1:57	943
2:50	2:57	949
3:50	3:57	957
4:50	4:57	965
5:50	5:57	973
6:50	6:57	981
7:50	7:57	989

RED FIGURES—AM　　BLUE FIGURES—PM

RESERVATIONS AND INFORMATION
N.Y.—212-661-5100　　N.J.—201-623-2590

Service from John F. Kennedy

TO PAN AM BUILDING

LEAVE JFK	ARRIVE Pan Am	FLIGHT No.	LEAVE JFK	ARRIVE Pan Am	FLIGHT No.
8:11	8:27	909*	2:47	2:57	951
8:31	8:47	911*	3:17	3:27	955*
8:47	8:57	915*	3:31	3:47	957
9:11	9:27	917*	3:47	3:57	959
9:31	9:47	919*	4:17	4:27	963*
9:47	9:57	921*	4:31	4:47	965
10:11	10:27	923*	4:47	4:57	967
10:31	10:47	925*	5:17	5:27	971*
10:47	10:57	927*	5:31	5:47	973
11:11	11:27	929*	5:47	5:57	975
11:31	11:47	931*	6:17	6:27	979*
11:47	11:57	933*	6:31	6:47	981
12:11	12:27	935*	6:47	6:57	983
12:31	12:47	937	7:17	7:27	987*
12:47	12:57	939	7:31	7:47	989
1:11	1:27	941*	7:47	7:57	991
1:31	1:47	943	8:17	8:27	995*
1:47	1:57	945			
2:11	2:27	947*			
2:31	2:47	949			

AT KENNEDY AIRPORT ALL FLIGHTS TERMINATE AND ORIGINATE AT THE **PAN AM WORLDPORT GATE 9**

次ページの時刻表の内部より
パンナムビルからニューヨークの３つの空港への便が運航されていた

トなどパンナム華やかなりし時代の余韻を、一般の我々がもはや容易に触れることができないのは残念なことである。

New Schedule Effective March 1, 1977
PAN AM BUILDING
MANHATTAN
NEWARK
LA GUARDIA
KENNEDY INT'L
new york airways

パンナムビル線復活直後の時刻表
【1977年3月　ニューヨーク・エアウェイズ】

変わりゆく大都会の陰に消えた　ニューヨークの鉄道連絡船

ニュージャージー〜マンハッタン
（1966 年）

かつての連絡船桟橋はビル街に変貌

アメリカの鉄道輸送の成長時代である 19 世紀、経済の中心地であるニューヨークへは、当然のことながら多くの鉄道会社が競って路線を伸ばした。しかしその中心部は、深く入り込んだ湾と「マンハッタン島」を中心とした島であり、ここに線路を直接引き込んで連絡するためには橋やトンネルを建設する必要があり、大きな困難を伴った。こうした理由で、ニューヨークの周辺に到着した旅客や貨物は、連絡船や貨車航送用はしけに積み替えられてハドソン川を渡り、マンハッタン中心部

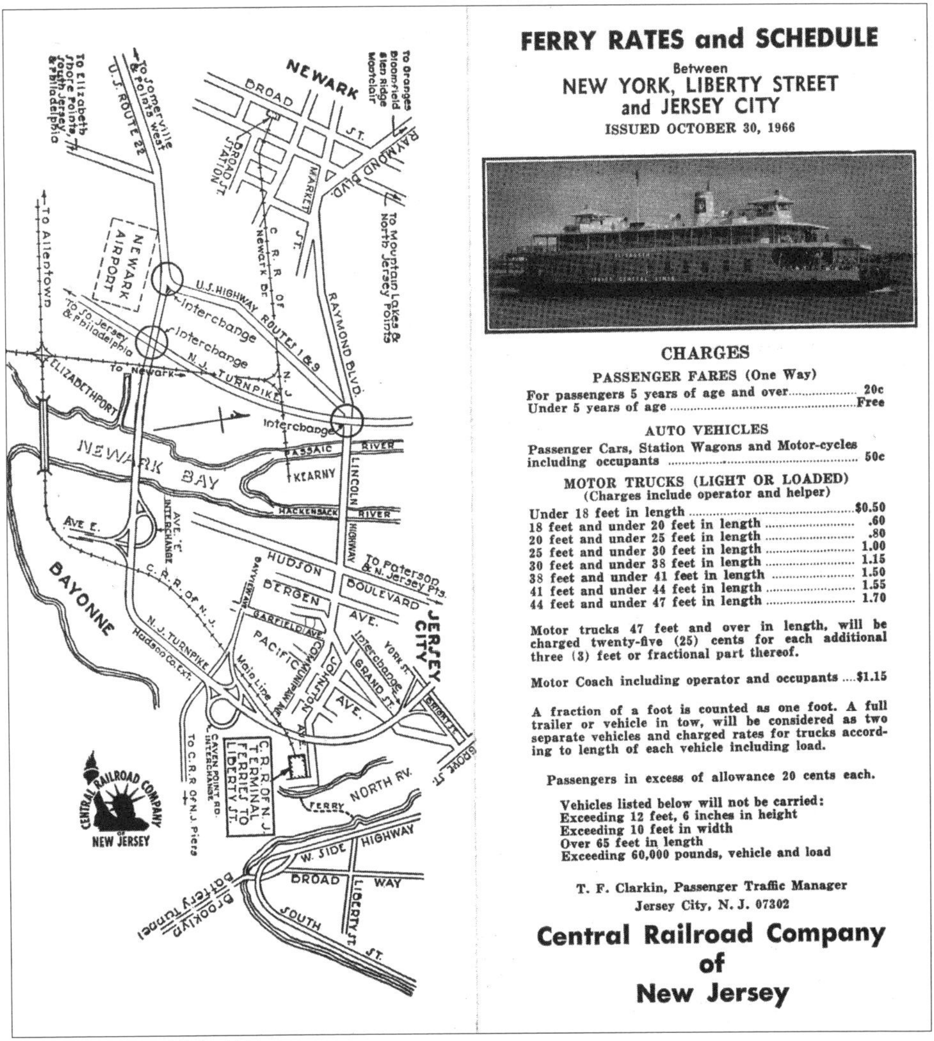

FERRY RATES and SCHEDULE

Between

NEW YORK, LIBERTY STREET and JERSEY CITY

ISSUED OCTOBER 30, 1966

CHARGES

PASSENGER FARES (One Way)

For passengers 5 years of age and over	20c
Under 5 years of age	Free

AUTO VEHICLES

Passenger Cars, Station Wagons and Motor-cycles including occupants	50c

MOTOR TRUCKS (LIGHT OR LOADED)
(Charges include operator and helper)

Under 18 feet in length	$0.50
18 feet and under 20 feet in length	.60
20 feet and under 25 feet in length	.80
25 feet and under 30 feet in length	1.00
30 feet and under 38 feet in length	1.15
38 feet and under 41 feet in length	1.50
41 feet and under 44 feet in length	1.55
44 feet and under 47 feet in length	1.70

Motor trucks 47 feet and over in length, will be charged twenty-five (25) cents for each additional three (3) feet or fractional part thereof.

Motor Coach including operator and occupants $1.15

A fraction of a foot is counted as one foot. A full trailer or vehicle in tow, will be considered as two separate vehicles and charged rates for trucks according to length of each vehicle including load.

Passengers in excess of allowance 20 cents each.

Vehicles listed below will not be carried:
Exceeding 12 feet, 6 inches in height
Exceeding 10 feet in width
Over 65 feet in length
Exceeding 60,000 pounds, vehicle and load

T. F. Clarkin, Passenger Traffic Manager
Jersey City, N. J. 07302

Central Railroad Company of New Jersey

マンハッタンへの連絡船時刻表
【1966 年 10 月　ニュージャージー・セントラル鉄道】

への移動を続けるという方式を取らなければならなかったのである。

ハドソン川には、ニューヨーク・セントラル鉄道やニュージャージー・セントラル鉄道をはじめとするいくつかの鉄道会社が、旅客と車を搭載する連絡船を運航していた。ニュージャージー・セントラル鉄道（CNJ）の場合、ジャージーシティ～リバティー・ストリート間を結ぶ路線が早朝から深夜までピストン運航されていた。なお、かつては24時間運航だったようであるが、ここに紹介した最晩年の時刻表の頃にはすでに深夜の運航を止めていたようである。ジャージー・シティは、ハドソン川西岸にあるCNJのターミナルで、リバティー・ストリートはローワー・マンハッタンの一角。ちなみに、これらのフェリーは、方向転換の手間を省くため、前後に操舵室と出入り口を備える独特の形態をしていた。

20世紀に入るとマンハッタンには地下鉄や道路のトンネルや橋が次々と伸び、連絡船の意義は次第に薄くなっていく。ここに紹介したものや、その他の鉄道会社が運航する連絡船も1967年までに運航を止め、渡し舟からの大都会の展望は歴史の中のひとコマとなってしまった。都市化は止まるところを知らず、CNJの連絡船が発着したマンハッタン側のターミナルであるリバティ・ストリートの近辺は埋め立てられ、隣には1970年代初頭にあの「世界貿易センター」のツインタワーがオープンしている。

ところで、一旦は消えたハドソン川の連絡船であるが、「歴史は繰り返す」の諺はここでも生きていた！　1986年、道路渋滞や通勤ラッシュといった問題の高まりを受けて、ハドソン川に水上バスが甦ったのである。運航会社はもはや鉄道会社ではなく、ニューヨーク・ウォーターウェイという新しい会社だった。なお、同社が運航する路線で、かつてのCNJの連絡船にもっとも近いものは、ホボケンのニュージャージー・トランジットターミナルと、マンハッタンのワールドファイナンシャルセンターを結ぶものであるが、平日の通勤時間帯は10分間隔という驚くべき高頻度で、朝から晩まで運航されている。運賃は大人4.5ドルであるから、約500円といったところだ。

同社は将来を期待された船出であったに違いないものの、この試みがのちにどれほど重要な役割を担うことになるか、同社の創業当時に想像できた人はいなかっただろう。2001年9月11日、同時多発テロ発生。未曾有の緊急事態に襲われたニューヨークでは、かつて連絡船を廃止に導いたトンネルや橋がその機能を制限されたが、このときに再び脚光を浴びたのは皮肉にも水上交通だったのだ。

そんな激動の歴史を秘めた、ニューヨークの水上交通。もしも今後ニューヨークへ行かれる機会があれば、いちど水上散歩を楽しんでみてはいかがだろうか。

ISSUED OCTOBER 30, 1966
(Subject to Change)

EASTERN STANDARD TIME

TO LIBERTY STREET, NEW YORK
Leave Jersey City Terminal

MONDAYS thru FRIDAYS
Except Nov. 8, 24, Dec. 26, Jan. 2, Feb. 22

A.M.	A.M.	A.M.	A.M.	NOON	P.M.	P.M.	P.M.
5.12	7.44	9.02	10.35	12.00	2.24	4.45	7.19
5.47	8.04	9.12	10.45	P.M.	2.45	4.52	7.30
6.15	8.11	9.24	10.57	12.15	2.55	5.02	7.47
6.37	8.16	9.36	11.10	12.22	3.14	5.15	8.19
6.46	8.30	9.45	11.22	12.45	3.24	5.30	8.46
7.05	8.36	9.55	11.30	1.05	3.45	5.45	9.21
7.13	8.42	10.17	11.45	1.19	3.57	6.00	9.47
7.32	8.55	10.22		1.30	4.05	6.15	10.19
				1.47	4.15	6.31	10.45
				1.57	4.24	6.45	11.19
				2.15	4.32	7.00	11.45

TO JERSEY CITY
Leave New York, Liberty Street

MONDAYS thru FRIDAYS
Except Nov. 8, 24, Dec. 26, Jan. 2, Feb. 22

A.M.	A.M.	A.M.	A.M.	NOON	P.M.	P.M.	P.M.
12.01	7.45	9.07	10.40	12.00	2.40	5.09	8.00
5.25	8.00	9.15	10.50	P.M.	3.00	5.17	8.33
6.00	8.17	9.25	11.00	12.15	3.10	5.30	9.00
6.30	8.23	9.40	11.15	12.30	3.30	5.45	9.35
6.50	8.28	9.50	11.25	12.45	3.45	6.00	10.00
7.00	8.43	10.00	11.35	1.00	4.00	6.13	10.31
7.18	8.48	10.10	11.45	1.20	4.10	6.30	11.00
7.30	9.00	10.30		1.35	4.20	6.45	11.30
				1.45	4.30	7.00	
				2.00	4.40	7.15	
				2.10	4.50	7.33	
				2.30	5.02	7.45	

前ページの時刻表の内部
これは月曜から金曜にかけての平日の時刻であるが、土日は運航本数が少なくなった

神戸～ブレノスアイレス
(1922/39/55/68年)

華やかさとは無縁の遠洋航路

神戸港を出航する遠洋航路の船便の出航予定一覧表がある。発行時期は1922年、発行者は神戸市栄町の『旅館／回漕業・高谷道之助』となっている。なぜ旅館が遠洋航路の出航予定表を発行していたのかというと、過去のある時期、港に近い旅館に連泊しながら旅行の支度を整えて海外への旅立ちの日を迎えるという人が少なくなかったからである。こうした人々の旅はちょっと特別だった。普通、旅というのは出掛けて行って元の場所に再び戻ってくるのが一般的。しかし、かつて神戸港から海外に出掛けていった旅人には、日本への帰国を前提としていない人々も数多くいた。海外移住者――俗にいう「移民」である。

近代日本の海外移住の歴史は明治時代に遡る。農村における貧富の差の拡大などが背景にあって、自営農業による豊かな暮らしを夢見て多くの人々が海外へ新天地を求めた。当初はハワイやアメリカへ、そしてアメリカが移住者を制限するようになると南米へとその行き先は変遷していく。日本では海外移住といえばブラジルやアルゼンチンがその代名詞であり、本国からの遥かな距離感のせいか今日でも独特の感慨を持って語り伝えられることが少なくない。ブラジルへ第一回の組織的な海外移住が行われたのは1908年、ちょうど今から一世紀前のことだった。

この出航予定表の欄外には、こうした海外移住者を受け入れた旅館（移民宿ともいわれた）の役割が書かれており、それによると、宿泊以外に乗船手続きのサポートなども行っていたことがわかる。なお、離日よりも相当早く港に着くことの必要性であるが、以下の記述にその答えがある。

『御乗船御確定被遊候はば十二指腸蟲及び検眼を本船出帆五日以前に執行致すことと相成居候間何卒六七日以前に御来店被下度願上候然らば検査水上署旅券照査其他手続きは総て終了』

海外移住者の受入国がもっとも神経質になっていたのが寄生虫や伝染病の移入。したがって、日本を離れるにあたっては健康診断が行われ、不適格者は乗船を許されなかったのである。

さて、これらの海外移住者は一度に何百人もが渡っていったため、彼らを運ぶ船も特殊だった。それは、船倉に蚕棚とも形容される多段式の寝床を装備した大量輸送を主眼においた船であり、彼らの旅路は豪華な食事や広いデッキといった遠洋航路の華やかさとは無縁なものだったのである。日本の遠洋航路は東洋汽船（のち日本郵船）と大阪商船が担ってきたが、海外移住に関連した特に南米方面への航路についても両社が運航していた。最初に紹介した1922年の出航予定表でも、南アフリカ経由神戸～ブエノスアイレス間を大阪商船が、太平洋経由神戸～バルパライソ（チリの首都・サンティアゴの外港）間を東洋汽船が、それぞれ月1便ペースで運航していた。前者の場合、船賃は一等が847円・三等が225円となっているが、海外移住者については国が渡航費を補助する制度もあった。

南米への移住は昭和ひとケタに最盛期を迎える。そんな時期の1928年に、海外興業という会社がブラジル移住希望者向けに発行した『南米ブラジル国行家族移殖民案内』というパンフレットがある。海外興業とは、海外移住をあっせんすることを目的に設立された会社。北海道から沖縄までの各都道府県に世話役が置かれ、移住希望者を募っていた。なお、この資料で「移民」とはコーヒー園における労役に従事するもので、「殖民」とは土地を譲り受けて独立経営を行う人とされている。

パンフレットは南米の概要にはじまり、移住資格要件や申請要項、移住先での生活の様子までが写真を交えて述べられている。移住に対する受入国側の姿勢が徐々に厳しくなっていたせいか、『一攫千金は期待せず、永住の基礎を造ってブラジルの為にも利益となるべき仕事を興さねばならない』といった厳しい記述もある。もっとも、海外移住は心構えだけで成功するものではない。特に、未開の原野を開墾して経営的に成り立たせるということは、天候などの自然条件にも大きく左右さ

大正拾壹年度汽船發着表

●日本郵船會社ヴヰクトリヤシヤトル間發着表

船名	神戸發	横濱發	シヤトル着	シヤトル發	横濱着	神戸着
鹿島丸	一月八日	一月十三日	一月廿六日	二月十一日	二月廿五日	三月二日
諏訪丸	一月廿九日	二月三日	二月十六日	三月三日	三月十八日	三月廿四日
●伏見丸	二月十九日	二月廿四日	三月九日	三月廿四日	四月七日	四月十四日
香取丸	三月十一日	三月十六日	三月廿九日	四月十三日	四月廿七日	五月四日
●鹿島丸	三月卅一日	四月五日	四月十八日	五月三日	五月十七日	五月廿四日
諏訪丸	四月廿一日	四月廿六日	五月九日	五月廿四日	六月七日	六月十四日

●印ハ長崎經由マニラ行　（ヴヰクトリヤ着ハシヤトル着ト同日）

●大阪商船會社ヴヰクトリヤシヤトル間發着表

船名	神戸發	横濱發	シヤトル着	シヤトル發	横濱着	神戸着
アラバマ丸	一月三日	一月七日	一月廿一日	二月八日	二月廿四日	二月廿六日
アラビヤ丸	一月十七日	一月廿一日	二月四日	二月廿二日	三月十日	三月十三日
●アリゾナ丸	二月四日	二月八日	二月廿二日	三月十一日	三月廿六日	三月廿九日
マニラ丸	二月十七日	二月廿一日	三月六日	三月廿四日	四月八日	四月十一日
●アフリカ丸	三月十二日	三月十六日	三月廿九日	四月十五日	四月卅日	五月三日
ハワイ丸	三月十九日	三月廿三日	四月五日	四月廿一日	五月六日	五月九日
●アラバマ丸	四月四日	四月八日	四月廿一日	五月八日	五月廿三日	五月廿六日
アラビヤ丸	四月廿一日	四月廿六日	五月八日	五月廿四日	六月八日	六月十一日
●アリゾナ丸	五月九日	五月十三日	五月廿六日	六月十二日	六月廿七日	六月卅日
マニラ丸	五月廿日	五月廿四日	六月六日	六月廿二日	七月七日	七月十日
●アフリカ丸	六月十日	六月十四日	六月廿七日	七月十三日	七月廿八日	七月卅一日
ハワイ丸	六月十八日	六月廿二日	七月五日	七月廿一日	八月五日	八月八日

●印ハ長崎經由マニラ行　（ヴヰクトリヤ着ハシヤトル着ト同日）

●大阪商船會社南阿經由南米行出帆表

船名	出帆日	船名	出帆日
ヨコマ丸	一月三十日	ヨコマ丸	七月三十日
パナマ丸	二月廿八日	パナマ丸	八月三十日
シヤトル丸	三月三十日	シヤトル丸	九月三十日
メキシコ丸	四月三十日	メキシコ丸	十月三十日
シカゴ丸	五月三十日	シカゴ丸	十一月三十日
カナダ丸	六月三十日	カナダ丸	十二月三十日

●東洋汽船會社、布哇、桑港間發着表

船名	神戸發	横濱發	ホノルヽ着	桑港着	桑港發	ホノルヽ發	神戸着
波斯丸	一月十三日	一月十六日	一月廿七日	二月四日	二月十一日	二月十九日	三月八日
大洋丸	一月廿四日	一月廿七日	二月五日	二月十二日	二月廿一日	二月廿七日	三月十日
サイベリヤ丸	二月十一日	二月十三日	二月廿二日	三月一日	三月十日	三月十六日	三月廿七日
●天洋丸	二月十九日	二月廿二日	三月三日	三月十日	三月十八日	三月廿四日	四月四日
コレヤ丸	三月四日	三月七日	三月十六日	三月廿三日	四月一日	四月七日	四月十八日
●春洋丸	三月十七日	三月廿日	三月廿九日	四月五日	四月十三日	四月十九日	四月卅日
波斯丸	四月七日	四月十日	四月廿一日	四月廿九日	五月五日	五月十二日	五月廿五日
●大洋丸	四月十三日	四月十六日	四月廿五日	五月二日	五月十一日	五月十七日	五月廿八日
サイベリヤ丸	五月一日	五月四日	五月十三日	五月廿日	五月廿八日	六月三日	六月十四日
●天洋丸	五月十日	五月十三日	五月廿二日	五月廿九日	六月七日	六月十三日	六月廿四日
●コレヤ丸	五月廿二日	五月廿五日	六月三日	六月十日	六月廿日	六月廿六日	七月七日
●春洋丸	六月七日	六月十日	六月十九日	六月廿六日	七月五日	七月十一日	七月廿二日
波斯丸	六月廿二日	六月廿五日	七月六日	七月十四日	七月廿一日	七月廿八日	八月十日
●大洋丸	六月卅日	七月四日	七月十三日	七月廿日	七月廿九日	八月四日	八月十五日
サイベリヤ丸	七月十七日	七月廿一日	七月卅日	八月六日	八月十五日	八月廿一日	九月一日
天洋丸	七月廿八日	八月一日	八月十日	八月十七日	八月廿六日	九月一日	九月十二日
●コレヤ丸	八月八日	八月十二日	八月廿一日	八月廿八日	九月六日	九月十二日	九月廿三日
●春洋丸	八月廿三日	八月廿七日	九月五日	九月十二日	九月廿一日	九月廿七日	十月八日
波斯丸	九月七日	九月十日	九月廿一日	九月廿九日	十月六日	十月十三日	十月廿六日
●大洋丸	九月十八日	九月廿二日	十月一日	十月八日	十月十七日	十月廿三日	十一月三日
サイベリヤ丸	十月三日	十月六日	十月十五日	十月廿二日	十月卅一日	十一月六日	十一月十七日
天洋丸	十月十三日	十月十六日	十月廿五日	十一月一日	十一月十日	十一月十六日	十一月廿七日
●コレヤ丸	十月廿七日	十月卅日	十一月八日	十一月十五日	十一月廿五日	十二月一日	十二月十二日
●春洋丸	十一月十日	十一月十三日	十一月廿二日	十一月廿九日	十二月七日	十二月十三日	十二月廿四日

●印ハ長崎經由マニラ行

●東洋汽船會社南米行出帆表

船名	神戸發	横濱發	ホノルヽ着	桑港着	サンピード着	サリナクルズ着	バルボア着	カイヤオ着	イキケ着	バルパライソ着
銀洋丸	三月六日	三月十二日	三月廿六日	四月六日	四月十日	四月十九日	四月廿四日	五月二日	五月十二日	五月十六日
安洋丸	四月十一日	四月十七日	五月一日	五月廿一日	五月廿五日	六月三日	六月八日	六月十六日	六月廿六日	六月三十日
靜洋丸	五月廿六日	六月一日	六月十五日	六月廿六日	六月三十日	七月九日	七月十四日	七月廿二日	八月一日	八月五日
樂洋丸	七月六日	七月十二日	七月廿六日	八月十五日	八月十九日	八月廿八日	九月二日	九月十日	九月廿日	九月廿四日
銀洋丸	九月四日	九月十日	九月廿四日	十月五日	十月九日	十月十八日	十月廿三日	十月卅一日	十一月十日	十一月十四日
安洋丸	十月廿一日	十月廿七日	十一月十日	十一月三十日	十二月四日	十二月十三日	十二月十八日	十二月廿六日	大正十三年一月五日	大正十三年一月九日
靜洋丸	十二月二日	十二月八日	十二月廿三日	一月四日	一月八日	一月十七日	一月廿二日	一月三十日	二月九日	二月十三日

南米行運賃

國名	港名	一等	二等	三等	三等（移民）
北米	サンピードロ	二百四十四弗	……	……	……
墨西哥	「マンザニーヨ」又ハ「サリナクルズ」	四百六拾九圓	貳百八拾壹圓	百參拾圓	百四圓五拾錢
巴奈馬	バルボア	五百六圓	參百六圓	百四拾圓	百四拾圓
秘露	カイヤオ	五百參拾壹圓	參百參拾壹圓	百五拾圓	百拾五圓五拾錢
秘露	モイエンド	五百九拾四圓	參百六拾九圓	百七拾圓	百貳拾壹圓
智利	「イキケ」又ハ「アリカ」	五百九拾四圓	參百六拾九圓	百七拾圓	百七拾圓
智利	「バルパライソ」	六百五拾六圓	四百六圓	百八拾圓	百參拾貳圓

船賃及渡航費表

東洋汽船會社船

布哇	桑港
米貨貳百參拾七弗　一等船賃（大型船）	米貨參百拾壹弗　一等船賃（大型船）
米貨貳百拾四弗　一等船賃（斯波丸）	米貨貳百參拾七弗　一等船賃（斯波丸）
米貨百參拾九弗　二等船賃（大洋丸）	米貨百八拾壹弗　二等船賃（大洋丸）
米貨百拾九弗　二等船賃（大型船）	米貨百五拾六弗　二等船賃（大型船）
金貳百圓　特別三等船賃（大洋丸）	金貳百參拾圓　特別三等船賃（大洋丸）
金百八拾圓　同（サイベリヤ丸）	金貳百拾圓　同（サイベリヤ丸）
金八拾六圓　三等船賃	金百參圓　三等船賃

大型船ハ天洋丸春洋丸コレヤ丸サイベリヤ丸

日本郵船會社船

晩シヤトル香坡ルトヤシ
金六百貳拾貳圓　一等船賃
金參百五拾七圓　二等船賃
金百參圓　三等船賃

大阪商船會社船

晩シヤトル香坡ルトヤシ
金四百七拾圓　一等船賃
金百參圓　三等船賃
二等船室ノ設備ナシ

南阿經由南米
金八百四拾七圓　リオデジヤネイロ　サントス　ブエノスアイレス行　一等船賃
金貳百貳拾五圓　同上行　三等船賃
二等船室ノ設備ナシ

米領行
金拾六圓　入國税　十六歳未滿ノモノニシテ親同伴ノ場合ハ要セズ
金拾八圓　米國領事旅券裏書料

小兒運賃
二歳未滿十分ノ一
十歳未滿二分ノ一

附帶費用
金五拾錢　旅具檢査料（米領行三等船客ニ限ル）
金五拾錢　健康診斷料
金壹圓五拾錢　艀賃及取扱手數料

船席保留
一、二及特別三等船席ハ前以テ運賃四分ノ一御遞付被下度當店ヨリ會社ヘ納入豫約可仕候

稟告

▲弊店は海外御渡航者取扱を専業とし加ふるに數十年來の經驗に徴し諸氏の最も御苦慮せらるゝ乘船其他御渡航に關する一切の手續は懇切に且つ叮嚀確實を本意とし諸事遺憾なく御周旋可申上候間御安意の上御來店の程奉希上候

▲神戸港より御乘船の御客に對して横濱に於て何等の手續を要せず殊に近來神戸港積年の發展は遙に他の乘船港を凌駕致し諸般の設備整頓は申迄も無之就中宿泊料の如きも神戸は横濱に比し低廉なれば御渡航者に取り多大なる御便宜と御利益を受けらるゝ事明白に御座候尚横濱又は長崎より御都合上神戸港へ御乘船地變更は容易に御座候兵庫縣廳に於て旅券御請取被遊御方樣は弊店に於て萬事不都合無之樣取扱ひ申上候間御懸念なく御委任被下度候

▲御乘船御確定被遊候はゞ十二指腸蟲及び檢眼を本船出帆五日以前に執行致すことゝ相成居候間何卒六七日以前に御來店被下度順上候樣らば檢査水上警察旅券照査其他手續きは總て終了仕候御乘船名御決定被遊候はゞ御地御出發以前御一報被下度然らば當地停車場又は波止場迄御出迎ひ可申上候

▲弊店に御光來被下候節は御順路神戸驛御下車最も御便利に御座候

廣島縣
和歌山縣　海外協會指定旅館

旅館
回漕業　高谷道之助

本店　神戸市榮町六丁目
電話元町｛一長八五四番／一七三七番

神戸港における遠洋航路の発着予定表
【1922年　旅館・回漕業高谷道之助】

れることであり、すべての人々が成功できたわけではなかった。

50日の船旅は現地で生きぬくためのプロローグ

ところでこの資料が発行された当時、ある画期的な施設が神戸にオープンしている。それは「神戸移民収容所」。海外移住は、移住先の国のことを事前に勉強しなければならない。語学や生活習慣はもちろん、それ以前に相手国の入国審査にいかにパスするかということも重要だ。そこで、海外移住を目前にした人々を合宿させながら、これらに関する総合的な教育を施すことを目的として国が開設した施設だった（ちなみに、開設4年後に「収容所」から「教養所」へ名前が変更されている)。もちろん、この施設の完成が、最初に述べた移民宿の経営に大きな影響を与えたであろうことは想像に難くない。

移民収容所が開設されてしばらく後、ここでの生活の描写に始まり、南米への道中における移民たちの生き様を綴った社会派小説が書かれている。石川達三の『蒼氓』。これは石川自身が大阪商船の「らぷらた丸」に乗船して、ブラジル・サントスへ向かった体験に基づいた作品である。この当時、大阪商船は「らぷらた丸」のほかに「さんとす丸」「もんてびでお丸」といった新鋭3隻を含む5隻を南米西岸航路に就航させ、月1便の割で横浜～神戸～ブエノスアイレス間を運航していた。神戸からブエノスアイレスまでの所要日数は50日程度。寄港地は、香港・サイゴン（ホーチミン)・シンガポール・コロンボ・ダーバン・ケープタウン・リオデジャネイロ・サントス・モンテビデオである。なお、南米からの帰港についてはパナマ運河を経由してロサンゼルスに向かい、太平洋経由で日本に戻る世界一周航路となっていた。

50日に亘る旅の中ではいろいろな催し物も開催された。同じ頃に発行された日本郵船の「ブラジル及びアルゼンチン渡航案内」には、「船中童話劇」「船中運動会」「赤道祭」といった写真が掲載され、乗船者たちが運命共同体として結束していく旅路の様子が偲ばれる。その一方、本国を離れると人目が無いことでワガママになりがちであり、そこは努めて自制し、移住後の生活のためになる知識の習得にいそしむべきという戒めも書かれているあたり、お気楽な旅ではない厳しさも感じられる。

しかし戦前の海外移住の全盛期はここまでで、1934年にはブラジルで移住者の受入数を極端に制限する規定が定められるなど、1930年代に入ると海外移住を取り巻く環境は厳しくなる一方であった。そんな中、日本には軍国主義の影が忍び寄り、有事の際に軍用に転用できるような高性能な船を、補助金を出すことで造らせようという思惑が渦巻いていた。そんな国策的要請から太平洋戦争も間近い1939年、それまではいかに移住者を詰め込むかという実用本位な印象が強い南米航路の船に、戦前の日本客船の最高峰のひとつに数えられる画期的な姉妹がデビューした。大阪商船の「あるぜんちな丸」「ぶら志゛る丸」である。もっともこれらの船は、流麗な容姿や贅を尽くした内装といった豪華客船としての素晴らしさの一方で、それらを国産品で造ったという国威発揚的なプロパガンダや、有事の際には空母への転用を考えた

初代「あるぜんちな丸」処女航海時の運航予定表
【1939年　大阪商船】

構造や性能を持つなど、時代に翻弄される運命を背負った船でもあった。

1939年に発行された大阪商船の南米航路・アフリカ航路の案内（英語版）には、「あるぜんちな丸」処女航海の予定が掲載されている。7月15日に神戸を発ち、8月27日にブエノスアイレス着というスケジュールからも、それまでの船よりも高性能なことがうかがえるだろう。しかし、「あるぜんちな丸」は戦時中に航空母艦へ改造されたため、客船として活躍できたのはわずか2年あまりの短い期間。しかもその後半は、南米航路という本来の役割とは正反対の、中国大陸・大連への近海航路が活躍の場だった。

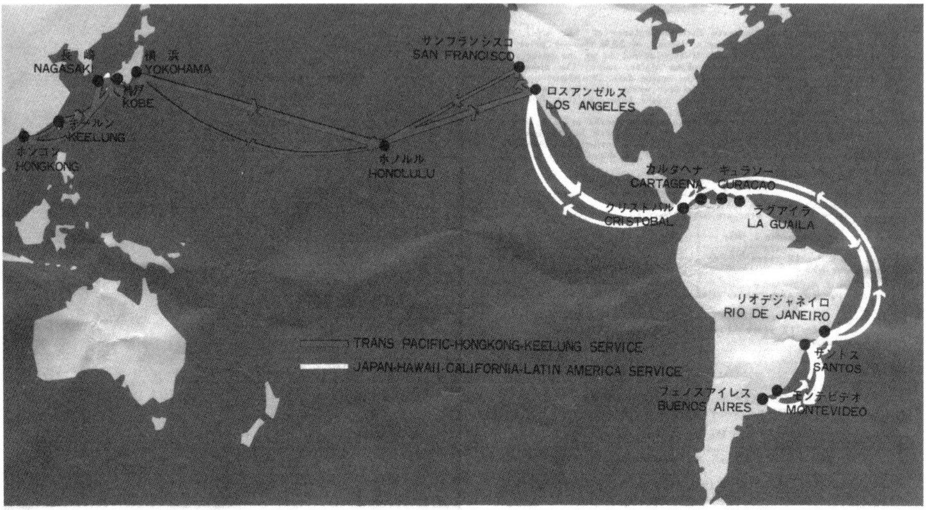

ARGENTINA MARU	B (2 Berth Cabin)	6Cabins (12Berths)
	B (Single Cabin)	1Cabin (1Berth)
	C (2 Berth Cabin)	5Cabins (10Berths)
	Ea (4 Berth Cabin)	16Cabins (64Berths)
	Ea (2 Berth Cabin)	4Cabins (8Berths)
	Eb (2 Berth Cabin)	11Cabins (22Berths)
	Ec (4 Berth Cabin)	50Cabins (200Berths)
	Ed (6 Berth Cabin)	7Cabins (42Berths)
	Ed (8 Berth Cabin)	2Cabins (16Berths)
	TOTAL	102Cabins (375Berths)
BRAZIL MARU	B (2 Berth Cabin)	6Cabins (12Berths)
	Ea (4 Berth Cabin)	17Cabins (68Berths)
	Eb (2 Berth Cabin)	12Cabins (24Berths)
	Eb (Single Cabin)	2Cabins (2Berths)
	Ec (4 Berth Cabin)	54Cabins (216Berths)
	Ed (6 Berth Cabin)	5Cabins (30Berths)
	Ed (8 Berth Cabin)	1Cabin (8Berths)
	TOTAL	97Cabins (360Berths)
SAKURA MARU	Suite (2 Berth)	2Suite's (4Berths)
	A (2 Berth Cabin)	6Cabins (12Berths)
	Bo (2 Berth Cabin)	10Cabins (20Berths)
	Bi (2 Berth Cabin)	10Cabins (20Berths)
	Co (4 Berth Cabin)	12Cabins (48Berths)
	Ci (4 Berth Cabin)	12Cabins (48Berths)
	Es (Dormitory Type)	2Blocks (288Berths)
	TOTAL	54Cabins (440Berths)

CABIN　ECONOMY

南米航路晩年の頃の「船客サービスご案内」
【1968年4月　大阪商船】

海外移住の再興と黄昏

戦前から戦中にかけて不遇の生涯を辿った「あるぜんちな丸」と「ぶら志゛る丸」であるが、戦後になってその名は南米航路にカムバックを遂げる。サンフランシスコ講和条約を受けて日本が独立を回復した1952年、日本人の海外移住も再開された。これに伴い、大阪商船も新たな船を建造して南米方面へ配船する。1952年の「さんとす丸」を皮切りに、1954年には懐かしい「ぶらじる丸」も登場。1955年4月に発行された大阪商船南米航路の出航予定表（カラーページ参照）を見ると、ぶらじる丸・さんとす丸・あめりか丸といった貨客船のほか、貨物主体の「らぷらた丸」(12名まで船客の乗船も可能）など5隻で月1便が運航されていた。離日する港は神戸の便と横浜の便があったが、横浜／神戸〜ブエノスアイレス間のルートは行きも帰りも太平洋経由となり、ロサンゼルス・クリストバル・リオデジャネイロ・サントス・モンテビデオを経由して片道約55日掛かることとなった（その他の港にも必要に応じて寄航)。なお、「ぶらじる丸」の僚友「あるぜんちな丸」の名は1958年に復活している。

ではインド洋〜アフリカを経由する伝統的なルートはどうなったのかというと、この航路は1955年当時、貨物専用船による運航のため旅客の乗船はできなかった。船脚の遅い貨物船を使って多くの港に寄航していたため、神戸〜リオデジャネイロ間の所要日数は戦前の最盛期に及ばない約2ヶ月を要していた。

話を元に戻そう。大阪商船のパナマ経由南米航路は、単に日本発の遠洋航路というだけではなく、日本郵船のシアトル航路に再就航した「氷川丸」が1960年に現役引退して以降は日本最後の遠洋定期客船航路という希少な存在となった。

1968年に大阪商船三井船舶（注）から発行された「船客サービスのご案内」を見ると、就航船は「あるぜんちな丸」「ぶらじる丸」に「さくら丸」を加えた3隻。これには客室の案内も掲載されているが、そこに従来のような蚕棚の3等船室はない。もちろん海外移住者の輸送も引き続き行われていたが、高度成長によって日本国内でも経済的に豊かな生活を送れるようになったこともあり、海外移住者数自体が激減していた。また、飛行機による海外旅行が一般的になると、昔のように蚕棚式ベッドに押し込まれて旅をするスタイルは時代遅れにほかならない。そこで船旅を楽しむ観光客の需要を見込んで1960年代半ばに改造が実施され、従来の3等船室は“エコノミー・クラス”として4人部屋などの個室になったのである。しかし海外移住者はおろか観光客の乗船も芳しいものではなく、こうして日本発最後の遠洋定期客船航路は1973年を以って姿を消した。「あるぜんちな丸」はそのまま会社にとどまってクルーズ客船に改造され、「ぶらじる丸」は三重県の鳥羽に繋留されて観光施設となった（経営不振で閉鎖されたが、スクラップとして売却されたはずの中国でなぜか解体されずに再び観光施設になっている)。

（注）政府の方針で海運会社の集約が推進され、1964年に大阪商船は三井船舶と合併して「大阪商船三井船舶」となった。

	船名	航海次数	神戸発	横浜発	ホノルル発	ロスアンゼルス発	クリストバル着	キュラサオ着	ラガイラ着	リオデジャネイロ着	サントス着	ブエノス着
	ぶらじる丸	40	12月27日	12月30日	1月 8日	1月15日	1月24日	1月26日	1月27日	2月 6日	2月 8日	2月15日
1968	あるぜんちな丸★	29	1968 2月28日	3月 2日	3月11日	3月17日	3月26日	3月28日	3月30日	4月10日	4月12日	4月18日
	さくら丸	11	3月30日	4月 2日	4月12日	4月19日						
	ぶらじる丸	41	4月29日	5月 3日	5月12日	5月19日	5月28日	5月30日	5月31日	6月11日	6月13日	6月20日
	さくら丸	12	5月30日	6月 2日	6月12日	6月19日						
	あるぜんちな丸★	30	6月29日	7月 2日	7月11日	7月17日	7月26日	7月28日	7月29日	8月 9日	8月11日	8月17日
	さくら丸	14	7月30日	8月 2日	8月12日	8月19日						
	ぶらじる丸	42	8月30日	9月 2日	9月11日	9月18日	9月27日	9月29日	9月30日	10月11日	10月13日	10月19日

1968年の大阪商船三井船舶・南米航路スケジュール　（左ページの資料より）

コラム⑥
世界最南の○○は函館なみ？

世界最北ネタに多くの分量を割いてしまったが、当然、世界最南の○○というものも存在する。しかし、世界最北と比べて最南はいまひとつパッとしない。というのも、南極を除く人間の定住地の最南は南アメリカであるが、それでもせいぜい南緯54度が極限に過ぎず、北緯80度に迫るスヴァールバル諸島にはかなり及ばない。

世界最南の街は、南米の先端・フエゴ島周辺の島にあるチリ領のプエルトウィリアムス。島なのでここに到達するには飛行機か船を使うしかなく、チリのプンタアレナス〜プエルトウィリアムス間を飛ぶDAP航空が世界最南の航空路線ということになる。ちなみにこのDAP航空、チリからの南極ツアー（といっても南極半島先端まで行くだけであるが）も催行しており、自然の中で生きるペンギンやアザラシに会うことができる。

プエルトウィリアムスの対岸はアルゼンチン領で、ウスワイアという街がある。こちらはプエルトウィリアムスよりも格段に規模が大きく、長年に渡ってプエルトウィリアムスと世界最南端の街のタイトルを争ってきた。実際、ウスワイア空港の方が発着数も発着方面も多く、各地から定期便が毎日きちんと発着する空港という点ではこちらを名実ともに世界最南と認定してもよさそうだ。

このウスワイアであるが、世界最南に位置する鉄道が出ていることでも知られている。といっても、アルゼンチン領内の鉄道ネットワークとは完全に切り離された観光鉄道であり、国立公園内の移動手段として小型の列車が走っているに過ぎない。しかし、その名はそのものズバリ「世界の果て鉄道」！　非常に分かりやすい。

では、その国のネットワークに接続された鉄道という前提ではどうかといえば、現在の最南端はチリのプエルトモント駅ということになりそうだ。アルゼンチンは？とお思いの方もいらっしゃるかもしれない。かつて4万キロの鉄道網を有し南米の鉄道王国ともいわれたアルゼンチンは、1990年代以降に民営化とそれに伴う合理化の影響で路線の廃止が相次ぎ、昔日の面影はまったく無くなった。アルゼンチンには「オールドパタゴニア・エクスプレス」という世界の鉄道愛好家憧れの的の辺境列車が走る鉄道があるが、この終着駅・エスケルが南緯42度である。かつてはアルゼンチン国内の鉄道路線網につながっていたこの路線も、今では保存鉄道的に末端部のエルマイテン〜エスケル間がかろうじて存続しているに過ぎない。

プエルトモントは奇しくもエスケルよりわずか

チリ国鉄の時刻表
【1958年1月】

に北の南緯41度。1993年に一旦は廃止された路線であるが、2005年にテムコ～プエルトモント間が復活して今に至る。なお、緯度41度というと日本では函館に相当するが、北緯70度越えの世界最北の鉄道と比較すると、南半球はまだまだ甘い？

(注) 実際にはチリの鉄道は最近になって各所で寸断状態にある模様。今後の動向は予断を許さないだろう。

第五章　太平洋

希望と涙が渡った遥かなる架け橋

JIKOKUHYO SEKAISHI

真珠湾攻撃を生き抜いて力尽きた
古きよきハワイの汽車

ホノルル〜カフク
(1921年)

沿線の観光資源を活用したイベントも開催

常夏の楽園として、また、太平洋戦争開戦の地として知られるハワイに、実用交通機関としての鉄道が存在したことを知る人は今日では少ないのではないだろうか？　その名は「オアフ鉄道」。ハワイ随一の都市・ホノルルから、オアフ島沿岸をカフクに至る路線の他、内陸のワヒアワへの支線があった。

オアフ鉄道は、19世紀中頃にハワイに移住し、砂糖工場の経営を始めたアメリカ人・ディリングハムによって1889年に開業した鉄道である。その最大の役割は、砂糖やパイナップルに代表される農産品を、産地からホノルル港へ運搬するというものであったが、その風光明媚な沿線は観光開発の対象となり、やがて途中のハレイワにはリゾートホテルが建設され、ホノルルからの1日ツアー（それに参加する観光客向けに、列車には展望車が連結されていた）が催行されていた。他にも、フィルムメーカーのコダックと提携したイベントとして、写真撮影会列車なども運行されたという。

1921年11月の時刻表によると、ホノルルから終点のカフクへの直通列車は1日2往復で、片道約3時間を要していた。表紙に掲載された地図によると、オアフ島を海岸沿いにぐるりと半周するような路線だったことがわかり、車窓から見る太平洋の眺望はさぞかし絶景だったことが偲ばれる。なお、前述の定期列車のほか、日曜のみは「ハレイワ・リミテッド」という1等専用列車も運行されていた。

ところで、オアフ鉄道の持ち味は、その車窓の展望や沿線のリゾート開発といったことだけではない。ハワイは1893年に王政が廃止され、その5年後にはアメリカに併合されている。その半世紀後、1941年12月には日本軍による真珠湾（パール・ハーバー）攻撃を経験。そうした激動の歴史をみつめた鉄道でもあった。オアフ鉄道の支線にはパール・ハーバーの海軍施設への引込み線もあり、そこに勤務する工員や軍人を運ぶ通勤列車も運転されていた。

そうした時代の荒波をオアフ鉄道はなんとか生き抜いてきたが、自動車万能時代の到来は田舎のローカル鉄道の存在意義を失わせ、終戦から間もない1947年に大部分の区間の運行を停止。廃線となった。しかし、この夢のような鉄道は廃止されてもなお人々の郷愁を集め、一部区間が当時の車輌を使用して今では観光鉄道として復活運行されている。

オアフ鉄道時刻表
【1921年11月　同社発行】

空と海から日本の委任統治領を結んだ
南洋行き定期便

横浜〜サイパン
(1936/41 年)

後に激戦地となる島々に夢を託した時代

太平洋戦争の激戦地となった、サイパンを中心とする南洋群島。ここは元々ドイツ領だったのが、第一次大戦の戦後処理の過程で、1920 年に国際連盟で日本による委任統治が認められた場所である。江戸時代の鎖国の世から解き放たれ、明治時代になって近代国家への変身を遂げた日本は外の世界にも目を向け始めるが、そのときに勃興したのが「南へのまなざし」であった。広大な太平洋とそこに点在する未開発の島々は無限の可能性を秘めているように思われた。そんな日本にとって委任統治という形での南洋群島領有は、手付かずの金鉱を手にしたような感覚だったことだろう。

こうして日本の統治下に入った南洋群島には、「南洋庁」が開設されて施政に当たった。サトウキビに代表される農産資源の開発を目指して日本からは企業資本や移住者が流入。移住者の中には、気候的に似ていた沖縄の人々が多かったという。こうして順調に発展するかと思えた南洋群島開発であるが、やはり台風などの厳しい気候条件が襲いかかる上、もともと近代的な経済体制とは縁遠い土地。なかなか事業がうまく成功しなかったというのが実情であった。しかし、この苦難も時代の要請により克服されるときが来る。

1930 年代に入って日本が積極的に中国大陸をはじめとするアジア近隣に勢力を広げ始めると、「南進論」もさらに熱を帯びてきた。サイパンを中心とする「内南洋」から、そのさらに南、ニューギニアやボルネオといった「外南洋」へと関心は広がっていった。そんな時代に台頭したのが南洋興発という企業だった。中国大陸における南満洲鉄道（満鉄）とよく対比されるように、南洋群島における何でも屋的存在の企業である。中心となる製糖事業の周辺には鉱工業をはじめとする広い事業分野を持ち、国策というバックグラウンドと大規模な経営で成功を収めたのである。

南洋群島に熱い視線が送られる中、日本の内地と南洋を結ぶ交通機関もその需要に応じて大きな進歩を遂げた。当時、日本郵船が運航していた南洋方面への航路には大きく分けて 3 種類が存在していた。

●**西廻り航路**
横浜〜サイパン〜パラオ〜ダバオ（ダヴァオ）

●**東廻り航路**
横浜〜サイパン〜トラック（チューク）〜ヤルート

●**東西連絡航路**
横浜〜パラオ〜トラック

1936 年 4 月以降の運航スケジュール表を見ると、それぞれの航路は 1 ヶ月に 1 〜 2 便の設定であったが、これらの合間にサイパン折り返し便が合間に設定されていた。したがって、サイパンへは週 1 便の頻度で就航していたことになり、需要の高さがうかがえるだろう。また、この航路は他の航路で古くなった中古船を回してくるのが一般的であったが、1934 年以降は「サイパン丸」「パラオ丸」という新造貨客船が投入された。それまでの船は横浜〜サイパン間が 6 日間かかったが、新造船の登場で 5 日間に短縮されている。

映画にもなった国策の飛行艇空路

そしてこの時代、航路だけではなく新たな交通手段が南洋に登場する。それは飛行艇。当時の国策航空会社である大日本航空は、1939 年 4 月から横浜〜サイパン〜パラオ間に、定期便の運航を開始した。使われた機種は、海軍の川西九七式飛行艇の輸送用タイプで、当時最高の性能を誇った優秀な機体。各機には「綾波」「漣」など、波にちなんだ愛称が付けられ、銀色の機体を輝かせて内地と南洋の連絡に活躍した。

運航開始当初の時刻表によると横浜〜サイパン間は 10 時間かかった。今日では約 3 時間であるから、3 倍の所要時間だったことになる。サイパンでは一晩を過ごし、翌朝にパラオへ向けて再び

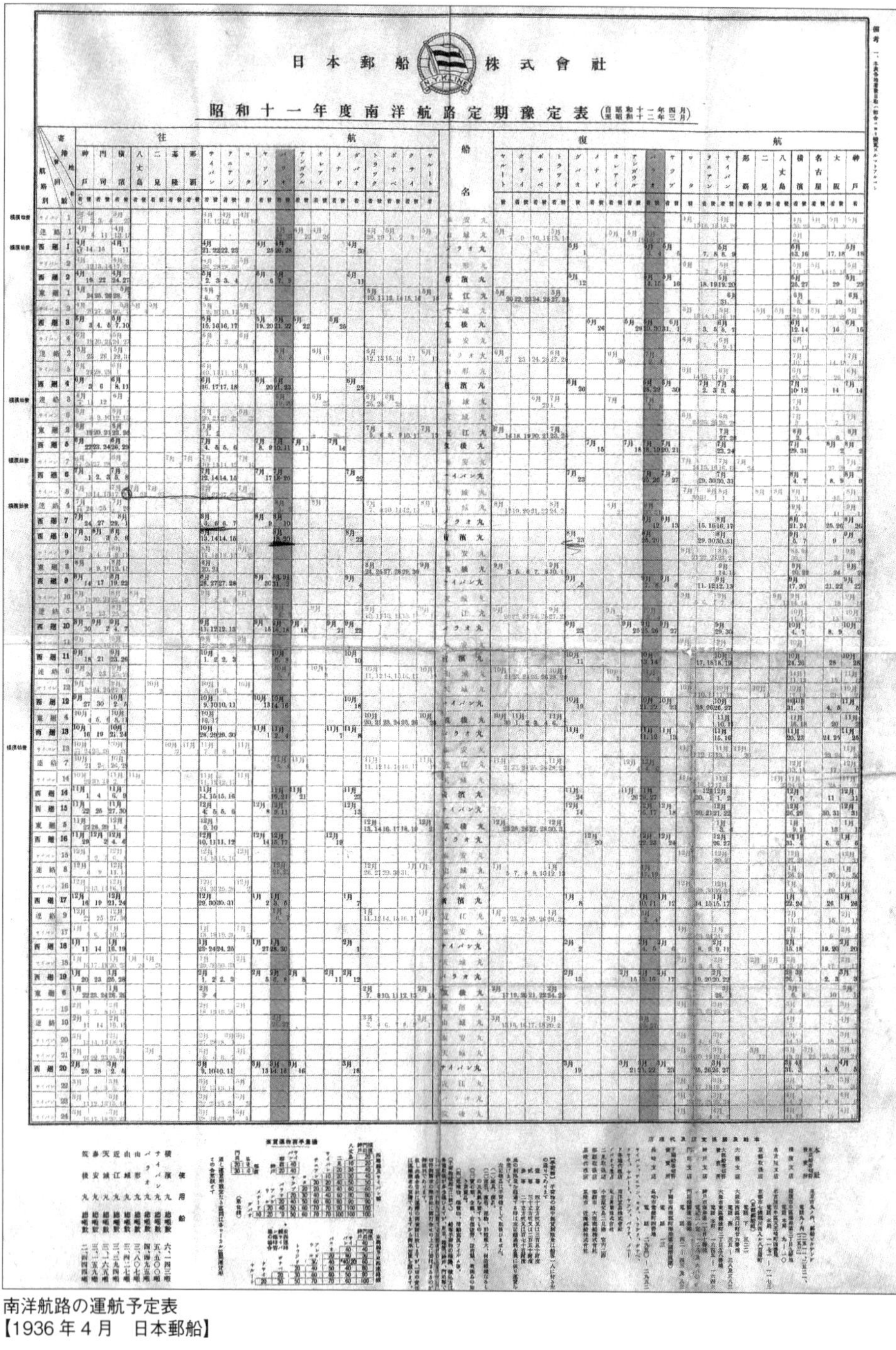
日本郵船株式會社

N.Y.K. LINE

昭和十一年度南洋航路定期豫定表（自昭和十一年四月 至昭和十二年三月）

往航：神戸　門司　横濱　八丈島　二見　基隆　那覇　サイパン　テニアン　ロタ　ヤップ　パラオ　アンガウル　オレアイ　メナド　ダバオ　トラック　ポナペ　クサイ　ヤルート

船名

復航：ヤルート　クサイ　ポナペ　トラック　ダバオ　メナド　オレアイ　アンガウル　パラオ　ヤップ　ロタ　テニアン　サイパン　那覇　二見　八丈島　横濱　名古屋　大阪　神戸

南洋航路の運航予定表
【1936年4月　日本郵船】

飛び立つというスケジュールだった。なお、運航開始当初は郵便と貨物のみの搭載で、旅客輸送が始まったのは翌年3月のこと。当時、船便の場合は横浜～サイパンが一等77円・三等・28円だったが、航空便の運賃は235円。参考までに、当時の大卒銀行員の初任給は70円だったそうだ。

南洋関係の航空路線は太平洋戦争直前にさらに充実する。1941年1月からは南洋島内線の運航がスタート。パラオ～サイパン～ヤルート間を、月に2回のペースで10日程かけて運航された。途中の寄港地で、サイパンへの分岐点であるトラック島は、日本海軍の本拠地という軍事上の要所であり、そうした需要も見込んでの設定だったと思われる。これらの路線の運航で、大日本航空の南洋航空路網は7000キロにも及んだ。

当時の南洋航空路の開設は、まさに「開拓」という言葉がピッタリであった。航法援助施設のほとんどない大海原で正確に針路を定める技術や、天候の急変といった気象条件をいかにクリアするかということが課題であり、当然、事前に試験飛行が行われて万全が期された。こうした、南洋の航空路開設に奮闘した人々の姿を描いた映画がある。それは『南海の花束』。ストーリー自体は必ずしも史実に基づいたものではない上、大戦中の1942年の作品なのでプロパガンダ的な要素もあるのだが、大日本航空や軍が協力し、川西九七式飛行艇の雄姿が映画の後半に多数登場する。特に、水上を滑走して離水してゆく飛行艇を上空から追いかけて撮影したカットは、美しくまたドラマチックでもあり、こうした絵を考え付いたスタッフの慧眼には恐れ入るばかりだ。

こうして開拓された航空路の中には、実際に定期運航が始まった途端に開戦を迎えたパラオ～ディリ線のような例も存在する。当時、東南アジアからオセアニアにかけては、オランダやイギリスが勢力を誇示していたのだが、ここに風穴を開けるというきわめて国策的な意味で、ポルトガル領のディリ（現在は東ティモール民主共和国の首都）に路線を伸ばそうとしたのである。周辺を統治するオランダの援助がまったく受けられないというギリギリの状況で、1940年から翌年にかけて3回の試験飛行が敢行されて成功。ポルト

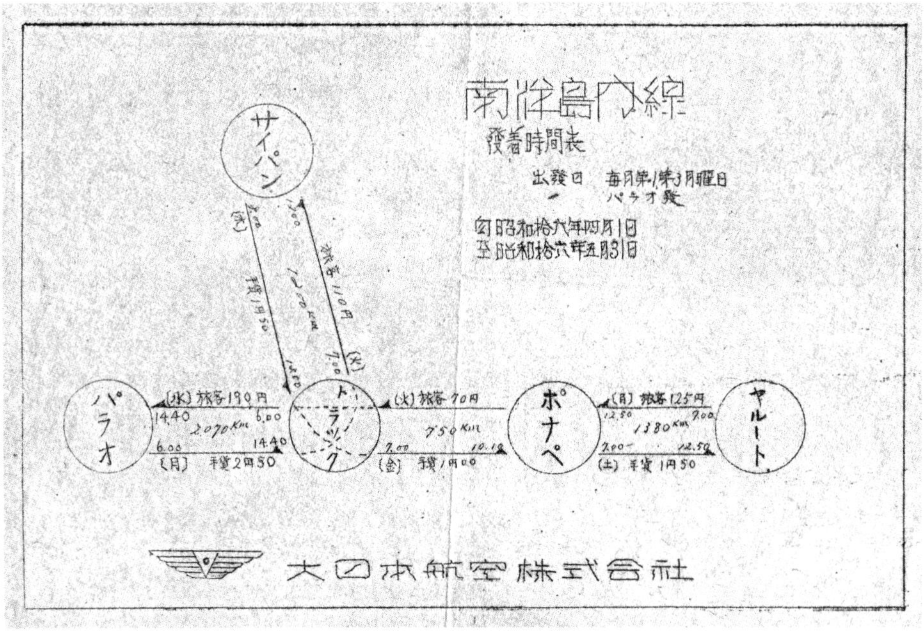

南洋島内線の発着時間表
【1941年4月　大日本航空】

ガルとの間で正式に航空協定が締結され（これは後述する1939年のタイに続き、戦前の日本が海外と締結できた希少な例)、1941年11月から定期運航を開始したのも束の間、太平洋戦争の勃発によって路線は閉鎖の憂き目をみたのだった。他にも、パラオから台湾の淡水への試験飛行も行われたが、残念ながらこちらは路線開設には至らなかった。

太平洋戦争の勃発後、民間の旅客輸送は途絶えるが、乗員は海軍に徴用され、戦前に培った運航技術を生かして南洋への軍事輸送にあたった。そして敗戦。戦場となったサイパンなどの島は、しばらくわれわれの前から姿を消すが、1970年代になるとリゾート地としてよみがえる。1977年10月、JALは東京～サイパン線を開設し、再びサイパンに日本の翼が降り立った。

しかし、それから約30年、サイパンは他のリゾート地に押されて振るわないようで、JALの東京～サイパン線は2005年に全面運休となってしまった。かつて南洋航路の飛行艇が飛び立った横浜・根岸も、戦前とはまったく様相が変わってしまい、当時の面影を偲ぶものは何も残っていない。わずかに往年の様子を記載した解説板が設置され、かつての様子を今に伝えるのみである。

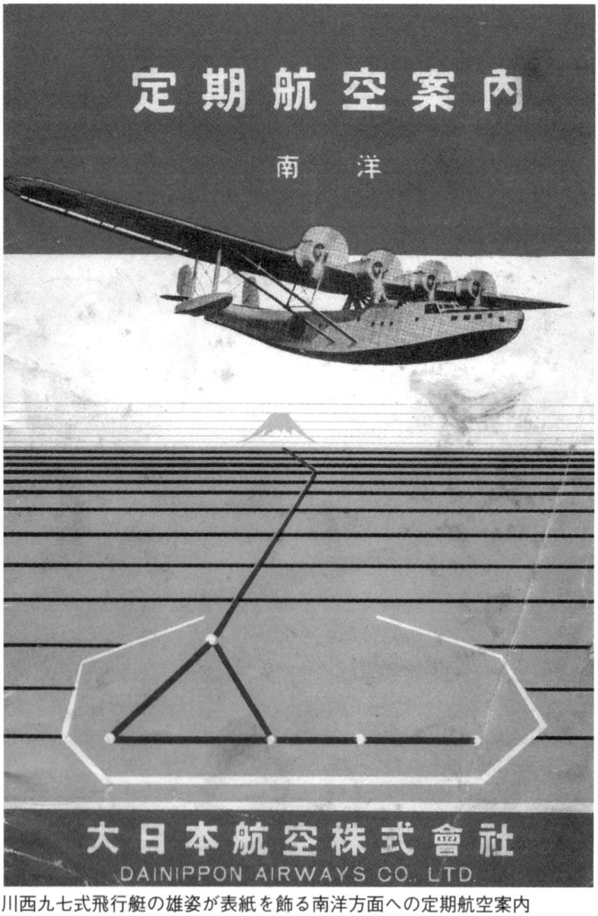

川西九七式飛行艇の雄姿が表紙を飾る南洋方面への定期航空案内
【1941年　大日本航空】

東京～ラバウル
（1943 年）

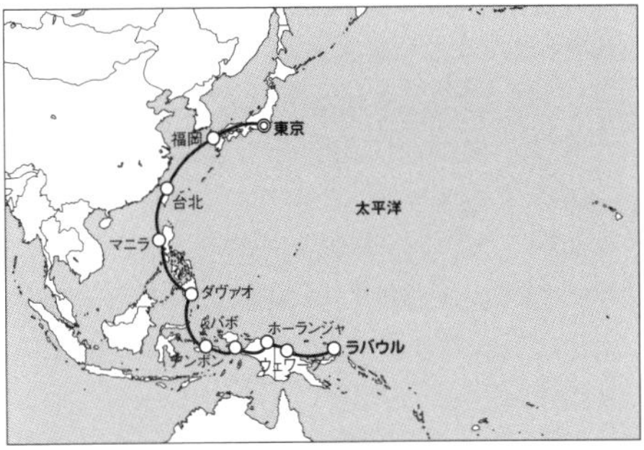

軍事輸送に駆りだされた民間航空

1941 年も秋になると、国家レベルで日米開戦を視野に入れた計画策定が活発になり、満州から東南アジアまでの極東一円に航空路網を拡大していた国策会社・大日本航空もその動きとは無縁ではいられなくなった。というのは、日本軍における航空輸送業務は、常に専門の輸送部隊や輸送機を持つのではなく、有事発生の際に民間会社を徴用するということを基本としていた。そのため、開戦直前の 1941 年 10 月に陸軍によって「特設第十三輸送飛行隊」（別名：風九三〇八部隊）が編成されると、本来は民間航空輸送を担っていた大日本航空の機材や乗員がこの部隊に多数投入されることとなったのである。

「風九三〇八部隊」は生粋の軍人ではなく民間人によって構成された部隊であったが、太平洋戦争緒戦の時期に南方の各地域を結ぶ路線の運航を担い、その後、陸軍が南方地域内の航空輸送を確保するために開設した「南方航空輸送部」に発展的解消を遂げている。なお、こうした軍用航空輸送に対して人員や機材を提供したのは大日本航空のみではなく、大陸を中心に航空輸送を行っていた満洲航空や中華航空もやはり同様であった。

さて、戦時中の航空輸送体制は風九三〇八部隊や南方航空輸送部によるものだけではない。部隊として編成され、軍に徴用された組織とは別に、「陸軍特務航空輸送部」との契約によって、大日本航空が運航していた路線も存在した（なお、運航に当たった社員は陸軍嘱託という身分であった）。その路線や時刻が掲載されているのが、ここに紹介する『臨時陸軍軍用定期航空発着時間表』である。この資料の下の方には、日の丸と翼を組み合わせた大日本航空のマークが入っているが、それがこの路線の性格を物語っているといえよう。資料の上部には『極秘』という文字。もちろん、当時一般に市販されている時刻表にはこうした航空路線の時刻は掲載されていなかったから、まさに軍秘の貴重資料、大げさに言うと“昭和史の証言者”だ。

『臨時陸軍軍用定期航空発着時間表』を見ると、北は樺太から南はインドネシアやニューギニアにまで路線が広がっていたことがわかる。大戦直前に日本軍が進駐したインドシナ半島はもとより、太平洋戦争開戦後に占領したシンガポール（昭南）や香港もその路線網に含まれている。そして何よりも目をひくのが、東京～ラバウル（ラバールと表記）線だろう。パプアニューギニアのニューブリテン島にあるラバウルは日本の航空勢力の一大拠点であり、『さらば　ラバウルよ　また来るまでは』という歌い出しで有名な戦時中の『ラバウル小唄』や、この歌詞にインスパイアされたと思われる映画『さらばラバウル』が戦後の 1954 年に作られるなど、戦時中の日本の海外拠点の中でもトップクラスの知名度がある。

最後は機長の判断で飛ぶ

東京～ラバウル線は金曜日の 8:30 東京発。福岡を経由してその日は台北泊である。翌土曜は台北からマニラへ飛んで終わり。日曜日は、マニラを発ってダバオ（ダヴァオ）を経由してアンボンへ。アンボン着は日曜日の 16 時 5 分だった。しかし、時刻が書かれているのはここまで。というのも、『東京ラバール線、福岡ラバール線ハ関係発着地ト充分連絡ノ上機長ノ判断ニ依リ発着日時を適宜変更』という注意書きが書かれているように、ここから先は軍事情勢が不透明で危険な南方の空だったのである。実際、この時刻表が発行さ

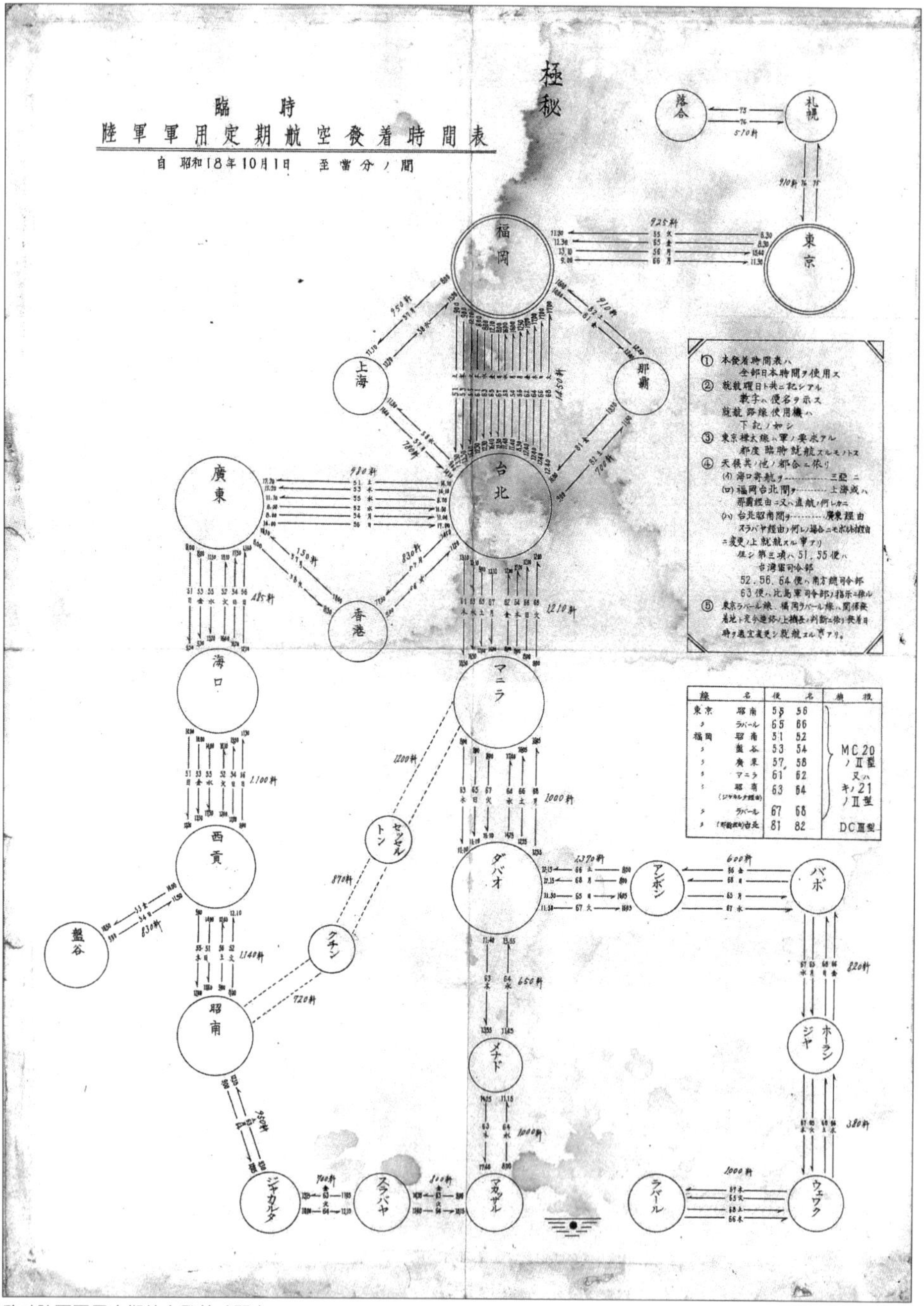

臨時陸軍軍用定期航空発着時間表
【1943 年 10 月　大日本航空？】

れた1943年10月以降、ラバウルに対する連合軍の攻撃は激しさを増していた。月曜日はバボ経由でホーランジャ（ジャヤプラ）へ。そしていよいよ翌日の火曜日が最後の行程だ。ウェワク（ウェワーク）を経由してようやくラバウルに到着する。東京から5日がかりの旅だった。

当然のことながら、こうした航空輸送は軍にコントロールされていたため、急ぎの業務に関わる軍人や貨物の輸送が優先され、誰でも利用できるというものではなかった。ただ、狭い船倉で魚雷攻撃を恐れながら海路を移動するよりも快適さは格段に上であり、当時の軍人もできることなら飛行機で移動したいと思ったことだろう。こうした路線には、戦前日本のオリジナルの旅客機であったMC-20型機および、九七式重爆撃機改造のキ-21型輸送機といった優秀な機材が使われていたが、さすがに100%安全ということはなく、悪天候での遭難や敵機との遭遇という危険も数多くあった。戦後になって大日本航空の関係者がまとめた社史『航空輸送の歩み』巻末に掲載されている殉職者一覧には、『昭18・11・30　ミンダナオ島ダバオ市　陸軍軍用定期　飛行中攻撃され墜落』といった南方での悲劇の記述が少なからず見られる。

なお、このような軍用定期便を運航したのは陸軍だけではなかった。海軍も民間航空会社からの徴用輸送機隊を編成し、陸上機のみならず飛行艇も使用して、大海が広がる西太平洋一円の運航に当たらせた。陸軍系も海軍系も、搭乗員が開戦前までに培った高い航法技術は、こうした広大な地域の路線の運航に大いに役に立ったという。

これらの軍用輸送航空路線は、戦局の変化とともにその路線網を変えながら、1945年8月の終戦まで飛び続けた。同時に、それを支えた大日本航空もわずか7年間の短い歴史を閉じ、日本はアメリカによって航空禁止の時代に入るのである。

昔・戦闘機、いま・観光客
——ハワイに群がる日本人

ホノルル〜ヒロ
（1940/64 年）

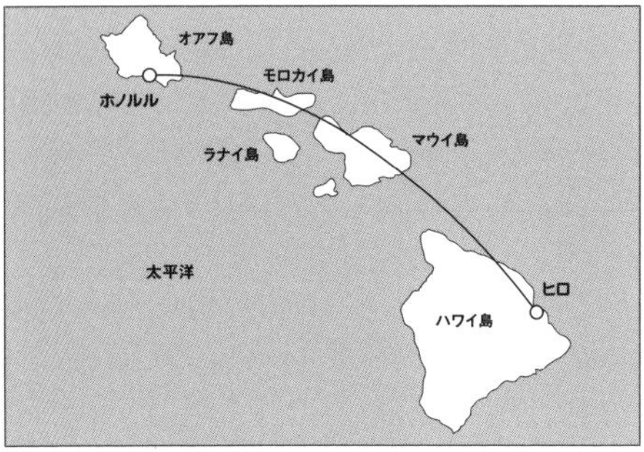

初のハワイ旅行は世界一周クルーズ並み

年末年始の風物詩といってもよいニュースに、芸能人のハワイでのバカンスがある。もっともハワイの場合、今や芸能人に限らず一般庶民でも気軽に行ける上、まるで日本にいるのと同じような感覚で過ごせるようであるが、敗戦国の住人である日本人がこうした旅行を自由に楽しめるようになったのは、戦後しばらくの時を経てからであった。

パンアメリカン航空とアロハ航空の連絡時刻表
【1964 年 4 月　同社発行】

オリンピックイヤーの 1964 年 4 月 1 日——この日は日本の旅行業界にとって最大の転機が訪れた日として記憶されている。それまで、仕事や研究・留学といった目的でしか海外へ出ることが出来なかった日本人に、観光目的での渡航が許されるようになったのである。いわゆる「海外旅行の自由化」だ。正確には「一人年間 1 回」「外貨持ち出し 500 ドル以内」という制限つきだったが(回数制限の撤廃は 1966 年、外貨持ち出し制限の撤廃は 1978 年)、これを受け、日本離れした熱帯的風物と親しみやすいアメリカ文化を備え、日本にとって最も身近な外国ともいわれるハワイへの旅行が真っ先に実施されたのは当然のことだった。

ハワイ旅行への期待はその 3 年前に遡る。1961 年、洋酒メーカーのサントリーが『トリスを飲んでHAWAIIへ行こう』キャンペーンを実施。当時はまだ実際に海外旅行に行けなったため、旅行資金とするための預金証書が賞品であったという。しかし、遂にハワイ旅行が正夢になる時が訪れたのである。

ハワイ旅行第一陣が出発したのは海外旅行自由化のわずか一週間後のこと。4 月 6 日に自由化後初の海外旅行団がヨーロッパに旅立った 2 日後の 4 月 8 日、羽田からパンアメリカン航空機で「第一回ハワイダイヤモンドコース旅行団」が出発した。これは、第一銀行（現：みずほ銀行）と日本交通公社（現：JTB）が主催したハワイの 4 つの島をめぐる 7 泊 9 日のツアーで、旅行代金は 36 万 4000 円だったという。当時の大卒初任給が 2 万円くらいであるから、今日で言えば世界一周クルーズの料金並み。もちろん誰でも行けるようなものではなく、海外旅行の自由化を見越して旅行代金を積み立てての参加だった（ちなみに前述のヨーロッパ旅行は 17 日間で 71 万 5000 円！）。

そんなハワイの島めぐり観光客が必ずお世話になるのが、ハワイの島々を結ぶ航空会社であるアロハ航空やハワイアン航空だ。かつてアロハ航空とパンナムは両社が一体となった乗り継ぎ時刻表を発行していた。当時は団体旅行が主流であったため、個人で時刻表を参照して旅行日程を立てるような人はいなかったが、この時刻表の向こうには、羽田出発前のパンナム機や現地のアロハ航空機をバックに記念写真に収まる日本人観光客の姿がダブって見えるのは気のせいだろうか？

時刻表によると、日本人観光客が初めてハワイに足を踏み入れた1964年当時、ハワイ諸島内路線にジェット機はまだ就航しておらず、アロハ航空／ハワイアン航空とも全便プロペラ機による運航だった。それでも、どちらかといえばアロハ航空の機材の方が進んでおり、時刻表に『全便ロールスロイス・ジェットプロップ機にて運航』と注記し、ハワイアン航空に対する優位性をアピールしていた。

しかしそんなアロハ航空も、1988年4月には全世界を驚かせるニュースの主役となる。同社のホノルル～ヒロ線で、ハワイ島・ヒロ発のボーイング737の前部胴体天井が金属疲労で吹き飛ぶという前代未聞の事故が発生。幸いなことに乗客に犠牲者は出なかったが、短距離路線を何度も飛ぶため機体にストレスがかかりやすいことや、常に潮風にさらされるというハワイの航空路線の特質がこの事故の背景にはあった。

日本軍のおかげで撃墜されそうになった民間機

対するハワイアン航空はハワイの汽船会社を母体に設立され、1929年に就航を開始した老舗。戦前はインターアイランド・エアウェイズという会社名で、ホノルル～マウイ～ヒロ間などに飛行艇を飛ばしていた。同社は1941年10月にハワイアン航空へと社名変更を行うが、それから間もなく太平洋戦争が勃発。ハワイアン航空の旅客機も真珠湾攻撃では軒並み日本軍機の機銃掃射を受けて穴だらけになるが、すぐに修理に取り掛かり、驚くべきことに開戦3日後の12月10日には早くも運航を再開。しかし、このときのホノルル～ヒロ線再開第一便はすんでのところで“撃墜”されるところだったという。ハワイアン航空が運航を再開することを知らなかったヒロの対空砲陣地は、迫ってくるハワイアン航空機を日本軍機だと勘違い。弾を発射する寸前にハワイアン航空機であることに気づくという冷や汗モノであった。

こうして、かつて日本軍が攻撃した敵国領に今や日本人が大挙して押しかけているという不思議さ。海外旅行自由化の年、海外に旅立った日本人は12万7000人だった。しかし、そのほとんどが業務渡航だったとのこと。それが1970年頃を境に日本人の海外渡航者は急上昇を辿り、現在では年間2000万人に迫るまでに成長している。実にその8割が観光目的だ。しかし、海外旅行が自由にできるということはとりも直さず平和な世の中であるからにほかならないし、逆に観光の振興を通じて相互理解が深まるのも事実である。そこで海外旅行自由化3年後の1967年に制定された「国際観光年」のスローガンを結びとしたい。――『観光は平和へのパスポート』

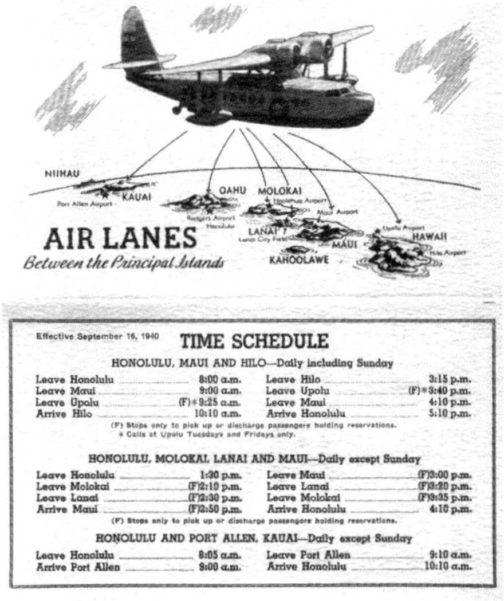

Effective September 16, 1940

TIME SCHEDULE

HONOLULU, MAUI AND HILO—Daily including Sunday

Leave Honolulu	8:00 a.m.	Leave Hilo	3:15 p.m.
Leave Maui	9:00 a.m.	Leave Upolu	(F)*3:40 p.m.
Leave Upolu	(F)*9:25 a.m.	Leave Maui	4:10 p.m.
Arrive Hilo	10:10 a.m.	Arrive Honolulu	5:10 p.m.

(F) Stops only to pick up or discharge passengers holding reservations.
* Calls at Upolu Tuesdays and Fridays only.

HONOLULU, MOLOKAI, LANAI AND MAUI—Daily except Sunday

Leave Honolulu	1:30 p.m.	Leave Maui	(F)3:00 p.m.
Leave Molokai	(F)2:10 p.m.	Leave Lanai	(F)3:20 p.m.
Leave Lanai	(F)2:30 p.m.	Leave Molokai	(F)3:35 p.m.
Arrive Maui	(F)2:50 p.m.	Arrive Honolulu	4:10 p.m.

(F) Stops only to pick up or discharge passengers holding reservations.

HONOLULU AND PORT ALLEN, KAUAI—Daily except Sunday

Leave Honolulu	8:05 a.m.	Leave Port Allen	9:10 a.m.
Arrive Port Allen	9:00 a.m.	Arrive Honolulu	10:10 a.m.

戦前にハワイ諸島間を結んだ飛行艇時刻表
【1940年９月　インターアイランド・エアウェイズ】

始発から終着までに３回も日付が変わる
太平洋の島伝い空路

ホノルル〜グアム〜サイパン
（1968 年）

ミクロネシアの各駅停車“アイランド・ホッパー”

かつて某民放で放映されていた大型クイズ番組。アメリカ大陸横断を目指して成田での予選を勝ち抜いた参加者が飛行機に乗り、機内でペーパーテストに挑む。3 時間後、飛行機はグアムの空港へ着陸。そして機に横付けされたタラップには、最後の一段に合否判定が待ち受けている。タラップを降り、意を決して最後の一段を踏む参加者。晴れてアメリカへの第一歩を印せるのか？　はたまた不合格でそのまま機内へ戻り日本へ帰国か？　このドキドキするシーンの背後にいつも見えていたのが、コンチネンタル・エア・ミクロネシアのボーイング 727 だった。

コンチネンタル・エア・ミクロネシアは、サイパンやグアムといったミクロネシア地域への旅行には無くてはならない存在で、そのルーツは、ミクロネシア地域の航空網の経営を目的に設立されたエア・ミクロネシアに、アメリカ本土の路線を運航するコンチネンタル航空が資本参加していたことに始まる。今日ではエア・ミクロネシアはコンチネンタル航空に吸収され、コンチネンタル・ミクロネシアという名前に変わっている。

同社の運航するサイパンやグアムへの航空路は、リゾート気分を味わう日本人で賑わっているが、元々、コンチネンタル・エア・ミクロネシアの路線は、ミクロネシアに点在する島々の交通網を確保するという、きわめて公共性の高いものであった。もちろん、現在でもその公共性が失われたわけではないが、設立当初の同社は飛行艇や旧式のプロペラ機も動員して、ジェット機の入れない島々の生命線となる重要な路線を運航していたのである。

同社の運航開始の年、1968 年 10 月の時刻表によると、島伝いに飛ぶホノルル〜サイパン線を中心に、グアム〜サイパン線（ロタ島経由)、トラック〜ポナペ線、そして週 1 便であるがグアム〜サイパン〜沖縄線も運航されていた。当時は沖縄がまだ日本に返還される前のアメリカに支配されていた時代だけに、そうしたルートの需要があったのだろう。このうち、グアム〜サイパン間の区間便は古い DC-6 プロペラ機、トラック〜ポナペ間は SA-16 水陸両用飛行艇による運航だった。

ところで、ホノルル〜サイパン便は途中で 5 つの島に寄航する。ジョンストン・マジュロ・クワジャリン・トラック（チューク）そしてグアム。当然、所要時間も相当なもので、始発から終着まで 12 時間 30 分を要する。まさにミクロネシアの

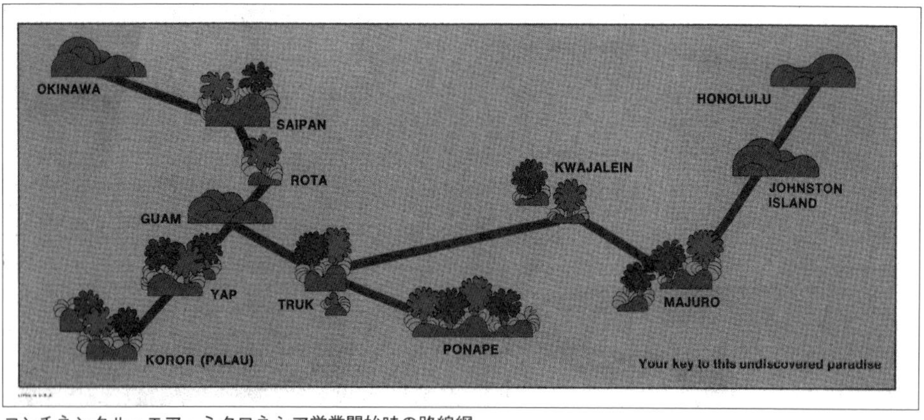

コンチネンタル・エア・ミクロネシア営業開始時の路線網
（1968 年 10 月に同社が発行した時刻表より）

各駅停車という感じだ。このホノルル～サイパン便の凄いところは、始発から終着までの間に3回も曜日が変わること。例えば665便を時刻表で辿ると、こんな調子だ。日曜朝ハワイ発→月曜午前マジュロ着→日曜昼クウェジェリン着→月曜夕方サイパン着。これも日付変更線をまたぐ地域ならではの現象、地球の自転とフライトのコースやスケジュールが織り成すちょっとしたイタズラであろう。時刻表には現地時間（LT）とグリニッジ標準時（GT）が併記され、実際のフライトタイムを理解する助けになっている。

閉ざされた島々の知られざる航空路

さて、ミクロネシアの地域内を結ぶ航空路の歴史は、戦前に大日本航空が、パラオ・トラック・サイパン・ポナペ・ヤルート間を結ぶ南洋島内線を開設した時に遡る。この地域は、アメリカ領のグアム島を除き、元々はドイツの領有であったが、第一次大戦でドイツが敗戦国になると、国際連盟の下で日本の委任統治領となり、これが契機で太平洋戦争では日米の戦いの場となってしまう。サイパン玉砕の悲劇。その後、アメリカ軍爆撃機B-29の基地が建設され、かつてこの島を支配した日本の本土が、この島を拠点に焼き払われるという皮肉。1945年8月、サイパンに隣接するテニアン島からは広島と長崎に向けて原爆搭載機が飛び立ち、それからまもなく戦争は終わった。

戦後、ミクロネシアの島々はアメリカ海軍の管轄であったが、1947年からは国連の信託統治領（トラスト・テリトリー）として正式にアメリカの統治下に置かれることとなる。1951年7月には、アメリカ海軍からアメリカ内務省に移管。このときに、島々を結ぶ交通インフラとして、ミクロネシア域内民間航空がスタートしたのである。

しかしながら、地元には独自の航空会社を立ち上げるだけの経営資源も技術も無い。最初の航空輸送は、アメリカのチャーター便運航会社であるトランスオーシャン航空（現在、沖縄を中心に飛んでいる日本トランスオーシャン航空とはまったく無関係。1950年代の一時期、アメリカ西海岸～沖縄間の太平洋横断定期便も運航した）が請け負った。機首に国連マークが貼られた海軍払い下げのPBY-5A“カタリナ”哨戒飛行艇を使い、10名の旅客と貨物を運ぶ運航が始まったのである。ちなみに、トランスオーシャン航空は、当時まだ設立間もない日本航空に対して操縦士の派遣や整備を提供しており、日本や太平洋路線とも縁が深い会社である。

今日のリゾートの隆盛ぶりからは考えられない

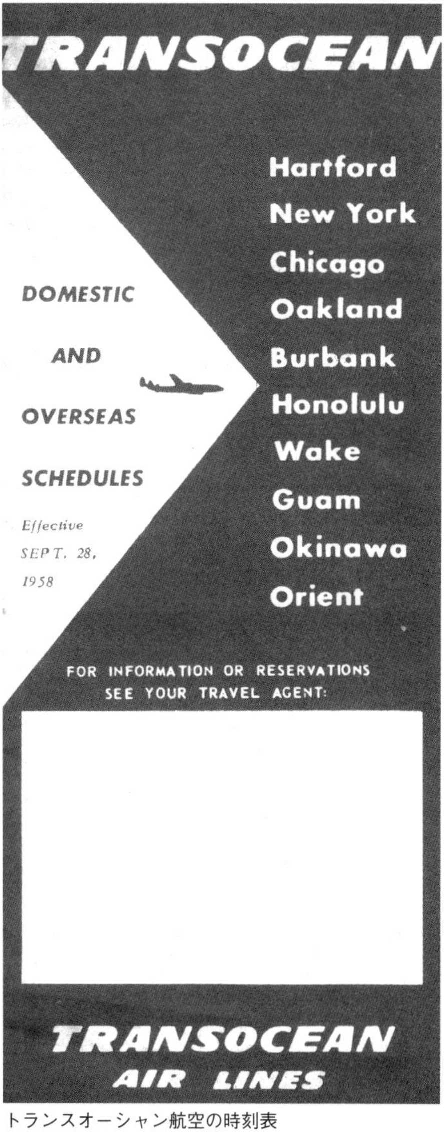

トランスオーシャン航空の時刻表
【1958年9月　同社発行】

ことであるが、当時の太平洋のアメリカ信託統治領は立ち入りが厳しく制限されており、一般人がただ観光目的でこの地域の島々に足を踏み入れることは困難であった。こうした“閉ざされた地域”では核実験も繰り返し行われ、1954年に発生した第五福竜丸の被災や、核実験場となった島々の住民の健康被害など、人類の暗い歴史も秘められている。日本からグアムへの観光旅行がスタートしたのは1967年5月のこと。パンアメリカン航空が開設した東京～グアム線で109人の観光客が訪れたのが最初である。

トランスオーシャン航空の運航開始後9年目・1960年の時点で、グアム～パラオ線（ヤップ経由）、グアム～マジュロ線（トラック・ポナペ経由）がいずれも週1往復ずつ運航されていたが、思わぬ落とし穴があった。この年、同社は倒産してしまったのである。しかし、公共性の高いミクロネシア域内路線は、何としても運航を継続しなければならない。代わりの事業者として、戦前の太平洋横断飛行艇空路の開拓以来、ハワイからグアムを結ぶ路線を飛び、この地域の空を良く知っていたパンアメリカン航空がこれを引き受けた。パンナムはトランスオーシャンから引き継いだSA-16“アルバトロス”水陸両用機で“孤島の生命線”の運航を開始し、それは8年間続くことになる。この間、島には滑走路が整備され、DC-4型プロペラ機といった古い機体ながらも陸上専用機による運航もはじまった。

ついに独自の航空会社が営業開始

国連信託統治領としての出発から20年、人間で例えれば成人を迎えた1967年、コンチネンタル航空・アロハ航空・そして地元企業が出資し合って遂にミクロネシアの航空会社であるエア・ミクロネシアが設立される。なぜ、アメリカ本土路線中心のコンチネンタル航空がここに参加したのか不思議に思われるかもしれないが、同社は軍のチャーター便の運航で太平洋横断はすでに慣れたものだったからである。コンチネンタル・エア・ミクロネシアは1968年5月16日に運航を開始したが、ジェット機の導入でスピードアップと確実性が高まり、“閉ざされた島々”にもようやく新時代の光が差し込んだ。しかし、当時の写真を見ると、飛行場といっても路面が舗装されていないところもあり、まだまだ未開発の地域といった感が強かった。

コンチネンタル・エア・ミクロネシアは、グアムを拠点に沖縄にも乗り入れたが、沖縄の本土復帰からしばらく後に乗り入れを中止。日本への路線が無い時代が数年間続いた。同社が再び日本に乗り入れるのは1977年10月のこと。この頃すでに東京とサイパン・グアムの間は毎日運航であったが、そのうちの週3往復はなんとグアム～ホノルル間にも直通する壮大な便だった。例えば、東京からグアムを経てトラック島まで、ほんの30余年前の戦乱の世には数多の将兵が命懸けの船旅で何日もかけて辿った道を、わずか16時間で

1243 GUAM ISLANDS — Local Services
TRUST TERRITORY OPERATIONS (operated by PAA—PAN AMERICAN WORLD AIRWAYS)—♉-Douglas DC-4; SA-SA-16

N'ut mls.	① 100 ♉	②–B 102 ♉	②–C 202 ♉	④ 200 ♉	⑥ 300 ♉		30 lbs.		① 201 ♉	②–C 203 ♉	④ 101 ♉	⑥ 301 ♉	②–B 103 ♉
—	1500	......	......	1600	1600	dep	SAIPAN	arr	1355	......	1435	1455	......
	1535	......	......	↓	↓	arr	ROTA	dep	↑	......	1400	↑	......
—	1605	......	......			dep		arr		......	1330		......
	1635	......	......	1655	1655	arr		dep	1300	......	1300	1400	......
0	SA ②–A			SA ⑤			GUAM ISLAND		SA		SA ③–D		
	0930	0830	0830	0830	......	dep		arr	1130	1530	1635	......	1730
450	1240	↓	↓	↓	......	arr	YAP	dep	↑	↑	1310	......	↑
	1310				......	dep	(Caroline Is.) .	arr			1240	......	
704	1400	1130			......	arr	KOROR (Pal'nls.)	dep			0930	......	1230
	......	......	1230	1330	......	arr	TRUK	dep	0830	1330	......	......	......
562							(Caroline Is.)..		⑦				
	......	......	......	1400	......	dep		arr	1630	......	......	......	......
	......	......	......	1645	......	arr	PONAPE	dep	1350	......	......	......	......
939				⑥			(Caroline Is.)..						
	......	......	......	0830	......	dep		arr	1320	......	......	......	......
	......	......	......	1330	......	arr	KWAJALEIN ...	dep	1035	......	......	......	......
	......	......	......	1400	......	dep		arr	1005	......	......	......	......
1715	......	......	......	1545	......	arr	MAJURO (M'll Is.)	dep	0830	......	......	......	......

A–Operates 2nd, 3rd, 4th ② monthly. B–Operates 1st ② monthly. C–Operates 3rd ② monthly. D–Operates 2nd, 3rd, 4th ③ monthly.
NOTE: Travel within the Trust Territory is severely restricted and permission must be granted by the High Commissioner prior to travel.

1022

信託統治領内の運航を引き継いだパンナムの時刻表
（ABC世界航空時刻表　1963年3月号より）

ひとっ飛びということまでが可能になった。もっとも、始発の東京から終点のホノルルまでを通して乗ることは、運送権の関係から無理であったが……。この東京～ホノルル線（サイパン・グアム経由）は、1980年代に入り、増大する観光需要に応えるため、東京～グアム間により大型の機種が導入されたことで解消され、残念ながら短命に終わった（観光客主体の東京～グアム間は旅客専用のボーイング727-200型が、島々を結ぶ生活必需路線のグアム～ホノルル間は、胴体側面が貨物搭載の為に開閉可能な、貨客混載型のボーイング727-100型が使用された）。

信託統治領として、実質的にアメリカの支配下にあったこれらの地域は、1980年代以降、次々と独立を果たし、1994年のパラオの独立をもって、信託統治という制度自体が地球上から姿を消した。しかし、ミクロネシアを島伝いに結ぶ航空便は“アイランド・ホッパー”と呼ばれ、地元の人々や観光客の唯一の足として、コンチネンタル・ミクロネシアによってグアム～ホノルル間で今日でも運航が続いている。

LT—Local Time　　GT—Greenwich Mean Time

FLIGHT NUMBER	641		643		665	
EQUIPMENT	DC-6AB		DC-6AB		B-727	
LOCAL DAY ORIG.	SUN.		SUN.		SUN.	
HOURS from GMT	LT	GT	LT	GT	LT	GT
HONOLULU.....−10 Lv					0745	1745
*JOHNSTON IS..−10 Ar					0930	1930
*JOHNSTON IS .−10 Lv					1000	2000
Int'l Date Line					Mon.	↓
MAJURO.......+12 Ar					1055	2255
MAJURO.......+12 Lv					1125	2325
					Sun.	↓
KWAJALEIN....−12 Ar					1210	0010
KWAJALEIN....−12 Lv					1240	0040
PONAPE.......+11 Ar					↓	↓
PONAPE.......+11 Lv					Mon.	
TRUK.........+10 Ar					1250	0250
TRUK.........+10 Lv					1320	0320
KOROR........+ 9 Lv					↓	↓
YAP..........+10 Ar						
YAP..........+10 Lv						
GUAM.........+11 Ar					1545	0445
GUAM.........+11 Lv	1000	2300	1600	0500	1645	0545
ROTA.........+10 Ar	0930	2330	↓	↓	↓	↓
ROTA.........+10 Lv	0950	2350				
SAIPAN.......+10 Ar	1020	0020	1545	0545	1615	0615
SAIPAN.......+10 Lv						
OKINAWA......+ 9 Ar						

日付が頻繁に変わる長距離フライトが掲載されたコンチネンタル・エア・ミクロネシアの時刻表
【1968年10月　同社発行】

タヒチは水上がお好き？
水上コテージ、そして最後の飛行艇

パペーテ〜ライアテア島
（1969 年）

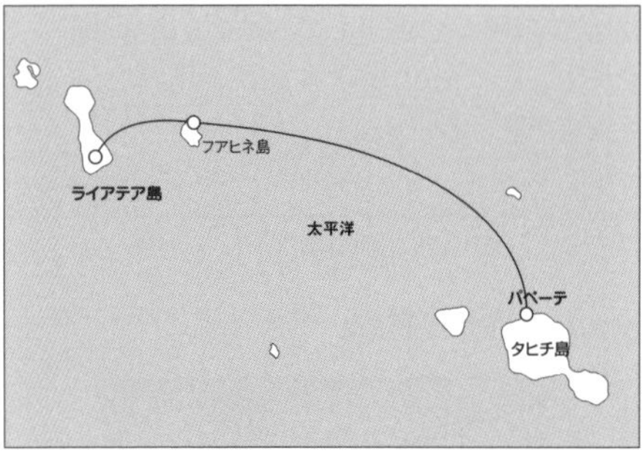

大英帝国を結んだ老兵は南海に余生を送った

日本、いや世界でも今ではなかなか乗ることが出来ない乗り物のひとつが飛行艇だ。説明するまでもなく、水上に離発着できる飛行機というわけであるが、必ずしも昔から希少な乗り物だったわけではなく、戦前から戦後間もない時期にかけては、大陸間の移動手段として輝かしい一時代を築いていた。それも、空の豪華客船ともいうべき大型飛行艇がその主役で、パンアメリカン航空は太平洋および大西洋横断路線を、またイギリスのインペリアル航空は、アフリカやオーストラリアへの路線を大型飛行艇で運航していた。

これだけ飛行艇が重宝されたのは、そもそも陸上に滑走路等を整備する必要がないという施設面での優位性や、飛行中に万が一不具合が起きたり悪天候に遭遇しても飛行艇ならば水上どこへでも降りられるという、当時の航空機の信頼性がその主な理由だ。しかし、航空機の性能が向上し、各地に飛行場が整備されると、飛行艇でなくても洋上を長距離飛行する路線の運航が可能となり、国際線用としての飛行艇は急速に第一線から退くこととなる。

花形路線から退いた機体の一部は、南太平洋の島々を結ぶ路線として生き残った。フランス領ポリネシアの島々を結んだ、RAI（Reseau Aerien Interinsulaire　――直訳すれば「島間航空路線網」）は、1958 年からショート“サンドリンガム”飛行艇を使用し、タヒチ島からボラボラ島などを結ぶ路線を運航していた。しかし、時が流れて各島にも飛行場が整備されたことを受け、1970 年を最後に同機は引退。最後の活躍の場は、タヒチ島のパペーテ〜フアヒネ島〜ライアテア島間を結ぶ路線だった。タヒチといえば水上コテージが有名で、観光客の羨望を集めているが、飛行艇もそれに負けずエキゾチックな体験だっただろう。どちらも「水の上」に縁があるところが共通している。

サンドリンガム飛行艇は、同型機がオーストラリアやニュージーランドに少しの間残ったものの、古き良き時代の国際航空路の香りを残した大型飛行艇は程なくしてその活躍の軌跡に幕を下した。同機は、第二次大戦中のイギリスの哨戒飛行艇として有名な、“サンダーランド”飛行艇の民間向けタイプであり、かつては“バミューダ”飛行艇という名前でイギリスの BOAC（英国海外航空）で使われていたことから、BOAC 時代の

サンドリンガム飛行艇が表紙を飾る RAI 時刻表
【1969 年 11 月　同社発行】

主要発着地だったイギリスはサウサンプトンにある「Southampton Hall of Aviation」（サウサンプトン航空館）に一機が保存されており、一般見学も可能だ。

なお、RAIはその後エア・ポリネシアと名前を変え、さらに現在はエア・タヒチとして南太平洋の島々を結んでいる。（なお、エア・タヒチは国内線会社であり、国際線は、日本にも乗り入れているエア・タヒチ・ヌイによる運航である）

iles sous le vent/tuamotu

		LUNDI			MARDI	
		DC4	DC4	S25	DC4	DC4
	VT	430	400	360	432	500
PAPEETE	D	07.30	09.00	11.30	08.00	14.00
HUAHINE	A			12.20		
	D			12.40		
RAIATEA	A	08.25		13.00	08 55	
	D	08.40			09.10	
RANGIROA	A					15.15
BORA-BORA	A	09.00	10.00		09.30	
		431	439	361	433	501
BORA-BORA	D	09.15	15.35		09.45	
RANGIROA	D					15.45
RAIATEA	A	09.35	15.55		10.05	
	D	09.50	16.10	15.15	10.20	
HUAHINE	A			15.35		
	D			15.50		
PAPEETE	A	10.40	17.00	16.40	11.10	17.00

✱ Valable en Novembre - Janvier - Fé

前ページの時刻表の内部
「S25」が飛行艇によるパペーテ〜フアヒネ〜ライアテア便

東欧の異端児・ユーゴ最初の長距離国際線は
海外移住者がターゲット

ベオグラード〜シドニー
（1975 年）

東欧にありながら欧米機に心酔したエアライン

冷戦時代の東欧というとどういうイメージをお持ちであろうか？　旧ソ連を中心に鉄壁の結束・反米英・秘密警察…等々。そんな共産圏の航空会社といえば、不経済で古めかしいソ連製の機体ばかり使っていたという先入観がある。しかし、実態はそんなに単純ではない。東欧の航空会社の中にも程度の差はあれ、1960 年代から 70 年代の冷戦真っ最中にアメリカや英仏の機体を購入して使っていた例も存在する。それはひとえに、ソ連との政治的距離や国内の体制の面で、国ごとに様々なバリエーションがあったことの反映でもある。

東欧の国々は、べつに古くから共産党支配一辺倒であったわけではなく、第二次大戦後に新たな国家体制がつくられる過程で、各々の国内に存在した共産党が政権を獲っていった。それ故に、もっとも親ソ的といわれたブルガリアのような存在もあれば、なんとソ連を中心とした枠組みから「破門」され、わが道を行った旧ユーゴスラビアのような例も存在する。

ユーゴスラビア航空時刻表
【1975 年 11 月　同社発行】

ユーゴスラビアといえば、バルカン半島西半分に位置していたわけであるが、地理的にはヨーロッパ全体からみれば決してメジャーな存在ではない。それ故に国際的なアピールという面では地味なのかと思いきや、サッカーは強豪として有名であるし、1984 年の冬季オリンピックがサラエボで開かれた実績もあり、何かと目立つ存在だ（サッカー日本代表監督だったイビチャ・オシム氏もボスニア・ヘルツェゴビナのサラエボ出身であり、選手時代にユーゴスラビア代表として 1964 年の東京オリンピックに参加している）。

さて、そんなユーゴスラビアの主要航空会社はユーゴスラビア航空（JAT - JUGOSLOVENSKI AEROTRANSPORT）であった。ユーゴスラビアという国の立場を反映し、この会社は 1947 年 4 月の営業開始以来、ボーイングやダグラスやフランス製の“カラベル”ジェット機をバリバリ使い、機材構成だけでみればエールフランスやアリタリアといった西側の航空会社とほとんど変わらない活動をしていた。もっとも、ソ連製の旅客機をまったく使わなかったわけではないが、アメリカ製の機体をメインに使う裏で 1957 年から 63 年の一時期に申し訳程度に飛ばしていたという程度だった。ちなみに同社の社史では、このソ連製機体の引退について『（社の経営面に）まったく影響のないものであった』とバッサリ斬り捨てている。

わが道を行く路線展開

では、ユーゴスラビア航空の国際線は、どのように広がっていったのであろうか。1947 年の営業開始当初、国際線はベオグラードとプラハ（チェコスロバキア）・ブカレスト（ルーマニア）・ティラナ（アルバニア）を結ぶ航路であった。その後 1950 年代に、イギリス・フランス・ドイツ方面への路線も次々と開設され、欧州をカバーするようになる。

ここで、東欧の航空会社としてソ連への路線が無いことが気になるかもしれない。それは、最初にも述べた通り、ユーゴスラビアは早々にソ連を中心とした東側諸国の結束から追放され、独自の道を歩んでいたからである。国家元首であるチトー首相は、国家が強大な権力を持って社会を統制する生粋のスターリン主義であるソ連的思想と決別し、「自主管理社会主義」を唱えていた。自主管理社会主義とは、その名のとおり、労働者の拠所としての企業や各共和国の自治性を尊重しましょうという方針であり、当時のソ連とは相容れないそうした改革を実践しているユーゴスラビアは、東欧の支配を目論んでいたソ連にとって厄介な存在となった。結果、1948年にユーゴスラビアは「コミンフォルム」(ソ連・東欧各国の共産党の連合組織)から追放されてしまう。ちなみに、1953年のスターリンの死後、ソ連がフルシチョフ首相の下でスターリン体制から脱却していく過程で、ユーゴスラビアとの間では相互の立場を認め合う「ベオグラード宣言」が採択され(1955年)、いわば「雪解け」的ムードが訪れた。このときに、先に述べたソ連製機体の使用や、東欧諸国への路線の新設・再開が行われている。それでも、ユーゴスラビア航空がモスクワへの路線を開設したのは、実に1965年8月になってからのことであった。

ユーゴスラビア航空は、西側諸国の機材を使用して順調に路線を広げていった。1970年、同社は別会社であるエア・ユーゴスラビアを立ち上げ、パンアメリカン航空からリースしたボーイング707を使って同年6月からオーストラリアやカナダへのチャーター便の運航を始めた。オーストラリア方面へは、首都・ベオグラードからカラチとシンガポールを経由してシドニー又はメルボルンを結んだが、チャーター便といっても週3往復も運航され、実態はほとんど定期便に近いものであった。そして1975年4月に大きな転機が訪れる。チャーター便として5年間運航されたベオグラード~シドニー線が定期運航に格上げされ、ユーゴスラビア航空初の大陸間定期路線となったのである。なお、翌年6月にはベオグラード~ニューヨーク線も開設され、念願の北米乗り入れも果たした。

『ヨーロッパの航空会社で大陸間国際線の開設といえば、まず北米方面への大西洋線ではないのか?』と思われるかもしれない。イギリスのよう

INTERKONTINENTALNE LINIJE JAT INTERCONTINENTAL SERVICES

YUGOSLAVIA – PAKISTAN – SINGAPORE – AUSTRALIA v.v.

QUANTAS QF 6 747 ④ F/Y	JAT JU 600 707 ②⑤ F/Y		JAT JU 601 707 ①⑤ F/Y	QUANTAS QF 5 747 ④ F/Y
20.30	23.00 ③⑥	d BEOGRAD a	06.00	08.00 ④
via ATH	09.20 10.20	a / d KARACHI** d / a	03.30 02.30	ATH
DAM BKK	19.20 20.20	a / d SINGAPORE* d / a	22.45 21.45	DAM BKK via
⑥ 05.45 06.50		a / d MELBOURNE z d / a		
08.10 ⑥	07.20 ④⑦	a / d SYDNEY*z d / a	17.15 ④⑦	16.45 15.20
		a MELBOURNE z d		14.00 ③

* Nema lokalnog prevoza SIN – SYD v.v./No local traffic SIN – SYD v.v.
** Samo tehničko sletanje / Tehnical landing only
z Od 7-31.3 jedan sat ranije / From 7-31 March 1976 one hour earlier

前ページの時刻表の内部より
開設間もないベオグラード~シドニー線の時刻

に植民地や英連邦の関係でも無いのにヨーロッパからいきなりオーストラリアへの路線を開設というのはちょっと唐突だ。しかしこれにはバルカン半島、そしてユーゴスラビアの辿ってきた歴史が秘められている。

寄り合い所帯の国であることが裏目に

かつてユーゴスラビアの特殊性を表す常套句として『7つの隣国、6つの共和国、5つの民族、4つの言語、3つの宗教、2つの文字、1つの国家』ということがよく言われたものである。これだけ多様なバックグラウンドを持った人々が寄り集まっていれば、民族や共和国間の確執も半端なものではない。そればかりか、ユーゴスラビアが存在したバルカン半島はその昔、オーストリア＝ハンガリー帝国やオスマン帝国、そしてロシアに囲まれ、いつも紛争の絶えないエリアだった。それこそ、戦後になって中東がホットな紛争地域になる前は、「世界の火薬庫」とまで言われていたこともある。第一次大戦が、1914年6月28日に起きた民族主義的動機によるサラエボでの暗殺事件を契機に始まったのは有名であるし、その直前、1912年と13年には第一次・二次のバルカン戦争が起きている。19世紀後半以降、この地域では周辺国の思惑もあって国家の独立や併合が相次いだ一方、スラブ民族として団結すべきという動きも盛り上がりを見せていた。

このような政情の不安定に、人口の爆発的な増大という社会的要素も加わって、南東ヨーロッパでは多くの人々が先祖代々の土地を離れ、新天地での安定した生活を求めて海外移住するという流れが出来た。20世紀初頭の20年間で、南東ヨーロッパからアメリカへの移住者は350万人に達し、これは同時期のヨーロッパの他の地域からアメリカへの移住者数を差し置いてトップの数字である。しかしこの時代、オーストラリアは人種隔離政策が続々と施行された「白豪主義」の時代であり、「白人」と見なされるイギリス人とアイルランド人以外の移住者の受け入れは厳しく制限されており、南東ヨーロッパからの移住先にはなり得なかった。

そんなオーストラリアが変化を見せるのは戦後のこと。国家発展のために大量に移住者を受け入れる政策が発表されたことを契機に、白豪主義も次第に厳格さを失ってゆく。ここでユーゴスラビア、特にクロアチアからオーストラリアへ移住者が続々と流れ込むようになったのである。はじめは共産党の支配から逃れようという人々、そして時代が進み1960年代から70年代になると、自主管理社会主義が生み出した共和国間の格差といった経済的要因により、ユーゴスラビアからオーストラリアへの移住者は増加の途を辿った。こうして両国の間には、海外移住者の往来という需要が存在したのである。そうした背景もあって開設されたのが、ベオグラード〜シドニー線だった。

故国の旗を背負い、故国の空気を運んでくる定期便は、移住者の第一世代にとっては異郷の地でまぶしく見えたことであろうし、母国を知らない2世・3世にとっても自分のルーツにつながるある種の感慨を感じさせたことであろう。

同社はさらに大型のダグラスDC-10を1978年に就航させるなど意欲的な経営拡大路線を辿るが、歴史の流れは非情である。1980年にユーゴスラビア統合の要石的存在であったチトー大統領が死去し、それから10年後に東欧民主化の荒波が押し寄せると連邦国家は途端に分裂への道を転げ落ちていった。内戦状態となり国際的非難を浴びる状況では、ユーゴスラビア航空の路線も次々と運航休止にならざるを得なかった。

それでも内戦が終わり、ユーゴスラビアを構成した国々が完全に独立した現在、航空会社もまた再出発を始めている。元のユーゴスラビア航空は、セルビア共和国の国営航空として、2003年からは"JAT Airways"の名で今日に至っている。しかし、北米やオーストラリアにまで路線を伸ばしていた栄光の時代は過去のものとなり、同社の航空会社コード「JU」だけが、かつてはユーゴスラビア（"Ju" goslavia）を代表する航空会社であったことを今に伝える名残だ。

飛行機がなかった時代の日米間の大動脈・
太平洋横断航路

横浜〜サンフランシスコ
（1914/32/49年）

浅野総一郎が開拓した日本の豪華客船時代

1948年の歌謡曲『憧れのハワイ航路』。この歌が流行ったのは、まだ海外旅行が自由にできないどころか日々を生きぬくこと自体が精一杯だった敗戦直後の時代。しかし、日本人が夢想した世界は意外にも日本人のすぐ隣にあったのである。ヨコハマの港にはアメリカン・プレジデント・ラインズ（APL）の商船が頻繁に発着し、歴代アメリカ大統領の名前からとられた船名や煙突に描かれた鷲のマークが、日本人の海外への憧れをくすぐっていた。APLの船の中で、最も日本に馴染み深かったものは、客船「プレジデント・ウィルソン」と「プレジデント・クリーブランド」の姉妹船。ハワイ経由で日本とアメリカ西海岸を結ぶ中部太平洋航路はこの2隻の独壇場と言ってもよく、1970年代に入って引退するまで外国航路の象徴として親しまれた。

こうして戦後はハワイや北米へ船で行くにはAPLの船でということになったわけであるが、戦前はまったく事情が違った。日本の船会社は優秀な客船を多数抱え、高いホスピタリティーで海外の旅行者の賞賛の的となるサービスを日本人自らの手で提供していたのである。そうした活躍の檜舞台が、香港〜横浜〜ホノルル〜サンフランシスコ〜ロサンゼルス間の中部太平洋線だった。

中部太平洋線は1800年代後半に開設されたが、当初は生糸や小麦粉といった日米間の貨物輸送やハワイや北米への移住者の輸送がその大きな役割だった。しかし日本が国力を増進し世界から一目置かれる存在になるにつれ、ビジネスや観光での人の往来も盛んになっていく。そんな時代に華々しくデビューしたのが、全長175メートル・総トン数1万3000トンという当時の日本としては画期的な大型客船「天洋丸」「地洋丸」「春洋丸」の3姉妹。これらは1908年以降にサンフランシスコ線に就航し、日本初の本格的な豪華客船として史上に名を残している。

この3姉妹船を企画したのは実業家・浅野総一郎が率いた東洋汽船。同社が太平洋航路を開設したのは1898年末のことで、日の丸が描かれた扇をデザインした社旗を翻しながら、月に2〜3回の割合で太平洋航路に定期就航していた。横浜〜ホノルル間は約10日、ホノルル〜サンフランシ

船名	排水量
天洋丸	二三・〇〇〇噸
地洋丸	二三・〇〇〇噸
春洋丸	二三・〇〇〇噸
日本丸	一一・〇〇〇噸
香港丸	一一・〇〇〇噸

北米航路

同航路の天洋丸、地洋丸、春洋丸の三姉妹船は其大さは日本第一其速力と裝飾は實に太平洋上の花なり最新の意匠と設備を以て飾られたる船内到る處として佳麗ならざるは無く就中食堂、社交室、喫煙室、圖書室等最も美術の粋粹を鳳む客室には特別室、家族室等あり船客の一擧一動に無限の愉快と堅安を感ぜしむるの裝置あり又甲板上に大運動場ありて舞踏又は假裝會の催しに適し其他娯樂、遊戯の文明的船內設備概く具らざるはなく殊に春洋丸には同船特得の「ズーム、ハウス」（植物室）あり緑竹翠葉常に滴るが如く航海中船客旅情を慰むるの快味あり又た各船何れも船內無線電信を利用して桑港、「ホノルヽ」東京より電報を受け日々船內に新聞を發行して船客をして航海中と雖も一日も時勢に迂なるの歎なからしむ故に太平洋上の旅客常に當社船を指して「浮べる宮殿」と稱讃せらるゝも亦故なきにあらす

南米航路

同航路の紀洋丸は去四十三年中の建造に係るも安洋丸及び靜洋丸は何れも昨年中の新造にして最新式の設備を有し殊に安洋丸は最新式の「ギヤード、タービン」機關を具へて高速力を有せり世界の最新巨船中「ギヤード、タービン」を具ふるものは僅に十指を屈するに過ぎず以て同船設備の斬新を知るに足れり

同航路は南北兩半球に跨り遠く赤道を通過するが故に其使用船は特種の構造を用ひ殊に船室の通風裝置に注意し各室に電扇を具へて涼風常に膝下に生じ製氷の機械亦た頗る完備して赤道直下ゆるぬ氷山を築き船客をして毫も苦熱を感ぜざらしむ加之南太平洋は海波穩かにして怪鱷巨鯛船側に戯れ容易に釣獲に任す亦た航海中の一快事なり

乞ふ長風一路當社船に搭じて此の愉快なる航海を試みよ南米無限の富源は實に洋の彼岸に於て諸君を待ちつゝあるなり

桑港航路汽船發着表

船名	航海次數
天洋丸	[illegible]
日本丸	[illegible]
香港丸	[illegible]
春洋丸	[illegible]
地洋丸	[illegible]
天洋丸	[illegible]
日本丸	[illegible]
香港丸	[illegible]
春洋丸	[illegible]
地洋丸	[illegible]
天洋丸	[illegible]
日本丸	[illegible]
春洋丸	[illegible]
香港丸	[illegible]
地洋丸	[illegible]
天洋丸	[illegible]
日本丸	[illegible]
春洋丸	[illegible]
香港丸	[illegible]
地洋丸	[illegible]
天洋丸	[illegible]

1914年10月に東洋汽船が発行した航路案内よりサンフランシスコ航路の予定表
写真は「天洋丸」型の船影

スコ間は約1週間かかったから、横浜から北米までの所要日数は約16、7日間だった。

ところがいくら豪華客船といっても年月が経つとだんだん陳腐化してくるし、ライバル会社が次々と新しい船を投入してくるとなおさら見劣りがするというもの。その上、不況や海外の会社との競争で東洋汽船は経営不振に陥ってしまう。天洋丸の代替となる新船の登場が待たれていたが、このままではそれは幻に……そんな状況を打開するために大ナタが振るわれた。東洋汽船は思い切って日本郵船に吸収されたのである。現在の航空業界再編を思わせるようなエピソードであるが、このおかげで新船の建造計画は日本の客船史上もっとも名船として名高い「浅間丸」型の登場としてめでたく結実することとなったのである。

ロサンゼルス・オリンピックの観覧案内
【1931年12月　日本郵船】

各界名士やオリンピック選手も乗船

日本郵船が1928年に発行した運航予定表は、翌年に就航予定の「浅間丸」をデザインしたもの。表紙には就航広告が掲載され、内部に記載されたスケジュールには航海番号「1」が付けられた処女航海の予定も見られる。浅間丸は1929年10月11日に横浜発太平洋横断に出帆。ホノルルを経由して10月24日にサンフランシスコに到着しているから、太平洋横断は天洋丸の時代に比べて数日間短縮されたことになる。

浅間丸には姉妹船として「龍田丸」「秩父丸」の2隻が続いた。戦前の日本郵船の客船の命名慣習に則って神社の名前を冠したこれら3隻は、戦前の太平洋航路の華として1941年夏の航路休止まで日米間を往来した。当時、太平洋航路にはアメリカの船会社も就航していたし、日本船のサイズ自体は世界の花形航路であるニューヨーク～サウサンプトン間の大西洋航路に就航していた欧米の客船と比較すると小振りだったが、美味しい料理などのサービスは世界中に知られ、各界の名士の利用も少なくなかったという。例えば1937年には浅間丸にヘレン・ケラーが乗船した。

太平洋線が華やかなりし時代、1932年7月30日からはロサンゼルスでオリンピックが開催されている。当然、航空便がまだ無い時代であるから、選手団や報道関係者は日本郵船の太平洋航路でアメリカ西海岸へと渡っていった。日本郵船が発行した『オリムピック大會参觀案内』というパンフレットにはオリンピック開催前後の出航スケジュールが掲載されているが、その中に見える6月30日横浜発の「大洋丸」が多くの選手を含む100人以上の派遣団を運んだ便だった。その旅の様子は漕艇の選手だった田中英光の小説『オリンポスの果実』にも描かれているので、読まれたことのある方もいらっしゃるのではないだろう

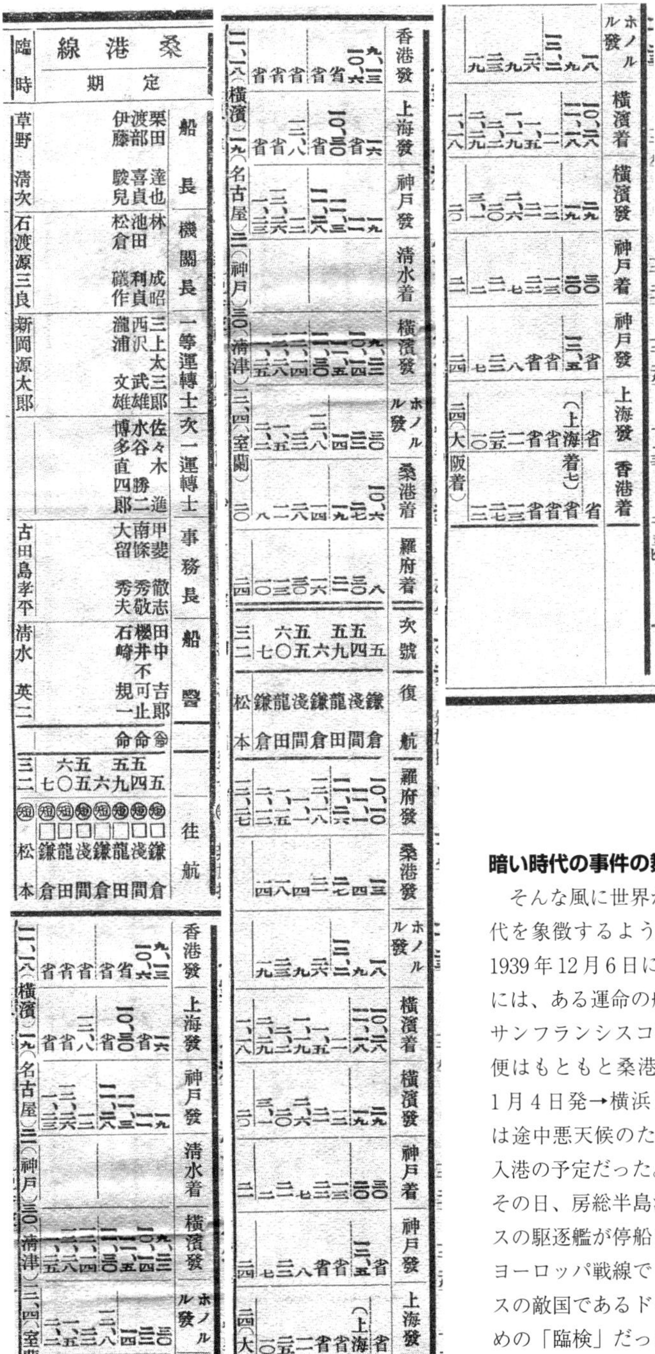

浅間丸事件の航海（第五五次航）が見える配船表
【1939 年 12 月 6 日　日本郵船】

か？　当時のアスリート達は 2 週間も船の上に閉じ込められたわけで、コンディションの維持は大変だったようだ。大洋丸の次に横浜を出航する 7 月 14 日発の春洋丸については「特別オリンピック船」としてアメリカ西海岸の寄航スケジュールを一部変更し、観覧客の便宜が図られた（通常はサンフランシスコに先に寄航するところを、7 月 29 日にロサンゼルスに先に寄航させて開会式に間に合わせた）。この次のオリンピックはベルリンでの開催であったが、ナチス・ドイツのプロパガンダ臭がこれでもかというくらいに漂うイベントだったことを考えると、これが完全に平和裏に行われた戦前最後の大会だったと言えるだろう。

暗い時代の事件の舞台にも

そんな風に世界が戦争に傾斜していった暗い時代を象徴するような事件がこの航路で発生する。1939 年 12 月 6 日に日本郵船が発行した「配船表」には、ある運命の航海が掲載されている。それはサンフランシスコ発の浅間丸第 55 次復航。この便はもともと桑港（サンフランシスコ）1940 年 1 月 4 日発→横浜 19 日着予定だったが、実際には途中悪天候のため 2 日遅れて 1 月 21 日に横浜入港の予定だった。そしてまさに横浜入港というその日、房総半島沖を走っていた浅間丸にイギリスの駆逐艦が停船を命じたのである。イギリスはヨーロッパ戦線でドイツと交戦中であり、イギリスの敵国であるドイツ人乗客の一部を連行するための「臨検」だった。交戦国の船が、参戦していない日本の船を臨検すること自体は国際法上問題のないことだったが、日本の首都目前で臨検を行ったイギリスや、乗客の連行に応じた船長の対応への感情的な批判で世間は騒然。この配船表の乗員欄に名前の見える船長は、この事件の責任を取って浅間丸から去る。奇しくも彼にとって事件のあった第55次航は、太平洋のプリマドンナ「浅間丸」を率いた最初にして最後の太平洋横断という悲しい結末に終わったのであった。

この「浅間丸事件」の1年半後の1941年7月、インドシナ半島南部への進駐が決定的な要因となって日本はアメリカから対日資産凍結措置を取られ、国際航路の花形路線として一時代を築いていた日本の太平洋定期航路も遂に息絶えた。そして開戦。太平洋航路に就航していた船は軍事輸送に転用されたが、敵の攻撃に遭ってほとんどそのすべてが沈没し、輝かしくも短い生涯を終えたのである。

戦後間もない時期の太平洋航路運航予定表
【1949年6月　アメリカン・プレジデント・ラインズ】

異国への憧れをかき立てたアメリカ船

太平洋戦争が終わると冒頭でも触れたように太平洋航路の主役から日本船は脱落し、アメリカ船一色になった。敗戦後の日本に海から異国の風をもたらしたのは、アメリカのAPLの客船や貨物船。冒頭に触れたウィルソンやクリーブランドのような客船のほかに貨物船も旅客を扱い、船旅が主要な国際交通手段であった時代の人々の往来を支えていた。貨物船の定員はたった12名で、客船に比べれば豪華な設備こそ無いものの、客船の最低クラスとほぼ同じ運賃で安くて気楽な旅が楽しめたという。APLの場合、客船が1ヶ月に2便程度・貨物船が1～3便程度寄航していたから、おしなべて一週間に1便はAPLの船が日本に発着していたことになる。これが片道分であるから、東南アジアから北米へのルート途中にある日本の場合、上り下りを考えればこの2倍の便が行き交っていたわけだ。

APLのプレジデント・ウィルソンには1953年3月30日、当時の皇太子（今上天皇）も乗船されている。この年の6月に行われたエリザベス女王の戴冠式出席をメインイベントとする6ヶ月間という長期の外遊に出掛けた折のことである。皇室の外遊に外国船、しかも数年前まで交戦していた相手国の船を使うというのは大きな時代の転換だろう。このとき皇太子はまだ19歳。それでもアイゼンハワー大統領とも会見するなど、今の同じ世代の青年の成熟度と比較するとちょっと信じられないくらいの重責を担っての外遊だった。

それから半世紀以上が経った現在、横浜港からはかつて天洋丸や浅間丸が出発していた当時の面影はすっかり消えてしまったが、ある“遺跡”が今も残されている。それは、日本郵船のサンフランシスコ航路の客船が出港する日に限って東京駅から運転された臨時列車が発着していたホーム。新港埠頭にあるこのホームは「横浜港駅」と名付けられ、ロサンゼルス・オリンピックの頃には東京駅12時30分発・横浜港13時18分着というダイヤで運行されていた。この東京〜横浜港間の臨時列車には船客のほか見送り人も乗車できたから、今風にいえば空港のリムジンバスといったところ。客船航路の全盛期を物語る古き良きエピソードである。

中国市場（香港）向けに発行された運航予定表
【1964年３月　アメリカン・プレジデント・ラインズ】

横浜〜シアトル
(1957 年)

戦後の日本郵船シアトル航路運航予定表
【1957 年 1 月　日本郵船】

古巣にカムバックした「氷川丸」

1953 年 7 月 22 日、横浜港から一隻の客船が、北米・シアトルに向けて出帆した。戦時中にそのほとんどが敵の攻撃によって喪われた戦前の日本客船にあって、その黄金時代を今に伝える唯一の生き残りとして現在も横浜港で大切に保存されている「氷川丸」。日本の客船が定期航路として海外に就航するのは、太平洋戦争開戦直前の 1941 年夏に航路が休止されてから実に 12 年ぶりのことだった。

氷川丸は 1930 年にデビュー。サンフランシスコ航路の「浅間丸」などと比較するとやや地味ながらも、僚船の「平安丸」と「日枝丸」とともに一貫して横浜〜シアトル線に活躍した。戦時中は軍に徴用されたものの、航海の安全が保証された病院船として運用されたため、戦前の日本の遠洋航路の客船で大戦を生き抜いた数少ない例となる。まだ日本船による外国航路が復活していない戦後の一時期には横浜〜神戸間などの国内航路にも就航し、混雑する陸上交通機関を補完する役割も果たした。

1957 年当時の氷川丸の運航予定表によると、神戸〜名古屋〜清水〜横浜〜ヴァンクーヴァー〜シアトル間の運航頻度は 2 ヶ月に 1 回。戦前は姉妹船の平安丸・日枝丸とともに、2 週に 1 回の割で運航されていたことと比較すると驚くほどの激減であるが、まだ航空機が一般的ではなかった時代、留学生の渡米などにも重宝されたという。氷川丸でアメリカに渡っていった留学生の中には、後に日本の逸材となる人々が含まれており、2002 年にノーベル物理学賞を受賞した小柴昌俊氏もその最初期のひとりである。なお、シアトル航路というとひたすら北太平洋をゆくイメージばかりが強いが、この運航予定表を見ると、戦後は年に 2 回ほどはホノルルに寄港する航海もあったことがわかる。

「氷川丸の次にはいつか本格的な客船を再び」という関係者の思いと努力もあって氷川丸による船旅は 1950 年代を通じて維持されたが、多額のコストがかかる客船事業に時代の風は冷たく、1960 年 8 月 27 日の横浜発の旅立ちを最後に、氷川丸そして日本郵船の海外旅客定期航路は国内外の人々に惜しまれながら束の間の復活劇の幕を閉じた。その頃、東京オリンピックをにらんで新しい豪華客船の建造が構想に上っていたというが、これも幻に終わってしまう。

氷川丸は現役引退の翌年から横浜港・山下公園で宿泊施設および観光施設として公開が始まったが、マンネリ化による入場者数の減少から一旦閉鎖の憂き目をみることとなった。しかし1年半の休業ののち、戦前日本の客船文化を今に伝える貴重な生き証人として2008年4月にリニューアルオープンを果たしている。

OUTWARD (EAST BOUND)

Voy. No.	KOBE	NAGOYA		SHIMIZU		YOKOHAMA		HONOLULU		SEATTLE		VANCOUVER	
	Sail 3:00P.M.	Arrive	Sail	Arrive	Sail	Arrive	Sail 3:00P.M.	Arrive	Sail	Arrive	Sail	Arrive	Sail
										(19	57)		
36	Dec. 19	Dec. 20	Dec. 20	Dec. 21	Dec. 21	Dec. 21	Dec. 22	—	—	Jan. 3	Jan. 4	Jan. 5	—
37	Feb. 13	Feb. 14	Feb. 14	Feb. 15	Feb. 15	Feb. 15	Feb. 17	—	—	Mar. 1	Mar. 2	Mar. 3	—
38	Apr. 28	Apr. 29	Apr. 29	Apr. 30	Apr. 30	Apr. 30	May 2	May 11	May 12	May 21	May 22	May 19	May 20
39	June 28	June 29	June 29	June 30	June 30	June 30	July 3	July 12	July 13	July 22	July 23	July 20	July 21
40	Aug. 24	Aug. 25	Aug. 25	Aug. 26	Aug. 26	Aug. 26	Aug. 28	—	—	Sept. 9	Sept.10	Sept.11	—
41	Oct. 29	Oct. 30	Oct. 30	Oct. 31	Oct. 31	Oct. 31	Nov. 2	—	—	Nov. 14	Nov. 15	Nov. 16	—
										(19	58)		
42	Dec. 18	Dec. 19	Dec. 19	Dec. 20	Dec. 20	Dec. 20	Dec. 22	—	—	Jan. 3	Jan. 4	Jan. 5	—

HOMEWARD (WEST BOUND)

Voy. No.	VAN-COUVER	SEATTLE		VANCOUVER		HONOLULU		YOKOHAMA		KOBE
	Sail P. M.	Arrive	Sail P. M.	Arrive	Sail	Arrive	Sail	Arrive	Sail	Arrive
		(19	57)							
36	—	Jan. 12	Jan. 13	Jan. 14	Jan. 14	Jan. 22	Jan. 23	Feb. 4	Feb. 5	Feb. 6
37	—	Mar. 10	Mar. 11	Mar. 12	Mar. 12	Mar. 20	Mar. 21	Apr. 2	Apr. 3	Apr. 4
38	May 29	May 30	May 31	—	—	—	—	June 14	June 15	June 16
39	July 30	July 31	Aug. 1	—	—	—	—	Aug. 15	Aug. 16	Aug. 17
40	Sept. 18	Sept. 19	Sept. 20	—	—	—	—	Oct. 4	Oct. 5	Oct. 6
41	Nov. 23	Nov. 24	Nov. 25	—	—	—	—	Dec. 9	Dec. 10	Dec. 11
		(19	58)							
42	—	Jan. 12	Jan. 13	Jan. 14	Jan. 14	Jan. 22	Jan. 23	Feb. 4	Feb. 5	Feb. 6

* Subject to change or cancellation with or without notice.

* As a rule the Homeward Voyage will terminate at Yokohama. Yokohama sailing date to be confirmed before booking passage for Kobe.

前ページの運航予定表の内部
年間6航海という寂しさであったが多くの若者の夢を運んだ

PLAN OF PASSENGER ACCOMMODATION

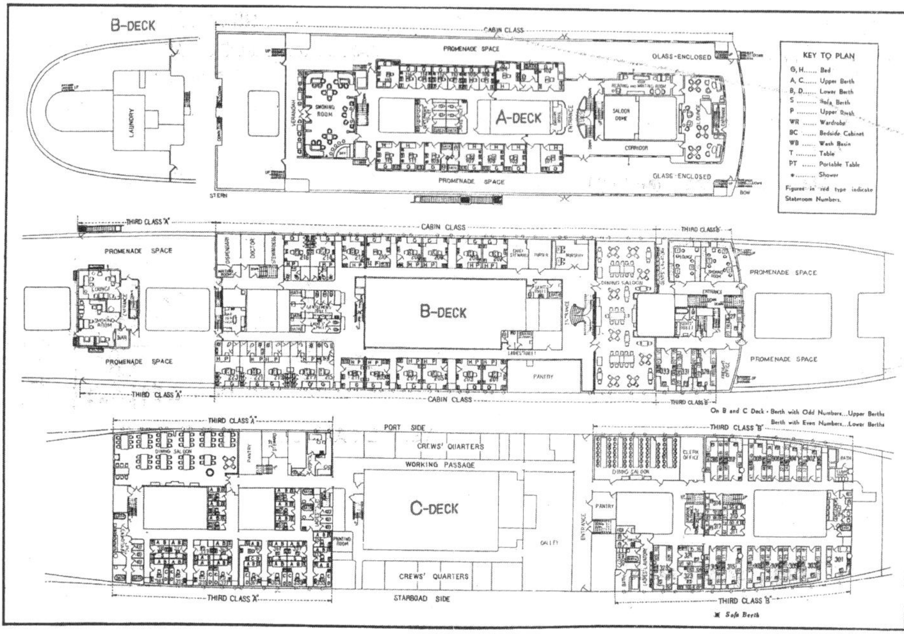

The M. S. Hikawa Maru departing Yokohama for the Pacific North West.
A ship especially built to assure smooth sailings on the Pacific Great Circle route.

Enquiry Office and Main Staircase leading down to deck B.

238ページの運航予定表の内部より
客室の平面図など

激戦地となる島々を伝って太平洋両岸を結んだ“チャイナ・クリッパー”

サンフランシスコ～香港
(1941年)

1930年代後半の香港の風物詩

「ペニンシュラ」という世界的な高級ホテルチェーンをご存知の方も多いと思う。2007年9月には東京にも開業したが、この「ザ・ペニンシュラ東京」24階には“ザ・セブンシーズ・パシフィック　アビエーションラウンジ”という展示施設がある。アビエーションという名がつくことからも想像できるとおり、ここは航空関係のコレクションの宝庫だ。同ホテルの広報資料によると、『1910年の初飛行から、1950年代の太平洋横断旅行、活気に満ちた航空業界の現状に至る約100年の歴史を、様々な写真や希少価値の高い展示品を通して紐解きます』とのこと。ちなみに“セブンシーズ”とは、直訳すれば「七洋」となるが、1950年代末期に太平洋横断などの檜舞台で活躍し、わが国でもJALが導入した究極の長距離プロペラ旅客機・ダグラスDC-7Cの別名である。なかなか心憎いネーミングだ。

ペニンシュラが、航空史をテーマとしたラウンジを造るのは東京が初めてではなく、他にシカゴやバンコクにも存在するとのこと。しかし、中でも1928年開業で「東洋の貴婦人」の別名を持つ“元祖”ペニンシュラである「ザ・ペニンシュラ香港」のものはひときわエキゾチシズムを誘う。その名は“チャイナ・クリッパー・ラウンジ”。“チャイナ・クリッパー”――それは航空機の長距離洋上飛行がまだ難しかった時代に、パンアメリカン航空がサンフランシスコ～香港間に運航していた飛行艇の代名詞。当時、国際線の空の旅はおよそ一般人の手の届かない高級な体験だったが、その頂点といってもいい路線である。香港の九龍湾に水しぶきを上げて発着するパンアメリカン航空の飛行艇は、近代以降、常に時代の先端を走ってきた香港というモダン都市を象徴する風景だった。

“チャイナ・クリッパー”という名称は、正確にはパンアメリカン航空が太平洋横断路線に投入したマーチンM-130飛行艇の一機に付けられていた愛称である。“クリッパー”とは元々、19世紀の快速帆船を指す言葉であるが、パンアメリカン航空は自社の機体やサービスにこの言葉を頻繁に使い、世界に雄飛する独特のイメージを醸し出していた。この太平洋横断路線の第一便は1935年11月22日にサンフランシスコを出発し、29日にマニラに到着している。このときは“チャイナ”というその名のとおり中国までは達しなかったが、太平洋横断といえば汽船で早くて2週間はかかるのが当たり前という時代、航空機が約1週間で太平洋の両岸を結ぶというのは今日の宇宙飛行並みに画期的なことだっただろう。

戦雲たなびくアジア太平洋地域へのパイプライン

太平洋横断線は、第一便からしばらくは郵便貨物のみの搭載であったが、1936年10月にはいよいよ旅客便の運航を開始。また、1937年からはマニラ～香港間が延長され、名実ともに“チャイナ・クリッパー”という名にふさわしい路線となる。香港乗り入れによってパンナムが中国大陸に達するのと同時に、中国本土の航空会社である中国航空公司も、上海～広州線を香港に寄航させ、太平洋横断線と接続するようにした。ここに、北米と中国全域が航空旅行で結ばれたのであった。

もっとも、アメリカの定期便が太平洋の両岸を結ぶということは、単に民間航空の発展ということだけではなく戦略的にも重要なことだった。当時、中国大陸では国民党と共産党が覇権を競っており、アメリカは国民党を支援していたわけであるが、先述の中国航空公司にパンアメリカン航空が資本参加することでアメリカは中国大陸に影響力を保持してきた(輸送機の運航やパイロットの育成、メンテナンス施設の整備といったことが戦略的にどれほど重要なことであるか……)。それに加えて、太平洋横断線の開設は、中国大陸から北米へ延びるまさにヘソの緒のような強力なパイプを構築したことになる。

もうひとつの側面は、太平洋地域における日本への牽制だった。太平洋を飛び越えるということは、ハワイ・ミッドウェー・ウェーク・グアムといったアメリカ領の島々を飛び石伝いに結ぶことを意味する。当時、サイパンなどを中心とする西太平洋の島々の大部分は日本が委任統治領として管理していたから、この地域にまさに楔を打ち込むようなルートというわけだ。これら太平洋上の孤島には無線標識や修理施設が建設され、広大な太平洋の中にアメリカの要塞が築かれたようなものだった。

しかしながらそうした戦略的意義から離れて純粋に航空旅行という観点からみて、この航路には夢があった。パンナムは先に述べたような孤島に乗客専用のホテルを建てたから、太平洋横断線の乗客は飛行艇の機上で豪華な食事に舌鼓を打ちながら空の旅を楽しむ一方、専用ホテルでゴルフなどのレクリエーションに興じ、夜は広いベッドでリラックスという優雅な旅だったのである。そんな旅路を時刻表で辿るとこんな感じだ。

空の「オリエント急行」

サンフランシスコ湾に浮かぶトレジャー島には、第一便を担ったマーチン M-130 型飛行艇からより大型化した新型のボーイング 314 型飛行艇が舫われていた。ボーイング 314 の翼の中には通路があり、飛行中に機内からエンジンの点検に行くことができるようになっていたほどであるからその大きさの程がうかがわれるだろう。トレジャー島は人工島で、1939 年には「ゴールデンゲート国際博覧会」の会場にもなった場所。そんな“宝島”が太平洋横断空路のスタート地点だ。フライトナンバー 801「オリエント・エクスプレス」は火曜日の夕方 16 時、全長 30 メートルの巨体を夕陽に輝かせながら、ゴールデンゲートブリッジに別れを告げて太平洋の大空へと乗り出していく。

その日はホノルルへの夜間飛行で、ハワイ・真珠湾への到着は翌朝 8 時 30 分。ホノルルでは一晩を地上で過ごし、木曜日の朝、ミッドウェー

8 (Cont.) U.S.A.–HONGKONG SERVICE

EVERY WEEK

VIA

U.S.A.—HAWAII—GUAM—PHILIPPINES MACAU—HONGKONG

	801	Miles	Pan American Airways Co. (PAAP) "Orient Express" ⑱ ♊	800		
Tue.	★16:00	0	Lv. SAN FRANCISCO (Treas. Is.), U.S.A. ‖☆PST Ar.	10:30	Tue.	......
Wed.	8:30	2402	Ar. HONOLULU (Pearl Harbor), T.H. ‖☆..HST Lv.	★14:30	Mon.	......
Thu.	★8:00		Lv. HONOLULU (Pearl Harbor), T.H. ☆...HST Ar.	17:00	Sun.	......
"	♭16:00	3706	Ar. MIDWAY ISLAND..................180° Lv.	★6:00	"	......
Fri.	★6:30		Lv. MIDWAY ISLAND..................180° Ar.	♭16:00	Sat.	......
			(International Date Line)			
Sat.	♭14:00	4891	Ar. WAKE ISLAND..................E165° Lv.	★6:00	Sun.	......
Sun.	★7:00		Lv. WAKE ISLAND..................E165° Ar.	♭19:00	Sat.	......
"	♭16:15	6399	Ar. GUAM ISLAND..................E150° Lv.	★5:40	"	......
Mon.	★6:00		Lv. GUAM ISLAND..................E150° Ar.	♭17:00	Fri.	......
"	15:15	7988	Ar. MANILA (Cavite), P.I..............E120° Lv.	★2:30	"	......
Tue.	★8:30		Lv. MANILA (Cavite), P.I..............E120° Ar.	14:30	Wed.	......
"	14:00	8703	Ar. MACAU.......................... " Lv.	......	"	......
"	14:45		Lv. MACAU.......................... " Ar.	......	"	......
"	15:20	8746	Ar. HONGKONG (Kai Tak Airport)☆...... " Lv.	★8:30	"	......

アメリカ西海岸～香港線の時刻表
【1941 年 3 月　パンアメリカン航空】

島へ向けて第2区間の旅が始まる。ここからは島から島へ飛ぶたびに1日が終わり、夜はホテル泊まりという旅になる。木曜日はホノルルからミッドウェー、金曜日はミッドウェーからウェークへ。この区間で日付変更線を越えるので、ウェーク着は土曜日だ。日曜日にウェークからグアムへと飛ぶと、翌日はいよいよアジアへと足を踏み入れる。月曜日はグアムからマニラへの飛行だが、これが終われば太平洋はほぼ横断したのも同然。マニラのホテルで目を覚ますと出発日と同じ火曜日が再び巡ってくる。この日、マニラからマカオ経由で15時20分に香港に到着。総延長8700キロ・150時間にも及ぶ壮大な旅が終わるのである。

さすがにこの太平洋横断線は日本人の利用はほとんどなかったと思われるが、1939年9月、ひとりの日本人がこの路線を使って日米間空の旅にチャレンジした記録が残っている。それは日本の国策航空会社・大日本航空のある役員。彼がパンアメリカン航空の社長と会談した折、日米がそれぞれ運航している定期航空路を連結すれば日米間に太平洋横断航空路が開通するということが話題に上り、『ならば試しに』とのことで自ら体を張った大旅行であった。ヨーロッパやアジアに戦雲が立ち込める不穏な社会情勢の中、彼はサンフランシスコを9月7日に飛び立ったパンアメリカン航空機にグアムまで搭乗。しかしここでは直接、日本の航空便に乗り継ぐことは出来なかった。すでに触れたように、当時、大日本航空はサイパン～横浜間に飛行艇による定期便を運航していたが、アメリカ領であるグアムには乗り入れていなかったため、グアムとサイパンの間を船で移動する必要があったのである。当初予定のアメリカ船が使えなくなるなど、ここの連絡が一時危ぶまれたものの、なんとか南洋庁（日本が委任統治している南洋諸島を管轄する施政組織）の船が迎えに来てくれてサイパンへ。ここで大日本航空便に乗り換えて9月13日に横浜へ安着したとのこと。当時の新聞は『日米定期連絡「空の旅」が見事完成され、将来の空路連絡の可能性がこれで実証されたわけである』（1939年9月14日付　朝日新聞）と総括したが、もちろん構想だけで実際には幻に終わった。なお、旅行の前後には時局柄、何度も軍に呼ばれたとのことで、この旅行の背景には太平洋事情を探ろうとしていた軍の思惑もあったようである。

パンナムの世界制覇を実現した大西洋飛行艇空路

パンアメリカン航空の長距離飛行艇空路は太平洋方面だけではなかった。太平洋線の成功を受けて1939年5月以降、ニューヨーク～ボトウッド（ニューファンドランド）～フォインズ（アイルランド）～サウサンプトン間やニューヨーク～アゾレス～リスボン～マルセイユ間に大西洋横断線も登場。しかしこれらは同年9月に始まった第二次大戦の影響でイギリス方面は廃止、中立国であるポルトガル向けが辛うじて戦時中も維持されたという悲運の路線だった。ポルトガルは中立国ということで、首都リスボンへはドイツのルフトハンザなどの定期便も乗り入れていたから、敵国同士が顔を合わせるということもあったに違いない。パンナムだけではなく、今日のアメリカン航空の前身であるアメリカン・エクスポート航空もニューヨーク～フォインズ間などで飛行艇による定期便を運航し、戦時中から戦後間もない時期にかけてVIPの大西洋往来を支えた。なお太平洋地域では、1940年7月からサンフランシスコ～ホノルル～オークランド（ニュージーランド）線が開設されている。

大戦という試練が待ち受けていたのは栄華を誇った太平洋線も同じであった。1941年12月8日、日米開戦の日もパンナムの飛行艇は太平洋地域に点在していたが、一機が香港で破壊され、ハワイ付近にいた一機は幸いにもアメリカ本土に帰り着き、ウェーク島からグアムに出発しようとしていた別の一機は攻撃を受けるもなんとか離陸に成功してアメリカ本土に引き返すことが出来た。戦場となった太平洋に民間航空便が飛ぶ余地はなく、生き残った飛行艇は軍に徴用され、かつて乗客の憩いの場だった太平洋の島々ではホテルやその他の施設が徹底的に破壊されてしまった。

しかし、それから4年後に世界に再び平和が戻った時、航空機の性能は飛躍的に向上し、もはや飛行艇でなくとも大洋を安全に横断できる時代が到来していた。太平洋でも大西洋でも1946年にはダグラスDC-4などの陸上機が就航し、“チャイナ・クリッパー”の時代は完全に過去のものとなったのである。

こうしてかつて世界の大洋に君臨したボーイング314の雄姿は長らく写真で偲ぶのみであったが、2006年に大西洋飛行艇空路ゆかりの地・アイルランドのフォインズに「飛行艇博物館」（Flying Boat Museum）がリニューアルオープンし、胴体外観のみならず客室からコックピットまでが精密に再現された「実物大！」復元モデルが登場した。お金と時間のある方は是非、ここで往年の豪華な空の旅の雰囲気を味わってみてはいかがだろうか？　ちなみに、この町の発祥なのが「アイリッシュ・コーヒー」。戦時中、北大西洋横断を終えてここに寄航した飛行艇の乗客に温まってもらうために考案された、ウィスキーとコーヒーでできたホットカクテルである。路線は無くなっても、航空史は思わぬところに置き土産を残していったものだ。

ATLANTIC SERVICES

1 U. S. A.—BERMUDA—AZORES—PORTUGAL

120	Ω 160	Miles	Pan American Airways Co. (PAAA)	Miles	Ω 161	121	
We Sa	We Su				Th Mo	Th Mo	Tu Sa
★8:30	....	0	Lv NEW YORK, N.Y., U.S.A.☆ EST Ar	7781	....	9:15	13:45
....	★10:30	0	Lv BALTIMORE, Md., U.S.A.☆ “ Ar		15:30	↑	....
14:50	17:00	817	Ar DARRELL'S IS., Bermuda. 60MT Lv		★10:00		9:00
★16:00	....		Lv DARRELL'S IS., Bermuda... “ Ar		....		●7:00
Th Su							Mo Fr
F	....	2837	Ar HORTA, Azores..........30MT Lv		....		★16:00
F	....		Lv HORTA, Azores............. “ Ar		....		14:30
↓						We Su	↑
	....		PT. OF SPAIN (Cocorite) Tr. 60MT Lv		....	★17:45	
	....		PT. OF SPAIN (Cocorite) Tr. “ Ar	5568	....	●14:45	
	....		BELEM (Harbor), Para, Br. 45MT Lv		....	★ 7:45	
	....		BELEM (Harbor), Para, Br... “ Ar	4356	....	●6:15	
						Tu Sa	
	....		BOLAMA, P.G., Africa....15MT Lv		....	★16:00	
	....		BOLAMA, P.G., Africa...... “ Ar	1917	....	● 7:15	
						Mo Fr	
15:05	....	3890	Ar LISBON, Portugal☆......GMT Lv	0	....	②18:15★	★9:00

1A U. S. A.—CANADA—NEWFOUNDLAND—EIRE

	100	Miles	Pan American Airways Co. (PAAA) (⊕)	101	
Suspended during Period of President's Neutrality Proclamation	See Table 1	0	Lv. New York, N. Y., U.S.A.☆..............EST Ar.	See Table 1	Suspended during Period of President's Neutrality Proclamation
		601	Ar. Moncton (Shediac), N. B., Canada......60MT Lv.		
			Lv. Moncton (Shediac), N. B., Canada....... “ Ar.		
		1072	Ar. Botwood, Newfoundland................NLT Lv.		
			Lv. Botwood, Newfoundland................ “ Ar.		
		3067	Ar. Foynes, Eire.........................15MT Lv.		

大戦中も一部が運航され続けた大西洋飛行艇空路の運航予定表
【1941年3月　パンアメリカン航空】

香港の海運王が燃やした情熱の行方は
丸焦げになった豪華客船だった！？

香港〜ロサンゼルス
（1972年）

客船時代の晩年に果敢な挑戦

戦前、“チャイナ・クリッパー”の愛称も名高いパンアメリカン航空の飛行艇航路が結んでいたアメリカ西海岸〜香港間には、1960年代から70年代の一時期、香港の船会社によって客船航路が運航されていたことがある。その船会社の名前は、オリエント・オーバーシーズ・ライン（OOL）。すでに航空機が国際交通の主役に踊り出ていた時代であったが、「中国人の手による国際航路の運航」を夢見たOOL創業者·薫浩雲（C.Y Tung）は、自らの夢の集大成としてこの路線での客船運航にチャレンジしたのだった。ちなみに、1997年7月に香港が中国へ返還された際、初代行政長官に就任した薫建華氏は薫浩雲氏の息子で、行政長官就任前はOOLグループのトップを務めていた。

同社のフラッグシップは、「オリエンタル·パール」と「オリエンタル・ジェイド」。ゴージャスな名前とは裏腹に、アメリカの軍用貨物船を改造したものである。煙突には、クリーム色の地に赤い梅の花をあしらった同社のマークがよく映えていた。「梅」は中華民国の国花。中華航空のロゴのほか、スポーツ大会で台湾が「チャイニーズ・タイペイ」として出場する時、その旗に描かれているのを目にすることも多い。中華人民共和国成立前から続く同社の歴史を象徴するマークだ。

1960年代後半にパールとジェイドの姉妹船は、香港〜日本〜ロサンゼルス〜サンフランシスコ〜日本〜香港間に月1往復ペースで就航する。横浜〜シアトル線からの日本郵船の撤退が象徴するように、客船航路は誰が見ても斜陽化の途上という段階での登場だったが、そんな中の明るいニュースだった。日本では横浜／名古屋／神戸に発着。同社の運航スケジュール表によると、サンフランシスコ〜横浜間は14日、横浜〜香港間では韓国の釜山／麗水／仁川のいずれかの港や台湾の高雄／基隆へも寄るため17日程度もかかっている。

なお、OOLというとパールやジェイドを中心に語られることが多いのだが、同社は当時、太平洋横断航路に他にも数隻の貨客船を投入していた。これらはパールやジェイドとほぼ同じ設備を持ちながらも定員が少なく運賃も割安だった。

OOLはその後も中古船を買い増し、事業の拡大を目論む。その中で有名なのが、イギリスの豪華客船「クイーン・エリザベス」にまつわるエピ

太平洋客船航路運航予定表
【1972年2月　オリエント·オーバーシーズ·ライン】

ソードだ。サウサンプトン～ニューヨーク間という大西洋横断航路の大幹線に就航していた同船は、ウナギのぼりの赤字が原因で引退・売却という運命を辿る。そのクイーンを手に入れたのがOOLだった。OOLはこれを洋上大学として運航する予定で改装に入ったが、その最中の1972年1月に香港で火災を起こして黒焦げに。OOLが発行したクイーン・エリザベス改め「シーワイズ・ユニバーシティ」の処女航海スケジュールによると、1972年4月24日にロサンゼルスを出航し、オセアニア～東南アジア～日本～ハワイと巡って7月9日にロスへ戻る予定だったが、もちろんこれは幻に終わり、残骸はスクラップにされた。

ちょうどその頃、定期客船の運航自体が曲がり角にきていた。ライバルのアメリカン・プレジデント・ラインズや商船三井も1973年に太平洋定期客船航路から撤退。翌年、パールとジェイドも引退し、わずか10年で同社は事実上、定期客船の運航をやめた（その後わずかな期間、世界一周クルーズを運航していた）。

ところで、港に近い幹線道路で、「OOCL」というロゴの入った海上コンテナがトラックで運ばれていくのを目にされた方もいらっしゃることだろう。OOCLとは、オリエント・オーバーシーズ・コンテナ・ラインというコンテナ船運航を専門とする関連会社のこと。創業者の「夢」は客船としては短い実りであったが、違った形で今日も生きているのである。

SAILING SCHEDULE
EFFECTIVE 1 FEBRUARY 1972
ALL SAILINGS SUBJECT TO CHANGE WITHOUT NOTICE.

FIRST CLASS SERVICES

VESSEL / DATE / PORTS OF CALL	ORIENTAL PEARL		ORIENTAL JADE		ORIENTAL PEARL		ORIENTAL JADE		ORIENTAL PEARL		ORIENTAL JADE	
	VOYAGE 28 WEST		VOYAGE 30 WEST		VOYAGE 29 WEST		VOYAGE 31 WEST		VOYAGE 30 WEST		VOYAGE 32 WEST	
	ARRIVE	SAIL	ARRIVE	SAIL	ARRIVE	SAIL	ARRIVE	SAIL	ARRIVE	SAIL	ARRIVE	SAIL
	1972		1972		1972		1972		1972		1972	
SAN FRANCISCO	FEB 19	FEB 21	APR 10	APR 13	MAY 19	MAY 22	JUN 28	JUL 1	AUG 6	AUG 9	SEP 15	SEP 18
YOKOHAMA	MAR 6	MAR 8	APR 27	APR 30	JUN 5	JUN 8	JUL 15	JUL 18	AUG 23	AUG 26	OCT 2	OCT 5
KOBE	MAR 9	MAR 11	MAY 1	MAY 3	JUN 9	JUN 11	JUL 19	JUL 21	AUG 27	AUG 29	OCT 6	OCT 8
PUSAN/YOSU/INCHON(3)	MAR 12	MAR 15	MAY 4	MAY 8	JUN 12	JUN 16	JUL 22	JUL 26	AUG 30	SEP 3	OCT 9	OCT 13
KEELUNG	MAR 18	MAR 20	MAY 11	MAY 13	JUN 19	JUN 21	JUL 29	JUL 31	SEP 6	SEP 8	OCT 16	OCT 18
KAOHSIUNG	MAR 21	MAR 23	MAY 14	MAY 16	JUN 22	JUN 24	AUG 1	AUG 3	SEP 9	SEP 11	OCT 19	OCT 21
HONG KONG	MAR 24	(1)	MAY 17		JUN 25		AUG 4		SEP 12		OCT 22	
EASTBOUND	VOYAGE 29 EAST		VOYAGE 31 EAST		VOYAGE 30 EAST		VOYAGE 32 EAST		VOYAGE 31 EAST		VOYAGE 33 EAST	
HONG KONG	(2)	APR 6		MAY 20		JUN 28		AUG 7		SEP 15		OCT 25
KOBE	APR 14	APR 16	MAY 24	MAY 26	JUL 2	JUL 4	AUG 11	AUG 13	SEP 19	SEP 21	OCT 29	OCT 31
NAGOYA	APR 17	APR 18	MAY 27	MAY 28	JUL 5	JUL 6	AUG 14	AUG 15	SEP 22	SEP 23	NOV 1	NOV 2
YOKOHAMA	APR 19	APR 21	MAY 29	MAY 31	JUL 7	JUL 9	AUG 16	AUG 18	SEP 24	SEP 26	NOV 3	NOV 5
SAN DIEGO	MAY 4	MAY 7	JUN 13	JUN 16	JUL 22	JUL 25	AUG 31	SEP 3	OCT 9	OCT 12	NOV 19	NOV 22
LOS ANGELES	MAY 8	MAY 12	JUN 17	JUN 21	JUL 26	JUL 30	SEP 4	SEP 8	OCT 13	OCT 17	NOV 23	NOV 27

REMARKS: (1) Following Voyages the vessels will be drydocked in HONG KONG for annual survey. Full cruise passengers must debark upon arrival in HONG KONG, and all time ashore will be at passengers' account.

Oriental Pearl Voy 28W Mar. 25 - Apr. 4, 1972
Oriental Jade Voy 34W Apr. 3 - Apr. 16, 1973
Oriental Pearl Voy 33W May 12 - May 25, 1973

前ページの運航予定表の内部
「オリエンタル・ジェイド」と「オリエンタル・パール」の２隻交互運航だった

Announcing
the Maiden Voyage of SEAWISE
(formerly the R.M.S. Queen Elizabeth)
75-day Circle Pacific Cruise.
SEAWISE UNIVERSITY
Sailing from Los Angeles on April 24, 1972. Rates from $30 a day first class.
Sailing from Vancouver, B.C. on April 18, 1972
ARRIVAL DATE
DEPARTURE DATE
Los Angeles — April 24 PM
Honolulu April 29 AM May 3 AM
Suva May 10 AM May 12 PM
Sydney May 16 AM May 18 PM
Fremantle May 23 AM May 25 AM
Bali May 28 noon May 31 AM
Singapore June 2 AM June 5 AM
Hong Kong June 8 AM June 11 AM
Kobe June 14 noon June 16 PM
Yokohama June 17 AM June 20 AM
Honolulu June 26 noon June 29 AM
Vancouver July 4 noon July 6 PM
Los Angeles July 9 AM
Ports of call and dates subject to change without notice.

「シーワイズ・ユニバーシティ」処女航海のチラシ
改装中の炎上によって運航は幻に終わった

現代の“不平等条約”を克服してオープンした
“日の丸世界一周線”

サンフランシスコ〜東京〜ロンドン〜ニューヨーク（世界一周）

（1947/67 年）

戦後間もない時期のパンアメリカン航空時刻表
【1947 年 12 月　同社発行】

エアラインの究極の野望「世界制覇」

『日本の翼の栄光をかけて、日航機が世界の空を、世界の国を結びます。戦後 20 年、逞しく成長した日本の翼が、ついに空の檜舞台に経つのです。新しい日本の空の曙です。』

いったい何をそんなに仰々しく……と思われるかもしれないが、これは 1967 年 3 月 6 日付けの朝日新聞に掲載された JAL の見開き広告のキャッチコピー。いくら JAL ほどの大企業でも見開きで広告を載せるなどということがほとんどなかった時代、こうまでして全国民にアピールしたかったこと、それは「世界一周線」の開設だった。この日の昼 12 時 30 分、JAL の DC-8 “志摩”号は西回りの世界一周初便として羽田空港を飛び立ち、最初の寄港地である香港へと向かったのである。

もちろん、この日にいきなり JAL の国際線が出来上がったというわけではない。1954 年 2 月に初の国際線として東京〜ウェーク〜ホノルル〜サンフランシスコ線を開設して以降、JAL は徐々に路線を拡大し、1962 年 10 月には中近東経由で東京〜ロンドン間を結ぶ南回り欧州線を開設。北米線は 1966 年 11 月にサンフランシスコ〜ニューヨーク間が延長され、残るはニューヨーク〜ロンドン間の大西洋横断区間のみという状態であった。そしてこの日、大西洋線の開業によって日本の翼で地球一周が結ばれたのである。

民間航空会社による初の世界一周路線開設は、1947 年 6 月のパンアメリカン航空に遡る。同社は大戦前に太平洋／大西洋横断飛行艇空路を開設したり、関連会社によって中国やアラスカなどにも路線網を広げ、「世界でもっとも経験ある航空会社」というキャッチフレーズにふさわしい活動を行っていた。それでもアジアからヨーロッパにかけての中近東は未知の領域。しかし、戦後間もなくこの地域にも足を踏み入れて太平洋線と大西洋線を連絡し、以下のような世界一周線が完成したのである。

ニューヨーク〜シャノン〜ロンドン〜イスタンブール〜ダマスカス〜カラチ〜カルカッタ（コルカタ）〜バンコク〜上海〜東京〜ウェーク〜ホノルル〜サンフランシスコ

バンコク〜ホノルル間については上記のほか、マニラ〜グアムを経由するルートもあり、それぞれが週1便ずつの運航。逆回りの便もあったので、都合4便が運航されていた。目ざとい方は、「サンフランシスコ〜ニューヨーク間はどうしたのか？」と疑問を持たれると思うが、パンアメリカン航空は国際線主体の会社ということで、アメリカンやユナイテッドなど国内線を中心とした会社の保護の観点から、アメリカ国内区間の運航ができなかったのである。したがって、完璧に切れ目の無い世界一周にはなっていないが、そこは上記事情に免じてなんとか目をつぶってほしい。

この世界一周線であるが、便名こそ始発から終着まで同じであったものの、一機の飛行機がぐるりと地球を一周するわけではなく、インドのカルカッタで機体が変わった。ちなみに冒頭で触れたJALの場合も同様で、ニューヨークあるいはロンドンで機体が変わるため、「西半球区間を往復する機体と東半球区間を往復する機体が終点で接続していた」というのがこれら世界一周線の実態だった。

パンアメリカン航空に追随したのはオーストラリアのカンタス航空だった。同社はオーストラリアとイギリスの政治経済的に密接な関係に支えられてロンドン〜シドニー線（カンガルー・ルート）を長らく運航してきたが、ちょうどイギリスとは地球の正反対という地理的位置から、北米への路線を延長する形で大西洋横断ロンドン線開設への意欲もみせていたのである。1958年1月にその計画は遂に実現し、パンアメリカン航空と違って全く切れ目のない「真正な」世界一周路線が初めて登場したのであった。これに続いたのがイギリスのBOAC（英国海外航空）で、1959年8月から東京〜ホノルル〜サンフランシスコ間の定期運航開始によって世界一周線を完成させている。これは“大英帝国”のプライドもあったと思われるが、アジアにイギリス領の「香港」というマーケットが存在したことと無縁ではないだろう。

「カミカゼ・パイロット」との揶揄ニモマケズ

ここで「世界一周線」という定義についてだが、はっきり言ってかなり感覚的である。理想は赤道にできるだけ近い場所を結んで飛ぶか、少なくとも赤道一周相当の距離を飛ぶというのが要件だが、地球の人口は北半球に偏っているから、赤道

ROUND THE WORLD SERVICES
from and to the United States
1 ● U. S. A.—NEWFOUNDLAND—IRELAND—ENGLAND—TURKEY—SYRIA—PAKISTAN—INDIA—SIAM—CHINA—PHILIPPINES—JAPAN—HAWAII—U. S. A.
Pan American Airways, Inc. (PAA)

EASTBOUND			2	4
NEW YORK (La Guardia Airport), N.Y., U.S.A.	EST	Lv	Sa ☆ 8:30	We ☆ 8:30
SHANNON AIRPORT, Ireland	0°	Ar	Su 0:45	Th 0:45
SHANNON AIRPORT, Ireland	“	Lv	1:30	1:30
LONDON (London Airport), England	“	Ar	3:15	3:15
LONDON (London Airport), England	“	Lv	4:00	4:00
ISTANBUL, Turkey	30°E	Lv	14:40	14:40
DAMASCUS (Mezze A'pt) (a), Syria	“	Lv	18:40	18:40
KARACHI (Karachi Airport), Pakistan	82½°E	Ar	Mo 6:10	Fr 6:10
KARACHI (Karachi Airport), Pakistan	“	Lv	6:55	6:55
CALCUTTA (Dum Dum Airport), India	90°E	Ar	12:25	12:25
CALCUTTA (Dum Dum Airport), India	“	Lv	Tu ♉s 16:45	Sa ♉s 14:45
BANGKOK (Don Muang Airport), Siam	105°E	Lv	23:55	22:00
SHANGHAI (Lunghwa A'pt), China	120°E	Lv	We 12:00	↓
MANILA (Nichols Fld.), P. I.	“	Lv	↓	Su 9:45
TOKYO (Haneda A'pt), Japan	135°E	Lv	19:30	↓
GUAM ISLAND	150°E	Lv	↓	21:30
WAKE ISLAND	165°E	Lv	Th 8:00	Mo 8:00
(International Date Line)				
HONOLULU (Honolulu Airport), T.H.	HST	Ar	We 22:30	Su 22:30
HONOLULU (Honolulu Airport), T.H.	“	Lv	Th 1:30	Mo 1:30
SAN FRANCISCO (Municipal), U.S.A.	PST	Ar	15:30	15:30

WESTBOUND			1	3
SAN FRANCISCO (Municipal), U.S.A.	PST	Lv	Th ♉s 19:00	Tu ♉s 19:00
HONOLULU (Honolulu Airport), T.H.	HST	Ar	Fr 5:00	We 5:00
HONOLULU (Honolulu Airport), T.H.	“	Lv	8:00	8:00
(International Date Line)				
WAKE ISLAND	165°E	Lv	Sa 17:30	Th 17:30
GUAM ISLAND	150°E	Lv	↓	Fr 00:45
TOKYO (Haneda A'pt), Japan	135°E	Lv	Su 3:30	↓
MANILA (Nichols Fld.), P. I.	120°E	Lv	↓	7:45
SHANGHAI (Lunghwa A'pt), China	“	Lv	10:30	↓
BANGKOK (Don Muang Airport), Siam	105°E	Lv	20:15	14:30
CALCUTTA (Dum Dum Airport), India	90°E	Ar	Mo 00:45	↓ 19:00
CALCUTTA (Dum Dum Airport), India	“	Lv	Tu ☆ 12:00	Sa ☆ 12:00
KARACHI (Karachi Airport), Pakistan	82½°E	Ar	17:45	17:45
KARACHI (Karachi Airport), Pakistan	“	Lv	18:30	18:30
DAMASCUS (Mezze A'pt) (a), Syria	30°E	Lv	We 2:00	Su 2:00
ISTANBUL, Turkey	“	Lv	7:40	7:40
LONDON (London Airport), England	0°	Ar	15:05	15:05
LONDON (London Airport), England	“	Lv	15:50	15:50
SHANNON AIRPORT, Ireland	“	Ar	17:45	17:45
SHANNON AIRPORT, Ireland	“	Lv	18:30	18:30
GANDER, Newfoundland	52½°W	Lv	Th 1:20	Mo 1:20
NEW YORK (La Guardia Airport) N.Y., U.S.A.	EST	Ar	5:55	5:55

パンアメリカン航空の世界一周線の時刻
（1947年12月の同社時刻表より）

の北側だけで完結するルートもやむを得ないだろう。しかしその場合、ルートの一部にニューヨーク～ヨーロッパ間の大西洋区間が入っていることはできれば外せない要件である。なぜならば、ここは世界の航空路線の中でも数多くの会社がひしめく激戦区。まずはそんな虎穴に入ろうとする意欲を持っていることが前提であり、次にアメリカとの航空交渉という困難なハードルを越えることが求められ、これをクリアして幸いに大西洋区間に参入できたとしてもライバル会社との争いの中で生き残っていけるかは未知数という、ハイリスクな賭けに挑戦しなければならないからである。やはりこうした困難に立ち向かって開設された世界一周線は格が違う。ちなみに、カンタスはイギリス連邦のよしみでBOACと販売協定を締結していたため、ニューヨーク～ロンドン間の運航はそれほどリスクの高いものではなかった。

JALが実現した世界一周線は、まさに前述のような並々ならぬ意欲の賜物だった。はっきり言って、日本の地理的位置からすると世界一周線を開設する経済的な意義はほとんど無い。しかし、航空会社というものは一国を代表する看板を背負った特別な存在。敗戦から立ち直った日本の民間航空界にとって、JALが諸外国のエアラインに伍して日の丸を世界に翻すことは、損得を越えた夢であり実現すべき課題だったのである。ここで時計の針を、JALが戦後初の国際線として太平洋線を開設した時にまで戻そう。

敗戦後、日本は軍事力の復活を恐れるGHQによって一切の航空活動を禁じられていたが1950年の朝鮮戦争を契機にそれも緩和されていく。1951年10月にはJALが国内線の運航を再開し、遂に日本人は自らの翼を取り戻した。日本と同じく航空活動に制約を受けたドイツ（西ドイツ）のルフトハンザが運航を開始したのは1955年4月のことであるから、この点は日本の方が一歩早い。次なる目標は国際線の運航。当時はまだ戦争の傷跡を引きずっていたからアジア諸国との緊密な関係は無く、まず開設されたのは東京～サンフランシスコ線だった。日米双方とも昨日までの敵は今日の友とばかりに歓迎の意向を表明したが、中には口の悪いアメリカ人もいて『カミカゼ・パイロットの飛ばしている飛行機か？』と揶揄されることもあったという。しかし実際はカミカゼ・パイロットが飛ばすどころか、初期の頃はアメリカ人パイロットによって運航されていたのである。それは、戦後飛躍的に進化した運航システムに日本人が慣れるまでの猶予という意味もあったが、皮肉にもJALは当時のパンフレットで『運航にあたるのは太平洋横断に充分な経験を有するアメリカ人パイロットです』と宣伝して信頼感のアピールに努めざるを得ない有様だったのも事実である。

招待客のみの親善飛行が何回か行われた後、1954年2月2日に日本の航空機による戦後初めての国際線が羽田を飛び立った。当時、東京～サンフランシスコ間の所要時間は約30時間。あまり知られていないことであるが、この初便は度重なるトラブルでサンフランシスコ到着がいきなり丸一日遅れてしまったというエピソードがある。最初のトラブルはホノルル出発後のエンジン故障。15時間かけてエンジン交換の後、サンフランシスコまで辿り着いたものの濃霧で降りられずに対岸のオークランドに一時避難。夜が明けてようやく最終目的地のサンフランシスコへ飛べたという。JALは“WINGS OF THE NEW JAPAN”（新生日本の翼）をキャッチフレーズに海外で宣伝に努めたが、新参者の悲しいところかな、一便にたった数人の乗客ということも当時は珍しくなかった。

それでも1955年から国際線においても日本人による運航が始まると、JALは太平洋でパンアメリカン航空と熾烈な争いを繰り広げる。世界一周線開設への思いが関係者の中に湧き上がり始めたのはこの頃のこと。1958年にはジャーナリストの兼高かおるが世界早回りに挑戦して見事記録を更新というニュースもあり、日本人とって世界一周は一種のステータスシンボルとなった。翌年の1959年9月には、朝日新聞社の主催で作家の曽野綾子がジェット機だけを利用した世界早回りを行い、兼高氏の記録を13時間縮める60時間54分という記録を達成。しかしその一方で曽野氏は、旅のルポで『ジェット機の旅行はひどく孤独だということである。（中略）時間は圧縮され、その圧縮の力の中で、人間は人間的であるという余分な、それで大切な要素が失われる。』（1959

年９月10日付　朝日新聞）と鋭い洞察もみせている。

熱意の割にビジネス的には大きな成果は得られず

世界への路線展開の思いとは裏腹に、日本にとって障害となっていたのが「日米航空協定」。これはアメリカに対しては東京以遠への無制限乗り入れを認めるなど、幕末の条約よろしくアメリカに有利な不平等協定と言われていたのである。その是正の過程で日本が要求した目玉が、世界一周線に必要なアメリカ大陸横断とその先の大西洋路線の運航権だった。しかし、アメリカにも自国の商業を保護する権利があり、そんなドル箱をやすやすと日本にはオープンしなかった。『既存

JAL

ROUND THE WORLD SERVICE

ROUND THE WORLD SERVICE

Effective : March 1—March 31, 1967

Westbound

Hours from GMT								
	DAY		Mo		We		Fr	
	CLASS		F/Y		F/Y		F/Y	
	FLIGHT NO.		461		451		471	
	AIRCRAFT		DC-8		DC-8		DC-8	
+9	TOKYO Lv		1230		1230		1230	
+8	HONG KONG Ar Lv		1600 1655		1600 1655		1600 1655	
+7	BANGKOK Ar Lv		1825 1920		1825 1935		1825 1920	
+5.30	CALCUTTA Ar Lv				2020 2115			
+5.30	DELHI Ar Lv		2150 2240				2150 2240	
+5	KARACHI Ar Lv				2359 Th 0120			
+3.30	TEHERAN Ar Lv		Tu 0050 0200				Sa 0050 0200	
+2	CAIRO Ar Lv		0340 0430		0330 0430		0340 0430	
+1	ROME Ar Lv		0640 0750		0640 0740		0640 0740	
+1	FRANKFURT Ar Lv				0925 1010		0925 1010	
+1	PARIS Ar Lv		0935 1030					
0 +1	LONDON※ Ar		Tu 1030 1130		Th 1030 1130		Sa 1030 1130	
Hours from GMT	CLASS		Tu				Sa	
	FLIGHT NO.	1	1	1	1	1	1	1
0 +1	LONDON※ Lv		1230 1330 # 1510				1230 1330 # 1510	
−5	NEW YORK Ar Lv	Tu 0900	We 0900	Th 0900	Fr 0900	Sa 0900	Su 0900	Mo 0900
−3	SAN FRANCISCO Ar Lv	1150 1300	1150 1300	1150 1300	1150 1300	1150 1300	1150 1300	1150 1300
−10	HONOLULU Ar Lv	1555 1710	1555 1710	1555 1710	1555 1710	1555 1710	1555 1710	1555 1710
	International Date Line							
+9	TOKYO Ar	We 2005	Th 2005	Fr 2005	Sa 2005	Su 2005	Mo 2005	Tu 2005

Eastbound

Hours from GMT								
	DAY	Su	Mo	Tu	We	Th	Fr	Sa
	CLASS	F/Y	F/Y	F/Y	F/Y	F/Y	F/Y	F/Y
	FLIGHT NO.	2	2	2	2	2	2	2
	AIRCRAFT	DC-8	DC-8	DC-8	DC-8	DC-8	DC-8	DC-8
+9	TOKYO Lv	1000	1000	1000	1000	1000	1000	1000
	International Date Line							
−10	HONOLULU Ar Lv	Sa 2215 2345	Su 2215 2345	Mo 2215 2345	Tu 2215 2345	We 2215 2345	Th 2215 2345	Fr 2215 2345
	SAN FRANCISCO Ar Lv	Su 0630 0800	Mo 0630 0800	Tu 0630 0800	We 0630 0800	Th 0630 0800	Fr 0630 0800	Sa 0630 0800
	NEW YORK Ar Lv	1600	1600	1600 2000	1600	1600	1600	1600 2000
0 +1	LONDON※ Ar			# We 0740 0840				# Su 0740 0840
Hours from GMT	DAY			We		Fr		Su
	FLIGHT NO.			462		452		472
0 +1	LONDON※ Lv			0905 1005		0905 1005		0905 1005
+1	PARIS Ar Lv			1105 1155				
+1	FRANKFURT Ar Lv					1120 1200		1120 1200
+1	ROME Ar Lv			1335 1435		1335 1435		1335 1435
+2	CAIRO Ar Lv			1820 1910		1820 1910		1820 1910
+3.30	TEHERAN Ar Lv			2315 Th 0015				2315 Mo 0015
+5	KARACHI Ar Lv					Sa 0210 0310		
+5.30	DELHI Ar Lv			0535 0620				0535 0620
+5.30	CALCUTTA Ar Lv					0620 0700		
+7	BANGKOK Ar Lv			1120 1215		1040 1140		1120 1215
+8	HONG KONG Ar Lv			1545 1635		1510 1600		1545 1635
+9	TOKYO Ar			Th 2055		Sa 2020		Mo 2055

MARCH ONLY

\# New York-London portion effective MARCH 7, 1967.
※ Red Figures : Daylight Saving Time effective period : London MARCH 19 thru OCTOBER 28.

6

世界一周線開設時のJAL時刻表内部
【1967年３月　同社発行】

路線の権利をほとんど返上し、かつアメリカに新たな権利を付与するのならばOK。でもあくまでもニューヨークまでで大西洋線はダメよ……』とも言われたが、そんなことは当然受け入れられるものではない。それでも1965年の暮れに、それまでの5年に及ぶ長く困難な交渉が実ってようやく新たな協定が妥結し、ここにいよいよJALによる世界一周線の開設が現実のものとなったのであった。かつて大相撲の優勝力士には、賞状を読み上げる時の『ヒョー・ショー・ジョウ』というセリフが有名な「パンアメリカン航空杯」という賞が贈られていたが（日本語で表彰状を読み上げていたのは当時のパンアメリカン航空極東地区広報担当支配人）、是非ともパンナムのライバルであるニッポンの粘り勝ちも讃えてあげてくれればよかったのにね、パンナムさん！

こうして世界一周線に乗り出したJALであるが、大西洋線は当初のニューヨーク～ロンドン間のほか、1968年7月からはニューヨーク～パリ間も登場。当時使われたダグラスDC-8は“The calm beauty of Japan at almost the speed of sound”（音速で日本の静寂美を）との宣伝コピーにふさわしく、西陣織の生地のシートや前田青邨が描き下ろした紅梅白梅図で飾られたラウンジなど、徹底した日本趣味で装飾されていた。機内食にも路線のカラーが出ており、ロンドン発ニューヨーク行きの便では茶菓としてスコーンがサービスされていた。

しかし、大西洋線は欧米の名だたる会社が必ず運航している空の銀座通り。アジアの一会社がいくら工夫してみてもおのずと集客には限界があり、JALの便は閑古鳥が鳴いていた。そんな状況の中、同社は1972年にニューデリーやモスクワなどで連続事故を起こしてしまう。機体数が足りなくなったこともあり、1972年12月をもって大西洋線は運航休止となり、同時に世界一周線もわずか5年で幕を閉じたのであった。

コラム⑦
JAL撤退後の世界一周線

JALが運航を開始した後、世界一周線に参入した会社にはアメリカのTWA（トランスワールド航空）がある。TWAはパンナムやノースウェストと並んで国際線を手広く運航していたが、太平洋線については政府の路線免許付与方針の関係でなかなか参入できずにいた。しかし1969年にようやくその念願が叶い、8月から世界一周線の運航を開始。このルートは多少変わっていて、太平洋から東南アジアへ抜けるのにホノルル～グアム～沖縄～台北～香港というルートを通るため、日本の本土に定期便としてTWA機が姿を見せることは無かった。そんなこともあってやはり実績が振るわず、1975年3月には運休となっている。

その後、世界の航空会社では直行便化が進み、わざわざ細切れに都市を結ばなくなったことで世界一周という概念自体がすでに過去のものとなった。ところが、直行便時代にはそれなりにスゴイ路線が登場した。2004年6月に開設されたシンガポール航空のシンガポール～ニューアーク線である。これは所要時間18時間半で世界の国際定期便の最長路線とされているが、上空の気流の関係からシンガポール→ニューアークは太平洋経由ながら、ニューアーク→シンガポールはシベリア上空経由という風に、往復で飛行ルートが異なる特異な路線だ。逆方向で飛ぶ便はなく一方通行であるものの、これも広い意味では世界一周と言えるかもしれない。なお同社は、ニューヨーク（J.F.ケネディ国際空港）～フランクフルト～シンガポール線も運航しており、ニューヨークのケネディ空港とニューアークを一体と考えると、こちらを使っても世界一周が出来るという稀有な会社である。

'ROUND THE WORLD/TRA
INTERCONTINENTAL 707 JETS ON A
(ALL SCHEDULES SHOWN IN LOCAL TIME) - EFFECTIVE OCTO
(EXCEPT AS N

Convert Local Time To GMT	WESTBOUND		745 Mon.Tue. Thu.Sat.		901-43 Except Sun.	803 Daily	743-811 ①③ Daily	841-1 Daily Mon. Wed. Fri.	841-1 Daily Tue.Thu. Sat.Sun.
+8	SAN FRANCISCO Int'l.	Lv	09 20		Terminates JFK Sat.		18 45		
+8	LOS ANGELES-ONTARIO	Ar	10 28				19 53		
	International	Lv	11 30 L		Originates LIS Fri.		L/21 00 S		
+10	HONOLULU International	Ar	15 07				00 37		
		Lv	16 10 D S				01 45 S B		
	INTERNATIONAL DATELINE Add One Day								
-10	GUAM Agana	Ar	19 55				05 30		
		Lv	20 55 D				M06 35		
-8	OKINAWA Naha	Ar					S08 45		
		Lv					S09 50		
-8	TAIPEI International	Ar					10 10		
		Lv					11 15		
-8	HONG KONG Kai Tak	Ar	23 20				L12 45		
		Lv					D18 20		
-7	BANGKOK Don Muang	Ar					20 00		
		Lv				811 →	21 00 U S		
-5½	BOMBAY Santa Cruz	Ar					23 30		
		Lv					00 30 J S		
-2	CAIRO International	Ar							
		Lv	Jan. 1						08 35 B
-2	TEL AVIV-YAFO	Ar	Thru				04 15		
	Ben Gurion Int'l	Lv	Mar. 31				05 30 B		
-2	ATHENS Central	Ar	Ar GUM						10 30
		Lv	20 00		B07 00			S11 15	S11 15
-1	ROME Leonard Da Vinci	Ar	Rest		07 50		08 00	12 05	12 05
		Lv	Same		09 05 M S		09 15 M S	%13 25 L S	%13 25 L S
-1	MALAGA.h. Malaga	Ar							
		Lv							
-1	MADRID h Barajas	Ar			11 15				
		Lv			12 15				
-1	LISBON.h. Portela De Sacavem	Ar			13 20				
		Lv			14 15 L S				
+1	SANTA MARIA .h.	Ar							
	Vila Do Porto	Lv							
-1	PARIS Charles de Gaulle	Ar					11 10		
		Lv				12 00 L S	12 40 L S		
-1	FRANKFURT Rhein-Main	Ar						747	747
		Lv				747			
+5	BOSTON Logan Int'l	Ar					14 30		
		Lv					17 30 D		
+5	NEW YORK JFK Int'l	Ar			16 10	13 55		16 40	16 40
		Lv			%19 45 D	%16 00		%18 00 D	%18 00 D
+5	PHILADELPHIA Int'l	Ar							
		Lv			43			1	1
+5	WASHINGTON-BALTIMORE	Ar				17 18			
	Dulles ‡	Lv				17 40 D			
+5	DETROIT Metropolitan	Ar							
		Lv							
+6	CHICAGO O'Hare	Ar					18 55		
		Lv					19 30 S		
+6	ST. LOUIS Int'l.	Ar							
		Lv							
+6	KANSAS CITY International	Ar					20 47	1011	1011
		Lv							
+7	DENVER Stapleton Int'l	Ar					Jan. 1		
		Lv					Thru		
+8	OAKLAND International	Ar					Mar. 31		
		Lv					Ar GUM		
+8	LOS ANGELES-ONTARIO	Ar					05 35	20 27	20 27
	International	Lv							
+8	SAN FRANCISCO Int'l	Ar			22 43	20 16			

SERVICES
Ambassador Service: TWA's total service concept ...... The finest quality in long distance travel both on the ground and in the air. On all transcontinental, transatlantic and transpacific flights, and many domestic and international routes.

Movies and stereo available on selected segments – refer to complete flight schedule pages for details.
F/Y/K Service available Honolulu/Los Angeles and Chicago/Denver
F/K Service available Los Angeles/San Francisco

① 743-811 is a thru plane – 810-742 is a thru plane at Bangkok.
② Flight 740 and 741 daily at New York will accept passengers for deplaning at New York/Detroit provided such passengers are connecting to/from a TWA transatlantic flight. Stopovers are prohibited in conjunction with such transatlantic flight connections.
③ No local passengers accepted between Taipei and Hong Kong. Mail and freight will be accepted.

% Flight 803 B-331/B New York-San Francisco
Flight 840 B-331/B Rome-Athens/Cairo
Flight 841-1 B-331/B Cairo/Athens-Rome
Flight 841-1 L-1011 New York-Los Angeles
Flight 901-43 B707-131B New York-San Francisco

FOR COMPLETE SCHEDULES SEE

TWAの世界一周線の時刻
（1974年11月に同社が発行した時刻表より）

核実験の島への定期便も——
冷戦時代に米軍の機動力を支えた「MATS」

カリフォルニア〜硫黄島〜東京

カリフォルニア〜エニウェトク島
(1948/55 年)

MATS パシフィック・ディビジョンの定期便時刻表
【1955 年 2 月】

ベルリンを救え！

首都圏では広大な緑地公園として知られている「昭和記念公園」。ここが元々は極東駐留アメリカ空軍・立川基地の跡であることをご存知の方も少なく無いのではと思う。大規模な再開発のおかげで、基地時代の面影を伝える建物類はほとんど姿を消してしまったが、今でも当時の滑走路が草木に埋もれて残っていたりするなど、探せばまだ思わぬ発見があるかもしれない。

この立川基地は 1958 年以降、アメリカ空軍の極東における最大の物流拠点であり、アメリカ軍の輸送機がアメリカ西海岸や東南アジアとの間を頻繁に往来して将兵や貨物を運んでいたのである。こうした輸送のために、アメリカ空軍は専門の輸送部隊を持っていた。これが “Military Air Transport Service”（略称：MATS）である。

MATS のルーツは第二次大戦中に遡る。1941 年にアメリカが参戦すると、新造航空機や兵員や物資を本国からヨーロッパや太平洋の戦場へ送り込むという戦略的後方支援が重要な役割を担うこととなった。そこで、軍は輸送航空団 “Air Transport Command”（略称：ATC）を組織してその業務を遂行したのである。ATC は長距離の輸送のみならず、輸送機を一箇所に大量に投入する短距離高頻度輸送も成功させた。インドからヒマラヤを越えて中国奥地への輸送作戦「ハンプ越え」はあまりにも有名だ。

なお、当時はまだアメリカ空軍は存在せず、陸軍と海軍がそれぞれ航空分野を管轄していたため、輸送を目的とした同様の組織は海軍にも存在し、これは “Naval Air Transport Service”（略称：NATS）と呼ばれていた。ATC や NATS は大戦後も存続し、世界中に点在する米軍関係施設の連絡の任にあたったが、お互いに重複する部分もあったことから効率化を目指して統合され、1948 年 5 月に空軍の新しい組織として MATS が発足したのだった。

奇しくも MATS がその活動を開始した時、大事件が起こる。世界が平和を取り戻したかに見えていた 1948 年 6 月、「ベルリン封鎖」が発生。米・英・仏・ソ 4 カ国による分割管理状態にあったベルリンで、通貨問題等から東西関係が険悪な状況となり、ソ連が西ベルリンの封鎖という挙に出たのである。
「このままでは西ベルリン市民は飢え死にしてしまう！」
　この窮状を救うため、アメリカ軍とイギリス軍によって1年以上に渡る大規模空輸作戦が行われた。アメリカ本国からは大西洋を渡って大量の物資が西ドイツに送り込まれ、これが西ベルリンへ3本の「空中回廊」を通ってピストン輸送された。1年間の輸送量は米軍だけで170万トン。その多くが冬の燃料に欠かせない石炭だった。こうして西ベルリンへ生活物資を空輸した輸送機は、当時のおやつとしてポピュラーだった「干しブドウを爆弾の代わりに投下する」という意味で“ロージネン・ボンバー”などとも呼ばれ、ベルリン市民に親しまれた。ATCなどで確立されていた輸送態勢が、生活物資を絶え間なく送り込む空輸作戦を支え、孤立した都市を救ったのである。

37カ国・18万キロにおよぶ世界一周の路線網

　MATSには、大西洋地域／北米大陸地域／太平洋地域をそれぞれ主体に担当するディビジョン（師団）があり、アメリカと欧州やアジアを結ぶ運航を分担していた。日本へは、中部太平洋をおもに“Pacific Division”が、アラスカからの北太平洋を“Continental Division”が担当しており、そうした輸送機が発着する羽田空港は、アメリカ軍の物流の十字路といっても良かった。MATS発足早々には朝鮮戦争が勃発。インドシナ半島でもフランス軍とベトナム軍の戦争が続いていた。冷戦時代の緊迫したアジア情勢の中、最初にも触れた通りMATSの輸送機はアメリカ軍の極東における最前線基地とも言える日本にも多数飛来し、羽田空港や立川基地に盛んに乗り入れていたのである。

　MATSは戦略輸送のほか、業務や休暇あるいは傷病治療で移動する将兵向けに一般の航空会社のように「定期便」を運航していた。定期便だから時刻表が存在するのは当然のこと。当時の時刻表からは一般の民間航空とはまた異なった路線が数多く見受けられ、興味深い。1952年のMATS時刻表から、そのごく一部を紹介しよう（寄港地は一部省略）。

- モフェット海軍航空基地（カリフォルニア州）～アゾレス～フランクフルト
- モービル（アラバマ州）～アゾレス～トリポリ（リビア）
- トリポリ～ダーラン（サウジアラビア）
- ダーラン～カラチ～カルカッタ～バンコク～サイゴン～マニラ～東京
- マニラ～グアム～クワジャリン～ジョンストン島～ヒッカム空軍基地（ハワイ）
- 東京～ハワイ～トラビス空軍基地（カリフォルニア州）

　ルートマップをみていただけると分かると思うが、全世界を一周する規模まで路線が広がっていたことが分かる。当時、単独の航空会社で世界一周路線を運航していたのは、アメリカのパンアメリカン航空だけであったが、航空会社の棲み分けの関係でアメリカ国内区間の運航が出来ず、西海岸と東海岸の間は空白であり、厳密には路線が一周していなかった。MATSは純粋に地球を一周。“初の世界一周エアライン”と言っても遜色のない内容である。

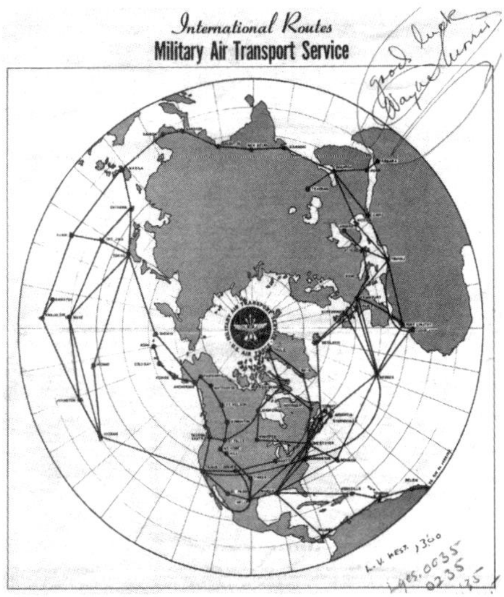

世界一周規模に広がるMATS路線網
（1952年8月発行のMATS時刻表より）

MATSの稠密な路線網の中でも最も時代を象徴する路線といえば、トラビス空軍基地～エニウェトク間が挙げられるだろう。エニウェトクとは、中部太平洋のマーシャル諸島に浮かぶ小さな環礁で、第一次大戦以降は日本が委任統治を行っていた歴史も持っている。しかし美しい景色とは裏腹に、当時ここでは人類滅亡の可能性をはらんだ危険な試みが行われていた。1948年4月から始まったアメリカによる核実験である。エニウェトクでの実験は1958年まで44回行われ、そのうち1952年10月31日の実験は世界初の水爆実験でもあった。そんなわけで、1950年代にはMATSによってエニウェトクの実験場行きの定期便が運航されていたのである。

エニウェトクの隣、ビキニ環礁での核実験も有名だ。1948年にNATSが乗客向けに発行した、機内設備や寄港地に関する案内パンフレットの中の「クワジャリン」の項には、クワジャリンに近いビキニでの原爆実験をイメージしたと思われる、カヌーを漕ぐ原住民の背後にキノコ雲が立ち上るイラストが添えられていた。

硫黄島、ミッドウェー……閉ざされた島々に発着

日本に関係する興味深いトピックとしては、太平洋戦争の激戦地である硫黄島を経由して羽田へ向かう便や、アラスカのアンカレジ行きで羽田出発後に北海道・千歳を経由する便があったということであろう。千歳とは意外かもしれないが、千歳空港には1958年までアメリカ空軍の戦闘機部隊が駐留しており、当時は民間機とアメリカ軍が共同で使用していたのである。

硫黄島は元々、中部太平洋の島々を飛び石伝いに占領して日本本土に迫ったアメリカが、サイパンやグアムから本土空襲を行うにあたって途中不時着地として確保したもので、戦後はアメリカによって統治されていた。1948年当時のATCの時刻表では、太平洋横断便“Fijiyama”号（おそらく“Fujiyama”の誤植と思われる）がアメリカ西海岸から硫黄島を経由して羽田へ飛んでいた。逆に羽田からアメリカ西海岸へ向かう便は硫黄島を経由していないから、冬の偏西風が強い時期に向かい風になって燃料を消費する西行き便が燃料補給のために立ち寄っていたのであろう。

硫黄島を含む小笠原諸島が日本に返還されたのは1968年のこと。しかし、自衛隊が管理する硫黄島は現在も一般人の訪問は不可能で、立ち入りが許されるのは戦没者関係の墓参団くらいである。自衛隊は島に常駐する関係者のために輸送機による定期便を運航しており、墓参にも自衛隊機が使われてきたが、2007年3月6日に羽田～硫黄島

1950年前後の羽田空港風景（筆者所蔵）
MATS輸送機C-54の奥に見える旧旅客ターミナルビルは現在の整備施設地域の一角にあった

間にJALのMD90が飛び、戦後初めての民間旅客機乗り入れとなった。

もうひとつ、硫黄島と同様に現在は一般人の立ち入りの制約されている太平洋上の島がミッドウェー島である。別項で触れたように戦前にはパンアメリカン航空の太平洋横断飛行艇空路の途中経由地としてホテルまで存在した太平洋の孤島であるが、戦後になって航空機の航続性能が向上すると民間旅客機がここを経由する理由はなくなり、軍事的な意義だけで島は維持され、MATSの定期便がここに発着していた。

MATSは自前の輸送機を飛ばすだけではなく、民間航空機をチャーターする形式での運航も行っており、例えばパンアメリカン航空のボーイング707がMATSのチャーター機として日本に乗り入れることもあった。なお1950年代以降、立川

PACIFIC DIVISION

TRANSPACIFIC-FAIRFIELD, HONOLULU, MANILA, TOKYO, SHANGHAI, AND DHAHRAN

Read Down—All Time GCT **Read Up—All Time GCT**

P-203 C-97 *The Kahehamcha* Tues., Thurs., Sat.	P-201 *The Aloha* Sun., Tues., Thurs.	P-271 *The Mid-Pacifican* Mon., Fri.	P-225 *The Oriental* Wed., Sat.	P-231 *The Pagoda* Tues., Fri.	P-221 *The Fijiyama* Sun., Mon., Tues., Thurs., Fri.	P-251 *The Corregidor* Wed., Sat.	P-281 *The Embassy* 9 Jan., 23 Jan.	STATIONS			P-282 *The Embassy* 12 Jan., 26 Jan.	P-252 *The Corregidor* Tues.,[1] Sat.	P-222 *The Fijiyama* Sun.,[1] Mon., Wed., Thurs., Fri.[1]	P-232 *The Pagoda* Mon., Fri.	P-226 *The Oriental* Tues., Sat.	P-272 *The Mid-Pacifican* Sun., Wed.	P-202 *The Aloha* Mon., Wed., Fri.	P-204 C-97 *The Kahehamcha* Sun., Wed., Fri.
0630	0300	0300	2200	2200	1900	1900	-----	Lv	Fairfield	Ar	-----	1700	1700	1545	0145	2045	1900	1935
1815	1545	1545	1045	1045	0745	0745	-----	Ar	Hickam	Lv	-----	0415	0415	0300	1300	0800	0615	0900
		2345	1445	1445	1145	1145	-----	Lv	Hickam	Ar	-----	2315	2315	2400	0900	2400		
		0415	1915	1915	1615	1615	-----	Ar	Johnston	Lv	-----	1845	1845	1930	0430	1930		
		0545	2045	2045	1745	1745	-----	Lv	Johnston	Ar	-----	1715	1715	1800	0300	1800		
		1415	0515	0515	0215	0215	-----	Ar	Kwajalein	Lv	-----	0815	0815	0900	1800	0900		
			0645	0645	0345	0345	-----	Lv	Kwajalein	Ar	-----	0645	0645	0730	1630			
			1445	1445	1145	1145	-----	Ar	Guam	Lv	-----	2200	2200	2245	0745			
			1645	1645	1345	1345	-----	Lv	Guam	Ar	-----	2000	2000	2045	0545			
			2115	-----	1815	-----	-----	Ar	Iwo	Lv								
			2215	-----	1915	-----	-----	Lv	Iwo	Ar								
				2400	-----	-----	-----	Ar	Okinawa	Lv	-----	-----	-----	1315				
				0200	-----	-----	-----	Lv	Okinawa	Ar	-----	-----	-----	1145				
						2145	-----	Ar	Manila (Nichols Fld.)	Lv	-----	1130						
							1600	Lv	Manila (Nichols Fld.)	Ar	2315							
			0200	-----	2300	-----	-----	Ar	Tokyo (Haneda Fld.)	Lv	-----	-----	1200	-----	2145			
				0500	-----	-----	-----	Ar	Shanghai	Lv	-----	-----	-----	0830				
							2300	Ar	Bangkok (Don Muang)	Lv	1615							
							0100	Lv	Bangkok (Don Muang)	Ar	1415							
							0600	Ar	Calcutta (Dum Dum)	Lv	0915							
							0800	Lv	Calcutta (Dum Dum)	Ar	0715							
							1210	Ar	New Delhi (Palam)	Lv	0305							
							0340	Lv	New Delhi (Palam)	Ar	0630							
							0600	Ar	Karachi (Mauripur)	Lv	0300							
							0800	Lv	Karachi (Mauripur)	Ar	0100							
							1330	Ar	Dhahran	Lv	1930							

[1] Air evacuation.

Read Down—All Time GCT **ALCAN ROUTES** **Read Up—All Time GCT**

P-291 *The Aurora* Fri.	P-85 *The Mt. Ranier* Mon., Wed.	P-209 *The Elk* Fri.	P-207 *The Moose* Tues.	P-215 *The Caribou* Daily	P-219 *The Big Bear* Sun., Tues., Thurs. Sat.	STATIONS			P-220 *The Big Bear* Mon., Wed., Fri. Sun.	P-216 *The Caribou* Daily except Fri.	P-208 *The Moose* Wed.	P-210 *The Elk* Sat.	P-86 *The Mt. Ranier* Mon., Wed.	P-292 *The Aurora* Tues.	P-214 *The Nightingale* Fri.[1]
1600	1600	-----	-----	1700	2200	Lv	Great Falls (Gore Field)	Ar	0220	2400	-----	-----	0030	0630	0830
1930	1930	-----	-----	-----	-----	Ar	Tacoma (McChord Fld.)	Lv	-----	-----	-----	-----	2130	-----	0500
2130	-----	-----	-----	-----	-----	Lv	Tacoma (McChord Fld.)	Ar	-----	-----	-----	-----	-----	-----	0300
		1600	1600	Flag	Flag	Lv	Edmonton	Ar	-----	Flag	2400	0430			
				2240	0340	Ar	Fort Nelson	Lv	-----	1840	-----	0200	-----	0110	
				2340	0440	Lv	Fort Nelson	Ar	-----	1740	-----	0100	-----	0010	
				0510	1010	Ar	Fairbanks (Ladd Field)	Lv	-----	1250					
				0610	1110	Lv	Fairbanks (Ladd Field)	Ar	-----	1150					
0530	-----	-----	-----	0800	1300	Ar	Anchorage	Lv	1500	1000	-----	-----	-----	1800	1800
1230	-----	-----	-----	-----	-----	Lv	Anchorage	Ar	-----	-----	-----	-----	-----	1500	
							Norman Well	Lv	-----	-----	-----	2230			
							Norman Wells	Ar	-----	-----	-----	2130			
		2100	2100	-----	-----	Ar	Sawmill Bay	Lv							
		1630	1600	-----	-----	Lv	Sawmill Bay	Ar							
		1900	-----	-----	-----	Ar	Kittigazuit	Lv	-----	-----	-----	1940			
			1815	-----	-----	Ar	Cambridge Bay	Lv	-----	-----	1900				
1845	-----	-----	-----	-----	-----	Ar	Adak								
2045	-----	-----	-----	-----	-----	Lv	Adak								
2245	-----	-----	-----	-----	-----	Ar	Shemya	Lv	-----	-----	-----	-----	-----	0700	
1045	-----	-----	-----	-----	-----	Lv	Shemya	Ar	-----	-----	-----	-----	-----	1800	
							Chitose (Chitose Apt.)	Lv	-----	-----	-----	-----	-----	1000	
							Chitose (Chitose Apt.)	Ar	-----	-----	-----	-----	-----	0830	
2245	-----	-----	-----	-----	-----	Ar	Tokyo (Haneda Field)	Lv	-----	-----	-----	-----	-----	0600	

[1] Air evacuation.

硫黄島・上海・シェミヤ・千歳など、変わった寄港地がみられるATCの太平洋地域時刻表
【1948年1月　AIR TRANSPORT COMMAND】

基地は「砂川闘争」と呼ばれる基地反対運動で滑走路延長計画がボツってしまったこともあり、こうしたジェット便は隣接する横田基地に発着することとなる。かつてMATSの輸送機が多数発着した立川基地は次第に有用性を失い、1969年一杯で航空機の発着は終了。米軍基地としての役割を終えて1977年に日本へ返還された。しかし、日本がまだ貧しかった時代、米軍基地のフェンスの向こうに発着するMATS輸送機は豊かなアメリカの生活と文化を運んでくる使者であり、古き時代への郷愁を呼び起こす存在として今も懐かしく語られることがある。

さて、その後のMATSだが、1966年1月に組織変更で“Military Airlift Command”（略称：MAC）という名称に変更となる。ベトナム戦争時代、MACの輸送機はベトナムへの物資輸送や、傷病兵輸送に八面六臂の活動を行ったが、サイゴン陥落間近の1975年4月4日には、ベトナムからアメリカへ脱出する戦災孤児を乗せたMAC輸送機・ロッキード“ギャラクシー”が離陸直後に墜落。199名が新天地を見ずして犠牲になるという悲劇も起きた。ATC～MATS～MACの流れを汲む米軍の輸送部隊は今日も健在で、Air Mobility Command（略称：AMC）と呼ばれる組織に衣替えの上、世界の紛争地域で後方支援に当っている。

第六章　東南アジアとその周辺

植民地からの脱出は勝利なき戦いの幕開けだった

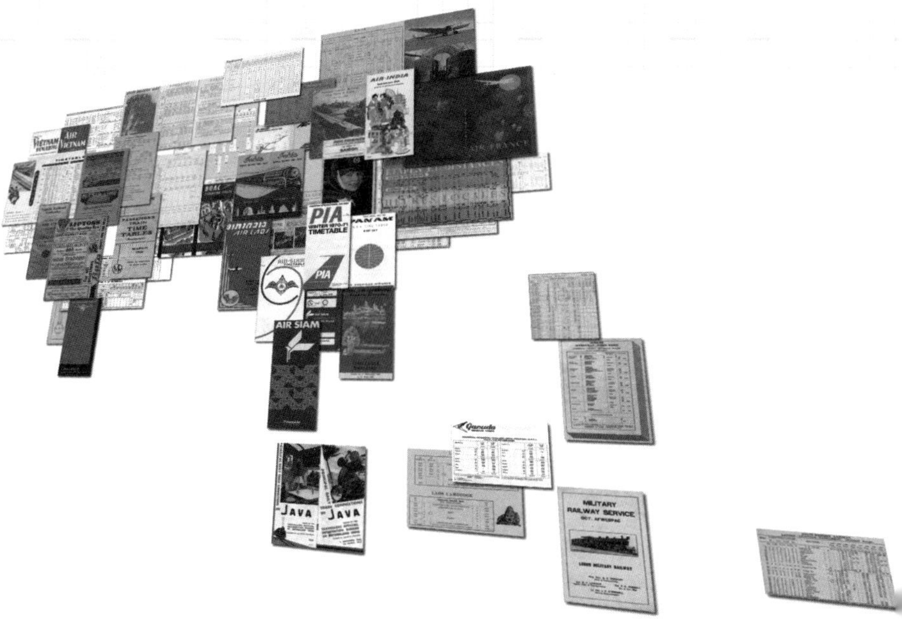

JIKOKUHYO SEKAISHI

印パ分離独立前には毎日6往復もの列車が往来

アムリットサル〜ラホール

（1939年）

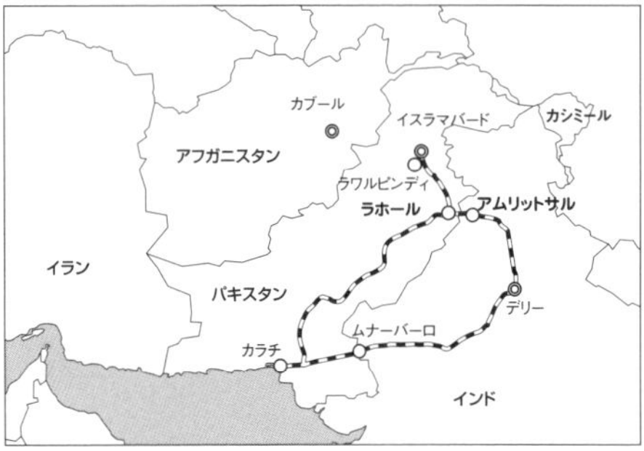

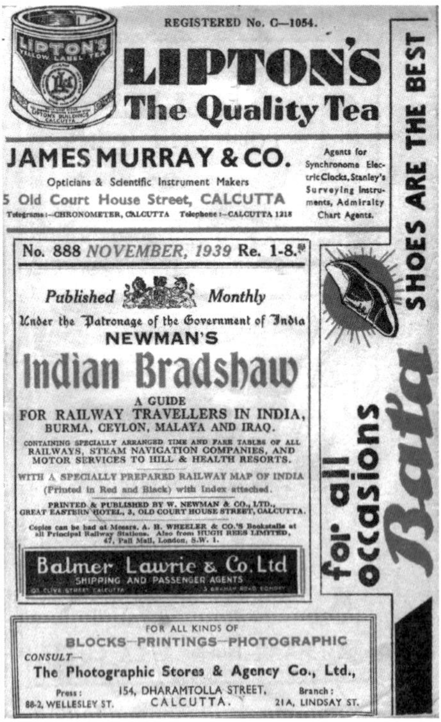

インド版・ブラッドショー時刻表
【1939年11月　ニューマン社】

本家本元の名を受け継いだ南アジアの時刻表

鉄道発祥の地・イギリスにはかつて、『ブラッドショー英国鉄道案内』という時刻表が存在した。鉄道の斜陽化を受けて1961年には廃刊になってしまったのだが、その名のとおり、地図出版者のジョージ・ブラッドショーという人によって定期刊行された時刻表で、ABC鉄道案内やトーマス・クックといった他の時刻表よりも古い伝統を誇る（1839年創刊）だけに、かつてイギリスの鉄道旅行には欠かせないものとして、『時刻表といえばブラッドショー』とも言うべき存在だった。

この“ブラッドショー”の名を冠した時刻表が存在したのはイギリスだけではない。イギリスから7000キロ離れ、イギリスに統治されていたインドには『インディアン・ブラッドショー』と題された鉄道時刻表があった。インドのものはカルカッタ（コルカタ）のニューマン社が発行。おそらく、“ブラッドショー”という名前自体が時刻表の代名詞ともなっていた本家のステータスにちなんで、そのように名付けられたものと思われる。手元にある1939年11月号は第888号であるから、仮にそれまで毎月発行されていたとして、1865年創刊ということになる。

内容は題名のとおり、インドやビルマ（ミャンマー）、ネパール、セイロン（スリランカ）、マレー半島、イラクといった南アジア地域の鉄道・船舶・航空時刻表である。インドは鉄道大国といわれるが、鉄道総延長は6万キロ以上にもおよび、しかも軌間が異なる鉄道が四通八達している国だけに、戦前の1939年11月号でインドの鉄道時刻は総ページ数354のうちの9割近くを占め、この時刻表のメインコンテンツとなっている。

ご承知のとおり、1939年当時はイギリスによる統治下のインドは、今日のパキスタンやバングラデシュのエリアも含む広大な地域にわたっており、その域内の鉄道はもちろん一体のネットワークとして運行されていた。今日インドとパキスタン間の列車による連絡は、北部のアムリットサル〜ラホール間および2006年からは南西部のムナーバーオ〜コクラパール間でわずかに運行されているに過ぎないが、当時はもちろん国境が無かったから、アムリットサル〜ラホール間には1

日6往復もの列車が往来していた（なお、後者の区間は1日2往復が運行）。

大戦末期の日英大激戦、そして印パ独立

さて、この時刻表の内容でさらに興味を惹くのは、鉄道以外の地元交通機関の情報である。たとえば、ビルマを貫流するイラワジ川（エーヤワディー川）水域の客船の運航時刻表。モンスーン期と乾期で水量が異なるためか、“High Water”用のスケジュールと“Low Water”用のスケジュールが併記されているのが特徴的だ。これらの中にはイラワジ川に注ぐチンドウィン川という河川を運航するものも掲載されているのだが、日本から遠く離れた東南アジアのこの一河川の名は、この時刻表が発行されて5年後に日本史にも現われる。1944年3月から行われた「インパール作戦」の際、約8万人にのぼる日本陸軍の兵士がこの河を渡河してビルマ・インド国境地帯の急峻な山脈に挑んでいった。しかし、過酷な行軍とイギリス軍の猛攻によって大半が戦死し、再びこの河まで戻って来られたのはごくわずかだったという悲劇の舞台である。

この時刻表には平和な時代最後のインパールまでの交通が紹介されている。それは、カルカッタ方面から道路もしくは鉄道でディマプルまで行き、そこから商人のトラックに便乗するという方法だった。ディマプルを朝5時に出ると夕方4時ごろインパールに到着。また、ディマプルを9時に出てその日はコヒマ（のちに日本軍が占領し、インパール作戦の激戦地となる）に泊まり、翌朝再び出発して夕方にインパールに入るというルートも紹介されている。一方でこんな記述もあった。『チンドウィン河岸のシッタンまで乗馬道で98マイル。第一のルートの方がベストである。』 こちらは日本軍が辿ったルートに近いビルマ側からのアクセス。イギリス軍は整備された道路でインド側から兵力を投入できたわけであるが、日本軍はその正反対から車の通れない道を進軍した。勝敗は明らかだろう。

第二次大戦が終結し、南アジア地域には大きな転機が訪れる。長年、イギリスの支配を受けてきたインドでは、20世紀に入ると民族主義的

NORTH-WESTERN RAILWAY.
LAHORE—AMRITSAR—PATHANKOT. (Standard Gauge).

Miles.	FARES FROM LAHORE 1st	2nd	Inter	3rd	STATIONS.		318 Pass.	130 Pass.	186 Pass.	116 Exp.	112 Pass.	134 Pass.	108 Pass.	132 Exp.	3 P
	Rs. A.	Rs. A.	Rs. A.	Rs. A.	S. P. 119 120		H.M.	H.M.	H.M.	H.M.	H.M.	H.M.	H.M.	H. M	H
—	..	..	..	..	Lahore Jn. ..	d	..	7 15	9 32	11 50	..	13 5	17 5	20 20	.
3	0 6	0 3	0 1	0 1	Moghalpura ..	,,	..	7 27	9 43	12 3	..	13 16	17 17	..	.
7	0 14	0 7	0 3	0 2	Harbanspura ..	,,	..	7 36	9 52	..	..	13 25	17 26	..	.
10	1 4	0 10	0 4	0 3	Jallo	,,	..	7 46	10 1	12 18	..	13 34	17 35	20 43	.
14	1 12	0 14	0 6	0 4	Wagah ..	,,	..	7 56	10 11	..	..	13 44	17 45	..	.
17	2 2	1 1	0 7	0 4	Atari	,,	..	8 4	10 18	12 32	..	13 51	17 52	20 57	.
22	2 12	1 6	0 9	0 6	Gurusar Sultan ..	,,	..	8 15	10 29	..	..	14 3	18 4	..	.
24	3 0	1 8	0 10	0 6	Khasa	,,	..	8 24	10 37	..	..	14 11	18 12	..	.
28	3 8	1 12	0 12	0 7	Chheharta ..	,,	..	8 34	10 47	..	..	14 21	18 22	..	.
33	4 2	2 1	0 14	0 8	Amritsar Jn. ..	a	..	8 43	10 56	13 0	..	14 30	18 31	21 30	.
						d	7 55	10 4		..	14 10	—	18 41	—	23
38	4 12	2 6	1 0	0 10	Verka Jn. ..	a	8 5	10 14		..	14 20	..	18 51	..	23
						d	8 8	10 16		..	14 23	..	18 54	..	23
45	5 10	2 13	1 3	0 11	Kathunangal ..	,,	8 23	10 32		..	14 37	..	19 8	..	23
51	6 6	3 3	1 5	0 13	Jaintipura ..	,,	8 36	10 46		..	14 50	..	19 27	..	0
57	7 2	3 9	1 7	0 14	Batala Jn. ..	a	8 47	10 59		..	15 1	..	19 38	..	0
					S. P. 136A	d	8 55	11 14		..	15 9	..	19 46	..	0
65	8 2	4 1	1 10	1 0	Chhina ..	,,	9 10	310 Qadian Mxd. S. P. 136A	186 Pass.	..	15 24	..	20 1	..	
69	8 10	4 5	1 12	1 1	Dhariwal ..	,,	9 21			..	15 40	..	20 12	..	0
71	8 14	4 7	1 13	1 2	Sohal	,,	9 28			..	15 47	..	20 19	..	
78	9 12	4 14	1 15	1 4	Gurdaspur ..	,,	9 48			..	16 6	..	20 37	..	1
85	10 10	5 5	2 2	1 5	Dinanagar ..	,,	10 2			..	16 20	..	20 52	..	1
88	11 0	5 8	2 3	1 6	Parma Nand ..	,,	10 10			..	16 28	..	..	..	
92	11 8	5 12	2 5	1 7	Jakolari ..	,,	10 20			..	16 38	..	..	..	
95	11 14	5 15	2 6	1 8	Sarna	,,	10 28			..	16 46	..	21 13	..	
100	12 8	6 4	2 8	1 9	Pathankot ..	a	10 40			..	16 55	..	21 25	..	2

前ページの時刻表の内部
ラホール〜アムリットサル間の時刻が書かれた部分

な運動が盛んになり、非暴力主義で知られるガンディーを中心として独立を求める機運が高まっていた。1947年8月、イギリスは遂にインドの独立を認めるが、それはヒンズー教とイスラム教を背景とした宗教的な民族対立により、「インド」と「パキスタン」への分離という混乱に満ちたものとなったのであった。当時発行されたBOAC（英国海外航空）の時刻表では、パキスタンとセイロンの文字が表紙に後から追記されたようになっているのが激動の時代を物語っている。当時BOACは、ロンドン～カラチ間に週2便／ロンドン～カルカッタ間に週5便を運航。これらの便は途中、トリポリやリッダといった都市を経由していたが、前者はイギリス占領地、後者はイギリスの委任統治領・パレスチナという状況だった。

なお、インドとパキスタンが分離独立したことで鉄道路線にも国境が設けられ、かつての幹線も往来は細々としたものになってしまった。

東西往来には他国領通過が必須だったパキスタン

印パ分離独立後、それぞれの国にはナショナルフラッグキャリアが誕生した。インドではエア・インディア・インターナショナル（インド国際航空）が1948年から運航を開始。パキスタンでは1951年に国防省によってパキスタン国際航空が設立され、それまで中心的な航空会社だった民間のオリエント航空を吸収する形で1955年には国営航空会社が発足している。パキスタンはインドによって国土が東西に隔てられるという特殊な構成となったため、パキスタン国際航空は東西を結ぶ重要なルートという役割も担うこととなった。1970年の同社の時刻表にこうした路線は“INTERWING SCHEDULE”と題して掲載されており、カラチ～ダッカ間を中心にラホール～ダッカ間やラワルピンディ～ダッカ間の国内線が運航されていた。現在でも同社はカラチ～ダッカ間を運航しているが、現在では東パキスタンがバングラデシュとして独立したことで国際線扱いとなり、本数もわずかに1日1便程度である。

インド・パキスタン分離独立直後のロンドン～南アジア線時刻表
【1947年11月　BOAC】

話のついでである

が、パキスタン国際航空の変わった習慣をご存知だろうか？　それは、出発前に機内放送でコーランの朗読が流れるということ。搭乗者みんなでフライトの平穏無事を祈りましょうということらしい。安全運航は神様の御加護のおかげということか！？

閑話休題。もともとは鉄道大国・イギリスの支配下にあったことから、バングラデシュは比較的鉄道が発達した国である。バングラデシュ国鉄の歴史は建国前の1962年に遡る。1947年に独立当初のパキスタンの鉄道は東西パキスタンとも一体の運営であったが、1961年2月に東側がパキスタン東部鉄道として改称の上、翌年からは東西が個別の運営体制となったのであった。宗教・民族の違いや経済発展の格差の問題等、様々な紛争の要因を抱えていたパキスタンであるが、鉄道の分離はやがて国家の分裂へとエスカレートしていく。1971年3月に東パキスタン州は独立を宣言し、インドがこれを支援したことで第三次印パ戦争が発生。しかしその結果はインドの勝利に終わり、1971年12月にはバングラデシュとして独立が認められたのであった。

バングラデシュ（＝元・東パキスタン）はガンジス川やブラマプトラ川に代表されるように大河が多いが、近年になるまで鉄道橋は無く、河を挟んで東西の鉄道は連絡船だけで結ばれていた。1971年までパキスタンの鉄道はインドに隔てられて東西が完全に分かれていたわけであるが、さらにその東翼を構成する東パキスタンの鉄道に限ってみても、域内を貫流するガンジス川などで東西に分かれているという、あたかも入れ子のような構図だったというのが面白い。では、河の西側では隣接するインドの鉄道と乗り入れているのかといえば、1939年11月の『インディアン・ブラッドショー』では「東ベンガル鉄道」として、1日10往復もの列車がカルカッタから今日のバングラデシュの西半分に相当する地域を往復していたし、インドとパキスタンの分離独立後も1965年まではカルカッタから1日2往復の運転があったが、第二次印パ戦争を契機に旅客列車については

Table 9　INTERWING SCHEDULE

DAYS	Daily	* Mon.	Mon. Wed. Fri. Sat.	Tues. Thur. Sun.	Wed.	Thu.	* Fri.	Sat.	Sat.	Mon. Weds. Fri.	* Fri.	Daily	DAYS	Daily	* Sat.	Mon. Weds. Fri.	Daily	Mon. Wed. Fri.	Tues. Thurs. Sun.	* Tue.	Thu.	Thu.	Sat.	* Sat.	Sat.	Sun.
FLIGHT NO. PK	730	738	724	736	702	720	740	728	712	725	743	733	FLIGHT NO. PK	734	742	726	731	723	735	703	727	711	723	741	719	707
EQUIPMENT	BOEING JET												EQUIPMENT	BOEING JET												
CLASS	F/Y	F/Y	F/Y	F/Y	F/Y	F/Y	F/Y	F/Y	F/Y	F/Y	F/Y	F/Y	CLASS	F/Y	F/Y	F/Y	F/Y	F/Y	F/Y	F/Y	F/Y	F/Y	F/Y	F/Y	F/Y	F/Y
Dep: KARACHI	07.15	03.45	09.00	13.00	03.45	02.30	02.30	02.30	03.45				Arr: KARACHI				17.35	23.45	20.20	23.05	22.35	23.05	16.20	20.20	22.50	23.05
Arr: DACCA	11.05	07.35	12.50	16.50	07.35	0620	06.20	06.20	0735				Dep: DACCA				15.00	21.10	17.45	20.30	20.00	20.30	13.45	17.45	20.15	20.30
Dep: DACCA										14.00	07.15	11.55	Arr: DACCA	14.10	16.05	20.20										
Arr: LAHORE										15.50		13.45	Dep: LAHORE	10.50		17.00										
Dep: LAHORE												14.30	Arr: LAHORE	09.55												
Arr: RAWALPINDI											09.20	15.10	Dep: RAWALPINDI	09.15	12.20											

*PK740/743 Effective Nov. 20, 1970　*PK738 Effective Jan. 1, 1971　*741/742 Effective Nov. 20, 1970　*703 Efective Jan. 1, 1971

Table 10　EAST PAKISTAN F - 27 SCHEDULE

DAYS	Daily	Mon. Wed. Fri. Sun.	Tue. Thu. Sat.	Daily ex. Tue. Thu.	Daily	Tue. Thu. Sat.	Daily	Daily	Daily	Daily	Daily	DAYS	Daily	Tue. Thu. Sat.	Daily	Daily	Daily	Daily	Daily	Daily ex. Tue. Thu.	Tue. Thu. Sat.	Daily	Mon. Wed. Fri. Sun.
FLIGHT NO. PK	427	421	423	487	471	483	473	475	477	479	481	FLIGHT NO. PK	470	482	474	476	472	478	480	486	424	428	422
CLASS	T	T	T	T	T	T	T	T	T	T	T	CLASS	T	T	T	T	T	T	T	T	T	T	T
Dep: DACCA	15.40	09.35	09.35		06.45	09.00	10.15	11.45	14.45	18.00	19.30	Arr: DACCA	09.05	11.10	14.15	17.30	19.00	20.10	22.10		14.05	17.20	11.15
Arr: COMILLA							10.45					Dep: COMILLA				17.00							
Dep: COMILLA							11.05					Arr: COMILLA				16.45							
Arr: CHITTAGONG					07.35	09.50	11.45	12.35	15.35	18.50	20.20	Dep: CHITTAGONG	08.15	10.20	13.25	16.05	18.10	19.20	21.20				
Dep: CHITTAGONG				12.15								Arr: CHITTAGONG								13.35			
Arr: ISHURDI	16.20	10.15	10.15									Dep: ISHURDI									13.25	16.40	10.35
Dep: ISHURDI			10.35									Arr: ISHURDI									12.55		
Arr: THAKURGAON			11.35									Dep: THAKURGAON									11.55		
Arr: COX'S BAZAAR				12.45								Dep: COX'S BAZAAR								13.05			

ALL TIMES LOCAL

パキスタン国際航空の時刻表に書かれた東西パキスタン間の連絡サービスと東パキスタン地域の時刻
【1970年11月　同社発行】

乗り入れが中止されて今に至ってきた。

しかし2008年4月、コルカタ～ダッカ間で旅客列車の運行が再開され、40年の時を越えて風穴が開いたのである。バングラデシュは1971年の内戦以降、今日でも政治経済的に不安定要素を多く抱えている。それとは対象的にお隣のインドはIT大国として経済発展が著しい。旅客列車の定期運行によって、こうした差は今後どのようになっていくのであろうか？　興味深いものである。

バングラデシュ独立前の鉄道時刻表
【1969年5月　東パキスタン鉄道】

“社会主義国” インドのエアラインは
アジア初の米ソ同時乗り入れを達成

デリー～モスクワ／ニューヨーク
（1960 年）

エア・インディアの時刻表
【1960 年 9 月　同社発行】

国境紛争相手の中国よりもソ連を取った？

別項で触れた、JAL の東京～モスクワ線やスカンジナビア航空（SAS）のコペンハーゲン～タシケント～バンコク線のような「西側航空会社によるソ連領空への挑戦」を遡ること 10 年も前、共産圏の国というわけでもないのにすでにモスクワ線を運航していたアジアのエアラインがあった。しかも同社は 1960 年にニューヨークへの乗り入れも果たし、SAS・サベナ・KLM・エールフランスといったヨーロッパのわずかな例を除くと世界的にみて当時はあまり存在しなかった「アメリカとソ連の両方に乗り入れているエアライン」でもあった。その名はエア・インディア。

1947 年 8 月にイギリスから独立したインドは、ネルー首相のもとでアメリカやソ連という超大国に依存しない独自外交を進めていた。1955 年 4 月にはインドネシアのバンドンで開催された「アジア･アフリカ会議」の発起人にも名を連ね、「非同盟主義」という立場を鮮明にしている。しかしながらインドの社会体制自体はなんとその憲法に明記されているとおり社会主義が基本。中国とは国境紛争を抱えているという事情もあり、実はソ連と親密になりたいという意識を持っていた。そんな背景からインドはソ連と航空協定を締結し、1958 年 8 月にエア・インディアはデリー～モスクワ線を開設。航空路線開設の慣習に従い、乗り入れ相手国であるソ連国営航空・アエロフロートも同時にモスクワ～デリー線に就航し、これはジャカルタに至る東南アジア線開設への布石となったのである。

当時エア・インディアが使っていたのはアメリカ製 4 発プロペラ機のロッキード“コンステレーション”。エールフランスもエア・インディアとほぼ時期を同じくして同じ機種でパリ～モスクワ線の運航を開始していたから、無骨で経済性がほとんど考慮されていないソ連機がゴロゴロたむろするモスクワのブヌコヴォ空港に、アメリカの航空機産業の粋を集めた作品であり、西側資本主義の究極の姿とも言えるコンステレーションの流麗な姿が舞い降りていたわけだ。しかし、同じ路線に乗り入れていたアエロフロートはすでにジェット機を使っており、当然、所要時間もエア・インディアに比べて短かった。エア・インディアのデリー～モスクワ間の所要時間は14時間。一方、アエロフロートは8時間30分。どうみても勝負は決まったように見えるが、運航曜日がかち合っていなかったため、問題は無かったのだろう。なお、このルートは当時もやはり中央アジアのタシケントに給油着陸していたから、後年、SASが開拓した「トランス・アジアン・エクスプレス」を先取りするルートともいえる。

東西諜報の最前線だった中央アジア

さて、この路線の近辺は微妙な緊張を抱えていた。当時、アメリカのCIAは空軍と協同で黒い偵察機・U-2（奇しくもこれもロッキード社製）を使って共産圏の偵察飛行をしていたが、その一環としてパキスタンのペシャーワルからアフガニスタンを越えてソ連領空へ侵入し、超高空でそのままソ連を縦断するという危険な飛行も行われていたのである。米ソ冷戦時代初期、アメリカはソ

USA SERVICES

EM 772 F/T/Y	BA 582 F/T/Y	AI 110 F/T/Y	BA 582 F/T/Y	AI 112 F/T/Y	EM 772 F/T/Y	AI 116 F/T/Y	↓		↑	EM 773 F/T/Y	BA 581 F/T/Y	AI 109 F/T/Y	EM 773 F/T/Y	AI 111 F/T/Y	BA 581 F/T/Y	AI 115 F/T/Y
Wed.	Thu.	Fri.	Sat.	Sat.	Sat.	Sun.				Mon.	Tue.	Fri.	Fri.	Sat.	Sun.	Sun.
from Sydney					from Sydney					Sydney			Sydney		Sydney	
23.45	11.00		11.00		23.45		dep.	SAN FRANCISCO	arr.	18.10	13.35		18.10		13.35	
Thu.					Sun.											
08.10 09.30	22.00 23.00	21.30	22.00 23.00	21.30	08.10 09.30	21.30	arr. dep.	NEW YORK	dep. arr.	15.00 14.00	07.30 05.30	14.30	15.00 14.00	14.30	07.30 05.30	14.30
	Fri.	Sat.	Sun.	Sun.		Mon.					Tue.				Sun.	
21.10	13.50	09.00 10.45	13.50	09.00 10.45	21.10	09.00 10.45	arr. dep.	LONDON	dep. arr.	10.00	23.00	12.00 10.45	10.00	12.00 10.35	23.00	12.00 10.30
Thu.	Fri.		Sun.		Sun.					Mon.	Mon.		Fri.		Sat.	
				12.00 12.45		12.00 12.45	arr. dep.	FRANKFURT	dep. arr.			09.20 08.50				
		11.40 12.10					arr. dep.	PARIS	dep. arr.					09.35 09.15		09.30 09.10
		13.10 14.10					arr. dep.	GENEVA	dep. arr.					08.15 07.20		
				14.20 15.20		14.20 15.20	arr. dep.	ROME	dep. arr.			07.10 06.25				07.20 06.25
		20.00 21.00				20.10 21.00	arr. dep.	CAIRO	dep. arr.			05.15 04.30				05.15 04.30
				19.20 20.20			arr. dep.	BEIRUT	dep. arr.					04.00 03.15		
		Sun.		Mon.		Tue.										
		05.00		05.00		05.00	arr.	BOMBAY	dep.			01.00		01.00		01.00
		Sun.				Tue.						Fri.		Sat.		Sun.
				06.00			dep.		arr.			23.55				
				08.20			arr.	CALCUTTA	dep.			21.30				
				Mon.								Thu.				

INDIA-EAST AFRICA

AI 201 ◆ F/T	AI 207 ◆ F/T	◆ Super-Constellation	F/T First & Tourist Class		AI 202 ◆ F/T	AI 208 ◆ F/T
Sun.	Wed.				Wed.	Sat.
23.00	23.30	dep.	BOMBAY	arr.	14.25	11.30
Mon.	↓					↑
00.55 01.55		arr. dep.	KARACHI	dep. arr.	11.25 10.25	
	Thu.					
06.25 06.55	04.20 04.50	arr. dep.	ADEN	dep. arr.	01.50 01.20	01.50 01.20
					Wed.	Sat.
11.40	09.35	arr.	NAIROBI	dep.	20.40	20.40
Mon.	Thu.				Tue.	Fri.

INDIA—USSR

AI 604 ◆ F/T	SU 054 F/T		SU = Aeroflot = Tupolev 104 A	◆ Super-Constellation	F/T First & Tourist Class	AI 605 ◆ F/T	SU 053 F/T	
Tue. 07.15	↓		dep.	• BOMBAY	arr.	Thu. 18.00	↑	
10.15			arr.	• DELHI	dep.	15.00		
AI 505						AI 506		
Tue. 11.00	Thu./Sat. 06.30		dep.		arr.	Thu. 14.15	Tue./Thu. 08.45	
16.40 18.00	09.50 11.20		arr. dep.	TASHKENT	dep. arr.	09.45 08.30	06.35 05.05	
						Thu.		
22.20 Tue.	12.20 Thu./Sat.		arr.	MOSCOW	dep.	22.30 Wed.	22.30 Tue./Thu.	

前ページの時刻表の内部
インド～ヨーロッパ～アメリカ間とインド～モスクワ間が同時に掲載されている

連爆撃機の配備状況の正確な情報がつかめず、ソ連の爆撃機を必要以上に脅威に感じて軍備拡張に躍起になっていた。いわゆる"ボマー・ギャップ"である。当時は偵察衛星どころか人工衛星自体がまだ存在せず、諜報の手段はスパイの情報や通信傍受というもどかしいものしか無かったから、「領空侵犯をしてでも自分の目で確かめる」という究極の方法を決意したのは無理もないことだろう。

しかし、アメリカによる意図的な領空侵犯の繰り返しをソ連は指をくわえて見ているわけにはいかなかった。1960年5月1日、共産圏にとってはメーデーという特別な日であり、東西首脳会談が5月16日からパリで行われる直前というタイミングでソ連はとうとうU-2偵察機の撃墜に成功した。この日放たれた地対空ミサイルは、偵察機そのものだけではなく東西首脳会談も一緒にブチ壊すこととなったのである。

この当時の緊張を物語るエピソードを紹介しよう。日本を代表するオーケストラであるNHK交響楽団は、1960年秋に初の世界一周演奏旅行を行った。最初の公演地はニューデリーで、その次の公演地であるモスクワへの移動にエア・インディア機を使ったのだが、コンステレーションがエンジン故障で予定通りに飛べなかった。しかし、モスクワ公演の予定はすでに決まっているため、一刻も早く飛んでほしい。ところがそうは問屋が卸さなかったのである。なぜなら『ソビエトと国境を接するアフガニスタンの上空通過は、大変に神経を要する状況下にあって、特定の許された短時間のみにしか、インド機はアフガニスタン上空を通過することができなかった』のだ（細野達也『ブラボ！あの頃のN響』より）。

アメリカそして中ソ両方に乗り入れたパキスタン

奇しくもU-2機撃墜事件のあった1960年5月、エア・インディアはジェット機・ボーイング707の導入に伴い、ロンドン線を延長する形でデリー〜ロンドン〜ニューヨーク線の運航を開始した。アジアの航空会社による大西洋横断線の運航は史上初のこと。そんな積極的な展開を支えた背景には、エア・インディアはインドが元々イギリス植民地であったというつながりから、イギリスのBOAC（英国海外航空）や同じく元イギリス植民地という立場のオーストラリアのカンタス航空とのプール協定の締結など、全くの一新参者というわけではなく有利なビジネス環境が整備しやすかったということがある。ちなみに、これに続いたのはパキスタン国際航空で、1961年5月からわずか2年の間であるがカラチ〜ロンドン〜ニューヨーク線を開設している。1番手と2番手が奇しくもインドとパキスタンという宿命のライバルというのが興味深い。

ところでパキスタン国際航空はニューヨーク線が業績不振によって1963年に運休となった翌年の1964年4月にダッカ〜広州〜上海線を開設し、その翌月には驚くべきことにカラチ〜モスクワ〜ロンドン線にも就航している。これにより同社は、中ソ当事国以外で、しかも中ソ対立の最中に中華人民共和国とソ連の両方に乗り入れるエアライン第一号となったのだった。ちなみにこの記録は、1966年に上海に乗り入れたエールフランスによって追随された（このストーリーについては後述する）。

パキスタン国際航空の中国路線開設の背景であるが、パキスタンは元々インドとは対立していたし、中国はインドとの国境紛争を抱えていたため、「アンチ・インド」という点で中国と相通じるものがあり、パキスタンと中国は急接近していったのである。その一方で、当時のインドは中国に対する牽制として、ソ連だけではなくアメリカとの関係にも傾斜している。しかしなぜアメリカ寄りのパキスタンがモスクワ線を開設したのだろうか？　結局はその時々の国際環境次第でどの大樹に寄りかかるのが得策かという判断が印パお互いに働いていたということか。しかし、国としては対立しているはずのインドとパキスタンの間にも定期航空路は維持されているくらいであるから、この地域の国際関係はにわかには理解し難い。とにかく1950年代から60年代にかけて、印パ関係・米ソ関係・中ソ関係が入り混じった複雑な力学の中で南アジアに関連する国際航空路線の開設が相次いだのである。

東京〜バンコク
（1941 年）

ベテランパイロットの機転に救われる

1940 年 8 月 1 日朝、バンコクから台北経由東京に向かう大日本航空の三菱双発輸送機「松風」号は、経由地のハノイを離陸した。機長の中尾純利は前年 8 月 26 日から 10 月 20 日にかけて、やはり三菱双発輸送機「ニッポン」号で国産機初の世界一周飛行を成功させた当時の日本のトップクラスのパイロットである。早暁に降った豪雨の水溜りの残るジアラム飛行場を離陸後、東に機首を向けてトンキン湾を目指すこと約 10 分、アクシデントが襲う。なんと両方のエンジンが停まってしまったのであった。機はソンコイ川（ホン川）沿いの苗代に不時着。幸い乗員乗客に怪我は無く、機体も大きな損傷を免れた。さすがは名パイロットである。

三菱双発輸送機「松風」号の外観と機内
（大日本航空発行の絵葉書より）

不時着後、なぜエンジンが停止したのかが調べられた。そこでとんでもない理由が判明する。燃料タンクに多量の水が混入していたのだ。それも様々な状況から推定するに、妨害行為として故意に入れられた可能性が濃厚だった。ハノイは現在のベトナムの首都であるが、当時はまだフランスの植民地であり、「松風」号がバンコクから飛んでくる途中に位置するラオスやカンボジアと合わせてフランス領インドシナ（日本では略して「仏印」と称した）と呼ばれていた。ところでこのフランス領インドシナは、中国大陸における日本軍の攻勢に押されて大陸奥地へと押し込められていった蔣介石率いる国民党への援助物資輸送ルート（援蔣ルート）の拠点だった。日本は援蔣ルートの切断に躍起だったが、そんな中に着陸する日本の航空機が破壊工作の標的になるのは不思議なことではない。

今日、多くのビジネスマンや観光客で賑わう東京〜バンコク線。一日に 10 往復以上が行き交う東アジアの空の大動脈とも言えるこの路線は、あまり知られていないことであるが、実は戦前の日本が海外との航空交渉を経て国際線を開設したほとんど唯一の例だった。「松風」号が味わったような危険を危惧する人もいなかったわけではないが、そんな危険を冒してでも、当時の日本はバンコクへの航空路線をなんとしても伸ばそうとしたのである。

欧亜連絡航空路を開設セヨ！

大陸で満州事変や日中戦争といった戦火を交える中、日本は資源を求めて南方への進出を狙っていた。しかし当時の東南アジアは、フィリピンはアメリカの支配下、インドネシアはオランダ領東インド、マレー半島とビルマ（ミャンマー）はイギリス領という状況で、軒並み欧米列強の植民地だらけ。日本が南方への足がかりとして期待できるのは、当時唯一独立していたタイしかなかった。一方、タイ自身も周りを列強に囲まれ、いつ自らの独立が危うくなるか分からない。そんな背景から、当時破竹の勢いで勢力を拡大していた日本とタイは手を結ぼうとしたのである。両者の利害が一致する中、航空路線の開設ということが話題になるのは当然の成り行きであった。

今も昔もバンコクは国際航空交通の要衝である。ことに戦前は、ヨーロッパから東南アジアの各国植民地への路線がバンコクに集中していた。イギリスのインペリアル航空によるオーストラリアへの路線も、オランダのKLMによるバタビア（ジャカルタ）への路線も、エールフランスによるインドシナへの路線も、バンコク経由で最終目的地へ向かっていた。ドイツのルフトハンザも1939年7月にはベルリン〜バグダッド〜カブール線から分岐して、バンコク乗り入れを達成していた。東南アジアの中心に位置し、平坦な土地が広がり、政治的にも独立国という諸々の事情がバンコクを東南アジアの十字路たらしめたのである。

そんな背景から、日本がこの一角に食い込めば、こうした各国と肩を並べて張り合えるし、バンコクで他社便に乗り換えれば東京からヨーロッパへ1週間で行くことができるということも言われた。実際にそのようなルートで旅行した人がいたとは思えないが、シベリア鉄道経由で日本とヨーロッパは2週間掛かったから、それをさらに短縮するというのは夢としてはいい話であった。

なお、日本とヨーロッパの間の航空連絡は1930年代に入って本気で取り組みが始まったものの、その道のりは平坦ではなかった。1936年12月には日本・満州・ドイツの間で航空協定が締結されて国際線開設の下地はできていたが、この実現を目的として満洲航空の肝いりで翌年8月にその名もズバリ国際航空株式会社が設立され、“空のシルクロード”とも言うべき、ゴビ砂漠と中央アジアを越えてヨーロッパに達する路線開設への準備が具体的に動き始めたことがある。中国奥地に途中経由拠点を築くことが必要だったため、航空用ガソリンを蒙古の砂漠へ人海戦術で輸送するキャラバンが何度か送り込まれた。しかし、現地事情は極めて不安定なもので、キャラバンが襲われたりして、この計画は遂に放棄せざるを得なくなったのである。国際航空は1938年12月に日本航空輸送ともども新会社である大日本航空に改組のうえ解散し、国際線開設の夢は雲行きの怪しい国際情勢の下、大日本航空に引き継がれた。

国際線開設の使命を受け継いだ大日本航空は、さっそく活発な活動を開始する。1939年にはタイ・イラン・イタリアなど、日本と友好的で日欧間路線開設のために地理的に重要な国々の間に親善飛行が行われ、航空路線開設のムードも高まった。1935年の開始以来、条件面などで交渉が長引いていたタイとの間の航空交渉も、実に足掛け4年の歳月を経て1939年11月、遂に合意をみたのである。

しかし、まだ解決されない障害が残っていた。日本からタイに向う際、中国南部までは日本の勢力下にある途中経由可能な都市が確保出来ている。問題はそこから先、フランス領インドシナの通過について、フランスが許可を出さなかったのだ。やむを得ず大日本航空は、中国南部からインドシナ半島をぐるりと迂回してバンコクに向うルートを開拓する必要に迫られた。使われたのは三菱双発輸送機。三菱双発輸送機は元々、陸軍の爆撃機である九六式陸上攻撃機として作られた機体で、1937年8月に長崎県の大村から国民政府の首都・南京へ渡洋爆撃を成功させた、当時の日本で最も優れた機種のひとつだった。インドシナ半島の迂回は、そんな優秀な機体をトップクラスのパイロットが操縦し、かつ旅客や貨物を制限して目一杯の飛行。それでも試験飛行を重ね、飛行時間10時間にもおよぶこの長距離迂回ルートは運航の目処が立ち、1940年6月10日、遂に東京〜バンコク線の第一便が就航した。

東京〜バンコク線の荷物ラベル【大日本航空】

ちなみに、三菱双発輸送機は爆撃機として造られた胴体内部に8席の座席を設けたものであるが、機体の構造上、乗客の目線の位置に窓を設けることが出来ず、天窓のような形で胴体の上部に長方形の窓が並んでいた。視界が開けない状態で何時間も飛行する乗客の心理はいかがなものであっただろうか？

バンコク線の救世主となったヴィシー政権誕生

ところがそれから間もなく、インドシナを取り巻く情勢が大きく転換する。バンコク線開設の月、フランスはドイツとイタリアに休戦を提案し、ヴィシー政権が誕生。ヴィシー政権はフランスのそれまでの植民地をそのまま引き継いだが、連合国からはドイツの傀儡政権ともみなされたその政治的スタンスは、日本を含む枢軸国にとって有利なものだった。翌7月、フランスは大日本航空機のインドシナ上空通過を承認。ここに、東京～福岡～台北～広東～ハノイ～バンコクというルートが完成したのであった。当時の新聞記事には『難所は三千メートル前後の天険を横たえる安南山脈（中略）この定期に限り一般旅客用として酸素吸入器を機内に備え付ける』（1940 年 7 月 7 日付　朝日新聞）という記述も。このコースはそれまでの迂回コースに比べて、所要時間3時間・距離1000キロの節約になった。

それから間もなく発生したのが冒頭で触れた「松風」号の不時着事件だった。9月には日本軍が北部仏印に無血進駐。そんな微妙な時期だったから、「松風」号事件はあまり荒立てられずに埋もれていっ

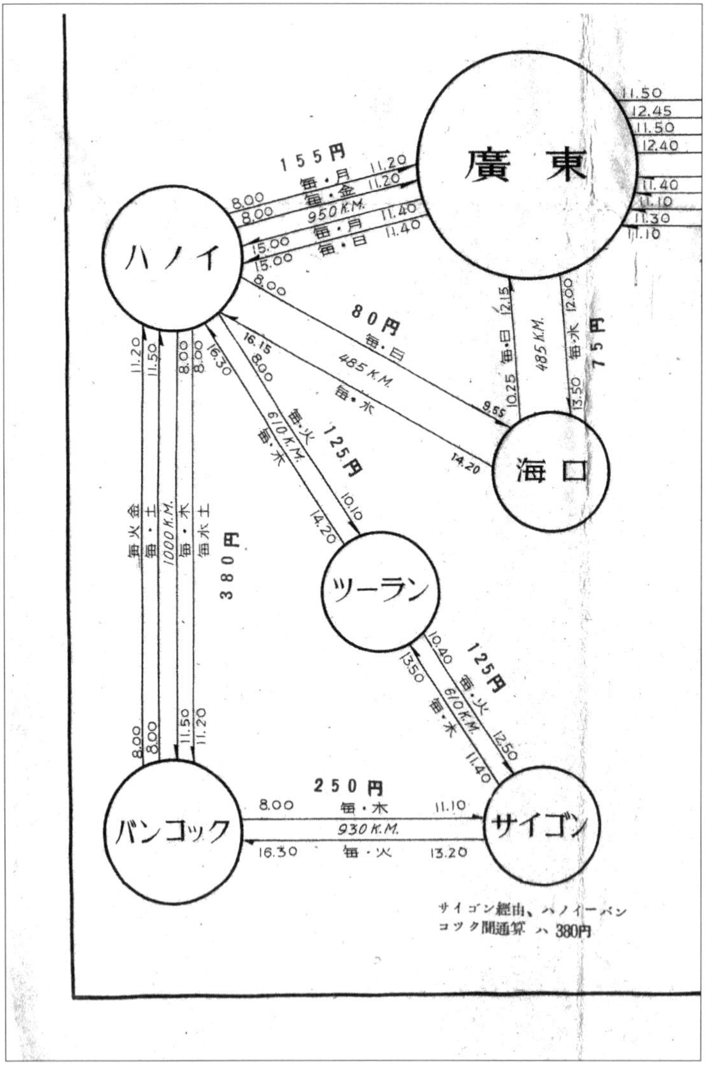

バンコク周辺の運航時刻表
【1941 年 6 月　大日本航空】

た。相手が親枢軸側のヴィシー政権になると日本も話がしやすくなる。北部仏印進駐によりハノイは日本にとって確固たる拠点となり、ハノイ～バンコクを直行する便のほか、軍用便ながらハノイ～ツーラン（ダナン）～サイゴン（ホーチミン）～バンコク線も運航を開始した。

ところが秋になって、タイとインドシナの国境紛争という新たな事件が起こる。大日本航空機の通過するラオスやカンボジアは、タイ軍とインドシナ駐留フランス軍との戦場となり、大日本航空機はハノイ離陸後インドシナ半島を迂回するコースを取らざるを得なくなった。この国境紛争は日本が仲介に入り、タイにフランス領の一部を割譲するという、タイにとって有利な方向で翌年3月に決着し、迂回ルートは再び解消された。

こうした紆余曲折を経て、太平洋戦争開戦の年に大日本航空の航空路網は最大の広がりを見せていた。満州・中国・南洋、そしてタイへ。1941年6月の時刻表で東京からバンコクへのルートを辿るとこのようなものだった。

<table>
<tr><th colspan="3">バンコク線スケジュール</th></tr>
<tr><td rowspan="3">1日目
【日曜日】</td><td>東京</td><td>6時50分発</td></tr>
<tr><td colspan="2">（福岡経由）</td></tr>
<tr><td rowspan="2">台北</td><td>14時50分着</td></tr>
<tr><td rowspan="3">2日目
【月曜日】</td><td>8時発</td></tr>
<tr><td colspan="2">（広東経由）</td></tr>
<tr><td rowspan="2">ハノイ</td><td>15時着</td></tr>
<tr><td rowspan="3">3日目
【火曜日】</td><td>8時発</td></tr>
<tr><td colspan="2">（ツーラン・サイゴン経由）</td></tr>
<tr><td>バンコク</td><td>16時30分着</td></tr>
</table>

もっとも、開戦を控えたこの時期の日本の航空路線はもはや物見遊山で乗るようなムードではなかった。様々な紆余曲折を経て開設そして維持された、戦前ほぼ唯一の国際線・東京～バンコク便であるが、開戦を間近に控えた11月に大日本航空は軍に徴用され、ここに戦前の民間航空全体が幕を閉じるのであった。

戦時中の『盤谷案内』に
現カンボジア領の鉄道が載っていた理由とは？

バンコク〜バッタンバン

（1942年）

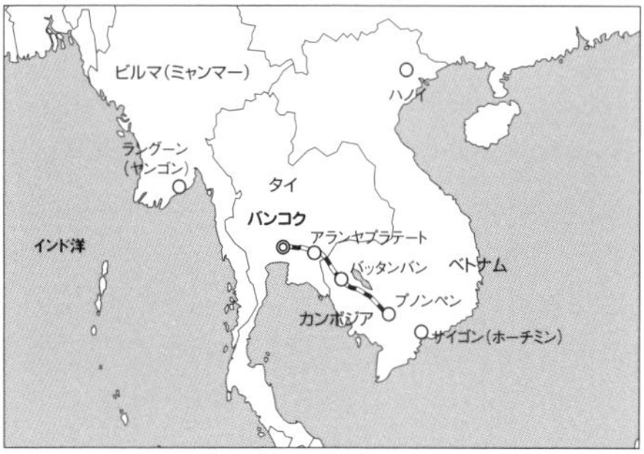

松岡洋右が仲介したタイ・仏印国境紛争

東南アジアの多くの地域が、イギリス・フランス・オランダなどの植民地となっていた時代にも一貫して独立を保ち続けた特異な存在、それはタイ王国だ。民族主義的政策から西欧勢力に対抗したいタイと、東南アジアから西欧勢力を駆逐する上でタイという国の存在を政治的・地理的に重要と考えた日本の利害が一致した結果、太平洋戦争の中盤まで、日本とタイは緊密な同盟関係にあった。もっとも、両者の関係は戦時中だけにとどまらず、例えばSLの時代からタイ国鉄の客車や貨車・機関車の中には日本から輸入されたものも少なくない上、最近ではJRの中古車両が譲渡されており、タイに行かれた方は「どこか日本で見たような車両が走っているな」と思われるかもしれない。日本とタイは、そんなところで今でも深くつながっているのである。

さて、そんな間柄だったからであろう、戦時中の1942年にタイのバンコクで発行された旅行者向け案内冊子からは、日本のニオイがプンプンする。まず表紙からして『今週の盤谷案内』という日本語が書かれていた（ただし、中身は全て英文なので、これが唯一の日本語）。他にも、三井物産・大阪商船といった日本の船会社の広告や、4ページに渡って書かれた日本の行政組織に関するコラムなど、日本に関連した話題が各種盛り込まれている。

話しは脇道にそれるが、表紙には発行年月が『14th Feb 2485』と表示されていた。『2485』とは、タイで使われる仏暦の年で、これが1942年に相当する（ちなみに、2008年は仏暦2551年）。

この冊子は、バンコクで過ごす外国人の便利帳のようなものである。映画館やレストラン一覧などの他、郵便や電信電話といった通信関係の案内、そして交通機関の簡単な時刻表も掲載されていた。鉄道は、バンコク〜チェンマイ（タイ北部の古都）／バンコク〜アランヤプラテート（タイ東部・カンボジア国境に近い街）のほか、モンコールボレー〜バッタンバン（バットドンボーン）という、現

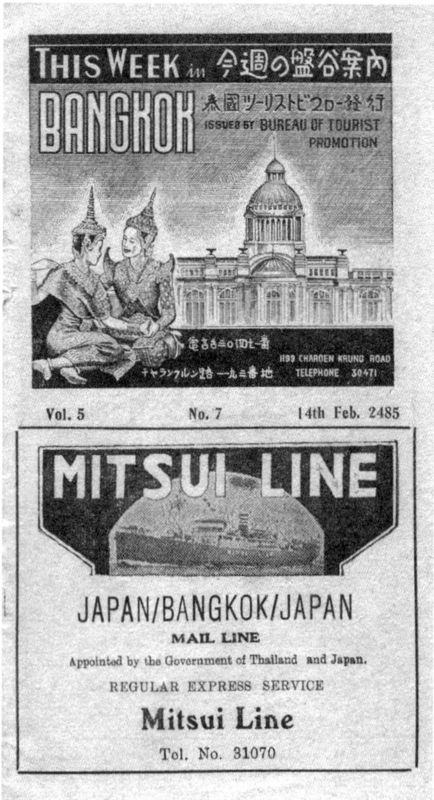

今週の盤谷案内
【1942年2月　タイ観光局】

在のカンボジア領内の路線も載っていた。

なぜ、現在のカンボジア領内の路線がタイの鉄道として掲載されていたのだろうか？　それは、太平洋戦争開戦前に起きた、タイとフランス領インドシナとの間の国境紛争が原因だ。この地域は元々タイの領土だったのだが、20世紀初頭からフランスのインドシナ植民地となっていた。それが国境紛争の調停の結果タイに割譲され、1942年現在ではタイ領に属していたのである。

ところで、この国境紛争の調停に乗り出したのは日本だった。松岡洋右外相の招きでタイとフランスの代表が1941年2月から東京で会談。3月11日、現在のカンボジアやラオスとタイの国境地域の一部を、フランスがタイに割譲するという条件で和平合意に至った。もちろんこれは、タイと日本の友好関係のほか、当時のフランスが親枢軸側のヴィシー政権であり、フランス領インドシナへの日本軍進駐を許していたという背景もあって、これら三者がテーブルにつくことが可能だったわけだ。

幻の東南アジア横断鉄道を構成

なお、カンボジアの鉄道については、こんな記述がある。『タイ国境方面については国境の手前60キロのところまで完成され、国境の残余の部分も路盤工事だけ完成されていた。第二次大戦中日本軍の仏印進駐に伴い、この間の線路敷設工事を日本軍が遂行したので、バンコックまでの鉄道連絡はようやく一応完成した。』（日本国有鉄道外務部編『アジア鉄道概観』より）。これによると、戦時中にカンボジアとタイを連絡する鉄道が全通したということのようであるが、1942年2月の『今週の盤谷案内』ではまだアランヤプラテート〜モンコールボレー間が途切れていたことになる（おそらく、前述の『国境の手前60キロ』というのが、モンコールボレーであろう）。では、その区間はどうなっていたのか？　その答えもこの冊子の中にあった。アランヤプラテートから、シソポンとモンコールボレーを経由してバッタンバンへはバスが出ていたのである。時刻表をよく見ると、鉄道とバスの乗換駅・アランヤプラテートで列車とバスがちゃんと接続していた。

なお、タイとその西隣のビルマ（ミャンマー）

Passenger Train Services

BANGKOK — CHIENGMAI (Twice weekly)

Dep. B'kok	Wed. & Sun.	18.00	Arr. C'mai	Thurs. & Mon.	14.30
,, C'mai	Tues. & Fri.	10.30	,, B'kok	Wed. & Sat.	8.00

Fares: 1st. cl. Baht 47.40 } incl. berth
2nd. cl. ,, 24.70 }
3rd. cl. ,, 12.35

BANGKOK — ARANYA PRADES (Daily)

DEP. B'KOK	Daily	7.30	Fares:	
ARR. ARANYA	,,	15.10	1st. cl.	Baht 11.50
DEP. ,,	,,	9.30	2nd. cl.	,, 6.90
ARR. B'KOK	,,	17.10	3rd. cl.	,, 4.85

MONGKOLBURI-BATTABONG (DAILY)

Dep. M'buri	7.00,	15.05	Arr. B'bong	9.35,	17.40
Dep. B'bong	7.20,	15.25	Arr. M'buri	9.55,	18.00

Fare: 60 Satangs

Passenger Bus Services

ARANYA PARADES-SISOPHON-MONGKOLBURI-BATTABONG

Dep. Aranya	6.00	Arr. S'phon	7.25	Arr. M'buri	8.00	Arr. B'bong	9.50
,, ,,	15.50	,, ,,	17.15	,, ,,	17.35	,, ,,	19.30
,, B'bong	15.00	,, M'buri	16.50	,, S'phon	17.25	,, Aranya	18.50
,, ,,	5.30	,, ,,	7.05	,, ,,	7.30	,, ,,	8.55

Passenger Air Services

(Twice weekly)

Bangkok-Puket　Bangkok-Chantaboon
Pitsanuloke-Mehsord　Chiengmai-Meh Sarieng
Udorn-Ubol.

(Once weekly)

Don Muang-Chiengrai

(16)

前ページの資料の内部
タイ周辺の鉄道・バス・航空時刻表

の間には『戦場に架ける橋』で有名な泰緬鉄道が建設されたから、カンボジアとタイの間の全通により、太平洋戦争中にはカンボジア～タイ～ビルマを結ぶ東南アジアを横断する壮大な鉄道が日本軍によって整備されたことになる。

さて、タイとカンボジアをつなぐ鉄道であるが、戦時中に日本軍の手で完成した時点では直通運転が実施されていたのであろうが、先の『アジア鉄道概観』では『バッタンバン、ポイペト間は混合列車１日１往復、気動車週２往復となっており、この気動車は翌日タイ領のアランヤから出るバンコク行きの列車に連絡している』と書かれており、必ずしも継続的な車両の直通運転にまでは至らなかったようだ。そうこうしている内に、カンボジア内戦で国境地帯の鉄道は破壊され、現在ではタイ側のバンコク～アランヤプラテート間、カンボジア側のプノンペン～バットドンボーン間が運行されているほかは、運休を余儀なくされている。

一方、タイとビルマの間の鉄道連絡は戦後早々に絶たれていることから、東南アジアを横断する鉄道がその本来の姿を維持したのは、結局のところ戦時中の一時期のみであった。

さて、タイの他の路線の戦後についても少し触れてみたい。第二次大戦におけるタイの鉄道の損害はやはり大きく、当初はアメリカやインドの援助によって切り抜け、1950年頃から鉄道の復興が進められた。

例えば、古都チェンマイへ至る北線を例にとると、1952年当時、バンコク～チェンマイ間の所要時間は19時間。この区間の距離は751キロなので、平均時速はわずか39キロということになる。しかし、復興開始当初は22時間以上かかっていたことと比較すれば、それなりの進歩が見られる。さらに10年経って1966年の時点では17時間にまで短縮されていた。その後も鉄道の改良は続き、今日では約12時間だ。列車本数を比較すると、1952年にはバンコク～チェンマイを走破する列車は夜行一往復のみだったのが、1966年には3往復、そして今日では昼夜あわせて6往復もの列車が走るようになっている。タイの急速な経済発展とともに鉄道も成長を遂げたのである。

ธนบุรี — น้ำตก
Thonburi – Nam Tok

สถานี STATIONS		353 รวม Mixed 3	349 รวม Mixed 3
ธนบุรี Thonburi	อ.dep.	**8.20**	
ชุมทางตลิ่งชัน	ถ. arr.	8.34	
Taling Chan Jn.	อ.dep.	8.36	
วัดงิ้วราย	ถ. arr.	9.17	
Wat Ngiu Rai	อ.dep.	9.20	
นครปฐม	ถ. arr.	9.56	
Nakhon Pathom	อ.dep.	10.06	
คลองบางตาล	ถ. arr.	10.22	
Khlong Bang Tan	อ.dep.	10.30	
ชุมทางหนองปลาดุก	ถ. arr.	10.38	
Nong Pladuk Jn.	อ.dep.	10.48	
ท่าเรือน้อย	ถ. arr.	11.30	
Tha Rua Noi	อ.dep.	11.40	
กาญจนบุรี	ถ. arr.	12.33	
Kanchanaburi	อ.dep.	13.15	
บ้านเก่า	ถ. arr.	14.14	
Ban Kao	อ.dep.	14.19	
ลุ่มสุ่ม	ถ. arr.	14.48	
Lum Sum	อ.dep.	14.53	
วังโพ	ถ. arr.	15.07	
Wang Pho	อ.dep.	15.25	**6.00**
น้ำตก Nam Tok	ถ. arr.	**16.05**	**6.40**

元・泰緬鉄道は一部区間だけが残っている
（1965年１月のタイ国鉄南方線時刻表より）

会社がつぶれてさあタイ変！
格安運賃で身を滅ぼした「エア・サイアム」

バンコク〜福岡〜ロサンゼルス
（1975年）

福岡経由太平洋線が運航されていた頃の時刻表
【1975年4月　エア・サイアム】

安けりゃいいってもんじゃない

現在50歳代半ば以上の方々に強烈な印象を残して消えていった航空会社がかつて存在した。その名はエア・サイアム（AIR SIAM）。1970年代前半に格安運賃で一世を風靡した同社は、安く海外旅行に行きたい！という当時の若者に絶大な人気を誇ったが、1976年末から突然運航が不安定になった挙句に突然倒産。『行きはよいよい帰りは……』の如く海外に取り残される旅行者が続出した波乱の幕切れで話題となった。

エア・サイアムが登場したタイミングはまさにタイムリーだったといえる。1964年4月に日本人の海外旅行が原則自由化され、観光目的の海外渡航が可能となった。1970年にはジャンボジェットが登場したことで航空輸送のキャパシティが増えると同時に運賃の低廉化が進み、団体旅行扱いならばという条件つきながらも海外旅行の金銭的敷居は低くなりつつあった。1ドル＝360円の固定相場だった外国為替は1973年から変動相場制へ移行し、円高が進んだ。若者気質も変わりつつあった。混乱の学生運動の時代を経て、自らのエネルギーを発散する新たなフィールドを模索する中、日本が未曾有の高度成長を遂げたことで海外に目を向ける自信と余裕が出た。そんな環境に支えられて多くの普通の若者が、とにもかくにも海外に飛び出していったのである。沢木耕太郎の代表作『深夜特急』の旅も、沢木が26歳だった1970年代前半の体験に基づいている。

1970年代当時、タイにはすでにタイ国際航空というフラッグキャリアが存在していた。同社はスカンジナビア航空の支援を受けてアジア一円に路線を広げていたが、そんな中に殴り込みをかけたのが『タイ独自の航空会社を持ちたい』というタイの王族によって1965年に設立されたエア・サイアムだった。エア・サイアムはアメリカからリースしたDC-8型ジェット機を使って1971年3月からバンコク〜香港〜東京〜ホノルル〜ロサンゼルス線を開設。他に基礎となる実績がほとんど無い中でいきなり太平洋線を開設するという、よく言えばベンチャー精神、悪く言えば無謀な挑戦でスタートを切った。それでも同社は、太平洋線のみならずヨーロッパをはじめ世界中への路線展開を構想し、当時のタイ国際航空を越える規模を目指す野望を持っていた。

同社はさらに規模拡大を目指して意欲的な動きをみせる。当時まだアジアの航空会社では少なかったワイドボディー機をいち早く導入に踏み切る。導入といってもリースではあったが、エアバスA300やDC-10、ジャンボジェットなど当時最新鋭の機種を取り揃えた。1975年の時刻表によると、これらの機材でバンコク～香港～東京～ホノルル線やバンコク～香港～福岡～ホノルル～ロサンゼルス線を運航。1975年1月に開設された福岡経由ロサンゼルス線には『タイ初のDC-10』という文言が尾翼エンジン部に誇らしげに踊るDC-10が就航していたが、1970年代半ばに東京を経由しない太平洋線を運航していたのは、他に例がないきわめて珍しいことだった。

こう書くと実に順調な経営のように見えるが、その裏で同社の財政は薄氷を踏むような状態だったのである。それは同社の運賃施策に原因があった。客集めのためにJALやパンナムといったメジャーな航空会社と比較して激安な航空券を乱発していたのである。今のように格安航空券が当たり前という時代ではないから安い航空運賃は大歓迎された。しかもアジア地域向けだけではなく北米を往来する場合にまでそうしたメリットが享受できるというのは魅力的だった。ただ、極端なダンピングは諸刃の剣である。客寄せという点では効果的であったが、思うように収益が上がらないという危険とは常に背中あわせ。事実、同社の財務状態は自転車操業で、そのうちに飛行機のリース料が払えなくなり、A300やDC-10が離脱した。信用取引を拒絶され、最期の頃は給油をするにも現金払いを求められた。他の航空会社からも相手にされなくなり、航空券の裏書による振替も出来ない状態。それでも乗客を増やさねばということでさらに安い航空券を乱発することで悪循環へと

Eastbound

Hrs From GMT	DAY		MON	MON	TUE	TUE	WED	THU	THU	FRI	FRI	SAT	SUN	SUN
	FLIGHT NO.		VG 906	VG 910	VG 906	VG 902	VG 906	VG 906	VG 902	VG 906	VG 908	VG 906	VG 906	VG 902
	AIRCRAFT		A 3B	DC-10	A 3B	B 747	A 3B	A 3B	B 747	A 3B	DC-10	A 3B	A 3B	B 747
	CLASS		F/Y	F/Y	F/Y	F/Y	F/Y	F/Y	F/Y	F/Y	F/Y	F/Y	F/Y	F/Y
+7	BANGKOK	D	1145	0830	1145	0830	1145	1145	0830	1145	0545	1145	1145	0830
+9	HONG KONG	A	1625	1310	1625	1310	1625	1625	1310	1625	1025	1625	1625	1310
		D		1410		1415			1415		1130			1415
+9	FUKUOKA	A		1700										
		D		1800										
+9	TOKYO	A				1800			1800		1515			1800
		D				1915			1915		1630			1915
	International Date Line													
−10	HONOLULU	A		0705		0735			0735		0450			0735
						CO 600 DC-10			CO 600 DC-10					CO 600 DC-10
		D		0905		0900			0900		0700			0900
−7	LOS ANGELES	A		1715		1604			1604		1515			1604

Local time

前ページの時刻表の内部
東京に週4便・福岡に週1便乗り入れていたことがわかる

陥っていったのである。

ただし、同様のことを行っていたのはエア・サイアムだけではなかった。1973年の石油危機直後、航空各社は旅客の減少の一方で機材の大型化による座席供給量の増大という、相反する問題に悩んでいた。そのため、大韓航空やキャセイパシフィックといったアジアの地域航空会社はIATA（国際航空運送協会）非加盟（現在は両社とも加盟している）という自由な立場を生かして、ダンピング航空券を発売していたのである。奇しくもエア・サイアムが福岡に乗り入れた1975年1月の新聞には、『バンコク～東京間の往復運賃は（中略）22万8千円だが、2割引き、3割引きと進んできた値引き競争は、ことしに入ってついに正規料金の3分の1、8万7千円という信じられない安値が飛び出してきた。』（1975年1月22日付　朝日新聞夕刊）という記事も。エア・サイアムはIATAに加盟していたが、IATA非加盟会社というライバルとの競争の下で、立ち上げ間もない会社をなんとか回していくためにとにかく人を乗せなければならないという切迫感から格安航空券ビジネスの深みに走っていったという背景があった。

世間をアッと驚かせた発表とその呆れた理由と

タイにはタイ国際航空という基盤のしっかりした先行企業があったが、同社は1970年代初頭にはまだヨーロッパやアメリカへ自営の路線を持っていなかったため、タイ独自・唯一の長距離国際線キャリアとしてエア・サイアムにも活躍のチャンスが無かったわけではない。しかし同社は、大きなランニングコストがかかるエアラインの経営をきちんと熟知した計画的な経営体質とは言いがたかった。使っている飛行機にしても、機種がすべて異なるというのは非効率極まりないこと。とにかくナショナリズムに基づく意欲先行の場当たり的ビジネスという域を出なかったのである。

そんな状況では1977年3月で切れるエア・サイアムの運航免許をタイ政府が更新する見込みは無かった。そこで同社は常識では考えられない方法で事態打開を図ろうとしたのである。冬休みの海外旅行客でごった返す12月29日、同社は『全ての便を運休する』と宣言。全ての便といってもその当時同社はたった1機のジャンボジェットでバンコク～東京～ロサンゼルス間を運航しているに過ぎなかった。しかし、格安運賃に惹かれて同社に頼っていた多数の旅行客は唖然とするばかり。先述のように他社の便への振替も効かないうえ、かといって正規運賃の航空券を買い直すだけの持ち合わせの無い旅行者は海外で路頭に迷うしかない。同社はこうした混乱が起きることでタイ政府の支援を取り付けて、次の免許有効期間である5年間で経営を立て直すことを想定していたようであるが、このような子供の駄々のような策では支援はおろか、かえって評判を落として再起不能への道を転げ落ちる方向に作用するだけだった。

年が改まって早々の1977年1月5日に同社はなんとか運航を再開。しかしすぐに飛行機のリー

エア・サイアムの搭乗券
903便はホノルル～東京～香港～バンコク線

ス料が払えなくなり、たった1往復しただけで唯一の飛行機を引き揚げられてしまう。ここでもはや万事休す。同社はタイ国際航空への吸収を求めるもののタイ政府は認めず、2月3日に同社の運航免許が取り消されたため、あとは倒産しか選択肢はなかった。こうして航空会社や旅行代理店に何億もの負債を残し、“エア・サイアム狂騒曲”は幕を閉じたのである。

エア・サイアムが残したもの、それは何だったのか？　確かに市場にはその終幕で混乱を引き起こしただけだった。しかし、当時は当たり前だったIATAの取り決めによるメジャーな航空会社のカルテル的な横並びかつ高止まりの航空運賃に満足しない消費者がこれほども多く存在するということを顕在化させ、また格安運賃の提供と会社の安定した維持の両立ということが公共交通としていかに大事なことかを再認識させたのはこの騒動がもたらした副産物だったに違いない。奇しくもエア・サイアムが運航を停止した1977年には、イギリスのレイカー航空がロンドン〜ニューヨーク間の格安便“スカイ・トレイン”を運航開始。それから10年以上の歳月を経た1980年代末以降、市場には格安航空券が大手を振って出回り、今日では格安を売り物とした航空会社（LCC – Low Cost Career）が数多く登場して市民権を得ている。そう考えるとエア・サイアムは、時代を先取りしすぎた悲運の航空会社という見方もできるのかもしれない。

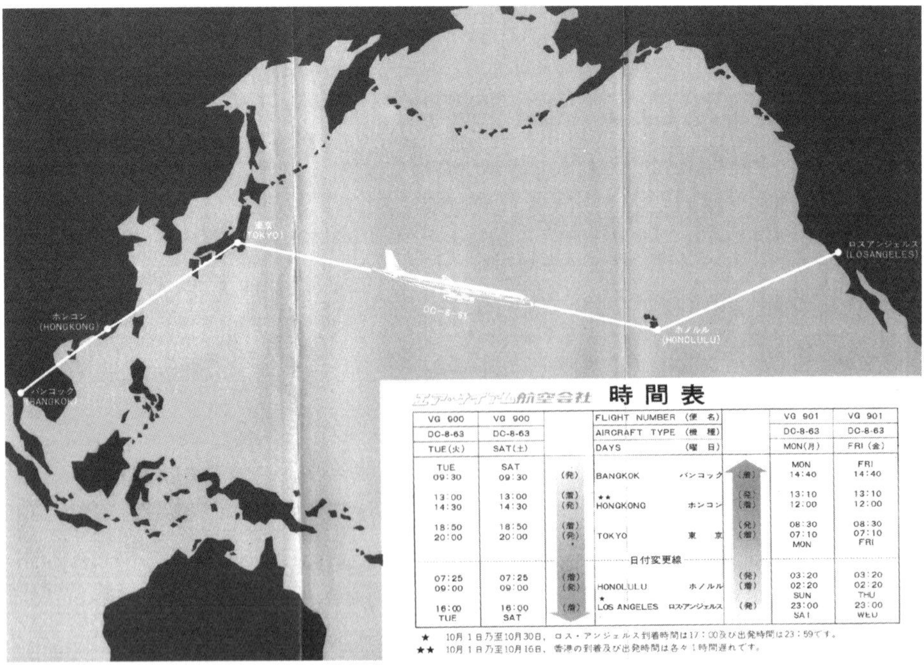

VG 900	VG 900		FLIGHT NUMBER (便名)		VG 901	VG 901
DC-8-63	DC-8-63		AIRCRAFT TYPE (機種)		DC-8-63	DC-8-63
TUE(火)	SAT(土)		DAYS (曜日)		MON(月)	FRI(金)
TUE 09:30	SAT 09:30	(発)	BANGKOK バンコック	(着)	MON 14:40	FRI 14:40
13:00 14:30	13:00 14:30	(着) (発)	★★ HONGKONG ホンコン	(発) (着)	13:10 12:00	13:10 12:00
18:50 20:00	18:50 20:00	(着) (発)	TOKYO 東京	(発) (着)	08:30 07:10 MON	08:30 07:10 FRI
			日付変更線			
07:25 09:00	07:25 09:00	(着) (発)	HONOLULU ホノルル	(発) (着)	03:20 02:20 SUN	03:20 02:20 THU
16:00 TUE	16:00 SAT	(着)	★ LOS ANGELES ロス・アンジェルス	(発)	23:00 SAT	23:00 WED

★　10月1日乃至10月30日、ロス・アンジェルス到着時間は17:00及び出発時間は23:59です。
★★　10月1日乃至10月16日、香港の到着及び出発時間は各々1時間遅れです。

エア・サイアムが太平洋線を運航開始した頃の時刻表
【1971年10月　同社発行】

マレー半島縦断鉄道はイギリスの意向で
タイがゲージを変えて完成

シンガポール〜バンコク
(1939/51 年)

大国の狭間という環境に翻弄されたタイの鉄道

「東洋版オリエント急行」というべき「イースタン & オリエンタル・エクスプレス」(E&O) という列車がある。これはヨーロッパでオリエント急行を運行している会社が 1993 年から手がけているもので、シンガポール〜バンコク間 2000 キロを 2 泊 3 日（逆方向は 3 泊 4 日）かけて走破する鉄道旅行。通常は月に 1 回程度の運行であるから実用交通機関というわけではなく、クルーズ客船のように「汽車旅そのものを楽しむ」ための列車であるが、展望車から眺める沿線の熱帯雨林の風景やイギリス植民地時代に開発された美しいリゾートの下車観光などを楽しめる旅として好評を博している。

このE&O が縦断するマレー半島はご承知のとおり、戦前から 1957 年まではイギリスの植民地（英領マラヤ）だった。この地域に初めて鉄道が開通したのは 1885 年のこと。ペナン南方の港であるポートウェルド〜タイピン間が最初だった。それ以来、すずやゴムという天然資源に恵まれていたマレー半島では、それらの搬出を大きな目的として鉄道が発達したのである。

しかしながら、マレー半島の鉄道を語る上で実は見逃せないのが、タイの鉄道発展史だ。タイは東南アジアにあって唯一、欧米諸国の植民地にならなかった国である。インドシナ半島がフランスの、ビルマ（ミャンマー）やマレーシアがイギリスの植民地だった 20 世紀前半にもタイは独立を保ってきた。しかし、イギリスとフランスという強大なヨーロッパの国々がタイに関心を示さないはずはなく、その領土を虎視眈々と狙っていたの

THROUGH COMMUNICATION WITH THAILAND.
Singapore—Bangkok.

Southbound—Read Up.					Stations.					Northbound—Read Down.
Daily	5.51	P.M.		arr.	Singapore	dep.	8.40	A.M.		Daily
	10.25	A.M.		„	Seremban	„	4.20	P.M.		
	9.00	„		dep.	Kuala Lumpur	arr.	5.45	„		
	6.55	„		arr.		dep.	9.20	„		
	2.00	„		„	Ipoh	„	2.04	A.M.		
	11.49	P.M.		„	Taiping	„	4.15	„		
	9.57	„		dep.	B. Mertajam	arr.	6.02	„		
	9.39	„		„	Prai	„	6.21	„		
	9.00	„		„	Penang	„	7.00	„		
Sundays & Thursdays	6.30	„		arr.	Penang	dep.	9.40	„		Mondays & Fridays
	5.52	„		„	Prai	„	10.20	„		
	5.39	„		„	B. Mertajam	„	10.36	„		
	3.47	„		dep.	Alor Star	arr.	12.35	P.M.		
	3.44	„		arr.		dep.	12.41	„		
	2.30	„		dep.	Padang Besar	arr.	2.00	„		
	1.50	„	S.T.	arr.		dep.	2.00	„	S.T.	
	12.58	„	S.T.	dep.	Haad Yai	arr.	2.50	„	S.T.	
	12.53	„	S.T.	arr.		dep.	2.55	„	S.T.	
	9.27	A.M.	S.T.	dep.	Tung Song	arr.	6.30	„	S.T.	
	9.22	„	S.T.	arr.		dep.	6.40	„	S.T.	
	3.35	„	S.T.	dep.	Chumphon	arr.	1.23	A.M.	S.T.	Tuesdays & Saturdays
	3.23	„	S.T.	arr.		dep.	1.33	„	S.T.	
Saturdays & Wednesdays	9.20	P.M.	S.T.	dep.	Hua Hin	arr.	7.14	„	S.T.	
	9.16	„	S.T.	arr.		dep.	7.18	„	S.T.	
	4.00	„	S.T.	dep.	Bangkok	arr.	12.05	P.M.	S.T.	

S.T. denotes Thailand time which is 20 minutes behind Malayan time.

1939 年 10 月にマラヤ州連合鉄道が発行した時刻表からシンガポール〜バンコク間の乗継時刻
(表紙はカラーページ参照)

だった。

そんな情勢の中、タイを抱き込んだのはイギリスだった。20世紀初頭、この地域にも鉄道が着々と建設されていったが、タイによるマレー半島方面へ向かう鉄道の建設にあたっては、イギリスがその建設費調達のための公債を引き受けている。しかし、イギリスは引き受けに当たってある条件をつけた。それは、タイ南部の鉄道を英領マラヤの鉄道と連結するというもの。これは一見どうでもないことのように思えて実は重い条件だった。その頃までにタイの鉄道はチェンマイなど北方へ向かう路線がすでに建設されていたが、そうした路線の線路の（ゲージ）は標準軌と呼ばれる約1435ミリ幅のものであったのだが、イギリスが連結を強要した英領マラヤの鉄道は「メーターゲージ」と呼ばれる1メートル幅。つまり、マレー半島の鉄道と連結するためにはタイ南部の鉄道はタイ国内の他の路線との規格と異なる狭軌で敷設することが必要だったわけである。これはタイからみると、自国内の鉄道の線路の幅が統一されないということで、まったく非合理的なことながら、建設費の面倒をイギリスにみてもらっている以上、承諾せざるを得ない条件だった。

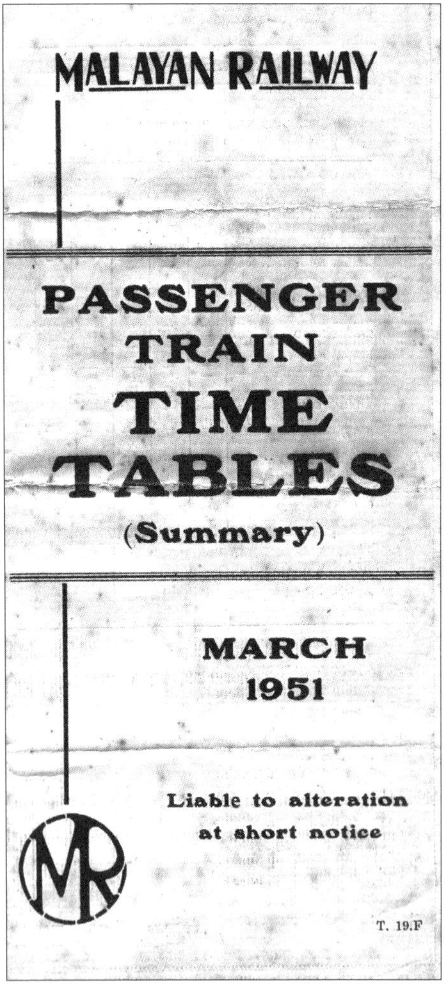

戦災復興期の時刻表
【1951年3月　マラヤ鉄道庁】

こうした裏事情を抱えながらマレー半島に通じるタイ南部の鉄道は1917年に開通。その後、1927年にはメナム川（チャオプラヤ川）に橋が建設されて首都・バンコク駅への乗り入れも果たした。これにより、バンコク～シンガポール間の幹線が完成。結局、イギリスはタイを自国領土にするようなことは無かったが、タイの東側からのフランスの侵略に対する一定の抵抗力をタイに注ぎ込むことに成功したのであった。

1939年にマラヤ州連邦鉄道が発行した時刻表には、マレー半島西海岸経由のシンガポール～バンコク間の連絡表が掲載されていた。途中、クアラルンプールとペナンで乗換えが必要で、今日のE&Oのように直通とはいかなかったが、2昼夜をかけて旅行が可能だった（正確には、ペナンは島なので、半島側のプライ駅で下車して連絡船で渡った）。また当時、英領マラヤとタイ間は東海岸も鉄道がつながっていたことがわかる。現在ではこの東海岸ルートはタイ・マレーシア国境で分断されて直通運転は行われていないから、貴重な記録である。

夜間には護衛車両もついた戦後混乱期

周辺地域との駆け引きの歴史を秘めたマレー半島の鉄道であるが、1941年に太平洋戦争が勃発すると日本による占領という激動の時代を経験するとともに、路線の寸断や車両の荒廃といった、戦争による大きな損害を被った。したがって、戦後になってこの地域が復興の道を歩み始めたとき、資源や人員の移動を担う鉄道の復旧は当然のことながら大きな課題の一つとなったのである。

しかし復興への道は一筋縄ではいかなかった。第二次大戦終結により日本軍の占領から解放された植民地が次に直面したものは、独立闘争や共産ゲリラによる破壊と混乱・経済的困窮だった。これらの要因が鉄道の早期復旧を阻んだのである。1948年にはマラヤ州連邦鉄道とジョホール州有鉄道が一体化されてマラヤ鉄道庁が発足したが、それから3年後の1951年の時刻表を見ると、マレー半島の東海岸を回ってタイと連絡する鉄道はまだ中央部が未開通のままとなっていた。欄外には『この区間は仮営業中であり復旧が進み次第、順次正式開業します。同時にその先の復旧工事の最前線までの間もとりあえず運行されます。詳細はその都度現地でお知らせします。』などと心細い注意も書かれている。こうした混乱期には、夜間の列車運転には護衛の車両がついたという。

そんな時代を経て1957年にマレー半島はイギリスの植民地から遂に独立。マラヤ連邦が成立するとさすがに社会的にも落ち着きをみせ、1960年には非常事態も解除されてようやく安全で安定した鉄道の旅が楽しめるようになった。しかし一方で、1963年のマレーシア連邦の成立や1965年のシンガポール独立など、国の構成はコロコロと変わり、その影響もあって今日でもシンガポールの鉄道はマレーシアによる管理という変則状態が続いている。こうした背景から、近年では鉄道によるシンガポールとマレーシア間の往来に伴う出入国手続きも煩雑さを増しているようで、この辺の事情は『世界飛び地大全』(吉田一郎著　社会評論社)の記述が詳しい。興味のある方はご一読いただくと良いと思う。

コラム⑧
「マレーの空」は改名の嵐

戦後のアジアの中で、マレー半島ほどその支配体制がめまぐるしく変わった場所も他に無いであろう。その変転の影響は当然、交通機関にも及んでいる。先に触れたように、今もシンガポール国内の鉄道をマレーシアが管理しているというのもそのひとつであるが、この地域の航空会社が過去頻繁にその名前を変えていたという事実もその一例だろう。

第二次大戦が終結し、マレー半島は再びイギリスの植民地となる。そんな時代に登場した航空会社が、1947年5月に就航開始したマラヤ航空（Malayan Airways）である。実はマラヤ航空という会社自体は、1937年にイギリスとシンガポールの海運会社が主体となって立ち上げられたものであったが、実際に運航を開始しないまま大戦に入ってしまい、休眠会社のような状態だった。そんな経緯もあり、社名こそマラヤ航空であったが、近隣諸国への国際線運航はシンガポールをハブとするなど、どちらかというとシンガポール中心の会社だった。なお、1948年にはこの地域にマラヤ連邦が発足する。ただしシンガポールはまだイギリスの直轄植民地という扱いであった。

マラヤ連邦が目指した次のステップはイギリス植民地からの脱却。マレー人／華人／インド人などから成る多民族にとって一致団結への道は険しかったが、なんとか1957年8月にはマラヤ連邦として独立を勝ち取る。その後、シンガポールなどの周辺地域も取り込んで1963年9月に成立したのがマレーシア連邦。この合邦の裏には、華人が多いシンガポール、すなわち左派の動きを封じ込めた上で、この地域にイギリスとマレーが安定した影響力を保持しようという意図もあったという。こうした変化を反映して、マラヤ航空はマレーシア航空（Malaysian Airlines）に改名している。

なお、マレーシア航空はマラヤ航空時代の1962年12月より、イギリスのBOAC（英国海外航空）からリースしたコメット4型ジェット旅客機で近隣諸国へジェット便を飛ばし始めたが、このサービスの愛称が「シルバー・クリス・ジェット」(銀の剣)。現在、シンガポール航空はマイレージクラブを「クリス・フライヤー」と称しているが、こんなことからもマラヤ航空〜マレーシア航空がシンガポール寄りの会社であることがうかがえるだろう。

マラヤ航空の時刻表
【1959年12月　同社発行】

マラヤ連邦とシンガポールが合体すればこの地域も安泰！　というはずだったが、事はそう思い通りに行くとは限らなかった。無理やりひっついた者同士で上手くいくはずがなく、わずか2年後の1965年8月にシンガポールはマレーシア連邦から分離独立。航空会社はまたもや改名しなければならなかった。マレーシア航空はマレーシア・シンガポール航空（略称：MSA）に。国は分離したものの、MSAの権利はマレーシアとシンガポールが共同で保有することとなった。なお、MSAは1968年8月からシンガポール～クアラルンプール～香港～台北～東京線を開設している。

しかし国が分かれたのに航空会社だけ一体というのも具合が悪い。1972年、ついにマレーシ

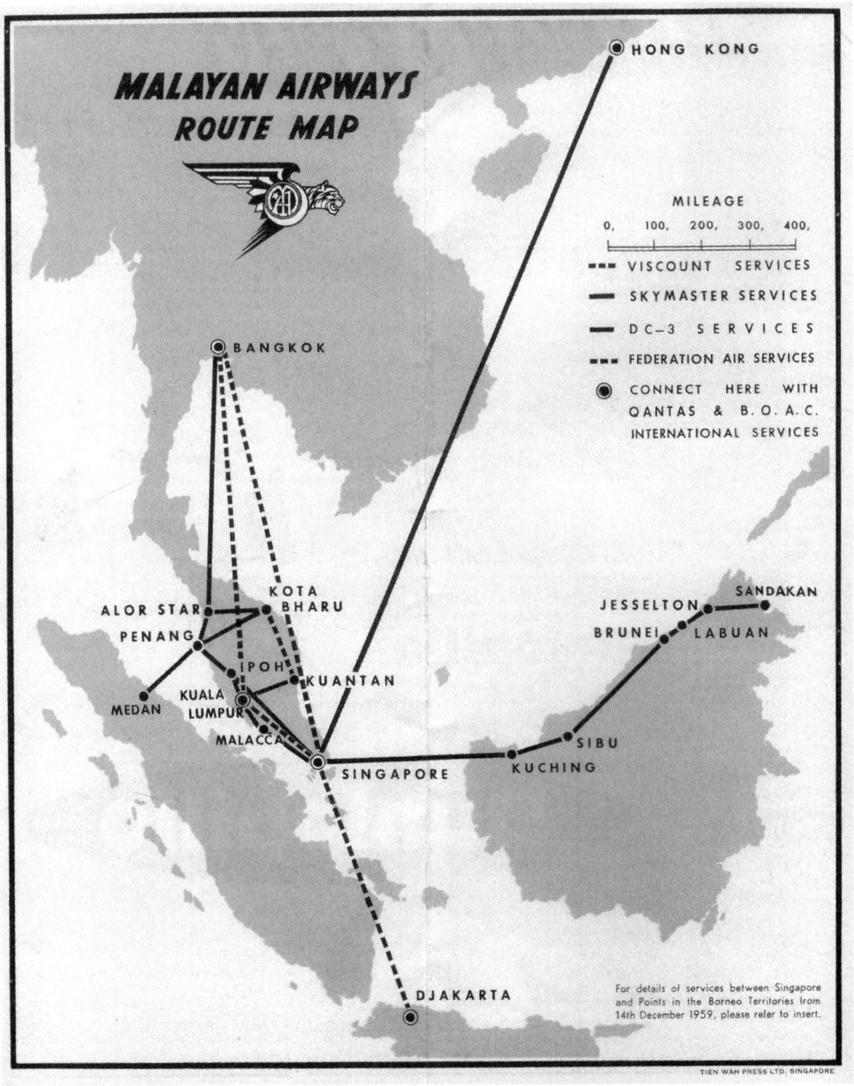

1959年当時のマラヤ航空の路線網
（前ページの時刻表より）

ア・シンガポール航空はマレーシア航空とシンガポール航空に袂を分かって今日に至る。特にシンガポール航空は、世界最長距離直行便であるシンガポール～ニューアーク線を運航しているほか、2007年10月にはオール二階建てのエアバスA380を世界で初めて就航させるなど、国土の大きさとは正反対にビッグな経営戦略を展開していることで有名だ。

マレーシア航空時刻表
【1966年2月　同社発行】

マレーシア・シンガポール航空時刻表（中国語版）
【1970年10月　同社発行】

バーチャル・ツアーへのいざない
〜70年前のオランダから極東への旅

アムステルダム〜バタビア
(1937年)

世界でもっとも伝統ある航空会社に乗って

同じ名前でずっと存在している航空会社の中で、最も長い歴史を誇るのがオランダのKLM。その創立は1919年だから90歳！ということになる。これだけ年輪を重ねているとエポックメイキングな事柄がいくつあっても不思議ではないが、その中のひとつが「他社に先駆けての欧州〜東南アジア間定期旅客航空便の就航」だ。オランダの植民地である東インド（今日のインドネシア）への足として、1931年10月に開設されたアムステルダム〜バタビア（ジャカルタ）線がそれ。開設当時はわずか5人乗りの自国製フォッカー3発機による片道10日かけての運航だったが、その後は自国製にとらわれず機材の近代化を進めスピードアップを図っていた。

ここではちょっと趣向を変え、当時の資料に基づいて構成したバーチャル・ツアーに皆様をお連れしよう。時は1937年10月。アムステルダムからバタビアまでの一週間の航空旅行である。

プロローグ

「10月にバタビアに赴任してほしい」

オランダの新聞社に勤める私が、上司からそう言い渡されたのは、夏が終わろうとしている頃であった。オランダ領東インドの支局への異動を命じられたのだ。仕事の都合で今回は船ではなく飛行機を利用する。早速、KLMのオフィスで、予約を入れることにした。

「この時期は随分と気温が違いますからね。オランダでは10度に満たないくらいなのに、中東から先は30度の世界です。着替えはその点もお考えになられてご用意を。」

アムステルダムからバタビアまでは、飛行機で一週間かかる。係員は、道中のあれこれについて解説してくれた。旅の準備は、一筋縄ではいかないようだ。

「お荷物は20キロまで機内に持ち込めますので、

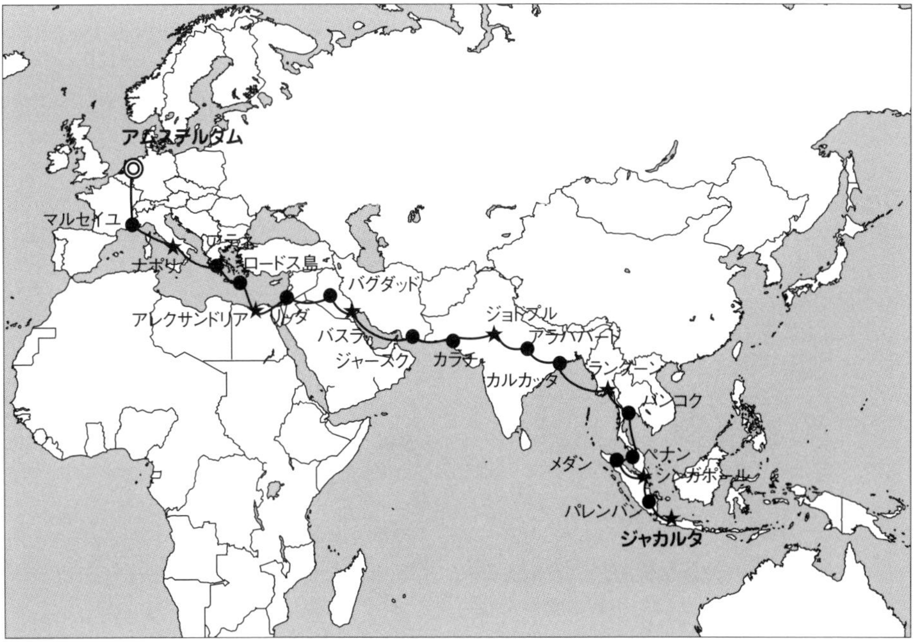

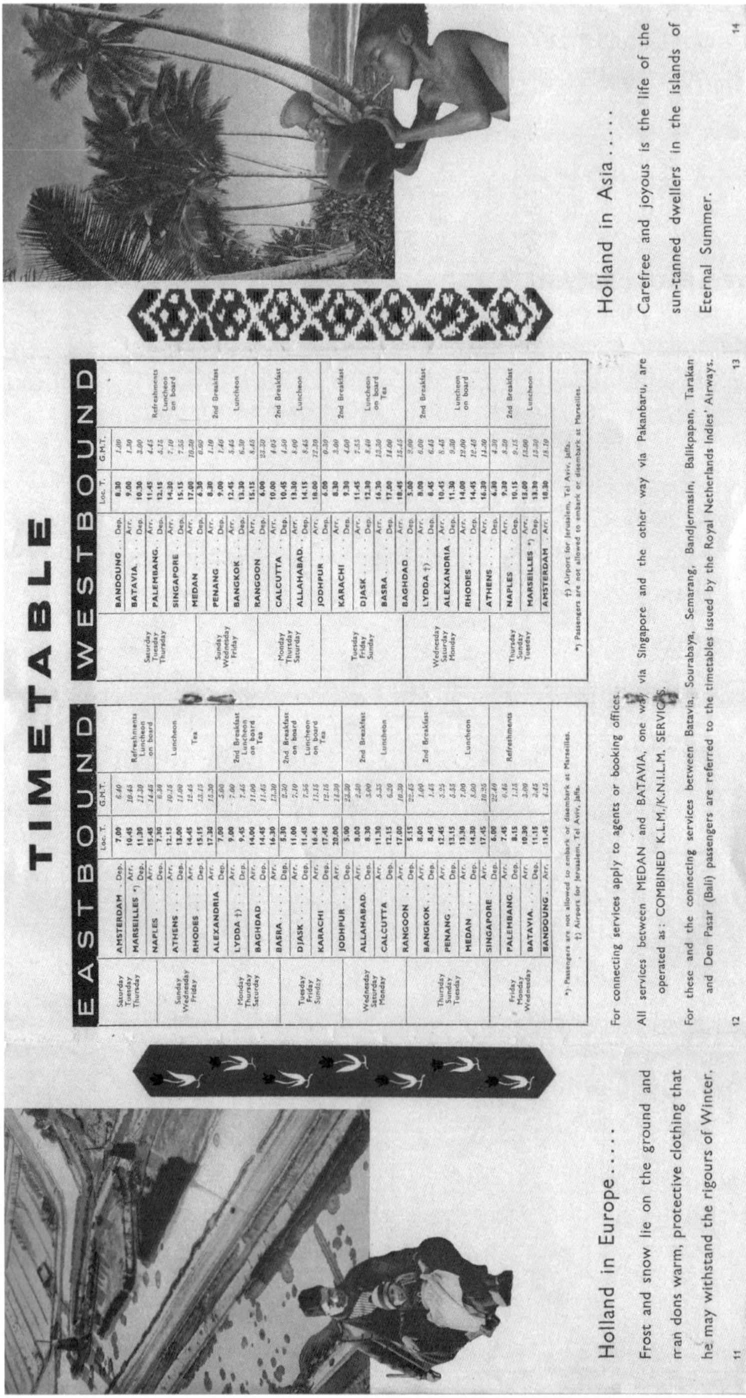

TIMETABLE

EASTBOUND

			Loc. T.	G.M.T.	
Saturday Tuesday Thursday	AMSTERDAM	Dep.	7.00	6.40	
	MARSEILLES *)	Arr.	10.45	10.45	Refreshments Luncheon on board
		Dep.	11.30	11.30	
	NAPLES	Arr.	15.45	14.45	
Sunday Wednesday Friday		Dep.	7.30	6.30	
	ATHENS	Arr.	12.15	10.15	Luncheon
		Dep.	13.00	11.00	
	RHODES	Arr.	14.45	12.45	Tea
		Dep.	15.15	13.15	
	ALEXANDRIA	Arr.	17.30	15.30	
Monday Thursday Saturday		Dep.	7.00	5.00	
	LYDDA †)	Arr.	9.00	7.00	2nd Breakfast Luncheon on board Tea
		Dep.	9.45	7.45	
	BAGHDAD	Arr.	14.00	11.00	
		Dep.	14.45	11.45	
	BASRA	Arr.	16.30	13.30	
Tuesday Friday Sunday		Dep.	5.30	2.30	2nd Breakfast on board
	DJASK	Arr.	11.00	7.10	
		Dep.	11.45	7.55	Luncheon on board Tea
	KARACHI	Arr.	16.45	11.15	
		Dep.	17.45	12.15	
	JODHPUR	Arr.	20.00	14.30	
Wednesday Saturday Monday		Dep.	5.00	23.30	
	ALLAHABAD	Arr.	8.00	2.30	2nd Breakfast
		Dep.	8.30	3.00	
	CALCUTTA	Arr.	11.30	5.35	Luncheon
		Dep.	12.15	6.20	
	RANGOON	Arr.	17.00	10.30	
Thursday Sunday Tuesday		Dep.	5.15	22.45	
	BANGKOK	Arr.	8.00	1.00	2nd Breakfast
		Dep.	8.45	1.45	
	PENANG	Arr.	12.45	5.25	
		Dep.	13.15	5.55	
	MEDAN	Arr.	13.30	7.00	Luncheon
		Dep.	14.30	8.00	
	SINGAPORE	Arr.	17.45	10.25	
Friday Monday Wednesday		Dep.	6.00	22.40	
	PALEMBANG	Arr.	7.45	0.45	Refreshments
		Dep.	8.15	1.15	
	BATAVIA	Arr.	10.30	3.00	
		Dep.	11.15	3.45	
	BANDOUNG	Arr.	11.45	4.15	

*) Passengers are not allowed to embark or disembark at Marseilles.
†) Airport for Jerusalem, Tel Aviv, Jaffa.

WESTBOUND

			Loc. T.	G.M.T.	
Saturday Tuesday Thursday	BANDOUNG	Dep.	8.30	1.00	
	BATAVIA	Arr.	9.00	1.30	
		Dep.	10.30	3.00	
	PALEMBANG	Arr.	11.45	4.45	Refreshments Luncheon on board
		Dep.	12.15	5.15	
	SINGAPORE	Arr.	14.30	7.10	
		Dep.	15.15	7.55	
	MEDAN	Arr.	17.00	10.30	
Sunday Wednesday Friday		Dep.	6.30	0.00	
	PENANG	Arr.	8.30	1.10	2nd Breakfast
		Dep.	9.00	1.40	
	BANGKOK	Arr.	12.45	5.45	Luncheon
		Dep.	13.30	6.30	
	RANGOON	Arr.	15.15	8.45	
Monday Thursday Saturday		Dep.	6.00	23.30	
	CALCUTTA	Arr.	10.00	4.05	2nd Breakfast
		Dep.	10.45	4.50	
	ALLAHABAD	Arr.	13.30	8.00	Luncheon
		Dep.	14.15	8.45	
	JODHPUR	Arr.	18.00	12.30	
Tuesday Friday Sunday		Dep.	6.00	0.30	
	KARACHI	Arr.	8.30	3.00	2nd Breakfast
		Dep.	9.30	4.00	
	DJASK	Arr.	11.45	7.55	
		Dep.	12.30	8.40	Luncheon on board Tea
	BASRA	Arr.	16.30	13.30	
		Dep.	17.00	14.00	
	BAGHDAD	Arr.	18.45	15.45	
Wednesday Saturday Monday		Dep.	5.00	2.00	
	LYDDA †)	Arr.	8.00	6.00	2nd Breakfast
		Dep.	8.45	6.45	
	ALEXANDRIA	Arr.	10.45	8.45	
		Dep.	11.30	9.30	Luncheon on board
	RHODES	Arr.	14.00	12.00	
		Dep.	14.45	12.45	
	ATHENS	Arr.	16.30	14.30	
Thursday Sunday Tuesday		Dep.	6.30	4.30	
	NAPLES	Arr.	9.30	8.30	2nd Breakfast
		Dep.	10.15	9.15	
	MARSEILLES *)	Arr.	13.00	13.00	Luncheon
		Dep.	13.30	13.30	
	AMSTERDAM	Arr.	18.30	18.10	

†) Airport for Jerusalem, Tel Aviv, Jaffa.
*) Passengers are not allowed to embark or disembark at Marseilles.

Holland in Europe.....

Frost and snow lie on the ground and man dons warm, protective clothing that he may withstand the rigours of Winter.

11

For connecting services apply to agents or booking offices.

All services between MEDAN and BATAVIA, one way via Singapore and the other way via Pakanbaru, are operated as: COMBINED K.L.M./K.N.I.L.M. SERVICES.

For these and the connecting services between Batavia, Sourabaya, Semarang, Bandjermasin, Balikpapan, Tarakan and Den Pasar (Bali) passengers are referred to the timetables issued by the Royal Netherlands Indies' Airways.

12 13

Holland in Asia.....

Carefree and joyous is the life of the sun-tanned dwellers in the islands of Eternal Summer.

14

アムステルダム～バタビア線の時刻表（表紙はカラーページ参照）
【1937年10月　KLM】

こちらをご利用ください。」

トランクが2つ手渡された。気候変化が大きい分、旅の支度も多くなる。それをこの機内持込用KLM特製トランクに詰めて搭乗して下さいというわけだ。

この航路は夜をすべてホテルで過ごすことになる。当然のことながら、パスポートだけではなく、そうした寄港地のビザの考慮も必要だ。手続きは少々面倒であったが、航空会社の係員の手伝いもあって、なんとか用意は整い、旅立ちの日が遂にやってきた。

1日目　10月16日（土）
アムステルダム〜ナポリ

市内営業所からバスで早朝の飛行場に到着。照明に照らされた駐機場では、係員が給油や貨物搭載に慌しく動き回っている。その中心にあるのが、この夏からKLMの東南アジア線に就航したアメリカ製新鋭機・ダグラスDC-3。かつて世界を席捲したオランダ製のフォッカー機は、すっかり隅の方に追いやられてしまっている。

スチュワードに迎えられて機内に入る。地上に駐機中のDC-3は尾部が下がっているので、あたかも坂道を登るようだ。例の機内持込トランク2個を足元に置き、座席に座ってみた。狭さは気にならない。長距離飛行向けに、座席間隔は通常の2倍もとられている。したがって定員は通常の約半分の11名だ。

「カメラはお持ちですか？」

スチュワードが尋ねた。

「上空からの撮影は禁じられておりますので、飛行中はお預かりさせていただきます。」

残念。美しい景色を撮りたかったのだが、通過国がそう定めているのだから仕方ない。

いよいよ離陸。風車や運河といったオランダの見慣れた風景ともお別れかと思うとちょっと寂しい。それを打ち消すかのように空は明るさを増し、太陽が顔を出した。

機はマルセイユへと針路をとる。アムステルダム出発後、アテネまでは夏と冬ではコースが違い、夏はライプツィヒ〜プラハ経由だが冬はマルセイユ経由。冬はこちらの気象条件の方が安定しているからだと聞いた。

「あっ、お客様、申し訳ございませんが機内では禁煙でございます。」

葉巻に火をつけようとした紳士をスチュワードが制止する。そういえば時刻表の乗客案内にもそう書いてあった。燃料タンクとすぐ隣り合わせであるが故の、愛煙家にはつらい規則だ。

マルセイユを離陸すると、お待ちかねの機内食タイム。高度5000フィート（約1500メートル）から地中海を見下ろしながらのランチ。食後に体を伸ばしたければ、前の座席の背についている細長い板を自席の座面に取り付け、座席の背を倒すと、なるほど、寝台のように横になれる仕組みになっている。

日没も近く、今日の行程はナポリで終わり。飛行場から出て、街の中のホテルへ案内される。運賃はホテル代込みなので、個人で別に宿泊料を払う必要はない。まだ旅の初日だが、疲れて夕食後はすぐ眠りに落ちてしまった。

2日目　10月17日（日）
ナポリ〜アレクサンドリア

ホテルの給仕に起こされ、朝食をとって飛行場へ。昨日は気づかなかったが、機首に“VALK”と書かれている。KLMの各機には、登録記号の末尾を頭文字とした鳥の名前がつけられていた。登録記号“PH-ALV”の当機は、「隼」号ナリ。

今日は地中海を南下し、エジプトへと向かう行程なので、ひたすら海上飛行。昼過ぎにアテネに着陸して昼食となる。

エーゲ海を越え、ロードス島に寄港したのち、今日の宿泊地・アレクサンドリアに到着。着陸前、海岸に飛行艇が見えた。今年からイギリスが満を持してアフリカ線に投入した新機種、ショート“エンパイア”飛行艇らしい。

アムステルダム出発時は3度しかなかった気温も、ここではもう20度はある。オランダでは秋から冬の装いであったが、ここは夏の格好で充分なので、コートをトランクに仕舞い込んだ。乗務員もいつの間にか夏服に着替えている。

3日目　10月18日（月）

アレクサンドリア〜バスラ

今日はヨーロッパから東洋へと足を踏み入れる。最初のフライトは、パレスチナのリッダへ向かう2時間の行程。そして、リッダを出ると機外は一面の砂漠だ。

「あれは何だか分かりますか？」

通路を通りがかりの紳士が指す方向を見ると、なにやら砂漠に一本の線が機と並行して走っている。首をかしげる私に紳士は続けた。

「石油のパイプラインですよ。」

なるほど、目標物のない砂漠では、石油パイプラインが唯一の道標というわけだ。それに沿って機は東へ東へと飛んでゆき、ユーフラテス川周辺の緑が見え始めるとバグダッド。その後はティグリス川沿いに飛び、バスラに至る。

今晩の宿はバスラ駅のホテル“Railway Terminal Resthouse”。宿に落ち着くと、イスラム教の礼拝の時刻を告げる声が聞こえた。異国に来たのだ。3日目ともなると乗客同士顔なじみになり、夕食後も歓談は尽きない。

4日目　10月19日（火）

バスラ〜ジョドプル

朝、危うく寝坊しそうになる。ここは朝でも本国ならばまだ午前2時か3時という時刻だから、まだ体が切り替わっていないらしい。

バスラから、ホルムズ海峡に面した次のジャースクまでの所要時間は4時間40分。一区間としては全行程の中で最も長い。機内で朝食が出るが、ホテルで食べそびれた身には大変ありがたい。

スチュワードにコックピットを見せてほしいと願い出たら、しばらくしてどうぞ招かれた。客席前方のドアを開け、荷物室を抜けたところが通信士のスペース。そしてその先がコックピット。最新の大型機といっても頭がつかえそうな狭さだ。左に機長・右に副操縦士が並び、その前方の窓にはペルシャ湾の青い海が広がっている。機長が言った。

「ここは海岸沿いに飛べばいいので楽なコースだよ。砂嵐の時は大変だが。」

やがてジャースクに降りて給油。地上にいる間はエアコンが効かない。設備の整った空港では、外部からホースを引き込んで風を送り込むことも出来るらしいが、ここでは期待できない。やがて摂氏30度の地上を離れ、上空でようやくエアコンが効いてきた。DC-3は機首に空気取り入れ口が開いており、そこから外気が客室へ供給されるのだ。

カラチでは、飛行船の係留塔が、傾きかけた陽に長い影を地面に落としていた。そして日が暮れてインドのジョドプルに到着。さすが大英帝国だけに、飛行場の設備は比較的整っているように見える。今日のホテルは飛行場からはかなり近い“State Hotel”。街の中心部からちょっと外れているから、やることが無くとにかく寝る。

5日目　10月20日（水）

ジョドプル〜ラングーン

ジョドプルから、アラハバードを経てカルカッタ（コルカタ）へ。ここでイギリス人ビジネスマンらしき人々が数人、乗り込んできた。聞くとシンガポールへ向かうとの由。

「シンガポールまではイギリスのインペリアル航空も飛んでいるが、どうも飛行機が古くてね。KLMの方が新しくて快適なのでこっちを選ぶんだよ。“エンパイア”飛行艇がここにも入ってくれればいいのだが……」

こういった人々のおかげで、私のように本国からジャワに向かうオランダ人が、通しの座席を取れず、まさに「さまよえるオランダ人」になることもあるらしい。

ラングーン（ヤンゴン）に到着してホテルに入ると突然肩を叩かれた。顔見知りの会社重役だ。

「いやぁ、奇遇だな！　俺は、アムステルダム行きで本国に戻るところだ。」

その晩は彼と夕食を共にし、私がこれから向かう現地の情報を交換した。

「7月には日本と中国の戦争も始まったし、極東情勢は予断を許さない状況だな。」

6日目　10月21日（木）

ラングーン〜シンガポール

上り便は6時発、私の乗る下り便は5時15分発なので、知人より一足先にホテルを出る。ホテルはせっかく街の中心部にある“Minto Mansion Hotel”というところだったのだが、名高い黄金色のパゴダを見ることができないまま出発だ。離陸してから機内で時刻表を穴の開くまで見つめて調べたところ、バタビア便は上りと下りで宿泊地が違うこともあって、上下が宿泊地で鉢合わせするのはラングーン、しかも水曜の夜が唯一の例だと分かった。ほんとうに運が良かった。

今日は、バンコク・ペナン・メダンと寄港してシンガポールに至るが、タイ→英領→蘭領→英領と経由するため、土地ごとに時差が異なるというややこしい一日だ。

「アメリア・イヤハートはどこへ行っちゃったのかしらね？」

雑談をしていると隣の婦人がそんなことを言った。3ヶ月前に世界一周飛行中に行方不明となったアメリカの女流飛行家のことだ。たしか彼女もこのコースを通ってニューギニアのラエに向かい、そこから飛び立ったまま南海の空に消えたのである。今年は航空に関する話題が多い年だ。4月には日本の青年が「神風」号で東京〜ロンドン間の最速記録を樹立。翌月には、飛行船「ヒンデンブルク」号が爆発炎上した。そんなことを考えているうちにシンガポールに到着。

7日目　10月22日（金）
シンガポール〜バタビア

いよいよ一週間の旅も最終日を迎えた。朝、暗いうちに起き、急き立てられるように朝食をとって飛行場に向かう生活もこれが最後。

熱帯雨林の上空を飛んで、パレンバンで小休止し、バタビアに着陸したのは10時半。飛行場には、KNILM（KLMの蘭領東インド地域の子会社）のフォッカー機が見える。本国では旧式の機体も、ここではまだ第一線のようだ。

一週間を共にした愛機を名残惜しく振り返りながら、私は、さっき機上で計算した所要時間を思い出していた。アムステルダム離陸からバタビア着までの実所要時間は5日と20時間20分、累計飛行時間は55時間20分！

オランダではこの一週間でずいぶん、秋も深まっただろう。しかし、ここは季節の移ろいとは無縁、年中真夏だ。熱帯の樹木や浅黒い肌の現地住民といった、時刻表の中の写真に添えられた『アジアのオランダ　屈託がなく楽しさに溢れているのが常夏の島の日焼けした住人たちの生活である』というキャプションそのままの風景がそこにはあった。

エピローグ
アムステルダム〜バタビア線その後

さて、1937年に「私」が飛んでから以降のアムステルダム〜バタビア線だが、やがて戦争に巻き込まれていく。ヨーロッパで第二次大戦が勃発すると、始発地はアムステルダムからイタリアのナポリへと移り、その後イタリアの参戦を受けて1940年7月からはさらにテルアヴィブへと移っていく。テルアヴィブ以東がかろうじて維持されていたこの路線も、1942年に日本軍がオランダ領東インドを占領すると遂に運休となった。

戦時中にバタビアはジャカルタへと名前を変え、大戦終結とともにKLMはアムステルダム〜ジャカルタ線を再開。インドネシアは1949年に正式に独立が認められたが、そのインドネシアのフラッグキャリアであるガルーダ・インドネシア航空は、元宗主国の航空会社であるKLMの支援を受けながら成長し、1965年3月にジャカルタ〜アムステルダム線を開設。同社初のヨーロッパ乗り入れを果たした。

火山島をゆく東南アジア最初の鉄道と植民地エアライン

バタビア～スラバヤ
（1936 年）

ヨーロッパの先進技術が導入された快適な旅

東南アジア各国が欧州列強の植民地だった時代、今日のインドネシアは、17 世紀以降、資源を求めるオランダによって植民地支配されていた。当時、オランダ領東インドと呼ばれたこの地域の中心はジャワ島であるが、ここに敷設された鉄道は

オランダ領時代のジャワ島の鉄道時刻表
【1936 年 11 月　オランダ領東インド旅行案内局】

1867年の開通。これは、東南アジア地域では最初の鉄道だった。日本における鉄道開業は1872年のことであるから、それに先立つ5年前ということになる。

オランダ領東インドの鉄道は、農産物や鉱産資源輸送のために路線を拡大し、戦前の最盛期には、すでに現在の延長に匹敵する7000キロを超える規模に発展していた。ちなみに、ジャワ島と並ぶもうひとつの島であるスマトラ島にも鉄道はあるが、圧倒的にジャワ島の鉄道の方が密度は高い。もっとも、オランダ領東インドの鉄道は長いだけではなく、それなりのクオリティーを誇っていた。それはひとえに、宗主国であるオランダがいかに植民地の近代化に取り組み、その成果を内外に誇示しようとしていたかの反映だろう。実際、鉄道の運営にはオランダ人技師が携わり、ヨーロッパの先進的な技術を導入していたのである。

1936年に現地の観光局が旅行者向けに発行した主要列車乗り継ぎ時刻表を見ると、看板列車は「ジャワ・リミテッド」と名付けられた特急で、バタビア（ジャカルタ）／バンドン〜スラバヤ（ジャワ島東部の中心都市）間に朝晩の2往復が運転されていた。バタビア朝6時15分発の特急の場合、スラバヤ着は18時10分。ほぼ12時間の旅だ。こうした主要列車には食堂車やビュッフェが連結され、旅行者は快適な旅を楽しむことができた。なお、この時刻表が発行されたときのダイヤ改正では、バタビア18時発の夜行特急も登場し、さらに利便性が向上している。

熱帯ということで気になるのが冷房設備。特急列車の全車両にまで設備されていたかは分からないが、時刻表巻末には新しく登場した冷房付き「ツーリストクラブ展望車」の紹介が掲載されている。定員12人から24名の団体向けで、車内の一角にはビュッフェもあった。『ゴムの産地なので、床はアート風のゴムマットである』との紹介も。インドネシアといえば火山と密林というイメージであるが、そうした南国の野生的な風景を、広い窓から快適に楽しむことが出来たのだろう。

戦前は豊かに発達したオランダ領東インドの鉄道であるが、第二次大戦とその後の独立戦争で甚大な被害を受けてしまう。そして、施設の復旧が進まないまま、オランダからの独立に伴ってインドネシアの鉄道は国有化が進められ、1959年にはすべて国有となった。その後も、荒廃した鉄道の再建に向けての長い努力が続いたのである。

Batavia or Bandoeng via Kroja, Djocja and points east, to Soerabaja

1.		B.	JL. X. D.	D.	JLNX. D.S.
Batavia (Wel. stn.)	L	—	6.15 am	7.00 am	6.00 pm
Mr. Cornelis	L	—	↓	7.12 ,,	↓
Tjikampek	A	—		8.14 ,,	7.03 ,,
Bandoeng	L	—	—	6,00am	4,50pm
Tjikampek	A	—	—	7.43 ,, ▲	6.55 ,, ▲
Tjikampek	L	—	↓	8.18 ,,	7.05pm
Cheribon	A	—	9.03am	10.24 ,,	8.52 ,,
Cheribon	L	5.45 am	9.08 ,,	10.34 ,,	8.57 ,,
Proepoek	A	7.01 ,,	10.04 ,,	11.37 ,,	10.11 ,,
Poerwokerto	A	8.23 ,,	11.15 ,,	1,00pm	11.24 ,,
Kroja	A	8.54 ,,	11.46 ,,	1.33 ,,	↓

2.		JL. X. D.		B.
Bandoeng	L	7.10 am.		9.56 am.
Tjitjalengka	A	↓		10.20 ,,
Tjibatoe	A	8.16 ,,		11.11 ,,
Tjibatoe	L	▲ 8.57 am.		▲ 11.16 am.
Garoet	A	9.40 ,,		11.58 ,,
Garoet	L	7.33 am.		10.36 am.
Tjibatoe	A	8.12 ,, ▲		11.08 ,, ▲
Tjibatoe	L	8.18 am.		11.15 am.
Tasikmalaja	A	9.28 ,,		12.34 pm.
Tjiamis	A	9.52 ,,		1.03 ,,
Bandjar	A	10.18 ,,		1.33 ,,
Maos	A	↓		3.02 ,,
Kroja	A	11.44 ,,		3.16 ,,

3.		JLNX. D. S.	D.	B.	JL. X. D.	D.	B.
Kroja	L	↓	—	8.59am	11.54 am.	1.39 pm.	3.21 pm.
Djocja	A	2.14am.	—	11.46 ,,	1.48 pm.	4.10 ,, ▲	5.50 ,,
Djocja	L	2.19 ,,	7.00 am	11.51 ,,	1.53 ,,	4.35 ,,	—
Solo	A	3.17 ,,	7.58 ,,	12,53pm	2.41 ,,	6.46 ,,	—
Solo	L	3.20 ,,	8.00 ,,	12.55 ,,	2.44 ,,	—	—
Madioen	A	4.53 ,,	9.40 ,,	2.30 ,,	3.59 ,,	—	—
Kertosono	A	5.53 ,,	10.45 ,,	3.42 ,,	5.00 ,,	—	—
Modjokerto	A	↓	11.25 ,,	4.25 ,,	↓	—	—
Soerabaja	A	7.25 ,,	12.02pm	5.09 ,,	6.10 ,,	—	—

JL. = Java Limited
X = Express extra fare
N. = Night
D = Dining Car
S = Sleeping Car
B = Buffet & Light Lunch Service.
▲ = Change
See further pages 14, 15 & 17.

前ページの時刻表の内部
黒枠が「ジャワ・リミテッド」の時刻を表す

植民地域内の連絡を担ったKLMの姉妹会社

ところで、戦前のオランダ領東インドには、航空会社も存在した。それはKNILM。オランダ本国の代表的な航空会社であり親会社でもあるKLMのKとL間に挿入された"NI"が"NETHERLANDS INDIES"であることはお気づきのことと思う。この会社は1928年11月から運航を開始したが、意外なことに、この時点では宗主国であるオランダ本国と東インドを結ぶ航空便はまだ定期運航を始めていなかった。元々、島で構成されるこの地域は航空輸送の活躍に適した土地であったため、早い時期に航空路線が開設されたのである。しかも、戦前のオランダは航空機産業が発展しており、世界的に有名な航空機メーカーであるフォッカー社の機体を容易に調達可能だったという背景もあった。

1931年にKLMのアムステルダム～バタビア線が定期運航を開始すると、それらに対する接続輸送という使命が同社には加わった。1937年5月の時刻表によると、水曜と土曜のスラバヤ朝6時発の便は、バタビアでアムステルダム行きのKLM便に接続していた。このバタビア～スラバヤ線は日曜日以外毎日運航。途中、スマランに寄航する便もあったが、ノンストップの場合の所要時間は2時間35分だった。なお、KNILMの路線は他にも、バタビア～バンドン線やスラバヤ～デンパサル線などがあったが、中にはバタビア～パレンバン～シンガポール間の国際線も存在した。

同社は戦後、オランダが東インドの植民地経営から撤退すると、現地の航空会社であるガルーダ・インドネシア航空に吸収されて姿を消した。植民地に生まれて約20年、植民地のためにその生涯をささげた会社であった。

KNILMの時刻表
【1937年5月　同社発行】

マニラ～サンフェルナンド
（1934/45 年）

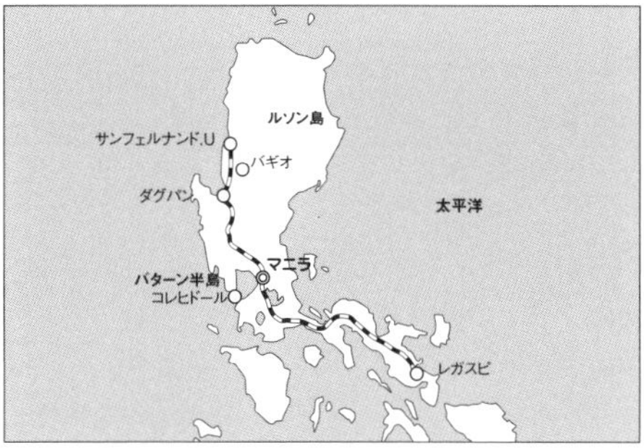

鉄道に乗れなかった捕虜たち

『メルボルンから東京までは長い道のりだった。長い長い困難な道だった。』

ダグラス・マッカーサー連合軍最高司令官は、そんな第一声とともに 1945 年 8 月 30 日、神奈川県の厚木飛行場へ降り立った。この時にマッカーサーが乗ってきたのは自分専用の米軍輸送機・C-54“バターン号”である。バターン（バタアン）とはフィリピンのマニラ湾対岸にある半島の名前。太平洋戦争緒戦では日米の激戦地となり､「バターン死の行進」という事件でも知られている。

太平洋戦争開戦早々に日本軍はフィリピンを攻略したが、これによってフィリピンのアメリカ軍は総崩れとなって 1942 年 4 月に降伏することとなる。バターン半島のコレヒドール要塞で捕虜になったアメリカ軍兵士は、マニラ北方のサンフェルナンドという町まで 60 キロ以上を歩かされるうちに栄養不足と伝染病の蔓延もあって次々と倒れ、帰らぬ人となった。これが「バターン死の行進」のあらましである。なお、マニラからサンフェルナンドまでは鉄道も通じていた。ではなぜ鉄道に載せて輸送しなかったのだろうか？　日本は行軍することが一般的だったから？　戦闘で破壊されて使えなかったから？　いずれにしてもこの鉄道で捕虜を移送すれば結果はまた違ったものになったかもしれない。

捕虜がおそらく横目に見ながらその沿線を歩いた鉄道、それはマニラ鉄道だった。イギリス資本によって 1892 年に営業を開始し、ルソン島の中心都市・マニラから北方へマニラ～サンフェルナンド.U 間、また南方へマニラ～レガスピ間の幹線を中心に、いくつかの支線を有していた。ルソン島にはバギオなどのリゾート地もあるが、そ

大戦前のマニラ鉄道の時刻表
【1934 年 10 月　同社発行】

うした場所へのアクセスとしても賑わっており、1934年8月の北方線時刻表を見るとマニラ～サンフェルナンド.U間には「バギオ＝イロコス・エクスプレス」や「セントラル・ルソン・エクスプレス」といった急行列車が走っていたことがわかる。前者は時刻表に記載された案内によると、油焚き機関車がエアコン付き特別1等車を牽引し、フィリピンを代表するマニラホテルが経営する食堂車も連結されるなど、この路線を代表する花形列車だった。バギオへは途中駅のダモーティスからこれらの急行列車に連絡するバスが通じていた。ちなみに、マニラからサンフェルナンド.Uまでは265キロで所要時間は約6時間。同じ“サンフェルナンド”でももっと南、戦時中にバターン半島からの捕虜が4～5日かけて歩かされたサンフェルナンドまではたった1時間半の道のりだった……。

平和な時代は日本軍の攻撃でたちまち消滅する。「バターン死の行進」の前月、フィリピンで指揮をとっていたマッカーサーは、本国からの撤退指令に基づいてやむなくバターン半島からオーストラリアまで退却した。“I shall return”――必ず戻ってくると言い残して。こんな思い入れがあるからこそマッカーサーが自分の専用機に“バターン号”という名前をつけたのももっともなことだった。

マニラ鉄道はアメリカ軍撤退後の1942年以降、日本軍によって管理される。しかし、マッカーサーの決意どおり、やがてアメリカ軍は反攻に転じて太平洋の島伝いにじわじわと北上。そんな勢いのあるアメリカ軍を1944年10月に日本の連合艦隊はフィリピン中部のレイテで迎え討つことに失敗。1945年にはアメリカ軍の上陸を許し、マニラ市街戦の末にフィリピンは日本軍から解放された。マッカーサーは自らの予言どおり再びフィリピンに足跡を印したのである。

MILITARY
RAILWAY SERVICE
OCT. AFWESPAC

LUZON MILITARY RAILWAY

Brig. Gen. G. C. STEWART
Chief of Transportation

Col. R. B. LINCOLN
Deputy Chief of Transportation

Col. F. E. RUSSELL
Dir. & Gen. Mgr.

Lt. Col. J. F. O'CONNELL
General Superintendent

ルソン軍用鉄道の時刻表
【1945年10月　アメリカ陸軍？】

米軍によって管理された終戦直後

米軍上陸後から1946年1月一杯までの約1年間、マニラ鉄道の路線はルソン軍用鉄道の名称で米軍の管轄下に置かれることとなった。兵士や物資の輸送を円滑に行うため、戦中／戦後に軍によって鉄道の管理を実施するということは、すでに触れたヨーロッパでも後述する日本でもアメリカ軍によって行われたが、フィリピンでも同様だったわけである。

当時の米軍が発行した時刻表ではマニラ～サンフェルナンド.U間には6往復の列車が設定されているが、その内の一往復には「マブハイ・エクスプレス」という愛称までついていた。「マブハイ」という言葉は「ようこそ」という意味のほかにも割と広い場面で使われる言葉であるが、おそらくは語感だけで付けられた愛称だろう。アメリカ軍人の陽気な気質がうかがえるようだ。また、時刻表に掲載された案内によると、『鶏、豚、その他生き物の車両内持込は禁止』とのこと。そして当たり前とも思えるが『動いている列車は飛び降り／飛び乗り禁止』。おそらくアメリカ兵はふざけてそのようなことをしたのではないだろうか？　食事設備の項では『自前の携帯食糧を持ってくること』とされている。携帯食糧とは、今流行の「ミリメシ」のことだ。

まあ、戦後間もない時代はそんなワイルドな旅だったのであるが、時刻表には北方線の他に、マニラとその近郊のカロオカンを結ぶシャトル列車というものが載っていた。これは、驚くべきことに1時間に1本の割で24時間運転。おそらく、何か重要施設間の往来の必要上そのような運転が行われていたのではないだろうか。そのページには“Ole Grime and Punishment”という意味深な言葉が書かれている。直訳すれば「古いよごれと罰」。いったい何を言わんとしていたのか？

「罰」と言えば、この時刻表が発行された1945年10月、マニラである戦後処理の手続きが始まっていた。それは「マニラ軍事裁判」。東南アジア地域での日本軍の行為を裁くために開廷され、「マレーの虎」山下奉文や「バターン死の行進」の責任者とされた本間雅晴などが死刑に処せられた。

復興の甲斐なく廃線へ

1946年7月にフィリピンは晴れて独立し、復興への道を歩み始める。1946年2月にアメリカ軍から返還されたフィリピンの鉄道であるが、当初は戦争中の破壊などで全線1000キロのうち400キロあまりしか使用に耐えなかったという。それでも補修が進められて復旧し、1950年代にはディーゼル車両の導入など近代化が図られていった。運営組織は1964年にマニラ鉄道からフィリピン国鉄へと衣替えされた。

しかし、二つの要素がフィリピン国鉄を悩ませる。ひとつは道路整備の進行。1946年の独立後、フィリピンはアメリカと共同で道路の復旧と建設に取り組んだ結果、陸上交通は自動車が便利になってしまい、列車からはどんどん利用者が離れていった。もうひとつは発展途上国ならではの問題であるが、メンテナンスにかけられる経費が少ないことによる施設の荒廃。線路は土に埋もれかけ、住民の生活の場と化し、甚だしきは投石などの破壊行為もあった。そんな斜陽的状況に輪をかけるように天災が相次ぎ、1991年にはピナトゥボ火山の噴火を契機に、かつてはリゾート路線として活躍した北方線は遂に運行を取りやめてしまった。残った南方線も2006年の台風で橋が流されて長距離列車は無期限運休中であり、今日ではマニラ近郊にわずかに通勤列車が走っているだけである。運行が停止された線路は朽ち果てて、再起不能な状態への道を辿っていくのであった。

一方、第二次大戦の恩讐を越え、日本はフィリピンの鉄道にかなり貢献している。日本の車両メーカーは長年、フィリピンへ車両を納入してきたし、最近ではタイ国鉄と同様にJRの中古車両が輸出されてフィリピン国鉄でも使われている。ただ、その活躍の場であるはずの路線がどんどん縮小への途を辿っているのは残念なこと。国情の違いと言えばそれまでであるが、フィリピンの鉄道が安全で確実な交通機関としてよみがえる日は来るのであろうか？

抗日の後方基地への生命線となった
フランスの極東空路

パリ〜ハノイ
（1938年）

誕生間もないエールフランスの看板路線に

ベトナム戦争中のアメリカ兵とベトナム娘との悲恋を描いたミュージカル『ミス・サイゴン』。日本でも1992年に初演され、2005年に白血病で若くして亡くなった本田美奈子によるヒロインの熱演が語り草になっている。このミュージカルのポスターの表紙デザインは、一面紅く染め上げられたバックに浮かぶ黄金色の太陽の中に、墨でヘリコプターのシルエットが描き入れられているという印象的なもの。ところが、まさか盗作というわけではないと思うが、半世紀前にこれに良く似たデザインの表紙の時刻表が発行されていた。

“よく似たデザインの時刻表”とは、エールフランスが運航していたロンドン〜パリ〜ハノイ〜香港線の案内として1938年に発行された冊子。奇しくも『ミス・サイゴン』の舞台となったインドシナ半島にまつわる時刻表である。その表紙には中東から東南アジアに関係した風物が紅いバックの中に描かれ、太陽と思しき黄色い丸の中に当時この路線に使われていた旅客機である“ドヴォアチンD338”の特徴的なスラリとした機影が浮

ヨーロッパ〜極東線運航予定表
【1938年10月　エールフランス】

かび上がっているというもの。ウーン、デザインの基本思想はそっくりだ。

アジア太平洋地域に植民地を持つヨーロッパ諸国にとって、本国からこの地域への航空路線を開設するということは自然の流れであった。今日のインドネシアを植民地支配していたオランダのKLMや、マレー半島やオーストラリアを擁するイギリスのインペリアル航空がこうした路線を運航したが、その一角を占めたのがインドシナ半島を植民地支配していたフランスだった。

フランスの航空会社がフランスとインドシナを結ぶ路線を最初に開設したのは1931年1月のこと。エア・オリエントがマルセイユ〜サイゴン（ホーチミン）線の運航を始めたのが最初である。このとき、マルセイユからサイゴンまでは10日間かかったが、始発から終着まで通して運送されるのは郵便物だけで、旅客の運送はバグダッドまでであった。なお、インドシナ半島内の航空輸送はこれよりも以前、1929年からエア・アジエという会社（合併により1930年にエア・オリエントになる）によってすでに始められており、ヨーロッパから次第に伸びてきた路線とインドシナ半島の路線が結合する形でこの長大なルートが完成したわけである。程なくこの路線はバグダッド以東も旅客運送を開始し、その後1933年にエア・オリエントはフランス関連のいくつかの航空会社と合併して、今日のエールフランスとなった。

抗日活動を支えた日中戦争時代

しかし、この路線は単に自国の植民地経営のためだけではなく、やがて極東のキナ臭い国際情勢に巻き込まれてゆく。エールフランスになって5年後の1938年8月、ハノイ止まりだった路線は香港まで延長された。フランスが支配しているのはインドシナ半島なのに、なぜイギリス領の香港まで路線を伸ばさなければならなかったのか？

1937年、日本は日中戦争を始めたものの、当初想定と異なって中国国民党の蔣介石はなかなか音を上げず、中国奥地に追い詰められながらも抗戦していた。これが可能だったのは「援蒋ルート」と呼ばれる補給ルートによるところが大きい。中国大陸で日本がのさばることを良しとしない欧米諸国は、この補給ルートを使って中国に武器その他必需品を援助していたのである。援蒋ルートはいくつかあり戦況とともに移り変わったが、ビルマ（ミャンマー）からのルートのほか、インドシナ北部の港町・ハイフォンからハノイを経て雲南の山脈を越えるルートや、香港から鉄道を使って広東経由で奥地へと入るルートが主なものだった。今のようにインターネットやメールなど無い時代であるから、中国との人の往来や郵便のやりとりもこれらのルートを使って行われたため、中国にとっては抗戦のための生命線。エールフランスの終着地だったハノイは援蒋ルートの重要拠点のひとつで、すでに昆明などから中国航空公司や欧亜航空公司といった中国の航空会社の路線が伸びていたが、もうひとつの重要拠点である香港まで路線を延長しようと考えたのは自然な流れであろう。もっとも香港からの援蒋ルートは、エールフランスの路線延長から間もない1938年10月に日本軍が広東を攻撃して占領したため、使えなくなってしまったのあるが……。

フランスの政治体制変化で途絶

ここで、1938年当時のヨーロッパから極東までの旅をみてみよう。総延長1万3000キロ。当時のこうした長大路線の例に漏れず、昼間に飛んで夜間はホテルで宿泊という、ゆったりとした行程であった。

1日目	ロンドン〜パリ〜マルセイユ【泊】
2日目	マルセイユ〜ナポリ〜コルフ【泊】
3日目	コルフ〜アテネ〜カステロッソ〜トリポリ（注）〜ダマスカス【泊】
4日目	ダマスカス〜バグダッド〜バスラ【泊】
5日目	バスラ〜ブーシル〜ジャースク〜カラチ【泊】
6日目	カラチ〜ジョドプル〜アラハバード〜カルカッタ【泊】
7日目	カルカッタ〜アキャブ〜ラングーン〜バンコク〜サイゴン【泊】
8日目	サイゴン〜ハノイ【泊】
9日目	ハノイ〜香港

（注）このトリポリはリビアではなくレバノンの都市である（当時はシリア領だった）。

ただし、具体的な発着時刻は書かれていない。実際、これだけの距離を飛行する場合にはその時々の状況次第では正確に時間通り飛べるとは限らなかっただろう。マルセイユ〜トリポリ間は飛行艇が使われ、トリポリ以東は冒頭で触れたドヴォアチン D338 という陸上機による運航だった。ドヴォアチン D338 は、スマートな胴体と長く突き出た鼻という、いかにもフランス人を思わせるような容姿。犬が飼い主に似るというわけではないが、やはり飛行機も製造国の人に似たデザインになるものなのだろうか？　定員はたった 12 人。12 人の選ばれし紳士淑女がエールフランス・極東航路のお客だったというわけだ。

この路線は、戦乱のアジアである悲劇に巻き込まれている。1940 年 7 月 7 日、日本軍の戦闘機がハノイ〜香港間を飛行中の便を中国軍機と誤認して撃墜したのである。本来ならば大事件であるが……フランス本国は 6 月にナチス・ドイツに攻め落とされ、翌月には枢軸国寄りのヴィシー政権が誕生。援蒋ルートの閉鎖を日本から要請されたフランスはそれに応えたばかりではなく、日本軍のインドシナ進駐も認めたぐらいである。そうした微妙な時期、撃墜事件は国際関係に影響を与えることなくスルーされた。昨日の敵は今日の友？　というべきか、同年秋にハノイの飛行場には日本軍機が進出し援蒋ルートの爆撃に飛び立っていった。1940 年当時の旅行案内によると、ヨーロッパとアジアの連絡路線は途絶し、エールフランスはインドシナ半島内の路線のみを運航していたようである。こうして花の都・パリと東南アジアを結んだ植民地航空路は戦争の中で消滅していったのだった。

戦後は、インドシナ戦争やベトナム戦争の時代を経ながらも、元宗主国というつながりから、エー

運航予定表の内部から極東線に使われた機種の紹介
トリポリまでは飛行艇（左）、そこから先は極東までドヴォアチン D338（右）が使われた

ルフランスは一貫してインドシナ半島に定期便を飛ばし続けた。1975 年の南北ベトナムの統一によってサイゴンへの路線は一旦中断したが、それからわずか 3 年後の 1978 年には西側航空会社としては初めてサイゴン改めホーチミンへの乗り入れを再開。当時の同社の時刻表にはパリ～ホーチミン線に接続するベトナム航空のハノイ行き定期便も掲載されていたから、ベトナムの政治体制が変わってもこの地域とのつながりがいかに深いかということがうかがえる。本国と植民地の連絡を担った長距離路線は、戦争の痛手から立ち直って経済発展を続けるベトナムを見守り続けながら今日も飛んでいるのである。

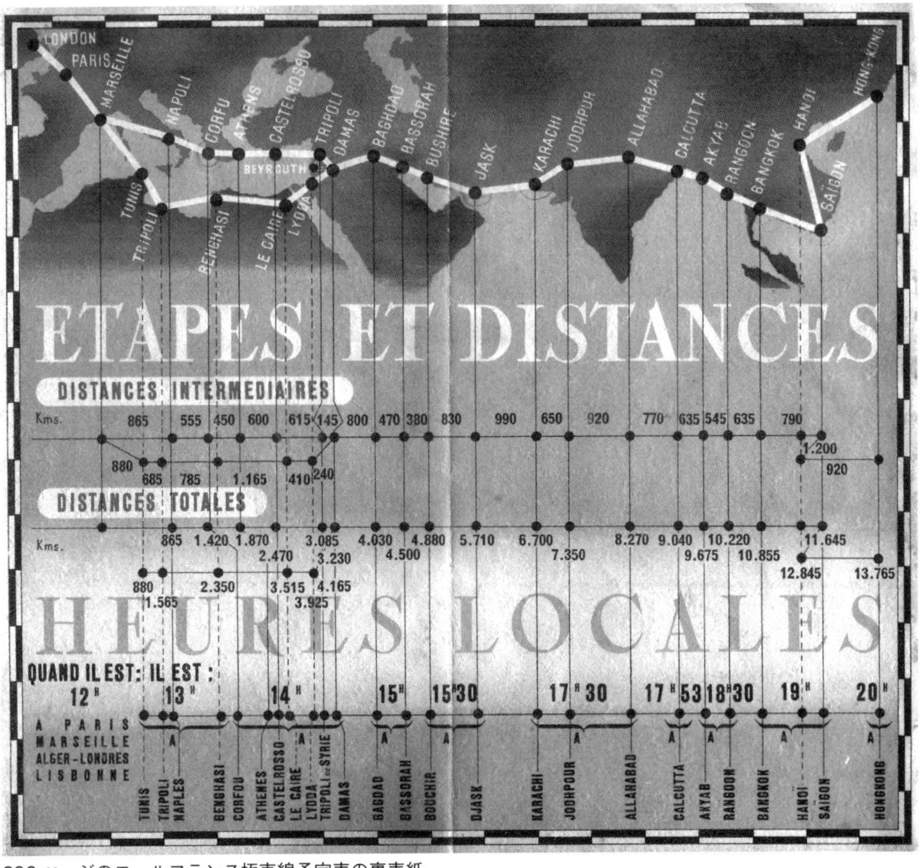

296 ページのエールフランス極東線予定表の裏表紙
ヨーロッパから香港までの経由地と距離が記載されている

舗装率は日本の倍！　戦前のインドシナの道路

サイゴン〜シエムリエプ
（1936年）

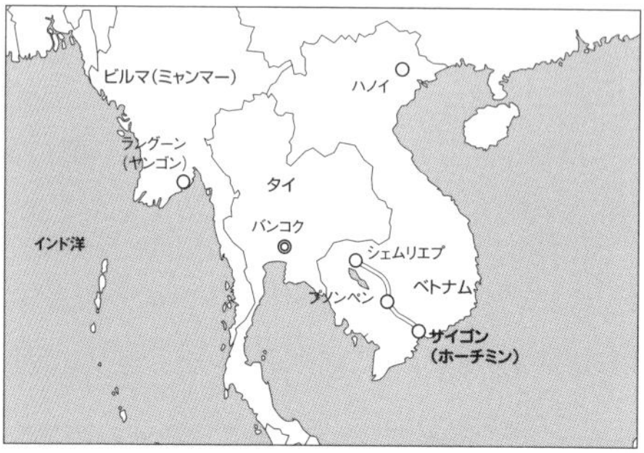

銀輪部隊の活躍も整備された道のおかげだった

今日、世界遺産として名高い「アンコール・ワット」へ行くには、タイのバンコクから、最寄都市のシエムリエプへ飛行機（距離は短いが一応、国際線である）で飛ぶというのが一般的だろう。しかし、戦前の旅路はかなり違ったのではないかという思いを抱かせるのが、ここに紹介する資料だ。

これは戦前、インドシナ半島でバスを運行していたインドシナ交通会社の時刻表。内部には、サイゴン（ホーチミン）〜プノンペン間やアンコール近辺を結ぶ定期郵便バスの時刻のほか、サイゴンやプノンペンからの貸切自動車運賃表が掲載されていた。

時刻表の最上段に載っているサイゴン〜プノンペン線（距離240キロ）は、サイゴン朝6時発でプノンペンに正午着。そして、プノンペン〜アンコール線（距離321キロ）は、朝6時にプノンペンを出て夕方4時にアンコールへ到着というスケジュールだから、サイゴンからアンコールまでは2日がかりのバス旅行ということになる。きっと、当時の旅行者たちは、あこがれの遺跡との対面に胸を躍らせながら、こうしたバスに揺られていたのではないだろうか？

現在は、ベトナム／カンボジア／ラオスの3国に分かれているこの地域は、1887年にフランス

戦前のサイゴン駅前の様子（絵葉書より）
行き交う人力車（シクロ）にまじって各方面へ向かう多数のバスが並んでいる

の植民地となり、フランス領インドシナ（日本では「仏印」と略した）と呼ばれ、一体のものだった。この地域のフランスによる支配は、インドシナ戦争でフランスが敗北する1954年まで続いた。

さてインドシナ半島には急峻な山岳地帯もあれば、熱帯の密林もある。交通網の整備には非常な困難を伴う。しかし、鉄道と道路とを比べると、こういった地勢では鉄道の建設の方が圧倒的に資金を要するため、フランスのインドシナ総督府は、道路の建設に力を注いだ。そこで、この地域では鉄道よりも道路交通が発達することとなったのである。1941年の資料によると、フランス領インドシナ内の道路の延長（国道と地方道の合計）は3万4000キロ。しかも、その5分の1以上がアスファルト舗装だったという。その頃の日本の舗装率がまだ10%台だったことを考えると、質的にも随分進歩していたものといえるだろう。

それだけ発達した道路網は軍事的にも有用なものであった。この資料が発行されてから4年後の1940年、ナチス・ドイツの侵攻に音を上げたフランス本国で枢軸国寄りのヴィシー政権が誕生したのを追い風に、日本軍は北部仏印に進駐を開始。翌年にはサイゴンを中心とする南部にも駒を進めるが、この地域の発達した道路網はその際の進駐ルートともなった。当時の日本軍の交通手段として有名なのが「自転車」。歩兵が自転車に乗って進軍する様は「銀輪部隊」と称された。これも、この地域に自転車で走りやすい道がすでに整備されていたからこそ可能な手段だった。

さて、サイゴンから2日がかりのバス旅行でアンコールに着いた。時刻表の記載によると、『象に乗ってアンコール観光：料金6ピアストル／半日』というアトラクションがあったようだ。そういうところについては今も昔も変わらない。でも昔は、地雷が埋まっているなどという危険は考えなくても良かったはず……そこが違う。

なお、この時刻表にはインドシナ官営鉄道の時刻表も掲載されていた。上段はプノンペンからタイ国境方面の路線、下段はサイゴン～ハノイを結ぶ縦貫鉄道。サイゴン～ハノイ間の現在の所要時間は30時間を切るが、当時は40時間を要していた。

STATE RAILWAYS OF INDOCHINA

(a) Pnom-Penh to Mongkolborey — daily —

Kilometers		↓	↑
0	Pnom-Penh . . .	6 h. a. m.	11 h. 58 a. m.
273	Battambang. . .	Arr. 12 h. 06 a. m. Dep. 12 h. 20 a. m.	Dep. 8 h. 50 p. m. Arr. 8 h. 05 p. m.
331	Mongkolborey .	1 h. 55 p. m.	6 h. p. m.

(b) Saigon to Hué and to Hanoi — daily —
(dining cars and sleeping berths)

		↓	↑
0	Saigon	9 h. p. m.	7 h. 20 a. m.
414	Nhatrang	6 h. 10 a. m.	9 h. 56 p. m.
937	Tourane	7 h. 33 p.m.	8 h. 38 a. m.
1.040	Hué	Arr. 10 h. 10 p. m. Dep. 10 h. 25 p. m.	Dep. 6 h. 02 a. m. Arr. 5 h. 52 a. m.
1.729	Hanoi	1 h. 35 p. m.	3 h. p. m.

インドシナ交通の時刻表の内部（表紙はカラーページ参照）
プノンペンからタイ国境方面への鉄道時刻（上段）とサイゴン～ハノイ間の鉄道時刻（下段）

ディエンビエンフー陥落前夜
——ベトナムはまだひとつだった

ハノイ〜サイゴン
(1954 年)

植民地時代のたそがれとフランス系エアライン

一枚の有名な写真がある。空は澄み切って青い。一面緑の大地。そこには何人もの兵士が注意深く前方を注視しながら進攻している。戦場の息詰まるような緊張感と、そうしたこととは無縁の自然がフレームの中に同居している不思議な写真。カメラで数々の戦場を切り取ってきた報道写真家のロバート・キャパが最後に撮影した一葉である。これが撮影されたのは 1954 年 5 月 25 日の午後、ハノイから南東へ 70 キロほど離れたホン川のデルタ地帯だった。この写真を撮影した直後、写真の右の方に見える土手で彼は地雷を踏んでこの世を去った。

ここに紹介する時刻表はそれを遡ること約 3 ヶ月前の 1954 年 2 月末に発行された、当時ベトナム各都市を結んでいた航空会社であるエア・ベトナムのもの。表紙のイラストには広がる平原と南国の樹々が生えている土手が描かれ、キャパの最後の写真を想い起こさせる。その頃、インドシナの戦いは大詰めを迎えていた。1953 年 11 月、フランス軍はラオス国境に近いディエンビエンフーの盆地を占領し、最後の砦として背水の陣を敷く。しかしこの時刻表が発行された直後頃からベトナム軍の攻勢はとどまるところを知らず、5 月 7 日に遂にフランス軍は降伏。1946 年から 7 年間続いたインドシナ戦争（第一次インドシナ戦争）がこれで終結したのである。

フランス植民地時代末期のエア・ベトナム時刻表
【1954 年 2 月　同社発行】

ところが波乱はこれで終わりではなかった。その年の 7 月に合意されたジュネーブ協定により、ベトナムは北緯 17 度線を境に暫定的に南北に分断されてしまう。この時刻表は南北分断前のまがりなりにもベトナムがひとつだった時代を物語るものだ。週 4 往復のハノイ〜サイゴン（ホーチミン）線やハイフォン〜サイゴン線が南北方向の幹線。他にも途中ツーラン（ダナン）／フエ／ドンホイなどを経由する便が存在した。長距離の直行便には当時一般的であったダグラス DC-4 が就航し、短距離便は DC-3 やブリストル 170 といった機種が使われていた。なお、表紙に描かれているのが DC-4 である。当時はまだインドシナ戦争の最中であったが、戦争による運航への支障が無かったのか不思議である。

エア・ベトナムは、戦前からインドシナ半島への路線を運航していたエールフランスの支援を受けて1951年10月に設立された。実際、当時のエールフランスの時刻表にはエア・ベトナムの全路線の時刻が掲載されていた。そればかりか、エールフランス便は一部座席をエア・ベトナム便扱いとして販売し、今で言う共同運航のようなことも行っていたのである。そんなエア・ベトナムの時刻表はフランス語と英語の二ヵ国語表記であり、フランスの影響を色濃く残している。

分断の時代に南北を結んだ変りダネ航空便

さて、ジュネーブ協定を受けてベトナムは南の「ベトナム国」・北の「ベトナム民主共和国」に分断された。ホー・チミン率いるベトナム民主共和国は、第二次大戦終結後の1946年に共産主義国家として発足したという由来を持つが、ジュネーブ協定によって南半分をフランスの傀儡政権であるベトナム国に取られた形になったわけだ。しかし、ベトナム国も安泰というわけではなかった。アメリカのバックアップを受けたゴ・ディン・ジエムがベトナム国を掌握して「ベトナム共和国」に衣替え。分断は固定化し、ベトナム共和国とベトナム民主共和国の対立構図が20年続くことになる。

ベトナムの南北分断を機に、エア・ベトナムも「北」の就航地からは撤退し、南ベトナム国内線とサイゴンからの国際線を運航する会社となった。ところが面白いことに、南北ベトナムの対立時代にも、南北の首都を結ぶ航空便が存在した。パリに本社を置くCICという会社が運航する便を使えば、ラオスのビエンチャンやカンボジアのプノンペン経由ながら、サイゴンとハノイの間を往来できたのである。これはジュネーブ協定に基づく停戦監視等を目的とした中立的委員会である、カナダ・ポーランド・インドによる国際管理委員会（International Control Commission）のために運航されたもので、1964年から休戦協定発効後の1974年まで続いたという。

このほかにも、時期はきわめて短かったが、カンボジアの航空会社も南北ベトナムへ同時に乗り入れていたことがあった。

TYPE OF AIRCRAFT		DC 3 - BRISTOL					
FREQUENCY OF SERVICE		(1)	(6)	(2)	(5)	(4)	(7)
FLIGHT		VN 13	VN 13	VN 15	VN 17	VN 45	VN 41
HONGKONG	DEP.	—	—	—	—	—	—
HANOI	ARR.	—	—	—	—	—	—
	DEP.	—	—	—	—	0800	0800
HAIPHONG	ARR.	—	—	—	—	↓	↓
	DEP.	—	—	—	—	↓	↓
DONGHOI	ARR.	—	—	—	—	1000	1000
	DEP.	—	—	—	—	1045	1045
HUÉ	ARR.	—	—	—	—	1145	1145
	DEP.	—	—	—	—	1230	1230
TOURANE	ARR.	—	—	—	—	1300	1300
	DEP.	—	—	—	—	1400	1400
NHATRANG	ARR.	—	—	—	—	↓	1600
	DEP.	—	—	1230	1400	↓	1645
BANMÉTHUOT	ARR.	—	—	↓	1445	↓	↓
	DEP.	1045	1015	↓	1515	↓	↓
DALAT	ARR.	1130	1100	1315	1600	1615	↓
	DEP.	1200	1130	1345	1630	1700	↓
SAIGON	ARR.	1300	1230	1445	1730	1800	1815

TYPE OF AIRCRAFT		DC 4						
FREQUENCY OF SERVICE		(2)(4)(7)	(4)	(1)(3)(6)	(7)	(1)	(5)	(3) (6)
FLIGHT		VN 51	VN 77	VN 61	VN 91	VN 51	VN 53	VN 83
HONGKONG	DEP.	—	—	—	—	—	—	0800
HANOI	ARR.	—	—	—	—	—	—	1200
	DEP.	0830	1200	—	—	1215	—	1315
HAIPHONG	ARR.	↓	↓	—	—	↓	—	1345
	DEP.	↓	↓	—	1200	↓	1300	1445
DONGHOI	ARR.	↓	↓	—	↓	↓	↓	↓
	DEP.	↓	↓	—	↓	↓	↓	↓
HUÉ	ARR.	↓	1345	—	1345	↓	↓	↓
	DEP.	↓	1445	1000	1445	↓	↓	↓
TOURANE	ARR.	↓	↓	1030	1515	↓	↓	↓
	DEP.	↓	↓	1115	—	↓	↓	↓
NHATRANG	ARR.	↓	1630	↓	—	↓	↓	↓
	DEP.	↓	1715	↓	—	↓	↓	↓
BANMÉTHUOT	ARR.	↓	↓	↓	—	↓	↓	↓
	DEP.	↓	↓	↓	—	↓	↓	↓
DALAT	ARR.	↓	↓	↓	—	↓	↓	↓
	DEP.	↓	↓	↓	—	↓	↓	↓
SAIGON	ARR.	1215	1830	1315	—	1600	1645	1830

TYPE OF AIRCRAFT		DC 3 - BRISTOL			
FREQUENCY OF SERVICE		(3)	(5)	(6)	(2)
FLIGHT		VN 21	VN 21	VN 23	VN 25
BANGKOK	DEP.	—	—	—	1230
SIEMRÉAP	ARR.	—	—	—	1515
	DEP.	—	—	1615	1545
PHNOMPENH	ARR.	—	—	1715	1645
	DEP.	1745	0900	1745	1745
SAIGON	ARR.	1845	1000	1845	1845

TYPE OF AIRCRAFT		DC 3 - BRISTOL			
FREQUENCY OF SERVICE		(1)(4)(5)	(3)		
FLIGHT		VN 31	VN 33		
VIENTIANE	DEP.	1200	1200		
SÉNO	ARR.	1330	↓		
	DEP.	1400	↓		
SAIGON	ARR.	1645	1545		

NOTA : (1) LUNDI — *MONDAY*
(2) MARDI — *TUESDAY*
(3) MERCREDI — *WEDNESDAY*
(4) JEUDI — *THURSDAY*
(5) VENDREDI — *FRIDAY*
(6) SAMEDI — *SATURDAY*
(7) DIMANCHE — *SUNDAY*

LES HORAIRES SONT EXPRIMÉS EN HEURES LOCALES — *ALL TIMES ARE SHOWN IN LOCAL HOURS.*

22-2-54.

前ページの時刻表の内部
香港〜ハノイ〜サイゴン間（上段）やバンコク・ビエンチャンとサイゴン間（下段）の時刻が見える

三つ巴の内戦時代にもかかわらず
意外に国内線が充実していたラオス

ビエンチャン〜ルアンプラバン
（1960年）

骨董機が最後のご奉公

インドシナ半島内陸に位置するラオスは、国としてはそれほど目立った存在ではないものの、それだけに古き時代の日本にも似た、素朴で穏やかな風土が残る土地として知られている。しかしここは元々、ベトナムやカンボジアと同じくフランス領インドシナの一部であり、1953年にフランスの植民地支配を脱却してから安定を得るまでの間には、長い混乱の歴史があったのである。

内戦時代の国際線・国内線時刻表
【1960年7月　エア・ラオス】

フランスの植民地から独立した後、1960年代のラオスは混迷の時代だった。中立派・右派（アメリカがバック）・左派（ソ連がバック）が三つ巴の争いを繰り広げていたのである。しかし、それは奇妙な内戦だった。もちろん、各派は戦火を交えることもあったのだが、絶対的に線引きできるような分布に縛られていたのかと言えば必ずしもそうではなかった。道を挟んで相対する場所で、午前はある派が、午後になるとまた別の派が記者会見をするようなこともあったという。そんなビエンチャンの空港には、南ベトナムのサイゴン（ホーチミン）やタイのバンコク行き（つまりは親米国への）の定期便が就航し、これらの路線は、西側マスコミがラオスに乗り込んだり、アメリカが工作のための人員を送り込んだりする上で重要だった。

ここでラオスの航空会社について触れてみたい。ラオス独自の航空会社は、インドシナ半島を統治していたフランスの支援で、国営のエア・ラオスが1952年に設立されたのを嚆矢とする。内戦真っ只中の1960年時点では、ビエンチャン〜香港／ビエンチャン〜バンコク／ビエンチャン〜サイゴン／ビエンチャン〜プノンペンといった国際線が同社によって運航されていた。また、ラオスの国土は山岳地帯が多く、鉄道は皆無であり、地上の交通もあまり整備されていなかったこともあって、国内航空路線網が意外に発達していた。ビエンチャン〜ルアンプラバン（ルアンパバーンとも。世界遺産にも登録されている古都）線など、エア・ラオスは当時なんと国内13都市を結んでいた。ラオスというと21世紀になった今でも地味であまり産業も発達していないというイメージがあるが、1960年代、しかも内戦時代にこれほど航空路網が充実していたとは、『人は見かけによらない』と言われるのと同じく、国も外見だけで判断してはならないということであろうか？

ところで、エア・ラオスに関して興味を惹く点は、その使用機種である。この中には、第二次大戦前に華々しく登場した世界初の与圧装置つき旅客機・ボーイング307“ストラトライナー”のなれの果ての姿があった。“ストラトライナー”は、かつてパンナムやTWAに所属してアメリカの幹線で活躍していたが、第二次大戦とその後の急速な航空機の発展の影に、登場からわずか10年もしないうちに幹線から消えた悲運の機種。この「骨董機」が当時、ラオス近隣国への国際線などに使われていた。ちなみに、前項の最後に触れたCICによる南北ベトナム連絡便として飛んでいたのも“ストラトライナー”である。それらは最大の特徴だった与圧装置を取り外され、生まれた地から1万キロ以上も離れたインドシナ半島の片隅でひっそりと、しかも国際線とはいっても本来の華やかさとは縁遠い、決して安穏ではない余生を送ることとなったのである。

3派連合達成、そして社会主義化で社名変更

さて結局、3派は1962年に連合政府の形成に

LAOS

041	043	091	002	153	157	155	081	051		AIR - LAOS		052	082	156		154	001	092	044	042	044
DHC2	DC3	DHC2	DHC2	BS	BS	BS	DHC2	DHC2		HORAIRES		DHC2	DHC2	BS		BS	DHC2	DHC2	DC3	DC3	DHC2
1	2		1			1-5				SERVICES DOMESTIQUES				1-2			1		2	1	2
3-5	4-6	7	3-5	4-6	2	3-7	2-6	3-7				2-6	2-6	3-5-7		4-6	3-5	7	4-6	3-5	4-6
07.30	07.30	09.00		09.00	14.00	09.00	13.30	09.00	D	VIENTIANE	A	12.30	17.00	17.30		17.30		11.00		17.20	17.30
		09.50							A	KEN THAO	D							10.10			
							15.00		A D	THAKHEK	D		15.30								
								09.45 10.00	A D	PAKLAY	D A	10.45 10.30									
			14.15					10.45 11.00	A D	SAYABOURY	D A	11.45 11.30					14.00				
			14.45	10.00	15.00	10.00		11.30	A	LUANG PRABANG	D	10.00		16.30		16.30	13.30				
		057		057A	053		055	003				004	056		054	058A		058			
		DHC2		DHC2	DC3		DC3	DHC2				DHC2	DC3		DC3	DHC2		DHC2			
							1						1								
		2		4-6	4		3-5	7				7	3-5		4	4-6		2			
		10.00		11.00	10.45		11.00	10.30	D	LUANG PRABANG	A	13.10	15.40		13.15	15.40		14.40			
							11.30 11.50		A D	MUONG SAI	D A		15.10 14.55								
		10.55 11.10		11.55 12.10	11.30		12.10 13.25		A D	LUONG NAMTHA	D A		14.35 14.15		12.00	14.45 13.55		13.45 12.55			
		11.55		12.55					A	BAN HOUEI SAI	D					13.10		12.10			
							13.40		A	MUONG SING	D		14.00								
								11.40	A	BOUN NEUA	D	12.00									
08.30	08.20 09.00								A D	PHONG SAVANH	D A								11.30	16.30	16.30
	10.00								A	SAMNEUA	D								10.30		

前ページの時刻表の内部
「BS」で示される“ストラトライナー”が活躍したビエンチャンを中心とした国内線の時刻表

合意するのであるが、首班となったのは、中立派のプーマ殿下だった。それまで、ラオスのフラッグキャリアはエア・ラオスと称していたが、この時に新会社であるロイヤル・エア・ラオに衣替えとなっている。

ところがラオスはこれで平穏になったわけではなかった。たしかに表面は停戦を守っているように見せなければならないから、米軍も公式には撤退したし、おおっぴらな戦闘こそ影をひそめたが、裏では秘密の戦いが続いていた。やがてベトナム戦争が始まり、インドシナ半島全体がキナ臭い紛争地域となったのち、1975年にラオスにはとうとう社会主義政権が確立。国名も「ラオス人民民主共和国」となり、その国営航空会社はラオ・アビエーションを名乗ることとなった。骨董機“ストラトライナー”は、ここに至るまでに事故でその生涯を終えていった。

社会主義体制になったラオスは、鎖国的政策を維持したが、ラオ・アビエーションは細々とタイなど近隣への路線を維持した。そして鎖国が解かれた近年、同社はさらに社名を変更し、ラオ・エアラインズとして今に至っている。航空会社は政治体制を反映するということが、この例からもよくわかるのではないだろうか？

LAOS VIETNAM

031 ②④⑤⑦	035 Mercredi		VIENTIANE — SAIGON B307 STRATOLINER		036 Mercredi	032 ②④⑤⑦
0445	0645	c.	VIENTIANE 4 RUE MANTHATHOURATH	a.	1800	1800
0600	0800	d.	AEROPORT DE WATTAY	a.	1710	1700
0715	0915	a.	SENO	d.	1555	1545
0745	0945	d.		a.	1525	1515
0835	1040	a.	PAKSE	d.	1430	1425
0905		d.		a.		1355
1200		a.	AEROPORT DE TAN SON NHUT	d.		1300
1300		a.	65 RUE LE THANH TON SAIGON	c.		1200

LAOS CAMBODGE

061 ①		VIENTIANE PHNOM PENH B307 STRATOLINER		062 ①
0545	c.	VIENTIANE 4 RUE MANTHATHOURATH	a.	1800
0700	d.	AEROPORT DE WATTAY	a.	1700
0815	a.	SENO	d.	1545
0845	d.		a.	1515
0935	a.	PAKSE	d.	1425
1005	d.		a.	1400
1130	a.	AEROPORT DE POCHENTONG	d.	1230
1230	a.	PHNOM PENH 151 VITHEI DEKCHO DAMDIN	c.	1100

304ページ掲載の時刻表より
“ストラトライナー”で運航されたビエンチャン～サイゴン線とビエンチャン～プノンペン線の時刻

カンボジアのフラッグキャリアは

南北ベトナム両方に乗り入れ

プノンペン〜ハノイ〜広州
(1966年)

かつては東京への直行便もあったプノンペン

日本でポピュラーな食材の中には、伝来元の地域名にちなんだ名前がついたものがある。それはカボチャ。漢字で書くと「南瓜」。これは、中国に南方から伝わった瓜ということでこう書くとのことだが、なぜこれでカボチャと読むのか? 日本には中国を経由せず、ポルトガル船によって「カンボジア産」の南瓜が最初に伝わったそうだ。カンボジアがなまってカボチャになった由。前置きが長くなったが、カンボジアの話しをしよう。

シアヌーク国王時代のカンボジア航空時刻表
【1966年11月 ロイヤル・エア・カンボジ】

カンボジアといって思い浮かべるのは、「ポル・ポト」「内戦」「地雷」「PKO」。なにか暗い話題ばかりが並んでしまう。しかし、かつてインドシナに栄えた王朝文化——それが、いにしえのカンボジアの姿だった。

カンボジアには、ロイヤル・エア・カンボジ(Royal Air Cambodge)という航空会社があった。同社は「アプサラ・サービス」というキャッチフレーズのもと、首都・プノンペンからバンコクやサイゴン(ホーチミン)といった近隣諸国の都市のほか、アンコール・ワットの最寄りであるシエムリエプへの路線を運航していた。「アプサラ」とは「天女」をあらわす言葉で、現地の有名な伝統舞踊の題材でもある。まさに優雅な王朝文化を持った国の航空会社が空を駆けるにふさわしいイメージだ。しかしそれとは対照的に、当時の同社の使用機は、ダグラスDC-3やDC-6といった古いプロペラ機で、王朝の宮殿の絢爛豪華さからはほど遠かった。

ところで、冒頭にカンボジアから日本へ伝わったカボチャの話をしたが、1960年代、エールフランスのパリ〜東京線の中にはプノンペンに寄航する便があった。この便を使えば、カンボジアから日本へ乗り換え無しで行くことが出来たのである。なお、ロイヤル・エア・カンボジは、この便に使われていたエールフランスのボーイング707の座席の一部をプノンペン〜香港間でチャーターし、自社の便名を付けて販売するといったことも行っていた。

戦乱に翻弄された王朝文化

カンボジアは、インドシナ戦争の結果、1953年にフランスから独立し、シアヌーク国王の下で非同盟・中立的な姿勢をとっていた。それだけに、その航空会社もなかなか興味深い路線展開だった。1964年には、プノンペン〜ハノイ〜広州線を開設。ここで、ちょっと待てよ?と思った方もいらっしゃるだろう。前述のように、ロイヤル・エア・

カンボジはプノンペン〜サイゴン線も運航していたのでは？　もちろんそれも正しい。ベトナムが南北に分断されてからすでにかなりの年月が経っていたが、わずかな期間、同社は北ベトナムのハノイと南ベトナムのサイゴンの両方に同時に乗り入れていた時期があったのだ。もっとも、ここに紹介した同社の時刻表が発行された1966年11月頃はベトナム戦争の真っ最中。もう、ハノイへの寄港は無くなり、広州へはプノンペンからノンストップで飛んでいる。しかし、運賃表にはハッキリと「ハノイ」の文字がまだ残っていた。ちなみに広州への乗り入れについても、1960年代は共産圏以外からの中国本土乗り入れは限られており、非常に珍しい例といえる。

しかし、非同盟主義という姿勢は、ベトナム戦争という緊迫した周辺情勢の中ではむしろ、版図を拡大したい勢力の格好の標的になる。アメリカにとっては、ただでさえ、中国と北ベトナムという共産主義国が極東に存在する中で、兵站基地・タイのすぐお隣のカンボジアまでが共産化することは避けたかったに違いない。1970年にカンボジアではクーデターが発生し、国家元首シアヌークが追われ、代わりに親米的な政権が誕生する。このとき、航空会社の名前からは“Royal”が外れて単に“Air Cambodge”となる。

しかしこのクーデターは、国家の平安をもたらすどころか、国内外の様々な勢力による20年に及ぶ内戦の始まりだった。一旦追われたシアヌークは、ポル・ポトらと組んでカンボジアを解放。1976年に民主カンプチアが成立するものの、大量虐殺やベトナムとの対立で国内は混乱。かつて時刻表の表紙に描かれた「アンコール・ワット」も、戦火の彼方に世界の人々の前から暫し遠ざかることになる。カンボジアに再び平和が戻るのは、1991年の「カンボジア和平パリ国際会議」において、国内の各派が和平に合意したときであった。

現在カンボジアには数社の航空会社が存在しているが、乱世の時代をまだ引きずっているのか、「これぞフラッグキャリア」というだけの規模と内容を持った、ズバ抜けた会社は存在していない。アジア一円の空に、再び優雅な天女が自在に舞う日はもう少し先なのかもしれない。

SCHEDULES

PHNOM-PENH / SIEMREAP (ANGKOR)

DC-3	LUN.	MAR.	MER.	MER.	JEU.	VEN.	SAM.	DIM.
	RC420 DC3	RC332 DC3	RC384 DC3	RC434 DC3	RC402 DC3	RC436 DC3	RC462 DC3	RC430 DC3
PHNOM-PENH (D	13.00	14.30	13.00	17.00	17.00	17.00	14.00	17.00
SIEM-REAP (A	14.00	15.30	14.00	18.00	18.00	18.00	15.00	18.00
	MON.	TUE.	WED.	WED.	THU.	FRI.	SAT.	SUN.

SIEMREAP (ANGKOR) / PHNOM-PENH

DC-3	LUN.	MAR.	MER.	MER.	JEU.	VEN.	SAM.	DIM.
	RC421 DC3	RC433 DC3	RC438 DC3	RC385 DC3	RC403 DC3	RC425 DC3	RC463 DC3	RC437 DC3
SIEM-REAP (D	07.00	07.00	07.00	15.00	08.00	09.00	08.00	14.15
PHNOM-PENH (A	08.00	08.00	08 00	16.00	09.00	10.00	09.00	15.15
	MON.	TUE.	WED.	WED.	THU.	FRI.	SAT.	SUN.

PHNOM-PENH / SAIGON / PHNOM-PENH

DC-3	LUN.	MER.	SAM.	DC-3	LUN.	MER.	SAM.
	RC 321 DC 3	RC 335 DC3	RC 365 DC3		RC 320 DC3	RC 334 DC3	RC 364 DC3
PHNOM-PENH (D	09.00	09.00	10.00	SAIGON (D	12.00	12.00	13.00
SAIGON (A	11.15	11.15	12.15	PHNOM-PENH (A	12.15	12.15	13.15
	MON	WED.	SAT.		MON.	WED.	SAT.

HORAIRES

PHNOM-PENH / CANTON / PHNOM-PENH

DC-6	JEU.	SAM.	DC-6	VEN.	DIM.
	RC 626 DC 6	RC 641 DC 6		RC 627 DC 6	RC 640 DC 6
PHNOM-PENH (D	14.00	14.30	CANTON (D	11.00	10.00
CANTON (A	20.50	20.20	PHNOM-PENH (A	15.50	13.50
	THU.	SAT.		FRI.	SUN.

Apsara Service

PHNOM-PENH / SINGAPORE / PHNOM-PENH

DC-6	LUN.	MER.	DC-6	LUN	JEU.
	RC 605 DC 6	RC 603 DC 6		RC 604 DC 6	RC 602 DC 6
PHNOM-PENH (D	09.00	17.00	SINGAPORE (D	13.30	09.30
SINGAPORE (A	12.20	20.20	PHNOM-PENH (A	15.50	11.50
	MON.	WED.		MON.	THU.

Apsara Service

PHNOM-PENH / HONGKONG / PHNOM-PENH

DC-6 B-707	MAR.	JEU.	SAM.	DC-6 B-707	MER	VEN.	DIM.
	RC624 DC 6	RC626 DC 6	RC194 B-707		RC628 DC 6	RC627 DC 6	RC195 B 707
PHNOM-PENH (D	08.45	14.00	13.30	HONG-KONG (D	13.00	13.00	15.00
HONG-KONG (A	13.35	18.50	16.45	PHNOM-PENH (A	15.50	15.50	16.15
	TUE.	THU.	SAT.		WED.	FRI.	SUN.

Apsara Service

前ページの時刻表の内部
右上にプノンペン〜広州（ここではCANTONと表記されている）線の時刻が掲載されているのが見える

極限の戦場から安息の地へ——ベトナム戦争時代のパンナム特別便

サイゴン／カムラン湾／ダナン～バンコク

（1969 年）

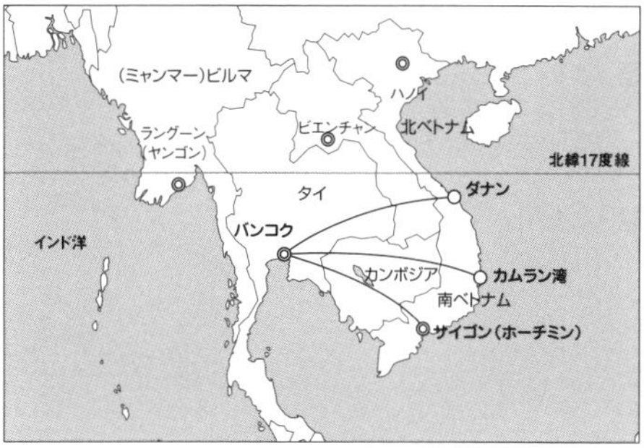

お客は 50 万人のアメリカ地上軍

『これは一人の人間には小さな一歩だが、人類にとっては大きな飛躍だ』——アポロ 11 号が史上初の月面着陸に成功した 1969 年 7 月。地球の一角・東南アジアのベトナムではいつ終わるとも知れぬ戦いが続いていた。もっとも、この年の 1 月に就任したニクソン大統領は、ベトナムにおけるアメリカ地上軍の兵力削減を掲げ、たしかにそれは実行されつつあった。しかし、戦火が止んだわけではなかった。

戦場に放り込まれ、東南アジアの過酷な気候と迫り来る北ベトナム軍やベトコン・ゲリラに心身を蝕まれる兵士達にとって、一時のやすらぎとはいえ交替で与えられる休暇は重要なものである。こうした休暇のことを R&R（Rest and Recuperation ＝「休養と回復」の略）というが、ベトナムと海外を R&R で往来する兵士のために、民間航空会社によって特別便が運航されていた。ここに紹介するのは、軍とのチャーター契約で当時パンアメリカン航空が運航していた R&R 特別便の時刻表である。

R&R 特別便は、南ベトナムにある 3 つの主要なアメリカ軍の拠点から出ていた。ひとつはサイゴン（ホーチミン）、もうひとつはカムラン湾、そして 3 つ目がダナンである。サイゴンは言わずと知れた南ベトナムの首都。カムラン湾は南シナ海に面し、アメリカの空軍および海上兵力の一大基地となっていた。1968 年 7 月 1 日、アンカレジから横田基地へ向かっていた米軍チャーターのシーボード・ワールド航空機が領空侵犯の疑いでソ連によって択捉島に強制着陸させられるという事件が発生したが、この便はワシントン州のマッコード空軍基地～カムラン湾間の兵員輸送の途中であったという。ダナンは、これら 3 つの拠点の中でもっとも北ベトナムに近い場所。1968 年 1 月から 2 月にかけての旧正月には、ここの米軍が北ベトナム軍による激しい攻撃を受け、これは「テト攻勢」という名でベトナム戦争の中でももっとも激しい戦いのひとつとして知られている。

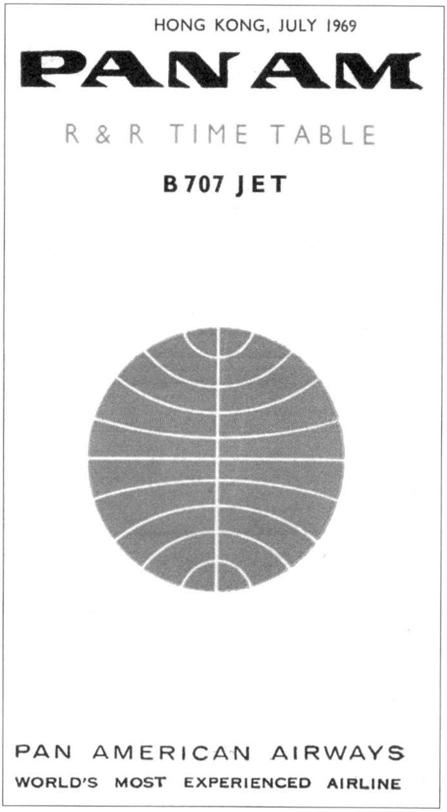

米軍兵士の休暇用特別便の時刻表
【1969 年 7 月　パンアメリカン航空】

一方、これらの拠点から向かう先は、バンコク・シンガポール・香港といった東南アジアや、グアム・ホノルルそして台北があった。いずれもベトナムでの激しい戦いからは無縁の後方兵站基地。各拠点からは日替わりで、これらの目的地へ向けての特別便が毎日のように頻発していた。1969年7月1日の例をとると以下のような陣容。相当な便数であり、いかに多くの兵士がベトナムに送られていたかが偲ばれる。アメリカは当時、地上軍だけで50万人以上もの兵士をベトナムに送り込んでいたのである。

●9時15分　P232A便
サイゴン～バンコク間

●10時15分　P212便
ダナン～グアム～ホノルル間

●11時10分　P232便
サイゴン～バンコク間

●15時45分　P230便
ダナン～台北間

●16時35分　P222便
カムラン湾～香港間

●17時10分　P208A便
サイゴン～グアム～ホノルル間

PAN AM　R & R SCHEDULE — JULY 1969　PAN AM

	Flight	Depart	DATES	Arrive		Depart	DATES	Arrive	Flight	
SAIGON	P208	1020	July 8◨, 9◨, 10◨, 11◨, 15, 16, 17, 18, 22, 23, 24, 25, 29, 30, 31	0600	HONOLULU	0100	July 14, 15, 16, 17, 21, 22, 23, 24, 28, 29, 30, 31	0905	P207	SAIGON
	P208A	1710	July 1, 2, 3, 4, 5, 6, 7, 12*, 13, 14, 19, 20, 21, 26, 27, 28	1250	HONOLULU	0800	July 1, 2, 3, 4, 5, 6, 7▬, 8▬, 9▬, 10▬, 11+, 12, 13, 18, 19, 20, 25, 26, 27	1555	P207A	
	P220	1605	July 3, 4, 6, 10, 12, 14, 15, 16, 19◘ 20, 23, 26, 30	1925	HONG KONG	0700	July 1, 4, 5, 8, 9, 11, 15, 17, 19, 20, 21, 24, 25, 28, 31	0815	P219	
	P226	1455	July 4◈, 5, 9◈, 13, 16◈, 20, 24◈, 25, 29◈	1805	TAIPEI	0700	July 1, 5, 9, 10, 14, 18, 21, 25, 29, 30	1010	P225	
	P232	1110	July 1, 5, 7, 9, 10, 11, 14, 15, 18, 21, 25, 27, 29, 30	1130	BANGKOK	1245	July 3, 4, 6, 10, 12, 14, 15, 16, 19◊, 20, 23, 26, 30	1505	P231	
	P232A	0915	July 1, 4, 9, 11, 19, 21, 24, 31	0935	BANGKOK	1100	July 4, 6, 9, 14, 16, 24, 26, 29	1320	P231A	
	P232B	1440	July 10▲, 22, 30▲	1500	BANGKOK	0750	July 15, 27	1010	P231B	
	P238	0915	July 5, 8, 15, 17, 20, 25, 28	1025	SINGAPORE	1130	July 5, 10▼, 13▼, 20, 22, 25, 30▼	1340	P237	

SAIGON — P208 → AR 1835 GUAM LV 1950 → HONOLULU → AR 0535 GUAM LV 0700 — P207 → SAIGON
SAIGON — P208A → AR 0125 GUAM LV 0240 → HONOLULU → AR 1235 GUAM LV 1350 — P207A → SAIGON
◨ P208 WILOP ASFOL : LV SGN 1255 AR/LV GUM 2110/2210 AR HNL 0820
* P208A WILOP ASFOL : LV SGN 1855 AR/LV GUM 0310/0410 AR HNL 1420
▬ P207A WILOP ASFOL : LV HNL 1000 AR/LV GUM 1435/1535 AR SGN 1740
\+ P207A WILOP ASFOL : LV HNL 0400 AR/LV GUM 0835/0935 AR SGN 1140

	Flight	Depart	DATES	Arrive		Depart	DATES	Arrive	Flight	
CAM RANH BAY	P210	1005	July 3, 6, 7, 13, 14, 21, 28	0525	HONOLULU	0100	July 2, 5, 6, 9◙, 12, 13, 19, 20, 27	0850	P209	CAM RANH BAY
	P210A	1655	July 10◰, 17, 24, 31	1215	HONOLULU	0800	July 16, 23, 30	1540	P209A	
	P222	1635	July 1, 9, 13, 17, 21, 24, 29	1925	HONG KONG	0700	July 2, 6, 14, 18, 22, 26, 29	0755	P221	
	P228	1515	July 3, 7, 11◪, 19◪, 23, 27, 31◪	1750	TAIPEI	0700	July 4, 8, 12, 16, 24, 28	0950	P227	
	P234	1050	July 4, 8, 12, 16, 19▼▼, 24, 28, 31	1140	BANGKOK	1245	July 1, 9, 13, 17, 21, 24, 29	1535	P233	
	P234A	0855	July 6, 14, 26, 29	0945	BANGKOK	1100	July 11, 19, 31	1350	P233A	
	P234B		July NIL		BANGKOK		July NIL		P233B	
	P240	0855	July 2, 18, 22	1025	SINGAPORE	1130	July 2, 3大, 7大, 23大, 27大	1400	P239	

CAM RANH BAY — P210 → AR 1800 GUAM LV 1915 → HONOLULU → AR 0535 GUAM LV 0700 — P209 → CAM RANH BAY
CAM RANH BAY — P210A → AR 0050 GUAM LV 0205 → HONOLULU → AR 1235 GUAM LV 1350 — P209A → CAM RANH BAY
◰ P210A WILOP ASFOL : LV VCR 1840 AR/LV GUM 0235/0335 AR HNL 1345
◙ P209 WILOP ASFOL : LV HNL 1000 AR/LV GUM 1435/1535 AR VCR 1725

	Flight	Depart	DATES	Arrive		Depart	DATES	Arrive	Flight	
DANANG	P212	1015	July 1, 2, 4, 5, 12, 19, 20★, 26, 27	0540	HONOLULU	0100	July 1, 3, 4, 7▤, 8⇔, 10⇔, 11, 18, 25, 26	0900	P211	DANANG
	P212A	1705	July 8, 9✱, 11✱, 15, 16, 18, 22, 23, 25, 29, 30	1230	HONOLULU	0800	July 14, 15, 17, 21, 22, 24, 28, 29, 31	1550	P211A	
	P224	1700	July 2, 5, 7, 8, 11, 18, 22, 25, 27, 28, 31	1935	HONG KONG	0700	July 3, 7, 10, 12, 13, 16, 23, 27, 30	0740	P223	
	P230	1545	July 1✥, 8, 12, 15, 17, 21✥, 28	1810	TAIPEI	0700	July 2, 6, 13, 17, 20, 22, 26	0930	P229	
	P236	1030	July 2, 3, 6, 13, 17, 20, 22, 23, 26	1145	BANGKOK	1245	July 2, 5, 7, 8, 11, 18, 22, 25, 27, 28, 31	1600	P235	
	P236A	0840	July 16	0955	BANGKOK	1100	July 1, 21	1415	P235A	
	P236B	1530	July 18	1645	BANGKOK	0615	July 3, 23	0930	P235B	
	P242	0840	July 3, 7, 10, 12, 13, 23, 27, 30	1040	SINGAPORE	1130	July 8, 12■■, 15, 17, 18, 28	1430	P241	

DANANG — P212 → AR 1815 GUAM LV 1930 → HONOLULU → AR 0535 GUAM LV 0700 — P211 → DANANG
DANANG — P212A → AR 0105 GUAM LV 0220 → HONOLULU → AR 1235 GUAM LV 1350 — P211A → DANANG
★ P212 WILOP ASFOL : LV DAD 1130 AR/LV GUM 1930/2030 AR HNL 0640
✱ P212A WILOP ASFOL : LV DAD 1850 AR/LV GUM 0250/0350 AR HNL 1400
▤ P211 WILOP ASFOL : LV HNL 0800 AR/LV GUM 1235/1350 AR HNL 1550
⇔ P211 WILOP ASFOL : LV HNL 1000 AR/LV GUM 1435/1535 AR DAD 1735

NOTE: Date of arrival in Viet Nam for flights from Honolulu will be one day later than day of departure from Honolulu due to enroute flight time and the international date line.

◘ P220 WILOP ASFOL LV SGN 1705 AR HKG 2025
◈ P226 WILOP ASFOL LV SGN 1420 AR TPE 1730
◪ P228 WILOP ASFOL LV VCR 1450 AR TPE 1725
✥ P230 WILOP ASFOL LV DAD 1515 AR TPE 1740
▼▼ P234 WILOP ASFOL LV VCR 1150 AR BKK 1240
◊ P231 WILOP ASFOL LV BKK 1345 AR SGN 1605
▲ P232B WILOP ASFOL LV SGN 1455 AR BKK 1515
▼ P237 WILOP ASFOL LV SIN 1145 AR SGN 1355
大大 P239 WILOP ASFOL LV SIN 1145 AR VCR 1415
■■ P241 WILOP ASFOL LV SIN 1145 AR DAD 1445

ALL TIMES LOCAL
ISSUED JUNE 20, 1969
HKGOSPA

前ページの時刻表の内部
上からサイゴン・カムラン湾・ダナンをそれぞれ発着する便についての時刻と運航日が書かれている

ベトナム戦争は日本とも無縁ではなかった

前述の通り、パンナムのR&R特別便で日本へ直接飛ぶ便は無かったが、当然のことながら日本もR&Rで兵士が休暇を過ごす場所のひとつであった。時刻表にはR&Rに関する相談所のリストがあるが､そこには神奈川県の｢キャンプ座間」も挙げられている。

話は脇道にそれるが、当時南ベトナムに存在した航空会社であるエア・ベトナムが日本に乗り入れていたことをご存知であろうか？　エア・ベトナムはベトナム戦争の最中の1969年7月、パンアメリカン航空から購入したボーイング727を

CITY	ADDRESS	TELEPHONE
TOKYO	Rm 809/810, Yurakucho-Bldg., 5, 1-chome, Yuraku-cho, Chiyoda-ku Haneda Airport	214-4301/8 747-0661
OSAKA	Shin-Asahi Bldg., 22, 2-chome, Nakanoshima, Kita-ku Airport Office	203-6691/4 068-56-6488
SAIGON	Booking Office, 116, Nguyen Hue Bd. Town Terminal, 107, Ham Nghi Bd. Tansonnhut Airport	91. 624/25/26 92. 446/47 92. 118 91. 364 40450
HONG KONG	Fu House, 7G/F, Ice House Street, Hong Kong Airport office	242151/5 829628/549
TAIPEI	59A Chung Shan North Road, Section II Airport office	919088/9 511971/2 787975 770131 EXT. 421
BANGKOK	100-104 Patpong Road	30. 951-4
MANILA	Ground Floor Hotel Aurelio Padre Faura	50-53-43 50-36-47
KUALA LUMPUR	40/3 Jalan Trecher	
PHNOM PENH	C/O Royal Air Canbodge, 151, Vithei Dekcho Damdin	3137 3162 3787
SINGAPORE	International Bldg. Orchard Rd. Airport Office	371955 82141 EXT. 687
VIENTIANE	9 Pangkham Street	2314/3493
SYDNEY	Suite 2214, Australia Square NSW2000-SYDNEY-AUSTRALIA	279911

南北統一による消滅前年のエア・ベトナム時刻表（日本語版）
【1974年10月　同社発行】

使ってサイゴン～香港～台北～大阪～東京線を開設した。なお、ベトナムは元フランス植民地だったといういきさつから、同社も以前はフランス製の“カラベル”ジェット機を使用していた。しかし、東京線に就航した頃にはベトナムへのアメリカの介入の高まりの影響がその保有機材にも表れていたのである。

ちなみに、ベトナム戦争当時でもベトナム上空には定期航空路が設定されており、日本からバンコクへ向かう航空便は、南シナ海からベトナム中部の上空を横切るようなコースを飛んでいた。ベトナム上空を飛行する際には、北爆に向かう米軍機とすれ違ったり、夜間は地上に戦火が輝くのが見えたこともあったという。

INTERNATIONAL SOUTH BOUND

GMT HOURS	DAY 曜日	MON (月)		TUE (火)			WED (水)		THU (木)		FRI (金)				SAT (土)		SUN (日)			
	FLIGHT NUMBER 便名	VN 786	VN 721	VN 791	VN 780	VN 748	VN 499	VN 784	VN 721	VN 780	VN 746	VN 784	VN 786	VN 751	VN 721	VN 499	VN 746	VN 786	VN 784	VN 751
	EQUIPMENT 機種	B727	B727	B727	B727	B727	DC4	B707	B727	B727	B727	B707	B727	B727	B727	DC4	B727	B727	B707	B727
	CLASS クラス	F/Y	F/Y	F/Y	F/Y	F/Y	Y	F/Y	F/Y	F/Y	F/Y	F/Y	F/Y	F/Y	F/Y	Y	F/Y	F/Y	F/Y	F/Y
+9	TOKYO (東京) dep 発							1020				1020							1020	
								⧖ǁ				⧖ǁ							⧖ǁ	
+9	OSAKA (大阪) arr 着							1120				1120							1120	
	dep 発							1200				1200							1200	
								X				X							X	
+8	TAIPEI (台北) arr 着							1345				1345							1345	
	dep 発			0915				1430				1430							1430	
				ǁ				ǁ				ǁ							ǁ	
+8	HONG KONG (香港) arr 着			1045				1600				1600							1600	
	dep 発		0900	1130				1645	0900			1645			0900				1645	
+7	MANILA (マニラ) arr 着																			
	dep 発													1100						1100
			□	X				ǁ	□			ǁ			□				ǁ	
														X						X
+7	VIENTIANE (ビエンチャン) arr 着																			
	dep 発						1220									1220				
							X									X				
+8	SAIGON (サイゴン) arr 着		1110	1340			1625	1855	1110			1855	¬	1315	1110	1625			1855	1315
	dep 発	1100			0910	1520				0910	1410		1940				1200	1650		
					▽					▽										
+7	PHNOM PENH (プノンペン) arr 着	X			0910					0910			ǁ					ǁ		
	dep 発				0950					0950										
					ǁ	ǁ				ǁ										
+7	BANGKOK (バンコック) arr 着	1125			1045					1045			2005					1715		
	dep 発										□						X			
+7½	KUALA LUMPUR (クアラルンプール) arr 着					1630														
	dep 発					1700														
						⧖▽														
+7½	SINGAPORE (シンガポール) arr 着					1740					1520						1310			

□=Breakfast(朝 食) ǁ=Snack/Light meal(スナック/軽食) X=Lunch or Dinner(昼食又は夕食) ▽=Refreshments(お 飲 物) B727=Boeing 727 Tri

注意＝時間表及び機種は予告なしに変更する事があります。
Schedules and equipments are subject to the government approval and change without notice.
※MANILAフライトは'75 1/1より運行致します
MANILA FLIGHT will operate from 01 JAN 1975

前ページの時刻表の内部
東京～大阪～台北～香港～サイゴン間には週３便が運航されていた（VN784便）

ところで、R&R特別便は軍用チャーターであったため特別なきまりがあった。それは、飛行中に酒類が提供されないということ。飛行機に乗ったら豪華な食事に美味いお酒で早速リラックスしたいところだが、目的に到着するまでアルコールはお預けというなんともやりきれない規則だ。

R&R特別便は、ベトナムを離れる兵士の喜びと、休暇を終えて再びベトナムの戦場に戻ってくる兵士の憂鬱を乗せて飛び続けたが、ニクソン大統領就任から4年後の1973年1月、パリ和平協定が締結され、ベトナム戦争はひとまずピリオドを打つこととなる。これに伴うアメリカ軍の全面撤退とともに、ベトナムにおけるR&R特別便もその役目を終えたのであった。しかしそれは、平和の到来という一言では清算できない、あまりにも重く悲惨な歴史に塗られた路線だったといえるだろう。

一方、民間エアラインであるエア・ベトナムは、和平協定締結を機に心機一転？ということなのか、より大型のボーイング707を導入し、社名ロゴもモダンなものに変更して新たな歩みを踏み出したかに見えた。しかし、再燃した戦火の中でそれも長くは続かず、1975年4月に北ベトナムによってベトナム全土が解放されると「南」の航空会社である同社も必然的に消滅したのであった。

エールフランスのサイゴン発着時刻表
【1974年5月　同社発行】

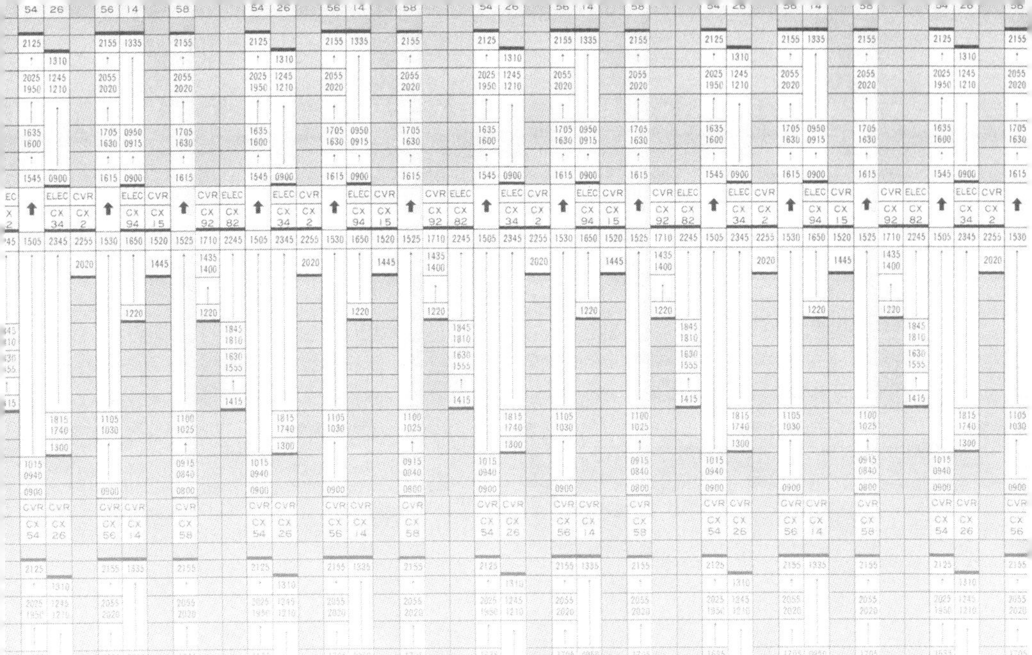

第七章　中国と台湾

流転する四千年の空と大地をゆく

JIKOKUHYO SEKAISHI

空襲警報に備えよ！
臨戦態勢の中で高度成長を支えた台湾鉄路

台北～高雄

（1929/61 年）

日本統治時代に骨格が完成

人間が鉄道に惹かれるというのは万国共通のもののようで、写真撮影や模型製作などに取り組む

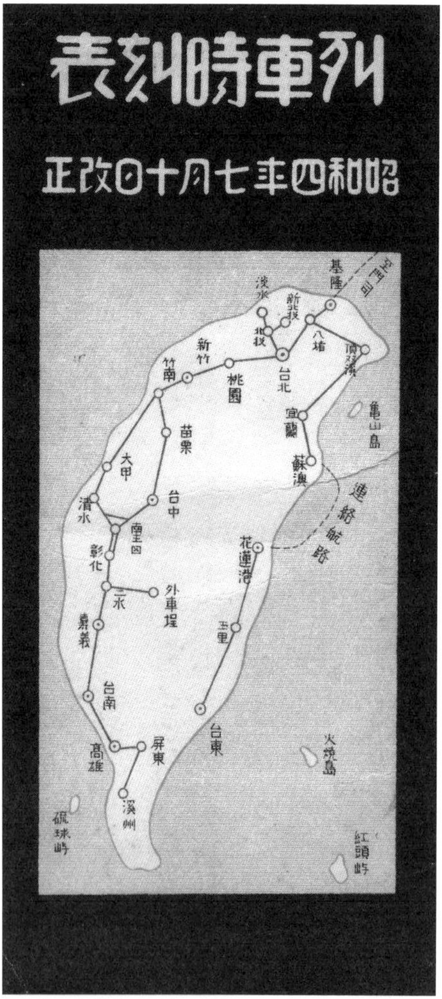

台湾総督府鉄道の列車時刻表
【1929 年 7 月　台湾総督府交通局鉄道部】

“鉄道愛好家”は全世界におそらく何千万人といるのではないだろうか？　しかし、中には「鉄道が好き」などと公言すると“危険人物”とされるケースもある。というのも、鉄道を重要な戦略拠点とみなし、写真などを撮ろうものならば官憲がすっ飛んできてスパイ容疑で逮捕されるようなところもあるからである。昔のソ連、そして日本に近いところでは韓国や台湾がそうだった。

しかし、時代が変わり随分とその辺は自由になった。台湾では「鉄路迷」（鉄道ファン）の組織も出来、日本と同じくローカル線の旅が注目を集めたりしている。事実、台湾をめぐる鉄道事情は熱い。2007 年には日本の技術を導入して台湾版新幹線「台湾高速鉄道」（台湾高鉄）が開業したが、その一方で、日本時代に活躍していた蒸気機関車が観光用に復活するなど、その勢いはとどまるところを知らない。

そんな台湾の鉄道であるが、最初に開通したのは北部の一角・基隆～台北間で、1887 年のこと。日本で新橋～横浜間に最初の鉄道が開通してから 15 年後のことだった。このとき、台湾はまだ清国の統治下にあった。それから 7 年後に日清戦争が勃発し、その翌年に締結された「下関条約」により、清国は台湾を失う。新たに台湾の統治者となったのは日本。以来、1945 年 8 月までの 50 年間、日本による植民地支配の時代が始まったのである。

当時、台湾の山岳部に多数の原住民集落があり、近代文明から隔絶された原始的な生活を送っていた。昔よく「首狩族」などという話がおどろおどろしく、また一方でコミカルに語られたものであるが、実際、部族間の抗争で相手の首をはねて持ち帰るということが普通に行われていたような状態だったのである。そんな中に乗り込んで行った日本は、原住民の抵抗に苦慮しながらも硬軟の手段でこれらの人々を 1920 代前半までになんとか掌握。台湾開発の基礎を固めた。

日本が台湾に期待したのはやはり資源だった。山岳地帯の豊富な森林資源や、サトウキビなどの農産品、そして石炭などの鉱産物。台湾総督府は、これらを開発し、日本に向かって積み出すために鉄道の整備に力を入れた。清国時代には台北より少し南の新竹までしか開通していなかった

鉄道の延伸工事が行われ、日本の統治が始まってから13年後の1908年には400キロにわたる基隆～台北～高雄間の「縦貫線」が完成する。その後も台湾東部・花蓮～台東間の「東海岸線」などが1920年代初までに完成し、路線が一通り出揃う。このときに築かれた路線網は、戦後の1970年代になって山岳部を貫く新路線が開業するまでの半世紀、ほとんど変わらない基本的な骨格となった。

当時建設されたのは幹線だけではない。今日、ローカルムードを味わえる路線として内外に人気のある二水～車埕間の「集集線」が、産業の開発に欠かせない電源ダム工事の資材輸送のために開業し、国営化されたのもこの時代である（1921年開業・1927年国営化）。ちなみに、当時の時刻表を見ると、台北からほど近い温泉街として知られる北投へのアクセスとして賑わった台北～北投～淡水間の「淡水線」には、「大正街」や「宮ノ下」など、明らかに日本風の駅名が見え、日本の鉄道のような錯覚すら覚える。なお、淡水線は1988年7月に廃止されて現在は新交通システムに置き換えられているが、駅名もまったく地元風のものになり、日本時代の面影はない。

戦後に続々と登場した新列車

日本の植民地支配が終了した台湾は、国民党と共産党との内戦に巻き込まれた混乱期を経て、1949年には一応の安定をみる。1950年9月に展望車つき客車特急「銘伝号」「成功号」が運転開始されたのを皮切りに、1956年2月には「柴油特快」（日本語にするとディーゼル特急）が台北～高雄間に走り始め、それまで7時間から8時間はかかっていた両都市間の連絡を一挙に5時間半にまで短縮し、新たな時代のはじまりを予感させた。

しかし、中台関係は1958年に緊迫の度を増す。中国・福建省と海を挟んで対峙する台湾・金門島に対する砲撃事件や、双方の空軍による空中戦が発生。そうした時代に発行された台湾の鉄道時刻表には、『空襲警報時は落ち着いて速やかに行動すること』とか『敵機が頭上を通過するときは伏せること』といった空襲警報時の対応方や、大陸で組織されていた「人民公社」を非難する標語など、厳しい時代を感じさせる内容が書かれている。その中では大陸側を「共匪」（きょうひ）と表現し、敵意をむき出しにしていた。1980年代まで断続的に時刻表に掲載された『空襲警報時の対応方』は、似たようなことが戦時中の日本の時刻表にも載っていたものの、そんなことはもはや過去の時代の話とばかり思っている平和な時代に生きるわれわれにとっては衝撃の内容であり、しばしば語り草になっている。

その一方、台湾の鉄道施設は西側諸国の援助

(3) 淡水線 TANSUI LINE

下り列車 DOWN TRAINS

列車番號 Train Nos. / 驛名 Stations.	(201)	(231)	(233)	(235)	(191)	(237)	(239)	(203)	(241)	(243)	(193)
	(汽)	(汽)	(汽)	(汽)	(二・三等)	(汽)	(汽)	(汽)	(汽)	(汽)	(二・三等)
	午前 A.M.	午前 A.M.	午前 A.M.	午前 A.M.	午前 A.M.	午前 A.M.	午前 A.M.	午前 A.M.	午前 A.M.	午前 A.M.	午前 A.M.
臺北発 Taihoku……d.	5.30	5.58	6.40	7.16	7.45	8.10	8.40	9.20	9.50	10.30	11.10
大正街〃 Taishōgai……〃	5.33	6.01	6.43	7.19	レ	8.13	8.43	9.23	9.53	10.33	レ
雙連〃 Sōren……〃	5.36	6.04	6.46	7.23	7.51	8.16	8.46	9.26	9.56	10.36	11.16
圓山〃 Maruyama……〃	5.40	6.08	6.50	7.27	7.56	8.22	8.51	9.31	10.00	10.41	11.22
宮ノ下〃 Miyanoshita……〃	5.43	6.11	6.53	7.30	レ	8.25	8.54	レ	10.03	10.44	レ
士林〃 Shirin……〃	5.49	6.17	6.58	7.35	8.04	8.30	8.59	9.37	10.08	10.49	11.30
唭里岸〃 Kirigan……〃	5.54	6.22	7.03	7.42	8.11	8.37	9.04	9.42	10.13	10.54	11.37
北投着 Hokuto……a.	6.00	6.28	7.09	7.48	8.18	8.43	9.10	9.48	10.19	11.00	11.44
北投発 Hokuto……d.	6.01	6.29	7.10	7.49	8.21	8.44	9.12	9.50	10.20	11.01	11.47
新北投着 Shinhokuto…a.	⌒	6.33	7.14	7.53	⌒	8.48	9.16	⌒	10.24	11.05	⌒
江頭発 Kantau……d.	6.08	……	……	……	8.31	……	……	9.57	……	……	11.57
淡水着 Tansui……a.	6.19	……	……	……	8.45	……	……	10.08	……	……	12.11

列車番號 Train Nos. / 驛名 Stations.	(245)	(205)	(247)	(249)	(251)	(195)	(253)	(255)	(207)	(257)	(259)	(197)	(261)	(209)	(263)	(199)
	(汽)	(汽)	(汽)	(汽)	(汽)	(二・三等)	(汽)	(汽)	(汽)	(汽)	(汽)	(二・三等)	(汽)	(汽)	(汽)	(二・三等)
	午前 A.M.	午後 P.M.	午後 P.M.	午後 P.M.	午後 P.M.	午後 P.M.	午後 P.M.	午後 P.M.	午後 P.M.	午後 P.M.	午後 P.M.	午後 P.M.	午後 P.M.	午後 P.M.	午後 P.M.	午後 P.M.
臺北発 Taihoku……d.	11.50	12.45	1.10	1.40	2.10	2.50	3.20	4.00	4.50	5.30	6.10	7.00	7.50	8.55	9.35	10.25
大正街〃 Taishōgai……〃	11.53	12.48	1.13	1.43	2.13	レ	3.23	4.03	4.53	5.33	6.13	レ	7.53	8.58	9.38	レ
雙連〃 Sōren……〃	11.57	12.51	1.16	1.47	2.16	2.56	3.26	4.06	4.58	5.37	6.17	7.06	7.56	9.01	9.41	10.31
圓山〃 Maruyama……〃	12.01	12.55	1.21	1.51	2.20	3.02	3.30	4.10	5.02	5.41	6.21	7.11	8.00	9.05	9.45	10.36
宮ノ下〃 Miyanoshita……〃	12.04	レ	1.24	1.54	2.23	レ	3.33	4.13	レ	5.44	6.24	レ	8.03	レ	9.48	レ
士林〃 Shirin……〃	12.09	1.02	1.30	1.59	2.29	3.11	3.39	4.20	5.08	5.49	6.29	7.20	8.09	9.13	9.54	10.45
唭里岸〃 Kirigan……〃	12.15	1.07	1.35	2.04	2.34	3.18	3.44	4.25	5.15	5.56	6.35	7.27	8.14	9.18	9.59	10.52
北投着 Hokuto……a.	12.21	1.13	1.41	2.10	2.40	3.25	3.50	4.31	5.21	6.02	6.41	7.34	8.20	9.24	10.05	10.59
北投発 Hokuto……d.	12.22	1.14	1.42	2.14	2.43	3.29	3.51	4.35	5.22	6.03	6.42	7.37	8.21	9.25	10.06	11.02
新北投着 Shinhokuto…a.	12.26	⌒	1.46	2.18	2.47	⌒	3.55	4.39	⌒	6.07	6.46	⌒	8.25	⌒	10.10	⌒
江頭発 Kantau……d.	……	1.21	……	……	……	3.39	……	……	5.29	……	……	7.47	……	9.32	……	11.12
淡水着 Tansui……a.	……	1.32	……	……	……	3.53	……	……	5.40	……	……	8.01	……	9.43	……	11.26

前ページの時刻表より「淡水線」（台北～北投～淡水間）の部分
「宮ノ下」など日本風の駅名が見られる

を受けて近代化の途上にあったし、観光客の誘致にも積極的に取り組んでいた。時刻表には名所のグラビアや周遊モデルコースも掲載され、にわかには理解しがたいことであるが先に述べた臨戦態勢の緊張と自由の両面がうかがえる内容でもある。実際、1960年には日本から22両の新型客車が輸入され、これをアメリカ製ディーゼル機関車が牽引する特急列車が基隆〜台北〜高雄間の「西部幹線」にデビュー。リクライニングシートを備えたこの豪華列車には、1961年6月からは「観光号」という愛称も付けられ、1978年4月まで活躍した。後述するように、1960年代の韓国でも最新の特急列車にやはり「観光号」という愛称が付けられており、当時のアジアで発展途上にあった国同士、そこまで似るのか？といった感じである。ちなみに、当時の台湾を代表する列車とはいえ、運転開始当時の「観光号」には冷房が無かった。1963年に取り付けられるまで、真夏の亜熱帯の旅は大

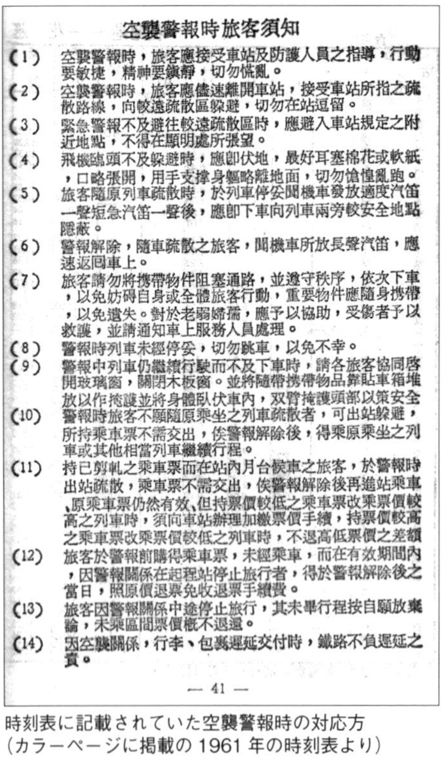

空襲警報時旅客須知

(1) 空襲警報時，旅客應接受車站及防護人員之指導，行動要敏捷，精神要鎭靜，切勿慌亂。
(2) 空襲警報時，旅客應儘速離開車站，接受車站所指之疏散路線，向較遠疏散區躱避，切勿在站逗留。
(3) 緊急警報不及避往較遠疏散區時，應避入車站規定之附近地點，不得在顯明處所張望。
(4) 飛機臨頭不及躱避時，應卽伏地，最好耳塞棉花或軟紙，口略張開，用手支撐身軀略離地面，切勿愴惶亂跑。
(5) 旅客隨原列車疏散時，於列車停妥聞機車發放適度汽笛一聲短急汽笛一聲後，應卽下車向列車兩旁較安全地點隱蔽。
(6) 警報解除，隨車疏散之旅客，聞機車所放長聲汽笛，應速返回車上。
(7) 旅客請勿將携帶物件阻塞通路，並遵守秩序，依次下車，以免妨碍自身或全體旅客行動，重要物件應隨身携帶，以免遺失。對於老弱婦孺，應予以協助，受傷者予以救護，並請通知車上服務人員處理。
(8) 警報時列車未經停妥，切勿跳車，以免不幸。
(9) 警報中列車仍繼續行駛而不及下車時，請各旅客協同啓開玻璃窗，關閉木板窗。並將隨帶携帶物品靠貼車箱堆放以作掩護並將身體臥伏車內，双臂掩護頭部以策安全
(10) 警報時旅客不願隨原乘坐之列車疏散者，可出站躱避，所持乘車票不需交出，俟警報解除後，得乘原乘坐之列車或其他相當列車繼續行程。
(11) 持已剪軋之乘車票而在站內月台候車之旅客，於警報時出站疏散，乘車票不需交出，俟警報解除後再進站乘車、原乘車票仍然有效、但持票價較低之乘車票改乘票價較高之列車時，須向車站辦理加繳票價手續，持票價較高之乘車票改乘票價較低之列車時，不退高低票價之差額
(12) 旅客於警報前購得乘車票，未經乘車，而在有效期間內，因警報關係在起程站停止旅行者，得於警報解除後之當日，照原價退票免收退票手續費。
(13) 旅客因警報關係中途停止旅行，其未畢行程按自願放棄論，未乘區間票價概不退還。
(14) 因空襲關係，行李、包裹遲延交付時，鐵路不負遲延之責。

— 41 —

時刻表に記載されていた空襲警報時の対応方
（カラーページに掲載の1961年の時刻表より）

変だったことだろう。

台湾の鉄道の発展は止まらない。観光号登場から5年後の1966年10月には、これまた日本から輸入されたディーゼル動車を使用した特急「光華号」が銀色のステンレス地を輝かせてやはり西部幹線に登場。一層の高速化が図られた。しかも、「光華号」のうちの一往復は台北〜高雄間を台南のみ停車の4時間45分で走破。平均時速70キロ超えという韋駄天ぶりだった。「観光号」も「光華号」も女性服務員（スチュワーデスと思っていただければよい）が乗務し、お茶などのサービスを行ったが、「光華号」では弁当までもが無料で配られるという気前の良さ。まさに“ビジネスクラス”か？

時間地図を大きく書き換えた島内一周線

しかしながら、昔の台湾の鉄道の特色は最新設備の導入だけではなかった。1960年代当時は、まだ各地に砂糖キビ運搬用の軽便鉄道で旅客も載せる路線が多数残っていたのである。時刻表の巻末には台湾製糖公司が運行したこれらの路線の区間と運賃のみが掲載されているが、古き時代が垣間見えて独特の趣がある。時刻は非掲載だったが『台鉄列車の発着に合わせて運行』された由。これらの路線は、自動車交通の発達ともに次々と旅客扱いを止めてしまい、最後まで残ったのは、阿里山への森林鉄道の出発駅としても知られる嘉義〜北港間の「台糖公司虎尾総廠線」だったが、1982年に消滅し、すでに過去の思い出となった。しかし、その一部は観光鉄道として再生し、好評を博している。

優等列車が続々登場する一方で、戦前からの路線網が非電化のまま残っており、SL天国ともいわれた台湾の鉄道だが、遂に大きく変貌を遂げることとなる。1975年から始まった近代化工事により、1979年には西部幹線の全線電化が完了。イギリスから輸入された新しい電車による特急「自強号」が登場した。「自強」とは、1971年に台湾が国連を脱退したときのスローガンに基づく愛称で、まさにその字のとおり、「自己を強く持つ」ということ。中華人民共和国とアメリカ・日本の国交回復でクローズアップされた台湾問題の

渦中における、台湾の決意表明ともいっても良いだろう。

鉄道の発展は、既存路線の質的強化だけにとどまらず、新路線開業によるインフラ面の整備も行われた。1970年代、台湾では十大建設といわれる巨大土木プロジェクトが実施されていたが、その中のひとつが、台北とは鉄道での直接の連絡が無く、長らく陸の孤島的状態であった東海岸への鉄道建設だった。1980年2月の蘇澳～花蓮間の「北廻線」開業により、それまで飛行機の他は断崖の道をゆくバスや船に頼っていた花蓮を中心とする東海岸の都市への連絡が確実になり、台湾交通史の一大エポックとなったのである。その後、台湾南端をまわる枋寮～台東間の「南廻線」も開業し、今日では鉄道で台湾一周が可能となっている。

そして迎えた21世紀。2007年3月、台北～左営間に「台湾高速鉄道」が開業。台湾の南北が100分で結ばれるまでになった。戦前の半世紀、鉄道建設を通じて台湾の開発に取り組んだ日本は、立場こそ違え、再び台湾の鉄道に大きな財産を残したのである。

（南下）　縱貫線主要站快車時刻表　（62年5月10日改訂）

車次	區間	基隆	八堵	汐止	台北	板橋	桃園	中壢	新竹	竹南	海線			山線			彰化	員林	二水	斗六	嘉義	新營	台南	岡山	高雄	屏東
											大甲	清水	沙鹿	苗栗	豐原	台中										
山莒光號 13	台中—高雄															7.30	7.51	8.04	—	8.34	8.05	9.25	9.59	10.21	10.42	
山對特快 45	台中—高雄															8.10	8.28	8.42	9.03	9.21	9.50	10.10	10.44	11.09	11.32	
山平快 65	基隆—嘉義	5.53	6.00	6.16	6.45	6.55	7.20	7.38	8.23	8.41				9.03	10.06	10.25	10.49	11.03	11.25	11.52	12.36					
山光華號 2001	基隆—屏東	6.18	—	—	7.00	—	—	—	—	—				—	—	9.32	—	—	—	—	—	—	11.28	—	12.10	12.34
山對特快 31	基隆—高雄	6.46	6.53	—	7.30	—	—	8.12	8.49	—				9.26	10.23	10.39	11.00	—	—	11.49	12.16	12.37	13.11	—	13.50	
山莒光號 1	台北—高雄				8.00	—	8.31	—	9.15	—				9.47	10.42	10.58	11.16	—	—	11.58	12.25	12.45	13.19	—	13.57	
海對特快 39	台北—台中				8.25	8.34	8.58	9.09	9.48	10.06	11.05	11.17	11.23			11.49										
山觀光號 21	台北—高雄				9.00	—	9.31	—	10.16	10.34				10.51	11.54	12.09	12.31	12.45	—	13.16	13.44	14.05	14.39	—	15.17	
山莒光號 5	台北—台中				9.30	—	—	—	—	—				—	—	12.22										
海平快 51	台北—高雄				10.00	10.10	10.36	10.48	11.32	11.51	12.50	13.03	13.09				13.34	13.49	14.12	14.31	15.05	15.26	16.05	16.28	16.53	
山對特快 41	台北—台中				10.35	—	11.06	11.17	11.56	12.15				12.35	13.48	14.01										
山對特快 33	台北—高雄				11.00	—	—	—	12.16	—				12.52	—	14.07	14.26	—	—	15.10	15.37	15.57	16.32	—	17.12	
山平快 69	台北—台中				11.15	11.25	11.53	12.05	12.54	13.12				13.37	14.46	14.59										
山觀光號 23	台北—高雄				12.00	12.09	12.33	12.44	13.23	13.42				14.01	15.02	15.19	15.37	15.51	—	16.22	16.53	17.14	17.48	—	18.27	
山莒光號 15	台北—高雄				12.30	—	13.01	13.12	13.50	—				14.26	15.30	15.48	16.10	16.24		16.55	17.26	17.46	18.20	18.42	19.05	
海平快 53A	台北—高雄				12.40	12.52	13.21	13.33	14.19	14.38	15.36	15.49	15.55				16.21	16.37	17.01	17.19	17.52	18.16	18.55	19.22	19.47	
海平快 53	基隆—高雄	12.08	12.15	12.31	13.00	13.10	13.36	13.48	14.32	14.51	15.52	16.04	16.10				16.34	16.49	17.12	17.31	18.05	18.26	19.10	19.35	20.01	
山平快 55	台北—高雄				13.30	13.40	14.05	14.17	14.59	15.18				15.44	16.51	17.16	17.42	17.56	18.18	18.39	19.14	19.34	20.16	20.38	21.02	
海觀光號 7	台北—台中				14.00	14.09	14.33	14.44	15.21	15.39	16.32	16.43	16.48			17.14										
山對特快 35	台北—高雄				15.00	—	—	—	16.16	—				16.53	17.52	18.09	18.28	—	—	19.14	19.42	20.02	20.45	—	21.25	
海對特快 35B	台北—高雄				15.30	—	16.00	—	16.43	17.01	—	—	—				18.36	18.50	—	19.22	19.50	20.15	20.52	—	21.31	
山莒光號 3	台北—高雄				16.00	—	16.31	—	17.15	—				17.47	—	18.57	19.15	—	—	19.57	20.24	20.44	21.18	—	21.58	
海光華號 2003	基隆—屏東	15.46	—	—	16.30	—	—	—	—	—						(19.20)	19.01	—		—	—	—	20.42	—	21.22	21.46
山觀光號 25	台北—屏東				17.00	—	17.31	—	18.16	18.34				18.52	19.56	20.12	20.30	20.44	—	21.15	21.42	22.03	22.37	—	23.20	23.47
山平快 67	台北—嘉義				17.40	17.52	18.22	18.34	19.20	19.38				20.01	21.13	21.33	21.52	22.06	22.28	22.49	23.26					
山莒光號 9	台北—嘉義				19.00	—	19.31	19.42	20.19	20.36				20.53	21.46	22.01	22.20	22.35	22.53	23.11	23.41					
山對特快 43	台北—台中				19.50	19.59	20.23	20.33	21.11	21.29				21.46	22.47	23.00										
山莒光號 11	台北—彰化				20.15	20.24	20.48	20.59	21.37	21.55				22.16	23.09	23.24	23.41									
海平快 57	台北—高雄				21.30	21.44	22.17	22.34	23.25	23.44	0.52	1.05	1.11				1.38	1.53	2.18	2.41	3.25	3.46	4.32	4.56	5.25	
山平快 59	基隆—高雄	21.08	21.15	21.31	22.00	22.13	22.52	23.09	23.56	0.19				0.42	1.52	2.11	2.35	2.50	3.12	3.34	4.16	4.37	5.23	5.46	6.14	
山對特快 27A	台北—彰化				22.15	—	22.49	23.01	23.44	0.01				0.19	1.27	1.45	2.06									
山觀光號 27	台北—高雄				22.30	—	23.06	23.20	0.10	0.33				0.53	2.03	2.23	2.55	3.11	3.31	3.50	4.27	4.47	5.35	5.58	6.23	
山平快 61	台北—高雄				23.00	23.14	23.47	0.04	0.53	1.13				1.35	2.46	3.08	3.30	3.45	4.07	4.28	5.11	5.32	6.17	6.40	7.07	
海平快 63A	台北—高雄				23.15	23.29	0.04	0.20	1.05	1.23	2.29	2.41	2.50				3.35	3.50	4.13	4.36	5.20	5.41	6.25	6.48	7.17	
海平快 63	台北—高雄				23.30	23.44	0.17	0.34	1.21	1.41	2.45	2.59	3.09				3.48	4.03	4.26	4.48	5.32	5.53	6.41	7.07	7.25	

註(1)27・28次觀光號附掛單・雙層臥車61・62次平快附掛三層臥車。(2)1・2・3・4次莒光號及21・22・25・26次觀光號均附掛餐車。(3)27A・44A對特快及53A・56A・63A・64A平快(逢星期六・日行駛)・35B對特快(逢星期六行駛)・36B對特快(逢星期日行駛)

「観光号」「光華号」や「莒光号」で賑わう西部幹線の時刻表
（1973年7月の台湾鉄路時刻表より）

乗りこなすにはコツがいる！？
台湾の珍交通機関「台車」

外車埕〜埔里
（1926 年）

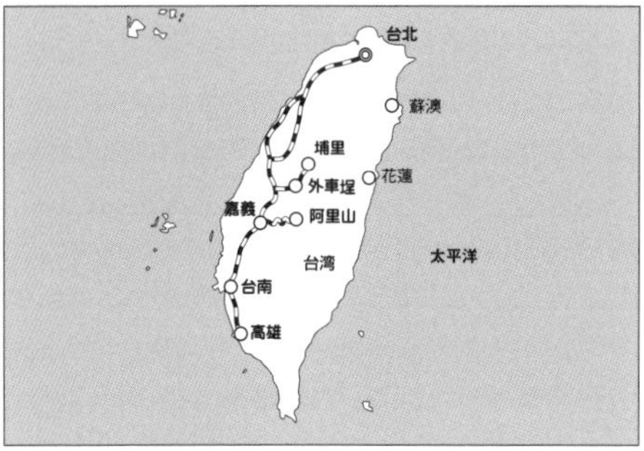

初歩的な交通機関なのにちゃんとダイヤが存在

究極の動力「人力」。昔は駕籠や人力車、今は『鳥人間コンテスト』が人力の活躍の場であるが、歴史の中には、まじめに人が鉄道車両を押していた時代があった。人が押す鉄道——これを「人車鉄道」という。わが国でも、明治時代に「豆相人車鉄道」が熱海の温泉地への交通手段として重宝されたほか、寅さんで有名な帝釈天門前にも人車鉄道が存在した。全国にこうした人車鉄道は 20 以上あったという。しかし、所詮は人力である。輸送力は限られているし、スピードもそれほど出るものではない。車両を押す人夫の労力も大変なものだ。さしずめ今流に言うと“3K”職場。いずれは本格的な鉄道に置き換えられたり、自動車にとって代わられる運命だった。

しかし、人車が戦前から戦後にかけて、それも今からつい 3、40 年くらい前まで活躍した場所がある。それは台湾。当然のことながら、フルサイズの鉄道に比べて敷設コストも安いし、台湾の急峻な山に分け入るには小回りが利いて好都合だった。台湾では 19 世紀末から、鉱石積み出しのために人力トロッコが発生した。日本統治時代、産業開発が進んだ台湾には、鉱山をはじめ、サトウキビから砂糖を作る製糖会社や電力会社のような大資本が存在したほか、豊富な森林資源をバックに林業も盛んであった。当時はまだ自動車が一般的ではなかったため、そうした会社が幹線鉄道沿線とそこから離れた地域を結んで旅客や貨物を輸送するために敷設した軌道が人車の活躍の場だった。なお、台湾では人車のことを一般に「台車」といっている。

人が車両を押すというと、さぞやテキトーな乗り物だったのでは？と思われるかもしれないが、意外や意外、台車には時刻表も存在し、きちんとスケジュールどおりに運行されていたのだ。その証拠をお目にかけよう。

ここに紹介するのは、台湾電力線（今日の台湾鉄路局集集線。西部幹線の二水から分岐）終点の外車埕から、台湾随一の景勝地として名高い湖、「日月潭」付近を縫って中部台湾の山間部の町・

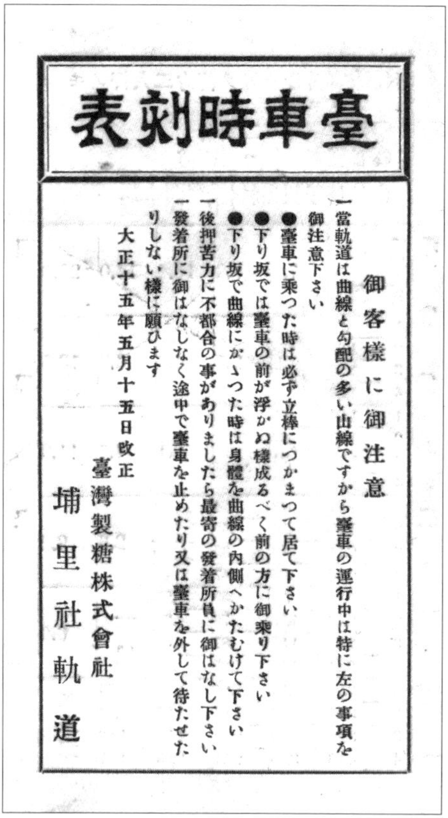
臺車時刻表

御客樣に御注意

一當軌道は曲線と勾配の多い山線ですから臺車の運行中は特に左の事項を御注意下さい
●臺車に乘つた時は必ず立棒につかまつて居て下さい
●下り坂では臺車の前が浮かぬ樣成るべく前の方に御乘り下さい
●下り坂で曲線にかゝつた時は身體を曲線の内側へかたむけて下さい
一後押苦力に不都合の事がありましたら最寄の發着所員に御はなし下さい
一發着所に御はなしなく途中で臺車を止めたり又は臺車を外して待たせたりしない樣に願ひます

大正十五年五月十五日改正
臺灣製糖株式會社
埔里社軌道

台湾製糖 埔里社軌道の時刻表
【1926 年 5 月　同社発行】

埔里へ向かう台車の「時刻表」である。

時刻表の「上り」「下り」と、実際の山登り・下りは逆だが、山登りは4時間半、下りは4時間弱所要だったことがわかる。距離は20.6マイル(約30キロ)なので、平均時速は7〜8キロということになる。なお「列車」種別には、ご丁寧に「旅客」と「貨物」があり、「旅客」が一日11本、「貨物」が一日5本運行されていた。もちろん、1台だけで運行されたわけではなく、列車のように連結されていたわけではないものの、何台かが連なって走ったのだろう。たしかに、これだけ長大な路線では、いつでも必要な場所に台車を差し向けるなどという柔軟な対応もできないし、単線の途中で行き違いも必要だ。運行時刻が決まっていないと人を運ぶ交通機関としては具合が悪いというのもうなずける。

乗客の協力がなければ脱線転覆?

さて、台車は1台に最大4人乗りで、車両の四隅に立った棒をつかんで、1人か2人の人足が押していた(この時刻表では「苦力」という表現を使っている)。当然、2人で押すほうがよりスピードが出たことだろう。実際、料金表を見ると、他の軌道では1人押し料金と2人押し料金が掲載されている例もあった(当然、2人押しの方がより高い)が、この軌道は急勾配だったため、二人押しが前提だったようだ。

基本的に屋根は無く開放的で、よく当時の台湾旅行案内では、『好天の中を疾走すると心地良いものである』と紹介されている。たしかに、木々の緑に包まれながら爽やかに走っている時の乗客はそうかもしれないが、台湾の亜熱帯の日差しの中で台車を押す人足にとっては厳しい労働だったことだろう。

しかし、乗客の方も4時間にわたって木箱の座席に座っているのも楽ではなかったのでは……と思えば、ありました! 料金表に目を転じると、「籐椅子使用」のオプション料金『全区間十銭、中間五銭』などというものも書かれている。さしずめ「スーパーシート」というべきか? 実際、ここに紹介した埔里社軌道の様子だろうと思われる当時の絵葉書を見ると、着物姿の女性が籐椅子に腰掛けて、驚くほど急峻な山中を台車で登っていく姿が写し出されている。

ところが面白いことに、乗客はただ単にのうのうと乗っていればよかった、というものでもなさ

◎表中大字ハ午後トス

上り

列車＼驛名	埔里	●水頭	●長寮	大林	魚池	槌子寮	五城	●新年	●門牌潭	外車埕	電力線接續
貨1	午前 4.00	5.00	6.30 6.50	8.20 8.30	9.40 10.00	11.00 11.45	12.05 12.16	12.35 12.50	1.20	1.50	
客3	午前 5.50	6.10	6.50	7.30	7.50	8.10	8.30 8.35	8.55	9.10	9.30	9.55
客5	午前 8.40	9.00	9.40	10.20 10.25	10.45 10.50	11.10 11.15	11.35	11.52	12.05	12.25	12.45
客7	午前 11.40	12.00	12.40 12.45	1.25 1.30	1.50 1.55	2.15 2.20	2.40	3.00	3.13	3.30	4.20
客9	午後 1.40	2.00	2.40	3.20 3.25	3.45 3.50	4.10 4.15	4.35 5.05	5.25	5.40	6.00	
客11	午後 4.20	4.40	5.20	6.00	6.20						
貨13							午前 9.20	9.40 10.00	10.30	11.00	

下り

列車＼驛名	電力線接續	外車埕	●門牌潭	●新年	五城	槌子寮	魚池	大林	●長寮	●水頭	埔里
貨2		午前 4.00	5.30	6.30 6.45	8.15 8.45	10.15 11.20	12.20	1.20 1.45	2.15 2.45	3.15	3.45
客4							午前 6.00	6.25	6.45 6.50	7.10	7.30
客6		午前 6.55	7.30	7.55	8.30 8.35	9.20 9.25	9.50 10.00	10.25 10.30	10.50	11.10	11.30
客8	午前 8.40	8.55	9.30	9.55	10.30 10.33	11.15 11.20	11.45 11.50	12.15 12.20	12.40	1.00	1.20
客10	午前 11.20	11.50	12.25	12.50	1.25 1.30	2.15 2.20	2.45 2.50	3.15 3.20	3.40	4.00	4.20
客12	午後 3.20	3.30	4.05	4.30	5.05	5.50	6.15 6.20	6.45	7.05	7.25	7.45
貨14							午前 7.50	8.20 8.45	9.15 9.45	10.15	10.45
貨16							午前 11.00	12.00	12.30 1.15	1.45 2.00	2.30

●印ハ信號所ノ記號ニシテ旅客貨物ノ取扱ヲナサス　朱書ハ臨時客con車トス

◎乘客賃金ハ總テ苦力二人押ノモノトス
◎雨天運行ハ二割增
◎日覆雨覆付ハ三割增
◎籐椅子使用料{全區間十錢、中間五錢}

乘客賃金表 / 哩程表

乘客人員	埔里					
		7.1	9.3	11.4	14.0	20.6
1	.79	大林	2.2	4.3	6.9	13.5
2	1.06					
3	1.32					
4	1.58					
1	1.04	.25	魚池	2.1	4.7	11.3
2	1.38	.33				
3	1.73	.41				
4	2.07	.49				
1	1.27	.48	.24	槌子寮	2.6	9.2
2	1.69	.64	.32			
3	2.11	.80	.39			
4	2.54	.96	.47			
1	1.56	.77	.53	.29	五城	6.6
2	2.08	1.03	.70	.39		
3	2.59	1.28	.87	.49		
4	3.11	1.54	1.05	.58		
1	2.29	1.50	1.26	1.03	.74	外車埕
2	3.05	2.00	1.68	1.37	.98	
3	3.82	2.50	2.10	1.71	1.23	
4	4.58	3.00	2.51	2.05	1.47	

前ページの時刻表の内部
雨天の時や日よけ付きをリクエストした時は割増料金が必要だったことがわかる

そうだ。この時刻表の表紙には、乗車上の注意が書かれている。

『下り坂では台車が浮かないように前に乗ること。』
『曲線にかかった時は体を内側へ傾けること。』

乗客に乗車テクニックを要求する乗り物も珍しいのではないだろうか？　ちなみに、下り坂ではちゃんとブレーキを掛けられるようになっていたので、どこまでも惰性で転がっていくということはない。ご安心を。

ちなみに、この台車の終点である埔里から、さらに台車を乗り継いで奥に分け入ると、霧社という町がある。ここは、1930年10月に原住民による反日蜂起事件「霧社事件」が発生した現場として、日台近代史の中に名が残っている場所だ。

台湾の台車は戦後も長らく使われ、中でも滝や山地原住民の風俗で観光地として知られる烏来(ウーライ)への路線が有名だった。ここは元々、山から原木を切り出して輸送するための軌道であったが、林業が衰退してからはほとんど観光客をターゲットにしていたため、台車は朱塗りの地に中華風の模様が描かれ、直射日光やスコールをしのぐ幌がつくという小洒落た姿をしていた。しかし、1970年代になると人力の台車は姿を消し、小型のガソリン機関車がトロッコを引っ張る、遊園地の列車のようなものにとって代わられてしまった。烏来以外に存在した台車は実用交通機関としての色彩が強かったが、やはり道路の発達や第二次産業の斜陽化によって、残念ながらまったく姿を消してしまっている。

今日、「台車」は人々の心の中・郷愁の中を走るのみだ。

険しい山を登っていく台車（絵葉書より）
着物姿の女性はさすがに籐椅子がお好みのようだ

台湾最大の観光地への鉄道は
日本統治時代の開発の産物

嘉義〜阿里山

（1931 年）

材木がお客様・人間は便乗扱い

台湾の観光地の中でも最も有名な場所のひとつが「阿里山」。ここは西部幹線の嘉義から山頂まで、登山鉄道が通じていることで知られている。今日ではすっかり観光用の列車になってしまった嘉義〜阿里山間の阿里山森林鉄道であるが、そのルーツは日本の植民地時代に材木を搬出するために敷設された鉄道である。1914 年に阿里山までの全線が開通している。

この鉄道は台湾総督府営林所が木材搬出用に運行していたため、人が乗るには「便乗」という特別扱いで乗車する必要があった。本来の目的が旅客輸送ではないために便乗扱いで乗客を乗せる鉄道はしばしば各地に見られたが、中でも有名だったのは発電所工事のために敷設された宇奈月〜欅平間の黒部峡谷のトロッコであろう。今日では整備されてやはり観光鉄道化されているが、かつては『生命の保証はいたしません』などという物騒な条件で登山客の便乗を認めていたという。

阿里山森林鉄道は始発から終着までの距離が約 70 キロあり、この間に 2000 メートル以上を昇るから、横浜から富士山の六号目を目指していくような感覚である。急傾斜の路線であるが故に、いろいろな見どころがあることで有名であるが、そのひとつが、勾配を緩和するために山を巻くようにして登る「スパイラル線」だ。戦前の案内パンフレットの表紙イラストにも描かれているように、独立山という嶺を 3 回巻いて高度を稼ぐのである。なお、始発の嘉義は北回帰線が通っていることで知られているが、地上の亜熱帯の植生が山を上るにつれて暖帯林〜温帯林へと変化していき、これが豊富な森林資源といわれる所以でもある。

台湾の森林鉄道というと阿里山にばかり目が行きがちであるが、これとはまったく異なる方法で高度を稼ぐものが他に存在した。台湾北東部にあった土場〜太平山間の太平山森林鉄道である。ここの鉄道は始発から山頂までの間に 3 つの索道が設置されていた。索道というのはいわゆるロープウェイのこと。鉄道区間とロープウェイ区間を組み合わせて 1000 メートル以上の高低差を克服するのである。それも、鉄道とロープウェイ相互を 6 回も乗り換えるのは面倒なため、トロッコをそのままケーブルで吊り上げて運ぶというという豪快な路線だった。なぜ台湾にはこうも奇妙な乗り物が多かったのか？

阿里山方面への観光案内パンフレット
【1930 年代？　台湾総督府交通局鉄道部】

なお、始発駅の土場というのは太平山から切り出された木材の集約場所であり、ここからはさらに営林所が管理している土場～羅東間の羅東森林鉄道に積み替えて木材の搬出を行っていた。1924年開通の羅東森林鉄道もやはり便乗が可能であり、1940年の旅行案内では『1日3往復運行、所要2時間50分、92銭』となっている。

羅東森林鉄道や太平山森林鉄道は、阿里山ほどは特色ある景観に恵まれなかったこともあり、観光地化されることなくひっそりと廃止されていった。しかし、太平山森林鉄道の一部区間は観光鉄道として整備され好評を博している。

＝阿里山線便乗列車時刻と運賃表＝

(101) ↓		(104) ↑	(102) ↑
ゼ 9.38	嘉義		2.56
9.44 9.50	北門		2.50 2.45
10.34 10.39	竹崎		1.56 1.51
1.30 1.40	奮起湖		11.47 11.37
3.47 3.49	神木		10.03 10.00
4.05 4.10	阿里山	7.00	9.50 ゼ
5.00 5.05	児玉	6.10 6.00	
5.25	新高口	5.40 ゴ	

二等	6.52	6.28	5.60	嘉義	三等
	.92	.68	阿里山	2.85	
	.24	児玉	.34	3.19	
	新高口	.12	.46	3.31	

團體　20人以上 3割引
40人…… 4割引
60人…… 5割引

前ページのパンフレットの内部
嘉義から阿里山への森林鉄道時刻表と運賃表

蘇澳〜花蓮

（1931 年）

「超世界的」と評されたスペクタクル

現在、台湾は鉄道で一周することができる。日本からも近く、漢字圏であることから、気軽に異国の鉄道旅行を楽しむ日本の鉄道ファンも少なくないようだ。しかし、台湾が現在のように鉄道で一周できるようになったのは比較的最近のこと。1992 年に「南廻線」が営業開始してからである。それよりもっと前の 1960 年代までは、台湾の東西に幹線鉄道があるほかは、バスによる連絡に頼らざるを得なかったのである。

バス連絡のルートのうち、距離が長く、また美しい沿線風景で有名だったのが、ここに紹介する蘇澳〜花蓮線である。台湾の東海岸、断崖絶壁に掘られた道路で知られていた。戦後になって「蘇花公路」と呼ばれる 120 キロのこの道は、元々は日本時代に台湾総督府の手によって手がけられた大工事によって開通したものだった。

蘇澳〜花蓮間の自動車路線案内
【1931 年　東海自動車運輸】

日本は台湾を統治していた時代、様々な開発を行った。この蘇澳と花蓮を結ぶ道路は、1916年にまず歩行者用の道として建設が着手された。そしてなんと9年の歳月をかけて1925年に完成。岸壁の岩肌を掘り込んで路肩に転落防止用の縁石をつけただけの簡素な造りで、地形の関係から11箇所の洞門も掘られた。しかしさすがに歩行者だけしか通れないのは具合が悪く、早くも1927年から拡幅工事に着手し、1932年6月に自動車も通れる道路として竣工した。この道路の様子を、当時の『台湾旅行案内』は以下のように描写している。

『眼下千尋太平洋の怒涛うそぶく断崖の表に出、大樹鬱蒼として緑滴る裏山の林間を縫ひ、或いは白雲徂徠する四二〇余米の高地に登り、漁夫の網曳く海浜に下り鳥声長閑な幽谷を過ぎ、或は大濁水渓に架けられた東洋一の称ある大鉄線橋上から濁流の渦巻くを見て疾走し、或は全山大理石より成る大断崖に出で洞門をくぐり隧道をぬけ、或は太古の姿そのままの蕃社あり……。(後略)』

これでこの道の様子は目に浮かぶだろう。いやはや、昔の人の文章力には舌を巻くばかりだ。今は簡単に写真が撮れるようになったからこうした詩的な描写はなかなかできない。そして、この文章は次のように結ばれている。

『曾て独逸の旅行家が本道路を過ぎたとき「本国独逸には元より世界に於ても恐らく斯様なドライブ・ウェーはない」と賞賛の声を放ったのを見ても此の道路の風光が全く超世界的であることを証するものである。』

「超世界的」ときた。そこまで言うかという感じもしないではないが……。

ところで、先の文章に出てきた「蕃社」だが、これは原住民の集落のことを指す。日本の台湾領有史は、原住民の人々（蕃人—「ばんじん」と称された）との抗争と鎮圧の繰り返しだったとも言ってよい。この道路が出来た時代はさすがに原

乘合自動車發著時刻表

【上リ】

驛名		時刻	時刻
花蓮港驛接續時刻			午前 一一・五五 著ニ接續列車
花蓮港	發	午前 八・〇〇	午後 一二・三〇
北埔	〃	〃 八・一六	〃 一二・四六
新城	〃	〃 八・四三	〃 一・一三
ブセガン	〃	〃 八・四九	〃 一・一九
峡口	〃	〃 八・五三	〃 一・二三
タッキリ	〃	〃 九・〇五	〃 一・三五
石硿子	〃	〃 九・二一	〃 一・五一
清水	〃	〃 九・三一	〃 二・〇一
カナガン	〃	〃 九・四九	〃 二・一九
グークツ	〃	〃 一〇・〇三	〃 二・三三
大濁水	〃	〃 一〇・二四	〃 二・五四
ベレフン	著	〃 一〇・四〇	〃 三・一〇
ベレフン	發	〃 一〇・五五	〃 三・二五
ルキヨフ	發	〃 一一・二六	〃 三・五六
南溪	〃	〃 一一・三九	〃 四・〇九
南澳	〃	〃 一一・四九	〃 四・一九
東澳	〃	午後 一二・四五	〃 五・一五
蘇澳	著	〃 一・三五	〃 六・〇五
蘇澳驛接續時刻		午後 一・五〇 基隆行列車ニ接續	午後 六・四一 基隆行列車ニ接續

【下リ】

驛名		時刻	時刻
蘇澳驛接續時刻		午前 七・二四 著ニ接續列車	午後 一二・一三 著ニ接續列車
蘇澳	發	午前 八・〇〇	午後 一二・三〇
東澳	〃	〃 八・五一	〃 一・二一
南澳	〃	〃 九・四七	〃 二・一七
南溪	〃	〃 九・五七	〃 二・二七
ルキヨフ	〃	〃 一〇・一〇	〃 二・四〇
ベレフン	著	〃 一〇・四〇	〃 三・一〇
ベレフン	發	〃 一〇・五五	〃 三・二五
大濁水	發	〃 一一・一二	〃 三・四二
グークツ	〃	〃 一一・三三	〃 四・〇三
カナガン	〃	〃 一一・四六	〃 四・一六
清水	〃	午後 一二・〇四	〃 四・三四
石硿子	〃	〃 一二・一四	〃 四・四四
タッキリ	〃	〃 一二・三〇	〃 五・〇〇
峡口	〃	〃 一二・四三	〃 五・一三
ブセガン	〃	〃 一二・四六	〃 五・一六
新城	〃	〃 一二・五三	〃 五・二三
北埔	〃	〃 一・一九	〃 五・四九
花蓮港	著	〃 一・二五	〃 六・〇五
花蓮港驛接續時刻		午後 三・四〇 發ニ接續列車	午後 六・三〇 發ニ接續列車

前ページのパンフレットの内部
１日上下２往復が運行されていいた

住民との関係も落ち着いてきていたが、開発を進めて近代文明の恩恵に浴させることが、安定した統治の上でも重要と考えられていた。この道路の沿線にも、「ルキヨフ」「ベフレン」「グークツ」などに蕃社があった。

鉄道開業までは交通の難所

この道路にバスの運行が始まったのは1931年6月のこと。それまでは、4日ないし6日に1度運航されていた大阪商船の台湾東海岸線に乗って海路を船で行くか、さもなければ歩くかしかなかった区間に、安定した交通機関が加わったのである。当時、この路線を運行していた東海自動車運輸の案内書を見ると、蘇澳と花蓮からそれぞれ午前と午後の2便ずつの発車。この区間の所要時間は5時間35分だった。当時のことであるから途中に設備の整ったサービスエリアなどは無かったと思われるが、中間地点のベフレンで15分停車し、これがトイレ休憩とのことである。

第二次大戦後もこの区間の路線バスは運行が続けられ、台湾公路局（1980年に台湾汽車客運となる。現：國光汽車客運）のバスが4時間で走るようになった。便数こそ少なかったが、一度に10台も連ねて走ったという。また、台北からここを通って花蓮への直通バスも登場し、これは8時間を要した。なお、戦前に日本が取り組んだように、戦後の台湾はやはり道路開発を熱心に進め、懸案だった中央山脈の横断道路である東勢～新城間の東西横貫公路が、退役軍人の手で1960年4月に完成している。これは、台中近傍の町・東勢から東海岸の太魯閣（タロコ）峡を通って蘇花公路に連結される道路で、産業開発の上で重要な役割を期待された。

さて、蘇澳～花蓮間に念願の鉄道が通じたのは1980年2月のこと。台湾鉄路局の北廻線が開業したのである。それまで花蓮は道路で結ばれているとは言え、大量輸送時代からは取り残された感があったが、これで台北と鉄道での往来が実現。それ以降、蘇花公路は生活路線としての一線を退き、太平洋を望む観光スポットとして今に至っている。

台北〜東京

（1963年）

"マンダリン・ジェット" 就航直後の時刻表
【1961年9月　民航空運公司】

豪華絢爛！　空飛ぶ宮殿

イベントやキャラクターの特別塗装が施された旅客機が花盛りだ。こうした特別塗装機は、1970年代にアメリカのブラニフ航空が飛ばしたアレクサンダー・カルダーのデザインによる塗装をまとったジェット機をルーツとし、1993年のANA "マリンジャンボ" が今日の隆盛の起爆剤となったともいわれるが、さらに時代をさかのぼる1960年代、バンコクからソウルまでアジア一円を股にかけて大活躍したド派手な旅客機があった。台湾の航空会社「民航空運公司」(Civil Air Transport　略称：CAT) が飛ばしていたコンベア880M型ジェット機、名付けて "マンダリン・ジェット" である。「マンダリン」とは中国の王朝時代の高級役人のことであるが、とことん中華風なこの会社のムード（今風に言えば「CI」——コーポレート・アイデンティティ）に似つかわしいキャッチフレーズだった。

マンダリン・ジェットの塗装は金色のラインが窓周りに走るゴージャスなもので、機首にリアルな龍の絵が踊る。変わっていたのは外観だけではない。ファーストクラスとエコノミークラスの間の隔壁は月洞門風に仕上げられ、鳳凰と竜をモチーフとした飾りや獅子の取っ手があしらわれていた。壁面パネルには孔子の旅をイメージしたイラストが描かれ、座席は唐草模様で肘掛は金色！　CATはマンダリン・ジェットを別名 "The Flying Oriental Palace"——「空飛ぶ東洋の宮殿」とも謳っていたが、まさにその称号がふさわしいデザインだった。

CATがマンダリン・ジェットを就航させたのは1961年7月のこと。たった1機のみの導入だったが、台北を中心に東京以外にもソウル・香港・バンコク・マニラといった同社のほとんど全ての路線に麗姿を見せていた。1機しかないから、1963年12月の時刻表によるとその運用は過酷なものだった（以下は便の始終着のみ記載し、寄港地は省略している）。

月曜日　台北→マニラ→台北→香港→台北→東京
火曜日　東京→ソウル→台北→バンコク
水曜日　バンコク→台北→東京

木曜日　東京→ソウル→台北→バンコク
金曜日　バンコク→台北→東京
土曜日　東京→ソウル→台北→香港→台北
日曜日　台北→香港→台北

（日曜の香港往復は隔週運休。この場合、土曜夜の台北着後に台南まで飛行し、月曜早朝に台南から台北へ戻る運用だった）

なお、ソウルから台北に飛ぶフライトでは実際には東京と沖縄を経由していた。したがって、台北〜東京間はほぼ毎日どちらかの方向が必ず飛んでいた同社の最重要路線だったわけである。

コンベア880はアメリカ製の中距離ジェット機で、同時期のボーイングやダグラスの機体と比べるとやや地味な存在だったが、その高速性能と若干少なめのキャパシティから、CATと同じ時期にJALやキャセイパシフィックといったアジアの発展途上の航空会社が使用した。これら3社のコンベア880はアジア各地で鉢合わせしたはずだが、やはりマンダリン・ジェットの持つインパクトには及ばなかったことだろう。

CIAとのコネクション

ところで、CATには不思議な営業所が、しかも日本にあった。「東京」「大阪」の各営業所、これらは普通に想定の範囲内。問題はもうひとつの「立川」である。立川営業所の所在地は“MATS Air Terminal Building”。立川は東京の多摩地域の都市であるが、1960年代までアメリカ極東空

國際航綫班機時間表
INTERNATIONAL FLIGHT SCHEDULE

本時間表得隨時修訂恕不另行通知
SCHEDULE SUBJECT TO CHANGE WITHOUT NOTICE

NORTHBOUND 北行		MON (星期一)			TUE (星期二)		WED (星期三)			THU (星期四)			FRI (星期五)		
Aircraft 機型		CV-880	CV-880	CV-880	CV-880	DC-6B	CV-880	CV-880	DC-6B	CV-880	DC-6B	DC-6B	CV-880	CV-880	DC-6B
Class 等級		F/Y	F/Y	F/Y	F/Y	Y	F/Y	F/Y	Y	F/Y	Y	Y	F/Y	F/Y	Y
Flight 班次		12	2	22	22	76	4	24	60	24	74	64	5	26	66
BANGKOK 曼谷	Lv 開						0915 B						0915 B		
HONGKONG 香港	Ar 到						1235						1235		
	Lv 開		1500 S			1230 L	1340 S				1230 L		1340 S		
MANILA 馬尼剌	Lv 開	1100 L							1915 D						1915 D
TAIPEI 台北	Ar 到	1240	1705			1440	1455		2235		1440		1455		2235
	Lv 開			1750 S				1600 S				1530 S		1600 S	
OKINAWA 沖繩	Ar 到			1950				1800				1810		1800	
	Lv 開			2035 S				1845 D				1845 D		1845 D	
OSAKA 大阪	Ar 到											2150			
TOKYO 東京	Ar 到			2225				2035						2035	
	Lv 開				0815 B					0815 B					
SEOUL 漢城	Ar 到				1020					1020					
		超級翠華號 THE MANDARIN JET	超級翠華號 THE MANDARIN JET	超級翠華號 THE MANDARIN JET	超級翠華號 THE MANDARIN JET	翠華號 THE MANDARIN FLIGHT	超級翠華號 THE MANDARIN JET	超級翠華號 THE MANDARIN JET	翠華號 THE MANDARIN FLIGHT	超級翠華號 THE MANDARIN JET	翠華號 THE MANDARIN FLIGHT	翠華號 THE MANDARIN FLIGHT	超級翠華號 THE MANDARIN JET	超級翠華號 THE MANDARIN JET	翠華號 THE MANDARIN FLIGHT

SOUTHBOUND 南行		MON (星期一)				TUE (星期二)		WED (星期三)		THU (星期四)		FRI (星期五)	
Aircraft 機型		CV-880	CV-880	DC-6B	DC-6B	CV-880	CV-880	DC-6B	DC-6B	CV-880	CV-880	DC-6B	DC-6B
Class 等級		F/Y	F/Y	Y	Y	F/Y	F/Y	Y	Y	F/Y	F/Y	Y	Y
Flight 班次		11	1	63	75	23	3	61	73	25	5	65	67
SEOUL 漢城	Lv 開					1120 L				1120 L			
TOKYO 東京	Ar 到					1300				1300			
	Lv 開					1410 L				1410 L			
OSAKA 大阪	Lv 開			0815 B								0900 B	
OKINAWA 沖繩	Ar 到			1145		1635				1635		1230	
	Lv 開			1220 L		1720 S				1720 S		1305 L	
TAIPEI 台北	Ar 到			1315		1725				1725		1400	
	Lv 開	0830 B	1345 L		0900 CB		1820 S	1500 S	0900 B		1820 S		1500 S
MANILA 馬尼剌	Ar 到	1010						1820					1820
HONGKONG 香港	Ar 到		1505		1130		1940		1130		1940		
	Lv 開						2035 D				2035 D		
BANGKOK 曼谷	Ar 到						2200				2200		
		超級翠華號 THE MANDARIN JET	超級翠華號 THE MANDARIN JET	翠華號 THE MANDARIN FLIGHT	翠華號 THE MANDARIN FLIGHT	超級翠華號 THE MANDARIN JET	超級翠華號 THE MANDARIN JET	翠華號 THE MANDARIN FLIGHT	翠華號 THE MANDARIN FLIGHT	超級翠華號 THE MANDARIN JET	超級翠華號 THE MANDARIN JET	翠華號 THE MANDARIN FLIGHT	

F—First Class 頭等座　　Y—Economy Class 經濟座　　CB—Continental Breakfast 歐式早餐　　B—Breakfast 早餐　　L—Luncheon 午餐　　D—Dinner 晚餐

§ CT9/10 CV880 will be substituted by DC6B on December 1, 15 and 29 with Taipei departure time unchanged and Hongkong departure time advanced to 1230L.

§ CT9/10 次班機在十二月一，十五，廿九日，改用DC－6B型機，臺北起飛時間不變，香港起飛時間提前至中午十二時卅分。

1963年12月にCATが発行した時刻表の内部
マンダリン・ジェットで運航される便については金色で背景が塗られていた

軍の輸送拠点だった米軍基地があり、そこの米空軍輸送部隊のターミナルビルにCAT営業所が入居していた(漢字では『美軍基地大廈一七ニ四號』と記載)。もっとも、同社の一般旅客向けの便が立川に発着していたわけではなく、このオフィスは米軍と関係者のための軍用輸送や、旅行代理店サービスの提供がその役目だった。民間航空会社が米軍基地内に営業所を置く——この事実は、CATの生い立ちと経営の背景にその秘密がある。

実はCATは、アメリカの情報機関であるCIA傘下の航空会社だった。CIA関係の航空会社としては、他に映画にもなった「エア・アメリカ」が知られているが、こうした会社は民間航空会社であることを隠れ蓑にした軍事輸送への協力など、極東におけるアメリカの活動の一端を担うミステリアスな存在だったのである。

CATのルーツは1946年10月にさかのぼる。第二次大戦が終結し、国民党と共産党の間で国共内戦が行われていた中国大陸に存在したCNRRA（Chinese National Relief and Rehabilitation Administration－中国救済復興局）の航空輸送隊として発足したのがその始まり。この設立には大戦期に中国大陸で義勇空軍“フライング・タイガース”を率いたアメリカの軍人・シェンノートが関係しており、中華民国政府との契約で食糧や日用品といった生活物資を上海や広州などから内陸へ空輸することが最初の仕事だった。その背後には、国民党を支援するアメリカの戦略的意思がはたらいていたのは言うまでもない。やがて同社は商業輸送も手がけるようになり、社名もCivil Air Transportに衣替えするが、内戦という大混乱の時代だけに、人民解放軍が迫る都市に対する物資補給やいよいよ陥落という時の脱出も手がけるなどスリリングな活動も行っていた。

蒋介石率いる国民党は旗色が悪くなる一方で、1949年には遂に大陸を追われて台湾で反攻の機をうかがうこととなる。CATも戦局とともに本拠地を昆明→海南島→香港へと移し、最後はやはり台湾へと渡ることとなった。ちなみに、中華人民共和国成立前の中国にはCATの他にも中国航空公司および中央航空公司という航空会社が存在したが、中華人民共和国成立時にこれらの使用機やパイロットが大量に香港に流れ込んでおり、香港を統治するイギリス政府はその帰属と処分に頭を悩ませた。最終的には中華人民共和国へ戻っていったものとアメリカへ返送されたものとに分かれ、中華人民共和国に行った機体とクルーは草創期の中国民航の基礎となった。今日、中国の航空博物館でなぜか古い西側の機体を見ることができるのはこうした事情があったからである。国民

「民航空運隊」と称していた頃のCAT時刻表
【1953年1月　同社発行】

党サイドから見ると裏切者と言いたいところであるが（台湾では「二航事件」ともいう）、結局これら2社はCATに統合されて姿を消し、以降はCATが台湾を代表する航空会社としての華やかな顔とCIAの手先としての裏稼業を両立させながら、四半世紀にわたって活動することとなる。

派手さとは裏腹のあっけない幕切れ

CATの日本への定期乗り入れは1950年4月のこと。当時の主力はダグラスDC-4型プロペラ機「空中覇王號」だった。同社はこの頃すでにバンコクから東京に至るアジア一円をカバーしていたが、韓国については朝鮮戦争の影響で臨時にソウルから首都が移された釜山へ乗り入れている。また、日本は東京だけではなく、英連邦軍の拠点であり米軍が駐留する岩国にも発着した。

設立から12年が経過した1958年、中学生になった子供がいきなりオシャレに目覚めるが如く、CATがド派手路線に走るのはこのころからである。同年10月からはより大型のDC-6B型プロペラ機が同社の主力となり、「翠華號」や“マンダリン・フライト”と名付けられて宣伝された。機首には龍の絵が描かれたが、このデザインは機体塗装のみならず時刻表その他印刷物にも使用され、CATのトレードマークとして、コンベア880の時代に引き継がれていった。同社の黄金時代は1960年代前半。先にも述べたように、アジア全域をカバーして“マンダリン・ジェット”＝「超級翠華號」が大車輪の活躍をする一方、台北〜花蓮線／台北〜高雄〜馬公線といった台湾の主要都市を結ぶ路線を広く運航した。また、当時アメリカが統治していた沖縄では、地元資本が運営していた那覇〜宮古〜石垣間の先島航空路に対して機体とクルーをチャーター契約で提供している。アジアではベトナム戦争に代表される不安定な情勢が続き、アメリカの諜報セクションが跳梁するフィールドはあちこちに存在した。

こうしてわが世の春を謳歌していたCATであるが、強力なライバルが現われた。1959年12月に退役軍人が主体となって立ち上げた中華航空である。同社は1966年から国際線の運航に乗り出し、翌年には日本へも就航。この一時期、台湾からはふたつの航空会社が同時に日本へ乗り入れていたわけである。競争という厳しい事態に直面したCATであったが、さらに悪いことに初代マンダリン・ジェットの後を引き継いだ唯一のジェット機が何ヶ月もしない内に墜落してしまう。これが原因で同社は1968年2月に国際線旅客定期便の運航を停止。わずかに残った台湾島内線も5月に運航を中止し、旅客輸送の幕を下ろした。CATなき後は中華航空が台湾のフラッグキャリアの地位を引き継いで今に至っている。

東洋趣味全開、CIAをバックにしたまさに「東洋の神秘」ともいえる民航空運公司。航空会社が競ってスマートさと効率性を追求するようになった現代に、このような会社はもう現れることはないだろう。

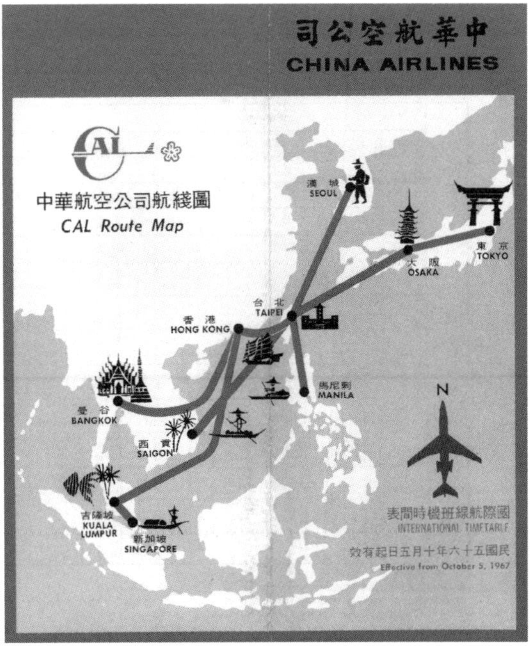

台湾のフラッグキャリア・中華航空の時刻表
【1967年10月　同社発行】

線路はあれども列車は通らず——
乗り換え必須だった香港と中国本土

香港〜広州
（1935/52 年）

辺境の集落に過ぎなかったフロンティア・深圳

島国である日本では味わえない旅の面白さが、陸路での国境越えだ。列車やバスで国境を越えることになるわけだが、大抵は車両に乗ったまま通過が可能である。しかし、今から30年前のトーマス・クック時刻表には、こんな注意書きが載っている場所がある。

"Passengers must walk across the frontier bridge"
（旅客は国境の橋を歩いて渡らなければならない）

これは香港と中国本土の広州を結ぶ路線の時刻表に書かれていた一文。当時、香港はイギリス領であったが、1949年に中国が共産主義国家になって以降、中国と他の国々の交通、特に西側諸国との出入りは香港からの鉄道連絡がほぼ唯一の道であった。しかし、香港〜広州間の鉄道は長らく直通運転をしていなかった。この区間のイギリス領部分と中国領部分は伝統的にそれぞれ、「英段」「華段」として分けて扱われてきたが、実際にこれらを隔てているのは深圳川という小さな川。この川のほとりに、英段の終点として羅湖(ロウ)駅が設けられ、香港からの旅客はこの駅で下車して出入境手続きを行わなければならなかった。イミグレーションのために設けられた駅であるから、駅の外に出るという選択肢は無い。とにかく手続きをして中国に進むか、さもなければ引き返すより他なかったのである。この当時の旅を、1952年8月に発行された香港の旅行者向け時刻表である『旅行便覧』で辿ってみよう。

あなたは香港の中心部・九龍駅に立っている。九龍駅はレンガ造りの重厚な建築で、時計台が目印だった。1975年に香港の始発駅は九龍駅の北東・紅磡(フンハン)に移転してしまい、九龍駅の大部分は取り壊されてしまった。今では時計台だけが往時を偲ぶよすがとして保存されている。当時11往復運転されていた英段の列車のひとつ、九龍駅を12時18分に出発する第28列車に乗ると、羅湖駅到着は13時19分。線路はその先中国本土へと続いているが、乗客はここで下車しなければばらない。国境の深圳川には屋根のついた鉄橋が架かっており、旅客はこの橋を歩いて中国側の岸辺に建つ深圳駅に行き、そこから再び中国国鉄の列車に乗り継ぐことになる。

無事に入国を許されたあなたは、深圳から再び車上の人となる。第238列車は14時ちょうどに汽笛一声深圳駅を広州へ向けて発車。当時はまだ蒸気機関車が牽引していた。現在の深圳地区

戦前の廣九鉄路時刻表
【1935年5月】

は経済特区として驚異の発展を遂げ、林立する高層ビルや派手な広告で飾られた大型ショッピングセンターが目立つ。しかし、こうした風景が見られるようになったのは1979年に中国が改革開放路線に転じて以降のこと。それまでは水田の中にポツポツと家屋の点在する辺境の寒村だった。ただ、鉄条網によって共産主義国家と自由主義陣営のショーウィンドー・香港が隔てられる、“東西の接点”という緊張地帯であることが普通の田舎とは違った。1964年に広州鉄路局が編集した地方版の中国鉄道時刻表を見ると、広州と深圳を結ぶ広深線の時刻表欄外にはこんな注意書きがあった。国境地域の駅に向かう切符を買うときに必要な証明書の一覧である。

『辺境の社会治安維持と辺境区域に居住する住民の合法的な居住と通行の自由を保障するため、広東省人民委員会頒布の「辺防居民通行証暫行弁法」で以下の通り規定されています。

(1) 平湖・李朗・布吉・深圳の4駅行は、辺防通行証・軍人通行証・辺防区居民証・沿海水上漁民証・パスポート・公民出境通行証・香港又はマカオの同胞の紹介書。

(2) 南崗から天堂圍間の各駅は……。(略)』

1964年当時、この区間の列車は各駅停車と急行がそれぞれ1往復だけだったから交通機関として気軽に鉄道を使うというわけにはいかなかったが、そのうえ中国人でも自由に切符が買えない制限区域だったのだ。一方、大陸の親戚知人の生活を援助するため、休暇シーズンに香港から多くの人々が生活物資を持ってこの路線で中国本土へ向かったのもその頃のことである。

さて、夕刻の18時49分、列車は広州駅に滑り込む。香港（九龍）から6時間30分の旅だった。ちなみに半世紀が経過した現在、香港～広州間は冷暖房完備の快適な列車が多数運転され、最速2時間で結ばれている。しかも、建設中の高速鉄道が開業すると所要1時間以内が想定されているとのこと。ではここで時間軸をさらに半世紀遡り、20世紀初頭の時代に行ってみることにしよう。

イギリスに開港を迫られてから大発展

珠江デルタの奥に位置する広州は古くから中国の対外交流窓口で、清の時代になって中国が鎖国状態にあった時でさえ唯一開かれていたことで知られる。しかし19世紀半ばに大きな転機が訪れた。アヘン戦争である。香港を攻略したイギリス軍は1841年5月に広東（広州）へ攻め入り、清国の抵抗も空しく広東はイギリス軍の手に落ちてしまう。

戦争が終わるとイギリスは清国と南京条約を結び、香港の租借や広東ほか数箇所の開港を約束させた。広東にはイギリスやフランスの租界が開かれ、自由貿易港となった香港との間の往来も増大。1865年にはイギリス系の香港・広東・マカオ汽船会社によって、珠江デルタを航行して広東～香港／香港～マカオ間を結ぶ航路が開設された。1921年に発行された同社の案内書によると、広東～香港間には昼便と夜便があり、昼便は広東と香港相互に午前8時発で所要6時間。夜便は広東

广　深　綫　—21—

广州 深圳 客 301 硬座餐	广州 深圳 快 91 軟座餐	自广州起 算里程数	始发站 終到站 車次 站名	深圳 广州 快 92 軟座餐	深圳 广州 客 302 硬座餐
12.23 26		89	常　平	↑	11 18.08
35 37		94	（土塘）		59 57
48 55	9.33 39	102	樟木头	32 13.27	46 41
13.09 18		113	塘头廈		26 24
25 27		118	（石鼓）		17 15
34 37		121	天塘围		09 17.07
46 49		126	平　湖		58 56
51 14.01		133	（李朗）		46 44
09 12		138	布　吉		34 32
14.23 ——	10.27 ——	146 ↓	深　圳	12.37	16.20

購买深圳客票注意

爲鞏固邊防維持社會治安，保障人民在邊防區內合法居住和通行的自由，根據广東省人民委員會頒布的广東省實施邊防居民通行證暫行辦法的規定：一、去平湖、李朗、市吉、深圳四站的憑邊防通行證，軍人通行證，邊防區居民證、沿海水上漁民證、出國護照、公民出境通行證、來往港澳同胞同鄉介紹書。二、去南崗至天堂圍間各站的：1.城鎮人口、机關工廠（省級憑　一級，市級憑局一級），高等院校或地方公安派出所證明，連同本人身份證明。2.小城鎮及農村人口憑人民公社以上的證明。

切符購入時の注意が書かれた中国国鉄の時刻表
【1964年5月　広州鉄路局】

発が午後5時（午後11時香港着）で、香港発が午後10時（翌朝6時広東着）だった。

船の次に登場した交通手段は鉄道。路線の起終点の地名を取って「廣九鉄路」（あるいは「九廣鉄路」）と名付けられた鉄道は、当時の中国の鉄道の例に漏れず列強と中国の様々な駆け引きの後、1911年10月に直通列車が運行を開始した。のちに中国大陸の鉄道網がさらに発達し、これらが路線図上は廣九鉄路と接続されると、香港は欧亜連絡の東の起点（ヨーロッパから見れば終点）とまで言われ、今に至るまでその壮大なスケール感は鉄道旅行愛好者の憧れとなっている。ただし、実際に香港からヨーロッパまで車両が直通したことはない。今日この地域は昇龍の勢いでの経済発展著しい地域であるが、ここに紹介する1935年5月の時刻表にもまさに「飛龍快車」（Flying Dragon Express）が駆け抜けており、半世紀以上後の世界を予見するようなそのネーミングに中国の奥深いパワーを感じる。快車（急行）にはこのほかにも、「飛鷹」「飛箭」「飛星」等、中国風な趣のある愛称が付けられていた。

日本による占領そして分断

戦前の香港～広東間の交通の黄金時代はこれまでで、日中戦争が始まると廣九鉄路は蒋介石の国民党を支援する補給ルート（援蒋ルート）として重責を担うこととなった。しかし、1938年10月に日本軍が広東を占領したことで援蒋ルートとしての役割は短命に終わる。香港～広東間の航路については、中国の水上交通が日本によって厳しく統制されていた当時においても日英協定に基づいて就航が可能だったが、回数が1ヶ月にわずか4回の運航で、搭載貨物も広東の租界在住外国人向けの日用品に限定されていたことから、経営は苦しいものだった。この地域の不運はさらに続き、太平洋戦争では開戦から1ヶ月も経たないうちに香港が日本軍の手に陥落。以降、廣九鉄路は日本の手に委ねられ、1945年8月の終戦を迎えた。戦後、香港～広州直通列車は一時復活するものの、わずか4年で途絶したことはすでに述べた通りである。

しかし、その途絶も歴史的には一時のものだった。この区間の直通列車が再開されたのは文化大

局長室電話…一一四一九
車務處長室電話…一七一五二
車務處辦公室電話一三七八五
大沙頭站長室電話一一四二一
西濠口站電話…一零四五五

廣九鐵路行車時刻表
由民國廿四年五月一日起實行
CANTON-KOWLOON RAILWAY TIME TABLE
On and after 1st. May, 1935, until further notice
(ALL PREVIOUS TIME TABLES CANCELLED.)

Managing Director's Office Tel. No. 11419
Traffic Manager's Office Tel. No. 17152
Traffic Department Tel. No. 13785
Station Master's Office Tel. No. 11421
West Bund Booking Office Tel. No. 10455

DOWN TRAINS 下行車

Kilometres from Canton 由大沙頭站至各站公里	Kilometres between stations 各站距離公里	站名	STATIONS	No. 1 混列合車 Mixed Goods 上午 A. M.	No. 3 華客段車 Local 上午 A. M.	No. 5 飛鷹快車 Flying Eagle Express 上午 A. M.	No. 9 直通慢車 Thro. Slow 上午 A. M.	No. 11 中午快車 Thro. Fast 中午 P. M.	No. 13 飛龍快車 Flying Dragon Express 下午 P. M.	No. 23 華客段車 Local 下午 P. M.
12.71		大沙頭	Tai Sha Tou (Canton) Dep. 開	7.15		8 15	8.45	1.00	4.35	5.00
	12.71	車陂	Che Pi Dep.	...		...	9.12	..	..	5.28
15.69	2.98	吉山	Kut Shan Dep.	...		...	9.18	...	...	5.34
20.24	4.55	烏涌	Wu Chung Dep.	...		...	9.30	...	...	5.43
27.50	7.26	南崗	Nam Kong Dep.	...		..	9.48	..	...	5.55
30.57	3.07	沙村	Sha Tsun Dep.	...		...	9.56	...	...	6.02
34.87	4.30	新塘	Sun Tong Dep.	...		...	10.07	...	.	6.11
37.99	3.12	塘美	Tong Mei Dep.	...		..	10.17	...	..	6.19
40.53	2.54	沙浦	Sha Po Dep.	...		.	10.27	..	...	6.26
46.66	6.13	仙村	Sien Tsun Dep.	...		..	10.46	...	...	6.38
51.89	5.23	石廈	Shek Ha Dep.	...		..	10.56	.	...	6.47
55.94	4.05	石灘	Shek Tan Dep.	8.19		.	11.08	.	..	6.57
58.47	2.53	石瀝滘	Shek Lik Kou Dep.	...		...	11.14	..	...	7.03
64.60	6.13	石龍	Shek Lung Arr. 到 / Dep. 開	8.28 / 8.36	6.30	9.16 / 9.19	11.26 / 11.40	2.05 / 2.09	5.36 / 5.39	7.15
70.79	6.19	茶山	Cha Shan Dep.	.	6.44	...	11.53	...	.	
73.59	2.80	南社	Nam Sheh Dep.	..	6.53	..	12.02	...	..	
80.02	6.43	橫瀝	Wang Lik Arr. 到 / Dep. 開	8.53 / 8.57	7.05 / 7.15	.. / ...	12.14 / 12.24	2.26 / 2.28	. / ...	
85.76	5.74	常平	Sheung Ping Dep.	9.07	7.31	..	12.40	...	..	
90.42	4.66	土塘	Tu Tong Dep.	...	7.45	...	12.54	..	...	
98.36	7.94	樟木頭	Cheung Muk Tou Arr. 到 / Dep. 開	9.20 / 9.23	7.59 / 8.09	9.51 / 9.53	1.00 / 1.21	2.47 / 2.49	6.11 / 6.13	
105.87	7.51	林村	Lum Tsun Dep.	...	8.24	...	1.37	...	...	
110.09	4.22	塘頭廈	Tong Tou Ha Arr. 到 / Dep. 開	9.35 / 9.40	8.34 / 8.44	.. / ...	1.50 / 2.00	3.01 / 3.02	. / .	
114.40	4.31	石鼓	Shek Ku Dep.	...	8.53	...	2.10	..	..	
117.70	3.30	天堂圍	Ting Tong Wai Dep.	9.55	9.10	..	2.25	...	..	
123.09	5.39	平湖	Ping Wu Arr. 到 / Dep. 開	10.04 / 10.29	9.20 / 9.27	... / ...	2.34 / 2.40	3.17 / 3.19	... / ...	
129.72	6.63	李朗	Li Long Dep.	...	9.40	...	2.52	...	...	
135.00	5.28	布吉	Pu Kut Dep.	10.49	9.55	..	3.07	.	...	
141.43	6.43	深圳墟	Shum Chun Market Dep.	11.03	10.15	...	3.22	..	...	
142.77	1.34	深圳	Shum Chun Arr. 到 / Dep. 開	11.06 / 11.23	10.18	10.35 / 10.56	3.25 / 4.24	3.41 / 3.42	6.55 / 6.56	
178.26	35.49	九龍	Kowloon Arr. 到	12.14		11.12	5.25	4.20	7.32	

局長李祿超

上行車 **UP TRAINS**

Kilometres from Kowloon 由九龍站至各站公里	Kilometres between stations 各站距離公里	站名	STATIONS	No. 4 華客段車 Local 上午 A. M.	No. 6 飛箭快車 Flying Arrow Express 上午 A. M.	No. 8 直通慢車 Thro. Slow 上午 A. M.	No. 10 中午快車 Thro. Fast 中午 P. M.	No. 12 混列合車 Mixed Goods 下午 P. M.	No. 18 飛星快車 Flying Star Express 下午 P. M.	No. 20 華客段車 Local 下午 P. M.
		九龍	Kowloon Dep. 開		8.30	8.45	12.35	2.00	4.50	
35.49	35.49	深圳	Shum Chun Arr. 到 / Dep. 開		9.06 / 9.07	9.50 / 11.10	1.13 / 1.14	3.00 / 3.43	5.26 / 5.27	1.40
36.83	1.34	深圳墟	Shum Chun Market Dep.		...	11.20	...	3.50	...	1.51
43.26	6.43	布吉	Pu Kut Dep.		...	11.39	...	4.03	...	2.10
48.54	5.28	李朗	Li Long Dep.		...	11.52	...	...	...	2.23
55.17	6.63	平湖	Ping Wu Arr. 到 / Dep. 開		.. / ...	12.06 / 12.11	1.36 / 1.38	4.20 / 4.25	... / ...	2.37 / 2.48
60.56	5.39	天堂圍	Tin Tong Wai Dep.		...	12.26	...	4.38	...	3.11
63.86	3.30	石鼓	Shek Ku Dep.		...	12.34	...	...	...	3.19
68.17	4.31	塘頭廈	Tong Tou Ha Arr. 到 / Dep. 開		... / ...	12.42 / 12.49	1.53 / 1.54	4.48 / 4.52	... / ...	3.27 / 3.33
72.39	4.22	林村	Lum Tsun Dep.		...	12.57	...	...	...	3.44
79.90	7.51	樟木頭	Cheung Muk Tou Arr. 到 / Dep. 開		9.50 / 9.52	1.11 / 1.18	2.06 / 2.08	5.05 / 5.09	6.10 / 6.12	3.58 / 4.03
87.84	7.94	土塘	Tu Tong Dep.		...	1.33	...	...	...	4.18
92.50	4.66	常平	Sheung Ping Dep.		...	1.48	...	5.26	...	4.32
98.24	5.74	橫瀝	Wang Lik Arr. 到 / Dep. 開		... / ...	1.59 / 2.06	2.27 / 2.29	5.35 / 5.38	... / ...	4.43 / 4.50
104.67	6.43	南社	Nam Sheh Dep.		...	2.47	...	5.49	...	5.02
107.47	2.80	茶山	Chá Shan Dep.		...	2.53	...	...	...	5.10
113.66	6.19	石龍	Shek Lung Arr. 到 / Dep. 開	8.00	10.24 / 10.27	3.04 / 3.15	2.46 / 2.50	6.03 / 6.14	6.44 / 6.47	5.22
119.79	6.13	石瀝滘	Shek Lik Kou Dep.	8.13	...	3.27	...	...	...	
122.32	2.53	石灘	Shek Tan Dep.	8.24	...	3.36	...	...	...	
126.87	4.05	石廈	Shek Ha Dep.	8.36	...	3.46	...	...	...	
131.60	5.23	仙村	Sien Tsun Dep.	8.59	...	4.01	...	...	...	
137.73	6.13	沙浦	Sha Po Dep.	9.11	...	4.15	...	...	...	
140.27	2.54	塘美	Tong Mei Dep.	9.18	...	4.24	...	...	...	
143.39	3.12	新塘	Sun Tong Dep.	9.26	...	4.35	...	...	...	
147.69	4.30	沙村	Sha Tsun Dep.	9.34	...	4.44	...	...	...	
150.76	3.07	南崗	Nam Kong Dep.	9.44	...	5.02	...	...	...	
158.02	7.26	烏涌	Wu Chung Dep.	9.57	...	5.14	...	...	...	
162.57	4.55	吉山	Kut Shan Dep.	10.06	...	5.22	...	...	...	
165.55	2.98	車陂	Che Pi Dep.	10.13	...	5.29	...	...	...	
170.20	12.71	大沙頭	Tai Sha Tou (Canton) Arr. 到	10.35	11.27	5.50	3.55	7.20	7.47	

By Order,
LI LU CHAO, *Managing Director.*

No. 29

戦前の廣九鉄路時刻表の内部
九龍～深圳間については詳細な時刻は省略されているようである

革命の終結を受けた1979年4月のこと。つまり、香港～広州間が徒歩連絡を挟んで完全に分断されていたのは約30年間であり、直通で往来可能な時代の方がはるかに長いというわけだ。その後、中国本土との直通列車は香港返還直前の1997年5月に北京／上海行きも登場。香港は中国へ返還されても特別行政区という区分上、羅湖と深圳の間の往来は今もフリーではないが、かつてのような国境越えにも通じる厳格さは影をひそめた。

1980年代に入ると英段は近代化が飛躍的に進み、1983年には電化が完成。これ以降、かつての「汽車」の面影は消えて香港の通勤電車といった性格を強くしていく。その背景には、文化大革命に代表される1960年代の中国本土の混乱の影響が香港にも波及したことを受け、社会資本の整備を通じて社会経済の建て直しを図ろうという香港当局の政策があった。香港では1988年に小型トラム路線が開業したのを皮切りに、今日に至るまで続々と新線が開業。ちなみに、1998年には広州～深圳間についても電化が完成し、以降、香港～広州や広州～深圳といった都市間に中国トップクラスの設備と性能を誇る高速列車が頻繁に走るようになっている。

そして迎えた2007年12月、羅湖までの区間を運営してきた九広鉄路は香港の地下鉄会社に事実上吸収合併された。これにより、香港の鉄道交通運営が一体化されたわけであるが、それは同時にイギリス領時代から100年近く続いた伝統の鉄道の終焉、そして新たな時代の幕開けでもあった。

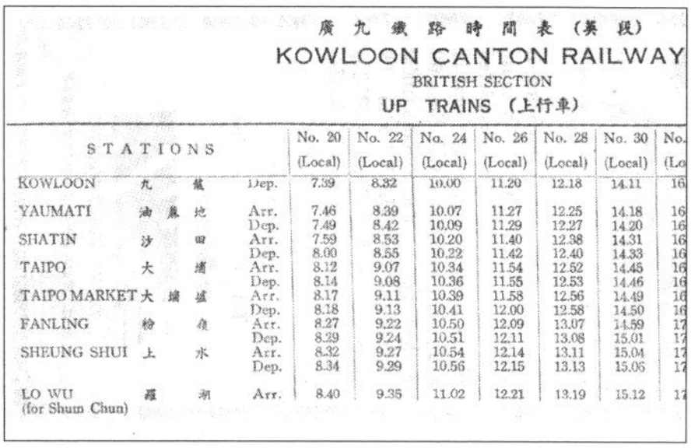
廣九鐵路時間表（英段）
KOWLOON CANTON RAILWAY
BRITISH SECTION
UP TRAINS（上行車）

STATIONS			No. 20 (Local)	No. 22 (Local)	No. 24 (Local)	No. 26 (Local)	No. 28 (Local)	No. 30 (Local)	No. (Lo
KOWLOON	九龍	Dep.	7.39	8.32	10.00	11.20	12.18	14.11	16
YAUMATI	油麻地	Arr.	7.46	8.39	10.07	11.27	12.25	14.18	16
		Dep.	7.49	8.42	10.09	11.29	12.27	14.20	16
SHATIN	沙田	Arr.	7.59	8.53	10.20	11.40	12.38	14.31	16
		Dep.	8.00	8.55	10.22	11.42	12.40	14.33	16
TAIPO	大埔	Arr.	8.12	9.07	10.34	11.54	12.52	14.45	16
		Dep.	8.14	9.08	10.36	11.55	12.53	14.46	16
TAIPO MARKET	大埔墟	Arr.	8.17	9.11	10.39	11.58	12.56	14.49	16
		Dep.	8.18	9.13	10.41	12.00	12.58	14.50	16
FANLING	粉嶺	Arr.	8.27	9.22	10.50	12.09	13.07	14.59	17
		Dep.	8.29	9.24	10.51	12.11	13.08	15.01	17
SHEUNG SHUI	上水	Arr.	8.32	9.27	10.54	12.14	13.11	15.04	17
		Dep.	8.34	9.29	10.56	12.15	13.13	15.06	17
LO WU (for Shum Chun)	羅湖	Arr.	8.40	9.35	11.02	12.21	13.19	15.12	17

廣九鉄路の英段部分の時刻表
（1952年8月発行の「旅行便覧」より）

多数の乗客でにぎわう香港と中国本土の境界・羅湖駅の様子（1970年頃の絵葉書より）
前方に見える丸屋根が深圳との境界の橋

名古屋空港初の外国エアラインは
大阪からわずか 25 分で参上

香港～大阪～名古屋
(1966 年)

地方発国際線のパイオニア

今日の日本では、どんな地方の空港でも、大抵は国際線の１本や２本が出ていて、外国航空会社が乗り入れているものである。しかし、地方発の国際線がこれだけ根付くまでには長い時間が掛かった。

地方発国際線の起源を探ってみると 1960 年代に行き着く。その主役はキャセイパシフィック航空。香港を代表するエアラインとして世界的に有名な会社だ。2 人のパイロットによって戦後間もなく設立された、いわば「ベンチャー企業」だが、香港という地の利を生かして急速に成長し、1960 年代にはソウルからカルカッタ（コルカタ）まで、アジア全域に路線を広げた。

余談であるが、香港の航空会社による日本路線開設は、キャセイパシフィック航空が第一号ではない。1957 年 5 月に BOAC（英国海外航空）系の、その名も香港航空が東京に乗り入れたのが最初である。キャセイパシフィック航空の路線が香港以南・以西の東南アジア方面であったのに対し、香港航空は香港～東京線／香港～ソウル線／香港～マニラ線などの極東路線を運航し、棲み分けを図っていたのが特徴的だった。

名古屋乗り入れから間もない時期の時刻表
【1966 年４月　キャセイパシフィック航空】

しかし、香港航空はそれから間もない 1959 年 6 月、中華圏に強いイギリス系の企業グループで海運会社などを擁するバタフィールド＆スワイヤ社をバックとしたキャセイパシフィック航空に吸収合併され、その名は消滅してしまう。

香港航空を吸収したキャセイパシフィック航空は、香港航空が行っていた日本乗り入れにも熱心に取り組み、1960 年代には新たに大阪・福岡・名古屋へ乗り入れた。外国の会社が商業目的で東京以外の都市から発着するということは同社がその先鞭をつけたもので、戦後日本の旅行・交通史上のエポックと言ってもいい。当時それはチャレンジと言っても良いことだったかもしれない。大阪は日本第二の都市であるが、同社が乗り入れた 1960 年の大阪国際空港（伊丹空港）は、今からは想像も出来ないような環境だった。米軍基地だった時代に造られたバラックが立ち並び、そこが出入国管理施設。また、送迎デッキのようなシャレたものは無く、駐機場脇にある木の柵で囲まれた草地が見学者の居場所だった。

さて、1966 年 4 月の同社のスケジュールを見ると、同社の日本関連路線の運航状況は下記のようなものだった。

香港～台北～大阪～東京線	週７往復
香港～大阪～東京線	週１往復
香港～台北～東京線	週１往復
香港～大阪～名古屋線	週２往復
香港～台北～福岡～ソウル線	週２往復

(上記には香港始発ではなく、その先のシンガポールやマニラからの直通便も含む)

この中で、東京と大阪はまあ、日本を代表する二大都市であるから比較的すぐに理解しやすいが、福岡と名古屋への乗り入れは大都市と言っても当時はちょっとチャレンジだったに違いない。しかし、“ベンチャー精神”があったからこそ、実現できたのだろう。

早すぎた試み

名古屋へは1966年3月から乗り入れが開始された。当時香港はイギリス領であるから、日本とイギリスとの間で航空交渉が持たれ、その結果として乗り入れが可能となったのである。同時にJALも東京～名古屋～福岡～台北～香港線を開設しており、名古屋空港にとっては念願の国際線初就航だった。名古屋空港は東京と大阪の間にあるという地理的位置から、両空港の代替空港として使われることがしばしばあったというが、国際定期便の乗り入れは地元経済界の長年の課題。1960年には地元財界人がキャセイパシフィック航空機をチャーターして、香港視察旅行を名古屋始発で企画している。そんな努力が実って、外国航空会社の誘致に成功したのである。

名古屋へは、香港～大阪線を延長するような形で乗り入れが始まった。当時使われたのはコンベア880型ジェット機。当時世界最速とも言われた別名「韋駄天ジェット」であるが、そんな高速の機体でたかだか大阪～名古屋間を飛ぶというのは

CATHAY PACIFIC

京都：中京
名古屋：中
福岡：福岡
札幌：札幌
長崎：長崎

	金			土			日			曜日	月			火			水			木	
EC	CVR	CVR		CVR	ELEC		CVR	CVR	CVR	機種	CVR			CVR	CVR		CVR	CVR		CVR	EL
X 7	CX 59	CX 19		CX 61	CX 21		CX 75	CX 23	CX 29	便	CX 52			CX 54	CX 26		CX 56	CX 14		CX 58	C 1
55					1455					発 ソウル 着											14
↓	0830			0830	↓			0830	1430	発 東京 着	2155			2125			2155	1335		2155	↑
↓	↓	1345		↓	↓			↓	↓	発 名古屋 着	↑			↑	1310		↑	↑		↑	↑
↓	0930 1005	1415 1450		0930 1005	↓			0930 1005	1530 1605	着発 大阪 発着	2055 2020			2025 1950	1245 1210		2055 2020	↑		2055 2020	↑
10 45	↓	↓		↓	1610 1645			↓	↓	着発 福岡 発着	↑			↑	↑		↑	↑		↑	13 12
25 00	1135 1210	↓		1135 1210	1825 1900			1135 1210	↓	着発 台北 発着	1705 1630			1635 1600	↑		1705 1630	0950 0915		1705 1630	↑
↓	↓	↓		↓	↓		1700	↓	↓	発 マニラ 着	↑			↑	↑		↑	↑		↑	↑
45	1430	1825		1430	2145		1935	1430	1940	着 ホンコン 発	1615			1545	0900		1615	0900		1615	08
VR	⬇	⬇	ELEC	⬇	CVR	CVR	⬇	ELEC		機種	⬆	CVR	ELEC	⬆	ELEC	CVR	⬆	ELEC	CVR	⬆	CV
X 3			CX 83/84		CX 85/86	CX 86		CX 35		便		CX 92	CX 82		CX 34	CX 2		CX 94	CX 15		C 4
00	1515	1910	0900	1515	0830	1520	2020	0830		発 ホンコン 着	1530	1710	2245	1505	2345	2255	1530	1650	1520	1525	21
35	↓	1945	↓	↓	↓	1555	↓	↓		着発 マニラ 発着	↑	1435 1400	↑	↑	↑	2020	↑	↑	1445	↑	19
	↓		↓	↓	↓		↓	↓		着発 ブルネイ 発着	↑	↑	↑	↑	↑		↑	↑		↑	
	↓		↓	↓	↓		↓	↓		着 ジェセルトン 発	↑	1220	↑	↑	↑		↑	1220		↑	
	↓		1110 1145	↓	↓		↓	↓		着発 サイゴン 発着	↑		1845 1810	↑	↑		↑			↑	
	↓		1125	↓	0840 0915		↓	↓		着発 プノンペン 発着	↑		1630 1555	↑	↑		↑			↑	
	↓			↓	1045		↓	↓		着 サイゴン 発	↑		↑	↑	↑		↑			↑	
	↓			↓			↓	↓		着 ビエンチェン 発	↑		1415	↑	↑		↑			↑	
	↓			1540 1615			↓	1005 1040		着発 バンコック 発着	1105 1030			↑	1815 1740		1105 1030			1100 1025	
	↓			↓			↓	1225		着 カルカッタ 発	↑			↑	1300		↑			↑	
	1700 1735			↓			↓			着発 クアラルンプール 発着	↑			1015 0940			↑			0915 0840	
	1815			1840			2205			着 シンガポール 発	0900			0900			0900			0800	

CVR：コンベア800－22Mジェット
ELEC：エレクトラIIジェットプロップ

前ページの時刻表の内部
金曜日の名古屋発CX19便や火曜日の名古屋行きCX26便などが見える

どことなく奇異な感じもする。大阪～名古屋間は、その区間だけ乗ることはもちろん出来なかったが、所要時間はたったの25分！

なお福岡へは、名古屋乗り入れの前年、1965年9月の就航だった。香港～福岡～ソウル線は、他の日本乗り入れ便がすべてジェット機を使っていたのに対し、唯一、プロペラ機のロッキード“エレクトラ”で運航。福岡もソウルも当時はすでにジェット機が離着陸できたから、プロペラ機にこだわる理由は無いのだが、おそらくはジェット機を満たせるほどの需要が期待できなかったということではないだろうか？

さて、話を名古屋線に戻す。最初は大阪経由で乗り入れていた名古屋であるが、のちに大阪ではなく福岡経由となる。しかし利用者が一向に伸びなかったことから、キャセイパシフィック航空は1969年に名古屋から撤退してしまう。同社の撤退後は日本航空だけが残り、次に名古屋空港に海外の航空会社が乗り入れるのは1977年の大韓航空まで待たなければならなかった。名古屋空港の国際線利用者数を調べてみると、1967年から1969年は年間約6000人前後で推移していたのに対し、1977年には20万人に迫る勢い。キャセイパシフィック航空の試みはちょっと時期尚早だったのかもしれない。

一方、福岡はその後も途切れることなく乗り入れが続けられたばかりでなく、ソウル行きと福岡行きが分離され、福岡は押しにも押されぬ目的地となった。1980年代、名古屋は福岡をライバルとして意識し、国際線誘致に積極的に取り組んだという。

かつては国際線誘致に苦労した名古屋も、2005年2月には中部国際空港「セントレア」が開港。かつての苦しい時代はどこへやらという感じで、新たな世紀へと突入して現在に至っている。

キャセイに吸収された香港航空の時刻表
【1958年10月　同社発行】

コラム⑨
アナタも乗れた！　大阪〜名古屋ジェット機の旅

キャセイパシフィック航空の例では、国際線の日本国内区間という理由から大阪〜名古屋間だけを搭乗するということは出来なかったが、正真正銘「大阪〜名古屋間だけジェット機に搭乗する」ということが実際に可能だった時期がある。『そんなアホな！』と言うなかれ。1969年6月から9月までのわずか3ヶ月間、ANAが夏の季節便として、ボーイング727で大阪〜名古屋〜札幌線を運航した時のことである。

行先からも分かるように、関西地区と中京地区から北海道への旅行客を当て込んだ便であるが、このとき、大阪〜名古屋間には3800円という運賃が設定され、この区間だけ乗ろうと思えば乗れたのであった。なお当時、新大阪〜名古屋間を新幹線の超特急「ひかり」に乗ると運賃＋特急料金は1700円であったから、いくら飛行機の所要時間が短かった（25分）とはいえ、これに実際に乗るだけのメリットは無いに等しかった。都心から空港へのアクセスも考慮するとなおのことである。

ただし、新幹線が開業する前の1950年代から60年代前半にかけて、ANAは大阪〜名古屋間をプロペラ機で運航しており、この時は最大で年間1万人程度の乗客があった。在来線の特急だと2時間と少しかかる距離なので、それを約1時間で飛べる飛行機はそれなりにメリットもあったのだ。

大阪〜名古屋〜札幌線は、名古屋空港初の国内ジェット路線であったが、翌年、大阪〜札幌線と名古屋〜札幌線に完全分離され、大阪〜名古屋間のジェット機搭乗という体験は出来なくなった。

B 171	B 173	運賃	機種 便名	B 172	B 174	札幌
905	1440	円	大阪	1350	1935	‖
1000	‖	3,800	名古屋	‖	1910	千
1125	1615	19,700	札幌	1210	1700	歳

大阪〜名古屋〜札幌便の時刻表
（交通公社の時刻表　1969年7月号より）

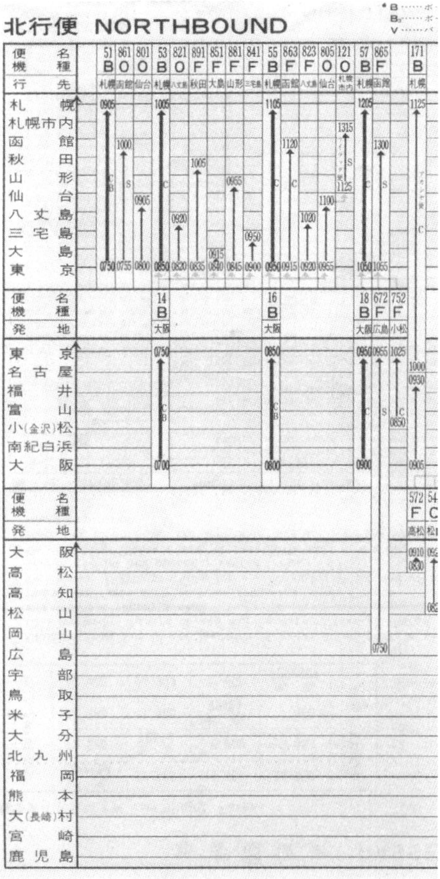

大阪・名古屋〜札幌便は「アカシヤ便」と称した
（1969年8月のANA時刻表より）

済南〜青島
（1922 年）

列強に負けじと大陸の一角に食い込んだ日本

1921 年 4 月 発 行 の「Chinese Government Railways THROUGH TIME TABLES」という資料がある。その名の通り中国大陸全域の路線が掲載された時刻表である。その表紙には中国大陸と日本列島の一帯、すなわち東アジアの地図が描かれ、鉄道路線が示されているのであるが、中国大陸のほとんどの路線が赤い実線で示されている中で唯一、シベリア鉄道などの中国国有以外の路線と同じく“点線”で示された路線がある。それは山東半島の青島〜済南間の「山東鉄道」。当時は日本が経営しており、「中国大陸にありながら中国国有ではない」鉄道だった。

山東鉄道の由来は 19 世紀末から 20 世紀前半に遡る。当時、イギリス・フランスなど西欧列強は中国大陸で激しい権益争いに火花を散らしていた。そこへ参入を企てていたのが皇帝ヴィルヘルム 2 世時代のドイツ帝国である。そんな時、首尾よく事件が起こった。1897 年 11 月、山東半島の暴

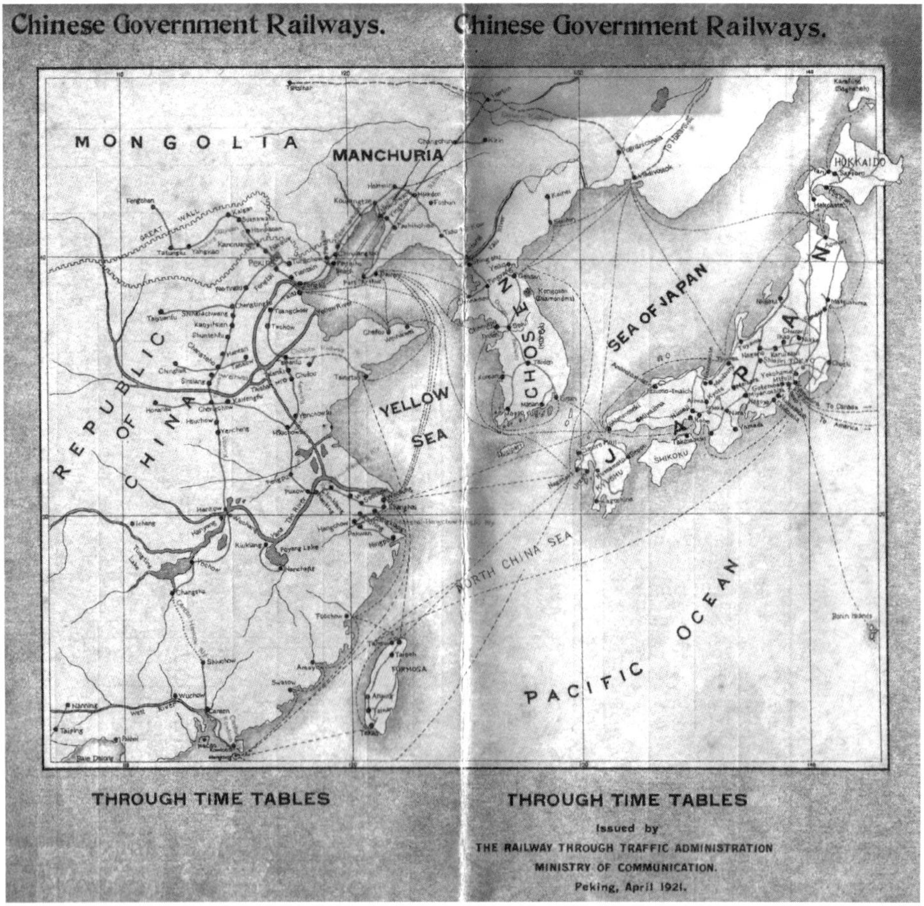

アジア全域の鉄道・航路図が掲載された時刻表
【1921 年 4 月　中華民国国有鉄道】

動で２人のドイツ人宣教師が殺害されたのである。これを口実に、ドイツ軍は艦隊を差し向けて青島のある膠州湾一帯を占領。その結果、翌年に清国との間に膠州湾条約が結ばれ、ドイツは99年の期限で膠州湾を租借する権利のほか、鉱山採掘権や鉄道敷設権を得たのである。ドイツは民間資本を募って鉄道建設や鉱山開発に取り組み、早くも1899年８月に青島から鉄道建設に着手。５年後の1904年６月に済南までが全通した。ここに、山東半島のドイツは栄華をきわめることとなる。このときの副産物が今日でも中華料理店に欠かせない「青島ビール」。ビールの国・ドイツの技術を導入して、1903年に青島で製造が始まったという歴史を持つ。

しかし、「おごれる者は久しからず」とはよく言ったもので、こうした時代も長くは続かなかった。1914年、第一次大戦が勃発。同年８月15日に、日本政府はドイツに対し、膠州湾租借地を要求する期限付き最後通告を行う。もちろんドイツがこれに応じるはずはなく、９月２日に日本軍は青島のドイツ要塞攻撃を名目に上陸を開始。２ヵ月後の11月７日には青島・膠州湾一帯の占領に成功した。

こうなると調子に乗ったのは日本。1915年１月18日、中華民国の袁世凱大総統に対して二十一ケ条より成る要求を突きつけ、袁世凱はそのほとんどを受諾してしまう。中国からみればこの「国恥」といわれる判断により、日本は山東半島の権益を当分は安泰なものとしたのであった。山東鉄道に関しては、当初は日本軍の鉄道連隊が管理していたが、1915年３月に山東鉄道管理部を置き、本格的に一般営業がスタートしている。

山東鉄道は、青島～済南間の本線のほか、３つの短い支線を含めて総延長445キロに達する鉄道であった。一体、こんな一路線だけを経営してどんな効果があったのか？　それを考えるヒントは、青島が黄海に面した港町であるという地理的条件だ。列強の権益争いでは、自らの力の及ぶ都市で交易を盛んにして、そこで大きな富を得ようと考えるのは自然なこと。そのために、外洋に開けた貿易港を抱える都市というのは、またとない好条件なのである。中国には他に、天津や浦口・上海といった鉄道の通じた港があるが、青島にとっては内陸の集散地である済南からの距離が比較的同じ天津が特にライバルであった。ドイツ時代から山東鉄道では、内陸から青島への貨物運賃を低率にし、青島を資源や農産物の積出港として活性化しようと努めていたのである。

日本向け航路への連絡列車も運転

当時の山東鉄道の運行はどのようなものだったのか？　1917年10月には青島に民政が敷かれ、鉄道についても青島守備軍民政部鉄道部による管理となったが、この鉄道部が1921年に発行し

山東鉄道の時刻表
【1922年３月　青島守備軍民政部鉄道部】

た『山東鉄道旅行案内』や1922年3月改正の時刻表によると、青島～済南間の全線を直通する列車が1日3往復、一部区間を走る混合列車が2往復運転されていた。青島～済南間の所要時間は約10時間。食堂車も連結され、青島グランドホテルが料理に腕を振るっていた。当時、青島と日本の間には日本郵船／大阪商船／原田汽船の船便が就航しており、3～5日おきに日中間を往来。また、中国大陸では大連や上海への船便があり、こちらも4～9日おきの就航である。日本行きの汽船の出発日には、青島に朝到着する夜行列車に接続して青島駅から青島埠頭まで臨時列車が運転され、汽船に乗り継ぐ乗客の便宜を図っていた。なお、山東鉄道の特色で面白いものは、トンネルがひとつも無いということ。いかに中国大陸沿岸部が平らな土地であるかがうかがえるエピソードだ。

しかし山東鉄道の前途は、それが走っている場所と同じように平坦という訳にはいかなかった。第一次大戦の戦後処理を話し合うために1919年1月に開かれたパリ講和会議でも、中華民国やアメリカからは、日本による山東半島の支配に対する反対が投げかけられた。結局、このときは元ドイツの租借地や鉄道に対する日本の権益は認められたものの、中華民国はこれを不服とし、ヴェルサイユ条約への署名を拒否している。その思いは中国などの民衆も同じであった。

1919年3月、朝鮮で「三・一独立運動」が発生。これに触発されるように同年5月には中国で「五・四運動」が起こる。日本を取り巻くアジアで民族運動は激化の途にあった。そして1922年2月、ワシントン会議を機に、日本と中華民国の間で山東半島問題が遂に決着する。結論──『日

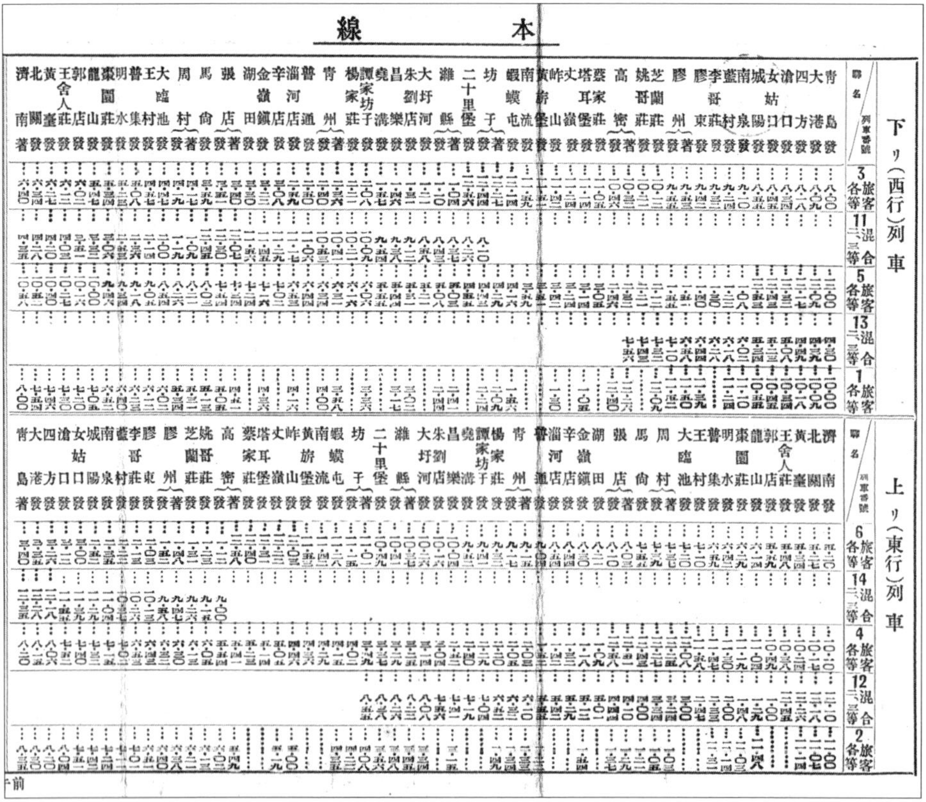

本線

下リ(西行)列車

列車番號: 3 各等旅客 / 11 二三等混合 / 5 各等旅客 / 13 二三等混合 / 1 各等旅客

驛名: 青島、大港、四方、滄口、女姑口、城陽、南泉、藍村、李哥莊、膠州、芝蘭莊、姚哥莊、高密、蔡家莊、塔耳堡、丈嶺、岞山、黃旗堡、南流、蝦蟆屯、坊子、二十里堡、濰縣、大圩河、朱劉店、昌樂、堯溝、譚家坊子、楊家莊、青州、普通、淄河店、辛店、金嶺鎮、湖田、張店、馬尚、周村、大臨池、王村、普集、明水、棗園莊、龍山、郭店、王舍人莊、黃臺、北關、濟南

上リ(東行)列車

列車番號: 6 各等旅客 / 14 二三等混合 / 4 各等旅客 / 12 二三等混合 / 2 各等旅客

驛名: 濟南、北關、黃臺、王舍人莊、郭店、龍山、棗園莊、明水、普集、王村、大臨池、周村、馬尚、張店、湖田、金嶺鎮、辛店、淄河店、普通、青州、楊家莊、譚家坊子、堯溝、昌樂、朱劉店、大圩河、濰縣、二十里堡、坊子、蝦蟆屯、南流、黃旗堡、岞山、丈嶺、塔耳堡、蔡家莊、高密、姚哥莊、芝蘭莊、膠州、李哥莊、藍村、南泉、城陽、女姑口、滄口、四方、大港、青島

午前

前ページの時刻表の内部
ここに掲載されている本線のほか関連する支線の時刻も載っていた

本は山東半島の元ドイツ権益をすべて放棄する』。

これを受けて同年12月10日正午、山東半島の行政権が日本から中華民国へ移転。鉄道については準備の都合もあり、翌年1月一杯を以って中華民国側への引継ぎが完了し、ここに日本の大陸進出の野望は一旦、消えることとなった。このとき、山東鉄道の代償として、中華民国は4000万円を日本に支払ったという。これを以って、山東鉄道という名称も消え、中華民国国有鉄道膠済線と呼ばれるようになる。

しかし、これはひとときの撤退に過ぎなかった。山東権益返還から15年後、日本は再び中国大陸へ軍を向ける。日中戦争によって日本は膠済線のみならず中国大陸全域の鉄道を掌中に収めた。ただ中国軍の抵抗もすさまじく、日本軍が占領した時の膠済線は破壊し尽くされており、1938年に運転を再開した時には青島～済南間の運行に2日間もかかったという。同年、華北一帯の鉄道運行のために華北交通株式会社が新たに設立され、膠済線もその路線のひとつとして戦中時代を送ることとなる。

太平洋戦争終結によって平和な時代が訪れたのも束の間、戦後この一帯は国共内戦の戦場となり、再び鉄道は破壊された。しかし、1949年の中華人民共和国の建国を契機に早くも復旧が完了し、1956年には途中駅・藍村から分岐して煙台までの路線も開通。アジアの中でもっとも激動の歴史を辿った鉄道のひとつと言える中国国鉄膠済線は、産業と物流の大動脈として今日に至っている。現在、青島～済南間の最速列車は所要3時間半。山東鉄道時代から比べると隔世の感だ。

日系旅館発行の中華民国国有鉄道膠済線の時刻表
【1936年6月　青島・松茂里旅館】

時局の要請で国策路線へと変貌したリゾート航路

神戸～長崎～上海

(1923/40 年)

イギリス生まれの快速客船がピストン運航

上海と東京が飛行機によって3時間で結ばれている現在、80年前には同じ区間に3日かかったというと、『長い！』と思われるか『意外にそんなもの？』と思われるか、いかがであろうか。1920年代の上海～東京はこんなルートだった。

1日目の朝8時30分、上海港を日本郵船の客船で出発し、翌日昼前に長崎へ到着。長崎からは汽車に乗り換えて門司港へ。門司港～下関間はまだトンネルが無かったので連絡船で渡り、下関を夜8時45分発の急行列車に乗り継ぐと、翌日午後7時35分に東京へ到着した。この上海～長崎間を結んでいたのが、日本郵船の「日支連絡船」。1923年から快速を誇る新鋭船「長崎丸」「上海丸」が就航して以来、上海への速達ルートとして戦時中まで活躍を続けたのである（注）。

日支連絡船は日本人のみならず、上海の租界に居住する数多くの外国人にも利用された。日本への商用だけではなく、当時手近な避暑地として人気のあった雲仙への足としても重宝されたという。当時の雲仙にはゴルフ場・プール・テニスコートなどもあり、さしずめ九州の軽井沢といった風情であった。またこの時代、長崎駅の先に長崎港という駅が設置されており、日支連絡船の発着日に限って一部の列車がここまで区間延長され、鉄道との乗り換え客に便宜を図っていた。長崎が大陸との往来の窓口として華やかな役割を担っていた時代のエピソードである。

なお、この航路は長崎から先、瀬戸内海を通って神戸まで運航されていたので、外国人にとっては“Inland Sea”と称された瀬戸内海の風光も魅

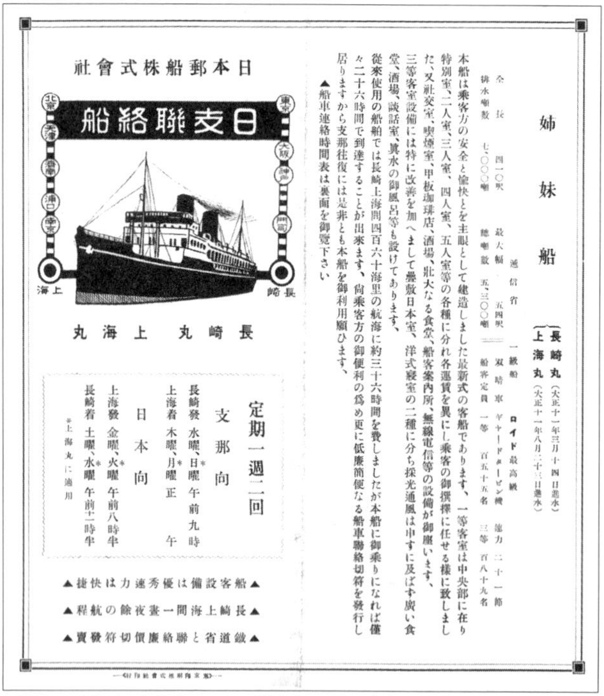

長崎丸・上海丸がデビューして間もない頃の東京～上海間乗継時刻表
【1923年頃　日本郵船】

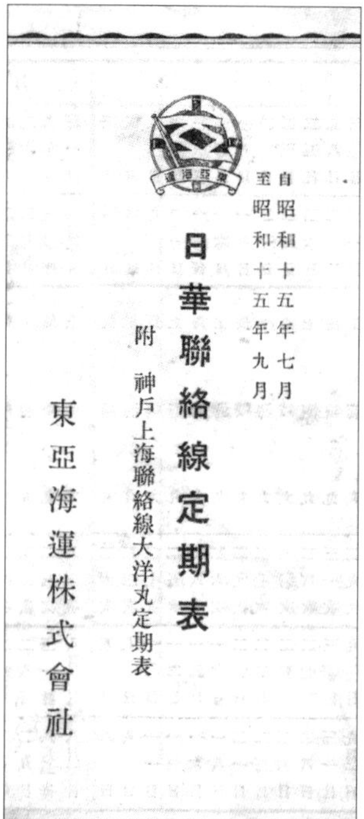

東亜海運発足後の上海航路予定表
【1940年7月　同社発行】

力だった。日本郵船が当時外国人向けに発行した案内パンフレットには、瀬戸内海のどの位置を何時に通過予定かが印され、この航路に乗船する外国人の関心に応えていた。

しかしそんな平和な時代も長くは続かず、日中戦争の勃発とその後の日本による中国支配によって大陸との往来が一層盛んになると長崎～神戸間は運休し、上海～長崎間の折り返しとなる。こうすることで運航間隔を縮めることができ、双方の港を２～３日おきに出航というピストン運航が実現。かつての華やかな国際航路は大陸に勢力を伸ばす日本にとって大幹線のひとつとなった。

この頃、運航会社にも大きな改革が振るわれた。中国大陸方面への航路群（神戸～上海／神戸～天津／神戸～青島など）はそれまで、日本郵船の他にも大阪商船や原田汽船など複数の会社によって運航されていたが、これらの一元的管理による権益の保護を目指し、各航路を運航していた船会社が共同して東亜海運という新会社が設立されたのである。第二次大戦開戦の年・1939年のことだった。設立に関係した各社は各々の船舶を現物出資したため、日本郵船の「長崎丸」「上海丸」も東亜海運に移籍して上海～長崎航路に就航を続けたが、すぐに大戦に突入する。

1942年から1943年にかけて、両姉妹船は事故で相次いで喪失。大戦直前にはより大型の新鋭船「神戸丸」も就航していたが、そちらも不運なことに1942年に事故で失われており、ここに栄華を誇った日華連絡船は時代に翻弄されたその歴史を閉じたのであった。

長い空白を経て上海と長崎が再び結ばれたのは1979年9月のこと。JALが定期航空路線を開設したのである。航路では1985年7月から上海～神戸・大阪間にフェリー「鑑真」号が就航し、日中間の客船航路が復活。現在も二代目の「新鑑真」号によって運航が続いている。1994年には上海～長崎間にも客船航路が開設されているが、こちらは利用者低迷で残念ながら短命に終わった。

（注）中国のことを日本では当時「支那」と呼んでいたことからの呼称であるが、1930年に中国に対する呼称に「中華民国」を用いることが決定してからは「日華連絡船」とも呼ばれた。

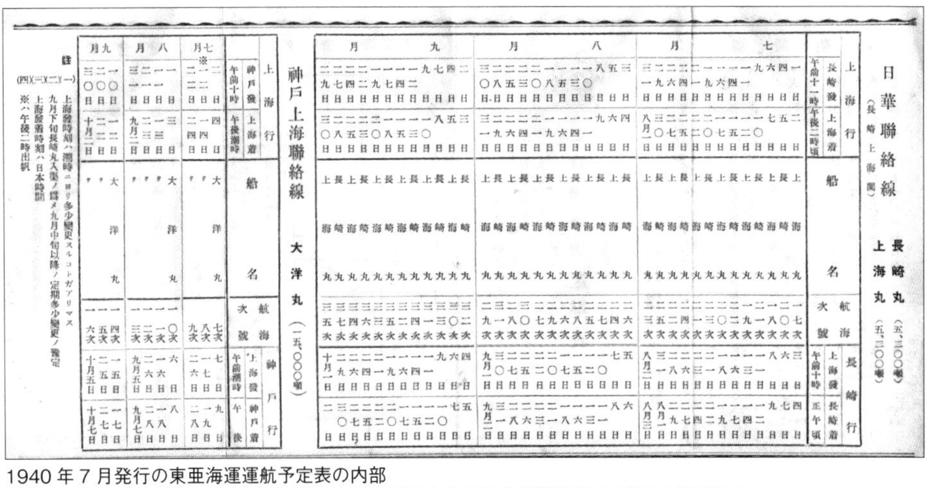

日華聯絡線（長崎上海間）

長崎丸（五、三〇〇噸）
上海丸（五、三〇〇噸）

月	上海行 長崎發 午前十一時	上海行 上海着 午後二時頃	船名	航海次號	長崎行 上海發 午前十時	長崎行 長崎着 正午頃
七月	一日	二日	上海丸	一七次	三日	四日
七月	四日	五日	長崎丸	二〇次	六日	七日
七月	六日	七日	上海丸	一八次	八日	九日
七月	九日	一〇日	長崎丸	二一次	一一日	一二日
七月	一一日	一二日	上海丸	一九次	一三日	一四日
七月	一四日	一五日	長崎丸	二二次	一六日	一七日
七月	一六日	一七日	上海丸	二〇次	一八日	一九日
七月	一九日	二〇日	長崎丸	二三次	二一日	二二日
七月	二一日	二二日	上海丸	二一次	二三日	二四日
七月	二四日	二五日	長崎丸	二四次	二六日	二七日
七月	二六日	二七日	上海丸	二二次	二八日	二九日
七月	二九日	三〇日	長崎丸	二五次	三一日	八月一日
七月	三一日	八月一日	上海丸	二三次	八月二日	八月三日
八月	三日	四日	長崎丸	二六次	五日	六日
八月	五日	六日	上海丸	二四次	七日	八日
八月	八日	九日	長崎丸	二七次	一〇日	一一日
八月	一〇日	一一日	上海丸	二五次	一二日	一三日
八月	一三日	一四日	長崎丸	二八次	一五日	一六日
八月	一五日	一六日	上海丸	二六次	一七日	一八日
八月	一八日	一九日	長崎丸	二九次	二〇日	二一日
八月	二〇日	二一日	上海丸	二七次	二二日	二三日
八月	二三日	二四日	長崎丸	三〇次	二五日	二六日
八月	二五日	二六日	上海丸	二八次	二七日	二八日
八月	二八日	二九日	長崎丸	三一次	三〇日	三一日
八月	三〇日	三一日	上海丸	二九次	九月一日	九月二日
九月	二日	三日	長崎丸	三二次	四日	五日
九月	四日	五日	上海丸	三〇次	六日	七日
九月	七日	八日	長崎丸	三三次	九日	一〇日
九月	九日	一〇日	上海丸	三一次	一一日	一二日
九月	一二日	一三日	長崎丸	三四次	一四日	一五日
九月	一四日	一五日	上海丸	三二次	一六日	一七日
九月	一七日	一八日	長崎丸	三五次	一九日	二〇日
九月	一九日	二〇日	上海丸	三三次	二一日	二二日
九月	二二日	二三日	長崎丸	三六次	二四日	二五日
九月	二四日	二五日	上海丸	三四次	二六日	二七日
九月	二七日	二八日	長崎丸	三七次	二九日	三〇日
九月	二九日	三〇日	上海丸	三五次	十月一日	二日

神戸上海聯絡線

大洋丸（一五、〇〇〇噸）

月	上海行 神戸發 午前十時	上海行 上海着 午後潮時	船名	航海次號	神戸行 上海發 午前潮時	神戸行 神戸着 午後
七月※	二日	四日	大洋丸	七次	七日	九日
七月	一二日	一四日	〃	八次	一七日	一九日
七月	二二日	二四日	〃	九次	二六日	二八日
八月	一日	三日	大洋丸	一〇次	六日	八日
八月	一一日	一三日	〃	一一次	一六日	一八日
八月	二一日	二三日	〃	一二次	二六日	二八日
八月	三一日	九月二日	〃	一三次	九月五日	九月七日
九月	一〇日	一二日	大洋丸	一四次	一五日	一七日
九月	二〇日	二二日	〃	一五次	二五日	二七日
九月	三〇日	十月二日	〃	一六次	十月五日	十月七日

註
（一）上海發時刻ハ潮時ニヨリ多少變更スルコトガアリマス
（二）九月下旬長崎丸入渠ノ爲メ九月中旬以降ノ定期多少變更ノ豫定
（三）上海發着時刻ハ日本時間
（四）※ハ午後二時出帆

1940年７月発行の東亜海運運航予定表の内部
長崎丸・上海丸は長崎～上海間に専従となり、神戸からは元太平洋航路の大洋丸が直通した

北京〜上海（戦前編）

（1916/38 年）

肝心なのは整備の促進かナショナリズムか？

鉄道大国というイメージのある中国であるが、これほど稠密な路線網が完成したのは戦後になって中華人民共和国が鉄道建設を強力に推進してからのこと。たしかに、東北部に限っていえば戦前の満洲国時代にかなりの路線が建設されたが、その当時、全国的には非常に限られた路線しか存在していなかった。たとえば、北京〜漢口間／北京〜奉天間／北京〜包頭間といったところが主なものであり、東部に目を移せば北京と上海という2大都市を結ぶルート上に天津〜浦口（プーコウ）間を結ぶ「津浦線」や、長江を挟んで浦口の対岸の南京〜上海間の「京滬（きんふ）線」などがあるに過ぎなかったのである。

日本に住む我々は「鉄道」というと、建設費を出すのも実際に施工するのも完成後に経営するのも、その路線の属する国家が直々に担当するか、あるいはその国の資本によって行われるというイメージしかないが、世界史的にみればそうではない例が少なからず存在する。中国はその典型で、先に紹介した路線は19世紀後半以降、中国大陸における権益を求めて欧米列強がその敷設権に群がり、完成後の経営権も握っていたことがしばしば中国史の話題で取り上げられる。たとえば津浦線は黄河を越えて華北と華中を結び、中国の平野部を縦断するもっとも重要な路線の一つであるが、『北支蒙疆旅行案内』（1939年7月　日本国際観光局）ではその敷設経緯が次のように紹介されていた。

日清戦争後、諸外国は大陸での権益拡大を狙い、清国も自国を強化する方策を考えていたが、ある在米華僑は山東におけるドイツの権利を牽制することを考えてこの鉄道建設を計画し、英国に協力を求めた。これには当然、ドイツなど周辺に権益

中国大陸の鉄道および周辺地域への連絡時刻表
【1916年9月　中華民国国有鉄道】

Through Connections
Shanghai, Tientsin, Peking
Shanghai to Peking 36 hours.

	Daily Express		Daily Express
Shanghai . . . dep.	7.55 a.m.	Peking . . . dep.	8.35 a.m.
Nanking (Ferry) . arr.	2.10 p.m.	Tientsin (Central) arr.	11.10 a.m.
Steam Ferry Nanking Wharf dep.	Across the	Tientsin (Central) dep.	12.00 noon
Steam Ferry Pukow . . . arr.	Yangtze	Pukow . . . . arr.	1.00 p.m. †
Pukow . . . . dep.	3.30 p.m.	Steam Ferry Pukow Wharf. . dep.	Across the
Tientsin (Central) arr.	4.30 p.m. †	Steam Ferry Nanking Wharf arr.	Yangtze
Tientsin (Central) dep.	5.00 p.m.	Nanking (Ferry) dep.	2.20 p.m.
Peking . . . arr.	7.50 p.m.	Shanghai . . . arr.	9.20 p.m.

Passengers to and from Peking change trains at Tientsin (Central)

† Following day.

A Dining Car is attached to trains and 1st class Sleeping accommodation is provided between Pukow and Tientsin.

To ensure a Sleeping berth early application should be made for reservation. Berth fee $5.00

左の時刻表の内部
上海から北京まで36時間と書かれている

を持つ諸国から抗議が出され、北半分をドイツ・南半分を英国が建設する妥協が成り、両国からの借款を得て1912年に全線が完成したというものである。

しかし、外国資本や外国からの借款によって鉄道建設が進むということは、当時高まりを見せていたナショナリズムの観点から見れば見過ごすことのできない愚行と思われた。実際、清国は武漢～広州間を結ぶために計画されていた粤漢(えつかん)鉄道を国有化することで建設のための借款を外国から得ようとしたものの、これに対する反発が高まったことが1911年の辛亥革命の発端になったのである。

内乱の中での成長

辛亥革命を契機に300年あまり続いた清朝は倒れるが、それに代わって中華民国が成立してから4年後、1916年9月に発行された中国大陸の鉄道時刻表がある。その発行元は"Chinese Government Railways"、訳せば「中華国有鉄道」となっており、列強の肝いりで建設・経営された鉄道も、中華民国政府によってコントロールされていたことがうかがえる。この時刻表はシベリア鉄道を使って極東とヨーロッパを往来する外国人を対象に英文で書かれているため、誌面にはヨーロッパ企業の広告が多数踊っている。その中には国際寝台車会社「ワゴン・リ」が北京に持っていたグランドホテルの広告もみられ、当時の中国大陸が良くも悪くもいかに「国際的」であったかということが偲ばれる。ロシア革命前の当時、ワゴン・リは「シベリア横断急行」を運行していたが、北京～奉天間にはシベリア鉄道にも接続する豪華寝台列車が週1往復運転されていた。これに乗ると北京～ロンドン間は15日半、上海～ロンドン間は17日と紹介されている。

ちなみに北京～上海間は当時、天津・浦口・南京の3箇所で乗り換え（浦口～南京間は長江を横断する連絡船）が必要で36時間かかっていた。列車本数は極めて少なく、天津～浦口間の直通列車が1日に1本で、あとは天津～済南間に混合列車が1往復走るだけという寂しい状況。北京を朝の8時35分に出発し、上海へは翌日の午後9時20分に到着するという乗り継ぎスケジュールしかなかった。これが1934年・中華国有鉄道として運営されていた末期の時刻表をみると、北平（北京）～上海間を始めとする直通3往復の他、区間列車4往復が走っており、進歩のあとが見られる。なお、沿線には泰山などの名所を抱えていたため、

天津～浦口間を結んだ津浦線の時刻表
【1934年7月　中華民国国有鉄道】

UP TRAINS 上行車 幹 MAIN LINE 綫 DOWN TRAINS 下行車

車次	78	76	74	72	22	306	302		站名	STATIONS		301	305	21	71	73	75	77	次車
公里	濟混津合客貨車	濟混津合客貨車	徐混濟合客貨車	浦混徐合客貨車	津浦快車	平浦通車	滬平通車					滬平通車	平浦通車	津浦快車	浦混徐合客貨車	徐混濟合客貨車	濟混津合客貨車	濟混津合客貨車	公里
Kilometres	Tsinanfu-Tientsin Mixed	Tsinanfu-Tientsin Mixed	Hsuchowfu-Tsinanfu Mixed	Pukow-Hsuchowfu Mixed	Tientsin-Pukow Fast	Peiping-Pukow Through Express	Shanghai-Peiping Through Express					Shanghai-Peiping Through Express	Peiping-Pukow Through Express	Tientsin-Pukow Fast	Pukow-Hsuchowfu Mixed	Hsuchowfu-Tsinanfu Mixed	Tsinanfu-Tientsin Mixed	Tsinanfu-Tientsin Mixed	Kilometre
							16.00	開dep.	*上海北站	*SHANGHAI NORTH	arr.到	7.45							1372
							22.55	到arr.	*南京	*NANKING (NSR)	dep 開	24.00							1055
							23.15	開dep.			arr.到	23.35							
							1.20	到arr.	*浦口	*PUKOW	dep.開	21.15							1010
				7.35	10.00	19.15	1.40	開dep.			arr.到	20.45	8.00	19.00	20.20				
4				7.51	10.12	19.27		,,	浦鎮	Puchen	dep.開		7.50	18.50	20.08				1006
13				8.11	10.29			,,	花旗營	Huachiying	,,			18.31	19.45				997
24				8.31	10.46	20.12		,,	東葛	Tungko	,,			18.14	19.11				986
34				8.50	11.03	20.29		,,	烏衣	Wu I	,,		6.56	17.58	18.53				976
42				9.07				,,	担子街	Tantzekai	,,				18.34				968
50				9.22	11.30	20.56	2.55	到arr.	*滁州	*CHUCHOW	dep.開	19.36	6.28	17.30	18.17				960
				9.37	11.40	21.06	3.05	開dep.			arr.到	19.26	6.08	17.20	17.52				
64				10.00	12.01			,,	沙河集	Shahochi	dep.開			17.00	17.30				946
74				10.22	12.21	21.45		,,	張八嶺	Changpaling	,,		5.31	16.43	17.11				936
86				10.49	12.44			,,	嘉山縣	Chiashanhsien	,,			16.20	16.45				924
98				11.12	13.05	22.26		,,	管店	Kuantien	,,		4.46	16.00	16.20				912
107				11.30				,,	小卞莊	Hsiaopienchwang	,,		4.30		16.02				903
115				11.43	13.32	22.52	4.40	到arr.	*明光	*MINGKUANG	dep.開	17.57	4.11	15.31	15.46				895
				11.58	13.42	23.02	4.50	開dep.			arr.到	17.47	4.01	15.21	14.55				
125				12.22	14.04			,,	石門山	Hsimenshan	dep.開			15.03	14.35				885
132				12.37	14.17			,,	小溪河	Hsiaohsiho	,,			14.50	14.19				878
141				12.57	14.34			,,	板橋	Panchiao	,,			14.34	13.52				869
151				13.14	14.51	0.04	5.44	到arr.	*臨淮關	*LINHUAIKWAN	dep.開	16.57	3.03	14.12	13.30				859
				13.29	15.01	0.09	5.47	開dep.			arr.到	16.54	2.58	14.02	13.18				
161				13.49	15.17	0.25		,,	門台子	Mentaitze	dep.開		2.44	13.48	13 02				849
168				14.05				,,	長淮衛	Changhwaiwei					12.46				843
176				14.18	15.41	0.48	6.23	到arr.	*蚌埠	*PENGPU	dep.開	16.19	2.20	13.23	12.30				834
				15.12	16.11	1.13	6.38	開dep.			arr.到	16.04	1.55	12.53	11.44				
190				15.47	16.33			,,	曹老集	Tsaolaochi	dep.開		1.35	12.31	11.20				821
203				16.11	16.54			,,	新馬橋	Hsinmachiao	,,			12.11	10.56				807
218				16.45	17.25	2.25	7.44	,,	固鎮	Kuchen	,,	15.08	0.37	11.47	10.30				792
234				17.12	17.50			,,	任橋	Jenchiao	,,			11.14	9.55				777
249				17.38	18.13			,,	西寺坡	Hsishihpo	,,			10.50	9.28				761
266				18.05	18.38	3.37	8.42	到arr.	*南宿州	*NANHSUCHOW	dep.開	14.00	23.15	10.24	8.59				745
				18.20	18.48	3.42	8.47	開dep.			arr.到	13.55	23.10	10.14	8.44				
279				18.45	19.12	4.07	9.06	到arr.	福履集	FULICHI	dep.開	13.36	22.47	9.52	8.19				731
				19.40	19.22	4.17	9.16	開dep.			arr.到	13.26	22.37	9.42	8.04				
288				19.57				,,	李家莊	Lichiachuang	dep.開			9.29	7.49				723
296				20.14	19.52			,,	夾溝	Chiakou	,,			8.59	7.32				714
310				20.40	20.14			,,	曹村	Tsaotsun	,,			8.36	7.07				700
325				21.29	20.37			,,	三舖	Sanpu	,,			8.11	6.40				685
341				21.55	21.00	6.00	10.35	到arr.	*徐州府	*HSUCHOWFU	dep.開	12.11	21.02	7.45	6.10				670
			7.20		21.30	6.30	11.05	開dep.			arr.到	11.41	20.23	7.15		19.30			
352			7.42		21.52		11.25	,,	茅村	Maotsun	dep.開			6.53		19.09			658
362			8.03		22.11	7.08		,,	柳泉	Liuchuan	,,		19.43	6.33		18.50			649
376			8.31					,,	利國驛	Likouyi	,,					18.20			634
384			8.48		22.49	7.45		,,	韓莊	Hanchuang	,,		19.02	5.53		18.02			626
400			9.16					,,	沙溝	Shakou	,,					17.34			610
408			9.34		23.30	8.23	12.50	到arr.	*臨城	*LINCHENG	dep.開	10.10	18.20	5.15		17.15			603
			9.59		23.45	8.38	13.05	開dep.			arr.到	9.58	18.05	5.00		16.55			
422			10.26			9.03		,,	官橋	Kwanchiao	dep.開		17.41			16.30			588
433			10.47			9.26		,,	南沙河	Nanshaho	,,					16.10			577
441			11.03		0.41	9.41	13.57	到arr.	*滕縣	*TENGHSIEN	dep.開	9.13	17.09	4.07		15.52			569
			11.13		0.51	9.46	14.00	開dep.			arr.到	9.10	17.04	3.57		15.37			
457			11.40			10.10		,,	界河	Chiehho	dep.開		16.41			15.12			554
470			12.07			10.33		,,	兩下店	Liangshiatien	,,		16.19			14.45			540
482			12.28		1.55	10.52		,,	鄒縣	Tsowhsien	,,		16.01	2.58		14.21			528
502			13.00		2.25	11.22	15.27	到arr.	*兗州府	*YENCHOWFU	dep.開	7.50	15.30	2.26		13.46			508
			13.23		2.55	11.42	15.47	開dep.			arr.到	7.35	15.00	1.47		13.18			
519			13.56		3.28	12.08	16.14	,,	曲阜	Chufou	dep.開	7.14	14.37	1.24		12.50			491
529			14.22		3.43	12.27		,,	吳村	Wutsun	,,		14.20	1.07		12.28			481
546			14.56		4.12	12.53		,,	南驛	Nan I	,,		13.52	0.41		11.56			464
558			15.27		4.38	13.23	17.15	,,	大汶口	Tawenkow	,,	6.22	13.32	0.21		11.32			458
573			16.01					,,	東北堡	Tungpaipao	,,					10.57			438
586			16.25		5.27	14.07	18.00	到arr.	*泰安府	*TAIANFU	dep.開	5.43	12.42	23.29		10.33			424
			16.45		5 42	14.27	18.15	開dep.			arr.到	5.33	12.22	23.14		10.13			
599			17.19		6.15			,,	界首	Chiehshou	dep.開			22.54		9.51			411
611			17.41		6.34	15.15		,,	萬德	Wante	,,		11.42	22.28		9.22			399
624			18.06		6.55	15.37		,,	張夏	Changhsia	,,		11.18	22.02		8.53			386
631			18.23		7.09			,,	崮山	Kushan	,,			21.47		8 36			379
644			18.50					,,	黨家莊	Tangchiachuang	,,					8.04			366
651			19.05					,,	白馬山	Paimashan	,,					7.47			359
658			19.18		7.58	16.35	20.15	到arr.	*濟南府	*TSINANFU	dep 開	3.33	10.16	20.54		7.25			352
	23.00	12.00			8.28	17.05	20.45	開dep.			arr.到	3.03	9.46	20.24			23.35	6.05	
663	23.28	12.14			8.43			,,	濼口	Lokow	dep.開			20.12			23.22	5.52	347
676	23.50	12.40			9.10			,,	桑梓店	Sangtsetien	,,		9.09	19.45			22.56	5.24	334
691	0.16	13.03			9.34	18.07		,,	晏城	Yencheng	,,		8.36	19.21			22.34	4.58	319
709	0.45	13.30			10.02	18.35	22.05	到arr.	*禹城縣	*YUCHENGHSIEN	dep.開	1.49	8.06	18.51			22.06	4.27	301
	0.55	13.40			10.12	18.45	22.15	開dep.			arr.到	1.41	7.56	18.41			21.58	4.12	
723	1.25	14.02			10.34			,,	張莊	Changchuang	dep.開			18.21			21.16	3.49	287
741	1.57	14.31			11.02	19.39		,,	平原縣	Pingyuanhsien	,,		7.08	17.53			20.47	3.18	269
763	2.41	15.02			11.32			,,	黄河涯	Huanghoya	,,			17.22			20.12	2.42	247
776	3.01	15.21			11.50	20.32	23.55	到arr.	*德州	*TECHOW	dep.開	0.20	6.15	17.03			19.47	2.20	235
	3.26	15.41			12.10	20.52	0.25	開dep.			arr.到	0.08	5.50	16.43			19.27	1.55	
797	3.57	16.09			12.38	21.22		到arr.	*桑園	*SANGYUAN	dep.開		5.20	16.14			18.58	1.24	213
	4.00	16.15			12.40	21.24		開dep.			arr.到		5.18	16.12			18.56	1.21	
805	4.16	16.29			12.55			,,	安陵鎮	Anlingchen	dep.開			15.59			18.42	1.07	206
819	4.50	17.00			13.25	22.09		,,	連鎮	Lienchen	,,		4.47	15.36			18.20	0.36	191
830	5.11	17.19			13.44	22.29		,,	東光縣	Tungkuanghsien	,,		4.20	15.10			17.53	0.03	180
840	5.29	17.35			14.01	22.51		,,	南霞口	Nansiakow	,,			14.52			17.36	23.44	171
850	5.46	17.51			14.17	23.07	2.12	到arr.	*泊頭鎮	*POTOUCHEN	dep.開	22.36	3.48	14.34			17.10	23.25	160
	6.06	18.01			14.32	23.17	2.22	開dep.			arr.到	22.28	3.38	14.24			17.00	23.05	
868	6.37	18.29			15.00				馮家口	Fengchiakow	dep.開			13.57			16.33	22.36	142
876	6.54	18.44			15.15				磚河	Chuanho			2.59	13.42			16.18	22.19	134
889	7.14	19.03			15.33	0.16	3.16	到arr.	*滄州	*TSANGCHOW	dep.開	21.39	2.30	13.22			15.58	21.57	121
	7.34	19.18			15.48	0.31	3.29	開dep.			arr.到	21.29	2.15	13.10			15.47	21.12	
898	7.52	19.34			16.05			,,	姚官屯	Yaokuantun	dep.開			12.55			15.32	20.56	112
906	8.09	19.50			16.21			,,	興濟	Hsingtsi	,,			12.39			15.17	20.40	104
921	8.36	20.13			16.45	1.26		,,	青縣	Tsinghsien	,,		1.27	12.16			14.53	20.13	89
931	8.55	20.38			17.03			,,	馬廠	Machang	,,			11.58			14.36	19 52	79
938	9.24	21.01			17.26	2.07	4.51	,,	唐官屯	Tangkuantun	,,	20.24	0.57	11.43			14.22	19.36	72
950	9.46	21.21			17.46			,,	陳官屯	Chengkuantun	,,			11.18			13.53	19.06	60
962	10.09	21.41			18.06			,,	靜海縣	Tsinghaihsien	,,		0.11	10.59			13.33	18.44	48
971	10.43	21.57			18.28			,,	獨流鎮	Tuliuchen	,,			10.44			13.16	18.25	39
975	10.55	22.08			18.35			,,	良王莊	Liangwangchuang	,,		23.46	10.32			13.05	18.12	35
990	11.21	22.30			19.12			,,	楊柳青	Yangliutsing	,,			10.10			12.43	17.47	20
1004	11.45	22.53			19.33	4.08	6.27	到arr.	*天津西站	*TIENTSIN WEST	dep.開	18.53	23.01	9.47			12.20	17.20	6
	11.50	22.58			19.38	4.13	6.20	開dep.			arr.到	18.50	22.56	9.42			12.17	17.13	
1010	12.03	23.10			19.50	4.25	6.40	到arr.	*天津總站	*TIENTSIN CENTRAL	dep.開	18.40	22.45	9.30			12.05	17.00	
					20.10	4.40	6.55	開dep.			arr.到	18.30	22.30	9.00					
1014					20.20	4.50	7.05	到arr.	*天津東站	*TIENTSIN EAST	dep.開	18.20	22.20	8.50					
						5.20	7.30	開dep.			arr.到	17.59	21.48						
1150						8.19	10.24	到arr.	*北平	*PEIPING	dep.開	15.05	18.50						

附註　站名旁加(*)號係發售來囘遊覽票站點

Remarks　Return Tourist Ticket available at stations with (*)

前ページの時刻表の内部

左半分が天津方面への上り・右半分が浦口（南京・上海）方面への下り

時刻表にはそうした観光地への案内も掲載されていた。まがりなりにも戦前最後の平和な時代の紙面である。

先ほど「北平」と書いたが、これには中華民国の波乱の歴史が反映されている。中華民国成立後のあゆみは各地の軍閥の抗争の歴史と言っても良かったが、1928年に蒋介石率いる国民党軍が入城したのを契機に、それまで中華民国の首都だった北京は北平（べいぴん）に改称され、首都の座を南京に譲ったのであった。

事実上、日本の経営となった中国大陸の鉄路

津浦線のみならず中国大陸の鉄道、特に万里の長城以南（関内）の鉄道に大きな波乱が起きるのは、1937年7月のこと。言わずと知れた日中戦争の勃発である。津浦線沿線も、『徐州徐州と人馬は進む』という歌詞で有名な軍歌『麦と兵隊』に取り上げられるような激戦地となったが、実際の戦闘における損害のほかにも軍が退却する際に意図的に破壊されたこともあって、鉄道施設は甚大な被害を被った。これらは日本軍の鉄道連隊などによって急ピッチで復旧が進められ、やがてその管理・運営も実質的に日本の手によって行われるという歴史を辿ることとなったのである。

華北では、満鉄や日本の鉄道省から派遣された職員の協力もあって1937年から復旧・運転再開が順次進められていった。1938年6月には南満洲鉄道（満鉄）北支事務局が開設され、一応の運営基盤が整えられたが、その頃発行された時刻表の表紙には運行中の路線を示す実線と未復旧を示す白抜き線が混在する路線図が掲げられ、まだ戦争の傷跡の残る時代を物語っている。

こうして復旧段階を終えた華北の鉄道は、満鉄や臨時政府の出資する特殊会社である華北交通株式会社が1939年4月に設立されたことにより、いよいよ本格的な運行体制が確立する。華北交通は日本人従業員と中国人従業員で構成され、『（前略）日本の主唱する東亜新秩序建設の大業に対して、この会社が負うべき役割は極めて重大である。事変以来この聖業に携って名誉の殉職を遂げた交通従業員は既に七百名に近い。』といういかめしいプロパガンダを掲げていたが、実態は日本による鉄道支配だった。華北の鉄道が事実上、日本による管理になったことで、1938年10月からは朝

北支
汽車時刻表
昭和一三年七月一日
民國二七年七月一日
現在
ジヤパン・ツーリスト・ビユーロー
日本國際観光局
北支出張所

日中戦争開戦翌年の北支鉄道時刻表
【1938年7月　日本国際観光局】

鮮半島から華北へ直通する長距離急行も登場。展望車も連結されたこの急行「大陸」号は朝鮮の釜山で関釜連絡船と接続し、約40時間で釜山〜北京間を駆け抜けて日本本土との連絡を担った。

かつてはワゴン・リの車両が連結された北京〜上海間国際特急列車が走り抜けていた華中の鉄道も、やはり日中戦争によって大きく被害を受けて運行途絶状態となる。しかし、鉄道は作戦遂行上重要な生命線であり、まだ戦闘が続く一方で日本軍は日本からの資材や鉄道技術者を動員して輸送の復旧を進めた。

こうして復旧が完了した鉄道は、まず軍用に使用されたが、やがて上海を中心とした地域では日本軍の管理下で便乗扱いながらも一般旅客の取り扱いを開始。そして1939年4月、中華民国維新政府の国策会社という位置付けで、華中鉄道株式会社が設立され、本格的に民間の利用に供されることとなったのである。

時局柄、かつてのように極東とヨーロッパを結ぶ雄大な国際連絡という色彩は失われたが、1940年代前半の時刻表を見ると、中華民国（新国民政府）の首都と経済の中心を結ぶ南京〜上海間の幹線には「天馬」号と名付けられた特急が運行されており、ほんの数年前に激戦地だったことは片鱗も窺えない。この区間はもともと「京滬線」と呼ばれていたが、日中戦争後は日本風に「海南線」と名付けられた。長江を渡った対岸の浦口から出ている津浦線については、徐州の南約160キロの蚌埠(バンフー)を境に北方は華北交通線・南方は華中鉄道線というように別会社による分割管理となっていた。

この時刻表の裏表紙に掲載されたタバコの広告には、中国大陸の鉄道時刻表なのにもかかわらず富士山が描かれ、その脇にはゲリラを牽制するかのような「鉄道愛護」という標語が踊る。そんなところに当時の暗い時代が垣間見えていた。

華中鉄道の時刻表
【1941年9月　同社発行】

日本軍専用の定期便も往来した
長江客船航路は消滅間近

上海〜漢口
(1941 年)

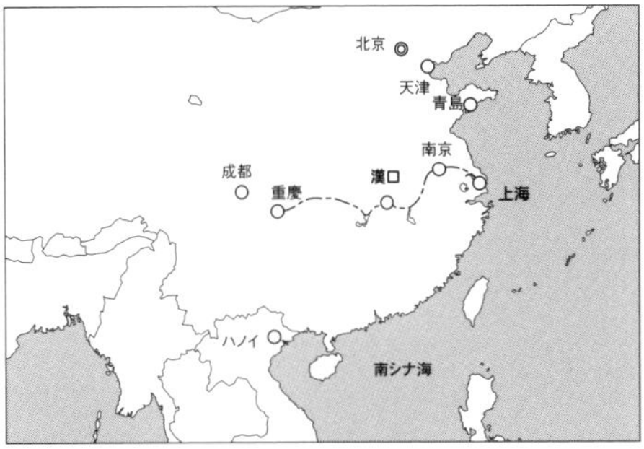

19 世紀後半から諸外国の船会社が乱立

中国の交通、特に万里の長城より南のいわゆる「関内」で重要な役割を担っていたのは河川交通である。「南船北馬」ということわざがあるように、中国の南部には長江をはじめ、その支流や水路が広がり、そこを船で旅行するのが古くからのスタイルだった。

19 世紀も半ばになると、中国（当時は清朝の時代）には外国の勢力が群がり、各都市には租界が開かれた。広東や上海・青島・天津などがその代表的なところ。租界は海外とのアクセスに便利な沿岸部に多く存在したが、中には内陸に置かれたものもある。長江沿岸の漢口はそんな租界のひとつだった。漢口は河口から 1000 キロあまり遡ったところであるが、このあたりでも長江は川幅が 1.4 キロもあり、常に 3500 トン級の船は楽々と通航可能。増水期には 1 万トン級も通れるといい、「川」というより「海」という形容が正しいかもしれない。上海から漢口までの間はそれだけ遡ってもまだ長江の「下流域」であり、漢口から上流方面がようやく中流域という位置づけになる。

ところで現在の地図を見ると、漢口という都市は存在しない。なぜなら、ここは漢陽・武昌とともに長江中流の要衝「武漢三鎮」と呼ばれてきた歴史から、現在では武漢市として一体となっているからである。そういえば、ハンガリーの首都・ブダペストなども、ドナウ川を挟んで存在した別々の町「ブダ」と「ペスト」が 1873 年に合併して出来た町である。

漢口は、1858 年に清国と欧米諸国の間で締結された天津条約によって、上海から漢口にかけての長江が開放されたことを受けて開かれた都市である。ここにはイギリス・フランス・ドイツ・ロシア・日本の租界が置かれたから、当然その交通網にもこれらの国々の資本が多数参入したと思いきや、北京〜漢口間の鉄道である「京漢線」は清国がこれらの国々に借款を打診したものの良い返事をもらえなかったため、意外にもベルギーから借款を受けて 1905 年に完成している。しかし、航路ならば線路は不要。船さえあればよいし、欧州列強の中国大陸進出を清国がもはや止める術はなく、上海〜漢口間の長江には内外の船会社が多数乱立した。イギリス系の中国航業公司（チャイナ・ナビゲーション）が 1871 年にこの航路を開設しているほか、同じくイギリス系のインドシナ航業や中国系の輪船商招局、ドイツ系の北ドイツ・ロイトやハンブルク・アメリカ、フランス系の東方輪船公司などが 20 世紀初頭までに長江航路に乗り出していた。

抗日運動に手を焼いた日系船会社

当然のことながら、日本もこうした外国勢を黙って見ているわけではなく、大阪商船は 1898 年に長江航路を開設しているし、他にも大東汽船や湖南汽船といった会社がこの水域で航路を経営していた。しかも大阪商船は前述の外国各社と比較しても遜色ないほどの船腹を擁していたのである。のちに日本郵船もここに参入を図ろうとしたが、「このままではいたずらに競争激化を煽るだけ。いまこそ大連立を！」という日本的協調思想が働き、これら 4 社は合同することになる。ここに、中国水域における代表的日系船会社として日清汽船が誕生。日露戦争からまだ間もない 1907 年のことだった。

一方、列強の権益の象徴でもある租界は、次第に中国の主権回収によって中国に返還されて消滅していった。しかしながら、ある土地にひとたび根を下ろした外国の人々や資本が簡単に撤退するはずもなく、1937年の日中戦争勃発まで上海～漢口間は中国の河川交通のメインストリートとして諸外国の船会社が多数往来した。この区間の所要日数は約4日間。日清汽船は当時2、3日おきに出発していたが、地元・中国の輪船招商局はこれを上回る頻度で就航しており、ライバル同士の激しいせめぎ合いが偲ばれる。それならば船の質で差をつけようとしたのか、日清汽船は1930年に「長江の女王」とも呼ばれた豪華船「洛陽丸」を就航させている。

しかし、日清汽船にとっての逆風はライバル会社だけではなかった。1911年の辛亥革命に始まり、第一次大戦とその戦後処理をめぐる度重なる排日運動、1931年の満州事変やそれに続く上海事変など、日中関係に大きな影響を及ぼす社会的混乱が常に同社にはついて回った。それでもなんとか日清汽船は航路を維持してきたが、上海事変の時には「貨物不積決議」「使用中国人の辞職強要」「通関業者の不扱決議」「荷役妨害」「乗客の阻止」といったありとあらゆる妨害も行われ、それまでは使命感でなんとかしのいでいた日清汽船も、その看板路線である上海～漢口航路を一時休航にせざるを得なかったという。

戦乱を越え中国の庶民生活を支えて活躍

1937年7月7日、盧溝橋に響いた日中戦争の勃発を告げる銃声は中国の交通を大きく変えた。8月から9月にかけて日本軍は外国船の中国沿岸航行を遮断。また、長江流域は戦闘地域となった

1916年頃発行の日清汽船の航路案内パンフレット
表紙の写真は前年に建造された「鳳陽丸」と思われる

ため、日本船も含め各国の船会社は運休の憂き目を見ることとなった。船の被害も大きく、洛陽丸も上海で空爆にやられて短いその生涯を終えている。日本による占領体制が確固たるものになると、19 世紀以来の伝統ある欧州系船会社は完全に長江航路から撤退せざるを得なくなった。

戦闘が続く中、1938 年 11 月から長江航路が本格的に再開されると、日本の船会社は更に体制強化が図られた。日本～中国航路や中国沿岸・中国内陸河川を運航する日本の船会社が連合し、国策会社として東亜海運が設立されたのである。航行遮断によってもはや中国大陸周辺には競争すべき外国船はほとんど存在しなかったはずであるが、こうして船会社が連合することでより競争力の強化と航行権の確立が実現できるというのがその目的であった。そのメンバーには大阪商船や日本郵船のほか、もちろん日清汽船の姿もあった。1939 年 8 月の東亜海運の設立に伴って日清汽船は単なる持株会社となり、伝統あるその名前は運航面から消える。

輪船招商局長江船期表

民國二十五年十二月份
代售處　上海中國旅行社
長江各分局　鎭江　南京　蕪湖　大通　安慶　九江　漢口

日期	星期	上海開 午夜	漢口到 上午十時	漢口開 晚九時	上海到 上午十時
一日	星期二		江靖	建國	江華
二日	星期三	江大	江新	江順	
三日	星期四	江華		江靖	大通
四日	星期五	大通	江安	江新	建國
五日	星期六			江安	江順
六日	星期日	建國	江大		江靖
七日	星期一	江順	江華		江新
八日	星期二	江靖	大通	江大	江安
九日	星期三	江新		江華	
十日	星期四	江安	建國	大通	
十一日	星期五		江順	建國	江大
十二日	星期六	江大	江靖	江順	江華
十三日	星期日		江新		大通
十四日	星期一	江華	江安	江靖	建國
十五日	星期二	大通		江新	江順
十六日	星期三	建國	江大	江安	
十七日	星期四	江順			江靖
十八日	星期五	江靖	江華	江大	江新
十九日	星期六		大通	江華	江安
二十日	星期日	江新	建國		
廿一日	星期一	江安	江順	大通	江大
廿二日	星期二		江靖	建國	江華
廿三日	星期三	江大		江順	
廿四日	星期四	江華	江新	江靖	大通
廿五日	星期五	大通	江安	江新	建國
廿六日	星期六			江安	江順
廿七日	星期日	建國	江大		江靖
廿八日	星期一	江順	江華		江新
廿九日	星期二	江靖	大通	江大	江安
三十日	星期三	江新		江華	
卅一日	星期四	江安	建國	大通	

本表如有更改不另通告

中国系船会社による上海～漢口間運航予定表
（中国旅行社「行旅便覧」1936 年 12 月より）

この時期の長江航路は定期旅客便のみならず軍用にも使われており、1941 年 3 月に発行された「上海漢口線軍用定期表」（次ページ）によると、日清汽船が使用していた船のほか、東亜海運になってから新たに建造された船や内地から徴用した船を総動員して、上海～漢口間には毎日 1 便以上が運航していたことがわかる。欄外には手書きで、『漢口 12 日発・興昌丸、21 日発・興運丸、27 日発・興昌丸は病院船となる予定』というメモもみられ、まだ続く中国奥地での激戦と緊張を物語っている。日中戦争前の日清汽船は上海から漢口を経てさらに重慶まで路線を伸ばしていたが、日本軍の攻撃によって中国の国民政府が南京からずっと奥地の重慶に遷都したため、当時の長江航路は漢口止まりとなった。

そんな激動の時代を経験した長江筋の交通であるが、第二次大戦が終わり、国共内戦期を経て中華人民共和国が成立すると、人とモノの交流を支える動脈として返り咲いた。航路や港湾・船舶の整備も進み、漢口～上海間はもっとも速い船では 5 日で往復できるまでに進歩。1978 年には 1950 年と比較して旅客数で 13.5 倍、旅客船の合計トン数は 1.9 倍に伸びていた。しかし、船旅は遅いというのが最大の難点。周辺に鉄道路線が開通したこともあって船による旅客輸送は斜陽化を辿り、わずかに残っていた区間についても 2007 年 12 月には『長江の普通客船を 3 年以内に廃止』という方針まで打ち出された。観光客相手のクルーズ船は残ると思われるが、中国の一般市民の生活をナマで感じられる庶民の足は、いよいよ歴史の 1 ページになろうとしている。

上海漢口線軍用定期表

昭和十六年三月分

甲線（往航・復航）

航海次数	船名	往航 上海	江陰		鎮江		南京		蕪湖		安慶		九江		漢口	復航 漢口	九江		安慶		蕪湖		南京		鎮江		江陰		上海
		發	着	發	着	發	着	發	着	發	着	發	着	發	着	發	着	發	着	發	着	發	着	發	着	發	着	發	着
		午前	午前	午前	午前	午前	午後	午前	午前	午後	午前	午後	午前	午後	午後	午前	午後	午前	午後	午後	午前	午後	午後	午前	午前	午前	午前	午後	午前
20	大貞丸	1			P.M. 2	3	3	P.M. 3	4	4	P.M. 5	5	P.M. 6	A.M. 7	8	10	10	11	11	A.M. 12	P.M. 12	A.M. 13	A.M. 13	P.M. 13	P.M. 13	14			15
~~22~~	~~大信丸~~	~~2~~			~~P.M. 3~~	~~4~~	~~4~~	~~P.M. 4~~	~~5~~	~~5~~	~~P.M. 6~~	~~6~~	~~P.M. 7~~	~~A.M. 8~~	~~9~~	~~11~~	~~11~~	~~12~~	~~12~~	~~12~~	~~13~~	~~13~~	~~13~~	~~14~~	~~14~~	~~P.M. 14~~			~~P.M. 15~~
23	宜陽丸	2			3	3	3	4	4	4	P.M. 5	5	P.M. 6	A.M. 7	8	10	10	11	11	11	12	12	12	13	13	13			14
10	興泰丸	3			4	4	4	5	5	5	6	6	7	7	8	11	11	12	12	12	13	13	13	14	14	14			15
17	興昌丸	4			5	5	5	6	6	6	7	7	8	8	9	(12)	12	13	13	13	14	14	14	15	15	15			16
11	興國丸	6			7	7	7	8	8	8	9	9	10	10	11	13	13	14	14	14	15	15	15	16	16	16			17
8	涪陵丸	7			P.M. 8	P.M. 8	A.M. 9	A.M. 9	P.M. 9	A.M. 10	11	A.M. 11	12	A.M. 12	13	15	15	16	16	16	17	17	17	18	18	18			19
22	興東丸	8			9	9	9	10	10	10	11	11	12	12	13	16	16	17	17	17	18	18	18	19	19	19			20
16	寧波丸	9			P.M. 10	P.M. 10	A.M. 11	11	P.M. 11	A.M. 12	P.M. 12	A.M. 13	P.M. 13	A.M. 14	15	18	18	19	19	19	20	20	20	21	21	21			22
14	興隆丸	10			11	11	11	12	12	12	13	13	14	14	15	17	17	18	18	18	19	19	19	20	20	20			21
21	當陽丸	10			P.M. 11	12	12	P.M. 12	13	13	P.M. 14	A.M. 15	16	A.M. 16	A.M. 18	20	A.M. 21	21	21	A.M. 22	P.M. 22	A.M. 23	23	P.M. 23	24	24			P.M. 25
24	音戸丸	11			12	12	12	13	13	13	P.M. 14	14	P.M. 15	A.M. 16	17	19	19	20	20	20	21	21	21	22	22	22			23
17	鳳陽丸	11			P.M. 12	13	13	P.M. 13	14	14	P.M. 15	15	P.M. 16	A.M. 17	18	20	20	21	21	21	P.M. 22	A.M. 23	A.M. 23	P.M. 23	P.M. 23	24			25
23	興亞丸	12			13	13	13	14	14	14	15	15	16	16	17	19	19	20	20	20	21	21	21	22	22	22			23
15	興運丸	13			14	14	14	15	15	15	16	16	17	17	18	(21)	21	22	22	22	23	23	23	24	24	24			25
~~23~~	~~大信丸~~	~~17~~			~~P.M. 18~~	~~19~~	~~19~~	~~P.M. 19~~	~~20~~	~~20~~	~~P.M. 21~~	~~21~~	~~P.M. 22~~	~~A.M. 23~~	~~24~~	~~26~~	~~26~~	~~27~~	~~27~~	~~27~~	~~28~~	~~28~~	~~28~~	~~29~~	~~29~~	~~P.M. 29~~			~~P.M. 30~~
24	宜陽丸	17			18	18	18	19	19	P.M. 19	P.M. 20	20	P.M. 21	A.M. 22	23	25	25	26	26	26	27	27	27	28	28	28			29
11	興泰丸	18			19	19	19	20	20	20	21	21	22	22	23	25	25	26	26	26	27	27	27	28	28	28			29
21	大貞丸	18			P.M. 19	20	20	P.M. 20	21	21	P.M. 22	22	P.M. 23	A.M. 24	25	27	27	28	28	A.M. 29	P.M. 29	A.M. 30	A.M. 30	P.M. 30	P.M. 30	31			四月 1
18	興昌丸	19			20	20	20	21	21	21	22	22	23	23	24	(27)	27	28	28	28	29	29	29	30	30	30			31
12	興國丸	21			22	22	22	23	23	23	24	24	25	25	26	28	28	29	29	29	30	30	30	31	31	31			四月 1
9	涪陵丸	22			P.M. 23	P.M. 23	A.M. 24	24	P.M. 24	A.M. 25	26	A.M. 26	27	A.M. 27	28	30	30	31	31	31	四月 1	1	1	2	2	2			3
23	興東丸	23			24	24	24	25	25	25	26	26	27	27	28	31	31	四月 1	1	1	2	2	2	3	3	3			4
17	寧波丸	24			P.M. 25	P.M. 25	A.M. 26	26	P.M. 26	A.M. 27	P.M. 27	A.M. 28	P.M. 28	A.M. 29	30	四月 1	1	2	2	2	3	3	3	4	4	4			5
15	興隆丸	25			26	26	26	27	27	27	28	28	29	29	30	四月 2	2	3	3	3	4	4	4	5	5	5			6
17	鳴門丸	25			P.M. 26	27	27	28	P.M. 28	A.M. 29	P.M. 30	30	P.M. 31	四月 A.M. 1	2	4	A.M. 5	5	5	A.M. 6	P.M. 6	A.M. 7	A.M. 7	P.M. 7	P.M. 7	8			9
25	音戸丸	26			27	27	27	28	28	P.M. 28	P.M. 29	29	P.M. 30	A.M. 31	四月 1	3	3	4	4	4	5	5	5	6	6	6			7
24	興亞丸	27			28	28	28	29	29	29	30	30	31	31	四月 1	4	4	5	5	5	6	6	6	7	7	7			8
22	當陽丸	27			P.M. 28	29	29	P.M. 29	30	30	P.M. 31	四月 A.M. 1	A.M. 2	A.M. 2	A.M. 4	6	A.M. 7	7	7	A.M. 8	P.M. 8	A.M. 9	9	P.M. 9	10	10			P.M. 11
18	鳳陽丸	28			P.M. 29	30	30	P.M. 30	31	31	四月 P.M. 1	1	P.M. 2	A.M. 3	4	7	7	8	8	8	P.M. 9	A.M. 10	A.M. 10	P.M. 10	P.M. 10	11			12
16	興運丸	29			30	30	30	31	31	31	四月 1	1	2	2	3	5	5	6	6	6	7	7	7	8	8	8			9
25	宜陽丸	31			四月 1	1	1	2	2	2	P.M. 3	3	P.M. 4	A.M. 5	6	8	8	9	9	9	10	10	10	11	11	11			12

乙線（往航・復航）

航海次数	船名	往航 上海發	江陰着	江陰發	鎮江着	鎮江發	南京着	南京發	蕪湖着	蕪湖發	安慶着	安慶發	九江着	九江發	漢口着	復航 漢口發	九江着	九江發	安慶着	安慶發	蕪湖着	蕪湖發	南京着	南京發	鎮江着	鎮江發	江陰着	江陰發	上海着
20	愛媛丸	1	2	2	P.M. 2	3	3	P.M. 3	4	4	P.M. 5	5	P.M. 6	A.M. 7	8	10	10	11	11	A.M. 12	P.M. 12	A.M. 13	A.M. 13	P.M. 13	P.M. 13	14	14	14	15
21	三弘丸	2			4	4	4	5	P.M. 5	A.M. 6	P.M. 7	7	P.M. 8	A.M. 9	10	12	12	13	13	A.M. 14	P.M. 14	A.M. 15	A.M. 15	P.M. 15	P.M. 15	16			P.M. 17
19	大吉丸	4			P.M. 5	6	6	7	P.M. 7	A.M. 8	9	A.M. 9	10	A.M. 10	A.M. 12	14	14	15	15	A.M. 16	P.M. 16	A.M. 17	17	P.M. 17	18	18			P.M. 19
18	沅江丸	4	P.M. 5	P.M. 5	6	6	6	7	P.M. 7	A.M. 8	P.M. 9	A.M. 10	P.M. 11	11	13	15	A.M. 16	16	A.M. 17	A.M. 17	A.M. 18	18	18	19	P.M. 19	P.M. 19	20	A.M. 20	21
22	嘉陵丸	5	6	6	P.M. 6	P.M. 6	P.M. 7	7	P.M. 7	A.M. 8	9	A.M. 9	10	A.M. 10	11	13	13	14	14	14	15	15	15	16	16	16	P.M. 16	16	P.M. 17
18	嵩山丸	8			P.M. 9	10	10	P.M. 10	11	11	P.M. 12	12	P.M. 13	A.M. 14	15	18	18	19	19	A.M. 20	P.M. 20	A.M. 21	A.M. 21	P.M. 21	P.M. 21	22			P.M. 23
18	三和丸	9	P.M. 10	P.M. 10	11	11	11	12	P.M. 12	A.M. 13	P.M. 14	14	P.M. 15	A.M. 16	A.M. 18	20	A.M. 21	21	21	A.M. 22	P.M. 22	A.M. 23	P.M. 23	P.M. 23	P.M. 23	24	P.M. 24	24	P.M. 25
20	青陽丸	14	P.M. 15	P.M. 15	16	16	16	17	P.M. 17	A.M. 18	P.M. 19	19	P.M. 20	A.M. 21	22	24	A.M. 25	25	25	A.M. 26	P.M. 26	A.M. 27	P.M. 27	P.M. 27	P.M. 27	28	P.M. 28	28	P.M. 29
21	愛媛丸	18	19	19	P.M. 19	20	20	P.M. 20	21	21	P.M. 22	22	P.M. 23	A.M. 24	25	27	27	28	28	A.M. 29	P.M. 29	A.M. 30	A.M. 30	P.M. 30	P.M. 30	31	31	31	四月 1
23	嘉陵丸	19	20	20	P.M. 20	P.M. 20	P.M. 21	21	P.M. 21	A.M. 22	23	A.M. 23	24	A.M. 24	25	27	27	28	28	28	29	29	29	30	30	30	P.M. 30	30	P.M. 31
22	三弘丸	20			22	22	22	23	P.M. 23	A.M. 24	P.M. 25	25	P.M. 26	A.M. 27	28	30	30	31	31	四月 A.M. 1	P.M. 1	A.M. 2	A.M. 2	P.M. 2	P.M. 2	3			P.M. 4
20	大吉丸	22			P.M. 23	24	24	25	P.M. 25	A.M. 26	27	A.M. 27	28	A.M. 28	A.M. 30	四月 1	1	2	2	A.M. 3	P.M. 3	A.M. 4	4	P.M. 4	5	5			P.M. 6
19	沅江丸	23	P.M. 24	P.M. 24	25	25	25	26	P.M. 26	A.M. 27	P.M. 28	A.M. 29	P.M. 30	30	四月 1	3	A.M. 4	4	A.M. 5	A.M. 5	A.M. 6	6	6	7	P.M. 7	P.M. 7	8	A.M. 8	9
19	嵩山丸	26			P.M. 27	28	28	P.M. 28	29	29	P.M. 30	30	P.M. 31	四月 A.M. 1	2	5	5	6	6	A.M. 7	P.M. 7	A.M. 8	A.M. 8	P.M. 8	P.M. 8	9			P.M. 10
19	三弘丸	28	P.M. 29	P.M. 29	30	30	30	31	P.M. 31	四月 A.M. 1	P.M. 2	2	P.M. 3	A.M. 4	A.M. 6	8	A.M. 9	9	9	A.M. 10	P.M. 10	A.M. 11	P.M. 11	P.M. 11	P.M. 11	A.M. 12	P.M. 12	12	P.M. 13
21	青陽丸	31	四月 P.M. 1	P.M. 1	2	2	2	3	P.M. 3	A.M. 4	P.M. 5	5	P.M. 6	A.M. 7	8	10	A.M. 11	11	11	A.M. 12	P.M. 12	A.M. 13	P.M. 13	P.M. 13	P.M. 13	14	P.M. 14	14	P.M. 15

漢口12日發興昌丸
〃 21日發興運丸
〃 27日發興昌丸 ｝病院船 ~~[illegible]~~ トナル予定

日中戦争時代の上海～漢口航路軍用定期表
【1941 年３月　日本陸軍？】

援蒋エアライン「中国航空公司」が
24日の道のりをわずか4時間に短縮

重慶〜昆明
（1936年）

北米西海岸から中国奥地にまで繋がった航空路

日中戦争が始まる前の長江航路は、漢口からさらに上流の宜昌を経由して重慶まで通じていたが、ここからさらに奥地を目指す旅行者の強い味方だったのが飛行機。戦前の中国大陸は、意外に航空路網が発達していたのである。

中国における民間航空は、1919年12月に行われた北京〜天津間の郵便輸送飛行をその始まりとする。そして、その10年後の1929年4月に設立されたのが、戦前の中国を代表する航空会社である中国航空公司（CNAC）だった。同社の存在感がグッと高まったのは1933年のこと。パンアメリカン航空が世界進出計画の極東での足がかりとしてCNACの株式を大量に握ったのである。その後パンナムは1935年に太平洋横断飛行艇空路の開設に成功し、はじめはフィリピンのマニラ止まりだった路線は1937年4月に遂に香港へと至った。CNACはこれを見越して1936年11月から上海〜温州〜福州〜厦門〜汕頭〜広州線を香港にも寄航させていたが、これにより飛行機を乗り継いでアメリカ西海岸から重慶ばかりか、さらに奥にある成都や昆明といった都市まで行くことさえ可能となったのである。

『上海から漢口まで、普通の交通機関なら4日。航空機は最短で3時間30分。』——これは、1936年4月に中国航空公司（CNAC）が発行した時刻表に掲載されている目的地別の所要時間比較表。広大な平原と急峻な山岳地帯を有する中国大陸は、航空旅行の利点が発揮できる土地だった。もっとも、戦前のことであり、飛行機に乗れるような人は限られていただけに、並行する長江航路の脅威にはならなかったものと思われる。同社の路線は上海〜漢口線のほか、さらに長江を遡る漢口〜重慶線、重慶〜成都線、モダンな国際都市と歴史ある首都を結ぶ上海〜北平（北京）線や、南へ目を向けると先にも触れたが沿海部の都市を結び交易の中心地へ至る上海〜広州線があった。中でも飛

中国航空公司の時刻表
【1936年4月　同社発行】

渝　昆　綫
CHUNGKING-KUNMING LINE

南下機 South Bound (Read Down 向下讀) / 向上讀 (Read Up) 北上機 North Bound

Fri.	Tu. Thu.	Km				Tu. Thu.	Sat.
12.00	12.00	0	Lv.	重慶 Chungking	Av.	16.30	16.30
14.00 14.30	14.00	326	Lv. Ar.	貴陽 Kweiyang	Av. Lv.	14.30	14.30 14.00
16.30		756	Av.	昆明 Kunming	Lv.		12.00

每逢星期五南下至昆明星期六北上至重慶
每逢星期二四重慶貴陽間來回各一次

渝　昆　綫
CHUNGKING-KUNMING LINE

單程 Single Trip / 來回 Round Trip

重慶 Chungking	貴陽 Kweiyang	昆明 Kunming	貴陽 Kweiyang	重慶 Chungking
$150.00				$260.00
$300.00	$170.00		$290.00	$520.00

以上價目均以國幣計算
The above fares are quoted in national currency.

左の時刻表の内部
重慶〜貴陽〜昆明線の時刻と運賃

行機の絶大な威力が発揮されたのが、雲南の山々に分け入る重慶〜貴陽〜昆明線。先の所要時間比較によると重慶〜昆明間はなんと『普通の交通機関で24日。航空機で4時間15分。』！　胴体に筆文字で大きく「郵」（郵便輸送の意か？）と書かれた、ダグラスDC-2など最新の機体がこうした悠久の大地を翔ぶ様は、独特のエキゾシズムを誘う世界を醸し出していた。

なお、戦前の中国大陸に存在した航空会社としては、他に欧亜航空公司や西南航空公司が挙げられる。欧亜航空公司はドイツ資本による会社であり、ドイツ製のユンカース機を使って上海〜蘭州〜包頭などを運航した。西南航空公司は、広州〜南寧などを結んでいた。

日本の侵攻に耐えて儚くも花開いた広大な路線網

日中戦争勃発による厳しい状況は航空の分野でも同じで、日本の占領地が拡大すると日本の肝いりで1938年に設立された中華航空（現在の台湾の中華航空とは別）という会社がCNACに代わって中国大陸沿岸部を中心に1万2千キロにおよぶ路線網を広げた。一方のCNACは大陸西南部の奥地へと追い込まれていく。それればかりか、国民政府が遷都した重慶など内陸の拠点が日本軍による爆撃にさらされるようになると、中国機による空の旅は日本軍による撃墜の可能性と常に隣り合わせという危険なものとなった。しかしながら、奥地に追い込まれたとはいえ、CNACには国民党を支援するという明確な使命があった。重慶爆撃が行われるようになってからもCNACは重

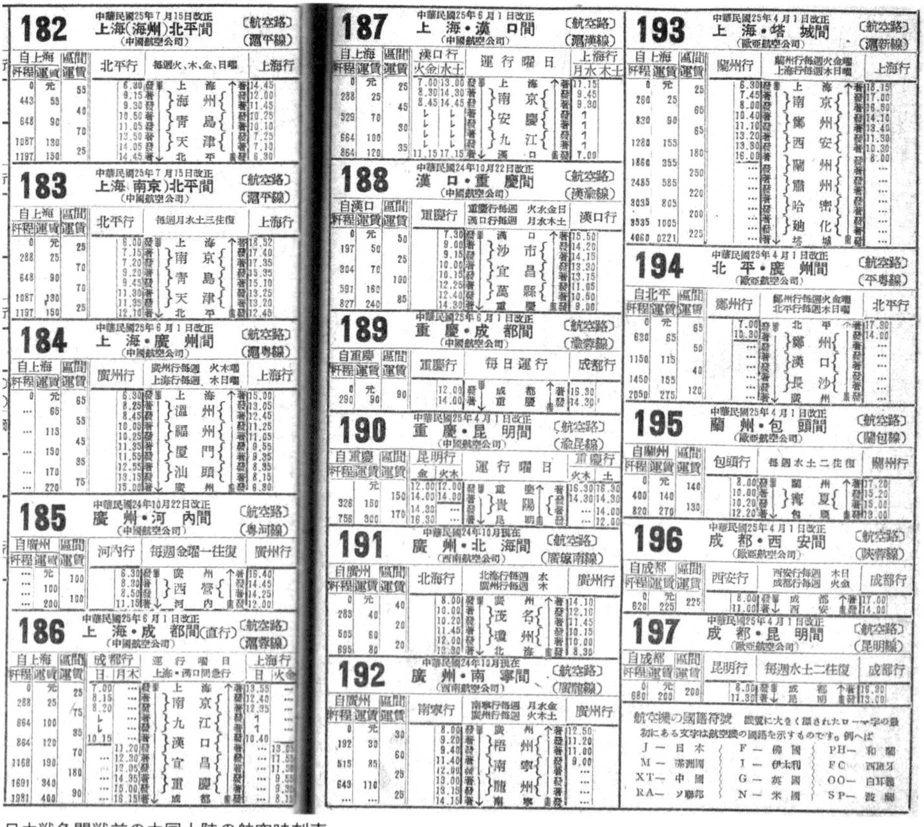

日中戦争開戦前の中国大陸の航空時刻表
（ジャパン・ツーリスト・ビューローが1936年8月に発行した「満洲 朝鮮 内地 中国 汽車時間表」より）

慶を中心に路線を維持し続け、重慶～成都線や重慶～昆明線など以前からの路線のほか、昆明～ハノイ線など新路線も開設。空からの援蒋ルートを構築したのである。また、第二次大戦期にはアメリカ軍とともに、インドやビルマ（ミャンマー）から中国大陸奥地へ「ハンプ越え」と呼ばれる山岳地帯横断飛行を行い、日本軍に抵抗する中国軍や連合軍への物資補給を支援し続けた。なお、CNACの就航都市のひとつだった成都にはアメリカ軍の基地が置かれ、ここから出撃したB-29によって1944年6月に北九州・八幡製鉄所の爆撃が行われている。これは大戦末期の日本本土空襲の先駆けとなる作戦だった。

第二次大戦が終わると、CNACは中国のフラッグキャリアとしての活動を再開する。1947年6月には太平洋を横断する上海～サンフランシスコ線を開設。その頃には上海～台北～香港線という、近年になって中台直航便が復活するまでは考えられなかったような路線も運航されており、当時の世界地図の版図がうかがえて興味深いものである。しかし、必ずしも平和な時代が到来したわけではなく、国民党と共産党による国土を二分する内戦は同社を再び南方に追いつめることとなり、1949年の中華人民共和国の成立によって、懐かしき戦前中国の象徴ともいえるCNACは、歴史の荒波の中にその姿を消したのだった。

戦後間もない頃の中国航空公司時刻表（香港版）
【1948年7月　同社発行】

2. **HONGKONG - SWATOW** Reservation 31166 / Telephone 26031

Daily Service (including Sun.) DC-3 passenger plane

Lv.	Hongkong	8:00 AM
Ar.	Swatow	9:30 AM
Lv.	Swatow	12:35 Noon
Ar.	Hongkong	1:55 PM

★ Plase also note flights to Swatow in Item Nos. 8 and 9 as shown hereunder

3. **HONGKONG - AMOY** Reservation 31166 / Telephone 26031

Daily service (including Sun,) DC-3 passenger plane

Lv.	Hongkong	8:00 AM
Ar.	Amoy	10:50 AM
Lv.	Amoy	11:05 AM
Ar.	Hongkong	1:55 PM

★ Please also note flights to Amoy in Item No. 9 as shown hereunder

Ar.	Calcutta	11:15 AM

7. **HONGKONG - CANTON - HAIKOW - SAMYA** Reservation Telephone 32092

Twice a week C-47 plane

Wed. Fri.	Lv.	Hongkong	7:40 AM
	Ar.	Canton	8:35 AM
	Lv.	Canton	9:05 AM
	Ar.	Haikow	11:15 AM
	Lv.	Haikow	11:45 AM
	Ar.	Samya	12:45 Noon

8. **HONGKONG - SWATOW - TAINAN** Reservation 31166 / Telephone 26031

Twice a week C-47 plane

Thu. Sat.	Lv.	Hongkong	7:40 AM
	Ar.	Swatow	9:10 AM
	Lv.	Swatow	9:30 AM
	Ar.	Tainan	11:10 AM

中国航空公司の晩年の時刻表（香港版）より
【1948年7月　同社発行】

1950 年代の中国鉄路は
「豚を 2 倍積む方法」を考えていた

北京〜上海（戦後編・上）

（1947/49/52 年）

内戦期には南北連絡が途絶

1945 年 8 月 15 日、太平洋戦争終結とともに日中間の 15 年戦争も終わりを告げた。しかしそれ以降、蒋介石率いる国民党政権と毛沢東の中国共産党による、国土を二分する内戦が再燃したということはよく知られている。この「国共内戦」は当然、中国の交通網にも大きな影響を与えていた。共産党は主に東北部に勢力を伸ばし、稠密に発達した満州地域の鉄道網を支配に置くことができた。一方、国民党軍は関内（すなわち、万里の長城より南）を拠点としていたため、この地域の鉄道約 1 万 2 千キロを支配していた。両者の接点である華北の鉄道は内戦で破壊され、中国国内を南北縦貫する鉄道連絡は途絶することとなる。

国共内戦時代の国民党支配地域の鉄道がどのようなものであったのか？　それを物語る資料がある。中華民国 36 年 12 月、すなわち西暦では 1947 年に発行された『京滬週刊』という薄手の週刊誌には、広告や巻末付録として当時の関内の鉄道時刻表が掲載されていた。この週刊誌の発行元は、上海にある京滬區鐵路管理局となっており、内容は内外の時事ニュースが主体なので、車内誌のようなものだったのではないだろうか。

まず表紙をめくるとその裏には津浦鉄路の時刻表が載っている。津浦鉄路とはその名のとおり本来は天津〜浦口間の鉄道であるが、この時刻表を見ると徐州〜浦口間の時刻しか掲載されておらず、内戦により不通であったのか、天津〜徐州間については何も言及がない。運転中の区間には、「勝利号」「和平号」「建国号」というプロパガンダのにおいが強烈に漂う愛称が付けられた特急列車（特別快車）が所要約 10 時間で走っていた。

特 別 快 車　京 滬

4 凱旋號 頭二等特別快車	6 滬京 頭二三等特別快車	8 滬京 頭二等特別快車	78 滬錫 二三等特別區間車	2 金陵號 頭二等聯運特快車	10 滬京 頭二三等夜特快車	12 滬京 頭二等夜特快車(臥)	16 滬京 頭二三等夜特快車	上行　上海北站至南京	車次／站名	下行　南京至上海北站	1 錢塘號 頭二等聯運特快車	5 京滬 頭二三等特別快車	77 錫滬 二三等特快區間車	15 京滬 頭二三等特快車	7 京滬 頭二等特別快車	3 凱旋號 頭二等特別快車	9 京滬 頭二三等夜特快車	11 京滬 頭二等夜特快車(臥)
7.00	9.00	11.00	12.15	13.30	21.50	23.00	23.30		開 上海北站 到		14.45	16.25	17.10	18.25	19.35	22.45	6.35	8.00
		11.27	12.44		22.19				南翔				16.49		19.14			
		11.46							安亭					17.39 17.37	18.51 18.49			
	10.16	12.14	13.43		23.23				崑山			15.24	16.05	17.09	18.22		5.28	
8.41 8.48	10.57 11.09	12.57 13.04	14.29 14.36	15.17 15.26	0.20 0.27	1.06 1.13	1 43 1.55		到/開 蘇州 開/到		13.06 12.59	14.33 14.19	15.19 15.09	16.23 16.17	17.29 17.21	21.06 20.58	4.39 4.32	5.39 5.19
		13.32							望亭						16.56			
9.36 9.42	11.51 12.06	13.55 14.02	15.35	16.14 16.23	1.22 1.29	2.08 2.15	2.50 3.00		到/開 無錫 開/到		12.11 12.04	13.24 13.18	14.10	15.14 15.08	16.27 16.21	20.10 20.03	3.39 3.33	4.26 4.19
		14.22							洛社						16.03			
		14.34							橫林						15.51			
		14.45							戚墅堰						15.39			
10.31 10.40	12.59 13.08	15.01 15.15		17.09 17.19	2.27 2.37	3.13 3.25	4.05 4.13		到/開 常州 開/到		11.17 11.06	12.22 12.09		14.05 13.55	15.20 15.08	19.16 19.06	2.35 2.24	3.30 3.20
		15.41							奔牛						14.44			
11.38 11.41	14.00 14.03	16.13 16.17			3.56 4.00	4.29 4.33	5.16 5.20		到/開 丹陽 開/到			11.09 11.05		12.41 12.37	14.05 13.55	18.12 18.03	1.07 1.02	2.03 2.00
		16.31							新豐						13.43			
		16.54							鎮江南門						13.19			
12.18 12.25	14.40 14.45	17.01 17.17		18.46 18.53	4.46 4.55	5.18 5.27	6.02 6.09		到/開 鎮江西站 開/到		9.32 9.24	10.28 10.21		11.44 11.33	13.07 12.59	17.23 17.15	0.09 23.56	1.07 1.00
		18.03							龍潭						12.00			
13.44		18.40		20.10		7.01	7.37		和平門		8.13			10.16	11.23	16.03		23.18
13.55	16.10	18.50		2 .23	6.30	7.15	7.50		到 南京 開		8.00	9.00		10.00	11.00	15.45	22.00	23.00

『京滬週刊』巻末に掲載されていた上海〜南京間の時刻表
【1947 年 12 月　京滬區鐵路管理局】

さて、浦口に達し

た旅人が上海へ向かうには、まだ長江に橋が架けられていなかったため、連絡船で長江を渡る必要があった。当時の国民党の本拠地である南京で連絡船を降りると、そこから先は京滬線となり上海への特急が待っていた。この南京〜上海間は伝統的に華中の鉄道の中でも特に幹線といっても良い存在で、別項で触れた日本の支配時代にも「飛龍号」「天馬号」といった特急がこの間を走っていたが、1947年当時には上下7往復もの特別快車が運転され、中には「銭塘号」「金陵号」「凱旋号」といった愛称つき列車も存在した。他にも、上海〜無錫間の「太湖号」や上海〜杭州間の「西湖号」といった列車が見られ、内戦の時代とは言え、国民党のお膝元の地域はまだ安泰であったことが窺える。

鉄道再建からスタートした中華人民共和国

しかしこの翌年の1948年になると戦局は国民党にとって一転不利なものとなる。秋以降翌年初めまでに、三大戦役と呼ばれる遼瀋戦役・淮海戦役・平津戦役に国民党は敗北し、4月23日に首都・南京が陥落。こうなると人民解放軍の勢いは留まるところを知らない。南京陥落直後の1949年5月に人民革命軍事委員会が発行した“新中国の時刻表第一号”の表紙は、赤地に浮かぶ中国全土のシルエットに『解放全中国』のスローガンが踊るきわめてテンションの高いデザイン。その第一頁には鉄道関係者会議における決議を掲げ、『運輸計画を完遂』し『人民解放戦争を支援』するために、『車両の回転率向上』『資材節約』『先進事例に学ぶ』『計画・組織・規律の向上』等が重点事項とされていた。この時刻表には当時、共産党の支配下にあった華北より北の各線が掲載されている。ちなみに、索引地図には徐州以北の路線が掲載されているが、実際に時刻が掲載されたもっとも南の駅は、天津からそう遠くない津浦線の滄縣というところで、徐州はまだまだ先。それより南の鉄道は不通であったか、応急修理ののちに南下する人民解放軍のために軍事最優先で利用されており、北京と南京や上海間直通の鉄道旅客輸送は依然として絶たれていたわけだ。

この後、国民党政府に和平を拒否された共産党は中南部へ最後の進撃を開始し、10月には大陸全体をほぼ制圧して中華人民共和国が成立することとなる。中華人民共和国の成立とともに、まず急がれたのが、内戦やそれより以前の大戦中に破壊／撤去された鉄道の修復ということであった。修復が必要な総延長は1万キロにも達しようかという長さであったが、人民を総動員した突貫工事で、1949年度だけでなんとほぼ9割の修復が完了したという。北京〜上海の幹線もこのときに早速再開されている。さすがは世界トップの人口を誇る中国の底力だ。そして、さらに重要であったのがソ連の影響である。

無茶とも思える飽くなき効率追求

中国の鉄道に対するソ連の影響は、すでに第一章で述べたように大連〜ハルビン間および満洲里〜綏芬河間という、かつての東清鉄道の区間が第二次大戦後に中長鉄路として中ソ共同管理となったことに由来している。それまでの中国の鉄道経営では、現地の裁量がまかりとおり、全体として今どのような状況なのかを把握する術がなかったが、中長鉄路では日々、財務状況を中央に報告させていた。予算執行の厳正化が図られ、局長に無断で行われようとしていた工事が、現地を見た局長の一声で中止になったりもした。また、独立採算制も一部で行われ、コスト管理の重要性が浸透されたのである。

中長鉄路は1950年2月に中華人民共和国とソ連の間で「中ソ友好同盟相互援助条約」が締結されて、元々は30年だった旅順港の租借期間が短縮されたのと一緒に、3年後の1953年には中国へ返還された。しかしそこで得られた前述のような経験は、目標が定められてその達成状況が常に対比される、社会主義計画経済という体制を推進する上でのベースとなる手法の数々であった。目標とその達成までの道のりはノルマとして末端の組織や構成員にまで浸透され、個々人はノルマ達成のために、脇目もふらずやるべき業務に邁進しなければならない。実施状況が計画から1週間乖離すれば各地区の問題に、10日も乖離すれば中央の問題として扱われたという。しかし、社会主義計画経済において「目標」とはゴールと同義で

(3)

濱洲線　哈爾濱——滿洲里

自哈爾濱 里程	票價	站名 ＼ 去向・車次	往齊齊哈爾 旅快車郵 11	往滿洲里 混合餐臥郵 101	往安達 混合 103
0	0	三棵樹 開	21.55	6.20	15.22
3	35	太平橋 〃	レ	6.29	15.31
6	35	濱江 〃	22.17	6.44	15.47
9	35	哈爾濱 到	22.25	6.52	15.55
0		哈爾濱 開	22.45	7.15	16.20
10	35	廟台子 〃	レ	7.34	16.39
31	105	對青山 〃	レ	8.02	17.14
52	175	姜家 〃	レ	8.31	17.43
63	215	鞏東 到	23.59	8.45	17.50
		鞏東 開	0.07	8.53	18.06
74	260	尙家 〃	レ	9.08	18.21
95	320	宋 〃	レ	9.36	18.49
116	390	羊草 〃	レ	10.08	19.21
127	430	安達 到	1.20	10.22	19.35
		安達 開	1.32	10.40	
158	535	薩爾圖 〃	レ	11.25	
180	605	喇嘛甸 〃	レ	11.54	
212	710	泰康 〃	3.09	12.43	
238	790	煙筒屯 〃	レ	13.18	
270	885	昂昂溪 到	4.11	13.59	
		昂昂溪 開	4.31	14.19	
283	925	富拉爾基 〃	齊齊哈爾到 5.06	14.43	
292	950	虎爾虎拉 〃		14.58	
323	1045	朱家坎 〃		16.00	
364	1140	碾子山 〃		16.50	
383	1230	成吉思汗 〃		17.29	
415	1320	扎蘭屯 〃		18.27	
445	1400	哈拉蘇 〃		19.12	
477	1485	巴林 〃		20.01	
509	1575	雅魯 〃		20.49	
538	1650	博克圖 到		21.35	
		博克圖 開		21.55	
583	1715	興安 〃		22.58	
572	1740	伊列克得 〃		23.23	
602	1820	烏奴耳 〃		0.07	
633	1895	免渡河 〃		1.02	
666	1970	牙克石 〃		1.59	
693	2035	扎羅木得 〃		2.44	
721	2100	哈克 〃		3.30	
749	2165	海拉爾 到		4.09	
		海拉爾 開		4.29	
781	2240	烏固諾爾 〃		5.21	
813	2310	完工 〃		6.07	
845	2370	赫爾洪得 〃		6.56	
875	2425	嵯崗 〃		7.46	
907	2485	扎來諾爾 〃		8.33	
936	2540	滿洲里 到		9.36	

站名 ＼ 去向・車次	往哈爾濱 旅快車郵 12	往哈爾濱 混合餐臥郵 102	往哈爾濱 混合 104
滿洲里 開		16.10	
扎來諾爾 〃		17.05	
嵯崗 〃		17.56	
赫爾洪得 〃		18.54	
完工 〃		19.43	
烏固諾爾 〃		20.33	
海拉爾 到		21.16	
海拉爾 開		21.38	
哈克 〃		22.19	
扎羅木得 〃		23.08	
牙克石 〃		23.53	
免渡河 〃		0.54	
烏奴耳 〃		1.47	
伊列克得 〃		2.40	
興安 〃		3.03	
博克圖 到		3.38	
博克圖 開		3.58	
雅魯 〃	齊齊哈爾開 21.54	4.44	
巴林 〃		5.34	
哈拉蘇 〃		6.16	
扎蘭屯 〃		7.06	
成吉思汗 〃		7.51	
碾子山 〃		8.30	
朱家坎 〃		9.27	
虎爾虎拉 〃		10.12	
富拉爾基 〃		10.27	
昂昂溪 到	22.29	10.49	
昂昂溪 開	22.49	11.09	
煙筒屯 〃	レ	11.51	
泰康 〃	23.59	12.38	
喇嘛甸 〃	レ	13.19	
薩爾圖 〃	レ	13.48	
安達 到	1.28	14.32	
安達 開	1.38	14.51	7.20
羊草 〃	レ	15.08	7.37
宋 〃	レ	15.39	8.08
尙家 〃	レ	16.06	8.35
鞏東 到	2.51	16.20	8.49
鞏東 開	2.59	16.28	8.59
姜家 〃	レ	16.43	9.14
對青山 〃	レ	17.11	9.42
廟台子 〃	レ	17.38	10.09
哈爾濱 到	4.12	17.57	10.28
哈爾濱 開	4.27	18.17	10.48
濱江 〃	4.40	18.30	11.01
太平橋 〃	レ	18.40	11.11
三棵樹 到	4.55	18.48	11.19

完成運輸任務，支援關內鐵路，支援人民解放戰爭！

中華人民共和国成立直前の時刻表（表紙はカラーページ参照）
【1949 年 5 月　中国人民革命軍事委員会】

はなかった。目標の達成はあくまでも「標準」であって、国家の発展のためには目標以上の達成が常に求められた。そこで、無駄を省いてコストダウンを追求しながら飽くなき生産性の向上が目指されたのである。

これを鉄道に適用すると、昨日より今日・今日より明日より多くの貨物発送量を達成しなければならない。そのためには一日あたりの車両の稼動率を高めるという必要があり、機関車の一日の平均走行距離500キロが目指された。これは1950年の平均走行距離である236キロの約2倍。他にも、定められた牽引両数の限界を超えてでも牽けるだけの貨車を牽き、貨車には貨物を隙間無く満載する挑戦が行われた。貨車に豚（もちろん、屠殺された豚）を積み込む時、四足を腹に詰め込むことで通常の2倍の量を積むということを考えたアイディアマンも。これらのチャレンジは「満載超軸500公里運動」として、1952年5月から中国の鉄道、特に貨物輸送に浸透した。こうしたキャンペーンの中、生産性向上に著しく貢献した組織や個人は最大級の賛辞を受け、さらにその実績を上回る目標が設定された。

しかし、こうした方針はしばしば車両や線路などのインフラの耐性をしばしば無視するものであり、無理な生産性追求は、かえってインフラとマンパワーの疲弊を招いた。それでもこの方針が説得力を持っていたのは、1950年6月に勃発した朝鮮戦争において中国の鉄道は朝鮮人民軍を支援するための重要な生命線だったこととも無縁ではないだろう。1952年の中国国鉄の時刻表の欄外には、スターリンや中ソ同盟を賛美するスローガンが多数踊る一方、朝鮮戦争で米軍が細菌戦を行っているとしてそれを非難するスローガンもあった。時刻表の欄外にも東西対立の火花が散っていたのである。

翌1953年からは「第一次5ヵ年計画」が実施され、中国はソ連をお手本に急進的な国力増進の道へと進んでいった。中ソ蜜月時代はずっと続き、

中国全土の汽車時刻表
【1952年12月　中央人民政府鉄道部】

中国にとって前途には明るい未来が広がっていると思われた時代である。内戦が終結して平和が訪れ、再び可能となった南北方向の鉄道の旅は、建国から５年後の1954年の５月の時刻表ではこんなスケジュールだ。北京発7時10分の快車（急行）第15列車は丸一日かけて、翌８時51分に浦口着。浦口～南京間は連絡船で長江を渡り、南京を11時に出発。17時27分に上海へ到着する所要時間34時間の旅路だった。

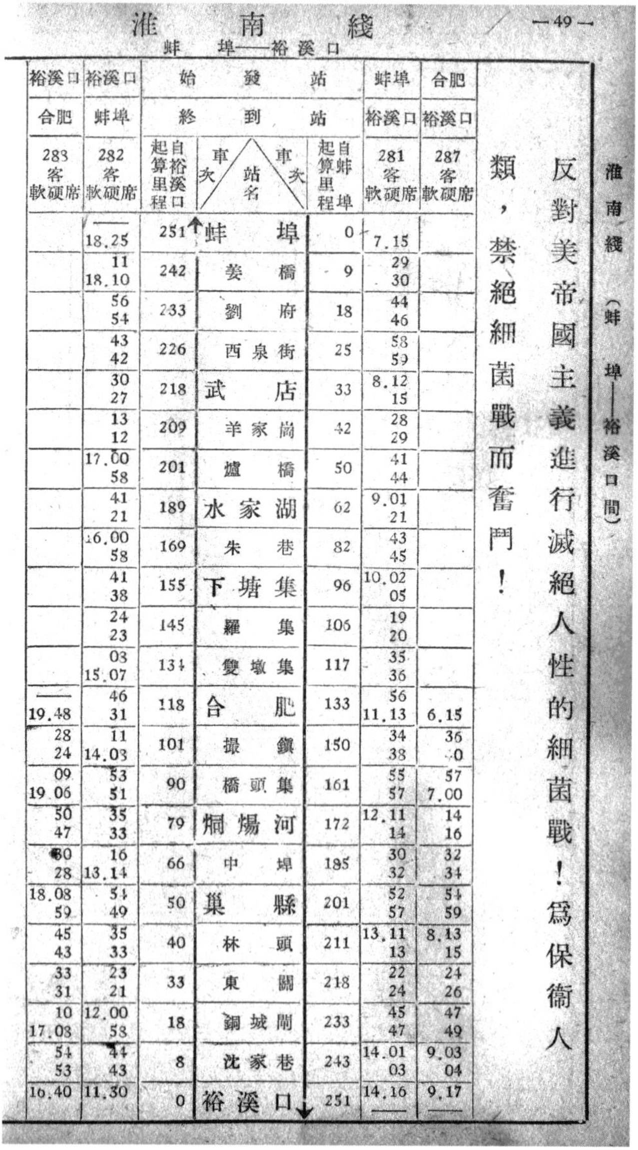

淮　南　綫　　—49—

蚌埠——裕溪口

裕溪口	裕溪口	始發站			蚌埠	合肥
合肥	蚌埠	終到站			裕溪口	裕溪口
283 客 軟硬席	282 客 軟硬席	自裕溪口起算里程	車次／站名＼車次	自蚌埠起算里程	281 客 軟硬席	287 客 軟硬席
	—— 18.25	251	蚌埠	0	7.15	
	11 18.10	242	姜橋	9	29 30	
	56 54	233	劉府	18	44 46	
	43 42	226	西泉街	25	58 59	
	30 27	218	武店	33	8.12 15	
	13 12	209	羊家崗	42	28 29	
	17.00 58	201	爐橋	50	41 44	
	41 21	189	水家湖	62	9.01 21	
	16.00 58	169	朱巷	82	43 45	
	41 38	155	下塘集	96	10.02 05	
	24 23	145	羅集	106	19 20	
	03 15.07	134	雙墩集	117	35 36	
—— 19.48	46 31	118	合肥	133	56 11.13	6.15
28 24	11 14.03	101	撮鎮	150	34 38	36 40
09 19.06	53 51	90	橋頭集	161	55 57	57 7.00
50 47	35 33	79	烔煬河	172	12.11 14	14 16
30 28	16 13.14	66	中垾	185	30 32	32 34
18.08 59	54 49	50	巢縣	201	52 57	54 59
45 43	35 33	40	林頭	211	13.11 13	8.13 15
33 31	23 21	33	東關	218	22 24	24 26
10 17.08	12.00 58	18	銅城閘	233	45 47	47 49
54 53	44 43	8	沈家巷	243	14.01 03	9.03 04
16.40	11.30	0	裕溪口	251	14.16 ——	9.17 ——

反對美帝國主義進行滅絕人性的細菌戰！爲保衛人類，禁絕細菌戰而奮鬥！

淮南綫（蚌埠——裕溪口間）

前ページの時刻表の内部より
アメリカが細菌戦を行っているとして非難するスローガンが右の方に見える

パンダもビックリ！ 竹製バスまで走らせた中国パワー

上海の都市交通
（1960年）

半世紀前から深夜バスが走っていた上海

経済発展著しい中国を代表する都市・上海。高層ビルが天に向かって伸びる一方で、戦前に外国の租界が栄えた時代のレトロな風情の建物が残るなど、古さと新しさが同居した刺激的な街である。しかし、上海の繁栄は今に始まったことではない。中華人民共和国成立の10年後、1960年の上海の都市交通を覗いてみよう。

『上海市公共交通手冊』という、上海市内のバス・市電・トロリーバス・渡船の案内冊子がある。紙質はあまり良いものではないが、さすがに大都市だけあって130ページの立派な体裁だ。本文には当時まだ走っていた市電のほか、100系統あまりのバスやトロリーバス各線の始終発時刻と停留所間の運賃表が記載されている。

そんな中で目をひくのが、20系統ほどある「通宵行駛」と書かれた終夜運行のバス。これは1958年から開始されたもので、今に至る大都会の息吹が早くも感じられる。そういえば、朴正熙大統領時代の韓国では夜間0時以降は外出禁止（通禁ともいった）という時代があったから、本来は自由なはずの国がそんな調子で、それと対抗するはずの社会主義国家がこうも自由だったというのは奇妙な対照だ。

上海の「有軌電車」（路面電車）は、戦前は中華民国だけではなくイギリスやフランスなど租界を持っていた国々の資本によって運行されていたが、1949年の中華人民共和国建国後は当局による一元管理が進み、1958年7月には上海市公共交通公司が設立されている。1960年当時は静安寺～虹口公園など8系統の路面電車がまだ現役だったが、市電の淘汰が始まり、人力車からタクシーへの切り替えが進んだのもこの時期のことであった。

話はそれるが、虹口は往年の日本人居住区として有名な地域である。日本支配時代の上海では華中都市自動車という会社が市内バスと観光バスを運行していたが（同社は、南京や上海のほか、蘇州や杭州といった華中7都市のバス事業運営を目的に、日中戦争後の1938年に設立された）、この観光バスの出発地も虹口だった。正確にいうと上海神社前となっている。当時、日本の支配の及ぶところにはあまねく神社が建立されたが、虹口公園の隣にあったのが上海神社だった。

人手をかけて頑張りゃいいってもんじゃない

さて、この時刻表が発行された当時、中国はとにかくイケイケな政策の真っ最中。表紙を繰ってまず飛び込んでくるのは、最新型のバスの写真や建国以来10年間の交通の量的拡大を紹介する文章であり、そこに書かれた内容によれば建国当初と比較して路線延長で293%・乗客数で412%・車輌数で127%の伸びだそうだ。「大躍進中的新型公共車輌」と称して自社設計の最新型連接バスが紹介され、大需要への備えも万全！と謳われていた。

上海の市電・バス・渡船の時刻と運賃の案内書
【1960年2月　上海市公共交通公司】

「大躍進」運動――それは毛沢東によって1958年に提唱された、国力増進・近代化を目指す政策であり、その後長らく中国の農村の代名詞となった「人民公社」が設立されたのもこの時のことである。しかし、科学的根拠よりもとにかく気合と人海戦術で乗り切ろうという急進的でバランスを欠いた開発政策はわずか3年で失敗。食料不足など社会経済に大きな疲弊をもたらすだけに終わり、毛沢東はソッポを向かれてしまう。これはリベンジとしての文化大革命の発動につながる伏線ともなった。

奇しくも「大躍進」スタートから半世紀後の2008年に北京ではオリンピックが開催され、失敗から半世紀後の2010年には上海で万博の開催が予定されている。これが改革解放を進める中国にとって本当の躍進になるのか？――世界中が固唾をのんでその行方に注目している。

最後に、昔の中国の都市交通に関する驚異的なエピソードをひとつ紹介しよう。1958年6月8日付の朝日新聞の記事によると、『浙江省杭州市に竹製のバスが登場した』とのこと。写真も一緒に載っており、動力つきバスに牽引されるトレーラー車両のようだが、機械部分を除いて側面から屋根まですべてが竹製。資材節約が目的とはいえ、そこまでする！？

49路 外灘――龙华路龙山路

經过：南京东路、黄陂路、威海卫路、石門一路、延安路、陕西路、长乐路、常熟路、淮海中路、烏魯木齐路、肇家浜路、楓林路、斜土路、东庙桥路至龙华路。

通宵行駛

南京路外灘
5 河南路
5 5 浙江路
5 5 5 中百公司
5 5 5 5 黄陂路
5 5 5 5 5 成都路
10 10 5 5 5 5 延安中路
10 10 10 5 5 5 5 陕西南路
10 10 10 5 5 5 5 5 长乐路
10 10 10 10 10 5 5 5 5 富民路
10 10 10 10 10 10 5 5 5 5 常熟路
15 10 10 10 10 10 5 5 5 5 5 烏魯木齐路
15 15 10 10 10 10 10 5 5 5 5 5 永嘉路
15 15 15 10 10 10 10 10 10 5 5 5 5 肇家浜路
15 15 15 15 10 10 10 10 10 10 5 5 5 5 楓林路
15 15 15 15 15 10 10 10 10 10 5 5 5 5 5 斜土路
15 15 15 15 15 10 10 10 10 10 10 5 5 5 5 5 汽車二場
15 15 15 15 15 15 10 10 10 10 10 10 5 5 5 5 5 零陵路
15 15 15 15 15 15 10 10 10 10 10 10 5 5 5 5 5 5 龙山路

— 32 —

前ページの時刻表の内部
終夜運転（通宵行駛）のバスの案内

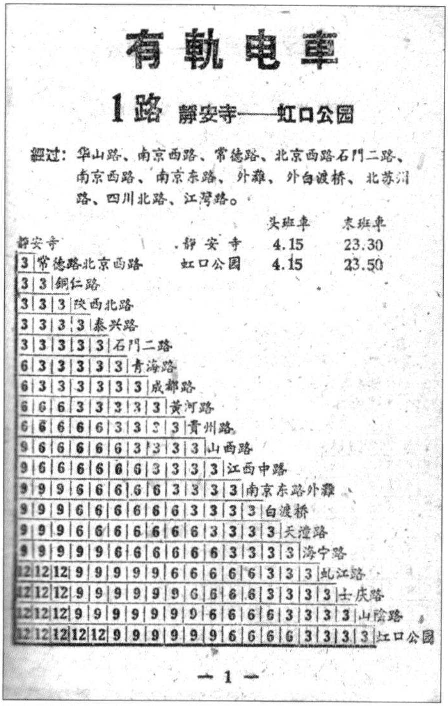

有軌电車

1路 静安寺――虹口公园

經过：华山路、南京西路、常德路、北京西路石門二路、南京西路、南京东路、外灘、外白渡桥、北苏州路、四川北路、江湾路。

	头班車	末班車
静安寺	4.15	23.30
虹口公园	4.15	23.50

静安寺
3 常德路北京西路
3 3 铜仁路
3 3 3 陕西北路
3 3 3 3 泰兴路
3 3 3 3 3 石門二路
6 3 3 3 3 3 青海路
6 3 3 3 3 3 3 成都路
6 6 6 3 3 3 3 3 黄河路
6 6 6 6 6 3 3 3 3 貴州路
9 6 6 6 6 6 3 3 3 3 山西路
9 6 6 6 6 6 6 3 3 3 3 江西中路
9 9 9 6 6 6 6 6 3 3 3 3 南京东路外灘
9 9 9 6 6 6 6 6 6 3 3 3 3 白渡桥
9 9 9 6 6 6 6 6 6 6 3 3 3 3 天潼路
9 9 9 9 9 6 6 6 6 6 6 3 3 3 3 海宁路
12 12 12 9 9 9 9 9 6 6 6 6 6 3 3 3 虬江路
12 12 12 9 9 9 9 9 9 6 6 6 6 3 3 3 3 士庆路
12 12 12 9 9 9 9 9 9 9 6 6 6 6 3 3 3 3 山陰路
12 12 12 12 12 9 9 9 9 9 9 6 6 6 6 3 3 3 3 虹口公园

— 1 —

同じく前ページの時刻表の内部
現在はすでに廃止された上海市電の時刻と運賃

革命の国・フランスから
文化大革命の真っ只中へ就航した西側初の定期便

パリ〜上海

（1967年）

二超大国に頼らないもの同士が意気投合

執務中の毛沢東が表紙を飾るのは、1967年10月に中国民航が発行した時刻表。国家元首の肖像を表紙に使った時刻表というのはなかなか過去に例がないが、当時の中国は前年に本格化した文化大革命の嵐が吹き荒れる真っ最中であった。毛沢東に対する個人崇拝が高まりをみせ、それは単なる政治的支持を超えた狂信的な様相をも帯びていた。華やかな宣伝に彩られた当時の西側社会の航空会社の時刻表とは対照的に、この時刻表には使用機種の表示や広告は一切無い。また、表紙に『毛主席万歳』というスローガンが踊り、表紙の裏にも『為全中国人民和全世界人民服務　毛沢東』という言葉が書かれているのが文革中ならではのこと。しかし、同時代の中国の鉄道時刻表に比べると毛沢東語録もおとなしい。当時の中国の民間航空はソ連製の機種を使い、わずかではあるが西側諸国からの路線が伸びるなど国際的性格を帯びていたことや、労働者の乗り物ではなく特権階級のための交通機関であったという事情からであろうか？

時刻表の内部には国内線のほか、国際線の時刻表も掲載されている。1970年代に日本やアメリカとの国交が回復して航空路線が開設されるまで、中国に関連する国際航空路線は非常に限られていた。1967年時点で中国民航自身が定期路線を持っていたのは、ソ連／北朝鮮／北ベトナム／ビルマ（ミャンマー）だったが、中国との間で国際線が運航されていた国は下記のとおりだった。

- ●東側同盟国としてソ連／北朝鮮／モンゴル／北ベトナム
- ●チベットの帰属・国境問題を抱えるインドに対抗する友好国としてのパキスタン
- ●シアヌーク国王が統治し、中国と友好関係にあるカンボジア
- ●独自の社会主義路線を追求していたビルマ
- ●西側諸国でありながらアメリカに一線を画した独自外交を持つフランス

もちろんこれらの路線は、外交関係が樹立されてこその運航であったが、この中で特筆すべきことはフランスと中国との国交樹立である。1964年1月27日、フランスは中華人民共和国の承認を表明。これは西側諸国ではイギリスに次いで2番目のことであった。もっとも、イギリスは香港という特殊な事情もあって、1949年の中華人民共和国成立の翌年に承認したものであり、それから15年も経った時点での承認は世界的にみて驚きであった。

言うまでもなく、中国は東側陣営・フランスは西側陣営に属していたが、お互いそれぞれの陣営の盟主であるソ連やアメリカとは一線を画し、独自の外交路線を歩もうとしていた点で共通している。中国が中ソ対立以降、ソ連から距離を置いたのとほぼ時期を同じくしてフランスはNATOの軍事機構から徐々に足を洗い、独立路線を鮮明にした。それより前の1960年には原爆実験にも成

中国民航時刻表（上海地域中心）
【1967年10月　同社発行】

功しており、米・ソ・英に次ぐ4番目の核保有国にもなっている。当時、フランスは東南アジアやアフリカで次々と植民地を失っていったが、そんな状況の中で米英に埋もれない強いフランスを目指す、ド・ゴール政権を象徴する出来事のひとつが中国との国交樹立であった。

フランスは中華人民共和国の承認にあたって、台湾と両方を承認する二重承認も考えていたという。しかし、「ひとつの中国」の原則はそうした幻想を許さなかった。国交樹立から2週間後の2月11日には台湾からフランスに断交が申し渡され、以降、中華人民共和国と国交を結ぶということは、すなわち台湾との断交をも意味することとなった。もっともその当時、フランス国営航空・エールフランスは台湾への路線を持っていなかったから、航空路線の面では特段の問題はなかった。

さて、中国との国交樹立を機に、エールフランスは、パリ～上海線の運航を開始した。奇しくも、フランスがNATOの軍事機構から完全に離脱した年・1966年9月20日のことである。アテネ・カイロ・カラチ・プノンペンを経由する南回りルートで、当時の長距離路線の主力機・ボーイング707が使われた。一方、中国民航によるヨーロッパ乗り入れは、同社がまだ長距離を飛べるジェット機を保有していなかったこともあり、1970年代末まで待たなければならなかった。

米中国交回復前にアメリカ製旅客機が乗り入れ

ボーイング707は当時西側諸国で広く使われていたジェット機であるが、まだアメリカと中国は国交を回復していないばかりか敵対的な関係にあった時代、アメリカ製の機体が中国に乗り入れるというのはいささか皮肉な感じもする。しかも時代は文化大革命の真っ盛りである。西側ブルジョアの象徴とも言える航空機が、よく紅衛兵らに叩き壊されなかったものだ……。しかし、この機種が中国に乗り入れるのはこれが初めてではない。エールフランスに先立つこと2年前の1964年4月29日、パキスタン国際航空がカラチ～ダッカ～広州～上海線を開設したときに使われたのがボーイング707であった。今日の上海は世界的な経済都市として繁栄し、国際空港も長らく使われた虹橋空港が手狭になったため、国際線の多くが1999年に浦東に開港した新空港へ移転したくらいであるが、1964年のパキスタン国際航空の上海乗り入れは上海への初の国際線、しかもジェット機の乗り入れというエポックメイキングな出来事でもあった。

上海——巴黎

（当地时間）

AF 181	航班	AF 180
②	班（星期）期	②
② 17.50	开 上海 到	14.55
21.00 22.00	到 开 金边 开 到	10.10 09.10
③ 01.30 02.30	到 开 卡拉奇 开 到	02.15 01.15 ②
04.40 05.40	到 开 开罗 开 到	18.15 17.15
07.25 08.10	到 开 雅典 开 到	15.40 14.55
10.15	到 巴黎 开	11.00 ①

AF　法国航空公司航班

前ページの時刻表の内部
開設間もないパリ～上海線の時刻

ちなみに、それまで上海の空港は戦前からの龍華机場（「机場」は中国語で「空港」の意）が主に使われていたが、ジェット機の発着には無理があったため、当時軍用飛行場として使われていた虹橋机場が新空港として整備され、パキスタン国際航空の乗り入れに備えられた。龍華机場に残っていた国内線も1966年に虹橋に移転し、以降、虹橋が上海の表玄関になるのである（軍は1971年に虹橋を出たため、以降は民間専用となった）。

話をエールフランスの中国線に戻そう。当初上海への乗り入れだったこの路線はのちに北京へと延長されたが、1972年の日中国交正常化後、1974年に日中間の航空路が開設可能になると、なんと東京まで延長された。当時、エールフランスのパリ～東京線は、アンカレジ経由（北回り）・モスクワ経由・南回りという3路線が運航されていたが、このうち、香港やマニラを経由していた南回り路線が北京経由となり、しかも唯一の南回り東京線として残った。当時すでに北回りにジャンボ機が就航し、モスクワ経由という短絡路線も運航されていたので、かつてはヨーロッパと極東を結ぶ手段として中心的な存在であった南回りルートは、表舞台から退こうとしていたのである。この北京経由パリ～東京線は、パリ～アテネ～カラチ～北京～東京のルートを23時間で結ぶもので、1975年から77年の2年間は福岡にも寄航した異色のルートだった。

中国以西から中国を経由して日本に乗り入れる路線としては、エールフランスのほか、パキスタン国際航空のカラチ～北京～東京線や、「空のシルクロード」などとも呼ばれたイラン航空のテヘラン～北京～東京線がある。このうち、パキスタン国際航空には1976年まで、北京や上海でオーバーナイト（一泊）するという変わった便もあった。

エールフランスの北京経由路線が廃止されたあとも、パキスタン国際航空とイラン航空の路線は

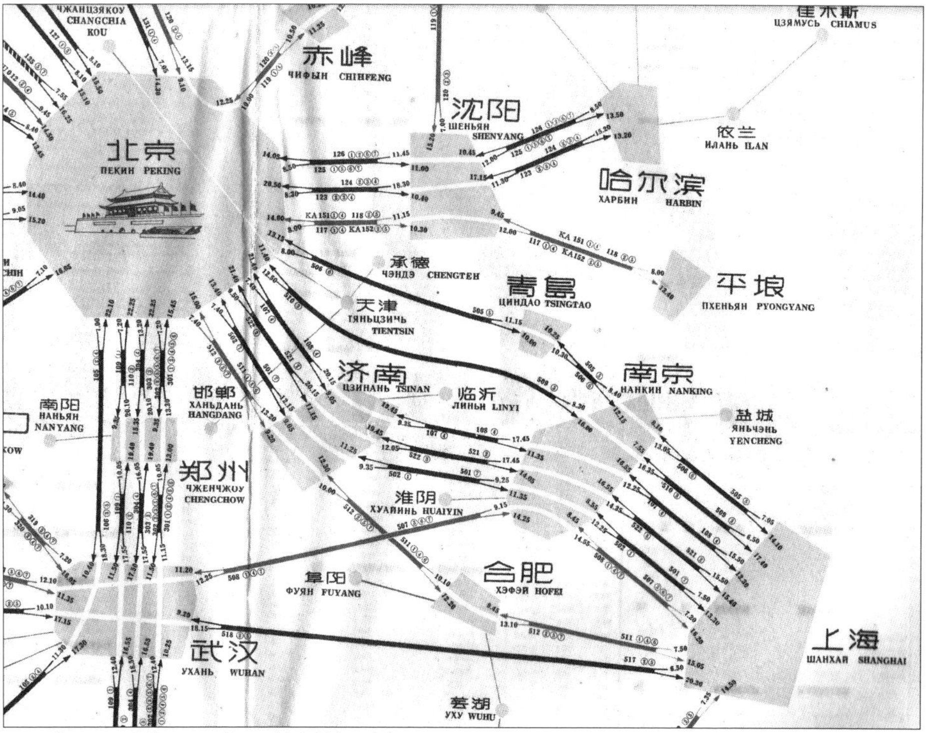

1958年1月に発行された中国民航時刻表の内部
線の種類や色で使用機種を区分していた

今日でも健在である。なお、1964年に中国への外国航空会社乗り入れの礎を築いたパキスタン国際航空のボーイング707であるが、同社の北京経由東京線には1987年まで使われ、日本乗り入れ旅客定期便ではボーイング707による最後の路線となった。

まだ小型プロペラ機が主流だった時代の中国民航時刻表にはロシア語も併記されていた
【1958年1月　同社発行】

混乱の10年
――鉄道時刻表もミニ『毛沢東語録』になった

北京～上海（戦後編・下）
（1969年）

ソ連とのケンカ別れを逆手に取って宣伝

中国を代表する大河である長江（揚子江）。優にキロ単位の川幅を誇る世界屈指の大河は、岸辺に立つと対岸が霞んで見える雄大なスケールを持っているが、それだけに長らく鉄道が渡れる橋が無かった。従って1950年代までは、華北から中国南部の広州はおろか、上海へも列車だけで到達することは出来なかったのである。北京から広州への乗客は京漢線と粤漢線の間の漢口～武昌で、北京から上海への乗客は津浦線と滬寧線の間の浦口～南京で連絡船に乗って長江を渡る必要があり、1952年時点でそれぞれ65時間・35時間を要していた。

そんな状態が改善され、長江の南北が初めて鉄道で結ばれたのは1957年のこと。1953年から第一次五ヵ年計画を推進する中国では大規模な建設工事が相次いだが、鉄道の分野でもそうした建設はもちろん盛んで、ソ連の援助の下、「武漢長江大橋」が漢口～武昌間に完成し、京漢線と粤漢線は京広線として一体化する。残るは浦口～南京間の連絡。ここが接続されれば中国の首都・北京と商業の中心地・上海が鉄道で直結され、ヒトとモノの交流が飛躍的に便利になるのだ。この「南京長江大橋」の計画が進んでいた頃、中国の政治には大きな変化が訪れていた。

1953年に恐怖政治で有名なスターリンが死去するとともに、ソ連はフルシチョフ首相の下で社会主義路線の方向修正を行う。1956年の共産党大会で彼はスターリンを批判。そして1959年にはアメリカを訪問した。東側陣営として資本主義国家と対決し、そして勝利するという信念を持っ

完成直後の南京長江大橋が大きく表紙に描かれた中国国鉄時刻表
【1969年9月　鉄道部生産組】

ていた中国にとって、ソ連の方針転換は我慢ならなかった。1950年代後半以降、西側との平和共存に転じたソ連の路線を巡ってソ連と中国は深い対立関係へと陥っていったのである。

こうなると今までのようにソ連の援助は期待できないし、中国の方からもそんなことは願い下げだ。逆に、ソ連も中国に多数派遣していた技術者をすべて引き上げてしまった。南京長江大橋は他国の援助に頼らずに建設せざるを得ない状況になったのである。しかし中国はこうした実情をむしろ内外への宣伝として最大限活用した。20世紀初頭に少数派として誕生した毛沢東率いる中国共産党は、自分の力で苦難を克服することをモットーとして勢力を拡大し、遂には中国全土の解放を成し遂げたが、この『自力更生　刻苦奮闘』精神を以って、南京長江大橋の建設に取り組んだ！！　のである。

紅く染まった時刻表

ところが、中国国内の実情はそのような明るいものではなかった。1958年から毛沢東の思いつきで「大躍進」運動が始まる。中国人民のマンパワーを結集して農業・工業分野で飛躍的な生産拡大が実現する……はずが、すぐに惨憺たる結果に終わり、毛沢東は国家主席を辞する。あまりにも一面的で無思慮な生産拡大策は、全体としてバランスを保っていた社会や自然の秩序を崩し、生産を増進するどころか荒廃させてしまった。『毛沢東のやり方ではダメなのだ、マルクス主義に基づきながらももう少し現実的な解を探らなければならない』という考えが国家中枢を支配するようになり、劉少奇らが台頭する。

しかし、ある勢力が幅を利かせると他の勢力がそれを乗り越えようと新たなキャンペーンを仕掛けるのは世の常だ。中国でもそれは例外ではなかった。しかもそれは狂信的で破壊的、世界史の中でも特異かつ負の歴史として捉えられる運動として表れた。それは南京長江大橋の建設開始から6年後の1966年のこと。世に言う「文化大革命」の始まりである。

文化大革命――それは現在の中国でも誤りとして扱われているデリケートな過去だ。毛沢東の思想がこの世で唯一無二の正しいものであり、それとは相容れない勢力・思想の一掃を図る大義名分のもとに容赦ない粛清が行われ、また、伝統や歴史さえもが打ち壊された。こうした過激な行動は、「紅衛兵」と呼ばれる若者たちによって中国全土を巻き込むムーブメントとして波及したが、毛沢東をはじめとする政権中枢はこれを追認し、また、己の野心のために利用したのである。なお、文化大革命中の1967年5月から1970年6月まで、中国の鉄道は軍事管制の下で運営された。

こうした時代に発行された鉄道時刻表からは企業の広告がまったく消え、表紙や内部に毛沢東の「最高指示」が書かれていた。これらは『毛沢東語録』の一節で、例えば『われわれの事業を指導する核心の力は中国共産党である。われわれの思想をみちびく理論的基礎はマルクス＝レーニン主義である。』（竹内実訳　平凡社ライブラリー）といった調子だった。表紙のカラーも多くの場合、革命を象徴する「赤」を基調としており、地方版時刻表の発行元は、各鉄道管理局の「革命委員会」であった。文化大革命は熱病と言っても良かった。

しかし、黄河中流域の交通の要衝・鄭州の鉄道管理局が発行した地方版時刻表には、こうした熱狂の一方で、なかなか滑稽な記述も掲載されている。『貨物列車は危険なので乗らないこと』とか『雨宿りや睡眠のために、車両の下に入らないこと』など。文化大革命の最中には『農村に学ぶべき』という方針の下、都市から地方へと向かう学生集団が多数存在したが、彼等は自分達こそが革命の担い手であるという過剰な自負を背景に、往々にして社会秩序を無視するような行為にも出たという。もちろん、そういった行為に眉をひそめる良識ある人々も少なからず居たわけで、時刻表には毛沢東の最高指示を掲げて体制への賛同を示さざるを得なかった鉄道当局も、いくら革命という免罪符を突きつけられたとしても安全運行は譲れない一線だったというわけだ。

中国2大都市が遂に鉄路で連結

さて、こうした熱狂の時代の最中、遂に南京長江大橋が完成する。1968年12月29日のことであった。翌年の1969年9月発行の全国版時刻表の表紙には完成したばかりのこの橋の写真があしらわれ、裏表紙には『わが国の労働者階級の偉大な壮挙』という賛辞が添えられていた。たしかに、全長6772メートルというのは、道路鉄道両用の橋としては当時世界で最も長いものであった。時刻表の表紙をめくると「最高指示」が3ページに渡って書かれ、その次には「林副主席指示」が掲載されている。林副主席とは、1971年9月13日、飛行機で逃亡中にモンゴルで墜死した林彪のことである。この頃は毛沢東の後継者としてのお墨付きの存在であったが、その後わずか2年の間に正反対の追われる身へとなる。時刻表にはそんな時代の一断面も投影されていた。

この当時北京〜上海間には3往復の直通列車が運転されており、最も早い特別快車第15列車は、北京18時30分発で上海へは翌16時50分の到着だった。所要時間は22時間20分。北京〜上海間は1300キロであるため、平均時速は58キロとなる。丸一日半掛かっていた時代からは雲泥の差と言えよう。なお、このうちの一往復は上海から先、はるばると華南の福建省・福州まで足を伸ばしていた。北京〜福州間は丸2日かかり、雄大な中国を象徴するような列車だ。

さて、文化大革命は中国の鉄道にとってプラスに作用したのかマイナスに作用したのか？　貨物輸送量は文革前11年間の平均伸び率が年率13%であったが、文革中の11年間の平均伸び率は6%あまりに鈍化した。鉄道事故の発生数は文革前の1965年と1976年を比べると3.5倍に跳ね上がった。資産価値も目減りし、新線建設コストも上昇した。その一方でこの10年には、成都〜昆明間の成昆線など内陸部を中心に総延長約1万キロにおよぶ新線が次々と開業したほか、蒸気機関車以外の近代的な機関車の数も20倍程度に増えた。鉄道にとっては功罪半ばする時代であったわけだ。

文化大革命は1977年に終わりを告げ、鄧小平のもとで中国は改革開放路線へと向かっていく。上海は世界的な経済都市に成長し、北京はオリンピック開催都市になった。文革の時代に鉄路で結ばれたこの二つの都市の間には高速鉄道の建設計画もあり、実際、日本の新幹線車両はすでに中国国内で走り始めているが、その車両の納入を巡っては日本国内にも慎重論があるという。中国はコピー天国とも言われ、国際的にもまだ疑いの目で見られることもしばしば。そんな時に決まって出てくるのが『これは中国のオリジナルである』というフレーズだ。南京長江大橋を実現させた『独力で成し遂げる』マインドは今も健在ながら、改革開放路線は人々の生活を豊かにし、海外の情報を洪水のようにもたらすことで、その本来の意義をどこか変質させてしまったのだろうか？

北京駅を出発する最新型車両が表紙の時刻表
【1965年11月　人民鉄道出版社】

まっすぐには飛べなかった日中航空路

東京～上海～北京
(1974 年)

中韓関係がネックに

東京に発着する国際線が羽田空港から成田空港に移ってからも、台湾の航空会社である中華航空だけは、中国民航と同じ空港で鉢合わせになることを避けるために、20 年以上羽田空港にとどまり、台湾やホノルルへ就航していたことはよく知られている。もっとも、成田空港は都心から遠いということで不評であり、都心に近い羽田空港から発着できる特別措置は結果として中華航空にとってマーケティング上有利な材料にもなったが、この事実に代表されるように、中国に関係する路線は 1974 年の日中航空路線開設以来、その舞台裏にはいろいろな駆け引きがあったのである。

1972 年 9 月 25 日、当時の田中角栄首相が訪中し、日中の新しい歴史が始まった。当然、航空路開設への協議が日中間で開始され、1974 年 9 月 29 日には JAL と中国民航によって東京（羽田）～上海（虹橋）～北京線がそれぞれ週 2 往復開設された。そのうちの一往復は上海に寄らず東京～北京間直行であったが、当時の時刻表で所要時間を見てみると東京～北京直行便は 4 時間 25 分かかっていたことがわかる。「ちょっと所要時間が今よりも長いのではないか？」と感づく方もいらっしゃるかもしれない。今日の時刻表で東京～北京は、最速約 4 時間で飛んでしまう。この裏には国際関係のあるドラマが隠されていた。

	日本航空				中国民航			
運航日 便名	月曜 JL 785	月曜 JL 786	水曜 JL 781	水曜 JL 782	火曜 CA921	火曜 CA922	金曜 CA923	金曜 CA924
機種	DC8-62	DC8-62	DC8-62	DC8-62	B 707又は TRIDENT	B 707又は TRIDENT	B 707又は TRIDENT	B 707又は TRIDENT
東京	09：00発	21：30着	09：00発	21：35着	15：10着	16：40発	13：45着	15：15発
大阪	10：05着 10：55発			20：30発 19：40着	14：05発 13：15着			16：20着 17：10発
上海	12：30着 13：30発			16：40発 15：40着	10：15発 09：15着	18：50着 19：50発	10：15発 09：15着	18：45着 19：45発
北京	15：15着	16：45発	12：25着	13：55発	07：30発	21：35着	07：30発	21：30着

航空運賃（エコノミー・クラス片道）	
東京—北京	62,400円
大阪—北京	54,500円
東京—上海	43,800円
大阪—上海	34,100円

JAL による東京～北京線の開設案内リーフレット
【1974 年 9 月　日本航空】

当時、東京から北京へ飛ぶのに上海に寄ってから飛んでいるのは、もちろん上海という国際商業都市の需要を考えてのことでもあるが、それ以外にも理由があった。当時の JAL のルートマップを見ると、飛行ルートがより具体的にわかる。東京から鹿児島に達した航空機は、しばらく東南アジア方面へ飛行を続け、東シナ海の真ん中で西へ針路を変える。そして中国大陸に近づいたところで今度は真北へ向きを変え、揚子江河口で再び西へ機首を向けて上海に達する。ちなみに、上海から北京へは、北へほぼ一直線の飛行である。なぜ、東シナ海でこんなに複雑な針路を取らなければならなかったのだろうか？

地図を見てみると、もしも東京〜北京間を最短距離で飛ぶのであれば、朝鮮半島上空を飛ぶことになるのがわかるだろう。ところが、朝鮮半島には複雑な問題がある。1980年代まで、韓国と中国は朝鮮戦争以来の宿敵であった。日本と韓国は1965年に国交が回復しており、JALもすでに韓国線を運航していた。また、国交の回復に伴って中国への就航も開始された。しかし一方で、中国へ飛行するために韓国の領空を経由することは当時の中韓関係の許すところではなかったのである。『敵の敵は味方』という諺？があるが、『友達の友達は友達』と必ずしもならないところが国際関

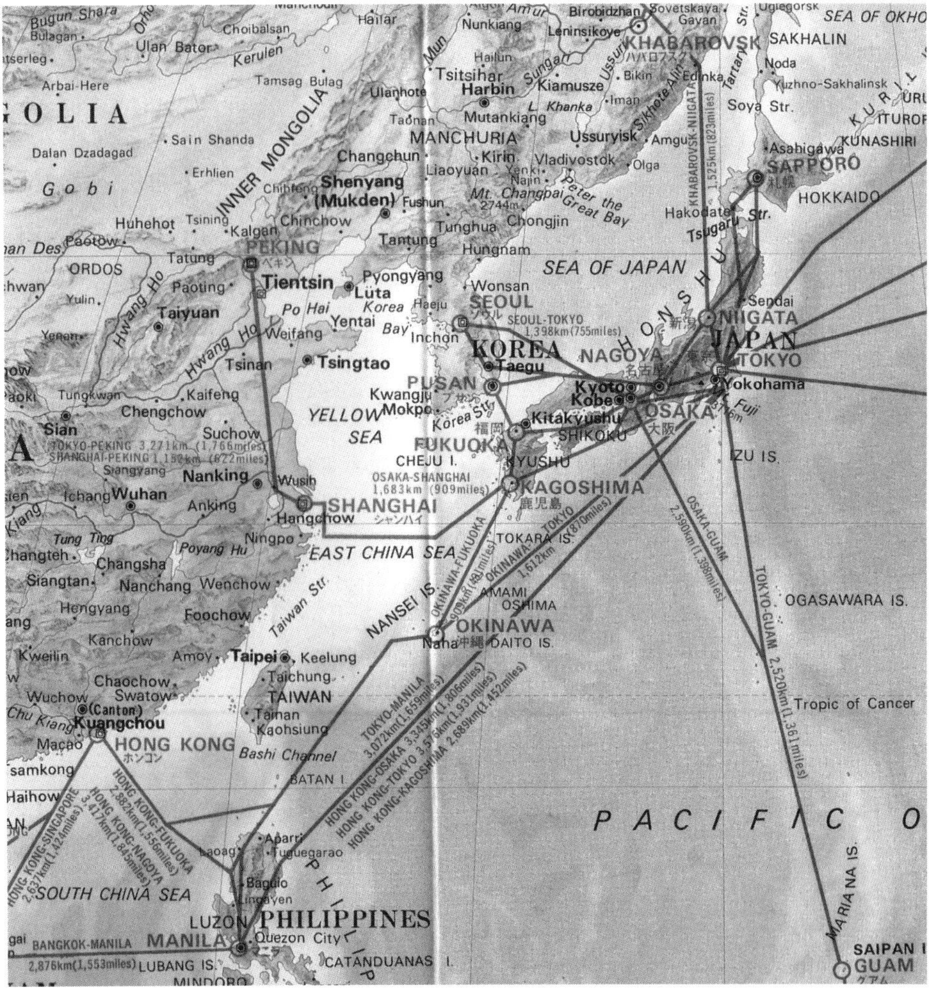

北京線の初期の飛行経路と台湾上空の迂回措置がわかる航路地図
（1974年のJALルートマップより）

係の複雑なところである。

ところで先程、「領空」と書いたが、これは実は正確ではない。領空は、ある国家の土地およびその周辺一定距離を範囲とする領海の上空を指す。従って、国際法にはどこの国家にも属さない公海や公空という概念が存在する。しかしながら、航空機の運航管制は、それとはまた違った体系によって行われている。この違った体系とは、「飛行情報区」（FIR）である。見たところ国境も何も見えない青い空は、実はパズルのように隙間無く飛行情報区によって区切られている。そして大空を航行する航空機は、自分が飛ぼうとするルートに関係する飛行情報区に承認されて初めて当該FIRへの入域が認められるのである。

さて、東シナ海の大部分は、実は韓国・大邱（テグ）FIRに属している。日本から中国へ向かう航空機は、当時の中韓関係から、この大邱FIRへの立ち入りが出来なかったのである。これが、上海への大回りや複雑な変針の原因だった。

中韓関係はその後改善の道を辿る。1983年には大邱FIR内を上海へ直行することが可能となった。そして韓国は1992年に中国と国交を回復し、1996年からは韓国上空を経由する北京への直航ルートが実現したのである。これで、30年前と現在で所要時間に大きな差がある原因がお分かりいただけたと思う。

「一つの中国」がうみだした日本アジア航空

ところで、日中国交回復・航空路開設に伴っては、FIRに関する話題がもうひとつ存在した。日本と断交することになった台湾についてである。台湾全土は台北FIRによって囲まれており、日台間を飛行する航空機は台湾のFIRの管制を受けなければならない（これは台湾に着陸しないで東南アジアへ向かう便も同様）。ところが、日本と台湾が断交し、1974年4月に日中間で航空交渉が締結されるに及び、台湾は『日航機の台北FIR通過を認めない』と宣言したのである。台湾の航空機による日本への乗り入れも中止された。

これにより、台湾へ日本の航空機の乗り入れが出来なくなったばかりでなく、台湾上空を通過して東南アジア方面へ向かう便についても、台湾

SOUTHEAST ASIA SCHEDULE　東南アジア線

Effective : April 1,1974～October 31,1974　**有効期間：昭和49年4月1日～昭和49年10月31日**

Westbound

Reference from GMT / GMTとの時間差																												
	DAY/週日	Tu. Th Sa	Mo. We Fr. Su	Daily	Daily	Daily	Mo. We Fr	Daily	Tu. Sa	Tu. We Su	Mo. Tu. We Fr. Su	Daily	Mo. We	Th. Sa	Daily	Tu. Fr	Th	Sa	We. Su	Tu. Fr	Mo. We Fr	Tu. Th Su	Daily	Daily	Mo. We Fr	Tu. Th Fr	Tu	Mo. Tu Th. Sa
	CLASS/クラス	Y	Y	FY	FY	FY	FY	FY	FY	FY	FY	FY	FY	FY	FY	FY	FY	FY	FY	Y	FY	FY	FY	Y	FY	FY	CARGO 貨物便	
	FLIGHT NO./便名	971	981	951	961	941	943	701	755	723	711	725	761	713	731	461	463	465	451	715	751	741	703	721	771	61	605	651
	AIRCRAFT/機種	B-727	B-727	B-747	DC-8-61	B-747	DC-8-61	DC-8-61	DC-8	DC-8	DC-8-61	DC-8-62	B-747	DC-8-61	B-747	DC-8	DC-8	DC-8	DC-8	DC-8	DC-8	DC-8	DC-8	DC-8-61	DC-8-62	B-747	DC-8F	DC-8F
+9	TOKYO 東京 発dp			0900		0950				0805	0910	0915	0920	0920	1020	1030	1030	1030	1030	1035	1050	1205	1600		1810	1835	0800	1340
+9	NAGOYA 名古屋 着ar / 発dp																				1140 1220							
+9	OSAKA 大阪 着ar / 発dp		1300		1240		1745	0900		0910 0955				1025 1105						1140 1225		1310 1350	1705 1745	1805				
+9	FUKUOKA 福岡 着ar / 発dp	1225							1030												1335 1420							
+9	KAGOSHIMA 鹿児島 着ar / 発dp								1110 1150															■				
+9	OKINAWA 沖縄 着ar / 発dp																							2010 2110				
+9	PUSAN 釜山 着ar	1310	1405																									
+9	SEOUL ソウル 着ar			1110	1415																							1550
+10	GUAM グアム 着ar					1410	2200																					
+9	TAIPEI★ 台北 着ar / 発dp							1135 1220		1230		1225									1625 1715	1625 1715	2020 2105	2225				
+9	HONG KONG★ 香港 着ar / 発dp							1345	1450		1320 1430			1440 1540	1425	1440 1530			1440 1530	1600 1710	1840		2230			2240	1210	

JALによる台湾線運航中止直前の時刻表
【1974年4月　日本航空】

周辺を避けるように、フィリピン北端近くまで大回りの迂回をしなければならなくなったのである。これはそれまでの飛行距離と比較して500キロ程度のロスであり、前年に発生した石油危機の影響で燃料の高騰に泣いていた航空会社にとってまさに泣きっ面に蜂であった。

時刻表で検証してみよう。1974年4月、台湾への乗り入れがまだ認められていた時のJAL時刻表では、東京を10時20分に出た731便（ボーイング747）は香港へ14時25分に到着する。時差はないから、飛行時間は4時間5分であった。一方、翌年4月・台湾への乗り入れが出来なかった時代の時刻表では、同じ便は東京発8時50分→香港13時25分着なので所要4時間35分。30分余計に時間がかかっているわけだ。

日本アジア航空の時刻表
【1978年2月　同社発行】

「一つの中国」の原則の下、そのように表明せざるを得なかった台湾であるが、日台間にはすでに太い交流があったため、日台双方にとってこれはそのままやり過ごすことの出来ない事態である。早速交渉が開始され、1975年7月に「民間航空取決め」と呼ばれる合意がまとまった。これは日台双方がどのような路線を運航できるかを決めたものであるが、その中には成田開港後も中華航空が羽田に留まることも示唆されていた。

ところが大きな問題があった。それは、中国本土に就航するJALが台湾には乗り入れられないということ。当時のJALは国営企業であり、日中間の交渉の中でJALが台湾線を運航することは無いということが決められていたのである。この問題の解決のために、JALの100%出資子会社として日本アジア航空（JAA）が設立され、台湾関係路線を一手に引き受けることとなった。日本アジア航空はJALとは別会社とは言え、同一グループ企業であるから機材を共用することもあり、本来ならば「JAL」とか「JAA」と書くべき胴体のロゴを単に「JA」と記載した上で、尾翼にはマークは描かずに真っ白のままとするなど、JALとしてもJAAとしてもどちらでもすぐに飛べるような配慮ものちに行われた。

そんなドタバタから30年以上が経過した2007年9月29日、羽田空港と上海の虹橋空港を結ぶ路線が復活し、日中双方合わせて一日4往復が就航開始。しかもその後、驚くべきことにJALとJAAは2008年3月末日を以って合併し、遂にJALによる台湾線が甦ったのである。

日中間の航空路線に秘められたストーリー。それは中国4千年の歴史から比べればわずかにその100分の1＝この40年にも満たない期間の出来事であるが、過去の波乱を越えて、いよいよ安定的発展という第2幕が上がったのかもしれない。

第八章　朝鮮半島

三千里（サムチョルリ）を駆ける鉄馬の誕生と飛翔

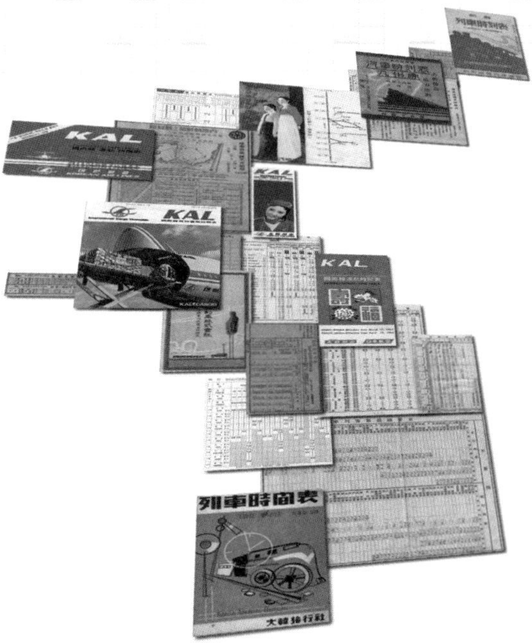

JIKOKUHYO SEKAISHI

開国への転換期に日本の野望から生まれた 朝鮮半島縦断鉄道

釜山〜新義州

（1905/37 年）

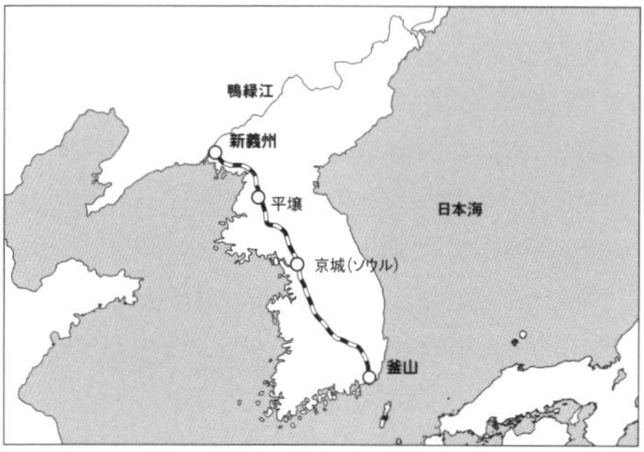

日本の植民地時代の朝鮮半島の鉄道時刻表
【1937 年 5 月　朝鮮総督府鉄道局】

70 年前に大陸を駆けた“新幹線コンビ”

「ひかり」「のぞみ」といえば、誰でも思い浮かべるのが東海道・山陽新幹線の列車愛称名。中には「昔あったタバコの銘柄」と答える方もいらっしゃるかもしれないが……。新幹線の愛称名としての超特急「ひかり」号は 1964 年 10 月の東海道新幹線開業の時に、特急「こだま」号とコンビで使われ始めた。一方、「のぞみ」号はそれから 28 年後、1992 年 3 月のダイヤ改正で東京〜大阪間を結ぶ速達列車として登場した新しい愛称である。それまでの「ひかり」「こだま」「やまびこ」など、直接的にスピードを感じさせる名前と異なり、観念的でどことなく「たおやかさ」さえ感じさせるネーミングは斬新だったが､実は「のぞみ」と「ひかり」がコンビを組むのはこれが初めてではないということをご存知の方もいらっしゃるだろう。

「ひかり」と「のぞみ」が最初に一緒に活躍したのは戦前の 1930 年代のこと。朝鮮半島の南端にあり日本とは目と鼻の港湾都市・釜山から、満洲国の奉天（瀋陽）・新京（長春）・ハルビンを結ぶ日満連絡急行として運転されていた時代である。まず登場したのは「ひかり」。従来から運転されていた釜山〜奉天間の列車に 1933 年 4 月に命名され、その翌年には新京まで運転区間を延長。釜山〜新京間を約 27 時間で結んでいた。「ひかり」は下関〜釜山間の関釜連絡船昼航便に接続して釜山を 19 時少し前に出発する夜行列車だが、展望車も連結されており、朝鮮総督府鉄道の看板列車という存在だった。「のぞみ」は「ひかり」登場翌年の 11 月に同じ区間に増発されたもので、「ひかり」とは逆に釜山を朝 8 時に出る列車だった。

これらの急行列車が走ったのは朝鮮半島を縦断する鉄道である。当時はもちろん南北分断前であるから、釜山から京城（ソウル）までの京釜線と、京城から平壌を経て朝鮮と満州の境の新義州へと至る京義線は一貫してレールで結ばれており、これらの急行列車をはじめ、多数の列車が日本と大陸を結ぶ役割を持って日夜往来していた。それはまさに朝鮮半島に勢力を拡大し、1910 年 8 月の日韓併合で朝鮮半島を植民地とした日本が、構想以来 40 年間思い描いていた姿だったのである。では朝鮮半島の鉄道建設に関するストーリーを紐解いてみることにしよう。

日・清の狭間に翻弄された朝鮮

外交関係は現代の近所付き合いと異なり、自国の周りを行き交うのは何者で、どのように付き合っていくのかを常に考えていかなければならない。下手をすれば自国の安全が脅かされる問題をはらんでいるからである。しかし江戸時代の日本は、諸外国とオープンに付き合っても良いことはないと考えて鎖国をしていた。ところが、日本はいつまでも引きこもってもいられなくなる。黒船来航で無理やり近所付き合いの輪に引きずり出されたのである。ちょうど江戸幕府が倒れ、社会体制がガラリと変わったこともあり、どうすれば世界というコミュニティーの中で自分のポジションを確保できるかと日本は考えた。そんな中、日本が諸外国にそうされたのと同じように、一番のお隣さんである朝鮮をご近所付き合いの中に引っ張り出すことを思いついたのだった。実は、当時鎖国状態にあったのは日本だけではなく、朝鮮も同様だったのである。

ところが一筋縄ではいかなかった。そりゃ日本もかつて異国船は撃ち払うべしとしてお台場を作ったりしていたくらいである。日本と朝鮮は江戸時代に必ずしも付き合いが無かったわけではないが、世界というコミュニティーに引っ張り出されることで何が起こるのか？　それを考えると朝鮮も警戒心を強めた。ややこしいことに、朝鮮には日本と異なる背景があった。それは清国と冊封関係にあったこと。独立独歩の道を歩くことは清国という巨人に背くことになりはしないか？　それで何が起こる？　そもそも世界の雄たる清国と冊封関係に無かった日本は取るに足らない存在ではないのか？　そんな議論は日本にかなりのフラストレーションを与え、反抗心もあって、1876年に日本は半ば強引に朝鮮と「日朝修好条規」を締結してしまう。

しかし朝鮮のバックには清国がいたものだからややこしい。清国は日本と1871年に「日清修好条規」を締結した間柄であったが、朝鮮への日本の介入に関しては神経を尖らせていた。朝鮮自身も日本と清国の間で大きく揺れ、親日派と親清派との間でのいざこざも起きる。そんな時代に日本で話題となっていたのが、朝鮮半島を縦断する鉄道の建設だった。朝鮮半島縦断鉄道は、ソウルを境にソウル～釜山間の京釜鉄道とソウル～新義州間の京義鉄道で構成される。これらの鉄道を日本主導で建設すれば、朝鮮半島における清国やロシアの影響を排除することができる——そんなことを考えていたのであった。

日露戦争を契機に日本軍によって急造

1894年、清国と日本との摩擦は遂に限界点を越え、『こうなったら朝鮮をめぐって実力勝負！』ということで日清戦争が始まった。結果は日本の勝利。朝鮮半島から清国の影響力を排除することに成功した日本にとっての次なる警戒対象はロシアである。ところで当時の朝鮮はまだ独力で鉄道を敷設するに至らず、諸外国からの鉄道敷設申し入れに対して契約を結んでその権利を認めるという状況であったため、日本にしてみれば朝鮮半島の鉄道の敷設権が他国、特にロシアに与えられる可能性を気にしなければならなかった。実際、京義鉄道はフランス、ソウル～仁川間の京仁鉄道はアメリカに敷設権が与えられたため、日本は京釜鉄道だけでも死守するためにある策を巡らす。ロシアとの「満韓交換」による棲み分けである。これで朝鮮半島の鉄道敷設交渉については日本対朝鮮の図式に集約された。1898年、京釜鉄道敷設契約が大韓帝国政府との間で締結され、とりあえず日本の目的は達せられる。1901年には京釜鉄道会社が設立され、いよいよ建設に向けて弾みがついた。

一方、縦断鉄道の北半分である京義鉄道は、フランスの会社に敷設権が与えられていたものの、資金難でその会社がギブアップ。仕方なく韓国政府自らその後始末をすることとなり、建設費については日本との借款契約が締結された。ここに、朝鮮半島の主要な鉄道の敷設は、日本の思惑通りの展開になったのであった。なお、この過程でロシアは京義鉄道の線路の幅（ゲージ）をロシアの鉄道のものに合わせるように迫ったりもしたが、日本が突っぱねた結果、朝鮮半島の鉄道は中国大陸の鉄道と同じゲージで建設されたのである。

しかし、ここまで整理がついた時にはすでに20世紀に入っていた。日本とロシアは極東におけるお互いの権益確保の野望にどう折り合いをつけるか交渉していたものの、結果は決裂に終わり、日露戦争の火蓋が切られる。この時点で朝鮮半島の鉄道はわずかな区間が完成していたに過ぎず、そのままではロシアに対抗する軍事力を送り込む手段にはなり得なかった。この非常時にうかうかとはしていられないと考えた日本政府は早期建設のために加勢することを決断。京釜鉄道と京義鉄道は、陸軍の臨時軍用鉄道監部によって残る区間が急造され、1905年にほとんどの区間が開通した。

当時の運行はどんなものだったのか？　1905年に発行された『京釜鉄道線路案内』というパンフレットによると、草梁（釜山近郊）〜西大門（漢城／ソウル）間に直通列車は1往復しかなく、所要時間は13時間45分だった。KTXが開業した現在、同区間はわずか2時間40分で結ばれているから一世紀で5分の1に短縮された。この他には、区間列車が5往復走っているだけの寂しい状況。乗換案内の項には『三浪津ハ馬山浦軍用鉄道ニ連絡シ、龍山は京義軍用鉄道ニ連絡ス』とあり、日本軍による速成対応のあとがうかがえる。

日本に支配され続けて40年

とにかくこれで朝鮮半島を貫く幹線が開通したわけであるが、それでハッピーエンドではなかった。日本による朝鮮半島支配の足音がツカツカと

京釜鐵道旅客列車運轉時刻表

京釜線

北行列車

驛名	午前	午前	午前	午前	午前	午後
草梁發				八、〇〇	一二、〇〇	五、二五
釜山鎭發				八、〇七	一二、〇八	五、三三
龜浦發				八、二七	一二、四〇	六、〇五
勿禁發				｜	一、〇三	六、二八
院洞發				｜	一、一九	六、四四
三浪津發				九、一三	一、三九	七、〇四
密陽發				九、三六	二、〇六	七、三〇
楡川發				｜	二、二六	七、五〇
淸道發				一〇、三三	二、五九	八、二三
慶山發				一一、〇五	三、四五	九、〇九
大邱着				一一、三八	四、一一	九、三五
大邱發			五、四〇	一一、四三	五、〇〇	
新洞發			六、一二	｜	五、三三	
倭館發			六、三五	一二、二七	五、五五	
若木發			六、四九	｜	六、〇九	
金烏山發			七、一五	一、〇四	六、三五	
金泉發			七、五五	一、三六	七、一五	
秋風嶺發			八、四九	二、一九	八、〇九	
黃澗發			九、〇五	｜	八、二五	
𣻊勒發			九、二三	｜	八、四二	
永同發			九、四三	二、五九	九、〇三	
深川發			一〇、〇三	｜	九、二三	
伊院發			一〇、一九	｜	九、三九	
沃川發			一〇、四七	三、四九	一〇、〇七	
增若發			一〇、五八	｜	一〇、一八	
太田着			一一、三三	四、一九	一〇、四二	
太田發		六、一〇	一二、一五	四、二九		
坪村發		六、二七	一二、三三	｜		
新灘津發		六、三七	一二、四三	｜		
馬尾浦發		六、四八	一二、五三	｜		
芙江發		七、〇六	一、一一	五、一七		
內板發		七、一七	一、二三	｜		
鳥致院發		七、三一	一、三六	五、三六		
葛巨里發		七、四四	一、四九	｜		
全義發		八、〇三	二、〇八	六、〇五		
小井里發		八、二〇	二、二五	六、一八		
天安發		八、四二	二、四七	六、三六		
稷山發		八、五六	三、〇一	｜		
成歡着		九、〇六	三、一一	六、五四		
成歡發	六、二〇	九、二二	三、二六	七、〇四		
平澤發	六、三八	九、四〇	三、四四	七、一九		
西井里發	六、五三	九、五五	三、五九	｜		
振威發	七、〇四	一〇、〇六	四、一〇	｜		
烏山發	七、二三	一〇、二五	四、二九	七、五〇		
餠店發	七、三八	一〇、四〇	四、四四	｜		
水原發	八、〇六	一一、〇八	五、一三	八、一七		
富谷發	八、二一	一一、二三	五、二七	｜		
軍浦場發	八、三三	一一、三四	五、三八	｜		
安養發	八、四四	一一、四六	五、五〇	｜		
始興發	八、五七	一一、五九	六、〇三	｜		
永登浦着	九、二一	一二、一三	六、一七	九、〇二		
永登浦發	九、三六	一二、三三	六、三七	九、二三		
鷺梁津發	九、四三	一二、四〇	六、四四	｜		
龍山發	九、四九	一二、四六	六、五〇	｜		
南大門發	一〇、〇七	一、〇四	七、〇八	九、四二		
西大門着	一〇、一一	一、〇八	七、一三	九、四五		

南行列車

驛名	午前	午前	午前	午前	午前	午後
西大門發			六、三〇	九、〇〇	一一、三〇	三、〇〇
南大門發			六、三八	九、一四	一一、四四	三、一四
龍山發			｜	九、二三	一一、五三	三、二三
鷺梁津發			｜	九、二九	一一、五九	三、二九
永登浦着			六、五三	九、三五	一二、〇五	三、三五
永登浦發			七、一三	九、五五	一二、二五	三、五五
始興發			｜	一〇、一〇	一二、四〇	四、一〇
安養發			｜	一〇、二三	一二、五三	四、二三
軍浦場發			｜	一〇、三七	一、〇七	四、三七
富谷發			｜	一〇、四六	一、一六	四、四六
水原發			八、〇三	一一、一五	一、四五	五、一五
餠店發			｜	一一、二九	一、五九	五、二九
烏山發			八、三〇	一一、五三	二、二三	五、五三
振威發			｜	一二、〇三	二、三三	六、〇三
西井里發			｜	一二、一四	二、四四	六、一四
平澤發			八、五七	一二、三一	三、〇一	六、三一
成歡着			九、一一	一二、四六	三、一六	六、四六
成歡發			九、二一	一、〇一		七、〇一
稷山發			｜	一、一三		七、一三
天安發			九、四〇	一、二八		七、二八
小井里發			九、五八	一、五〇		七、五〇
全義發			一〇、一五	二、〇九		八、〇九
葛巨里發			｜	二、二四		八、二四
鳥致院發			一〇、四〇	二、三九		八、三九
內板發			｜	二、五一		八、五一
芙江發			一一、〇三	三、〇六		九、〇六
馬尾浦發			｜	三、二〇		九、二〇
新灘津發			｜	三、三一		九、三一
坪村發			｜	三、四一		九、四一
太田着			一一、四六	三、五七		九、五七
太田發		五、四〇	一一、五六	五、〇〇		
增若發		六、〇五	｜	五、二五		
沃川發		六、二〇	一二、三一	五、四〇		
伊院發		六、四四	｜	六、〇四		
深川發		七、〇〇	｜	六、二〇		
永同發		七、二九	一、二一	六、四九		
𣻊勒發		七、四一	｜	七、〇一		
黃澗發		七、五八	｜	七、一八		
秋風嶺發		八、三三	二、一一	七、五三		
金泉發		九、一二	二、四〇	八、三三		
金烏山發		九、五二	三、一六	九、一二		
若木發		一〇、一四	｜	九、三四		
倭館發		一〇、三三	三、五三	九、五三		
新洞發		一〇、五一	｜	一〇、一一		
大邱着		一一、三三	四、三三	一〇、四三		
大邱發	六、三五	一二、〇〇	四、四七			
慶山發	七、〇二	一二、二七	五、一一			
淸道發	八、〇二	一、二七	六、〇八			
楡川發	八、二一	一、四六	｜			
密陽發	八、四五	二、一〇	六、四二			
三浪津發	九、一一	二、三六	七、〇五			
院洞發	九、二七	二、五二	｜			
勿禁發	九、四三	三、〇八	｜			
龜浦發	一〇、一五	三、四〇	七、四九			
釜山鎭發	一〇、三八	四、〇三	八、〇九			
草梁着	一〇、四五	四、一〇	八、一五			

京釜鉄道の時刻表
（カラーページに掲載されている「京釜鉄道線路案内」より）

歩み寄ってきた時代、せっかく完成した鉄道は朝鮮半島の人々のものにはならず、日本による管理が長く続くこととなったのである。しかも、1906年の韓国統監府の設置、そして1910年の日韓併合という時代を経て、その管理主体はめまぐるしく変転する。

朝鮮半島の鉄道の管理主体の変遷			
体制	管理主体	開始年月日	終了年月日
大韓帝国時代	韓国政府	1894.8.20	1906.6.30
	統監府鉄道管理局	1906.7.1	1909.6.17
	統監府鉄道庁	1909.6.18	1909.12.15
	鉄道院 韓国鉄道管理局	1909.12.16	1910.9.30
日本支配時代	朝鮮総督府鉄道局	1910.10.1	1917.7.31
	南満洲鉄道 京城管理局	1917.8.1	1923.6.4
	南満洲鉄道 京城鉄道局	1923.6.5	1925.3.31
	朝鮮総督府鉄道局	1925.4.1	1943.11.30
	朝鮮総督府交通局	1943.12.1	1945.8.14

(韓国鉄道史第２巻　1977年・韓国鉄道庁をもとに作成)

日韓併合の直前、1910年5月に発行された『汽車汽船満韓旅行案内』という時刻表がある。韓国が事実上、日本の保護国という位置づけにあり、大陸では日露戦争後に日本が租借した遼東半島から南満洲鉄道(満鉄)が走り始めた時代、増加しつつあったこの地域への日本人旅行者の便宜を図って、大連の満韓旅行案内社が刊行したものである。

最初の方に掲載されている朝鮮半島の鉄道を見ると、釜山〜新義州間／釜山〜西大門間に急行が各1往復走っていた。釜山〜新義州間の急行は、新義州行きが「隆」列車／釜山行きが「凞」列車といい、これらをあわせると「隆凞」となるが、これは当時の大韓帝国の年号である。「隆」列車は釜山を21時50分発、ソウル・南大門駅には翌朝8時45分に到着し、ここから京義線へ。終点の新義州へは23時の到着だった。

新義州は鴨緑江岸の都市で、対岸の中国・安東との間は今では鉄道橋で連絡されているが、当時はまだ橋が無かった。連絡船が1日4往復運航されていたが、前述の時刻表では『例年十一月末と三月下旬の各前後に於て凡二十日間位は結氷或は流氷の為め通行危険なるにより船も橇も通行を禁ぜられ行通全く不可能の期あり』と紹介され、朝鮮半島北部の厳しい気候が推察される。鴨緑江の鉄橋工事は1909年に着工し、日韓併合後の1911年10月末に竣工。橋の端には歩道が設けられて徒歩通行も可能だったほか、何と言っても特徴的だったのは、途中の橋桁が回転することで大型船の通行を可能としていたことだった。一方、朝鮮半島縦貫鉄道の南端・釜山では、1913年に港の桟橋に船車連絡設備が完成し、下関〜釜山間の関釜連絡船が到着する桟橋に新設された釜山桟橋駅ホームから京釜線の長距離列車にすぐ乗り継ぐことができるようになった。

朝鮮半島の鉄道は、中国東北部を含むこの地域における一貫した鉄道輸送の必要性から、1917年には満鉄に管理が委託された。満鉄への委託は1925年まで続き、その後再び朝鮮総督府による管理に戻ったが、日本本土との連絡に重要な半島北部の路線の整備が進むと、この地域の路線だけは北鮮線としてまた新たに満鉄が管理することとなる。

日満支連絡の大幹線として

1930年代に入ると、満洲国の建国や日中戦争による華北の掌握を背景に、朝鮮半島の鉄道は日本と大陸間の大動脈として更に重要度を増し、冒頭で触れたように長距離急行列車が続々と登場した。1937年に始まった日中戦争の結果、華北が日本によって占領されると、大陸内部への鉄道連絡は満州方面だけではなく華北方面への列車も新設される。1938年10月には釜山桟橋〜奉天〜北京間に鮮満支直通急行その名も「大陸」号が運転開始。翌年11月には、高まる需要に応えて「大陸」号にもやはり姉妹列車「興亜」号が登場している。釜山桟橋は、朝に「大陸」「のぞみ」、夜に「ひかり」「興亜」がそれぞれ満州・華北へ向けて出発するというターミナルとなった。これらのほか釜山桟橋〜京城間には、朝鮮総督府鉄道局自慢の軽量客車で編成された特急「あかつき」が、大邱と大田にしか停まらない7時間15分運転で走っていた。

大陸への連絡ルートとしての重要度の高まりは列車運転のみならず、インフラ面にも影響を与えた。鴨緑江の名物だった鉄橋の回転は1934年3

月一杯で中止となり、朝鮮と満州の間は常時連絡が可能な態勢になった。また、1936 年からは京釜線・京義線の複線化をメインとする改良工事も始まり、長い時間をかけて第二次大戦終結頃までに完成をみている。鴨緑江の鉄橋は単線だったが、この改良工事に関連して 1943 年 5 月には複線の新橋梁も開通した。

しかし重要ルートであるということは、戦局の影響をもろに受けるということでもある。大戦末期は貨物列車優先のダイヤとなったために旅客列車本数が削減され、釜山発の大陸内部への急行は、ハルビン行と北京行きがそれぞれ 1 往復残るだけとなった。一方、石炭や鉱産資源開発を目的とした短い路線が特に半島の北部に数多く開業した。

また、戦時体制は朝鮮でも同様で、1943 年に現地で発行された時刻表には『一朝有事の際　列車内ではどうすればよいか』という緊迫した注意もあり、戦時中の苦しい旅が偲ばれる。車内での統制をとるために、車両ごとに乗り合わせた乗客で班をつくることとなったようだが、そのほかに、「班員の心得」と「列車中の防空処置要項」という項目もあり、敵機来襲時の対応方が書かれていた。

こうした暗い時代を経て、1945 年 8 月に朝鮮半島の鉄道は現地の人々の手に戻ったわけであるが、その前途にはさらに多くの困難が待ち構えていた。米ソによる朝鮮半島分断と朝鮮戦争である。かつて鮮満を行き交う旅人が列車で往来した鴨緑江の回転鉄橋も戦災で破壊され、今日では一部が「鴨緑江断橋」として保存されている。そうした時代を越えて再建への歩みを辿った韓国の鉄道については、後述する。

下り　京城――安東　（京義本線）

粁程	驛名 ＼ 行先・列車番號	新京行	奉天行	奉天行	奉天行	奉天行	安東行	安東行	平壌行	土城行	安東行	安東行
		食 123 寝 1	食 23 寝 3	食 123 寝 7	食 23 寝 5	寝 23 9	23 1007	△ 169	620	101	119	△ 167
.0	釜山發	8.55	9.05	7.30	8.15	11.40	8.00					
447.3	龍山發	2.53	7.54	3.23	7.24	10.29	4.18					
430.5	京城著	2.58	8.00	3.28	7.30	10.35	4.23					
.0	京城發	3.05	8.15	3.35	7.45	11.00	4.28	不定期列車の運轉日に付ては驛に御照合下さい		6.10		
0.7	西小門發	レ	レ	レ	レ	レ	レ			レ		
1.8	○阿峴里發	急行	レ	急行	レ	レ	急行			レ		
3.1	新村發	レ	8.23	レ	7.52	11.07	レ			6.18		
8.5	水色發	レ	8.31	レ	8.00	11.15	レ			6.25		
16.5	陵谷發	ひかり	8.41	のぞみ	8.10	11.25	レ			6.34		
24.9	一山發		8.52		8.21	11.37	(不定期)			6.49		
35.1	金村發		9.04		8.33	11.50				7.05		
46.0	汶山發		9.19		8.46	0.04				7.18		
57.8	長湍發	レ	9.34	レ	9.01	0.20				7.32		
65.6	鳳東發	レ	レ	レ	レ	レ	レ			7.42		
73.4	開城著	4.14	9.53	4.44	9.20	0.42	5.36			7.52		
	開城發	4.15	9.57	4.45	9.22	0.47	5.37			7.56		
82.5	土城發	レ	10.10	レ	9.35	1.00	レ			8.07		
90.3	礪峴發	レ	10.22	レ	9.47	1.14	レ					
97.5	鷄井發	レ	10.34	レ	9.59	1.34	レ					
109.4	金郊發	レ	10.51	レ	10.15	1.50	レ					
119.7	汗浦發	レ	11.06	レ	10.30	2.05	レ					
125.4	平山發	レ	レ	レ	レ	レ	レ					
134.0	南川發	レ	11.28	レ	10.49	2.23	6.37					
142.8	物開發	レ	11.42	レ	11.02	2.36	レ					
153.3	新幕著	5.35	11.58	6.06	11.16	2.50	6.55					
	新幕發	5.40	0.05	6.11	11.21	3.00	7.00					
160.1	瑞興發	レ	0.15	レ	11.30	3.10	レ					
175.3	興水發	レ	0.33	レ	11.49	3.29	レ					
183.2	清溪發	レ	0.44	レ	0.06	3.40	レ					
190.2	馬洞發	レ	0.54	レ	0.16	3.50	レ					
195.6	新鳳山發	レ	1.04	レ	0.26	4.00	レ					
200.2	沙里院著	レ	1.11	6.55	0.32	4.07	7.43		兼二浦發 5.30			
	沙里院發	レ	1.13	6.56	0.34	4.10	7.44					
206.9	桂東發	レ	レ	レ	レ	レ	レ					
214.0	沈村發	レ	1.32	レ	0.51	4.29	レ					
224.2	黄州發	レ	1.48	7.22	1.07	4.50	8.08		6.05			
236.3	黒橋發	レ	2.04	レ	1.23	5.06	レ		6.23			
242.9	中和發	レ	2.15	レ	1.34	5.17	レ		6.35			
250.2	力浦發	レ	2.25	レ	1.44	5.28	レ		6.46			
258.1	大同江發	レ	2.37	レ	1.55	5.39	レ		7.01			
260.7	平壌著	7.25	2.42	8.00	2.00	5.44	8.45		7.06			
	平壌發	7.30	2.49	8.05	2.05	6.04	8.50					7.40
265.4	西平壌發	レ	3.01	レ	2.12	6.12	レ					7.58
271.8	西浦發	レ	3.11	レ	2.21	6.21	レ					8.12
279.9	間里發	レ	レ	レ	レ	レ	レ					8.29
285.9	順安發	レ	3.35	レ	レ	6.40	レ					8.50
294.2	石巌發	レ	3.47	レ	レ	6.53	レ					9.06
301.8	漁波發	レ	3.59	レ	3.01	7.04	9.33					9.34
312.6	粛川發	レ	4.14	レ	レ	7.17	9.53					9.55
322.9	萬城發	レ	4.30	レ	レ	7.31	10.06					10.20
336.4	新安州著	レ	4.47	9.14	3.38	7.47	10.19					10.40
	新安州發	レ	4.51	9.15	3.39	7.50	10.20					11.15
342.4	孟中里發	8.53	5.01	9.24	レ	7.59	レ					11.35
349.8	嶺美發	レ	5.12	レ	レ	8.10	レ					11.50
362.8	雲田發	レ	5.28	レ	レ	8.36	レ					0.12
371.3	古邑發	レ	5.40	レ	レ	8.47	レ					0.29
384.1	定州著	9.30	5.55	10.05	4.31	9.01	11.07					0.47
	定州發	9.35	6.00	10.10	4.36	9.08	11.13	6.10			0.55	2.25
396.7	郭山發	レ	6.17	レ	4.53	9.23	レ	6.38			1.13	2.51
408.3	路下發	レ	6.31	レ	5.07	9.37	レ	7.00			1.29	3.19
417.6	宣川發	レ	6.46	10.43	5.21	10.25	11.49	7.43			1.47	4.30
427.7	東林發	レ	6.58	レ	5.34	10.39	レ	7.59			2.01	5.00
438.5	車輦館發	レ	7.13	レ	5.51	10.57	0.15	8.23			2.20	5.26
451.9	南市發	レ	7.33	レ	6.07	11.13	レ	8.59			2.40	5.53
460.6	良策發	レ	7.47	レ	6.21	11.27	レ	9.22			3.02	6.16
468.4	枇峴發	レ	7.58	レ	6.31	11.37	レ	9.35			3.17	6.32
477.7	白馬發	レ	8.09	レ	6.47	11.50	レ	9.55			3.32	7.09
488.9	石下發	レ	8.24	レ	7.02	0.08	レ	10.15			3.49	7.29
496.7	新義州著	11.23	8.33	0.03	7.13	0.16	1.15	10.28			4.00	7.42
	新義州發	11.24	8.34	0.04	7.14	0.24	1.16	10.43			4.01	8.00
499.3	安東著	11.30	8.40	0.10	7.20	0.30	1.22	10.50			4.07	8.07
775.1	奉天著	5.20	7.00	7.40	2.30	8.05						
1079.9	新京著	10.00										

(7)　注意　細字は午前　太字は午後　レ印は通過　特に示したるものゝ外三等車のみ連結　○印は驛員無配置驛　匯印は驛辨當販賣驛　〒印は公衆電報取扱驛　▬印は赤帽所

378 ページの時刻表の内部
満州方面への急行「ひかり」「のぞみ」が見える

麗水港〜全南光州
（1930 年）

内鮮連絡の新ルートを担った国策ローカル線

戦前、日本本土と朝鮮半島を結ぶ手段としては下関〜釜山間の関釜連絡船が有名であったが、1930 年 12 月 25 日、これに新たなルートが加わった。下関と朝鮮半島南部の港町を結ぶ川崎汽船の下関〜麗水航路（関麗航路）と麗水港〜全南光州間の南朝鮮鉄道という私鉄を介して朝鮮総督府線（国鉄に相当する）に接続し、京城（ソウル）や、その先の中国大陸に至るというものである。このとき南朝鮮鉄道が発行したポスターには、『内地朝鮮間の最短路』『旅客貨物賃率は朝鮮国有鉄道と同一』という宣伝文句が踊り、新しいルートの利用を華々しく呼びかけていた。

植民地支配の強化が、植民地における開発に至上の地位を与え、さらに新しい投資を呼ぶ循環。そして、不況に喘ぐ内地よりも、植民地での成功に望みを託した人々がその奔流に身を委ねる。これらの動きが交錯しながら時代の歯車が回転する中で、現地の日本財界人や内地の資本家が、「大陸との連繋」「資源の移転促進」（という名の搾取とも）という国策を大義名分に乗り出したビジネスがこの南朝鮮鉄道だった。その発起人の中には、日本の鉄道王とも称され、当時東武鉄道の社長だった根津嘉一郎など、トップクラスの実業家も含まれている。

朝鮮半島でのこうした私鉄誕生には、大正末に鉄道網開発を目的として「朝鮮私設鉄道補助法」などが制定されたという背景もあった。もちろん、国策という観点だけではなく、交通網の整備によって現地の福利を向上させるということも目的の一つではあった。実際、最初に触れた南朝鮮鉄道開通時のポスターには、日本語のひらがなにはハングルが振られ、現地の人も読めるようになっている。しかし実際にはこうした開発は、極端な

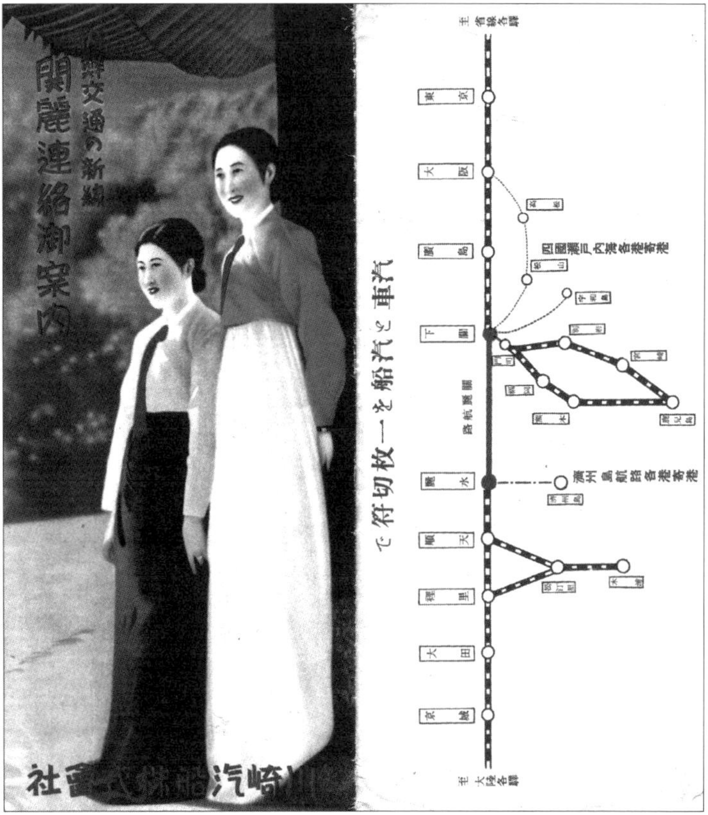

下関〜麗水航路の案内パンフレット
【1930 年代　川崎汽船】

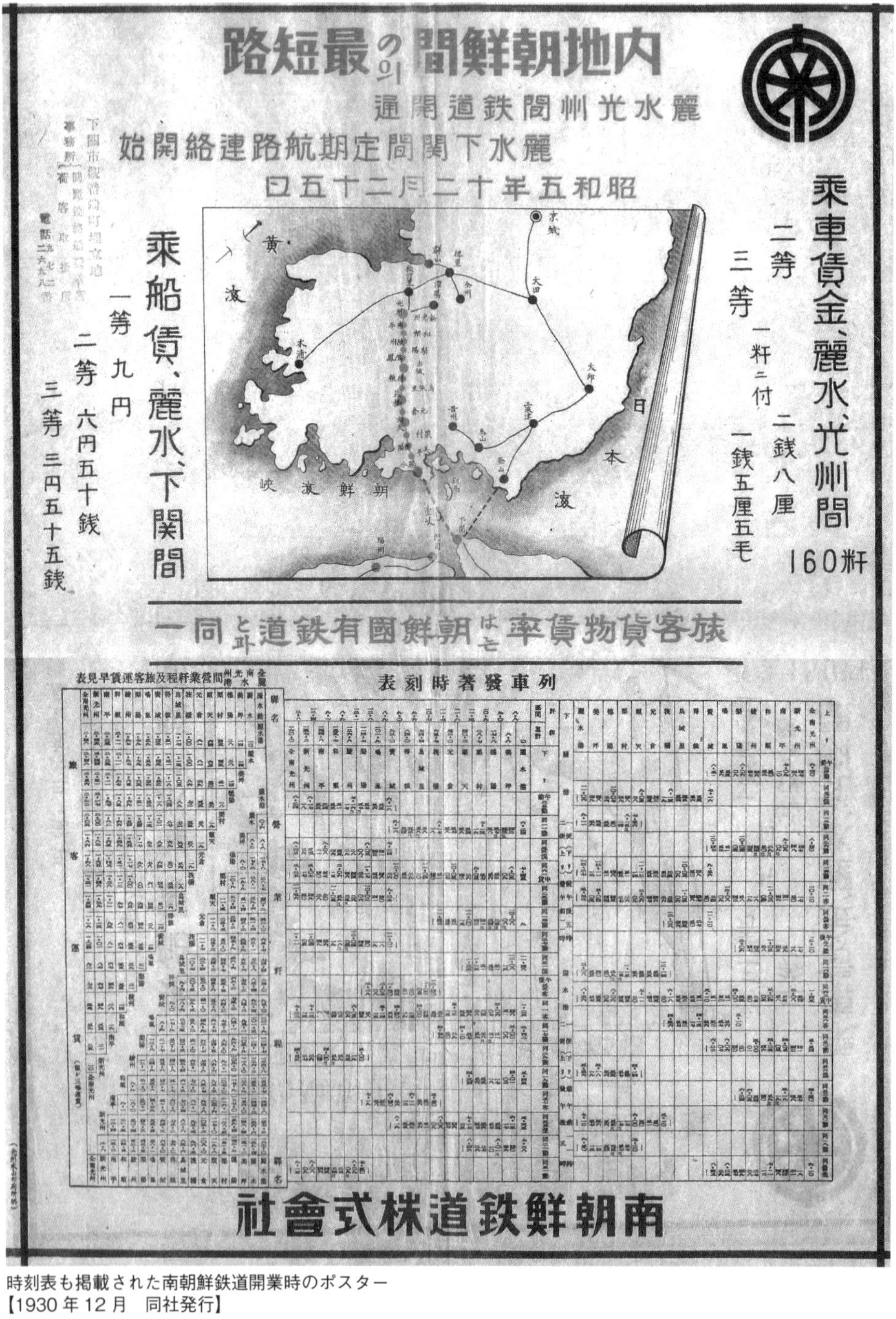

時刻表も掲載された南朝鮮鉄道開業時のポスター
【1930 年 12 月　同社発行】

安値での土地の買占め等に象徴されるように、支配する者とされる者という構図の下、有形無形の痛みを現地に与えることにもなった。植民地開発が収奪であったといわれる所以だ。南朝鮮鉄道は、内地と大陸との連絡という使命のほか、沿線の豊富な農水産物の輸送という役割も期待されていた。

南朝鮮鉄道は、わずか2年たらずの突貫工事で港湾開発と約160キロの路線が完成したのだが、早くも1936年には買収されて朝鮮総督府の鉄道となっている。おそらく、そのルートの重要性から、既存路線とあわせて国家による一元管理が望ましいと判断されたものであろう。まさに国家の思惑のもとにその生涯を辿った私鉄だったと言える。1937年の日中戦争勃発後に発行された川崎汽船のパンフレットには『関麗航路は内鮮交通の二大幹線として関釜線と同様の使命をもって居ります。尚支那事変を契機といたしまして大陸経済交渉完成にともなひ更に新なる立場におかれ国際幹線に従属して居ります』といった仰々しい文章で「航路の使命」が謳われていた。当時、日本本土の鉄道省線から関麗航路を経由して朝鮮半島の鉄道へは、連帯運輸の取扱が適用されたから、一枚の切符で乗り継ぐことができた。

第二次大戦後、南朝鮮鉄道に所属した路線は韓国国鉄（現：韓国鉄道公社）全羅線と慶全線の一部として引き継がれ、今日に至っている。一方、麗水と日本を結ぶ航路については、1990年になって博多～麗水航路が開設されたが、博多～釜山航路に比べてインパクトに欠けたせいか、残念ながらわずか2年ほどで廃止されてしまった。

清津〜羅津〜雄基

（1933 年）

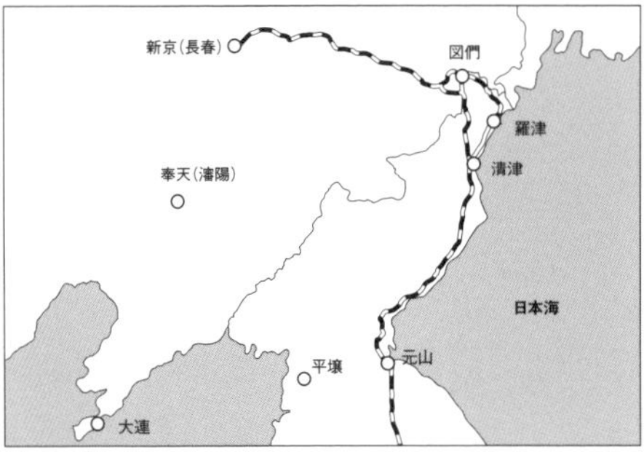

朝鮮北部と満州を結ぶ国際路線も運行

朝鮮半島北部の都市・清津は、現在では北朝鮮の不審船の発着地として名を知られてしまい、いささか怪しげなイメージがあるが、戦前は敦賀や新潟からの定期客船航路が就航するなど、北鮮や満州への玄関口として中心的な港町であった。

ところで、戦前の鉄道地図を見ると、京城（ソウル）から北東に向かって海岸沿いに延びてきた鉄道は、清津から北へ向きを変えて内陸へと入っていく。そして、会寧を経て南陽へと至る。ここの前を流れる豆満江を渡れば、そこはもう満州・図們だ。さて、ここへは別の方面からの鉄道が合流している。日本海沿岸の都市・羅津や雄基から北へ向かって進んできた線である。

何が言いたいかというと、当時、清津から羅津までの海岸沿いには、鉄道は無かったということである。おそらくは満州への連絡を優先して鉄道が敷設された結果であろう。先に述べた、清津〜南陽〜羅津間の鉄道は、朝鮮半島の他の鉄道が朝鮮総督府によって管轄されていた昭和戦前時代にも、南満洲鉄道（満鉄）が「北鮮線」として満州の鉄道と一体的に管理運営していたほどであった。

その満鉄北鮮線の起点である羅津は、長らく海岸沿いの一寒村に過ぎなかったのが、満鉄の手によって大港湾開発が行われ、大陸への入り口として一夜にして繁栄を始めた。1939 年に発行された資料によると、『第一期計画たる第一、第二及び第三埠頭の築造は完成し、総噸数四千噸乃至一萬噸の船舶十六隻を同時に繋留し得る』とあり、その巨大さがしのばれる。当時、現地の運送会社・国際通運の支店が発行した清津／羅津／雄基からの航路出帆予定表には、これだけの航路が掲載されていた。（右表参照）

前置きが長くなったが、この清津〜羅津間の“鉄道空白地帯”には交通手段が全く無かったわけではなく、バスが走っていた。それが、ここに時刻表を紹介した咸北自動車の路線である。同社は、清津〜雄基線（距離 121 キロ）を中心に、朱乙温泉や茂山方面など、朝鮮半島東北部・咸鏡北道一円の路線を経営し、朝鮮半島の民間バス会社の中では中心的な一社であった。昭和 14 年度の

咸北自動車の時刻・運賃などの案内パンフレット
【1933 年 12 月　同社発行】

航路名	運航会社名
大阪～北鮮急航線	（大阪商船）
東京～北鮮線	（大阪商船）
大阪～ウラジオストク線	（朝鮮郵船）
雄基～東京線	（朝鮮郵船）
大阪～雄基線	（朝鮮郵船）
高雄～清津線	（大阪商船）
北鮮～表日本線	（大連汽船）
敦賀～北鮮線	（北日本汽船）
新潟～北鮮線	（日本海汽船）
北鮮～新潟線	（朝鮮郵船）
伏木～北鮮線	（北陸汽船）
北鮮～敦賀線	（朝鮮郵船）
北海道～北鮮線	（嶋谷汽船）
樺太～北鮮線	（北日本汽船）

輸送人員は400万人という統計が残っている。

同社の路線の中には、朝鮮と満州東部を結ぶ慶源～琿春線という国際路線も存在した。これらは、豆満江を挟んで相対する2つの町であるが、沿線案内には『昨年国際橋が架せられた』とある。満洲国の建国以降、日満の結びつき強化が、ここにも表れているようだ。ところで、バスで国境を越える時、どのような扱いが行われていたのだろうか？　税関検査などもあったのだろうか？

なお、清津～羅津間の交通はバスだけではなく、連絡船も通っていた。先述の出帆予定表には、清津～洛山～羅津間に「新興丸」という船が片道4時間で毎日一往復していたことが書かれている。

清津～羅津間の鉄道は、日本統治時代に工事が着手されたものの、実際には1965年、すなわち北朝鮮になってから完成し、現在では平壌～羅津間を結ぶ幹線である「平羅線」の一部となっている。

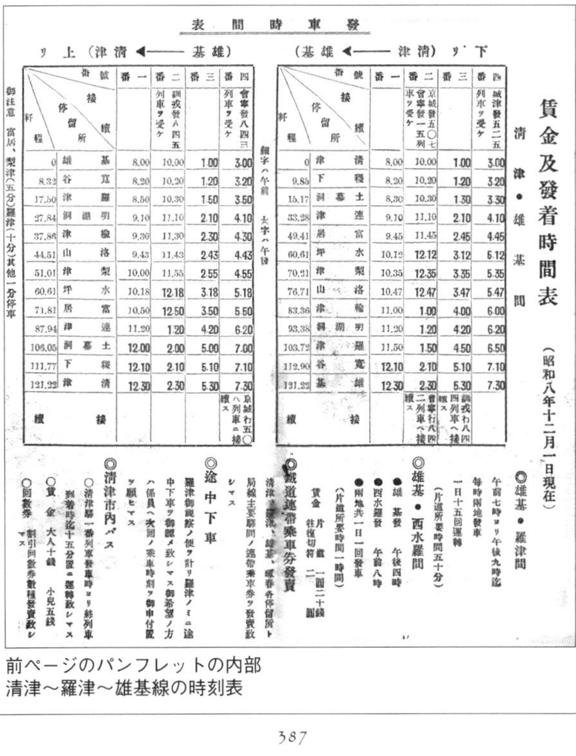

賃金及發着時間表

清津・雄基間

（昭和八年十二月一日現在）

發車時間表

上リ（雄基 ——▶ 清津）

粁程	停留所	一番	二番	三番	四番
	接續		訓戎發八四五列車ヲ受ケ		會寧發八四三列車ヲ受ケ
0	雄基	8.00	10.00	1.00	3.00
8.32	寛谷	8.20	10.20	1.20	3.20
17.50	羅津	8.50	10.30	1.50	3.50
27.84	明湖洞	9.10	11.10	2.10	4.10
37.86	楡津	9.30	11.30	2.30	4.30
44.51	洛山	9.43	11.43	2.43	4.43
51.01	梨津	10.00	11.55	2.55	4.55
60.61	水坪	10.18	12.18	3.18	5.18
71.81	富居	10.50	12.50	3.50	5.50
87.94	連津	11.20	1.20	4.20	6.20
106.05	土幕洞	12.00	2.00	5.00	7.00
111.77	稜下	12.10	2.10	5.10	7.10
121.22	清津	12.30	2.30	5.30	7.30
	接續				京城行五〇八列車ニ接續ス

御注意　富居、梨津（五分）羅津（十分）其他一分停車

細字ハ午前　太字ハ午後

下リ（清津 ——▶ 雄基）

粁程	停留所	一番	二番	三番	四番
	接續		京城發五〇七會寧發一一五列車ヲ受ケ		城津發五二五列車ヲ受ケ
0	清津	8.00	10.00	1.00	3.00
9.85	稜下	8.20	10.20	1.20	3.20
15.17	土幕洞	8.30	10.30	1.30	3.30
33.28	連津	9.10	11.10	2.10	4.10
49.41	富居	9.45	11.45	2.45	4.45
60.61	水坪	10.12	12.12	3.12	5.12
70.21	梨津	10.35	12.35	3.35	5.35
76.71	洛山	10.47	12.47	3.47	5.47
83.36	楡津	11.00	1.00	4.00	6.00
93.38	明湖洞	11.20	1.20	4.20	6.20
103.72	羅津	11.50	1.50	4.50	6.50
112.90	寛谷	12.10	2.10	5.10	7.10
121.22	雄基	12.30	2.30	5.30	7.30
	接續		會寧行八四二列車ヘ接續ス	訓戎行八四四列車ヘ接續ス	

◎雄基・羅津間
午前七時ヨリ午後九時迄
毎時兩地發車
一日十五回運轉
（片道所要時間五十分）

◎雄基・西水羅間
●雄基發　午後四時
●西水羅發　午前八時
●兩地共一日一回發車
（片道所要時間一時間）
賃金　片道　一圓二十錢
往復切符　二圓

◎鐵道連帶乘車券發賣
清津、羅津、雄基、琿春各停留所ト局線主要驛間ノ連帶乘車券ヲ發賣致シマス

◎途中下車
羅津御觀覧ノ便ヲ計リ羅津ノミニ途中下車ヲ御認メ致シマス御希望ノ方ハ係員ヘ次回ノ乘車時刻ヲ御申付置ヲ願ヒマス

◎清津市内バス
○清津驛一番列車發車時ヨリ終列車到着時迄十五分置ニ運轉致シマス
○賃金　大人十錢　小兒五錢
○回數券　割引回數券數種發賣致シマス

前ページのパンフレットの内部
清津～羅津～雄基線の時刻表

博多っ子のレジャーの足は危険と
隣り合わせの国策航路がルーツ

博多〜釜山

(1943 年)

関釜連絡船のバックアップとしての重責

2007 年の大晦日、『釜山行き高速船が故障で漂泊』というニュースが報じられていた。博多発釜山行きの高速船「コビー 5」に故障が発生して高速航行が出来なくなり、対馬海峡で漂泊して越年。元旦に対馬の比田勝港へ曳航され、ようやく乗客は降りることができたとのこと。聞くと、九州の方では釜山に焼肉を食べに行くのは、土曜・日曜の国内レジャーと同じくらい気楽な感覚だそうである。新年早々大変な目に遭ってしまった乗客の中にも、いつもと同じく気軽に乗ったつもりが……という方もきっといらっしゃるのだろう。

しかし過去を振り返れば、博多〜釜山航路はなにも焼肉ツアーのために登場したのではなく、元々は、第二次大戦中に国家的使命を帯びて鉄道省によって本格的に整備されたという歴史を持っている。大陸と内地の往来は、1905 年 9 月に開設された下関〜釜山間の関釜連絡船が長らくメインルートだったが、大陸へ渡る開拓団や内地へ送られる労働者、また膨大な貨物をさばくために輸送力増強が求められ、1943 年 7 月 15 日に鉄道省が開設したのが、博多〜釜山間の「博釜（はくふ）航路」だった。もっとも、戦前にも北九州商船（九州郵船）が博多〜対馬〜釜山線を運航していたが、戦略的な重要性という点では鉄道省航路にはかなわず、地方のローカル航路という位置づけに過ぎなかった。

戦時中の対馬海峡は危険地帯。アメリカの潜水艦が出没し、1943 年 10 月 5 日には関釜連絡船「崑崙丸」が魚雷攻撃を受けて撃沈され、600 人近くが犠牲になるという事件も起きていた。ところで戦時中、こうした敵潜水艦の待ち伏せ攻撃を恐れ、連絡船の時刻は機密事項として時刻表上には表示されていなかった。東亜旅行社（現：JTB）が発行していた全国版の時刻表では『連絡船時刻ハ省略』と記載され、具体的な時刻は伏せられていた（それでも崑崙丸のように、攻撃されてしまうケースをゼロにはできなかったわけであるが……)。しかし、ここで紹介する九州地域限定の時刻表には、なぜかきちんと博釜航路の時刻が掲載されている。地域限定で発行されているものは、外部に情報が流出するリスクが少ないと考えたのであろうか？

博釜航路は終戦までの 2 年間、関釜航路とともに活躍を続け、この航路のために「H 型」（航路の名前の頭文字に由来）と呼ばれる専用連絡船の建造も計画された。しかし、朝鮮半島が日本の手を離れたことで、これらの連絡船航路は当然のことながら消滅への道を辿ることとなった。

十八年七月十五日開業　自動車線（博多・博多港間）（省營自動車）

下リ	博多發	7 35	8 05	8 35	9 05	9 35	10 05	10 20	18 35	19 05	19 35	20 05	20 35	21 00	..
	博多港着	7 45	8 15	8 45	9 15	9 45	10 15	10 30	18 45	19 15	19 45	20 15	20 45	21 10	..
上リ	博多港發	7 20	7 50	8 20	8 50	9 20	9 50	..	18 20	18 50	19 20	19 50	10 20	..	..
	博多着	7 30	8 00	8 30	9 00	9 30	10 00	..	18 30	19 00	19 30	20 00	10 30	..	..

十八年七月十五日開業　博多・釜山間 連絡船時刻（※印ハ不定期）

下リ	便番號		※501		103	上リ	便番號		※502		104
	博多港發	..	11 00	..	21 30		釜山發	..	10 00	..	23 00
	釜山着	..	19 10	..	5 40		博多港着	..	18 10	..	7 10

(24)

鉄道省による博多〜釜山航路開業時の時刻表
(1943 年 8 月に東亜旅行社が発行した「汽車時刻表　九州線」より)

戦後は米軍専用便も就航

とはいうものの、博多と釜山の間には戦後間もない時期、日本・朝鮮半島双方からの引揚輸送のために、しばらくは連絡船の運航が続けられた。当時は、定員1000名のところ、その2倍・3倍の乗客を乗せて休み無くピストン輸送を行ったという。また、それとは別に新たなストーリーも始まった。日本や韓国には米軍が駐留を始めたが、これらの連絡のため、運輸省の手によって1946年から博多～釜山間航路に米軍専用便が運航されたのである。当時発行された米軍向けの時刻表を見ると、日曜から金曜まで毎日1往復の運航だったことがわかる。

この航路に使われた中の一隻は、元・日本海軍の海防艦だった「志賀」という船。「志賀」はアメリカに接収されて博多～釜山航路に使われた後、日本側に返還され､海上保安庁の練習船「こじま」になる。そして、なんとつい最近の1998年まで保存されていたのだ！ 「こじま」は、引退したあと千葉市に引き取られて稲毛で海洋公民館としてその余生を送っていたのであるが、寄る年波には勝てず、現在では老朽化のために解体処分されてしまった。旧日本海軍の軍艦の中では唯一、船全体が残っていた例だけに、その解体は惜しまれるものであった。

1949年を以って一般向け・米軍向けの運航が終了し、鉄道省以来の国営による博多～釜山航路は短い歴史を閉じた。しかし時代が下ると、民間ベースで九州と韓国との連絡が復活する。1960年代初頭には、九州郵船が博多～釜山航路を運航し、わずか数百トンの小型の貨客船が対馬海峡の両岸を結んでいた。もっとも、1970年に関釜フェリーが登場すると日韓航路は下関～釜山間というイメージが強くなり、博多～釜山間の復活は1990年12月のフェリー「かめりあ」就航を待たなければならなかった。

博多～釜山航路に新たな時代が始まったのは1991年3月のこと。JR九州が高速船（ジェットフォイル）「ビートルⅡ世」の運航を開始したのである。初期の頃は運航便数も少なかったが、利用者は着実に増加。韓国が1993年から日本人観光客の査証免除を認めるようになったこともその追い風だった。そんな中、国際航空路線を船が打ち負かすという驚くべき珍事が起きた。ビートルの成功により、JALの福岡～釜山線が2001年に運休してしまったのである。現在、JR九州は韓国の船会社との共同運航も行い、博多～釜山間には一日に数往復の高速船が往来する。折からの韓流ブームも、こうした気軽な往来が可能になり焼肉だ！エステだ！ということを通じて韓国が身近になったということがその下地にあったとも言えるだろう。

かつては敵潜水艦の攻撃に怯えながら渡った対馬海峡。戦後の混乱の中でとにかく母国へ帰るために多くの人々が先を争って乗り込んだ博釜航路。そこを60年後の平和な今日、年間60万人もの乗客が高速船で往来している。それは「海上交通の韓流」といっても良い現象ではないだろうか？

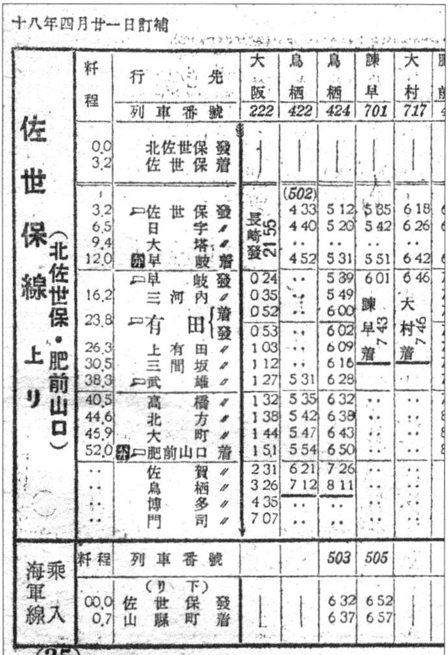

十八年四月廿一日訂補

佐世保線（北佐世保・肥前山口）上り

粁程	行先		大阪	鳥栖	鳥栖	諫早	大村
	列車番號		222	422	424	701	717
0.0	北佐世保	發	｜	｜	｜	｜	｜
3.2	佐世保	着	｜	｜	｜	｜	｜
				(502)			
3.2	佐世保	發	長崎發21 55	4 33	5 12	5 35	6 18
6.5	日宇	〃		4 40	5 20	5 42	6 26
9.4	大塔	〃		‥	‥	‥	‥
12.0	早岐	着		4 52	5 31	5 51	6 42
	早岐	發	0 24	‥	5 39	6 01	6 46
16.2	三河内	〃	0 35	‥	5 49	諫早着7 43	大村着7 46
23.8	有田	着	0 52	‥	6 00		
	有田	發	0 53	‥	6 02		
26.3	上有田	〃	1 03	‥	6 09		
30.5	三間坂	〃	1 12	‥	6 16		
38.3	武雄	〃	1 27	5 31	6 28		
40.5	高橋	〃	1 32	5 35	6 32	‥	‥
44.6	北方	〃	1 38	5 42	6 38	‥	‥
45.9	大町	〃	1 44	5 47	6 43	‥	‥
52.0	肥前山口	着	1 51	5 54	6 50	‥	‥
‥	佐賀	〃	2 31	6 21	7 26	‥	‥
‥	鳥栖	〃	3 26	7 12	8 11	‥	‥
‥	博多	〃	4 35	‥	‥	‥	‥
‥	門司	〃	7 07	‥	‥	‥	‥

海軍線乗入

粁程	列車番號				503	505	
	（下り）						
00.0	佐世保	發	｜	｜	6 32	6 52	｜
0.7	山縣町	着	｜	｜	6 37	6 57	｜

(25)

「汽車時刻表　九州線」より余談をひとつ
軍都・佐世保には海軍専用線への列車もあった

コラム⑩
日本に発着する最短所要時間の国際線

ビートルに打ち負かされた福岡～釜山線は、1965年9月に韓国の大韓航空、1967年9月からはJALによって運航が始められた。JALは路線開設に際して、もう国際線からはとっくに引退していた古いプロペラ機・ダグラスDC-6Bを最後のご奉公として投入し、そのDC-6Bがお払い箱になると1969年4月からは国産旅客機・YS-11が後を引き継いだことでJALがYS-11を使った唯一の例になったりと、様々な話題の尽きない路線であった。“空の貴婦人”と形容され特に人気があったダグラスDC-8が1987年の末にJALから引退する直前に使用されていた路線のひとつでもある。

しかし福岡～釜山線の特徴は何といっても、日本関係では最も短い国際航空路線といわれていることに尽きる。ジェット機就航直後の釜山発福岡行きの所要時間はたったの40分！　こんな短時間路線ではきちんとした機内食が出せるはずもなく、機内サービスはせいぜい茶菓程度であったし、エコノミークラスだけでファーストクラスの設置はなかった。

ちなみに、釜山の国際空港は最初から現在の場所にあったわけではなく、1950年代から60年代にかけては釜山東郊の水営というところに存在した。しかし、ジェット機が飛び始めると手狭になり、1976年8月に現在の空港へ移転。旧空港はコンベンションセンターとして再開発されている。

JALの福岡～釜山線が2001年に運休した後、今日では韓国の大韓航空とアシアナ航空が福岡～釜山線を運航している。所要時間は昔に比べると若干延びて、通常のスケジュールは50分ないし55分。ビジネスクラスが設定されている便もあり、日本発着では最も短時間しかその快適さを享受できない、“割の合わない”ビジネスクラスというわけだ。ちなみに、ビジネスクラスがある最短時間便としては、サハリン航空の札幌～ユジノサハリンスク線が所要1時間で、僅差で福岡～釜山線に次ぐ短さである。では、ファーストクラスは？というと、大韓航空のソウル～大阪（関空）線の日本行きが所要1時間50分。やはり、韓国と日本がいかに近い国であるかということを実感させる結果である。

JAL

TOKYO・OSAKA・FUKUOKA・OKINAWA・PUSAN・SEOUL SCHEDULE　APR-MAY

Effective up to

Westbound

7	DAY		Su					Mo				
	CLASS		F/Y	F/Y	F/Y	Y	F/Y	F/Y	F/Y	F/Y	F/Y	Y
Hours from GMT	FLIGHT NO.		951	905	721	911	953	961	951	905	721	911
	AIRCRAFT		CV880	DC-8 62	CV880	CV880	CV880	CV880	CV880	DC-8 62	CV880	CV880
+9	TOKYO	Lv	0920	0930	1145	1335	1620		0920	0930		1335
+9	OSAKA	Ar			1240	1430						1430
		Lv			1310	1500		0810			1310	1500
+9	FUKUOKA	Ar										
		Lv										
+9	PUSAN	Ar										
+9	SEOUL	Ar	1120				1820	0935	1120			
+9	OKINAWA	Ar		1200	1510 ↓ To Taipei	1700				1200	1510 ↓ To Taipei	1700

7	DAY		Tu						We		
	CLASS		F/Y	Y	Y	F/Y	Y	F/Y	F/Y	Y	F/Y
Hours from GMT	FLIGHT NO.		951	905	971	721	901	953	951	905	721
	AIRCRAFT		CV880	CV880	YS-11	CV880	CV880	CV880	CV880	CV880	CV880
+9	TOKYO	Lv	0920	0930		1145		1620	0920	0930	1145
+9	OSAKA	Ar				1240					1240
		Lv			1040	1310					1310
+9	FUKUOKA	Ar			1215						
		Lv			1300		1530				
+9	PUSAN	Ar			1350						
+9	SEOUL	Ar	1120					1820	1120		
+9	OKINAWA	Ar		1200		1510 ↓ To Taipei	1700			1200	1510 ↓ To Taipei

APAN・OKINAWA SEOUL

大阪～福岡～釜山間に国産機・YS-11が就航していたときの時刻表
（1969年4月にJALが発行した時刻表より）

準戦時体制・韓国では時刻表に特急列車と軍用列車が同居していた

ソウル～釜山
(1956/62年)

満鮮支直通急行が駆けた大幹線はバッサリ分断

かつてザ・フォーク・クルセダーズが歌って発売禁止騒ぎがあった『イムジン川』。この曲は朝鮮半島の中央・韓国と北朝鮮の境目を流れる臨津江(イムジンガン)に、南北分断への嘆きを重ねた曲であるが、この川の南側の岸辺には臨津閣というビジターセンターが建っている。ここは一般の韓国人が自由に訪問できる限界ギリギリの場所。その先、「民間人統制線」を越えることには厳しい制約が課せられる。

さて、この臨津閣の隣には、朝鮮戦争当時に使用された航空機や戦車などの兵器が展示されているのだが、その中にまじって客車を連結した蒸気機関車が鎮座している。かつてこの川を越えて北方へ向って走っていた鉄道路線である「京義線」――いつかそれが復活することを祈念して設置されたモニュメントだ。21世紀になるまで、ソウルから北へ向かう鉄道は、この臨津閣よりももっと手前でプッツリと切れていた。当時、韓国国鉄京義線の最北端の駅は汶山。ここから道路に沿って数キロ走ったところがその終端で、そこにはこんな看板が立っていた。

『鉄馬は走りたい』

力強く走る鉄道を“鉄の馬”と表現したこの看板に込められた願いは、果たしていつ実現するのか全く予想もできない状態であったが、2007年5月17日、遂に正夢となる。試験運行ながら、半世紀以上振りに南北の軍事境界線を越えて列車が往来したのである。

南北の鉄道が分断されたのは、第二次大戦が終結した1945年8月のこと。朝鮮半島は北半分をソ連、南半分をアメリカに占領されたことにより、38度線以北の土城～沙里院間の鉄道運行が停止される。ここに、日本統治時代は釜山から鴨緑江の岸辺の新義州まで一本でつながっていた鉄道は直通運行を休止した。注意したいのは、この時点では北緯38度線がそのまま南北の境であり、現在は北朝鮮に属している開城(ケソン)や、南北の共同警備区域である板門店の周辺も、南側に属していたということである。

その後1950年6月、朝鮮半島では北朝鮮軍が38度線を越えて南進。朝鮮戦争(韓国では「韓国動乱」とも)が勃発する。南北双方からの押しつ押されつの戦いの末、朝鮮半島は「休戦」という状態で分断が半固定化してしまった。このとき、休戦当時の戦線を元にした軍事境界線が定められ、韓国の鉄道は臨津江手前で打ち切りとなる。かつて鉄道が往来していた臨津江の鉄橋は複線だったが、片方の橋は完全に破壊されて橋脚だけが残る状態。残るもうひとつは道路橋として、川向こうの軍事境界線周辺の警備に赴く国連軍の車や、板門店ツアー参加者を運ぶバスの通行に使われるようになった。

動乱を越えて特急が登場

南北直通は消えたものの、以降、韓国国内の鉄道は韓国の復興と経済成長につれて大きな発展を遂げていく。その主役は、ソウルと釜山という韓国の2大都市を結ぶ大幹線である「京釜線」だった。朝鮮戦争休戦からわずか2年後の1955年からは、ソウル～釜山間に特急「統一号」が運行開始。当時この区間は9時間30分もかかったが、優等列車の登場は戦後の復興を象徴する出来事だった。その後も1960年のダイヤ改正では、特急「ムグンファ号」(ムグンファ=むくげ=韓国の国花)も増発され、6時間40分に大幅な時間短縮が達成された。この短縮は、それまで蒸気機関車による牽引だったのが、アメリカから輸入されたディーゼル機関車による牽引に変わったということも大きい。

ところで、朝鮮戦争はあくまでも「休戦」状態であり、韓国はずっと準戦時体制下にあると言ってもよい。現在でも徴兵制があるのは周知のとおり。そのため、時刻表には日本では想像できないような列車もみられる。たとえば、韓国を代表する旅行会社である大韓旅行社が1950年代や60年代に発行した時刻表には、ソウルの一駅先の龍山

下行　　京　釜　本　線

粁程	行先 / 列車番號 / 驛名	釜山行 2.3 9	釜山行 急 2.3 7	釜山行 特急 2.3 1 (통일호)	釜山行 急 2.3 3	釜山行 軍KA 2.3 11	釜山行 急 1.2.3 5
0.0	서울 著/發	6.00	7.30	11.00	18.30		21.00
3.2	龍山 著/發	6.07 / 6.09	7.36 / 7.37	↓	18.37 / 18.39	19.40	21.07 / 21.09
5.9	鷺梁津 發	6.18	↓	↓	↓	↓	↓
9.2	永登浦 著/發	6.24 / 6.29	7.50 / 7.53	11.19 / 11.20	18.53 / 18.56	19.54 / 19.59	21.23 / 21.28
17.4	始興 發	6.40	↓	↓	↓	↓	↓
24.0	安養 發	6.51	8.11	↓	19.19	↓	↓
29.9	軍浦 發	7.01	↓	↓	↓	↓	↓
33.6	富谷 發	7.09	↓	↓	↓	↓	↓
41.6	水原 著/發	7.21 / 7.26	8.31 / 8.36	11.55 / 11.56	19.45 / 19.50	20.46 / 20.51	22.15 / 22.20
48.8	餅店 發	7.37	↓	↓	↓	↓	↓
56.8	烏山 發	7.49	8.57	↓	20.12	↓	↓
66.8	西井里 發	8.01	↓	↓	↓	21.27	↓
75.2	平澤 發	8.13	9.16	↓	20.33	↓	↓
84.6	成歡 發	8.25	9.27	↓	↓	↓	↓
90.0	稷山 發	8.35	↓	↓	↓	↓	↓
96.9	天安 著/發	8.46 / 8.56	9.43 / 9.48	12.50 / 12.55	21.00 / 21.10	22.08 / 22.23	23.30 / 23.45
107.7	小井里 發	9.10	↓	↓	↓	↓	↓
115.3	全義 發	9.23	↓	↓	21.36	↓	↓
123.0	全東 發	9.33	↓	↓	↓	↓	↓
129.7	鳥致院 著/發	9.42 / 9.47	10.25 / 10.27	13.30 / 13.31	21.52 / 21.57	23.06 / 23.11	0.27 / 0.32
135.3	內板 發	9.57	↓	↓	↓	↓	↓
140.2	芙江 發	10.06	↓	↓	↓	↓	↓
144.8	梅浦 發	10.16	↓	↓	↓	↓	↓
152.3	新灘津 發	10.26	↓	↓	↓	↓	↓
157.9	懐德 發	10.36	↓	↓	↓	↓	↓
163.7	大田 著/發	10.49 / 11.02	11.14 / 11.24	14.13 / 14.23	22.47 / 23.02	0.05 / 0.25	1.25 / 1.40
174.1	細川 發	11.22	↓	↓	↓	↓	↓
183.2	沃川 發	12.07	11.51	↓	23.33	↓	↓
191.5	伊院 發	12.26	↓	↓	↓	↓	↓
201.5	深川 發	12.40	↓	↓	↓	↓	↓
212.3	永同 發	13.00	12.25	↓	0.19	1.39	2.56
226.9	黃澗 發	13.37	↓	↓	0.49	↓	↓
235.4	秋風嶺 發	13.50	↓	↓	↓	↓	↓
247.0	直指寺 發	14.11	↓	↓	↓	↓	↓
254.6	金泉 著/發	14.22 / 14.32	13.22 / 13.30	16.12 / 16.20	1.25 / 1.35	2.45 / 2.55	4.05 / 4.15
264.3	大新 發	14.51	↓	↓	↓	↓	↓
270.0	牙浦 發	15.01	↓	↓	↓	↓	↓
277.5	龜尾 發	15.14	↓	↓	2.07	↓	↓
290.3	若木 發	15.30	↓	↓	↓	↓	↓
298.8	倭館 發	15.47	14.19	↓	2.36	↓	↓
306.7	新洞 發	16.05	↓	↓	↓	↓	↓
314.1	枝川 發	16.18	↓	↓	↓	↓	↓
323.9	大邱 著/發	16.31 / 16.46	14.50 / 15.00	17.34 / 17.44	3.13 / 3.28	4.25 / 4.40	5.47 / 6.02
332.7	高母 發	17.01	↓	↓	↓	↓	↓
339.5	慶山 發	17.13	15.19	↓	3.51	↓	↓
346.6	三省 發	17.29	↓	↓	↓	↓	↓
354.2	南省峴 發	17.48	↓	↓	↓	↓	↓
362.9	淸道 發	18.05	↓	↓	4.34	5.42	7.06
374.6	楡川 發	18.51	↓	↓	↓	↓	↓
384.0	密陽 發	19.06	↓	↓	5.01	6.08	7.34
396.6	三浪津 著/發	19.24 / 19.32	16.25 / 16.30	19.03 / 19.06	5.16 / 5.24	6.24 / 6.32	7.49 / 7.57
405.8	院洞 發	19.46	↓	↓	↓	↓	↓
415.0	勿禁 發	20.00	↓	↓	↓	↓	↓
428.0	龜浦 發	20.18	↓	↓	6.08	7.10	↓
433.1	沙上 發	20.37	↓	↓	↓	↓	↓
442.7	釜山鎭 發	20.46	17.22	↓	6.25	7.32	8.55
443.9	草梁 發	20.53	↓	↓	↓	↓	↓
445.6	釜山 著	21.00	17.30	20.00	6.35	7.40	9.05

—(4)—

特急「統一号」や韓国軍専用列車が見られる京釜線の時刻表
（1956 年 10 月に大韓旅行社が発行した「旅行案内」より）

～釜山間を走る韓国軍専用列車の時刻が掲載されていた。また、1960年に韓国政府の交通部が発行した業務用の時刻表には、「UN」印がついた国連軍（アメリカ軍）専用列車の時刻が書かれている。特急や急行が続々と運転開始され、戦時の破壊から立ち直っていく様子がうかがえる一方で、南北接点の緊張が伝わって来る内容だ。

クーデターが鉄道史を変えた？

朝鮮戦争から10年が経過しようとしていた1960年早々、韓国は歴史の大きな転換に直面する。4月、建国以来12年に亘って続いた李承晩政権が倒れ､翌年の5月16日には朴正熙らがクーデターによって実権を握ったのである。1979年に暗殺されるまで大統領として君臨した彼は、韓国の国力発展を重視し、驚異的な経済成長の途上にあった日本との関係改善に本腰を入れ、その成果は「漢江の奇跡」として世界に知られることとなった。クーデターの翌年、1962年夏頃に大韓旅行社から発行された時刻表によると、ソウル～釜山間には特急「再建号」が登場している。「再建」とは、前述のクーデター直後に成立した行政機構である「国家再建最高会議」にも通じる、当時のキーワードだった。

さて、時刻表の内部には1956年のものと大きな違いがある。それは、1956年のものが基本的に漢字で表記されているのに対し、1962年のものはほとんどすべてハングルと英語での表記ということ。韓国は建国以来、国の伝統的な文化を尊重する観点から、ハングルだけで文章を表記することを進めていたが（この方針を「ハングル専用」という）、初期の頃には長く慣れ親しんだ漢字も多く使われていた。しかし、朴大統領の時代になると、漢字廃止の流れがそれまで以上に加速したのである。時刻表の表記の違いは、韓国のこうした政策の反映と言えるだろう。

前述のとおり、朴大統領は日本との関係改善を進めていった。クーデターから4年後、1965年6月に内外の反対の中で日韓基本条約成立を受け、日韓は国交を回復。日本からの車両の輸入は国交回復前から行われていたが、本格的な経済協力の時代が開幕したことに伴い、日本製車両の導入がさらに進んだ。その頂点に位置するのが、1969年2月からソウル～釜山間に運転を開始した「観光号」用固定編成客車だ。それまで使用されてい

경　의　선 (SEOUL→MUNSAN)

서울역↓문산역간

시발역 DEPT.S.					화랑대 H.R.D	
하행열차 속도 / 역명 STATION	혼M 191 혼갑 m. a	혼M 193 혼갑 m. a	화M 1185 화갑 f. a	군UN 1187 화갑 f. a	혼M 324 혼갑 m. a	혼M 195 혼갑 m. a
서울 SEOUL		8.20	12.40	13.40	17.25 17.27	17.50
신촌 SINCHON		29 30	49 51	… 50	36 38	59 18.00
수색 SUSAEK	4.30	39 40	13.02 05	… 58	17.50	09 11
○화전 HWAZON	… 36	46 47	12 13	… 14.04		16 17
능곡 NUNGKOK	43 44	52 53	19 21	… 10		23 24
일산 ILSAN	56 57	9.04 05	33 35	… 21		35 36
○운정 UNJONG	5.07 08	14 15	44 45	… 29		45 46
금촌 KUMCHON	17 20	23 25	54 59	37 57		54 56
문산 MUNSAN	5.35	9.40	14.15	15.15		19.10
종착역 TERMINAL.S.						
기사 REMARKS						

南北分断により汶山で途切れていた京義線には「UN」で示される国連軍専用列車も（1960年2月に交通部発行の業務用時刻表より）

た、戦前の旧朝鮮総督府鉄道の生き残りや戦後の自国製車両と違い、電源車から編成全体への集中給電方式など、当時の日本のブルートレインの技術を応用したクリーム色地に青い帯の軽快な外観。同時に導入されたアメリカ製ディーゼル機関車との組み合わせで、6月からはソウル～釜山間をそれまでより55分短縮の4時間50分で走破した。この「観光号」による高速運転や車両設備の向上は、現在も活躍する看板列車「セマウル号」などの基礎となっている。そう考えると、もし1961年の政変がなく、朴正煕が大統領になっていなければ、その後の韓国の鉄道史は、また大きく違ったものになっていたのではないかとさえ思える。

面白いことに当時、台湾にも「観光号」という列車があった。つまり、日本のお隣には「観光号」と名の付く、しかもその地域を代表するステータスの列車が2種類も走っていたことになる。韓国も台湾も、準戦時体制で経済的にもまだ発展途上だったという背景が共通しているが、そうした中で外貨獲得のために観光客誘致に積極的に取り組んでいた証だろう。もっとも、観光客歓迎というのを良いことに、日本の男性諸氏が歓楽を主目的に押しかけて白い目で見られたという話もあったわけであるが……。

5・16軍事クーデター後の時刻表
【1962年？　大韓旅行社】

躍進する高速交通

なお、「観光号」の登場した1969年から翌年にかけては、韓国の高速交通元年といっても良い。1970年には、ソウル～釜山間の京釜高速道路が全線開通。高速バスが走り始めたほか、空の便でも大韓航空が同区間にはじめてDC-9型ジェット機を投入。しかし、鉄道は苦境に立たされるどころかさらに発展が進み、「観光号」も増発を重ねたのち、1974年には「セマウル号」として模様替えをする。

そして1988年にはソウルでオリンピックが開催された。このとき、韓国を訪れる日本人の便を図って、韓国国鉄の主要列車の時刻が日本の時刻表にも掲載された。日本と韓国の間の往来といえば飛行機が当たり前という時代ではあったが、あえてそれぞれの鉄道と航路で両国を結ぶ「日韓共同きっぷ」も発売開始となり、ソウル～釜山間の幹線は単に韓国国内の交通機関としてだけではな

코리아그레이하운드　위치 : 서울역앞편　TEL 22-8191-5

노　선	첫차	막차	배차격격	소요시간	요금	비　고
서울—부산	6.40	17.20	1시간	5시간20분	1600원	
〃 —대전	6.30	20.30	30분	2시간	580〃	
〃 —대구	6.30	17.55	1시간	4시간10분	1150원	
〃 —원주	6.45	20.20	1시간30분	1시간50분	470〃	
〃 —여주	7.30	21.40	1시간	1시간25분	380〃	

アメリカのグレイハウンド・バスが韓国へ進出した
（1972年12月の「観光案内時刻表」より）

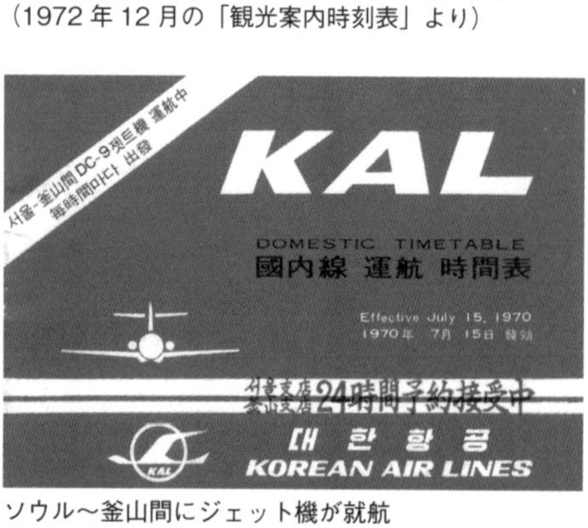

ソウル～釜山間にジェット機が就航
（1970年7月の大韓航空国内線時刻表）

く、国際的な意味も持ち始める。それからさらに20年の歳月が流れて南北の鉄道は再び連結され、2007年12月からは軍事境界線付近で貨物列車の定期運行が開始されたが、朝鮮半島を完全に縦断する列車はまだ運行されていない。ここに定期列車が走り始めるとき、京釜線は名実ともに国際化し、物流の動脈というポジションを占めることになるだろう。

最初に触れた、臨津江のそばに保存されている蒸気機関車に牽かれた客車には、きちんと行先表示板が取り付けられている。そこには「新義州→釜山鎮」という文字。これが夢でなくなるのは、果たしていつのことであろうか？

경　　부　　선

서　울 SEOUL

下行

No. 1		행선지 Destination	대천행 Tae-chon	부산행 Pusan	부산행 Pusan	장항행 Chang-hang	목포행 Mok-po	목포행 Mok-po	부산행 Pusan
粁程 Kilo	3등 운임 3rd Fare	열차번호 Train No. / 역 명 Stations	2D 201	2.3 13	SE 2.3 1	2D 203	SE 2.3 31	2.3 35	OE 2.3 7
			기통		특급	기통	특급		급행
0.0		서 울발 Seoul ……Lv	5.10	6.10	8.00	8.05	9.00	9.30	10.00
3.2	9	용 산착발 Yongsan ……Ar / Lv	5.15 / 5.16	6.17 / 6.18	↓	8.10 / 8.11	↓	9.36 / 9.37	10.05 / 10.06
5.9	9	노량진발 Noryangjin …Lv	5.22	6.25	✂	↓	✂	↓	✂
9.2	9	영등포착발 Yongdungpo Ar / Lv	5.27 / 5.28	6.31 / 6.40	↓	8.21 / 8.23	↓	9.47 / 9.49	10.14 / 10.16
17.4	10	시 흥발 Sihung ……Lv	↓	6.51	↓	↓	↓	10.00	↓
24.0	13	안 양발 Anyang ……Lv	5.45	7.01	↓	8.42	↓	10.09	10 34
29.9	18	군 포발 Kunpo……Lv	↓	7.10	재건호	↓	태극호	↓	↓
41.6	24	수 원착발 Suwon ……Ar / Lv	6.05 / 6.07	7.32 / 7.35	↓	9.02 / 9.04	↓	10.34 / 10.40	10.51 / 10.55
48.8	28	병 점발 Pyongjom ……Lv	↓	7.45	↓	↓	↓	↓	↓
56.8	33	오 산발 Osan……Lv	6.25	7.58	↓	9.23	↓	11.30	11.13
66.8	39	서정리발 Suajongni ……Lv	6.36	8.09	↓	9.34	↓	11.43	11.30
75.2	44	평 택발 Pyongtaek ……Lv	6.45	8.22	↓	9.43	↓	11.56	11.39
84.6	48	성 환발 Songhwan ……Lv	6.54	8.34	↓	9.53	↓	↓	11.50
96.9	55	천 안착발 Chonan ……Ar / Lv	7.10 / 7.17	8.52 / 8.57	9.18 / 9.19	10 05 / 10.10	10.30 / 10.31	12.23 / 12.28	12.03 / 12.08
107.7	62	소정리발 Sojongni ……Lv	「대천착	9.11	↓	「장항착	↓	↓	↓
115.3	66	전 의발 Chonui……Lv		9.48	↓		↓	↓	↓
129.7	75	조치원착발 Chochiwon …Ar / Lv	9.50」	10.06 / 10.10	9 45 / 9.46	14.05」	11.04 / 11.05	13.07 / 13.10	12.40 / 12.43
140.2	80	부 강발 Pukang ……Lv		10.28	↓		↓	↓	↓
152.3	88	신탄진발 Sintanjin……Lv		10.47	↓		↓	↓	↓
157.9	90	회 덕발 Hwedok ……Lv		10.56	↓		↓	↓	13 15
166.7	96	대 전착발 Taejon ……Ar / Lv		11.10 / 11.20	10.16 / 10.21		11.42 / 11.54	13.57 / 14.20	13.25 / 13.35
174.1	100	세 천발 Saechon ……Lv		11.36	↓		「목포착	「목포착	↓
183.2	106	옥 천발 Okchon ……Lv		11.49	↓				13.58
191.5	110	이 원발 Iwon……Lv		12.04	↓		17.00」	22.20」	↓
201 5	116	심 천발 Simchon……Lv		12.16	↓				↓
212.3	12?	영 동착발 Yongdong …Ar / Lv		12.29 / 12.31	↓				14.31 / 14.32

左ページに掲載されている大韓旅行社が発行した時刻表の内部
漢字が姿を消してハングル表記となっている

“ソウルのセントラルパーク” から巣立った
大韓航空が支えた「漢江の奇跡」

ソウル〜ロサンゼルス
（1971 年）

三度目の正直で成功した韓国のフラッグキャリア

ソ連戦闘機による撃墜や北朝鮮工作員による爆破事件など、なにかと世界的事件との接点が多い大韓航空であるが、そのプロフィールや初期の急成長ぶりは意外と知られていないエピソードである。

日韓線就航開始時の時刻表
【1964 年 3 月　大韓航空】

大韓航空のルーツは、大韓民国成立とほぼ同じ 1948 年 10 月に立ち上げられた大韓国民航空（Korean National Airlines）にまで遡る。この大韓国民航空は朝鮮戦争という荒波に翻弄されて幅広い路線展開もままならず、ソウル市内を流れる漢江の中洲「汝矣島」（ヨイド）にあった飛行場を本拠地に、わずかな国内線のほかソウル〜台北〜香港線を細々と営業するだけだった。同社は一国を代表するエアラインとは思えぬ赤字経営で、それにはさすがに政府も危機感を抱いたのか、1962 年に政府が出資して新たに大韓航空公社が発足。大韓国民航空の業務を引き継いだのである。

大韓航空公社が発足した頃の韓国の民間航空界は「冬の時代」と言ってもよかった。1964 年 3 月にソウル〜大阪線が開設されるまでの 2 年間、韓国の航空会社は国際線をまったく運航しなかった。しかしそれ以降、同社は国際線の路線展開にも力を入れ、1967 年にソウル〜台北〜香港線が復活（しかしながら乗客数低迷により 1 年にも満たない期間で運休）。その頃ちょうど脚光を浴び始めたのが日本向け路線だった。1964 年には JAL との共同運航で東京〜ソウル線がすでに開設されていたが、1968 年 7 月からは大韓航空公社自前の DC-9 型ジェット機による日韓首都の連絡も始まっている。

ちなみに、大韓航空公社時代の 1964 年にはヨイドの飛行場における民間航空の発着が中止され、すべての便が金浦飛行場へ移転。現在その跡地には国会議事堂やオフィスビルが建ち、セントラルパークにも例えられる巨大な緑地公園が造られてソウルっ子のオアシスに変貌している。

さて、大韓航空公社の輸送人員は発足時から比べて格段の伸びを見せており、繁盛しているように見えた。しかし「親方日の丸」ならぬ「親方太極旗」？状態ではやはり限界があるというもので、新機材の導入に伴う設備投資などが経営を圧迫。ここで完全民営化という大ナタが振るわれた。1969 年 3 月、韓国企業である韓進グループが大韓航空公社の経営を引継ぎ、ここに今日の完全民間企業としての大韓航空が発足する。

韓国の経済成長という追い風を味方に、新生大韓航空はそれまでにない積極的な拡大路線を進んでいった。ジェット機を含む新機材を続々導入。その中には日本の誇る国産旅客機・YS-11の姿もあった。路線および便数の拡大を図り、民営化直前には東京・大阪・福岡にしか飛んでいなかった国際線は、10年も経たないうちに北米・ヨーロッパ・中東にまで広がったのである。大韓国民航空から数えると、三代目のフラッグキャリアにしてようやく経営的に成功したということになる。

そんな時代に同社が力を入れた分野のひとつが貨物便だった。1962年に始まる経済開発5ヶ年計画を経て韓国では工業化が進み、日本やアメリカへ電子部品など工業製品の輸出が急増していたのである。1971年4月、ソウル～東京～ロサンゼルス線にボーイング707による貨物専用便が登場（カラーページ参照）。JALでさえ、太平洋線に貨物専用便を就航させたのはそのわずか3年前

南行 SOUTHBOUND　國際線運航時間表

Hours ahead of GMT	曜日 DAY	MONDAY 月						TUESDAY 火						WEDNESDAY 水						
	便名 FLIGHT NO.	703	701	201	503	301	305	703	701	203	501	301	303	701	201	501	503	301	305	703
	等級 CLASS	F/Y	F/Y	F/Y	F/Y	Y	Y	F/Y	F/Y	Y	F/Y	Y	Y	F/Y	F/Y	F/Y	F/Y	Y	Y·	F/Y
	機種 AIRCRAFT	B720	B720	B720	DC-9	DC-9	DC-9	B720	B720	DC-9	B720	DC-9	YS-11	B720	B720	B720	DC-9	DC-9	DC-9	B720
+9	서울 SEOUL 発 LV	09:00	14:10	09:20	10:00			09:00	14:10	13:40	09:20			14:10	09:20		10:00			09:00
+9	済州 着 AR																			
	CHEJU 発 LV												10:20							
+9	釜山 着 AR												11:15							
	PUSAN 発 LV					09:30	12:00					09:30	12:00					09:30	12:00	
+9	福岡 着 AR					10:05						10:05						10:05		
	FUKUOKA 発 LV																			
+9	大阪 着 AR			10:35			12:50			14:55	10:35		13:50		10:35				12:50	
	OSAKA 発 LV										11:15									
+9	東京 着 AR	10:45	15:55					10:45	15:55					15:55						10:45
	TOKYO 発 LV																			
+8	台北 着 AR				11:10						12:55						11:10			
	TAIPEI 発 LV				11:50						13:35						11:50			
+8	香港 着 AR				13:15						15:00						13:15			
	HOHG KONG 発 LV				14:00											08:00	14:00			
+8	西貢 着 AR															10:15				
	SAIGON 発 LV																			
+7	盤谷 着 AR BANGKOK				15:30												15:30			

*10月 1日부터 18日까지 香港時間은 1時間 加할것.

民営化翌年の国際線時刻表の内部
【1970年10月　大韓航空】

のことであるから、昨日まで赤字に喘いでいた航空会社とは思えない変身ぶりだ。同社の勢いは止まるところを知らず、1974年9月には太平洋線にジャンボ機の貨物専用型を投入して大型化。これはJALが同機種を同じ路線に導入する1ヶ月前のことであり、太平洋線への大型貨物機の導入第一号の栄誉は僅差で大韓航空が担うこととなった。大韓航空の貨物専用便——それは『漢江の奇跡』と呼ばれた韓国の高度経済成長を支えた影の立役者だったのである。その後の同社の躍進については言うまでもないことであろう。

ジャンボ機による貨物専用便が太平洋線に就航した頃の時刻表
【1975年4月　大韓航空】

世界最長列車はいずこへ向かう？

北朝鮮の国際交通

平壌〜モスクワ

（2001/05 年）

往復すれば日本の JR 線完乗に相当

「世界最長の汽車旅」と形容されるシベリア鉄道。その中でも真の世界最長列車は、朝鮮民主主義人民共和国（北朝鮮）の平壌とモスクワを結ぶ国際列車である。北朝鮮とロシアを結ぶ列車には2つの系統があり、ひとつは平壌から北上して中朝国境・新義州の先で鴨緑江を渡り、中国の瀋陽と満洲里を経由してロシアに入るもの。もうひとつは平壌から朝鮮半島の東海岸に沿って北上し、中国領を経由せずに直接ロシアに入ったのち、ハバロフスク経由でモスクワに向かうもの。前者は1950年代から運行されている伝統的なルートであるが、後者は1980年代後半になって登場した比較的新しいルートで、こちらが世界最長列車ということになる。

平壌〜モスクワ間は、満洲里経由であれば約8600キロなのに対し、豆満江を越えて北朝鮮から直接ロシアに入るルートの場合は1万キロを超える。かつて日本の国鉄（JR）が「チャレンジ20,000キロ」という乗りつぶしキャンペーンをやっていたが、この平壌〜モスクワ間の列車に往復乗車すれば、まさにその2万キロになるわけだ。

2001年11月のトーマス・クックの海外時刻表によると、平壌〜モスクワ間はおおよそ週1回の運転だった。「おおよそ」というのは、この列車の運転は毎週○曜日という風に決まっているわけではなく、6〜8日に一便の割で走っていたのである。平壌を9時20分に出発した第1列車は、ロシアに入ったハサンという駅で第41列車と番号を変え、ウラジオストクからの路線にウスリースクで合流、ここからシベリア鉄道の第1列車となって、終着のモスクワに着くのは出発から9日目の朝6時15分だった。モスクワに直通する車両はハードクラスの座席車のみであったが、一般人の旅行が厳しく制限されている北朝鮮のこと。誰でも乗れるというわけではないだろう。

唯一の対外窓口？「高麗航空」

平壌とモスクワの間を直通する交通手段は列車しかないのかといえばそういうわけでもなかった。1997年3月から同年10月まで有効の北朝鮮国営エア・コリョ（Air Koryo）の時刻表によると、週2便ながら平壌〜モスクワ間には航空便が飛んでいた。JS215便／217便・平壌9時発→モスクワ13時10分着（現地時刻）。北朝鮮とモスクワの時差は5時間だから、フライトタイムは9時間10分ということになる。もちろん西側の機体が使用されているはずはなく、かつての共産圏の標準・ソ連製のイリューシンIl-62による運航だった。なお、この便はモスクワ止まりではなく、平

スペースシャトル？ではなくエア・コリョの時刻表
【2005年3月　同社発行】

壌〜モスクワ〜ベルリン／ソフィア線としてヨーロッパにまで足を伸ばしていた。いくら旧東ドイツの都市とはいえ、すでに東西ドイツが統一されてから7年が経過しようという時期にもかかわらず、西側資本主義国の首都に北朝鮮機が定期乗り入れを行っていたというのは意外である。しかし現在では、同社はヨーロッパ諸国から「危険な航空会社」のレッテルを貼られて乗り入れ禁止措置が取られている。

ちなみにエア・コリョは元々、中国民航にならって朝鮮民航という名称だったが、1993年に横文字では“Air Koryo”、漢字にすると高麗航空に社名を変更し、朝鮮半島を図案化したと思われるルフトハンザっぽい鳥のマークも定められた。1990年代以降、東西冷戦終結・東欧革命・改革解放路線の進展は、旧東側諸国の航空業界にも民営分割化など大きな影響を与えたが、北朝鮮にも少なくとも航空会社の社名変更という影響が及んだわけである。

1997年当時のエア・コリョの路線網には、前述の平壌〜モスクワ〜ベルリン／ソフィア線や平壌〜北京線といったオーソドックスな共産圏向け路線のほかに、平壌〜マカオ〜バンコク線といった路線がみられる。これらは一見、新たな乗り入れ都市の開拓とも見えるが、アメリカによって一時凍結された北朝鮮資金の預け先銀行の所在地がマカオだったりという近年の報道からもわかる通り、航空会社のビジネスを超えた怪しい背景が見

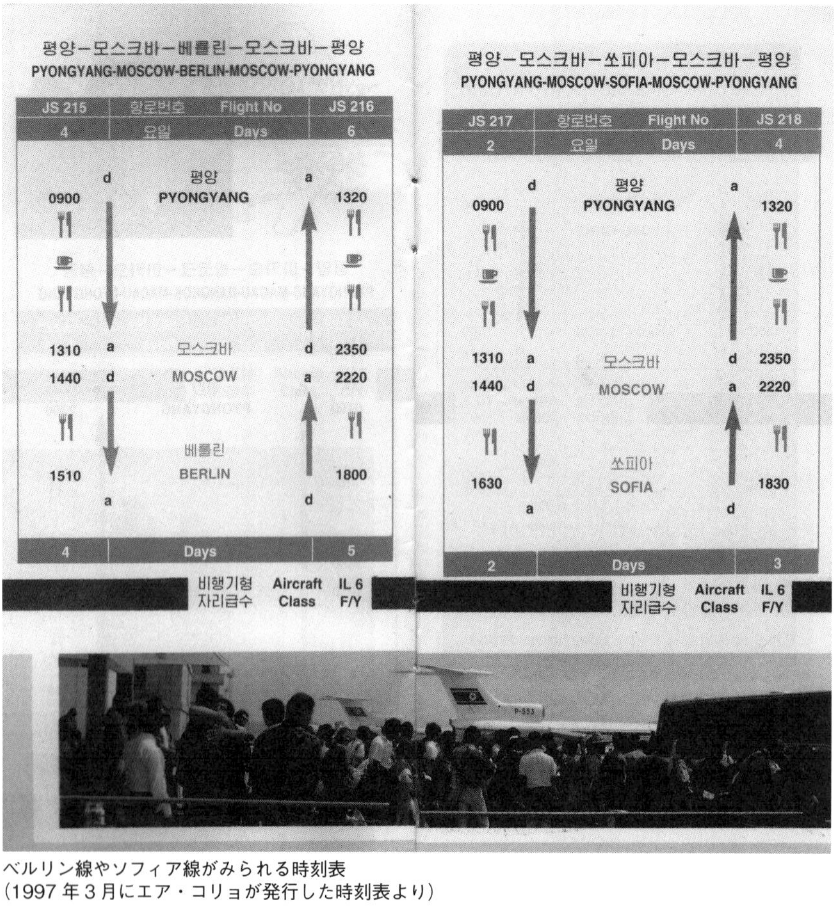

ベルリン線やソフィア線がみられる時刻表
（1997年3月にエア・コリョが発行した時刻表より）

え隠れしている。

ところで、それから8年後・2005年の同社の時刻表を見ると、路線網は随分と様変わりした。平壌から飛んでいるのは、北京・瀋陽・ウラジオストク・バンコクの4都市だけ（バンコク線は実質、不定期運航の模様）。この間に急展開をみせた国際政治の力学と北朝鮮の経済状態が、長距離路線の縮小を招いたものであろう。もっとも、こうした後退はエア・コリョ自身に限ったことではなく、1959年3月にモスクワ～オムスク～イルクーツク～平壌線を開設して以来の歴史を誇ったアエロフロートも平壌線から撤退。外国航空会社として唯一残っていた中国南方航空も2006年に平壌線をやめた。これにより、平壌へ乗り入れる外国航空会社は一時期皆無となったのである。

さて、飛行機がダメということで、現時点で北朝鮮とモスクワを直接結んでいる交通機関は鉄道しかないという状況である。しかしながら、平壌～モスクワ間世界最長列車の方は現在、直通運転を行っていないとの情報もある。一方航空路線では、2008年3月から中国国際航空が北京～平壌線を開始し、かろうじて北朝鮮への外国航空会社の乗り入れが復活。また、長らく機材の古さを指摘され続けていたエア・コリョ自身も、つい最近になってロシア機としては新しいツポレフTu-204を導入した。この先、北朝鮮を取り巻く国際交通にはどんな展開があるのだろうか？

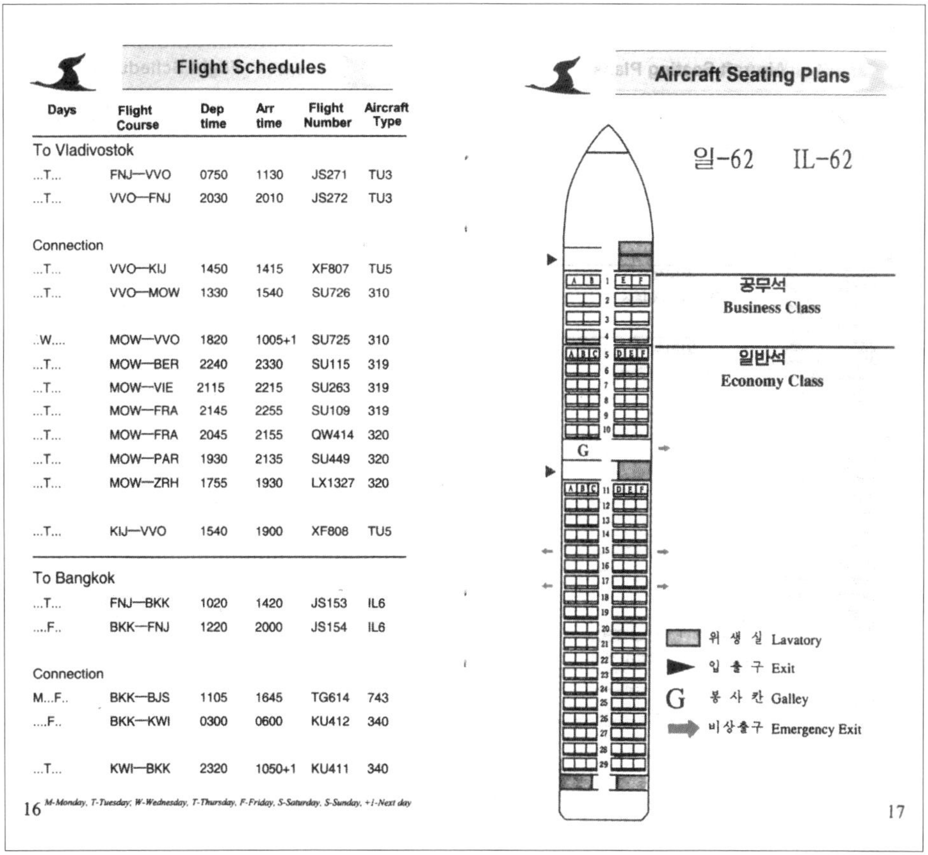

Flight Schedules

Days	Flight Course	Dep time	Arr time	Flight Number	Aircraft Type
To Vladivostok					
...T...	FNJ—VVO	0750	1130	JS271	TU3
...T...	VVO—FNJ	2030	2010	JS272	TU3
Connection					
...T...	VVO—KIJ	1450	1415	XF807	TU5
...T...	VVO—MOW	1330	1540	SU726	310
..W....	MOW—VVO	1820	1005+1	SU725	310
...T...	MOW—BER	2240	2330	SU115	319
...T...	MOW—VIE	2115	2215	SU263	319
...T...	MOW—FRA	2145	2255	SU109	319
...T...	MOW—FRA	2045	2155	QW414	320
...T...	MOW—PAR	1930	2135	SU449	320
...T...	MOW—ZRH	1755	1930	LX1327	320
...T...	KIJ—VVO	1540	1900	XF808	TU5
To Bangkok					
...T...	FNJ—BKK	1020	1420	JS153	IL6
....F..	BKK—FNJ	1220	2000	JS154	IL6
Connection					
M...F..	BKK—BJS	1105	1645	TG614	743
....F..	BKK—KWI	0300	0600	KU412	340
...T...	KWI—BKK	2320	1050+1	KU411	340

16 *M-Monday, T-Tuesday, W-Wednesday, T-Thursday, F-Friday, S-Saturday, S-Sunday, +1-Next day*

当時の使用機はIl-62・Tu-154・Tu-134の3種類だったが、座席図を見るとビジネスクラスもあるようだ。（2005年の時刻表より）

第九章　満州の時代

プロパガンダと緊張の狭間に咲いた幻の名優たち

JS
JIKOKUHYO SEKAISHI

最盛期にはほとんど
毎日運航されていた「日満連絡船」

神戸〜大連

(1938/41 年)

黎明期の船客には夏目漱石や伊藤博文も

成田空港や関西空港の出発ロビーに立ち、案内ボードに表示される世界中のいろいろな行先に旅情を感じられる方も多いのではないだろうか？　中でも近年爆発的に増えたのがアジアの都市。厦門、西安、青島、杭州、ハノイ……。ところで、今から70年前の人に今と同じような気持ちを抱かせたかもしれない資料がある。それは大阪商船が発行した「神戸出帆案内」という神戸港からの月間出航スケジュール表。1939年当時は神戸港がアジアへのゲートウェイであり、「基隆線」「日満連絡船」「天津線」「青島線」「北鮮急航線」といった近海航路の出港予定だけでスケジュール表の半分のスペースを占めていた。その中でもっとも便数が多く、1〜2日おきという高頻度で出港していたのが神戸〜大連間の「日満連絡船」である。

大阪商船がこの航路を開設したのは1905年1月のこと。その10年前、日清戦争によって一度は日本が手に入れたものの、三国干渉で失うこととなった遼東半島を日露戦争において力ずくで取り返したのがその契機である。ポーツマス条約によって大連や旅順といった港湾都市を含む遼東半島の先端部は「関東州」として正式に日本の租借が認められ、そこから北へはもともとロシアが敷設した東清鉄道あらため南満洲鉄道（満鉄）が背骨のように中国東北部を貫くという構図がここに出来上がった。

開設当初の大連航路は週1便の運航だったが、内地から関東州、そして中国大陸東北部へのほぼ唯一のアクセス経路といっても良く、間もなく3〜4日に1便の体制に拡大される。当時はまだ朝鮮と中国の境目の鴨緑江には橋が架かっておらず、鴨緑江を渡りきった先の安東〜奉天間の満鉄安奉線は軽便鉄道のような路線を本格的な鉄道に改良する工事が行われていた。これらの整備が完了し、釜山〜奉天間が鉄道で連結されるのは1911年11月のこと。これ以降、大陸へのアクセスには朝鮮半島経由というルートが加わるが、大連航路経由は乗り換えの手間や出入国・税関手続きが少ないため、引き続き重宝されたのである。

黎明期の大連航路で大陸へ渡った人の中には、日本を代表する有名人の姿もあった。1909年10月26日にハルビンで暗殺された伊藤博文も、大陸へは大阪商船「鉄嶺丸」で渡っている。夏目漱石は伊藤よりわずかではあるが先に満州を目の当たりにし、その体験を随想『満韓ところどころ』として新聞に連載していたが、それによるとやはり鉄嶺丸で大連に上陸している。そんな当時の有名人の見聞も、満州に限りない発展の可能性を抱かせ、そこで一旗上げようという日本人の気持ちをくすぐったに違いない。こうした人々が大連航路で続々と大陸へ旅立ったのであった。

ところで関東州のエリアは日本の前にはロシアが租借していたが（この頃、大連は「ダルニー」と呼ばれていた）、その時代から関税自由地域となっていた。日本が租借してからも基本的にこの方針は継続され、関東州を始終着とする産物については関税が免除されたため、大連港は自由港として宣伝されていた。ただし、日本の租借地とはいえ満洲国ができるまでは中国の海関（税関）が設置されていたので、大連を経由して中国と海外を行き来する産物については中国の関税徴収の対象となっている。

大連を日本が支配するようになると大連港は満鉄によって経営されたが、貿易拡大と旅客往来の利便性向上を目指して埠頭や倉庫の整備が急ピッチで進められていった。中でも総工費70万円をかけて1924年1月に竣工した5000人収容の壮麗な船客待合所は有名で、ここに上陸した旅人が大陸のスケールの大きさを最初に感じる場所として親しまれ、今に至るまで長く使われている。ただし、当時の旅行者は注意が必要だった。大陸に一歩を印した感動に任せて勝手に写真を撮ったりしてはならない。なぜならば、この地域は「要塞地帯」ということで、無断撮影や模写は軍の命により厳禁だったのである。

「満州ブーム」の中での躍進

1932年、満洲国の建国を機に大連航路に“ビッグバン”が起こった。満州事変の年・1931年の大連港の日本人乗降客数は10万人程度であったのが、翌年には14万人、さらにその翌年は20万人とウナギのぼりに増加。1938年には33万人にまで達している。この数字は必ずしも神戸～大連航路の利用者に限ったものではないが、猫も杓子も「大陸へ！大陸へ！」という当時の熱狂的ムーブメントを実感させるには充分なデータだ。なお、乗客よりも降客の方が2割程度多かったことからも、この乗降客の中には日本を去って満州へ流入していった人々が少なからず存在したことがうかがえる。

一方、中国人（これには満州在住者も含む）の乗降客数についてはこの数年の間には大きな上下動があり、一定の増加傾向になってはいないのだが、絶対数で常に日本人よりも数倍多かった。満州というと日本から出掛けていく一辺倒のイメージがあるが、ちょっと意外な実績だ。

貨物については輸入と輸出で明確に大きな差があり興味深い。1931年と1938年を比較すると、大連港を経由する輸出トン数はそれほど極端な増加は見られないものの、輸入トン数は5倍の伸び。

神戸～大連間の日満連絡船の運航予定表
【1937年6月　大阪商船】

「黒龍丸」が表紙を飾る日満連絡船の運航予定表
【1940年5月　大阪商船】

日本からの輸入に限ると7倍に増えており、これは満州の開発のために建設資材や機械類が多数輸入された結果だった。これら貨物の積み下ろしのために、大連港には1日平均1万人にもおよぶ中国人荷役作業夫（「華工」や「苦力」と称した）がひしめいていたという。

1928年までの約20年間は4隻体制で運航され、数年おきにより大型の新造船が登場して古い船を置き換えるというパターンが続いていた大連航路であるが、1929年に初めて追加配備として「うらる丸」が新造された後、1930年代に入ると先述のような社会の要請に応えるべく輸送力が飛躍的に増強された。もはや単なる一路線という位置づけを越え、日満「連絡船」と称するくらいの高頻度運航実現のために続々と船が投入されていったのである。

1932年　「うすりい丸」新造
1933年　「たこま丸」「志あとる丸」を転配
1934年　「扶桑丸」を転配
1935年　「吉林丸」「熱河丸」新造
1937年　「黒龍丸」「鴨緑丸」新造

大阪商船も日満連絡船のプロモーションに余念がなかった。たとえば1932年6月には早速『夏休には満州へ』と題されたパンフレットを発行し、『新国家の動向は直ちに響いて我々の経済生活に及んで来ます。此際我々は、徹底的に満洲国に対する認識を高めようではありませんか。（中略）然し、矢張り「百聞は一見に如かず」で、対象を現実に見極める程確実な事はありません。』と学生に対して熱く呼びかけている。変わったところでは、1935年に『日本観光指南』と題し、日満連絡船で日本への観光を勧める中国語のパンフレットまでもが発行された。

24

Limited Express Charge of "Asia"

Class	Distance		
	Up to 300 km. Dairen--Tashichiao Mukden--Tashichiao Mukden--Ssupingkai Hsinking--Ssupingkai	Up to 500 km. Dairen--Mukden Hsinking--Mukden Hsinking--Tashichiao Ssupingkai--Tashichiao	Up to 800 km. Dairen--Hsinking Dairen--Ssupingkai
I	¥ 4.00	¥ 5.00	¥ 6.00
II	¥ 2.00	¥ 3.00	¥ 4.00
III	¥ 1.00	¥ 1.50	¥ 2.00

* The Limited Express Ticket may be purchased 5 days in advence. No person over the fixed number is allowed to board, and passengers should not fail to procure ticket befor entraining.

Schedule

For Hsinking No. 11 I II III (Dining Car)	Station	For Dairen No. 12 I II III (Dining Car)
d. 9:00	Dairen	a. 18:30
a. 11:54	Tashichiao	d. 15:37
d. 11:59		a. 15:32
a. 13:47	Mukden	d. 13:43
d. 13:52		a. 13:38
a. 16:02	Ssupingkai	d. 11:30
d. 16:07		a. 11:25
a. 17:30	Hsinking	d. 10:00

特急「あじあ」号の紹介パンフレットに掲載されている時刻表・運賃表と外観写真
【1935年？　南満洲鉄道】

満鉄の誇る特急「あじあ」に連絡した黄金時代

今日、飛行機の機内誌の巻末には大抵ルートマップが掲載され、今どこを飛んでいるのかを見るのは旅の楽しみのひとつであるが、日満連絡船でもその全盛期・1938年前後にルートマップが配られていたことがある。それに基づいて神戸～大連間の旅を辿ってみよう。

――神戸を正午に出港した船は午後から夜にかけて瀬戸内海を横断し、2日目の朝に門司へ入港。正午に門司出港後は玄界灘を西進し、夕食の頃に壱岐と対馬の間を抜け、深夜の朝鮮半島南岸へと向かう。3日目の夜明けを迎えるのは朝鮮半島と済州島の間を通過した頃。ここで朝鮮半島西南部の島々を回り込むように針路を北西に変え、黄海へと入っていく。この日はひたすら黄海の海原を見ながら進む単調な一日。そして4日目の早暁、行く手には遼東半島の影がだんだんと迫ってくる。都会が動き始める午前8時に大連港の埠頭に接岸し、68時間の旅は終わる。大連埠頭には、大連駅から特急「あじあ」号に乗り継いで満州の中枢部へ向かう旅客のための連絡バスが待っていた。

「あじあ」号――その名はもはや伝説の域に達している。当時のアメリカの特急列車に倣った流線型の機関車や最後尾の密閉型の展望室、冷房の完備といった斬新な試みは、満州にかける日本の意気込みの結晶であり、世界に対して満州の先進的イメージを訴える格好の象徴となった。「あじあ」号は、1934年11月に大連～新京（長春）間で運行が開始され、その後ハルビンまで延長。戦争の激化に伴って1943年に運転休止されるまで、満鉄の看板列車として走り続けた。

話は脇道にそれるが、満鉄が大陸に君臨していた時代、満鉄の始発駅である大連を中心とした海路には、同社の肝いりで設立された「大連汽船」が航路を広げていた。大連汽船は1915年2月に設立され、それまでの民間船会社の航路や満鉄直営だった大連～青島～上海線などを受け継いで中国沿海の主要都市間や大陸と日本を結ぶ航路を拡大していった。1939年の時点で同社が運航する船舶は72隻にものぼる大陣容。大連汽船の役割には、当時外国資本が多数入っていた中国の大都市とヨーロッパ間を往来する旅客を、シベリア鉄道に接続する満鉄経由に誘致するということもあった。また、中国沿岸には徳島を発祥とする阿波国共同汽船も進出。大連～仁川線などを運航していた。

さて、1940年代に入ると日満連絡船は遂に神戸と大連の相互からほぼ毎日出港するまでに増便された。その背景はひとえに、時局の緊迫化を受けて日本と満州の間の往来の重要性が一層高まったということに尽きるが、同じ会社に所属する6

他航路からの転属船が就航した時代の予定表
【1941年4月　大阪商船】

千トンから１万トン級の船が毎月25往復もするという、当時も今も世界にほとんど類を見ないボリュームの運航を支えたのは、第二次大戦の勃発を受けて縮小や休止の憂き目をみた遠洋航路に就航していた船だった。1941年の運航予定表を見ると、日本の造船界が誇る「あるぜんちな丸」「ぶら志゛る丸」「報国丸」といった、南米やアフリカ方面に就航していた当時の最新鋭船が、悲しくも神戸～大連間のピストン運航に従事している。

太平洋戦争開戦後も日満連絡船はしばらく運航が続けられたが、運航スケジュールは機密事項として市販の時刻表から姿を消した。船は次々と軍に徴用されて航路は全盛期の勢いを失っていき、やがて40年近い歴史に幕を閉じたのである。

DAIREN-SHANGHAI LINE
VIA
TSINGTAU
T. D. S. "SAKAKI MARU."
SOUTH
MANCHURIA
RAILWAY
STEAMSHIP
SERVICE
MARCH, 1915

SCHEDULE OF 1915
From March to December.

STEAMERS	OUTWARD Leave DAIREN	Arrive TSINGTAU	Leave TSINGTAU	Arrive SHANGHAI	HOMEWARD Leave SHANGHAI	Arrive TSINGTAU	Leave TSINGTAU	Arrive DAIREN
SAKAKI MARU	Fri. noon	Sat. Fore-noon	Sat. After-noon	Mon. Fore-noon	Tues.	—	—	Thu. Fore-noon
KOBE MARU	Wed. noon	—	—	Fri. Fore-noon	Sat.	Mon.	Mon.	Tues. Fore-noon

The time of departure from Shanghai varies according to the tide.

満鉄が大連～上海航路を直営していた時の案内パンフレット
【1915年３月　南満洲鉄道】

戦前の民間航空は苦労して玄界灘を
越えたわずか12年後に日本海を制覇

東京〜大連／新京
(1929/41 年)

羽田に残る民間航空開拓のメモリアル

浜松町から羽田空港に向かうモノレールが、羽田空港の敷地に入ってしばらくすると、航空会社の格納庫や整備関係のビルが多数立ち並ぶ一角を通る。左側の窓から注意して見ていると、この建物の一角にこんもりとした木々の植え込みがあり、そこに石碑が建っているのを望むことができる。「妙高号殉職記念碑」――1940年12月20日、国産の最新鋭旅客機といわれた三菱MC-20型旅客機「妙高」号が東京湾上空で試験飛行中に千葉県姉ヶ崎沖に墜落して搭乗者全員殉職という、当時としては大きな航空事故の慰霊碑として建立されたものである。航空局の関係者など13人もの優秀な人材を失ったことは航空界にとって痛手であったが、この悲劇を乗り越えて翌年にMC-20型機は戦前日本の航空界が極めた頂点ともいえるある路線に就航を開始する。それは日本海横断東京〜新京間直航線・別名「日満空の特急便」だった。

新京は現在の中国・長春のことであるが、当時は皇帝・溥儀が君臨する満洲国の首都。緊密な連携関係にある日本と満州双方の首都をダイレクトに結ぶ――それは当時画期的な路線だった。なぜならば、そのためには旅客機が日本海という外洋を安全に横断して1600キロの全行程を無着陸で飛行できることが前提となるが、それまでの旅客機は機体の信頼性や航法の関係から長距離の海上飛行ができるだけ避けられてきたという状況だったのである。その画期的な路線が実現したのは、日本の航空会社が初めて中国大陸へ翼を伸ばしてからわずか12年後のこと。しかしそれを後押ししたのは皮肉にも戦時体制に急傾斜する時局の要請というものであった。

富士山を背に快翔する三菱MC-20型旅客機
(当時発行された絵葉書より)

服装まで説明されていた航空旅行黎明期

日本の航空旅客輸送のルーツは大正後半頃にさかのぼる。当時は、新聞会社や航空機メーカー・飛行学校などの先進的な民間資本の手によって東京〜大阪間や瀬戸内海方面に小規模な路線が運航されていたに過ぎなかった。中には大陸への路線開拓に取り組んだ会社もあったが、長距離の国際線は一民間企業が運営するには、経費や機材調達その他さまざまな困難が伴い、飛躍的な進歩はなかなか期待できない状況だったのである。

そこで政府が手を挙げた。ちょうど、当時の日本政府は航空機のもつ速達性などの利点を認識し、朝鮮半島や大陸への足がかりとしての航空路線整備を推進しようとしていた。そこで『航空輸送は政府にお任せあれ』ということで、1928年10月に国策エアライン・日本航空輸送株式会社を設立。以降、日本の航空輸送事業は事実上、この会社による一元運営となったのである。なお、社名が似ているのでしばしば間違えられることであるが、この日本航空輸送は今日のJALの前身ではなく、全く関係のない会社である。

日本航空輸送が運航した最初の路線は、東京〜大連線だった。大連は日露戦争の結果、日本が租借し、「関東州」として施政を行っていた海外領土である。大連からは南満洲鉄道（満鉄）が奉天（瀋陽）や長春に至る鉄道路線を経営しており、満鉄を通じて大陸への勢力浸透を図ろうとしていた日本にとって、その拠点・大連への定期航空路線開設は重要な意味を持っていた。同社はまず、1929年7月15日から大連線の国内区間である東京〜大阪〜福岡間で旅客輸送を開始。大連への旅客輸送一番機が飛び立ったのはそれから2ヶ月の1929年9月10日のことだった。

東京～大連間はもちろんノンストップではなく、途中5箇所も寄航して2日がかりという、今では想像もできない長大な旅だった。1930年の時刻表によると、東京出発は朝の7時半。なお、「東京」とはいうものの、当時はまだ羽田空港が無かったため立川の陸軍基地を使用していた。立川を出た便は大阪を経由して福岡へ。ここからは最短距離で玄界灘を越える洋上飛行だ。目印の無い洋上を無事に渡りきってまず上陸するのは朝鮮半島東岸の蔚山。そして朝鮮半島の脊梁山脈を越えて京城（ソウル）に午後5時30分に着いたところで一日目の行程が終わる。翌日は京城を発ち、平壌に寄港して昼前にようやく満州の玄関・大連着。なお当時、東京～大阪間の所要時間は2時間半だったから、今日の新幹線とほぼ同じ。今や80年前に空を飛ぶのと同じ時間で地上を走れるとは隔世の感である。同社が発行した案内パンフレットには『服装はそのままで結構』との記述も。航空旅行がまだ浸透していない時代だけに、いろいろと懇切丁寧な解説があって面白い。

内外に広がった日本の翼

日本航空輸送による大連線開設により、日本は大陸への航空便という新たなパイプの開拓に成功した。しかしそのスタートから間もない1931年に満州事変が勃発。鉄道が破壊されたり、そもそも交通網の未整備な地域が戦場となったが、こんな時こそ飛行機の出番だ。関東軍は、日本航空輸送に所属する旅客機と乗員を徴用し、満州での武器や弾薬・傷病兵の輸送や、時にはなんと敵軍に対する爆撃まで行ったのである。これをきっかけに、日本の国策航空路はさらに大陸内部へと拡大してゆく。満州事変の最中から、日本航空輸送は関東軍軍用定期航空事務所として中国東北部の軍事航空輸送を担当していたが、これを母体にして満洲航空が1932年9月に発足。その年の11月から民間人も搭乗可能な路線の営業が満州で始まる。日本航空輸送の便は従来通り大連までの運航だったが、これを機に朝鮮半島北部の新義州へ寄航し、満洲航空便に接続するようになる。一般旅客と郵便貨物の継送が開始され、民間航空による日満連絡が完成した。

これ以降、日本航空輸送は満州との連絡だけではなく、積極的に国内外に路線を広げていった。1935年からは福岡～那覇～台北線を開設。船で3日かかる内地と台湾の間を約7時間に短縮した。満州方面には、1937年6月から東京～福岡～京城～大連間／京城～奉天～新京間に急行便が就航し、かつては2日がかりだった日満間も、東京を朝7時に出ればその日のうちに大連や新京に到着できるようになった。そんな速達性を生かして飛んだのは人間ばかりではなかった。新京の関東軍へは、大阪の寿司や東京のそばが航空便で届けられたことがあったそうだ（ある日、飛行機間の積み替えの時にそば汁を積み忘れ、そばだけが届いたというハプニングも……）。

1937年7月に中国大陸に戦火があがると、同社の果たす役割もそれまで以上に重要なものとなる。日本航空輸送は時局の逼迫とともに、1938年に大日本航空に改組されて発展的に解消。以降、大日本航空は内地と中国大陸や南方・東南アジアを結ぶ路線の運営に力を注ぎ、アジア一円へ路線網を広げた。この頃、中国大陸方面では福岡～青島～天津～北京線／福岡～上海～南京線といった路線が開設され、いまの福岡市・雁ノ巣に開港し

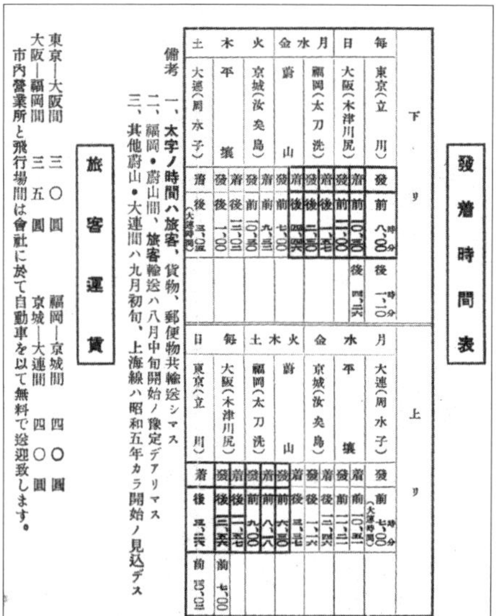
發着時間表

下リ：毎日 東京（立川）／月水金 大阪（木津川尻）・福岡（太刀洗）／火木土 蔚山・京城（汝矣島）・平壌・大連（周水子）

上リ：毎日 大連（周水子）／月水金 平壌・京城（汝矣島）・蔚山／火木土 福岡（太刀洗）・大阪（木津川尻）／日 東京（立川）

備考
一、太字ノ時間ハ旅客、貨物、郵便物共輸送シマス
二、福岡・蔚山間、旅客輸送ハ八月中旬開始ノ豫定デアリマス
三、其他蔚山・大連間ハ九月初旬、上海線ハ昭和五年カラ開始ノ見込デス

旅客運賃

東京—大阪間　三〇圓　福岡—京城間　四〇圓
大阪—福岡間　三五圓　京城—大連間　四〇圓
市内營業所と飛行場間は會社に於て自動車を以て無料で送迎致します。

東京～大連線開設時の時刻表
（1929年発行の日本航空輸送のパンフレットより）

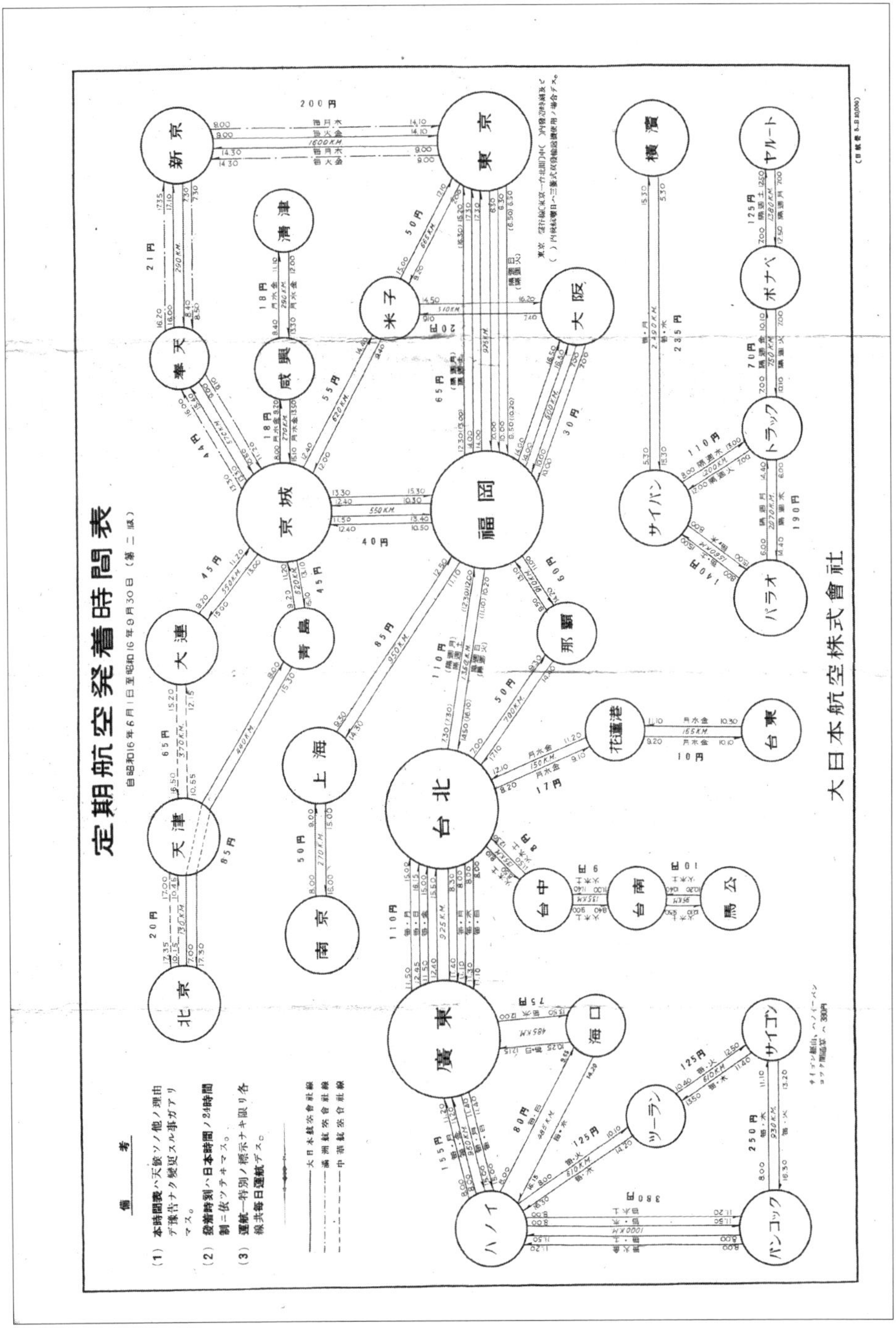

戦前最後期の定期航空発着時間表
【1941 年 6 月　大日本航空】

た福岡第一飛行場（現在は廃止）は、東京～福岡間の急行便に接続して朝鮮・満州方面／華北・華中方面／台湾方面への便に乗り継ぐ旅客で賑わい、日本で最も忙しい国際空港ともいわれた。

こうした海外路線の隆盛の一方で、国内ローカル線は不要不急のものとしてほぼ全面廃止となってしまい、日本の国内航空路線は戦後の1951年に復活するまで10年以上の暗黒時代へと突入したのであった。

日満両国の首都を結ぶ画期的な直航便が就航

戦争は時として技術の進歩をもたらすが、航空の分野は特にそうである。日中戦争で日本軍は中国大陸へ戦略爆撃を敢行し、大きな戦果を挙げた。この時に使われた陸軍の最新鋭重爆撃機を元に開発された旅客機が、冒頭で触れたMC-20型機である。これまで日本と満州を結ぶ路線は必ず朝鮮半島を経由していた。日本海を突っ切る方がより速いが日本海の真ん中でエンジンが不調になっても最寄りに着陸できそうな場所は無いし、そもそも、迷うこと無く広い日本海を飛び越えられるかという航法上の問題があったからである。しかし、日本軍は大陸で長距離爆撃行を成功させており、すでに機は熟していた。その技術を生かして日満の首都をいかに速く結ぶかということが時代の要請。ここに当時の日本の航空路線としては画期的な、陸上機による長距離洋上飛行を伴う東京～新京直航便が、高速旅客機・MC-20によって開拓されたのである。太平洋戦争開戦の年、1941年4月1日のことであった。

東京を9時に飛び立った機は中部日本を縦断して能登半島へと至る。そこからが全コースの半分を占める正念場の日本海横断。日本海沿岸の無線設備を活用して現在位置を確認しながら2時間半程度でまっすぐ日本海を飛び切る。朝鮮半島北部の清津で上陸し、そこから鮮満国境の長白山脈を越えて新京へ。新京到着は羽田離陸から5時間半後の14時半だった。この路線の特徴は、大日本航空と満洲航空がそれぞれ週2便ずつ担当した相互乗り入れ形式だったこと。満洲航空の東京乗り入れは、戦前、日本本土に外国航空会社が定期乗り入れを行った唯一の例となったのである（満洲国は日本の傀儡政権という見方があるため、満洲航空を純粋に外国の航空会社と見なすかは議論が分かれところであるが……)。

ところが残念なことに、開航からまもない6月21日、危惧されていた事故が発生した。新京発東京行き満洲航空MC-20型機が、日本海の上空で消息を絶ったのである。当時の関係者は「妙高」号の悲劇を思い出したに違いない。しかし必死の捜索も空しく機体も遺体も発見されず、やがて失踪宣告が下された。16名の搭乗者はどこへ消えてしまったのだろうか？

不思議な満洲航空機行方不明事件から半年後、日本は太平洋戦争へと突入。民間航空は軍に徴用され、その活動を大幅に縮小した。しかしながら、民間航空がまったく姿を消したわけではなく、満州や中国といった外地では航空連絡の必要性はむしろ従来以上に高まった。実際、1943年7月に東亜旅行社（現：JTB）が発行した「満洲支那汽車時間表」の巻末には、満州・中国関係の航空便時刻が3ページにわたって掲載されているが、その中には日本海横断東京～新京間直航便の姿も見える。戦争の激化によって航空路が次々と廃止に追い込まれる中、「日満空の特急便」は最重要航路として終戦まで残ったという。しかし、終戦とともに満洲国は崩壊。中国は共産化し、日本との国交が回復するまでは「近くて遠い国」となる。

終戦から40年以上を経た1987年4月16日、大連の空港に全日空機が降り立った。この日からANAの成田～大連～北京線が開航。1929年には日本航空輸送の旅客機で2日間かかった東京～大連間がたった3時間半で結ばれたのである。それ以来、日本と中国東北部を結ぶ定期航空路線が次々と開設されていった。2004年3月28日には中国南方航空が長春～成田間に就航。かつて軍国主義時代の日本と満州によって国策的意義で開拓された日本海横断空路は、日中の往来を促進する友好の架け橋として約60年ぶりに装いも新たに甦ったのであった。

『日本海は我らが湖水』！？

大陸へ一直線「日本海航路」

敦賀／新潟～清津・羅津
(1933/41 年)

朝鮮半島北部の鉄道整備とともに成長

北朝鮮の元山と新潟を結ぶ貨客船「万景峰92」が、北朝鮮のミサイル実験実施に対する制裁として日本への入港禁止措置を受けたというニュースは記憶に新しい。現代の我々にとって日本海横断日朝間航路というのは、自由に乗ることができないだけになじみの薄いルートであるが、過去にはこの航路が大陸へのサブルートとして脚光を浴びていた時代があった。それは1930年代のこと。それまで日本と大陸、特に中国東北部を結ぶルートとして伝統的なものは、神戸～大連間の大阪商船の日満連絡航路から南満洲鉄道（満鉄）に乗り継ぐか、関釜連絡船で釜山へ渡って朝鮮半島を鉄道で北上するものだった。しかし、1931年の満洲事変後、朝鮮半島北部の鉄道や港湾の整備が急速に進んだことで、日本海を横断するルートがクローズアップされたのである。

朝鮮～満州間の連絡工事は国策だけに、旧ピッチで進められた。国境には、豆満江（図們江）という川が流れているが、この川を挟んで満州側の図們と朝鮮側の南陽の間には国際鉄橋が架けられた。ここから先の鉄道も、それまでの軽便鉄道から、本格的な本線仕様にバージョンアップされ、満州事変から2年後の1933年に朝鮮～満州間の鉄道の連結が完成。そして満洲国首都・新京（長春）に向けて直通列車の運行が開始されたのである。その後、1935年には、満鉄の手による羅津港の整備が完了し、日本本土から日本海を渡って朝鮮半島北部へ、そしてその先の満州の心臓部への速達ルートが完成したのであった。

この「日満間の近道」を担った船会社の最大手は、北日本汽船という会社だった。同社は、以前から敦賀と朝鮮半島北部を結ぶ日本海横断航路を経営してきたが、このルートが脚光を浴びると敦賀～清津～羅津～雄基間の「新日満連絡航路」として大々的に宣伝を開始。当時発行された案内パンフレットの内部には日本海を中心とした航路地図が掲載され、『日本海を我等の湖水に致しませう』といった大胆な宣伝文句まで書かれていた。

先に触れたように、満鉄の手で羅津港の開発工事が完了し、朝鮮半島北部の窓口が雄基から羅津に変わると、北日本汽船は新たに新潟～清津～羅津間の新潟北鮮線を開設した。このために同社は日本海汽船という会社を1935年4月に分離設立。

新日満連絡航路案内
【1933年5月　北日本汽船】

なお、この日本海汽船はわずか4年後の1939年に、母体である北日本汽船に吸収されるという目まぐるしい変遷を辿る。その頃満鉄が発行した『羅津港船車連絡案内』というチラシには、鉄道と日本海航路との乗り継ぎ案内が書かれている。それによると、午後5時に羅津を出港する新潟航路の船には、羅津駅発3時50分の埠頭行き連絡列車が運行されていた。羅津駅までの所要時間は10分。なお、この連絡列車は逆方向、すなわち羅津に入港する船に対しても運転されていた。

日中戦争が始まり、さらに「大陸へ！大陸へ！」という機運が高まると、北日本汽船は新造船を投入して日本海航路の充実を図った。1939年には新造船「月山丸」「気比丸」の姉妹船が揃って大幅に便数が増大し、航路は充実の時を迎える。他に同社は、「さいべりや丸」(「さいべりや」とは「シ

日本海を我等の湖水に致しませう

日満連絡の新しき近路

敦賀北鮮直航々路案内

(昭和八年五月)

吉會線愈開通

明治三十七八年戰役の直後より多年朝野の懸案たりし、所謂吉會鐵道は昭和八年四月二十日を以て、敦化・灰幕洞(圖們と改稱)間(所謂敦圖線の北廻線)の貫通を見、朝鮮鐵道圖們東部線南陽驛に於て之と接續し、玆に滿洲國の首府新京と雄基間の「レール」は、芽出度全通を見るに至りました。實に長夜の夢より醒めたるが如き感が致しますと共に、此鐵道こそ眞に世界交通史上に一大記錄を殘すものにして、日滿間の交通に最も近路をなす新しき幹線をなし、兩國の關係を益親善密接ならしめ實に劃期的影響を齎すに至るものと慶びに堪へない次第であります。

敦圖線の南廻線は天圖輕便鐵道を廣軌に改築して上三峯、會寧を經て清津に出る線路でありますが、是れは八年末迄には開通の旨仄聞して居ます。而して雄基よりは羅津に「レール」が延長され其築港の竣成と共に同港を一大吞吐港たらしむる計畫であります。

日滿間の新しき近路

敦賀——北鮮直航線

右は昭和三年一月弊社に於て創設しました。甚だ烏許がましき次第ながら、吉會線全通の際に備へるため一大決心の許に始め、過去五ケ年間實に苦心惨憺致しましたが幸ひに當局に於ても御認めを戴き、本年度より遞信省の補助航路として拜命するに至りました。此機會に一層奮勵努力致します。御鞭撻御引立を願ひます。

—1—

本航路は敦賀港を起點とし清津、羅津、雄基との間を急行航海するものでありまして、雄基なり清津なり追ては羅津に於て吉會鐵道に接續し、京阪神、名古屋、京濱等の本邦中樞部は固より北陸、東北、北海道樺太乃至山陰、山陽方面と、滿洲國殊に東滿洲並に北滿洲各地に對し最捷路を形成致します。未踏の地方御視察に、將た日滿間の新しき取引御開拓に、本航路御利用を切に切に御願申上げます。

新京、大阪間の距離を比較しますと左の如く本航路經由は最も近路となります。

一、新京—吉林—敦化—雄基—敦賀—大阪　一、七二五キロ
一、新京—吉林—敦化—清津—敦賀—大阪　一、六八九キロ
一、新京—奉天—安東—釜山—下關—大阪　二、三一九キロ
一、新京—奉天—大連—下關—大阪　二、四〇四キロ
一、新京—吉林—會寧—京城—釜山—大阪　二、六六五キロ

今後の滿洲御視察につき、往路又は復路を吉會線並に本航路に求めらるゝことは時間の點、經費の點、未踏の地方の風光を賞し得らるる點など一石三鳥の御得があるものと信じます。

敦賀北鮮直航線

寄港地及發着定期

往航	敦賀	發	后二、〇〇	一日	十一日	廿一日
	清津	着發	〃前一一、〇〇 一七、〇〇	三日	十三日	廿三日
	羅津	着發	〃后二二、三〇 四、〇〇	三日	十三日	廿三日
	雄基	着	〃六、〇〇	三日	十三日	廿三日
復航	雄基	發	前九、〇〇	六日	十六日	廿六日
	清津	着發	〃后一一、三〇 七、〇〇	六日	十六日	廿六日
	敦賀	着	前一一、〇〇	八日	十八日	廿八日

使用船　滿洲丸

總噸數　三、〇五〇噸

最强速力　十六海里

旅客定員　(一等)一九名　(二等)四二名　(三等)三四一名

外に特別室一室あり(定員二名)

(備考)　別項記載の通り本船の外天草丸が毎月三回一の日に雄基及清津より敦賀へ直航しますので復航は毎月一、六の日發六回の出帆となります。併て御利用願ます。

—2—

前ページのパンフレットの内部
同社が運航した代表的な航路である敦賀〜清津〜羅津〜雄基線の案内が掲載されている

ベリア」がなまったもの）や「満洲丸」といった船を運航し、それらの名前はかつて朝鮮半島北部に住んでいた人など、往時を知る方にとっては懐かしい記憶だろう。ちなみに「満洲丸」の前身は、鉄道省の関釜連絡船「高麗丸」。場所は違えども、大陸連絡を使命とした生涯だった。

当時、この航路に就航していた船会社をもうひとつ紹介しよう。それは嶋谷汽船。同社は、北海道から本州日本海岸を経て京城（ソウル）に近い仁川へ至る航路や、新潟から朝鮮半島北部を結ぶ航路を運航していた。1933年には大連で「満洲大博覧会」が開催されたが、従来は元山などに寄港しながら朝鮮半島北部へ向かっていた同社は、5月から新潟～雄基～清津の直航線を開設してスピードアップを図り、「満州の時代」に応えた。

全盛期は大事件とともに終わりを告げた

こうしていくつかの船会社が華やかな競争を繰り広げていた1930年代末期、戦争の足音は着実に近づいてきていた。もともと日本海航路は、シベリア鉄道に接続してアジアと欧州を結ぶ欧亜連絡ルートの一部としての役割も重要視されており、敦賀からの出港日には、東京からの直通寝台車が敦賀港の桟橋まで直行し、欧州への旅行者を運んでいたことは巻頭で触れたとおりである。しかし、アジアに戦雲がたちこめ、欧州で大戦が勃発するに及んで、欧亜連絡という華やかな役割はもはや終わりを告げた。日本と大陸とのパイプという役割だけをいかに強化するかということが時代の要請となったのである。交通の分野にも国家が強力に介入するようになると、日本海航路は真っ先にその対象となった。1939年、北日本汽船・朝鮮郵船・大連汽船の三社出資による、日本海航路の一元管理を目的とした新会社が発足。その名は日本海汽船だった。4年前に北日本汽船から分離設立された会社と同じ名前であるが、別の会社であり、なかなかややこしい話だ。新会社設立のメリットは、全体として統制のとれた運航計画の実施や、増便ということであった。参画した各社は自社船舶を現物出資したため、新潟関係の航路を例に取ると、元・北日本汽船の月山丸や満洲丸等のほか、大連汽船の貨客船であった「河北丸」といった船も加わり、それまでは4日おきの就航であったのが、隔日1便の割で就航するようになった。

そして迎えた開戦の年・1941年のこと、日本海航路に悲劇の事件が起きる。日本海にすでに冬が訪れようとしていた11月5日深夜、清津から敦賀に向かっていた気比丸は、突然、爆発音とともに衝撃に見舞われた。船体の破口からは日本海の冷たい海水がどんどん船内に押し寄せ、間もなくその流麗な姿は海中に沈んだのである。350人あまりの乗客のうち、100人を超える人々が犠牲となった気比丸遭難の原因は、浮遊機雷に触れたことだった。この浮遊機雷は、ドイツ潜水艦を警

日本海汽船と日本・満州の鉄道の乗継時刻表
【1941年5月　日本海汽船】

戒してソ連極東の港に設置されたもの（当時、ドイツとソ連は交戦中だった）が流れ出たといわれている。しかし、すでに日本も国際的に厳しい状況に置かれていた時代だけに、日本に対して「未必の故意」があったのでは？という説もある。真相はいかに。

気比丸遭難の一ヵ月後、日本は太平洋戦争に突入。就航していた船舶は軍に徴用され、日本海航路は終焉を迎えた。徴用された船の多くは戦時中に撃沈されて失われたが、1941年に就航したばかりの「白山丸」は辛くも生き残り、沖縄航路や外地からの引き揚げにも活躍して1965年まで生き続けた。

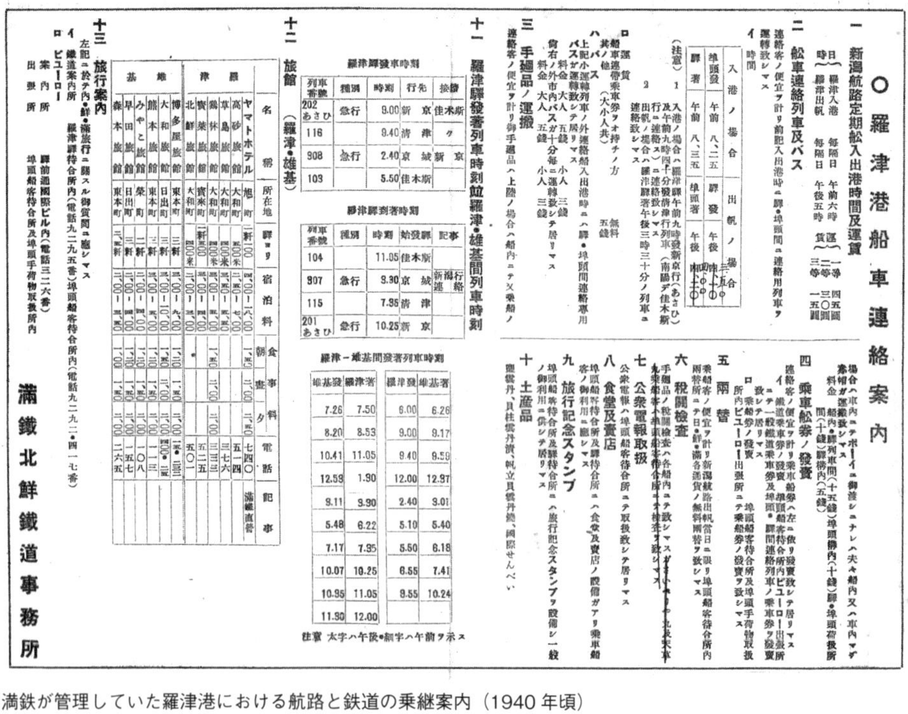

〇羅津港船車連絡案内

一 新潟航路定期船入出港時間及運賃

日時 羅津入港 毎隔日 午前六時
羅津出帆 毎隔日 午後五時
運賃 一等 四五圓
二等 三〇圓
三等 一五圓

二 船車連絡列車及バス

連絡客ノ便宜ヲ計リ前記入出港時ニ驛・埠頭間ニ連絡用列車ヲ運轉致シマス

イ 時間

入港ノ場合		出帆ノ場合	
埠頭發	午前 八、二五	驛發	午後 [illegible]
驛著	午前 八、三五	埠頭著	午後 [illegible]

（注意）1 入港ノ場合ハ羅津驛午前九時發新京行(あさひ)及午前九時四十分發清津行列車(南陽デ佳木斯行ニ連絡ス)ニ連絡致シマス
2 出帆ノ場合ハ羅津驛著午後三時三十分ノ列車ニ連絡致シマス

ロ 運賃 船車連帶乘車券ヲオ持チノ方 無料
其ノ他(大小人共) 五錢

ハ バス 上記小運轉列車ノ外連絡船入出港時ニハ驛・埠頭間連絡專用バスガ運轉致シテ居リマス
料金 大人 五錢 小人 三錢
尚右ノ外市内バスガ十分毎ニ運轉致シテ居リマス
料金 大人 五錢 小人 三錢

三 手廻品ノ運搬

連絡客ノ便宜ヲ計リ御手廻品ハ上陸ノ場合ハ船内ニテ又乘船ノ場合ハ車内ニテボーイニ御渡シニナレバ夫々船内又ハ車内マデ赤帽ガ運搬致シマス
料金 船内・驛列車間(十五錢)埠頭構内(十錢)驛・埠頭荷扱所間(十錢)驛構内(五錢)

四 乘車船券ノ發賣

連絡客ノ便宜ヲ計リ乘車船券ハ左ニ依リ發賣致シテ居リマス
イ 鐵道乘車券ノ發賣 埠頭船客待合所内ビユーロー出張所ニテ一般鐵道乘車券及埠頭・驛間連絡列車ノ乘車券ヲ發賣致シテ居リマス
ロ 乘船券ノ發賣 埠頭船客待合所及埠頭手荷物取扱所内ビユーロー出張所ニテ乘船券ノ發賣ヲ致シマス

五 兩替

乘船客ノ便宜ヲ計リ新潟航路出帆當日ニ限リ埠頭船客待合所内兩替所ニテ日・鮮・滿各通貨ノ無料兩替ヲ致シマス

六 税關檢査

手廻品ノ税關檢査ハ各船内ニテ致シマス
~~乘船客ハ埠頭船客待合所ニテ檢査ヲ致シマス~~

七 公衆電報取扱

公衆電報ハ埠頭船客待合所ニテ取扱致シテ居リマス

八 食堂及賣店

埠頭船客待合所及驛待合所ニハ食堂及賣店ノ設備ガアリ乘車船客ノ御利用ニ應ジマス

九 旅行記念スタンプ

埠頭船客待合所及驛待合所ニハ旅行記念スタンプヲ設備シ一般ノ御利用ニ供シテ居リマス

十 土産品

鹽雲丹、貝柱雲丹漬、帆立貝雲丹燒、國際せんべい

十一 羅津驛發著列車時刻竝羅津・雄基間列車時刻

羅津驛發車時刻

列車番號	種別	時刻	行先	接續
202 あさひ	急行	9.00	新京	佳木斯
116		9.40	清津	〃
908	急行	2.40	京城	新京
103		5.50	佳木斯	

羅津驛到著時刻

列車番號	種別	時刻	始發驛	記事
104		11.05	佳木斯	
907	急行	9.30	京城	新潟行連絡
115		7.35	清津	
201 あさひ	急行	10.25	新京	

羅津－雄基間發著列車時刻

雄基發	羅津著	羅津發	雄基著
7.26	7.50	6.00	6.26
8.20	8.53	9.00	9.17
10.41	11.05	9.40	9.59
12.59	1.30	12.00	12.37
3.11	3.30	2.40	3.01
5.48	6.22	5.10	5.40
7.17	7.35	5.50	6.18
10.07	10.25	6.55	7.41
10.35	11.05	9.55	10.24
11.30	12.00		

注意 太字ハ午後・細字ハ午前ヲ示ス

十二 旅館（羅津・雄基）

	名稱	所在地	驛ヨリ	宿泊料	食事料 朝	食事料 晝	食事料 夕	電話	記事
羅津	ヤマトホテル	旭町	一粁二〇〇	四、〇〇—一八、〇〇	一、五〇	二、〇〇	二、五〇	七四〇	滿鐵直營
羅津	高砂旅館	大和町	五〇〇米	二、五〇—七、〇〇				五一四	
羅津	草島旅館	大和町	四〇〇米	三、五〇—五、五〇				三七六	
羅津	鶴林旅館	大和町	四〇〇米	三、〇〇—五、〇〇	一、五〇	二、〇〇	二、〇〇	三三三	
羅津	寶莱旅館	寶來町	一粁五〇〇	三、〇〇—四、〇〇				五二五	
羅津	北鮮旅館	大和町	四〇〇米	二、〇〇—三、〇〇	●			五〇一	
雄基	博多屋旅館	東本町	三粁	三、〇〇—九、〇〇	一、三〇	一、五〇	二、〇〇	一五●一三三	
雄基	大和旅館	日出町	三粁	三、〇〇—一〇、〇〇	一、五〇	二、〇〇	二、〇〇	四〇〇●一三四	
雄基	熊本旅館	東本町	三粁	三、〇〇—五、〇〇	一、三〇	一、五〇	二、〇〇	一一三	
雄基	みやこ旅館	榮町	二粁	二、〇〇—四、〇〇	一、三〇	一、五〇	二、〇〇	一〇八	
雄基	早田旅館	日出町	三粁	三、〇〇—四、〇〇	一、三〇	一、五〇	二、〇〇	一五七	
雄基	森本旅館	東本町	二、五粁	三、〇〇—三、五〇	一、〇〇	一、五〇	二、〇〇	二六五	

十三 旅行案内

左記ニ於テ内・鮮・滿旅行ニ關スル御質問ニ應ジマス

イ 鐵道案内所 羅津驛待合所内(電話九二九五番)埠頭船客待合所内(電話九二九二・四一七番)

ロ ビユーロー
案内所 驛前通國際ビル内(電話三二六番)
出張所 埠頭船客待合所及埠頭手荷物取扱所内

滿鐵北鮮鐵道事務所

満鉄が管理していた羅津港における航路と鉄道の乗継案内（1940年頃）
埠頭と駅の間には航路に接続する臨時列車やバスが運転されていたことが記載されている

ハルビン〜黒河
（1938/40 年）

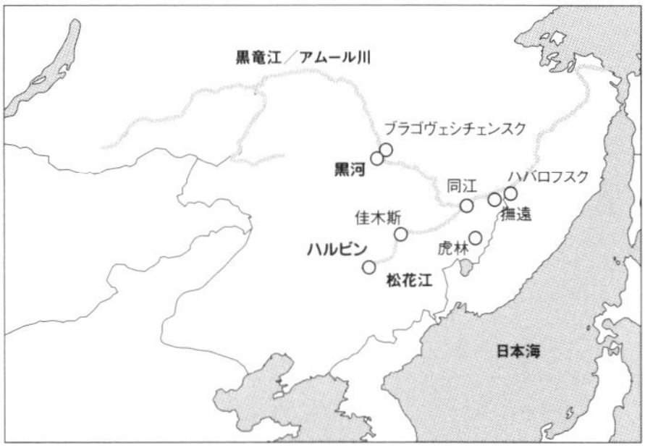

詩人は指呼の間にある対岸に向かって叫ぶ

雪の国境は僕のまへに
結氷した黒龍江を置いた
蘇聯邦は白い鐘を鳴らし
流氷を月光でかがろうとしてゐる。

これは、詩人・佐藤惣之助（1890 〜 1942）が北満州で詠んだ詩『黒河にて』の書き出しである。作者が立っているのは満州の中でも最北部に位置し、黒龍江（アムール川）を隔ててソ連と対峙する国境の町・黒河。佐藤は続ける。

親愛なるブラゴウエシチエンスク市よ
娘よ、小児よ、僕は叫んだ
新しい雪の挨拶を贈らう
そして輝く月をも添えてあげやう。

アムール川を挟んで黒河の対岸がソ連のブラゴヴェシチェンスク市（詩の中ではブラゴウエシチエンスク市）である。このあたりでアムール川は川幅約 800 メートル。川岸に立つと、対岸を往来する人々や、ソ連の兵営のラッパが風に乗って満州側にまで聞こえてきたという。しかしこの地域はロシアと清国、そして時代が下るとソ連と満州／中国が踵を接する緊張地帯であるだけにいつも友好的な状態というわけではなく、経済的にも大きな浮沈を経験してきた。たとえば 20 世紀初頭、ロシアと清国の間に北清事変が発生するとこの地域は戦いの最前線となったが、紛争が一段落した後の 1914 年、第一次大戦のときにはヨーロッパからシベリアへの物資輸送が滞ったため、代わりに中国とソ連との間の国境貿易でこの地域は空前の繁栄をみせたという。

ところで、北満州の奥地には当時まだ鉄道などの陸上交通が発達していなかったため、20 世紀初頭のこうした交易を支えたのは、黒龍江や松花江を中心とした河川交通だった。この地方の水運経営の主体は、20 世紀のはじめに東清鉄道が完成した直後はロシアの手に握られていたが、その後ロシアは駆逐されて中国の手に移るという変遷を辿っている。

40 隻もの客船が北満州の河川を往来

1930 年代になると新たな緊張の火種がくすぶり始めた。日本は中国大陸へ触手を伸ばし始め、1931 年に満州事変が勃発。翌年には中国東北部に満洲国が成立した。満州の交通インフラといえば代表的なものは南満洲鉄道（満鉄）である。満鉄は大連から新京（長春）に至る自社の幹線のみならず、満洲国有鉄道や港湾・河川交通についても満洲国から委託を受けて経営を行った。しかし、水運の場合は鉄道と違って既存の民間企業も多数存在したため、すぐに全てを国有化して満鉄に委ねることは不可能であった。そこで、近い将来の国営化を視野に入れて官民問わず北満州の水運を統合的に経営する目的で、まずは 1933 年に「哈爾濱航業連合局」という企業集団が形成されたのである。哈爾濱航業連合局は北満州一帯の主要河川に客船を運航。鉄道が未発達の地域の都市間交通には無くてはならない存在となった。1936 年 8 月の『満州朝鮮内地中国　汽車時間表』（ジャパン・ツーリスト・ビューロー）によると、そのおもな運航路線には以下のようなものがあった。

九月分客船運航豫定時刻表

滿鐵・北滿江運局

哈爾濱―佳木斯間定期急行客船

哈爾濱出帆日	1 6 11 16 21 26	3 8 13 18 23 28	5 10 15 20 25 30
佳木斯出帆日	2 7 12 17 22 27	4 9 14 19 24 29	1 6 11 16 21 26
就航船名	慶 澗 丸	哈 爾 濱 丸	紀 賢 丸

往航

寄港地	哈爾濱	木蘭	通河	方正	三姓	竹簾	大賚崗	湯原	蓮江口	佳木斯
時刻	發 一〇・〇〇	着 一八・三〇 發 一九・一〇	着 二一・三〇 發 二二・一〇	着 二四・〇〇 發 〇・三〇	着 五・三〇 發 六・一〇	着 八・三〇 發 八・四五	着 九・一〇 發 九・二〇	着 一〇・一〇 發 一〇・三〇	着 一三・一〇 發 一三・三〇	着 一五・〇〇
	第一日	〃	〃	〃 第二日	〃	〃	〃	〃	〃	〃

復航

寄港地	佳木斯	蓮江口	湯原	大賚崗	竹簾	三姓	方正	通河	木蘭	哈爾濱
時刻	發 一九・〇〇	着 一九・三〇 發 二〇・〇〇	着 〇・四〇 發 一・〇〇	着 二・〇〇 發 二・一〇	着 三・二〇 發 三・四〇	着 七・三〇 發 七・四〇	着 一四・三〇 發 一五・一〇	着 一六・四〇 發 一七・一〇	着 二二・三〇 發 二三・〇〇	發 三・四〇
	第一日	〃	第二日	〃	〃	〃	〃	〃	〃	第三日

哈爾濱―富錦間定期客船

哈爾濱出帆日	1 9 17 25	2 10 18 26	3 11 19 27	4 12 20 28	5 13 21 29	6 14 22 30	7 15 23	8 16 24
富錦出帆日	4 12 20 28	5 13 21 29	6 14 22 30	7 15 23	8 16 24	1 9 17 25	2 10 18 26	3 11 19 27
就航船名	天 泰 丸	濱 安 丸	亞 州 丸	南 京 丸	綏 成 丸	天 安 丸	濾 濱 丸	德 允 丸

註 寄港地ハ下記ノ外次ノ各地ニ寄港致シマス
石頭河、柳樹河、擺渡河、南天門、二道河子、綏濱

往航

寄港地	哈爾濱	巴彦	烏河	新甸	木蘭	濃濃河	通河	方正	小勒綏密	沙河子	三姓	舒樂鎮	宏克力	竹簾	大賚崗	湯原	蓮江口	佳木斯	樺川	新城鎮	富錦
時刻	發 一四・〇〇	着 [illegible] 發 [illegible]	着 [illegible] 發 [illegible]	着 [illegible] 發 [illegible]	着 [illegible] 發 [illegible]	着 [illegible] 發 [illegible]	着 [illegible] 發 [illegible]	着 [illegible] 發 [illegible]	着 [illegible] 發 [illegible]	着 [illegible] 發 [illegible]	着 [illegible] 發 [illegible]	着 [illegible] 發 [illegible]	着 [illegible] 發 [illegible]	着 [illegible] 發 [illegible]	着 [illegible] 發 [illegible]	着 [illegible] 發 [illegible]	着 [illegible] 發 [illegible]	着 [illegible] 發 [illegible]	着 [illegible] 發 [illegible]	着 [illegible] 發 [illegible]	着 一八・三〇
	第一日	〃	〃	第二日	〃	〃	〃	〃	〃	〃	〃	〃	〃	〃	第二日 第三日	〃	〃	〃	〃	〃	〃

復航

寄港地	富錦	新城鎮	樺川	佳木斯	蓮江口	湯原	大賚崗	竹簾	宏克力	舒樂鎮	三姓	沙河子	小勒綏密	方正	通河	濃濃河	木蘭	新甸	烏河	巴彦	哈爾濱
時刻	發 二・〇〇	着 [illegible] 發 [illegible]	着 [illegible] 發 [illegible]	着 [illegible] 發 [illegible]	着 [illegible] 發 [illegible]	着 [illegible] 發 [illegible]	着 [illegible] 發 [illegible]	着 [illegible] 發 [illegible]	着 [illegible] 發 [illegible]	着 [illegible] 發 [illegible]	着 [illegible] 發 [illegible]	着 [illegible] 發 [illegible]	着 [illegible] 發 [illegible]	着 [illegible] 發 [illegible]	着 [illegible] 發 [illegible]	着 [illegible] 發 [illegible]	着 [illegible] 發 [illegible]	着 [illegible] 發 [illegible]	着 [illegible] 發 [illegible]	着 [illegible] 發 [illegible]	着 一九・三〇
	第一日	〃	第二日	〃	〃	〃	〃	〃	〃	〃	第三日	〃	〃	〃	〃	〃	第三日 第四日	〃	〃	〃	〃

佳木斯―黑河間定期客船

佳木斯出帆日	2 14 25
黑河出帆日	8 20
就航船名	上 海 丸

註 寄港地ハ下記ノ外ニ次ノ各地ニ寄港致シマス
綏濱、興東、常家屯、上道幹、車陸、璦琿

往航

寄港地	佳木斯	樺川	新城鎮	富錦	同江	蘿北	大平溝	佛山	烏雲	奇克特	黑河
時刻	發 一六・〇〇	着 [illegible] 發 [illegible]	着 [illegible] 發 [illegible]	着 一〇・〇〇 發 [illegible]	着 [illegible] 發 [illegible]	着 [illegible] 發 [illegible]	着 [illegible] 發 [illegible]	着 [illegible] 發 [illegible]	着 [illegible] 發 [illegible]	着 [illegible] 發 [illegible]	着 [illegible]
	第一日	〃	〃	第二日	〃	第三日	〃	第四日	第五日	第六日	〃

復航

寄港地	黑河	奇克特	烏雲	佛山	大平溝	蘿北	同江	富錦	新城鎮	樺川	佳木斯
時刻	發 一〇・〇〇	着 [illegible] 發 [illegible]	着 [illegible] 發 [illegible]	着 [illegible] 發 [illegible]	着 [illegible] 發 [illegible]	着 [illegible] 發 [illegible]	着 [illegible] 發 [illegible]	着 [illegible] 發 [illegible]	着 [illegible] 發 [illegible]	着 [illegible] 發 [illegible]	着 四・〇〇
	第一日	〃	第二日	〃	〃 第三日	〃	〃	〃 第四日	〃	〃	第五日

哈爾濱―扶餘―大賚間定期客貨船

哈爾濱出帆日	5 15 25	10 20 30
大賚出帆日	10 20 30	5 15 25
就航船名	江 安 丸	江 順 丸

往航

寄港地	哈爾濱	長春嶺	肇源	三岔河	扶餘	三岔河	大賚
時刻	發 一五・〇〇	着 一五・〇〇	着 一八・〇〇	着 一六・〇〇	着 三・〇〇	着 一五・〇〇	着 三・〇〇
	第一日	第三日	〃	第四日	〃	第五日	〃

復航

寄港地	大賚	三岔河	肇源	長春嶺	哈爾濱
時刻	發 八・〇〇	着 一一・〇〇	着 二一・〇〇	着 一六・〇〇	着 八・〇〇
	第一日	〃	第二日	〃	第三日

佳木斯―虎頭間定期客船

佳木斯出帆日	4 14 24	9 19 29
虎頭出帆日	8 18 28	3 13 23
就航船名	三 江 丸	新 京 丸

註 寄港地ハ下記ノ外次ノ各地ニ寄港致シマス
樺川、新城鎮、滿道、四排

往航

寄港地	佳木斯	綏濱	富錦	同江	撫遠	抓吉鎮	海青鎮	國富鎮	東安鎮	饒河	虎頭
時刻	發 一七・〇〇	着 [illegible] 發 [illegible]	着 [illegible] 發 [illegible]	着 [illegible] 發 [illegible]	着 [illegible] 發 [illegible]	着 [illegible] 發 [illegible]	着 [illegible] 發 [illegible]	着 [illegible] 發 [illegible]	着 [illegible] 發 [illegible]	着 [illegible] 發 [illegible]	着 [illegible]
	第一日	第二日	〃	〃	第三日	〃	〃	〃	第四日	〃	第五日

復航

寄港地	虎頭	饒河	東安鎮	國富鎮	海青鎮	抓吉鎮	撫遠	同江	富錦	綏濱	佳木斯
時刻	發 一八・〇〇	着 [illegible] 發 [illegible]	着 [illegible] 發 [illegible]	着 [illegible] 發 [illegible]	着 [illegible] 發 [illegible]	着 [illegible] 發 [illegible]	着 [illegible] 發 [illegible]	着 [illegible] 發 [illegible]	着 [illegible] 發 [illegible]	着 [illegible] 發 [illegible]	着 一七・三〇
	第一日	第二日	〃	〃	〃	第三日	〃	第四日	〃	〃	第五日

黑河―金山鎮間定期客船

黑河出帆日	3 7 11 15 19 24 28
金山鎮出帆日	5 9 13 17 21 26 30
就航船名	同 昌 丸

往航

寄港地	黑河	張地營子	三道卡	湖通鎮	呼瑪	金山鎮
時刻	發 一三・〇〇	着 一九・〇〇	着 八・〇〇	着 一四・〇〇	着 六・〇〇	着 一〇・三〇
	第一日	〃	第二日	〃	第三日	〃

復航

寄港地	金山鎮	呼瑪	湖通鎮	三道卡	張地營子	黑河
時刻	發 一六・三〇	着 一八・三〇	着 二〇・三〇	着 二・〇〇	着 一一・三〇	着 一四・〇〇
	第一日	〃	〃	第二日	〃	〃

黑河―漠河間定期客船

黑河出帆日	1 13 25	4 16 28	6 18 30	8 20	11 23
漠河出帆日	8 20	11 23	1 13 25	3 15 27	6 18 30
就航船名	永 安 丸	紹 興 丸	西 京 丸	午 城 丸	北 海 丸

註 寄港地ハ下記ノ外次ノ各地ニ寄港致シマス
張家地營

往航

寄港地	黑河	三道卡	湖通鎮	呼瑪	金山鎮	鷗浦	桂花站	馬林站	阿爾穆站	漠河
時刻	發 一一・〇〇	着 六・〇〇	着 一二・〇〇	着 四・〇〇	着 八・三〇	着 一五・〇〇	着 一九・〇〇	着 八・〇〇	着 一四・〇〇	着 一六・〇〇
	第一日	第二日	〃	第三日	〃	第四日	〃	第六日	〃	第七日

復航

寄港地	漠河	阿爾穆站	馬林站	桂花站	鷗浦	金山鎮	呼瑪	湖通鎮	三道卡	黑河
時刻	發 一五・〇〇	着 六・〇〇	着 八・〇〇	着 一六・三〇	着 一八・〇〇	着 二・三〇	着 一五・三〇	着 一七・三〇	着 二一・〇〇	着 九・〇〇
	第一日	第二日	〃	〃	〃	第三日	〃	〃	〃	第四日

黑河―奇克特間定期客船

黑河出帆日	1 4 7 11 14 17 20 23 26 30
奇克特出帆日	2 6 8 12 15 18 21 24 27
就航船名	先 裕 丸

註 寄港地ハ下記ノ外次ノ各地ニ寄港致シマス
四季屯、紅毛鶏、喀巴光子

往航

寄港地	黑河	卡倫山	璦琿	大家五子	下馬廠	乾岔子	奇克特
時刻	發 九・〇〇	着 一〇・三〇	着 一一・三〇	着 一三・三〇	着 一五・三〇	着 一八・三〇	着 二〇・〇〇
	第一日	〃	〃	〃	〃	〃	〃

復航

寄港地	奇克特	乾岔子	下馬廠	大家五子	璦琿	卡倫山	黑河
時刻	發 九・〇〇	着 一二・〇〇	着 一三・三〇	着 [illegible] 發 [illegible]	着 六・一〇	着 八・三〇	着 一三・〇〇
	第一日	〃	〃	〃 第二日	〃	〃	〃

漠河―奇乾河間定期客貨船

漠河出帆日	1 6 11 17 22 27
奇乾河出帆日	4 9 14 20 25 30
就航船名	名 山 丸

註 寄港地ハ下記ノ外次ノ各地ニ寄港致シマス
納欽哈達卡、永安山卡

往航

寄港地	漠河	洛古河	額爾洛卡	奇乾河
時刻	發 二一・〇〇	着 七・三〇	着 一一・〇〇	着 一九・三〇
	第一日	第二日	〃	第三日

復航

寄港地	奇乾河	額爾洛卡	洛古河	漠河
時刻	發 八・〇〇	着 一四・〇〇	着 一四・三〇	着 二〇・〇〇
	第一日	〃	〃	〃

虎頭―黄崗間客貨船

船名	同 泰 丸
寄港地	虎頭、例木溝、四道米子、黄崗
時刻	時刻・發着日不定

佳木斯―蓮江口間渡船

船名 廣 州 丸

船立鐵道トノ連絡ノ爲發着時刻ヲ變更スルコトアルベシ

佳木斯 發	七・三〇	一〇・〇〇	一三・三〇	一五・〇〇	一七・三〇
蓮江口 着	八・〇〇	一〇・三〇	一四・〇〇	一五・三〇	一七・三〇
蓮江口 發	九・〇〇	一一・一五	一四・〇〇	一六・一五	一八・〇〇
佳木斯 着	九・三〇	一一・四五	一四・三〇	一六・四五	一八・三〇

◎旅行ニ關スル御問合セハ下記ニ願ヒマス
1. 哈爾濱
北滿江運局旅客係　電 4952　02272（社内）
傅家甸埠頭 旅客係 電 9474 / 乘船券發賣所 電 9300
ジヤパン・ツーリスト・ビユーロー　電 4788　4513
2. 各地埠頭
木蘭（電19）通河（電66）三姓（電22）蓮江口
佳木斯（電2162、769）富錦（電158、268）黑河（電314）虎頭
ジヤパン・ツーリスト・ビユーロー
◎船内ニハ寢具祭、浴衣祭ヲ備付ケ居リマスカラ御利用下サイ
◎食事ハ日滿兩食共準備シテアリマス

満鉄移管後の北満州の内河航路運航予定表
【1940 年９月？　満鉄・北満江運局】

ハルビン～佳木斯～富錦線

（毎日１回、往航３日・復航４日）

富錦～黒河線

（月３回、往航５日・復航５日）

黒河～漠河線

（４日に１回、往航７日・復航３日）

富錦～撫遠～虎林線

（月３回、往航４日・復航４日）

北満州の中心都市であり、欧亜連絡の要衝・ハルビンから船に乗って松花江を下り、佳木斯・富錦へ。そしてそこから船を乗り継いで黒龍江を上流へ向かえば黒河・漠河方面へ、下流へ向かうとハバロフスクに近い撫遠を通って烏蘇里江（ウスリー川）を遡り、虎林へと達することができた（他の資料によると、ハルビンから黒河や虎林への直通便や佳木斯～黒河間という区間便もあったようである）。これらの都市は今の日本人にはあまり馴染みがないと思われるので多少解説を加えると、漠河は当時、砂金の採掘が盛んであった。また、虎林はソ連のイマン市と対峙する国境の町で、虎頭要塞が築かれてのちに対ソ戦の激戦地となった。撫遠は現在でもハバロフスク～撫遠間に水中翼船が就航しているので、この地域を旅行された方でご存知の方もいらっしゃるのではないかと思う。

船ということだけあっていずれも数日はかかる長旅だが､哈爾濱航業連合局はこうした路線に｢哈爾濱丸」など多数の蒸気外輪船を投入していた。外輪船とはなかなかレトロだが、これは松花江の水深が浅くて普通のスクリューが使えないためである。1938年に同局が発行した『北満船の旅』という案内パンフレットによると、客船40隻をはじめ300隻以上の船舶を保有し、年間旅客数70万人・貨物輸送量80万トンという実績だったという。客船の設備は1等から3等に分かれ、和食・洋食・満州料理を提供する食堂やサロンを装備。蓄音機・ラジオ・碁・将棋・マージャンなどの娯楽設備も完備しているという本格的なものであった。なお、このパンフレットは日本語のほか中国語も併記されているから、現地の人々も利用したのであろう。ちなみに、北満州の川は厳冬期には結氷するため、航路は冬季休航である。

哈爾濱航業連合局は5000キロにもおよぶ路線の運航を行ったが、民間会社の資産の買収が進み、やがて国営による一元管理の素地が整うと、1939年に満鉄の部内に北満江運局が設置されて北満州の水運経営を一手に担うこととなった。これに先立つ1935年12月に満洲国有鉄道の北黒線が開通してハルビンから黒河は一昼夜で直通できるようになっており、のちに虎林など同様な満ソ国境の町にも順次鉄道が通じていったが、水運は衰えるどころかますます重要度を増した。

戦後は中ソ対立の最前線となった国境の河川

去れ、ヤポンスキーよ
然らざれば発砲するぞ
ここは銃器と鉄柵の境界線だ
ゲ・ペ・ウは白い反響で答へた。（注）

当時のソ連は、満州ひいては日本にとって北からの脅威ととらえられ、佐藤が詠んだように威圧的な空気を漂わせていた。そうした事情から、国境地域の備えを強化することが急務であり、満ソ国境に満州の客船を定期運航するということは、民間船をスパイ船に仕立てていたというわけではあるまいが、国境線に抜かりない目配りをすることともいえた。第二次大戦に入ってからもこれらの航路は活躍を続けたが、1945年8月のソ連参戦により、北満州で活躍した満鉄の定期客船はその使命を終えた。

黒龍江や松花江・烏蘇里江の定期客船航路は、中華人民共和国の時代になっても運航が続けられた。1971年7月に黒龍江省連合運輸弁公室が発行した『鉄路　公路　航運　民航　連運時刻表』（連運とは連絡運輸のこと）によると、満鉄時代とほとんど変わらないルートに14航路が運航されていたことがわかる。使用船舶も、1950年代後半に「北京号」や「上海号」などの大型新造船が登場した。

しかし航路の背景としては、相変わらず中ソの対立・国境紛争という火種を抱えた緊張地帯だったのである。黒龍江省交通庁の航運管理局は1967年3月に軍事管制を敷いたが、それから2

年後の1969年3月には虎林近くの烏蘇里江の珍宝島（ダマンスキー島）で中国人民解放軍とソ連軍の衝突が発生。中ソの国境問題は珍宝島だけに限らなかったが、これらは1990年代に入ってようやく解決されるまで長く懸案となっていた。

詩人よ、悲しむな、流氷が唄ひ出した
夜の声を、水の歌を、沈黙の鐘をお聴き
それ、Riri Riruri gigi と唄ふがよい。
北斗も天上の砂金を撒きはじめた。

黒龍江の岸辺にソ連の威圧を肌で感じた佐藤は、最後に北満州の自然に慰めと安らぎを得る。自然を感じることができるゆったりした船旅が出来たらいいが……戦後になって鉄道や道路・航空路網が発展して人々の生活も豊かになると、船で何日もかけて移動するというのは時代遅れ。黒龍江では1991年以降に水中翼船が導入されて高速化が図られ、北満州の長距離定期客船航路は過去のものとなった。しかし一方で、かつては国境の最前線とされた黒河とブラゴヴェシチェンスクは、自由経済地域として再び交易の賑わいを取り戻している。70年の時を経て、もはや詩人が悲しまなくてもよい時代が訪れたのであった。（佐藤惣之助の詩は、1936年に鉄路総局が発行した『國線旅行案内』中の「黒河」の項より転載した）

（注）「ゲ・ペ・ウ」とはソ連国家政治局のことで、のちのKGBに相当する役割を担っていた。

ハルビンを中心とした鉄道・航路時刻表
【1971年7月　黒龍江省連合運輸弁公室】

富锦——海青

下航	航向 站名	上航
7.00	富锦	18.00
11.30 12.00	同江	12.00 11.30
17.00 4.00	勤德力	4.00 19.00
9.00 10.00	抚远	11.00 10.30
17.00	海青	4.00

黑河——漠河

下航	航向 站名	上航
19.00 1.00	三合	6.00 24.00
14.00 0.00	呼玛	20.00 6.40
16.00	黑河	15.00

佳木斯——饶河

下航	航向 站名	上航
23.30 2.30	富锦	19.00 17.00
20.00	佳木斯	6.00

佳木斯——富锦

下航	航向 站名	上航
6.00	佳木斯	17.30
8.10 20	悦来	30 14.20
9.30 40	梧桐河	10 13.00
11.00 10	新城	20 11.10
15.00 20	绥滨	30 6.00
16.00	富锦	5.00

黑河——漠河

下航	航向 站名	上航
6.00	漠河	5.00
24.00 3.00	开库康	16.30 14.30

佳木斯——黑河

下航	航向 站名	上航
8.00	黑河	9.00
19.00 23.00	奇克	11.40 4.00
9.00 11.00	乌云	6.00 5.00
20.00 24.00	加因	13.00 7.00
18.00 19.00	召兴	17.00 14.00
9.00	佳木斯	6.00

佳木斯——饶河

下航	航向 站名	上航
9.00	饶河	1.00
14.00 15.00	东安	15.30 14.00
2.30 3.30	勤德力	8.00 7.30
15.30 16.00	同江	1.30 0.30

黑河——马连

下航	航向 站名	上航
13.40	马连	13.10
20.00 4.30	加因	9.00 5.00
6.30 40	双合镇	50 3.40
11.30 12.00	乌云	1.00 24.00
24.00 4.00	奇克	16.30 15.30
11.30 40	四季屯	30 11.20
18.00	黑河	7.00

为了保证安全，维护国家法令和运输秩序。凡是危险物品，政府法令限制运输物品，妨碍公共卫生物品，动物都不能带到船上。但少量家禽、家畜、初生雏，包装完整，坚固，经承运人同意除外。

—118—

左の時刻表の内部
中国東北地方の河川に運航されていた客船時刻

満洲航空
(1937 年)

採算性よりも辺境への交通手段の整備が主目的

黒河など、満州の辺境地域への交通手段は船だけではなかった。1930 年代に入ると満州にも航空会社が登場し、満ソ国境地帯一円に航空路線が広がったのである。その航空会社とは満洲航空、略して「満航」。

満洲航空は、満州事変期の関東軍命令による軍用航空輸送を目的とした組織を母体に、1932 年 9 月に日満合弁の企業として設立された。しかし、その生い立ちからも明らかなように単なる営利目的の民間会社ではなく、平時・有事の軍事輸送や、測量・各種調査からさらに飛行機の製造までを行う特殊な企業だったのである。

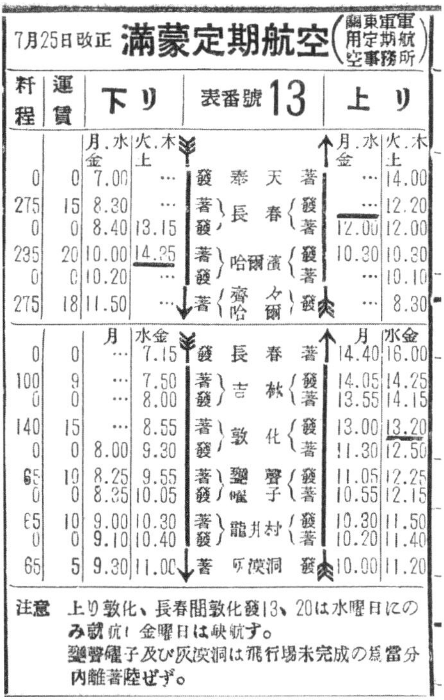
7月25日改正 満蒙定期航空(關東軍軍用定期航空事務所)

粁程	運賃	下り 月.水.金	下り 火.木.土		表番號13		上り 月.水.金	上り 火.木.土
0	0	7.00	…	發	奉天	著	…	14.00
275	15	8.30	…	著	長春	發	…	12.20
0	0	8.40	13.15	發	長春	著	12.00	12.00
235	20	10.00	14.35	著	哈爾濱	發	10.30	10.30
0	0	10.20	…	發	哈爾濱	著	…	10.10
275	18	11.50	…	著	齊々哈爾	發	…	8.30
		月	水金				月	水金
0	0	…	7.15	發	長春	著	14.40	16.00
100	9	…	7.50	著	吉林	發	14.05	14.25
0	0	…	8.00	發	吉林	著	13.55	14.15
140	15	…	8.55	著	敦化	發	13.00	13.20
0	0	8.00	9.30	發	敦化	著	11.30	12.50
65	10	8.25	9.55	著	甕聲囉子	發	11.05	12.25
0	0	8.35	10.05	發	甕聲囉子	著	10.55	12.15
65	10	9.00	10.30	著	龍井村	發	10.30	11.50
0	0	9.10	10.40	發	龍井村	著	10.20	11.40
65	5	9.30	11.00	著	灰漠洞	發	10.00	11.20

注意 上り敦化、長春間敦化發13、20は水曜日にのみ就航し金曜日は缺航す。
甕聲囉子及び灰漠洞は飛行場未完成の爲當分内離著陸せず。

満州版汽車時間表に掲載された軍用定期航空便
【1932 年 8 月　ジャパン・ツーリスト・ビューロー】

路線は、営業本線と呼ばれた大連～奉天～新京～ハルビン間および新京～ハルビン～チチハル～ハイラル～満洲里間の幹線を柱に、ソ連・満州国境地域の辺境の町をひとつひとつ回っていくものが多数あった。前者をあえて「営業本線」と称していたことからも、後者のような路線が営業的・経営的な見地よりも戦略的な意味から運航されていたことがうかがえる。以下に 1937 年頃の営業本線以外の路線を紹介しよう。

名称	始発	主要寄港地	終着
チチハル～ハルビン線	チチハル	大黒河、北安鎮	ハルビン
佳木斯線	ハルビン	通河	佳木斯
富錦線	ハルビン	衣蘭、佳木斯	富錦
寶清線	佳木斯	(直航)	寶清
寧佳線	ハルビン	牡丹江、林口、勃利	佳木斯
密山線	牡丹江	密山、虎林	富錦
東寧線	牡丹江	綏芬河	東寧
京寧線	新京	(直航)	牡丹江
羅南線	新京	吉林、延吉	清津
輯安線	奉天	通化、輯安	新義州
承徳線	奉天	錦州	承徳
京林線	承徳	赤峰、林西、通寮	新京

これらの中には河川をゆく定期客船によって連絡されていた町の名前も見受けられる。しかし水運の場合、冬季は河川の結氷によって運航が途絶するため、1 年を通しての交通手段としてこの地域に飛行機は欠かせない。しかも数時間でハルビンなどの大都市から到達できることから、軍命など緊急を要する旅客にとってもこれらの航空路線は無くてはならない存在だった。しかしその裏には、貧弱な設備やオイルも凍るような厳しい気候条件、いつ起こるとも限らない軍事的衝突といった状況の中で運航に携わった人々の大変な苦労や努力もあった様である。もちろん、ソ連領空を侵犯しないよう、運航には細心の注意が払われた。

同社のもうひとつの目的は、ヨーロッパ・特にベルリンとの航空路線開設という壮大な夢であった。そのためにドイツから旅客機を輸入したり航法技術の習得に努めたりしたが、このプロジェクトは緊迫する時局の影響で幻に終わる。すでに述べたように、1941年には新京～東京直行「日満空の特急便」の運航を開始するまでに至ったが、他の外地企業と同様に日本の敗戦とともに消滅への道を辿った。

1945年8月19日、奉天北飛行場での出来事。関東軍は満洲国元皇帝・溥儀の日本への亡命を企て、満洲航空をその任に当たらせた。溥儀は戦局悪化に伴う避難先だった通化から奉天へ満洲航空機で移送され、そこで日本へ向かう飛行機に乗り換えようとした矢先、ソ連軍が飛行場にやって来て連行されてしまう。満洲航空最後のミッションはあっけなく失敗に終わった。

新鋭機・中島ATが描かれた満洲航空の時刻表
【1937年5月　同社発行】

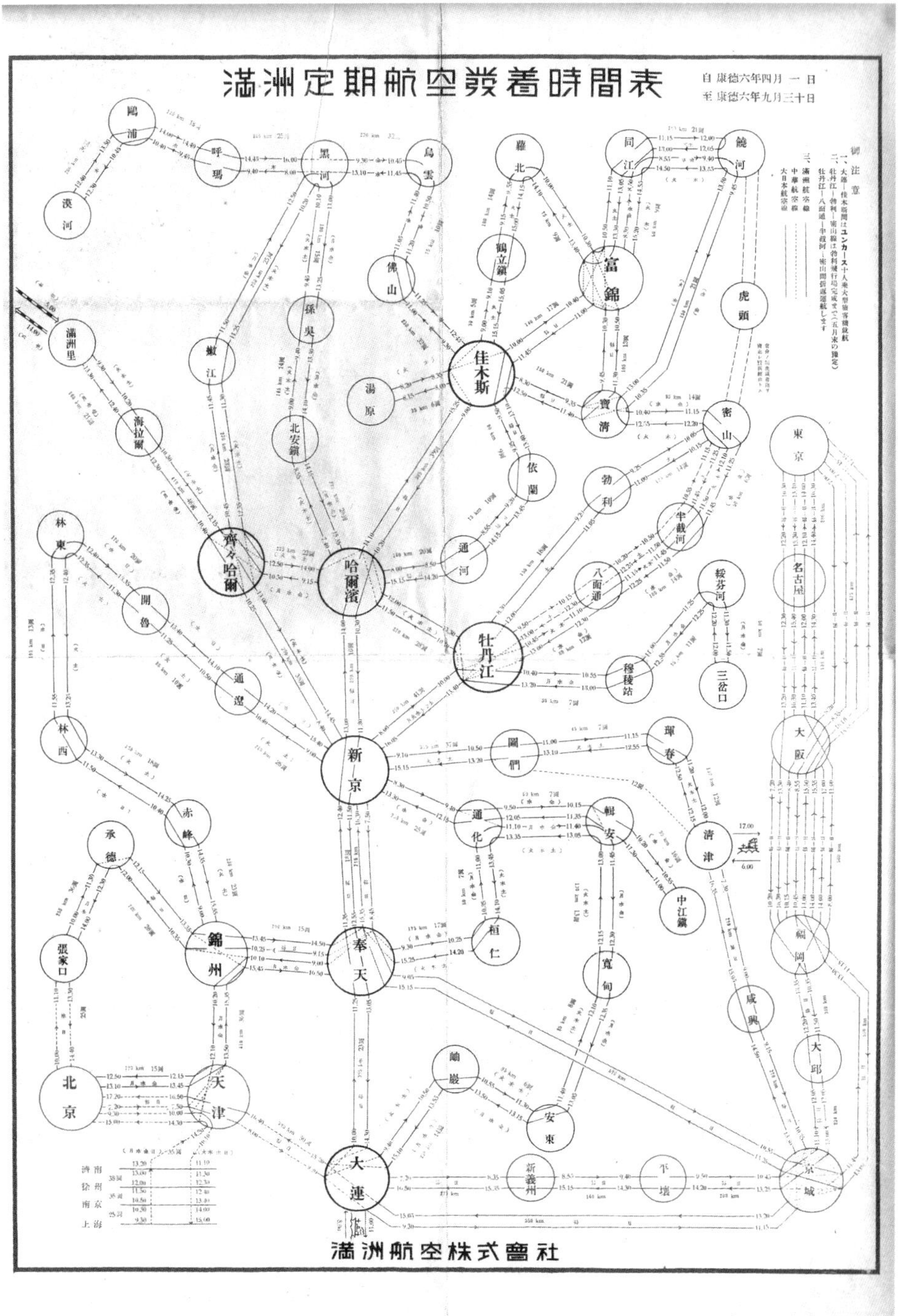

ドイツから輸入されたユンカース Ju86 などが就航した満洲航空路網の最盛期の時刻表
【1939 年 4 月　満洲航空】

満州の都市交通
（1940 年）

主要都市に存在した交通企業が運営

戦前の満州では、馬車や人力車といった伝統的交通手段のほか、もちろん市内電車やバスといった近代交通機関が人々の生活を乗せて走っていた。大連、奉天（瀋陽）、新京（長春）、ハルビンといった大都市には各々、市内交通を担当する会社が設立され、市電やバスの運行にあたっていたのである。

大連を中心とする交通網を担当したのは、大連都市交通株式会社。同社は大連の中心部のみならず、関東州全域に路線を広げていた。1940 年に同社が発行した郊外線の時刻表には、大連～甘井子（かんせいし）線や大連～旅順線といった路線が掲載されている。甘井子は、大連中心部の対岸に位置し、電化された石炭積み込み桟橋があることで知られていた。旅順は「203 高地」に代表される日露戦争の激戦地である。

このほかにも、国策企業勤務者の通勤・通学の足として、大連～満石社宅線／大連～満化社宅線などが運行されていた。満石は満洲石油、満化は満洲化学工業のことであるが、重工業化で発展を目指していた満州を代表する工業都市のひとつ、しかも港湾都市として一手に対外窓口を引き受けていた大連の生活の息吹がうかがえる。路線によっては運行回数も非常に多く、甘井子線は 10 分おき、旅順線は 30 分おきの運行だった。

ここで目を北に移し、哈爾濱交通株式会社が発行した市内電車およびバスの時刻表を見てみよう。ハルビンはかつて極東におけるロシア文化の中心

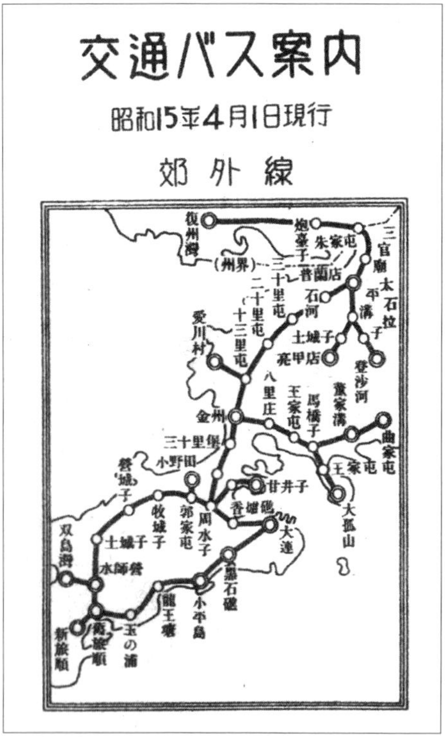

大連都市交通が運行した郊外線バス時刻表
【1940 年 4 月　同社発行】

甘大線

大連發			甘井子發		
6.50	11.40	4.50	7.00	12.10	5.20
7.00	11.50	× 4.50	7.10	× 12.20	5.30
7.05	12.00	5.00	7.20	12.30	5.40
× 7.10	12.10	5.10	7.30	12.40	× 5.50
7.10	× 12.20	5.20	7.40	12.50	6.00
7.15	12.30	5.30	7.50	1.00	6.10
7.20	12.40	× 5.40	8.00	1.10	6.20
7.25	12.50	5.40	8.05	× 1.20	6.30
7.30	1.00	5.50	× 8.10	1.30	× 6.40
7.35	1.10	6.00	8.10	1.40	6.50
7.40	1.20	6.10	8.20	1.50	7.00
7.45	1.30	6.20	8.25	2.00	7.10
7.50	× 1.40	6.30	8.30	2.10	7.20
7.55	1.50	6.40	8.35	2.20	7.30
8.00	2.00	6.50	8.40	2.30	7.40
× 8.10	2.10	× 7.00	8.45	× 2.40	7.50
8.10	2.20	7.00	8.50	2.50	× 8.00
8.20	2.30	7.10	8.55	3.00	8.10
8.30	× 2.40	7.20	9.00	3.10	8.20
8.40	2.50	7.30	× 9.10	3.20	8.30
8.50	3.00	7.40	9.20	3.30	8.40
9.00	3.05	7.50	9.30	× 3.40	8.50
9.10	3.10	× 8.00	9.40	3.50	× 9.00
× 9.20	3.15	8.10	9.50	4.00	9.15
9.30	3.20	8.20	10.00	4.05	9.30
9.40	3.25	8.30	10.10	4.10	9.50
9.50	3.30	8.40	× 10.20	4.15	× 10.10
10.00	3.35	8.50	10.30	4.20	10.30
10.10	× 3.40	× 9.00	10.40	4.25	× 10.50
× 10.20	3.45	9.20	10.50	4.30	11.10
10.30	3.50	9.40	11.00	4.35	× 11.50
10.40	3.55	× 10.00	11.10	× 4.40	×印滿石社宅發埠頭通過時分ヲ示
10.50	4.00	10.30	× 11.20	4.45	
11.00	4.10	× 11.00	11.30	4.50	
11.10	4.20	×印滿石行キ	11.40	4.55	
× 11.20	4.30		11.50	5.00	
11.30	4.40		12.00	5.10	

大連發滿石社宅行	滿石社宅發
7.10	○ 8.00
8.10	○ 9.00
9.20	○ 10.10
10.20	○ 11.10
11.20	○ 12.10
12.20	○ 1.10
1.40	× 2.35
2.40	× 3.35
3.40	× 4.35
4.40	× 5.45
5.40	× 6.35
7.00	7.50
8.00	8.50
9.00	10.00
10.00	10.45
11.00	11.45

大連發滿化社宅行	滿化社宅發
7.15	8.00
7.45	8.30
8.15	9.00
8.45	9.30
9.15	10.00
9.45	10.30
10.15	11.00
11.15	12.00
12.15	1.00
1.15	2.00
2.15	3.00
3.15	4.00
4.15	5.00
5.15	6.00
6.15	7.00
7.15	8.00
8.15	9.00
9.15	10.00
10.15	11.00
11.00	

學生送リ

滿石	滿化
7.10	7.20
7.40	7.50

☆滿石社宅發○印ハ五分後滿石工場通過☆
☆大連發滿石社宅行ハ午後七時以後工場ニ立寄ラズ☆
☆滿石社宅發×印ハ五分前滿石工場通過☆

左の時刻表の内部
大連周辺のバス路線は運行本数も相当多かった

地であり、1917年のロシア革命後もソ連に帰属しない白系ロシア人が居住し続ける歴史を反映し、時刻表にはロシア語が併記されていたのが特徴だ。

この中には日本支配時代を象徴する路線が掲載されている。それは、ハルビン市内～満蒙開拓哈爾濱訓練所間の「満拓線」。満州事変以降、日本は農業生産の拡大と辺地警備を目的に北満州地域への移住を国策として推進しており、移住団の先遣隊や統括者が現地へ入植する前に農業技術その他の指導を受けるための施設が開設された。こうした施設のひとつがこの路線の終点である満蒙開拓哈爾濱訓練所である。ここは、『1936年に満洲への百万戸移民案が策定されたのに伴い、哈爾濱日本国民高等学校を前身に、満洲移住協会によって設立された』（南満洲鉄道『満洲移住地視察案内』）とのこと。

なお、この路線の途中には「関東軍倉庫」という停留所もあり、一抹の不気味さを漂わせている。

電車バス運行時間表

電　車

發車地 МЕСТОТПР.	始車 ПЕРВЫЙВАГОН
(1) 文明街 ВЕНЬМИНЦ.	午前 У.　5時30分
(1) 警察街 П О Л И Ц.	〃　6時 0分
(2) 曲線街 ЧЮНСЕНЦ	〃　6時 0分
(3) 十六道街 16 аяУл.	〃　6時 0分

バ　ス

系統 Линии	起　終　點 Линии Начало Конец.	始發時間 Вр.Пер Отп.	終發時間 Врем Последн.Отпр
1	警察街 Цзин ча цзе	6.30	11.00
	宣化街 Сюань хуа цзе	6.30	11.25
2	警察街 Цзин ча цзе	6.30	11.30
	秋　林 Чурин	6.30	11.45
3	警察街 Цзин ча цзе	6.35	10.00
	中央寺院 Собор	6.50	10.15
7	新城大街 Синьчендацзе	6.30	11.30
	十六道街 Ши лю дао цзе	6.30	11.50
8	桃花巷 Тао хуа сян	6.30	10.30
	草料街 Цао ляо цзе	6.30	11.00
9	桃花巷 Тао худ сян	6.30	9.30
	鄉里街 Сян ли цзе	6.30	10.00
10	秋　林 Чурин	6.40	10.00
	露人墓地 Кладбище	6.50	10.10
11	新城大街 Синьчендацзе	6.30	10.00
	河洛街 Хэ ло цзе	6.30	10.15
12	秋　林 Чурин	6.30	家畜市場 ск. базар 8.00 陸軍病院 воен госп 9.00
	家畜市場 Ск от. базар	6.50	家畜市場 ск. базар 8.20 陸軍病院 воен.госп 9.10
13	十六道街 Ши лю дао цзе	6.30	9.00
	三棵樹 Сань кэ шу	6.45	9.15
14	秋　林 Чурин	8.30	3.30
	市立醫院 Гор. больница	8.36	3.36

滿拓線發着時刻表

透籠街行						行先	開拓訓練所行					
19.45	17.45	15.45	12.45	10.45	8.45	↑ 透籠街	7.00	9.00	11.00	14.00	16.00	18.00
19.37	17.37	15.37	12.37	10.37	8.37	中央寺院	7.08	9.08	11.08	14.08	16.08	18.08
19.28	17.28	15.29	12.28	12.28	8.28	飛行場	7.17	9.17	11.17	14.17	16.17	18.17
19.19	17.19	15.19	12.19	10.19	8.19	草料街	7.26	9.26	11.26	14.26	16.26	18.26
19.12	17.12	15.12	12.12	10.12	8.12	關東軍倉庫	7.33	9.33	11.33	14.33	16.33	18.33
19.00	17.00	15.00	12.00	10.00	8.00	開拓訓練所 ↓	7.45	9.45	11.45	14.45	16.45	18.45

大趙家線發着時刻表

大趙家行							行先	鄉里街行						
18.00	16.00	14.50	13.00	10.00	8.50	7.00	↑ 鄉里街	8.35	9.50	11.35	14.35	15.50	17.35	19.35
18.10	16.10	15.00	13.10	10.10	9.00	7.10	金山堡	8.25	9.40	11.25	14.25	15.40	17.25	19.25
18.20	16.20	15.10	13.20	10.20	9.10	7.20	小三姓	9.15	9.30	11.15	14.15	15.30	17.15	19.15
18.30	16.30	15.20	13.30	10.30	9.20	7.30	萠家屯	8.05	9.20	11.05	14.05	15.20	17.05	18.05
18.45	16.45	—	13.45	10.45	—	7.45	大趙家 ↓	7.50	—	10.50	13.50	—	16.50	18.50

哈爾濱交通の市電・バス時刻表
【1940年7月　同社発行】

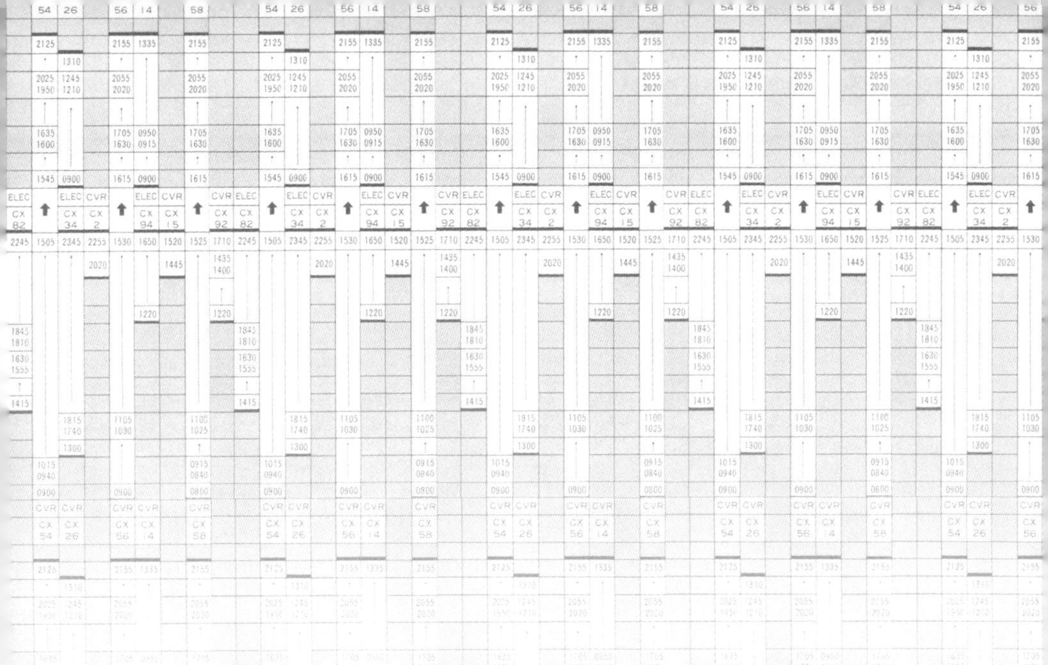

第十章　日本

都市と地方・なつかしき「昨日」

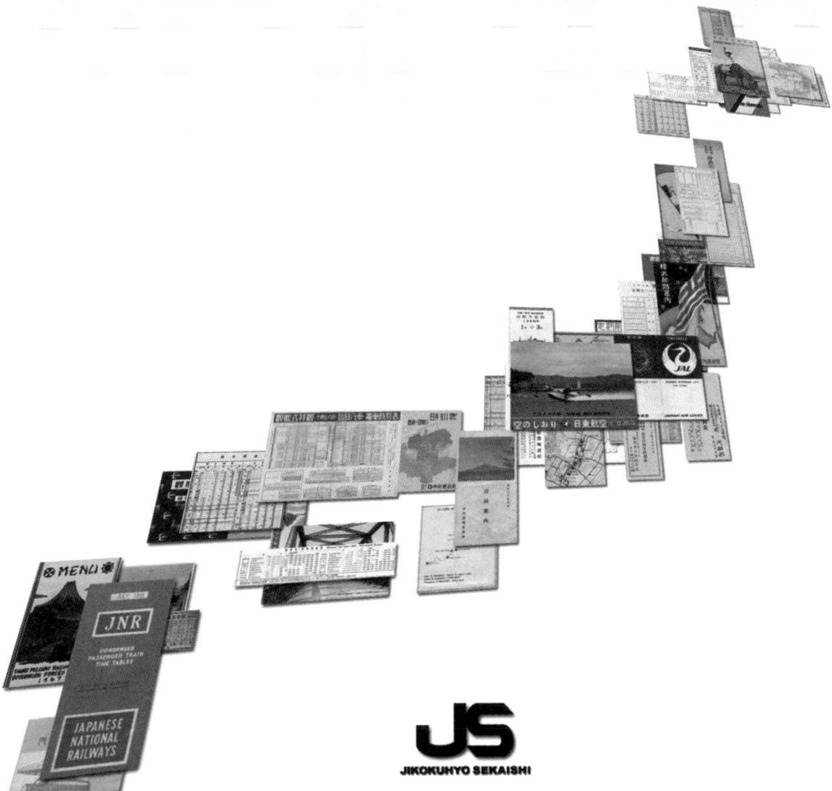

JIKOKUHYO SEKAISHI

皇国興廃の一戦・日露戦争の鉄道輸送は
人と馬が同じ列車で移動

鉄嶺～大連

仙台～宇品
(1904/05年)

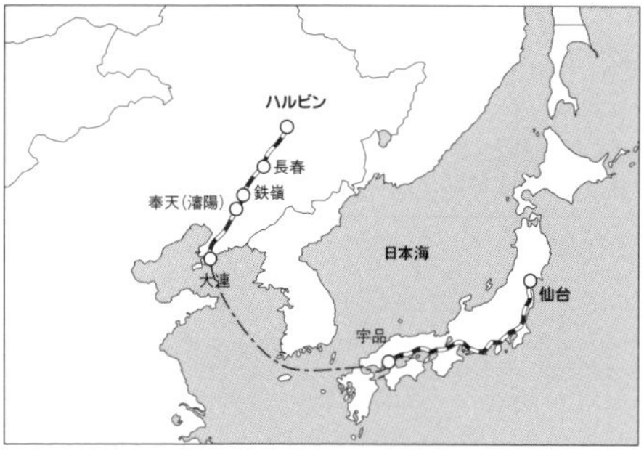

行きも帰りも一定時間間隔で運転

日露戦争で東清鉄道南満支線の南半分を日本が獲得し、狭軌に改造の上で軍事輸送に使用したことは先述のとおりであるが、その頃の運行の実態がどうだったのかはあまり知られていない。その手掛かりになりそうなのが、1905年10月に発行された「鉄道給養摘要」という一枚紙の時刻表。発行者は不明であるが、内容を考えると当時の大日本帝国陸軍と推測される。というのも、これは鉄嶺～大連間の軍事輸送の時刻表で、しかも発行時期と運行方向から推定すると、日露戦争終結後に日本へ帰還する兵士を輸送した列車が掲載されているからである。

「給養」とは軍隊用語で兵士や軍馬に食事をさせること。この時刻表には1時間半間隔で16本の列車が掲載され、各々について鉄嶺から大連へ移動するまでの間、食事タイムが設けられる駅の着時刻が書かれている。鉄嶺は奉天（瀋陽）の北約70キロに位置する街であるが、この時刻表によると大連までは丸1日半・すなわち約36時間を要していた。この間、「朝」「昼」「夕」の記号で示される1時間の食事が4回程度と、その合間に「甘」（甘酒のこと）や「菓」といった記号で示される数十分の間食が2回ほど設けられていたことがわかる。なお、停車時間を除いた走行時間だけでも30時間を超えていたから、鉄嶺～大連間の距離・約470キロから算出すると平均時速は約15キロ。普通に走る自転車と同じくらいの速度感覚だったわけだ。

もっとも、いつまでもこんな調子では実用交通機関としては使えないわけで、1907年4月に南満洲鉄道（満鉄）が営業を開始した後は、軌間変更などの整備が功を奏して、奉天～大連間は急行で約9時間にまで短縮。しかし、スピードアップはこれにとどまらず、1934年11月から運転された満鉄の看板列車「あじあ」号は、この区間で5時間を切る快速振りを発揮したのであった。

日露戦争は当然、日本の鉄道にも影響を与えている。特に、1904年2月の開戦を受けて日本から兵士を送り出す戦時輸送の時期には各鉄道で（当時はまだ鉄道国有化前であり、東北本線や山陽本線は私鉄の経営だった）特別ダイヤが組まれ、大本営お膝元の海上輸送拠点だった広島県・宇品へはひっきりなしに軍用列車が発着した。

430ページで紹介した「自仙台　至宇品　軍用列車発着時刻表（陸軍官衙軍隊用）」という、やはり一枚ものの時刻表がある。仙台～宇品間を部隊が移動するための列車時刻が掲載されており、やはり見事に1時間半間隔でほぼ一日中列車が設定されているのだが、この区間の所要時間はなんと75時間。もっともこれにはカラクリがあり、時刻表上に「人」「馬」という赤字で記載されている給養時間には、それまで乗ってきた列車は見送って食事をとり、後から来た1時間半後の列車に改めて乗り込んでその先の旅を続けたのだという。時刻表には「列車記号」として（イ）から（タ）までの列車時刻が記載されているが、つまりこれは一本の列車の時刻ではなく、「乗り継ぎパターン」ということになる。

鐵道給養摘要

明治三十八年十月

列車番號／給養停車場（發着時刻）	鉄嶺 發	奉天 着	蘇家屯 着	烟台 着	遼陽 着	鞍山站 着	海城 着	大石橋 着	蓋平 着	熊岳城 着	萬家嶺 着	得利寺 着	瓦房店 着	普蘭店 着	金州 着	大連 着
二	子二.〇〇	朝五.一〇			昼一.三〇			夕六.〇二	甘八.一八				朝四.三九	菓六.四四	昼九.五〇	一.〇二
四	前一.三〇	朝六.四〇			昼〇.五〇			夕七.三二	甘九.四八				朝六.〇九	菓八.一四	昼二.二〇	二.三二
六	前三.〇〇	朝八.一〇			昼二.二〇		甘六.四九	夕九.〇二				菓六.二〇	朝七.三九		昼〇.五〇	四.〇二
八	前四.三〇	朝九.四〇			昼三.五〇		甘八.一九	夕一〇.三二				菓七.五〇	朝九.〇九		昼三.二〇	五.三二
一〇	前六.〇〇	昼一二.〇			夕五.二〇	甘七.四八				朝四.一二			昼一〇.三九	菓〇.四四	夕三.五〇	七.〇二
一二	前七.三〇	昼〇.四〇			夕六.五〇	甘九.一八				朝五.四二			昼〇.〇九	菓二.一四	夕五.二〇	八.三二
一四	前九.〇〇	昼二.一〇		甘七.〇四	夕八.二〇					朝七.一二			昼一.三九	菓三.四四	夕六.五〇	一〇.〇二
一六	前一〇.三〇	昼三.四〇		甘八.三四	夕九.五〇					朝八.四二			昼三.〇九	菓五.一四	夕八.二〇	一一.三二
一八	午一二.〇〇	夕五.一〇	甘七.三〇					朝六.〇二		昼一〇.二三		菓三.二〇	夕四.三九			一.〇二
二〇	后一.三〇	夕六.四〇	甘九.〇〇					朝七.三二	菓九.四八	昼一二.四二			夕六.〇九			二.三二
二二	后三.〇〇	夕八.一〇					菓六.四九	朝九.〇二		昼一.一二		甘六.二〇	夕七.三九			四.〇二
二四	后四.三〇	夕九.四〇			朝三.五〇		菓八.一九	昼一〇.三二		昼二.四二		甘七.五〇	夕九.〇九			五.三二
二六	后六.〇〇				朝五.二〇	菓七.四八		昼〇.〇二		夕四.二三	甘七.一五				朝三.五〇	七.〇二
二八	后七.三〇				朝六.五〇	菓九.一八		昼一.三二		夕五.四二	甘八.四五				朝五.二〇	八.三二
三〇	后九.〇〇			菓七.〇四	朝八.二〇			昼三.〇二	甘五.一八	夕七.一二					朝六.五〇	一〇.〇二
三二	后一〇.三〇		朝三.四〇	菓八.三四	昼九.五〇			夕四.三二	甘六.四八						朝八.二〇	一一.三二
停車時間		一.二〇分	三八	一六	一.〇五	二五	二五	一.〇三	二〇	五八	二二	二六	五六	一一	五〇	

備考

一、乗車部隊ハ乗車后第一ノ給養停車場（奉天若クハ遼陽）ノ給養準備ヲ見テ朝食昼食又ハ夕食ヲ了ヘ或ハ携行スルヲ要ス
例ヘバ第十第十二列車ニ乗込ム者ハ朝食ヲ了ヘ或ハ携行スルガ如シ

二、汽車中ノ馬糧ハ乗車停車場ニ於テ該地兵站司令部ヨリ受領シ準備スルヲ要ス

三、飲馬水ハ各給養停車場ニ準備シアリ（寒冷ノ時ハ温水トシテ）

四、輸送中各人ノ給与ハ給養停車場以外ニ於テスルヿナシ飲馬水又同ジ

五、各停車場ニハ洗面所ヲ備ヘアリ就中給養停車場ニハ多ク準備シアルモ混雑ヲ避クル為メ各停車場ニ於テ若干員ヅヽ適宜洗面スルヲ可トス（寒冷ノ時ハ温水トシテ）

六、菓ハ甘味品、甘ハ甘酒ヲ加給スル印但下車地ニ於テハ各其地（大連又ハ金州）ニテ特ニ甘酒ヲ加給ス又乗車地ニ於テ全地兵站司令部（撫順ヨリスル者ハ蘇家屯）ヨリ烟艸ヲ交付ス。朝ハ朝食、昼ハ昼食、夕ハ夕食、間ハ間食ノ印

七、前項ノ加給品受領部隊ハ左ノ如ク取計アリタシ

（一）巻烟草ハ可成発車前日（撫順乗車ノ者ハ当日蘇家屯ニテ）一人四十本宛受領シ各人ニ分配スルコト

（二）乗車后給スル甘味品ハ三十人宛紙包トシテ準備シアルヲ以テ受領人ヲ定メ受領スルコト

（三）甘酒ハ分配担任兵各車ニ赴キ各兵ニ分配セシムルヲ以テ各兵ハ予メ水呑、飯盒ノ蓋類ヲ準備シアルコト此甘酒ハ一人約二合宛トシ先ヅ一合ヅヽヲ分配シ尚時間ニ余裕アル件ハ更ニ一合宛分配スル予定

八、間食ハ凡ソ日量ノ六分ノ一ヲ標準トシテ雑炊ノ類トス但第八第十六列車ニ在テハ鉄嶺兵站司令部ニ於テ重焼パン半食分ヲ間食トシテ交付ス

鉄嶺～大連間の時刻が掲載された「鉄道給養摘要」
【1905年10月　日本陸軍？】

自仙臺
至宇品　**軍用列車發着時刻表**　（陸軍官衙軍隊用）

列車記號	(イ)	(ロ)	(ハ)	(ニ)	(ホ)	(ヘ)	(ト)	(チ)	(リ)	(ヌ)	(ル)	(ヲ)	(ワ)	(カ)	豫備(ヨ)	豫備(タ)	列車記號
仙臺 發	1 00	2 30	5 30	7 00	8 30	10 00	11 30	1 00	2 30	5 30	7 00	8 30	10 00	11 30	4 00	4 00	發 仙臺
長町 着	1 09	2 39	5 39	7 09	8 39	10 09	11 39	1 09	2 39	5 39	7 09	8 39	10 09	11 39	4 09	4 09	着 長町
長町 發	1 10	2 40	5 40	7 10	8 40	10 10	11 40	1 10	2 40	5 40	7 10	8 40	10 10	11 40	4 10	4 10	發 長町
白石 着	2 43	4 13	7 13	8 43	10 13	11 43	1 13	2 43	4 13	7 13	8 43	10 13	11 43	1 13	5 43	5 43	着 白石
白石 發	3 00	4 30	7 30	9 00	10 30	12 00	1 30	3 00	4 30	7 30	9 00	10 30	12 00	1 30	6 00	6 00	發 白石
福島 着	4 25	6 05	9 05	10 35	12 05	1 35	3 05	4 35	6 05	9 05	10 35	12 05	1 35	3 05	7 35	7 35	着 福島
福島 發	4 50	6 20	9 20	10 50	12 20	1 50	3 20	4 50	6 20	9 20	10 50	12 20	1 50	3 20	7 50	7 50	發 福島
郡山 着	6 42	8 12	11 12	12 42	2 12	3 42	5 12	6 42	8 12	11 12	12 42	2 12	3 42	5 12	9 42	9 42	着 郡山
郡山 發	8 26	11 26	12 56	2 26	3 56	5 26	6 56	8 26	11 26	12 56	2 26	3 56	5 26	6 56	9 56	9 56	發 郡山
白河 着	9 45	12 45	2 15	3 45	5 15	6 45	8 15	9 45	12 45	2 15	3 45	5 15	6 45	8 15	11 15	11 15	着 白河
白河 發	10 00	1 00	2 30	4 00	5 30	7 00	8 30	10 00	1 00	2 30	4 00	5 30	7 00	8 30	11 30	11 30	發 白河
黒磯 着	11 10	2 10	3 40	5 10	6 40	8 10	9 40	11 10	2 10	3 40	5 10	6 40	8 10	9 40	12 40	12 40	着 黒磯
黒磯 發	11 24	2 24	3 54	5 24	6 54	8 24	9 54	11 24	2 24	3 54	5 24	6 54	8 24	9 54	12 54	12 54	發 黒磯
宇都宮 着	1 33	4 33	6 03	7 33	9 03	10 33	12 03	1 33	4 33	6 03	7 33	9 03	10 33	12 03	3 03	3 03	着 宇都宮
宇都宮 發	4 48	6 18	7 48	9 18	10 48	12 18	1 48	4 48	6 18	7 48	9 18	10 48	2 18	1 48	3 18	3 18	發 宇都宮
小山 着	5 50	7 20	8 50	10 20	11 50	1 20	2 50	5 50	7 20	8 50	10 20	11 50	1 20	2 50	4 20	4 20	着 小山
小山 發	6 00	7 30	9 00	10 30	12 00	1 30	3 00	6 00	7 30	9 00	10 30	12 00	1 30	3 00	4 30	4 30	發 小山
大宮 着	7 54	9 24	10 54	12 24	1 54	3 24	4 54	7 54	9 24	10 54	12 24	1 54	3 24	4 54	6 24	6 24	着 大宮
大宮 發	8 04	9 34	11 04	12 34	2 04	3 34	5 04	8 04	9 34	11 04	12 34	2 04	3 34	5 04	6 34	6 34	發 大宮
赤羽 着	8 41	10 11	11 41	1 11	2 41	4 11	5 41	8 41	10 11	11 41	1 11	2 41	4 11	5 41	7 11	7 11	着 赤羽
赤羽 發	8 55	10 25	11 55	1 25	2 55	4 25	5 55	8 55	10 25	11 55	1 25	2 55	4 25	5 55	7 25	7 25	發 赤羽
新宿 着	9 21	10 51	12 21	1 51	3 21	4 51	6 21	9 21	10 51	12 21	1 51	3 21	4 51	6 21	7 51	7 51	着 新宿
新宿 發	10 43	12 13	1 43	3 13	4 43	6 13	7 43	10 43	12 13	1 43	3 13	4 43	6 13	7 43	9 13	9 13	發 新宿
大森 着	11 19	12 49	2 19	3 49	5 19	6 49	8 19	11 19	12 49	2 19	3 49	5 19	6 49	8 19	9 49	9 49	着 大森
大森 發	11 20	12 50	2 20	3 50	5 20	6 50	8 20	11 20	12 50	2 20	3 50	5 20	6 50	8 20	9 50	9 50	發 大森
山北 着	2 28	3 58	5 28	6 58	8 28	9 58	11 28	2 28	3 58	5 28	6 58	8 28	9 58	11 28	12 58	12 58	着 山北
山北 發	2 38	4 08	5 38	7 08	8 38	10 08	11 38	2 38	4 08	5 38	7 08	8 38	10 08	11 38	1 08	1 08	發 山北
沼津 着	4 49	6 19	7 49	9 19	10 49	12 19	1 49	4 49	6 19	7 49	9 19	10 49	12 19	1 49	3 19	3 19	着 沼津
沼津 發	6 31	8 01	9 31	11 01	12 31	2 01	5 01	6 31	8 01	9 31	11 01	12 31	2 01	5 01	3 31	3 31	發 沼津
靜岡 着	8 28	9 58	11 28	12 58	2 28	3 58	6 58	8 28	9 58	11 28	12 58	2 28	3 58	6 58	5 28	5 28	着 靜岡
靜岡 發	8 52	10 22	11 52	1 22	2 52	4 22	7 22	8 52	10 22	11 52	1 22	2 52	4 22	7 22	5 52	5 52	發 靜岡
島田 着	9 52	11 22	12 52	2 22	3 52	5 22	8 22	9 52	11 22	12 52	2 22	3 52	5 22	8 22	6 52	6 52	着 島田
島田 發	10 02	11 32	1 02	2 32	4 02	5 32	8 32	10 02	11 32	1 02	2 32	4 02	5 32	8 32	7 02	7 02	發 島田
濱松 着	12 11	1 41	3 11	4 41	6 11	7 41	10 41	12 11	1 41	3 11	4 41	6 11	7 41	10 41	9 11	9 11	着 濱松
濱松 發	1 55	3 25	4 55	6 25	7 55	10 55	12 25	1 55	3 25	4 55	6 25	7 55	10 55	12 25	9 25	9 25	發 濱松
名古屋 着	6 00	7 30	9 00	10 30	12 00	3 00	4 30	6 00	7 30	9 00	10 30	12 00	3 00	4 30	1 30	1 30	着 名古屋
名古屋 發	7 47	9 17	10 47	12 17	3 17	4 47	6 17	7 47	9 17	10 47	12 17	3 17	4 47	6 17	1 47	1 47	發 名古屋
大垣 着	9 17	10 47	12 17	1 47	4 47	6 17	7 47	9 17	10 47	12 17	1 47	4 47	6 17	7 47	3 17	3 17	着 大垣
大垣 發	9 29	10 59	12 29	1 59	4 59	6 29	7 59	9 29	10 59	12 29	1 59	4 59	6 29	7 59	3 29	3 29	發 大垣
米原 着	11 00	12 30	2 00	3 30	6 30	8 00	9 30	11 00	12 30	2 00	3 30	6 30	8 00	9 30	5 00	5 00	着 米原
米原 發	12 48	2 18	3 48	6 48	8 18	9 48	11 18	12 48	2 18	3 48	6 48	8 18	9 48	11 18	5 18	5 18	發 米原
京都 着	3 57	5 27	6 57	9 57	11 27	12 57	2 27	3 57	5 27	6 57	9 57	11 27	12 57	2 27	8 27	8 27	着 京都
京都 發	4 09	5 39	7 09	10 09	11 39	1 09	2 39	4 09	5 39	7 09	10 09	11 39	1 09	2 39	8 39	8 39	發 京都
大阪 着	5 38	7 08	8 38	11 38	1 08	2 38	4 08	5 38	7 08	8 38	11 38	1 08	2 38	4 08	10 08	10 08	着 大阪
大阪 發	7 18	8 48	11 48	1 18	2 48	4 18	5 48	7 18	8 48	11 48	1 18	2 48	4 18	5 48	10 18	10 18	發 大阪
神戸 着	8 30	10 00	1 00	2 30	4 00	5 30	7 00	8 30	10 00	1 00	2 30	4 00	5 30	7 00	11 30	11 30	着 神戸
神戸 發	8 55	10 25	1 25	2 55	4 25	5 55	7 25	8 55	10 25	1 25	2 55	4 25	5 55	7 25	11 55	11 55	發 神戸
姫路 着	11 14	12 44	3 44	5 14	6 44	8 14	9 44	11 14	12 44	3 44	5 14	6 44	8 14	9 44	2 14	2 14	着 姫路
姫路 發	1 10	4 10	5 40	7 10	8 40	10 10	11 40	1 10	4 10	5 40	7 10	8 40	10 10	11 40	2 40	2 40	發 姫路
岡山 着	4 38	7 38	9 08	10 38	12 08	1 38	3 08	4 38	7 38	9 08	10 38	12 08	1 38	3 08	6 08	6 08	着 岡山
岡山 發	8 00	9 30	11 00	12 30	2 00	3 30	5 00	8 00	9 30	11 00	12 30	2 00	3 30	5 00	6 30	6 30	發 岡山
鴨方 着	9 17	10 47	12 17	1 47	3 17	4 47	6 17	9 17	10 47	12 17	1 47	3 17	4 47	6 17	7 47	7 47	着 鴨方
鴨方 發	9 27	10 57	12 27	1 57	3 27	4 57	6 27	9 27	10 57	12 27	1 57	3 27	4 57	6 27	7 57	7 57	發 鴨方
糸崎 着	11 30	1 00	2 30	4 00	5 30	7 00	8 30	11 30	1 00	2 30	4 00	5 30	7 00	8 30	10 00	10 00	着 糸崎
糸崎 發	1 24	2 54	4 24	5 54	7 24	8 54	11 54	1 24	2 54	4 24	5 54	7 24	8 54	11 54	10 24	10 24	發 糸崎
本郷 着	1 50	3 20	4 50	6 20	7 50	9 20	12 20	1 50	3 20	4 50	6 20	7 50	9 20	12 20	10 50	10 50	着 本郷
本郷 發	2 05	3 35	5 05	6 35	8 05	9 35	12 35	2 05	3 35	5 05	6 35	8 05	9 35	12 35	11 05	11 05	發 本郷
廣島 着	4 41	6 11	7 41	9 11	10 41	12 11	3 11	4 41	6 11	7 41	9 11	10 41	12 11	3 11	1 41	1 41	着 廣島
廣島 發	4 46	6 16	7 46	9 16	10 46	12 16	3 16	4 46	6 16	7 46	9 16	10 46	12 16	3 16	1 46	1 46	發 廣島
宇品 着	5 01	6 31	8 01	9 31	11 01	12 31	3 31	5 01	6 31	8 01	9 31	11 01	12 31	3 31	2 01	2 01	着 宇品
新橋 發	11 00	12 30	2 00	3 30	5 00	6 30	8 00	11 00	12 30	2 00	3 30	5 00	6 30	8 00	9 30	9 30	發 新橋
品川 着	11 09	12 39	2 09	3 39	5 09	6 39	8 09	11 09	12 39	2 09	3 39	5 09	6 39	8 09	9 39	9 39	着 品川
品川 發	11 11	12 41	2 11	3 41	5 11	6 41	8 11	11 11	12 41	2 11	3 41	5 11	6 41	8 11	9 41	9 41	發 品川
大森 着	11 19	12 49	2 19	3 49	5 19	6 49	8 19	11 19	12 49	2 19	3 49	5 19	6 49	8 19	9 49	9 49	着 大森
列車記號	(イ)	(ロ)	(ハ)	(ニ)	(ホ)	(ヘ)	(ト)	(チ)	(リ)	(ヌ)	(ル)	(ヲ)	(ワ)	(カ)	豫備(ヨ)	豫備(タ)	列車記號

備考

三　列車記號ノ區畫中豫備ト朱書セルハ豫備列車トス但軍用ニ使用セサルトキハ公共交通ニ使用スルヲ得

二　表中人ト朱書セルハ人員ノ給養、人馬ト朱書セルハ人員及馬匹ノ給養ヲ行フ時刻ヲ示ス

一　發着時刻ヲ示ス分ノ數字ノ下方ニ黒線ヲ附シタルモノハ午後六時ヨリ翌日午前五時五十九分ニ至ルマテノ夜間ノ時刻ヲ示ス

仙台～宇品間の軍用列車時刻表
【1904 年　日本陸軍？】

東京～銚子
（1926 年）

今では想像もつかない長距離路線が存在

「東京」という名がついているのに所在地は実は「千葉県」の浦安市という小ネタがある某巨大テーマパーク。元々このあたりは東京湾の干潟で、そこを埋め立ててこうしたレジャー施設などが出来たことは有名である。しかし、ここがまだ海だった明治・大正の時代、東京から千葉や茨城方面への船便があり、この辺りを蒸気船が頻繁に往来していたということをご存知であろうか？

学校で習った通り、日本の河川の多くは短くて急流で、長距離の河川交通にはあまり向かないと言われている。それと対象的なのがヨーロッパで、ライン川やドナウ川は中央ヨーロッパの各国をつなぐ動脈として今も活躍中。しかし日本でも、鉄道がまだあまり発達していなかった昔、平野部の河川は人や物の輸送に無くてはならない運搬路として使われていた。関東には坂東太郎の異名で知られる利根川や、そこから分かれて東京湾に注ぐ江戸川、また、茨城県には水郷として有名な霞ヶ浦や北浦などの大きな湖沼があり、昭和初期まで水上交通ルートとして活用されていたのだ。

この利根川水系の水上交通は、今では思いもつかないような長距離のコースだった。たとえば、東京～銚子線や東京～新波線（現在の栃木県藤岡市）など。銚子航路は、当時の時刻表によるとこんなルートだった。両国を午後 3 時に出発（注）。東京湾沿岸を進み、東京と千葉の境・市川へ。ここまでにすでに日は落ちて、市川は午後 9 時の出航。ここからは江戸川を遡っていく。松戸へ寄航ののちさらに進むと、この水上交通を支えた重要な場所に行き当たる。それが利根運河。これがあるからこそ、江戸川筋から利根川への容易な往来が可能となり、こうした長距離航路が成立し得た

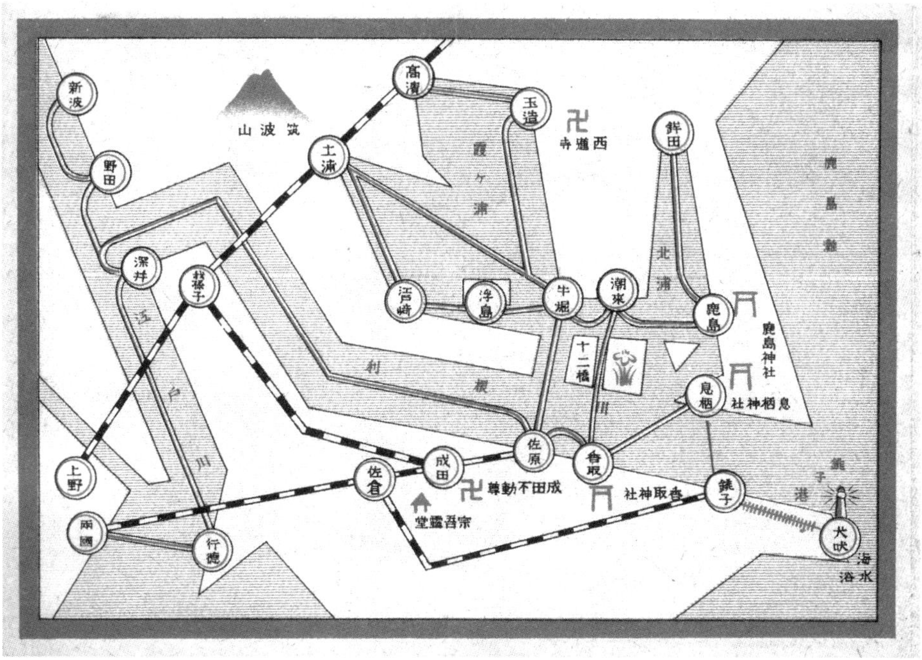

江戸川・利根川筋の航路図
（1920 年頃？　銚子汽船・東京通船発行の「水郷案内」パンフレットより）

といっても良い。

利根運河は、現在の千葉県流山市と柏市（実際は茨城県守谷市との県境）を結ぶ全長 8.5 キロの運河で、1890 年 6 月に竣工。これがない時代は、さらに上流にある江戸川と利根川の分岐点まで行くか、野田の近辺で荷物を積み替えて陸路を利根川の川岸まで向かうしかなかった。しかし、上流へ向かうと川が狭くなり、洲もあって、大型船の安定した通行は困難。そこで、中流に運河を掘削し、大型船の通行を容易にしたのである。まさに「東洋のパナマ運河・スエズ運河」なのだ（ちょっとオーバー）。東京～銚子間の直行便も、この運河の開通後、1895 年に登場した。

銚子行き航路も深夜の利根運河へ入り、日付が変わって午前 2 時に利根川筋の取手に到着する。あとはひたすら利根川を下っていき、朝を迎えて水郷の佐原・香取に寄航。終点の銚子へは昼前にようやく到着する。

土浦玉造間

玉造發	6.00	土浦發	2.00
志戸崎〃	6.30	木原〃	2.40
木原〃	7.20	志戸崎〃	3.30
土浦着	8.30	玉造着	4.30

江戸崎土浦間

江戸崎發	7.00	土浦發	3.00
土浦着	10.00	江戸崎着	6.00

浮島佐原間

浮島發	7.00	佐原發	2.00
佐原着	11.30	浮島着	6.30

東京行徳間

四月一日ヨリ九月三十日迄ノ間
高橋午前五時三十分ヨリ午後七時三十分迄　行徳午前五時ヨリ午後六時迄相互一時間毎ニ發船ス
但高橋午後七時三十分發ハ浦安迄トス

十月一日ヨリ翌年三月三十一日迄ノ間
高橋午前六時ヨリ午後七時迄行徳午前五時三十分ヨリ午後五時三十分迄相互一時間毎ニ發船ス
但シ高橋午後七時發ハ浦安迄トス

原發地高橋ヨリ浦安迄一時間三十分終著地行德迄ハ二時間ヲ要ス

東京新波間（上川）

兩國	發	5.00
市川	〃	9.20
松戸	〃	10.25
深井	〃	1.30
境		7.14
栗橋	〃	9.25
古河	〃	10.35
新波	着	11.35
新波	發	7.00
古河	〃	8.00
栗橋	〃	9.40
境	〃	10.00
深井	〃	12.36
松戸	〃	1.49
市川	〃	2.20
兩國	着	5.40

御注意　表中細字ハ午前、太字ハ午後ヲ示ス

東京銚子間（下川）

兩國	發	3.00
市川	〃	9.00
松戸	〃	11.03
深井	〃	12.30
取手	〃	2.42
木下	〃	3.54
佐原	〃	7.3
香取	〃	7.44
小見川	〃	8.40
銚子	着	11.20
銚子	發	4.00
小見川		7.25
香取		8.16
佐原		9.17
木下		2.20
取手		4.30
深井		7.45
松戸		9.05
市川		9.34
兩國	着	12.29

東京から利根川方面への航路時刻表
左下には、東京～行徳間の東京湾沿岸航路の案内も見える

鉄道の開業とともに衰退

この、一晩を船中で過ごす20時間の長旅に使われていた船はどんなものだったのだろうか？　この資料をはじめ、筆者の手元にある当時の資料には船の写真や船旅の様子は書かれていないが、他の文献によると、「通運丸」シリーズとよばれる外輪蒸気船が使われていたようだ。その姿は、わらじに外輪と煙突を付けたようなもので、お世辞にもスマートで格好の良いものではないが、それまでの風任せの帆掛け舟と違って、蒸気動力で力強く川を上る通運丸は、明治時代初期の文明開化の象徴として世の注目を集めたという。ちなみに通運丸とは、この船を運航した会社である内国通運（のちの日本通運）に由来している。もっとも、内国通運は1919年にこれら通運丸シリーズを東京通船という会社に売却しており、ここで紹介した資料も東京通船のものだ。

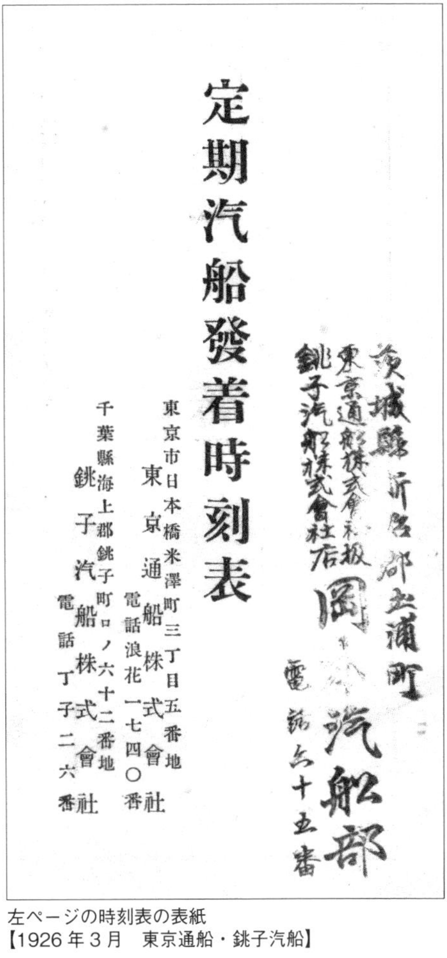
定期汽船發着時刻表
東京市日本橋米澤町三丁目五番地
東京通船株式會社
電話浪花一七四〇番
千葉縣海上郡銚子町ロノ六十二番地
銚子汽船株式會社
電話銚子二六番

左ページの時刻表の表紙
【1926年3月　東京通船・銚子汽船】

さて、利根川筋の航路の当時の風物のひとつが、沿岸旅館である。『水郷案内』と題された小さなパンフレットには、佐原や潮来など、利根川沿岸の旅館一覧が載っていた。昼は船に揺られ、夜は宿に泊まりながら、のんびりとした鹿島詣の旅路がしのばれる。

ところで、利根川水系の航路の仲間として東京（高橋）～行徳間のシャトル航路というのもあった。朝から夜まで、双方から1時間おきの出航。高橋とは、墨田川に注ぐ運河・小名木川沿いにある場所で、地下鉄の駅で言うと都営大江戸線の「清澄白河」駅前と思っていただけると良い。ここは「深川めし」で有名な深川地区で、まさに江戸東京のディープな下町である。ここから浦安経由行徳までは2時間の船旅。もしも今、こんな航路があったら、きっとウケるのではないだろうか？

明治初期から活躍した利根川筋の水上交通であるが、20世紀に入る前後の頃、千葉・茨城両県に次々と鉄道が開通すると、航路は急速に縮小の道を辿ることとなった。そして1920年代になると遂に東京からの長距離航路は姿を消し、霞ヶ浦や鹿島周辺の遊覧船へと姿を変えていった。

その20世紀も終わりになると、自然にやさしい水上交通が見直され、江戸川や荒川に水上バスを走らせる試みも行われるようになった。もっとも、かつてのような長距離ではなく、東京湾周辺のレジャー施設を結ぶ程度。しかし、利用者数が伸び悩み、現在は運航が停止されている。古きよき時代の片鱗を楽しめる貴重な航路だったが、残念なことである。

(注) 時刻表は、細字が午前・太字が午後で表記されている。両国発は細字で書かれているため、「午前」3時となるが、別資料で調べたところ「午後」3時となっており、そちらを採用した。この時刻表は他にも午前と午後が逆転していると思しき箇所がいくつもあり、注意が必要。

文化人にも愛された「高原のカブトムシ」

軽井沢〜草津温泉

(1939 年)

90 年前にもあった「規制緩和」

リゾート地・軽井沢の玄関口である JR 軽井沢駅の隣に、「(旧) 軽井沢駅舎記念館」という資料館がある。かつて避暑に訪れる内外の人々で賑わった軽井沢駅の昔の駅舎を再現し、ここを中心とする鉄道の歴史に関する資料展示を目的とした施設なのだが、この館外には奇妙な形をした小さな電気機関車が保存されている。横からみるとL字型をした車体。運転席の上に角のように高くそびえるパンタグラフ。遊園地の乗り物か?と思いきや、これは、かつて軽井沢から草津温泉を結んでいたローカル私鉄である草軽電気鉄道で使われていて、そのユニークな形から「カブトムシ」との異名をもつ電気機関車だ。「かつて」と書いた通り、この鉄道は随分前にすでに廃止となり、現存していない。

草軽電気鉄道は元々、草津電気鉄道という名前で 1915 年に最初の区間が開業。この鉄道が開業した大正初期は、日本各地で地方鉄道の新設が相次いだ時代だった。それまで、私鉄を建設するにはさまざまな厳しい基準が要求されていたのに対し、「軽便鉄道法」の制定によって、規制が緩やかになったのがその一因であった。少し前に盛んに話題となった"規制緩和"は、90 年前にも存在したのである。

軽井沢関係の交通機関時刻表
【1939 年 7 月　軽井沢町観光課】

同社は開業後、路線を順次延ばし、1926 年には軽井沢から草津温泉に至る全線が開業。以来、高原列車として一般の観光客のみならず、たとえば若山牧水の『みなかみ紀行』など、当時の文人によって文学作品の中でもしばしば触れられるまでの名物となった。また、戦後になると数々の映画にも登場し、その中には日本初の「総天然色映画」(つまりはカラー映画) という記念碑的作品の『カルメン故郷へ帰る』も含まれている。

さて、草津電気鉄道の走る軽井沢は明治以降、日本に滞在する外国人宣教師が別荘を建て始め、避暑地として内外に名を知られていた。やがて、三笠ホテルやゴルフリンクも建設され、一大リゾート地となっていく。当時、軽井沢町観光課は、軽井沢周辺の交通機関の時刻を掲載した「軽井沢交通案内」というパンフレットを作成・配布していたが、これには日本語と英語が併記され、国際色豊かな香りが漂っていた。

ではこのパンフレットの内部に目を移してみよう。当然のことながら草軽電気鉄道（1939 年に草津電気鉄道から改称）の時刻表も掲載されている。これによると、全線を通して走る 7 往復の定期列車のほか、1 往復の季節列車、そして新軽井沢から北軽井沢までは夏季臨時列車「北軽急行」

輕　井　澤――草　津　間　電　車

下　　り　　(DOWN)

		準急				季節	準急						季節	
新輕井澤	Sinkaruizawa …	5.25	8.35	9.00	11.15	0.04	**0.20**	**1.45**	**3.40**	**4.20**	**5.25**	**6.55**	**7.45**	草
舊　道	Kyudo……………	5.28	8.39	9.03	11.19	（七月二十日｜九月五日北輕急行）↓	**0.23**	**1.49**	**3.44**	**4.24**	**5.29**	**6.59**	**7.49**	上
舊輕井澤	Kyukaruizawa…	5.30	8.41	9.05	11.22	↓	**0.25**	**1.52**	**3.46**	**4.26**	**5.31**	**7.03**	**7.51**	北
小瀬温泉	Koseonsen ………	5.33	9.11	9.32	11.50	↓	**0.48**	**2.19**	**4.15**	**4.52**	**5.58**	**7.29**	**8.21**	國
長日向	Nagahinata ……	↓	9.18	止 —	11.58	↓	↓	**2.27**	**4.24**	止 —	**6.06**	**7.36**	**8.29**	長
國境平	Kokkyodaira……	↓	9.33	—	**0.12**	↓	↓	↓	↓	—	**6.21**	**8.00**	**8.43**	小
北輕井澤	Kitakaruizawa…	6.36	9.58	—	**0.34**	**1.13**	**1.31**	**3.04**	**5.01**	—	**6.47**	**8.26**	**9.09**	舊
上州三原	Mihara …………	7.09	10.37	—	**1.07**	—	**2.06**	**3.40**	**5.34**	—	**7.23**	**8.59**	**9.46**	舊
草津温泉	Kusatuonsen……	7.59	11.34	—	**2.00**	—	**2.54**	**4.37**	**6.29**	—	**8.16**	止 —	**10.38**	新

○自七月二十日至九月十日上表以外に新輕井澤、舊輕井澤間自午前九時五分至午後九時二十分毎に

SEASON OPERATION　From JULY 20th to SEPTEMBER 10th From a.m. 9.05

前ページの時刻表の内部
軽井沢〜草津間の草軽電気鉄道の夏季時刻表

上　野――沓　掛　間　列　車

N.R.W. time table (Ueno Kutukake)

（高原）自七月十五日至九月十日毎日運轉
（涼風）自七月十五日至八月廿六日毎週末運轉

下　　り　　(DOWN)

			高崎發	準急						急行				準急高原	週末準急涼風
上　野發	Ueno (D)…………	6.25	6.32	8.30	8.40	10.55	**0.30**	**3.05**	**5.40**	**9.00**	**9.45**	**10.55**	**11.50**	8.10	**3.00**
輕井澤着	Karuizawa (A)…	10.53	8.20	11.59	**1.21**	**3.08**	**5.08**	**7.28**	**9.21**	0.31	2.12	3.47	5.08	11.32	**6.37**
沓　掛着	Kutukake (A)……	11.07	8.46	**0.11**	**1.32**	**3.22**	**5.19**	**7.39**	**9.33**	—	2.32	3.59	5.20	11.43	**6.52**
														季節	季節

上　　り　　(UP)

			急行						準急					準急高原
沓　掛發	Kutukake (D)……	—	—	6.32	8.09	9.52	11.44	**2.10**	**3.27**	**4.59**	**7.16**	**9.04**	0.10	**3.11**
輕井澤發	Karuizawa (D)…	3.03	3.44	6.50	8.20	10.09	11.56	**2.24**	**3.44**	**5.12**	**7.34**	**9.18**	0.45	**3.25**
上　野着	Ueno (A)…………	7.30	7.00	10.25	**0.20**	**2.15**	**3.33**	**6.47**	**6.58**	**9.18**	**11.45**	高崎止 —	5.05	**6.51**

Fares		2nd Class	3rd Class
	Karuizawa—Ueno …………	¥ 4.26	¥ 2.13
	Kutukake—Ueno …………	¥ 4.36	¥ 2.18

同じく前ページの時刻表の内部
上野から軽井沢への信越線時刻表

がノンストップ69分で走っていた。欄外には、『新軽井沢～旧軽井沢間に20分おきに「白樺」電車運転』とあり、その名前が高原の爽快さを誘う。なお、この資料には特に記載がないのだが、当時は窓の部分を素通しにした納涼客車も運転されていたという。他に、上野から沓掛（現在の中軽井沢）までの信越線の時刻も掲載され、ここにも「高原」「涼風」といった夏らしい名前の臨時列車が見られる。

戦争の影、そして苦難の連続だった晩年

しかし、時代が戦時体制に傾斜していくと、多くの文人の心をとらえ、また豊かな国際色を誇った軽井沢の戦前黄金時代は黄昏を迎える。「軽井沢交通案内」には、楽しい夏の旅をうかがわせる記述の一方で、『旅の恥はかき捨て式の悪戯は、日本国民として断然排撃すべきである。戦地に日本精神、銃後に公徳ありて日本の文化は輝く』といった厳しい標語も踊るようになっていた……。

戦後、再び平和な時代が訪れると、軽井沢にはまた人々の賑わいが戻ってきた。1950年代末には、皇太子（今上天皇）ご成婚にまつわる「テニスコートの出会い」で再び軽井沢が脚光を浴びる。しかし皮肉なことに、草軽電気鉄道にとっては苦難の連続だった。現在のJR吾妻線が1945年に開業。草津温泉へのアクセスに新たなルートが登場したのである。また、軽井沢周辺へは東京から直通バスも走るようになり、もはや地方の小さな軽便鉄道が採算を維持するのは難しかった。こういう時は悪いことが続くもので、台風で鉄橋が流されてしまうという被害も出た。もはや力尽きたかのように、草軽電気鉄道は1962年2月に全線が廃止され、人々に愛された高原列車は半世紀の歩みにピリオドを打ったのである。

今日では、最初に触れた電気機関車と、特徴ある寺社風建築の北軽井沢駅舎が、当時を偲ぶ生き証人として大切に保存されている。なお、現在軽井沢周辺で路線バスを運行している草軽交通は、この鉄道の後身である。

一緒に座っているだけなの？ 日本初のキャビンアテンダント誕生

東京～下田
（1932 年）

それでも志願者が殺到した最先端の職業

羽田空港から西へ向かう便に乗ると、約 10 分で伊豆箱根のあたりの上空を通る。離陸してたった 10 分の飛行なので、まだまだ旅も始まりという感じであるが、戦前、このわずかな距離に、航空便が飛んでいた時代があったのだ。

大正時代、東京・蒲田に日本飛行学校というパイロット養成学校が設立された。同社はサイドビジネスとして、1929 年より定期航空輸送事業にも乗り出す。なにせ、パイロット養成学校だから、パイロットや飛行機の調達にも困らない。この時に開設されたのが、東京（鈴ヶ森）～下田線だった。鈴ヶ森というのは品川に近い大森にある地名で、江戸時代には刑場があったことでも知られている。なぜ有名な羽田からの発着ではなかったのか？　答えは簡単で、まだ羽田空港は開港していなかったから。羽田空港が出来たのは 1931 年 8 月のことであった。東京～下田といえば、次に触れる大阪～城崎間の航空路線と同じく、温泉地への路線ということが奇しくも共通している。当時の裕福な人々がこぞって乗ったのであろうか？

下田までの航空路を開設した後、同社は 1930 年に社名を東京航空輸送株式会社に変え、翌年

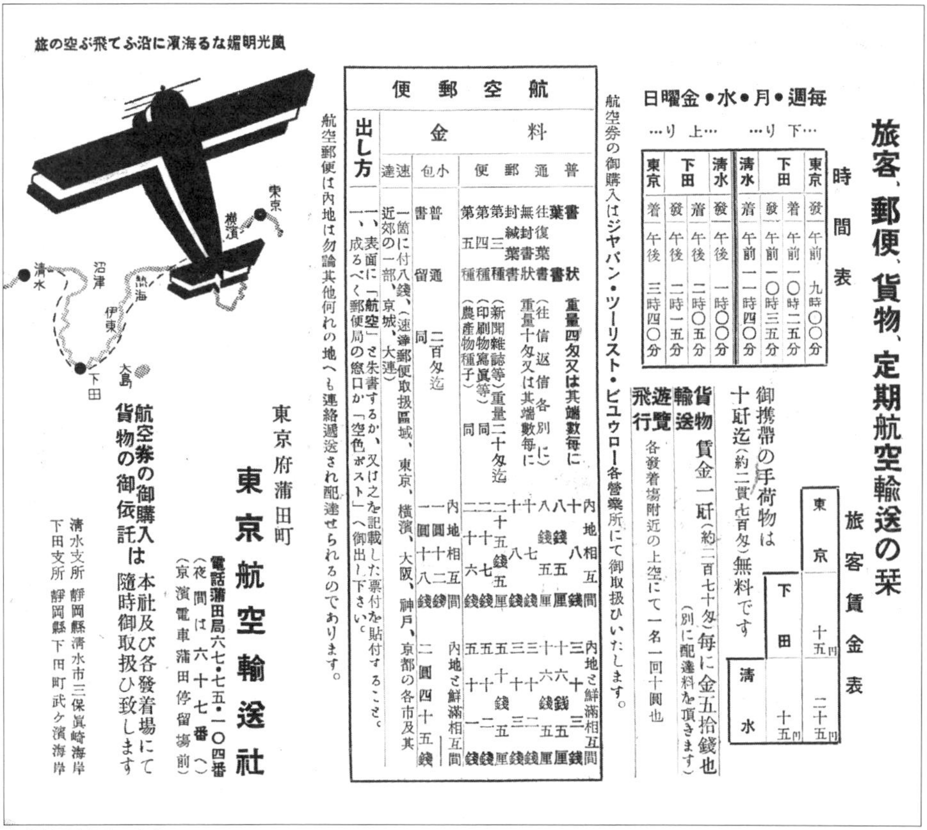

東京航空輸送の案内パンフレット
【1932 年頃　同社発行】

の1931年には路線を静岡県の清水まで延長する。このとき東京航空輸送は、民間航空の草創期にふさわしい、ある「日本初」の事跡で有名になった。それはキャビンアテンダント（当時は「エアガール」という名称だった）を乗せたということ。これは、当時、国策会社として民間航空の中心的存在であった日本航空輸送にエアガールが乗るようになる5年以上前であり、海外の同じような例と比べても時期的に遜色のないものだった。ちなみに、世界初のキャビンアテンダントは、1930年にユナイテッド航空が採用した8名で、いずれも看護婦の資格を持っていたという。飛行機酔いになった人に対して医学的な対処を施してくれたのだろうか？　当時の航空旅行は、看護婦つきでなければ安心できないほど、まだ冒険的な体験だったということかもしれない。

もっとも、東京航空輸送が使っていた単発・複葉の小型機では、現在のように通路を行き来して新聞や機内食を配るという訳にはいかず、単にお客と一緒に座っていろいろと案内をするといった、お座敷のコンパニオン状態だったようだ。実はこの飛行機には最大4人が乗れるのだが、エアガールが同乗するとそれで席をひとつ取ってしまうため、お客を3人に減らさなければならなかったという。こんなパッとしないものであったが、わずか3名の募集に対してなんと141名が志願したというから、相当な競争率と言える。キャビンアテンダントが人気の職業であることは今も昔も変わらないようだ。

機上でかいがいしくサービスにいそしむ現代のキャビンアテンダントは、自らのルーツが、羽田離陸後わずか10分で通過する区間にあったとは思いもよらないことだろう。東京から下田までは東京航空輸送では1時間25分かかった。今で言えば東京〜広島といった感じ。しかし、同じ時間でもサービスの密度はかつての何倍もあるに違いない。それだけ、航空界は長足の進歩を遂げたのである。

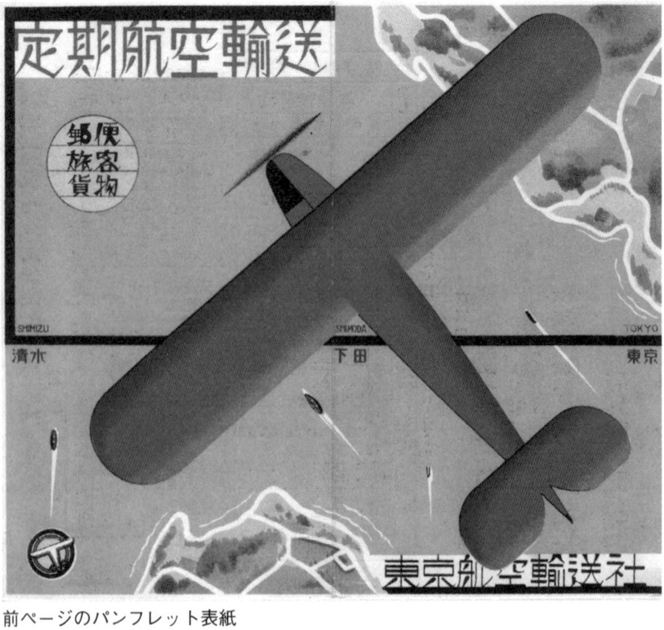

前ページのパンフレット表紙

地域密着エアラインを作ってしまった
“カニと温泉のまち”

大阪～城崎
(1932 年)

きっかけは“地域おこし”？

城崎に程近い「コウノトリ但馬空港」。大阪・伊丹空港からの便がたまに発着するだけの、ローカル空港中のローカル空港だが、その空港ターミナルには古めかしい複葉機のレプリカが飾られている。それは、かつてこの地に存在したベンチャー精神あふれる民間航空会社・日本海航空が使っていた機体を再現したものだ。同社は 1931 年 7 月、山陰の有名温泉街・城崎の地に設立された。この仕掛け人は城崎町の元町長。世界的にみてもまだ興隆途上にあった民間航空会社をおらが町に作ってしまうことで但馬地方、ひいては山陰の振興を期待したのである。

民間航空の草創期には、今では考えられないような区間に航空路線が開設されていたことが往々にしてあったが、同社の路線も多聞に漏れず、なんと大阪（木津川飛行場）～城崎間という短距離がメインだった。運航は土・日に絞られていたが、これはやはり温泉客をメインのターゲットとしていたからであろう。大阪～城崎間の所要時間は 90 分、運賃は大人 12 円だった。ちなみに当

日本海航空の大阪～城崎線案内パンフレット
【1932 年頃　同社発行】

時､米10キロが約2円であったことと比較すると、まあ誰でも乗れたものではないにせよ、極端に高すぎるとも言えないのではないだろうか。

なお、定期航空の合間には遊覧飛行や天の橋立への飛行も行い、風光明媚な山陰の海と山を空から一望できるとあって好評を博した。これらに使われたのが、コウノトリ但馬空港にレプリカが展示されている三菱MC-1型旅客機だった。地上に離着陸するための車輪の代わりにフロートを取り付けて水上機とし、城崎近辺を流れる円山川の水面を飛行場がわりに使って運航されていた。

やがて大阪～城崎線は延長され、山陰の中心都市・松江にも達する。そうして順風満帆に発展を続けるかと思えた同社であるが、航空会社を集約する国の方針に則り、他の民間航空会社と同じく、第二次大戦前に国策会社である日本航空輸送に主要路線を召し上げられる形でその屋台骨を失い、あえなく消滅してしまった。わずか10年にも満たない短い活躍だった。

それ以来、但馬の地は長らく航空からは縁遠い日々が続いたが、1994年5月、豊岡市にコウノトリ但馬空港が開港。歴史は繰り返すという言葉通り、このときに大阪と但馬を結ぶ航空路は半世紀以上の歳月を経て復活し、今に至っている。

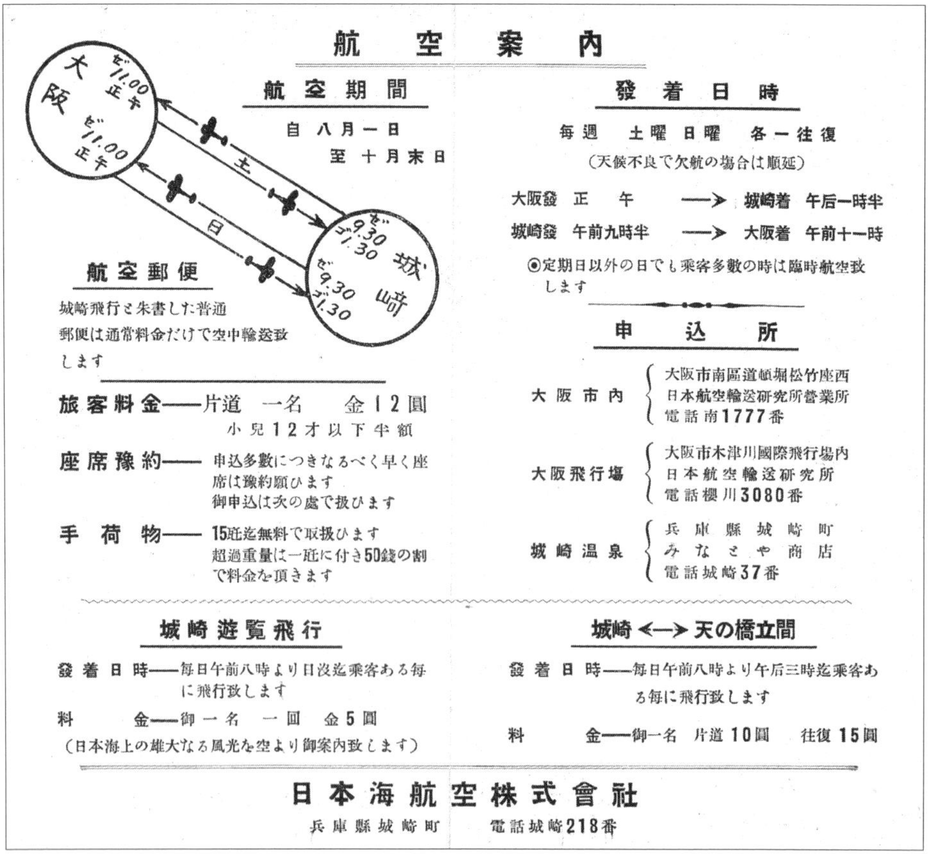

航空案内

航空期間

自 八月一日
至 十月末日

大阪 ゼ11.00 正午 ゼ11.00 正午

土

日

城崎 ゼ9.30 ゴ1.30 ゼ9.30 ゴ1.30

航空郵便

城崎飛行と朱書した普通郵便は通常料金だけで空中輸送致します

旅客料金――片道 一名 金12圓
小兒12才以下半額

座席豫約―― 申込多數につきなるべく早く座席は豫約願ひます
御申込は次の處で扱ひます

手荷物―― 15瓩迄無料で取扱ひます
超過重量は一瓩に付き50錢の割で料金を頂きます

發着日時

每週 土曜 日曜 各一往復
（天候不良で欠航の場合は順延）

大阪發 正 午 ――> 城崎着 午后一時半
城崎發 午前九時半 ――> 大阪着 午前十一時

◉定期日以外の日でも乘客多數の時は臨時航空致します

申込所

大阪市内 ｛大阪市南區道頓堀松竹座西 日本航空輸送研究所營業所 電話南1777番
大阪飛行場 ｛大阪市木津川國際飛行場内 日本航空輸送研究所 電話櫻川3080番
城崎温泉 ｛兵庫縣城崎町 みなさや商店 電話城崎37番

城崎遊覧飛行

發着日時――毎日午前八時より日沒迄乘客ある毎に飛行致します
料 金――御一名 一回 金5圓
（日本海上の雄大なる風光を空より御案内致します）

城崎 <―> 天の橋立間

發着日時――毎日午前八時より午后三時迄乘客ある毎に飛行致します
料 金――御一名 片道10圓 往復15圓

日本海航空株式會社
兵庫縣城崎町 電話城崎218番

前ページのパンフレットの内部
大阪～城崎間の定期航空路線のほか城崎周辺や天橋立方面への遊覧飛行も行っていた

葬場殿仮停車場〜桃山
（1914/40 年）

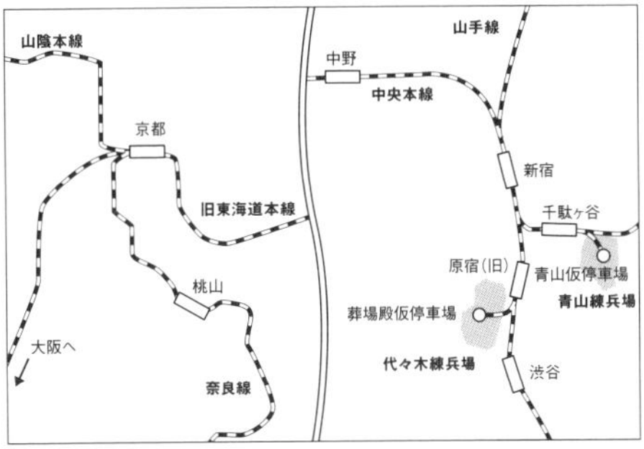

出発は葬儀用に設置された仮駅から

トップアスリートたちが熱い戦いの火花を散らす国立競技場。各種の競技場や体育館が点在する神宮一帯は奇しくも「戦い」には縁がある場所だ。かつてそこは日本軍の軍事演習スペースだった。青山練兵場や代々木練兵場と称するその広大な敷地は演習だけではなく、時として国家的イベントの会場ともなった。もっとも、ここでいう国家的イベントとは、おめでたい話ではない。それは「皇室の葬祭」。つまりは天皇や皇后が亡くなった折に大喪を行う葬儀場として使われたのである。

練兵場で大喪が行われたのは3 回。初回は明治 30 年に明治天皇の実母である英照皇太后。2 回目は大正元年、3 回目は大正 3 年のことだったが、それぞれ明治天皇本人とその皇后（昭憲皇太后）。2 回目までは青山、3 回目が代々木での実施で、現在、代々木公園には葬儀場跡の記念碑も建っている。ちなみに、大正天皇や昭和天皇の大喪は新宿御苑で行われた。

かつて大喪の際には葬儀場に仮設の駅が造られ、そこから柩を搭載した特別運転の「霊柩列車」が永遠の安らぎの地である京都・桃山へ向けて出発していった。昭憲皇太后大喪の際には原宿駅から分岐する引込み線に「葬場殿仮停車場」が造られ、霊柩列車と 2 本の随行員用列車を横付けするホームが仮設された。ちなみに、青山で実施の場合には、千駄ヶ谷駅付近からの引込み線に青山仮停車場が設けられた。

「霊柩列車」が葬場殿仮停車場を発つのは丑三つ時も近い午前 2 時丁度。実際はその 15 分前に随行列車（供奉列車）の第一便が出発し、逆に 15 分後に随行列車の第二便が発車して行った。昭憲皇太后大喪の際、随行員に配布された「霊

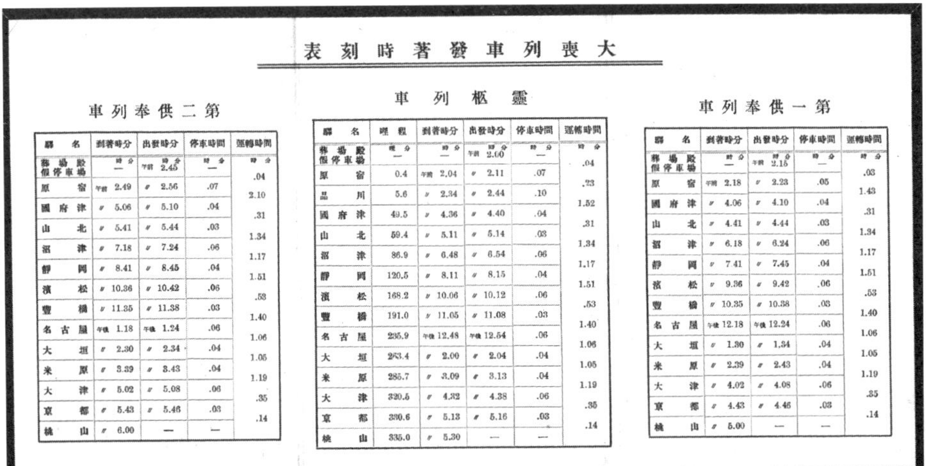

大喪列車發著時刻表

第一供奉列車

驛名	到著時分	出發時分	停車時間	運轉時間
葬場殿假停車場	—	午前 2.15	—	.03
原宿	午前 2.18	〃 2.23	.05	1.43
國府津	〃 4.06	〃 4.10	.04	.31
山北	〃 4.41	〃 4.44	.03	1.34
沼津	〃 6.18	〃 6.24	.06	1.17
靜岡	〃 7.41	〃 7.45	.04	1.51
濱松	〃 9.36	〃 9.42	.06	.53
豐橋	〃 10.35	〃 10.38	.03	1.40
名古屋	午後 12.18	午後 12.24	.06	1.06
大垣	〃 1.30	〃 1.34	.04	1.05
米原	〃 2.39	〃 2.43	.04	1.19
大津	〃 4.02	〃 4.08	.06	.35
京都	〃 4.43	〃 4.46	.03	.14
桃山	〃 5.00	—	—	

靈柩列車

驛名	哩程	到著時分	出發時分	停車時間	運轉時間
葬場殿假停車場	—	—	午前 2.00	—	.04
原宿	0.4	午前 2.04	〃 2.11	.07	.23
品川	5.6	〃 2.34	〃 2.44	.10	1.52
國府津	49.5	〃 4.36	〃 4.40	.04	.31
山北	59.4	〃 5.11	〃 5.14	.03	1.34
沼津	86.9	〃 6.48	〃 6.54	.06	1.17
靜岡	120.5	〃 8.11	〃 8.15	.04	1.51
濱松	168.2	〃 10.06	〃 10.12	.06	.53
豐橋	191.0	〃 11.05	〃 11.08	.03	1.40
名古屋	235.9	午後 12.48	午後 12.54	.06	1.06
大垣	253.4	〃 2.00	〃 2.04	.04	1.05
米原	285.7	〃 3.09	〃 3.13	.04	1.19
大津	320.5	〃 4.32	〃 4.38	.06	.35
京都	330.6	〃 5.13	〃 5.16	.03	.14
桃山	335.0	〃 5.30	—	—	

第二供奉列車

驛名	到著時分	出發時分	停車時間	運轉時間
葬場殿假停車場	—	午前 2.45	—	.04
原宿	午前 2.49	〃 2.56	.07	2.10
國府津	〃 5.06	〃 5.10	.04	.31
山北	〃 5.41	〃 5.44	.03	1.34
沼津	〃 7.18	〃 7.24	.06	1.17
靜岡	〃 8.41	〃 8.45	.04	1.51
濱松	〃 10.36	〃 10.42	.06	.53
豐橋	〃 11.35	〃 11.38	.03	1.40
名古屋	午後 1.18	午後 1.24	.06	1.06
大垣	〃 2.30	〃 2.34	.04	1.05
米原	〃 3.39	〃 3.43	.04	1.19
大津	〃 5.02	〃 5.08	.06	.35
京都	〃 5.43	〃 5.46	.03	.14
桃山	〃 6.00	—	—	

昭憲皇太后霊柩列車の時刻表
【1914 年 5 月】

柩列車時刻表其他注意書」から霊柩列車の時刻を辿ってみよう。大正 3 年 5 月 25 日午前 2 時に仮停車場を出発した 7 両編成の霊柩列車は、4 分後にまず原宿に停車。そして品川を経由して深夜の東海道へ走り出す。御殿場で朝を迎え、名古屋への到着は昼 12 時 48 分。そして京都に 17 時 13 分に到着し、ここから奈良線へ乗り入れる。京都から 2 駅先の終点・桃山到着は 17 時 30 分のこと。桃山に到着した霊柩列車からは柩が降ろされ、御陵への道をゆっくりと歩んでいくのである。

なお、皇室関係の駅というのは葬場殿仮停車場だけではない。現在の原宿駅の北側には、大きな屋根のかかった側線があるが、これは「原宿宮廷駅」と呼ばれ、皇族が専用列車で発着される専用の施設である。また、中央線高尾駅の手前にはかつて東浅川という駅が設けられ、大正天皇の霊柩列車が発着したほか、昭和天皇の即位の大礼の際には大正天皇陵への墓参にも使われた（原宿～東浅川間に御召列車が運転された）。

軍国の中の祝祭──紀元 2600 年

明治天皇の眠る桃山御陵が、一躍脚光を浴びた

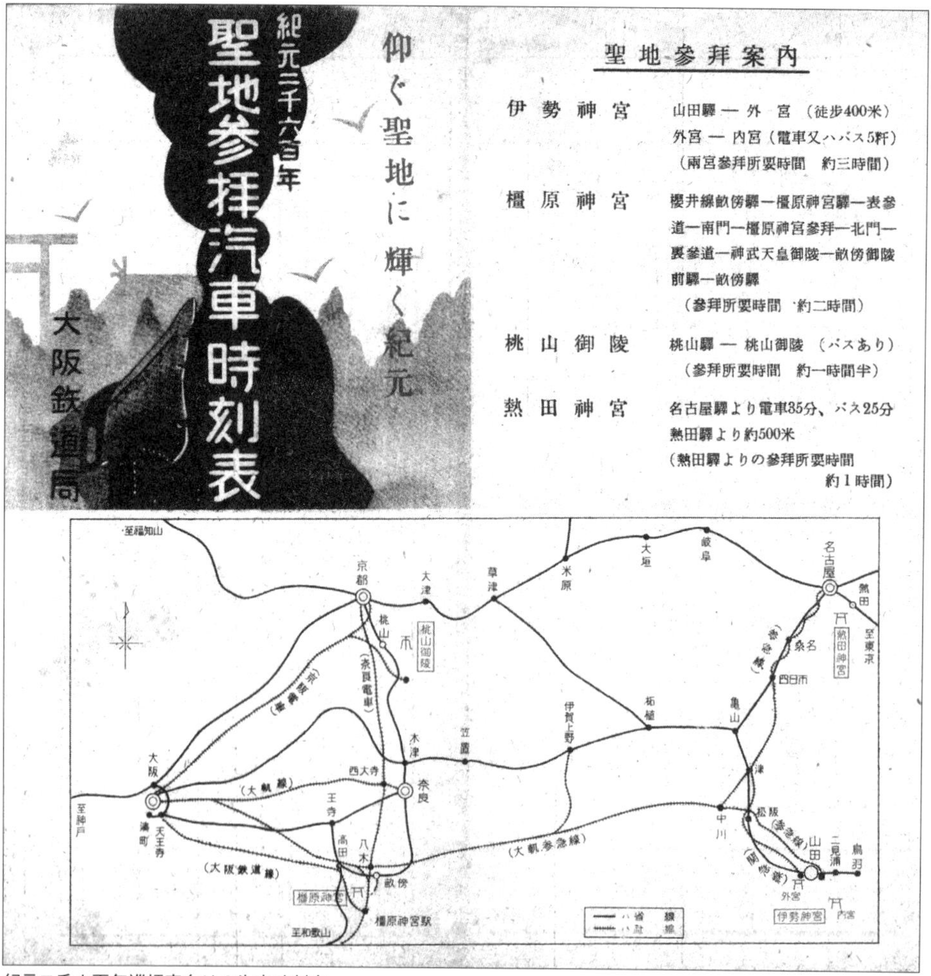

紀元二千六百年巡拝客向けの汽車時刻表
【1940 年　鉄道省・大阪鉄道局】

年がある。それは1940年のこと。明治時代以降、神武天皇の即位を元年とする「皇紀」が採用されると、1940年は皇紀では丁度2600年目の節目にあたっていた。これを機に、皇国賛美の精神を高揚させるような催しやキャンペーンが盛り上げられ、神武天皇を祭る橿原神宮や、先述の桃山御陵といった、皇室関連の史跡への参拝が奨励されたのである。

そうした史跡の多くは近畿地方に点在しているが、それらを巡拝する旅行者の便宜をはかって簡単な時刻表も発行された。『聖地参拝汽車時刻表』と題された表紙には、この時刻表の目的を象徴するように神宮の神明鳥居が描かれ、その脇には『仰ぐ聖地に輝く紀元』というキャッチコピーが踊る。中央を驀進してくる蒸気機関車は、C53かC55だろう。SLにしては変わったスタイルをしているのにお気づきかもしれないが、1935年頃、高速化を目指して流線型のカバーが取り付けられたもので、日本のモダンさを強調するプロパガンダのようにも見える。ただし、せっかく流線型にしても、SLの速度くらいでは実際には大して効果はなかったようだ。

この時刻表は鉄道省の発行ながら、私鉄である大軌線（大阪電気軌道）や関西急行鉄道の時刻も掲載されている点が特徴的。大阪・京都・奈良から、桃山や橿原神宮・畝傍方面、もう少し遠いところでは、名古屋方面（熱田神宮）や山田方面（伊勢神宮）への連絡時刻が載っていた。こうした史跡へのアクセスを担う鉄道各社は割引切符を多数発行して利用を呼びかけたが、そうした甲斐もあったのか、この年の橿原神宮への参拝者は延べ1000万人にも上ったといわれる。

紀元2600年を記念し、東京で万博やオリンピックといった大きな国際イベントも企画されたが、前年にはヨーロッパで第二次大戦の火蓋が切られ、アジアでも日中戦争が3年目に入って世の中が戦時色を増す中、それらは幻に終わることとなる。国際的にはパッとしなかったが、紀元2600年をめぐって日本中を挙げて演出された祝祭ムードは、重苦しさを増す世相の中では一時の休息にも作用した。しかしその一方で、国民が巧みに国家主導の流れに取り込まれていくという、時代を象徴した暗さも同時に秘めていたといえるのではないだろうか。

奈良～大阪港
(1936 年)

見物のための臨時列車を運転

1936 年 10 月 29 日朝、「昭和十一年度特別大演習」の最後を飾る観艦式が、大阪湾の神戸沖で挙行された。観艦式とは、軍の総司令官である天皇が、隊列航行する各艦艇を海上で閲兵する行事で、この時は通算 17 回目・昭和時代では 5 回目となるものである。この日、神戸沖には当時の帝国海軍の主要艦艇が大集結。昭和天皇は、御召艦「比叡」艦上で、日本の海軍力の威容を観閲した。

観艦式は、多数の艦艇が集合し、その上空を航空機が編隊飛行するなど、壮観な眺めが見られたほか、夜間は軍艦に一斉電飾も行われたので、今ほど娯楽の多くなかった戦前には、一般人も観覧に詰めかけた大イベントである。軍艦の姿をあしらった記念の絵葉書が多数売り出され、沿線の鉄道やバスも記念乗車券を発行してその祭典を盛り上げた。

観艦式の隊列航行は朝から挙行されたため、観覧する人々は未明に大阪湾沿いに押しかけてきた。そうした観覧者をさばくために大増発された臨時列車の時刻表が発行・配布されたが、それによると、関西本線の奈良や王寺から大阪港への直通臨時列車が運転されたことがわかる。大阪港は普段、貨物列車しか乗り入れていなかったが、この時は特別に天王寺の隣・今宮駅から先、通常は旅客列車が運転されない大阪港の臨港線に臨時列車が乗り入れたようだ。脚注によると、大阪港に至るまでの間の第一から第三の突堤にも停車し、おそらく乗客は見やすいところを求めて思い思いの場所で下車したことであろう。

しかし、大イベントとはいえ、やはり軍事機密の保護は絶対だった。欄外の注意には『車中より写真撮影禁止　汽車又は電車の窓から艦隊及飛行機を撮影することは厳禁されて居りますからご注意ください』と赤字で書かれている。もっとも、群集の雑踏でごった返す中である。中にはスパイなどもいたのではないだろうか……?

第一次大戦以降、軍縮を目的にワシントン海軍軍縮条約やロンドン海軍軍縮条約で各国の軍艦の保有量は制限されていた。天皇の御召艦として使われた「比叡」も、ロンドン海軍軍縮条約の結果、兵装を削減して練習艦に改造しなければならなかったという過去を持つ。しかし日本はこの観艦式が行われた 1936 年にいずれからも離脱。「比叡」を戦艦に戻したほか、「大和」をはじめとする超大型戦艦の建造に象徴される際限ない軍拡路線で戦争に突き進んでいくのであった。

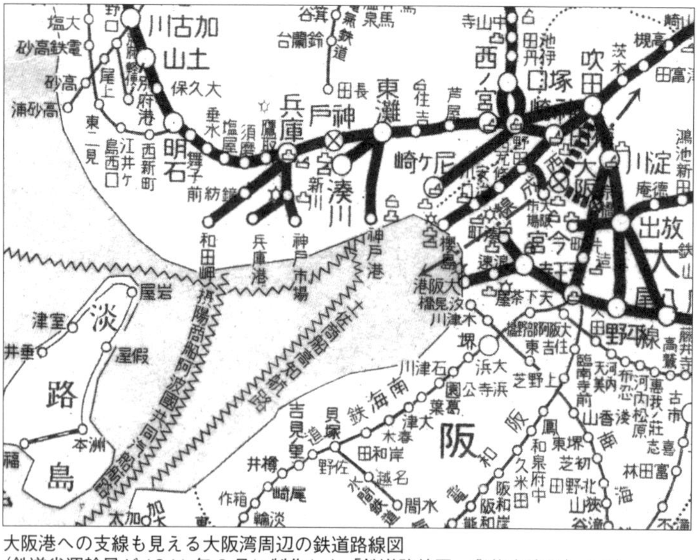

大阪港への支線も見える大阪湾周辺の鉄道路線図
(鉄道省運輸局が 1941 年 2 月に制作した「鉄道路線図・貨物事務用」より)

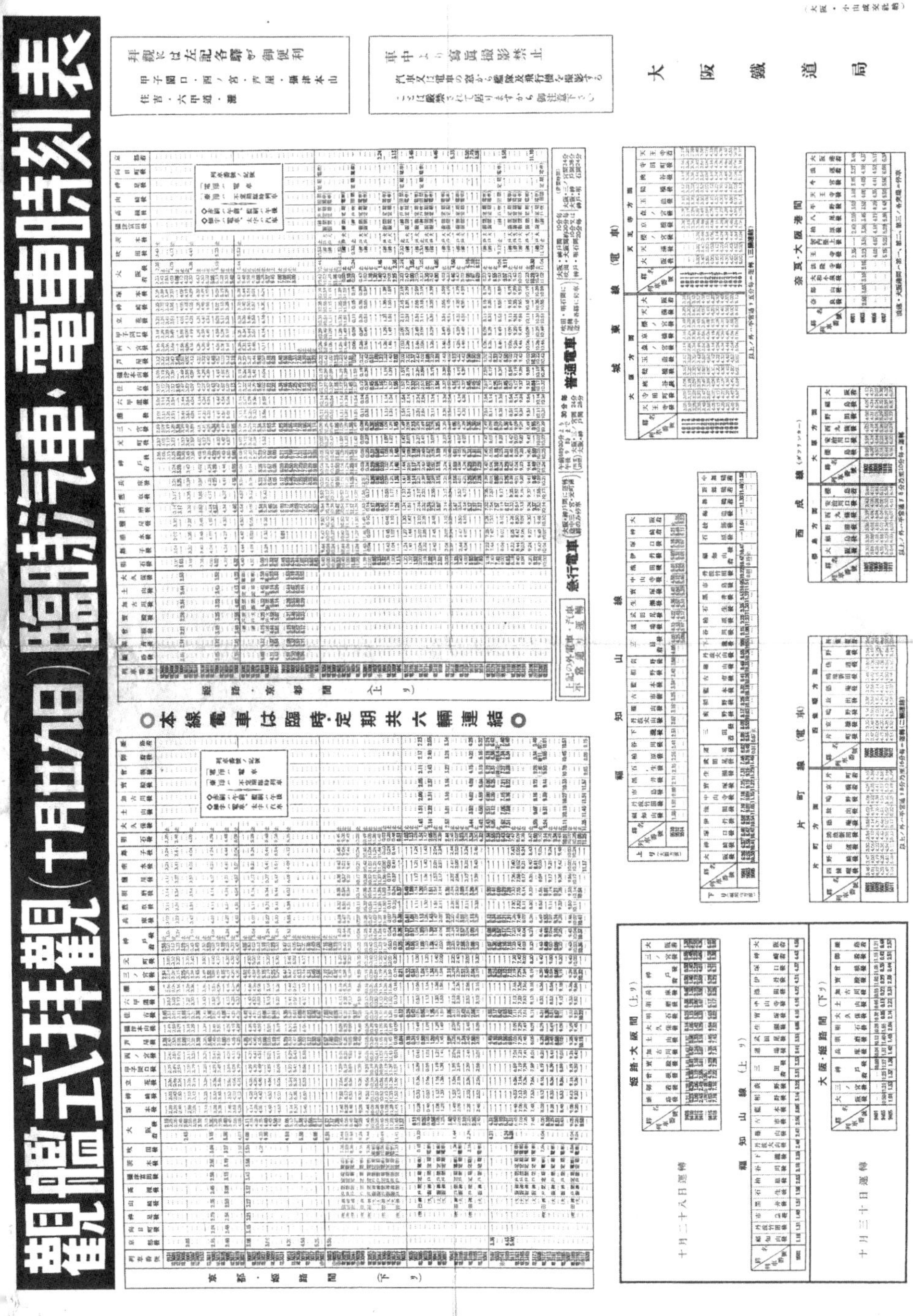

観艦式向け臨時列車時刻表
【1936年10月　鉄道省・大阪鉄道管理局】

新宮～瀞八丁
(1925年)

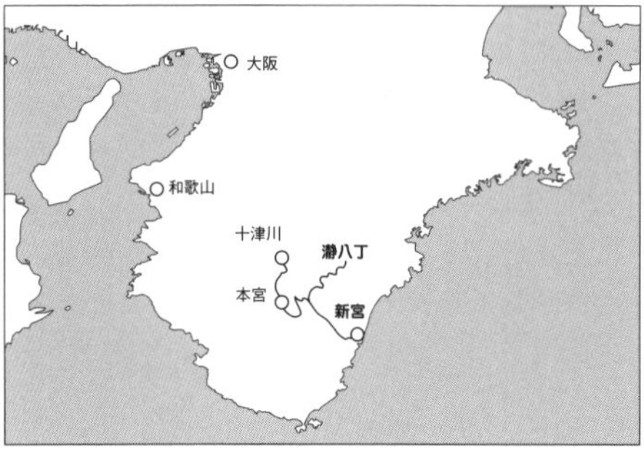

朝鮮半島や中国でも活躍

いつの時代にも変わった交通機関というものが存在するようで、紀伊半島の熊野川には「飛行艇」というものがあった。ところが、飛行艇といっても空を飛ぶわけではない。これは、船尾にプロペラを付けてその推進力で走る船で、「プロペラ船」とも呼ばれるものである。

熊野川にプロペラ船が登場したのは、川の状態がその理由だ。ここは川が浅いため、通常の船のように水面下のスクリューで走る船が使えなかった。水中にスクリューを付けられないなら水上でプロペラを回せばということで、大正時代に考案されたという（考案者は、地元のバス会社である熊野交通の元社長とのこと）。当時は日本各地で、まだまだ珍しかった飛行機を観客の前で飛ばして見せる巡業があり、そこで見た飛行機からヒントを得たという話もある。なお、プロペラ船が登場するまでは、川を遡るには、川舟に綱をつけて曳

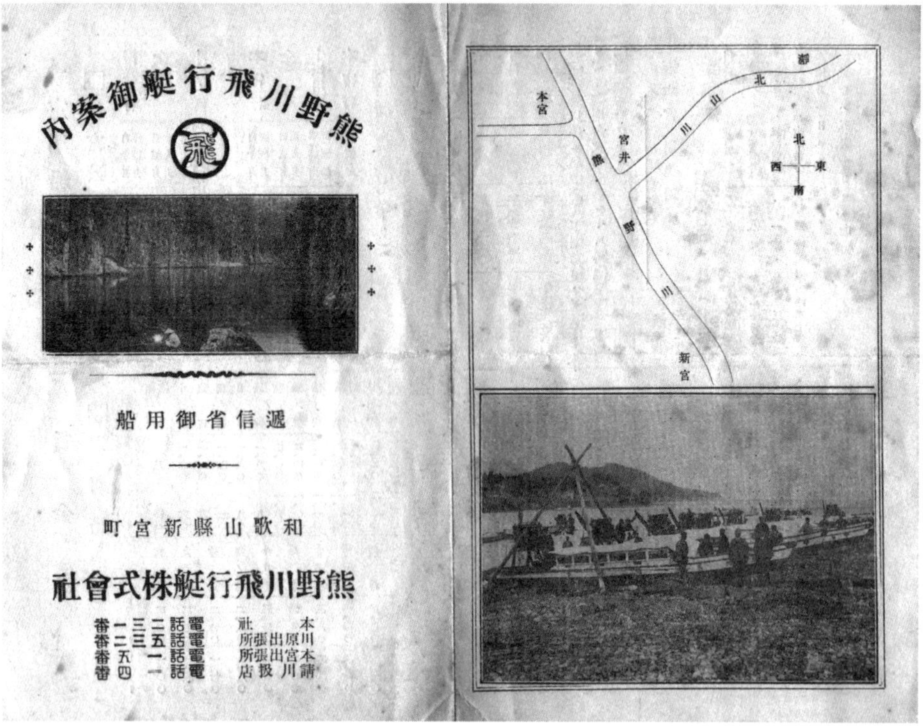

熊野川のプロペラ船の時刻表
【1920年代？ 熊野川飛行艇】

いて２日がかりだった。

プロペラ船は新宮〜瀞八丁間などで運航され、瀞峡の遊覧船として有名だったが、当時の時刻表を見ると「逓信省御用船」と称して、新宮〜本宮〜十津川間の郵便船や貨物輸送の案内も掲載されていることから、観光のみならず地元の人々の生活の足としても活躍していたことがうかがえる。なお、新宮から瀞八丁までは所要３時間だった。

プロペラ船は熊野川だけのものではない。戦前には、天竜川などでも使われたことがあったというし、中国と朝鮮の境を流れる鴨緑江でも鴨緑江輪船公司という会社が大正末期からプロペラ船による定期航路を開始し、大戦前には新義州〜中江鎮〜新乫坡鎮間で運航していた。また中国大陸でも、日中戦争期に黄河の上流・包頭付近でプロペラ船の試験運航が行われていた記録がある。

プロペラ船には大きな欠点があった。それは深山幽谷の美に似つかわしくない騒音。エンジンの爆音とプロペラの風切りによる音が凄かったらしい。特に、熊野川の上流・瀞峡は、両岸に切り立った岩肌が迫っているから、余計に響いたことだろう。実際、時代が下ると騒音公害ということが言われたそうだ。そういうことも一因で、1960年代後半に熊野川のプロペラ船は「ウォータージェット船」に取って代わられて姿を消した。ウォータージェット船とは、川から吸い上げた水を勢いよく後方へ噴射することで進む船である（この原理と水中翼船を組み合わせたのが、博多〜釜山間などで活躍しているジェットフォイルだ）。熊野交通が当時発行した乗船記念絵葉書には、その由来が書かれていた。

『研究に研究を重ねた結果、米国ビューラー社のウォーター・ジェット推進装置を購入。プロペラ船のジーゼルエンジンに増速装置を取りつけ、2基駆動するという方法を成功させました』

定期船時間

◇新宮發（上リ）

		（發）	（着）
瀞八丁行	自十月至四月	午前八、〇〇	午前一一、〇〇
仝	自五月至九月	仝 七、三〇	仝 一〇、三〇

七、八両月瀞行正午便アリ（毎朝七時半瀞發）

		（發）	（着）
本宮行	自十月至四月	午前八、一〇	午前一一、〇〇
仝	自五月至九月	仝 八、〇〇	仝 一〇、五〇
十津川行	本宮經由郵便船	仝 八、三〇	午後 一、三〇
本宮行	郵便船	正午三、〇〇	

◇新宮着（下リ）

		（發）	（着）
本宮發	自十月至四月	午前八、〇〇	午前一〇、〇〇
仝	十津川下リ船	仝 九、〇〇	仝 一一、三〇
仝		午後一、〇〇	午後三、三〇
十津川發		午前七、三〇	午前一一、〇〇
瀞發		午後二、三〇	午後 三、〇〇

右定期船以外ニ年中瀞八丁觀光船ハ往復日歸リニテ御用命次第出船シマス其他臨時貸切船御相談ニ應ジマス

◆本宮、田邊間

熊野自動車株式會社

田邊發	本宮着	本宮發	田邊着
前七時	前十時卅分	前八時	前十一時卅分
正午	午三時卅分	午一時	午四時三十分
午四時	午七時卅分	午三時	午六時三十分

四月一日ヨリ

賃金ハ五月一日ヨリ改正

賃金表

◇定期船

	相賀 淺里	小鹿	高田	田長	日足	楊枝	宮井	敷屋	請川	本宮	萩	七色	平谷
上 新宮ヨリ	八〇	一、二〇	一、二〇	一、四〇	一、六〇	一、八〇	二、〇〇	二、四〇	二、七〇	二、八〇	三、六〇	四、二〇	五、三〇
下 新宮マデ	四〇	六〇	六〇	七〇	八〇	八〇	一、〇〇	一、〇〇	一、一〇	一、二〇	一、六〇	二、〇〇	二、四〇

	宮井	九重	竹筒	湯ノ口	小川口	島津	木津呂	玉置口	田戸
上 新宮ヨリ	二、〇〇	二、五〇	二、七〇	二、八〇	三、五〇	三、五〇	三、八〇	四、〇〇	四、〇〇
下 新宮マデ	一、〇〇	一、五〇	一、七〇	一、八〇	二、〇〇	二、〇〇	二、二〇	二、三〇	二、三〇

本宮往復　三圓七十錢

◇瀞八丁觀光定期船賃金

瀞八丁（往復上下瀞峽觀光）　一人ニ付　五圓五十錢

瀞廻リ本宮行徉復　一人ニ付　七圓

◇團体割引

二十人以上　一割引

四十人以上　二割引

◇貨物賃金（各扱店ニテ取扱ヒシマス）

本宮行　一貫ニ付　二十錢

十津川行　一貫ニ付　三十錢

（本宮湯峯間自動車便アリ（片道六十錢）木本成川間自動車發車時間午前七時ヨリ午後六時卅分迄一時間毎發車）

前ページの時刻表の内部
逓信省御用船というだけあって「郵便船」という記述も見える

どこがどうスゴイのかいまひとつ良くわからないが、地方の一バス会社が『研究に研究を重ね』というあたりがほほえましい。いずれにせよ、このウォータージェット船は、従来のプロペラ船に比べて騒音の低減とスピードアップを実現。所要時間では、プロペラ船と比べて往復で1時間30分短縮された。ウォータージェット船は、登場から40年が経った現在でも、熊野川の観光に無くてはならない存在として活躍を続けている。

40　新義州・中江鎭間（鴨綠江輪船公司）〔定期船〕

往航 新義州 發 月日	往航 碧潼 發 月日	往航 滿浦鎭 發 月日	往航 中江鎭 著 月日	港名 / 船名	復航 中江鎭 發 月日	復航 渭原 發 月日	復航 碧潼 發 月日	復航 新義州 著 月日
10. 2	10. 3	10. 4	10. 4	光丸……	10. 6	10. 7	10. 7	10. 7
4	5	6	6	綠丸……	8	9	9	9
6	7	8	8	鷹丸……	10	11	11	11
8	9	10	10	隼丸……	12	13	13	13
10	11	12	12	飛鳥丸……	14	15	15	15
12	13	14	14	光丸……	16	17	17	17
14	15	16	16	綠丸……	18	19	19	19
16	17	18	18	鷹丸……	20	21	21	21
18	19	20	20	隼丸……	22	23	23	23
20	21	22	22	飛鳥丸……	24	25	25	25
22	23	24	24	光丸……	26	27	27	27
24	25	26	26	綠丸……	28	29	29	29
26	27	28	28	鷹丸……	30	31	31	31
28	29	30	30	隼丸……	11. 1	11. 2	11. 2	11. 2
30	31	11. 1	11. 1	飛鳥丸……	3	4	4	4
…	…	…	…	…………	…	…	…	…
…	…	…	…	…………	…	…	…	…
…	…	…	…	…………	…	…	…	…
…	…	…	…	…………	…	…	…	…
…	…	…	…	…………	…	…	…	…
…	…	…	…	…………	…	…	…	…

船名	噸數	時速	定員 特等	定員 並等
隼丸	10噸 11噸	…	…	…
光丸		…	…	…
鷹丸		…	…	…
綠丸		…	…	…
飛鳥丸		…	…	…
魁丸		…	…	…
鷗丸		…	…	…

41　中江鎭・新乫坡鎭間（鴨綠江輪船公司）〔定期船〕

往航 中江鎭 發 月日	往航 金昌 發 月日	往航 東興 發 月日	往航 新乫坡鎭 著 月日	港名 / 船名	復航 新乫坡鎭 發 月日	復航 東興 發 月日	復航 金昌 發 月日	復航 中江鎭 著 月日
10. 3	10. 3	10. 3	10. 3	鷗丸……	10. 5	10. 5	10. 5	10. 5
5	5	5	5	魁丸……	7	7	7	7
9	9	9	9	鷗丸……	11	11	11	11
11	11	11	11	魁丸……	13	13	13	13
15	15	15	15	鷗丸……	17	17	17	17
17	17	17	17	魁丸……	19	19	19	19
21	21	21	21	鷗丸……	23	23	23	23
23	23	23	23	魁丸……	25	25	25	25
27	27	27	27	鷗丸……	29	29	29	29
29	29	29	29	魁丸……	31	31	31	31

〔寄港地〕安東、北下洞、義州、淸城鎭、九寧浦、昌城、私倉洞、大吉里、碧團、吾北、忠滿江口、逝潭、雲海川、楚山、渭原、江界、江口、高山鎭、滿浦鎭、玉洞、舊城洞、慈城江口、土城洞、都坊、章興、金洞、富興、葡坪、羅竹、東興、新乫坡鎭

特等運賃は並等運賃の5割增。尙食事料金は含みません。

〔往航運賃〕〔復航運賃〕

新義州	4.30	7.70	12.75	17.70	20.45	26.20	29.70	32.80	35.00
	昌城	3.80	7.70	12.65	15.30	21.00	24.55	27.60	29.80
新義州		碧潼	4.40	9.35	12.10	17.80	21.35	24.40	26.60
4.10	昌城		楚山	4.95	7.70	13.40	16.95	20.00	22.20
6.65	2.65	碧潼		滿浦鎭	2.75	7.45	12.00	15.05	17.20
10.15	6.15	3.50	楚山		舊城洞	5.70	9.25	10.10	14.50
14.10	10.05	7.45	3.95	滿浦鎭		中江鎭	3.50	4.40	8.80
16.30	12.15	9.65	6.15	2.20	舊城洞		金昌	3.10	5.30
20.85	16.70	14.20	10.70	6.75	4.55	中鎭江		東興	2.70
23.65	19.50	17.00	13.50	9.55	7.35	2.80	金昌		新乫坡鎭
26.10	21.95	19.45	15.95	12.00	9.80	5.25	1.70	東興	
27.85	23.70	21.20	17.70	13.75	11.55	7.00	3.50	1.75	新乫坡鎭

(134)

戦前に朝鮮半島・鴨緑江で活躍したプロペラ船の運航予定表
（ジャパン・ツーリスト・ビューロー「満洲支那汽車時間表」1938年10月号より）

速度は人の早足くらい？
北海道入植者の生活を支えた殖民軌道

問寒別～上問寒別
（1938 年）

走るのは朝晩だけ

明治以降、日本各所から開拓民が入植した北海道では、開墾がだんだん辺地へ向かうにつれ、その交通が問題となった。特に、雪解けの時期には、ただでさえ軟弱な土壌がぬかるんで通行に支障をきたすことがあり、その解決として簡単な鉄道の敷設が計画された。これが「殖民軌道」である。

殖民軌道は昭和前期を中心に、おもに道東と道北に敷設された。それは鉄道省線（のちの国鉄）の駅からさらに奥地へ分け入る路線であり、総延長は600キロにも及んだという。中には馬が車両を牽くという野趣あふれる路線もあったようだ。

運転本数はどの路線も１日にたった2・3本。しかも、簡易的に敷設された線路だけにそれほどの速度は期待できず、時速数キロ程度の速さしか出ない路線もあったが、地元の人々の生活には無くてはならない交通手段だった。

戦前、鉄道省の稚内運輸事務所が発行した、宗谷本線沿線の各駅や名所の案内には、道北地域

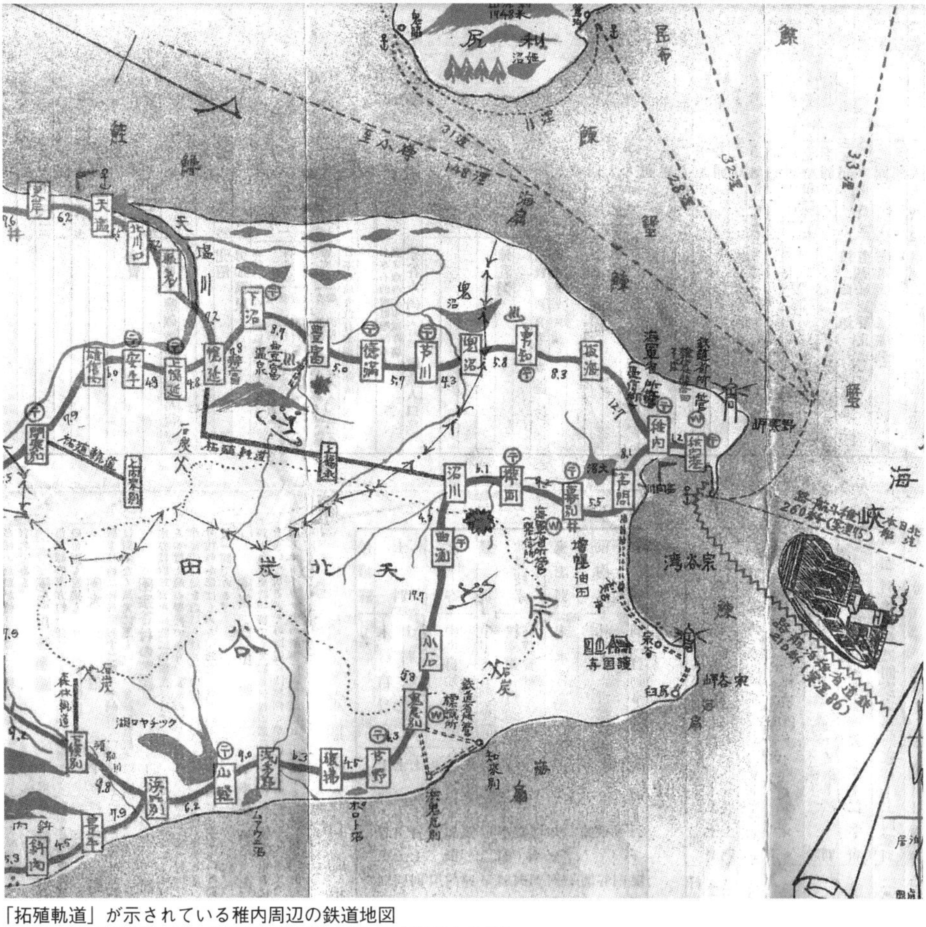

「拓殖軌道」が示されている稚内周辺の鉄道地図
（1938 年に鉄道省・稚内運輸事務所が発行した沿線案内より）

のこうした殖民軌道の路線紹介が掲載されている。その中のひとつ、宗谷本線・問寒別駅～上問寒別間の殖民軌道は1930年の開通。13.8キロを2時間かけて走っていたことがこの紹介から読み取れるから、時速たった6キロだったことが分かる。この軌道は幌延村営（のち町営）軌道として知られ、戦後になっても農作物・牛乳の運搬や通勤通学輸送に活躍を続けたが、道路整備に伴い利用者が減ったため、1971年に姿を消した。

◇軌道

接續驛名	名稱	區間	粁程	運賃	所要時間	始發	終發	記事
士別	士別軌道會社	士別—上士別	一一・九	四三	三〇	ゼ六、三〇	ゴ五、四〇	
		士別—奥士別	二一・四	七九	五八	ゼ六、二〇	ゴ五、四〇	
士別	御料森林軌道	奥士別—ポンテシオ	三〇・〇		三、三〇			運轉時刻及所要時間不定、非營業線ナレドモ便乘シ得
下川	サンル森林軌道	下川—サンル	二〇・六		二、三〇			同
一ノ橋	御料森林軌道	一ノ橋—二股	三三・〇		二、三〇			同
		一ノ橋—然別	九・〇		一、〇〇			
美深	殖民軌道仁宇布線	美深—仁宇布	二一・五	六六	三、三〇	ゼ八、一五	ゴ二、一五	
問寒別	殖民軌道問寒別線	問寒別—上問寒別	一三・八	四五	二、〇〇	ゼ九、〇〇	ゴ六、〇〇	
幌延	殖民軌道幌沼線	幌延—上福永	二〇・〇	七〇	一、五〇	ゼ一〇、〇〇	ゴ五、四〇	
		幌延—沼川	三四・八	一、一〇	三、〇〇	ゼ一〇、〇〇	ゼ一〇、〇〇	
沼川		沼川—上福永	一四・八	五〇	一、二〇	ゼ九、二〇	ゴ五、三〇	
		沼川—幌延	三四・八	一、一〇	三、〇〇	ゼ九、五〇	ゼ九、五〇	
小頓別	殖民軌道枝幸線	小頓別—幌別	一八・八	四七	一、二〇	ゼ八、五〇	ゴ五、三五	終始發時刻ハ幌別又ハ上幌別發時刻トス
		小頓別—枝幸	三五・〇	八七	二、四〇	ゼ八、五〇	ゴ一、一〇	
		幌別—シピウタン	一三・五	四〇	二、〇〇	ゼ七、一〇	ゴ四、五〇	
		上幌別—本幌別	九・九	三〇	一、三〇	ゼ一一、〇〇	ゴ四、三〇	
北見枝幸		枝幸—幌別	一六・二	四二	一、二〇	ゼ九、〇〇	ゴ五、二〇	
		枝幸—小頓別	三五・〇	八七	二、四〇	ゼ九、〇〇	ゴ一、二〇	
下頓別	宇津内官行軌道	下頓別—宇津内	七・〇		一、三〇			運轉時刻及所要時間不定、非營業線ナレドモ便乘シ得

同じく稚内運輸事務所の沿線案内より
管内の拓殖軌道や森林軌道の区間や始終発時刻などが記載されている

そのほか、殖民軌道は北海道一円に存在したが、いずれも1970年代前半には消滅し、今日も現役で残っているものはない。わずかに、当時使われた車両の一部が地元の歴史資料館などに展示されているのみである。

話のついでに、かつて北海道に存在した超ローカル鉄道をひとつ紹介しよう。それは根室～歯舞間の根室拓殖鉄道。その名のとおり、根室市街からさらに東へ向かって走り、納沙布岬への道の途中にある集落・歯舞までの約15キロを結んでいた鉄道だ。1929年に開通したのだが、やはり経営が厳しく、わずか30年後の1959年には廃止されてしまった。見るからにバスのボディーそのものではないかと思える異形の車両が走っていたことで知られているが、もしも今日まで残っていれば、日本最東端の鉄道としてきっと人気を博していたことだろう。

この鉄道が無くなったことで、日本で最も東にある駅のタイトルは、現在はJR根室本線の「東根室」が保持している。ナニ、終点の「根室」駅ではないのかって？　そうなのだ、根室本線は根室市内でくるりと西へ向きを変えてしまうため、終点の根室は東根室よりも西に位置するのである。ただし、東根室駅が出来たのは、根室拓殖鉄道廃止から2年後のこと。東根室が日本最東端の駅であることをご存知の方でも、1959年から61年までのわずか2年間、終着駅・根室が名実ともに日本最東端の駅だったということは、意外にご存知ないのではないかと思う。

稚内運輸事務所発行の沿線案内表紙
【1938年　鉄道省・稚内運輸事務所】

大泊〜敷香
（1935 年）

過酷な工事の末に完成

かつて日本にも陸上国境が存在した。それは樺太（サハリン）。北緯 50 度線上に 130 キロに渡ってスッとまっすぐ引かれた日ソ国境は、日本の領土の中で容易に到達できる場所としては最も北のはずれとして、多くの人々の憧憬を誘ってきた。

『半田澤の日露国境行き自動車は乗合とハイヤーと両方御座います。乗合は一人往復十四円、ハイヤーの場合一台に付（六人乗）五十円で、所要時間は片道五時間三十分です。当地を朝早く（七時頃）出ますれば、途中幌見峠展望台小休憩、ソビエート連邦領原始林などを展望、国境御視察の上帰られても午後八時ごろには到着致します。

国境には境界線がありますから、その線から一足も踏み入る事は出来ません。国境から約四粁手前に国境警備の警部派出所が御座いますから、其処に立寄り住所氏名年齢などを届けますれば巡査が必ず案内して国境まで行って呉れますから、安心して視察が出来ます。越境問題などは決して起こりません。

時々赤い服を着たゲペウ（筆者注：KGB の前身機関）を見かける事がありますが、決して談話は出来ません。こちらで話しかけても向こうでは決して口をききません。』

（原文には句読点が無いが、補って読み易くした）

これは筆者の手元に残っている一通の手紙からの引用である。おそらく内地の人が敷香（ポロナ

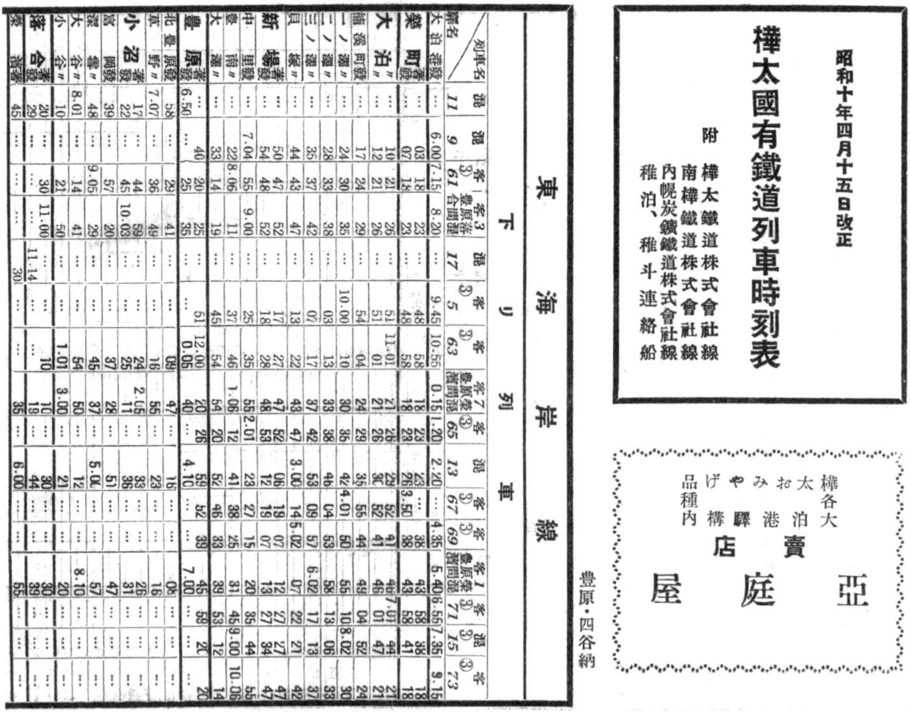

樺太の鉄道時刻表
【1935 年 4 月　樺太庁鉄道？】

イスク）の役場へ国境見物の要領を問い合わせたことに対する返信であろう。敷香は戦前の一時期、日本最北の駅があった最果ての地である。この手紙が出されたのは 1937 年のことであるが、その少し前の 1935 年 4 月に樺太庁鉄道が発行した時刻表を見ると、当時の樺太の鉄道網の様子がうかがえる。総延長約 600 キロにおよぶH字型の鉄道網が、木材や石炭といった資源の搬出や地元の生活を支える動脈として活躍していた。

南端の大泊（コルサコフ）～豊原（ユジノサハリンスク）～落合（ドリンスク）～栄浜（スタロドゥプスコエ）の各都市を結ぶのが樺太庁鉄道の東海岸線。これに相対する樺太西岸には同じく樺太庁鉄道の西海岸線が本斗（ネベリスク）～久春内（イリンスク）間を走っていた。この東海岸線と西海岸線をつなぐ豊原～真岡間（正確には真岡の一駅となりの手井で西海岸線に合流）には豊真線があり、山岳地帯を貫くために途中がループ線になっていたことで有名である。時刻表の表紙にも謳われている通り、これらは国有鉄道に相当する樺太庁鉄道所属の路線であった。

樺太で鉄道建設が始まったのは日露戦争直後のこと。占領地内の輸送の必要から、軍用軽便鉄道が大泊～豊原間に敷設されたのが最初である。以降、島内各地で本格的に鉄道建設が進んだが、その工事は軟弱な大地や寒さを克服しなければならない上、タコ部屋の恐怖として語られる劣悪な環境で行われた。こうして建設された落合から

樺太鐵道線

下り列車

驛名＼列車名	混③57	混③51	混3	混③5'3	混③55
落合發	…	6.50	11.05	3.25	6.00
新榮濱〃	…	7.10	25	46	24
北白鳥湖〃	…	23	38	4.00	40
相濱〃	…	35	51	14	57
白濱〃	…	49	0.05	31	7.15
小田寒〃	…	8.15	29	59	50
眞苫〃	…	26	40	5.10	8.01
保呂〃	…	40	53	27	15
白浦著	…	9.00	1.13	47	35
白浦發	…	10	16	6.00	41
眞縫發	…	38	40	34	9.09
近幌著	…	10.19	2.16	7.15	50
近幌發	5.40	27	21	16	…
白石澤發	6.30	11.18	3.04	8.06	…
帆寄〃	43	31	16	19	…
馬群潭〃	52	40	23	27	…
元泊著	7.32	0.20	58	9.07	…
元泊發	40	32	4.00	12	…
樫保發	8.03	55	21	35	…
北樫保〃	13	1.05	31	45	…
東禮文〃	34	26	52	10.06	…
北辰〃	54	46	5.12	26	…
知取著	9.05	57	23	37	…
知取發	15	2.05	27	…	…
柵丹發	45	35	57	…	…
大鵜取〃	10.13	59	6.20	…	…
茂受〃	27	3.13	34	…	…
南新問著	39	25	46	…	…

上り列車

驛名＼列車名	混③56	混③52	混4	混③54	混③58
南新問發	…	…	9.45	0.40	4.00
茂受〃	…	…	58	53	13
大鵜取〃	…	…	10.12	1.08	27
柵丹〃	…	…	35	31	50
知取著	…	…	11.04	2.00	5.19
知取發	…	7.00	08	15	30
北辰發	…	12	20	27	42
東禮文〃	…	32	40	48	6.02
北樫保〃	…	53	0.01	3.10	23
樫保〃	…	8.05	11	22	35
元泊著	…	25	31	42	55
元泊發	…	32	33	59	7.00
馬群潭發	…	9.14	1.09	4.40	42
帆寄〃	…	23	16	48	50
白石澤〃	…	36	28	5.01	8.07
近幌著	…	10.25	2.10	50	56
近幌發	6.10	26	18	51	…
眞縫發	53	11.08	55	6.33	…
白浦著	7.19	34	3.18	59	…
白浦發	25	40	21	7.04	…
保呂發	46	0.02	42	25	…
眞苫〃	59	15	55	38	…
小田寒〃	8.13	30	4.06	49	…
白濱〃	37	55	30	8.13	…
相濱〃	51	1.11	44	27	…
北白鳥湖〃	9.03	25	57	40	…
新榮濱〃	16	41	5.10	53	…
落合著	35	2.00	29	9.12	…

前ページの時刻表の内部
落合から北に伸びる樺太鉄道（私鉄）の時刻

北の部分は当初、樺太鉄道という私鉄による経営で、この時刻表の当時は落合から200キロ北の南新問までしか開通していなかったが、その直後の1936年8月に敷香までが開業し、まさに日ソが相対する緊張のフロンティアへの生命線となったのである。当時から東海岸線と樺太鉄道の間には直通列車もあったが、樺太鉄道は1941年に樺太庁鉄道に吸収され、これによって名実ともに一貫した鉄道輸送が可能となった。

1935年の時刻表によると、樺太の玄関口・大泊と中心都市・豊原の間には一日14往復もの列車が運行され、所要時間は約1時間。なお、大泊を発着する列車のほとんどすべては、正確には大泊駅ではなく「大泊港駅」が始発となっていた。亜庭湾の奥にある大泊港は稚内～大泊間の稚泊連絡船が到着する港だったが、市街中心部からやや離れた場所にあり、陸から1キロほども突き出た突堤が名物。この突堤に鉄道の大泊港駅が設けられており、旅行者たちは船を下りると向かいのホームに横付けされた列車にそのまま乗り換えて樺太の各都市へと向かうことができたのである。なお、大泊～豊原～落合は樺太の交通の中でもメインストリートであり、豊原～落合間には協和乗合自動車部によるバスも運行されていた（一日5往復・所要90分）。

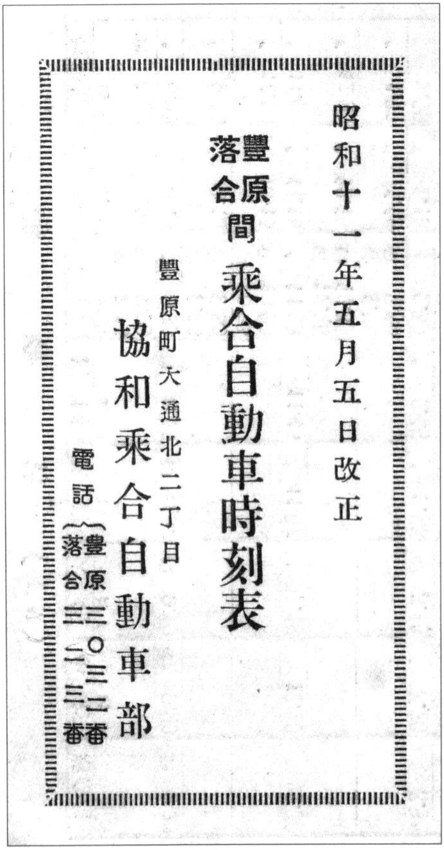
昭和十一年五月五日改正
豐原落合間乗合自動車時刻表
豐原町大通北二丁目
協和乗合自動車部
電話（豐原三〇三二番
落合三二三番）

豊原～落合間のバス時刻表
【1936年5月　協和乗合自動車】

憧れ誘う哀愁の北の大地

「北へ向かう」ということには、人を惹き付ける独特の何かがあるようだ。樺太に渡ってそこに何か新たな地平線を求めようとした旅人の中には著名人も存在する。たとえば、1923年の夏に樺太旅行をした宮沢賢治。『永訣の朝』で詠われた彼の妹の死の直後のことで、心に思うことがあっての旅だったに違いない。このときにそのものズバリ『樺太鉄道』という題の詩も創作された。奇しくもこの年に稚内までの鉄道と稚泊連絡船が開業して樺太への距離はグンと近くなっていたが、この旅の経験は代表作『銀河鉄道の夜』のイメージにも反映されていると言われている。

そしてさらに有名なのが1938年1月3日に日ソ国境を越えてソ連へ「恋の逃避行」を決行した女優・岡田嘉子と演出家・杉本良吉のふたり。皮肉にも敷香の役場が手紙で『決して起こらない』と書いていた越境が翌年には現実のものとなってしまったのである。彼等はスパイ容疑で取り調べを受け、杉本はまもなく銃殺されたが、岡田は戦中戦後をソ連で生き延びて1972年には日本へ帰国することができた。敷香へ向かう汽車でふたりは何を想っていたのか？

なお、樺太への道は鉄道省の稚泊連絡船だけではなく、本州や北海道と樺太を結ぶ航路は民間会社によって多数運航されていた。航路によっては「船車連絡航路」として、内地の鉄道省線と航路と樺太内の鉄道を1枚のキップで乗り継ぐことも可能だったのである。

樺太航路を運航していた会社は、日本郵船系の近海郵船と大阪商船系の北日本汽船が代表格。近海郵船は函館～小樽～真岡（ホルムスク）線、北日本汽船は1926年5月同社発行の「樺太航路案内」によると、稚内～本斗間を中心に小樽～恵須取（ウグレゴルスク）／函館～安別／函館～能登など数多くの航路を擁していたほか、のちに需要が高まると小樽～知取～敷香間に急航便も運航した。安別は西海岸の日ソ国境線沿い、能登は敷香の東、多来加湾沿いに位置する集落で、これらへ向かう航路は途中10箇所以上に寄港し、全行程に一週間かかる各駅停車のような旅だった。なお、安別航路の途中には「海馬島」や「真岡」といった寄港地があったが、海馬島はロシア名を「モネロン島」といい、1983年9月1日の大韓航空機撃墜事件では捜索海域の中心として報道にその名が頻繁に登場し、「真岡」は太平洋戦争終結後にソ連が南樺太各地へ進攻した際、女性電話交換手の集団自決が起きた、いずれも悲劇の現場として記憶されている。

しかしそうした暗い歴史とは別に、樺太は民俗的・自然環境的にも独特の風土を持つ土地である。敷香近郊にはツンドラの大地と湖沼が広がり、先住民族がトナカイを放牧していた。また、樺太東方の小島・海豹島（かいひょうとう）はオットセイの大群で知られ、北日本汽船は夏季になると海豹島めぐりの特別便を運航した。

幻の鉄路へ～そして開放

そんな樺太も太平洋戦争末期になると、北からはソ連・東からはアメリカが迫る不穏な空気が漂う場所となった。国境近くではソ連が演習を行う姿が見られ、オホーツク海周辺では潜水艦からの地上攻撃も行われていた。1945年7月には、アメリカ軍の潜水艦が樺太東海岸に接近し、果敢にも上陸した乗組員が樺太東線（当時は敷香から先へ延長が行われて国境の手前17キロの古屯まで線路が達していた）を爆破するという事件も起きている。そして迎えた8月11日、敵は北から押し寄せてきた。ソ連軍が北緯50度の国境を越えて南樺太へ進軍。8月15日の終戦のあとも進攻は続き、稚泊連絡船は1945年8月23日の大泊発を最後に途絶する。こうして約半世紀に渡る日本による樺太領有は終わりを告げ、北方領土とともに“近くて遠い島”となったのである。

サハリンの鉄道はソ連本土の鉄道と軌間など規格が異なるため、冷戦中も例外的に日本から車両が輸出されたりもした。しかしその全体像は秘密のベールに包まれて謎であり、不思議なことに1960年に発行されたソ連国鉄の時刻表にもサハリンの鉄道の時刻は掲載されていない。『銀河鉄道の夜』で主人公が語るセリフにこんな言葉がある。『もうじき白鳥の停車場だねえ。』――作者はおそらく知っていたであろうが、落合の近くには白鳥湖と呼ばれた湖があり、1935年の時刻表によると樺太鉄道にも落合から2つ目に「北白鳥湖」という駅が実在した。あたかも童話を地で行ったような樺太の鉄道は終戦から半世紀近くに

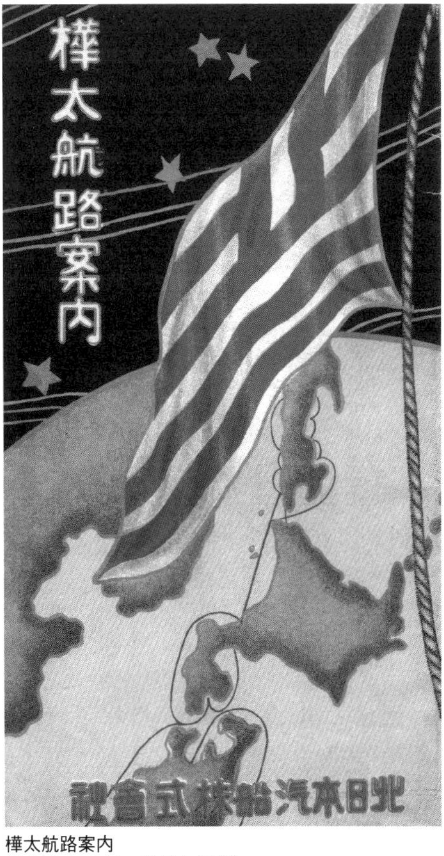

樺太航路案内
【1926年5月　北日本汽船】

北日本汽船株式會社

函館安別線（樺太西海岸）定期表

昭和十年度

往航

寄港地	命令次數	函館	小樽	海馬島	武意泊	內幌	本斗	眞岡	蘭泊	野田	泊居	名寄	久春內	牛毛	痲菱	留久志	珍內	圓度	鵜城	惠須取	名好	安別
四月	1	一	三	四	四	四	四	五	五	五	六	六	六	六	七	七	七	七	八	八	八	八
	2	一〇	一二	一三	一三	一三	一三	一四	一四	一四	一四	一四	一五	一五		一五	一五	一五	一六	一六	一六	一六
	3	一八	二〇	二一		二一	二一	二二	二二	二二	二二	二三	二三		二三		二三		二四	二四	二四	二四
	4	二六	二八	二九	二九	二九	二九	三〇	三〇	三〇	三〇	一	一				一		二	二	二	二
五月	5	三	五	六	六	六	六	七	七	七	七	八	八		八		八		九	九	九	九
	6	一二	一三	一四		一四	一四	一五	一五	一五	一五	一六	一六	一六		一六	一六	一六	一七	一七	一七	一七
	7	一八	二〇	二一	二一	二一	二一	二二	二二	二二	二二	二三	二三		二三		二三		二四	二四	二四	二四
	8	二六	二八	二九		二九	二九	三〇	三〇	三〇	三〇	三一	三一	三一		三一	三一	三一	一	一	一	一
六月	9	二	四	五	五	五	五	六	六	六	六	七	七		七		七		八	八	八	八
	10	一〇	一二	一三		一三	一三	一四	一四	一四	一四	一五	一五	一五		一五	一五	一五	一六	一六	一六	一六
	11	一八	二〇	二一	二一	二一	二一	二二	二二	二二	二二	二三	二三	二三	二三		二三		二四	二四	二四	二四
七月	12	二六	二八	二九		二九	二九	三〇	三〇	三〇	三〇	一	一	一		一	一	一	二	二	二	二
	13	四	六	七	七	七	七	八	八	八	八	九	九		九		九		一〇	一〇	一〇	一〇
	14	一三	一四	一五		一五	一五	一六	一六	一六	一六	一七	一七	一七		一七	一七	一七	一八	一八	一八	一八
	15	二一	二三	二四	二四	二四	二四	二五	二五	二五	二五	二六	二六		二六		二六		二七	二七	二七	二七
八月	16	二八	三〇	三一		三一	三一	一	一	一	一	二	二	二		二	二	二	三	三	三	三
	17	六	八	九	九	九	九	一〇	一〇	一〇	一〇	一一	一一		一一		一一		一二	一二	一二	一二
	18	一四	一六	一七	一七	一七	一七	一八	一八	一八	一八	一九	一九	一九		一九	一九	一九	二〇	二〇	二〇	二〇
	19	二二	二四	二五		二五	二五	二六	二六	二六	二六	二七	二七		二七		二七		二八	二八	二八	二八
九月	20	三〇	一	二	二	二	二	三	三	三	三	四	四	四		四	四	四	五	五	五	五
	21	七	九	一〇		一〇	一〇	一一	一一	一一	一一	一二	一二		一二		一二		一三	一三	一三	一三
	22	一四	一六	一七	一七	一七	一七	一八	一八	一八	一八	一九	一九	一九		一九	一九	一九	二〇	二〇	二〇	二〇
	23	二三	二五	二六		二六	二六	二七	二七	二七	二七	二八	二八		二八		二八		二九	二九	二九	二九
十月	24	三〇	二	三	三	三	三	四	四	四	四	五	五	五	五	五	五	五	六	六	六	六
	25	九	一一	一二		一二	一二	一三	一三	一三	一三	一四	一四		一四		一四		一五	一五	一五	一五
	26	一七	一九	二〇	二〇	二〇	二〇	二一	二一	二一	二一	二二	二二	二二	二二	二二	二二	二二	二三	二三	二三	二三
	27	二五	二七	二八	二八	二八	二八	二九	二九	二九	二九	三〇	三〇	三〇	三〇	三〇	三一		三一	一	一	一
十一月	28	二	四	五	五	五	五	六	六	六	六	七	七	七	七	七	七	七	八	八	八	八

船名

宗像丸　噸數 一、六六〇噸　速力 一〇浬　旅客定員（甲二等 五人　三等 二三人）

海和丸　噸數 一、六三五噸　速力 一〇浬　旅客定員（甲二等 八人　三等 三八人）

復航

本船次數	安別	名好	惠須取	鵜城	久春內	泊居	野田	蘭泊	眞岡	本斗	海馬島	小樽	函館
1	九	九	九	一〇	一〇	一二	一二	一二	一二	一三	一三	一三	一四
1	一七	一七	一七	一八	一八	一九	一九	一九	一九	二〇	二〇	二一	二二
2	二五	二五	二五	二六	二六	二七	二七	二七	二七	二八	二八	二九	三〇
2	三	三	三	四	四	五	五	五	五	六	六	七	八
3	一〇	一〇	一〇	一一	一一	一二	一二	一二	一二	一三	一三	一四	一五
3	一八	一八	一八	一九	一九	二〇	二〇	二〇	二〇	二一	二一	二二	二三
4	二五	二五	二五	二六	二六	二七	二七	二七	二七	二八	二八	二九	三〇
4	二	二	二	三	三	四	四	四	四	五	五	六	七
5	九	九	九	一〇	一〇	一二	一二	一二	一二	一三	一三	一三	一四
5	一七	一七	一七	一八	一八	一九	一九	一九	一九	二〇	二〇	二一	二二
6	二五	二五	二五	二六	二六	二七	二七	二七	二七	二八	二八	二九	三〇
6	三	三	三	四	四	五	五	五	五	六	六	七	八
7	一一	一一	一一	一二	一二	一三	一三	一三	一三	一四	一四	一五	一六
7	一九	一九	一九	二〇	二〇	二一	二一	二一	二一	二二	二二	二三	二四
8	二八	二八	二八	二九	二九	三〇	三〇	三〇	三〇	三一	三一	一	二
8	四	四	四	五	五	六	六	六	六	七	七	八	九
9	一三	一三	一三	一四	一四	一五	一五	一五	一五	一六	一六	一七	一八
9	二一	二一	二一	二二	二二	二三	二三	二三	二三	二四	二四	二五	二六
10	二九	二九	二九	三〇	三〇	三一	三一	三一	三一	一	一	二	三
10	六	六	六	七	七	八	八	八	八	九	九	一〇	一一
11	一四	一四	一四	一五	一五	一六	一六	一六	一六	一七	一七	一八	一九
11	二一	二一	二一	二二	二二	二三	二三	二三	二三	二四	二四	二五	二六
12	三〇	三〇	三〇	一	一	二	二	二	二	三	三	四	五
12	七	七	七	八	八	九	九	九	九	一〇	一〇	一二	一三
13	一六	一六	一六	一七	一七	一八	一八	一八	一八	一九	一九	二〇	二一
13	二四	二四	二四	二五	二五	二六	二六	二六	二六	二七	二七	二八	二九
14	二	二	二	三	三	四	四	四	四	五	五	六	七
14	一九	一九	一九	二〇	二〇	二一	二一	二一	二一	二二	二二	二三	二四

函館～安別（樺太西海岸）線の運航予定表
【1935 年　北日本汽船】

わたって、まさに『銀河鉄道の夜』さながら多くの日本人にとっては心の中を走る幻の鉄道だった。なおソ連時代に入ると、稚泊連絡船にかわってウラジオストク〜コルサコフ（大泊）／ホルムスク（真岡）間に航路が開設された。

そんなサハリンに開放の波が押し寄せるのは1989年のこと。外国人立入禁止が解除されたおかげで今日では稚内との間に再び定期航路が開設され、日本人もサハリンの鉄道に乗ることが出来るようになった。戦後に日本から送られた蒸気機関車が牽引する観光列車も人気を博し、ソ連時代は軍事機密の集積地だったことがウソのように、日本から手近に渡ることができる観光地に衣替え。北緯50度にもはや国境はなく、観光客が自由に行き来している。一方、日本時代に建設された鉄道の一部は必要性が薄れたことから廃止され、激動の歴史と歳月の移ろいを感じさせている。

海に突き出た大泊桟橋へ向かう橋からの眺め（当時の絵葉書より）
正面が鉄道の大泊港駅で、右側奥には稚泊連絡船が停泊しているのがわかる

函館〜択捉島
（1933 年）

真珠湾出撃前に連合艦隊が身を隠した北辺の寒村へ

全国版の大きくて分厚い時刻表には、かなりの数の路線の時刻が載っているものである。それは戦前でも同じことで、特に航路の運航予定については、距離の長いものは大抵の路線が掲載されていた。しかし、中にはなぜか時刻表に姿を見せなかったものもある。そんなひとつがここに紹介する南千島への船便。そのスケジュールは思わぬところに掲載されていたのである……。

今は“北方領土”として、近くて遠い存在になってしまった南千島。その中でも最も大きい島が、択捉島だ。戦前、択捉島には3000人以上の人々が暮らしていたが、その中心が紗那（しゃな）だった。紗那は、択捉島西海岸中部にあった人口1000人あまりの村である。オホーツク海に注ぐ村内の川には鮭がのぼり、村には4つの缶詰工場があるなど、水産加工業が盛んだった。こんな紗那村が発行した村勢一覧に、函館〜千島線の運航スケジュールが載っていた。

函館〜千島線は近海郵船による運航。近海郵船は日本郵船系列の船会社で、当時は台湾・樺太・小笠原方面といった比較的近距離の路線を運航しており、いわば「全日空」に対する「エアーニッポン」のような会社であった。さて、函館を出た船は道東の釧路と根室に寄港し、いよいよ南千島への船旅がはじまる。まず国後島（乳呑路）と色丹島（斜古丹）に寄港。しかし、ここから先は夏と冬でコースや寄港地が違った。これは流氷に代表される気候条件の違いによるもので、夏季は択捉島西海岸の集落にこまめに寄航し、冬季は途中寄航なしに東海岸の単冠（ヒトカップ）へ直航という予定だった。紗那は択捉島西海岸の村だから、4月末から11月末の間しか船が来なかったということになる。

ところで、単冠は真珠湾攻撃に向かうために連合艦隊が集合した場所としても有名だ。冬の厳しい寒さに閉ざされた千島東岸は誰にも見つかる心配が無い格好の隠遁地だった。ここに終結した連合艦隊は1941年11月26日に一路真珠湾攻撃に出撃。暗号電報『ニイタカヤマノボレ一二〇八』を受け、日本の運命を大きく変える一撃を放ったのである。ちなみに1月から3月の厳冬期、南千島への船便は1ヶ月に1便しかなかった。まさに冬に閉ざされる暮らし。当時住んでおられた方はさぞ心細かったのではないだろうか？

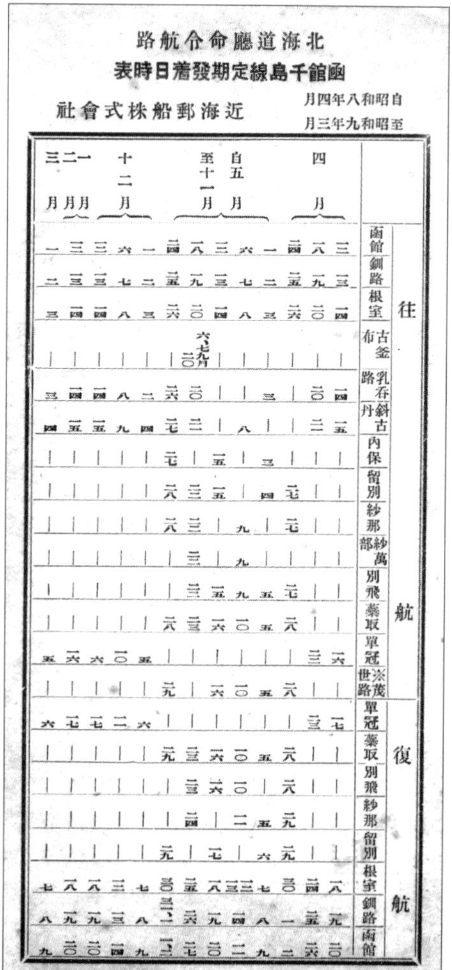

千島航路の運航予定が掲載された村勢要覧
【1933年　紗那村】

カムチャッカにまで航路を広げていた日本商船

ところで、千島列島への船便については、戦前の時刻表に掲載されていた路線もある。それは函館～ペトロパブロフスク線。ペトロパブロフスクとは、ペトロパヴロフスク＝カムチャツキーのこと。つまり、カムチャッカ半島南部の北太平洋に面したロシア（当時はソ連）の街である。なんでこんなところに向かう航路があったのかといえば、このあたりは戦前、日本の水産会社の缶詰工場があるなど、北洋漁業の拠点だったからである。たしかに千島列島は当時、北の端まで日本領だったから、豊かな北の海の幸を求めて日本の漁船団はなんの気兼ねもなく操業していたわけである。

函館～ペトロパブロフスク線は栗林商船による月に１～２便の運航で、函館から小樽経由ペトロパブロフスクまでは１週間から２週間かかった。所要時間がまちまちなのは、寄港地の違いによるものと思われるが、予定表には具体的な寄港地の掲載がないため不明である。この路線は、なぜか1938年の一時期しか時刻表に掲載されておらず、いつから運航されていたのか、またいつまで運航されていたのかもはっきりしない。しかし、少なくとも終戦までの間に消滅したはず。――ご承知のとおり、1945年８月にソ連軍は急遽対日戦に参戦し、北方から満州・樺太・千島に攻め込んだからである。アメリカに押されて戦後の極東における影響力が低下することを恐れての駆け込み参戦ともいわれるが、この結果、南千島は現在に至るまでソ連～ロシアが実効支配を続けている。ソ連が実効支配するようになった南千島は、当然のことながら日本からの船便が途絶え、ソ連による航路が開設された。

1971年にソ連で発行された「旅客案内」（あるいは「旅客便覧」）という本がある。これは鉄道・航空・航路・自動車といった、ソ連国内の交通の営業規則や運賃をまとめた本であるが、航路については出航予定スケジュールも載っている。オホーツク海航路の項を参照すると、ウラジオストク～択捉島線もその中に含まれており、それによると、このような航路であった。

ウラジオストク～コルサコフ（樺太・大泊）～クリリスク（択捉島・紗那）～ユジノクリリスク（国後島・古釜布）～クラバザヴォーツク（色丹島・穴澗）～マロークリリスク（色丹島・斜古丹）～カサトカ（択捉島・単冠）～以降はもと来た道をウラジオストクへ

ウ函館、ペトロパブロスク間（栗林商船會社）

港名	月日	月日	月日	月日	月日	月日
函館發	5.21	6.10	6.26	7.13	8. 2	8.2[illegible]
小樽〃	5.23	↓	6.27	7.15	8. 4	8.2[illegible]
ペトロパブロフスク著	6. 3	6.20	7. 7	7.19	8. 9	8.3[illegible]
ペトロパブロフスク發	6. 3	6.20	7. 7	7.19	8. 9	9.[illegible]
函館著	6. 8	6.25	6.12	7.31	8.22	9.1[illegible]

就航船　副島丸總噸數 2,245 噸、定員一等 10 名、二等 24 名、三等 300 名

「汽車時間表」に掲載されたカムチャッカ航路
【1938年７月　ジャパン・ツーリスト・ビューロー】

この航路には、「トルクメニア」「M.ウリッキー」という4000トン級・300人乗りの、東ドイツで建造された旧ソ連の標準タイプの貨客船が、7月の最繁忙期には週1便・それ以外は10日から2週間間隔で往来していた。ウラジオストクから単冠までは5日間の船旅である。

今日も南千島の各島へは、サハリンから船便および航空便が定期運航されている。かつては日本の船便が往来していた北海道とは目と鼻の先・宗谷海峡やオホーツク海を、半世紀以上にわたってソ連・ロシアの船便だけが走っている ——歴史のイタズラはこうも非情なものなのか。

千島航路の運航予定が掲載されたソ連時代の「旅客案内」
【1971年8月 交通出版社】

悲運の軽便鉄道はいまも
米軍基地の地中に眠る！？

那覇〜嘉手納／与那原／糸満
（1938 年）

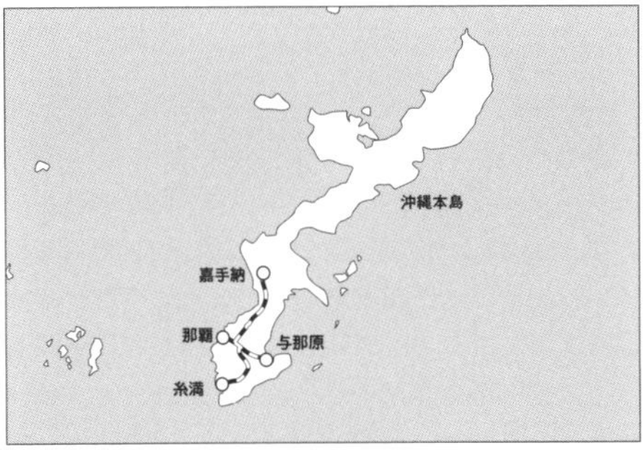

戦火に消えた日本最南の鉄道

沖縄は、2003 年 8 月にモノレール「ゆいレール」が開業するまでは、日本で唯一、鉄道の無い県として知られていたが、戦前には県営の軽便鉄道が走っていた。それが沖縄県営鉄道（県鉄）だ。

県鉄は、1914 年に那覇〜与那原間で営業を開始し、その後、北は嘉手納や南は糸満へも順次路線を広げていった。今日、那覇のバスターミナルがあるあたりが、当時の那覇駅のあった場所だという。軽便鉄道だから、小振りな機関車が数量の客車を引いてトコトコと走っていたが、昭和に入るとガソリンカーも投入され、列車本数も倍増。その線路延長は 50 キロ以上にも及び、当時、日本最大級の軽便鉄道だった。

ところがそうした規模とは裏腹に、沖縄戦の悲劇とそれに続くアメリカによる占領統治という、時代の大きなうねりに飲み込まれる形でその生涯を終えたため、往年の姿を今に伝える実物資料や痕跡は非常に少ない。線路の跡も、すでに自然に還ったり都市化に洗われて、今ではほとんどが消えてしまった。

ここに紹介するのは、1938 年に沖縄県が発行した一般向け統計集。県が発行した資料であるため、巻末にはこの幻の鉄道の時刻表が掲載されていた。沖縄県営鉄道の時刻そのものは、当時のジャパン・ツーリスト・ビューロー（現：JTB）発行の時刻表にも掲載されていたが、これは沖縄県で発行されたオリジナルの資料という意味で貴重だ。

時刻表を見ると、3 路線の中で最も長い那覇〜嘉手納間は、汽車で約 1 時間 20 分・ガソリンカーで約 1 時間掛かっていた。距離はたかだか 23.6 キロなので、いかにゆっくりとした走りであったかがうかがえるだろう。とはいっても、今日の路

県営鉄道の時刻が載っている「沖縄県概観」
【1938 年 3 月　沖縄県】

線バスもやはりそれ位の時間が掛かるので、良しとするべきか……。なお、嘉手納付近の県鉄の線路跡は、現在では米軍嘉手納基地の敷地内に相当する。掘ったら何か遺物が出るかもしれない。

県鉄は沖縄本島の人々の重要な足としてだけではなく、農産品の輸送にも使われた。3路線のターミナルである那覇駅からは、那覇港に向けて貨物用の引込み線も設けられており、港から船に積み込まれる農産物などがここを通って運ばれていった。

そんな平和な時代は太平洋戦争の開戦とともに終わりを告げる。戦争末期の1944年10月、那覇空襲で鉄道は大きな被害を被った。それでも一時は何とか再起をしたものの、それも長くは続かず、翌年の沖縄戦で施設は徹底的に破壊され、復活することなくその生涯を終えることとなった。筆者の手元には、『destroyed Jap railway Okinawa』と裏書されたスナップ写真がある。おそらく、戦後になって沖縄に進駐した米軍兵士が撮影したものと思われるが、那覇駅構内と推定される場所に横転した機関車が写っており、戦火の凄まじさを物語る一枚だ。

ところで、沖縄には県鉄のほか、もうひとつ鉄道があったのをご存知だろうか？　それは、那覇市内の通堂（とんどう）～首里間を走った沖縄電気の電車。奇しくも県鉄と同じ1914年に開業し、こちらは当時新しく登場したバスとの競争に敗れ、1933年に一足早く姿を消してしまった。

“destroyed Jap railway Okinawa”と裏書きされた米軍兵士撮影のスナップ（筆者所蔵）
米軍の猛攻撃によって破壊された那覇駅構内の車庫周辺で撮影されたものと思われる

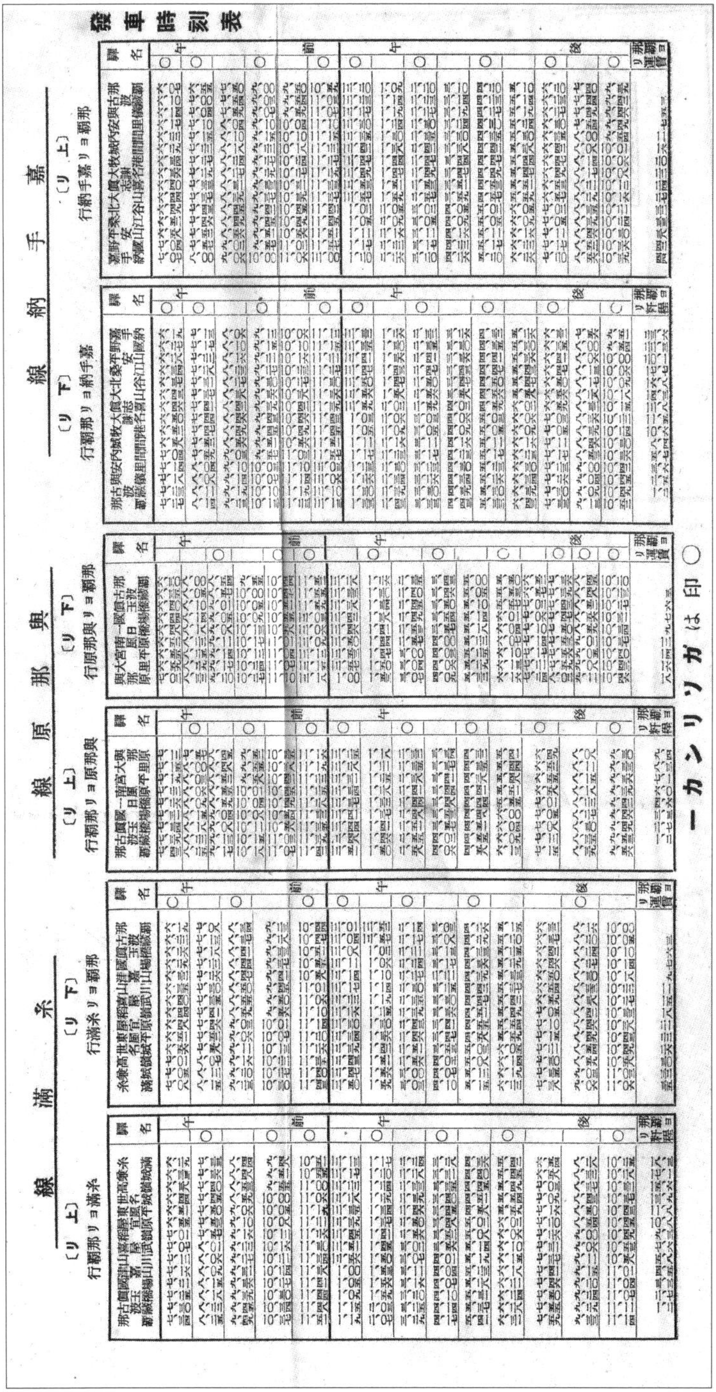

「沖縄県概観」の巻末に添付された県鉄時刻表
意外に多くの列車が走っていたことがわかる

待望久しき新造船もすぐ徴用
——開戦前・不遇の沖縄航路

神戸〜那覇
（1937 年）

泡盛に生牛……貨物で潤った大阪商船の独壇場

沖縄独自の船会社が登場した戦後と違い、戦前の沖縄航路は巨大海運企業・大阪商船のほとんど独占状態にあった。大阪商船が運航したのは、阪神〜那覇線／鹿児島〜那覇線／那覇〜基隆（台湾）線を主体に、1930 年代に入って満州が脚光を浴びると那覇〜大連線なども開設された。

沖縄は日本の離島の中でも小笠原と並んで本土からの距離が遠いところ。航空機が一般的でなかった戦前は、航路が唯一の命綱であった。裏を返せば、船会社にとってこれほど商売的にオイシイところはない。そうした独占状態は弊害も生み出した。運賃が高水準に留まりやすいというのがその最たるもの。また、貨物輸送での高収益にあぐらをかくあまり、船客へのサービス面が疎かになりがちという面もあったという。当時の沖縄関係の各航路には、他の航路で使われた中古船が回されるのが一般的だった。

ちなみに、沖縄に旅客定期航空路線が開設されたのは 1936 年 1 月のこと。日本航空輸送が福岡〜台北線（内台線）の途中寄港地として那覇に発着したのがはじまりである。同年 4 月には当時最新鋭のダグラス DC-2 が早速この路線に投入され、一挙に近代的な交通機関として整備された。

『南溟の王国として、古来数奇な歴史に育くまれ来った沖縄は、今や産業振興計画着々と成り、文化の粉飾を新たにしてわれらの南方関心線上鮮やかに浮かび上がっております。』

（大阪商船発行のパンフレットより）

時代の要請を受けて沖縄航路が面目を一新したのは 1937 年のこと。阪神〜那覇間に新鋭船「波上丸」「浮島丸」が就航したのである。「波上丸」の案内書によると、『泡盛酒の如きも（中略）殆ど無制限に御引受』とか『生牛も（中略）六十頭迄はそのまま積めるように』など、沖縄特有の

1937 年に発行された大阪商船の沖縄航路の案内パンフレットの内部
左上に掲載されている写真の船が「浮島丸」である

貨物の運送にも留意されているのが特徴であった。当時のパンフレットには現在と同様、観光モデルコースや予備知識が書かれており、そこに添えられた写真には後の沖縄戦で破壊された首里城正殿の在りし日の姿もある。実際、戦前も「第〇回沖縄県視察団」などの団体旅行がよく催行されていた。

しかし時局柄「波上丸」は就航後すぐ、「浮島丸」も開戦とともに軍に徴用されてしまい、華やかな時代は長続きしなかった。そして終戦直後の1945年8月24日、大戦を生き残った浮島丸は朝鮮半島への帰還者を多数乗せて大湊から釜山へ向かう途中、舞鶴で謎の爆沈（現在では機雷に触れたことによる事故と結論づけられている）を遂げる。ここに戦前の沖縄航路の面影は完全に過去のものとなったのであった。

前ページの資料の表紙
【1937年12月　大阪商船】

二晩がかりで郷里への夢を運んだ引揚列車

南風崎～東京
（1947 年）

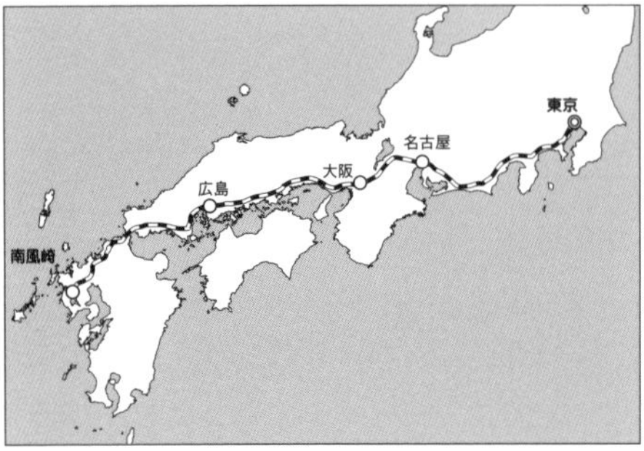

終戦直後に一躍脚光を浴びた田舎の小駅

全国から多くの観光客で賑わう長崎県のテーマパーク「ハウステンボス」の向かい側、JR 大村線に「南風崎（はえのさき）」という駅がある。今や一日に数十人が乗り降りするだけのローカル線の駅なのだが、かつてこの小さな駅から東京までの長距離列車が次々と出ていた時期があった。それは 1945 年の終戦から約 5 年間のこと。大陸や南方から復員してきた兵士や、外地から引き揚げてきた一般の日本人がここから臨時列車に乗り込んで郷里への家路をたどったのである。

この臨時列車は「引揚列車」という。1947 年 5 月に発行された時刻表を見ると「長距離臨時列車」という表現ではあるが、南風崎～東京間に 3 往復の引揚列車が走っていた。

8012 列車　南風崎 15:40 発～東京　5:55 着
8014 列車　南風崎 17:30 発～東京　6:28 着
8018 列車　南風崎 23:31 発～東京 18:40 着

急行復活時間改正

列車時間表

東京中心

昭和22年4月25日印刷　昭和22年5月1日發行
發行所　東京都杉並區下高井戸1丁目41
交通案内社
日本出版協會々員番號　A.211116
定價　2.00

引揚列車の時刻が記載された時刻表
【1947 年 5 月　交通案内社】

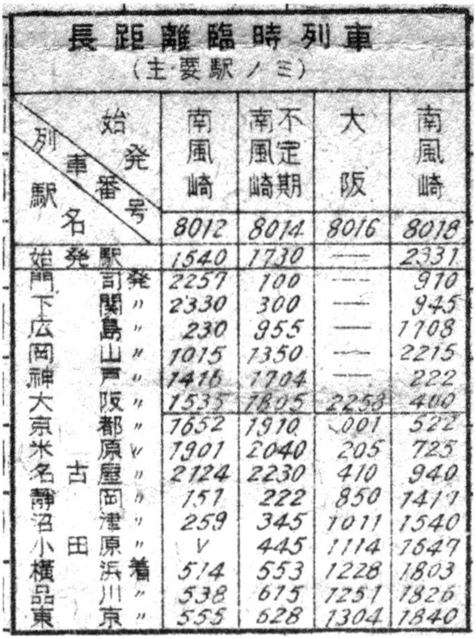
長距離臨時列車
（主要駅ノミ）

駅名 ＼ 列車番号 ＼ 始発	南風崎	南風崎 不定期	大阪	南風崎
	8012	8014	8016	8018
始発駅	1540	1730	—	2331
門司 発	2257	100	—	910
下関 〃	2330	300	—	945
広島 〃	230	955	—	1708
岡山 〃	1015	1350	—	2215
神戸 〃	1416	1704	—	222
大阪 〃	1535	1805	2258	400
京都 〃	1652	1910	001	522
米原 〃	1901	2040	205	725
名古屋 〃	2124	2230	410	940
静岡 〃	151	222	850	1417
沼津 〃	259	345	1011	1540
小田原 〃	V	445	1114	1647
横浜 着	514	553	1228	1803
品川 〃	538	675	1251	1826
東京 〃	555	628	1304	1840

左の時刻表の内部
南風崎始発の列車が３本見える

発着時刻からは一晩で東京に着くようにも見えるが騙されてはいけない。これらの列車は出発日の翌々日に東京着。つまり、南風崎から東京までは実に2晩を要していたのである。終戦直後の食糧不足の時代、この長旅はさぞきつかったことであろう。

なぜここからこうした列車が出発していたのかというと、今日ハウステンボスがある辺りには厚生省の「佐世保引揚援護局」という施設が存在したからである。引揚援護局とは、海外から戻ってきた日本人の一時受入施設のこと。ここで各種手続きや郷里へ旅立つまでの一時滞在が行われた。大陸方面から船で日本に戻って来る場合、九州は地理的に便利であった上、もともとこの地域は軍港都市・佐世保に近いことから転用できそうな日本軍の施設が多数あり、そうした背景から引揚援護局が設置されたのである。引揚といえば他にも山口県の仙崎や京都府の舞鶴が有名だったが、佐世保の引揚援護局は1945年から50年まで業務が行われ、この間に先述の引揚列車が運転されていた。

これら海外からの引き揚げには、おもに戦前の日本近海航路に就航していた船が使われた。下関～釜山間の関釜連絡船「興安丸」や、神戸～基隆間の内台連絡船に就航していた大阪商船の「高砂丸」など。第二次大戦で日本の商船が軒並み撃沈の憂き目に遭っている中で、これらの船は大戦を生き残り、日本人の記憶の中に残る一隻となったわけだ。

さて、この時刻表の発行に先立つこと約一週間前の4月24日には、時刻表の表紙に謳われているように、戦後一旦廃止されていた急行列車が東京～門司間に復活している。当時は蒸気機関車の石炭が不足していたため、列車の運休やダイヤの減量はザラだった。こんな調子であるからまだまだ長距離定期列車の運転本数は充分でなく、引揚者の利用も想定した臨時列車が南風崎～東京以外の区間にもいくつか設定された。1948年の時刻表を見ると以下のようなものが走っている。区間を見ていただけばお分かりと思うが、南風崎発の列車からの乗り継ぎ用といった感じの位置づけだ。

8016列車　大阪23:01発～東京13:04着
8107列車　上野09:10発～青森17:10着
8519列車　大阪21:50発～富山08:09着

ちなみに、この1948年の時刻表は、3年前に原爆で壊滅的な被害を受けたばかりの広島で発行された山陽・山陰地域の路線を中心としたものである。終戦からあまり時間が経っておらず、物資不足の折、使われている紙は薄くてザラザラしていてあまり良い質のものではないが、表紙のイラストにさりげなく使われた緑色と桃色が将来への明るい希望を象徴しているようだ。そして巻末にはこんな標語が書かれていた。

「高砂丸」が表紙に描かれた台湾航路の予定表
【1940年7月　大阪商船】

「荒れた国土を平和な緑で」　広島県観光協会

『70年間は草木も生えない』とさえ言われた広島ならではの思いがこの一文に込められていることがひしひしと伝わってくる。南風崎発の引揚列車が広島を通るときに車窓から見えたであろう原爆で壊滅した街並みに、引き揚げ者は何を思っただろうか？　戦争の悲しさ、そして虚しさ？　しかし焦土では復興への思いが脈々と胎動を始めていた。そして敗戦からわずか10年で「もはや戦後ではない」といわれるまでに日本は見事によみがえるのであった。

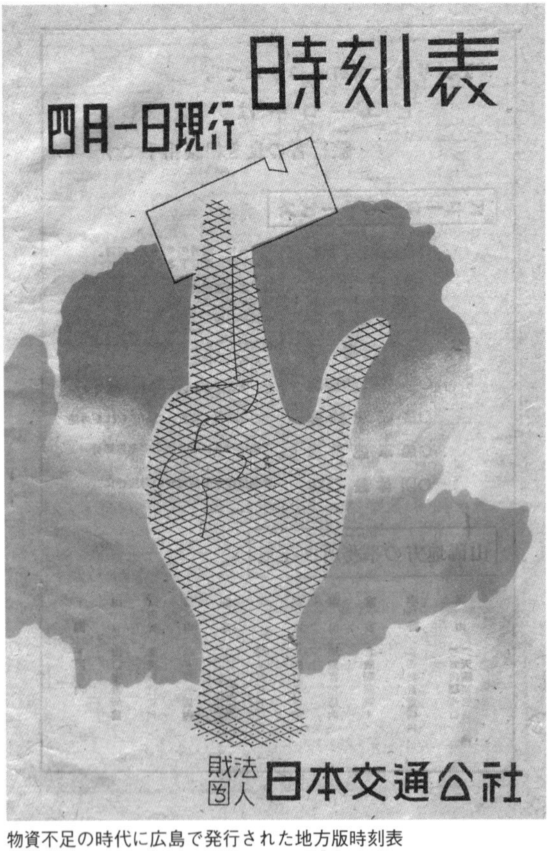

物資不足の時代に広島で発行された地方版時刻表
【1948年4月　日本交通公社広島支社】

GHQ バスターミナル〜三井倶楽部
（1947 年）

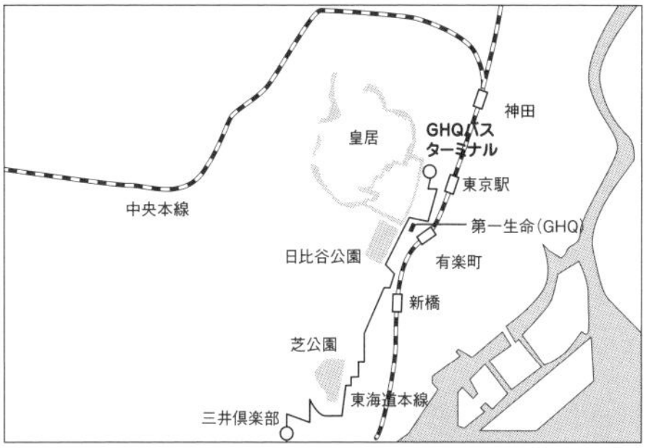

戦火をくぐりぬけた建築物は軒並み接収

1945 年の終戦とともに日本には米軍が進駐し、皇居を目の前にしたお濠端の「第一生命館」に連合国の総司令部――GHQ が置かれた。東京には

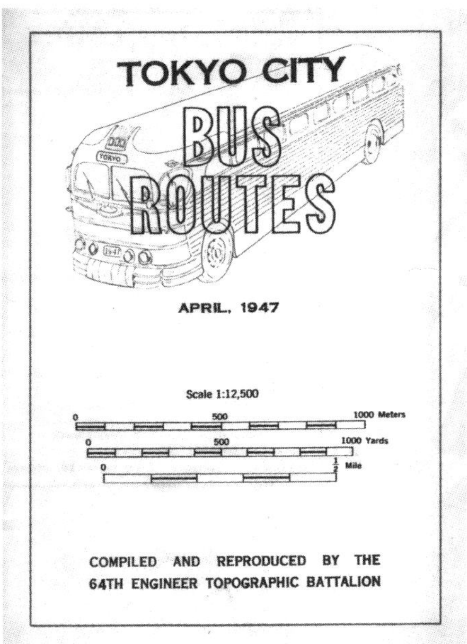

進駐軍専用バスのルートや時刻が掲載された地図
【1947 年 4 月　アメリカ陸軍】

GHQ のみならず進駐軍関係の機関が集中していたことから、それらの連絡手段が整備されることとなる。当時すでに都電や都バスが東京中心部を走っていたが、そこは戦勝国のプライド。日本人と同居ではなく、進駐軍専用のバス路線が開設されたのである。各路線は連合軍関係の施設を縫うように設定されていた。例えば、GHQ バスターミナル〜三井倶楽部間を結んでいた第 14 系統 “GHQ OFFICERS CLUB ROUTE” の場合、このような感じだ。

経由地	概要
GHQ BUS TERMINAL	バスターミナル 現在の郵船ビルの隣地
MITSUBISHI MAIN	三菱本館 婦人宿舎が置かれた
YURAKU HOTEL	有楽館 士官宿舎として接収
DAI ICHI BLDG.	第一生命館 連合国最高司令官総指令部庁舎
TEIKOKU BLDG.	帝国生命ビル 憲兵隊司令部として使用
SAN SHIN BLDG.	三信ビル 第７１通信大隊が入居
HYPOTHEC BANK ANNEX	勧銀別館 現在のみずほ銀行本店
PARK HOTEL	富国生命館 婦人宿舎として使用
FUKOKU BLDG.	同上
DAI ITI HOTEL	第一ホテル 士官宿舎として使用
DAI ITI RYOKAN	第一旅館 婦人宿舎として使用
SHIBA PARK HOTEL	芝パークホテル
JOSHI KAIKAN	日本女子会館
MITSUI CLUB	三井倶楽部 米軍将校クラブに使用

街路には欧米風にアルファベットと数字でアヴェニュー／ストリートの名前が付けられた。基本的に、皇居を中心に放射状方面に広がる道がアヴェニューとされ、英字で表わされた。一方、それと交わる方向（すなわち環状方向）がストリートで、数字で呼ばれた。たとえば、GHQ 本部前の道は「アヴェニュー A」、皇居を取り巻く道は

「ファースト・ストリート」という調子。たしかに、いきなり東京に来る外国人にとっては、地名に基づいた伝統的で情緒的な名前よりも覚えやすかったことだろう。

全23系統の全容は？

そんな、「条坊制」のような街を日夜走り抜けていた進駐軍専用バスの全容はどんなものであったのか？　1947年4月に発行された東京中心部の進駐軍専用バス路線の案内には、全部で23の系統が掲載されている。資料的価値があると思われるのでそれらをひととおり紹介してみよう。この案内地図が発行された1947年当時は、東京裁判がまさに進行中の時代。焼け跡の中にアメリカという異文化の風が吹き込み、平和への希望の一方で、今後の日本が辿る道への不安が満ちた東京の街をこれらのバスが走り抜けたのである。

1.CENTRAL TOKYO RUN

文字通り、GHQ庁舎を中心として、北東方面と南西方面へ8の字を描くように運転されていた。南西方面は霞ヶ関の文部省および大蔵省前を通過していた。

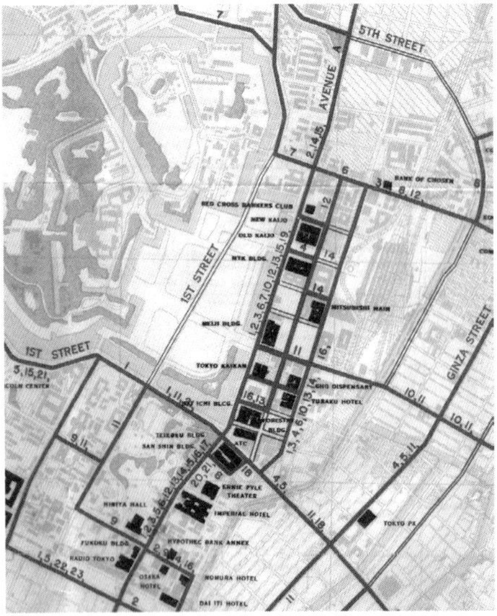

太字で運行ルートが示された東京駅周辺の地図
（左上に皇居が見える）

2.AVENUE “A” ROUTE

北は御茶ノ水から南は第一ホテルまで、お濠端に並ぶ進駐軍関連施設を一直線に結ぶ重要路線である。

3.BUSINESS LOOP

丸の内界隈を一周し、日本橋方面にある国分ビル（CPC＝民間財産管理局があった）まで。

4.WAR MINISTRY ROUTE “N”

市ヶ谷の旧陸軍省（東京裁判の舞台）から、神田を経て有楽町・銀座へ。そして銀座通りを北上して、白木屋（のちの東急百貨店）にあったPXまでを結ぶお買い物ルート。

5.WAR MINISTRY ROUTE “S”

こちらは市ヶ谷から南下し、山王ホテルを経由して、芝・銀座・日本橋へと向かう。終点はやはり白木屋である。

6. ST.LUKES APTS

朝、赤坂にある宿舎から丸の内地区へ向かい、午後と夕方は丸の内から赤坂へ向けて走る通勤バス。

7.MITRI HOTEL ROUTE

九段にあったフィリピン大使公邸から、GHQ庁舎界隈までを結ぶ。「ミトリ・ホテル」とは偕行社（陸軍軍人の親睦組織）の本部建物で、フィリピン大使公邸ともども軍人宿舎として使われていた。

8.KOKOBU BLDG. ROUTE

名称は「国分（こくぶ）ビル」の誤記だろう。アヴェニューAとWの交差点から西へ向かい、八丁堀・新川方面への路線。沿線には旧朝鮮銀行ビルに置かれたCTS（民間輸送局）などがあった。

9.JOSHI KAIKAN ROUTE

朝、芝にある女子会館を出て、有楽町・日比谷を経由して大蔵省庁舎へ至る。大蔵省庁舎（現：財務省庁舎）は接収されて「司令部サービス・コマンド」として使用されていた。午後から夕方にかけてはその逆の向きに走る通勤バス。

10.CONTINENTAL HOTEL ROUTE “C”

「コンチネンタル・ホテル」とは京橋にある味の素の本社ビルで、士官宿舎として使われていた。ここから西へ向かい、丸の内と有楽町を一周して戻る環状コースである。奇しくも現在、大手町から有楽町界隈を一周する無料バス「丸の内シャトル」が運行されているが、その祖先と言えるかもしれない。

11.CONTINENTAL HOTEL ROUTE “A” AND “B”

ルートＡは、浜松町にあった進駐軍関連車両の整備工場（現在の世界貿易センタービルの敷地）とコンチネンタル・ホテルを結び、ルートＢは大蔵省庁舎とコンチネンタル・ホテルを結んでいた。

12.PRINCE SHIMAZU ROUTE

「プリンス島津」とは島津侯爵邸のこと。当時は将校宿舎として接収されていた。島津邸から芝・日比谷を通り、白木屋までの路線。

13.ALLIED EMBASSY ROUTE

連合軍関連の公館を結ぶ路線。麻布のフランス大使館・中国大使館・ロシア大使館（不思議と「ソビエト」ではない。なお、厳密にいうと当時はまだ大使館ではなく、代表部が置かれていた）を経て、丸の内に至る。

14.GHQ OFFICERS CLUB ROUTE

冒頭で触れたとおり、丸の内と三田にある三井倶楽部を結ぶ。17時30分から0時30分まで1時間おきの運行だった。

15.NIGHT LOCAL

皇居を取り巻くように走る環状線。丸の内・日比谷から、パレスハイツ（現在の最高裁判所・国立劇場の場所にあった将校用宿舎）・イギリス大使館を経て、御茶ノ水経由で丸の内に戻る。途中、芝からは海岸方面に分岐し、竹芝にあったGHQ補給部へ寄る。

16.GHQ SUPPLY ROUTE

丸の内の東京海上ビル旧館（当時は婦人宿舎となっていた）と、竹芝の補給部を結ぶ。朝・昼・夕にそれぞれ５分間隔で運行された通勤バス。

17.USSR ROUTE

ロシア大使館（ソ連代表部）と丸の内（三菱21号館）を結ぶ。

18.49TH GEN. HOSPITAL ROUTE

この「病院」とは、当時接収されていた現在の聖路加病院を指す。

19.YOKOHAMA TO TOKYO ROUTE

その名のとおり、横浜税関ビルにあった第８軍司令部と、丸の内の日本郵船ビルとを結ぶ。日本郵船ビルには士官宿舎が置かれていた。

20.ATC ROUTE

ATCとは“Air Transport Command”（空輸師団）のこと。羽田にはATCの輸送機が発着し

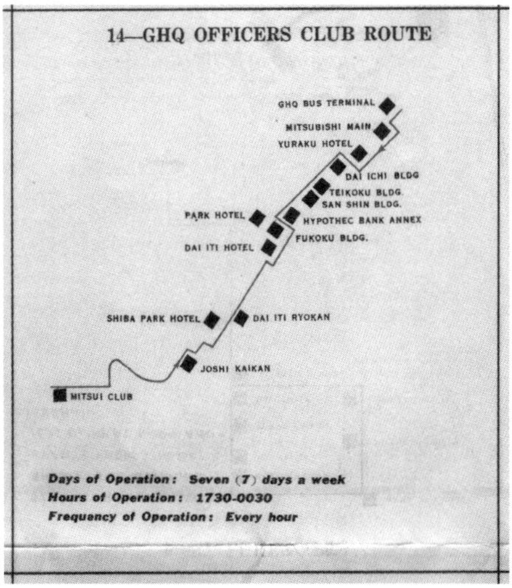

丸の内～三井倶楽部を結ぶルートの概要図
（前ページの資料より）

ていたが、羽田のターミナルと大正生命ビル（現：日比谷サンケイビル）にあったATC事務所を結ぶ、いわば空港送迎バスである。

21.WAR MINISTRY ROUTE “MMS”

市ヶ谷の旧陸軍省からパレスハイツを経て、竹芝の補給部を結ぶ。MMSとは、“MOTOR MAINTENANCE SHOP”の略で、ルートの途中である浜松町の進駐軍関連車両の整備工場のこと。

22.MOTOR MAINTENANCE ROUTE

霞ヶ関の大蔵省庁舎から、浜松町のMMSまでのルート。

23.CARGO POOL ROUTE

やはり大蔵省庁舎から、築地にあったGHQの貨物車両駐車場までのルート。

路線によって運行日や運行頻度はもちろん異なる。すでに一部は触れたが、平日の朝夕だけの運行という通勤路線もあれば、毎日運行の路線もあった。また、繁華街や将校クラブを結ぶ路線では夜半過ぎまで運行されているものもある。頻度は、都心の主要路線で10分から20分間隔といったところであった。

ちなみに、この進駐軍専用バス案内を作成したのは米軍第64工兵測量大隊。この部隊の役割は日本やその周辺の地図を作成することだったが、駐留していた場所はなんと新宿の伊勢丹デパートだった。伊勢丹デパートが接収されていたのは終戦の年の10月から1953年7月までとのことであるが、買い物客で賑わう現在のデパートからはそのような過去があったとは全く想像が及ばないエピソードである。

1951年9月にサンフランシスコで講和会議が開催された。そこで日本の独立が認められ、翌4月28日の平和条約発効をもってアメリカによる占領という時代は終わりを告げることとなる。すでに連合国最高司令官・マッカーサーは解任されて日本を去っていたが、その年の7月には第一生命館も返還され、占領時代のもっとも大きい象徴がひとつ消えた。そこに置かれていた執務室から彼が見渡した東京都心の街路にひしめいていた進駐軍専用バスも、時代の移ろいとともに在日米軍基地関係の一部を除いて（注）走り去っていったのである。

（注）ちなみに、1950年代から70年代にかけ、国際興業が米軍関係のバス運行を受託していた。

“WELCOME TO TOKYO”の文字が見える跨線橋
（1950年頃撮影・筆者所蔵）

東京〜佐世保
横浜〜札幌
(1945/51年)

終戦の年に早速発行された進駐軍向け時刻表

線路を横断する道路の鉄橋には“WELCOME TO TOKYO”という文字が見える。半円形にアーチを描く鉄橋の形からすると、どうやら品川駅のすぐとなりにある八ツ山橋のようだ。前ページに紹介したのは、終戦からまもない頃、日本に駐留したアメリカ軍の兵士の一人が撮影したスナップ写真。勝者と敗者の対照がその写真から伝わってくる。日本の鉄道は大戦末期の大空襲にも関わらず、総体的には終戦まできちんと動いていた。戦火をくぐりぬけた強靭なそのネットワークは、アメリカによって根付かされようとされていた民主主義を日本の隅々にまで浸透させる動脈や毛細血管の役割を果たしたのである。

終戦直後の列車の運行はどのようなものだったのだろうか？　そうしたことを知る手がかりとなるのが時刻表であるが、この時代に発行されたものの中にはちょっと変わったものが存在する。中身をすべて日本語で書かれても外国人には分からないので、進駐軍は英文で記載された時刻表の発行を日本側に求めた。1945年初冬、終戦からまだ何ヶ月も経たない時期のことである。そうして全編英語の列車時刻表が出来上がったのだった。

それは、1945年12月21日のダイヤ改正を機に運輸省渉外部から発行された“CONDENSED RAILWAY TIME TABLES”と題された冊子(注)。紙自体が貴重な時代に色刷りの表紙という、A5版36ページの意外に立派な体裁である。内部には東京を中心に日本全国の主要路線の列車時刻が掲載されているが、特急は一本もなく、急行も東海道・山陽線と東北線にパラパラと走っている程度であとはすべて鈍行というような寂しい状況だった。「×」印がついている列車があるが、×印がついている区間は「運休」ということを意味している。この印がついていない列車の方が少ないのではないかとさえ思えるのだが、これは機関車にくべる石炭不足が原因だった。

アメリカ人ジャーナリストのマーク・ゲインに『ニッポン日記』という著作がある。ちょうどこの時刻表が発行された1945年12月21日に上野を発って東北地方を取材がてら周遊したルポがその中に掲載されているのであるが、彼もこの時刻表を手に旅立ったのであろうか？　しかしまさにこの直後、日本側に対して進駐軍からある重要な要請が出されていた。それは、「連合軍のために専用列車を運転すべし」というものであった。

当時の時刻表から特急や急行がめっきり姿を消していたことからも分かるように、寝台車や食堂車・展望車といった優等客車は、日本の各地で遊休状態にあった。さすがに客車はどこかに隠すわけにもいかない。終戦後、占領地・日本における移動手段をコントロールしたのは、アメリカ軍の第3鉄道輸送司令部と呼ばれる部隊であった。日本に進駐するなり、彼等はすでに命令を出していた。「○日までに○両の寝台車・食堂車etc…を提供せよ」。進駐軍の命令は絶対である。早速、日本の鉄道関係者は求めに応じて車両を整備。車両によってはシャワー室が設けられたり、会議にも使える大きな食卓が設置された。「どうぞお使い下さい！」。1946年になるとこうした車両を使って新たな列車が登場した。それが「連合軍専用列車」――“Allied Train”だ。日本人向けの列車の運転もままならない時代に、豪華車両で編成された専用列車が大名行列よろしく大手を振って東海道を上り下りするようになったのである。

札幌から佐世保まで全国をネットした殿様列車

連合軍専用列車は時代によって運転区間などがいろいろと変遷したのであるが、1951年7月の外国人向け英文時刻表からそれらを拾ってみる。長期間にわたって定期的に運行された連合軍専用列車には、東京と九州を結ぶものと、東京と北海道を結ぶものがあった。前者は東京〜佐世保間に“DIXIE LIMITED”および“ALLIED LIMITED”という名で運転され、後者は横浜〜札幌間を“YANKEE LIMITED”という愛称で

(23)

Aomori Via Yamagata, Akita (Between Utsunomiya—Aomori, main stations only)

Utsunomiya	Shirakawa ×	Utsunomiya	Akita	Aomori	Oyama ×	Aomori ×	Sendai ×	Aomori	Aomori ×	Kogota ×				For / Train No.
521	×137	525	401	107	×527	×403	×139	201	119	121				Stations
1700	1730	1829	1920	2000	×2100	×2215	2300	2210	…	…	…	…	…	Lv. **Ueno**
1719	1749	1839	1938	2018	×2128	×2235	2320	Via Jōban Line	…	…	…	…	…	〃 Akabane
1744	1814	1904	2002	2042	×2152	×2300	2346		…	…	…	…	…	〃 Ōmiya
1755	1825	1915	2013	2053	×2202	↓	2357		…	…	…	…	…	〃 Hasuda
1803	1833	1903	2021	2100	×2210	↓	0005		…	…	…	…	…	〃 Shiraoka
1811	1841	1931	2029	2108	×2217	↓	0014		…	…	…	…	…	〃 Kuki
1822	1852	1942	2039	2118	×2228	↓	0024		…	…	…	…	…	〃 Kurihashi
1833	1903	1953	2050	2130	×2238	↓	0036		…	…	…	…	…	〃 Koga
1843	1913	2003	2100	2140	×2248	↓	0047		…	…	…	…	…	〃 Mamada
1858	1926	2017	2111	2156	×2258	×0016	0102		…	…	…	…	…	〃 Oyama
1907	1935	2026	2120	2205	…	↓	0111		…	…	…	…	…	〃 Koganei
1917	1945	2036	2129	2214	…	↓	0121		…	…	…	…	…	〃 Ishibashi
1926	1954	2045	2138	2223	…	↓	0130		…	…	…	…	…	〃 Suzumenomiya
1937	2005	2056	2148	2233	…	×0054	0141		…	…	…	…	…	Ar. **Utsunomiya**
…	…	×2100	-835	…	…	×851-	*0350		…	…	…	…	…	Lv. Utsunomiya
…	…	×2223	× …	…	…	…	×0531		…	…	…	…	…	Ar. Nikkō
…	×2018	…	2158	2243	…	×0102	0151		…	…	…	…	…	Lv. **Utsunomiya**
…	×2036	…	2215	2301	…	↓	0208		…	…	…	…	…	〃 Hōshakuji
…	×2134	…	2305	↓	…	×0225	0307		…	…	…	…	…	〃 Nishinasuno
…	×2152	…	2324	0006	…	×0250	0326		…	…	…	…	…	〃 Kuroiso
…	×2243	…	0008	0051	…	×0335	0415	→	0510	0620	…	…	…	〃 Shirakawa
…		…	0054	0131	…	×0435	×0457		0604	0722	…	…	…	Ar. **Kōriyama**
…	…	…	0102	0136	…	×0444	×0506		0612	×0729	…	…	…	Lv. **Kōriyama**
…	…	…	0156	0234	…	×0558	×0617		0727	×0844	…	…	…	Ar. **Fukushima**
…	…	…		0241	…		×0625		0735	×0850	…	…	…	Lv. **Fukushima**
…	…	…		0407	…		×0753		0905	×1021	…	…	…	〃 Funaoka
…	…	…		0459	117		×0843	0813	0956	×1110	…	…	…	Ar. **Sendai**
…	…	…		0506	0610		…	0825	1005	×1118	…	…	…	Lv. **Sendai**
…	…	…		0624	0734		…	0942	1128	×1231	…	…	…	〃 Kogota
…	…	…		0755	0858		…	1106	1318		…	…	…	〃 Ichinoseki
…	…	…		0837			…	1150	×1400	…	…	…	…	〃 Mizusawa
…	…	…		0914	…		…	1223	×1431	…	…	…	…	〃 Kurosawajiri
…	…	…		0934	…		…	1243	×1457	…	…	…	…	〃 Hanamaki
…	…	…		1040	…		…	1338	×1555	…	…	…	…	Ar. **Morioka**
…	…	…		1048	…		…	1346	×1603	…	…	…	…	Lv. **Morioka**
…	…	…		1241	…		…	1544	×1810	…	…	…	…	〃 Ichinohe
…	…	…		1342	…		…	1656	×1928	…	…	…	…	Ar. Shiriuchi
…	…	…		1516	…		…	1823	×2049	…	…	…	…	〃 Noheji
…	…	…		1627	…		…	1640	×2202	…	…	…	…	Ar. **Aomori**
	…	…		507	×419		421							
…	…	…	0202	…	…	0610	0852	…	…	…	…	…	…	Lv. **Fukushima**
…	…	…	0412	…	0615	0849	1113	…	…	…	…	…	…	〃 **Yonezawa**
…	…	…	0437	…	0639	0915	1136	…	…	…	…	…	…	〃 Akayu
…	…	…	0530		0726	1001	1220	…	…	…	…	…	…	Ar. **Yamagata**
…	…	…	0539	1010 Lv. Ōsaka Via Hokuriku Line	0734	1007	1226	…	…	…	…	…	…	Lv. **Yamagata**
…	…	…	0607		0810	1039	1258	…	…	…	…	…	…	〃 Jimmachi
…	…	…	0720		0922	1142	1359	…	…	…	…	…	…	〃 Shinjō
…	…	…	0939		×1156	1411	1616	…	…	…	…	…	…	〃 Yokote
…	…	…	1018		×1231	1459	1646	…	…	…	…	…	…	〃 Ōmagari
…	…	…	1130	1200	×1407	1620	1753	…	…	…	…	…	…	〃 **Akita**
…	…	…		1328	×1546	1743		…	…	…	…	…	…	〃 Higashinoshiro
…	…	…	…	1600	1811	2013	…	…	…	…	…	…	…	〃 **Hirosaki**
…	…	…	…	1706	1924	2121	…	…	…	…	…	…	…	Ar. **Aomori**

運休列車・区間が×印で示された最初期の進駐軍向け英文時刻表の内部（表紙はカラーページ参照）
【1945 年 12 月　運輸省渉外部】

運転されていた。横浜発というのは奇異であるが、船で日本に第一歩を印した外国人が乗り継ぐのに便利であり、また当時の横浜には進駐軍関係の施設が多くあったためでもある。なお、横浜とはいうものの桜木町近くにあった「東横浜」という貨物駅始発だったこともあるという。

この“YANKEE LIMITED”は横浜発22時。夜が明けてからは昼間の東北本線を北上し、夕方に青函連絡船で函館に渡る。ここでちょっと変わった運用が行われていた。本州を走り抜いた客車は、そのまま青函連絡船に載せられて北海道まで運ばれていたのである。そのため、青函連絡船においても一般の日本人向けの便とは別に、連合軍専用便が運航されていた。函館に着くと第二夜が始まる。終点の札幌到着は横浜発の翌々日朝7時という長い旅路だった。ちなみに狭い日本において、始発から終着まで車中で2泊する列車というのは皆無といってもいいが、1950年代に東京〜鹿児島間を走っていた急行「筑紫」のように、過去にまったく存在しなかったわけではない。

ところで、連合軍専用車両は、窓下に白い帯が入っていたため、「白帯車」とも呼ばれた。一般の日本人が、窓から出入りしなければならないような殺人的混雑にもまれている一方で、連合軍関係者は「白帯車」のゆったりとした座席に葉巻をくゆらせながら、優雅な旅行が可能だったのである。ちなみに、1947年4月12日の“DIXIE LIMITED”の食堂車メニューを見ると、こんな献立だった。

昼食	夕食
ビーフシチュー	ハンバーガー・ステーキ
スパニッシュ・ライス	マッシュポテト
セロリ	豆
クリーム・コーン	コンビネーション・サラダ
パン（バター付き）	ニンジンのバター炒め
冷果	パン（ピーナツバター添え）
紅茶（ホット or アイス）	冷杏子
	チョコレート

“DIXIE LIMITED”は9時半東京駅発だったから、昼食は車窓に“フジヤマ”を望みながらという感じだったのだろう。さすがに“ゲイシャ”まで乗っていなかったが……。食堂車がほとんど

連合軍専用列車が掲載された英文時刻表
【1951年7月　日本国有鉄道】

姿を消し、車上の食事といえば弁当とペットボトルしか味わえない今日からみると、列車の中でレストラン並みの食事を楽しむことが出来るだけでもうらやましいが、その一方でメニュー自体は現代の我々ならば当たり前のように食べることができる内容である。しかし、生き抜くことに精一杯であった当時の日本人からすると、連合軍専用列車の食堂車は別世界に映ったであろう。半世紀以上の時を経て、いかに我々の生活が洋風化され、

また、贅沢になったかということがひしひしと感じられる。

占領終了とともにはじまった日米の共存

なお、連合軍専用列車は前述のような特別列車だけではなかった。この時刻表には「★」マークが付けられた列車が各地に見られるが、これは日本人向けの列車に連合軍専用車両を連結していたことを表す。基地や保養地に関係する路線にこうした列車が設定されていた。

最後にこの英文時刻表の巻末には、軍用あるいは一般の外国人旅客ための切符の購入方法も掲載されている。日本の主要な駅には“RTO”と呼ばれる事務所が置かれ、鉄道で旅行しようとする

(3)

CONDENSED ALLIED MILITARY TRAIN SCHEDULES

Tōkyō–Kyōto–Kure–Sasebo–Hakata

AT ALLIED LIMITED No. 1005	AT DIXIE LIMITED No. 1001	Kms.	Table A For complete schedules, see table 1. 3 and 82	AT DIXIE LIMITED No. 1002	AT ALLIED LIMITED No. 1006
2015	0930	0.0	Lv Tōkyō ……Ar	1910	0640
2100	1010	26.1	〃 Yokohama ……Ar	1826	0555
2119	1029	43.8	〃 Ōfuna ……Ar	1808	0536
↓	↓	81.2	〃 Odawara ……Lv	1734	↑
2249	1150	123.5	〃 Numazu ……〃	1652	0413
2340	1237	177.5	〃 Shizuoka ……〃	1600	0309
0102	1350	254.4	〃 Hamamatsu ……〃	1453	0150
0158	1446	307.9	〃 Gamagori ……〃	1359	0044
0256	1537	363.3	Ar Nagoya ……Lv	1310	2344
0306	1547	363.3	Lv Nagoya ……Ar	1300	2334
0344	1620	393.6	〃 Gifu ……Lv	1232	2300
0500	1731	443.2	〃 Maibara ……〃	1136	2156
0600	1833	500.9	〃 Ōtsu ……〃	1040	2050
0612	1846	510.9	Ar Kyōto ……Lv	1021	2028
0622	1856	510.9	Lv Kyōto ……Ar	1011	2018
0727	2005	553.7	〃 Ōsaka ……Lv	0933	1930
0801	2039	584.3	〃 Sannomiya ……〃	0835	1833
0914	2147	641.6	〃 Himeji ……〃	0728	1726
1042	2316	730.2	Ar Okayama ……Lv	0549	1547
1055	2331	730.2	Lv Okayama ……Ar	0540	1532
1229	0106	817.7	〃 Itozaki ……Lv	0410	1359
1356	0223	880.3	〃 Hiro ……〃	0238	1227
1407	0237	887.1	Ar Kure ……Lv	0222	1214
1422	0252	887.1	Lv Kure ……Ar	0207	1158
1509	0336	913.5	〃 Hiroshima ……Lv	0131	1120
1558	0423	954.9	〃 Iwakuni ……〃	0039	1029
1717	0545	1,023.7	〃 Tokuyama ……〃	2318	0907
1748	0616	1,050.2	〃 Mitajiri ……〃	2243	0832
1812	0639	1,068.0	〃 Ogōri ……〃	2222	0811
1944	0813	1,136.9	〃 Shimonoseki ……〃	2105	0650
2005	0833	1,143.2	〃 Moji ……〃	2040	0627
2015	0843	1,149.4	Ar Kokura ……Lv	2021	0606
2026	0851	1,149.4	Lv Kokura ……Ar	2012	0554
2059	0921	1,173.0	〃 Ongagawa ……Lv	1943	0525
2139	↓	1,208.5	〃 Kashii ……〃	↑	0447
2151	1010	1,216.7	Ar Hakata ……Lv	1855	0435
2215	1034	1,216.7	Lv Hakata ……Ar	1816	0418
2255	1113	1,246.0	〃 Tosu ……Lv	1733	0347
2341	1218	1,285.7	〃 Hizenyamaguchi ……〃	1632	0250
0045	1334	1,325.6	〃 Haiki ……〃	1520	0152
0059	1352	1,334.5	Ar Sasebo ……Lv	1455	0129

EQUIPMENT

No. 1001-1002 DIXIE LIMITED
TŌKYŌ-SASEBO

Compartment Sleeper	Ōsaka-Hakata
Standard Sleepers	Ōsaka-Hakata
Coach	Tōkyō-Sasebo
	Tōkyō-Ōsaka
	Hakata-Saseba
Dining Car	Tōkyō-Haiki
Baggage Car	Tōkyō-Saebo

No. 1005-1006 ALLID LIMITED
TŌKYŌ-SASEBO

Compartment Sleepers	Tōkyō-Hakata
	Tōkyō-Ōsaka
Standard Sleepers	Tōkyō-Sasebo
	Tōkyō-Ōsaka
	Tōkyō-Nagoya
	Ogōri-Sasebo
Coach	Tōkyō-Sasebo
Dining Car	Tōkyō-Hakata
Baggage Car	Tōkyō-Sasebo

Yokohama–Sendai–Sapporo

AT YANKEE LIMITED No. 1201	Kms.	Table B For complete schedules. see table 44, 45, 58, 61, 93, 94, and 97	AT YANKEE LIMITED No. 1202
2200	0.0	Lv Yokohama ……Ar	0645
2245	26.1	〃 Tōkyō ……Ar	0600
2304	28.2	〃 Ueno ……Ar	0552
0018	93.4	〃 Tsuchiura ……Lv	0408
0122	144.9	〃 Mito ……〃	0305
0310	239.0	〃 Taira ……〃	0105
0444	316.5	〃 Haranomachi ……〃	2316
0605	390.3	Ar Sendai ……Lv	2145
0635	390.3	Lv Sendai ……Ar	2125
0728	433.1	〃 Kogota ……Lv	2036
0826	483.2	〃 Ichinoseki ……〃	1937
↓	525.6	〃 Kurosawajiri ……〃	↑
0927	538.1	〃 Hanamaki ……〃	1833
1007	573.5	Ar Morioka ……Lv	1756
1015	573.5	Lv Morioka ……Ar	1749
1135	637.6	〃 Ichinohe ……Lv	1630
1229	682.5	〃 Shiriuchi ……〃	1535
1239	689.3	Ar Mutsu-ichikawa ……Lv	1519
1249	689.3	Lv Mutsu-ichikawa ……Ar	1509
1306	703.5	Ar Furumaki ……Lv	1450
1320	703.5	Lv Furumaki ……Ar	1434
1408	735.0	〃 Noheji ……Lv	1344
1505	778.2	Ar Aomori ……Lv	1255
1600	0.0	Lv Aomori ……Ar	1120
‖		Ferry Service	‖
2030	113.0	Ar Hakodate ……Lv	0620
2235	0.0	Lv Hakodate ……Ar	0502
↓	27.0	〃 Ikusagawa ……Lv	↑
2350	49.5	〃 Mori ……〃	0349
0121	112.3	〃 Oshamambe ……〃	0227
0237	153.8	〃 Abuta ……〃	0125
0321	189.5	Ar Higashi-muroran ……Lv	0037
0338	189.5	Lv Higashi-muroran ……Ar	0027
0403	207.0	〃 Noboribtesu ……Lv	0008
0458	247.5	〃 Tomakomai ……〃	2322
0509	256.3	〃 Numanohata ……〃	2302
0555	277.7	〃 Chitose ……〃	2235
0650	315.8	〃 Higashi-sapporo ……〃	↑
0700	321.1	Ar Sapporo ……Lv	2130

EQUIPMENT

No. 1201-1202 YANKEE LIMITED
YOKOHAMA-SAPPORO

Compartment Sleeper	Yokohama-Sapporo
	Yokohama-Sendai
Standard Sleepers	Yokohama-Furumaki
	Yokohama-Furumaki
	Hakodate-Sapporo
Comb. Coach and Sleeper	Yokohama-Sapporo
Coach	Sendai-Aomori
Dining Car	Sendai-Aomori
Baggage Car	Yokohama-Sapporo

前ページの時刻表内部
東京～佐世保間の２往復と横浜～札幌間の１往復の連合軍専用列車が掲載されていた

外国人に対する切符の発売や、列車の座席予約を行っていた。意外なのは、運賃が堂々と“YEN”（円）で示されていること。日本は占領されたとはいえ、沖縄と違って軍票やドルが広く流通したわけではなく、本土では円が通貨として使われていた。戦勝国の兵隊が聖徳太子や二宮尊徳の紙幣で買い物をしているのは想像するとちょっと奇妙な感じもする。

日本の鉄道に対するアメリカの関与は、1952年にサンフランシスコ講和条約が発効し、占領が終了するまで続いた。この年の4月、それまでの連合軍専用列車は「特殊列車」という名称に衣替えの上、一般の日本人の乗車にも開放された。食堂車では連合軍関係者と日本人が同居することとなったが、当時の食堂車メニューには『駐留軍の食事は軍兵站部から持ち込んだ食糧で調理したものでありますので、皆様のお料理とは違った献立になっております』とか『この食堂では酒類は取り扱わないことになっております』との注記がみられ、まだまだ駐留軍向け列車という色も濃く残っていた。

特殊列車が登場したときに国鉄が発行したチラシには『本列車は日本で最初の国際列車ともいうべきもので、駐留軍旅客も多数乗車されますので、旅客の皆様にも車内のエチケットや清潔保持その他について何とぞ御協力下さるよう』とのお願いが記載されている。しかし、同じチラシの軍関係者むけに英語で書かれた案内文の方には『お席をお立ちになる際は身の回り品に注意を』などという物騒な注意が。勝者と敗者という一方的な構図だった日米の関係は、こんな風にぎこちなくお互いの接点を持ちながら、新たな時代に向かってスタートしたのであった。

（注）この時刻表は長年、幻の一冊といわれていた。『占領下日本の英文時刻表』（アテネ書房）解説書では『ともかく主要幹線の旅客列車を32ページにまとめたA5判程度の英文時刻表が当時の運輸省渉外室鉄道部でつくられたようであるが、その現物は発見されていない』と述べられている。

本章に掲載した連合軍専用列車のメニュー表紙
（1947年4月12日の“DIXIE LIMITED”にて）

御殿場〜滝ヶ原
（1952年）

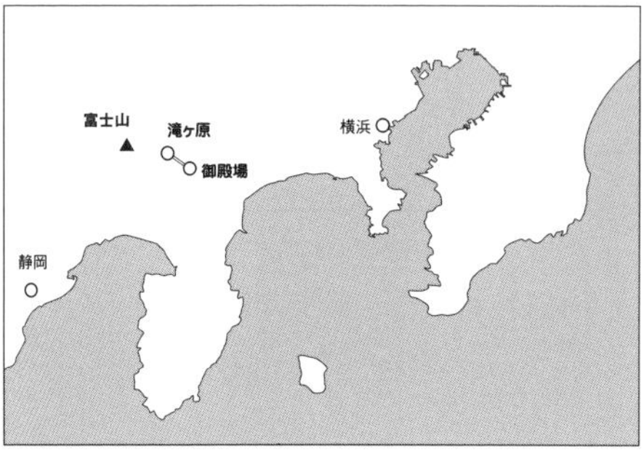

時刻表には横文字があふれ

『ゴテンバからノースキャンプへ』 ――キャンプ場行き？　さにあらず。かつて富士山麓の東富士演習場の周囲には、駐留アメリカ陸軍の「サウス」「ミドル」「ノース」の3つの米軍キャンプがあった。それぞれのキャンプへは御殿場駅から富士山麓電気鉄道（現：富士急）のバスが通じていたが、そのひとつが御殿場〜ノースキャンプ線だ。

ノースキャンプは日本の地名では「滝ヶ原」。ここには今でも自衛隊の滝ヶ原駐屯地があり、ミリタリー色豊かな？土地である。ちなみにサウスキャンプは「駒門」、ミドルキャンプは「板妻」で、同様に自衛隊の駐屯地がある。米陸軍は1958年に撤退し、いずれの施設も日本側に返還されたが、自衛隊に引き継がれたまま今日に至っているようだ。それではここで1950年代にタイムスリップしてみよう。

1952年6月に発行された御殿場を中心とした路線バスの時刻表を見ると、タイトルや地名にはひととおり英文が併記されている点が目を惹く。さすがは米軍キャンプを多数抱える「基地の街」。広告にも『ニッポンビアホール・グランドパレス』とか『レストラン・ニューヨーク』といった、明らかに米軍相手の横文字系の店名の店が載っていた。当時の文献には、学校の隣の繁華街に米兵相手の娼婦がたむろして嬌声が絶えず、風紀問題が懸念されていたということが書かれているが、そうしたことをうかがわせる内容である。ノースキャンプへは、御殿場駅を朝7時20分発から18時20分発まで、大体1時間に1本の間隔で運行されていた。きっと、こうしたバスに米兵があふれていたのだろう。

この東富士が日本中から注目された事件がある。それは、核弾頭搭載可能な地対地ミサイル「オネスト・ジョン」の試射で、1955年11月7日に米軍ノースキャンプから北富士演習場へ向けて日本で初めて発射された。日本が核戦争に巻き込まれるかのような危機感も手伝って、反対の声も多数上がった中での強行だった。しかしながら、デモ隊と警官隊がもみ合う中、12月にも再度の試射が行われたのである。

もちろん、土地の収用や演習に関係する騒音や事故、兵士による犯罪といった「基地問題」は今日でも存在するが、時の流れとともに外国軍隊の基地を目の当たりにする地域は少なくなった上、日米の力のバランスも戦後すぐの時代とは大きく変わり、こうした問題をわれわれは普段あまり意識することはない。しかし1950年代には日米関係はまだ「敗者と勝者」「貧しいものと富めるもの」であり、日本人は平和と自主独立を望みながらもまず生きることに必死であった上、朝鮮戦争などアジアの地域紛争や核戦争の恐怖が現実に隣り合わせという、今日とはまた違った複雑な様相を呈していたのも事実であった。

御殿場駅〜ノースキャンプ線は、そんな背景を背負って日々走っていたのである。

御殿場 駒門線（神場経由）
South Camp Line

御殿場發 Lv. Gotemba	大坂着 Camp	大坂發 Lv. Camp	御殿場着 Gotemba
8.20	8.50	8.50	9.20
10.30	11.0)	11.00	11.30
17.10	17.40	17.40	18.10

御殿場線發車時刻表
Train Schedule

沼津発 Lv. Numazu	裾野発 Lv. Susono	御殿場發 Lv. Gotemba	駿河発 Lv. Suruga	國府津接続 NumazuSt Connection
4.30	4.52	5.34	5.51	6.48 直通
……	……	6.07	6.24	7.08 TokYo
5.58	6.19	6.59	7.15	8.26 〃
7.06	7.27	8.12	8.29	9 35 〃
9.17	9.39	10.18	10.35	11.17 〃
11.28	11.49	12.31	12.48	13.41 〃
13.58	14.20	15.08	15.25	16.15 〃
14.45	15.08	15.49	……	…… 〃
16.00	16.21	17.00	17.16	18.00 〃
17.13	17.34	18.12	18.29	19.26 〃
18.08	18.51	19.33	……	……
20.00	20.21	21.05	21.23	22.13 〃
22.10	22.31	23.08	……	……

國府津發 Lv. Kozu	駿河発 Lv. Suruga	御殿場發 Lv. Gotemba	裾野発 Lv. Susono	沼津接續 NumazuSt Connection
……	……	5.51	6.20	6.50 浜松
山北發6.05	6.26	6.58	7.28	7.49 大阪
6.51	7.48	8.41	8.38	9.00 〃
9.06	9.55	10.20	10.47	11.20 京都
11.01	11.58	12.28	12.55	13.45 米原
12.35	13.26	13.52	14.19	14.46 〃
14.35	15.26	15.52	16.23	17.16 門司
……	……	17.06	17.34	18.20 豊橋
16.58	17.49	18.14	18.41	19.15 静岡
18.10	19.06	19.34	20.01	21.22 〃
19.05	20.11	20.59	21.26	21.51急大阪
22.20	23.14	23.35	ゴテンバ止	23.11 富士

昭和二十七年六月二十日発行
乗合自動車時刻表
（御殿場線時刻表付）
富士山麓電氣鐵道株式會社
御殿場出張所發行
電話一〇三番
BUS & TRAIN SCHEDULE
F. S. R. Gotemba Brn.

（青木印刷所納）
バスの窓から
顔や手を出すと危険ですから
おやめ下さい。

横文字も踊る米軍キャンプ方面へのバス時刻表
【1952年6月　富士山麓電気鉄道】

三島←裾野―御宿→須山

三島町駅	裾野	御宿	須山發着	御宿	裾野	三島町駅
7.00	7.20	7.40	須山發 7.20	7.40	8.00	8.20
8.50	9.10	……		8.00	8.20	8.40
9.15	9.40	10.00	須山着 11.30		9.15	9.35
10.10	10.30	10.50		御殿場より	9.20	9.40
10.20	10.40	……		吉田より	9.50	吉原へ
11.20	11.45	12.05		10.00	10.20	10.40
13.10	13.30	御殿場行			10.50	11.10
13.50	14.25	14.45		御殿場より	12.10	12.30
14.40	15.00	御殿場行	須山發 13.10	12.05	12.25	12.45
15.00	15.20	……		13.50	14 10	14.30
15.30	15.50	吉田行	須山着 17.30	14.45	15.05	15.25
15.50	16.25	16.45		…	15.40	16 00
16.30	16.50	17.10		御殿場より	16.05	16.25
16 50	17.10	御殿場行		17.10	17.30	17.50
17.50	18.10	18.30		18.40	19.00	19.20

無理な御乗車は危険です
混雑したときは一列に順序よく
お乗り下さい
ステツプ乗車は止めませう

御殿場 Gotemba ←→ 瀧ヶ原 NorthCamp

御殿場 Gotemba	中畑 Nakahata	瀧ヶ原 NorthCamp	瀧ヶ原 NorthCamp	中畑 Nakahata	御殿場 Gotemba
7.20	7 35	7·40	7.40	7.45	8.00
8.20	8.35	8.40	印野より	7.50	8.05
9.30	9.45	9.50	8.40	8.45	9.00
10.30	10.45	10.50	9.50	9.55	10.10
11.30	11.45	11.50	10.50	10.55	11.10
12.30	12.45	12.50	11.50	11.55	12.10
14.00	14.15	14.20	12.50	12.55	13.10
15.10	15.25	15.30	14.20	14.25	14.40
16.00	16.15	16.20	15.30	15.35	15.50
17.10	17.25	17.30	17.30	17.35	17.50
18.20	18.35	18.40	印野より	17.45	18.00
			18.40	18.45	19.00

御殿場 Gotemba ← ThruSouth Camp → 三島 Mishima

御殿場 Gotemba	大坂 South Camp	岩波 Iwanami	裾野 Susono	三島駅 MishimaSt	三島駅町 Mishima City
8.20	8.35	8.50	9.15	9.30	9.35
9.00	9.15	9.30	9.50	10.05	吉原へ
11.20	11.35	1150	12.10	12·25	12.30
15.10	15.25	15.40	16.05	16.20	16.25

三島町駅 Mishima City	三島駅 Mishima St.	裾野 Susono	岩波 Iwanami	大坂 South Camp	御殿場 Gotemba
13.10	13.15	13.30	13.50	14.10	14.30
14.40	14'45	15.10	15.30	15.50	16.10
吉原より	15.30	15.50	16 10	16.30	16.50
16.50	16.55	17.10	17.30	17.50	18.10

御殿場 Gotemba ← 板妻經由 Via Middle Camp → 印野 Inno

御殿場 Gotemba	板妻 Middle Camp	忠靈塔 Chureito	印野本村 Inno
8.20	8.35	8.45	8.55
9.30	9.45	……	……
10.30	10.45	10.55	11.05
12.30	12.45	12.55	13.05
13.20	13.35	……	……
14.00	14·15	14.25	……
15.10	15.25	15.35	15.45
16.00	16.15	16.25	勝ノ里廻り瀧ヶ原へ
17.10	17.25	17.40	……
17.10	17.25	……	……
18.20	中畑廻り	18.50	19.00
18.20	18.35	……	……

印野本村 Inno	忠靈塔 Chureito	板妻 Middle Canp	御殿場 Gotemba
7.40	7.45	中畑廻り	8.05
8.55	9.05	9.15	9.30
……	……	9 45	10.00
11.05	11.15	11.25	11.35
13.05	13.15	13.25	13.40
……	……	13.35	13.50
……	14.25	14.35	14.50
15.45	15.50	16.00	16.15
……	……	17.25	17.40
……	17.40	中畑廻り	18.00
……	……	18.35	18.50
19.00	19.10	19.20	19.35

御殿場 Gotemba ← 板妻經由 Via Middle Camp → 須山 SuYama

御殿場 Gotemba	板妻 Middle Camp	須山 SuYama	須山 SuYama	板妻 Mddle Camp	御殿場 Gotemba
6.40	6.55	7.20	7.00	7.25	7.40
8.20	8.35	9.00	9.00	9.25	9.40
12.30	12.45	13.10	11.30	11.55	12.10
14.00	14.15	14.40	〒14.40	15.05	15.20
〒18.20	18.35	19.00	17.30	17.55	18.10

中央上にノースキャンプ（滝ヶ原）行き路線が見える
（上で紹介した時刻表より）

東京〜釧路
（1951 年）

大戦を生き残った船でとりあえず開設

大海原でゆっくりと時間を過ごす船旅に憧れる方も少なくないだろう。しかし実際には、そんなに時間を取れないのが実情であり、運送業のドライバーでもない限り、そうそう船旅は経験できるものではない。それも最近では高速道路が日本全国に発達しているからわざわざフェリーを使わなくても良いし、フェリーを使う場合でもトラックだけフェリーに積み込んで、運転者は発着する港でサヨウナラ、というケースも少なくないようだ。

しかし戦後の混乱期、陸上輸送を補完するものとして内航海運が重宝された時代があった。終戦後の鉄道輸送は、大混雑や設備の老朽化・石炭不足による運転不能等で混乱状態だったが、それを補完する目的で、各地を結ぶ長距離航路が運航さたのである。もちろん、この時代は車を積み込むフェリーなどというものは存在せず、あくまでも乗客だけを運ぶ客船航路である。

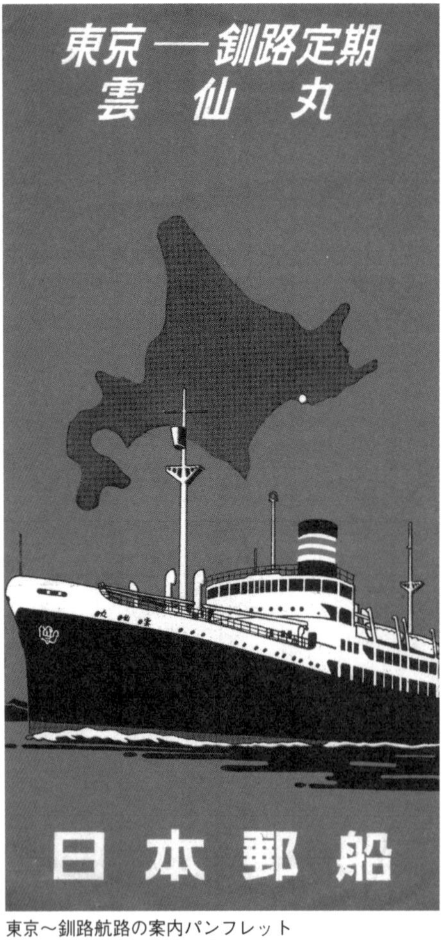

東京〜釧路航路の案内パンフレット
【1952 年 3 月　日本郵船】

その一つ、阪神・東京・北海道航路について触れてみよう。阪神・東京・北海道間には、東京〜釧路航路と、阪神〜小樽航路があった。東京〜釧路間は月 3 回、阪神〜小樽間は月 1 回の運航だったから、決して使い勝手が良いとは言えなかったが、それなりに計画的に使う分にはそれでも困らなかったのだろう。それに、席取りで殺人的な混雑を呈していた鉄道に比べ、相応の設備とサービスを受けられる船旅は、乗客にも好評だったという。

これらの航路の運航は当初、戦争中に設立された船舶運営会という、船会社の共同運航組織が担当していたが、やがて船舶運営会に属していた各社は、1950 年までに各々自社の船を使用して独自に運航するようになった。その中には、戦前に太平洋や欧州航路を運航し、大阪商船と並んで日本を代表する船会社の双璧をなしていた日本郵船の名前もある。戦前は、数々の豪華客船を擁した日本を代表する一社であったが、その所有船舶が戦時中に軒並み撃沈されるという悲劇を経験（わずかに生き残ったのが「氷川丸」だ）。この頃は、戦前の栄光はいずこへという感じで、生き残った船を集めて復興輸送に力を注いでいた。

ちなみに、東京〜釧路航路には「雲仙丸」、阪神〜小樽航路には「千歳丸」という船が就航していたが、前者は戦時中に大連航路用として建造された貨客船であり、後者は戦前の樺太航路に就航していた船である。また氷川丸も一時期こうした航路に就航していたとのこと。当時の案内書によると、東京〜釧路航路の場合、東京を16時に出港し、釧路には3日後の午前7時着だった。

それでは、雲仙丸の案内に掲載されている、東京〜釧路航路の旅路を紹介してみたい。

『東京を毎月1の日の午後四時に出帆。釧路まで1,100粁の海路です。日の暮れかかる頃、浦賀水道を通り抜けます。夜がきますと、大島が黒く浮かび、御神火も望見できましょう。海で見る星は、山の星ほどギラギラはしませんが、うるんだようで、とても美しく、印象的です。マストの先についた白い航海灯が星の間を静かにゆれ動いてゆきます。近くには漁火が、遠くには人家の灯りが、又ため息をつくように点滅する灯台の火を、船が波をきってすすむ音をききながらながめるのも味わいのあるものです。夜あけに犬吠埼の辺を通ります。船は濃紺の黒潮にのって北上します。新鮮な潮の香につつまれ乍ら、いるかの群、とび

皆様をお待ちする客船

雲仙丸 (3.140噸) 東京〜釧路航路

定期 毎月 1日 11日 21日 東京出帆
4日 14日 24日 釧路着
毎月 6日 16日 26日 釧路出帆
9日 19日 25日 東京着

運賃 一等A 4.620円 一等B 2.695円
二等 1.925円 三等 790円

定員 一等A 9名 一等B 40名
二等 20名 三等 294名

千歳丸 (2.669噸) 小樽〜阪神航路

定期 小樽、函館、東京、名古屋、大阪、神戸、各港、毎廿二日目に寄港

運賃

		小樽	函館	東京	名古屋
函館	一等	1220			
	三等	210			
東京	一等	4065	2955		
	三等	705	510		
名古屋	一等	4955	3560	1166	
	三等	855	615	200	
阪神	一等	5640	4520	1950	900
	三等	975	780	335	160

定員 一等24名 三等112名

雲仙丸(3.140噸)東京——釧路

東京から北海道へ

碧い海に白く光る航跡、新鮮な潮の香り、船を追う鷗、遠く水平線上に展開する美しい故國の山々の姿、そう言つた風景は船の旅でなくては得られぬ獨得のもので、あなたの御旅行をより興味深い印象的な經驗とする事でしよう。

居心地のよい客室、完備した食堂、喫茶室を始め浴室、洗面所及び遊歩デッキ等昔に變らぬ設備が皆様の御乗船をお待ちしております。

脚を伸してゆつくりとやすめ、航海中入浴をしながら旅の出來る樂しさは陸行では味へぬところです。而も船の運賃は陸上運賃に比し非常に格安で、經済面からしても大變おとくです。乗組員は永年外國航路の經驗者で、サービスは滿点、安全で樂しい旅が出來るわけです。特に清潔な疊數の廣い三等客室は團体旅行に適しております。

現在東京を中心とした北海道方面と京阪神方面の定期航路が開設されて居り、皆様の御利用をお待ちして居ります。

日本郵船の北海道航路のパンフレット内部 (表紙はカラーページ参照)
東京〜釧路間と阪神〜小樽間で運航されていた

魚、かすかにひろがる山々を眺めるのも旅情をなぐさめ、忘れ難い想い出になりましょう。

日没頃に鯨漁業で有名な金華山を通過します。三日目の夜があけますと、船は大海の真只中を東北進しております。もはや陸影は全く見えません。連絡船や瀬戸内海では味わい得られぬ、大自然の大きさを感ずることが出来ます。夕方近く北海道の南端襟裳岬を左舷に迎え、茜さす頃、遥か水平線の彼方に二つの山の姿が浮び出てきます。左が雌阿寒岳、右が雄阿寒岳、荘厳な光景です。

長い旅路のあと、夜半すぎる頃には船は釧路港外に碇をおろし、静かに夜のあけるのを待っております。』

戦後半世紀の使命を全うして消滅

さて、戦後の混乱期が終わった後も東京～北海道航路は運航が続けられた。当時はまだ青函トンネルの無い時代。時間は掛かっても首都圏と道東を直結するだけのメリットがあったのだろう。1954年10月、日本郵船が東京～釧路航路をやめたタイミングで、三井船舶がこの航路を引き継いだ。1960年までは「十勝山丸」、そして1971年までは「大雪山丸」という、いずれも貨客船が就航した（この間に三井船舶は、三井船舶→商船三井→商船三井近海へと社名を変更している）。

ここで東京～釧路航路には大きな転機が訪れる。カーフェリーの就航だ。当時はモータリゼーション華やかなりし時代。クルマを積んで海原をいくカーフェリーが時代の寵児としてもてはやされていたのである。1972年4月から、近海郵船はこの航路に「まりも」「ましう」「さろま」という大型フェリーを続々と投入した。東京23時発で、翌々日朝7時に釧路着というスケジュールだったから、戦後間もない雲仙丸の時代からは丸1日以上、スピードアップされたことがわかる。

しかし、高速道路が発達し、青函トンネルが開通すると、クルマと旅客を一緒に積み込むというフェリーのメリットも薄れていく。東京～釧路間

北海道には、大低の人が混雑した車内の狭い座席におしこめられ、煤煙にまみれ乍ら長時間をじつと辛棒して旅をなされますが、船でゆきますと、陸のホテルと同様に、のびのびと脚をのばし、いつでも入浴が出来、寛いで、安楽な旅を愉しみ乍ら、疲れを知らずに北海道までおいでになれます。而も経済的に。

弊社では、東京と釧路の間に旅客定期航路をひらいて、皆様の御利用を御まちしております。

東京を毎月1の日の午後四時に出帆。釧路まで1,100粁の海路です。日の暮れかゝる頃浦賀水道を通りぬけます。夜がきますと、大島が黒く浮び、御神火も望見できましよう。海でみる星は、山の星ほどギラギラはしませんが、うるんだようで、とても美しく、印象的です。マストの先についた白い航海灯が星の間を静かにゆれ動いてゆきます。近くには漁火が、遠くには人家の灯が、又ため息をつくように点滅する灯台の火を、船が波をきつてすゝむ音をききながらながめるのも味わいのあるものです。夜あけに犬吠崎の辺を通ります。船は濃紺の黒潮にのつて北上します。新鮮な潮の香につゝまれ乍ら、いるかの群、とび魚、かすかにひろがる山々を眺めるのも旅情をなぐさめ、忘れ難い想い出になりましよう。

日没頃に鯨漁業で有名な金華山を通過します。三日目の夜があけますと、船は大海の真只中を東北進しております。もはや陸影は全く見えません。連絡船や瀬戸内では味わ

定期	東京出帆	毎月	1日,	11日,	21日	16時
	釧路入港	〃	4日,	14日,	24日	7時
	釧路出帆	毎月	6日,	16日,	26日	16時
	東京入港	〃	9日,	19日,	29日	7時

運賃	1等	5,400円	定員 9名	個室	3室
	2等	2,900円	〃 40名	寝台室	3室
	特別3等	1,960円	〃 20名	タヽミ	小室 2室
	3等	980円	〃 295名	タヽミ	広間
	小児運賃	12年未満	大人定額運賃の半額		
		4年未満	1家族につき1人は，無賃2人以上は大人定額運賃の1/4		

割引	○一般団体	1，2，特3等	15人以上	3等	30人以上	2割引
		〃	25人 〃	〃	50人 〃	2.5割引
		〃	50人 〃	〃	100人 〃	3割引
	○学生	個人 3等2割引，	団体	3等	30人以上	4割引
		小学生団体	小児運賃に対し一般団体割引率適用			

食事 ○主食の統制がありますので、御面倒でも、主食（一食につき一合）か外食券を八食分御用意願います。
○食事料金は、一食につき　主食持参 45円，外食券 55円
○御希望によつては、特別料理，一品料理の御用命も承わります。

乗下船地御案内

東京 ○ランチ乗船場（福島組・東京都港区西芝浦3―1，電話三田3594）は国電田町駅（芝浦口）より徒歩5分、都電東京港口停留場より徒歩約10分、芝浦工業大学の傍にあります。
○手小荷物はジャパンエキスプレスが乗船場でお引受け致しております。

釧路 本船は北岸壁より発着致します。北岸壁と市の中心，北大通り拓殖銀行前よりバスの便（料金10円，所要時間15分，間隔30分）があり、本船着発のときは臨時バスが増発されます。
○手小荷物は三ッ輪運輸現業部（釧路市幸町2―3，電話30番）が御用を承わつております。
○主な旅館　1泊2食付800円～1,000円，昼食は100円程度,学生団体1泊3食400円
釧路　富士屋旅館、近江屋旅館
弟子屈　グランドホテル，子宝旅館
川湯　御園ホテル，第一ホテル
阿寒　雄阿寒ホテル，阿寒湖荘
帯広　北海館，平原荘

冒頭で紹介した東京～釧路航路の案内パンフレットの内部
船体に書かれている「U014」は進駐軍により付与された「雲仙丸」の識別番号（スカジャップ・ナンバー）

旅客航路は1999年10月、遂にその半世紀あまりの歴史を閉じた。その後、同航路は貨物輸送に特化した形で生き残ったが、それも2007年4月には航路自体が休止となり、事実上、完全に終焉を迎えたのである。

戦前に小樽〜大泊〜真岡航路で活躍していた時代の「千歳丸」の姿
（1928年9月に樺太庁鉄道が発行した「樺太の鐵道旅行案内」より）

“国際”航路クソッくらえ！
——沖縄航路も本土復帰運動の舞台に

那覇～鹿児島／東京
（1968 年）

琉球籍の船は『現在操船困難デアル』？

沖縄がまだアメリカの統治下にあった 1958 年、夏の甲子園には第 40 回の開催を記念し、沖縄の高校が戦後初めて参加した。この時に代表として出場したのが県立首里高校。戦績は一回戦敗退という残念なものであったが、これにさらに輪をかけるように悲しいエピソードが待っていた。部員が記念に持ち帰った「甲子園の土」が、検疫の関係から沖縄への持込を許されなかったのだ。泣く泣く甲子園の土を港の海中に捨てなければならなかった部員の胸中は、察して余りあるだろう。

那覇～東京線開設後の琉球海運運航予定表
【1968 年 1 月　同社発行】

首里高校野球部員が帰郷の時に乗ったのは、琉球海運の鹿児島～那覇航路の貨客船「那覇丸」だった。当時、本州と沖縄を結ぶ航路も存在したが、鉄道で鹿児島へ行き、そこから琉球海運の船に乗り継ぐというルートも一般的だった。他の航路に比べて出航頻度が高く、途中ノンストップで 24 時間という快速も魅力だった。もちろん、沖縄在住者ならば『ふるさとの船会社で』という思いもあったことだろう。

琉球海運は、戦後すぐの 1948 年 4 月に発足した、米軍政府が管轄する琉球海運部から切り替えられる形で、1950 年 1 月に民間会社として設立された海運会社である。その業務は、沖縄の島々の間を結ぶ貨客船航路や、はるばる海外への貨物船航路と幅広いものであったが、なによりも、沖縄と本土を結ぶ大切な足として沖縄県の内外に親しまれた。特に、1954 年から翌年にわたって建造された新造貨客船「那覇丸」「沖縄丸」は、毎月 3 の倍数日の午前 11 時に那覇と鹿児島双方の港から出港し、戦前から戦後を通じての最速である 24 時間で沖縄と本土を結んでいた。

1950 年代中頃の同社の案内書を見ると、米軍統治時代なだけに、今では見られない変わった内容がいろいろ記載されている。まず、船賃は円と「B 円」単位で表示されていた。B 円とは当時沖縄で流通していた米軍発行の通貨のこと。これは 1958 年 9 月に廃止され、以降は本土復帰までドルが通用するようになる。また、当時は日本籍・沖縄籍・琉球在住の奄美籍かによって出入国の扱いが異なっていた。「琉球在住の奄美籍」という区分がピンとこないが、戦後しばらくは沖縄と同じくアメリカに統治されていた奄美諸島が、1953 年 12 月に日本に復帰したこと受けての措置であろう。この区分の場合、那覇にある「日本政府南方連絡事務所」の身分証明書を発行してもらう必要があった。

なお、この案内書には沖縄の風物の写真が挿入されているのだが、戦前の案内書には必ず掲載されていた首里城正殿のような著名な建物は軒並み戦災で消滅してしまったため、「ひめゆりの塔」の写真が当時の沖縄の象徴として掲載されている。「守礼の門」がないのが気になるが、「守礼の門」も戦災でやられ、これが復元されるのは案内書が発行されてから少し後の1958年のことだった。

琉球海運の定期客船航路はその後も発展を続け、1963年7月には「ひめゆり丸」、その3年後には「おとひめ丸」というメルヘンチックな名前の姉妹が投入され、一挙に大型化・近代化・高速化される。これらの船の紹介には『「オートマチック・アクリライト・ドア」より室内に入ると……云々』という記述があるのだが、要は「自動ドア」のこと。当時は沖縄の建物にもまだ自動ドアは無かったらしく、それを先取りしたということで注目されたという。

しかし、こうした発展と裏腹に、沖縄の海運はアメリカ施政下ならではの苦難も味わっていた。それは「日の丸」を掲揚できないということ。では何をもって琉球籍ということを表示したのかといえば、国際信号旗の「D旗」と呼ばれる旗に切り込みを入れて使っていた。ところでこのD旗の意味は、『我を避けよ。本船は現在操船困難である。』というもの。皮肉にも、自らの意のままにならないアメリカ統治下の状況をまさに象徴しているようだ。しかし、1950年に定められたこの「変形D旗」には思わぬ落とし穴があった。国籍不明船として外国で攻撃されたり拿捕されたりという事例が相次いだのである。そこで『琉球籍の船にも日の丸の掲揚を』という声が高まったが、1967年7月、ようやくその願いは実現した（正確には、日の丸の上に「琉球　RYUKYUS」と書かれたもうひとつの旗を添えた）。

念願の東京直行便は騒乱の渦中に

さて、琉球籍の船に念願の日の丸が翻ったのと同時に、琉球海運は大きな飛躍を遂げる。遂に日本の首都・東京への乗り入れが始まったのだ。第一便「ひめゆり丸」は1967年7月4日に那覇を出航し、翌々日の6日に東京港へ到着。週1回・所要48時間の運航ながら、『海の超特急』として

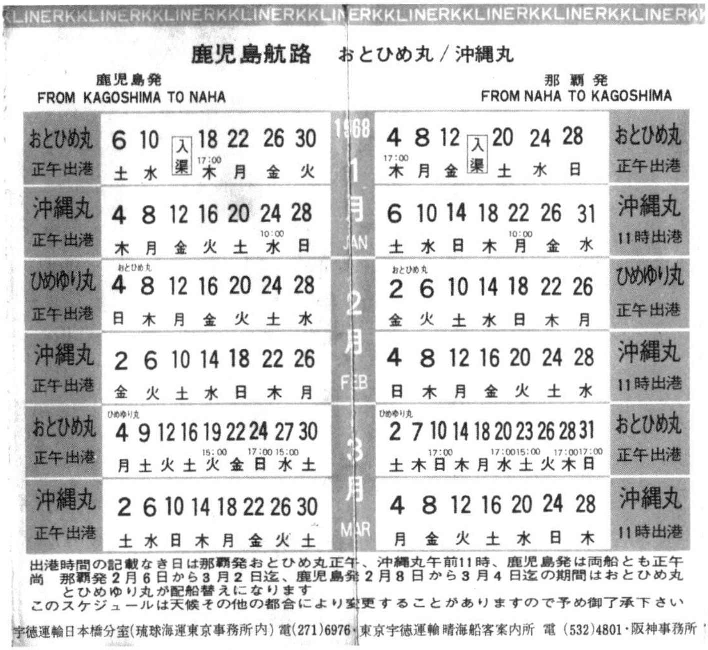
KLINERKKLINERKKLINERKKLINERKKLINERKKLINERKKLINERKKLINERK

鹿児島航路　おとひめ丸／沖縄丸

1968

鹿児島発 FROM KAGOSHIMA TO NAHA

月	船名	出港	日（曜日）
1月 JAN	おとひめ丸	正午出港	6 土、10 水、入渠、18 木 17:00、22 月、26 金、30 火
1月 JAN	沖縄丸	正午出港	4 木、8 月、12 金、16 火、20 土、24 水 10:00、28 日
2月 FEB	ひめゆり丸	正午出港	4 日（おとひめ丸）、8 木、12 月、16 金、20 火、24 土、28 水
2月 FEB	沖縄丸	正午出港	2 金、6 火、10 土、14 水、18 日、22 木、26 月
3月 MAR	おとひめ丸	正午出港	4 月（ひめゆり丸）、9 土、12 火、16 土、19 火 15:00、22 金、24 日 17:00、27 水 15:00、30 土
3月 MAR	沖縄丸	正午出港	2 土、6 水、10 日、14 木、18 月、22 金、26 火、30 土

那覇発 FROM NAHA TO KAGOSHIMA

月	船名	出港	日（曜日）
1月 JAN	おとひめ丸	正午出港	4 木 17:00、8 月、12 金、入渠、20 土、24 水、28 日
1月 JAN	沖縄丸	11時出港	6 土、10 水、14 日、18 木、22 月 10:00、26 金、31 水
2月 FEB	ひめゆり丸	正午出港	2 金（おとひめ丸）、6 火、10 土、14 水、18 日、22 木、26 月
2月 FEB	沖縄丸	11時出港	4 日、8 木、12 月、16 金、20 火、24 土、28 水
3月 MAR	おとひめ丸	正午出港	2 土（ひめゆり丸）、7 木、10 日 17:00、14 木、18 月、20 水 17:00、23 土 15:00、26 火、28 木 17:00、31 日 17:00
3月 MAR	沖縄丸	11時出港	4 月、8 金、12 火、16 土、20 水、24 日、28 木

出港時間の記載なき日は那覇発おとひめ丸正午、沖縄丸午前11時、鹿児島発は両船とも正午
尚　那覇発2月6日から3月2日迄、鹿児島発2月8日から3月4日迄の期間はおとひめ丸とひめゆり丸が配船替えになります
このスケジュールは天候その他の都合により変更することがありますので予め御了承下さい

宇徳運輸日本橋分室(琉球海運東京事務所内) 電(271)6976・東京宇徳運輸晴海船客案内所 電(532)4801・阪神事務所

前ページの運航予定表の内部
那覇〜鹿児島線には古参の「沖縄丸」と新鋭「おとひめ丸」が就航していた

宣伝されて好評を博した。

時は高度成長期の真っ只中。しかし、時代のエネルギーの噴出は、反戦・平和運動や日米安保体制・保守政治に対する反対にも向けられ、過激な騒乱の様相をも見せていた。まさにそうしたホットな話題のひとつが、当時アメリカ統治下にあった沖縄の返還問題。米軍関係の事故や事件が繰り返され、抵抗の甲斐なく収用された土地がベトナム戦争に使われるという状況の下、沖縄の問題は、住民の権利の保障にとどまらず、米国からの無条件即時返還という面がクローズアップされるようになる。

そんな中で開設された那覇～東京線や伝統の那覇～鹿児島線は、本土と沖縄の間の「国境」を象徴したものだけに、たびたび騒ぎに巻き込まれた。

- ●1967年4月　那覇港で「ひめゆり丸」に、学生集団が渡航証明と乗船券なしで乗船する騒ぎ。
- ●1968年3月　那覇港に到着した「おとひめ丸」で、学生集団が入域手続きを拒否して集会を開く。
- ●1968年8月　東京入港後の「ひめゆり丸」で、学生集団が入国手続きを拒否。身分証明書を焼き捨て、強行上陸。

（以上は琉球海運の社史による）

LINERKKLINERKKLINERKKLINERKKLINERKKLINERKKLINERKKLINERKKLINERKKLINER

東京航路

ひめゆり丸

東京発　午前11時 FROM TOKYO TO NAHA		1968	那覇発　午前11時 FROM NAHA TO TOKYO	
6	土	1月 JAN	3	水
13	土		9	火
20	土		17	水
26	金		23	火
			30	火
3	土	2月 FEB	おとひめ丸 6	火
おとひめ丸 10	土		おとひめ丸 14	水
おとひめ丸 17	土		おとひめ丸 21	水
おとひめ丸 24	土		おとひめ丸 28	水
おとひめ丸 2	土	3月 MAR	6	水
9	土		12	火
16	土		19	火
23	土		26	火
30	土			

旅客運賃表

東京＝那覇

	大人	小児	幼児	学割
特1等	$ 49.00 ¥ 17,640	$ 24.50 ¥ 8,820	$ 12.25 ¥ 4,410	— —
1等	$ 34.00 ¥ 12,240	$ 17.00 ¥ 6,120	$ 8.50 ¥ 3,060	— —
特2等	$ 22.35 ¥ 8,050	$ 11.20 ¥ 4,030	$ 5.60 ¥ 2,010	— —
2等	$ 18.30 ¥ 6,590	$ 9.15 ¥ 3,300	$ 4.60 ¥ 1,650	$ 14.65 ¥ 5,270

鹿児島＝那覇

	大人	小児	幼児	学割
特1等	$ 27.35 ¥ 9,840	$ 13.65 ¥ 4,920	$ 6.85 ¥ 2,460	
1等	$ 18.60 ¥ 6,700	$ 9.30 ¥ 3,350	$ 4.65 ¥ 1,680	
特2等	$ 12.20 ¥ 4,400	$ 6.10 ¥ 2,200	$ 3.05 ¥ 1,100	
2等	$ 9.70 ¥ 3,500	$ 4.85 ¥ 1,750	$ 2.40 ¥ 880	$ 7.75 ¥ 2,800

宮古・石垣・基隆／那覇

等級＼区間	那／宮古	那／石垣	那／基隆
特1等	$ 8.00 ¥ 2,880	$ 12.00 ¥ 4,320	$ 24.00 ¥ 8,640
1等	$ 6.60 ¥ 2,376	$ 10.70 ¥ 3,852	$ 22.00 ¥ 7,920
特2等	$ 5.10 ¥ 1,836	$ 7.40 ¥ 2,664	$ 18.00 ¥ 6,480
2等	$ 3.40 ¥ 1,224	$ 4.85 ¥ 1,746	$ 16.00 ¥ 5,760
学割	$ 2.80 ¥ 1,008	$ 4.00 ¥ 1,440	—

電(202)5735・日本交通公社・近畿日本ツーリスト・日本旅行会・日通観光・東急観光・名鉄観光・文教商事(東京)

484ページの運航予定表の内部
沖縄はまだ本土復帰前につき旅客運賃表はドルと円とが併記されていることに注目

沖縄の本土復帰問題は、1969年11月の佐藤首相とニクソン大統領の会談で、1972年の返還が合意され、一応の決着をみることとなる。そして1972年5月15日、遂に沖縄は日本へ返還され、那覇～東京線や那覇～鹿児島線は晴れて国内航路となった。

さて、その後の同社であるが、沖縄の本土復帰後に積極的な航路開設を進め、1975年に開催された沖縄海洋博関連の輸送にも力を注いだが、すでに旅客に関しては飛行機が優勢な時代。これらに大投資をした割には結果が振るわなかったことから、会社更生手続開始の申し立てにまで至る。更正手続自体は20年の歳月をかけて1995年2月に完了するが、経営の徹底的な効率化は避けられず、2002年9月に同社は旅客運送から撤退した。なお、波乱の復帰運動時代をすごした「ひめゆり丸」はフィリピンに売却されたのち、1987年にタンカーとの衝突事故によって多数の犠牲者とともにその激動の生涯を終えていた。沖縄県民の哀歓と時代の熱気を載せて活躍した琉球海運の旅客船航路は、いまや完全に歴史の一ページとなったのである。

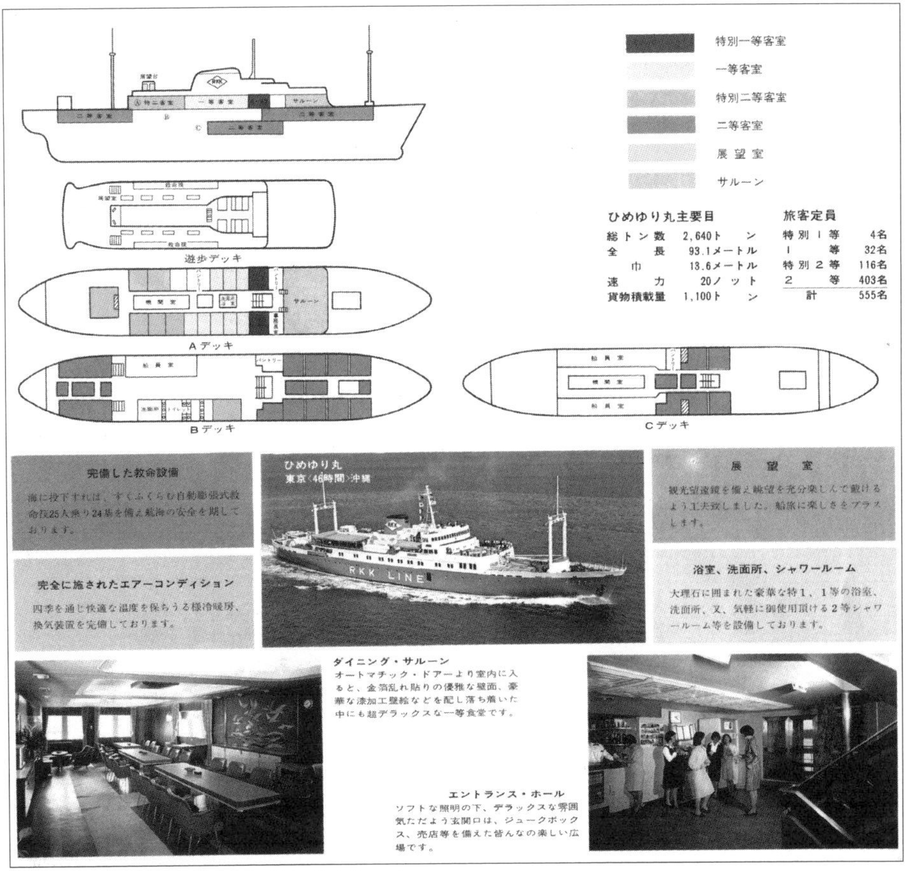

那覇～東京線「ひめゆり丸」の案内パンフレット
【1968年頃　琉球海運】

「黒いダイヤ」を運んで日本の産業を支えた
運炭鉄道

夕張本町〜野幌
（1955年）

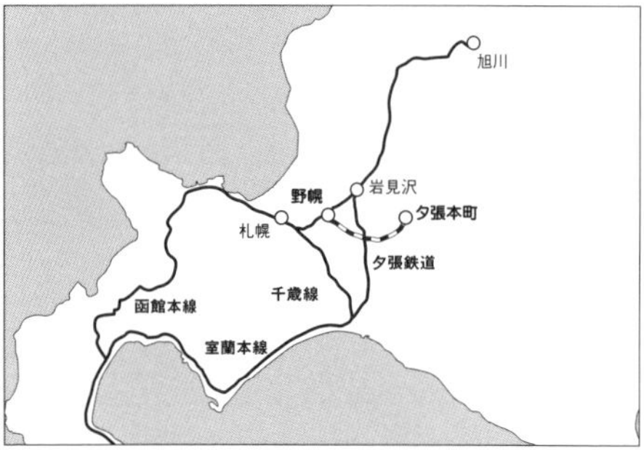

北の大地の主役

草津電気鉄道の項で述べたように、かつて日本には数多くの私鉄が存在した。ここでいう私鉄とは、大都市で見られるような大規模な通勤輸送のための路線ではなく、地元の足として、また産業を支える縁の下の力持ちとして地味に走った地方鉄道のことである。中でも、日本の第二次産業の興亡にその命運を握られ、そういう意味では現代史と最も密接に関わっていた存在が「運炭鉄道」だろう。運炭鉄道とは文字通り石炭を運ぶために敷設された鉄道のこと。炭鉱がおもに北海道と九州に存在した関係から、運炭鉄道もそれらの地域に数多く存在した。例えば、1960年7月の『北海道時刻表』（日本交通公社北海道支社）から旅客輸送も行っていた運炭鉄道を拾ってみると以下のようなものがあるが、これだけ見てもいかに炭鉱が隆盛を誇っていたかが偲ばれるだろう。

会社名	区間
夕張鉄道	野幌〜夕張本町
三菱大夕張鉄道	清水沢〜南大夕張
美唄鉄道	美唄〜常盤台
留萌鉄道	恵比島〜昭和
天塩炭鉱鉄道	留萌〜達布
羽幌炭鉱鉄道	築別〜築別炭山
日曹炭鉱天塩砿業所	豊富〜豊富温泉（注）
三井鉱山芦別鉄道	芦別〜頼城
雄別鉄道	釧路〜雄別炭山

（※）便乗扱いでの旅客営業だった。

夕張鉄道　汽車・バス時刻表
【1955年6月　同社発行】

これらの中で50キロを超えるもっとも長い路線距離を持ち、同区間の国鉄とさえ張り合っていた会社が野幌〜夕張本町間の夕張鉄道である。夕張鉄道は野幌・栗山・鹿ノ谷で国鉄と接続しており、沿線に存在した北海道炭鉱汽船会社の炭鉱からこれらの駅まで石炭を搬出するために1921年に敷設されたのがその始まり。それと同時に、採炭の仕事に従事する人々で繁栄していた炭鉱の町々の生活路線という役割も担っていた。

炭都を走ったモダン列車

同社の1955年の時刻表の表紙には、正面が二枚窓のディーゼルカーの姿が描かれている。これは1953年に夕張鉄道に導入された最新車両で、当時東海道線に走り始めた湘南電車の前面を模した最新のデザイン。そんなことからも、同社は地方の私鉄とはいえ決して野暮ったい存在ではなく、むしろその土地の交通の主役として輝いていたことがうかがえる。それは石炭産業が日本の復興を担う最重要産業に位置づけられ、石炭が「黒いダイヤ」と呼ばれてもてはやされていた時代背景と無縁ではない。

野幌～夕張本町間には6往復の列車が走り、所要時間は約2時間40分。当時、国鉄で夕張から札幌まで行こうとすると夕張～追分～岩見沢～札幌というルートが一般的であり、うまく乗り継げても3時間かかったから充分対抗できた。

しかし1960年代に入り、エネルギー源として石油が幅を利かせるようになると、石炭はまたたく間に斜陽化の道を辿っていく。炭鉱は次々と閉山し、運炭鉄道もその活躍の場を失って消えていった。夕張鉄道も例外ではなく、一部区間の廃止や旅客営業の廃止という段階を経て、1975年4月1日に姿を消した。

それから30年の歳月が流れ、2006年に駆け巡ったニュースは人々を驚かせた。夕張市が財政破綻。炭鉱なき後の自治体経営が容易でないことは想像できたが、破綻に伴って「石炭の歴史村」という観光施設の閉鎖も決定し、一時代を築いた夕張の石炭産業という文化そのものが散逸の危機にさらされてしまった。この「石炭の歴史村」には夕張鉄道で活躍した蒸気機関車や客車も保存されているが、これらの文化遺産が二度と見られなくなるのか？　しかし「歴史の足跡を消すな」という人々の思いが施設の存続を後押し。幸いなことに今も公開が続けられている。

廃止後に線路跡が自然に還り、車両や建物などの物証も残らずに人知れず忘れ去られていく地方私鉄も少なくないが、こうして将来に渡って過去の活躍が伝えられていく夕張鉄道は稀有な存在であり、また幸せな例と言えるだろう。なお、夕張鉄道はバス事業も行っていたため、鉄道の廃止後はバス会社として今も存在している。現在、夕張～札幌間はバスで2時間程度。同区間のJRとほぼ遜色ないかむしろ早いくらいの所要時間だが、運賃は最大でJRの約半額である。

30.6.1　…列車…　野幌方面ゆき

上り	22	2	32	4	6	8	42	44	24	34	36
夕張本町 發	5.30	6.30	7.35	7.55	11.30	15.10		16.45	18.00	20.40	21·30
鹿ノ谷 着	5.35	6.34	7.39	7.59	11.34	15.14		16.50	18.05	20.44	21·34
鹿ノ谷接續 上り 發				8.18	14.10	15.49		17.38		20·50	
鹿ノ谷接續 下り 着		6.22				14.42					
鹿ノ谷 發	5.37	6.35	7.40	8.01	11.36	15.16	15.55	16.52	18.12		
若菜 發	5.43	6.40	7.44	8.06	11.41	15.21	16.00	16.57	18.21		
錦澤 發	6.01	6.54		8.20	11.55	15.35			18.39		
新二岐 發	6.20	7.07		8.33	12.08	15.48			18.58		
繼立 發	6.28	7.13		8.39	12.14	15.54			19.07		
角田 發	6.38	7.21		8.47	12.22	16.02			19.18		
栗山 着	6.46	7.28		8.54	12.29	16.09			19.26		
栗山接續 上り 發	6.52			9.45	13.59	16.30			19.49		
栗山接續 下り 發	6·51			9.14	14.34	17.01			19.35		
栗山 發	6.53	7.29		8.56	12.31	16.12			19.55		
北長沼 發	7.03	7.37		9.04	12.39	16.20			20.06		
南幌向 發	7.15	7.46		9.13	12.48	16.29			20.19		
晩翠 發	7.23	7.53		9.20	12.55	16.36			20.27		
上江別 發	7.36	8.03		9.30	13.05	16.46			20.40		
野幌 着	7.42	8.09		9.36	13.11	16.52			20.46		
野幌接續 下り 發	8.05	8.37		9.57	13.32	17.17			20·56		
野幌接續 上り 發	7.54	8.14		9.44	13.32	16.58			21.02		
札幌 着	8.21	8.37		10.14	14.01	17.30			21.31		
小樽 着	9.23			11.23	15.10	18.53			22.38		

…列車…　夕張本町方面ゆき

小樽 發					(手宮) 7.04	10.41		13.12		16.30	17.30
札幌 發					8.11	11.42		14.23		17.46	18.35
野幌接續 下り 着					8.36	12.07		14.52		18.17	19·05
野幌接續 上り 着					8.13	11.48		14.53		16.57	18·36
下り	31	33	35	21	1	3	41	5	23	7	9
野幌 發				5.20	8.50	12.20		15.10		18.25	19·12
上江別 發				5.26	8.55	12.26		15.16		18.30	19·17
晩翠 發				5.39	9.05	12.39		15.29		18.40	19·27
南幌向 發				5.49	9.15	12.49		15.41		18.47	19·34
北長沼 發				6.03	9.26	12.59		15.54		18.57	19·44
栗山 着				6.12	9.34	13.07		16.03		19.05	19·52
栗山接續 上り 發				6.52	9.45	13.59		16.30			19.49
栗山接續 下り 發				6.51	9.14	12.08		14.34	17·01		19.35
栗山 發				6.25	9.48	13.15		16.13	17.08	19.10	20·00
角田 發				6.40	9.56	13.23		16.21	17.15	19.19	20·08
繼立 發				6.55	10.05	13.32		16.30	17.28	19.28	20·17
新二岐 發				7.15	10.15	13.41		16.40	17.40	19.37	20·27
錦澤 發				7.45	10.37	14.03		17.02	18.06	19.59	20·49
若菜 發	6.10	7.20	7.54	8.20	10.53	14.18	16.20	17.16	18.35	20.14	21·04
鹿ノ谷 着	6.14	7.24	7.58	8.25	10.57	14.22	16.25	17.22	18·40	20.18	21·08
鹿ノ谷接續 上り 發			8.18	10.00		15.49		17.38		20.50	
鹿ノ谷接續 下り 着											
鹿ノ谷 發	6.15	7.25		8.30	10.59	14.24	16.30	17.24	18.45	20.20	21·10
夕張本町 着	6.20	7.30		8.36	11.04	14.29	16.36	17.29	18.51	20.25	21·15

前ページの時刻表の内部
同社は1971年に夕張本町～栗山間の旅客営業をやめたのち1974年に全線で旅客営業を廃止した

大阪～白浜～串本～志摩～名古屋
（1961年）

ローカル航空会社が活躍した昭和30年代

JALとJASの合併はまだ記憶に新しいところであるが、JASは元々、東亜国内航空という名前の航空会社であった。この辺までは多くの方がご存知と思う。もう一歩さかのぼると、東亜国内航空はその名のとおり、「東亜航空」という会社と「日本国内航空」という会社が1971年に合併して発足した会社であった。ではさらにその先のルーツはというと、もうすでにほとんど忘れ去られているといってもいいだろう。東亜航空は最初から東亜航空だったが、もう片方の日本国内航空は「北日本航空」「富士航空」「日東航空」という、ローカル線専門の3社が合併して出来た会社である。3社の合併は1964年のこと。当時、こうした中小航空会社で事故が頻発していたという背景もあり、合併によってローカル線航空会社の体質の強化を目指したものだった。

さて、先ほど触れた3社のうち、北日本航空は北海道を中心とした地域限定型の航空会社であった。富士航空はそれほど地域的な性格はなく、東京から鹿児島への路線や、離島路線を運航していた。そして残る日東航空がこの項の主役である。

日東航空は、1952年に産経新聞社が音頭をとって設立した、大阪を本拠とする航空会社だった。日東航空の特徴は、水上機や水陸両用機を多く使用したことである。当時はまだ、現在のように全国各地に空港が整備されていたわけではないから、陸上に飛行場の設備が無くても運航可能な水上機は、ローカル線の開設にはうってつけだった。

同社は大阪が本拠地であったからどちらかというと西への路線が中心で、1950年代後半には大阪（堺）～白浜間や大阪～徳島間の路線を開設する。徳島線は阿波踊りの期間中は増発されるなど、

紀州一周線が掲載された日東航空パンフレット
【1961年7月　同社発行】

小型機ならではの小回りのきく運用がなされていたようだ。そして、同社の路線の中でもっとも変わったものと言えば、1960年6月に開設された、紀州一周線が挙げられるだろう。大阪～白浜～串本～志摩～名古屋と、紀伊半島をぐるりと回る雄大なコース。たしかに、国鉄の紀勢線はその前年の1959年にようやく全通したばかりで、その時に初めて紀伊半島を鉄道で一周できるようになったような状況だったから、紀伊半島の交通はまだまだ便利とは言い難かった。そこに目をつけて開設されたのがこの紀州一周線だった。

紀州一周線は、始発の大阪と終点の名古屋だけが陸上の発着で、途中の寄港地はすべて水上に発着した。使われたのはグラマンG73“マラード”双発水陸両用機。「くろしお」「おやしお」といった愛称が付けられ、関西の人々に親しまれた。

日東航空はそんな特徴ある航空会社だったが、残念なことに1963年、淡路島で乗客全員が犠牲となる墜落事故を起こしてしまう。悪天候も背景にあったこの事故は、必ずしも中小航空会社だから起きたとは言い切れないものの、世論の不安を煽るのには充分だった。悪いことは続くもので、翌年には大阪空港でまた同社の墜落事故が発生。折しも当時の政府はこうした事故が多発しがちな中小航空会社を合併させて経営基盤の強化を図る方針を打ち出しており、冒頭で触れた3社が合併して1964年4月に日本国内航空が発足。日東航空はこの中に吸収されて姿を消した。

紀州一周線を含め、日東航空が使っていた機材や路線はとりあえず新会社に引き継がれたが、経営の見直しの観点から大きな整理が断行される。どうみてもあまり採算が良いとは思えない紀州一周線は、新会社発足の年の10月一杯で早くも消滅。結局、わずか4年間の運航に終わってしまう。南紀関係の路線では、温泉客の需要が見込める大阪～白浜間のみが残った。この大阪～白浜線は、日本国内航空～東亜国内航空の時代を通じて運航されたが、さすがにこの距離では鉄道に勝つことはできず、やはり1975年に廃止された。

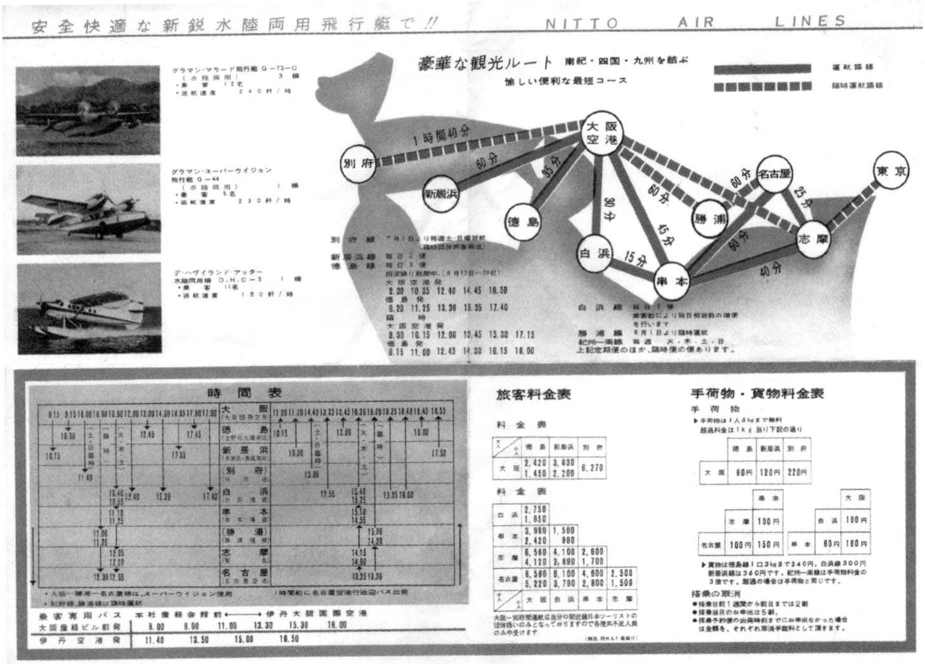

前ページのパンフレットの内部
紀州方面へは白浜・串本経由のほかに勝浦経由が臨時運航されたこともあった

ヘルプ・ハネダ！
パンクする国際空港を米軍基地が支援

厚木〜大島
（1971 年）

空中待機 1 時間！

「世界の国からコンニチハ」――1970 年 3 月から 9 月にかけて、大阪・千里丘陵でアジアでは初めてとなる万国博覧会が開催された。昭和元禄とも呼ばれた社会経済の爛熟期を迎え、日本の高度経済成長が頂点に達しようとしていた時期に行われた大イベント。しかしそうしたお祭り騒ぎとは裏腹に、交通の分野ではさまざまな問題点が顕在化していた。そのひとつが、羽田空港の容量逼迫である。高度経済成長に比例して航空需要はウナギのぼり。国内線・国際線の増便や、ベトナム戦争時代だけに東南アジア方面を往来する軍のチャーター機などの発着ともあいまって、羽田の発着回数はもはや限界に達していたのである。

空港の発着容量は同時に使える滑走路の数が鍵。しかし、当時の羽田空港にはジェット機の計器着陸に使える滑走路が一本しかない上、その滑走路を離陸にも着陸にも使わなければならず、それがボトルネックとなっていた。離着陸機を交互にさばくために、下手をすれば空中で 1 時間待ちなどというケースもあり、予定が狂わされる利用者の不満だけではなく、航空会社にとっても燃料の無駄など様々な問題が生じていた。もちろん、管制の側にとっても本来の能力を超える交通量というのはいつ誤りが起きてもおかしくない状況であり、1970 年 8 月 21 日には運輸省（現：国土交通省）が航空各社に『便数を減らしてください』というお願いを出したほどだった。混雑緩和のため、1966 年には成田に新空港の建設がすでに決まっていたが、開港までの数年間は限界状態の羽田でしのぐしかない状況だった。

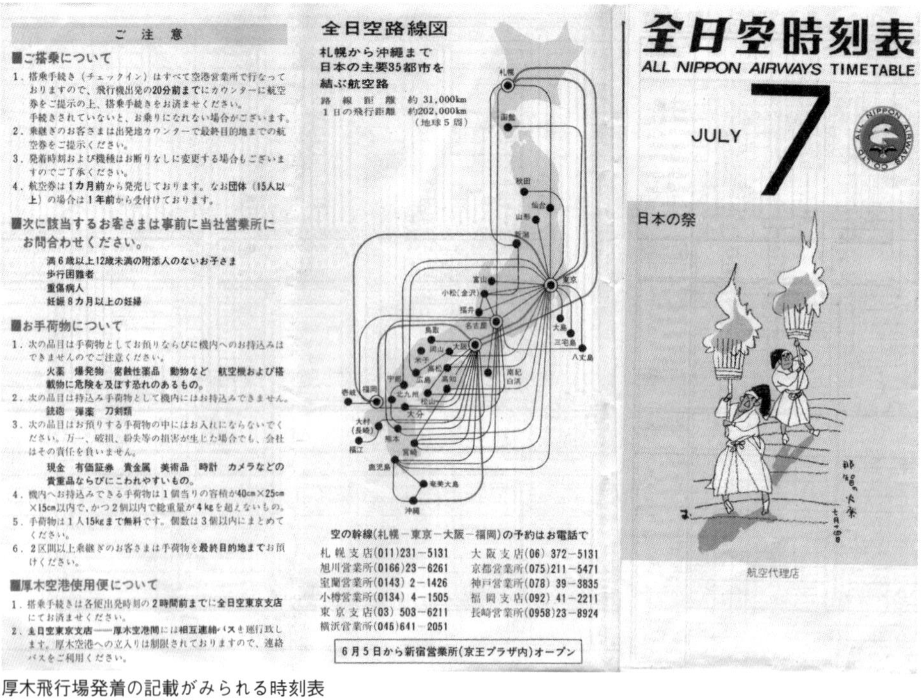

厚木飛行場発着の記載がみられる時刻表
【1971 年 7 月　全日空】

こんな状況を受け、夏の最多客期を迎えてもっとも多くの便が飛び交っている時期、ANAは羽田の混雑を回避するためにある奇策を実行する。それは、羽田発着の便の一部を、なんと厚木飛行場発着にするというもの。厚木飛行場といえばご承知のとおり、首都圏におけるアメリカ海軍の航空部隊の拠点。管制なども、当時はまだ米軍が実施していた。軍民共用の空港自体は今日でも三沢の例があり、かつては福岡（板付）や那覇も米軍との共用だったから必ずしも希少なものではないが、厚木からの民間機発着というのは後にも先にも例がないことだった。

厚木への移転は8月17日から行われ、当初運航されたのは厚木～八丈島間2往復4便であった。8月20日からはさらに増やされ、ANAの社史によると最終的に1日6～10便が厚木発着になったという。厚木には民間機の発着を想定した設備がなく、しかも一般人の立入制限区域であるため、これらの便の乗客は都内にあるANA東京支店で出発2時間前にチェックインを済ませた上、基地との間をバスで送迎された。この年の厚木への臨時発着は9月20日で終わったが、再び実施されることが想定されていたのか、その後のANAの時刻表には『厚木空港使用便のご注意』という案内文だけが記載されているものもある。

実際、厚木への発着は1971年にも計画され、同社の7月号の時刻表には厚木発着便が明示されていた。これによると、大島線2往復・三宅島線1往復・山形／秋田／仙台の各線1往復ずつが対象となっている。さすがに軍事基地であるせいか、各々の便については厚木からの発着が出来ない場合についての扱いも定められており、運休になるものや羽田発着になるものがあった。ちなみに、厚木飛行場の管制はちょうどこの7月から日本側に引き渡され、日米共同使用が始まっている。

空の安全に疑問が投げかけられた70年代

ところでこの1971年7月には大きな航空事故が相次いだ。しかもそのうちの一件は奇しくも自衛隊が関係するものだった。まず7月3日に東亜国内航空のYS-11「ばんだい」号が札幌（丘珠）～函館線に就航中、函館近郊の横津岳に衝突して68名全員死亡。その衝撃も冷めやらぬ同月30日には、訓練中の航空自衛隊機とANAの札幌～東京便が空中接触し、両機とも岩手県の雫石周辺に墜落。ANA機の162名全員が死亡するという、当時世界最悪の航空事故が発生したのである。これらの事故により、空港の混雑対策だけではなく、航空路上における安全確保という課題にも一層目が注がれるようになった。

なお、羽田空港では、1971年3月にB滑走路（現在のB滑走路と並行して設置されていた旧滑走路）延長工事が完成するなど、次第に取扱い能力の向上が図られていく。運輸省は当時、「1日460

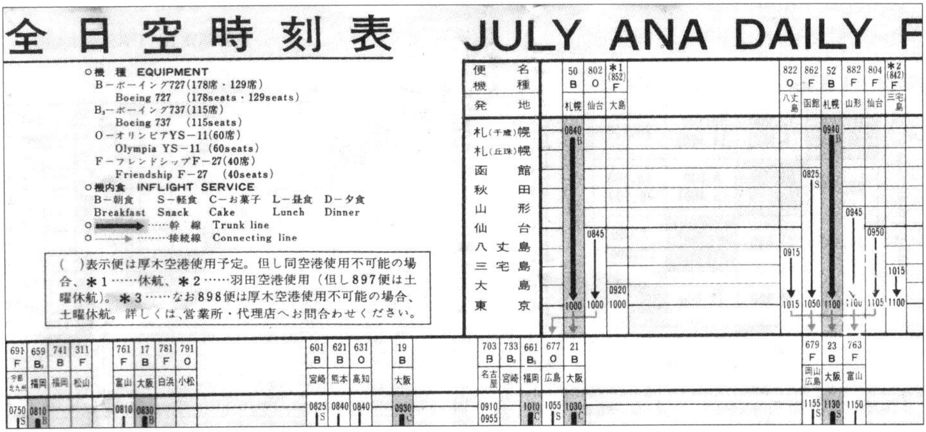

前ページの時刻表の内部
厚木飛行場に発着した機体は当時のANAの中ではもっとも小さいフォッカー“フレンドシップ”のみだった

便・1時間34便・3時間で86機」という発着回数上限を定めていたが、さすがに厚木への移転は特殊なケースだったこともあり、恒常的に行われることなく取りやめとなった。

それから30年以上が経過し、厚木基地は米軍艦載機の発着訓練による騒音問題でしばしばニュースを賑わせる。しかしその一方、横田基地など首都圏の米軍／自衛隊基地の軍民共用化を目指す動きが花盛りであるが、その議論の行方次第では厚木基地に民間機が発着する日が訪れる可能性もゼロではないようだ。

ちなみに、多客期に発着場所を変えるということは1960年代の国鉄でもよく行われ、上野や東京に発着する長距離列車が、お盆や年末年始には品川始発になった。もっともこの例は、羽田空港のように運行容量の限界というよりは、現在とは比較にならないくらい多かった盆暮れの帰省客をさばくための乗客分散の意味が大きい。

国鉄といえば、青森〜函館間に運航されていた青函連絡船ではその全盛期の1973年8月にある特別な取扱いが行われた。それは、函館駅から北へ約4キロ離れた、本来は貨物専用便発着のための「有川桟橋」から臨時の旅客便を運航したことである。旅客便は通常、函館駅に隣接した桟橋に発着していたが、2つしかない桟橋では発着できる旅客便の数にも限りがある。それでも出来る限りの臨時便を増発して旅客を乗せてもなお積み残しが出た場合、窮余の策として函館（有川）〜青森間の運航が行われたのであった。函館駅〜有川桟橋間はバスで乗客を輸送したというが、晩年はガラガラだった連絡船を思うと隔世の感というエピソードだ。

日の丸はブランドマークなり。
──「沖縄のつばさ」苦難の誕生

那覇～石垣～与那国
（1971 年）

外国機のチャーターから始まった沖縄の民間航空

全国から多くの観光客が集まる沖縄。国内で手近に南国気分を味わえるスポットとして人気が高いが、ご承知のとおり、多くの島々で構成される県である。戦前から戦後初期にかけて、それらの島々を結ぶ交通手段が船しかなかった時代は、島と島の迅速な連絡は最初から望むべくもなかった上、嵐が来れば頼みの綱である船便が欠航して島が孤立するという、「離島苦」の状態が長く続いていた。文明の利器である航空機がこれらの島々を結べばどれほど安心なことか……沖縄の人々はそう考えていた。

その夢が最初に実現されたのは 1956 年 6 月のこと。那覇から宮古や石垣を結ぶ先島航空路線の運航が開始されたのである。当時は、台湾の民航空運公司（CAT）の機体をチャーターしての運航であったが、琉球航空という地元資本により、苦しい経営ながらも「おらがシマの翼」は着々と運航実績が築かれていった。1964 年には、与那国と久米島の飛行場の完成を受け、さらに路線が広がるはずだった。ところがここである事件が起きたのである。

当時の沖縄の民間航空事業に関しては、明確な方針や規定がないまま米国民政府などの管理下に置かれていた。そんな背景もあり、米国民政府は実情を顧みることなく、エア・アメリカというアメリカ資本の会社に、琉球島内路線への参入を突然許可したのである。それまでチャーター機を提供していたCAT は、「他社が参入するならこちらは経営が立ち行かなくなる」と撤退を表明。これにはさすがに沖縄県民が怒りをブチまけた。

「地元の資本が経営していたからこそ、島民の福利を追求した運航が可能であったのに、アメリカに任せていられるか！」

しかし、当時の沖縄ではそんな声もなかなか届かない。1964 年 7 月、エア・アメリカは、今まで琉球航空がCAT 機をチャーターして運航していた路線に就航を開始する。しかし案の定、いまひとつ信頼ならない。なんと、エア・アメリカも運航開始からわずか 2 年で経営に行き詰まって琉球島内路線の運航を投げ出してしまったのである。

ところでなぜ、このようなゴタゴタがあったのか？　ひとつのヒントは、CAT もエア・アメリカも、実は背後では同じ系列の会社だったということ。それも、CIA とのコネクション（むしろ CIA 自らが経営していたといっても良い）という胡散臭さもつきまとっていた。おそらくは、CAT が撤退してエア・アメリカが入るというシナリオがあったのではないだろうか？　もっとも、エア・アメリカまで行き詰まったのはハプニングだったのかもしれないが……。

喜びも束の間、滑走路が短くなった！？

しかし、この事件は思わぬ副産物を残す。沖縄における民間航空の運営環境整備を望む声の高まり、そして、本土復帰運動の精神とも相まっての日本と地元主体による本格的な航空事業確立という願いを受け、米国民政府はエア・アメリカの後釜募集にあたって日本の航空会社にも声を掛けたのである。そこで JAL が積極的に動いた結果、いよいよ日の丸の翼が沖縄の空に羽ばたくことが現実のものとなった。

1967 年 7 月 1 日、JAL の支援を受けた南西航空（現：日本トランスオーシャン航空）が運航を開始。まだ沖縄は本土復帰前だったものの、当時の JAL 機の塗装を模して南西航空機の尾翼には日の丸も描かれた。これには米国民政府が難色を示したというが、あたかも今日の中国で明らかに某キャラクターを模したキャラクターを『オリジナルである』と言い張るが如く、『単なる赤丸、ブランドマークに過ぎない』という強引な説明で押し切ったという逸話も残されている。翌年には、日本の誇る YS-11 が導入され、「ゆうな」「あだん」「ばしょう」など沖縄を代表する植物名からとられた愛称とともに、県民に日本の翼の登場を一層実感させた。

さて、南西航空の次なる願いは本土乗り入れだった。沖縄返還の前年・1971年の時刻表の表紙にも『鹿児島線申請中』と書かれていたが、これは諸般の事情から、本土復帰前はおろか復帰後もなかなか実現しなかった。本土乗り入れの悲願の実現は、同社の営業開始から実に20年が過ぎようとしていた1986年11月、松山への乗り入れまで待たなければならなかったのである。

そして迎えた1972年5月15日、沖縄は日本へ返還された。このときから南西航空も、純粋に日本の航空会社の一員となる。ところが、会社の経営とは全く別のところで、沖縄の本土復帰は思わぬところに余波もたらした。それは、使用できる航空機の機種に影響を及ぼす、「滑走路の長さ」という問題だった。

本土復帰後、沖縄各地の空港には当然のことながら日本の航空法が適用されることとなったが、このおかげで滑走路の長さが短くなってしまう空港が出たのだ。与那国空港と南大東空港は、アメリカの航空法に基づくと、いずれも本来は1200メートルの滑走路だったのだが、滑走路の延長上にある障害物の関係から、日本の航空法では800メートルとして使用しなければならなかったのである。それまでは日本の誇る国産機・YS-11が就航していたが、800メートルしか認められないとなると、YS-11の離着陸は困難だった。そこで南西航空はYS-11よりももっと小型の機体であるDHC-6“ツインオター”機を購入し、これらの路線に就航させることとした。YS-11の時代は那覇～石垣～与那国間は直通だったが、石垣～与那国間が“ツインオター”による運航になったおかげで、石垣で必ず乗換えが必要となった。

さて、与那国空港の滑走路延長に伴い、石垣～与那国線が再びYS-11での運航となったのは、1987年2月のこと。本土復帰から15年の歳月が流れていた。沖縄の空の戦後は、この時にようやく終わったと言えるのかもしれない。なお、与那

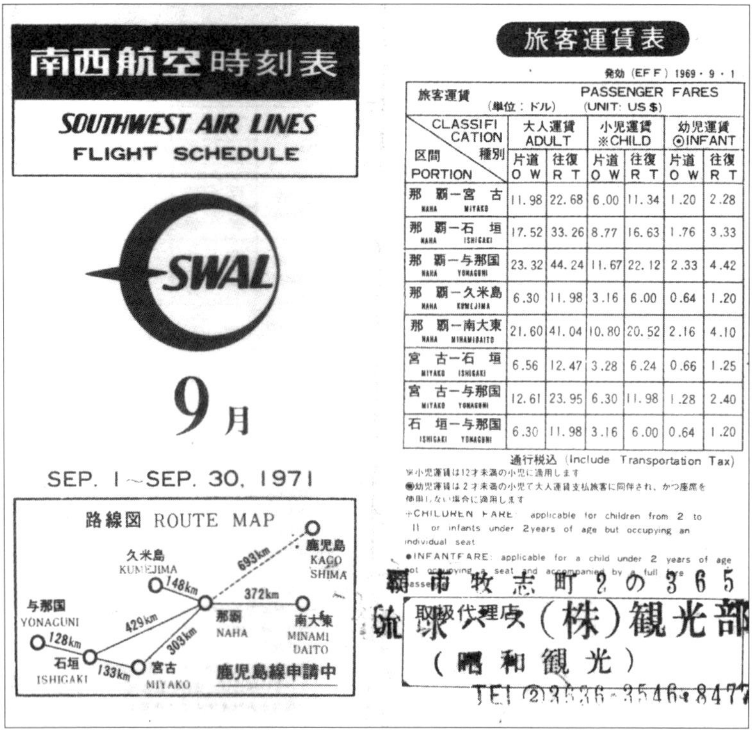
南西航空時刻表
SOUTHWEST AIR LINES
FLIGHT SCHEDULE
SWAL
9月
SEP. 1～SEP. 30, 1971
路線図 ROUTE MAP
久米島 KUMEJIMA
鹿児島 KAGO SHIMA
与那国 YONAGUNI
那覇 NAHA
南大東 MINAMI DAITO
石垣 ISHIGAKI
宮古 MIYAKO
693km 148km 372km 429km 303km 128km 133km
鹿児島線申請中

旅客運賃表

発効（EFF）1969・9・1

旅客運賃 （単位：ドル） PASSENGER FARES (UNIT: US $)						
区間 PORTION ＼ 種別 CLASSIFICATION	大人運賃 ADULT		小児運賃 ※CHILD		幼児運賃 ⊙INFANT	
	片道 O W	往復 R T	片道 O W	往復 R T	片道 O W	往復 R T
那覇－宮古 NAHA MIYAKO	11.98	22.68	6.00	11.34	1.20	2.28
那覇－石垣 NAHA ISHIGAKI	17.52	33.26	8.77	16.63	1.76	3.33
那覇－与那国 NAHA YONAGUNI	23.32	44.24	11.67	22.12	2.33	4.42
那覇－久米島 NAHA KUMEJIMA	6.30	11.98	3.16	6.00	0.64	1.20
那覇－南大東 NAHA MINAMIDAITO	21.60	41.04	10.80	20.52	2.16	4.10
宮古－石垣 MIYAKO ISHIGAKI	6.56	12.47	3.28	6.24	0.66	1.25
宮古－与那国 MIYAKO YONAGUNI	12.61	23.95	6.30	11.98	1.28	2.40
石垣－与那国 ISHIGAKI YONAGUNI	6.30	11.98	3.16	6.00	0.64	1.20

通行税込（Include Transportation Tax）

※小児運賃は12才未満の小児に適用します

⊙幼児運賃は2才未満の小児で大人運賃支払旅客に同伴され、かつ座席を使用しない場合に適用します

※CHILDREN FARE: applicable for children from 2 to 11 or infants under 2years of age but occupying an individual seat

⊙INFANTFARE: applicable for a child under 2 years of age not occupying a seat and accompanied by a full fare passenger

覇市牧志町2の365
取扱代理店
琉球バス（株）観光部
（昭和観光）
TEL ②3536・3546・8477

沖縄本土復帰前の南西航空時刻表
【1971年9月　同社発行】

国空港は1999年からジェット機が就航するようになったほか、今日では那覇からの直行便も運航され、「離島苦」の時代は過去のものとなった。

南西航空時刻表
SWAL FLIGHT SCHEDULE

全便 ALL FLIGHTS YS-11A

路線 ROUTE	便名 FLIGHT NO.	週日 DAY	那覇 NAHA	久米島 KUMEJIMA	南大東 DAITO	宮古 MIYAKO	石垣 ISHIGAKI	与那国 YONAGUNI
南大東便 DAITO	31	火金 Tue Fri	発 10:35		着 11:40			
久米島便 KUMEJIMA	23	毎日 Daily	発 14:30	着 15:00				
久米島便 KUMEJIMA	21	毎日 Daily	発 08:40	着 09:10				
与那国便 YONAGUNI	73	日月水土 Sun Mon Wed Sat	発 10:35				着 12:00 / 発 12:25	着 12:55
石垣便 ISHIGAKI	65	火金 Tue Fri	発 13:50				着 15:15	
石垣便 ISHIGAKI	63	毎日 Daily	発 15:20				着 16:45	
石垣便 ISHIGAKI	61	毎日 Daily	発 08:00				着 09:25	
宮石便	83	毎日 Daily				発 12:25	着 12:55	
宮古便 MIYAKO	※509	毎日 Daily	発 17:20			着 18:25		
宮古便 MIYAKO	507	毎日 Daily	発 16:20			着 17:25		
宮古便 MIYAKO	505	毎日 Daily	発 11:50			着 12:55		
宮古便 MIYAKO	503	毎日 Daily	発 11:00			着 12:05		
宮古便 MIYAKO	501	毎日 Daily	発 08:20			着 09:25		
宮	502	毎日 Daily	着 10:35			発 09:45		
宮	504	毎日 Daily	着 14:55			発 14:05		

※ 木曜日を除く EXCEPT THU.

前ページの時刻表内部
全路線が国産旅客機・YS-11Aによる運航だった

社会経済を襲った石油危機には日本の国際線も負けた

東京～（バンコク）～ローマ
（1974年）

ヨーロッパの入り口でストップした南回り欧州線

1967年に世界一周線の運航を開始して世界に雄飛したJALであるが、国際線を運航するということは世界の政治・経済情勢の影響をモロに受けることも意味する。1973年10月、第四次中東戦争の勃発が引き金となって石油危機が発生。スーパーマーケットでは主婦がトイレットペーパーを買いだめしようと血眼になっていたように、JALも原油供給量逼迫による燃料不足や価格高騰という事態に大わらわとなっていた。

まさに最悪なタイミングだった。JALは1970年からジャンボジェット機（ボーイング747）を導入していたが、当時のジャンボ1機には在来機

南回りルートがローマ打ち切りだった当時の時刻表
【1974年4月　日本航空】

の約2倍の量であるドラム缶930本分の燃料が搭載できた。燃料確保の問題は一層深刻だった。

それでも、太平洋線や当時のヨーロッパ路線の大動脈であった北回り路線は何としても維持しなければならない。減便も行いながらなんとか手を尽くしてそれらの路線への燃料は手当てできたが、燃料供給元の都合により、最大確保できる燃料にはどうしても限界がある。そこで燃料節約のためにJALが下した決断のひとつは、『東京～パリ／東京～ロンドン間の南回り欧州線を途中寄港地で打ち切りにする』ということだった。1973年12月から、南回り欧州線の東京～ローマ間折り返し運航がスタート。当時の時刻表を見ると、ロンドンやパリまで伸びていた便を単にローマで打ち切ったため、乗客は終点のローマで未明の3時に放り出されるといったことになった。この特別な扱いは、原油供給が緩和された翌年春まで続くことになる。

石油危機は、大量消費と物質的繁栄の追求を第一に突き進んできた人類が、改めて自らの足元を見つめ直す契機となった。航空機の分野では、乗客数の多さや速度の速さよりも、経済性に優れた機種の開発が促進されるようになったのである。

ところで、一難去ってまた一難。石油危機が落ち着いた後、新たな問題が発生した。先述のとおり、日本と台湾の断交に伴って台湾上空を迂回飛行する必要が生じたのだ。ただでさえ燃料事情が厳しい折、これはJALにとってまさに泣きっ面に蜂だった。

JAPAN-EUROPE SCHEDULE 日本・ヨーロッパ線

Effective : April 1,1974～October 31,1974

有効期間：昭和49年4月1日～昭和49年10月31日

Read down　　Read up

Reference from GMT / GMTとの時間差	Tu	We. Su	Th	Fr	Sa	DAY/週　日					
	FY	FY	FY	FY	FY	CLASS/クラス					
	461	451	463	461	465	FLIGHT NO./便名					
	DC-8	DC-8	DC-8	DC-8	DC-8	AIRCRAFT/機種					
+9	1030	1030	1030	1030	1030	dp 発 TOKYO 東京 着 ar	2055 Sa	2150 Mo	2150 Tu. Fr	2155 Th	2155 Su
+9	1440 1530	1440 1530		1440 1530		ar 着 / dp 発 HONG KONG★ 香港 発 dp / 着 ar			1750 1700	1755 1705	1755 1705
+7	1605 1705	1605 1705	1440 1540	1605 1705	1440 1540	ar 着 / dp 発 BANGKOK バンコク 発 dp / 着 ar	1255 1155	1350 1250	1230 1130	1235 1135	1235 1135
+5.30		1925 2015	1800 1900		1800 1850	ar 着 / dp 発 NEW DELHI ニューデリー 発 dp / 着 ar	0630 0540	0725 0635	0605 0515		
+5.30	1925 2015			1925 2015		ar 着 / dp 発 BOMBAY ボンベイ 発 dp / 着 ar				0600 0510 Th	0600 0510 Su
+5		2130 2230		◆		ar 着 / dp 発 KARACHI カラチ 発 dp / 着 ar			0305 0205 Tu. Fr		◆
+3.30	(T) [2215 2315]		2040 2140	2215 2315	2030 2130	ar 着 / dp 発 TEHERAN テヘラン 発 dp / 着 ar	0020 Sa 2320	0115 0015 Mo		[2325 2225] (T)	2325 2225
+2	We 0045 0135		2310 Fr 0010	Sa 0045 0135		ar 着 / dp 発 BEIRUT※ ベイルート 発 dp / 着 ar	1900 1810			1805 1715	1805 1715
+2		Th. Mo 0040 0130			2350 Su 0040	ar 着 / dp 発 CAIRO※ カイロ 発 dp / 着 ar		1910 1820	1810 1720		
+2			0155 0255		0235 0325	ar 着 / dp 発 ATHENS アテネ 発 dp / 着 ar	1630 1540	1630 1540			
+1	We 0355	Th. Mo 0345	Fr 0340	Sa 0355	Su 0410	ar 着 ROME※ ローマ 発 dp	1250	1250	1320	1320	1320
						機種/AIRCRAFT	DC-8	DC-8	DC-8	DC-8	DC-8
						便名/FLIGHT NO.	464	466	452	462	462
						クラス/CLASS	FY	FY	FY	FY	FY
						週　日/DAY	Fr	Su	Mo. Th	We	Sa

The time enclosed in a square frame marked with the symbol (T) shows the one needed for fueling.
(T)：ワク内の時刻は給油のための寄航時刻です。

※Add one hour to the arrival and departure time at Beirut and Cairo, effective May 1～September 30; and at Rome, effective May 26～September 28, 1974, respectively.
★Reduce one hour from the arrival and departure time at Hong Kong starting October 20, 1974.
※ベイルート、カイロの発着時刻は5月1日から9月30日まで、ローマは5月26日から9月28日まで上記発着時刻に1時間加えてください。
★香港の発着時刻は10月20日以降上記発着時刻から1時間引いてください。

前ページの時刻表の内部
本来ならばどの便もパリやロンドン行きとなるはずである

コラム⑪
なぜか期待ほど長くは続かなかった 日本のヘリコプター定期便

大都市におけるダウンタウンと空港の間のアクセスとして成功したアメリカや、国際線にも就航したヨーロッパと異なり、日本の定期旅客ヘリコプターの歴史はパッとしない。そりゃそうだ。電車ならば数百円で行ける距離をわざわざ何千円も払って、しかも便数に制約があり、日本では有視界飛行が原則で天気のよい日中しか飛べないヘリコプター便にはあまり乗らないだろう。しかし、過去に全く例が無かったわけではない。

伊豆諸島間を結ぶヘリコプター路線であり、珍しく長続きしている「東京愛らんどシャトル」以外でもっとも近年の例が、羽田空港～成田空港間を結んだシティ・エアリンク。JAL など数社が出資して立ち上げた会社であったが搭乗者数が低迷し、1988 年 6 月から 1991 年 11 月まで、奇しくもバブル経済の盛衰とともにわずか 3 年あまりの活躍に終わった。1989 年には横浜博覧会を契機に横浜まで足を伸ばしている。ちなみに博覧会の関係では、1985 年のつくば科学万博の期間中に当時の TDA（東亜国内航空）が観客輸送を当て込んで、羽田空港～つくば間にヘリコプター臨時便を運行している。

ところでこれらの路線より遡ること約 20 年、大阪で都市型ヘリコプター路線が運航されたことがある。それは日東航空による大阪市内～大阪国際空港（伊丹）線。日東航空は水陸両用機で西日本への路線を運航したことで知られているが、1964 年 1 月から“パイオニア号”と名付けた大型ヘリコプター・シコルスキー S-62 型を使ってこの路線を開設した。大阪市内の発着場所は中之島の新朝日ビルディングの屋上。さすが新しいもの好きで大胆な関西人、ニューヨーク・エアウェイズよりも先にビルの屋上へリポート発着を実現させてしまったのである。当時のパンフレットによると大阪空港まではたった 8 分という早さだったようだが、この距離ではわざわざヘリコプターに乗るメリットが生かせず短命に終わった。

しかしこれで驚いてはいけない。日東航空が大

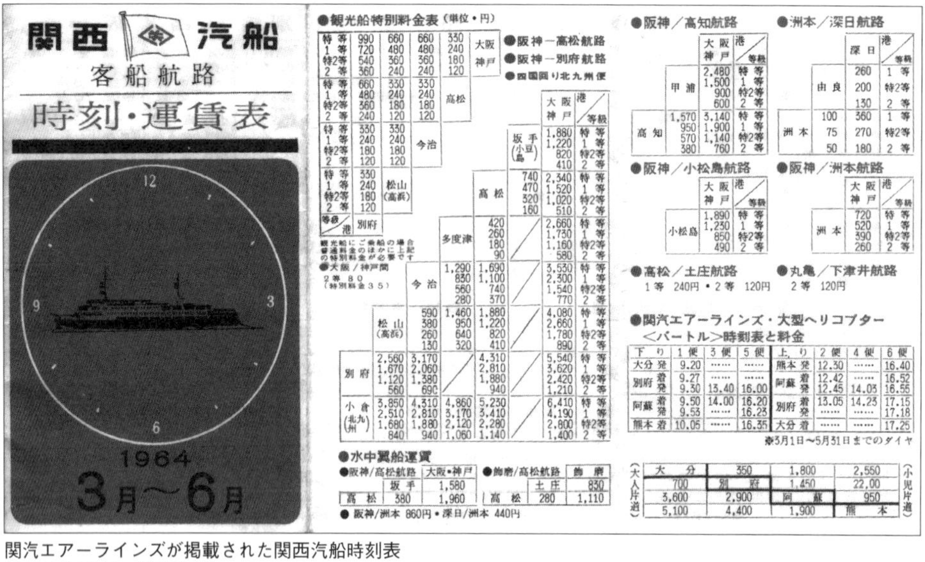

関西汽船
客船航路
時刻・運賃表
1964
3月～6月

●観光船特別料金表（単位・円）

港	等級	別府	松山(高浜)	今治	高松
大阪神戸	特等	990	660	660	330
	1等	720	480	480	240
	特2等	540	360	360	180
	2等	360	240	240	120
高松	特等	660	330	330	
	1等	480	240	240	
	特2等	360	180	180	
	2等	240	120	120	
今治	特等	330	330		
	1等	240	240		
	特2等	180	180		
	2等	120	120		
松山(高浜)	特等	330			
	1等	240			
	特2等	180			
	2等	120			

観光船にご乗船の場合普通料金のほかに上記の特別料金が必要です

●大阪／神戸間
2等 80
（特別料金35）

●阪神－高松航路
●阪神－別府航路
●四国回り北九州便

港	松山(高浜)	今治	多度津	高松	坂手(小豆島)	大阪神戸	等級
坂手(小豆島)						1,880	特等
						1,220	1等
						820	特2等
						410	2等
高松					740	2,340	特等
					470	1,520	1等
					320	1,020	特2等
					160	510	2等
多度津				420	／	2,660	特等
				260		1,730	1等
				180		1,160	特2等
				90		580	2等
今治			1,290	1,690	／	3,530	特等
			830	1,100		2,300	1等
			560	740		1,540	特2等
			280	370		770	2等
松山(高浜)		590	1,460	1,880	／	4,080	特等
		380	950	1,220		2,660	1等
		260	640	820		1,780	特2等
		130	320	410		890	2等
別府	2,560	3,170	／	4,310	／	5,540	特等
	1,670	2,060		2,810		3,620	1等
	1,120	1,380		1,880		2,420	特2等
	560	690		940		1,210	2等
小倉(北九州)	3,850	4,310	4,860	5,230	／	6,410	特等
	2,510	2,810	3,170	3,410		4,190	1等
	1,680	1,880	2,120	2,280		2,800	特2等
	840	940	1,060	1,140		1,400	2等

●水中翼船運賃

●阪神／高松航路

	坂手	大阪・神戸
坂手		1,580
高松	380	1,960

●飾磨／高松航路

	土庄	飾磨
土庄		830
高松	280	1,110

● 阪神/洲本 860円・深日/洲本 440円

●阪神／高知航路

港	甲浦	大阪神戸	等級
甲浦		2,480	特等
		1,500	1等
		900	特2等
		600	2等
高知	1,570	3,140	特等
	950	1,900	1等
	570	1,140	特2等
	380	760	2等

●洲本／深日航路

港	由良	深日	等級
由良		260	1等
		200	特2等
		130	2等
洲本	100	360	1等
	75	270	特2等
	50	180	2等

●阪神／小松島航路

港	大阪神戸	等級
小松島	1,890	特等
	1,230	1等
	850	特2等
	490	2等

●阪神／洲本航路

港	大阪神戸	等級
洲本	720	特等
	520	1等
	390	特2等
	260	2等

●高松／土庄航路
1等 240円・2等 120円

●丸亀／下津井航路
2等 120円

●関汽エアーラインズ・大型ヘリコプター
<バートル>時刻表と料金

下り	1便	3便	5便	上り	2便	4便	6便
大分 発	9.20	……	……	熊本 発	12.30	……	16.40
別府 着	9.27	……	……	阿蘇 着	12.42	……	16.52
別府 発	9.30	13.40	16.00	阿蘇 発	12.45	14.03	16.55
阿蘇 着	9.50	14.00	16.20	別府 着	13.05	14.23	17.15
阿蘇 発	9.53	……	16.23	別府 発	……	……	17.18
熊本 着	10.05	……	16.35	大分 着	……	……	17.25

※3月1日～5月31日までのダイヤ

（大人片道）（小児片道）

大分	350	1,800	2,550
700	別府	1,450	22.00
3,600	2,900	阿蘇	950
5,100	4,400	1,900	熊本

関汽エアーラインズが掲載された関西汽船時刻表
【1964 年 3 月　関西汽船】

阪のド真ん中にヘリを発着させていたのと時を同じくして、さらに大型のヘリによる九州横断定期路線があった。1963年8月から関西汽船系の関汽エアーラインズが、バートル107（25人乗り）を使用して運航をはじめた大分～別府～阿蘇～熊本線である。関西汽船の別府航路に接続し、雄大な阿蘇の景色を空から眺められるルート。きっと観光客に人気が出るはず……だったが、敵は九州の大自然。熊本名物の霧や阿蘇の悪天候に阻まれていまひとつ運航実績がパッとしないまま、わずか1年で運航終了となってしまった。なお、この路線の大分～別府間の所要時間はたった7分。乗ろうと思えば350円でこの区間だけでも乗れたから、これは日本の定期航空史上もっとも短い飛行時間の路線だったと思われる。

九州はヘリコプターに縁があったとみえて、1964年12月には西日本空輸が福岡～壱岐～対馬線を開設。しかし日本のヘリコプター航路は長続きしないというジンクスがあるのか、やはり2年半後の1967年7月に運航をやめてしまった。

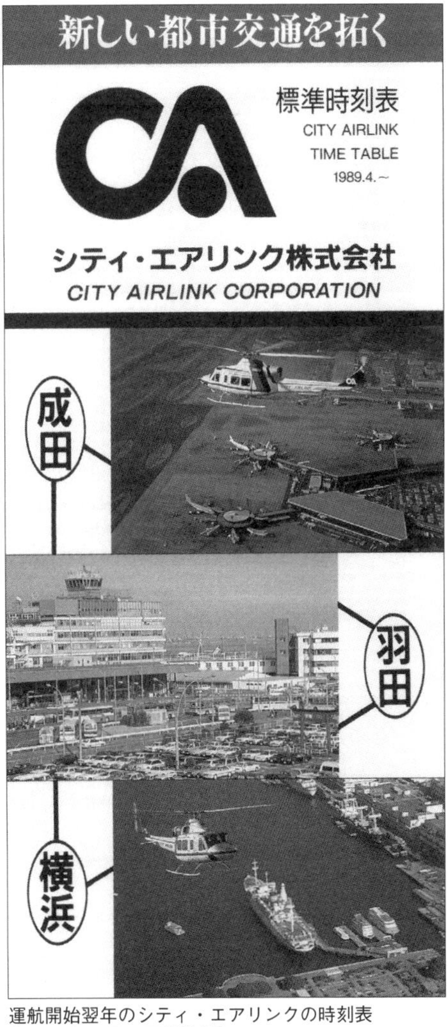

運航開始翌年のシティ・エアリンクの時刻表
【1989年4月　同社発行】

大阪空港へのヘリコプター便の案内
【1964年　日東航空】

主要参考文献・ウェブサイト

※複数の章で参照した資料もあるが、原則として初出の章に記載した。

<第一章>

『西伯利経由 欧洲旅行案内』(日本旅行協会 1931/37)
『日本航空 20 年史 1951 - 1971』(日本航空 1974)
Edward A Wilson "SOVIET PASSENGER SHIPS 1917-1977" (World Ship Society 1978)
原田勝正『満鉄』(岩波新書 1981)
NHK 取材班『シベリア横断鉄道 赤い流星「ロシア号」の旅』(日本放送出版協会 1982)
JOHN WEGG "FINNAIR -THE ART OF FLYING SINCE 1923" (FINNAIR 1983)
ジャン・デ・カール/玉村豊男訳『オリエント急行物語』 (中公文庫 1984)
『DC-8 FOREVER』(日本航空 1987)
Bert Moody "150 YEARS OF SOUTHAMPTON DOCKS" (Kingfisher Railway Productions 1988)
井上勇一『鉄道ゲージが変えた現代史』(中公新書 1990)
R.E.G Davis "Aeroflot -AN AIRLINE AND ITS AIRCRAFT" (Paladwr Press 1992)

<第二章>

"PÅ SÄKRA 20 ÅRS LUFTTRAFIK 1924/1944" (AB AEROTRANSPORT 1945)
星晃『写真で楽しむ世界の鉄道』(全6巻) (交友社 1959-64)
"The Lufthansa Story" (Lufthansa German Airlines 1980)
土井全二郎『客船がゆく 海・人・船のものがたり』 (情報センター出版局 1991)
R.E.G Davis "Lufthansa -AN AIRLINE AND ITS AIRCRAFT" (Paladwr Press 1991)
Don DeNevi & Bob Hall "UNITED STATES MILITARY RAILWAY SERVICE" (Stoddart Publishing 1992)
Charles Woodley "GOLDEN AGE BRITISH CIVIL AVIATION 1945-1965" (Airlife Publishing 1992)
Mike Hooks "CROYDON AIRPORT" (Tempus Publishing 1997)
Frank McKim "The Story of the Bristol Britannia" (SCOVAL Publishing 2003)
Helmut Erfurth "DDR -Luftfahrt Zivile Luftfahrt 1945 bis 1990" (GeraMond 2004)
Charles Woodley "BOAC -AN ILLUSTRATED HISTORY" (Tempus Publishing 2004)

<第三章>

Marvin G. Goldman "ELAL -STAR IN THE SKY" (WORLD TRANSPORT PRESS 1990)
R.E.G Davis & Philip J.Birtles "DE HAVILLAND COMET -The World's First Jet Airliner" (Paladwr Press 1999)

<第四章>
圓地與四松『空の驚異ツェッペリン』(先進社 1929)
星晃 鉄道新書 14『車両の軽量化』(鉄道図書刊行会 1956)
"20 YEARS OF GROWTH IN AMERICAS" (Japan Air Lines 1974)
トム・ヒューズ / 出光宏訳『大西洋ブルーリボン史話』(至誠堂 1976)
"AIRCRAFT ACCIDENT REPORT -New York Airways, Inc., Sikorsky S-61L, N619PA" (NTSB 1977)
中富信夫『アメリカ宇宙開拓史』(新潮文庫 1984)
John Gunn "HIGH CORRIDORS -QANTAS 1954-1970" (University of Queensland Press, 1988)
野間恒『豪華客船の文化史』(NTT 出版 1993)
関根伸一郎『飛行船の時代 ツェッペリンのドイツ』(丸善ライブラリー 1993)
R.E.G Davis "Airlines of the United States since 1914" (SMITHONIAN INSTITUTION PRESS 1998)
Thomas R Flagg "New York Harbor Railroads In Color Vol.1" (Morning Sun Books 2000)
William A. Luke "GREYHOUND BUSES" (Iconografix 2000)
『栄光のオーシャンライナー 豪華客船の時代』(ワールドフォトプレス 2000)
R.E.G Davis "TWA -AN AIRLINE AND ITS AIRCRAFT" (Paladwr Press 2000)
Kevin Pace etc. "Naval Air Station Lakehurst" (Arcadia Publishing 2003)
旅客機形式シリーズ⑩『日本航空機製造 YS-11』(イカロス出版 2004)

<第五章>
『風九三〇八部隊史』(森部隊史編集委員会 1970)
『航空輸送の歩み 昭和二十年迄』(大日本航空社史刊行会 1975)
平木國夫『羽田空港の歴史』(朝日選書 1983)
Stan Cohen "WINGS TO THE ORIENT -PAN AMERICAN CLIPPER PLANES 1935 to 1945" (PICTORIAL HISTORIES PUBLISHING 1985)
Stan Cohen "HAWAIIAN AIRLINES -A PICTORIAL HISTORY OF THE PIONEER CARRIER IN THE PACIFIC" (PICTORIAL HISTORIES PUBLISHING 1986)
David F Hutchings "RMS Queen Mary -50 Years of Splendour" (Kingfisher Railway Productions 1986)
"THE STORY OF YUGOSLAV AIRLINES" (YUGOSLAV AIRLINES 1987)
R.E.G Davis "PAN AM -AN AIRLINE AND ITS AIRCRAFT" (Paladwr Press 1987)
三浦昭男『北太平洋定期客船史』(出版共同社 1994)
読売新聞編集局『戦後 50 年 にっぽんの軌跡』(読売新聞社 1995)
ARUE SZURA "FOLDED WINGS -A History of Transocean Air Lines" (PICTORIAL HISTORIES PUBLISHING 1997)
山田廸生『船に見る日本人移民史 笠戸丸からクルーズ客船へ』(中公新書 1998)
内藤初穂『太平洋の女王 浅間丸』(中公文庫 1998)
Nicholas M Williams "Aircraft of the United States MILITARY AIR TRANSPORT SERVICE" (Midland Publishing 1999)
Jim Chiddix etc. "NEXT STOP HONOLULU! -The Story of the Oahu Railway & Land Company" (Sugar Cane Press 2004)

<第六章>

E. Rusman "Wings Across Continents （The K.L.M. Amsterdam-Batavia Line）" （K.L.M. 1935）

『佛領印度支那の鉄道』（臺灣總督府交通局鐵道部 1940）

『旅行案内 佛印事情』（日本旅行協会 1941）

『アジア鉄道概観』（日本国有鉄道外務部 1958/60）

Niels Lumholdt etc. "The history of AVIATION IN THAILAND" （TRAVEL PUBLISHING ASIA 1987）

吉沢南 岩波ブックレット シリーズ昭和史 NO.12『ベトナム戦争と日本』（岩波書店 1988）

C. ロビンズ / 松田銑訳『エア・アメリカ』（新潮文庫 1990）

小松芳喬『鉄道時刻表事始め - ブラドショオ創刊 150 周年 -』（早稲田大学出版部 1994）

細野達也『ブラボ！あのころのN響 国際舞台に躍り出た昭和 30 年代』（三省堂教育開発 1996）

"UN SIÈCLE D' AVIATION AVEC AIR FRANCE" （MUSÈE AIR FRANCE 1997）

R.E.G Davis "Airlines of Asia since 1920" （PUTNAM 1997）

黒岩正幸『インパール兵隊戦記』（光人社 NF 文庫 2004）

横木安良夫『ロバート・キャパ最期の日』（東京書籍 2004）

<第七章>

『二十年略史』（大連汽船 1935）

『北支蒙疆旅行案内』（日本国際観光局満洲支部 1939）

『臺灣鐵道旅行案内』（日本旅行協会台湾支部 1940）

『華中鉄道沿線案内』（華中鉄道 1941）

『日清汽船株式会社三十年史及追補』（日清汽船 1941）

『支那の航運』（東亜海運 1943）

『中共鉄道の実態と諸建設の動向』（内部資料 1954）

『別冊 1 億人の昭和史 日本植民地史 3 台湾』（毎日新聞社 1978）

長江航运管理局『長江航运画冊』（人民交通出版社 1981）

『中国民航 1949-1984』（中国民航宣伝広告公司 1984）

上海市人民政府交通办公室『上海交通 1949-1988』（上海科学技术文献出版 1989）

徳田耕一 『台湾の鉄道 麗しの島の浪漫鉄路』（JTB 1996）

鉄道部档案史志中心 『新中国鉄路 50 年』（中国鉄道出版社 1999）

蘇昭旭ほか 『台鐵憶舊四十年 1945-1984』（人人月歴 2000）

洪致文『珍藏世紀台灣鐵道』（幹線鐵路篇・地方鐵道篇） （時報出版 2001）

王馨源『中国鉄路国际联运大時記 （1950 ～ 1999）』（中国鉄道出版社 2002）

厳家祺・高皋 『文化大革命十年史』（上・中・下） （岩波現代文庫 2002）

諸星廣夫『機長の航跡』（イカロス出版 2006）

『百載鉄道情』（九廣鐵路公司 2006）

<第八章>

『韓國鐵道史』(鐵道廳 1977/79)
『別冊 1 億人の昭和史 日本植民地史 1 朝鮮』(毎日新聞社 1978)
『大韓航空十年史』(大韓航空 , 1979)
『関釜連絡船史』(日本国有鉄道広島鉄道管理局 1979)
中島廣・山田俊英 『韓国の鉄道 100 年を迎える隣国の鉄道大百科』(JTB 1998)
川村湊『ソウル都市物語 歴史・文学・風景』(平凡社新書 2000)
高崎宗司『植民地朝鮮の日本人』(岩波新書 2002)
河信基『韓国を強運に変えた男 朴正熙』(光人社 NF 文庫 2004)
国分隼人『将軍様の鉄道 北朝鮮鉄道事情』(新潮社 2007)

<第九章>

『國線旅行案内』(鉄路総局 1936)
長野秋峰『旅窓に学ぶ』(全 3 巻) (ダイヤモンド社 1936-38)
『旅程と費用概算』(日本旅行協会 1938)
『満洲』(南満洲鉄道鉄道総局営業局旅客課 1939)
『満支旅行年鑑』(日本旅行協会満洲支部 1941)
『気比丸遭難追悼録』(日本海汽船 1943)
『満洲航空史話』(正・続) (満洲航空史話編纂委員会 1972/81)
下里猛『満洲航空最後の機長』(並木書房 2000)
川村湊『満洲鉄道まぼろし旅行』(文春文庫 2002)

<第十章>

『樺太』(樺太庁鉄道 1935)
猪俣浩三ほか『基地日本 うしなわれゆく祖国のすがた』(和光社 1953)
『つばさの 10 年 日東航空のあゆみ』(日東航空 1963)
星山一男『お召列車百年』(鉄道図書刊行会 1973)
『稚泊連絡船史』(日本国有鉄道青函船舶鉄道管理局 1974)
『沖縄のつばさ 南西航空十年の歩み』(南西航空 1978)
湯口徹『簡易軌道見聞録』(プレス・アイゼンバーン 1979)
柳原良平『「客船史」を散歩する』(出版共同社 1979)
山本鉱太郎『川蒸気通運丸物語 明治・大正を生き抜いた利根の快速船』(崙書房 1980)
和久田康雄『日本の私鉄』(岩波新書 1981)
星晃『占領下日本の英文時刻表&連合軍専用客車』(アテネ書房 1983)
『限りなく大空へ 全日空の三十年』(全日本空輸 1983)
『日本航空社史 1971 - 1981』(日本航空 1985)
園山精助『日本航空郵便物語』(日本郵趣出版 1986)
『琉球海運株式会社四十年史』(琉球海運 1992)

徳田耕一『サハリン 鉄路1000キロを行く』(JTB 1995)
平木國夫『日本のエアライン事始』(成山堂書店 1997)
河原匡喜『連合軍専用列車の時代』(光人社 2000)
宮田道一 RMライブラリー53『草軽のどかな日々』(ネコ・パブリッシング 2003)
奥山道紀・赤城英昭 RMライブラリー47『大夕張鉄道』(ネコ・パブリッシング 2003)
加田芳英『図説 沖縄の鉄道<改訂版>』(ボーダーインク 2003)
『航空管制五十年史』(航空交通管制協会 2003)
佐藤洋一『図説 占領下の東京』(河出書房新社 2006)

<全般>
『外国旅行案内』(日本交通公社 1956/63)
『増補改訂 鉄道略年表』(日本国有鉄道 1962)
R.E.G Davis "A HISTORY OF THE WORLD'S AIRLINES" (OXFORD UNIVERSITY PRESS 1964)
『現代観光用語辞典』 (日本交通公社 1984)
高田隆雄ほか『時刻表百年史』(新潮文庫 1986)
『日本航空機辞典』(上・下) (モデルアート社 1989)
『昭和の旅 雑誌「旅」にみるなつかしの旅行史』(日本交通公社 1989)
『昭和二万日の全記録』(全19巻) (講談社 1990)
野間恒・山田廸生『日本の客船』(1・2) (海人社 1991/93)
樺山紘一ほか『クロニック 世界全史』(講談社 1994)
三宅俊彦『時刻表百年のあゆみ』(成山堂 1997)
宮崎正勝『鉄道地図から読みとく秘密の世界史』(青春出版社 2001)
戦前から戦後の新聞各紙

『鉄道ピクトリアル』各号 (鉄道図書刊行会)
『旅』各号(日本交通公社)
『エアライン』各号 (イカロス出版)
『おおぞら』各号 (日本航空社内誌)
『交通白書』各年 (運輸省)

戦前から戦後の時刻表各号 (日本交通公社、弘済出版社ほか)
"COOKS CONTINENTAL TIMETABLE" 各号 (THOMAS COOK & SON)
"OFFICIAL AIRLINE GUIDE" 各号 (OFFICIAL AIRLINE GUIDES INC.)
"BRADSHAW'S INTERNATIONAL AIR GUIDE" 各号 (HENRY BLACKLOCK & CO.)
"BIRTH OF AN INDUSTRY A NOSTALGIC COLLECTION OF AIRLINE SCHEDULES 1929-1939" (The Reuben H. Donnelly Corporation 1969)
"ABC SHIPPING GUIDE" February 1968 (THOMAS SKINNER & CO)

その他、戦前から戦後にかけて各社/各機関が発行したパンフレット類多数

http://www.geocities.co.jp/SilkRoad-Lake/2917/index.html 世界飛び地領土研究会
http://homepage3.nifty.com/jpnships/ なつかしい日本の汽船
http://www.airliners.net/ 航空機関連写真投稿サイト
http://www.svalbard.net/ スヴァールバル観光局
http://www.geocities.com/anjapaul/ “カーベア”について
http://www.sinfin.net/railways/world/vatican/vaticanrail.html バチカン鉄道の情報
http://myweb.lmu.edu/rsingleton/fruhome.html フリーダムライダー・リユニオン 2005
http://www.planecrashinfo.com/ 世界の航空事故データベース
http://www.hljhw.gov.cn/news/index.asp 黑龙江航运百年（黒龍江省航務管理局 HP）
http://railway.org.cn/ 中国鉄道倶楽部
http://space.geocities.jp/keiun17/ 昭憲皇太后史
http://www1.c3-net.ne.jp/hamachan/ 「ハマちゃん」のがらくた箱（進駐軍関連の地図）

その他、関連する運輸事業者のウェブサイトを多数参照した。

あとがき

私が「昔の時刻表」に興味を持ったのは中学生の時でした。学校の社会科の先生に鉄道旅行が好きな方がいて、社会科教員室になぜか1950年代や60年代の鉄道時刻表がいくつかころがっていたのです。私はその先生に直接習ったことはないのですが、当時同じクラスの鉄道好きな仲間とそれらの時刻表に見入って「へー、こんなところにこんな路線が」とか「こんな名前の列車が走っていたんだ！」と感嘆の声を上げていました。

ちょうどその頃、新潮文庫から『時刻表百年史』（高田隆雄監修、松尾定行・三宅俊彦著 1986）という本が出ました。明治から昭和に至る100年間の日本の鉄道時刻表の出版史を解説した本なのですが、これがまた目からウロコの内容。「時刻表は本来、実用品として捨てられる運命にあるものだが、そのバックナンバーを紐解くとそれらが出版された時代の社会が見える」――それは全く新鮮な視点でした。そして、古書店で古い時刻表が手に入れられるかもしれないということを知った私は、それ以来、街の古書店や古書即売会に足を運ぶようになったのです。

しかし当時、私の興味は「日本の」「戦後の」「鉄道の」時刻表にとどまっていました。たしかに、戦前などという時代は私にとっては遠い昔話ですし、まだ実際に海外に行ったことのない中学生にとって、日本以外の外国は遠い存在。その頃は、「社会科教員室での興奮」の延長線から、日本交通公社（現：JTB）の時刻表のバックナンバーをひたすら集めることに躍起になっていました。もちろん初めは次々と新しい発見がありました。でも、そのうち限界に行き当ったのです。

市販の時刻表には『ご旅行にはその月の時刻表をお使い下さい』と書かれています。しかし実際には、旅行の都度時刻表を買い直す人がどれほどいるでしょうか？　大きなダイヤ改正でもない限り、内容は大して変わりがありません。2年・3年という時間軸でみても大勢は変わらないことさえあります。それはバックナンバーとて同じということで、「バックナンバーを抜けなく揃えることにどれだけの意味があるのだろうか？」という疑問がそのうち湧いてきたのでした。それに、世の中には既に私よりも先にそうしたことをやっている人は少なからず存在していました。「趣味の醍醐味とはいかに人と違ったことをするか」だと思っていた私は、新たな道を模索し始めました。

大学生の頃のこと、東京に出て来て神保町の古書店街に通うようになり、あるときふと店先で「戦前のシベリア鉄道の時刻表」を見つけました。それは1927年に国際寝台車会社「ワゴン・リ」が発行した、とりたてて飾り気のない小さな冊子でしたが、そこに書かれた「モスクワ」や「ベルリン」といった都市に私は釘づけになったのです。「鉄道でヨーロッパに行けたその証が今私の手の中にある」――これは不思議な感覚でした。それ以来、一気に視野が広がり、バックナンバー収集から脱して古今東西の時刻表を収集対象とするようになっていきました。

しばしば「どうやって古いものを集めているのですか？」と聞かれることがあります。それは企業秘密（笑）ですが、たしかに、私のコレクションの中でその時刻表の発行と同時代に私が手に入れたというものはほとんどゼロです。対価を払って手に入れるとか、誰かからいただいて築いたコレクションです。そういう意味ではとても邪道な趣味だと思っています。やはり、自分の足で稼ぎ、汗を流し、自分の眼で見て感じるということが趣味という活動本来の姿ではないかという思いもあります。しかしその一方で、「だからこそ、そういった“王道的な趣味”に負けたくない」という気持ちが今までの収集・研究を支えてきたのかもしれません。

さて、それから10年近くが経ち、手元にはいろいろな資料が集まってきました。その多くは、交通公社の時刻表からは得られない情報を持った個性派揃い。これらをいつか公開できればと思っていたときに、IT技術の進歩がそれを可能にしました。21世紀開幕の年・2001年に私はこれらを公開するウェブサイトを開設し、その念願は叶うことになります。

ウェブサイト開設にあたってまず私が考えてい

たこと――それは先述の話とも関連しますが、サイトを単なるコレクション公開の自己満足の場にしたくなかったということに尽きます。訪問者の方々に何か訴えかける、ひいては世のため人のためになるサイトにしたいと思いました（ちょっと大袈裟かも……でも真実）。それで行きついた結論が、資料の画像とともにそれにまつわる背景を自分なりに調べて書き添えるという展示方法でした。こうして開設されたのが「20世紀時刻表歴史館」であり、これが本書の下敷きともなっています。

バーチャル・ミュージアム「20世紀時刻表歴史館」の開設から今年ですでに7年の歳月が経ちました。以来、他に同様の内容を扱ったサイトがほとんど存在しないためか、様々な方からメールをいただくことがあります。ご覧になられた感想をお寄せくださる方、『こんな資料があるよ』と紹介くださる方、そして意外に多いのが、有名／無名にかかわらずある人の過去の足跡調査に関するお問い合わせです。『○○氏が昭和××年××月に旅をしたときのことを調べているが、何時に△△を出て何時に□□についたのか、当時の時刻表から判りませんか？』等々。そんな中でも一番、印象に残っているエピソードを紹介しましょう。

ある日、某県庁からこんな問い合わせがありました。『昭和20年8月12日、金沢から九州の二日市まで鉄道で移動した方がいらっしゃる。その人は日記に途中駅での乗り継ぎや時刻を記録しているのだが、その内容は正しいものでしょうか？』　メールを読み進めると、これは広島原爆の被爆者認定に関わる裏付け調査ということでした。「被爆者」とは、昭和20年8月6日午前8時15分に被爆された方だけではなく、それから2週間以内に広島を通過した人も対象になるとのこと。メールに記載されていた日記の情報をもとに、早速調査を始めました。

幸い、当時の時刻表は復刻版が出ています。それを参照したところ、驚くべきことに日記の記録は時刻表に記載されていた時刻とほとんど同じでした。もっとも、山陽本線に入ってからは西に行くに従ってズレが大きくなっていましたが、それは当時の輸送事情からすると仕方がなかったことでしょう。終戦間近の時期なのにほぼダイヤ通りの運行を実現していた日本の鉄道に驚嘆を覚えながら、私は問い合せ元の県庁に時刻表のコピーとともに回答を送りました。認定可否がどうなったのかは聞いていませんが、認定のために必要な客観的指標に悩んでいた県庁からは、大変役立ったとのメールを頂戴しました。

鉄道紀行作家として有名な故・宮脇俊三氏の代表作のひとつである『時刻表昭和史』にも言えることですが、本来は実用本位の“モノ”でありながら、一方でその裏に様々な人々のドラマが隠れた不思議な存在――それが「時刻表」なのです。古い時刻表のページをひらくと、一面に広がる数字の草原の向こうには過去の懐かしいシーンが甦ります。都会の空が広かった時代の快活で素朴で夢のあった日々への限りない憧憬や、旅のワクワクした高揚感など……。

ところで、最初に本書の執筆の話をいただいたのは、ちょうど1年前のことでした。下敷きとなるウェブサイトがあったものの、それからの毎日は、正直“苦行”といっても過言ではないもので、前世紀に人類が辿った歴史をすべて再確認するような過程だったと言っても良いと思います。その中で私が感じ、また、読者の皆様もお気づきになったことと思いますが、本書で取り上げたトピックのほとんどは、人類の過ちの歴史そのものであったり、少なくとも何かしらの悲しみをその背景に抱えています。先に触れた被爆者認定の件も同様でしょう。それ故に、勤務から帰宅後の夜や休日に多くの資料を参照しながらの書き下ろしに近い執筆は大変重い作業でした。しかし一方で、人々の哀歓の軌跡を掘り起こして永遠に伝えていくことこそが、私が時刻表を収集する目的のひとつでもあり、その実現を励みに乗りきったという1年間でもありました。唯一、不本意だったのは、紙幅の都合で割愛せざるを得なかった実物資料の画像が多かったこと。でも、「人類の哀歓の歴史」に関連して、最後にもうひとつだけ紹介しましょう。

「あとがき」の末尾に添えた画像は本書でも触れた「ニューヨーク・エアウェイズ」が倒産直前の1979年に発行した時刻表です。表紙に掲載されたローワー・マンハッタンのダイナミックな空撮写真の中にそびえるのは、改めて紹介するまでもなく世界貿易センター（WTC）のツインタワー。当時同社は、完成からまだ数年しか経っていないWTCの近くのヘリポートに一日何便かが発着しており、WTCにはチケットカウンターもありました。このツインタワーは21世紀の幕開けとともに同時多発テロによって全世界の衝撃のうちにその姿を消したわけですが、そういう意味でこの時刻表は在りし日のニューヨーク、そして激動の20世紀のメモリアルと言えるかもしれません。

私の当面の夢、それはやはりバーチャルではなくリアルな「時刻表博物館」の開設ということでしょう。読者の皆様には開館の折には是非とも足を運んでいただければ幸いです。いつのことになるやら分かりませんが……。

最後になりましたが、本書の執筆に当って貴重な助言や情報を頂戴した、ドイツ・ベルリン在住のジャーナリスト・六草いちかさん、横浜の地図編集工房の長谷川敏雄さんや、私の細かい注文にも根気強く付き合っていただき、独特の感性とバイタリティーで大冊を纏め上げていただいた社会評論社の編集者・濱崎誉史朗さんに深く感謝申し上げます。

北京オリンピック閉会の日に

時刻表世界史

時代を読み解く陸海空 143 路線

2008 年 9 月 25 日初版第 1 刷発行
2009 年 5 月 25 日初版第 2 刷発行

曽我誉旨生（そが・よしき）

1972 年大阪府茨木市出身、早稲田大学商学部卒。情報システム関連企業に勤務するかたわら、中学生の頃に始めた「時刻表」類の収集を続けている。著書に「伝説のエアライン・ポスター・アート」（イカロス出版・共著）があるほか、同社発行の雑誌「月刊エアライン」への寄稿も行っている。本作品にて、平成 20 年度・第 34 回交通図書賞「特別賞」を受賞。

著者　曽我誉旨生
編集 & 装幀　濱崎誉史朗
地図製作　濱崎誉史朗
発行人　松田健二
発行所　株式会社 **社会評論社**
東京都文京区本郷 2-3-10
Tel 03-3814-3861 Fax. 03-3818-2808
http://www.shahyo.com
印刷 & 製本　株式会社技秀堂